Schriftenreihe
der Juristischen Schulung

Band 18

Internationales Privatrecht

einschließlich der Grundzüge des Internationalen Zivilverfahrensrechts

von

Dr. Bernd von Hoffmann

o. Professor an der Universität Trier
Membre de l'Institut de Droit International

und

Dr. Karsten Thorn

o. Professor an der Bucerius Law School Hamburg

9., neu bearbeitete Auflage
des von Karl Firsching begründeten Werkes

Verlag C. H. Beck München 2007

Verlag C. H. Beck im Internet:
beck.de

ISBN 978 3 406 55976 1

© 2007 Verlag C. H. Beck oHG
Wilhelmstraße 9, 80801 München
Satz, Druck und Bindung: Druckerei C. H. Beck Nördlingen
(Adresse wie Verlag)

Gedruckt auf säurefreiem, alterungsbeständigem Papier
(hergestellt aus chlorfrei gebleichtem Zellstoff)

Vorwort zur 9. Auflage

Das Internationale Privat- und Verfahrensrecht bleibt in lebhafter Bewegung. Die Europäisierung der Rechtsquellen schreitet weiterhin kräftig voran. Einschneidende inhaltliche Neuerungen sind die Einführung der Europäischen Mahnverordnung sowie die Einigung zwischen Rat und Parlament über die Rom II-Verordnung, mit der das IPR der gesetzlichen Schuldverhältnisse vergemeinschaftet wird, ein Meilenstein in der Vereinheitlichung des IPR.

Über den Fortschritt neuer europäischer Verordnungsprojekte zum Internationalen Privat- und Verfahrensrecht war zu berichten. Das Gesetzgebungsverfahren wird durch die Mitentscheidungsbefugnis des Europäischen Parlaments unübersichtlich und langwierig. Der Reformdrang des deutschen Gesetzgebers bleibt weiterhin gebremst.

Ähnliches ist von der Rechtsprechung zu berichten: Der EuGH sorgt für Klärung, etwa bezüglich der Anwendung neuer Verordnungen, wie z.B. der Europäischen Zustellungsverordnung, aber vereinzelt auch für Turbulenzen; die deutsche Rechtsprechung bewegt sich in ruhigen Gewässern.

Insgesamt war eine vollständige Überarbeitung des gesamten Buches erforderlich. Wir wurden tatkräftig unterstützt von Ass. *Anja Mayer* (§§ 5, 8, 11, 12) sowie den wissenschaftlichen Mitarbeiterinnen Ref. *Franziska Eisermann* (§§ 2, 6, 9), *Nina Heinz* (§§ 1, 4, 7, 10), *Janine Bonn* und *Manuela Krach* (beide § 3). Die Bearbeitung der Register übernahmen Ref. *Timo Rosenkranz*, Frau *Monika Mohrdieck* sowie die stud. iur. *Max Finkelmeier*, *Paul Hauser* und *Patrick Hofmann*, die allesamt auch Korrektur lasen; die technische Gestaltung des Manuskripts besorgte *Monika Mohrdieck*. Ihnen allen gilt unser herzlicher Dank.

Im Zuge der Ausbildungsreform ist das IPR in den letzten Jahren aufgewertet worden. Einerseits ist es Pflichtfach geworden, andererseits ist es in den Schwerpunkten vertreten. In den Schwerpunkten sind Gewichtsverlagerungen zur Vertiefung vermögensrechtlicher Materien zu beobachten. Die Studierenden bleiben Zielgruppe dieses Lernbuches; es möge indes auch dem Praktiker zur schnellen Orientierung dienen. – Hinweise auf Fehler und Verbesserungsvorschläge sind erwünscht (E-Mail: vonhoffm@uni-trier.de bzw. karsten.thorn@law-school.de).

Trier und Hamburg, im Juli 2007
Bernd von Hoffmann
Karsten Thorn

Inhaltsverzeichnis

2. Teil. Allgemeine Lehren

3. Teil. Besondere Lehren

Abkürzungsverzeichnis

AUG .... Gesetz zur Geltendmachung von Unterhaltsansprüchen im Verkehr mit ausländischen Staaten (Auslandsunterhaltsgesetz) vom 19. 12. 1986 (BGBl. I S. 2563)

AuR .... Arbeit und Recht, Zeitschrift für Arbeitsrechtspraxis (1. 1953 ff.)

AuslG .... Gesetz über die Einreise und den Aufenthalt von Ausländern im Bundesgebiet (Ausländergesetz) vom 9. 7. 1990 (BGBl. I S. 1354)

AVAG .... Gesetz zur Ausführung zwischenstaatlicher Verträge und zur Durchführung von Verordnungen der Europäischen Gemeinschaft auf dem Gebiet der Anerkennung und Vollstreckung in Zivil- und Handelssachen (Anerkennungs- und Vollstreckungsausführungsgesetz – AVAG) vom 19. 2. 2001 (BGBl. I S. 288)

AWD .... Außenwirtschaftsdienst des Betriebsberaters (4. 1958–20. 1974); Vorg. RiW (1954–1957); Forts.: RIW (1975 ff.)

BAG .... Bundesarbeitsgericht

BAGE .... Sammlung der Entscheidungen des Bundesarbeitsgerichts

Bamberger/
Roth/Bearbeiter .... Bamberger/Roth, Kommentar zum Bürgerlichen Gesetzbuch, Bd. III (2003)

von Bar/
Mankowski, IPR I .... von Bar/Mankowski, Internationales Privatrecht, Bd. I: Allgemeine Lehren, 2. Aufl. (2003)

von Bar, IPR II .... von Bar, Internationales Privatrecht, Bd. II: Besonderer Teil (1991)

BayObLG .... Bayerisches Oberstes Landesgericht

BayObLGZ .... Sammlung von Entscheidungen des Bayerischen Obersten Landesgerichts in (C) Zivilsachen (Neue Folge 1. 1948/50 ff.)

BB .... Betriebs-Berater (1. 1946 ff.)

Bd. .... Band

belg. .... belgisch

BerGesVR .... Berichte der Deutschen Gesellschaft für Völkerrecht (1. 1957 ff.)

bestr. .... bestritten

BeurkG .... Beurkundungsgesetz vom 28. 8. 1969 (BGBl. I S. 1513)

BFH .... Bundesfinanzhof

BG .... Schweizerisches Bundesgericht

BGB .... Bürgerliches Gesetzbuch vom 18. 8. 1896 (RGBl. S. 195)

BGBl. .... Bundesgesetzblatt (1951 ff.)

BGH .... Bundesgerichtshof

BGHZ .... Entscheidungen des Bundesgerichtshofes in Zivilsachen (1951 ff.)

Böhmer/
Finger/Bearbeiter .... Böhmer/Finger, Das Gesamte Familienrecht, Das internationale Recht, Loseblatt, 3. Aufl. (1979 ff.)

BörsG .... Börsengesetz vom 22. 6. 1896 in der Fassung der Bekanntmachung vom 17. 7. 1996 (BGBl. I S. 1030)

BRDrucks. .... Drucksachen des Bundesrates (1949 ff.)

Brüssel I–VO .... Verordnung (EG) Nr. 44/2001 über die gerichtliche Zuständigkeit und die Anerkennung und Vollstreckung von Entscheidungen in Zivil- und Handelssachen vom 22. 12. 2000 (ABl. EG 2001 Nr. L 12/1)

Brüssel II-VO .... Verordnung (EG) Nr. 1347/2000 über die Zuständigkeit und die Anerkennung und Vollstreckung von Entscheidungen in Ehesachen und in Verfahren betreffend die elterliche Verantwortung für die gemeinsamen Kinder der Ehegatten vom 29. 5. 2000 (ABl. EG Nr. L 160/19)

Brüssel II-VO 2003 .... Verordnung (EG) Nr. 2201/2003 vom 27. 11. 2003 über die Zuständigkeit und die Anerkennung und Vollstreckung von Entscheidungen in Ehesachen und in Verfahren betreffend die elterliche Verantwortung und zur Aufhebung der Verordnung (EG) Nr. 1347/2000 (ABl. EG 2003 Nr. L 338/1)

BTDrucks. .... Drucksachen des Deutschen Bundestages (1949 ff.)

BSozG .... Bundessozialgericht

Bsp. .... Beispiel(e)

Bull EG .... Bulletin der Europäischen Gemeinschaften, Luxemburg (1968–1993); Forts.: Bull EU (1994 ff.)

BVerfG .... Bundesverfassungsgericht

BVerfGE .... Entscheidungen des Bundesverfassungsgerichts (1. 1952 ff.)

BVerwG .... Bundesverwaltungsgericht

BVerwGE .... Entscheidungen des Bundesverwaltungsgerichts (1. 1954 ff.)

BVFG .... Gesetz über die Angelegenheiten der Vertriebenen und Flüchtlinge (Bundesvertriebenengesetz) vom 19. 5. 1953 in der Fassung der Bekanntmachung vom 2. 6. 1993 (BGBl. I S. 829)

BW .... (niederländisches) Burgerlijk Wetboek

bzw. .... beziehungsweise

Cah dr eur .... Cahiers de droit européen, revue bimestrielle, Brüssel (1. 1965 ff.)

CIEC .... Commission International d'État Civil

CISG .... Convention on the International Sale of Goods = Wiener UN-Übereinkommen über Verträge über den internationalen Warenkauf vom 11. 4. 1980 (BGBl. 1989 II S. 588)

Clunet .... Journal du droit international privé (et de la jurisprudence comparée), Paris (1. 1874–41. 1914); Journal du droit international (42. 1915 ff.)

CMR .... Genfer Übereinkommen über den Beförderungsvertrag im internationalen Straßengüterverkehr vom 19. 5. 1956 (BGBl. 1961 II S. 1120)

Coester-Waltjen/Mäsch   Coester-Waltjen/Mäsch, Übungen in IPR und Rechtsvergleichung, 2. Aufl. (2001)

ComMLRev .... Common Market Law Review: CMLR, Den Haag (1. 1963 ff.)

COTIF .... Übereinkommen über den internationalen Eisenbahnverkehr vom 9. 5. 1980

Czernich/Tiefenthaler/
Kodek, EuGVR .... Czernich/Tiefenthaler/Kodek, Die Übereinkommen von Lugano und Brüssel: Europäisches Gerichtsstands- und Vollstreckungsrecht, Kurzkommentar (2002)

DAVorm .... Der Amtsvormund (24. 1951/52 ff.); Forts.: JAmt (2001 ff.)

DB .... Der Betrieb (1. 1948 ff.)

DEurFamR .... Deutsches und Europäisches Familienrecht (1. 1999–2000)

D. F. .... Deutsche Fassung

d. h. .... das heißt
DNotZ .... Deutsche Notarzeitschrift (bis 1933 Zeitschrift des Deutschen Notarvereins; 1. 1901 ff.)
DSJur .... Recueil Dalloz Sirey, Jurisprudence, Paris (1. 1965 ff.)
DtZ .... Deutsch-Deutsche Rechts-Zeitschrift (1990-1997)
DZWir .... Deutsche Zeitschrift für Wirtschaftsrecht (1. 1991–8. 1998; ab 9. 1999 Deutsche Zeitschrift für Wirtschafts- und Insolvenzrecht)
EFTA .... European Free Trade Association
EG .... Europäische Gemeinschaft(en); Vertrag zur Gründung der Europäischen Gemeinschaft vom 7. 2. 1992 (BGBl. II S. 1253, 1256) in der Fassung vom 2. 10. 1997 (BGBl. 1998 II S. 387) EGBGB Einführungsgesetz zum Bürgerlichen Gesetzbuch vom 18. 8. 1896 in der Fassung der Bekanntmachung vom 21. 9. 1994 (BGBl. I S. 2494, berichtigt 1997 I S. 1061)
EGGVG .... Einführungsgesetz zum Gerichtsverfassungsgesetz vom 27. 1. 1877 (RGBl. S. 77)
EGV a. F. .... Vertrag zur Gründung der Europäischen Gemeinschaft vom 7. 2. 1992 (BGBl. II S. 1253, 1256) EGVVG Einführungsgesetz zu dem Gesetz über den Versicherungsvertrag vom 30. 5. 1908 (RGBl. I S. 305)
EheEuGVÜ .... Übereinkommen (aufgrund von Art. K. 3 des Vertrages über die Europäische Union) über die Zuständigkeit und die Anerkennung und Vollstreckung von Entscheidungen in Ehesachen vom 28. 5. 1998 (ABl. EG Nr. C 221/1)
EMRK .... Konvention zum Schutze der Menschenrechte und Grundfreiheiten vom 4. 11. 1950 (BGBl. 1952 II S. 685, 953)
endg. .... endgültig
Entw. .... Entwurf
ERA-Forum .... ERA-Forum: scripta iuris europaei (1. 2000 ff.)
Ergbd. .... Ergänzungsband
Erman-Hohloch .... Erman-Hohloch, Handkommentar zum Bürgerlichen Gesetzbuch, Bd. II, 11. Aufl. (2004)
EU .... Europäische Union
EuBVO .... Verordnung (EG) Nr. 1206/2001 über die Zusammenarbeit zwischen den Gerichten der Mitgliedstaaten auf dem Gebiet der Beweisaufnahme in Zivil- und Handelssachen vom 28. 5. 2001 (ABl. EG Nr. L 174/1)
EuEntfÜ .... Luxemburger Europäisches Übereinkommen über die Anerkennung und Vollstreckung von Entscheidungen über das Sorgerecht für Kinder und die Wiederherstellung des Sorgeverhältnisses vom 20. 5. 1980 (BGBl. 1990 II S. 220)
EuGH .... Gerichtshof der Europäischen Gemeinschaften
EuGHE .... Sammlung der Rechtsprechung des Gerichtshofes und des Gerichts Erster Instanz der Europäischen Gemeinschaften; bis 1989 Sammlung der Rechtsprechung des Gerichtshofes der Europäischen Gemeinschaften (5. 1958/59 ff.; vorher Sammlung der Rechtsprechung des Gerichtshofes der Europäischen Gemeinschaft für Kohle und Stahl: 1. 1954/55–1958)
EuGVÜ .... Brüsseler EWG-Übereinkommen über die gerichtliche Zuständigkeit und die Vollstreckung gerichtlicher Ent-

Rev crit dr int priv .... Revue critique de droit international privé, Paris
(1. 1905 ff.)
Rev dr unif .... Revue de droit uniforme, Rom (1. 1973 ff.)
Rev int dr comp .... Revue internationale de droit comparé, Paris (1. 1949 ff.)
RG .... Reichsgericht
RGBl. .... Reichsgesetzblatt (1871–1945)
RGZ .... Entscheidungen des Reichsgerichts in Zivilsachen (1. 1880–
172. 1945)
Riezler, IZPR .... Riezler, Internationales Zivilprozessrecht, (1949)
Riv dir int priv proc .... Rivista di diritto internazionale privato e processuale,
Padua (1. 1965 ff.)
RIW .... Recht der internationalen Wirtschaft, Außenwirtschafts-
dienst des Betriebs-Beraters (21. 1975 ff., vorher AWD)
RL .... Richtlinie
Rn. .... Randnummer
Rom II-VO .... Vorschlag der EG-Kommission für eine Verordnung des
Europäischen Parlaments und des Rates über das auf au-
ßervertragliche Schuldverhältnisse anzuwendende Recht
(„Rom II") vom 22. 7. 2003, KOM (2003) 427
Rpfleger .... Der Deutsche Rechtspfleger (1. 1889 ff.)
Rs. .... Rechtssache
russ. .... russisch
RuStAG .... Reichs- und Staatsangehörigkeitsgesetz vom 22. 7. 1913
(RGBl. S. 583) [seit 1. 1. 2000 StAG]
S. .... Seite, Satz
s. .... siehe
SAE .... Sammlung arbeitsrechtlicher Entscheidungen (Hrsg.:
Bundesvereinigung der Deutschen Arbeitgeberverbände)
[1. 1928 ff.]
Schack, IZVR .... Schack, Internationales Zivilverfahrensrecht, 3. Aufl. (2002)
ScheckG .... Scheckgesetz vom 14. 8. 1933 (RGBl. I S. 597)
Schlechtriem/Schwenzer/
Bearbeiter .... Schlechtriem/Schwenzer, Kommentar zum Einheitlichen
UN-Kaufrecht – CISG, 4. Aufl. (2004)
SchlHAnz .... Schleswig-Holsteinische Anzeigen (Neue Folge 1. 1837 ff.)
Schlosser, EuZPR .... Schlosser, EU-Zivilprozessrecht, 2. Aufl. (2003)
SchwbG .... Schwerbehindertengesetz vom 16. 6. 1953 in der Fassung
der Bekanntmachung vom 26. 8. 1986 (BGBl. I S. 1421)
schweiz. .... schweizerisch
SchwJZ .... Schweizerische Juristenzeitung, Zürich (1. 1905 ff.)
SCt .... Supreme Court Reporter, St. Paul (1. 1883 ff.)
SE .... Societas Europea
SeemG .... Seemannsgesetz vom 26. 7. 1957 (BGBl. II S. 713)
Sem jud .... Semaine judiciaire: Revue de jurisprudence, Genf
(1. 1879 ff.)
SeuffArch .... Seuffert's Archiv für Entscheidungen der obersten Gerich-
te in den deutschen Staaten (1. 1847–98. 1944)
SE-VO .... Verordnung (EG) Nr. 2157/2001 über das Statut der Euro-
päischen Gesellschaft (SE) vom 8. 10. 2001 (ABl. EG Nr. L
294/1)
SGB IV .... Sozialgesetzbuch, Buch IV: Sozialversicherung vom 23. 12.
1976 (BGBl. I S. 3845)
Siehr, IPR .... Siehr, Internationales Privatrecht (2001)

Literaturverzeichnis

I. Deutschland

1. Einführungen

Hüßtege, Internationales Privatrecht. Examenskurs für Rechtsreferendare, 4.Aufl.
(2005);
Junker, Internationales Privatrecht (1998);
Kunz, Internationales Privat- und Verfahrensrecht, 4. Aufl. (1998);
Koch/Magnus/Winkler von Mohrenfels, IPR und Rechtsvergleichung, 3. Aufl. (2004);
Rauscher, Internationales Privatrecht: mit internationalem und europäischem Verfahrensrecht, 2. Aufl. (2002).

2. Lehrbücher

von Bar/Mankowski, Internationales Privatrecht, Bd. I: Allgemeine Lehren, 2. Aufl.
(2003);
von Bar, Internationales Privatrecht, Bd. II: Besonderer Teil (1991);
Kegel/Schurig, Internationales Privatrecht, 9. Aufl. (2004);
Kropholler, Internationales Privatrecht, 6.Aufl. (2006);
Neuhaus, Die Grundbegriffe des internationalen Privatrechts, 2. Aufl. (1976);
Siehr, Internationales Privatrecht (2001).

3. Kommentare

Bamberger/Roth, Kommentar zum Bürgerlichen Gesetzbuch, Bd. III (2003);
Erman-Hohloch, Handkommentar zum Bürgerlichen Gesetzbuch, Bd. II, 11. Aufl.
(2004);
Looschelders, Internationales Privatrecht – Art. 3–46 EGBGB (2004);
Münchener Kommentar zum BGB, Bd. 10: EGBGB/IPR, 4. Aufl. (2006);
Palandt, BGB, 66. Aufl. (2007);
RGRK-Wengler, BGB, Bd. VI, 1. und 2. Teilbd.: EGBGB, 12. Aufl. (1981);
Soergel, Bürgerliches Gesetzbuch, Bd. X: EGBGB, 12. Aufl. (1996);
Staudinger, Kommentar zum BGB, EGBGB, 13. Aufl. (1993 ff.) bzw. Neubearbeitung
(1998 ff.).

4. Hilfsmittel

Coester-Waltjen/Mäsch, Übungen im Internationalen Privatrecht und Rechtsvergleichung, 2. Aufl. (2001);
Ferid/Kegel/Zweigert (Hrsg.), Gutachten zum internationalen und ausländischen
Privatrecht (1. 1965 ff.);
Fuchs/Hau/Thorn, Fälle zum Internationalen Privatrecht, 2. Aufl. (2003, 3. Aufl. in
Vorbereitung);
Hay, Internationales Privat- und Zivilverfahrensrecht (Prüfe dein Wissen. Rechtsfälle
in Frage und Antwort), 3. Aufl. (2007);
Jayme/Hausmann, Internationales Privat- und Verfahrensrecht, Textausgabe, 13. Aufl.
(2006);
Max-Planck-Institut für ausländisches und internationales Privatrecht (Hrsg.), Die
deutsche Rechtsprechung auf dem Gebiete des Internationalen Privatrechts
(1926 ff.);
Rauscher, Internationales Privatrecht mit internationalem Verfahrensrecht. Fälle und
Lösungen (2002);

Schack, Höchstrichterliche Rechtsprechung zum internationalen Privat- und Verfahrensrecht, 2. Aufl. (2000).

5. Zeitschriften

Praxis des Internationalen Privat- und Verfahrensrechts (1. 1981 ff.);
Rabels Zeitschrift für ausländisches und internationales Privatrecht (1. 1927 ff.).

II. Ausland

1. Mehrere Länder

Kropholler u. a. (Hrsg.), Außereuropäische IPR-Gesetze (1999);
Riering (Hrsg.), IPR-Gesetze in Europa. Textausgabe in Originalsprachen mit deutschen Übersetzungen (1997).

2. Österreich

Borić (Hrsg.), Internationales Privatrecht und Zivilverfahrensrecht (Textsammlung), 3. Aufl., Wien (2001);
Mänhardt/Posch, Internationales Privatrecht, Privatrechtsvergleichung, Einheitsprivatrecht, 2. Aufl., Wien (1999);
Schwimann, Internationales Privatrecht, 3. Aufl., Wien (2001);
Schwind, Internationales Privatrecht, Wien (1990).

3. Schweiz

Bucher/Bonomi, Droit international privé, Basel (2001);
Dutoit, Droit international privé suisse, 4. Aufl., Basel (2005);
Girsberger/Heini/Keller/Kostkiewicz/Siehr/Vischer/Volken (Hrsg.), IPRG Kommentar, 2. Aufl., Zürich (2004);
Honsell/Vogt/Schnyder/Berti (Hrsg.), Basler Kommentar, Internationales Privatrecht, 2. Aufl., Basel (2007);
Keller/Siehr, Allgemeine Lehren des internationalen Privatrechts, Zürich (1986);
Patocchi, Internationales Privatrecht (Textsammlung mit Anmerkungen), Zürich (2000);
Schwander, Einführung in das internationale Privatrecht: Allgemeiner Teil, 3. Aufl., St. Gallen (2000); Besonderer Teil, St. Gallen (1997).

4. Frankreich

Ancel/Lequette, Grands arrêts de la jurisprudence française de droit international privé, 4. Aufl., Paris (2001);
Audit, Droit international privé, 4. Aufl., Paris (2006);
Batiffol/Lagarde, Traité de droit international privé, Bd. I, 8. Aufl., Paris (1993);
Loussouarn/Bourel, Droit international privé, 8. Aufl., Paris (2004);
P. Mayer/Heuzé, Droit international privé, 8. Aufl., Paris (2004).

5. Belgien

Erauw/Fallon/Guldix u. a., Le code de droit international privé commenté, Antwerpen u. a. (2006);
Erauw, Bronnen van internationaal privaatrecht, 4. Aufl., Antwerpen (2002);
van Hecke/Lenaerts, Internationaal privaatrecht, 2. Aufl., Gent (1989);
Rigaux/Fallon, Droit international privé, 3. Aufl., Brüssel (2005);

6. Niederlande

Strikwerda, Inleiding tot het Nederlandse internationaal privaatrecht, 8. Aufl., Deventer (2005).

7. Italien

Ballarino, Diritto internazionale privato, 3. Aufl., Padua (1999);
La riforma del sistema italiano di diritto internazionale privato, Riv dir int priv proc 1995, 905–1279;
Mosconi, Diritto internazionale privato e processuale, Bd. I: Parte generale e contratti, 3. Aufl., Turin (2004); Bd. II: Parte speciale, 2. Aufl., Turin (2006);
Picone, La riforma italiana del diritto internazionale privato, Padua (1998);
Pocar (Hrsg.), Commentario del nuovo diritto internazionale privato, Pavia (1996).

8. Spanien

Fernández Rozas/Sánchez Lorenzo, Curso de derecho internacional privado, 3. Aufl., Madrid (1996);
dies., Derecho internacional privado, 3. Aufl., Madrid (2004);
Gonzáles Campos u. a., Derecho internacional privado. Parte especial, 7. Aufl., Madrid (1998);
Pérez Vera (Hrsg.), Derecho internacional privado, 2 Bde., 3. Aufl., Madrid (2001).

9. Dänemark

P. A. Nielsen, International privat- og procesret, Kopenhagen (1997), mit Quellenband (1998).

10. Schweden

Bogdan, Svensk internationell privat- och processrätt, 6. Aufl., Stockholm (2004).

11. England

J. G. Collier, Conflict of Laws, 3. Aufl., Cambridge (2001);
Collins (Hrsg.), Dicey and Morris on the Conflict of Laws, 14. Aufl., London (2006);
Cheshire and North's Private International Law, 13. Aufl., London (1999);
Morris/McClean, The Conflict of Laws, 6. Aufl., London (2005).

12. USA

Cramton/Currie/Kay, Conflict of Laws, 5. Aufl., St. Paul (1993);
Rosenberg/Hay/Weintraub, Cases and Materials on Conflict of Laws, 12. Aufl., Westbury (2004);
Scoles/Hay, Conflict of Laws, 3. Aufl., St. Paul (2000);
Weintraub, Commentary on Conflict of Laws, 5. Aufl., Westbury (2006);
Restatement of the Law Second, Conflict of Laws 2 d, Bd. I–III, St. Paul (1971); Bd. IV, St. Paul (1980).

13. Kanada

Castel/Walker, Canadian Conflict of Laws, 2. Bde., 6. Aufl., Toronto (2005).

14. Argentinien

Boggiano, Curso de derecho internacional privado, 4. Aufl., Buenos Aires (2004).

Ausführliche weitere Nachweise zum in- und ausländischen Schrifttum bei: MüKo-Sonnenberger, Einl. IPR, Rn. 334.

1. Teil. Grundlagen

§ 1. Einführung

A. Bedeutung und Aufgabe

I. Bedeutung

Die Bedeutung des Internationalen Privatrechts (IPR) hat, ebenso wie 1
die des Internationalen Zivilverfahrensrechts (IZVR), seit der Mitte des
20. Jahrhunderts sprunghaft zugenommen. Hierfür lassen sich verschiedene Gründe anführen:

(1) *Welthandel.* Der internationale Warenaustausch hat sich vervielfacht: 1960 importierte die Bundesrepublik Waren im Wert von 42,7 Milliarden DM und exportierte solche im Wert von 47,9 Milliarden DM. Für 1975 lagen die Importe bei 184,3 Milliarden DM und die Exporte bei 221,5 Milliarden DM, und 1990 stieg der Außenhandel auf 550,6 Milliarden DM (bzw. 573,5 Milliarden DM mit den neuen Bundesländern) für Importe und 642,8 Milliarden DM (bzw. 680,9 Milliarden DM) für Exporte.[1] 2004 betrug das Einfuhrvolumen 575,5 Milliarden €, das Ausfuhrvolumen 731,5 Milliarden €.[2] Wichtigster Handelspartner sind die Mitgliedstaaten der Europäischen Union.

(2) *Reisen.* Immer mehr Menschen reisen aus beruflichen oder privaten Gründen in das Ausland. Dort mieten sie Hotelzimmer, werden aber auch in Verkehrsunfälle verwickelt. So zählten im Jahre 2004 Frankreich über 75 (14) Millionen, Italien über 37 (10) Millionen, Polen über 62 (34) Millionen und die Tschechische Republik gar über 96 (44) Millionen ausländische Gäste (in Klammern jeweils die Zahl deutscher Gäste).[3]

(3) *Kommunikation.* Neue Medien wie das Internet erleichtern und vervielfältigen die weltweite Kommunikation. Vom häuslichen Wohnzimmer aus können weltweit Angebote abgefragt,[4] aber auch weltweit wirkende Ehrverletzungen verübt werden.[5] Damit ist ein neues Problemfeld des IPR eröffnet.

(4) *Migration.* Immer mehr Menschen verlassen aus politischen oder wirtschaftlichen Gründen ihren Heimatstaat. Sie arbeiten nicht nur im Ausland, sondern heiraten dort und gründen Familien. Deutschland ist mittlerweile ein Einwanderungsland.

---

[1] Statistisches Bundesamt (Hrsg.), Datenreport 1992 – Zahlen und Fakten über die Bundesrepublik Deutschland, S. 280 und 432.
[2] Statistisches Jahrbuch 2006, S. 462.
[3] Statistisches Jahrbuch für das Ausland 2006, S. 325.
[4] Hierzu § 10 Rn. 73 a.
[5] Hierzu § 11 Rn. 27.

Ausländer in der Bundesrepublik Deutschland seit 1961[6]		
Zeitpunkt	Anzahl in 1000	Anteil an der Bevölkerung
Früheres Bundesgebiet		
6. 6. 1961	686,2	1,2
27. 5. 1970	2438,6	4,3
25. 5. 1987	4145,6	6,8
30. 9. 1990	5241,8	8,2
Gebiet der ehemaligen DDR		
30. 9. 1990	166,5	1,0
Deutschland[7]		
31. 12. 1991	4882,3	7,3
31. 12. 1994	6990,5	8,6
31. 12. 2004	6717,1	8,14
Die größte Ausländergruppe sind Türken (2004: 26,3%), EU-Angehörige waren 31,4%.		

2 Der Internationalisierung der Lebensverhältnisse steht keine entsprechende Internationalisierung des Privatrechts gegenüber: Es gibt kein einheitliches Weltprivatrecht, vielmehr ein Nebeneinander verschiedener nationaler Privatrechtsordnungen, die von nationalen Gerichten auf internationale Sachverhalte angewandt werden. Lediglich für den internationalen Handelsverkehr lässt sich die Tendenz zur Entwicklung eines Welthandelsrechts erkennen, welches sich auf internationale Abkommen (z. B. UN-Kaufrecht[8]), Modellgesetze (z. B. UNIDROIT Principles of International Commercial Contracts[9]) sowie auf international verwendete Formulare und Handelsbräuche stützt.[10]

II. Aufgabe

1. Art. 3 I 1 EGBGB

3–4 Nach Art. 3 I 1 EGBGB dient das IPR dazu, bei Sachverhalten, die eine Verbindung zum Recht eines ausländischen Staates aufweisen, die anwendbare (Privat-)Rechtsordnung zu bestimmen. Aufgabe des IPR ist nicht, den Sachverhalt selbst zu entscheiden. Das IPR beeinflusst die

---

[6] Statistisches Bundesamt (Hrsg.), Datenreport 1992 – Zahlen und Fakten über die Bundesrepublik Deutschland, S. 55.

[7] Statistisches Jahrbuch 2006, S. 28, 48.

[8] Hierzu § 10 Rn. 23–24 c.

[9] Neue Fassung von 2004; hierzu *Bonell,* UnifLRev 2004, 5–40. Vgl. auch *Boele-Woelki,* IPRax 1997, 161–171.

[10] Zur lex mercatoria s. auch § 2 Rn. 56.

Sachentscheidung vielmehr nur mittelbar, indem es diejenige Rechtsordnung bestimmt, nach der die Sachfrage beurteilt werden soll.

a) Wirkungsweise

Zur Verdeutlichung der Wirkungsweise des IPR soll folgender Beispiels- 5–7
fall dienen:

Fall: Der deutsche Vermieter eines Münchener Appartements kündigt seinem deutschen Mieter. Da dieser sich weigert, aus der Wohnung auszuziehen, klagt der Vermieter vor dem AG München auf Räumung. Wird der Richter diesen Streit nach Maßgabe des deutschen Rechts entscheiden?

Der Sachverhalt enthält keinerlei Elemente, die die Beziehung zu einer ausländischen Rechtsordnung begründen könnten. Deshalb erscheint die Anwendung deutschen Rechts auf diesen Fall selbstverständlich. Dass dem keineswegs so ist, verdeutlicht folgende Abwandlung:

Variante 1: Was ist, wenn der Vermieter im Ausgangsfall eine ausländische Staatsan- 8–9
gehörigkeit besitzt, also z.B. Italiener ist, aber in Deutschland geboren wurde und
dort seinen Wohnsitz hat?

Im Unterschied zum Ausgangsfall hat dieser Sachverhalt Berührungspunkte zu zwei Rechtsordnungen, nämlich zur deutschen und zur italienischen. Somit ist die Anwendung deutschen Rechts nicht selbstverständlich. Da es sich um einen Sachverhalt mit Auslandsbezug im Sinne des Art. 3 I 1 EGBGB handelt, wird man die Fallabwandlung nach den Regeln des Internationalen Privatrechts lösen, also zunächst das anwendbare Recht ermitteln.

Bei der Frage, ob das Räumungsverlangen des Vermieters berechtigt ist, handelt es sich 10
um eine Streitigkeit aus Mietvertrag. Haben sich Mieter und Vermieter nicht über die
Anwendbarkeit eines bestimmten Rechts geeinigt (Art. 27 I EGBGB[11]), ist das anwendbare Recht nach Art. 28 EGBGB zu bestimmen. Der Mietvertrag hat ein Recht
zur Nutzung eines Grundstücks zum Gegenstand, so dass gemäß Art. 28 III EGBGB
vermutet wird, dass der Sachverhalt die engsten Verbindungen zu dem Staat aufweist, in
dem das Grundstück belegen ist.[12] Danach ist auf die Entscheidung über die Räumung
des Münchener Appartements in der Fallabwandlung deutsches Recht anzuwenden.

Zum gleichen Ergebnis käme man bei der Anwendung des Art. 28 III EGBGB auf 11
den Ausgangsfall; die Kollisionsregeln könnten also auch insoweit herangezogen werden, um die Anwendbarkeit deutschen Rechts zu begründen.

b) Leitprinzipien

Nach *Friedrich Karl von Savigny* (1779–1861) besteht die Aufgabe des 12
IPR darin, „daß bei jedem Rechtsverhältnis dasjenige Rechtsgebiet aufgesucht werde, welchem dieses Rechtsverhältnis seiner eigentümlichen
Natur nach angehört oder unterworfen ist".[13] Aus der Vielzahl der gel-

---

[11] Zum Vorrang der Rechtswahl § 10 Rn. 26 f.
[12] Hierzu § 10 Rn. 52–54.
[13] *Savigny*, System des heutigen Römischen Rechts VIII (1849), S. 28, 108; s. auch § 2
Rn. 29–32.

tenden Rechtsordnungen ist diejenige anzuwenden, zu der der Sachverhalt die *engste Verbindung* hat. Damit wird ausländisches Recht auf die gleiche Stufe gestellt wie inländisches.

13 *Savigny* stützte die Vermutung der Gleichwertigkeit ausländischen Privatrechts noch auf die „gemeinsame christliche Gesittung"; heute dürfte sich diese Vermutung auf die universelle Geltung der Menschenrechte gründen. Erst durch die Gleichstellung ausländischen Rechts mit inländischem wird *internationaler Entscheidungseinklang* ermöglicht: Dieser ist verwirklicht, wenn „die Rechtsverhältnisse, in Fällen einer Kollision der Gesetze, dieselbe Beurteilung zu erwarten haben, ohne Unterschied, ob in diesem oder jenem Staate das Urteil gesprochen wird".[14] Der internationale Entscheidungseinklang ist noch heute eines der Leitprinzipien des IPR.

14 Um die engste Verbindung zu ermitteln, bedient sich das kontinentaleuropäische IPR einer differenzierten *Typisierung:* Es verwendet für einzelne Fallgruppen unterschiedliche – als Anknüpfungsmomente bezeichnete – Kriterien.[15] Gegenüber einer rein individualisierenden Schwerpunktermittlung nach den Umständen des konkreten Einzelfalles hat diese Methode den Vorteil der höheren Vorhersehbarkeit der Entscheidung und damit der *Rechtssicherheit.*[16]

2. Kritik

15–16 Die Anwendbarkeit der Kollisionsnormen scheint nach der Legaldefinition des Art. 3 I 1 EGBGB einen Auslandsbezug des Sachverhalts vorauszusetzen. Damit ließe das IPR die Frage offen, weshalb in reinen Inlandsfällen ohne jeden Auslandsbezug das jeweilige Recht des Staates, dessen Gerichte sich mit der Entscheidung befassen, (die sogenannte *lex fori*) zur Anwendung kommt.[17] – Auch erklärt Art. 3 I 1 EGBGB nicht, was unter einem Sachverhalt mit Auslandsbeziehung zu verstehen ist und wann eine Auslandsbeziehung des Sachverhalts kollisionsrechtlich beachtlich ist.

17–18 **Variante 2:** Mieter und Vermieter des Münchener Appartements sind italienische Staatsangehörige. Den Mietvertrag haben sie in ihrer gemeinsamen Heimatstadt Neapel geschlossen. Der in der Schweiz lebende Vermieter möchte den Vertrag wegen Eigenbedarfs kündigen. Welche Rechtsordnung ist für das Kündigungsrecht des Vermieters maßgeblich?

Der Sachverhalt enthält Berührungspunkte zu mehreren Rechtsordnungen: Mieter und Vermieter sind Italiener; der Ort des Vertragsschlusses

---

[14] *Savigny,* a. a. O., S. 27.
[15] Hierzu § 5.
[16] Hierzu und zur abweichenden US-amerikanischen Position *Reimann,* Conflict of Laws in Western Europe (1995), S. 9–17; s. auch § 2 Rn. 43–49.
[17] Vgl. Fall oben bei Rn. 5–7.

liegt ebenfalls in Italien. Der gewöhnliche Aufenthalt des Mieters und der Lageort der Wohnung befinden sich in Deutschland, der gewöhnliche Aufenthalt des Vermieters in der Schweiz. Nicht alle diese Bezüge können für die Entscheidung des Falles gleichermaßen erheblich sein.

Der Vermieter möchte hier den Mietvertrag – und damit seine Verpflichtung, dem **19–20** Mieter die Wohnung zur Nutzung zu überlassen – durch Kündigung zum Erlöschen bringen. Die Kündigung untersteht gemäß Art. 32 I Nr. 4 EGBGB dem Vertragsstatut, das mangels Rechtswahl nach Art. 28 EGBGB zu bestimmen ist. Da der Wohnungsmietvertrag ein Recht zur Nutzung eines Grundstücks zum Gegenstand hat, ist Art. 28 III EGBGB einschlägig: Der Mietvertrag und seine Kündigung unterstehen dem Recht des Lageortes des Grundstücks, also deutschem Recht.

Die Staatsangehörigkeit bzw. der gewöhnliche Aufenthalt der Parteien sind für die Bestimmung des objektiven Vertragsstatuts nach Art. 28 III EGBGB unbeachtlich. Auch im Rahmen des Art. 28 V EGBGB können sie allenfalls ein mögliches Indiz für eine engere Verbindung des Vertrages mit einem anderen Staat sein.[18] Der gewöhnliche Aufenthalt der Parteien kann indes gemäß Art. 31 II EGBGB bedeutsam für die Frage der Zustimmung der Parteien zum Vertrag sein, der Ort des Vertragsschlusses gemäß Art. 11 EGBGB für die beim Vertragsschluss zu beachtenden Formerfordernisse.[19]

Wie das Beispiel verdeutlicht, kann der für die Entscheidung eines Sach- **21–22** verhalts erhebliche Auslandsbezug nicht im Voraus bestimmt werden, sondern ergibt sich erst als Ergebnis der Subsumtion des Sachverhalts unter die maßgeblichen Kollisionsnormen.[20] Somit erscheint die Vorüberlegung, ob ein Sachverhalt mit Auslandsberührung vorliegt, entbehrlich. Theoretisch lässt sich das inländische IPR auf alle im Inland zu beurteilenden Sachverhalte anwenden, unabhängig von ihrem nationalen oder internationalen Charakter.[21]

Zudem scheitert die Gegenauffassung,[22] nach der eine kollisionsrechtli- **23** che Subsumtion nur in den problematischen Fällen geboten sei, an der Unmöglichkeit einer scharfen Grenzziehung zwischen problematischen Fällen mit möglicherweise erheblichen Auslandsbeziehungen und unproblematischen Fällen, in denen eine solche Subsumtion entbehrlich sein soll.[23]

Daraus ergibt sich, dass die Legaldefinition des Art. 3 I 1 EGBGB zu **24–25** eng ist, wenn sie vom IPR als denjenigen Vorschriften spricht, die bei einem Sachverhalt „mit einer Verbindung zum Recht eines ausländischen Staates" das anwendbare Recht bestimmen. Vielmehr besteht die Aufgabe des IPR darin, diejenige staatliche Privatrechtsordnung zu ermitteln, die auf einen bestimmten Sachverhalt zur Anwendung kommen soll.

---

[18] Hierzu § 10 Rn. 58–60.
[19] Hierzu § 10 Rn. 86 bzw. § 7 Rn. 40 f.; vgl. auch die Beispiele bei *Siehr*, IPR, S. 358 f.
[20] So auch MüKo/*Sonnenberger*, Art. 3 Rn. 2; *Siehr*, IPR, S. 359.
[21] *Siehr*, IPR, S. 359; *Neuhaus*, Grundbegriffe, S. 104.
[22] So etwa *E. Lorenz*, ZRP 1982, 148–156 (149).
[23] *Neuhaus*, Grundbegriffe, S. 104.

26 Auch in einem weiteren Punkt ist die Legaldefinition des Art. 3 I 1 EGBGB irreführend: Sie bezeichnet als IPR nämlich nur die „folgenden Vorschriften", also die
Art. 3–46 EGBGB, und lässt die anderen Quellen des deutschen IPR – Staatsverträge,
Kollisionsnormen in Spezialgesetzen, Richter- bzw. Gewohnheitsrecht[24] – unberücksichtigt. Außerdem kommt nicht hinreichend zum Ausdruck, dass es sich bei den im
EGBGB enthaltenen Kollisionsregeln um nationales, nämlich deutsches Recht, handelt, das aber nicht nur auf nationale, sondern auch auf internationale Sachverhalte
angewandt werden will.[25]

3. Beispiel

27 Im Folgenden werden die Erwägungen herausgestellt, die ein deutsches
Gericht bei der Beurteilung eines Falles mit Auslandsberührung anstel-
len wird. Ein ausländisches Gericht beurteilt den Sachverhalt hingegen
nach seinem eigenen nationalen IPR und kommt dabei möglicherweise
zu ganz anderen Ergebnissen.

28 Der Gedankengang des deutschen Richters lässt sich an folgendem Beispiel verdeutlichen:

Fall: Der in München wohnhafte Italiener A stirbt 1990. Sein Nachlass besteht aus
einem in München belegenen Appartement, das A seiner Lebensgefährtin R testamen-
tarisch zugewendet hat. Die in Italien lebende Schwester des Erblassers (M) erhebt
vor dem LG München Klage auf Feststellung, dass das von A in München errichtete
Testament wegen Verstoßes gegen die guten Sitten nichtig und sie selbst gesetzliche
Alleinerbin des A ist. Wie wird das LG die Rechtslage beurteilen?

a) *Prüfung der internationalen Zuständigkeit*[26]

29 Im Rahmen der internationalen Zuständigkeit ist zu prüfen, ob ein inländisches Gericht zur Entscheidung des Falles berufen ist. Notwendige
Vorüberlegung ist dabei die Zuordnung des dem Sachverhalt zugrundeliegenden Lebensverhältnisses zu einem Gebiet des Zivilrechts.

Im Ausgangsfall steht das Erbrecht der M in Rede. Die begehrte Feststellung kann M
durch eine Klage vor einem Zivilgericht erreichen. Die internationale Zuständigkeit
des Streitgerichts ist nach den von der Rechtsprechung hierzu entwickelten Grundsätzen[27] an die örtliche Zuständigkeit gekoppelt. Da es sich um eine Klage auf Feststellung des Erbrechts der M handelt, ist gemäß § 27 I ZPO das Gericht örtlich zuständig,
bei dem der Erblasser A zum Todeszeitpunkt seinen allgemeinen Gerichtsstand im
Sinne der §§ 12, 13 ZPO hatte.[28] Dies ist das Gericht am letzten Wohnsitz des Erblassers, also in München. Hieraus ergibt sich die internationale Zuständigkeit deutscher
Gerichte.

---

[24] Zur Unterscheidung unten Rn. 45–47.
[25] Hierzu auch unten Rn. 34 f.
[26] Hinweis: Ist lediglich ein Gutachten über die materiellrechtliche Rechtslage zu
erstatten, so ist diese Stufe zu überspringen.
[27] Zu den Einzelheiten s. § 3 Rn. 38.
[28] Vgl. hierzu § 3 Rn. 41.

b) Feststellung des anwendbaren Rechts

Sodann ist zu prüfen, welches materielle Recht auf die Entscheidung in 30–31
der Sache anzuwenden ist. Diese Frage zu beantworten, ist Aufgabe des
Internationalen Privatrechts. Die typische Fragestellung des IPR lautet
also: Welches nationale Recht ist auf den konkreten Sachverhalt anzuwenden? Um dies ermitteln zu können, bedarf es einer Kollisionsnorm;
Ausgangspunkt ist dabei das nationale IPR des Gerichtsstaates.

Hat der Richter einen privatrechtlichen Fall mit Auslandsbezug zu ent- 32
scheiden, so darf er seiner Entscheidung also nicht unmittelbar die materiellrechtlichen Normen der lex fori, hier z. B. die §§ 138, 2064 ff. BGB,
zugrunde legen. Eine uneingeschränkte Anwendung der auf inländische
Verhältnisse zugeschnittenen lex fori auch auf Fälle mit Auslandsbezug
wäre willkürlich. Vielmehr muss der Richter zunächst mittels der *Kolli-*
sionsnormen der lex fori bestimmen, welchem nationalen Recht er die
materiellrechtliche Regelung zu entnehmen hat.[29]

Im Beispielsfall besteht – lässt man die Form des Testaments einmal außer Acht[30] –
keine gemäß Art. 3 II EGBGB vorrangige staatsvertragliche Regelung. Somit ergibt
sich das anwendbare Recht aus der Kollisionsnorm des Art. 25 I EGBGB. Im Ergebnis kommt danach italienisches Recht zur Anwendung.[31]

Wie das Beispiel verdeutlicht, ist bei der Rechtsanwendung zwischen 33
den internen Sachvorschriften (= *Sachnormen*) und dem IPR (= *Kolli-*
sionsnormen) zu unterscheiden. Beide bestehen aber nicht unabhängig
voneinander, sondern der eine Normenkomplex bildet die notwendige
Ergänzung des anderen.[32]

B. Begriff und Name

I. Begriff

1. Kollisionsrecht

Internationales Privatrecht ist nach in Deutschland üblicher Terminolo- 34
gie die Gesamtheit der Rechtssätze einer nationalen Rechtsordnung, die
aus der Vielzahl nationaler Rechtsordnungen diejenige berufen, welche
auf ein konkretes Lebensverhältnis zur Anwendung kommen soll. Das

---

[29] In diesem Zusammenhang können auch die Kollisionsnormen der vom deutschen
IPR berufenen ausländischen Rechtsordnung (zur *Gesamtverweisung* vgl. § 6
Rn. 77 f.) und sogar diejenigen einer dritten Rechtsordnung (zur *Weiterverweisung*
vgl. § 6 Rn. 94–105) zu prüfen sein.
[30] Vgl. hierzu § 9 Rn. 33–36.
[31] Hierzu § 9 Rn. 5–8.
[32] *von Bar/Mankowski*, IPR I, § 4 Rn. 4 m. w. Nachw.

IPR löst somit den Konflikt zwischen mehreren Rechtsordnungen; daher spricht man auch von Kollisionsrecht.

35 In Deutschland werden nur Kollisionsnormen als IPR bezeichnet, nicht aber spezielle Sachnormen für internationale Sachverhalte, welche diese unmittelbar regeln. Die Grenzziehung bleibt teilweise unscharf, da sich auch im Rahmen des Kollisionsrechts vereinzelt materiellrechtliche Regelungen finden, z.B. in Art. 7 II und Art. 10 III 2 EGBGB.[33]

2. IPR im weitesten Sinne

36 In anderen Rechtsordnungen (z.B. in Frankreich, Belgien und Italien) wird mit IPR hingegen die Gesamtheit der Rechtsnormen bezeichnet, die internationale Sachverhalte regeln.[34] Dort werden dem IPR – neben dem Kollisionsrecht – weitere Gebiete zugerechnet (Internationales Zivilverfahrensrecht, Internationales Einheitsrecht, Fremdenrecht), die in Deutschland zu den Nachbargebieten des IPR gehören.[35] Für die Zusammenfassung dieser Gebiete spricht ihre praktische und methodische Verzahnung. Ihre begriffliche Trennung hat in Deutschland lange Zeit zu einer Vernachlässigung des Internationalen Zivilverfahrensrechts geführt. Heute ist der Sachzusammenhang jedoch von Wissenschaft und Praxis erkannt, für eine terminologische Neuorientierung besteht daher kein Bedürfnis.

II. Name

1. Ursprung und Verbreitung

37 Der Ausdruck „Internationales Privatrecht" wurde im 19. Jahrhundert geprägt. Er geht zurück auf den US-amerikanischen Rechtswissenschaftler *Story,* der in seinen „Commentaries on the Conflict of Laws" von „private international law" sprach.[36] Im Deutschen findet sich der Begriff erstmals 1841.[37] Auch in Frankreich spricht man von „droit international privé" im Gegensatz zum „droit international public", dem Völkerrecht. Im anglo-amerikanischen Raum ist indes die Bezeichnung „conflict of laws" geläufiger.[38]

38 Die Wortschöpfung *Storys* hat den Vorteil, dass sich zu ihr bequem Unterbegriffe (z.B. Internationales Familienrecht) und Parallelbegriffe (z.B. Internationales Verfahrensrecht) bilden lassen. Dies mag zu ihrer Verbreitung im deutschen Rechtskreis, für den die starke Begrifflichkeit der Rechtssprache charakteristisch ist, beigetragen haben.

---

[33] Weitere Beispiele bei MüKo/*Sonnenberger,* Einl. IPR, Rn. 3 m.w. Nachw.
[34] Vgl. hierzu MüKo/*Sonnenberger,* Einl. IPR, Rn. 3.
[35] Hierzu unten Rn. 94, 99, 130.
[36] *Story,* Commentaries on the Conflict of Laws, Boston (1834), § 39.
[37] *Schaeffner,* Entwicklung des internationalen Privatrechts, Frankfurt a.M. (1841).
[38] *Neuhaus,* Grundbegriffe, S. 4.

2. Kritik

Die Bezeichnung „Internationales Privatrecht" ist in zweifacher Hin-   39–41
sicht irreführend:
Das IPR ist – was die Rechtsquellen betrifft – *nicht notwendigerweise*
internationales Recht, sondern (noch) überwiegend nationales Gesetzes-
oder Richterrecht. Zunehmend wird Kollisionsrecht allerdings in völkerrechtlichen Verträgen und Rechtsakten der Europäischen Union vereinheitlicht.

Das IPR ist *kein Privatrecht im Sinne von Sachrecht:* Es trifft selbst keine Sachentscheidung, sondern bestimmt nur die anwendbare Privatrechtsordnung, nach der dann die Sachentscheidung zu fällen ist. Sieht
man das Kennzeichen des Privatrechts darin, dass dieses zwischen den
Parteien unmittelbare Rechtswirkungen hervorruft, also eine Sachentscheidung trifft, so sind Kollisionsregeln kein Privatrecht.[39]

C. Rechtsquellen

IPR ist überwiegend nationales Gesetzes- und Richterrecht. Zwar wird   42
eine weitgehende Vereinheitlichung des Kollisionsrechts auf europäischer Ebene angestrebt; bislang hat aber nur für Teilbereiche eine Harmonisierung mittels Richtlinien stattgefunden.[40] Weitere Rechtsquellen
sind multi- und bilaterale völkerrechtliche Verträge. Das Völkergewohnheitsrecht bildet hingegen keine unmittelbare Quelle des IPR.

I. Nationales Recht

1. Gesetzesrecht

a) EGBGB

Hauptquelle des kodifizierten deutschen IPR sind die Art. 3–46, 220   43
EGBGB.

b) Kollisionsregeln außerhalb des EGBGB

Vereinzelt enthält das autonome deutsche Gesetzesrecht auch Kollisionsregeln außerhalb des EGBGB. Beispiele sind:

– § 130 II GWB vom 26. 8. 1998[41]
– § 8 Kulturgüterrückgabegesetz vom 15. 5. 1998[42]

---

[39] *von Bar/Mankowski,* IPR I, § 4 Rn. 1 f.
[40] Dazu unten Rn. 119 f.
[41] BGBl. 1998 I S. 2546 = *Jayme/Hausmann,* Nr. 135.
[42] BGBl. 1998 I S. 3162 = *Jayme/Hausmann,* Nr. 114.

– § 7 I Arbeitnehmer-Entsendegesetz vom 26. 2. 1996[43]
– Art. 7–15 EGVVG vom 30. 5. 1908 i.d.F. vom 21. 7. 1994[44]
– § 32b UrhG vom 22. 3. 2002[45]

c) Gesetzlich nicht geregelte Bereiche

44 Gesetzlich nicht geregelt sind namentlich das IPR der juristischen Personen und der Stellvertretung.

2. Abgrenzung zwischen Gewohnheits- und Richterrecht

45 Auch auf dem Gebiet des Internationalen Privatrechts kann sich Gewohnheitsrecht oder eine ständige Rechtsprechung (Richterrecht) herausbilden. Gewohnheits- und Richterrecht gewinnen nur dort als eigenständige Rechtsquellen Bedeutung, wo es an einer ausdrücklichen gesetzlichen Regelung fehlt.[46]

46–47 Der Begriff „Gewohnheitsrecht" wird häufig als Synonym für eine ständige Rechtsprechung verwendet. Zwischen Gewohnheitsrecht und (bloßem) Richterrecht ist indes streng zu unterscheiden. Die Gerichte sind an Gewohnheitsrecht ebenso gebunden wie an Gesetzesrecht, nicht aber an Präjudizien. Würde ständige Rechtsprechung, sobald die Rechtsgemeinschaft sich auf sie eingestellt hat, zu Gewohnheitsrecht, so wäre es den Gerichten verboten, von einer einmal begründeten ständigen Rechtsprechung wieder abzuweichen. Tatsächlich weichen Gerichte jedoch recht häufig von ihrer bisherigen Rechtsprechung ab. Somit handelt es sich auch bei einer sogenannten „ständigen Rechtsprechung" nicht um Gewohnheitsrecht, sondern um bloßes Richterrecht, von dem jederzeit wieder abgewichen werden kann.[47]

Daher werden die von der Rechtsprechung entwickelten und in Fortbildung befindlichen kollisionsrechtlichen Grundsätze, wie z.B. die Sitztheorie im Internationalen Gesellschaftsrecht,[48] korrekt als Richterrecht bezeichnet.

3. Nachteile nationaler Kollisionsnormen – forum shopping

48 Das Gericht geht bei der Ermittlung des anwendbaren Rechts von den Kollisionsnormen der lex fori aus. Verwenden verschiedene Länder in ihren Kollisionsnormen unterschiedliche Anknüpfungsmomente, so kann sich die Wahl des Gerichtes (des Forums) auf die Bestimmung des für die Sachentscheidung maßgeblichen Rechts und damit auf die Sachentscheidung selbst auswirken. Dann besteht die Gefahr, dass ein Kläger unter mehreren international zuständigen Gerichten gezielt dasjenige

---

[43] BGBl. 1996 I S. 227 = *Jayme/Hausmann*, Nr. 93.
[44] BGBl. 1994 I S. 1630 = *Jayme/Hausmann*, Nr. 94.
[45] BGBl. 2002 I S. 1155.
[46] Also in den oben bei Rn. 44 genannten Bereichen.
[47] *Keller/Siehr*, IPR, S. 227.
[48] Hierzu § 7 Rn. 23–27.

auswählt, welches das für ihn günstigste Sachrecht anwenden wird. Dies bezeichnet man mit einem im anglo-amerikanischen Rechtskreis geprägten Ausdruck als *forum shopping.*

Dass die Wahl des Forums sich auf die Entscheidung auswirkt, wider- **49** spricht dem Leitprinzip des internationalen Entscheidungseinklangs. Dem *forum shopping* kann durch die internationale Vereinheitlichung des Kollisionsrechts begegnet werden. Denkbar wäre auch eine Vereinheitlichung der Regeln über die internationale Zuständigkeit: Durch einheitliche ausschließliche internationale Zuständigkeiten würde eine Konkurrenz verschiedener Foren zwar vermieden; doch würde dadurch der Justizgewährungsanspruch der Parteien unverhältnismäßig beeinträchtigt.[49]

II. Völkerrechtliche Abkommen

Kollisionsnormen in völkerrechtlichen Verträgen dienen dem interna- **50** tionalen Entscheidungseinklang. Völkerrechtliche Verträge werden in Deutschland nach Art. 59 II GG Bestandteil des Bundesrechts, zählen also zu den gesetzlichen Quellen des Kollisionsrechts.

Daneben gibt es zahlreiche völkerrechtliche Verträge zum Internationa- **51** len Zivilverfahrensrecht[50] und solche betreffend die Rechtsstellung von Staatenlosen und Flüchtlingen.[51]

1. Innerstaatliche Transformation

Zunächst ist zu klären, ob der in Betracht kommende völkerrechtliche **52** Vertrag in innerstaatliches Recht umgesetzt wurde. Hierbei greifen Völkerrecht und deutsches Staatsrecht ineinander.

Der Abschluss völkerrechtlicher Verträge läuft regelmäßig in folgenden Stufen ab **53–59** *(mehrphasiges Verfahren)*[52]:

    (1) *Vertragsverhandlungen*

    (2) *Paraphierung.* Die Verhandlungsführer einigen sich, für die an den Vertragsverhandlungen beteiligten Staaten noch nicht bindend, auf einen bestimmten Vertragstext. Dieser kann durch Neuverhandlung noch abgeändert werden.

    (3) *Unterzeichnung.* Mit der Unterzeichnung des Vertragstextes durch die förmlichen Vertreter der an den Verhandlungen beteiligten Staaten wird der Vertragstext endgültig festgelegt. Dadurch entsteht für die Unterzeichnerstaaten zugleich die Pflicht, in Bezug auf ihren Staat die Möglichkeit der Ratifikation zu prüfen.

---

[49] *Schack,* IZVR, Rn. 229; *Kropholler,* IPR, S. 636 f. m. w. Nachw.

[50] Hierzu § 3 Rn. 34 f., 95–98, 151 f., 274 f.

[51] Bei diesem Personenkreis ist eine kollisionsrechtliche Anknüpfung an die Staatsangehörigkeit entweder nicht möglich oder widerspräche dem besonderen Status des Flüchtlings; hierzu § 5 Rn. 26–29, 32–35. Die wichtigsten Abkommen sind abgedruckt bei *Jayme/Hausmann,* Nr. 10–12 und 270–274.

[52] *Seidl-Hohenveldern,* Völkerrecht, 10. Aufl. (2000), Rn. 254–316; *Stern,* Das Staatsrecht der Bundesrepublik Deutschland I, 2. Aufl. (1984), S. 501 f.

(4) *Innerstaatliches Zustimmungsverfahren.* Das innerstaatliche Zustimmungsverfahren ist für Deutschland in Art. 59 II GG geregelt. Hiernach bedarf es zur Begründung einer völkerrechtlichen Verpflichtung der Zustimmung in Form eines Bundesgesetzes.[53] Dieses Gesetz enthält in der Regel – soweit es sich auf einen Gegenstand bezieht, der in die Gesetzgebungszuständigkeit des Bundes fällt – neben der Zustimmung zur völkerrechtlichen Inkraftsetzung *(Ratifikation)* die *Transformation* der Bestimmungen des völkerrechtlichen Vertrages in innerstaatliches Recht.[54] Diese Transformation ist nach in Deutschland h. M. Voraussetzung für die innerstaatliche Geltung. Innerstaatlich gelten völkerrechtliche Verträge damit in Deutschland im Rang einfachen Gesetzesrechts.[55]

(5) *Ratifikation.* Erst durch die völkerrechtliche Ratifikation, also durch die Abgabe einer Verpflichtungserklärung durch das zuständige Organ des jeweiligen Vertragsstaates (in Deutschland der Bundespräsident, Art. 59 I GG), wird der Vertrag für den betreffenden Staat völkerrechtlich verbindlich.

(6) *Inkrafttreten.* Bisweilen treten multilaterale völkerrechtliche Verträge erst mit einer bestimmten Anzahl von Ratifikationen in Kraft, so dass bei diesen zusätzlich zu prüfen ist, ob die erforderliche Anzahl von Ratifikationen bereits erreicht wurde.[56]

(7) *Publikation.* Im Bundesgesetzblatt Teil II werden das innerstaatliche Zustimmungsgesetz mit dem dazugehörigen Vertragstext, der Zeitpunkt des völkerrechtlichen Inkrafttretens sowie der spätere Beitritt anderer Vertragsstaaten veröffentlicht.

2. Multilaterale Abkommen

60   Im Falle mehrseitiger Staatsverträge wird unterschieden zwischen solchen, die lediglich vereinheitlichtes Kollisionsrecht enthalten, und solchen, die ein vereinheitlichtes Sachrecht für internationale Sachverhalte geschaffen haben und damit auch die nationalen Sachnormen innerhalb ihres Anwendungsbereiches verdrängen.

a) Vereinheitlichtes Kollisionsrecht

61–62 Die Initiative für die Vereinheitlichung des IPR geht häufig von inter- oder supranationalen Organisationen aus.

aa) Abkommen der Haager Konferenz für IPR. Die Haager Konferenz für IPR befasst sich seit über 100 Jahren mit dem Entwurf einheitlicher Kollisionsregeln:[57]

– Haager Übereinkommen über das auf Unterhaltspflichten anzuwendende Recht vom 2. 10. 1973[58]
– Haager Übereinkommen über die Zuständigkeit der Behörden und das anzuwendende Recht auf dem Gebiet des Schutzes von Minderjährigen vom 5. 10. 1961[59]

---

[53] *Graf Vitzthum/Kunig,* Völkerrecht, 2. Aufl. (2001), Abschn. 2 Rn. 99–109; *Stern,* a. a. O., S. 504 f.
[54] *Stern,* a. a. O., S. 505.
[55] *Graf Vitzthum/Kunig,* a. a. O., Abschn. 2 Rn. 110–114; *Stern,* a. a. O., S. 505.
[56] Der Stand der Ratifikationen wird jährlich in BGBl. II, Fundstellennachweis B, fortgeschrieben; laufende Berichte enthält IPRax.
[57] *Kropholler,* RabelsZ 57 (1993), 207–223.
[58] BGBl. 1986 II S. 837 = *Jayme/Hausmann,* Nr. 41; in Kraft seit dem 1. 4. 1987.
[59] BGBl. 1971 II S. 219 = *Jayme/Hausmann,* Nr. 54; in Kraft seit dem 17. 9. 1971.

– Haager Übereinkommen über die zivilrechtlichen Aspekte internationaler Kindesentführung vom 25. 10. 1980[60]
– Haager Übereinkommen über die Zuständigkeit, das anzuwendende Recht, die Anerkennung, Vollstreckung und Zusammenarbeit auf dem Gebiet der elterlichen Verantwortung und der Maßnahmen zum Schutz von Kindern vom 19. 10. 1996[61]
– Haager Übereinkommen über den Schutz von Kindern und die Zusammenarbeit auf dem Gebiet der internationalen Adoption vom 29. 5. 1993[62]
– Haager Übereinkommen über das auf die Form letztwilliger Verfügungen anzuwendende Recht vom 5. 10. 1961[63]
– Haager Übereinkommen über das auf Straßenverkehrsunfälle anzuwendende Recht vom 4. 5. 1971[64]
– Haager Übereinkommen über das auf die Produkthaftpflicht anzuwendende Recht vom 2. 10. 1973[65]

bb) Europäisches Gemeinschaftsrecht. Ursprünglich sah der EG-Vertrag **63** keine eigenständige Zuständigkeit der Europäischen Gemeinschaft zur Vereinheitlichung bzw. Harmonisierung des Kollisionsrechts vor. Im Einzelfall ergab sich indes eine Annexkompetenz aus der Zuständigkeit zur Vereinheitlichung bzw. Angleichung bestimmter Sachvorschriften, von der insbesondere im Rahmen der Verbraucherschutz-Richtlinien Gebrauch gemacht wurde.[66] Einen Auftrag zur Rechtsvereinheitlichung enthält Art. 293 (ex-Art. 220) EG. Dieser begründet keine förmliche Rechtsetzungskompetenz der EG, sondern nennt exemplarisch für die europäische Integration besonders wichtige Gebiete, auf denen sich die Mitgliedstaaten um einen einheitlichen Rechtszustand bemühen sollen; als Handlungsform ist das Instrument des völkerrechtlichen Vertrags vorgesehen, der zwar seine Grundlage im EG-Vertrag hat, jedoch kein Gemeinschaftsrecht im eigentlichen Sinne darstellt. Zur Erfüllung dieses Auftrages wurden mehrere Abkommen abgeschlossen; das praktisch bedeutsamste war lange Zeit das

– Brüsseler EWG-Übereinkommen über die gerichtliche Zuständigkeit und die Vollstreckung gerichtlicher Entscheidungen in Zivil- und Handelssachen (EuGVÜ) vom 27. 9. 1968[67].

Das Römische EWG-Übereinkommen über das auf vertragliche Schuld- **64** verhältnisse anzuwendende Recht vom 19. 6. 1980 (EVÜ)[68] wird zwar

---

[60] BGBl. 1990 II S. 207 = *Jayme/Hausmann*, Nr. 222; in Kraft seit dem 1. 12. 1990.
[61] Für Deutschland noch nicht in Kraft; abgedruckt bei *Jayme/Hausmann*, Nr. 55.
[62] BGBl. 2001 II S. 1035 = *Jayme/Hausmann*, Nr. 223; in Kraft seit dem 1. 3. 2002.
[63] BGBl. 1965 II S. 1145 = *Jayme/Hausmann*, Nr. 60; in Kraft seit dem 1. 1. 1966. Das Übereinkommen wurde in Art. 26 EGBGB inkorporiert.
[64] Für Deutschland nicht in Kraft; abgedruckt bei *Jayme/Hausmann*, Nr. 100.
[65] Für Deutschland nicht in Kraft; abgedruckt bei Staudinger/*von Hoffmann*, Art. 40 Rn. 80.
[66] Hierzu unten Rn. 120.
[67] BGBl. 1972 II S. 774; in Kraft seit dem 1. 2. 1973; konsolidierte Fassung in ABl. EG 1998 Nr. L 27/3. Das Übereinkommen gilt heute nur noch im Verhältnis zu Dänemark.
[68] BGBl. 1986 II S. 810 = *Jayme/Hausmann*, Nr. 70; hierzu § 10 Rn. 1–22 b.

nicht ausdrücklich im Katalog des Art. 293 EG genannt, steht mit diesem aber in engem sachlichen Zusammenhang. Die einheitlichen Kollisionsregeln sollen unter den Mitgliedstaaten gleiche Bedingungen schaffen, den Rechtsverkehr erleichtern und die Gefahr des *forum shopping*, die infolge der Regelungen des EuGVÜ (heute: Brüssel I-VO) über Wahlgerichtsstände und Gerichtsstandsvereinbarungen entstanden ist, bannen.[69]

Das EVÜ ist für Deutschland am 1. 4. 1991 im Verhältnis zu Belgien, Dänemark, Frankreich, Griechenland, Italien, Luxemburg und dem Vereinigten Königreich in Kraft getreten.[70] Es gilt heute ferner für die Niederlande und Irland,[71] Portugal und Spanien,[72] sowie für Finnland, Österreich und Schweden.[73] Auch das Beitrittsübereinkommen vom 14. 4. 2005[74] ist zwischenzeitlich außer für Deutschland auch für sämtliche zehn der EU zum 1. 5. 2004 beigetretenen Mitgliedstaaten in Kraft.[75] Die Art. 1–21 EVÜ wurden mit gewissen redaktionellen Änderungen von Deutschland in Art. 27–37 EGBGB bereits vorab als innerstaatliches Recht in Kraft gesetzt; in ähnlicher Weise sind Belgien, Dänemark und Luxemburg vorgegangen.[76] Die Bundesrepublik hat bei der Zustimmung zum EVÜ durch Gesetz vom 25. 7. 1986[77] erklärt, dass die Art. 1–21 EVÜ in Deutschland innerstaatlich keine unmittelbare Anwendung finden sollen.[78] Deutschland ist aber völkerrechtlich verpflichtet, die nicht in das EGBGB übernommenen Regelungen des EVÜ innerstaatlich gleichwohl anzuwenden.

64a Infolge des Vertrages von Amsterdam besteht seit 1999 eine eigenständige Gesetzgebungszuständigkeit der Europäischen Gemeinschaft auf dem Gebiet des Kollisionsrechts.[79] Für die Zukunft ist eine vollständige Ablösung der völkerrechtlichen Verträge durch EG-Verordnungen beabsichtigt, wie sie teilweise (z. B. Brüssel I-VO[80]) bereits stattgefunden hat.[81]

b) Vereinheitlichte Sachnormen für internationale Sachverhalte

65 Völkerrechtliche Verträge, die ein einheitliches Sachrecht für internationale Sachverhalte schaffen, verdrängen in ihrem sachlichen, persönlichen und zeitlichen Anwendungsbereich die nationalen Kollisions- und Sachnormen. Die Vorschriften, die den Anwendungsbereich eines Staatsvertrages festlegen, sind somit ebenfalls Kollisionsnormen.[82]

---

[69] Soergel/*von Hoffmann*, Vor Art. 27 Rn. 3.
[70] BGBl. 1991 II S. 871.
[71] BGBl. 1992 II S. 550.
[72] BGBl. 1995 II S. 908.
[73] BGBl. 1999 II S. 7, 503.
[74] BGBl. 2006 II S. 348 = *Jayme/Hausmann*, Nr. 74.
[75] BGBl. 2007 II S. 638.
[76] *Jayme/Hausmann*, Nr. 70 (Fn. 4f.) m. w. Nachw.
[77] BGBl. 1986 II S. 809.
[78] Zu den Problemen, die diese Form der innerstaatlichen Inkraftsetzung völkerrechtlicher Verträge mit sich bringt, vgl. unten Rn. 79–82.
[79] Hierzu unten Rn. 118.
[80] Hierzu § 3 Rn. 182–270.
[81] *Jayme/Kohler*, IPRax 2003, 485–495 (493f.).
[82] *von Bar/Mankowski*, IPR I, § 2 Rn. 57–60.

aa) Vereinheitlichtes Kauf- und Handelsrecht. Besonders UNCITRAL 66
(= United Nations Commission on International Trade Law) sowie
UNIDROIT befassen sich mit der Vereinheitlichung des Welthandels-
rechts.

Beispiele:
– Wiener UN-Übereinkommen über Verträge über den internationalen Warenkauf
vom 11. 4. 1980[83]
– UNIDROIT-Übereinkommen von Ottawa über das internationale Factoring vom
28. 5. 1988[84]

bb) Wechsel- und Scheckrecht 67

– Genfer Abkommen über Bestimmungen auf dem Gebiete des internationalen
Wechselprivatrechts vom 7. 6. 1930[85]
– Genfer Abkommen über Bestimmungen auf dem Gebiet des internationalen
Scheckprivatrechts vom 19. 3. 1931[86]

Bei diesen Abkommen handelt es sich um „uniform laws", also Modellgesetze, die von den Staaten ohne Übernahme einer völkerrechtlichen
Verpflichtung als innerstaatliche Gesetze in Kraft gesetzt werden können. Deutschland hat zur Ausführung dieser Abkommen das Wechselgesetz vom 21. 6. 1933[87] und das Scheckgesetz nebst Einführungsgesetz
vom 14. 8. 1933[88] erlassen.

cc) Transportrecht 68

Beispiele:
– Übereinkommen über den Beförderungsvertrag im internationalen Straßengüterverkehr (CMR) vom 19. 5. 1956[89] und Änderungsprotokoll vom 5. 7. 1978[90]
– Montrealer Übereinkommen zur Vereinheitlichung bestimmter Vorschriften über
die Beförderung im internationalen Luftverkehr vom 28. 5. 1999[91]
– Übereinkommen über den internationalen Eisenbahnverkehr (COTIF) vom
9. 5. 1980[92]

dd) Umweltrecht 69

Beispiel:
– Pariser Übereinkommen über die Haftung gegenüber Dritten auf dem Gebiet der
Kernenergie vom 29. 7. 1960[93]

---

[83] BGBl. 1989 II S. 588 = *Jayme/Hausmann*, Nr. 77; in Kraft seit dem 1. 1. 1991; näher § 10 Rn. 23–24 c.
[84] BGBl. 1998 II S. 172 = *Jayme/Hausmann*, Nr. 78; in Kraft seit dem 1. 12. 1998.
[85] RGBl. 1933 II S. 377 = *Jayme/Hausmann*, Nr. 120; in Kraft seit dem 1. 1. 1934.
[86] RGBl. 1933 II S. 537, 595 = *Jayme/Hausmann*, Nr. 121; in Kraft seit dem 1. 1.
1934.
[87] Art. 91–98 WechselG entsprechen dem Abkommen v. 7. 6. 1930.
[88] Art. 60–66 ScheckG entsprechen dem Abkommen v. 13. 3. 1931.
[89] BGBl. 1961 II S. 1119; in Kraft seit dem 5. 2. 1962.
[90] BGBl. 1980 II S. 721, 733; in Kraft seit dem 28. 12. 1980.
[91] BGBl. 2004 II S. 459; vgl. hierzu: Staudinger/*von Hoffmann*, Art. 40 Rn. 270. Das
Übereinkommen soll für Deutschland in Kürze in Kraft treten.
[92] BGBl. 1985 II S. 130; zuletzt geändert durch Protokoll von 1990 (BGBl. 1992 II
S. 1183); in Kraft seit dem 1. 5. 1985.

70 Weitere Abkommen regeln die Verhinderung von Ölverschmutzungsschäden und die Haftung für derartige Schäden.[94] Federführend bei der
Ausarbeitung dieser Abkommen ist die International Maritime Organi-
zation (IMO) in London.

ee) Freiwillige Gerichtsbarkeit. Zur Vereinheitlichung des Rechts auf
dem Gebiet der Freiwilligen Gerichtsbarkeit haben die zahlreichen Abkommen der CIEC (= Commission Internationale d'État Civil) beigetragen.[95]

3. Bilaterale Abkommen

71 Die meisten bilateralen (= zweiseitigen) völkerrechtlichen Abkommen
betreffen die gegenseitige Anerkennung und Vollstreckung von Urteilen;
der Schwerpunkt liegt also auf dem Gebiet des Internationalen Verfahrensrechts. Vereinzelt enthalten zweiseitige völkerrechtliche Verträge
auch Kollisionsnormen.

Beispiel: Art. 8 III 1 des deutsch-iranischen Niederlassungsabkommens vom 17. 2.
1929[96] unterstellt Fragen des Personen-, Familien- und Erbrechts dem Personalstatut,
also dem Recht des Staates, dessen Staatsangehörigkeit die betreffende Person besitzt.

Die wichtigsten bilateralen Abkommen sind in der Textsammlung von
Jayme/Hausmann abgedruckt.

III. Rangfolge

1. Verhältnis zwischen deutschem Kollisionsrecht und völkerrechtlichen Abkommen (Art. 3 II 1 EGBGB)

72 Regelungen in völkerrechtlichen Verträgen gehen den Vorschriften des
EGBGB vor (vgl. Art. 3 II 1 EGBGB), soweit sie unmittelbar anwendbares innerstaatliches Recht geworden sind. Völkerrechtliche Verträge
sind daher vor autonomem IPR zu prüfen. Dabei empfiehlt sich folgendes Vorgehen:

a) Wirksame Umsetzung in innerstaatliches Recht

73 Zunächst ist zu prüfen, ob der betreffende völkerrechtliche Vertrag
wirksam in innerstaatliches Recht umgesetzt wurde.[97] Abzustellen ist
hierbei regelmäßig auf die letzte Stufe des Umsetzungsverfahrens, die
Verkündung des Inkrafttretens im Bundesgesetzblatt.

---

[93] BGBl. 1976 II S. 308; in Kraft seit dem 30. 9. 1975.
[94] Hierzu: Staudinger/*von Hoffmann*, Art. 40 Rn. 235–241.
[95] Hierzu § 3 Rn. 274.
[96] RGBl. 1930 II S. 1006 = *Jayme/Hausmann*, Nr. 24; in Kraft seit dem 11. 1. 1931.
[97] Hierzu oben Rn. 52–59.

b) Sachlicher, räumlich-persönlicher und zeitlicher Anwendungsbereich des Abkommens

Bei der Prüfung des sachlichen, räumlich-persönlichen und zeitlichen   74
Anwendungsbereichs ist zu berücksichtigen, dass manche – vorwiegend
ältere – völkerrechtliche Verträge die Verbürgung der Gegenseitigkeit
voraussetzen, d.h., dass sie nur dann anwendbar sind, wenn auf das
Recht eines Vertragsstaates verwiesen wird.

Beispiele:
– Art. 8 II Haager Abkommen zur Regelung des Geltungsbereichs der Gesetze auf
dem Gebiete der Eheschließung vom 12. 6. 1902[98]
– Art. 6 Haager Übereinkommen über das auf Unterhaltsverpflichtungen gegenüber
Kindern anzuwendende Recht vom 24. 10. 1956[99]

c) Vorrang völkerrechtlicher Abkommen (Art. 3 II EGBGB)

Soweit das Abkommen unmittelbar anwendbares innerstaatliches Recht   75
geworden ist, geht es entsprechenden autonomen Regeln vor (Art. 3 II 1
EGBGB). Dies ergibt sich bereits aus dem Grundsatz völkerrechts-
freundlichen Verhaltens („pacta sunt servanda"), der auch die Auslegung
innerstaatlichen Rechts beherrscht. Der Grundsatz gilt nicht nur im
IPR, sondern etwa auch im Internationalen Zivilverfahrensrecht. Art. 3
II 1 EGBGB hat lediglich deklaratorische (= klarstellende) Funktion:
Durch ihn wird der Vorrang von völkerrechtlichen Verträgen nicht begründet, sondern nur auf ihr mögliches Eingreifen hingewiesen.[100]

aa) Verhältnis des einfachen Gesetzesrechts zu völkerrechtlichen Ab-   76–77
kommen – Gefahr der innerstaatlichen Außerkraftsetzung. Problematisch ist das Rangverhältnis von transformierten völkerrechtlichen Verträgen und einfachem Gesetzesrecht. Im Verhältnis innerstaatlichen
Gesetzesrechts zueinander gelten die Grundsätze *„lex posterior derogat
legi anteriori"* (das spätere Gesetz verdrängt das frühere) und *„lex
specialis derogat legi generali"* (das spezielle Gesetz verdrängt das allgemeine). Durch die Transformation erhält das Abkommen den Rang einfachen Gesetzesrechts; damit müssten für Kollisionen zwischen Gesetzesrecht und transformierten völkerrechtlichen Verträgen an sich die
gleichen Grundsätze gelten.[101]
Ein späterer völkerrechtlicher Vertrag genießt daher Vorrang vor frühe-
rem autonomen Recht. Was gilt aber, wenn das autonome nationale
Recht nachträglich in einer dem Abkommen widersprechenden Weise
geändert wird? Betrachtet man den völkerrechtlichen Vertrag gegenüber
dem autonomen Gesetzesrecht nicht als lex specialis, so kommt man mit

---

[98] RGBl. 1904 S. 221 = *Jayme/Hausmann*, Nr. 30; in Kraft seit dem 31. 7. 1904.
[99] BGBl. 1961 II S. 1013 = *Jayme/Hausmann*, Nr. 40; in Kraft seit dem 1. 1. 1962.
[100] BTDrucks. 10/504, S. 36.
[101] MüKo/*Sonnenberger*, Art. 3 Rn. 12.

der lex-posterior-Regel zum Ergebnis, dass der Gesetzgeber das Abkommen entgegen seiner völkerrechtlichen Verpflichtung innerstaatlich jederzeit außer Kraft setzen könnte.

78 Nach einer vom BGH entwickelten Auslegungsregel[102] haben die auf zwischenstaatlichen Abkommen beruhenden Regelungen dennoch im Zweifel Vorrang vor später gesetztem nationalen Recht: Da der Gesetzgeber in der Regel nicht völkerrechtswidrig handeln möchte, geht ein völkerrechtlicher Vertrag wegen seines beschränkten räumlich-persönlichen Anwendungsbereichs grundsätzlich als „lex specialis" der autonomen Regelung vor. Daher sind auch nach Inkrafttreten der IPR-Reform am 1. 9. 1986 die zahlreichen früheren Abkommen zum IPR auf den Gebieten des Personen-, Familien- und Erbrechts weiterhin anzuwenden.[103]

79–80 *bb) Inkorporierte Staatsverträge.* Die Vorrangstellung der völkerrechtlichen Verträge ist jedoch problematisch, wenn diese in das EGBGB inkorporiert sind.

Beispiel 1: Art. 1–21 des Römischen EWG-Übereinkommens über das auf vertragliche Schuldverhältnisse anzuwendende Recht vom 19. 6. 1980 (EVÜ)[104] wurden mit leicht verändertem Wortlaut als Art. 27–37 in das EGBGB übernommen. Gleichzeitig hat Deutschland im Zustimmungsgesetz zum EVÜ[105] erklärt, dass die Art. 1–21 EVÜ innerstaatlich keine unmittelbare Anwendung finden sollen.

Dieser Form der Umsetzung steht der Gedanke der Rechtsvereinheitlichung nicht unbedingt entgegen, da es jedem Staat grundsätzlich selbst überlassen bleibt, wie er seine völkerrechtlichen Verpflichtungen im innerstaatlichen Bereich erfüllen will. Völkerrechtswidrig sind nur dem Abkommen inhaltlich zuwiderlaufende Änderungen *(modifications substantielles).* Grundsätzlich ist die Inkorporation von völkerrechtlichen Verträgen daher zulässig.[106]

Wegen der Auslegungskompetenz des EuGH[107] und der Pflicht, diese Auslegung gemäß Art. 36 EGBGB auch bei der Anwendung der inkorporierten Regelungen des EVÜ zu berücksichtigen, wendet der deutsche Richter zwar die Art. 27–37 EGBGB an, aber mit dem Inhalt, den die ihnen entsprechenden Regelungen des EVÜ haben.[108]

81 **Beispiel 2:** Das Haager Übereinkommen über das auf Unterhaltspflichten anzuwendende Recht vom 2. 10. 1973[109] wurde in Art. 18 EGBGB eingearbeitet; später wurde

[102] *BGH* 11. 1. 1984, BGHZ 89, 325 (336) = IPRax 1984, 208 m. Anm. *Henrich,* 186–188 = IPRspr 1984 Nr. 58.

[103] MüKo/*Sonnenberger,* Art. 3 Rn. 13; Soergel/*Kegel,* Vor Art. 3 Rn. 36.

[104] BGBl. 1986 II S. 810 = *Jayme/Hausmann,* Nr. 70; in Kraft seit dem 1. 4. 1991.

[105] Gesetz v. 25. 7. 1986 (BGBl. 1986 II S. 809).

[106] *Nolte,* IPRax 1985, 71–76 (72f.).

[107] Vgl. die beiden Brüsseler Auslegungsprotokolle v. 19. 12. 1988 (ABl. EG 1989 Nr. L 48/1 bzw. 48/17 = *Jayme/Hausmann,* Nr. 70a bzw. 70b); zum Inkrafttreten § 10 Rn. 22a.

[108] *Nolte,* IPRax 1985, 71–76 (76).

[109] BGBl. 1986 II S. 837 = *Jayme/Hausmann,* Nr. 41; in Kraft seit dem 1. 4. 1987.

es innerstaatlich in Kraft gesetzt. Fraglich ist daher das Verhältnis von Art. 18 EGBGB zum Abkommen.

Nach wohl h. M.[110] gilt der in Art. 3 II 1 EGBGB niedergelegte Grundsatz auch im Verhältnis zwischen völkerrechtlichen Verträgen und inhaltsgleichem autonomen Recht: Solange nicht – wie beim EVÜ – das Gegenteil ausdrücklich erklärt wurde, ist das Abkommen anzuwenden. Die ihm entsprechende nationale Regelung wirkt rein deklaratorisch. Nach a. A.[111] soll die nationale Regelung hier lex specialis gegenüber dem völkerrechtlichen Vertrag sein. – Der Streit um den Vorrang zwischen völkerrechtlichem Vertrag und inhaltsgleicher nationaler Regelung ist müßig, wenn klargestellt ist, dass die Auslegung der nationalen Regelung im Lichte des Abkommens zu erfolgen hat (analog Art. 36 EGBGB). Dann erscheint es sogar unbedenklich, beiden Rechtsquellen gleichzeitig Geltung zuzusprechen (arg. Art. 142 GG).

Beispiel 3: Das Haager Übereinkommen über das auf die Form letztwilliger Verfü- **82** gungen anzuwendende Recht vom 5. 10. 1961[112] war für die Bundesrepublik Deutschland bereits innerstaatlich in Kraft[113], bevor es im Zuge der IPR-Reform von 1986 in Art. 26 I–III EGBGB eingearbeitet wurde. Auch insoweit ist von einer gleichzeitigen Geltung beider Rechtsquellen auszugehen.[114]

2. Verhältnis zwischen deutschem Kollisionsrecht und Regelungen in Rechtsakten der Europäischen Gemeinschaften (Art. 3 II 2 EGBGB)

Gemäß Art. 3 II 2 EGBGB lassen die Vorschriften des EGBGB die Re- **83** gelungen in den Rechtsakten der Europäischen Gemeinschaften unberührt, d. h., auch diese genießen Vorrang gegenüber entgegenstehenden nationalen Kollisionsnormen. Da dies bereits aus allgemeinen Regeln des europäischen Gemeinschaftsrechts folgt, hat Art. 3 II 2 EGBGB ebenso wie Art. 3 II 1 EGBGB keine konstitutive Bedeutung. Vielmehr soll der Rechtsanwender nachdrücklich auf die Existenz gemeinschaftsrechtlicher Normen hingewiesen werden.[115]

Nicht unter Art. 3 II 2 EGBGB fallen Richtlinien, da diese keine unmittelbare Rechtswirkung nach außen entfalten, sondern nur einen Auftrag an den nationalen Gesetzgeber enthalten (Art. 249 III EG). Die Regelungen, die die Richtlinien umsetzen, sind Bestandteil des nationalen Rechts (Beispiel: Art. 29a EGBGB) und werden gleichfalls nicht von Art. 3 II 2 EGBGB erfasst.[116]

---

[110] MüKo/*Sonnenberger*, Art. 3 Rn. 14; *Siehr*, IPRax 1987, 4–8 (6); *Jayme*, IPRax 1986, 265–270 (265 f.).
[111] *von Bar/Mankowski*, IPR I, § 3 Rn. 99.
[112] BGBl. 1965 II S. 1145 = *Jayme/Hausmann*, Nr. 60; in Kraft seit dem 1. 1. 1966.
[113] Seit dem 1. 1. 1966 (BGBl. 1966 II S. 11).
[114] Hierzu § 9 Rn. 34 f.
[115] BTDrucks. 10/504, S. 35 f.
[116] MüKo/*Sonnenberger*, Art. 3 Rn. 16 m. w. Nachw.; BTDrucks. 10/504, S. 35 f.

D. Nachbargebiete

I. Andere Kollisionsrechte privatrechtlicher Art

84　Andere Kollisionsrechte privatrechtlicher Art sind das Interlokale, das Interpersonale und das Intertemporale Privatrecht.

1. Interlokales Privatrecht

85　Das Interlokale Privatrecht regelt die räumliche Kollision zwischen verschiedenen Privatrechtsordnungen innerhalb des Hoheitsgebietes desselben souveränen Staates. Das Interlokale Privatrecht ist damit bedeutsam für die Ermittlung des anwendbaren Rechts in sogenannten Mehrrechtsstaaten, wie etwa den *USA*, dem *Vereinigten Königreich, Kanada, Australien, Spanien* und *Mexiko*. Die Fragestellung des Interlokalen Privatrechts ist der des IPR sehr ähnlich, betrifft aber den Anwendungskonflikt zwischen verschiedenen Teilrechtsordnungen innerhalb eines Staates. Das IPR betrifft hingegen den Anwendungskonflikt zwischen den Rechtsordnungen verschiedener souveräner Staaten.

a) Besonderheiten im Verhältnis des Rechts der Bundesrepublik Deutschland zum Recht der ehemaligen DDR

86　Mit dem Recht der Bundesrepublik Deutschland und dem der DDR standen sich ehedem zwei selbständige, voneinander getrennte Rechtsordnungen gegenüber.

87　*aa) Vor der Wiedervereinigung.* Die ganz h.M. in der Bundesrepublik Deutschland ging auch vor der Wiedervereinigung der beiden deutschen Staaten immer von einer einheitlichen gesamtdeutschen Staatsangehörigkeit (vgl. Art. 116 I GG) aus.[117] Im deutschen IPR ist die Staatsangehörigkeit – trotz abnehmender Tendenz – jedoch ein wesentliches Anknüpfungsmoment, so dass hiermit in zahlreichen Fällen das anwendbare Recht im Verhältnis zur DDR nicht bestimmt werden konnte. Statt dessen stellte man im Verhältnis zur DDR auf den gewöhnlichen Aufenthalt der betreffenden Person ab, eine im Interlokalen Privatrecht verbreitete Anknüpfung.[118] Weil es sich aber bei der Bundesrepublik Deutschland und der DDR um zwei souveräne Staaten handelte, war das innerdeutsche Privatrecht kein Interlokales Privatrecht im engeren Sinne.

88　*bb) Nach der Wiedervereinigung.* Auch nach der Wiedervereinigung beider deutscher Staaten durch den Beitritt der Länder der ehemaligen

---

[117] Vgl. z.B. *Hailbronner/Renner,* Staatsangehörigkeitsrecht, 4. Aufl. (2005), Grundlagen G, Rn. 1–23 m.w. Nachw.

[118] So auch *Kegel/Schurig,* IPR, S. 463–466 m.w. Nachw.

DDR zum Bundesgebiet gemäß Art. 23 GG a. F. bestehen weiterhin einige Unterschiede zwischen den privatrechtlichen Regelungen in den alten und den neuen Bundesländern, etwa auf den Gebieten des Familien-, Erb- und Sachenrechts.

Beispiel: In den neuen Bundesländern gibt es ein vom Grundstückseigentum losgelöstes Eigentum an Gebäuden (Art. 233 § 2 b I 1 EGBGB).

Es bedarf hier eines interlokalen Kollisionsrechts zwischen alten und neuen Bundesländern, um die maßgebliche Teilrechtsordnung zu bestimmen. Der räumliche und zeitliche Geltungsbereich des alten DDR-Rechts im Verhältnis zum bundesdeutschen Recht wurde im Einigungsvertrag vom 31. 8. 1990[119] festgelegt. Die für das Interlokale Privatrecht geltenden Kollisionsregeln finden sich in Art. 230–236 EGBGB. Anknüpfungsmomente sind der gewöhnliche Aufenthalt bzw. Wohnsitz von Personen sowie der Lageort von Sachen.

b) Beachtlichkeit des Interlokalen Privatrechts bei internationalprivatrechtlichen Sachverhalten (Art. 4 III EGBGB)

Auch im Rahmen des Internationalen Privatrechts können Fragestellungen auftreten, bei denen man sich zur Ermittlung der letztlich maßgeblichen Teilrechtsordnung der Regeln des Interlokalen Privatrechts bedienen muss.[120]   **89**

2. Interpersonales Privatrecht

Das Interpersonale Privatrecht grenzt die innerhalb eines Staates für   **90** jeweils bestimmte Bevölkerungsgruppen geltenden Privatrechtsordnungen voneinander ab. Anknüpfungsmomente bilden dabei bestimmte Eigenschaften einer Person, z. B. Stammes- oder Religionszugehörigkeit. Interpersonales Privatrecht gilt beispielsweise in *Indien* (Religions- und Kastenzugehörigkeit), *Israel* und den meisten *islamischen Staaten* (religiöses Ehe- und Familienrecht).

Fall: Eine deutsche Frau möchte vor dem Standesamt in Köln einen israelischen Mann   **91** jüdischen Glaubens heiraten. Nach welchem Recht bestimmt sich die Ehefähigkeit des Mannes?
Gemäß Art. 13 I EGBGB beurteilt sich die Ehefähigkeit nach dem jeweiligen Heimatrecht, d. h. für den Mann nach israelischem Recht. Das israelische Recht trifft keine einheitliche Regelung für die Voraussetzungen der Eheschließung, sondern unterscheidet nach der Religionszugehörigkeit. Nach Art. 4 III 1 EGBGB i. V. m. dem israelischen interpersonalen Privatrecht untersteht die Ehefähigkeit des Mannes jüdischem religiösen Recht.[121]

---

[119] BGBl. 1990 II S. 889.
[120] Näher § 6 Rn. 117–121.
[121] *BGH* 12. 5. 1971, BGHZ 56, 180 = NJW 1971, 1519 = IPRspr 1971 Nr. 40; zur weiteren Problematik dieses Falles vgl. § 8 Rn. 3.

92 Bisweilen sind religiöse Rechte auch ohne ausdrückliche Verweisung
durch staatliches Recht heranzuziehen.[122] Teilweise sind interreligiöse
und internationale Fragestellungen eng miteinander verknüpft. So sind
Weiterverweisungen auf religiöse Rechte auch im Rahmen des IPR beachtlich.

3. Intertemporales Privatrecht

93 Das Intertemporale Privatrecht regelt die zeitliche Kollision von
Rechtsordnungen, d.h. den Übergang von einer alten zu einer neuen
Rechtsvorschrift. Zeitliche Kollisionen können dabei sowohl zwischen
einander ablösenden nationalen Rechtsvorschriften als auch dann auftreten, wenn ein bisher geltender völkerrechtlicher Vertrag durch einen
neuen ersetzt werden soll.

Beispiele:
– Art. 99, 100 des Wiener UN-Übereinkommens über Verträge über den internatio-
  nalen Warenkauf
– Art. 220 EGBGB
– Art. 163, 168, 170 EGBGB
– Regelungen aus Anlass der Wiedervereinigung der beiden deutschen Staaten betref-
  fend die Weitergeltung von Staatsverträgen mit der früheren DDR und des Rechts-
  anwendungsgesetzes (RAG) im Anschluss an Art. 8, 11, 12 des Einigungsvertrages

Intertemporales Recht kann zum einen bei der Ermittlung der maßgeblichen Kollisionsnorm, zum anderen bei der Bestimmung des Inhalts des
durch das deutsche IPR berufenen Sachrechts zu beachten sein.

II. Internationales Zivilverfahrensrecht

94 Das Internationale Zivilverfahrensrecht (IZVR) befasst sich mit der
Durchsetzung eines materiellrechtlichen Anspruchs auf internationaler
Ebene.[123] Es regelt das Verfahren bei Sachverhalten mit Auslandsberührung, hat aber auf die Sachentscheidung allenfalls unter dem Gesichtspunkt des *forum shopping*[124] mittelbaren Einfluss. Das IPR bestimmt
hingegen unmittelbar die für die Sachentscheidung maßgeblichen Normen des materiellen Rechts.

III. Auslandsrechtskunde. Rechtsvergleichung

95–97 Auslandsrechtskunde und Rechtsvergleichung beschäftigen sich mit
dem Recht fremder Staaten, vor allem mit deren Sachrecht:[125] Die *Aus-*

---

[122] Vgl. hierzu *Elwan*, IPRax 1986, 124–126.
[123] Zu den Einzelheiten des IZVR s. § 3.
[124] Vgl. oben Rn. 48.
[125] Umfassend *Zweigert/Kötz*, Einführung in die Rechtsvergleichung, 3. Aufl. (1996).

landsrechtskunde erschöpft sich darin, von einem fremden Recht zu berichten, ohne es in Bezug zu anderen Rechtsordnungen zu setzen. Sie ist notwendige Vorstufe der *Rechtsvergleichung im eigentlichen Sinne*. Diese setzt das Recht eines fremden Staates in Bezug zum eigenen Recht oder dem anderer fremder Staaten.

Auslandsrechtskunde und Rechtsvergleichung verschaffen einen Zugang 98 zum ausländischen Recht. Sie sind daher für die Anwendung ausländischen Rechts unentbehrlich. Da das IPR häufig auf ausländisches Sachrecht verweist, stellen Auslandsrechtskunde und Rechtsvergleichung für den Umgang mit dem IPR notwendige Hilfswissenschaften dar.

IV. Internationales Einheitsrecht

Das Internationale Einheitsrecht bestimmt im Gegensatz zum IPR nicht 99 das anzuwendende Recht, sondern verdrängt IPR und nationales materielles Recht. Innerhalb des Anwendungsbereichs von Einheitsrecht ist das autonome Kollisionsrecht daher nicht anwendbar; das Einheitsrecht kann jedoch selbst Kollisionsregeln enthalten.[126]

V. Völkerrecht

Das Völkerrecht regelt nur die hoheitlichen, also öffentlich-rechtlichen 100 Beziehungen zwischen Völkerrechtssubjekten. Völkerrechtssubjekte sind zunächst die souveränen Staaten, aber auch bestimmte internationale Organisationen (UNO, WTO, NATO, OECD, die Europäischen Gemeinschaften und der Europarat) sowie traditionelle Völkerrechtssubjekte (der Heilige Stuhl, das Internationale Komitee des Roten Kreuzes und der Malteserorden). Nach klassischem Völkerrecht kommt Privatpersonen, seien sie natürliche oder juristische Personen, keine Völkerrechtssubjektivität zu.[127] Danach sind weder multinationale Unternehmen noch private Organisationen der internationalen Wirtschaft (z.B. die Internationale Handelskammer in Paris) oder des internationalen Sports (z.B. IOC) Völkerrechtssubjekte.

Nach dieser klassischen Auffassung können Rechtsbeziehungen zu Nichtvölkerrechtssubjekten nicht dem Völkerrecht unterstehen, sondern nur von staatlichem Recht beherrscht werden. Welches staatliche Recht zur Anwendung gelangt, wird vom (ebenfalls staatlichen) IPR bestimmt. Allerdings gibt es verschiedene moderne Ansätze, die diesen strengen

---

[126] Näher zum Einheitsrecht oben Rn. 65–70.
[127] Hierzu *Seidl-Hohenveldern*, Völkerrecht, 10. Aufl. (2000), Rn. 927–951 (sogenannte Mediatisierung). Die Entwicklung ist jedoch noch nicht abgeschlossen; so besitzen Individuen etwa im System der EMRK gewissermaßen partielle Völkerrechtssubjektivität.

Dualismus von Völkerrecht und staatlichem Recht in Frage stellen
(transnationales Recht, „lex mercatoria").[128]

1. Abgrenzungsprobleme

a) Dienstverhältnisse von Angehörigen internationaler Organisationen

101 Bei nationalen Gesellschaften, die keine Völkerrechtssubjekte sind, sind
die Dienstverhältnisse der Arbeiter und Angestellten unproblematisch
nach Maßgabe des IPR zu beurteilen. Angehörige internationaler Organisationen genießen jedoch häufig einen Sonderstatus.[129] Nach h.M.
richten sich ihre Dienstverhältnisse, soweit keine völkerrechtlichen Sonderregelungen eingreifen, subsidiär nach dem Recht des Beschäftigungs-
orts.[130]

b) Schadensersatzansprüche wegen entschädigungsloser Enteignung von
Ausländern

102 **Beispiel:** Der libysche Staat hebt die an US-amerikanische Ölgesellschaften verliehe-
nen Konzessionen zum Erdölabbau auf (faktische Enteignung).

Nach allgemeinen Grundsätzen des Völkerrechts ist die entschädigungs-
lose Enteignung von Ausländern unzulässig.[131] Das geschädigte Unternehmen ist indes kein Völkerrechtssubjekt, kann also selbst vor dem
Internationalen Gerichtshof in Den Haag weder die Völkerrechtswid-
rigkeit rügen, noch einen etwaigen Schadensersatzanspruch geltend machen. Dies kann nach h.M. nur der Heimatstaat des geschädigten Unternehmens. Das Unternehmen selbst ist gegen das völkerrechtswidrige
Verhalten schutzlos. Abhilfe wird dadurch erzielt, dass das Unternehmen mit dem betreffenden Staat schon bei Abschluss des Konzessions-
vertrages für den Fall der Konzessionsverletzung die Streitentscheidung
durch ein internationales Schiedsgericht nach Maßgabe der allgemeinen
Grundsätze des Völkerrechts vereinbart.[132] Eine große Anzahl derartiger
Schiedsverfahren wurde bereits durchgeführt.

---

[128] Grundlegend hierzu *Rigaux*, Rec des Cours 213 (1989 I), 13–407. Zur lex mercatoria unten § 2 Rn. 56.
[129] Vgl. z.B. New Yorker UN-Übereinkommen über die Vorrechte und Immunitäten
der Vereinten Nationen v. 13. 6. 1946 (BGBl. 1980 II S. 943); New Yorker UN-
Übereinkommen über die Vorrechte und Befreiungen der Sonderorganisationen
der Vereinten Nationen v. 21. 11. 1947 (BGBl. 1954 II S. 640) – dazu VO v. 18. 3.
1971 (BGBl. 1971 II S. 129); NATO-Truppenstatut v. 19. 6. 1951 (BGBl. 1961 II
S. 1190); Zusatzabkommen zum NATO-Truppenstatut v. 3. 8. 1959 (BGBl. 1961 II
S. 1218).
[130] Vgl. etwa schweiz. *BG* 25. 1. 1999, IPRax 1999, 257 m. Anm. *Seidl-Hohenveldern*,
273 f.
[131] Hierzu Soergel/*von Hoffmann*, Art. 38 Anh. III (Internationales Enteignungs-
recht), Rn. 21.
[132] *Catranis*, RIW 1982, 19–27.

2. Beziehungen zum IPR

a) Völkerrechtliche Bindungen bezüglich der Ausgestaltung des IPR – Prinzip der comitas

Comitas bezeichnet die Pflicht, andere Staaten als gleichwertige Mitglie- 103
der der Staatengemeinschaft zu respektieren. Daraus ergibt sich, dass
kein staatliches Gericht allen seinen Entscheidungen immer nur inländisches Recht zugrunde legen darf: Je nach Stärke des Auslandsbezugs
kann die *comitas* die Anwendung ausländischen Rechts gebieten. Kollisionsnormen sind so zu gestalten, dass sie inländisches Recht nicht einseitig bevorzugen, sondern in- und ausländisches Recht grundsätzlich
gleich behandeln. Dennoch ist dem Gesetzgeber bei der Ausgestaltung
des IPR und des IZVR ein weiter Spielraum zuzugestehen.

b) Grenzen der extraterritorialen Anwendung inländischen Rechts

Heftig umstritten ist in der Staatenpraxis, welchen völkerrechtlichen 104
Grenzen die staatliche Rechtssetzungsbefugnis im Hinblick auf solche
Personen unterliegt, die sich im Ausland aufhalten.

Beispiele: Die USA erlassen an ausländische Tochterfirmen US-amerikanischer Unternehmen gerichtete Verbote, Waren ins Ausland zu liefern (z.B. das sogenannte Röhrenembargo)[133] oder Zahlungen an Ausländer zu leisten (z.B. gegenüber
Libyen)[134].

Aus völkerrechtlicher Sicht sind die Verbote an die US-amerikanischen Unternehmen
selbst zulässig, da von der nationalen Souveränität gedeckt. Die Verbote an ausländische Tochterfirmen dürften hingegen völkerrechtswidrig und daher für diese rechtlich
nicht bindend sein.

VI. Europäisches Gemeinschaftsrecht

Literatur: *Basedow,* Europäisches Internationales Privatrecht, NJW 1996, 1921–1929;
Bruinier, Der Einfluss der Grundfreiheiten auf das IPR (2003); *von Hoffmann*
(Hrsg.), European Private International Law (1998); *Jayme,* Europäisches Kollisionsrecht: Grundlagen – Grundfragen, in: Müller-Graff (Hrsg.), Perspektiven des Rechts
in der Europäischen Union (1998), 1–18; *Kohler,* Interrogations sur les sources du
droit international privé européen après le traité d'Amsterdam, Rev crit dr int priv
1999, 1–30; *Kreuzer,* Die Europäisierung des Internationalen Privatrechts, in: Müller-
Graff (Hrsg.), Gemeinsames Privatrecht in der Europäischen Gemeinschaft (1993),
S. 393–447; *Remien,* European private international law, the European Community
and its emerging area of freedom, security and justice, CoMLRev 38 (2001), 53–86;
W.H. Roth, Die Grundfreiheiten und das IPR – das Beispiel Produkthaftung, GS
Lüderitz (2000), S. 635–657; *Sonnenberger,* Europarecht und Internationales Privat-
recht, ZvglRW 95 (1996), 3–47; *Taupitz,* Das internationale Produkthaftungsrecht im
Zugriff der europäischen Warenverkehrsfreiheit: Abschied vom favor laesi?, ZEuP
1997, 986–1009; *Thünken,* Das kollisionsrechtliche Herkunftslandprinzip (2003).

---

[133] *De Boer/Kotting,* IPRax 1984, 108–112.
[134] *Fuchs,* IPRax 1990, 260–264 m.w. Nachw.

105 Im Zentrum des aktuellen Interesses steht das Verhältnis des IPR zum Europarecht. Einerseits wird im Schrifttum diskutiert, ob und – wenn ja – welche Anforderungen das Binnenmarktziel an den Inhalt des nationalen Kollisionsrechts stellt, andererseits wird das Kollisionsrecht zunehmend vergemeinschaftlicht.

1. Binnenmarktziel

106 Das Ziel des Binnenmarktes besteht darin, die Freiheit des Personen-, Waren-, Dienstleistungs- und Kapitalverkehrs zwischen den Mitgliedstaaten zu verwirklichen. Daraus kann – unbeschadet der Zuständigkeit der Gemeinschaft auf dem Gebiet des Kollisionsrechts[135] – keine Verpflichtung der Mitgliedstaaten zu einer Vereinheitlichung des IPR abgeleitet werden. Das Gemeinschaftsrecht stellt jedoch Anforderungen an die Ausgestaltung des nationalen Rechts; umstritten ist, ob dies auch die nationalen Kollisionsnormen betrifft.

a) Warenverkehrsfreiheit (Art. 28, 30 EG)

107 Die Warenverkehrsfreiheit ist verwirklicht, wenn ein Anbieter aus einem Mitgliedstaat der EU seine Waren in allen anderen Mitgliedstaaten unter den gleichen Voraussetzungen vermarkten kann, wie in seinem eigenen.[136] Dies bedeutet, dass Umstände, die sich auf die Vermarktung der Ware auswirken, wie etwa Anforderungen an die Produktsicherheit oder die Zulässigkeit bestimmter Arten der Werbung (z.B. Preisvergleich), nach dem Sitzrecht des Anbieters beurteilt werden müssen (Herkunftslandprinzip). Die Warenverkehrsfreiheit beeinträchtigende strengere Gesetze des Landes, in dem die Ware vermarktet werden soll (Marktort), können nur Berücksichtigung finden, soweit sie durch ein besonderes öffentliches Interesse im Sinne des Art. 30 EG gerechtfertigt sind.[137]

108 Teile des neueren Schrifttums ziehen aus dem *Herkunftslandprinzip* unmittelbare Konsequenzen für die Anknüpfung unerlaubter Handlungen, insbesondere auf dem Gebiet der Produkthaftung sowie bei Wettbewerbsverstößen.[138] Wenn die Grundfreiheiten nicht nur auf öffentlich-rechtliche Vorschriften, wie z.B. Sicherheitsstandards, ausstrahlen, sondern auch auf privatrechtliche Haftungsnormen, soll danach

---

[135] Hierzu unten Rn. 118.

[136] *EuGH* 11.7. 1974, Rs. 8/74 – „Dassonville", EuGHE 1974, 837; *EuGH* 20.2. 1979, Rs. 120/78 – „Cassis de Dijon", EuGHE 1979, 649 = NJW 1979, 1766. Einschränkend bezüglich nationaler Bestimmungen über bloße „Verkaufsmodalitäten" (z.B. Verbot des Verkaufs zu Verlustpreisen) hingegen *EuGH* 24.11. 1993, verb. Rs. C-267–268/91 – „Keck und Mithouard", EuGHE 1993 I, 6097 = EuZW 1993, 770. Zur Reichweite der neueren Rechtsprechung: *Sack*, EWS 1994, 37–47; *Remien*, JZ 1994, 349–353.

[137] *Radicati di Brozolo*, Rev crit dr int priv 1993, 401–424.

[138] Entsprechende Erwägungen werden aufbauend auf die Dienstleistungsfreiheit für die Anknüpfung der Haftung von Banken und Versicherungen angestellt.

im Internationalen Deliktsrecht eine Anknüpfung an das Recht des Herstellungs- bzw. Handlungsortes erforderlich sein. Eine solche einseitig am Herkunftslandprinzip ausgerichtete Betrachtung verkennt jedoch, dass eine hierauf gegründete Anknüpfung zu Lasten anderer Ziele des Gemeinschaftsrechts (z. B. Wettbewerbsgleichheit, Verbraucherschutz) ginge.

Beispiel: Konkurrieren auf dem deutschen Markt Anbieter aus unterschiedlichen EU-Mitgliedstaaten, so genießt bei Anknüpfung an das Herkunftsland der Anbieter, der seinen Sitz im Staat mit den mildesten Haftungsnormen hat, einen Wettbewerbsvorteil gegenüber seinen Konkurrenten.

Zudem führt die Anknüpfung an das Herkunftsland u. U. zu einer europarechtlich unzulässigen Ausländerdiskriminierung, nämlich dann, wenn das Recht des Herkunftslandes strengere Bestimmungen als das Recht des Marktortes aufweist. Daraus wird von manchen Autoren wiederum eine europarechtlich zwingende Anknüpfung an das Recht des Marktortes abgeleitet.[139] Auch hierdurch werden indes konkurrierende Zielvorgaben des Europarechts, neben dem Herkunftslandprinzip insbesondere die bewusste Entscheidung des EG-Gesetzgebers zugunsten eines möglichst hohen Verbraucherschutzniveaus (Art. 3 lit. t, 153 EG), missachtet.

Im Ergebnis erscheint es daher sinnvoll, mit der h. M.[140] an den beste- **109** henden Anknüpfungsregeln festzuhalten. Auch auf europäischer Ebene scheint sich mittlerweile die Erkenntnis durchgesetzt zu haben, dass das Kollisionsrecht nicht vom Herkunftslandprinzip verdrängt werden soll.[141] Das Recht des Herkunftsstaates ist indes dann zu berücksichtigen, wenn der betroffene Anbieter vom EU-Ausland aus gehandelt hat und durch die Gesetze des Marktortes tatsächlich in der Warenverkehrsfreiheit beeinträchtigt wird, ohne dass diese Beeinträchtigung nach Art. 30 EG durch besondere öffentliche Interessen des Marktortes gerechtfertigt wäre. Auch in diesen Fällen erfolgt aber keine kollisionsrechtliche Sonderanknüpfung. Vielmehr ist das durch das Kollisionsrecht bestimmte Sachrecht grundfreiheitskonform fortzubilden; hierzu wird das Recht des Herkunftsstaates im Rahmen des anwendbaren Sachrechts zur Beurteilung der im Herkunftsstaat verwirklichten Tatbestandselemente herangezogen.[142] Die Lehre vom *Auslandssachverhalt* ist auf den Binnenmarktsachverhalt entsprechend anwendbar.[143]

---

[139] *W. H. Roth*, GS Lüderitz (2000), S. 635–657 (650–656).
[140] Staudinger/*von Hoffmann*, Vorbem. zu Art. 38 ff., Rn. 8 sowie Art. 40 Rn. 88, 295 m. w. Nachw.
[141] Vgl. zur Diskussion um die e-commerce-Richtlinie *Mankowski*, IPRax 2002, 257–266; *Spindler*, RabelsZ 66 (2002), 633–709, sowie zur Diskussion um die geplante Rom II-VO *Deinert*, EWS 2006, 445–454.
[142] Hierzu § 11 Rn. 50, 54.
[143] Hierzu näher unten Rn. 129.

Fall:[144] Ein belgisches Unternehmen hatte in Luxemburg außerhalb der Schlussverkäufe mit vorübergehenden Preisnachlässen geworben, was nach belgischem Recht zulässig, nach luxemburgischem Recht allerdings verboten war. – Der EuGH entschied, dass das aufgrund des luxemburgischen Rechts ergangene Verbot gegen die Freiheit des Warenverkehrs nach Art. 30 und 36 EGV a. F. verstößt. Das Marktortprinzip für die kollisionsrechtliche Behandlung von Wettbewerbsverstößen ist grundsätzlich beizubehalten. Jedoch ist das am Marktort geltende Wettbewerbsrecht kraft Gemeinschaftsrechts in seiner Anwendbarkeit zu beschränken, soweit Tatbestandsmerkmale im EU-Ausland verwirklicht worden sind *(Binnenmarktsachverhalt)*.[145]

b) Niederlassungsfreiheit (Art. 43–48 EG)

110 Niederlassungsfreiheit wird im EG-Vertrag nicht nur natürlichen (Art. 43–47), sondern auch juristischen Personen (Art. 48) gewährleistet. Diskutiert wird, welche Auswirkungen die Niederlassungsfreiheit auf die rechtliche Stellung ausländischer Gesellschaften im deutschen Recht hat.

111 **Fall:**[146] Eine nach englischem Recht wirksam gegründete Gesellschaft (private limited company), die in England keinerlei Geschäftstätigkeit entfaltet, meldet eine Zweigniederlassung mit Sitz in München zur Eintragung ins Handelsregister an; von der Zweigniederlassung aus soll die gesamte Geschäftstätigkeit der Gesellschaft ausgeübt werden. Das AG München lehnt die Eintragung mangels Rechtsfähigkeit der Gesellschaft ab, da diese im Ausland lediglich ihren statuarischen Sitz habe.

Nach der in Deutschland bislang herrschenden Sitztheorie[147] unterliegt die juristische Person der am Sitz ihrer tatsächlichen Hauptverwaltung geltenden Rechtsordnung. Diese bestimmt insbesondere, „unter welchen Voraussetzungen die juristische Person entsteht, lebt und vergeht".[148] Danach wäre eine nach ausländischem – hier englischem – Recht gegründete Gesellschaft, die ihren Verwaltungssitz in Deutschland hat, nicht wirksam errichtet.[149]

112 Nach dem *Centros*-Urteil des EuGH[150] erfordert die Niederlassungsfreiheit zwingend, dass eine in einem Mitgliedstaat wirksam errichtete juristische Person in allen anderen Mitgliedstaaten der EU ohne weiteres anerkannt wird. Dies ist insbesondere für solche Gesellschaften von Bedeutung, welche in einem Staat gegründet wurden, der der Gründungs-

---

[144] *EuGH* 7. 3. 1990, Rs. 362/88 – „GB-INNO", EuGHE 1990 I, 667 = RIW 1991, 347.

[145] Staudinger/*von Hoffmann*, Art. 40 Rn. 295.

[146] Nach *BayObLG* 26. 8. 1998, NJW-RR 1999, 401 = IPRax 1999, 364 m. krit. Anm. *Behrens*, 323–331, und abl. Anm. *Thorn*, IPRax 2001, 102–110 = IPRspr 1998 Nr. 24.

[147] Hierzu § 7 Rn. 24 f.

[148] *BGH* 11. 7. 1957, BGHZ 25, 134, 144 = IPRspr 1956/57 Nr. 81 b; s. auch *BGH* 5. 11. 1980, BGHZ 78, 318 = IPRax 1981, 130 m. Anm. *Großfeld*, 116 f. = IPRspr 1980 Nr. 41.

[149] So noch *BayObLG* 26. 8. 1998, NJW-RR 1999, 401 = IPRax 1999, 364 m. krit. Anm. *Behrens*, 323–331, und abl. Anm. *Thorn*, IPRax 2001, 102–110 = IPRspr 1998 Nr. 24.

[150] *EuGH* 9. 3. 1999, Rs. C-217/97, EuGHE 1999 I, 1459 = NJW 1999, 2027 m. Anm. *Kindler*, 1993–2000 = JZ 1999, 669 m. Anm. *Ebke*, 656–661 = IPRax 1999, 360 m. Anm. *Behrens*, 323–331 = ZIP 1999, 438 m. Anm. *W. H. Roth*, 861–867, und *Werlauff*, 867–876 = EuZW 1999, 216 m. Anm. *Freitag*, 267–270.

rechtstheorie folgt, d.h. gesellschaftsrechtliche Fragen an das Recht des satzungsmäßigen Sitzes der Gesellschaft anknüpft (z.B. England, Niederlande).[151] Da es nach diesen Rechtsordnungen für die wirksame Gründung einer Gesellschaft unerheblich ist, wo sich deren tatsächlicher Sitz befindet, kann die Anerkennung der Gesellschaft in Deutschland nicht länger mit der Begründung verweigert werden, diese habe im Gründungsstaat nicht ihren Verwaltungssitz. Im Ausgangsfall durfte die Eintragung einer Zweigniederlassung somit nicht aus diesem Grunde verweigert werden. Die Entscheidungen des EuGH in *Überseering*[152] und *Inspire Art*[153] führen diese Rechtsprechung fort.[154]

c) Dienstleistungsfreiheit (Art. 49–55 EG)

Art. 49 f. EG schützen die Freiheit von Staatsangehörigen eines EU-Mitgliedstaates, grenzüberschreitende Dienstleistungen innerhalb des Binnenmarktes zu erbringen, unabhängig davon, ob Dienstleistungserbringer, Dienstleistungsempfänger oder lediglich die Dienstleistung selbst die Binnengrenze überschreitet. Art. 55, 48 EG dehnen diesen Schutz auf Gesellschaften mit Sitz in einem Mitgliedstaat aus.

113–114

Fall:[155] Ein im französischen Grenzgebiet zu Belgien ansässiges Unternehmen, das Wachdienste anbietet, entsendet für jeweils kurze Zeiträume Teilzeitkräfte in ein belgisches Einkaufszentrum. Eine Überprüfung durch die belgische Sozialverwaltung ergibt, dass diese ein Einkommen beziehen, welches unter dem belgischen gesetzlichen Mindestlohn liegt. Hierauf hin wird gegen den Arbeitgeber ein Strafverfahren eingeleitet.

In der zwingenden Anwendung der Bestimmungen über Mindestlöhne auch auf Arbeitskräfte, die von Unternehmen mit Sitz in einem anderen EU-Mitgliedstaat entsandt sind, liegt nach Ansicht des EuGH ein Eingriff in die Dienstleistungsfreiheit begründet.[156] Ein solcher Eingriff ist zwar aus zwingenden Gründen des Allgemeininteresses, zu denen auch der Arbeitnehmerschutz zählt, zulässig (Art. 55, 46 EG), steht aber unter dem Vorbehalt seiner Verhältnismäßigkeit: „Die Anwendung solcher Vorschriften kann sich jedoch als unverhältnismäßig erweisen, wenn es

---

[151] Hierzu § 7 Rn. 24.

[152] *EuGH* 5. 11. 2002, Rs. C-208/00, EuGHE 2002 I, 9919 = NJW 2002, 3614 = IPRax 2003, 65 m. Anm. *W.-H. Roth*, 117–127, und *Behrens*, 193–207 = RIW 2002, 945 m. Anm. *Leible/Hoffmann*, 925–936 = ZIP 2002, 2037 m. Anm. *Eidenmüller*, 2233–2245 = JZ 2003, 947 m. Anm. *Ebke*, 927–933 = Rev. crit. 2003, 508 m. Anm. *Lagarde* und *Ballarino*, 373–402.

[153] *EuGH* 30. 9. 2003, Rs. C-167/01, NJW 2003, 3331 m. Anm. *Zimmer*, 3585–3592 = IPRax 2004, 46 m. Anm. *Behrens*, 20–26 = EuZW 2003, 687 m. Anm. *Leible/ Hoffmann*, 677–683.

[154] Hierzu § 7 Rn. 32 a.

[155] Nach *EuGH* 15. 3. 2001, Rs. C-165/98 – „Mazzoleni/Inter Surveillance Assistance", EuGHE 2001 I, 2189 = Rev crit dr int priv 2001, 594 m. Anm. *Pataut* = IPRax 2002, 210 m. Anm. *Franzen*, 186–191.

[156] So bereits *EuGH* 23. 11. 1999, Rs. C-369/96 und C-376/96 – „Arblade", EuGHE 1999 I, 8453 = RIW 2000, 137.

sich um Beschäftigte eines Unternehmens mit Sitz in einer grenznahen Region handelt, die einen Teil ihrer Arbeit in Teilzeit und für kurze Zeiträume" im Bestimmungsland erbringen müssen.[157] In der Tendenz zeigt sich der EuGH um eine Begrenzung der Anwendung zwingender Bestimmungen der lex fori bemüht. Durch Erlass der EG-Entsende-richtlinie wurden diese Bestrebungen mittlerweile konterkariert.[158]

2. Verwirklichung des Binnenmarktziels

115 Dem Binnenmarktziel dient die Schaffung europäischen Kollisions-rechts sowie die Harmonisierung der nationalen Kollisionsnormen der Mitgliedstaaten.

a) Übereinkommen aufgrund von Art. 293 (ex-Art. 220) EG

116 Ursprünglich war Art. 293 EG die wichtigste Rechtsgrundlage zur Schaffung „europäischen Kollisionsrechts".[159] Dieser begründet zwar keine förmliche Rechtsetzungskompetenz der EG, erteilt den Mitglied-staaten aber den Auftrag, auf für die europäische Integration besonders wichtigen Gebieten völkerrechtliche Übereinkommen abzuschließen. Ergebnisse von herausragender Bedeutung waren bzw. sind:

– Brüsseler EWG-Übereinkommen über die gerichtliche Zuständigkeit und die Voll-streckung gerichtlicher Entscheidungen in Zivil- und Handelssachen (EuGVÜ) vom 27. 9. 1968[160]
– Römisches EWG-Übereinkommen über das auf vertragliche Schuldverhältnisse anzuwendende Recht (EVÜ) vom 19. 6. 1980[161]

Parallel hierzu waren ein Übereinkommen über die gerichtliche Zuständigkeit und die Anerkennung und Vollstreckung von Entscheidungen in Ehesachen (Brüssel II), wel-ches am 28. 5. 1998 unterzeichnet wurde,[162] und ein Übereinkommen über das auf außervertragliche Schuldverhältnisse anzuwendende Recht (Rom II) geplant.

117 Infolge der durch den Vertrag von Amsterdam geschaffenen allgemeinen Gesetzgebungskompetenz der Europäischen Gemeinschaft auf dem Ge-biet des Kollisionsrechts werden diese Vorhaben nicht weiterverfolgt. Vielmehr soll zukünftig der Weg über EG-Verordnungen beschritten werden, wie dies im Falle des Internationalen Verfahrensrechts bereits geschehen ist.[163]

---

[157] *EuGH* 15. 3. 2001, Rs. C-165/98 – „Mazzoleni/Inter Surveillance Assistance", EuGHE 2001 I, 2189 = Rev crit dr int priv 2001, 594 m. Anm. *Pataut* = IPRax 2002, 210 m. Anm. *Franzen,* 186–191.
[158] Hierzu § 10 Rn. 81 c.
[159] Hierzu bereits oben Rn. 63 f.
[160] BGBl. 1972 II S. 774; in Kraft seit dem 1. 2. 1973; konsolidierte Fassung in ABl. EG 1998 Nr. L 27/3. Das Übereinkommen gilt heute nur noch im Verhältnis zu Dänemark.
[161] BGBl. 1986 II S. 810 = *Jayme/Hausmann,* Nr. 70; in Kraft seit dem 1. 4. 1991; hier-zu § 10 Rn. 22.
[162] ABl. EG 1998 Nr. C 221/1.
[163] Hierzu unten Rn. 119.

b) Kollisionsregeln in sekundärem Gemeinschaftsrecht

Infolge des Vertrages von Amsterdam, der am 1. 5. 1999 in Kraft trat, **118** wechselte das Internationale Privatrecht aus der dritten (Zusammenarbeit in den Bereichen Justiz und Inneres [ZJIP]) in die erste Säule der Europäischen Union (Art. 65 EG). Damit einher geht ein Kompetenzzuwachs der Gemeinschaft zum Erlass von Maßnahmen (Verordnungen und Richtlinien) auf diesem Gebiet, dessen Ausmaß zunächst unklar erschien.[164] Obgleich sich der einschlägige Art. 65 EG in „Titel IV: Visa, Asyl, Einwanderung und andere Politiken betreffend den freien Personenverkehr" findet, gehen Rat und Kommission von einer umfassenden Kompetenz auf dem Gebiet des Internationalen Privatrechts aus.[165]

Damit gewinnt das sekundäre Gemeinschaftsrecht (Verordnungen und Richtlinien im Sinne von Art. 249 EG) über die bereits bisher vor allem in Verbraucherschutz-Richtlinien vorzufindenden Sonderkollisionsnormen hinaus herausragende Bedeutung für das Internationale Privatrecht. Insbesondere beabsichtigt die Kommission eine vollständige Ablösung der auf Art. 293 EG basierenden völkerrechtlichen Verträge durch EG-Verordnungen sowie die Schaffung neuer Verordnungen auf allen für den Binnenmarkt bedeutsamen Gebieten. Auf dem Gebiet des Internationalen Verfahrensrechts ist dieser Prozess bereits weit fortgeschritten.[166]

Das auf sekundärem Gemeinschaftsrecht beruhende Kollisionsrecht geht völkerrechtlichen Verträgen (vgl. etwa Art. 20 EVÜ) wie autonomem nationalen IPR (vgl. Art. 3 II 2 EGBGB) vor.[167] Jedoch fehlt in Art. 3 II 2 EGBGB eine Art. 20 EVÜ entsprechende Rangbestimmung zugunsten der Kollisionsnormen, die in jenem harmonisierten innerstaatlichen Recht enthalten sind, das in Ausführung von EG-Richtlinien und anderen Gemeinschaftsakten geschaffen wurde.[168]

aa) Verordnungen. Verordnungen bedürfen gemäß Art. 249 II EG **119** keiner innerstaatlichen Umsetzung, sondern entfalten unmittelbare Außenwirkung. Durch Überleitung der auf Grund von Art. 293 EG

---

[164] Zur Diskussion im Schrifttum s. *Basedow,* FS Juenger (2001), S. 175–192; *von Hoffmann,* in: von Hoffmann (Hrsg.), European Private International Law, S. 18–37 (Rn. 25–28); *Kohler,* Rev crit dr int priv 1999, 1–30 (15–23); *ders.,* Europäisches Kollisionsrecht zwischen Amsterdam und Nizza (2001); *Remien,* ComMLRev 38 (2001), 53–86 (74–76).

[165] Vgl. Nr. 40 b des Aktionsplans des Rates und der Kommission zur bestmöglichen Umsetzung der Bestimmungen des Amsterdamer Vertrages über den Aufbau eines Raumes der Freiheit, der Sicherheit und des Rechts v. 3. 12. 1998 (ABl. EG 1999 Nr. C 19/1 = IPRax 1999, 288); dazu auch: *Hohloch,* FS Stoll (2001), S. 533–551 (545–550).

[166] Hierzu sogleich Rn. 119.

[167] Hierzu oben Rn. 83.

[168] *Jayme/Kohler,* IPRax 1990, 353–361 (353) m.w. Nachw. in Fn. 7.

ergangenen Übereinkommen in EG-Verordnungen wird somit deren unmittelbare Geltung ohne die Gefahr unterschiedlicher Umsetzungen in den Mitgliedstaaten erreicht und die Auslegungskompetenz des Europäischen Gerichtshofs (EuGH) ohne weitere völkerrechtliche Vereinbarungen begründet. Auf der Grundlage der Art. 61 lit. c, 65 EG wurden bislang folgende Verordnungen erlassen:

– Verordnung (EG) Nr. 44/2001 über die gerichtliche Zuständigkeit und die Anerkennung und Vollstreckung von Entscheidungen in Zivil- und Handelssachen vom 22. 12. 2000 (Brüssel I-VO)[169]
– Verordnung (EG) Nr. 1347/2000 über die Zuständigkeit und die Anerkennung und Vollstreckung von Entscheidungen in Ehesachen und in Verfahren betreffend die elterliche Verantwortung für die gemeinsamen Kinder der Ehegatten vom 29. 5. 2000 (Brüssel II-VO)[170]
– Verordnung (EG) Nr. 2201/2003 des Rates vom 27. 11. 2003 über die Zuständigkeit und die Anerkennung und Vollstreckung von Entscheidungen in Ehesachen und in Verfahren betreffend die elterliche Verantwortung und zur Aufhebung der Verordnung (EG) Nr. 1347/2000 (Brüssel II-VO 2003)[171]
– Verordnung (EG) Nr. 1348/2000 über die Zustellung gerichtlicher und außergerichtlicher Schriftstücke in Zivil- und Handelssachen in den Mitgliedstaaten vom 29. 5. 2000[172]
– Verordnung (EG) Nr. 1206/2001 über die Zusammenarbeit zwischen den Gerichten der Mitgliedstaaten auf dem Gebiet der Beweisaufnahme in Zivil- und Handelssachen vom 28. 5. 2001[173]
– Verordnung (EG) Nr. 1346/2000 vom 29. 5. 2000 über Insolvenzverfahren[174]
– Verordnung (EG) Nr. 805/2004 vom 21. 4. 2004 zur Einführung eines europäischen Vollstreckungstitels für unbestrittene Forderungen[175]
– Verordnung (EG) Nr. 603/2005 vom 12. 4. 2005 zur Änderung der Liste von Insolvenzverfahren, Liquidationsverfahren und Verwaltern in den Anhängen A, B und C der Verordnung (EG) Nr. 1346/2000 über Insolvenzverfahren[176]
– Verordnung (EG) Nr. 1896/2006 vom 12. 12. 2006 zur Einführung eines Europäischen Mahnverfahrens[177].

---

[169] ABl. EG 2001 Nr. L 12/1 = *Jayme/Hausmann*, Nr. 160; in Kraft seit dem 1. 3. 2002; dazu § 3 Rn. 182–270.

[170] ABl. EG 2000 Nr. L 160/19; in Kraft seit dem 1. 3. 2001; seit 1. 5. 2005 abgelöst durch die Neufassung von 2003, ABl. EG Nr. L 338/1 = *Jayme/Hausmann*, Nr. 162.

[171] ABl. EG 2003 Nr. L 338/1 = *Jayme/Hausmann*, Nr. 162; in Kraft seit dem 1. 3. 2005; dazu § 8 Rn. 60 a–66 b, 96–104.

[172] ABl. EG 2000 Nr. L 160/37 = *Jayme/Hausmann*, Nr. 224; in Kraft seit dem 31. 5. 2001; dazu § 3 Rn. 110–125.

[173] ABl. EG 2001 Nr. L 174/1 = *Jayme/Hausmann*, Nr. 225; in Kraft seit dem 1. 7. 2001 bzw. 1. 1. 2004 (vgl. Art. 24 II VO); dazu § 3 Rn. 110–125.

[174] ABl. EG 2000 Nr. L 160/1 = *Jayme/Hausmann*, Nr. 260; in Kraft seit dem 31. 5. 2002; dazu: *Bosly*, J trib 2001, 689–696; *Eidenmüller*, IPRax 2001, 2–15; *Leible/A. Staudinger*, KTS 2000, 533–575; *Morse*, FS Juenger (2001), S. 233–260.

[175] ABl. EG 2004 Nr. L 143/15 = *Jayme/Hausmann*, Nr. 183; in Kraft seit dem 21. 1. 2005; dazu § 3 Rn. 270 a–270 f.

[176] ABl. EG 2005 Nr. L 100/1; in Kraft seit dem 21. 4. 2005.

[177] ABl. EG 2006 Nr. L 399/1; hierzu § 3 Rn. 270 g.

In Vorbereitung sind zudem folgende Verordnungen:
- Geänderter Vorschlag vom 25. 6. 2007 für eine Verordnung über das auf außervertragliche Schuldverhältnisse anzuwendende Recht (Rom II-VO)[178]
- Vorschlag vom 15. 3. 2005 für eine Verordnung zur Einführung eines europäischen Verfahrens für geringfügige Forderungen[179]
- Vorschlag vom 11. 7. 2005 für eine Verordnung zur Änderung der Verordnung (EG) Nr. 1348/2000 über die Zustellung gerichtlicher und außergerichtlicher Schriftstücke in Zivil- oder Handelssachen in den Mitgliedstaaten[180]
- Vorschlag vom 15. 12. 2005 für eine Verordnung über das auf vertragliche Schuldverhältnisse anzuwendende Recht (Rom I-VO)[181]
- Vorschlag vom 15. 12. 2005 für eine Verordnung über die Zuständigkeit und das anwendbare Recht in Unterhaltssachen, die Anerkennung und Vollstreckung von Unterhaltsentscheidungen und die Zusammenarbeit im Bereich der Unterhaltspflichten (Rom VI-VO)[182]
- Vorschlag vom 17. 7. 2006 für eine Verordnung zur Änderung der Verordnung (EG) Nr. 2201/2003 im Hinblick auf die Zuständigkeit in Ehesachen und zur Einführung von Vorschriften betreffend das anwendbare Recht in diesem Bereich (Rom III-VO)[183].

bb) Richtlinien. Das derzeit wichtigste Instrument zur Harmonisierung **120** der Sachnormen in den Mitgliedstaaten ist die Richtlinie. Diese entfaltet gemäß Art. 249 III EG gegenüber dem Einzelnen erst nach innerstaatlicher Umsetzung Wirkung, wobei der nationale Gesetzgeber einen gewissen Spielraum hat. Insbesondere die Verbraucherschutz-Richtlinien enthalten Vorgaben für die Ausgestaltung von Kollisionsregeln. Damit verbunden ist die Gefahr einer erneuten Zersplitterung des durch das EVÜ bereits vereinheitlichten Kollisionsrechts.[184]

Beispiele:
- Art. 9 der Time-Sharing-Richtlinie[185]
- Art. 6 II der Klauselrichtlinie[186]
- Art. 12 II der Fernabsatz-Richtlinie[187]
- Art. 7 II der Verbrauchsgüterkauf-Richtlinie[188]
- Art. 12 II der Richtlinie über den Fernabsatz von Finanzdienstleistungen[189].

Problematisch ist, ob eine Richtlinie unmittelbare Wirkung zugunsten **121** des einzelnen entfaltet, wenn der nationale Gesetzgeber diese innerhalb der ihm gesetzten Frist nicht oder nur fehlerhaft umgesetzt hat.

---

[178] 2003/0168 (CoD). Die Verordnung soll noch im Sommer 2007 in Kraft treten, ihre Kollisionsnormen werden indes erst ab 1. 1. 2009 anwendbar sein; hierzu § 11 Rn. 1.
[179] KOM (2005) 87 endg.
[180] KOM (2005) 305 endg./2.
[181] KOM (2005) 650 endg.; hierzu § 10 Rn. 22 a.
[182] KOM (2005) 649 endg.; hierzu § 8 Rn. 77 a.
[183] KOM (2006) 399 endg.; hierzu § 8 Rn. 60 b.
[184] Hierzu § 10 Rn. 73 b.
[185] ABl. EG 1994 Nr. L 280/83 = *Jayme/Hausmann*, Nr. 82.
[186] ABl. EG 1993 Nr. L 95/29 = *Jayme/Hausmann*, Nr. 81.
[187] ABl. EG 1997 Nr. L 144/19 = *Jayme/Hausmann*, Nr. 83.
[188] ABl. EG 1999 Nr. L 171/12 = *Jayme/Hausmann*, Nr. 84.
[189] ABl. EG 2000 Nr. L 271/16 = *Jayme/Hausmann*, Nr. 85.

Beispiel: verspätete Umsetzung der EG-Richtlinie 85/577/EWG über das Widerrufsrecht des Verbrauchers bei Haustürgeschäften durch Spanien (sogenannte „Gran-Canaria-Fälle")[190]

122   Nach der Rechtsprechung des EuGH[191] kann sich der Einzelne dort, wo individualschützende Bestimmungen einer Richtlinie inhaltlich als unbedingt und hinreichend genau erscheinen, gegenüber dem Staat auf diese Bestimmungen berufen, wenn der Staat die Richtlinie innerhalb der dafür vorgesehenen Frist nicht oder nur unzureichend umgesetzt hat. Jedoch ist es nicht möglich, die Bestimmungen der Richtlinie Privaten entgegenzuhalten: Richtlinien entfalten keine „horizontale Direktwirkung" zu Lasten von Privatpersonen.[192] Für diesen Fall kann dem Einzelnen indes ein Schadensersatzanspruch gegen den Staat zustehen, soweit die Richtlinie gerade den Schutz seiner Interessen bezweckt.[193]

123   Umstritten ist, ob das Kollisionsrecht des Forumstaates Wege eröffnet, der Richtlinie Beachtung zu verschaffen, obgleich diese nicht in die Sachnormen des Vertragsstatuts umgesetzt ist.[194]

c) Auslegungskompetenz des EuGH

123a   Der Gerichtshof der Europäischen Gemeinschaften (EuGH) besitzt nach Art. 220 EG die oberste Auslegungskompetenz hinsichtlich des Gemeinschaftsrechts. Maßgebliche Bedeutung kommt hierbei dem *Vorabentscheidungsverfahren* nach Art. 234 EG zu, das für den Bereich des Titels IV des EG-Vertrages durch Art. 68 EG modifiziert wird. Während nach Art. 234 II EG sämtliche mitgliedstaatlichen Gerichte zur Vorlage berechtigt sind, steht dies nach Art. 68 I EG nur den letztinstanzlich mit einer Rechtssache befassten Gerichten zu; diese sind freilich – wie nach Art. 234 III EG – auch zur Vorlage verpflichtet.[195] Die Vorabentscheidung des EuGH bindet das vorlegende Gericht nur für den anhängigen Rechtsstreit. Da ein Gericht, das von der Rechtsprechung des EuGH abweichen will, die Rechtsfrage erneut vorlegen

---

[190] *OLG Hamm* 1. 12. 1988, NJW-RR 1989, 496 = IPRax 1990, 242 m. Anm. *Jayme,* 220–222 = IPRspr 1988 Nr. 21b; *Sack,* IPRax 1992, 24–29; die RL wurde am 27. 11. 1991 durch Gesetz Nr. 26/1991 in Spanien umgesetzt, vgl. *Jayme,* IPRax 1992, 203.

[191] *EuGH* 22. 6. 1989, Rs. 103/88 – „Fratelli Costanzo", EuGHE 1989, 1839 = RIW 1990, 407; *EuGH* 26. 2. 1986, Rs. 152/84 – „Marshall", EuGHE 1986, 723 (733, 748).

[192] *EuGH* 13. 11. 1990, Rs. C-106/89 – „Marleasing", EuGHE 1990 I, 4135; *EuGH* 14. 7. 1994, Rs. C-91/92 – „Faccini Dori", EuGHE 1994 I, 3325 = JZ 1995, 149 m. Anm. *Heß;* dazu Soergel/*von Hoffmann,* Art. 29 Rn. 36.

[193] Vgl. z.B. *EuGH* 19. 11. 1991, Rs. C-6 und 9/90 – „Francovich", EuGHE 1991 I, 5357 = NJW 1992, 165.

[194] Hierzu *Rauscher,* EuZW 1996, 650–653; näher unten § 10 Rn. 73, 86 und 96.

[195] Siehe hierzu § 3 Rn. 189.

muss, kann man indes von einer faktischen Bindungswirkung sprechen.[196]

d) Außenkompetenz der Gemeinschaft

Im Verhältnis zu Drittstaaten wurde zuletzt eine Außenkompetenz der **123b** Gemeinschaft zum Abschluss völkerrechtlicher Verträge auf dem Gebiet des Kollisionsrechts begründet, die die Zuständigkeit der Mitgliedstaaten verdrängt. So stellte der EuGH in seinem Gutachten 1/03 vom 7. 2. 2006[197] fest, dass der Abschluss des neuen Lugano-Übereinkommens über die gerichtliche Zuständigkeit und die Anerkennung und Vollstreckung von Entscheidungen in Zivil- und Handelssachen in die *alleinige Zuständigkeit* der Gemeinschaft fällt. Eine ähnliche Position nimmt die Kommission im Hinblick auf das Haager Übereinkommen vom 19. 10. 1996 über die Zuständigkeit, das anzuwendende Recht, die Anerkennung, Vollstreckung und Zusammenarbeit auf dem Gebiet der elterlichen Verantwortung und der Maßnahmen zum Schutz von Kindern (KSÜ)[198] sowie das Haager Übereinkommen vom 30. 6. 2005 über Gerichtsstandsvereinbarungen[199] ein. Als ersten Schritt zur Wahrnehmung der Außenkompetenz ist die Gemeinschaft am 3. 4. 2007 der Haager Konferenz für IPR beigetreten.[200]

3. Europäisches Gemeinschaftsrecht und IPR im Verhältnis zu Drittstaaten

Auch dort, wo das Gemeinschaftsrecht Sachverhalte mit Berührung zu **124** Drittstaaten regelt, kann es neben das nationale IPR treten oder dieses sogar vollständig ersetzen.

Beispiel: § 4 II ProdHaftG, das die EG-Produkthaftungs-Richtlinie[201] umsetzt, gibt bei Waren, die außerhalb der EG hergestellt wurden, zusätzlich zum Anspruch gegen den Hersteller einen Anspruch gegen den EG-Importeur.

Damit wird der Tatsache Rechnung getragen, dass hier Teile des Haftungstatbestands in einem Drittstaat verwirklicht wurden *(Auslandssachverhalt)*[202], wo die Rechtsverfolgung für den Verbraucher schwieriger ist als innerhalb des Binnenmarkts.

---

[196] *Schack,* IZVR, Rn. 87.
[197] EurLegForum 2005 I, 312–320. Vgl. auch das Strategiepapier des Rates vom 11. 4. 2006 über die justizielle Zusammenarbeit in Zivilsachen mit Drittstaaten, Ratsdokument 8140/06 JUSTCIV 93.
[198] Abgedruckt bei *Jayme/Hausmann,* Nr. 55; hierzu § 8 Rn. 110 f.
[199] Abrufbar unter: http://www.hcch.net/upload/text37d.pdf; hierzu § 3 Rn. 35.
[200] Vgl. Beschluss des Rates v. 5. 10. 2006, ABl. EG Nr. L 297/1.
[201] Richtlinie zur Angleichung der Rechts- und Verwaltungsvorschriften über die Haftung für fehlerhafte Produkte v. 25. 7. 1985 (ABl. EG Nr. L 210/29), geänd. durch RL 1999/34/EG v. 10. 5. 1999 (ABl. EG Nr. L 141/20).
[202] Hierzu unten Rn. 129.

4. Konsequenzen des Diskriminierungsverbots (Art. 12 EG) für das IPR

125 Art. 12 EG verbietet es, die Staatsangehörigen anderer Mitgliedstaaten gegenüber den eigenen Staatsangehörigen zu benachteiligen. In Deutschland – nicht aber in anderen Mitgliedstaaten der EU – ist seit Mitte der 60er Jahre viel über die Frage diskutiert worden, ob die (allseitige) kollisionsrechtliche Anknüpfung an die Staatsangehörigkeit gegen das Diskriminierungsverbot des Art. 12 I (ex-Art. 6 I) EG verstoße. Dies ist nach h. M. regelmäßig nicht der Fall.[203] Indes stellt die Anknüpfung an die effektive Staatsangehörigkeit bei Mehrstaatern im Bereich des Internationalen Namensrechts nach der Entscheidung des EuGH in *Garcia Avello*[204] dann einen Verstoß gegen das Diskriminierungsverbot des Art. 12 EG dar, wenn dem (minderjährigen) Angehörigen eines anderen Mitgliedstaates hierdurch verwehrt wird, seinen Namen im Einklang mit dem ausländischen Heimatrecht zu ändern. Die Reichweite der Entscheidung ist derzeit noch nicht abzuschätzen.[205] Diskutiert wird, ob die Anwendung des nationalen Kollisionsrechts im Hinblick auf den Status einer Person einer EU-weiten gegenseitigen Anerkennungslösung weichen muss.[206]

126 Vor dem Hintergrund des Art. 6 I (jetzt Art. 12 I) EG umstritten war lange Zeit die Fortgeltung einseitiger Inländerprivilegierungen (z.B. des Art. 38 EGBGB a.F.).[207] Nach Ersetzung der Norm durch die Ausländer nicht diskriminierende ordre-public-Klausel des Art. 40 III EGBGB im Zuge der IPR-Reform von 1999 ist die Frage obsolet geworden.[208]

---

[203] *EuGH* 10. 6. 1999, Rs. C-430/97 – „Johannes", EuGHE 1999 I, 3475 = IPRax 2000, 305 m. Anm. *Rigaux*, 287 f.; *Kreuzer*, in: Müller-Graff (Hrsg.), Gemeinsames Privatrecht in der Europäischen Gemeinschaft (1993), S. 393–447 (415–419); a. A.: *Drobnig*, RabelsZ 34 (1970), 636–662.
[204] *EuGH* 2. 10. 2003, Rs. C-148/02 – „Carlos Garcia Avello", EuGHE 2003 I, 11613 = IPRax 2004, 339 m. Anm. *Mörsdorf-Schulte*, 315–326 = FamRZ 2004, 173 m. Anm. *Henrich*. Hierzu § 7 Rn. 12–13.
[205] Insbesondere bleibt die Entscheidung in der Sache „Grunkin-Paul" abzuwarten, die dem EuGH vom AG Flensburg am 28. 8. 2006 mit der Frage vorgelegt wurde, ob das in Art. 10 EGBGB verankerte deutsche Kollisionsrecht angesichts des in Art. 12 EG enthaltenen Diskriminierungsverbots sowie der in Art. 18 EG für jeden Unionsbürger verbürgten Freizügigkeit Bestand haben kann, soweit es hinsichtlich des Namensrechts allein eine Anknüpfung an die Staatsangehörigkeit vornimmt; Rs. C-353/06, ABl. EG 2006 Nr. C 281/22. Die diesbezügliche Vorlage des AG Niebüll wurde vom EuGH zuvor als unzulässig abgewiesen, da das AG im zu entscheidenden Fall als Verwaltungsbehörde und nicht als Gericht gehandelt habe; *EuGH* 27. 4. 2006, Rs. C 96/04 – „Grunkin-Paul", EuGHE 2006 I, 3561.
[206] Siehe etwa *Lagarde*, FS Jayme II (2004), S. 1291–1305; *Jayme/Kohler*, IPRax 2001, 501–514; *Henrich*, FS Heldrich (2005), S. 667–677; *Baratta*, IPRax 2007, 4–11.
[207] Hierzu die 5. Aufl., § 1 Rn. 126 f.
[208] Hierzu § 11 Rn. 59.

Inländerprivilegierungen bestehen indes nach wie vor, etwa im Rahmen   127
des Schutzes deutscher Staatsangehöriger durch den ordre public.

Beispiel: Wird eine deutsche Gesellschaft in Indonesien entschädigungslos enteignet,
so verweigern deutsche Gerichte dieser Enteignung unter Berufung auf den ordre
public die Anerkennung. Ist eine niederländische Gesellschaft von der Enteignung betroffen, so erscheint derzeit fraglich, ob deutsche Gerichte ebenso entscheiden würden.

Hier ist zu erwägen, ob das Diskriminierungsverbot des Art. 12 I EG
deutsche Gerichte dazu verpflichtet, deutsche und andere EU-Bürger in
gleicher Weise gegen Auslandsenteignungen zu schützen und den ordre
public-Vorbehalt auf alle in der EU ansässigen Gesellschaften auszudehnen.[209] Dieser Ansatz wird durch die im Vertrag von Maastricht eingeführte Unionsbürgerschaft (Art. 17 EG) gestützt.[210]

Das sogenannte Fremdenrecht,[211] z.B. § 110 ZPO,[212] findet wegen Art. 12 EG   128
auf EU-Gebietsansässige keine Anwendung; der Wortlaut der Norm wurde mittlerweile entsprechend geändert. Entsprechendes gilt für § 917 II ZPO (Arrestgrund der
drohenden Auslandsvollstreckung) innerhalb des Anwendungsbereichs der Brüssel
I-VO, des EuGVÜ sowie des LugÜ. Da in deren Rahmen die Auslandsvollstreckung
ebenso einfach ist wie die Vollstreckung im Inland, würde eine Anwendung des
§ 917 II ZPO gegen das Diskriminierungsverbot des Art. 12 I EG verstoßen.[213]

VII. Auslandssachverhalt

Wenn sich Teile eines Sachverhalts im Ausland zugetragen haben (Aus-   129
landssachverhalt), kann es geboten sein, den besonderen Gegebenheiten
im Ausland Rechnung zu tragen, auch wenn nach dem IPR das eigene
materielle Recht oder eine dritte Rechtsordnung für die Entscheidung
maßgeblich ist. Hierbei geht es vor allem um die Frage, wann im Tatbestand deutscher Sachnormen verwendete unbestimmte Rechtsbegriffe
mit Hilfe ausländischer Sachnormen konkretisiert werden können bzw.
müssen, um damit Sachverhalten Rechnung zu tragen, die trotz Auslandsbezug dem deutschen Recht unterstehen.[214]

Jayme möchte die Heranziehung des ausländischen Rechts in diesen Fällen
auf Grundlage der von *Ehrenzweig* begründeten *Datumtheorie* erklären:[215] Danach soll ausländisches Recht nicht nur kraft ausdrücklicher kol-

---

[209] *Martiny,* in: von Bar (Hrsg.), Europäisches Gemeinschaftsrecht und IPR (1991),
S. 211–242 (236).

[210] Hierzu § 5 Rn. 58.

[211] Hierzu unten Rn. 130.

[212] Hierzu § 3 Rn. 107 f.

[213] *EuGH* 10. 2. 1994, Rs. C-398/92 – „Mund & Fester", EuGHE 1994 I, 467 = NJW
1994, 1271 = EWiR 1994, 413 m. Anm. *Gieseke;* hierzu auch: *Fuchs,* IPRax 1998,
25–28.

[214] MüKo/*Sonnenberger,* Einl. IPR, Rn. 7; Soergel/*Kegel,* vor Art. 3 Rn. 164.

[215] Hierzu § 2 Rn. 44.

lisionsrechtlicher Anordnung anwendbar sein, sondern auch als Tatsache (Datum) im Rahmen des Tatbestands einer deutschen Sachnorm berücksichtigt werden. Das ausländische Recht dient hier zwar der Konkretisierung des Tatbestands, die Rechtsfolge wird jedoch nach wie vor dem deutschen materiellen Recht entnommen. Im Unterschied zur Anwendung ausländischen Rechts kraft kollisionsrechtlicher Verweisung, bei der die ausländischen Normen als Recht – nicht als Tatsache – Anwendung finden,[216] spricht die Datumtheorie von der *Berücksichtigung* ausländischen Rechts als *local data* (Tatsache) oder als *moral data* (Bewertungsmaßstab).[217]

Ungeklärt ist das Verhältnis dieser Methode zur klassischen kollisionsrechtlichen Verweisung auf ausländisches Recht. Teilweise wird Zweistufigkeit angenommen *(Zweistufentheorie des IPR),* so dass die Datumtheorie erst eingreift, nachdem mit herkömmlichen kollisionsrechtlichen Mitteln das anwendbare Recht bestimmt worden ist. Die Berücksichtigung ausländischen Rechts findet also auf der Ebene des Sachrechts statt. Dies wird bei Anwendung der Datumtheorie nicht immer ganz deutlich; es besteht die Gefahr der willkürlichen Manipulation von Sachnormen entgegen dem kollisionsrechtlichen Rechtsanwendungsbefehl. Die Berücksichtigung ausländischen Rechts muss ein Minus bleiben gegenüber seiner Anwendung. Letztlich handelt es sich auch hier um nichts anderes als die Auslegung und Konkretisierung des anwendbaren (deutschen) Sachrechts. Der Terminologie der Datumtheorie bedarf es zur Erklärung dieses Vorgangs nicht.[218]

Beispiele:

(1) Bei einem im Ausland wohnhaften Erben ist für diesen gegebenenfalls die Frist zur Ausschlagung des Testaments zu verlängern.

(2) Bei Unterhaltsansprüchen eines deutschen Kindes gegen seinen im Ausland lebenden Vater ist die Leistungsfähigkeit des unterhaltsverpflichteten Vaters nicht nur abstrakt anhand des Einkommens sondern auch unter Berücksichtigung der Verhältnisse an seinem Aufenthaltsort zu beurteilen.

(3) Bei der Bemessung eines Schmerzensgeldanspruchs ist den Verhältnissen in dem Land, in welchem der Geschädigte lebt, Rechnung zu tragen.

Bei Auslandssachverhalten können also die ausländischen Gegebenheiten bei der Auslegung inländischer Sachnormen, insbesondere zur Ausfüllung unbestimmter Rechtsbegriffe, zu berücksichtigen sein. Das inländische Recht wird hier modifiziert angewandt.[219]

129a Einen Sonderfall des Auslandssachverhalts stellt der *Binnenmarktsachverhalt* dar: Werden Tatbestandselemente (z.B. Werbemaßnahmen) im EU-Ausland verwirklicht, so können die europäischen Grundfreiheiten

---

[216] Hierzu § 3 Rn. 130–148.
[217] *Jayme,* GS Ehrenzweig (1976), S. 35–49.
[218] MüKo/*Sonnenberger,* Einl. IPR, Rn. 7, 620 f.
[219] MüKo/*Sonnenberger,* Einl. IPR, Rn. 4, 7, 619 m. w. Nachw.; dazu § 6 Rn. 40 f. (Substitution).

die Berücksichtigung der ausländischen Rechtsordnung im Rahmen des anwendbaren Sachrechts gebieten. Das durch das Kollisionsrecht bestimmte Sachrecht ist hier gegebenenfalls grundfreiheitskonform fortzubilden.[220]

VIII. Fremdenrecht

Unter dem Begriff „Fremdenrecht" fasst man diejenigen Rechtssätze **130** zusammen, nach denen Ausländer – seien es natürliche oder juristische Personen – anders behandelt werden als Inländer. Als Inländer werden dabei meist Deutsche im Sinne des Art. 116 I GG verstanden. Die Anwendung von Fremdenrecht setzt voraus, dass inländisches Sachrecht auf das Lebensverhältnis zur Anwendung kommt. Die Überlegung, ob Fremdenrecht eingreift, schließt sich daher an die Ermittlung des anwendbaren Rechts an.

Beispiele:
– im Zivilprozessrecht: §§ 110–113 ZPO
– im Vertragsrecht: Art. 86 EGBGB (Verordnungsvorbehalt hinsichtlich des Erwerbs von Rechten durch Ausländer); § 503 II HGB (Veräußerung einer Schiffspart an Ausländer)

Weiterhin gehören zum Fremdenrecht auch die Bestimmungen des Ausländer-[221] und Asylrechts[222]. Die Anwendung von Fremdenrecht auf EU-Ausländer ist wegen Art. 12 EG unzulässig.[223]

IX. Internationales Verwaltungsrecht

Das Internationale Verwaltungsrecht regelt nur die Frage, wann das **131** eigene Verwaltungsrecht anwendbar ist (einseitige Kollisionsnorm), nicht hingegen, welches Recht anwendbar sein soll, wenn das eigene Recht nicht anwendbar ist.

Das Internationale Verwaltungsrecht betrifft etwa die Anerkennung ausländischer Diplome und akademischer Grade, die Sozialversicherung ausländischer Arbeitnehmer oder die Verleihung der Staatsangehörigkeit[224]. Aufgrund der Verwendung einseitiger Kollisionsregeln gibt es Überschneidungen zwischen den jeweiligen nationalen Regelungen *(Normenhäufung)*, aber auch Regelungslücken *(Normenmangel)*. Um

---

[220] Vgl. hierzu oben Rn. 106–114, § 10 Rn. 81 b sowie § 11 Rn. 54.
[221] AufenthG: Aufenthaltstitel.
[222] AsylVfG: bedeutsam etwa für die Anerkennung als Flüchtling; dann erfolgt die kollisionsrechtliche Anknüpfung nicht an die Staatsangehörigkeit, sondern an den gewöhnlichen Aufenthalt.
[223] Hierzu oben Rn. 128 m. w. Nachw.
[224] Hierzu § 5 Rn. 39–56.

eine Harmonisierung der Rechtslage bemühen sich sowohl gemeinschaftsrechtliche Maßnahmen[225] als auch internationale Abkommen[226].

132 Entsprechendes gilt für das *Internationale Steuerrecht*. Dieses regelt, ob
ausländische Sachverhalte der deutschen Steuerhoheit unterliegen:

Beispiel: Muss ein deutscher Rechtsanwalt für die Beratung ausländischer Mandanten
in Deutschland Einkommen- und Umsatzsteuer entrichten?

X. Internationales Strafrecht

133 Das Internationale Strafrecht (§§ 3–7 StGB) regelt ebenfalls nur einseitig, wann deutsches Strafrecht anwendbar ist. Ausgangspunkt ist das
Territorialitätsprinzip, das durch das aktive Personalitätsprinzip (Staatsangehörigkeit des Täters), das Schutzprinzip (z.B. Staatsangehörigkeit
des Opfers) und – bei international geschützten Rechtsgütern – das
Universalitätsprinzip modifiziert wird.

E. Reformen seit 1986

134 Das deutsche IPR wird heute im Wesentlichen durch die Reformen von
1986 und 1999 geprägt.

I. Reform von 1986

Anlass zur Reform von 1986, welche das Personenstands-, Familien-
Erb- und Vertragsrecht umfasste, war der „Spanier"-Beschluss des Bundesverfassungsgerichts vom 4. 5. 1971.[227] Hiernach unterliegen Kollisionsnormen als innerstaatliches Recht in vollem Umfang einer Überprüfung anhand der Grundrechte. In der Folgezeit wurden insbesondere
die einseitig an das Heimatrecht des Ehemannes anknüpfenden Kollisionsnormen des Internationalen Familienrechts wegen Verstoßes gegen
den Gleichheitsgrundsatz des Art. 3 II GG für nichtig erklärt.[228]

---

[225] Z.B. VO 1408/71/EWG (Soziale Sicherung der Wanderarbeitnehmer) v. 2. 12.
1996, (ABl. EG Nr. L 28/1), geänd. durch VO 1290/97/EG v. 27. 6. 1997, (ABl. EG
Nr. L 176/1).

[226] Z.B. Straßburger Europäisches Übereinkommen über die Staatsangehörigkeit
(BGBl. 2004 II S. 579) = *Jayme/Hausmann*, Nr. 273; für Deutschland in Kraft seit
dem 1. 9. 2005; Berner CIEC-Übereinkommen zur Verringerung der Fälle von
Staatenlosigkeit v. 13. 9. 1971 (BGBl. 1977 II S. 613 = *Jayme/Hausmann*, Nr. 274);
in Kraft seit dem 24. 9. 1977.

[227] BVerfGE 31, 58 = NJW 1971, 1509 = RabelsZ 36 (1972), 145 m. zahlreichen Anm.
= *Schack*, Höchstrichterliche Rechtsprechung, Nr. 1 = IPRspr 1971 Nr. 39.

[228] *BVerfG* 22. 2. 1983, BVerfGE 63, 181 = NJW 1983, 1968 = IPRax 1983, 223 m.
Anm. *Henrich*, 208–210 = IPRspr 1983 Nr. 56; *BVerfG* 8. 1. 1985, BVerfGE 68,
384 = NJW 1985, 1282 = IPRax 1985, 290 m. Anm. *Beitzke*, 268–272 = IPRspr
1985 Nr. 70.

Der Gesetzgeber war somit aufgefordert, tätig zu werden, und nutzte **135**
die Gelegenheit zu einer grundlegenden Reform des bis dahin bestehenden Systems einseitiger Kollisionsnormen.[229] Für die Bereiche des
Personenstands- Familien- und Erbrechts hielt er dabei im Grundsatz
an der *Anknüpfung an die Staatsangehörigkeit* fest. Gründe hierfür
waren das Gebot der Rechtssicherheit, die gegenüber einer Anknüpfung an den gewöhnlichen Aufenthalt geringere Manipulationsgefahr
sowie der Gedanke des internationalen Entscheidungseinklangs. Freilich sah sich der Gesetzgeber gezwungen, im Eherecht ein Mischsystem in Form der „Kegelschen Leiter"[230] ein zuführen, da bei unterschiedlichen Heimatrechten der Ehegatten ein einseitiges Abstellen auf
die Staatsangehörigkeit des Ehemannes nunmehr versperrt war und der
gewöhnliche Aufenthalt der Ehegatten somit als Auffangregel benötigt
wurde (vgl. Art. 14 I, 15 I, 17 I 1 EGBGB).

Allerdings wurde die Anknüpfung an die Staatsangehörigkeit im Rahmen der in den letzten Jahren erfolgten Neuregelungen von Teilbereichen des Internationalen Familienrechts weitgehend aufgegeben. Insbesondere auf dem Gebiet des Kindschaftsrechts wurde der gewöhnliche
Aufenthalt des Kindes im Zuge des Kindschaftsrechtsreformgesetzes
vom 16. 12. 1997[231] zum bestimmenden Anknüpfungsmoment; im Vordergrund standen hierbei eine stärkere Berücksichtigung der Rechte des
Kindes sowie Praktikabilitätserwägungen.[232] Im Falle von eingetragenen
Lebenspartnerschaften findet nach Art. 17 b I EGBGB – unabhängig
von der Staatsangehörigkeit der Lebenspartner – das Recht des registerführenden Staates auf die Begründung, die allgemeinen und güterrechtlichen Wirkungen sowie die Auflösung der Lebenspartnerschaft Anwendung.[233] Art. 17 a EGBGB, der das Ehewirkungsstatut (Art. 14 EGBGB)
in Teilbereichen verdrängt, knüpft an den Lageort der Ehewohnung an;
dieser fällt typischerweise mit dem gewöhnlichen Aufenthalt der Eheleute zusammen.[234]

Ein weiterer Kernpunkt der Reform von 1986 war eine *Ausdehnung der
Rechtswahl* seitens der Parteien. Während die Parteiautonomie im Internationalen Vertragsrecht bereits zuvor anerkanntes Anknüpfungsmoment war, wurde nunmehr auch im Namens-, Familien- und Erbrecht
eine beschränkte Rechtswahl eingeführt (vgl. Art. 10 II, 14 II und III,
15 II, 25 II EGBGB). Gleichzeitig wurden die Folgen einer Rechtswahl
bei bestimmten Vertragstypen, wie Verbraucherverträgen (Art. 29 I

---

[229] Gesetz zur Neuregelung des IPR v. 25. 7. 1986 (BGBl. 1986 I S. 1142); in Kraft seit
dem 1. 9. 1986. Näher hierzu 5. Aufl., § 1 Rn. 134–146.
[230] Hierzu § 8 Rn. 23–25.
[231] BGBl. 1997 I S. 2942.
[232] Hierzu § 8 Rn. 140.
[233] Hierzu § 8 Rn. 73 c–73 e.
[234] Hierzu § 8 Rn. 31 b f.

EGBGB) und Arbeitsverträgen (Art. 30 I EGBGB), zugunsten der schwächeren Partei eingeschränkt.[235] Weiterhin wurde mit Art. 28 V EGBGB erstmals eine sogenannte *Ausweichklausel* geschaffen. Diese stellt das nötige Korrelat zu dem verallgemeinernden Charakter der Grundanknüpfungsregeln dar, welche zwar Rechtssicherheit schaffen, in vielen Fällen aber den berechtigten Interessen der Parteien an die anwendbare Rechtsordnung nicht gerecht werden.

Schließlich nutzte der Gesetzgeber die Reform zur *Inkorporierung* einiger *völkerrechtlicher Übereinkommen* in das EGBGB:

– Haager Übereinkommen über das auf die Form letztwilliger Verfügungen anzuwendende Recht vom 5. 10. 1961[236]
– Haager Übereinkommen über das auf Unterhaltspflichten anzuwendende Recht vom 2. 10. 1973[237]
– Römisches EWG-Übereinkommen über das auf vertragliche Schuldverhältnisse anzuwendende Recht (EVÜ) vom 19. 6. 1980[238]

Angestrebt wurde damit eine größere Übersichtlichkeit des IPR. Der Vereinfachungseffekt ist jedoch fragwürdig, da das Verhältnis der EGBGB-Vorschriften zu den ihnen entsprechenden völkerrechtlichen Verträgen umstritten ist.[239]

II. Reform von 1999

136   Die geschilderten Merkmale finden sich auch in der Reform von 1999[240], durch die das IPR der außervertraglichen Schuldverhältnisse sowie das Internationale Sachenrecht erstmals kodifiziert wurden:[241] Die Parteiautonomie wird – mit Ausnahme des Sachenrechts – als vorrangiges Anknüpfungsmoment anerkannt (Art. 42 EGBGB); die Regelanknüpfungen werden jeweils durch Ausweichklauseln ergänzt, die eine Auflockerung zugunsten der Rechtsordnung, zu der eine engere Beziehung besteht, ermöglichen (Art. 41, 46 EGBGB).

III. Weitere Neuregelungen und Regelungslücken

137   Neben den beiden großen Reformen von 1986 und 1999 gab es zahlreiche, auf einzelne Rechtsgebiete beschränkte Neuregelungen:

---

[235] *Kühne,* IPRax 1987, 69–74; *Junker,* IPRax 1993, 1–10; hierzu § 10 Rn. 71, 77.
[236] BGBl. 1965 II S. 1145 = *Jayme/Hausmann,* Nr. 60; in Kraft seit dem 1. 1. 1966.
[237] BGBl. 1986 II S. 837 = *Jayme/Hausmann,* Nr. 41; in Kraft seit dem 1. 4. 1987.
[238] BGBl. 1986 II S. 810 = *Jayme/Hausmann,* Nr. 70; in Kraft seit dem 1. 4. 1991.
[239] Vgl. oben Rn. 79–82.
[240] Gesetz zum Internationalen Privatrecht für außervertragliche Schuldverhältnisse und für Sachen v. 21. 5. 1999 (BGBl. 1999 I S. 1026); in Kraft seit dem 1. 6. 1999. Hierzu: *Wagner,* IPRax 1998, 429–438.
[241] Zur Gesetzgebungsgeschichte vgl. 6. Aufl., § 1 Rn. 134.

- Gesetz zur Neuordnung des Familiennamensrechts vom 16. 12. 1993 (Art. 10 EGBGB)[242]
- Gesetz zur Reform des Kindschaftsrechts vom 16. 12. 1997 (Art. 10, 19–21, 23 EGBGB)[243]
- Gesetz zur Neuordnung des Eheschließungsrechts vom 4. 5. 1998[244]
- Gesetz über Fernabsatzverträge und andere Fragen des Verbraucherrechts sowie zur Umstellung von Vorschriften auf Euro vom 27. 6. 2000 (Art. 29a EGBGB)[245]
- Gesetz zur Beendigung der Diskriminierung gleichgeschlechtlicher Gemeinschaften: Lebenspartnerschaften vom 16. 2. 2001 (nunmehr Art. 17b EGBGB)[246]
- Gesetz zur Regelung von Rechtsfragen auf dem Gebiet der internationalen Adoption und zur Weiterentwicklung des Adoptionsvermittlungsrechts vom 5. 11. 2001 (Art. 22 II, III EGBGB)[247]
- Gesetz zur Verbesserung des zivilgerichtlichen Schutzes bei Gewalttaten und Nachstellungen sowie zur Erleichterung der Überlassung der Ehewohnung bei Trennung vom 11. 12. 2001 (Art. 17a EGBGB)[248]
- Gesetz zur Stärkung der vertraglichen Stellung von Urhebern und ausübenden Künstlern vom 22. 3. 2002 (§ 32b UrhG)[249]
- Gesetz zur Reform des Personenstandsrechts vom 19. 2. 2007 (Art. 47 EGBGB)[250]

Die letzten – eher missglückten – Änderungen betreffen die Schaffung besonderer Kollisionsnormen für eingetragene gleichgeschlechtliche Lebenspartnerschaften (nunmehr Art. 17b EGBGB) bzw. die Zuweisung von Ehewohnung und Hausrat aus Anlass der Trennung von Ehegatten (Art. 17a EGBGB) sowie die Konsolidierung der auf EG-Richtlinien beruhenden Sonderkollisionsnormen für einzelne Arten von Verbraucherverträgen in Art. 29a EGBGB.[251]

Auch nach Schließung großer Regelungslücken im Zuge der IPR-Reform von 1999 verbleiben nach wie vor nicht geregelte Bereiche: Für das Recht der juristischen Personen liegt mittlerweile ein Regierungsentwurf vor;[252] das Recht der Stellvertretung wird voraussichtlich in den Regelungsbereich der Rom I-VO aufgenommen werden.[253] **138**

---

[242] BGBl. 1993 I S. 2054.
[243] BGBl. 1997 I S. 2942.
[244] BGBl. 1998 I S. 833.
[245] BGBl. 2000 I S. 897, ber. 1139.
[246] BGBl. 2001 I S. 266.
[247] BGBl. 2001 I S. 2950.
[248] BGBl. 2001 I S. 3513.
[249] BGBl. 2002 I S. 1155.
[250] BGBl. 2007 I S. 122.
[251] Hierzu § 8 Rn. 73a–73j; 31a–31d bzw. § 10 Rn. 73b–73e.
[252] Entwurf eines Gesetzes zur Modernisierung des GmbH-Rechts und zur Bekämpfung von Missbräuchen (MoMiG); abrufbar unter: www.bmj.de (> Gesetzesentwürfe > Handels- und Wirtschaftsrecht). Hierzu § 7 Rn. 32a.
[253] Hierzu § 7 Rn. 49 sowie § 10 Rn. 22a.

§ 2. Geschichte und Theorie

1 Ein kurzer geschichtlicher Überblick zeigt den weiten Weg, der von der Rechtlosigkeit des Fremden in der Antike bis zur heutigen Gleichbehandlung in- und ausländischen Rechts durchmessen wurde. Weiterhin verdeutlicht er die „Internationalität" des IPR, die Zusammenhänge zwischen der Entwicklung der Kollisionsrechte in den einzelnen Staaten und die gegenseitigen Einflüsse.[1] Die im IPR der Gegenwart verwendeten Begriffe können nur vor ihrem historischen Hintergrund verstanden werden. Schließlich zeigt der geschichtliche Rückblick, dass manche scheinbar neuen Ansätze ihre Vorläufer in der Vergangenheit haben.

A. Antike

2 Der Antike war die Anwendung ausländischen Rechts zunächst unbekannt. Familiäre und geschäftliche Beziehungen beschränkten sich auf das örtliche Gemeinwesen („polis" bzw. „civitas"). Fremde waren von diesen Rechtsbeziehungen grundsätzlich ausgeschlossen; sie galten als rechtlos.[2] Deutlich tritt diese Auffassung bei dem Athener *Isokrates* (436–338 v. Chr.) zutage, der meinte, zwischen Griechen und Barbaren bestehe kein geringerer Unterschied als zwischen Mensch und Tier.[3]

Das Recht der Antike wurde ursprünglich von zwei Grundgedanken beherrscht: Das Recht war an die Person gebunden *(= Personalitätsprinzip)*, wobei die Person dem Recht ihres Geburtsortes, der *lex origins*, unterstand. Die Gerichte aber wendeten grundsätzlich nur ihr eigenes Recht, die *lex fori*, an *(= Territorialitätsprinzip)*. Daher bestand Rechtsschutz nur, wenn die lex origins identisch mit der lex fori war. Nur der Einheimische konnte seine Rechte geltend machen, der Fremde hingegen war rechtlos. Diese Auffassung wurde auch religiös begründet: Da der Fremde nicht am gleichen Kult teilnehmen könne, könne er auch nicht den gleichen Gesetzen unterstehen.

I. Griechenland

3 Erstarkender Handel und Verkehr zwangen in Griechenland zur Anpassung, bisweilen sogar zur Aufgabe dieser Geisteshaltung. Zwei Mittel boten sich an: Einerseits wählte man den Weg der Gastfreundschaft,

---

[1] *Neuhaus,* Grundbegriffe, S. 90f.; *Gutzwiller,* Geschichte des IPR (1977), S. 1.
[2] *Schwind,* IPR, Rn. 2.
[3] *Batiffol/Lagarde,* Droit international privé I, 8. Aufl. (1993), S. 18 (Fn. 9 [1]) m. w. Nachw.

d.h., der Fremde stand unter dem Schutz eines Bürgers („proxenos"). Andererseits wurden Staatsverträge geschlossen. Im Verkehr zwischen den griechischen Stadtstaaten wendete man im Laufe der Zeit die lex fori auf alle Griechen an, was im Hinblick auf die weitgehende Gleichartigkeit der Stadtrechte keine Schwierigkeiten bereitete.

Im ptolemäischen Ägypten bildeten die Angehörigen der einzelnen **4** im alexandrinischen Heer zusammengeschlossenen griechischen Stämme landsmannschaftliche Rechtsgemeinschaften, sogenannte „politeumata", während die ägyptischen Ureinwohner weiterhin nach ihrem „enchorischen" Recht lebten. Die Abgrenzung, die *Ptolemäus Euergetes II.* im Jahre 118 v.Chr. zwischen den beiden Rechtsordnungen zog, war sehr einfach: War das Dokument, auf das sich der Prozess stützte, in griechischer Sprache abgefasst, so fand griechisches Recht Anwendung; war es dagegen in Hieroglyphen geschrieben, so galt enchorisches Recht.[4]

II. Römisches Recht

Die Entwicklung im römischen Recht verlief ähnlich wie in Griechenland. **5** Jedoch bildete sich hier für Fremde auf dem Gebiet des Handelsrechts langsam das *ius gentium,* welches römisches Recht darstellte. Römische Bürger unterfielen dem ius civile, die Fremden dem ius gentium, für dessen Anwendung seit 242 v. Chr. der sogenannte „praetor peregrinus" zuständig war. Das ius gentium galt unter Fremden, aber auch zwischen Römern und Fremden. – In der modernen Theorie wird der Gedanke, Inlandssachverhalte (ius civile) und internationale Sachverhalte (ius gentium) unterschiedlichem Recht zu unterstellen, wiederbelebt.

In der Spätzeit verlor die Unterscheidung zwischen ius civile und ius **6** gentium an Bedeutung, denn ein Erlass Kaiser Caracallas verlieh im Jahre 212 n. Chr. nahezu allen Freien im Reiche das römische Bürgerrecht; hiervon ausgenommen waren insbesondere die ins Römische Reich eingedrungenen und vom Kaiser angesiedelten Germanen.[5]

B. Völkerwanderung bis Hochmittelalter

Im Zuge der Völkerwanderung begannen germanische Stämme, auf dem **7** Gebiet des ehemaligen Römischen Reiches unabhängige Staaten zu gründen. Zunächst galt für die Untertanen römischer Herkunft das römische Recht weiter. Später schufen die germanischen Eroberer vielfach

---

[4] *Schwind,* IPR, Rn. 2, 5.
[5] *Gutzwiller,* Geschichte, S. 2f.; zum Recht der Antike vgl. auch: *Lewald,* Rev crit dr int priv 1968, 419–440, 615–639.

eigene, auf dem römischen Recht aufbauende Gesetze für ihre römischen Untertanen, wie z. B. im südlichen Gallien die Lex Romana Visigothorum *Alarichs II.* aus dem Jahre 506. Um aus der Vielzahl der nebeneinander bestehenden verschiedenen Rechtsordnungen die jeweils anwendbare zu ermitteln, griff man auf die bei Griechen und Römern in der Frühzeit herrschende Idee der *Personalität* des Rechts zurück. Jede Person wurde nach dem Recht des Volkes behandelt, dem sie angehörte – d. h. nach ihrem angeborenen Stammesrecht *(lex originis)* –, gleichgültig, ob dieses Volk staatlich organisiert war oder nicht. Der salische Franke unterfiel salischem Recht, der Sachse sächsischem Recht, der Römer römischem Recht. Dem Einzelnen sprach man das subjektive Recht zu, nach seinem Recht behandelt zu werden (daher: „ius suum cuique tribuere").[6] Eroberer und Unterworfene verschmolzen im Laufe der Zeit zu einer Einheit. Das alte Recht wurde vergessen, neues einheitliches geschaffen.[7]

8 Im 12. Jahrhundert wurde die Anknüpfung an die Person aufgegeben. An ihre Stelle trat das lokale Recht des Territoriums, dem die Person unterworfen war: Nicht mehr die Abstammung (lex originis), sondern das Gebiet, dessen Obrigkeit der Einzelne unterworfen war, bestimmte das anwendbare Recht *(Territorialitätsprinzip)*. Der lateinische Grundsatz lautet: „Statutum non ligat nisi subditos". Als Folge konnten grundsätzlich nur die jeweiligen Untertanen vor Gericht gebracht werden, denn nur diese unterstanden den Gesetzen des Territoriums. Als Untertan galt, wer sich mindestens ein Jahr und einen Tag innerhalb des Territoriums aufgehalten hatte. Auch die Gerichte waren bei ihrer Entscheidung an die Verfahrens- und Sachvorschriften des jeweiligen Territoriums gebunden. Später wurden in einigen deutschen Städten sogenannte Gastgerichte eingerichtet, vor denen Fremde klagen und verklagt werden konnten.[8] Daneben entwickelten sich für Rechtsgeschäfte im Ansatz bereits allseitige Kollisionsnormen, so der Satz *locus regit actum*, der – anders als heute – nicht nur die Form, sondern auch den Inhalt eines Rechtsgeschäfts erfasste; bald erstreckte man den Satz auch auf Delikte. Rechte an beweglichen und unbeweglichen Sachen unterstellte man der *lex rei sitae*. Damit wurde der Weg zur Anwendung ausländischen Rechts gebahnt. In diesem Stadium finden sich die Vorläufer des modernen Kollisionsrechts.[9]

---

[6] Vgl. *Gutzwiller,* Geschichte, S. 7.

[7] Vgl. *Gutzwiller,* Geschichte, S. 8 m. w. Nachw.

[8] *Schack,* IZVR, Rn. 124; *Schlosser,* Spätmittelalterlicher Zivilprozeß (1977), S. 76–80 (m. w. Nachw. in Fn. 55).

[9] *Schwind,* IPR, Rn. 5; *Gutzwiller,* Geschichte, S. 9–28 (insbes. S. 11–13, 26 f.).

C. Statutenlehre (1300–1800)

I. Entwicklung in Oberitalien

Südlich der Alpen führte das Wachsen bedeutender städtischer Gemein- 9
schaften zu einer Ersetzung des Personalitätsprinzips durch das Territorialitätsprinzip. Jede der oberitalienischen Städte schuf sich ihre eigenen
Gesetze (statuta). Dies zwang bei der engen wirtschaftlichen Verflech-
tung dieser Stadtstaaten dazu, darüber nachzudenken, in welchem Verhältnis diese Rechte zueinander standen, und Lösungen für einen etwaigen Widerstreit solcher Statuten zu finden.[10]

Der Erste, der dieses Problem erkannte und sich Gedanken über eine 10
mögliche Lösung machte, war im 12. Jahrhundert der der Schule der
Glossatoren zugehörige Rechtslehrer *Aldricus.* Nach seiner Ansicht sollte der Richter bestimmen, welche von zwei konkurrierenden Rechtsordnungen (= utram consuetudinem) anzuwenden sei. Vorzuziehen sei
die „consuetudo, quae potior et utilior videtur", d. h. diejenige Rechtsordnung, die von größerem Gewicht und von größerem Nutzen sei. Der
Richter müsse nämlich nach dem Recht urteilen, das er als besser bzw.
als zweckmäßiger erkannt habe.[11] Dadurch wurde dem Richter ein sehr
weites Ermessen eingeräumt. Heute folgt der *better-law-approach* in den
USA ähnlichen Ansätzen.[12]

Die moderne Entwicklung des IPR setzte gegen Anfang des 13. Jahr- 11
hunderts in Oberitalien ein. Ausgehend von erb-, familien- sowie de-
liktsrechtlichen Fällen entwickelten die Postglossatoren die sogenannte
Statutenlehre.[13] Hierbei unterschieden deren berühmteste Vertreter, *Bartolus de Sassoferrato* (1314–1357) und sein Schüler *Baldus de Ubaldis*
(1327–1400), drei Arten der Statuten, die jeweils unterschiedlichen Kollisionsregeln gehorchten:

1. statuta personalia

Statuta personalia sind Normen, welche die Person betreffen (z. B. Re- 12
geln über die Handlungsfähigkeit). Sie folgten der Person, wohin immer diese ging. Ein Mailänder Bürger unterstand hinsichtlich seiner
persönlichen Beziehungen auch in Florenz der mailändischen „lex originis". Nach *Bartholomaeus de Saliceto* (1330–1412) erfassten die statu-

---

[10] *Gutzwiller,* Geschichte, S. 14 (Fn. 20) m. w. Nachw.
[11] *Gutzwiller,* Geschichte, S. 14 f.
[12] *Schwind,* IPR, Rn. 9; s. dazu unten Rn. 47 f.
[13] Einzelheiten hierzu bei *Gutzwiller,* Geschichte, S. 22–28 und – zu Bartolus – S. 31–
37.

ta personalia sogar die beweglichen Sachen, die eine Person mit sich führte.[14]

2. statuta realia

13 Statuta realia galten ausschließlich für unbewegliche Sachen innerhalb des Gebietes des jeweiligen Stadtstaates. Der Geltungsbereich des materiellen Immobiliarsachenrechts erfasste somit nur die innerhalb des Stadtstaates belegenen Grundstücke, während bewegliche Sachen – wie bereits erwähnt – dem Personalstatut unterstanden.

3. statuta mixta

14 Statuta mixta dienten als Auffangtatbestand für alles, was sich nicht als statuta personalia oder statuta realia einordnen ließ. Insbesondere menschliche Handlungen, z.B. Abschluss und Erfüllung von Verträgen sowie Delikte, unterfielen den statuta mixta. Hier wurde grundsätzlich auf das Recht des Handlungsortes abgestellt.[15]

15 Aus dem jeweiligen Statut, das die auf den Fall anzuwendenden materiellen Sachnormen enthielt, ergab sich zugleich die örtliche Reichweite der Sachnormen. Damit war die Bestimmung des anwendbaren Rechts in einfacher, wenn auch schematischer Weise gelöst. – Gleichzeitig wurde von *Jakobus Balduini* (gestorben 1235) eine Unterscheidung eingeführt, die sich bis heute erhalten hat: Das Verfahrensrecht unterfällt der lex fori; das Recht, das die sachliche Entscheidung bestimmt (lex causae), kann auch ausländisches sein.

Die Statutenlehre wurde in den folgenden Jahrhunderten – zunächst in Italien, dann in Frankreich – stetig verfeinert.

II. Fortentwicklung der Statutenlehre im Frankreich des 16. Jahrhunderts

1. Charles Dumoulin (1500–1566)

16 *Dumoulin* (latinisiert: Molinaeus) hat in seinem für das IPR bedeutendsten Werk „Conclusiones de statutis et consuetudinibus localibus", ausgehend von den drei klassischen Statuten, feinere Einteilungen geschaffen. Er hat den Parteiwillen als Anknüpfungsmoment eingeführt und die

---

[14] Lateinischer Grundsatz: mobilia sequuntur personam; mobilia ossibus inhaerent. Zur modernen Anwendung dieses Rechtsgedankens (etwa auf Reisegepäck) vgl. § 12 Rn. 12.

[15] Vgl. etwa die um 1300 von Cinus de Pistoia aufgestellte und heute noch zum Teil gültige Regel: locus regit formam actus.

statuta personalia nicht mehr an die „lex originis", sondern an das „domicile" angeknüpft.[16] Zugleich entzog er bestimmte Fragen der Disposition der Parteien und prägte damit in Ansätzen die Lehre vom ordre public.[17] Heute noch ist *Dumoulin* im französischen IPR als Begründer der Parteiautonomie sowie der Anknüpfung des Ehegüterrechts an den ersten gewöhnlichen Aufenthalt der Ehegatten anerkannt.

2. Bertrand d'Argentré (1519–1590)

Auch *d'Argentré* (Argentreus) übernahm in seinem Kommentar zur 17 Coutume de Bretagne die übliche Dreiteilung der statuta. Er erweiterte jedoch den Anwendungsbereich der statuta realia, indem er der lex rei sitae auch alle Verträge, die Rechte an Immobilien zum Gegenstand haben, unterstellte. Rechte an Mobilien sollten hingegen nach dem Domizilrecht zu beurteilen sein.[18] Im Grundsatz galt damit für alle sachenrechtlichen Fragen das Territorialitätsprinzip, was auch *d'Argentrés* politischer Tendenz zur Stärkung der Territorialrechte entsprach.[19] Er war damit Vorläufer nationalistischer Strömungen im französischen IPR der 1. Hälfte des 20. Jahrhunderts *(Bartin, Niboyet).*[20]

III. Verbindung von Statutenlehre und neuen staatsrechtlichen Gedanken in den Niederlanden

Im 17. Jahrhundert verband die Rechtsschule der Niederländer die Sta- 18 tutenlehre mit den neuen Lehren: einerseits dem Naturrecht, andererseits der Lehre von der staatlichen Souveränität.

1. Paul Voet (1619–1667)

Paul Voet veröffentlichte mit „De statutis eorumque concursu, liber sin- 19 gularis" (1660) und „Mobilium et immobilium natura" (1666) zwei Werke zum Kollisionsrecht. Während sich die erste Arbeit mit Wesen, Arten und Funktionen des Rechts allgemein befasste, enthielt das zweite Werk Ausführungen zum Sachenrecht. Die fortdauernde Bedeutung *Paul Voets* liegt nicht allein darin, dass er als Erster zwischen einem all-

---

[16] Insoweit mag Dumoulin, der wegen seines calvinistischen Glaubens in Frankreich als „persona ingrata" galt und deshalb seit 1552 bis zu seinem Tode überwiegend in Deutschland lebte, von seinen eigenen Erfahrungen beeinflusst worden sein: Durch die Anknüpfung an das Domizilrecht wird die Integration von Ausländern erleichtert. Vgl. *Gutzwiller,* IPR, S. 71 f. (Fn. 2 f.) m. w. Nachw.

[17] Vgl. auch *Gutzwiller,* Geschichte, S. 78–80.

[18] Vgl. auch *Gutzwiller,* Geschichte, S. 92–101 (insbes. S. 92 f.).

[19] *Schwind,* IPR, Rn. 12.

[20] Hierzu näher unten Rn. 38.

gemeinen und einem besonderen Teil des IPR unterschied. Er hat auch als Erster den naturrechtlichen Grundsatz der *comitas* konsequent für die Gestaltung des Internationalen Privatrechts fruchtbar gemacht.[21]

2. Johannes Voet (1647–1714)

20 Sein Sohn, *Johannes Voet,* ging in seinem Digestenkommentar von den drei Grundkategorien der Statuten aus, wie sie die Postglossatoren entwickelt hatten. Er erkannte die Souveränität des Gesetzgebers bei der Bestimmung des Anwendungsbereichs der Statuten an, suchte aber gleichzeitig einen Ausgleich zwischen den verschiedenen nationalen Rechtsordnungen auf Grundlage der *comitas.*[22]

3. Ulrich Huber (1636–1694)

21 Der niederländische Professor und Richter *Ulrich Huber* stellte die Verbindung zwischen dem Souveränitätsgedanken und der Idee der comitas her. Seine Lehre[23] lässt sich in drei Grundsätzen zusammenfassen:

(1) Die Gesetze eines Staates entfalten nur innerhalb seiner Grenzen Wirkung und binden hier seine Untertanen (statutum non ligat nisi subditos);

(2) Untertanen sind alle, die sich innerhalb der Staatsgrenzen aufhalten;

(3) die *comitas* legt es nahe, den Gesetzen anderer Staaten Wirkung zuzubilligen, sofern die Hoheitsgewalt des Inlandstaates dadurch nicht beeinträchtigt wird.

IV. Privatrechtskodifikationen der Aufklärungszeit

22 Die großen Kodifikationen der Aufklärungszeit, nämlich
  – der Codex Maximilianeus Bavaricus Civilis von 1756,
  – das preußische ALR von 1794,
  – der französische Code civil von 1804 und
  – das österreichische ABGB von 1811
folgten in ihren Grundzügen noch der Statutenlehre.[24] Allerdings wird mit Art. 3 III des französischen Code civil[25] die Herrschaft des Staatsangehörigkeitsprinzips im IPR des 19. Jahrhunderts eingeleitet: „Les lois concernant l'état et la capacité des personnes régissent les Français, même résidant en pays étranger."

---

[21] *Gutzwiller,* Geschichte, S. 136 f.
[22] *Gutzwiller,* Geschichte, S. 140–153 (insbes. S. 142–144).
[23] De conflictu legum, in: Praelectiones iuris, wiedergegeben von *Meili,* Zeitschrift für Internationales Recht 8 (1898), 192; dazu: *Gutzwiller,* Geschichte, S. 157 f.
[24] *Kegel/Schurig,* IPR, S. 177 f.; *Siehr,* IPR, S. 420.
[25] *Schwind,* IPR, Rn. 17.

V. Kritische Würdigung

Die Statutenlehre ermittelte den örtlichen Anwendungsbereich einer 23
Norm nach deren Zuordnung zu einer der drei Kategorien (statuta personalia, statuta realia, statuta mixta). Damit bestimmt der Inhalt einer Norm regelmäßig auch deren Anwendungsbereich, d.h., die Sachnorm enthielt zugleich auch die Kollisionsnorm. Ausnahmen von dieser Regel stellten z.B. der Grundsatz „locus regit formam actus" oder die grundlegende Unterscheidung zwischen Prozessrecht (ad ordinem litis) und materiellem Recht (ad decisionem) mit den daraus zu ziehenden Folgerungen dar. Abgesehen von diesen wenigen, allerdings bedeutenden Ausnahmen gab es kein von den Sachnormen losgelöstes IPR im eigentlichen Sinne. Die Methode erinnert an Bestrebungen der Gegenwart, aus dem Zweck der Sachnorm auf ihren räumlichen Anwendungsbereich zu schließen.[26]

Die Dreiteilung der Statuten war ein zu grober Filter, um im konkreten 24
Einzelfall zu überzeugenden internationalprivatrechtlichen Lösungen zu gelangen. Die Zuordnung von Normen zu einer der drei Gruppen war hoffnungslos umstritten; die Erweiterung der statuta realia durch *d'Argentré* mag als Beispiel dienen. Zahlreiche Ausnahmen zerstörten die Systematik.

Die Statutenlehre genügte einer Zeit, in der Fälle mit Auslandsberüh- 25
rung noch nicht die Bedeutung gewonnen hatten wie im aufkommenden Industriezeitalter. Das Leben spielte sich noch in einem eher lokalen Raum ab; im Hintergrund stand zudem das gemeinsame römische Recht.

D. Rezeption der niederländischen „comitas-Lehre"

I. Verbreitung in den USA

In den USA war es vor allem *Joseph Story* (1779–1845), der den Gedan- 26
ken *Hubers* Verbreitung verschaffte. In seinem Hauptwerk, den „Commentaries on the Conflict of Laws", stellte er die Bedeutung der comitas („comity") als Grundlage des Kollisionsrechts heraus. Eine Gliederung des Rechtsstoffes nach Statuten nahm er nicht vor, er behandelte ihn nach Sachbereichen wie zum Beispiel Geschäftsfähigkeit, Schuldverträge, Mobiliar- oder Immobiliarsachenrecht. Die von *Story* gewählte Einteilung entsprach also in Grundzügen bereits der heute noch üblichen.

---

[26] Hierzu *Schnitzer/Châtelain*, SJZ 1985, 105–113 (112).

II. Besonderheiten der Entwicklung in England

27 In England hatte das römische Recht und damit auch die auf seiner Grundlage entwickelte Statutenlehre keinen Eingang gefunden. So galt noch Anfang des 18. Jahrhunderts in England ein von kontinentaleuropäischen Entwicklungen völlig abgeschirmtes Rechtssystem. Konfliktfälle wurden unter dem Gesichtspunkt der „jurisdiction" (Gerichtsgewalt) sehr einfach gelöst. Unter die englische „jurisdiction" fielen nur Inlandstatbestände; diese setzten voraus, dass sich der Sachverhalt im Inland ereignet hatte. War die „jurisdiction" gegeben, so wendete man immer einheimisches Recht (also common law) als lex fori an.[27] Erst Ende des 18. Jahrhunderts fanden die kontinentaleuropäischen Theorien des Internationalen Privatrechts Eingang, zunächst bei englisch-schottischen Fällen. [28] Während englische Gerichte schon früh bereit waren, auf ausländisches Recht gestützte Entscheidungen anzuerkennen, standen sie der Anwendung ausländischen Rechts zurückhaltend gegenüber. *Lord Mansfield* war der Erste, der in der Entscheidung *Robinson v. Bland* (1790) den Gedanken der comitas aufgriff und auf dieser Grundlage Kollisionsregeln zu entwickeln versuchte. Erst dieser Ansatz ermöglichte die Entstehung des modernen englischen IPR.

E. Überwindung der Statutenlehre in Deutschland

I. Kritik durch Wächter

28 *Carl Georg von Wächter* (1797–1880) zeigte in seiner berühmt gewordenen Schrift „Über die Kollision der Privatrechtsgesetze verschiedener Staaten"[29] die Nachteile der Statutenlehre auf und setzte ihrer Fortentwicklung damit ein Ende. Die von ihm entwickelte Alternative zur Statutenlehre[30] enthielt allerdings ebenfalls keine eindeutigen Kollisionsregeln und konnte sich daher nicht durchsetzen.

II. Der neue Ansatz: Savigny

29 Die Grundlage, auf der noch heute das kontinentaleuropäische IPR beruht, schuf *Friedrich Karl von Savigny* (1779–1861). In seiner Abhand-

---

[27] *Cheshire & North's* Private International Law, 13. Aufl., London (1999), S. 16 f. m. w. Nachw.

[28] *Dicey & Morris,* The Conflict of Laws I, 13. Aufl., London (2000), Rn. 1–014; *Cheshire & North's* Private International Law, a. a. O., S. 17–19, jeweils m. w. Nachw.

[29] AcP 24 (1841), 230–311; AcP 25 (1842), 1–60, 161–200, 361–419.

[30] AcP 24 (1841), 261–270; Zusammenfassung bei *Kegel/Schurig,* IPR, S. 182 f.

lung über das Internationale und Intertemporale Privatrecht (genauer: über die örtliche und zeitliche Geltung der Gesetze), die 1849 in Band VIII seines „System des heutigen Römischen Rechts" erschien, sind zwei Gedanken grundlegend:

1. Die comitas als Grund für die Anwendung fremden Rechts

Als Grund für die Anwendung fremden Rechts nennt *Savigny* das völ- 30
kerrechtliche Prinzip der comitas, das es den Staaten trotz ihrer Souveränität gebiete, sich im Verhältnis zueinander „freundlich" zu verhalten und deshalb z.B. in bestimmten Fällen die Anwendung fremden Rechts zuzulassen. *Savigny* wurde hierbei durch die niederländische Rechtsschule und den von *Story* fortentwickelten comitas-Gedanken beeinflusst.[31]

2. Der Sitz des Rechtsverhältnisses als Ausgangspunkt der Bestimmung des anwendbaren Rechts

Den Bereich der Anwendung des eigenen bzw. eines fremden Rechts 31
will *Savigny* formal in der Weise abstecken, dass er bei jedem Rechtsverhältnis dasjenige Rechtsgebiet ermittelt, dem dieses Rechtsverhältnis seiner eigentümlichen Natur nach angehört, d.h., in dem es seinen Sitz hat.[32] Der Sitz des Rechtsverhältnisses also hat den Ausgangspunkt der kollisionsrechtlichen Anknüpfung zu bilden. Ob man vom Sitz des Rechtsverhältnisses oder, wie andere, von seinem Schwerpunkt *(Otto von Gierke)* bzw. von der Natur der Sache *(Carl Ludwig von Bar)* spricht, ist im Kern dasselbe.

Auf den ersten Blick scheint die Theorie *Savignys* keine umwälzend 32
neuen Gedanken zu bringen. Die Statutenlehre ging vom Inhalt der inländischen Sachnorm aus und prüfte: Fällt diese in die Kategorie des statutum personale, reale oder mixtum? Hierfür war eine Beschäftigung mit dem Sachverhalt, der der Entscheidung zugrunde liegt, unerlässlich. *Savigny* geht vom Sachverhalt (dem Lebensverhältnis) aus und prüft: Welcher Rechtsnorm kann ich diesen zuordnen?

Die unterschiedlichen Ansätze führen nicht notwendig zu unterschiedlichen Ergebnissen. Psychologisch betrachtet werden jedoch die Akzente verlagert: Wird nach dem Anwendungswillen der inländischen Sachnorm gefragt, so führt die Überzeugung von der Qualität der inländischen Sachnorm dazu, ihren Anwendungsbereich so weit als möglich

---

[31] Story's Commentaries on the Conflict of Laws erschienen 1834 und waren Savigny bekannt; vgl. dazu auch: *Kegel*, FS 600 Jahre juristische Fakultät der Universität Köln (1988), S. 65–93.

[32] *Savigny*, System des heutigen römischen Rechts VIII (1849), S. 24–28, 108.

auszudehnen, um möglichst viele in den Genuss ihrer Wohltaten kommen zu lassen. Damit ist bereits im Ansatz die gleichwertige Behandlung
ausländischen Rechts in Frage gestellt. Folgen alle Staaten diesem Modell, bleibt dem internationalen Entscheidungseinklang keine Chance.
Wer hingegen den Schwerpunkt des Lebensverhältnisses sucht, wird an
das maßgebliche Recht herangeführt, ohne vom „Glanz" der inländischen Sachnorm geblendet zu sein. Auf dieser Grundlage wird internationaler Entscheidungseinklang möglich.

III. Exkurs: Der Ausdruck „Statut" im heutigen Sprachgebrauch des IPR

33 Im heutigen Sprachgebrauch des IPR nennt man Statut die Rechtsordnung, deren Sachnormen als Ergebnis der kollisionsrechtlichen Anknüpfung auf einen Lebenssachverhalt Anwendung finden. Das Statut
ist also Ergebnis, nicht Ausgangspunkt der kollisionsrechtlichen Anknüpfung.
Es gibt eine ganze Anzahl solcher Statuten,[33] z.B. das Vertragsstatut, das
Deliktsstatut, das Ehewirkungsstatut oder das Güterstatut (Ehegüterrecht). Als Personalstatut wird das für die persönlichen – im Unterschied zu den vermögensrechtlichen – Rechtsverhältnisse eines Menschen maßgebende Recht bezeichnet.
Dabei wird zwischen *Gesamtstatut* und *Einzelstatut* unterschieden:[34]
Das Gesamtstatut erfasst eine Gesamtheit von Vermögensrechten (Beispiele: Erb-, Güterrechtsstatut), das Einzelstatut einzelne Gegenstände
wie etwa Grundstücke.

F. Entwicklung des europäischen IPR von 1850 bis zur Nachkriegszeit

I. Italienische Rechtsschule – universalistische Theorien

1. Einführung des Staatsangehörigkeitsprinzips durch Mancini

34 Kurz nach dem Erscheinen des Werkes von *Savigny* hielt im Januar 1851
Pasquale Stanislao Mancini (1817–1888) an der Universität Turin seinen
berühmten Vortrag „Della nazionalità come fondamento del diritto delle
genti" (= von der Nationalität als Grundlage des Völkerrechts).[35] Darin

---

[33] Einzelheiten zu den Statuten vgl. unten § 5.

[34] Hierzu *Reichelt*, Gesamtstatut und Einzelstatut im IPR – ein Beitrag zu den allgemeinen Lehren des Kollisionsrechts, Wien (1985).

[35] Abgedruckt in: *Mancini*, Diritto internazionale, Prelezioni, Neapel (1873), S. 5–64;
Neudruck (Hrsg.: Jayme), Turin (1994).

betonte er – insoweit beeinflusst von den Gedanken der Französischen Revolution – die Nation als Subjekt des Völkerrechts. Für das IPR stellte *Mancini* später ebenfalls auf die Nationalität ab. Er hielt die Anknüpfung an die Staatsangehörigkeit für völkerrechtlich geboten (universalistischer Ansatz). Daran anknüpfend verhalf seine „italienische Schule" dem Staatsangehörigkeitsprinzip gegenüber dem bis dahin in der Theorie des IPR vorherrschenden Domizilprinzip zum Durchbruch. Politischer Hintergrund war die nationale Einigungsbewegung Italiens.[36]

Die Anknüpfung an die Staatsangehörigkeit führt sehr viel häufiger zur Anwendung eines fremden Rechts als das Domizilprinzip. Im Gegenzug entwickelten *Mancini* und seine Schule den „ordre-public"-Gedanken weiter und verliehen ihm eine größere Bedeutung.

2. Verbreitung der Gedanken der italienischen Schule

Die Gedanken *Mancinis* fanden um die Jahrhundertwende Verbreitung **35** auch über die Grenzen Italiens hinaus. Das Staatsangehörigkeitsprinzip fand Eingang z. B. in den italienischen codice civile von 1865 bzw. 1942 sowie das IPR-Gesetz von 1995, den spanischen Código civil von 1889, das österreichische IPR-Gesetz von 1978, das deutsche EGBGB[37] und zahlreiche internationale Abkommen.[38] Im anglo-amerikanischen Rechtskreis hingegen ist das Domizil vorherrschendes Anknüpfungsmoment geblieben.

Noch heute wird als Vorzug des Nationalitätsprinzips gesehen, dass es Ausländern im Gegensatz zum Domizilprinzip auch in der Fremde die Wahrung ihrer kulturellen Identität erlaube.[39] Insoweit leben die Gedanken *Mancinis* weiter fort, im Übrigen sind sie in Vergessenheit geraten.

II. Entwicklung in Frankreich

1. Völkerrechtlicher Ansatz (Pillet)

Antoine Pillet (1857–1926)[40] stand unter dem Einfluss der Ideen *Savig-* **36** *nys* und *Mancinis* („personaliste"), schlug aber auch eigene Wege ein. Vom Völkerrecht ausgehend,[41] bejahte er eine Pflicht der Staaten, die

---

[36] *Siehr,* IPR, S. 418 f.; *Schwind,* IPR, Rn. 20; *Raape/Sturm,* IPR I, S. 411.

[37] Hierzu § 5 Rn. 2.

[38] *Kegel/Schurig,* IPR, S. 188 f.

[39] *Jayme,* FS Müller-Freienfels (1986), S. 341–375; w. Nachw. zu *Mancini* bei *Kegel/Schurig,* IPR, S. 188 (Fn. 49); s. auch § 5 Rn. 5–13.

[40] Précis de droit international privé (1905); Traité pratique de droit international privé (1923); schließlich das mit seinem Schüler *Niboyet* herausgegebene Manuel de droit international privé (1924).

[41] Er war ursprünglich professeur de droit international public.

Rechtsanwendung nach allgemeinen Prinzipien[42] zu regeln. *Pillet* ging nicht vom „Rechtsverhältnis" aus, sondern wiederum vom Gesetz: Nach dem Willen des Gesetzgebers wolle ein Gesetz grundsätzlich für alle seine Staatsangehörigen, auch außerhalb des eigenen Staatsgebietes (permanent), und für alle Personen innerhalb seines Staatsgebietes (général) gelten. Beharre jeder Staat auf diesem Geltungsanspruch, so wende kein Staat ausländisches Recht an. Deswegen müsse jeder Staat im Interesse der Rechtsgemeinschaft der Völker auf einen Teil des Geltungsanspruches verzichten. Zu unterscheiden sei nach dem „but social", dem Zweck der einzelnen Rechtssätze: Gesetze, die dem Individualschutz dienen, gelten fortdauernd („permanent") und haben damit extraterritoriale Wirkung. Rechtssätze, die die öffentliche Ordnung eines Staates betreffen, gelten dagegen allgemein („général"), aber eingeschränkt auf das jeweilige Staatsgebiet.

37 Die Unterteilung der Gesetze nach ihrem sozialen Zweck in zwei Gruppen ist jedoch undurchführbar: Individualschutz und Gesellschaftspolitik sind häufig untrennbar verzahnt, etwa im Familienrecht.

2. „Réalisme national" (Niboyet)

38 *Jean-Pierre Niboyet*[43] (1886–1952), der bedeutendste Schüler *Pillets,* griff, universalen Ideen abgeneigt, auf die Tradition der Territorialisten zurück und vertrat einen „réalisme national": Jeder Staat ist unabhängig und kann seine Beziehungen zum Ausland regeln, wie er will. Durchsetzen kann er sie allerdings nur innerhalb der Grenzen seines Territoriums. Ausländisches Recht anzuwenden, ist lediglich ein Gebot der courtoisie. Mit der Übersetzung in „courtoisie internationale" wird der Verbindlichkeitsgrad der comitas eingeschränkt. Den Tendenzen der Zeit zwischen beiden Weltkriegen entsprechend sollten die nationalen Interessen des Forums die Leitlinie bilden. Dies führte zu einer ungewöhnlich weiten Ausdehnung des Anwendungsbereichs der lex fori.

3. Jenseits von Universalismus und Nationalismus (Batiffol)

39 Seit dem Zweiten Weltkrieg beeinflussen *Batiffol* und sein Schüler *Lagarde* mit ihrem Werk „Droit international privé"[44] in starkem Maße die französische Rechtsprechung zum IPR. Es ist zugleich eine führende Stimme im europäischen IPR.[45] *Henri Batiffol* (1905–1989) hat in Frank-

---

[42] „Principes d'organisation commun a tous les États fondamentaux en droit international public."

[43] Manuel de droit international privé, 2. Aufl. (1928); Traité de droit international privé français, Bd. I, 2. Aufl. (1947), Bd. II, 2. Aufl. (1951); Territoriality and universal recognition of rules of conflict of laws, HarvLRev 65 (1952/53), 582–596.

[44] *Batiffol/Lagarde,* Droit international privé, Bd. I, 8. Aufl. (1993), Bd. II, 7. Aufl. (1983).

[45] *Kropholler,* RabelsZ 33 (1969), 94–114.

reich dem Gedanken einer internationalen Koordinierung der Rechts-
systeme, der zwischen den Weltkriegen durch die territorialistischen
Lehren *Niboyets* in den Hintergrund gedrängt worden war, zu neuem
Durchbruch verholfen. Die Anwendung des ordre public will *Batiffol*
zugunsten des internationalen Entscheidungseinklangs stark einschrän-
ken. Die häufige Bezugnahme auf ausländische Rechtsprechung und
Literatur verdeutlicht sein Bestreben nach Koordinierung der Systeme.
Durch den Vergleich der kollisionsrechtlichen Lösungen in verschiedenen Staaten gewinnt er neue Lösungsansätze für das französische IPR.

G. US-amerikanische Theorien

Im Mittelpunkt der deutschen und europäischen wissenschaftlichen 40
Diskussion der jüngeren Vergangenheit standen US-amerikanische
Theorien.

I. Eigenständige Entwicklung des IPR in den USA

In den Vereinigten Staaten gibt es kein bundeseinheitliches IPR; jeder 41
Einzelstaat hat sein eigenes IPR, das bislang – mit Ausnahme von Louisiana – noch nicht kodifiziert ist.[46] Allerdings geben die Restatements
– private Kompilationen der von der Gerichtspraxis entwickelten Kollisionsregeln in Gesetzesform – dem europäischen Betrachter einen guten
Überblick über das geltende IPR.

Das *Restatement Second of the Conflict of Laws* von 1972 richtete sich 42
an dem Ziel aus, durch Abwägung verschiedener Leitprinzipien („poli-
cies") das Recht des Staates zu ermitteln, mit dem der Fall die engste
Verbindung („most significant relationship") aufweist.[47] Dieser Ansatz
gleicht der europäischen Suche nach dem Sitz des Rechtsverhältnisses
und steht in Einklang mit der von *Story* importierten comitas-Lehre.

II. Theorien des neuen amerikanischen Realismus[48]

Bemerkenswerter sind neuere Strömungen,[49] die mit den Namen *Ehren-* 43
zweig, Currie, Cavers und *Leflar* verbunden sind. Gemeinsam ist ihnen

---

[46] State of Louisiana, Act No. 923 of 1991, abgedruckt in IPRax 1993, 56–58.
[47] Hierzu *Vischer*, RabelsZ 38 (1974), 128–154.
[48] Ausführliche Literaturhinweise bei *Kegel/Schurig*, IPR, S. 197–202.
[49] *Kegel*, Rec cours 112 (1964 II), 95–236; *Kegel*, FS Beitzke (1979), S. 551–575; *Heini*, SchweizJbIntR 1962, 31–70; *Vischer*, FS German (1969), S. 287–307; Institut für
ausländisches und internationales Privat- und Wirtschaftsrecht der Universität
Heidelberg (Hrsg.), Symposium am 17. 7. 1984: Albert Ehrenzweig und das internationale Privatrecht (1986).

das Unbehagen an der klassischen Methode, IPR-Fälle zu lösen. Sie sind geprägt von dem spezifisch US-amerikanischen Denkstil des „legal realism". Kennzeichnend hierfür ist das Misstrauen gegenüber generalisierenden Rechtsregeln, welche nach ihrer Ansicht die wahren Entscheidungsgründe eher verdecken als erklären. Zumindest auf dem Gebiet des Vertrags- und Deliktsrechts stellt man den Wert von Rechtsnormen überhaupt in Frage. Statt dessen wollen sich die Autoren mit einer bloßen Methode begnügen, nach der das anwendbare Recht für den konkreten Einzelfall zu bestimmen ist.[50]

44 *Albert Ehrenzweig* (1906–1974) misstraute der Annahme, die Gerichte wendeten, wenn die Kollisionsnorm es ihnen befiehlt, wirklich ausländisches Recht an. Deshalb sprach er sich im Grundsatz für die Geltung der lex fori aus. Im Rahmen der Anwendung inländischen Rechts müssten ausländische Rechtssätze sodann als „local data" ebenso Beachtung finden wie sonstige Tatsachen:[51] Bei der Beurteilung eines Verkehrsunfalls im Ausland seien etwa die dort geltenden Verkehrsvorschriften ebenso zu berücksichtigen wie die Witterungsverhältnisse zur Tatzeit. Ergebe die an der zugrundeliegenden policy orientierte Auslegung der lex fori im Einzelfall hingegen, dass diese nicht angewandt werden wolle, so habe das inländische Gericht nicht etwa ausländisches Recht anzuwenden, sondern sich für unzuständig zu erklären. Das Inland sei in diesen Fällen „forum non conveniens".[52]

45 Auch der Ansatz von *Brainerd Currie* (1912–1965), wonach es zur Ermittlung des maßgeblichen Rechts auf die *governmental interests* der betroffenen Staaten ankommt, führt im Zweifelsfall zur Anwendung der lex fori.[53]

46–48 Noch allgemeiner gehalten sind die Ansätze von *David F. Cavers* (1902–1988)[54] und *Robert A. Leflar* (1901–1997). Beiden gemeinsam ist, dass sie zur Ermittlung des anwendbaren Rechts entscheidend auf die im Einzelfall berührten Interessen abstellen. Während für *Cavers* dabei die Parteiinteressen im Vordergrund stehen,[55] räumte *Leflar* im Konfliktfall staatlichen Interessen („governmental interests") sowie der Anwendung des materiell besseren Rechts („better-law-approach") den Vorrang ein.[56] Daneben ließ er aber auch klassische Grundsätze wie die Vorhersehbarkeit des Ergebnisses, die Erhaltung der internationalen und interlokalen

---

[50] Näher zu den einzelnen Ansätzen die Voraufl. § 2 Rn. 44–48.
[51] Diesen Ansatz will Jayme in das deutsche IPR übertragen: vgl. *Jayme*, GS Ehrenzweig (1976), S. 35–49; krit. dazu § 1 Rn. 129; vgl. auch MüKo/*Sonnenberger*, Einl. EGBGB, Rn. 7, 619–622.
[52] *Ehrenzweig*, FS Wengler II (1973), S. 251–268; krit. dazu *Kegel*, Rec cours 112 (1964 II), 95–236 (224–236). Zur Figur des „forum non conveniens" § 3 Rn. 68.
[53] Krit.: *Kegel*, Rec cours 112 (1964 II), 95–236 (180–207).
[54] Grundlegend: *Cavers*, HarvLRev 47 (1933), 173–208.
[55] *Cavers*, The Choice of Law Process (1965), S. 86; *ders.*, Rec cours 134 (1970 III), 75–308; krit.: *Kegel*, FS Lewald (1953), S. 259–288 (270 f.).
[56] Zur Verbreitung in der US-Rechtsprechung: *Hay*, IPRax 2001, 160 f.

Ordnung sowie die Vereinfachung der Aufgaben des Richters als Abwägungskriterien („choice-influencing considerations") gelten.[57]

Keinem der genannten Autoren ist es indes gelungen, ein klares, in der Realität brauchbares Leitbild zu entwickeln, das auch nur einigermaßen vorhersehbare Entscheidungen gewährleistet. Dieser Verlust an Rechtssicherheit geht einher mit einer Bevorzugung der lex fori zu Lasten ausländischen Rechts, welche den internationalen Entscheidungseinklang gefährdet. **49**

H. Entwicklungstendenzen

I. Prägender Einfluss Savignys

In Europa haben sich nach dem Zweiten Weltkrieg die Ideen *Savignys* durchgesetzt: der Grundsatz der Gleichwertigkeit in- und ausländischen Rechts, der zu allseitigen Kollisionsnormen führt, sowie das Ideal des internationalen Entscheidungseinklangs. Dass derartige Toleranz nicht Schwäche ist, sondern – auf Gegenseitigkeit betrieben – allen Beteiligten nutzt, ist allseits erlebte Realität. **50**

In der Lehre wird heute überall *rechtsvergleichend* gearbeitet. Die Forderung nach einer gesamteuropäischen Rechtswissenschaft (ius commune) ist im IPR weitgehend verwirklicht.[58] Bei der Fortbildung der Kollisionsnormen wird darauf geachtet, dass der internationale Entscheidungseinklang nicht behindert wird. Die Haager Konferenz für IPR ist ein Forum, das zur Harmonisierung des IPR in Europa – und darüber hinaus – weit mehr beiträgt, als der Ratifikationsstand der Haager Abkommen vermuten lässt. Die *neuen IPR-Kodifikationen,* die seit den 70er Jahren in vielen europäischen Staaten geschaffen wurden, zeigen deutlich den Einfluss *Savignys* und der Haager Konventionen.[59] **51**

Indes wurde der Ansatz *Savignys* weiterentwickelt. Der spezifische *Gerechtigkeitsgehalt des IPR* liegt zugespitzt darin: Aufgabe des IPR ist es nicht, die materiell beste, sondern die räumlich beste Rechtsordnung zu bestimmen. **52**

II. Differenzierung der Anknüpfungsmomente

Literatur: *Kreuzer,* Berichtigungsklausel im Internationalen Privatrecht, FS Zajtay (1982), S. 295–331; *Lagarde,* Le principe de proximité dans le droit international privé, Rec cours 196 (1986 I), 9–237.

---

[57] *Leflar,* American Conflicts Law, 3. Aufl. (1977), S. 193–195.
[58] Vgl. etwa *Kadner Graziano,* Gemeineuropäisches Internationales Privatrecht (2002).
[59] Hierzu *Kropholler,* RabelsZ 57 (1993), 207–223.

1. Typenbildung

53 Die Bestimmung des Sitzes des Rechtsverhältnisses wird zunehmend verfeinert. Während *Savigny* etwa alle Schuldverhältnisse einheitlich dem Recht des Erfüllungsortes unterstellen wollte, wurde bald darauf nach der Art des in Rede stehenden Schuldverhältnisses differenziert. So werden Schuldverträge anders angeknüpft als unerlaubte Handlungen. Heute wird auch innerhalb der Verträge und der unerlaubten Handlungen unterschieden: Im Warenkauf gilt ein anderes Anknüpfungskriterium als im Grundstückskauf;[60] für Produkthaftpflicht und Wettbewerbsverstöße haben sich differenzierte Anknüpfungsregeln entwickelt.[61] Anknüpfungsgegenstand ist zunehmend nicht ein Rechtsbegriff (z. B. unerlaubte Handlung), sondern ein Typus (z. B. Wettbewerbsverstoß). Damit wird erreicht, die für diesen besonderen Typus maßgeblichen örtlichen Beziehungen besser zu erkennen und die engste Verbindung präziser zu ermitteln.

2. Ausweichklausel

54 Aber auch differenzierte Typenbildung schließt nicht aus, dass im atypischen Einzelfall nicht das Recht zur Anwendung kommt, das die engste Verbindung zum Sachverhalt aufweist. Zunehmend sehen die Kodifikationen *Ausweichklauseln* vor, die es ermöglichen, zugunsten der engsten Verbindung von der Regelanknüpfung abzuweichen. Methodisch ist dies nichts Besonderes: Es handelt sich um teleologische Reduktion. So lautet der auf das gesamte IPR anwendbare Art. 15 I schweiz. IPRG: „Das Recht, auf das dieses Gesetz verweist, ist ausnahmsweise nicht anwendbar, wenn nach den gesamten Umständen offensichtlich ist, dass der Sachverhalt mit diesem Recht in nur geringem, mit einem anderen Recht jedoch in viel engerem Zusammenhang steht." Im deutschen EGBGB bestehen nach den Reformen von 1986/1999 Ausweichklauseln für Schuldverträge (Art. 28 V)[62], außervertragliche Schuldverhältnisse (Art. 41)[63] und das Sachenrecht (Art. 46)[64]. Diese Ausweichklauseln stellen indes kein Blankett an die Gerichte dar, sich die Rechtsanwendung – etwa durch Heimwärtsstreben – zu erleichtern. Maßstab für das Heranziehen der Ausweichklausel ist, ob auch der Gesetzgeber für den entsprechenden Sachverhalt eine abweichende Lösung getroffen hätte.

---

[60] Hierzu § 10 Rn. 45–53.
[61] Hierzu § 11 Rn. 49–54.
[62] Hierzu § 10 Rn. 58–62.
[63] Hierzu § 11 Rn. 7, 14 f., 39–44.
[64] Hierzu § 12 Rn. 12, 36–42.

Bisweilen schalten deutsche Gerichte die Anwendung des mittels unse- **54a**
rer Kollisionsnormen bestimmten ausländischen Rechts unter Berufung
auf den ordre-public-Vorbehalt (Art. 6 EGBGB) aus und stützen sich
hierbei weniger auf die Unerträglichkeit des ausländischen Rechts als
vielmehr auf die Stärke des Inlandsbezugs.[65] Dies kann als versteckte
Anwendung einer allgemeinen Ausweichklausel gedeutet werden.

III. Berücksichtigung ausländischer Staatsinteressen

Neuerdings rückt die Berücksichtigung staatlicher Interessen durch das **55**
IPR in den Vordergrund. Hierbei geht es einerseits um sogenannte Eingriffsnormen wie Exportverbote und Embargos, andererseits aber um
Normen, die im sozialstaatlichen Interesse zum Schutz des Schwächeren
erlassen wurden, z.B. Schutzvorschriften des Arbeits- und Wohnungsmietrechts. Dass inländische Normen dieser Art, wenn der inländische
Gesetzgeber ihre Anwendung auf einen internationalen Sachverhalt
wünscht, von inländischen Gerichten stets anzuwenden sind, wird nirgends bezweifelt. Fraglich ist aber, ob inländische Gerichte ausländischen Eingriffsnormen im Rahmen ihres gewünschten Anwendungsbereichs Geltung verschaffen sollen. Grundsätzlich entspricht dies dem
Leitbild der gleichwertigen Anwendung in- und ausländischen Rechts.
Traditionell wurde hiergegen eingewandt, dass kein Staat die Interessen
eines fremden Staates durchzusetzen braucht. In Europa nimmt die
Tendenz zur Berücksichtigung ausländischer Staatsinteressen zu; der
deutsche Gesetzgeber hat sich anlässlich der IPR-Kodifikation von 1986
allerdings gescheut, dieser Tendenz zu folgen.[66]

Die zunehmende Globalisierung von Wirtschaft und Gesellschaft ver- **55a**
langt einen einheitlichen Ordnungsrahmen, der unter dem Dach internationaler Organisationen (z.B. WTO) geschaffen und durchgesetzt wird.
Daneben tritt eine neue Bereitschaft, bei der grenzüberschreitenden
Durchsetzung staatlicher Ordnungsinteressen (Strafrecht, Steuerrecht)
miteinander zu kooperieren. Es deutet sich an, dass diese Ansätze zu
einer neuen comitas im Internationalen Straf- und Steuerrecht auch zu
neuen Kooperationsformen im Internationalen Zivilverfahrensrecht führen werden.[67]

---

[65] So *OLG Schleswig* 31. 5. 2001, NJW-RR 2001, 1372 = FamRZ 2002, 698 = IPRspr
2001 Nr. 105: Absolutes Adoptionsverbot wegen ehelicher Abkömmlinge nach
türkischem Recht aufgrund ordre-public-Verstoßes unbeachtlich, wenn das annehmende türkische Ehepaar seit 30 Jahren in Deutschland lebt und die anzuneh-
menden Kinder seit 10 Jahren in dessen Haushalt leben, deutsche Schulen besuchen und nur die deutsche Sprache sprechen. Dazu § 8 Rn. 144.

[66] Vgl. den deutschen Vorbehalt zu Art. 7 I EVÜ (gemäß Art. 22 I lit. a EVÜ); dazu
BTDrucks. 10/504, S. 100; Bericht *Giuliano/Lagarde*, BTDrucks. 10/503, S. 36–79
(58–60), sowie unten § 10 Rn. 98.

[67] Von einer „Aufbruchstimmung" spricht *Schlosser*, FS W. Lorenz (2001), S. 408–421
(421).

IV. Autonomie des internationalen Handelsrechts

56 Hinzuweisen ist auf eine Tendenz in der Doktrin, welche die Eignung
staatlichen Rechts zur Regelung von Sachverhalten des internationalen
Handelsverkehrs und insoweit die Aufgabe des IPR grundsätzlich in
Frage stellt *(lex mercatoria)*.[68] Sie kann darauf verweisen, dass die internationale Wirtschaft sich durch Formulare und Handelsbräuche einen
autonomen Rahmen gegeben hat, der ohne Rückgriff auf staatliches
Recht funktioniert und durch die internationale Handelsschiedsge-
richtsbarkeit als ein autonomes System der Streitentscheidung ergänzt
wird. Gegen eine völlige Loslösung des internationalen Handelsrechts
vom staatlichen Recht bestehen aber zwei Bedenken: Einerseits ist zweifelhaft, ob die materielle Gerechtigkeit durch solche autonomen Ordnungen in gleicher Weise gewährleistet wird wie durch staatliches Recht,
andererseits ist das autonome Recht des internationalen Handels noch
zu lückenhaft, um die gleiche Rechtssicherheit zu gewähren wie staatliches Recht. Gleichwohl gehört die Neubestimmung des Verhältnisses
von autonomem internationalen Handelsrecht und staatlichem Privatrecht zu den Aufgaben des IPR.

V. Achtung der kulturellen Identität[69]

57 Das staatliche Privatrecht wird heute nicht nur von der Autonomie des
internationalen Handelsrechts in Frage gestellt, sondern auch von der
Autonomie kultureller und religiöser Wertegemeinschaften. Die Forderung nach Achtung der kulturellen Identität gewinnt den Charakter
eines Menschenrechts. Die Neubestimmung des Verhältnisses zwischen
kultureller Identität und staatlichem Privatrecht gehört zu den ungelös-
ten Aufgaben des IPR.

---

[68] Vgl. das „ius gentium" im römischen Recht, oben Rn. 5f. – Zur Wahl der lex mercatoria als Vertragsstatut § 10 Rn. 28.
[69] Hierzu näher *Jayme*, Rec cours 251 (1995), 10–267 (251–264); *ders.*, RabelsZ 67
(2003), 211–230.

§ 3. Internationales Zivilverfahrensrecht

Literatur: *Geimer/Schütze*, Internationaler Rechtsverkehr in Zivil- und Handelssachen (Loseblatt, Stand Januar 2006); *Geimer*, Internationales Zivilprozessrecht, 5. Aufl. (2005); *Hau*, Zur Entwicklung des Internationalen Zivilverfahrensrechts in der Europäischen Union im Jahre 2003, GPR 2004, 94–100; *Heß*, Die „Europäisierung" des internationalen Zivilprozessrechts durch den Amsterdamer Vertrag – Chancen und Gefahren, NJW 2000, 23–32; *Linke*, Internationales Zivilprozessrecht, 4. Aufl. (2006); *Max-Planck-Institut für ausländisches und internationales Privatrecht*, Handbuch des Internationalen Zivilverfahrensrechts, Bd. I (1982), Bd. II/1 (1994), Bde. III/1 und III/2 (1984); *Nagel/Gottwald*, Internationales Zivilprozessrecht, 5. Aufl. (2000); *Rauscher*, Internationales und Europäisches Zivilverfahrensrecht (1999); *Riezler*, Internationales Zivilprozeßecht (1949); *Schack*, Internationales Zivilverfahrensrecht, 4. Aufl. (2006).

A. Grundlagen

I. Allgemeines

1. Aufgabe

Das Internationale Zivilverfahrensrecht (IZVR) befasst sich vornehm- 1–2 lich mit zwei Fragestellungen: Wann sind deutsche Gerichte international zuständig[1] und welche Wirkungen haben ausländische Urteile im Inland?[2]
Daneben umfasst das IZVR u. a. folgende Problemkreise: Die Durchführung eines Verfahrens mit ausländischen Beteiligten, die Zustellung und Beweisaufnahme im Ausland und die Behandlung ausländischen Rechts im inländischen Verfahren. Sondergebiete des IZVR sind die Internationale Freiwillige Gerichtsbarkeit, das Internationale Insolvenzrecht und die Internationale Schiedsgerichtsbarkeit.

2. Begriff. Name

IZVR ist die Gesamtheit der Rechtssätze, die Zivilverfahren mit Aus- 3 landsbezügen regeln. Der Name ist ebenso missverständlich wie die Bezeichnung „Internationales Privatrecht"[3]: International sind die Sach-

---

[1] S. hierzu Rn. 28–93, Rn. 216–253a.
[2] S. hierzu Rn. 149–181, Rn. 254–270.
[3] Hierzu § 1 Rn. 39–41.

verhalte, die vom IZVR geregelt werden; die Rechtsquellen des IZVR hingegen sind, ebenso wie die des IPR, derzeit noch weitgehend nationales Recht.

3. Rechtsquellen

4 Rechtsquellen des IZVR sind nationales Gesetzes- und Richterrecht, das Europäische Gemeinschaftsrecht sowie multi- und bilaterale völkerrechtliche Verträge[4]. Nationale Vorschriften des IZVR werden zudem zunehmend an den Vorgaben des EG-Vertrags gemessen bzw. im Lichte des Gemeinschaftsrechts neu gefasst (Beispiele: §§ 110 I, 917 II ZPO).[5]

Bemühungen, ein europäisches Zivilgesetzbuch[6] sowie weltweite Modellregeln für das internationale Zivilverfahren zu schaffen, sind akademisch reizvoll, versprechen aber keine kurzfristigen praktischen Erfolge.[7]

II. Lex-fori-Prinzip

5 Schon die Postglossatoren hatten zwischen Rechtssätzen „ad decisionem", also materiellem Recht, und „ad ordinem litis", also Verfahrensrecht, unterschieden.[8] Während bei den entscheidungserheblichen Rechtssätzen diejenige Rechtsordnung zu ermitteln sei, der diese zu entnehmen sind, unterfalle das Verfahrensrecht stets der lex fori.[9] Der Grundsatz, dass das (staatliche) Gericht sein eigenes Verfahrensrecht, d.h. die lex fori, anwendet, hat sich bis heute erhalten. So betont auch der BGH: „Die deutschen Gerichte wenden in den vor ihnen anhängigen Verfahren nur deutsches Verfahrensrecht an."[10]

1. Gründe für die Anwendung der lex fori

6 Für die unterschiedliche Behandlung von Verfahrens- und Sachrecht werden die folgenden Gründe angeführt; welcher davon trägt, ist lebhaft umstritten:

---

[4] Die wichtigsten sind bei den jeweiligen Rechtsgebieten aufgeführt.
[5] Zu Einzelheiten s. § 1 Rn. 105–128.
[6] Ein Entwurf einer „Europäischen ZPO" ist abgedruckt in: ZZP 109 (1996), 345–371 mit Erläuterungen von *H. Roth,* 271–313 und *Schilken,* 315–336.
[7] Zu den Modellregeln vgl. die Übersetzung von *Walter* mit Stellungnahme *Stürner,* ZZP 112 (1999), 185–203 und 204–216.
[8] S. § 2 Rn. 15.
[9] *Schack,* IZVR, Rn. 125.
[10] Statt vieler: *BGH* 27. 6. 1984, NJW 1985, 552 (553) = IPRax 1985, 224 m. Anm. *Henrich,* 207 f. = IPRspr 1984 Nr. 168.

a) Öffentlich-rechtliche Natur der Verfahrensvorschriften

Traditionell wurde auf den öffentlich-rechtlichen Charakter des Verfahrensrechts verwiesen.[11] Demnach regelt das Zivilverfahrensrecht die hoheitliche Tätigkeit der Gerichte und ist von diesen von Amts wegen zu beachten. Für die internationale Anwendung öffentlich-rechtlicher Normen gilt nach überkommener Auffassung das Territorialitätsprinzip. Gerichte haben daher das Verfahrensrecht des Gerichtsstaates, also die lex fori, anzuwenden. Diese Ansicht vermag heute nicht mehr zu überzeugen: Weder gilt der Grundsatz der Unanwendbarkeit ausländischen öffentlichen Rechts uneingeschränkt, noch dient das Zivilverfahrensrecht der Durchsetzung staatlicher Machtinteressen.

b) Neutralität des Verfahrensrechts

Das Verfahrensrecht stellt Verhaltensnormen für das Gericht und die 7 Parteien auf, es beeinflusst aber das Ergebnis der Sachentscheidung grundsätzlich nicht. Deshalb wird der internationale Entscheidungseinklang nicht beeinträchtigt, wenn jedes Gericht sein eigenes Verfahrensrecht anwendet. Dann muss aber sichergestellt werden, dass sachentscheidende Normen nicht der lex fori unterstellt werden.

c) Praktikabilitätserwägungen

Häufig wird in jüngerer Zeit die Praktikabilität des lex-fori-Prinzips 8 betont: Einerseits sind die Gerichte mit der Anwendung der lex fori vertraut, andererseits entsprechen sich Gerichtsaufbau und Verfahrensregeln.[12] **Beispiel:** Ein deutsches Gericht soll über einen Schadensersatzanspruch, der sich nach kalifornischem Recht beurteilt, entscheiden. In Kalifornien kann jede Partei verlangen, dass über die Höhe des Schadensersatzanspruchs eine aus Laien bestehende Jury entscheidet. In der deutschen Gerichtsorganisation ist eine Jury hingegen nicht vorgesehen; somit besteht auch kein Recht zur Durchführung eines jury trial.

Das Praktikabilitätsargument allein vermag das lex-fori-Prinzip nicht zu tragen; sonst wäre auch im materiellen Recht die Anwendung ausländischen Rechts – weil unbequem – zu vermeiden. Es führt daher nur in Verbindung mit dem Neutralitätsargument, dem selbst keine Anknüpfungsregel zu entnehmen ist, zur lex fori.

2. Abgrenzung von materiellem und Verfahrensrecht

Die Abgrenzung zwischen materiellem Recht und Verfahrensrecht muss 9 nach dem Regelungszweck erfolgen, d.h. im Wege der funktionellen Qualifikation.[13] Dabei gilt eine Regelung „ad ordinem litis", d.h. zum Ablauf des Verfahrens, als prozessual, eine Regelung „ad decisionem",

---

[11] *Riezler,* IZPR, S. 94.

[12] *Geimer,* IZPR, Rn. 322 f.

[13] *Geimer,* IZPR, Rn. 53–57, 314 f.; *Riezler,* IZPR, S. 105. Zur funktionellen Qualifikation § 6 Rn. 27–30.

d.h. mit Einfluss auf die Sachentscheidung, hingegen als materiellrecht-lich.[14] Der äußere Standort einer Vorschrift in der ZPO oder im BGB ist nicht maßgeblich. Danach sind z.B. die Klagbarkeit eines Anspruchs und die Verjährung dem materiellen Recht zuzuordnen;[15] mit Hilfe des IPR ist das für diese Fragen maßgebliche Recht, die lex causae, zu ermitteln.

10　**Beispiel:** Ist ein deutsches Gericht international zuständig für die Entscheidung über eine Kaufpreisforderung, die sich nach New Yorker Recht beurteilt, so wendet es deutsches Verfahrensrecht und New Yorker Kaufrecht an. Im deutschen Recht finden sich die Verjährungsregeln im materiellen Recht, in New York werden sie als sogenannte „Unklagbarkeitsfristen" dem Prozessrecht zugeordnet. Da das New Yorker Kaufrecht also keine Verjährungsregeln enthält, käme das deutsche Gericht hier zu dem Ergebnis, dass die Kaufpreisforderung unverjährbar ist. Dieses Ergebnis widerspricht sowohl dem deutschen als auch dem New Yorker Recht. Gemäß der funktionellen Qualifikation wird die Vorschrift materiellrechtlich eingeordnet, also das New Yorker Verjährungsrecht angewendet.[16]

Über die Beweiswürdigung entscheidet die lex fori (vgl. § 369 ZPO).[17] Dagegen sind Fragen der Beweislast, gesetzliche Vermutungen und Regelungen über besondere Beweismittel oder Beweisverbote (z.B. Art. 1341 Code civil[18]) so eng mit dem materiellen Recht verbunden, dass sie als materiellrechtliche Regelung qualifiziert und der lex causae unterstellt werden.[19]

3. Rückwirkungen des materiellen Rechts auf das Verfahrensrecht – Grundsatz der „wesenseigenen Zuständigkeit"

11　Das gerichtliche Verfahren und die daraus hervorgehende Sachentscheidung lassen sich nicht vollständig voneinander trennen, sondern stehen teilweise in engem Zusammenhang. Bisweilen bestimmt daher das Sachrecht die Ausgestaltung des Verfahrens. Dann ist gegebenenfalls das eigene Verfahrensrecht an das anwendbare ausländische Sachrecht anzupassen: Einzelne „sachrechtsergänzende Verfahrensvorschriften" des fremden Rechts können also auch vom deutschen Richter anzuwenden sein; umgekehrt sind dem Sachrecht fremde Verfahrensregeln der lex fori anzupassen oder außer Acht zu lassen.[20]

---

[14]　*Kropholler*, IPR, S. 595; *Niederländer*, Materielles Recht und Verfahrensrecht im IPR, RabelsZ 20 (1955), 1–51 (19, 43).

[15]　Im Einzelnen str.; zu Einzelheiten: *Zöller/Geimer*, ZPO, IZPR, Rn. 4–35 a; *Schack*, IZVR, Rn. 48, jeweils m. w. Nachw. Für die Verjährung ordnet Art. 32 I Nr. 4 EGBGB die Beurteilung nach der lex causae, also die materiellrechtliche Qualifikation, ausdrücklich an; dazu § 10 Rn. 21, 87.

[16]　*Linke*, IZPR, Rn. 50 m. w. Nachw.; *Geimer*, IZPR, Rn. 351.

[17]　*Schack*, IZVR, Rn. 693.

[18]　Art. 1341 franz. Code civil schließt den Zeugenbeweis für Verträge im Wert von zur Zeit mehr als 800 € aus und wirkt damit wie ein Formerfordernis.

[19]　Für die Beweislast ordnet Art. 32 III EGBGB dies ausdrücklich an; dazu § 10 Rn. 87.

[20]　*Kropholler*, IPR, S. 602–603; *Geimer*, IZPR, Rn. 324.

Beispiele:

- Trennung von Tisch und Bett nach italienischem Recht[21]
- Ausstellung eines Nachlassverwalterzeugnisses bei einer „administration" nach New Yorker Recht[22]
- richterliche Aufhebung eines Schuldvertrages durch konstitutives Urteil gemäß Art. 1184 franz. Code civil[23]

Ihre Grenzen findet die Anwendung von sachrechtsergänzendem auslän- 12
dischen Verfahrensrecht in der sogenannten *wesenseigenen Zuständigkeit*.[24] Danach darf das deutsche Gericht die Vornahme solcher vom fremden Sachrecht vorgeschriebenen Verrichtungen verweigern, die mit seiner Funktion als Organ der Rechtsprechung nicht vereinbar sind. Hierfür genügt es aber nicht, dass die entsprechende Tätigkeit in den deutschen Verfahrensgesetzen nicht oder nicht so vorgesehen ist oder dass das maßgebliche ausländische Sachrecht eine modifizierte oder analoge Anwendung inländischen Verfahrensrechts verlangt. Vielmehr muss diese Tätigkeit völlig aus dem Aufgabenkreis der Gerichte herausfallen.[25] – In der neueren Rechtsprechung gibt es keine Beispiele für die Versagung richterlicher Tätigkeit unter dem Gesichtspunkt der wesenseigenen Zuständigkeit.

III. Gerichtsbarkeit – Grenzen staatlicher Gerichtsgewalt

1. Begriff

Der Begriff „Gerichtsbarkeit" ist im deutschen Sprachgebrauch mehr- 13
deutig: „Freiwillige Gerichtsbarkeit" etwa bezeichnet eine bestimmte Art der gerichtlichen Tätigkeit; in Art. 1 I Brüssel I-VO steht der Ausdruck „Gerichtsbarkeit" für das Gericht, das in einer bestimmten Sache tätig wird.[26]
Mit „Gerichtsbarkeit" ist im Folgenden die Ausübung staatlicher Gerichtsgewalt gemeint, die *„facultas iurisdictionis"*. Dies ist die hoheitliche Befugnis, Recht zu sprechen.[27] Sie ist Ausfluss der staatlichen Souveränität; nur in Ausnahmefällen wird sie durch das Völkerrecht eingeschränkt.

---

21 *Kegel/Schurig,* IPR, S. 871; *BGH* 22. 3. 1967, BGHZ 47, 324 (333 f.) = NJW 1967, 2109 = IPRspr 1966/67 Nr. 90.
22 *Kegel/Schurig,* IPR, S. 1023.
23 *Heldrich,* Internationale Zuständigkeit und anwendbares Recht (1969), S. 261.
24 *Riezler,* IZPR, S. 230–244, spricht von der „sachlichen internationalen Unzuständigkeit"; *Schack,* IZVR, Rn. 504, verwendet den Begriff „wesenseigene Unzuständigkeit".
25 *BGH* 22. 3. 1967, BGHZ 47, 324 (333 f.) = NJW 1967, 2109 = IPRspr 1966/67 Nr. 90; *Schack,* IZVR, Rn. 506 m. w. Nachw.
26 *Kropholler,* IPR, S. 597.
27 *Schack,* IZVR, Rn. 131.

2. Bedeutung

14 Gerichtsbarkeit und internationale Zuständigkeit sind selbständige Prozessvoraussetzungen mit unterschiedlichen Funktionen.[28] Die Regeln über die Gerichtsbarkeit bestimmen, ob der Richter durch das Völkerrecht gehindert ist, einen Rechtsstreit zu entscheiden. Die Regeln über die internationale Zuständigkeit bestimmen hingegen, ob für einen Rechtsstreit vor inländischen Gerichten Rechtsschutz begehrt werden kann. Nur wenn inländische Gerichtsbarkeit besteht, stellt sich die Frage nach der internationalen Zuständigkeit.

3. Rechtsquellen

15 *a) Multilaterale Abkommen*

- Wiener UN-Übereinkommen über diplomatische Beziehungen vom 18. 4. 1961 (WÜD)[29]
- Wiener UN-Übereinkommen über konsularische Beziehungen vom 24. 4. 1963 (WÜK)[30]
- Baseler Europäisches Übereinkommen über Staatenimmunität vom 16. 5. 1972[31]

Zu beachten sind zahlreiche Übereinkommen über Vorrechte und Immunitäten internationaler Organisationen und ihrer Angehörigen, z. B. der Vereinten Nationen und ihrer Sonderorganisationen.[32]

16 *b) Autonomes deutsches Recht*

- §§ 18–20 GVG

4. Völkerrechtliche Grenzen

17 Das Völkerrecht verbietet den Staaten, hoheitliche Handlungen außerhalb ihres Staatsgebietes vorzunehmen. Die Gerichtsbarkeit ist als hoheitliche Handlung auf das eigene Staatsgebiet beschränkt *(Territorialitätsprinzip).*[33] Daher können im Ausland keine Verfahrenshandlungen, wie z. B. eine Zustellung oder eine Beweisaufnahme, vorgenommen werden; vielmehr sind die deutschen Gerichte dafür auf den Weg der

---

[28] Grundlegend: *Pagenstecher,* Gerichtsbarkeit und internationale Zuständigkeit als selbständige Prozeßvoraussetzungen, RabelsZ 11 (1937), 337–483 (348–358).

[29] BGBl. 1964 II S. 958 = *Jayme/Hausmann,* Nr. 140; in Kraft seit dem 11. 12. 1964.

[30] BGBl. 1969 II S. 1587 = *Jayme/Hausmann,* Nr. 141; in Kraft seit dem 7. 10. 1971.

[31] BGBl. 1990 II S. 35 = *Jayme/Hausmann,* Nr. 142; in Kraft seit dem 16. 8. 1990.

[32] Übereinkommen über die Vorrechte und Immunitäten der Vereinten Nationen v. 13. 2. 1946 (BGBl. 1980 II S. 941); in Kraft seit dem 5. 11. 1980 (BGBl. 1981 II S. 34); New Yorker UN-Übereinkommen über die Vorrechte und Befreiungen der Sonderorganisationen der Vereinten Nationen v. 27. 11. 1947 (BGBl. 1954 II S. 639); in Kraft seit dem 10. 10. 1957 (BGBl. 1966 II S. 287; 1967 II S. 1207). Zu Einzelheiten: *Wenckstern,* Hdb. IZVR II/1.

[33] *Schack,* IZVR, Rn. 20, 133; *Geimer,* IZPR, Rn. 371–372 a m. w. Nachw.

internationalen Rechtshilfe angewiesen.[34] Auch im Inland legt das Völkerrecht der Ausübung deutscher Gerichtsgewalt gewisse Beschränkungen auf:

a) Immunität

Die Immunität, die ihre Grundlage in der prinzipiellen Gleichheit der 18
Staaten und in der Anerkennung ihrer Souveränität hat, umfasst drei
Aspekte:

(1) *Legislative Immunität:* Kein Staat darf einen anderen Staat seinen Gesetzen unterwerfen.

Beispiel: Der ausländische Staat haftet für das Handeln seiner Organe nur nach Maßgabe seines eigenen Rechts, die Tatortregel[35] gilt bei Staats- oder Amtshaftungsansprüchen gegen ausländische Hoheitsträger nicht.

(2) *Jurisdiktionsimmunität:* Kein Staat darf über einen anderen Staat zu Gericht sitzen.

(3) *Exekutionsimmunität:* Kein Staat darf mit Zwangsgewalt gegen einen anderen Staat vorgehen.[36]

Die Ausübung staatlicher Gerichtsgewalt über einen ausländischen Staat 19
widerspricht der Freiheit und Gleichheit souveräner Staaten. Der Satz
„par in parem non habet iurisdictionem" (Jurisdiktionsimmunität) galt
bereits bei den Postglossatoren. Bis nach dem Zweiten Weltkrieg
herrschte im Völkerrecht die absolute Staatenimmunität vor.[37]

Mit der zunehmenden wirtschaftlichen Betätigung der Staaten im internationalen Handelsverkehr, z.B. durch Staatsunternehmen oder Staatsbanken, erscheint die uneingeschränkte Befreiung ausländischer Staaten
von der inländischen Gerichtsbarkeit unangemessen. Die heute international herrschende *Theorie der „relativen"* oder *„beschränkten Staatenimmunität"* gewährt Immunität nur bei hoheitlichem Handeln *(acta iure imperii)*,[38] nicht aber bei privatwirtschaftlicher Betätigung, bei der Staaten wie Privatunternehmen auftreten *(acta iure gestionis).*[39]

---

[34] Zu Einzelheiten und Besonderheiten in der EU Rn. 110–129. Die Praxis angloamerikanischer Gerichte wirft die völkerrechtliche Frage auf, ob ein Gericht einer Partei untersagen darf, im Ausland ein gerichtliches Verfahren einzuleiten oder fortzuführen (sog. antisuit injunction); dazu: *EuGH* 27. 4. 2004, Rs. C-159/02 – „Turner/Grovit", IPRax 2004, 425 m. Anm. *Rauscher,* 405–409; *Schack,* IZVR, Rn. 168–175.

[35] S. § 11 Rn. 21–23.

[36] Klausurbeispiel bei *Cremer,* Die Pfändung der Botschaftskonten, JuS 1994, 598–605.

[37] *RG* 10. 12. 1921, RGZ 153, 274; *Geimer,* IZPR, Rn. 555–561 m. w. Nachw.; *Schack,* IZVR, Rn. 146.

[38] Zur Einschränkung dieses Grundsatzes bei völkerrechtlichen Verbrechen vgl. „Regina v. Bow Street Metro. Stipendiary Mag., *ex parte* Pinochet Ugarte", (1999) 2 WLR 827 (H.L.); dazu: *Rensmann,* Internationale Verbrechen und Befreiung von staatlicher Gerichtsbarkeit, IPRax 1999, 268–273.

[39] *von Hoffmann,* Staatsunternehmen im IPR, BerGesVölkR 25 (1984), 35–74; *Lindacher,* Wettbewerbsprozeß und Staatenimmunität, WRP 1999, 54–56.

20   Beispiel: Beauftragt der Irak ein westeuropäisches Konsortium mit dem Bau eines
zivilen Staudamms, so steht der Qualifikation als Akt privatwirtschaftlicher Betätigung nicht bereits entgegen, dass der Irak damit zugleich Zwecke der Daseinsfürsorge
(Trinkwasser- oder Energiegewinnung) verfolgt.[40]

Die Theorie der relativen Staatenimmunität bildet auch die Grundlage des *Baseler Europäischen Übereinkommens über Staatenimmunität* vom 16. 5. 1972,[41] das einen Katalog
von Ausnahmen von der Immunität festschreibt. Es konsolidiert in der internationalen
Rechtsprechung und Lehre anerkannte Grundsätze und kann daher auch außerhalb
seines Anwendungsbereichs für die Rechtsfortbildung herangezogen werden.

b) Exemtion

21   Auch bestimmte ausländische natürliche Personen können von der inländischen Gerichtsbarkeit ausgenommen (exemt) sein. Ihre Immunität
ist vor allem in den beiden Wiener UN-Übereinkommen über diplomatische Beziehungen (WÜD) bzw. konsularische Beziehungen (WÜK) geregelt.[42] Daneben gelten völkergewohnheitsrechtliche Grundsätze, z. B.
betreffend die Immunität von Staatsgästen.[43]

22   In Deutschland wurden die allgemeinen Regeln des Völker(gewohn-
heits)rechts und der beiden Wiener Übereinkommen durch §§ 18–20
GVG in das innerstaatliche Recht übernommen.

Gemäß § 18 S. 2 und § 19 I 2 finden das WÜD und das WÜK dabei auch im Verhältnis zu Nichtvertragsstaaten Anwendung. Für Staatsgäste gelten das WÜD und WÜK
nicht; gemäß § 20 I GVG sind aber ausländische Staatsoberhäupter und Regierungs-
chefs nebst Begleitung solange von der deutschen Gerichtsbarkeit befreit, wie sie sich
auf amtliche Einladung in Deutschland aufhalten. § 20 II GVG schließlich verweist
auf weitere Staatsverträge und allgemeine Regeln des Völkerrechts.[44]

Ausgehend von den beiden Wiener Übereinkommen unterscheidet man
zwischen der persönlichen und der Amtsexemtion.

23   *aa) Persönliche Exemtion.*[45] Persönlich exemt von der Straf- und Zivilgerichtsbarkeit
sind Diplomaten, soweit es sich nicht um Klagen gegen den Diplomaten aus bestimmten, im Einzelnen aufgezählten Privatrechtsverhältnissen handelt (vgl. Art. 31 I lit. a–c
WÜD). Die persönliche Exemtion gilt gemäß Art. 31 III WÜD auch gegenüber Voll-
streckungsmaßnahmen. Jedoch befreit sie den Diplomaten nur von der Gerichtsbarkeit des Empfangsstaates, nicht aber von der des Entsendestaates (Art. 31 IV WÜD),
und gewährt Schutz nur bis zur Beendigung der dienstlichen Tätigkeit (Art. 39 II 1
WÜD). Auch zum Haushalt des Diplomaten gehörende Familienmitglieder werden
von der persönlichen Exemtion erfasst, soweit sie nicht Staatsangehörige des Empfangsstaates sind (Art. 37 I WÜD).[46] Eine auf ihre dienstliche Tätigkeit beschränkte

---

[40]   *OLG Frankfurt* 1. 10. 1998, IPRax 1999, 247 m. Anm. *Hau,* 232–236 = IPRspr
         1998 Nr. 156.
[41]   Oben Rn. 15; dazu: *Kronke,* Europäisches Übereinkommen über Staatenimmuni-
         tät – Element der Kodifizierung des deutschen internationalen Zivilverfahrens-
         rechts, IPRax 1991, 141–148; *Geimer,* IZPR, Rn. 666–738.
[42]   Oben Rn. 15.
[43]   *Geimer,* IZPR, Rn. 762–764.
[44]   *Schack,* IZVR, Rn. 135 m. w. Nachw.
[45]   Hierzu *Geimer,* IZPR, Rn. 765–784; *Linke,* IZPR, Rn. 88–91.
[46]   *Geimer,* IZPR, Rn. 785.

persönliche Exemtion von der Zivil- und Verwaltungsgerichtsbarkeit genießen das Verwaltungspersonal und das technische Personal der Botschaft sowie deren Familienmitglieder (Art. 37 II WÜD); bezüglich der Strafgerichtsbarkeit genießen sie hingegen volle persönliche Exemtion.

bb) Amtsexemtion.[47] Andere Personen, wie z.B. das Hauspersonal der Botschaft 24 (Art. 37 III WÜD) oder Mitglieder einer konsularischen Vertretung (Art. 43 WÜK), genießen nur eine beschränkte persönliche Exemtion bezüglich ihrer dienstlichen Tätigkeiten, wobei z.T. ein nach außen erkennbares Auftreten für den Entsendestaat erforderlich ist.[48] Die Exemtion für Amtshandlungen bleibt aber im Gegensatz zur persönlichen Exemtion zeitlich unbegrenzt bestehen.[49]

c) Exterritorialität

Mit dem Begriff der Exterritorialität bezeichnet man die Unverletzlich- 25 keit bestimmter Gegenstände innerhalb des inländischen Staatsgebiets, wodurch diese dem Zugriff der inländischen Staatsgewalt entzogen sind. Exterritorial sind z.B. ausländische Botschaftsgebäude (Art. 22 WÜD) und Konsulate (Art. 31 WÜK), deren Archive (Art. 24 WÜD, Art. 33 WÜK), die amtliche Korrespondenz (Art. 27 II WÜD, Art. 35 II WÜK) und Kuriergepäck (Art. 27 III–IV WÜD, Art. 35 IV–V WÜK). Unverletzlich ist nach allgemeinen völkerrechtlichen Regeln auch das Botschaftskonto;[50] ebenso sind bestimmte Staatsschiffe von der inländischen Gerichtsbarkeit ausgenommen.[51]

5. Unterwerfung unter die inländische Gerichtsbarkeit

Auf die Immunität kann durch freiwillige Unterwerfung unter die in- 26 ländische Gerichtsbarkeit verzichtet werden.[52] Beim Verzicht auf die Exemtion diplomatischer Vertreter ist eine Erklärung des Entsendestaates als letztlich Betroffenem erforderlich (Art. 32 WÜD, Art. 45 WÜK).

Ein Verzicht auf die Jurisdiktions- oder Vollstreckungsimmunität ist 27 möglich, wenn der Staat eine Gerichtsstands- oder Schiedsvereinbarung abgeschlossen hat.[53] Jedoch wirkt ein Verzicht für das Erkenntnisverfahren nicht automatisch als Verzicht auf die Vollstreckungsimmunität.[54]

---

[47] *Geimer,* IZPR, Rn. 786–790.
[48] Vgl. z.B. Art. 43 II lit. a WÜK.
[49] Vgl. z.B. Art. 39 II 2 WÜD, Art. 53 IV WÜK.
[50] *BVerfG* 13. 12. 1977, BVerfGE 46, 342 (394) = NJW 1978, 485 = RIW 1978, 122 m. Anm. *Seidl-Hohenveldern* = IPRspr 1977 Nr. 117; *Geimer,* IZPR, Rn. 593, 595. Vgl. indes *OLG Frankfurt* 1. 10. 1998, IPRax 1999, 247 m. Anm. *Hau,* 232–236 = IPRspr 1998 Nr. 156, zu den Anforderungen an die hoheitliche Nutzung eines Bankguthabens.
[51] *Geimer,* IZPR, Rn. 597 m. w. Nachw.
[52] *Geimer,* IZPR, Rn. 506–521 a.
[53] *Kronke,* Erstreckung der Staatenimmunität auf deutsche Landesrundfunkanstalten?, IPRax 1989, 176–179 (179); *Geimer,* IZPR, Rn. 506. Vgl. auch das Libyen-Beispiel § 1 Rn. 102.
[54] Vgl. hierzu Art. 32 IV WÜD bzw. Art. 45 IV WÜK.

B. Internationale Zuständigkeit

Literatur: *Heldrich*, Internationale Zuständigkeit und anwendbares Recht (1969); *von Hoffmann*, Gegenwartsprobleme internationaler Zuständigkeit, IPRax 1982, 217–222; *Pfeiffer*, Internationale Zuständigkeit und prozessuale Gerechtigkeit (1995); *J. Schröder*, Internationale Zuständigkeit (1971).

I. Begriff und Funktion

28 Die internationale Zuständigkeit bestimmt, ob ein streitiger Sachverhalt einen Inlandsbezug aufweist, der es rechtfertigt, den Rechtsstreit vor inländischen Gerichten zu entscheiden. Sie grenzt die gerichtlichen Zuständigkeiten zwischen verschiedenen Staaten ab.

29 Jeder Staat bestimmt selbst, wann seine Gerichte international zuständig sind. Ebenso wenig wie ein überstaatliches Internationales Privatrecht gibt es eine überstaatliche Ordnung der internationalen Zuständigkeit.[55] Zuständigkeitskonflikte zwischen den Gerichten verschiedener Staaten sind möglich und häufig, sei es als *positiver Kompetenzkonflikt* (die Gerichte mehrerer Staaten erklären sich für international zuständig), sei es als *negativer* (die Gerichte keines Staates erklären sich für international zuständig). Anzustrebendes Ziel ist die internationale Zuständigkeitsharmonie.

1. Entscheidungs- und Anerkennungszuständigkeit

30 Die internationale Zuständigkeit hat zwei Funktionen: Einerseits bestimmt sie, für welche Rechtsstreitigkeiten der deutsche Staat seine Gerichtsgewalt ausüben will, andererseits setzt sie Maßstäbe für die Anerkennung ausländischer Entscheidungen.

31 Unmittelbar kann ein Staat nur regeln, wann die eigenen Gerichte einen Rechtsstreit mit Beziehungen zu seinem Staatsgebiet entscheiden dürfen bzw. müssen. Dieser Aspekt der internationalen Zuständigkeit wird als *Entscheidungszuständigkeit (compétence directe)* bezeichnet. Die internationale Zuständigkeit ist aber auch zu prüfen, soweit es um die Anerkennung der Entscheidung eines ausländischen Gerichts im Inland geht (vgl. § 328 I Nr. 1 ZPO): Die Entscheidung ist danach anzuerkennen, soweit das ausländische Gericht nach Maßgabe der in Deutschland geltenden Zuständigkeitsregeln für die Entscheidung international zuständig gewesen wäre. Jener Aspekt der internationalen Zuständigkeit wird als *Anerkennungszuständigkeit (compétence indirecte)* bezeichnet. Im Folgenden wird nur die Entscheidungszuständigkeit behandelt.[56]

---

[55] Zu möglichen Begrenzungen der Zuständigkeitsordnung durch das Völkerrecht vgl. u. Rn. 33.

[56] Zur Anerkennungszuständigkeit s. Rn. 160.

2. Internationale und örtliche Zuständigkeit

Nicht nur die örtliche, sondern auch die internationale Zuständigkeit   32
dient der Ermittlung eines räumlich mit dem Rechtsstreit hinreichend
verbundenen Gerichts. Während aber die *internationale Zuständigkeit*
die Kompetenzen zwischen den Gerichten verschiedener Staaten ab-
grenzt, ohne bereits das konkret zuständige Gericht zu bestimmen,[57]
regelt die *örtliche Zuständigkeit* die innerstaatliche räumliche Aufgaben-
teilung. Fehlt die internationale Zuständigkeit, ist überhaupt kein deutsches Gericht zuständig. Wird die örtliche Zuständigkeit verneint, ist
über die Zuständigkeit anderer deutscher Gerichte nichts ausgesagt. Im
Gutachten ist deshalb die internationale Zuständigkeit vor der örtlichen
zu prüfen.

Wegen der vergleichbaren Aufgabenstellung können zur Bestimmung
der internationalen und der örtlichen Zuständigkeit häufig, jedoch nicht
stets, die gleichen Anknüpfungsmomente herangezogen werden.[58] Gelegentlich werden für die internationale Zuständigkeit zusätzliche Kriterien verwendet, die für die örtliche Zuständigkeit unerheblich sind, z.B.
die Staatsangehörigkeit der Parteien (vgl. § 606 mit § 606a ZPO). Außerdem bedarf es einer Korrektur der Regeln zur örtlichen Zuständigkeit, wenn der Beklagte seinen Wohnsitz im Ausland hat; dem Kläger
werden hier zu Lasten des Beklagten besondere Gerichtsstände im Inland zur Verfügung gestellt, die ihn bei der Verfolgung seiner Rechte
begünstigen (vgl. z.B. §§ 23, 23a ZPO). Internationale und örtliche Zuständigkeit sind daher, obgleich miteinander verwandt, klar voneinander
zu trennen.

3. Rechtsquellen

Das Völkerrecht setzt den Staaten Grenzen für die Ausübung ihrer Ho-   33
heitsgewalt. Diese kommen insbesondere in den Regeln über die Gerichtsbarkeit zum Ausdruck;[59] für die Regelung der internationalen Zuständigkeit gibt das Völkerrecht dagegen wenig her. Nach h.M. darf ein
Staat nicht für alle Rechtsstreitigkeiten der Welt die internationale Zuständigkeit beanspruchen, sondern es sind gewisse Minimalkontakte
zum Gebiet dieses Staates erforderlich. Welcher Art diese Minimalkontakte sein müssen, ist umstritten.[60]

---

[57] Es gibt Ausnahmen: So regeln Art. 5, 16 I Brüssel I-VO mit der internationalen
zugleich die örtliche Zuständigkeit; vgl. Rn. 220, 236e.
[58] *Kegel/Schurig,* IPR, S. 1049f.; dazu näher unter Rn. 38.
[59] S. hierzu Rn. 13–27.
[60] *Geimer,* IZPR, Rn. 126–128b, 377, 383; umfassend *Bertele,* Souveränität und Verfahrensrecht (1998), S. 220ff.; anschaulich: *J. Schröder,* Internationale Zuständigkeit, S. 766f.

a) Europarecht. Völkerrechtliche Abkommen

34 Die im Europäischen Gemeinschaftsrecht sowie in bi- bzw. multilateralen Abkommen enthaltenen Regeln über die internationale Zuständigkeit gehen den Zuständigkeitsvorschriften der ZPO vor. Herausragende praktische Bedeutung für den europäischen Rechtsverkehr kommt den Verordnungen „Brüssel I"[61] und „Brüssel II in der derzeit gültigen Fassung vom 27. 11. 2003"[62] zu. Daneben sind auch weiterhin das Luganer Übereinkommen über die gerichtliche Zuständigkeit und die Vollstreckung gerichtlicher Entscheidungen in Zivil- und Handelssachen vom 16. 9. 1988 (LugÜ) sowie neuerdings im Verhältnis zu Dänemark das Abkommen über die gerichtliche Zuständigkeit und die Anerkennung und Vollstreckung von Entscheidungen in Zivil- und Handelssachen zu beachten.[63] Weitere Zuständigkeitsregeln enthalten die in § 1 Rn. 68 genannten Abkommen zur Vereinheitlichung des materiellen Rechts (Art. 31 CMR).

35 Das von der Haager Konferenz für Internationales Privatrecht initiierte Übereinkommen über die Zuständigkeit und die Anerkennung ausländischer Entscheidungen in Zivil- und Handelssachen, das insbesondere eine wesentliche Erleichterung des US-amerikanisch/europäischen Zivilrechtsverkehrs bewirken sollte,[64] wurde schließlich am 30. Juni 2005 als Übereinkommen über Gerichtsstandsvereinbarungen verabschiedet.[65]

---

[61] EG-Verordnung über die gerichtliche Zuständigkeit und die Anerkennung und Vollstreckung von Entscheidungen in Zivil- und Handelssachen v. 22. 12. 2000 (ABl. EG 2001 Nr. L 12/1); in Kraft seit dem 1. 3. 2002 = *Jayme/Hausmann*, Nr. 160. Dazu unten Rn. 182–253a.

[62] EG-Verordnung Nr. 2201/2003 über die Zuständigkeit und die Anerkennung und Vollstreckung von Entscheidungen in Ehesachen und in Verfahren betreffend die elterliche Verantwortung und zur Aufhebung der Verordnung (EG) Nr. 1347/2000 vom 27. 11. 2003 (ABl. EG Nr. L 160/19) = *Jayme/Hausmann*, Nr. 162; in Kraft seit dem 1. 8. 2004. Gem. Art. 72 II Brüssel II-VO 2003 gilt sie in weiten Teilen indes erst seit dem 1. 3. 2005. Vgl. dazu § 8 Rn. 60a–66b.

[63] ABl. EG 2005 Nr. L 299/62; s. Rn. 182–185, 187: Dort insbesondere Rechtslage mit Dänemark.

[64] *Heß*, Steht das geplante Zuständigkeits- und Vollstreckungsübereinkommen vor dem Aus?, IPRax 2000, 342 f.; *Bucher*, Vers une convention mondiale sur la compétence et les jugements étrangers, Semjud 2000, 77–132; *Burbank*, Jurisdictional Equilibration. The Proposed Hague Convention and Progress in National Law, AmJCompL 2001, 203–248; *Juenger*, Eine Haager Konvention über die Urteilsanerkennung?, GS Lüderitz (2000), S. 329–345; *von Mehren/Story*, The Hague Jurisdiction and Enforcement Convention Project Faces an Impasse – A Diagnosis and Guidelines for a Cure, IPRax 2000, 465–468; *Nygh*, The Preliminary Draft Hague Convention on Jurisdiction and Foreign Judgments in Civil and Commercial Matters, FS Juenger (2001), S. 261–287; *Schack*, Entscheidungszuständigkeiten in einem weltweiten Gerichtsstands- und Vollstreckungsübereinkommen, ZEuP 1998, 932–956.

[65] Text abrufbar unter: www.hcch.net/upload/text37d.pdf.

b) Autonomes deutsches Recht   36

– §§ 38, 40, 606, 606a, 640, 640a ZPO
– § 12 VerschG
– § 738a HGB

II. Gesetzliche Gerichtsstände

1. Allgemeines

a) Ausdrückliche Regeln

Ausdrückliche Regelungen zur internationalen Zuständigkeit deutscher   37
Gerichte finden sich im Familienrecht: § 606a I ZPO für Ehesachen und
§ 640a II ZPO für Kindschaftssachen.
Einige Zuständigkeitsvorschriften, wie z.B. die §§ 15, 16, 23, 23a und
27 II ZPO, betreffen Sachverhalte mit Auslandsbezug. In diesen Fällen
regelt der Gesetzgeber ausdrücklich nur die örtliche Zuständigkeit, setzt
aber die internationale Zuständigkeit deutscher Gerichte für den Fall
voraus, dass nach diesen Vorschriften die örtliche Zuständigkeit begründet wird.

b) Doppelfunktion der Regeln über die örtliche Zuständigkeit

In den gesetzlich nicht geregelten Fällen bestimmt die ganz h.M. die   38
internationale Zuständigkeit aufgrund der ähnlichen Interessenlage *in
analoger Anwendung* der Regeln über die örtliche Zuständigkeit:[66] Die
örtliche Zuständigkeit indiziert die internationale Zuständigkeit.[67] Dennoch sind beide nicht identisch, sondern nur „in ihren Voraussetzungen
miteinander verknüpft"; die Regeln über die örtliche Zuständigkeit sind
„doppelfunktional".[68]

2. Einzelne Gerichtsstände

Die internationale Zuständigkeit kann – wie die örtliche – an die Par-   39
teien (Wohnsitz, Aufenthalt) oder den Streitgegenstand anknüpfen.
Während der allgemeine Gerichtsstand auf den Wohnsitz bzw. Sitz der
beklagten Person, ein parteibezogenes Merkmal, gestützt wird, hängen

---

[66] Nach a.A. ist auch insoweit die internationale Zuständigkeit in der örtlichen stillschweigend mitgeregelt, so *Schack*, IZVR, Rn. 236.
[67] *BGH* 18. 4. 1985, BGHZ 94, 151 (157) = NJW 1985, 2090 = IPRax 1987, 305 m.
Anm. *Nicklisch*, 286–289 = IPRspr 1985 Nr. 137.
[68] St. Rspr., vgl. nur *BGH* 14. 6. 1965, BGHZ 44, 46 (47) = NJW 1965, 1665 = JZ
1966, 237 m. Anm. *Neuhaus* = *Schack*, Höchstrichterliche Rechtsprechung, Nr. 32
= IPRspr 1964/65 Nr. 224.

die besonderen Zuständigkeiten von der Art der Streitigkeit ab, sind also streitgegenstandsbezogen.[69] Die überwiegende Ansicht nimmt an, dass in einem besonderen Gerichtsstand die Prüfungsbefugnis des Gerichts auf bestimmte Anspruchsgrundlagen beschränkt ist: Die Rechtssicherheit geht der Prozessökonomie vor.

Beispiel: Im Gerichtsstand der unerlaubten Handlung darf das Gericht keine vertraglichen Ansprüche prüfen, sondern kann der Klage nur gestützt auf deliktische Anspruchsgrundlagen stattgeben.[70]

a) Allgemeiner Gerichtsstand

40   Für den allgemeinen Gerichtsstand gilt der Grundsatz „actor sequitur forum rei": Weil der Kläger „angreift", wird ihm zugemutet, vor einem ihm fremden Gericht zu klagen. Der Beklagte soll den Vorteil des ortsnahen, vertrauten Gerichtssystems und der eigenen Verhandlungssprache haben. In der Ausgestaltung des allgemeinen Gerichtsstands unterscheidet das Gesetz zwischen natürlichen und juristischen Personen.

41   *aa) Natürliche Personen.* Allgemeiner Gerichtsstand bei Klagen gegen natürliche Personen ist gemäß §§ 12, 13 ZPO der Wohnsitz des Beklagten. Seine Staatsangehörigkeit spielt dabei keine Rolle, In- und Ausländer werden zuständigkeitsrechtlich gleich behandelt.

Das Anknüpfungsmerkmal „Wohnsitz" ist auslegungsbedürftig. Die h. M. bestimmt den Wohnsitz nach Maßgabe der §§ 7–11 BGB, nicht nach dem Personalstatut des Beklagten (lex causae). Dies entspricht dem Grundsatz, dass Tatbestandsmerkmale prozessualer Normen nach den Sachnormen der lex fori auszulegen sind.[71]

42   *bb) Juristische Personen.* Allgemeiner Gerichtsstand juristischer Personen ist gemäß §§ 12, 17 ZPO deren Sitz. Maßgeblich ist – entgegen den bislang geltenden Regeln des Internationalen Gesellschaftsrechts[72] – in erster Linie der satzungsmäßige Sitz. Dem tatsächlichen Sitz (Ort der Hauptverwaltung) kommt nur subsidiär Bedeutung zu (§ 17 I 2 ZPO). Diese – rechtspolitisch fragwürdige – Entscheidung des Gesetzgebers gilt auch, wenn eine im Inland geleitete juristische Person ihren Satzungssitz im Ausland hat: § 17 ZPO begründet in diesem Fall keinen Gerichtsstand.[73]

b) Besondere Gerichtsstände

43   Die besonderen Gerichtsstände sind typischerweise streitgegenstandsbezogen; sie knüpfen daher für bestimmte Arten von Rechtsstreitigkei-

---

[69]   *Schack,* IZVR, Rn. 194.
[70]   *BGH* 7. 12. 2004, IPRax 2006, 40 m. Anm. *Looschelders,* 14–16.
[71]   *Geimer,* IZPR, Rn. 1269 m. w. Nachw.
[72]   S. § 7 Rn. 23–27.
[73]   *Kropholler,* Hdb. IZVR I, Rn. 278; *Schack,* IZVR, Rn. 251; a. A.: *Geimer,* IZPR, Rn. 1274 f.

ten an ganz unterschiedliche Merkmale an. So bildet die Staatsangehörigkeit der Betroffenen in Statussachen (Ehe- und Kindschaftssachen) ein vorrangiges Anknüpfungsmerkmal für die internationale Zuständigkeit (vgl. §§ 606a I Nr. 1, 640a II Nr. 1 ZPO). – Die internationale Zuständigkeit in Ehe- und Kindschaftssachen wird im Rahmen des Internationalen Familienrechts behandelt.[74] Im Folgenden werden besondere vermögensrechtliche Zuständigkeiten erörtert.

aa) Gerichtsstand der Niederlassung (§ 21 ZPO). Betreibt jemand von **44** einer inländischen Niederlassung aus Geschäfte, so kann er bezüglich der daraus herrührenden Streitigkeiten gemäß § 21 ZPO vor inländischen Gerichten verklagt werden. Voraussetzung für eine Niederlassung sind eigene Räumlichkeiten und eigenes Personal; auf die rechtliche Selbständigkeit kommt es dagegen nicht an.[75] Niederlassung i.S.d. § 21 ZPO kann auch die Hauptniederlassung sein. Zuständigkeitsbegründend wirkt sogar ein entsprechender Rechtsschein.[76]

bb) Gerichtsstand des Vermögens (§ 23 S. 1, 1. Alt. ZPO).[77] Durch den **45** Gerichtsstand des Vermögens sollte ausweislich des in den Motiven zur ZPO zum Ausdruck kommenden Gesetzeszwecks die Rechtsverfolgung im Inland erleichtert werden, um Gläubiger eines im Ausland wohnenden oder sich im Inland ohne festen Wohnsitz aufhaltenden Schuldners zu schützen.[78] Die Vorschrift erfordert nach ihrem Wortlaut weder einen bestimmten Wert des Vermögens noch einen Inlandsbezug. Dies hat zu einer sehr weiten Auslegung der Vorschrift durch die frühere Rechtsprechung geführt. Danach kann jeder noch so geringwertige Vermögenswert die internationale Zuständigkeit begründen.[79] Auf die Pfändbarkeit des Vermögensgegenstandes oder darauf, ob dieser zur Befriedigung der eingeklagten Forderung ausreicht, kommt es nicht an.[80] § 23 S. 1, 1. Alt. ZPO gilt als exorbitanter Gerichtsstand, der international unerwünscht ist.[81] Die weite Auslegung von § 23 ZPO ist zwar weder verfassungs-

---

[74] Siehe § 8 Rn. 60a–65a, 67–67c, 96–121, 139.
[75] Zum Begriff der Niederlassung vgl. Soergel/*von Hoffmann*, Art. 28 Rn. 65–71.
[76] *Schack*, IZVR, Rn. 318.
[77] Klausurbeispiel: *Hau*, Katz und Maus, JuS 1998, 233–237.
[78] Vgl. *BGH* 2. 7. 1991, BGHZ 115, 90 = NJW 1991, 3092 m. Anm. *Geimer*, 3072–3074; *Mark*, NJW 1992, 3062–3066, und *Fricke*, NJW 1992, 3066–3069 = IPRax 1992, 160 m. Anm. *Schlosser*, 140–143 = ZZP 105 (1992), 314 m. Anm. *Lüke* = IPRspr 1991 Nr. 166b; *OLG München* 7. 10. 1992 = IPRax 1993, 237 m. abl. Anm. *Geimer*, 216–219 = IPRspr 1992 Nr. 198.
[79] Beispielsweise genügten zur Begründung eines Gerichtsstands nach § 23 ZPO: ein Handelsbuch (*RG* 7. 4. 1902, RGZ 51, 163); Obstkörbe (*RG* 19. 1. 1911, RGZ 75, 147); Forderungen des Beklagten gegen einen im Inland ansässigen Dritten (*BGH* 22. 10. 1987, NJW 1988, 966 = IPRspr 1987 Nr. 121b).
[80] *BGH* 2. 7. 1991 (Fn. 78), ZZP 105 (1992), 314 (316). Zur Gegenansicht: *Geimer*, IZPR, Rn. 1371; *Zöller/Vollkommer*, § 23 ZPO Rn. 7f.
[81] Folgerichtig ist er, wenn der Beklagte in einem EU-Mitgliedstaat lebt, nach Art. 3 I i.V.m. Anhang I Brüssel I-VO ausgeschlossen; dazu u. Rn. 206.

noch völkerrechtswidrig,[82] dennoch wurde sie von jeher von weiten Teilen des Schrifttums heftig kritisiert.[83]

46 In zwei neueren Entscheidungen haben zunächst das OLG Stuttgart[84] und im Anschluss daran der BGH[85] die Kritik zum Anlass genommen, eine restriktive Auslegung des § 23 ZPO vorzunehmen. Danach soll § 23 ZPO die internationale Zuständigkeit deutscher Gerichte nur bei einem *hinreichenden Inlandsbezug des Sachverhalts* begründen, wozu die bloße Belegenheit von Vermögen des Beklagten im Inland nicht ausreicht. Die Auslegung steht mit Entstehungsgeschichte und Zweck der Vorschrift in Einklang und erscheint im Hinblick auf die völkerrechtliche Vertragspraxis geboten.[86] Auch die mit einer weiten Auslegung der Vorschrift verbundene Gefahr des „forum shopping" sowie die schutzwürdigen Interessen des Beklagten an einem fairen Verfahren sprechen für die nunmehr vorherrschende restriktive Auslegung des § 23 ZPO.

47 Diese fördert darüber hinaus die Anlage ausländischen Kapitals im Inland (Öl-Dollars werden z. B. in deutsche Unternehmen investiert) und beseitigt damit einen Nachteil des Finanzplatzes Deutschland im internationalen Wettbewerb.[87] Allerdings diskriminiert sie Kläger mit ausländischem Wohnsitz bei der Rechtsverfolgung im Inland.[88]

48 Die Belegenheit von Vermögen im Inland rechtfertigt nach Ansicht des BGH eine Gerichtspflicht des ausländischen Beklagten nur, wenn der Rechtsstreit – ähnlich wie bei § 21 ZPO – einen engen Zusammenhang mit diesem vom Beklagten selbst geschaffenen Inlandsbezug hat oder schützenswerte inländische Interessen des Klägers vorhanden sind. Letztere seien insbesondere zu bejahen, wenn der Kläger seinen Wohnsitz oder gewöhnlichen Aufenthalt im Inland hat. Auf die Staatsangehörigkeit des Klägers kommt es hingegen nicht an.[89]

---

[82] *BVerfG* 12. 4. 1983 – „National Iranian Oil Company", BVerfGE 64, 1 (20) = IPRax 1984, 196 m. Anm. *Stein*, 179–183 = IPRspr 1983 Nr. 127; *BGH* 24. 11. 1988, NJW 1989, 1431 = IPRax 1990, 41 (42) m.Anm. *Schack*, 19 f. = IPRspr 1988 Nr. 165; *Geimer*, IZPR, Rn. 1348 m. w. Nachw.

[83] Ausführlich *Pfeiffer*, Internationale Zuständigkeit und prozessuale Gerechtigkeit, S. 523–650.

[84] *OLG Stuttgart* 6. 8. 1990 = IPRax 1991, 179 m. Anm. *Fricke*, 159–162 = RIW 1990, 829 m. Anm. *Fischer*, 794–797 = IPRspr 1991 Nr. 166 a.

[85] *BGH* 2. 7. 1991 a. a. O. (Fn. 78).

[86] Krit. etwa: *Schack*, IZVR, Rn. 324–330; *Geimer*, IZPR, Rn. 1077 a, 1346–1381; *Grothe*, Exorbitante Gerichtszuständigkeiten im Rechtsverkehr zwischen Deutschland und den USA, RabelsZ 58 (1994), 686–726. Für eine differenzierte Betrachtungsweise: *Wollenschläger*, Zum Merkmal des hinreichenden Inlandsbezuges in § 23 ZPO – Auslegungsdifferenzen in den verschiedenen Verfahrensarten der Zivilprozeßordnung?, IPRax 2002, 96–100.

[87] *von Hoffmann*, IPRax 1982, 217–222.

[88] Dieser Gedanke findet sich bereits bei *Savigny*, System des heutigen Römischen Rechts VIII (1849), S. 25, 27.

[89] Ob der Gerichtsstand des § 23 ZPO nur noch Deutschen und Ausländern mit inländischem Wohnsitz offensteht, hat der *BGH* offengelassen, vgl. *BGH* 2. 7. 1991 (Fn. 78), ZZP 105 (1992), 314 (317). Gegen eine solche Einschränkung: Zöl-

Beispiel: Das in Deutschland lebende Kind klagt hier gegen den nach Kanada ausge-
wanderten nichtehelichen Vater – der inzwischen kanadischer Staatsangehöriger ist –
auf vorzeitigen Erbausgleich. Der BGH bejaht den hinreichenden Inlandsbezug: Als
Vermögen i. S. d. § 23 S. 1, 1. Alt. ZPO genügte eine Forderung des Vaters gegen eine
deutsche Lebensversicherungsgesellschaft.[90]

cc) Gerichtsstand des Erfüllungsorts (§ 29 ZPO). Von großer praktischer **49**
Bedeutung ist der Gerichtsstand des Erfüllungsorts.

Fall: Der türkische Staatsangehörige M bereist im Sommer 1998 mit seinem Wohnmobil **50**
Osteuropa. In Warschau lernt er den Polen K kennen, der als Erntehelfer in Deutschland arbeiten möchte und für die Zeit der Weinlese noch ein festes Dach über dem Kopf
sucht. M bietet ihm daher das Wohnmobil zum Kauf an, das für diese Zwecke hervor-
gend geeignet erscheint. K zeigt sich von dem Vorschlag des M begeistert; sofort wird
ein schriftlicher Kaufvertrag geschlossen. Die Übereignung des Wohnmobils und die
Zahlung des Kaufpreises sollen am 1. 9. 1998 in Frankfurt/Main erfolgen, da M von dort
aus zurück in die Türkei fliegen möchte. Am vereinbarten Termin ist weder M noch das
Wohnmobil in Sicht. Vielmehr ist M schon vorher mit dem Wohnmobil nach Ankara
zurückgekehrt, wo er auch seinen Wohnsitz hat. K möchte wissen, ob er gleichwohl vor
deutschen Gerichten auf Übereignung des Wohnmobils klagen kann.

Die Prüfung der Zuständigkeit nach § 29 ZPO erfolgt in drei Stufen: **51**

(1) Wird ein *vertraglicher Anspruch* geltend gemacht? Daran soll es mangels einklag-
barer Primärverpflichtung etwa bei Ansprüchen wegen Verlöbnisbruchs fehlen (wohl
h. M.).[91]

(2) Welches ist die streitige Verpflichtung? Abzustellen ist auf die *konkret streitige
Verpflichtung*, wobei nur die vertraglichen Primärpflichten, nicht aber die mit deren
Verletzung ausgelösten gesetzlichen Sekundärpflichten (z. B. Schadensersatz wegen
Nichterfüllung gemäß §§ 281, 283 BGB) zu berücksichtigen sind. Im Unterschied zu
Art. 28 II EGBGB (Art. 4 II EVÜ) sowie nunmehr auch Art. 5 Nr. 1 lit. b Brüssel
I-VO[92] ist nicht die vertragscharakteristische Leistung entscheidend, denn hierdurch
würde der Erbringer, in der Regel der gewerblich handelnde Unternehmer, zustän-
digkeitsrechtlich bevorzugt. Durch das Abstellen auf die jeweils streitige Verpflich-
tung werden dagegen beide Vertragspartner im Ansatz gleich behandelt.[93] Zudem soll
hierfür die besondere Sachnähe des Gerichts sprechen, z. B. was den Nachweis von
Leistungshindernissen angeht. Indes steht auch im Rahmen der Zahlungsklage häufig
die vertragsgemäße Erbringung der Sachleistung in Frage, was einen einheitlichen
Vertragsgerichtsstand nahelegt.

(3) Wo liegt der *Erfüllungsort der Verpflichtung?* Fraglich ist, ob der Erfüllungsort
unmittelbar § 269 BGB – diese Ansicht kann sich auf das lex-fori-Prinzip stützen –
oder der lex causae (Vertragsstatut) zu entnehmen ist. Die h. M. hält eine Ermittlung

---

ler/*Vollkommer,* § 23 ZPO Rn. 3; *Schack,* IZVR, Rn. 325; *Geimer,* IZPR,
Rn. 1366 f.; dafür: Stein/Jonas/*Roth,* § 23 ZPO Rn. 9.
[90] *BGH* 24. 4. 1996, NJW 1996, 2096 = IPRspr 1996 Nr. 115 b. Weitere Beispiele:
BGH 22. 10. 1996, NJW 1997, 324 = IPRspr 1996 Nr. 158; *BGH* 18. 3. 1997, NJW
1997, 2885 = IPRspr 1997 Nr. 142; *BAG* 17. 7. 1997, NZA 1997, 1182 = IPRspr
1997 Nr. 154.
[91] Vgl. *BGH* 28. 2. 1996, BGHZ 132, 105 = NJW 1996, 1411 = JZ 1997, 88 m. Anm.
Gottwald = IPRax 1997, 187 m. Anm. *Mankowski,* 173–182 = IPRspr 1996
Nr. 142.
[92] Hierzu u. Rn. 223.
[93] So auch: *Schack,* IZVR, Rn. 265 f. m. w. Nachw.; *Geimer,* IZPR, Rn. 1483 f.

nach der *lex causae* für vorzugswürdig, da dann materiellrechtlicher Leistungsort und Gerichtsstand identisch sind und internationaler Entscheidungseinklang ermöglicht wird.[94] Einer entsprechenden Lösung folgte der EuGH im Rahmen von Art. 5 Nr. 1 EuGVÜ;[95] indes beschränkt Art. 5 Nr. 1 Brüssel I-VO die Bestimmung des Erfüllungsorts nach der lex causae nunmehr auf wenige Fallgruppen (lit. a, c),[96] während für den Warenkauf sowie Dienstleistungsverträge eine verordnungsautonome Definition des Erfüllungsorts erfolgt (lit. b).

Im Ausgangsfall (Rn. 50) ist türkisches Recht Vertragsstatut (Art. 28 II EGBGB[97]). Nach dem türkischen Zivilgesetzbuch ist zu bestimmen, wo die Lieferpflicht des Verkäufers zu erfüllen war. Befindet sich danach der Erfüllungsort in Deutschland, so kann M gestützt auf § 29 ZPO hier verklagt werden.

52 **dd) Gerichtsstand der unerlaubten Handlung (§ 32 ZPO).** § 32 ZPO begründet einen besonderen Gerichtsstand an dem Ort, an dem das schädigende Ereignis eingetreten ist. So wird für Verkehrsunfälle die Zuständigkeit der Gerichte des Staates begründet, in dem sich der Unfall ereignete. Dies dient der Beweisnähe.

53 **Fall:** Liechtensteinische Unternehmen leiten ihre Abwässer in den Rhein ein. Einem Kleingärtner am Bodensee, der sein Gemüse mit dem Flusswasser bewässert, wird durch das verseuchte Wasser die Ernte verdorben. Er möchte wissen, ob er das liechtensteinische Unternehmen in Deutschland verklagen kann.

Die Rechtsgutsverletzung ist hier in Deutschland eingetreten, wo das Eigentum des Kleingärtners an den Gemüsepflanzen verletzt wurde. Die schädigende Handlung, d. h. die Einleitung der verseuchten Abwässer, erfolgte hingegen in Liechtenstein. Es handelt sich mithin um ein *Distanzdelikt,* bei dem Handlungs- und Erfolgsort (= Ort der Rechtsgutsverletzung) in unterschiedlichen Staaten liegen.[98]

54 Bei Distanzdelikten ist fraglich, ob der Handlungs- oder der Erfolgsort die internationale Zuständigkeit begründet. Die h. M. gesteht dem Kläger ein Wahlrecht zwischen dem Handlungsort und dem Erfolgsort zu, um ihm die Rechtsverfolgung zu erleichtern *(Ubiquitätsprinzip).*[99] Das Ubiquitätsprinzip gilt auch bei der Ermittlung des Deliktsstatuts, so dass häufig Gleichlauf zwischen materiellem und Verfahrensrecht bestehen wird.[100] Ein solcher Gleichlauf ist indes nicht zwingend: So mag der Geschädigte vor den deutschen Gerichten des Erfolgsortes klagen, ohne von seinem kollisionsrechtlichen Bestimmungsrecht (Art. 40 I 2, 3 EGBGB) Gebrauch zu machen, oder aber er verfährt genau umgekehrt.

Nicht in Betracht kommt eine Anknüpfung an den Ort, an dem über die Rechtsgutsverletzung hinaus ein weiterer Schaden eingetreten ist:

---

[94] *BAG* 20. 4. 2004, IPRax 2006, 254 m. Anm. *Franzen,* 221–224 = IPRspr 2004 Nr. 110; *OLG Nürnberg* 28. 11. 1984, NJW 1985, 1296 = *Schack,* Höchstrichterliche Rechtsprechung, Nr. 36 = IPRspr 1984 Nr. 150; *Geimer,* IZPR, Rn. 1482; a. A.: *Schack,* IZVR, Rn. 269–275.

[95] Hierzu 6. Aufl., § 3 Rn. 221–225.

[96] Hierzu Rn. 224–224 b.

[97] Hierzu § 10 Rn. 45–51.

[98] Hierzu § 11 Rn. 23.

[99] Zu Internet-Delikten vgl. u. Rn. 228.

[100] *Staudinger/von Hoffmann,* Vorbem. zu Art. 40 Rn. 95. Zum materiellen Recht § 11 Rn. 23–26.

Diese Anknüpfung würde dem Kläger häufig am Ort seines Vermögens, also zumeist an seinem Wohnsitz, einen Klägergerichtsstand eröffnen, welcher die Interessen des Beklagten systemwidrig außer Acht ließe.[101]

Variante: Werden liechtensteinische Gärtner durch eine deutsche Anlage i.S.d. Umwelthaftungsgesetzes geschädigt, so sind deutsche Gerichte gemäß § 32a S. 1 ZPO *ausschließlich* international zuständig. Dies führt zu dem – rechtspolitisch fragwürdigen – Ergebnis, dass von den Geschädigten am liechtensteinischen Erfolgsort erwirkte Urteile mangels Anerkennungszuständigkeit (§ 328 I Nr. 1 ZPO)[102] im Inland nicht anerkannt und vollstreckt werden können.[103]

Nach h.M. greift § 32 ZPO bereits dann ein, wenn eine Rechtsgutsverletzung ernsthaft droht; erfasst sind also auch vorbeugende Unterlassungsklagen.[104]   **55**

ee) Gerichtsstand für Unterhaltsklagen (§ 23a ZPO).[105] Für Klagen in Unterhaltssachen eröffnet § 23a ZPO auch gegen ausländische Beklagte einen inländischen Klägergerichtsstand und begünstigt damit den Unterhaltsberechtigten.   **56**

ff) Gerichtsstände der belegenen Sache (§§ 23 S. 1, 2. Alt.; 24; 29a ZPO).   **57**
§ 24 ZPO begründet einen ausschließlichen Gerichtsstand für dingliche Rechte an unbeweglichen Sachen am Lageort. Was eine unbewegliche Sache und was ein dingliches Recht ist, ist nach der lex fori, also nach deutschem Recht zu bestimmen.[106] Für Streitigkeiten aus Wohnraummietverträgen ist der ausschließliche Gerichtsstand des § 29a ZPO gegenüber § 24 ZPO lex specialis.

Fall: Ein Hamburger hat seinem Vetter aus Leipzig seine Ferienwohnung in Miami   **58**
verkauft. Jetzt streiten beide darüber, ob das Eigentum wirksam übertragen wurde. – Hier scheint die Zuständigkeit eines deutschen Gerichts gemäß §§ 12, 13 ZPO im Interesse der Parteien zu liegen. Fraglich ist jedoch, ob der allgemeine Gerichtsstand der §§ 12, 13 ZPO durch die ausschließliche internationale Zuständigkeit US-amerikanischer Gerichte ausgeschlossen wird. Nach heute h.M.[107] begründet § 24 ZPO nicht nur eine ausschließliche Zuständigkeit für deutsche Grundstücke, sondern schließt spiegelbildlich auch die internationale Zuständigkeit deutscher Gerichte für dingliche Klagen betreffend ausländische Grundstücke aus.

Dies soll selbst dann gelten, wenn die Parteien die internationale Zuständigkeit ausdrücklich vereinbart haben (arg.: § 40 II 1, 2. Alt. ZPO).[108] Nichts anderes kann für den Fall einer rügelosen Einlassung auf das deutsche Verfahren (§ 39 ZPO) gelten; der BGH hat freilich abweichend entschieden.[109]

---

[101] Staudinger/*von Hoffmann*, Vorbem. zu Art. 40 Rn. 257.

[102] Hierzu Rn. 160.

[103] Zur Kritik: *Pfeiffer*, Der Umweltgerichtsstand als zuständigkeitsrechtlicher Störfall, ZZP 106 (1993), 159–179.

[104] Staudinger/*von Hoffmann*, Art. 38 EGBGB, Rn. 256a.

[105] Zu Scheidungsfolgesachen s. u. § 8 Rn. 67f., 94–94a.

[106] Zöller/*Vollkommer*, § 24 ZPO Rn. 2–5, 6a (mit Beispielen).

[107] *Kropholler*, Hdb. IZVR I, Rn. 421; *Nagel/Gottwald*, IZPR, § 3 Rn. 212; *Schack*, IZVR, Rn. 311 m. w. Nachw.; a. A. noch: *RG* 20. 1. 1894, RGZ 32, 414.

[108] Vgl. Stein/Jonas/*Bork*, § 40 ZPO Rn. 11.

[109] *BGH* 25. 9. 1997, IPRax 1999, 45 m. abl. Anm. *Stoll*, 29–31 = IPRspr 1997 Nr. 60: Der geltend gemachte Anspruch war von § 24 ZPO gar nicht erfasst.

59　*gg) Gerichtsstände des Erbrechts (§§ 27, 28 ZPO).* § 27 ZPO begründet einen besonderen Gerichtsstand für Nachlassstreitigkeiten,[110] soweit der Erblasser im Zeitpunkt seines Todes seinen allgemeinen Gerichtsstand i.S.d. §§ 12, 13 ZPO in Deutschland hatte (Abs. 1) oder deutscher Staatsangehöriger war (Abs. 2). § 27 II ZPO soll für den Fall, dass ein deutscher Staatsangehöriger beerbt wird, die Zuständigkeit deutscher Gerichte begründen und so den Gleichlauf mit dem gemäß Art. 25 I EGBGB anwendbaren deutschen Erbrecht gewährleisten. Gemäß § 28 ZPO kann auch die Belegenheit von Nachlassgegenständen in Deutschland oder die Haftung des in Deutschland wohnenden Erben die internationale Zuständigkeit deutscher Gerichte für Klagen wegen Nachlassverbindlichkeiten begründen.

60　Soweit das deutsch-türkische Nachlassabkommen (Anlage zu Art. 20 des Konsularvertrages vom 28. 5. 1929)[111] anwendbar ist, ordnen dessen Art. 8, 15 ausschließliche Entscheidungszuständigkeiten an.

61　*hh) Notzuständigkeit deutscher Gerichte.* Ist aus deutscher Sicht keine internationale Zuständigkeit im Inland begründet, so wird das deutsche Gericht die Klage als unzulässig abweisen. Gelegentlich kommt es dadurch zu einem negativen Kompetenzkonflikt, weil weder in- noch ausländische Gerichte sich für zuständig halten. Da dem Kläger dann Rechtsverweigerung droht, will die h. M. bei ausreichendem Rechtsschutzbedürfnis des Klägers unter Hinweis auf Art. 6 I EMRK eine inländische Notzuständigkeit eröffnen.[112] Das Problem hat freilich keine große praktische Bedeutung.[113]

III. Fragen konkurrierender ausländischer Zuständigkeit

1. Wahlrecht des Klägers (§ 35 ZPO)

62　Manche Gerichtsstände, wie z.B. §§ 29 und 32 ZPO, schließen einander aus. Andere Gerichtsstände, wie etwa §§ 24, 29a, 32a und 606 ZPO, sind ausschließlich; die nach ihnen begründete Zuständigkeit geht anderen Gerichtsständen vor. Aus der ausschließlichen örtlichen Zuständigkeit kann man indes nicht notwendig auch eine ausschließliche internationale Zuständigkeit folgern; dies ergibt ein Vergleich zwischen §§ 606 und 606a ZPO oder ein Blick auf § 32a S. 2 ZPO. Für § 29a ZPO ist die Ausschließlichkeit im Falle der internationalen Zuständigkeit bestritten,[114] für § 24 ZPO dagegen heute allgemein anerkannt.[115]

---

[110] Vgl. zur internationalen Zuständigkeit in Nachlassangelegenheiten der Freiwilligen Gerichtsbarkeit § 9 Rn. 66–68.

[111] RGBl. 1930 II S. 747, 758 = *Jayme/Hausmann*, Nr. 61 m. Nachw. zu weiteren Abkommen.

[112] *Schack*, IZVR, Rn. 397; *Kropholler*, Hdb. IZVR I, Rn. 182–195 und 57 (zu Art. 6 I EMRK).

[113] Vgl. etwa *AG Groß-Gerau* 11. 6. 1980, FamRZ 1981, 51 = IPRspr 1980 Nr. 152.

[114] Vgl. *Schack*, IZVR, Rn. 197.

[115] *Schack*, IZVR, Rn. 308–316 .

Soweit keine ausschließliche Zuständigkeit besteht, hat der Kläger ge- **63** mäß § 35 ZPO bezüglich der örtlichen Zuständigkeit ein Wahlrecht. Auch bei fakultativen internationalen Zuständigkeiten kann der Kläger unter mehreren zuständigen Gerichten auswählen. Das Bestehen konkurrierender internationaler Zuständigkeiten ermöglicht dem Kläger somit forum shopping: Aus nebeneinander bestehenden Gerichtsständen in verschiedenen Staaten wird gezielt derjenige ausgewählt, der dem Kläger den günstigsten Ausgang des Verfahrens verspricht.[116] Eine derartige Begünstigung des Klägers ist mit der Schaffung fakultativer internationaler Zuständigkeiten beabsichtigt; so kann etwa bei Deliktsklagen der Geschädigte zwischen den Gerichtsständen des Handlungs- und des Erfolgsorts wählen.

2. Beachtung ausländischer Rechtshängigkeit

Häufiger als negative Kompetenzkonflikte, also Fälle, in denen über- **64** haupt keine internationale Zuständigkeit eröffnet ist, ist der umgekehrte Fall, dass außer dem allgemeinen Gerichtsstand des Beklagten noch ein oder mehrere besondere Gerichtsstände in verschiedenen Staaten eröffnet sind. Wird in diesem Fall in verschiedenen Gerichtsständen geklagt, so entsteht ein *positiver Kompetenzkonflikt:* Es stellt sich die Frage, welches der angerufenen Gerichte letztlich die Entscheidung fällen soll.[117]

Fall: Ein Deutscher mit Wohnsitz in Darmstadt und seine US-amerikanische Ehefrau, die ihr Domizil in Las Vegas (Nevada) hat, wollen sich scheiden lassen. Er reicht den Scheidungsantrag am 28. 4. 1993 beim Familiengericht in Darmstadt ein. Sie hatte bereits zwei Tage zuvor beim zuständigen District Court in Nevada die Scheidungsklage erhoben. Die Klageschrift wird dem Mann am 14. 5. 1993 zugestellt. Darf das Familiengericht in Darmstadt, dessen internationale Zuständigkeit nach § 606 a I 1 Nr. 1 ZPO gegeben ist, jetzt noch über den Scheidungsantrag des Mannes entscheiden?

Bei reinen Inlandsfällen begründet § 261 III Nr. 1 ZPO den Einwand **65** der Rechtshängigkeit: Sind die Parteien und der Streitgegenstand identisch, so hat das Gericht zu entscheiden, bei dem das Verfahren zuerst rechtshängig gemacht wurde. Die später vor einem anderen Gericht erhobene Klage ist von Amts wegen als unzulässig abzuweisen.

Dieser Grundsatz lässt sich auf das Verhältnis zwischen in- und aus- **66** ländischen Verfahren übertragen:[118] Bei Rechtshängigkeit vor einem ausländischen Gericht ist die Klage vor einem deutschen Gericht unzulässig. Jedoch gilt folgende Einschränkung: Die ausländische Rechtshängigkeit ist im Inland nur dann zu beachten, wenn die spätere Anerkennung des ausländischen Urteils gemäß § 328 I ZPO nicht ausgeschlossen

---

[116] S. § 1 Rn. 48-49.; Beispiele bei *Schack*, IZVR, Rn. 223–227.
[117] Dazu *Hau*, Positive Kompetenzkonflikte im IZPR (1996).
[118] Vgl. zum Folgenden: *Schack*, IZVR, Rn. 746–765; *Linke*, IZPR, Rn. 200–204; *Geimer*, IZPR, Rn. 2685–2736, alle m. w. Nachw. Abweichend nur *Schütze*, Deutsches Internationales Zivilprozeßrecht (1985), S. 175–178.

ist;[119] anderenfalls würde der Justizgewährungsanspruch der in Deutschland klagenden Partei vereitelt. Bevor das deutsche Gericht die Klage als unzulässig abweist, muss es also eine *Anerkennungsprognose* treffen. Da der genaue Inhalt des ausländischen Urteils regelmäßig ungewiss ist, kann die Beurteilung sich nur auf die Zuständigkeit des ausländischen Gerichts (§ 328 I Nr. 1 ZPO), die ordnungsgemäße Zustellung des verfahrenseinleitenden Schriftstücks an den Beklagten (§ 328 I Nr. 2 ZPO) und die Verbürgung der Gegenseitigkeit (§ 328 I Nr. 5 ZPO) erstrecken. Eine ordre-pubic-Kontrolle (§ 328 I Nr. 4 ZPO) des Urteils setzt indes voraus, dass das Urteil ergangen ist; sie kann in diesem Stadium des Verfahrens noch nicht stattfinden.

67 Ob und wann die ausländische Rechtshängigkeit eingetreten ist, ist nach h. M. nach Maßgabe des ausländischen Prozessrechts zu bestimmen.[120] Im Beispielsfall ist folglich zu prüfen, wann nach dem Recht von Nevada die Rechtshängigkeit des dortigen Verfahrens eingetreten ist.[121]

3. Forum non conveniens

68 Nach der anglo-amerikanischen Lehre vom forum non conveniens können Gerichte trotz an sich bestehender internationaler Zuständigkeit eine Entscheidung verweigern, wenn die beabsichtigte Klage vor einem besser geeigneten ausländischen Gericht gleichfalls zulässig ist.

Besonders häufig erklären sich US-amerikanische Gerichte zum forum non conveniens, weil diese Rechtsfigur es ihnen erlaubt, die ausufernden internationalen Zuständigkeiten des US-amerikanischen Rechts zu begrenzen.[122] Das deutsche System der internationalen Zuständigkeit ist hinreichend differenziert, so dass es eines solchen Korrektivs nicht bedarf. Dieses schüfe wegen seiner Einzelfallbezogenheit Rechtsunsicherheit und gäbe den überlasteten Gerichten Gelegenheit, komplizierte Auslandsfälle abzuwehren. Daher wird eine Übernahme der Figur des „forum non conveniens" ins deutsche Recht von der h. M. zu Recht abgelehnt.[123]

---

[119] Vgl. Rn. 158–178.

[120] *BGH* 12. 2. 1992, NJW-RR 1992, 642 = IPRax 1994, 40 m. krit. Anm. *Linke,* 17–19 = IPRspr 1992 Nr. 211. Nach a. A. ist für die Beachtung der ausländischen Rechtshängigkeit entscheidend, ob dem Beklagten – wie nach §§ 261 I, 253 I ZPO – die ausländische Klageschrift zugestellt wurde; anderenfalls drohe ein „Wettlauf der Kläger". Vgl. dazu *Schack,* IZVR, Rn. 756–758; *Linke* a. a. O.

[121] Zu einem ähnlichen Fall vgl. *AG Landstuhl* 17. 2. 1994, IPRax 1995, 108 m. Anm. *Hau,* 80–82 = IPRspr 1994 Nr. 147; dazu: *Hay,* PdW, IPR, Nr. 29. Klausurbeispiele bei: *Coester-Waltjen/Mäsch,* Übungen, S. 154; *Koch/Magnus/Winkler von Mohrenfels,* IPR und Rechtsvergleichung, S. 89.

[122] *Schack,* IZVR, Rn. 495, 498; *Juenger,* Forum Non Conveniens – Who Needs it?, FS Schütze (1999), S. 317–336; „Piper Aircraft Co v. Reyno", 630 FRep 2d 149 (US Supreme Court 1981) = *Schack,* Höchstrichterliche Rechtsprechung, Nr. 39; „In re Union Carbide Corporation Gas Plant Disaster at Bhopal", 809 FRep 2d 195 (US Supreme Court 1987).

[123] *Kropholler,* IPR, S. 637–640; *Schack,* Die Versagung der deutschen internationalen Zuständigkeit wegen forum non conveniens und lis alibi pendens, RabelsZ 58 (1994), 40–57; *Linke,* IZPR, Rn. 197–199. Für eine „behutsame Anwendung" hingegen: Soergel/*Kronke,* Art. 38 Anh. IV Rn. 26 m. w. Nachw.

4. Zuständigkeitsfortdauer (perpetuatio fori)

Fall: Der südafrikanische Beklagte einer Kaufpreisforderung verlegt seinen Wohnsitz **69**
nach ordnungsgemäßer Zustellung der Klageschrift von Frankfurt/Main nach San
Francisco. Muss der Kläger ihn jetzt in San Francisco noch einmal verklagen? Was,
wenn der Beklagte sich daraufhin nach Mexiko absetzt?

§ 261 III Nr. 2 ZPO bestimmt, dass eine Veränderung der zuständig- **70**
keitsbegründenden Tatsachen nach Eintritt der Rechtshängigkeit eine
einmal begründete Zuständigkeit im internen deutschen Recht nicht
entfallen lässt *(perpetuatio fori)*. Sinn der Regelung ist es, doppelte Arbeit der Gerichte zu vermeiden und den Kläger davor zu schützen, dass
der Beklagte sich der eingetretenen Gerichtspflicht entzieht. Das
Schutzbedürfnis des Klägers ist bei einem Wohnsitzwechsel des Beklagten in das Ausland noch bedeutend größer als im Inland. Die h. M. wendet § 261 III Nr. 2 ZPO daher entsprechend auch auf die internationale
Zuständigkeit an.[124]

Im Ausgangsfall besteht die internationale Zuständigkeit deutscher Gerichte fort, das
Verfahren in Deutschland wird also fortgesetzt.

Eine Ausnahme von diesem Grundsatz wird bei Entscheidungen über die elterliche **71**
Sorge gemacht, selbst wenn es sich hierbei um eine Scheidungsfolgesache i. S. d. § 623
I 1 ZPO handelt: Dem Kindeswohl kann im Einzelfall durch eine Entscheidung des
Gerichts am Aufenthaltsort des Kindes besser Rechnung getragen werden.[125]

IV. Gerichtsstandsvereinbarungen

In internationalen Schuldverträgen, aber auch in Satzungen juristischer **72**
Personen, wird häufig ein Gerichtsstand vereinbart *(Gerichtsstandsklausel)*. Die internationale Zuständigkeit kann also, ebenso wie die örtliche, statt durch Gesetz auch durch die Parteien bestimmt werden. Eine
solche Gerichtsstandsvereinbarung kann zwei verschiedene Aspekte
aufweisen: Eine gesetzlich nicht gegebene Zuständigkeit kann begründet werden *(Prorogation)* und ein nach dem Gesetz begründeter
Gerichtsstand kann ausgeschlossen werden *(Derogation)*. Eine Gerichtsstandsvereinbarung, die einseitig nur eine Partei an einen ausschließlichen Gerichtsstand bindet, der anderen aber die freie Wahl zwischen
mehreren Gerichtsständen lässt, wird als grundsätzlich zulässig angesehen.[126]

---

[124] *BGH* 24. 4. 1996, NJW 1996, 2096 = IPRspr 1996 Nr. 115 b: Die auf eine inländische Forderung gestützte internationale Zuständigkeit (§ 23 ZPO) entfällt nicht
dadurch, dass der Beklagte die Forderung einzieht; *Geimer,* IZPR, Rn. 1832–1836;
differenzierend: *Kropholler,* Hdb. IZVR I, Rn. 228–234.

[125] *Schack,* IZVR, Rn. 394 m. w. Nachw.

[126] *BGH* 29. 2. 1968, BGHZ 49, 384 = IPRspr 1968/69 Nr. 199; *Linke,* IZPR, Rn. 181:
„hinkende Gerichtsstandsvereinbarung".

Im autonomen deutschen Recht ist die Gerichtsstandsvereinbarung in den §§ 38–40 ZPO geregelt, wobei § 38 II ZPO zeigt, dass der Gesetzgeber diese gerade auch im Hinblick auf Sachverhalte mit Auslandsberührung zugelassen hat.

1. Rechtsnatur

73 Die Gerichtsstandsvereinbarung wird nach h. M. als ein materiellrechtlicher Vertrag über prozessrechtliche Beziehungen qualifiziert.[127] Die lex fori bestimmt danach über die Zulässigkeit der Vereinbarung sowie über deren prozessrechtliche Wirkungen, während das Zustandekommen der Vereinbarung (Konsens) nach der lex causae beurteilt wird.[128] Dies gilt nach h. M. indes nicht für die Form, da § 38 II 2, III ZPO besondere prozessuale Formerfordernisse aufstellt; ihr Schutzzweck soll nicht durch die Formerleichterung des Art. 11 EGBGB vereitelt werden.[129]

2. Zustandekommen

74 **Fall:** V, ein Maschinenhersteller mit Sitz in Bielefeld, steht seit mehreren Jahren in Geschäftsverbindung mit K, einer brasilianischen Importfirma. Nachdem 40 Lieferungen zur beiderseitigen Zufriedenheit abgewickelt wurden, tauchen Schwierigkeiten auf. K beanstandet die letzte Lieferung; V hält die Rügen für unberechtigt und verlangt Zahlung des Kaufpreises von 30 000 €. Schließlich klagt V vor dem LG Bielefeld. Er trägt vor, die Zuständigkeit dieses Gerichts ergebe sich aus einer Gerichtsstandsklausel, die in seinen AGB enthalten sei. Diese AGB seien – wie üblich – auf der Rückseite der dem K zugesandten Auftragsbestätigung abgedruckt gewesen. K rügt die Unzuständigkeit des LG Bielefeld. Er trägt vor, die Gerichtsstandsklausel sei nicht mit ihm vereinbart worden. Nach welchem Recht beurteilt sich das Zustandekommen der Gerichtsstandsvereinbarung?

75 Nach heute ganz h. M.[130] richtet sich das Zustandekommen der Gerichtsstandsvereinbarung nach dem auf die Gerichtsstandsvereinbarung anwendbaren materiellen Recht (lex causae). Dieses ist in entsprechender Anwendung der Art. 27–37 EGBGB zu ermitteln.[131] Hierzu werden zwei Auffassungen vertreten:

---

[127] Grundlegend *BGH* 29. 2. 1968, BGHZ 49, 384 = IPRspr 1968/69 Nr. 199; ebenso etwa *BGH* 18. 3. 1997, NJW 1997, 2885 = IPRax 1998, 470 m. Anm. *Gottwald/ Baumann*, 445–447 = IPRspr 1997 Nr. 142. Näher dazu *Gottwald*, Internationale Gerichtsstandsvereinbarungen, FS Henckel (1995), S. 295–309.

[128] *Kropholler*, Hdb. IZVR I, Rn. 477, 480, 482–486.

[129] *Schack*, IZVR, Rn. 437; *Kropholler*, Hdb. IZVR I, Rn. 480.

[130] *BGH* 29. 2. 1968, BGHZ 49, 384 = IPRspr 1968/69 Nr. 199; *BGH* 17. 5. 1972, BGHZ 59, 23 (26 f.) = NJW 1972, 1622 m. Anm. *Geimer* = IPRspr 1972 Nr. 140; *Kropholler*, Hdb. IZVR I, Rn. 482 m. w. Nachw.; a. A.: *Wolf/Horn/Lindacher*, AGBG, 4. Aufl. (1999), Anh. § 2 AGBG Rn. 117.

[131] Soergel/*von Hoffmann*, Art. 37 Rn. 8; *Schack*, IZVR, Rn. 444. Eine unmittelbare Anwendung scheitert an Art. 1 II lit. d EVÜ, der Gerichtsstandsvereinbarungen

Ausgehend vom Grundsatz, dass Nebensächliches dem Hauptsäch- **76** lichen folgt (Akzessorietät), beurteilen der BGH[132] und das überwiegende Schrifttum[133] das Zustandekommen einer im Zusammenhang mit einer vertraglichen Beziehung getroffenen Gerichtsstandsvereinbarung nach dem für den *Hauptvertrag* maßgeblichen Recht. Hiernach richtet sich das Zustandekommen der Gerichtsstandsvereinbarung im Ausgangsfall (Rn. 74) nach dem für den Kaufvertrag maßgeblichen Recht. Da V als Verkäufer die vertragscharakteristische Leistung erbringt, beurteilt sich dieser gemäß Art. 28 II EGBGB nach deutschem Recht.

Die Anknüpfung der Gerichtsstandsvereinbarung an das Statut des **77** Hauptvertrages ist jedoch nicht zwingend. Austauschvertrag und Gerichtsstandsvereinbarung verfolgen unterschiedliche Zwecke, stehen in keinem notwendigen Zusammenhang und können deshalb durchaus unterschiedlichen Rechtsordnungen unterliegen. Ein Teil des Schrifttums[134] möchte daher das für das Zustandekommen der Gerichtsstandsvereinbarung maßgebliche Recht – mangels vertragscharakteristischer Leistung – durch eine *selbständige Schwerpunktbestimmung* entsprechend Art. 28 I EGBGB ermitteln. Dieser Schwerpunkt wird regelmäßig beim prorogierten Gericht liegen, so dass dessen lex fori maßgeblich ist. Auch nach dieser Ansicht wäre im obigen Beispiel deutsches Recht anwendbar.

Variante:[135] V und K schließen einen Vertriebsvertrag, in dem die Bedingungen für die **78** zukünftige Geschäftsbeziehung festgelegt werden. Er enthält eine Rechtswahl zugunsten des deutschen Rechts, aber keine Gerichtsstandsklausel. Erfüllungsort der vertraglichen Verpflichtungen soll Bielefeld sein. In seiner Bestellung schreibt K: „Ausschließlicher Gerichtsstand für alle aus dem Vertrag herrührenden Streitigkeiten ist Brasilia." V klagt gegen K vor dem LG Bielefeld; K wendet ein, das LG Bielefeld sei unzuständig, da als ausschließlicher Gerichtsstand Brasilia vereinbart worden sei. Nach welchem Recht richtet sich das Zustandekommen der Gerichtsstandsvereinbarung?

Hier führt die akzessorische Anknüpfung an den Hauptvertrag zur Anwendbarkeit des deutschen, die selbständige Schwerpunktbestimmung zur Maßgeblichkeit des brasilianischen Rechts.

Für eine akzessorische Anknüpfung spricht, dass das Verhalten der Par- **79** teien hinsichtlich des Zustandekommens von Hauptvertrag und Gerichtsstandsvereinbarung einem einheitlichen Recht unterstellt wird, was die Verhaltensorientierung erleichtert. Zudem wird der Gerichtsstand häufig im Hinblick auf den Hauptvertrag vereinbart.[136] – Andererseits wollen die Parteien an der Gerichtsstandsvereinbarung in der Regel auch

---

vom sachlichen Anwendungsbereich des EVÜ ausnimmt und der, obgleich er nicht in Art. 37 EGBGB übernommen wurde, wegen Art. 36 EGBGB für die Auslegung der Art. 27–37 EGBGB heranzuziehen ist. Eine analoge Anwendung auf nicht vereinheitlichte Materien bleibt indes unbenommen.

[132] *BGH* 29. 2. 1968, BGHZ 49, 384 = IPRspr 1968/69 Nr. 199.

[133] *Kropholler*, Hdb. IZVR I, Rn. 482 (m. w. Nachw. in Fn. 1103).

[134] Vgl. Nachw. bei *Kropholler*, Hdb. IZVR I, Rn. 482 (Fn. 1103).

[135] Zum Ausgangsfall Rn. 74.

[136] *Kropholler*, Hdb. IZVR I, Rn. 482.

für den Fall festhalten, dass der Hauptvertrag wegen fehlender Einigung
oder sonstiger Willensmängel nichtig ist. Der Schwerpunkt der prozessualen Beziehungen liegt beim prorogierten Gericht; dieses kann im
Übrigen seine Zuständigkeit schneller feststellen, wenn es über das Zustandekommen der Gerichtsstandsvereinbarung nach der lex fori entscheidet. Eine selbständige Anknüpfung entspricht damit besser den
typischen Parteiinteressen.

3. Wirksamkeitsvoraussetzungen

80 Alle übrigen für die Gerichtsstandsvereinbarung wesentlichen Rechtsfragen, also Zulässigkeit, Form[137] und prozessuale Wirkungen, sind nach
der lex fori zu beantworten.[138] Als Fragen der Zulässigkeit werden dabei
auch die Missbrauchskontrolle und die Frage, ob die Nichtigkeit des
Hauptvertrages die Wirksamkeit der Gerichtsstandsvereinbarung berührt, eingeordnet.[139]

81 Bei der Überprüfung der Wirksamkeitsvoraussetzungen ist allerdings
zwischen der Pro- und der Derogationswirkung einer Gerichtsstandsvereinbarung zu unterscheiden. Hierbei entnehmen das prorogierte wie
das derogierte Gericht die Maßstäbe jeweils ihrer eigenen lex fori.

a) Prorogation

82 Inwieweit eine Prorogation zulässig ist und welche Wirkungen sie hat,
ist nach der lex fori des prorogierten Gerichts zu beurteilen.[140] Die Prorogation an ein deutsches Gericht beurteilt sich folglich nach §§ 38, 40
ZPO. Ob das Recht des abgewählten Gerichts die Prorogation gestattet
oder ob dort eine spätere Anerkennung des Urteils des prorogierten
Gerichts möglich ist, ist auf die Wirksamkeit der Prorogation ohne Einfluss.[141] Ein Inlandsbezug ist nach h.M. gleichfalls keine Voraussetzung
für eine wirksame Prorogation; vielmehr können die Parteien gerade ein
Interesse an der Vereinbarung eines „neutralen" Forums haben.[142]

83 Umstritten ist, ob § 38 II ZPO gegenüber § 38 I ZPO lex specialis ist, ob
also Kaufleute die internationale Zuständigkeit – anders als die örtliche –
nicht formlos vereinbaren können.[143] Für die Zulässigkeit einer formlo-
sen Vereinbarung der internationalen Zuständigkeit spricht, dass das
Formerfordernis des § 38 II ZPO international unüblich ist (vgl. Art. 23
Brüssel I-VO).

---

[137] S. Rn. 73.
[138] Ganz h.M.: *Kropholler*, Hdb. IZVR I, Rn. 477; *Linke*, IZPR, Rn. 185.
[139] *Kropholler*, Hdb. IZVR I, Rn. 480 m. w. Nachw.
[140] *Geimer*, IZPR, Rn. 1677, 1741–1744.
[141] *Schack*, IZVR, Rn. 436; *Geimer*, IZPR, Rn. 1749 f.
[142] *Geimer*, IZPR, Rn. 1745–1748.
[143] Zum Streitstand *Wolf/Horn/Lindacher*, AGBG, 4. Aufl. (1999), Anh. § 2 AGBG
Rn. 119 f.

Weitere inhaltliche Erfordernisse für die Zulässigkeit einer Prorogation **84**
stellt § 40 ZPO auf: Gemäß § 40 I ZPO muss sich die Vereinbarung auf
ein konkretes Rechtsverhältnis beziehen. Nach § 40 II 1 Nr. 1 ZPO ist
eine Prorogation ausgeschlossen in Bezug auf nichtvermögensrechtliche
Ansprüche, die den Amtsgerichten ohne Rücksicht auf den Streitwert
zugewiesen sind; dies betrifft vor allem Ehe- und sonstige Statussachen
(vgl. § 23 a GVG). Ferner darf gemäß § 40 II 1 Nr. 2 ZPO keine ausschließliche internationale Zuständigkeit eines ausländischen Gerichts
der Prorogation entgegenstehen. Ob eine ausschließliche ausländische
Zuständigkeit besteht, ist aus deutscher Sicht, d. h. anhand der von der
ZPO aufgestellten Beurteilungsregeln, zu ermitteln. Über eine nur nach
ausländischem Recht in Anspruch genommene ausschließliche internationale Zuständigkeit kann man sich daher durch Prorogation an ein
deutsches Gericht hinwegsetzen.[144]

Ergibt sich aus §§ 38, 40 ZPO die Unwirksamkeit der Prorogation, so **85**
ist in der Regel die gesamte Gerichtsstandsvereinbarung hinfällig, also
auch die Derogation.[145]

b) Derogation

Die Prorogation erweitert die internationale Zuständigkeit inländischer **86**
Gerichte und stellt den Parteien ein zusätzliches Forum zur Verfügung.
Demgegenüber hat eine Derogation zur Folge, dass im Inland nicht geklagt werden kann. Falls das ausländische Urteil später im Inland nicht
anerkannt wird, besteht die Gefahr, dass die Parteien ihre titulierten Ansprüche nicht durchsetzen können und das ausländische Urteil deshalb
für sie wertlos ist. Dennoch ist die Derogation grundsätzlich zulässig,
soweit die Parteien über den Streitgegenstand verfügen können (Ausfluss der Dispositionsmaxime; arg. § 40 II 1 Nr. 1 ZPO).[146] Familien-
und statusrechtliche Streitigkeiten sind damit von einer Derogation ausgenommen.

Über Zulässigkeit, Form und Wirkungen der Derogation entscheidet die **87**
lex fori des abbedungenen Gerichts.[147] Ein Auslandsbezug des Sachverhalts ist nicht erforderlich.[148] Soweit die mit der Derogation verbundene
Prorogation ins Leere geht und keine anderweitige internationale Zuständigkeit begründet ist, widerspricht dies in der Regel dem Willen der
Parteien. Nach wohl h. M. soll das Bestehen eines anderen Gerichtsstandes deshalb stillschweigende Voraussetzung der Derogation sein.[149] Andere wollen den Parteien hier durch ein Anfechtungsrecht oder die Leh-

---

[144] *Schack,* IZVR, Rn. 441, 436; *Geimer,* IZPR, Rn. 1750.
[145] *Schack,* IZVR, Rn. 448; *Geimer,* IZPR, Rn. 1764.
[146] *Geimer,* IZPR, Rn. 1765 f. m. w. Nachw.
[147] *Geimer,* IZPR, Rn. 1677 m. w. Nachw.
[148] *Geimer,* IZPR, Rn. 1760–1761 a.
[149] *Geimer,* IZPR, Rn. 1766 m. w. Nachw.

re vom Wegfall der Geschäftsgrundlage helfen.[150] Anders stellt sich die Interessenlage dar, wenn das ausländische Urteil nirgends vollstreckt werden kann (str.): Ist nur in Deutschland vollstreckbares Beklagtenvermögen vorhanden und kommt die spätere Anerkennung eines im vereinbarten Forum zu erwirkenden Urteils – etwa mangels Verbürgung der Gegenseitigkeit (§ 328 I Nr. 5 ZPO) – im Inland nicht in Betracht, so ist das Vertrauen des Beklagten darauf, dass er vor dem derogierten Gericht nicht in einen Prozess verwickelt werden kann, höher zu bewerten als das Interesse des Klägers an der Vollstreckbarkeit des Urteils.[151]

88 **Fall:**[152] Der Nürnberger Hotelier H klagt vor dem LG Nürnberg auf Erfüllung des mit der Beklagten, dem russischen Reisebüro R, abgeschlossenen Hotelaufnahmevertrags. Die R hat keinen allgemeinen Gerichtsstand in Deutschland. In den dem Hotelaufnahmevertrag zugrundeliegenden AGB der R bestimmt eine Klausel: „Für sämtliche Streitigkeiten aus diesem Vertrag wurde das sachlich zuständige Gericht in Moskau vereinbart." Muss H die R deshalb in Moskau verklagen oder sind deutsche Gerichte international zuständig?

89 Im deutschen Recht ist die Derogation nicht ausdrücklich geregelt; ihre Voraussetzungen ergeben sich aber aus einer analogen Anwendung der §§ 38, 40 ZPO.[153] Fraglich ist häufig der Umfang der Derogation, der durch Auslegung zu ermitteln ist. So ist z.B. umstritten, ob die Vereinbarung eines einseitigen ausschließlichen Gerichtsstandes gleichzeitig einen Verzicht der betreffenden Partei auf die Erhebung der Widerklage gemäß § 33 ZPO enthält, falls sie selbst in einem anderen Forum verklagt werden sollte.[154]

Im Ausgangsfall bedeutet die Prorogation an das Gericht in Moskau zugleich, dass der Gerichtsstand des Erfüllungsortes (§ 29 I ZPO), der für den streitigen Hotelaufnahmevertrag in Nürnberg lag, abbedungen wurde. Die Wirksamkeit der Derogation des LG Nürnberg ist nach deutschem Recht, also gemäß §§ 38, 40 ZPO zu beurteilen. Danach genügt die AGB-Klausel nicht dem Schriftformerfordernis des § 38 II ZPO[155], so dass die Zuständigkeit des LG Nürnberg nicht wirksam ausgeschlossen worden war. H kann die R daher in Nürnberg verklagen.

---

[150] *Schütze*, Bedeutung der im Forum Prorogatum ergehenden Entscheidung für die Wirksamkeit einer ausschließlichen internationalen Gerichtsstandsvereinbarung, IPRax 1984, 246–248 (248), *Kropholler*, Hdb. IZVR I, Rn. 563, jeweils m.w. Nachw.

[151] *OLG Koblenz* 26. 5. 1983, NJW 1984, 2037 = IPRax 1984, 267 m. Anm. *Schütze*, 246–248 = IPRspr 1983 Nr. 136; *Linke*, IZPR, Rn. 187; *Schack*, IZVR, Rn. 449. Krit. etwa: *Gottwald/Baumann*, Zur Derogation der deutschen internationalen Zuständigkeit, IPRax 1998, 445–447 (445 f.).

[152] Vgl. *OLG Nürnberg* 28. 11. 1984, NJW 1985, 1296 = *Schack*, Höchstrichterliche Rechtsprechung, Nr. 36 = IPRspr 1984 Nr. 150.

[153] *BGH* 12. 3. 1984, IPRax 1985, 216 m. Anm. *Roth*, 198–200 = IPRspr 1984 Nr. 135; *Schack*, IZVR, Rn. 450; s. dazu Rn. 82–85.

[154] *BGH* 5. 7. 1972, BGHZ 59, 116 = NJW 1972, 2179 mit Anm. *Speckmann*, NJW 1974, 341–344 = IPRspr 1972 Nr. 160; *Schack*, IZVR, Rn. 461; *Geimer*, IZPR, Rn. 1776.

[155] Zur umstrittenen Anwendbarkeit des § 38 II ZPO auf Kaufleute oben Rn. 83.

V. Gerichtsstand kraft rügeloser Einlassung (§ 39 ZPO)

Die internationale Zuständigkeit kann statt durch ausdrückliche Verein-   90–91
barung auch durch rügelose Einlassung zur Hauptsache gemäß § 39
ZPO begründet werden.[156] Die Würdigung des Prozessverhaltens der
Parteien im Sinne einer konkludenten Gerichtsstandsvereinbarung unterliegt der lex fori des Gerichts, vor dem verhandelt wird.[157] Voraussetzungen für das Eingreifen des § 39 ZPO sind das Vorliegen einer der
Gerichtsstandsvereinbarung zugänglichen vermögensrechtlichen Streitigkeit i. S. d. § 40 II 1 Nr. 1 ZPO und das Nichtvorliegen einer vom
deutschen Recht anerkannten fremden ausschließlichen Zuständigkeit
i. S. d. § 40 II 1 Nr. 2 ZPO.

VI. Folgen fehlender internationaler Zuständigkeit

Die internationale Zuständigkeit ist, wie die örtliche, Sachurteilsvoraus-   92
setzung: Fehlt sie, so ist die Klage durch Prozessurteil abzuweisen.

Soweit ein ausländisches Gericht ein Urteil erlässt, für das aus deutscher   93
Sicht die internationale Zuständigkeit nicht bestanden hat, wird diesem
gemäß § 328 I Nr. 1 ZPO in Deutschland die Anerkennung versagt.
Deutsche Entscheidungen, die ohne die erforderliche internationale Zuständigkeit ergangen sind, sind hingegen ebenso wie solche, die ohne
örtliche Zuständigkeit ergangen sind, wirksam.[158]

Während die örtliche Zuständigkeit gem. §§ 513 II, 545 II ZPO nicht
mehr Gegenstand der Berufung bzw. Revision ist, unterliegt die internationale Zuständigkeit auch nach dem Inkrafttreten des Gesetzes zur Reform des Zivilprozesses vom 27. 7. 2001[159] weiterhin der Überprüfung
durch die Berufungs- bzw. Revisionsinstanz.[160]

C. Durchführung des Verfahrens

Die Durchführung des Verfahrens vor inländischen Gerichten richtet   94
sich nach der lex fori.[161] Jedoch gelten einige Besonderheiten, wenn
fremdes Sachrecht anzuwenden oder wenn einer der Verfahrensbeteiligten Ausländer ist.

---

[156] Dazu etwa *Linke*, IZPR, Rn. 193–195.
[157] *Geimer*, IZPR, Rn. 1397 f.
[158] *Kegel/Schurig*, IPR, S. 1052 f.
[159] BGBl. 2001 I S. 1887.
[160] *BGH* 28. 11. 2002, BGHZ 153, 82 = NJW 2003, 426 = JR 2004, 26 m. Anm. *Ker-*
wer, 29–31; *BGH* 16. 12. 2003, BGHZ 157, 224 = WM 2004, 376 = NJW 2004,
1456; vgl. auch *A. Staudinger*, IPRax 2002, 298–300.
[161] S. dazu Rn. 5–12.

I. Rechtsquellen

1. Völkerrechtliche Abkommen

a) Multilaterale Abkommen

95 aa) Ermittlung und Beweis ausländischen Rechts

- Londoner Europäisches Übereinkommen betreffend Auskünfte über ausländisches Recht vom 7. 6. 1968[162]

96 bb) Rechtshilfe

- Haager Übereinkommen über den Zivilprozeß vom 1. 3. 1954 (HZPÜ)[163]
- Haager Übereinkommen über die Zustellung gerichtlicher und außergerichtlicher Schriftstücke im Ausland in Zivil- oder Handelssachen vom 15. 11. 1965 (HZÜ)[164]
- Haager Übereinkommen über die Beweisaufnahme im Ausland in Zivil- und Handelssachen vom 18. 3. 1970 (HBÜ)[165]
Besondere Rechtshilfeabkommen regeln Unterhalts- und Sorgerechtssachen.[166]

97 cc) Rechtsschutz

- Genfer UN-Übereinkommen über die Rechtsstellung der Flüchtlinge vom 28. 7. 1951[167]
- New Yorker UN-Übereinkommen über die Rechtsstellung der Staatenlosen vom 28. 9. 1954[168]
- Pariser Europäisches Niederlassungsabkommen vom 13. 12. 1955[169]

98 b) Bilaterale Abkommen

Bezüglich der Durchführung des Verfahrens ist in bilateralen völkerrechtlichen Verträgen lediglich der Aspekt der Rechtshilfe geregelt worden:

---

[162] BGBl. 1974 II S. 938 = *Jayme/Hausmann*, Nr. 200; in Kraft seit dem 19. 3. 1975. Deutsches Ausführungsgesetz v. 5. 7. 1974 (BGBl. 1974 I S. 1433) = *Jayme/Hausmann*, Nr. 200 a.
[163] BGBl. 1958 II S. 577 = *Jayme/Hausmann*, Nr. 210; in Kraft seit dem 1. 1. 1960. Deutsches Ausführungsgesetz v. 18. 12. 1958 (BGBl. 1958 I S. 939) = *Jayme/Hausmann*, Nr. 210 a.
[164] BGBl. 1977 II S. 1453 = *Jayme/Hausmann*, Nr. 211; in Kraft seit dem 26. 6. 1979. Deutsches Ausführungsgesetz v. 22. 12. 1977 (BGBl. 1977 I S. 3105) = *Jayme/Hausmann*, Nr. 212 a.
[165] BGBl. 1977 II S. 1472 = *Jayme/Hausmann*, Nr. 212; in Kraft seit dem 26. 6. 1979. Deutsches Ausführungsgesetz v. 22. 12. 1977, BGBl. 1977 I S. 3105 = *Jayme/Hausmann*, Nr. 212 a.
[166] Dazu näher § 8 Rn. 94–94 a, 111–121.
[167] BGBl. 1953 II S. 560 = *Jayme/Hausmann*, Nr. 213; in Kraft seit dem 22. 4. 1954.
[168] BGBl. 1976 II S. 474 = *Jayme/Hausmann*, Nr. 214; in Kraft seit dem 24. 1. 1977.
[169] BGBl. 1959 II S. 998 = *Jayme/Hausmann*, Nr. 215; in Kraft seit dem 23. 2. 1965.

– Deutsch-französische (Zusatz-)Vereinbarung vom 6. 5. 1961 zur weiteren Vereinfachung des Rechtsverkehrs nach dem Haager Übereinkommen vom 1. 3. 1954 über den Zivilprozeß[170]
– Deutsch-britisches Abkommen über den Rechtsverkehr vom 20. 3. 1928[171]
– Freundschafts-, Handels- und Schiffahrtsvertrag zwischen der Bundesrepublik Deutschland und den Vereinigten Staaten von Amerika vom 29. 10. 1954[172]
– Vertrag zwischen der Bundesrepublik Deutschland und dem Königreich Marokko über die Rechtshilfe und Rechtsauskunft in Zivil- und Handelssachen vom 29. 10. 1985[173]

2. Europarecht

Von praktisch großer Bedeutung sind die Rechtshilfeverordnungen des 99
Europäischen Gemeinschaftsrechts:

– Verordnung über die Zustellung gerichtlicher und außergerichtlicher Schriftstücke in Zivil- und Handelssachen in den Mitgliedstaaten vom 29. 5. 2000[174]
– Verordnung über die Zusammenarbeit der Gerichte der Mitgliedstaaten auf dem Gebiet der Beweisaufnahme in Zivil- und Handelssachen vom 28. 5. 2001[175]

3. Autonomes Recht

Innerstaatliche Regelungen zur Durchführung eines Zivilverfahrens mit Auslandsbe- 100
zug finden sich in der Zivilprozessordnung sowie im Gerichtsverfassungsgesetz:
– §§ 293, 545 I, 560 ZPO (Ermittlung und Beweis ausländischen Rechts)
– §§ 50–55 ZPO (Partei- und Prozessfähigkeit von Ausländern)
– §§ 110–113 ZPO (Prozesskostensicherheit)
– §§ 363, 364 I, 364 II, 369, 1072–1075 ZPO (Beweisaufnahme)
– §§ 183, 1067–1071 ZPO (Zustellung)
– § 119 I Nr. 1 lit. a, b GVG (Zuständigkeitskonzentration in der Rechtsmittelinstanz)

II. Ausländer als Verfahrensbeteiligte

Literatur: *Furtak,* Die Parteifähigkeit in Zivilverfahren mit Auslandsberührung (1995).

---

[170] BGBl. 1961 II S. 1041 = *Jayme/Hausmann,* Nr. 227; in Kraft seit dem 1. 7. 1961. Nachw. zu weiteren Zusatzvereinbarungen Deutschlands zum HZPÜ bei: *Jayme/ Hausmann,* vor Nr. 227 (Fn. 1).
[171] RGBl. 1928 II S. 623 = *Jayme/Hausmann,* Nr. 228; in Kraft seit dem 16. 3. 1929; wieder anwendbar seit dem 1. 1. 1953.
[172] BGBl. 1956 II S. 488 = *Jayme/Hausmann,* Nr. 229; in Kraft seit dem 14. 7. 1956. Nachw. zu weiteren bilateralen Freundschafts- und Niederlassungsabkommen bei: *Jayme/Hausmann,* Nr. 229 (Fn. 2).
[173] BGBl. 1988 II S. 1055 = *Jayme/Hausmann,* Nr. 230; in Kraft seit dem 23. 6. 1994.
[174] ABl. EG 2000 Nr. L 160/37 = *Jayme/Hausmann,* Nr. 224; in Kraft seit dem 31. 5. 2001.
[175] ABl. EG 2001 Nr. L 174/1 = *Jayme/Hausmann,* Nr. 225; in Kraft seit dem 1. 7. 2001.

1. Zugang von Ausländern zu inländischen Gerichten

101 Heute gilt es, anders als früher,[176] als selbstverständlich, Ausländern in gleichem Umfang wie Inländern Rechtsschutz vor inländischen Gerichten zu gewähren. Der freie und ungehinderte Zugang zu den Gerichten ist ein Menschenrecht, das in zahlreichen völkerrechtlichen Verträgen, wie z. B. Art. 6 I der Europäischen Menschenrechtskonvention (EMRK)[177], garantiert wird und über Art. 25 GG Bestandteil der deutschen Rechtsordnung ist.[178] Das Recht auf freien und ungehinderten Zugang zu den Gerichten erfordert jedoch keine vollkommene verfahrensrechtliche Gleichstellung deutscher und ausländischer Verfahrensbeteiligter.

2. Ausländer als Partei

a) Partei- und Prozessfähigkeit

102 *aa) Parteifähigkeit (§ 50 ZPO).* Die Parteifähigkeit einer natürlichen oder juristischen Person ist Sachurteilsvoraussetzung. Das deutsche Prozessrecht stellt in § 50 I ZPO für die Parteifähigkeit auf die bürgerlich-rechtliche Rechtsfähigkeit ab. Zu unterscheiden ist zwischen natürlichen und juristischen Personen.

103 *(1) Natürliche Personen.* Ordnet man die Rechtsfähigkeit als eine materiellrechtliche Vorfrage[179] ein, so ist sie gemäß Art. 7 EGBGB nach dem Personalstatut, also dem Heimatrecht der ausländischen Partei zu beurteilen. Umstritten ist jedoch, ob man aus der nach dem Heimatrecht bestehenden Rechtsfähigkeit unmittelbar auf die Parteifähigkeit i. S. d. § 50 I ZPO schließen kann, unabhängig davon, wie das Heimatrecht selbst die Parteifähigkeit beurteilt.[180] Die heute h. M. entnimmt § 50 ZPO eine eigene, Art. 7 I EGBGB entsprechende Kollisionsnorm und bestimmt die Parteifähigkeit nach den diesbezüglichen Regeln des Heimatrechts.[181] Dafür spricht neben der Parallelregelung in der prozessualen Kollisionsnorm des § 55 ZPO, dass die Beachtung der ausländischen Parteifähigkeit den internationalen Entscheidungseinklang und damit auch die Anerkennung und Vollstreckung des Urteils im Heimatstaat fördert.[182] Bei natürlichen Personen fallen Partei- und Rechtsfähigkeit in der Regel zusammen, so dass der Meinungsstreit hier keine Auswirkung auf das Ergebnis hat.

104 *(2) Juristische Personen.*[183] Praktisch bedeutsam ist der Meinungsstreit bei juristischen Personen, weil hier – wie auch § 50 II ZPO zeigt – Partei- und Rechtsfähigkeit ausei-

---

[176] S. § 2 Rn. 1–8.

[177] Konvention v. 4. 11. 1950 (BGBl. 1952 II S. 688); mit Änderungen in Kraft seit dem 15. 12. 1953 (BGBl. 1954 II S. 14).

[178] *BVerfG* 20. 4. 1982, BVerfGE 60, 253 (304) = NJW 1982, 2425.

[179] Zum Begriff s. § 6 Rn. 56–59.

[180] So die wohl früher h. M., vgl. *Riezler,* IZPR, S. 414.

[181] *BGH* 17. 10. 1968, BGHZ 51, 27 (28) = IPRspr 1968/69 Nr. 211; *Nagel/ Gottwald,* IZPR, § 4 Rn. 14.

[182] *Schack,* IZVR, Rn. 530-534.

[183] Zur Ermittlung des Heimatrechts juristischer Personen vgl. § 7 Rn. 22–27.

nanderfallen können. Bei ausländischen Personenvereinigungen, die nach ihrem Heimatrecht zwar partei-, aber nicht rechtsfähig sind, zeigen sich die Vorteile einer direkt auf die Parteifähigkeit nach Heimatrecht abstellenden Lösung. Soweit die ausländische Personenvereinigung nach ihrem Heimatrecht zwar rechts-, aber nicht parteifähig ist, sind zwei Situationen zu unterscheiden: Bei fehlender *passiver Parteifähigkeit* schützt die Rechtsprechung den redlichen Rechtsverkehr, indem sie die Parteifähigkeit alternativ gemäß §§ 50 II, 55 ZPO analog nach der lex fori beurteilt.[184] Soweit die *aktive Parteifähigkeit* fehlt, lässt sich das Rechtsschutzinteresse des ausländischen Klägers dadurch wahren, dass für die Personenvereinigung ein Pfleger (gemäß §§ 1913 bzw. 1911 BGB) bestellt wird.[185] Angesichts dieser ergänzenden Regeln spricht sich eine im Vordringen befindliche Ansicht im Interesse eines effektiven Rechtsschutzes (Justizgewährungsanspruch) für eine alternative Anknüpfung an Rechts- oder Parteifähigkeit nach dem Heimatrecht aus.[186] – Zur Parteifähigkeit im EU-Ausland gegründeter Gesellschaften mit tatsächlichem Sitz im Inland s. § 7 Rn. 32.

bb) Prozessfähigkeit (§ 55 ZPO). § 52 ZPO macht die Prozessfähigkeit   105
von der Geschäftsfähigkeit abhängig. Für die Beurteilung der Prozessfähigkeit von Ausländern enthält § 55 ZPO eine eigene prozessuale Kollisionsnorm. Die Prozessfähigkeit wird nach dem Heimatrecht beurteilt: Ein Ausländer ist also im Inland prozessfähig, wenn er es nach seinem Heimatrecht ist. Fehlt die Prozessfähigkeit des Ausländers zwar nach seinem Heimatrecht, so gilt er in Deutschland gleichwohl als prozessfähig, soweit er dies nach den deutschen Vorschriften wäre. Diese alternative Anknüpfung fördert die prozessuale Stellung des Ausländers auf Kosten des internationalen Entscheidungseinklangs.

cc) Prozessvollmacht (§§ 80–89 ZPO). Die Prozessvollmacht ist in den   106
§§ 80–89 ZPO selbständig und teilweise abweichend von den §§ 164–181 BGB geregelt. Wegen ihrer in erster Linie auf den Prozess gerichteten Wirkungen ordnet die h. M. sie als Prozesshandlung ein; Erteilung und Umfang unterliegen also der lex fori.[187] Indes führt eine materiellrechtliche Qualifikation der Prozessvollmacht zum gleichen Ergebnis: Anwendbar ist danach das Recht des Gebrauchsortes, also des Landes, in dem der Prozess stattfindet.[188]

b) Prozesskostensicherheit (§§ 110–113 ZPO)

Bestimmte ausländische Kläger haben gemäß § 110 I ZPO auf Verlangen   107
des Beklagten für die Prozesskosten Sicherheit zu leisten *(cautio iudicatum solvi)*, z.B. durch Beibringung einer Bankbürgschaft. Leistet der Kläger die verlangte Sicherheit nicht, so muss das Gericht gemäß § 113 S. 2 ZPO die Klage auf Antrag des Beklagten für zurückgenommen er-

---

[184] *Schack,* IZVR, Rn. 531 m. w. Nachw.
[185] Vgl. *Beitzke,* Pflegschaften für Handelsgesellschaften und juristische Personen, FS Ballerstedt (1975), S. 185–195; *Keidel/Kuntze/Winkler* (14. Aufl. 1999), § 39 FGG Rn. 9–12.
[186] MüKo/*Lindacher,* § 50 ZPO Rn. 67 m. w. Nachw.
[187] *BGH* 5. 2. 1958, MDR 1958, 319 = IPRspr 1958/59 Nr. 38; *BGH* 26. 4. 1990, IPRax 1991, 247 m. Anm. *Ackmann,* 220–223 = IPRspr 1990 Nr. 25.
[188] *Schack,* IZVR, Rn. 547. Zur Anknüpfung der Vollmacht § 7 Rn. 50–52.

klären. Diese Regelung soll gewährleisten, dass im Falle eines Unterliegens des ausländischen Klägers der Beklagte seinen Anspruch auf Ersatz seiner Prozesskosten realisieren kann. Ausnahmen vom Erfordernis der Prozesskostensicherheit bestimmt § 110 II ZPO bei Verbürgung der Gegenseitigkeit (Nr. 1) und hinsichtlich besonderer Klagearten (Nr. 2–5).

108 Prozesskostensicherheit kann seit der Neufassung des § 110 ZPO durch Gesetz vom 6. 8. 1999[189] nur noch von Klägern verlangt werden, die nicht über einen gewöhnlichen Aufenthalt in einem EU- oder EWR-Mitgliedstaat verfügen. Damit hat der Gesetzgeber die sachwidrige frühere Anknüpfung an die Staatsangehörigkeit des Klägers beseitigt[190] und zugleich der Rechtsprechung des EuGH[191] zum Diskriminierungsverbot des Art. 12 (ex-Art. 6) EG Rechnung getragen.

c) Prozesskostenhilfe (§§ 114–127 a ZPO)

109 Eine Erleichterung der Rechtsverfolgung durch ausländische natürliche Personen hat das Gesetz über die Prozesskostenhilfe vom 13. 6. 1980[192] gebracht; danach ist für die Gewährung von Prozesskostenhilfe an Ausländer die Verbürgung der Gegenseitigkeit nicht länger erforderlich. § 114 ZPO unterscheidet deshalb nicht mehr zwischen inländischen und ausländischen Parteien.[193]

Die Gleichstellung erstreckt sich gemäß § 116 S. 1 Nr. 2 ZPO jedoch nicht auf ausländische *juristische Personen*. Die Anwendbarkeit dieser Norm auf juristische Personen aus anderen EU-Staaten ist im Hinblick auf Art. 12 EG zweifelhaft (vgl. auch Art. 50 Brüssel I-VO, Art. 30 Brüssel II-VO).

Auf europäischer Ebene ist die Richtlinie 2003/8/EG zur Verbesserung des Zugangs zum Recht bei Streitsachen mit grenzüberschreitendem Bezug durch Festlegung gemeinsamer Mindestvorschriften für die Prozesskostenhilfe in derartigen Streitsachen vom 27. 1. 2003[194] zu beachten. Diese Richtlinie ist in den §§ 1076–1078 ZPO umgesetzt. Danach wird Parteien aus anderen Mitgliedstaaten grundsätzlich Prozesskostenhilfe wie Inländern gewährt.

---

[189] BGBl. 1998 I S. 2030.
[190] S. 5. Aufl., § 3 Rn. 108.
[191] Grundlegend *EuGH* 1. 7. 1993, Rs. C-20/92 – „Hubbard/Hamburger", EuGHE 1993 I, 3777 = EuZW 1993, 514 m. Anm. *Schlosser*, 659–661 = EWS 1993, 289 m. Anm. *Bungert*, 315–326. Vgl. aus der weiteren Rechtsprechung speziell zu § 110 ZPO a. F. auch *EuGH* 20. 3. 1997, Rs. C-323/95 – „Hayes/Kronenberger", EuGHE 1997 I, 1711 = NJW 1998, 2127.
[192] BGBl. 1980 I S. 677.
[193] Diese Wertung des Gesetzes darf nicht umgangen werden, indem man die im Inland erhobene Klage einer ausländischen Partei schlicht unter Hinweis auf die Klagemöglichkeit im Heimatstaat als mutwillig im Sinne von § 114 ZPO qualifiziert, obgleich das deutsche Kompetenzrecht dem Kläger einen inländischen Gerichtsstand eröffnet. So jedoch *OLG Celle* 5. 1. 1998, IPRax 1999, 171 m. abl. Anm. *Mankowski*, 155–158 = IPRspr 1998 Nr. 203.
[194] ABl. EG Nr. L 026/41 = *Jayme/Hausmann*, Nr. 226.

d) Berufung: Zuständigkeitskonzentration (§ 119 I Nr. 1 lit. b GVG)

Seit dem 1. 1. 2002 sind für die Rechtsmittel der Berufung und der Be-   **109a**
schwerde – auch gegen Entscheidungen der Amtsgerichte – bei Streitigkeiten zwischen Parteien, von denen zumindest eine ihren allgemeinen
Gerichtsstand, d.h. ihren Wohnsitz oder Sitz,[195] im Zeitpunkt der
Rechtshängigkeit im Ausland hatte, die Oberlandesgerichte zuständig
(§ 119 I Nr. 1 lit. b GVG).[196] Damit wird für die zweite Instanz die Entwicklung von Sachverstand durch Zuständigkeitskonzentration ermöglicht; dies gilt insbesondere für die in diesen Fällen regelmäßig vorzu-
nehmende kollisionsrechtliche Prüfung.[197]

III. Internationale Rechtshilfe

Literatur: *E. Geimer,* Internationale Beweisaufnahme (1998); *G. Geimer,* Neuordnung des internationalen Zustellungsrechts (1999); *Heß,* Aktuelle Perspektiven der
europäischen Prozessrechtsangleichung, JZ 2001, 573–583; *ders.,* Neues deutsches und
europäisches Zustellungsrecht, NJW 2002, 2417–2425; *Jastrow,* Europäische Zustellung und Beweisaufnahme 2004, IPRax 2004, 11–13; *Lindacher,* Europäisches Zustellungsrecht, ZZP 114 (2001), 179–194; *Stadler,* Neues europäisches Zustellungsrecht,
IPRax 2001, 514–521; *dies.,* Die Reform des deutschen Zustellungsrechts und ihre
Auswirkungen auf die internationale Zustellung, IPRax 2002, 471–478.

1. Grundlagen

Das Völkerrecht verbietet den Staaten, Hoheitsakte außerhalb ihres Ho-   **110**
heitsgebietes vorzunehmen. Dies gilt auch für Verfahrenshandlungen,
wie z.B. Zustellung oder Beweisaufnahme. Daher ist die internationale
Rechtshilfe notwendige Ergänzung der territorial begrenzten Hoheitsgewalt.

Die internationale Rechtshilfe ist in zahlreichen *multi- und bilateralen*   **111**
Abkommen geregelt.[198] Im Verhältnis der EU-Mitgliedstaaten sind EG-
Verordnungen über Zustellung (EuZVO)[199] und Beweisaufnahme (EuB-
VO)[200] in Kraft.

---

[195] Hierzu oben Rn. 40–42.
[196] Zur parallelen Regelung bei Anwendung ausländischen Rechts u. Rn. 140a; vgl.
auch *Grunsky,* Probleme der Berufungszuständigkeit des Oberlandesgerichts bei
amtsgerichtlichen Urteilen mit Auslandsbezug, FS Jayme I (2004), S. 285–296.
[197] Vgl. BTDrucks. 14/6036, S. 118f.
[198] Vgl. die Aufstellung Rn. 96, 98.
[199] Verordnung über die Zustellung gerichtlicher und außergerichtlicher Schriftstücke
in Zivil- und Handelssachen in den Mitgliedstaaten v. 29. 5. 2000, ABl. EG Nr. L
160/37 = *Jayme/Hausmann,* Nr. 224; in Kraft seit dem 31. 5. 2001; *Jastrow,* NJW
2002, 3382–3384.
[200] Verordnung über die Zusammenarbeit zwischen den Gerichten der Mitgliedstaaten
auf dem Gebiet der Beweisaufnahme in Zivil- und Handelssachen v. 28. 5. 2001,
ABl. EG Nr. L 174/1 = *Jayme/Hausmann,* Nr. 225; in Kraft seit dem 1. 7. 2001.

Neben *vertraglichem Rechtshilfeverkehr* gibt es – wenngleich mit sinkender praktischer Bedeutung – den auf der „comitas" beruhenden *vertragslosen Rechtshilfeverkehr.* Eine völkerrechtliche Verpflichtung zur Leistung von Rechtshilfe besteht zwar außerhalb der Staatsverträge nach allgemeiner Auffassung nicht, doch faktisch ist jeder Staat auf internationale Kooperation angewiesen. Daher wird ein Staat dem anderen in der Regel auch ohne vertragliche Grundlage Rechtshilfe leisten, weil er erwartet, dass dieser ihm im umgekehrten Fall ebenfalls Rechtshilfe leisten wird.

112   Einzelheiten des behördlichen Verfahrens regelt eine bundeseinheitliche Verwaltungsvorschrift, die Rechtshilfeordnung in Zivilsachen (ZRHO) vom 19. 10. 1956 i. d. F. vom 26. 2. 1976.[201] Gegenstand eines Rechtshilfeersuchens kann gemäß § 2 I ZRHO jede behördliche oder gerichtliche Handlung sein, die entweder zur Förderung eines inländischen Verfahrens im Ausland oder zur Förderung eines ausländischen Verfahrens im Inland geleistet werden soll. Bei dem zu fördernden Verfahren muss es sich um eine Angelegenheit des bürgerlichen Rechts handeln.

113   **2. Zustellung und Beweisaufnahme im Ausland**

a) Zustellung

aa) Autonomes Recht. Die Zustellung wird als staatlicher Hoheitsakt angesehen.[202] Folglich darf sie außerhalb des eigenen Staatsgebietes grundsätzlich nur im Wege der internationalen Rechtshilfe durch Organe des ausländischen Staates erfolgen;[203] dies ist kostspielig und zeitraubend. Zur Vereinfachung wurde durch das Zustellungsreformgesetzes vom 25. Juni 2001[204] in § 183 I Nr. 1 ZPO die Zustellung im Ausland durch Einschreiben mit Rückschein eingeführt, soweit die unmittelbare Versendung durch die Post aufgrund völkerrechtlicher Vereinbarungen möglich ist. Daneben sieht § 183 I Nr. 2 ZPO auch weiterhin die Zustellung aufgrund eines Rechtshilfeersuchens an die Behörden des fremden Staates oder über die jeweilige diplomatische oder konsularische Vertretung des Bundes vor. Sofern die Zustellung gem. § 183 I Nr. 3 ZPO erfolgt ist, kann das Gericht anordnen, dass ein inländischer Zustellungsbevollmächtigter benannt wird, um nicht für jede weitere Zustellung auf den umständlichen konsularischen oder diplomatischen Weg zurückgreifen zu müssen. Als ultima ratio kommt eine öffentliche Zustellung im Inland in Betracht, wenn die Auslandszustellung im Wege der Rechtshilfe scheitert (§ 185 Nr. 2 ZPO); die so mögliche Beachtung des Justizgewährungsanspruchs des Klägers führt zur Beschränkung des rechtlichen Gehörs des ausländischen Beklagten. Derartige Zustellungssurrogate sind international unerwünscht.

---

[201] Zum aktuellen Stand vgl. www.internationale-rechtshilfe.nrw.de; teilweise abgedruckt bei: *Geimer/Schütze,* Nr. 900.
[202] Krit.: *Schack,* IZVR, Rn. 589.
[203] Ausführlich: *Schack,* IZVR, Rn. 581–619; *Linke,* IZPR, Rn. 217–243.
[204] BGBl. I 1206, 1213.

bb) HZÜ. Das bedeutendste Abkommen auf dem Gebiet des vertraglichen 113a
Rechtshilfeverkehrs ist das Haager Übereinkommen über die Zustellung
gerichtlicher und außergerichtlicher Schriftstücke im Ausland in Zivil-
oder Handelssachen (HZÜ)[205]. Auf diesem Wege wurden Möglichkeiten
geschaffen, die dargestellten Komplikationen bei Auslandszustellungen
zu verhindern[206]. Allerdings wird dieses Ziel nur in begrenztem Umfang
erreicht. Die Bundesrepublik Deutschland machte von den in Art. 5 III
und 10 HZÜ vorgesehenen Vorbehalten Gebrauch. Somit bleibt für eine
Zustellung im Bundesgebiet eine deutsche Übersetzung notwendig und
der Postweg unzulässig. Problematisch ist die Frage, welche Auswirkungen eine Nichtbeachtung dieser Vorbehalte mit sich bringt. Während zum
Teil eine Heilung befürwortet wird – wobei jedoch Uneinigkeit besteht,
nach welchem Recht sich die Heilung richtet[207] –, spricht sich insbesondere ein Teil der Rechtsprechung gegen eine derartige Möglichkeit aus[208].

cc) EuZVO. Im Verhältnis der Mitgliedstaaten zueinander (mit Ausnahme 113b
Dänemarks, dazu aber unten Rn. 184) wurde das HZÜ durch die EuZVO
vom 29. Mai 2000 abgelöst, deren Anwendungsbereich sich aus Art. 1
EuZVO ergibt. Durch diese Verordnung wird die Zustellung innerhalb
Europas erheblich erleichtert. Sie ermöglicht dem Kläger die unkompli-
zierte Einleitung des Prozesses, ohne den Beklagtenschutz zu vernachläs-
sigen. Hervorzuheben ist insbesondere, dass nun auch die Zustellung
durch die Post zulässig ist, Art. 14 I EuZVO. Außerderm muss nicht
zwingend eine Übersetzung in die Sprache des Empfängerstaates vorliegen. Vielmehr genügt es nach Art. 8 I b EuZVO, wenn das Schriftstück in
einer Sprache des Übermittlungsmitgliedstaates verfasst ist, die der Empfänger versteht. Ungeklärt lässt die Verordnung bislang allerdings die
Frage nach etwaigen Heilungsmöglichkeiten von Zustellungsmängeln.
Hierzu hat der EuGH zumindest für Verstöße gegen das Übersetzungser-
fordernis entschieden, dass nach dem erklärten Ziel der EuZVO, die
Schnelligkeit und Wirksamkeit der Übermittlung zu gewährleisten, eine
Heilung möglich sein muss.[209]

b) Beweisaufnahme

Die Beweisaufnahme ist Hoheitsakt. So darf das deutsche Gericht nicht 114
selbst im Ausland Beweise aufnehmen, sondern ist hierfür auf die inter-

---

[205] Auflistung der Vertragstaaten bei *Jayme/Hausmann* Nr. 211.
[206] Einführung zentraler Behörden gem. Art. 2 I HZÜ oder Musterzustellungsanträge
gem. Art. 3 I HZÜ.
[207] Für das Recht des ersuchenden Staates: *Linke,* IZPR, Rn. 238; *Schack,* IZVR,
Rn. 616-619; dagegen für einen „gemeineuropäischen Heilungsgrundsatz“ *Kon-
dring,* Die Heilung von Zustellungsfehlern im internationalen Zivilrechtsverkehr,
338, sowie 362.
[208] *EuGH* 3. 7. 1990, Rs. C-305/88 – „Lancray“, EuGHE 1990 I, 2725 = IPRax 1991,
177 m. Anm. *Rauscher,* 155–159; BGHZ 120, 305; BGHZ 98, 263 (270); *Stürner,*
JZ 1992, 325-334.
[209] *EuGH* 8. 11. 2005, Rs. C-443/03 – „Leffler/Berlin Chemie AG“.

nationale Rechtshilfe angewiesen.[210] Die §§ 363, 364, 369 ZPO gestatten die Beweisaufnahme im Ausland nur innerhalb der vom Völkerrecht gesetzten Grenzen. Eine revolutionäre Änderung bringt Art. 17 EuB-VO: Er lässt unmittelbare Beweisaufnahme im EU-Ausland zu, gibt dem ersuchenden Gericht aber keine Zwangsbefugnisse (z. B. Zwangsgeld). Wird die Beweisaufnahme von einem Gericht des ersuchten Staates durchgeführt, so kann ein Beauftragter des ersuchenden Gerichts, etwa ein Mitglied der Kammer, daran teilnehmen (Art. 12 EuBVO). Bezüglich der zugelassenen Sprachen findet sich in Art. 5 EuBVO eine der EuZVO vergleichbare Regelung.

115 Die Parteien sind indes bei der Beschaffung von Beweisen nicht an Staatsgrenzen gebunden; sie können im Ausland befindliche Urkunden in das Inland verbringen und dem Gericht vorlegen. Ebenso können im Ausland lebende Zeugen auf Bitten einer Partei vor dem inländischen Gericht erscheinen. Zweifelhaft ist, inwieweit das Gericht den Parteien die Beibringung derartiger Beweise auferlegen kann. Für ausländische öffentliche Urkunden ist dies in § 364 II ZPO ausdrücklich vorgesehen.

3. Verfahren

116 § 3 I ZRHO unterscheidet zwischen Verfahren im vertraglichen und vertragslosen Rechtshilfeverkehr. Die EG-Rechtshilfe bedient sich der Verfahren des vertraglichen Rechtshilfeverkehrs und bildet sie fort.

a) Vertraglicher Rechtshilfeverkehr

117 Im vertraglichen Rechtshilfeverkehr werden die Übermittlungswege für Rechtshilfeersuchen durch völkerrechtliche Verträge festgelegt. Unterschieden werden in § 6 ZRHO der diplomatische und der konsularische Weg sowie der unmittelbare Behördenverkehr.

118 *aa) Diplomatischer Weg.* Beim diplomatischen Weg wird das vom Vorsitzenden des Prozessgerichts verfasste Ersuchungsschreiben (§ 183 I Nr. 2 ZPO) zunächst auf dem Dienstweg der Landesjustizverwaltung zur Entscheidung vorgelegt, die dieses, falls sie dem Rechtshilfeersuchen stattgibt, an die deutsche Botschaft in dem ersuchten Staat weiterleitet. Die deutsche Botschaft wiederum übermittelt das Ersuchen an das Außenministerium des betreffenden Staates. Erst nachdem dessen Zustimmung vorliegt, kann die erforderliche Verfahrenshandlung durch den deutschen Konsul oder die zuständige ausländische Behörde vorgenommen werden.[211] Der diplomatische Weg ist daher sehr zeitraubend, weshalb die Gerichte häufig versuchen, ihn zu umgehen.[212]

119 *bb) Konsularischer Weg.* Der konsularische Weg ist weniger umständlich und bildet daher bislang den rechtlichen Normalfall. Hier wird das Rechtshilfeersuchen vom

---

[210] Ausführlich: *Schack,* IZVR, Rn. 707–733; *Linke,* IZPR, Rn. 324–330. Zur Abgrenzung von Beweisverfahrensrecht und materiellem Recht bereits oben Rn. 10.

[211] Der Wortlaut der §§ 199, 363 ZPO ist insoweit irreführend, vgl. *Schack,* IZVR, Rn. 133.

[212] S. hierzu *BGH* 10. 5. 1984, NJW 1984, 2039 = *Schack,* Höchstrichterliche Rechtsprechung, Nr. 41 = IPRspr 1984 Nr. 164, und unten Rn. 126–129.

Konsul des ersuchenden Staates direkt der zuständigen Stelle des ersuchten Staates zugeleitet. Der konsularische Weg wird z. B. von Art. 1 I HZPÜ vorgeschrieben.[213]

cc) Unmittelbarer Verkehr. Eine erhebliche Beschleunigung der Rechtshilfe wird **120** durch den unmittelbaren Behördenverkehr erreicht.[214] Er kann, wie etwa in Art. 3 I HZÜ oder Art. 2 HBÜ vorgesehen, über von den Vertragsstaaten eigens eingerichtete Zentrale Behörden erfolgen. Diese nehmen eingehende Ersuchen ausländischer Behörden entgegen und leiten sie zur Erledigung an die zuständige Behörde weiter. – Noch unbürokratischer ist der *direkte Verkehr zwischen den Justizbehörden,* den manche bilaterale Abkommen vorsehen.[215]

In der EuZVO wird der unmittelbare Verkehr zwischen den ersuchen- **120a** den und ersuchten Justizbehörden nicht vorgeschrieben, aber zugelassen – ein halbherziger Fortschritt. Gem. § 1069 ZPO, der § 4 des deutschen Ausführungsgesetzes[216] ablöst, verzichtet Deutschland auf eine Zentrale Eingangs- und Ausgangsbehörde und ermöglicht damit den direkten Verkehr zwischen ersuchender und ersuchter Behörde. – Auch lässt § 1068 ZPO eine unmittelbare Zustellung durch die Partei zu (Einschreiben mit Rückschein); dies kommt einer Revolution gleich.

b) Vertragsloser Rechtshilfeverkehr

Auch im vertragslosen Rechtshilfeverkehr bedienen sich die Staaten der **121** oben genannten Übermittlungswege. Nur fehlt hier mangels vertraglicher Vereinbarung ein Instrumentarium zur Durchsetzung von Rechtshilfeersuchen; denn eine völkerrechtliche Pflicht zur Gewährung von Rechtshilfe gibt es nicht. De facto wird sie überall gewährt, das Ob und Wie bestimmt die jeweilige Übung. In Deutschland sind die Grundsätze der vertragslosen Rechtshilfe in der ZRHO niedergelegt.[217]

c) Gemeinsamkeiten

Die Parteien selbst haben weder im vertraglichen noch im vertragslosen **122** Rechtshilfeverkehr einen Anspruch gegen den ausländischen Staat auf Leistung von Rechtshilfe, sondern nur auf ermessensfehlerfreie Entscheidung der eigenen Landesjustizverwaltung.

Die EG-Rechtshilfeverordnungen schreiben ebenso wie die einschlägi- **123** gen völkerrechtlichen Verträge für Rechtshilfeersuchen häufig gewisse Formerfordernisse vor.[218] Sind diese eingehalten, so darf ein Rechtshilfe-

---

[213] Vgl. *Schack,* IZVR, Rn. 179.

[214] *Geimer,* IZPR, Rn. 2457 m. w. Nachw.

[215] Art. 4 der Vereinbarung zwischen der Regierung der Bundesrepublik Deutschland und der Regierung der Französischen Republik zur weiteren Vereinfachung des Rechtsverkehrs nach dem Haager Übereinkommen vom 1. März 1954 über den Zivilprozess v. 6. 5. 1961, BGBl. 1961 II S. 1041 = *Jayme/Hausmann,* Nr. 227; in Kraft seit dem 1. 7. 1961 (BGBl. 1961 II S. 1040). Nachw. zu weiteren Vereinbarungen bei: *Jayme/Hausmann,* vor Nr. 227 (Fn. 1).

[216] EG-Zustellungsdurchführungsgesetz v. 9. 7. 2001 (BGBl. 2001 I S. 1536).

[217] Vgl. *Schack,* IZVR, Rn. 181; *Geimer,* IZPR, Rn. 3635.

[218] Vgl. Art. 4 EuBVO, Art. 4 EuZVO; insbesondere zum Erfordernis der Übersetzung Art. 5 EuBVO, Art. 5 EuZVO sowie Art. 10 HZPÜ, Art. 5 III HZÜ, Art. 4 HBÜ.

ersuchen nur unter engen Voraussetzungen – die einzelnen Ablehnungs-
gründe werden jeweils aufgezählt[219] – abgelehnt werden.

124 Die Zustellung kann nicht deswegen abgelehnt werden, weil das Urteil wegen ordre
public-Verstoßes nicht anerkennungsfähig (§ 328 I Nr. 4 ZPO) sei.[220] Das Bundesverfassungsgericht hat jedoch in einer einstweiligen Anordnung die Zustellung einer US-
amerikanischen Sammelklage an ein Unternehmen mit Sitz in Deutschland aus Gründen des ordre public untersagt.[221] Gegenstand der Entscheidung war die Klage einer
Gruppe US-amerikanischer Musikautoren auf Schadensersatz in Höhe von 17 Mrd.
US-Dollar gegen die Bertelsmann AG, die an der Musiktauschbörse „Napster" beteiligt gewesen sei und insoweit für durch letztere begangene Urheberrechtsverletzungen
hafte. Der ordre public – Einwand galt nicht dem zu erwartenden Urteil, sondern der
Klageschrift. Habe die Klage evident keine sachliche Grundlage und werde sie miss-
bräuchlich genutzt, um mit publizistischem Druck und dem Risiko einer Verurteilung
einen Marktteilnehmer gefügig zu machen, so könne darin ein ordre pubic–Verstoß
liegen. Ob dem Beklagten mit Verweigerung der inländischen Zustellung tatsächlich
geholfen wird, ist zweifelhaft, wenn das Verfahren im Erststaat fortgeführt wird.[222]
Bezeichnenderweise hat die Bertelsmann AG die Verfassungsbeschwerde mit der
Begründung zurückgenommen, die Nichtzustellung in Deutschland habe auf den
Prozess in den USA keinerlei Auswirkungen.

125 Durchgeführt wird die Rechtshilfe in der Regel nach Maßgabe des im
ersuchten Staat geltenden Verfahrensrechts.[223]

4. Umgehung des Rechtshilfeweges

126 Häufig versuchen Parteien wie Gerichte, den Rechtshilfeweg, der stets eine Erschwe-
rung und Verzögerung des Verfahrens darstellt, völlig zu umgehen. Gründe dafür
können neben dem Zeitaufwand auch die dabei anfallenden Verfahrenskosten, etwa
für Übersetzungen, sein. In der Regel sehen die Übereinkommen Kostenfreiheit für
Rechtshilfeersuchen vor,[224] jedoch können bestimmte Arten von Aufwendungen auf
den ersuchenden Staat abgewälzt werden.

127 Eine Möglichkeit der Umgehung besteht darin, den Zeugen ohne Zustimmung des
ersuchten Staates durch einen Konsul nach § 363 II ZPO zu vernehmen. Das so er-
langte Vernehmungsprotokoll ist zwar völkerrechtswidrig und damit prozessual nicht

---

[219] Vgl. Art. 14 EuBVO, Art. 6 EuZVO sowie Art. 11 III HZPÜ, Art. 13 HZÜ,
Art. 12 HBÜ.

[220] So auch mehrere Oberlandesgerichte: *OLG Düsseldorf* 11. 7. 2003, WM 2003,
1587; *OLG Frankfurt* 21. 3. 1991, IPRax 1992, 166 (168); *OLG Frankfurt* 1. 6.
2004, JMBl. HE 2004, 423 (428); *KG Berlin* 5. 7. 1994, *OLGZ* 1994, 587.

[221] *BVerfG* 25. 7. 2003, NJW 2003, 2598 = IPRax 2004, 61 m. Anm. *Oberhammer,* 40–
45; *Prütting,* FS Jayme I (2004), S. 709–718.

[222] So auch *Piekenbrock,* IPRax 2006, 4–10 (10); *Stürner,* JZ 2006, 60–68. Das *OLG
Koblenz* (IPRax 2006, 25) hingegen möchte die Zustellung einer kartellrechtlichen
treble damages – Sammelklage ablehnen und hat die Frage dem BGH gem. § 29 I
EGGVG vorgelegt.

[223] Vgl. Art. 10 II EuBVO, Art. 7 I EuZVO sowie Art. 14 I HZPÜ, Art. 5 I a HZÜ,
Art. 9 I, 10 HBÜ.

[224] Vgl. Art. 18 EuBVO, Art. 11 EuZVO sowie Art. 16 HZPÜ, Art. 12 HZÜ, Art. 14
HBÜ.

verwertbar, doch kann der vernehmende Konsul als Zeuge vom Hörensagen vernommen werden.[225]

Eine verbreitete Praxis der Gerichte ist auch, die Partei mit der Beibringung einer **128** schriftlichen Erklärung des im Ausland lebenden Zeugen zu beauftragen. Während das unmittelbare Einholen einer schriftlichen Auskunft eines solchen Zeugen durch das Gericht (vgl. § 377 III ZPO) einen unzulässigen Eingriff in die Hoheitsrechte des fremden Staates darstellt, kann die von den Parteien beschaffte schriftliche Auskunft als Urkundsbeweis auch außerhalb von § 364 II ZPO gemäß § 416 ZPO verwertet werden.[226]

Eine andere Möglichkeit haben US-amerikanische Gerichte gefunden: Da in den **129** meisten europäischen Ländern, wie z. B. Deutschland und Frankreich, die Beweisaufnahme durch das Gericht im Vorfeld des Prozesses (sogenannter Ausforschungsbeweis, „pre-trial discovery"[227]) unbekannt ist, werden diesbezügliche Rechtshilfeersuchen meist als unzulässig abgelehnt. Deshalb beschreiten die meisten US-amerikanischen Gerichte bei Produkthaftungsprozessen gegen europäische Hersteller nicht mehr den Rechtshilfeweg des HBÜ,[228] sondern wenden sich an die US-amerikanischen Tochtergesellschaften der betreffenden Unternehmen und geben diesen die im Rahmen der „pre-trial discovery" erforderliche Beschaffung von Beweismaterial auf. Als Druckmittel werden den Tochterfirmen für den Fall der Nichtbeschaffung der Beweise Bußgelder angedroht, die die Tochtergesellschaften unmittelbar in ihrer Existenz gefährden. Hierdurch wird mittelbar auf die europäische Muttergesellschaft Druck ausgeübt, die nötigen Beweismittel (z. B. Konstruktionsunterlagen) den Tochtergesellschaften und so letztlich den US-amerikanischen Gerichten zur Verfügung zu stellen. Diese Vorgehensweise der Gerichte ist völkerrechtlich bedenklich.[229]

IV. Ausländisches Recht im Prozess

1. Grundsatz: „iura novit curia"

Der Grundsatz „iura novit curia" (der Richter kennt das anwendbare **130** Recht) gilt uneingeschränkt für das innerstaatliche Recht. Ferner umfasst dieser Grundsatz auch die gemäß Art. 25 bzw. 59 II GG in das innerstaatliche Recht übernommenen völkerrechtlichen Regelungen sowie das Europäische Gemeinschaftsrecht.[230]

---

[225] *BGH* 10. 5. 1984, NJW 1984, 2039 = *Schack*, Höchstrichterliche Rechtsprechung, Nr. 41 = IPRspr 1984 Nr. 164; vgl. dazu auch *Geimer*, IZPR, Rn. 2403.

[226] *BGH* 10. 5. 1984 (vorherige Fn.); *Schack*, IZVR, Rn. 721, 723.

[227] Deutschland und Frankreich haben einen diesbezüglichen Vorbehalt nach Art. 23 HBÜ erklärt; dazu *Geimer*, IZPR, Rn. 2357 m. w. Nachw., 2489 f. Zum Problem der „pre-trial discovery" vgl. *Schack*, Einführung in das US-amerikanische Zivilprozeßrecht, S. 44–58; *S. Lorenz*, Die Neuregelung der pre-trial-discovery im US-amerikanischen Zivilprozeßrecht, ZZP 111 (1998), 35–65.

[228] Z. B. „Société Nationale Industrielle Aérospatiale v. US District Court for the Southern District of Iowa", 107 SCtRep 2542 (1987) = JZ 1987, 984 m. Anm. *Stürner* = *Schack*, Höchstrichterliche Rechtsprechung, Nr. 42.

[229] Vgl. hierzu *Leipold*, Lex fori, Souveränität, Discovery (1989), S. 35–67; *Geimer*, IZPR, Rn. 2363–2366. Vgl. dazu § 1 Rn. 104.

[230] *Zöller/Geimer*, § 293 ZPO Rn. 1; *Schack*, IZVR, Rn. 621.

a) Bedeutung für das IPR

131 Das deutsche Gericht muss das deutsche Kollisionsrecht nicht nur kennen, sondern auch von Amts wegen anwenden.[231] Das Kollisionsrecht ist also nicht nur auf die Einrede der Parteien hin zu beachten (sogenanntes „fakultatives Kollisionsrecht"[232]), sondern das Gericht muss von sich aus in jeder Lage des Verfahrens prüfen, ob das deutsche IPR die Anwendung des deutschen oder eines ausländischen Rechts vorschreibt.[233] Allerdings müssen im Schuldrecht, wo Parteiautonomie herrscht, Parteien, die übereinstimmend nach inländischem Recht plädieren, damit rechnen, dass das Gericht ihre Rechtsbeziehungen inländischem Recht unterstellt.[234]

b) Offenlassen der kollisionsrechtlichen Frage

132 Der Richter kann nach Ansicht des BGH unter Umständen die anwendbare Kollisionsnorm offenlassen, wenn alle in Betracht kommenden Kollisionsnormen auf die gleiche Rechtsordnung verweisen oder die danach in Betracht kommenden Rechtsordnungen inhaltlich übereinstimmen.[235] Bei der Annahme einer Übereinstimmung ist aber Vorsicht geboten, da selbst bei Textgleichheit des geschriebenen Rechts die Gerichte der verschiedenen Staaten dieses oft unterschiedlich auslegen.[236]

2. Ausländisches Recht (§ 293 ZPO)

133 Die Anwendung ausländischen Rechts stellt die Gerichte vor besondere Schwierigkeiten. Der deutsche Richter muss das ausländische Kollisions- und Sachrecht zwar nicht kennen, sich aber die erforderliche Kenntnis gegebenenfalls von Amts wegen verschaffen (§ 293 ZPO).[237] Bei der Ermittlung des ausländischen Rechts darf er sich der in der ZPO

---

[231] MüKo/*Sonnenberger*, Einleitung EGBGB, Rn. 565.

[232] So aber *Flessner*, Fakultatives Kollisionsrecht, RabelsZ 34 (1970), 547–584; vgl. *Raape/Sturm*, IPR I, S. 306 f.

[233] *BGH* 21. 9. 1995, NJW 1996, 54 m. Anm. *Mäsch*, 1453–1455 = IPRspr 1995 Nr. 1; Soergel/*Kegel*, vor Art. 3 Rn. 166.

[234] Hierzu § 10 Rn. 37. – *Reichert-Facilides*, Fakultatives und zwingendes Kollisionsrecht (1995), möchte auch in familienrechtlichen Statusprozessen den einvernehmlichen Verzicht auf die Anwendung kollisionsrechtlich berufenen ausländischen Rechts zulassen.

[235] *BGH* 28. 1. 1987, IPRax 1988, 109 m. Anm. *Heßler*, 95–97 = IPRspr 1987 Nr. 48. Praktische Probleme können auftreten, wenn das Berufungsgericht offen lässt, welches Recht es seiner Sachentscheidung zugrunde gelegt hat, denn die Revision kann nur auf die Verletzung inländischen Rechts gestützt werden; dazu *Mäsch*, NJW 1996, 1453–1455.

[236] Zöller/*Geimer*, § 293 ZPO Rn. 12.

[237] *Schack*, IZVR, Rn. 625.

genannten Beweismittel, insbesondere auch eines Sachverständigengutachtens, bedienen.

Obgleich eigentlich nur Tatsachen einem Beweis zugänglich sind (vgl. **134**
§ 359 Nr. 1 ZPO), handelt es sich bei ausländischem Recht nicht um eine
Tatsache.[238] Der praktische Unterschied zum Beweis einer Tatsache liegt
darin, dass das Gericht sich zwar der Mitwirkung der Parteien bedienen
kann, aber nicht an das Parteivorbringen gebunden ist.[239] Auch trifft die
Parteien bezüglich des Nachweises des ausländischen Rechts keine Beweislast.[240]

a) Möglichkeiten der Ermittlung

In welcher Weise der Richter seiner Pflicht zur Ermittlung des ausländi- **135**
schen Rechts nachkommt, steht in seinem pflichtgemäßen Ermessen.[241]
Hält das Gericht sich selbst für hinreichend sachkundig, so muss es lediglich die Parteien gemäß § 139 II 2 ZPO von seiner Rechtsauffassung
in Kenntnis setzen.[242]

aa) Einfache Fälle. Wichtige Hilfsmittel sind in der Praxis die Loseblatt- **136**
sammlungen von Bergmann/Ferid/Henrich (Internationales Ehe- und
Kindschaftsrecht, 18 Bände) sowie von Ferid/Firsching (Internationales
Erbrecht, 8 Bände).[243]

bb) Komplizierte Fälle. Kann der Richter sich auf diese Weise keine aus- **137**
reichende eigene Kenntnis verschaffen, so kann er gemäß § 293 S. 2 ZPO
alle ihm zugänglichen Erkenntnisquellen nutzen (Freibeweis).[244] Dazu
gehört auch die Mitwirkung der Parteien, etwa durch von ihnen in Auftrag gegebene Privatgutachten oder Mitteilungen ihrer ausländischen
Korrespondenzanwälte.[245]

(1) *Amtliche Rechtsauskünfte.* Das deutsche Gericht kann in verschiedenen auslän- **138**
dischen Staaten amtliche Rechtsauskünfte einholen. Das Verfahren ist im *Londoner
Europäischen Übereinkommen betreffend Auskünfte über ausländisches Recht* vom
7. 6. 1968[246] geregelt. Dieses Abkommen sieht vor, dass gerichtliche Ersuchen um
Auskunft über das Recht eines fremden Staates von einer dafür eingerichteten zentralen Stelle dieses Staates, in der Regel bei dessen Justizministerium, beantwortet wer-

---

[238] Zöller/*Geimer,* § 293 ZPO Rn. 14 m. w. Nachw.

[239] Zöller/*Geimer,* § 293 ZPO Rn. 17 m. w. Nachw.

[240] *BGH* 24. 11. 1960, NJW 1961, 410 = IPRspr 1960/61 Nr. 5.

[241] *BGH* 24. 3. 1987, IPRax 1988, 227 m. Anm. *Gottwald,* 210–212 = IPRspr 1987
Nr. 1; *Huzel,* Zur Zulässigkeit eines Auflagenbeschlusses im Rahmen des § 293
ZPO, IPRax 1990, 77–82 (79).

[242] *BGH* 19. 12. 1975, NJW 1976, 474 = IPRspr 1975 Nr. 3.

[243] Zu nennen sind außerdem die seit 1965 regelmäßig im Auftrag des deutschen Rates
für IPR veröffentlichten Gutachten zum internationalen und ausländischen Privatrecht (IPG).

[244] Eingehend: *Otto,* Der verunglückte § 293 ZPO und die Ermittlung ausländischen
Rechts durch „Beweiserhebung", IPRax 1995, 299–305.

[245] *Schack,* IZVR, Rn. 630; Zöller/*Geimer,* § 293 ZPO Rn. 16 m. w. Nachw.

[246] Oben Rn. 95.

den. Praktische Erfahrung zeigt indes, dass derartige Auskünfte nur solche Rechtsfragen beantworten, die sich unmittelbar aus dem Wortlaut des Gesetzes lösen lassen.

139 (2) *Sachverständigengutachten.* Häufig ist das Gericht auf ein Sachverständigengutachten angewiesen.[247] Hierbei kann es auf das von einer Partei beigebrachte Gutachten zurückgreifen, soweit die andere Partei dieses nicht bestreitet. Bei widerstreitenden Parteigutachten genügt u. U. die Überprüfung der Gutachten durch einen neutralen, vom Gericht bestellten Sachverständigen. Das Gericht kann aber auch – soweit es dies für erforderlich hält – selbst ein Sachverständigengutachten in Auftrag geben, z. B. bei einem der – chronisch überlasteten – auslandsrechtlichen Institute.[248] Das Gutachten darf sich aber nur auf Fragen zum ausländischen Kollisions- und Sachrecht beziehen, nicht etwa darf der Richter ein fertiges Urteil anfordern – die Sachentscheidung bleibt Aufgabe des Gerichts.

b) Anwendung

140 Sinn der kollisionsrechtlichen Verweisung auf ausländisches Recht ist das Streben nach internationalem Entscheidungseinklang. Dieser würde gefährdet, wenn der deutsche Richter das ausländische Recht nicht so auslegt und anwendet, wie es der ausländischen Praxis entspricht.[249] § 293 ZPO verlangt von dem deutschen Richter daher nicht nur die Kenntnis des ausländischen Gesetzestexts, sondern auch die Berücksichtigung des ausländischen Schrifttums und vor allem der höchstrichterlichen Rechtsprechung.[250] Soweit das ausländische Recht eine Bindung an Präjudizien vorsieht, z. B. nach der „doctrine of stare decisis" des anglo-amerikanischen Rechts, hat der deutsche Richter diese in gleichem Umfang zu beachten wie der ausländische Richter. Auch eine Überprüfung des ausländischen Rechts auf seine Vereinbarkeit mit der Verfassung des betreffenden Staates (Normenkontrolle) darf und muss der deutsche Richter vornehmen, sofern das ausländische Recht dieses für den ausländischen Richter vorsieht. Bei Fallgestaltungen, die die Gerichte des Staates, dessen Recht anzuwenden ist, bisher noch nicht entschieden haben, darf der deutsche Richter das ausländische Recht sogar fortentwickeln. Diese Rechtsfortbildung muss jedoch dem Geist der ausländischen Rechtsordnung und deren Systemzusammenhängen Rechnung tragen.[251] Entspricht es der gerichtlichen Praxis, sich an einer Mutterrechtsordnung zu orientieren, so wird auch das deutsche Gericht diese bei der Rechtsfortbildung berücksichtigen.

---

[247] Hierzu *Fuchs,* Die Ermittlung ausländischen Rechts durch Sachverständige, RIW 1995, 807–809.

[248] Eine Übersicht gibt *Hetger,* Sachverständige für ausländisches und internationales Privatrecht, DNotZ 1994, 88–100.

[249] Vgl. zum Folgenden: Soergel/*Kegel,* vor Art. 3 Rn. 188–202 m. w. Nachw.

[250] *BGH* 30. 3. 1976, NJW 1976, 1581 (1589) = IPRspr 1976 Nr. 2; dazu Anm. *Geimer,* WM 1977, 66–71; *OLG Frankfurt* 6. 5. 1981, IPRax 1982, 22 m. Anm. *Henrich,* 9–11 (10) = IPRspr 1981 Nr. 74.

[251] *Kropholler,* IPR, S. 211–214; *AG Charlottenburg* 13. 1. 1981, IPRax 1983, 128 m. Anm. *Rumpf,* 114–116 = IPRspr 1981 Nr. 1.

Beispiele: So kann etwa luxemburgisches Recht durch Hinzuziehung der Literatur zum belgischen oder französischen Recht ausgelegt und bei Regelungslücken fortgebildet werden. – Ebenso entspricht beim libyschen Zivilrecht ein Rückgriff auf die Rechtsprechung und Literatur zum inhaltsgleichen ägyptischen Zivilgesetzbuch richterlicher Praxis.

c) Berufung: Zuständigkeitskonzentration (§ 119 I Nr. 1 lit. c GVG)

Für die Rechtsmittel der Berufung und der Beschwerde, auch gegen 140a
Entscheidungen der Amtsgerichte, sind bei Streitigkeiten, in denen ausdrücklich ausländisches Recht angewendet wurde, die Oberlandesgerichte zuständig (§ 119 I Nr. 1 lit. c GVG).[252] Die Zuständigkeitskonzentration fördert eine einheitliche und sachkundige Beurteilung ausländischen Rechts. Sie erfasst weder das Völker- noch das Europäische Gemeinschaftsrecht.[253]

3. Vorgehen bei Nichtermittelbarkeit des ausländischen Rechts

Ist trotz aller Sorgfalt der Inhalt des ausländischen Rechts nicht zu er- 141
mitteln, so kann das Gericht deshalb nicht die Sachentscheidung verweigern *(Rechtsverweigerungsverbot)*. Es muss ein Ersatzrecht anwenden.[254]

Die *Hinzuziehung des nächstverwandten Rechts*[255] folgt dem Grundsatz 142
der größtmöglichen Annäherung an den unbekannten tatsächlichen Rechtszustand.[256] So wird man im Zweifel zur Auslegung des Domizilbegriffs im neuseeländischen Recht auf die Grundsätze des englischen Rechts zurückgreifen dürfen.

Die *Entscheidung nach allgemeinen Rechtsgrundsätzen* ist zwar theore- 143
tisch ideal, aber praktisch wenig ergiebig. Auf vielen Rechtsgebieten herrscht kein internationaler Konsens (z. B. Ehegattenerbrecht oder Verjährung). Vom internationalen Konsens erfasste Prinzipien wie „pacta sunt servanda" oder „Treu und Glauben" sind keiner unmittelbaren Subsumtion zugänglich.[257]

Der *BGH*[258] will auf die *lex fori* als Ersatzrecht jedenfalls dann zurück- 144
greifen, wenn starke Inlandsbeziehungen bestehen und die Beteiligten einer Anwendung deutschen Rechts nicht widersprechen.

---

[252] Vgl. hierzu *Grunsky,* Probleme der Berufungszuständigkeit des Oberlandesgerichts bei amtsgerichtlichen Urteilen mit Auslandsbezug, FS Jayme I (2004), 285–296.

[253] BTDrucks. 14/6036, S. 119.

[254] Einzelheiten bei Soergel/*Kegel,* vor Art. 3 Rn. 212–217.

[255] *BGH* 16. 10. 1977, BGHZ 69, 387 = FamRZ 1978, 771 m. Anm. *Dilger.*

[256] Zöller/*Geimer,* § 293 ZPO Rn. 27; *Kropholler,* IPR, S. 215 m. w. Nachw.

[257] Vgl. zur lex mercatoria jedoch oben § 2 Rn. 56.

[258] *BGH* 16. 10. 1977, a. a. O. (Fn. 255).

145 Eine weitere Möglichkeit ist der *Rückgriff auf eine Hilfsanknüpfung des eigenen Kollisionsrechts,*[259] weil die Verbindungen zu der so bezeichneten Rechtsordnung nach den Wertungen unseres Kollisionsrechts enger sind als zur lex fori. Zudem sichert dieser Ansatz den internationalen Entscheidungseinklang dort, wo andere Staaten die gleichen Anknüpfungskriterien verwenden. Dieser Weg ist vor allem bei der Anknüpfung familienrechtlicher Ansprüche gangbar.

4. Revisibilität der Anwendung ausländischen Rechts

a) Grundsatz (§ 545 I ZPO)

146 Die Anwendung ausländischen Rechts durch inländische Gerichte ist gemäß § 545 I ZPO nicht revisibel; insoweit ist der BGH gemäß § 560 ZPO an die Feststellungen der Tatsacheninstanz gebunden. Aufgabe des Revisionsgerichts ist es nämlich nur, die Rechtseinheit im Inland, d. h. die einheitliche Anwendung von inländischem Recht, sicherzustellen.[260] Der Grundsatz des § 545 I ZPO erstreckt sich auch auf mit dem deutschen Recht inhaltsgleiches ausländisches Recht (z. B. das österreichische HGB[261]) und AGB, die auf Grundlage einer ausländischen Rechtsordnung formuliert sind.[262] Damit entstehen Abgrenzungsprobleme zwischen revisiblen Verstößen gegen deutsches Kollisions- und Verfahrensrecht (z. B. § 293 ZPO) und irrevisiblen Verstößen bei der Auslegung bzw. Anwendung ausländischen Rechts.[263]

147 Fehler bei der Ermittlung ausländischen Rechts können – im Gegensatz zu dessen fehlerhafter Anwendung – mit der Revision gerügt werden, da sie eine Verletzung des § 293 ZPO darstellen.[264] Ebenso sind Verstöße gegen deutsche Kollisionsnormen revisibel. So kann mit der Revision gerügt werden, dass das ausländische Recht gegen den deutschen ordre public verstoße.[265]

b) Ausnahmen

148 Im deutschen arbeitsgerichtlichen Verfahren ist das ausländische Recht gemäß § 73 I ArbGG uneingeschränkt revisibel,[266] ebenso im Verfahren

---

[259] Hierzu *Kropholler*, IPR, S. 216 m. w. Nachw.

[260] *Schack*, IZVR, Rn. 646.

[261] *BGH* 13. 7. 1959, NJW 1959, 1873 = IPRspr 1959 Nr. 3.

[262] *BGH* 14. 1. 1986, ZIP 1986, 653 (655) = EWiR 1986, 533 (LS) m. Anm. *Köndgen* = IPRspr 1986 Nr. 1; *BGH* 23. 1. 1985, JZ 1985, 951 = EWiR 1985, 151 (LS) m. Anm. *Köndgen* = IPRspr 1985 Nr. 1.

[263] *BGH* 29. 3. 1990, RIW 1990, 581 = EWiR 1990, 515 (LS) m. Anm. *Thode* = IPRspr 1990 Nr. 1.

[264] *Kropholler*, IPR, S. 629; *Zöller/Geimer*, § 293 ZPO Rn. 7, 15.

[265] *Nagel/Gottwald*, IZPR, § 10 Rn. 52.

[266] *BAG* 10. 4. 1975, WM 1976, 194 = IPRspr 1975 Nr. 30 b.

der weiteren Beschwerde nach § 27 FGG.[267] Aber auch im Zivilprozess
sind Ausnahmen vom Grundsatz des § 545 I ZPO anerkannt.[268]

D. Anerkennung und Vollstreckung ausländischer Entscheidungen

Literatur: *Geimer,* Anerkennung ausländischer Entscheidungen in Deutschland
(1995); *Geimer/Schütze,* Internationale Urteilsanerkennung (1971/1984); *Gottwald,*
Grundfragen der Anerkennung und Vollstreckung ausländischer Entscheidungen in
Zivilsachen, ZZP 103 (1990), 257–293.

I. Allgemeines

Urteile staatlicher Gerichte sind Hoheitsakte. Ihre Wirkungen sind auf **149**
das Hoheitsgebiet des Urteilsstaates *(Erststaat)* beschränkt. Die anderen
Staaten können selbst bestimmen, ob und unter welchen Voraussetzungen sie solchen ausländischen Hoheitsakten für ihr Staatsgebiet Wirkung
verleihen. Eine Pflicht dazu, etwa aus allgemeinem Völkerrecht, besteht
nicht.[269] Indes entspricht die Anerkennung ausländischer Entscheidungen in Zivil- und Handelssachen, bei denen private Interessen berührt
sind, allgemeiner Staatenpraxis. In Deutschland ist eine Anerkennung
und Vollstreckung auch außerhalb völkerrechtlicher Verträge vorgesehen (§ 328 ZPO bzw. §§ 722, 723 ZPO). Hingegen sind ausländische
Entscheidungen in öffentlich-rechtlichen Streitigkeiten, wie in Straf-
und Steuersachen, im Inland herkömmlicherweise weder anerkennungsfähig noch vollstreckbar; zwischen den EU-Mitgliedstaaten zeichnet
sich ein Systemwechsel ab.[270]

II. Rechtsquellen

Die einschlägigen EG-Verordnungen sowie manche Abkommen über **150**
die internationale Zuständigkeit enthalten auch Regeln zur Anerkennung und Vollstreckung ausländischer Entscheidungen. Soweit diese
nicht ausdrücklich Vorrang beanspruchen, ist auch die Anerkennung
nach dem autonomen Verfahrensrecht zu prüfen: Es gilt – anders als
hinsichtlich der Entscheidungszuständigkeit – das *Günstigkeitsprinzip.*[271]

---

[267] *OLG Stuttgart* 18. 12. 1981, IPRspr 1981 Nr. 12.
[268] Hierzu näher Soergel/*Kegel,* vor Art. 3 Rn. 222–228 m. w. Nachw.
[269] Dazu: *Martiny,* Hdb. IZVR III/1, Rn. 156; *Geimer,* IZPR, Rn. 151, 157–165, 2757.
[270] Vgl. die Bestimmungen über die justitielle Zusammenarbeit in Strafsachen gemäß
Art. 29–42 EU. Dazu auch der Über- und Ausblick bei *Schaumburg,* Strafsachen
in der Europäischen Union, NJW 1999, 540–543, sowie oben § 2 Rn. 55 a.
[271] *BGH* 18. 3. 1987, IPRax 1989, 104 (106) m. Anm. *Siehr* 93–96 (96) = FamRZ 1987,
580 m. Anm. *Gottwald* = IPRspr 1987 Nr. 145; *Linke,* IZPR, Rn. 19.

1. Europarecht. Völkerrechtliche Abkommen

151 Herausragende praktische Bedeutung für den Rechtsverkehr in der EU kommt den Verordnungen „Brüssel I"[272] und „Brüssel II"[273] zu. Daneben sind das Luganer Übereinkommen über die gerichtliche Zuständigkeit und die Vollstreckung gerichtlicher Entscheidungen in Zivil- und Handelssachen vom 16. 9. 1988 (LugÜ) sowie neuerdings im Verhältnis zu Dänemark das Abkommen über die gerichtliche Zuständigkeit und die Anerkennung und Vollstreckung von Entscheidungen in Zivil- und Handelssachen zu beachten.[274]

Zudem gibt es besondere internationale Abkommen für die Anerkennung und Vollstreckung von Entscheidungen in Ehe-, Unterhalts- und Kindschaftssachen.[275]

Praktisch bedeutsam ist die in Art. 18–19 HZPÜ vorgesehene gegenseitige Anerkennung von Kostenentscheidungen zum Ausgleich für die Abschaffung der Ausländer-Prozesskostensicherheit durch Art. 17 HZPÜ.

152 Bilaterale Anerkennungs- und Vollstreckungsabkommen hat Deutschland mit zahlreichen europäischen Staaten[276] – ferner mit Israel,[277] und Tunesien[278] – abgeschlossen. Ihr Anwendungsbereich deckt sich weitgehend mit der Brüssel I-VO (bzw. dem LugÜ) oder der Brüssel II-VO; insoweit werden sie durch diese ersetzt (Art. 69 Brüssel I-VO, Art. 55 LugÜ, Art. 36 I Brüssel II-VO). Soweit sie überdies Erbschaftsangelegenheiten erfassen, behalten sie selbständige Bedeutung.

Die praktische Umsetzung internationaler Übereinkommen in Deutschland ist im Gesetz zur Ausführung zwischenstaatlicher Anerkennungs- und Vollstreckungsverträge in Zivil- und Handelssachen (AVAG) vom 19. 2. 2001[279] geregelt.

---

[272] EG-Verordnung über die gerichtliche Zuständigkeit und die Anerkennung und Vollstreckung von Entscheidungen in Zivil- und Handelssachen v. 22. 12. 2000 (ABl. EG 2001 Nr. L 12/1); in Kraft seit dem 1. 3. 2002. Dazu unten Rn. 254–270.

[273] EG-Verordnung Nr. 2201/2003 über die Zuständigkeit und die Anerkennung und Vollstreckung von Entscheidungen in Ehesachen und in Verfahren betreffend die elterliche Verantwortung und zur Aufhebung der Verordnung (EG) Nr. 1347/2000 vom 27. 11. 2003 (ABl. EG Nr. L 338/1); in Kraft seit dem 1. 8. 2004. Gem. Art. 72 II Brüssel II-VO 2003 gilt sie in weiten Teilen indes erst seit dem 1. 3. 2005.

[274] S. Rn. 184, 187.

[275] Vgl. die bei *Jayme/Hausmann*, Nr. 180–184, aufgeführten Abkommen. Dazu näher § 8 Rn. 68, 94, 119–120.

[276] Vgl. die bei *Jayme/Hausmann*, Nr. 185–192, aufgeführten Abkommen.

[277] Deutsch-israelisches Abkommen v. 20. 7. 1977 (BGBl. 1980 I S. 925).

[278] Deutsch-tunesisches Abkommen v. 19. 7. 1966 (BGBl. 1969 II S. 889).

[279] BGBl. 2001 I S. 288, zuletzt geändert durch Gesetz v. 30. 1. 2002 (BGBl. 2002 I S. 564). Vgl. dazu u. Rn. 267.

2. Autonomes Recht

- §§ 328, 722, 723 ZPO **153**
- Art. 7 § 1 Familienrechtsänderungsgesetz (FamRÄndG) vom 11. 8. 1961[280] (Sonderregelung für die Anerkennung ausländischer Ehescheidungsurteile)

III. Anerkennung ausländischer Entscheidungen

1. Wirkung der Anerkennung

Grundsätzlich hat die Anerkennung eines ausländischen Urteils zur **154–155** Folge, dass der Entscheidung auch im Inland die Wirkung eingeräumt wird, die ihr in dem Staat, in dessen Hoheitsgebiet sie ergangen ist, zukommt *(Wirkungserstreckung)*.[281] Dies ist in zweifacher Hinsicht von Bedeutung:

(1) Die Anerkennung des Urteils kann im Inland keine weitergehenden **156** Wirkungen als im Erststaat haben.

Beispiel: Kennt das Prozessrecht des Urteilsstaats keine § 322 II ZPO vergleichbare Rechtskrafterstreckung auf die Gegenforderung im Falle der Prozessaufrechnung, so kann die ausländische Entscheidung auch im Inland keine dahingehende Wirkung entfalten.

(2) Urteilswirkungen werden nicht anerkannt, soweit sie dem deutschen **157** Recht wesensfremd sind.[282]

Beispiel: Die tatsächlichen Entscheidungsgründe eines englischen Urteils erwachsen in Rechtskraft. Der deutsche Richter ist daran bei zukünftigen Entscheidungen nicht gebunden.

Die wichtigste Wirkung ist die *materielle Rechtskraft:* So steht die Rechtskraft einer anerkennungsfähigen ausländischen Entscheidung einer weiteren Klage im Inland ebenso entgegen wie die Rechtskraft einer inländischen Entscheidung.[283]

2. Anerkennung nach § 328 ZPO

§ 328 ZPO sieht kein eigenständiges gerichtliches Anerkennungsverfah- **158** ren *(Delibationsverfahren)* vor. Die Anerkennung tritt ohne besonderen Ausspruch ein, soweit ihre Voraussetzungen vorliegen.[284]

---

[280] BGBl. 1961 I S. 1221 = *Jayme/Hausmann*, Nr. 191. Dazu § 8 Rn. 68 a–73.
[281] Vgl. etwa Art. 1 I 3 deutsch-belgisches Abkommen v. 30. 6. 1958 (BGBl. 1959 II S. 766); in Kraft seit dem 27. 1. 1961.
[282] Zum Streitstand etwa: *Gottwald*, ZZP 103 (1990), 257–293 (261–263 m. w. Nachw.).
[283] Hierzu und zu weiteren Urteilswirkungen: *Schack*, IZVR, Rn. 776–785; *Linke*, IZPR, Rn. 349–369.
[284] *Schack*, IZVR, Rn. 879.

Beispiel:[285] Der deutsche Handelsvertreter eines ukrainischen Unternehmens klagt in Deutschland den Ausgleichsanspruch aus § 89 b HGB ein. Die Beklagte beruft sich darauf, dass der Ausgleichsanspruch in der Ukraine durch rechtskräftiges Urteil abgewiesen worden sei. Wegen entgegenstehender Rechtskraft des ukrainischen Urteils weist das deutsche Gericht nach Prüfung des § 328 ZPO die Klage als unzulässig ab, ohne die Anerkennung besonders auszusprechen.

a) Gerichtsbarkeit des Erststaates

159 Erste – ungeschriebene – Anerkennungsvoraussetzung ist, dass der ausländische Staat die Grenzen seiner Gerichtsgewalt nicht überschritten hat. Ein ausländisches Urteil kann im Inland nur anerkannt werden, wenn die Parteien der Gerichtsbarkeit des Urteilsstaates unterliegen. Diese Voraussetzung ist nach deutschem Recht zu prüfen.[286]

Beispiel: Ein im Urteilsstaat akkreditierter Diplomat ist nach deutschen Vorstellungen (§ 18 GVG) immun. Ergeht dort dennoch ein Urteil gegen ihn, so kann dieses im Inland nicht anerkannt werden.

b) Anerkennungszuständigkeit (§ 328 I Nr. 1 ZPO)

160 Nach § 328 I Nr. 1 ZPO scheidet eine Anerkennung ausländischer Urteile aus, wenn die Gerichte des Erststaates aus deutscher Sicht nicht international zuständig gewesen sind. Es besteht im deutschen Recht also Kongruenz zwischen Entscheidungs- und Anerkennungszuständigkeit;[287] eine Ausnahme bildet § 606 a II ZPO. Dieses sogenannte *Spiegelbildprinzip* bedeutet, dass deutsche Gerichte eine ausländische Entscheidung anerkennen, wenn Gerichte des Erststaates unter hypothetischer Geltung der deutschen Zuständigkeitsregeln für die Entscheidung international zuständig wären. Damit schreibt das deutsche Recht dem ausländischen Richter aber nicht vor, wann er sich für zuständig zu erklären hat, sondern nur dem deutschen Anerkennungsrichter, wann er den ausländischen Richter für international zuständig halten soll *(compétence indirecte).*[288] Das deutsche Recht billigt damit grundsätzlich dem fremden Staat den gleichen Jurisdiktionsbereich zu, den es für die deutschen Gerichte in Anspruch nimmt, aber auch nur diesen.[289]

Umstritten ist, inwieweit die Anerkennungszuständigkeit des ausländischen Gerichts auch dann zu bejahen ist, wenn diese ausschließlich auf die spiegelbildliche Anwendung der deutschen Regeln über die rügelose Einlassung auf das Verfahren (§ 39 ZPO) gestützt werden kann. Dies verneint der BGH dann, wenn das Gericht im Ur-

[285] Vgl. *OLG Stuttgart* 18. 8. 1988, IPRax 1990, 49 m. Anm. *Baumann,* 28–32 = IPRspr 1988 Nr. 87.

[286] *OLG Frankfurt* 21. 10. 1980, IPRax 1982, 71 m. Anm. *Hausmann,* 51–56 = IPRspr 1980 Nr. 160; vgl. oben Rn. 13–27.

[287] Zur Terminologie oben Rn. 30 f.

[288] *Schack,* IZVR, Rn. 831.

[289] Zum Erfordernis des Inlandsbezuges bei der Anerkennung gem. § 328 I Nr. 1 ZPO i. V. m. dem exorbitanten Gerichtsstand des § 23 ZPO vgl. *Mansel,* FS Jayme I (2004), S. 561–573.

teilsstaat nach seinen autonomen Vorschriften auch ohne die rügelose Einlassung international zuständig wäre, die Rüge des Beklagten somit sinnlos erscheint.[290] Auch hinsichtlich Entscheidungen, die in Staaten mit mehreren nebeneinander stehenden Gerichtssystemen erlassen wurden, eröffnet § 328 I Nr. 1 ZPO dem Anerkennungsrichter nur die Befugnis zur Kontrolle der internationalen, nicht der örtlichen Zuständigkeit der Gerichte im Urteilsstaat. Folglich ist es für die Anerkennung und Vollstreckung US-amerikanischer Urteile irrelevant, ob der aus deutscher Sicht kompetenzbegründende Umstand gerade in dem Bundesstaat lokalisiert werden kann, in dem das erkennende Gericht seinen Sitz hat.[291]

c) Wahrung der Verteidigungsrechte (§ 328 I Nr. 2 ZPO)

Zweck des § 328 I Nr. 2 ZPO ist es, den Grundsatz des rechtlichen Ge- **161** hörs auch im internationalen Rechtsverkehr zu gewährleisten. Problematisch ist dabei insbesondere die Anerkennung von Versäumnisurteilen. Die Anerkennung ist nach § 328 I Nr. 2 ZPO nur ausgeschlossen, wenn der Beklagte sich auf das ausländische Verfahren nicht eingelassen hat.[292] Die Anerkennung wird aus zwei Gründen versagt: Entweder scheitert sie daran, dass die Zustellung nicht den Vorschriften des Erststaates genügt, oder daran, dass trotz erststaatlicher Ordnungsgemäßheit die tatsächliche Verteidigungsmöglichkeit eingeschränkt war.[293]

§ 328 I Nr. 2 ZPO begründet nach ganz h. M. eine Einrede: Die Verlet- **162** zung der Verteidigungsrechte steht der Anerkennung des ausländischen Urteils nur entgegen, wenn die betreffende Partei sich hierauf rechtzeitig beruft.[294]

d) Entgegenstehende Entscheidungen (§ 328 I Nr. 3 ZPO)

§ 328 I Nr. 3 ZPO regelt die Kollision einander widersprechender Ent- **163** scheidungen. Nach h. M. handelt es sich hierbei um einen Sonderfall des ordre public.[295]

Zur Lösung des Konfliktes zwischen widersprüchlichen Urteilen gibt es drei Mög- **164** lichkeiten:[296] Das Prioritätsprinzip, wonach sich die frühere Entscheidung durchsetzt, die entgegengesetzte „last-in-time rule" und der unbedingte Vorrang der inländischen Entscheidung. Für die „last-in-time rule" spricht auf den ersten Blick, dass das auf

---

[290] *BGH* 3. 12. 1992, BGHZ 120, 334 = IPRax 1994, 204 m. Anm. *Basedow,* 183–186 und *Geimer,* 187 = ZZP 107 (1994), 67 m. Anm. *Schack* = IPRspr 1992 Nr. 229; *BGH* 25. 4. 1996, RIW 1996, 966 = IPRspr 1996 Nr. 177.

[291] Näher hierzu: *von Hoffmann/Hau,* Zur internationalen Anerkennungszuständigkeit US-amerikanischer Zivilgerichte, RIW 1998, 344–352 m. w. Nachw.; jedenfalls hinsichtlich US-Bundesgerichten nunmehr zustimmend: *BGH* 29. 4. 1999, IPRax 2001, 230 m. Anm. *Haas,* 195–202 = IPRspr 1999 Nr. 160.

[292] *Schack,* IZVR, Rn. 843.

[293] *BGH* 2. 12. 1992, BGHZ 120, 305 = JZ 1993, 619 m. Anm. *Schack* = IPRspr 1992 Nr. 239.

[294] *Zöller/Geimer,* § 328 ZPO Rn. 131.

[295] *Schack,* IZVR, Rn. 854.

[296] Dazu *Schack,* IZVR, Rn. 854–859; *Hau,* Positive Kompetenzkonflikte im IZPR (1996), S. 99–106.

dem jüngsten Erkenntnisstand beruhende Urteil aktueller und potentiell besser ist. Dagegen spricht jedoch, dass das zweite, widersprechende Urteil typischerweise nur ergehen konnte, weil das ausländische Gericht ein aus deutscher Sicht anzuerkennendes ausländisches Verfahren bzw. Urteil nicht beachtet hat. Der deutsche Reformgesetzgeber hat sich mit § 328 I Nr. 3 ZPO für eine Kombination von Prioritätsprinzip und unbedingtem Vorrang inländischer Entscheidungen entschieden. Letzteres ist eine rechtspolitisch verfehlte, den internationalen Entscheidungseinklang beeinträchtigende Bevorzugung inländischer Entscheidungen – auch solcher, die eine frühere ausländische Rechtshängigkeit missachtet haben.

e) Ordre-public-Vorbehalt (§ 328 I Nr. 4 ZPO)

165 Der ordre-public-Vorbehalt des § 328 I Nr. 4 ZPO erfasst sowohl Verstöße gegen materielles Recht als auch – in Ergänzung zu Nr. 2 und Nr. 3 – Verstöße gegen Verfahrensrecht. Die ordre-public-Prüfung im Rahmen des § 328 I Nr. 4 ZPO bezieht sich also sowohl auf das dem ausländischen Urteil vorangegangene Verfahren als auch auf die Urteilsfindung selbst. Jedoch ist dem deutschen Gericht eine umfassende Nachprüfung der ausländischen Entscheidung in tatsächlicher, materiell- und verfahrensrechtlicher Hinsicht *(révision au fond)* nicht gestattet.[297]

166 *aa) Verfahrensrechtlicher ordre public.* Die Anerkennung ist wegen § 328 I Nr. 4 ZPO zu versagen, wenn das erststaatliche Verfahren mit Grundsätzen des deutschen Prozessrechts unvereinbar ist.[298] Also sind nicht einzelne Normen des deutschen Verfahrensrechts Maßstab der ordre-public-Prüfung, sondern die hinter dem positiven Verfahrensrecht stehenden Verfahrensgrundsätze.[299] Prüfungsgegenstand ist dabei immer das konkrete Verfahren, nicht das ausländische Verfahrensrecht als solches. Wegen der Verschiedenheit der Verfahrensrechtsordnungen kann nicht erwartet werden, dass die ausländischen Gerichte ihre Verfahren nach gleichen oder ähnlichen Regeln gestalten wie die deutschen Gerichte. Verfahrensunterschiede sind daher grundsätzlich hinzunehmen.[300] Erst wenn das ausländische Verfahren von den Grundprinzipien des deutschen Rechts so stark abweicht, dass es nicht mehr rechtsstaatlichen Anforderungen entspricht, kann der ordre public eingreifen.[301]

Beispiel:[302] Der Beklagte wurde von einem englischen Gericht wegen „contempt of court" vom Verfahren ausgeschlossen, nachdem er in einem Unterhaltsprozess die einstweilige Anordnung des Gerichts zur Zahlung von vorläufigem Unterhalt nicht befolgt hatte. Das englische Prozessrecht sieht diese Sanktion vor. Der BGH lehnt hier im Ergebnis eine Verletzung des in Art. 103 I GG garantierten Rechts auf rechtli-

---

[297] *Martiny*, Hdb. IZVR III/1, Rn. 319.
[298] *BGH* 18. 10. 1967, BGHZ 48, 327 = NJW 1968, 354 = ZZP 82 (1969), 149 m. Anm. *G. H. Roth* = JZ 1968, 594 m. Anm. *Wengler* = IPRspr 1966/67 Nr. 251.
[299] *Zöller/Geimer*, § 328 ZPO Rn. 155.
[300] *Schack*, IZVR, Rn. 864; *Zöller/Geimer*, § 328 ZPO Rn. 155 a.
[301] *BGH* 21. 3. 1990, NJW 1990, 2201 = IPRax 1992, 33 m. Anm. *Geimer*, 5–14 = IPRspr 1990 Nr. 207.
[302] *BGH* 18. 10. 1967, BGHZ 48, 327 = NJW 1968, 354 = ZZP 82 (1969), 149 m. Anm. *G. H. Roth* = JZ 1968, 594 m. Anm. *Wengler* = IPRspr 1966/67 Nr. 251.

ches Gehör ab, da das deutsche Recht in §§ 177, 178 GVG eine vergleichbare Sanktion
vorsehe und der Beklagte sich selbst um die Gelegenheit zu rechtlichem Gehör gebracht habe. Der ordre public stehe daher einer Anerkennung dieses Urteils nicht
entgegen.

Zum verfahrensrechtlichen ordre public zählt insbesondere der Grundsatz der Unabhängigkeit und Unparteilichkeit des Gerichts, aber auch
die in den *Justizgrundrechten* der Art. 101–104 GG garantierten Min-
deststandards für ein faires Verfahren.[303]

Umstritten ist, inwieweit der betroffenen Partei die Einlegung von   **167**
Rechtsmitteln im Ausland zur Wahrung ihrer prozessualen Rechte zuzumuten ist.[304]

bb) Materiellrechtlicher ordre public. Am ordre public wird auch das   **168**
ausländische Entscheidungsergebnis, d. h. die tatsächlichen und rechtlichen Feststellungen in dem anzuerkennenden Urteil selbst, gemessen.
Nach h. M. sind für die Beurteilung des Inhalts des Urteils nur die vom
ausländischen Gericht festgestellten Tatsachen beachtlich, nicht erst
nachträglich vorgebrachte.[305] Die unzureichende Sachverhaltsaufklärung
durch das ausländische Gericht kann aber gegen den verfahrensrechtlichen ordre public verstoßen.

Eine Anerkennungsverweigerung wegen ordre public-Verstoßes kommt   **169**
nur dann in Betracht, wenn das Ergebnis der Urteilsanerkennung aus
der Sicht des deutschen Rechts zu missbilligen ist. Voraussetzung ist eine
offensichtliche Unvereinbarkeit mit wesentlichen deutschen Rechtsgrundsätzen, insbesondere den Grundrechten. Ein bloßer Verstoß gegen
zwingende Vorschriften des deutschen Rechts genügt hierfür nicht. Die
Unvereinbarkeit mit wesentlichen deutschen Rechtsgrundsätzen kann
vielmehr nur dann bejaht werden, wenn durch die Anerkennung die
Grundlagen des deutschen staatlichen oder wirtschaftlichen Lebens angegriffen würden.[306]

Der Anerkennung einer ausländischen Entscheidung steht insbesondere   **170**
nicht entgegen, dass diese den deutschen Schädiger zu einer höheren
Schadensersatzleistung verpflichtet, als sie das deutsche Recht in einem
gleichartigen Fall vorsieht. Dies war bereits vor der IPR-Reform von
1999 und der hiermit verbundenen Abschaffung der besonderen Vorbehaltsklausel des Art. 38 EGBGB a. F.[307] anerkannt.

---

[303] Hierzu gehört jedoch weder das Recht auf anwaltliche Vertretung noch die Beset-
zung des Gerichts mit Berufsrichtern; vgl. *OLG Saarbrücken* 3. 8. 1987, IPRax
1989, 37 m. Anm. *H. Roth,* 14–18 = IPRspr 1987 Nr. 156; Zöller/*Geimer,* § 328
ZPO Rn. 155 c–157 b.
[304] S. dazu *BGH* 22. 1. 1997, NJW 1997, 2051; Zöller/*Geimer,* § 328 ZPO Rn. 158–
159 a; *Schack,* IZVR, Rn. 866.
[305] Eingehend: *Spickhoff,* Möglichkeiten und Grenzen neuer Tatsachenfeststellungen
bei der Anerkennung ausländischer Entscheidungen, ZZP 108 (1995), 475–501.
[306] *BGH* 21. 11. 1958, BGHZ 28, 375 (385) = IPRspr 1958/59 Nr. 110.
[307] Hierzu die 6. Aufl., § 11 Rn. 59.

171 **Beispiel 1:**[308] Ein italienisches Schadensersatzurteil, in dem der deutsche Kfz-Halter und der ebenfalls deutsche Fahrzeugführer zu einer Schadensersatzleistung in Höhe von umgerechnet 150000 € für das querschnittsgelähmte Unfallopfer verurteilt wurden, wurde in Deutschland anerkannt.

Die Besonderheit des Falles lag darin, dass nach deutschem Recht eine Haftung des Halters neben der des Fahrzeugführers ausgeschlossen ist. Außerdem wurden die (damaligen) Höchstbeträge der Gefährdungshaftung nach § 12 StVG überschritten. Schließlich waren die Ansprüche nach deutschem Recht bereits verjährt.

172 **Beispiel 2:**[309] Der US-amerikanische Kläger begehrt vor einem deutschen Gericht die Vollstreckbarerklärung eines kalifornischen Schadensersatzurteils, da der Beklagte, ein deutsch-amerikanischer Doppelstaater, seinen Wohnsitz zwischenzeitlich von Kalifornien nach Deutschland verlegt hat. Der Beklagte verfügt in Deutschland über vollstreckungstaugliches Vermögen (Grundeigentum). Das kalifornische Urteil erkennt dem Kläger einen Schadensersatzanspruch von insgesamt $ 750260 zu. Die Urteilssumme setzt sich folgendermaßen zusammen:

– $ 260 als Ersatz für Heilaufwendungen (past medical damages)
– $ 100000 für zukünftige medizinische Versorgung (future medical damage)
– $ 50000 für eine voraussichtlich erforderliche Unterbringung des Klägers (cost of placement)
– $ 200000 für erlittene Ängste, Schmerzen, Leiden und sonstige Schäden dieser Art (anxiety, pain, suffering and general damages of that nature)
– $ 400000 Strafschadensersatz (exemplary and punitive damages)

Der BGH erklärte den Strafschadensersatz in Höhe von $ 400000 für in Deutschland nicht vollstreckbar. Alle anderen Ansprüche wurden anerkannt.

Diese Differenzierung beruht auf folgender Überlegung: Der zivilrechtliche Schadensersatz hat im deutschen Recht nur die Funktion, dem Verletzten die durch die Verletzung erlittenen materiellen Nachteile sowie gewisse immaterielle Schäden (vgl. § 253 II BGB) zu ersetzen (Kompensationsfunktion). Die Bestrafung des deliktisch handelnden Schädigers obliegt demgegenüber nicht den Zivil-, sondern den Strafgerichten. Die Vorstellung, dass der Schädiger sich durch eine Geldleistung an den Verletzten vom staatlichen Strafanspruch freikaufen kann, widerspricht dem ordre public. Soweit die im Urteil zugesprochene Summe über die Kompensation des Opfers hinaus der Bestrafung des Schädigers dient, ist deshalb der deutsche ordre public verletzt. Das Ergebnis ist eine partielle Anerkennung des US-amerikanischen Urteils. Zum Verbot an inländische Richter, punitive damages zuzusprechen, vgl. nun Art. 40 III EGBGB.[310]

173 Eine kollisionsrechtliche Kontrolle des ausländischen Urteils findet im Rahmen des § 328 I Nr. 4 ZPO nicht statt. Es ist also nicht ordre-public-widrig, wenn der ausländische Richter seiner Entscheidung ein anderes nationales Recht zugrunde gelegt hat als das, welches nach dem deutschen IPR anzuwenden wäre. Nur wenn das angewendete Recht zu ei-

---

[308] *BGH* 22. 6. 1983, BGHZ 88, 17 = IPRax 1984, 202 m. Anm. *G. H. Roth,* 183–185 = *Schack,* Höchstrichterliche Rechtsprechung, Nr. 44 = IPRspr 1983 Nr. 176 (zu Art. 27 Nr. 1 EuGVÜ).

[309] *BGH* 4. 6. 1992, BGHZ 118, 312 = NJW 1992, 3096 m. Anm. *Koch,* 3073–3075 = IPRax 1993, 310 m. Anm. *Koch/Zekoll,* 288–292 = ZZP 106 (1993), 79 m. Anm. *Schack* = ZIP 1992, 1256 m. Anm. *Bungert,* 1707–1725 und ZIP 1993, 815–824 = RIW 1993, 132 m. Anm. *Schütze* = JZ 1993, 261 m. Anm. *Deutsch* = IPRspr 1992 Nr. 218 b.

[310] Hierzu § 11 Rn. 59.

nem Ergebnis führt, das dem deutschen ordre public widerspricht, ist die Anerkennung zu versagen.[311]

Maßgeblicher Zeitpunkt zur Beurteilung der ordre-public-Widrigkeit ist nicht das Wirksamwerden der Entscheidung im Erststaat, sondern der Zeitpunkt der Anerkennung in Deutschland.[312] **174**

f) Verbürgung der Gegenseitigkeit (§ 328 I Nr. 5, II ZPO)

§ 328 I Nr. 5 ZPO normiert als weitere Anerkennungsvoraussetzung die Verbürgung der Gegenseitigkeit. Gemäß § 328 II ZPO werden jedoch bestimmte nichtvermögensrechtliche Ansprüche sowie Kindschaftssachen i.S.d. § 640 ZPO von diesem Erfordernis ausgenommen. Sinn des Gegenseitigkeitserfordernisses ist es, ausländische Staaten zu einer großzügigen Anerkennungspraxis, insbesondere zum Abschluss von internationalen Anerkennungs- und Vollstreckungsabkommen, zu bewegen. Diese Praxis geht aber unmittelbar zu Lasten der an der Anerkennung der Entscheidung interessierten Parteien, weshalb das Beharren auf der Verbürgung der Gegenseitigkeit im Schrifttum de lege ferenda heftig kritisiert wird.[313] **175**

Die Rechtsprechung trägt dieser Kritik insoweit Rechnung, als sie bezüglich des Gegenseitigkeitserfordernisses einen großzügigen Maßstab anlegt.[314] Es genügt danach, dass im Urteilsstaat für die Urteilsanerkennung „im Wesentlichen gleichwertige Bedingungen" wie im Anerkennungsstaat gelten.[315] Die Anerkennung wird ferner dadurch erleichtert, dass der BGH schon die partielle Verbürgung der Gegenseitigkeit genügen lässt. So kann eine Verbürgung der Gegenseitigkeit etwa im Hinblick auf in bestimmten Gerichtsständen ergangene Urteile oder bestimmte Urteilsgattungen (z.B. Zahlungsurteile) bestehen. Auch eine Differenzierung nach den Urteilswirkungen ist zulässig, sofern es um die allgemeinen Rechtskraftwirkungen einerseits und die Vollstreckbarkeit der Entscheidung andererseits geht.[316] **176**

Beispiele:

(1) keine Verbürgung der Gegenseitigkeit mit Südafrika bei Urteilen, die im Gerichtsstand des Vermögens oder des Erfüllungsortes ergangen sind[317]

(2) keine Verbürgung der Gegenseitigkeit mit Malaysia, außer bei Zahlungsurteilen

Die Gegenseitigkeit ist zu verneinen, wenn ausländische Entscheidungen im Urteilsstaat einer umfassenden sachlichen Nachprüfung (révision au fond) unterliegen.

---

[311] Näher *Geimer*, Anerkennung ausländischer Urteile in Deutschland, S. 37–46 m.w. Nachw.

[312] *BGH* 16. 5. 1979, BGHZ 74, 278 = IPRspr 1979 Nr. 200; a.A.: Zöller/*Geimer*, § 328 ZPO Rn. 175 c.

[313] *Schack*, IZVR, Rn. 872–874 m.w. Nachw.

[314] Vgl. etwa *BGH* 30. 9. 1964, BGHZ 42, 194 (197) = IPRspr 1964/65 Nr. 259; *BGH* 8. 5. 1968, BGHZ 50, 100 (103) = IPRspr 1968/69 Nr. 222.

[315] *BGH* 9. 7. 1969, BGHZ 52, 251 (253) = IPRspr 1968/69 Nr. 227; *BGH* 16. 3. 1970, BGHZ 53, 332 (334) = IPRspr 1970 Nr. 121 b.

[316] *Schack*, IZVR, Rn. 875.

[317] *BGH* 9. 7. 1969, BGHZ 52, 251 = IPRspr 1968/69 Nr. 227.

3. Anerkennung in Ehesachen (Art. 7 § 1 FamRÄndG)

177 Der deutsche Gesetzgeber sieht in Art. 7 § 1 FamRÄndG für die Anerkennung ausländischer Entscheidungen in Ehesachen ein förmliches Verfahren vor. Ziel ist die für
alle Behörden (z. B. Standesämter, Rentenversicherung) und Gerichte bindende Feststellung, ob die Anerkennungsvoraussetzungen i. S. d. § 328 ZPO vorliegen oder
nicht. Zu Einzelheiten vgl. § 8 Rn. 68 a–72.

4. Anerkennung ausländischer Adoptionen

178 Ein besonderes Verfahren zur Anerkennung von im Ausland durchgeführten Adoptionen enthält das am 1. 1. 2002 in Kraft getretene Adoptionswirkungsgesetz.[318]

IV. Vollstreckung ausländischer Entscheidungen

179 Soweit weder Europäisches Gemeinschaftsrecht noch völkerrechtliche
Abkommen[319] eingreifen, gilt das autonome deutsche Recht, also die
§§ 722, 723 ZPO. Hiernach ist ein besonderes Urteilsverfahren *(Exequaturverfahren)* vorgesehen. Tauglicher *Vollstreckungstitel* ist nicht das
ausländische Urteil, sondern das deutsche Vollstreckungsurteil i. S. d.
§ 722 I ZPO. Dieses ergeht auf Klage des Vollstreckungsgläubigers gegen den Vollstreckungsschuldner.

180 Bei der Vollstreckbarerklärung handelt es sich um ein durch § 723 I
ZPO beschränktes Erkenntnisverfahren. Die internationale und örtliche
Zuständigkeit ergeben sich aus § 722 II ZPO i. V. m. den allgemeinen
Gerichtsständen (§§ 12–19 ZPO) bzw. dem Vermögensgerichtsstand
(§ 23 ZPO).[320] Diese Zuständigkeiten sind ausschließlich (§ 802 ZPO).
Die Vollstreckungsklage in aus deutscher Sicht arbeitsrechtlichen Strei-
tigkeiten ist vor dem Arbeitsgericht zu erheben.[321] Für gesetzliche Un-
terhaltsansprüche ist die Zuständigkeit des Amtsgerichts durch § 10 III
AUG[322] festgelegt.

181 Voraussetzung für die Vollstreckbarerklärung des ausländischen Urteils
ist gemäß § 723 II 1 ZPO, dass dieses nach dem Recht des Erststaates
formelle Rechtskraft erlangt hat. Die vorläufige Vollstreckbarkeit des
ausländischen Urteils genügt daher nicht, ebenso wenig, dass das ausländische Recht auch die Vollstreckung nicht rechtskräftiger Urteile zulässt.[323] § 723 I ZPO verbietet eine *révision au fond*, d. h. die umfassende
Nachprüfung des Urteils in rechtlicher und tatsächlicher Hinsicht;

---

[318] BGBl. 2001 I S. 2950. Dazu § 8 Rn. 147 b.

[319] S. Rn. 150–152.

[320] S. *BGH* 28. 10. 1996, NJW 1997, 325 = IPRspr 1996 Nr. 159.

[321] *BGH* 30. 9. 1964, BGHZ 42, 194 (195) = IPRspr 1964/65 Nr. 259.

[322] Auslandsunterhaltsgesetz v. 19. 12. 1986 (BGBl. 1986 I S. 2563) = *Jayme/Haus-
mann,* Nr. 234; in Kraft seit dem 1. 1. 1987.

[323] Im Einzelnen hierzu: *Wolff,* Hdb. IZVR III/2, Kap. IV Rn. 37–49.

wohl aber sind die Voraussetzungen des § 328 ZPO zu prüfen.[324] Der Kläger muss die Voraussetzungen der Anerkennung und Vollstreckbarerklärung beweisen, für deren Vorliegen der Zeitpunkt der letzten mündlichen Verhandlung maßgeblich ist. Der Schuldner kann sowohl im Rahmen der Vollstreckungsklage als auch gegen die spätere Vollstreckungsmaßnahme gemäß § 767 I ZPO Einwendungen gegen den durch das ausländische Urteil titulierten Anspruch erheben, sofern diese nicht gemäß § 767 II ZPO analog präkludiert sind.[325]

Insgesamt führt das Verfahren der Vollstreckbarerklärung eines ausländischen Urteils im praktischen Ergebnis (Zeitaufwand, Kosten) für den Gläubiger, der bereits im Ausland obsiegt hat, zu einer doppelten Prozessführung. EuGVÜ und Brüssel I-VO haben deshalb dieses Verfahren entscheidend vereinfacht.[326]

E. EG-Verordnung über die gerichtliche Zuständigkeit und die Anerkennung und Vollstreckung von Entscheidungen in Zivil- und Handelssachen (Brüssel I-VO)

Literatur: *Beraudo*, Le règlement (CE) du Conseil du 22 décembre 2000 concernant la compétence judiciaire, la reconnaissance et l'exécution du décisions en matière civile et commerciale, Clunet 2001, 1033–1106; *Geimer*, Salut für die Verordnung (EG) Nr. 44/2001 (Brüssel I-VO), IPRax 2002, 69–74; *Geimer/Schütze*, Europäisches Zivilverfahrensrecht, 2. Aufl. (2004); *Gaudemet-Tallon*, Compétence et exécution des jugements en Europe, 3. Aufl. (2002); *Hau*, Der Vertragsgerichtsstand zwischen judizieller Konsolidierung und legislativer Neukonzeption, IPRax 2000, 354–361; *Hausmann*, The Revision of the Brussels Convention of 1968, EurLForum 2000, 40–49; *Kennett*, The Brussels I Regulation, IntCompLQ 2001, 725–737; *dies.*, Enforcement of judgments in Europe (2000); *Kohler*, Die Revision des Brüsseler und des Luganer Übereinkommens über die gerichtliche Zuständigkeit und die Vollstreckung gerichtlicher Entscheidungen in Zivil- und Handelssachen – Generalia und Gerichtsstandsproblematik, in: Gottwald (Hrsg.), Revision des EuGVÜ – Neues Schiedsverfahrensrecht (2000), S. 1–37; *Kropholler*, Europäisches Zivilprozessrecht, 8. Aufl. (2005); *ders.*, Die Auslegung der EG-Verordnungen zum Internationalen Zivil- und Verfahrensrecht, FS Max-Planck-Institut für Privatrecht (2001), S. 583–594; *ders./von Hinden*, Die Reform des europäischen Gerichtsstands am Erfüllungsort (Art. 5 Nr. 1 EuGVÜ), GS Lüderitz (2000), S. 401–414; *Leipold*, Internationale Zuständigkeit am Erfüllungsort – Das Neueste aus Luxemburg und Brüssel, GS Lüderitz (2000), S. 431–453; *Micklitz/Rott*, Vergemeinschaftung des EuGVÜ in der Verordnung (EG) Nr. 44/2001, EuZW 2001, 325–334; *Nuyts*, La communautarisation de la convention de Bruxelles, Jtrib 2001, 913–422; *Rauscher* (Hrsg.), Europäisches Zivilprozessrecht, 2. Aufl. 2006); *Schlosser*, EU-Zivilprozessrecht, 2. Aufl. (2003); *R. Wagner*, Vom Brüsseler Übereinkommen über die Brüssel I–Verordnung zum Europäischen Vollstreckungstitel, IPRax 2002, 75–95.

---

[324] Hierzu Rn. 158–176.
[325] *BGH* 5. 5. 1982, BGHZ 84, 17 (22) = NJW 1982, 1947 = IPRax 1983, 33 m. Anm. *Beitzke*, 16–18 = IPRspr 1982 Nr. 136; *Schack*, IZVR, Rn. 945.
[326] S. Rn. 266–270. Zum Europäischen Vollstreckungstitel vgl. Rn. 270 a ff.

I. Entwicklung

1. Hintergrund

182 Das Brüsseler EWG-Übereinkommen über die gerichtliche Zuständigkeit und die Vollstreckung gerichtlicher Entscheidungen in Zivil- und Handelssachen (EuGVÜ) in seiner ursprünglichen Fassung vom 27. 9. 1968[327] trat am 1. 2. 1973 zwischen den damaligen Mitgliedstaaten der Europäischen Wirtschaftsgemeinschaft[328] in Kraft.[329] Es hat sich in über einem Vierteljahrhundert praktischer Anwendung zum tragenden Fundament des internationalen Verfahrensrechts im Binnenmarkt entwickelt. Es schuf ein transparentes Zuständigkeitssystem und ein einfaches Verfahren zur Anerkennung und Vollstreckung gerichtlicher Entscheidungen. Anlässlich des Beitritts neuer Staaten wurde das EuGVÜ mehrfach geändert. Im Jahre 1997 setzte der Rat eine Arbeitsgruppe ein, die im April 1999 ihre Vorschläge einer umfassenden Revision vorlegte.[330] Auf der Grundlage der Art. 61 lit. c, 65 EG[331] hat der Rat am 22. 12. 2000 die Verordnung über die gerichtliche Zuständigkeit und die Anerkennung und Vollstreckung von Entscheidungen in Zivil- und Handelssachen („Brüssel I-VO")[332] erlassen. Nach ihrem Art. 76 ist die Brüssel I-VO am 1. 3. 2002 in Kraft getreten und hat im Verhältnis zwischen den Mitgliedstaaten[333] das EuGVÜ ersetzt (vgl. Art. 68 I Brüssel I-VO).[334]

2. Unmittelbare Geltung der Verordnung

183 Im Gegensatz zum EuGVÜ[335] gilt die Brüssel I-VO gemäß Art. 249 II EG unmittelbar in den Mitgliedstaaten der Gemeinschaft. Es bedarf also keines weiteren Umsetzungsaktes durch die nationalen Legislativorgane. Damit erstreckt sich die Verordnung als *acquis communautaire* automatisch auf neue Mitgliedstaaten.

184 Grundsätzlich gelten Verordnungen in sämtlichen Mitgliedstaaten gleichermaßen. Für Titel IV des EG-Vertrags – der unter anderem auch die justitielle Zusammenarbeit in Zivilsachen erfasst – bestehen nach Art. 69 EG indes Sonderregelungen für das Vereinigte Königreich, Irland sowie

---

[327] BGBl. 1972 II S. 774.

[328] Bundesrepublik Deutschland, Belgien, Frankreich, Italien, Luxemburg und die Niederlande.

[329] BGBl. 1973 II S. 60.

[330] Revised Meeting Doc. Nr. 18, SN 2581/1/99 REV 1 v. 26. 4. 1999.

[331] Vgl. hierzu § 1 Rn. 118–119.

[332] VO Nr. 44/2001 (ABl. EG Nr. L 12/1).

[333] Zur Sonderregelung des Art. 69 EG für das Vereinigte Königreich, Irland und Dänemark s. u. Rn. 184.

[334] Zur intertemporalen Regelung s. Rn. 215.

[335] Vgl. hierzu 6. Aufl., § 3 Rn. 183.

Dänemark. Während das Vereinigte Königreich und Irland der Brüssel I-VO durch entsprechende Erklärungen beigetreten sind, steht Dänemark dieser Weg nicht offen.[336] Ein praktischer Ausweg wurde dadurch geschaffen, dass Dänemark – wie ein Drittstaat – völkerrechtliche Abkommen mit der EG abschloss und diese innerstaatlich in Kraft setzte. Auf diesem Wege wurden zum 1. 7. 2007 die Brüssel I-VO sowie die EuZVO auch in Dänemark in Kraft gesetzt.[337]

3. Inhaltliche Änderungen gegenüber dem EuGVÜ

Die Brüssel I-VO beschränkt sich nicht auf technische Korrekturen des **185** EuGVÜ.[338] Wesentliche Änderungen[339] betreffen die besonderen Gerichtsstände für vertragliche Ansprüche, Versicherungssachen, Verbrauchersachen und Arbeitssachen sowie die Straffung des Exequaturverfahrens. Darüber hinaus wurden zentrale Begriffe des EuGVÜ, zu deren Ausfüllung bisher auf das nationale Recht zurückgegriffen wurde, autonom festgelegt.[340]

4. Parallelverordnung für Ehe- und Kindschaftssachen

Die europäische Integration erfasst zunehmend die private Sphäre der **186** Bürger. Die Freiheit des Personenverkehrs verlangt eine Anerkennung gerichtlicher Statusentscheidungen im gesamten Binnenmarkt; sowohl die Freizügigkeit der Arbeitnehmer (Art. 39 ff. EG) als auch die Niederlassungsfreiheit (Art. 43 ff. EG) ermöglichen eine dauernde Wohnsitznahme in einem anderen Mitgliedstaat.[341] Dem haben die Mitgliedstaaten durch das EU-Übereinkommen über die Zuständigkeit und die Anerkennung und Vollstreckung von Entscheidungen in Ehesachen vom 28. 5. 1998 (EheEuGVÜ)[342] Rechnung getragen.

---

[336] Vgl. Art. 1, 2 des Protokolls (Nr. 5) über die Position Dänemarks (1997), (BGBl. 1998 II S. 466).

[337] Abkommen über die gerichtliche Zuständigkeit und die Anerkennung und Vollstreckung von Entscheidungen in Zivil- und Handelssachen, ABl. EG 2005 Nr. L 299/62; Abkommen über die Zustellung gerichtlicher und außergerichtlicher Schriftstücke in Zivil- und Handelssachen, ABl. EG 2005 Nr. L 300/55; zum Inkrafttreten ABl. EG 2007 Nr. 94/70; vgl. dazu auch *Nielsen*, Brussels I and Denmark, demnächst in IPrax.

[338] A. A.: *Heß*, JZ 2001, 573–583 (577).

[339] Eine Brüssel I-VO/EuGVÜ-Synopse ist bei *Kropholler*, EuZPR, Textanhang I abgedruckt; eine kommentierte Konkordanztabelle findet sich auf der Website von Prof. *Münch* unter http://www.jura.uni-goettingen.de/muench/eugvtab.html.

[340] So z. B. der Erfüllungsort (Art. 5 Nr. 1 Brüssel I-VO), der Sitz juristischer Personen (Art. 60 Brüssel I-VO) und der Zeitpunkt der Rechtshängigkeit (Art. 30 Brüssel I-VO).

[341] Vgl. *Streinz*, Europarecht, 7. Aufl. (2005), Rn. 877, 886.

[342] ABl. EG 1998 Nr. 221/1; dazu näher *Hau*, Internationales Eheverfahrensrecht in der Europäischen Union, FamRZ 1999, 484–488. Zu Einzelheiten des geltenden Internationalen Eheverfahrensrechts vgl. § 8 Rn. 60–72.

Dieser völkerrechtliche Vertrag, inhaltlich deutlich am EuGVÜ orientiert, ist indes nie in Kraft getreten, da er zwischenzeitlich von den Regelungen des Amsterdamer Vertrags gleichsam „überholt" wurde: Am 29. 5. 2000 hat der Rat – wiederum gestützt auf Art. 61 lit. c, 65 EG – die Verordnung über die Zuständigkeit und die Anerkennung und Vollstreckung von Entscheidungen in Ehesachen und in Verfahren betreffend die elterliche Verantwortung für die gemeinsamen Kinder der Ehegatten („Brüssel II-VO in ihrer ursprünglichen Fassung")[343] erlassen, die am 1. 3. 2001 in Kraft trat. Diese wurde allerdings bald obsolet: Am 1. 8. 2004 ist die „Brüssel II-VO"[344] in ihrer derzeit gültigen Fassung in Kraft getreten, die in weiten Teilen erst seit dem 1. 3. 2005 anwendbar ist. Sie erweitert den sachlichen Anwendungsbereich der ursprünglichen Brüssel II-VO erheblich, da sie insbesondere alle grenzüberschreitenden Verfahren zur elterlichen Verantwortung erfasst; Anwendungsvoraussetzung ist weder, dass es sich um die gemeinsamen Kinder der Ehegatten handelt, noch dass das Sorgerechtsverfahren in Verbindung mit Ehesachen stattfindet. Weiterhin enthält die neue Verordnung Regelungen zur gerichtlichen Zuständigkeit bei grenzüberschreitenden Kindesentführungsfällen.[345] – Für güter- und erbrechtliche Entscheidungen besteht eine solche Rechtseinheit noch nicht.[346]

5. Luganer Parallelübereinkommen zum EuGVÜ vom 16. 9. 1988

187   Der Erfolg des EuGVÜ weckte den Wunsch anderer europäischer Staaten, dem System der erleichterten Anerkennung von Urteilen beizutreten, ohne deshalb gleich die Mitgliedschaft in der EU anzustreben. Ergebnis ist das Luganer Übereinkommen über die gerichtliche Zuständigkeit und die Vollstreckung gerichtlicher Entscheidungen in Zivil- und Handelssachen (LugÜ) vom 16. 9. 1988.[347] Durch die rasante Erweiterung des Kreises der Mitgliedstaaten der EG ist die Bedeutung des Übereinkommens stark geschrumpft. Sie beschränkt sich auf Verfahren mit Bezug zu Island, Norwegen und der Schweiz.

II. Auslegung

1. Auslegungskompetenz des EuGH

188   Internationale Rechtseinheit wird erst verwirklicht, wenn die vereinheitlichten Gesetzestexte in den einzelnen Staaten auch einheitlich angewendet werden. Für das EuGVÜ war die einheitliche Anwendung

---

[343] VO Nr. 1347/2000 (ABl. EG Nr. L 160/19).Vgl. dazu auch § 8 Rn. 60a.

[344] VO Nr. 2201/2003 (ABl. EG Nr. L 338/1) = *Jayme/Hausmann*, Nr. 162. Dazu ausführlich § 8 Rn. 60a–66b.

[345] Ausführlich hierzu § 8 Rn. 60a–66b, 96–104.

[346] Vgl. indes Nr. 40 lit. b, 41 lit. c des Aktionsplans des Rates und der Kommission zur bestmöglichen Umsetzung der Bestimmungen des Amsterdamer Vertrages über den Aufbau eines Raumes der Freiheit, der Sicherheit und des Rechts v. 3. 12. 1998, ABl. EG 1999 Nr. C 19/1 = IPRax 1999, 288. Dazu auch: *Hohloch,* Kollisionsrecht in der Staatengemeinschaft, FS Stoll (2001), S. 533–551 (535–545).

[347] BGBl. 1994 II S. 2660 = *Jayme/Hausmann*, Nr. 160.

durch das Luxemburger Auslegungsprotokoll vom 3. 6. 1971[348] sichergestellt; dieses begründete die oberste Auslegungskompetenz des EuGH für das EuGVÜ, die Beitrittsübereinkommen und das Auslegungsprotokoll selbst. Heute ergibt sich die Zuständigkeit des EuGH für Auslegungsfragen unmittelbar aus Art. 220 ff. EG.

Zentrales Instrument zur Sicherung der einheitlichen Anwendung des **189** Gemeinschaftsrechts ist das Vorabentscheidungsverfahren nach Art. 234 (ex-Art. 177) EG, das für den Bereich des Titels IV des EG-Vertrags durch Art. 68 EG modifiziert wird. Nach Art. 68 I EG ist allein das letztinstanzlich mit einer Rechtssache befasste Gericht eines Mitgliedstaates zur Vorlage an den EuGH berechtigt, aber auch verpflichtet. Gegenüber der allgemeinen Regel des Art. 234 II EG und des zum EuGVÜ geltenden Art. 2 Nr. 2 Auslegungsprotokoll, nach denen *jedes* nationale Gericht bzw. *jede* Rechtsmittelinstanz vorlageberechtigt ist, bedeutet dies eine Einschränkung und zeitliche Verzögerung der Vorlageverfahren.[349]

Die Vorabentscheidung des EuGH bindet das vorlegende Gericht nur für den anhängigen Rechtsstreit. Da ein Gericht, das von der Rechtsprechung des EuGH abweichen will, die Rechtsfrage erneut vorlegen muss, kann man aber von faktischer Bindungswirkung sprechen.[350]

Das Vorabentscheidungsverfahren löst nur Auslegungsprobleme in einem schwebenden Verfahren, während sich die unterschiedliche Handhabung der Verordnung und damit ein Auslegungsbedürfnis auch erst aus dem Vergleich verschiedener rechtskräftiger Entscheidungen ergeben können. Für diesen Fall sieht Art. 68 III EG vor, dass der EuGH eine solche Frage auf Antrag des Rates, der Kommission oder eines Mitgliedstaates klären kann, jedoch ohne Wirkung für die bereits ergangenen Entscheidungen (Art. 68 III 2 EG). Ein ähnlicher „recours dans l'intérêt de la loi" war bereits in Art. 4 des Auslegungsprotokolls zum EuGVÜ vorgesehen. Die Zweckmäßigkeit dieser Regelung erscheint fraglich: Von der Möglichkeit ist schon unter dem EuGVÜ kein Gebrauch gemacht worden.[351]

Die Vorlagepflicht nach Art. 68 I, 234 EG kann entfallen, soweit der EuGH die strei- **190** tige Frage bereits einmal entschieden hat, oder wenn die richtige Anwendung der Verordnung derart offenkundig ist, dass keinerlei Raum für einen vernünftigen Zweifel bleibt *(acte clair)*. Von einem solchen „acte clair" darf das Gericht aber nur dann ausgehen, wenn es überzeugt ist, dass auch für die Gerichte der übrigen Mitgliedstaaten und den Gerichtshof die gleiche Gewissheit besteht.[352]

---

[348] BGBl. 1972 II S. 846, i. d. F. des 4. Beitrittsübereinkommens (BGBl. 1998 II S. 1411); vgl. dazu ausführlich 6. Aufl., § 3 Rn. 188–190.

[349] Krit.: *Heß,* NJW 2000, 23–32 (28 f.); differenzierend: *Kropholler,* FS MPI (2001), S. 583–594 (587 f.).

[350] *Schack,* IZVR, Rn. 87.

[351] *Schlosser,* EuZPR, 1. Aufl. (1996), Vorb. 4 zu Ausl. Prot. EuGVÜ.

[352] *EuGH* 6. 10. 1982, Rs. 283/81 – „C. I. L. F. I. T.", EuGHE 1982, 3415 = EuR 1983, 161 m. Anm. *Millarg.* Ein bemerkenswertes Beispiel vorschneller Bejahung eines acte clair bietet: *BGH* 12. 5. 1993, NJW 1993, 2753 = IPRax 1994, 115 m. Anm. *Geimer,* 82–85 = IPRspr 1993 Nr. 139; der *EuGH* entschied bald darauf in gegenteiligem Sinne: *EuGH* 13. 7. 1995, Rs. C-341/93 – „Danvaern", EuGHE 1995 I, 2053 = IPRax 1997, 114 m. Anm. *Philip,* 97 f.

2. Auslegungsmethoden

191 Die Auslegung der Brüssel I-VO folgt den überkommenen Grundsätzen. Bereits bei Auslegung des EuGVÜ hat der EuGH, ungeachtet dessen Rechtsnatur als völkerrechtlicher Vertrag, die dem Europarecht eigenen Methoden verwendet.[353] Sofern die Regelungen des EuGVÜ inhaltlich unverändert in die Brüssel I-VO überführt worden sind, gilt somit die zum EuGVÜ entwickelte Auslegung fort.[354]

Zur „Wahrung des Rechts" (Art. 220 EG) greift der EuGH auf die allgemein anerkannten Auslegungsmethoden zurück.[355] Besonderheiten ergeben sich aus den Zielen der Europäischen Gemeinschaft und aus der Struktur des Gemeinschaftsrechts. Da das Sekundärrecht in allen Amtssprachen gleichermaßen verbindlich ist,[356] müssen im Rahmen der *grammatikalischen* Auslegung die unterschiedlichen sprachlichen Fassungen der Brüssel I-VO herangezogen werden. Die *systematische* Auslegung berücksichtigt nicht nur den Aufbau der Verordnung, sondern auch deren Verhältnis zum übrigen Gemeinschaftsrecht. Für die *historische* Auslegung hilfreich sind die Sachverständigenberichte zu den einzelnen Beitrittsübereinkommen zum EuGVÜ[357], die für die inhaltsgleichen Vorschriften der Brüssel I-VO weiterhin heranzuziehen sind. Vor dem Hintergrund der zunehmenden Integration als Ziel der Europäischen Union misst der EuGH der *teleologischen* Auslegung besonderes Gewicht bei. Diese orientiert sich an den allgemeinen Zielsetzungen der Brüssel I-VO[358] und am Zweck der jeweiligen Vorschriften.[359] Diese Ziele würden gefährdet, wenn man die lex fori des jeweils angerufenen Gerichts als Auslegungsmaßstab zulassen würde.

192 Der EuGH entschied sich daher bereits unter dem EuGVÜ – in der *Eurocontrol*-Entscheidung[360] – für eine *autonome* Auslegung: Nicht das Recht eines der beteiligten Staaten ist maßgebend, sondern Zielsetzungen und

---

[353] Ebenso *Kropholler*, FS MPI (2001), S. 583–594 (589).

[354] Aus diesem Grund werden im Folgenden Literatur und Rechtsprechung zum EuGVÜ ohne besondere Kennzeichnung zitiert.

[355] Ausführlich zu den einzelnen Auslegungskriterien: *Kropholler*, FS MPI (2001), S. 583–594 (590–594).

[356] Vgl. Art. 4 der Verordnung Nr. 1 des Rates zur Regelung der Sprachenfrage für die Europäische Gemeinschaft v. 15. 4. 1958 (ABl. EG Nr. L 17/395), geändert durch Beitrittsvertrag v. 24. 6. 1994 (ABl. EG Nr. C 241/285); *Streinz*, Europarecht, 7. Aufl. (2005), Rn. 274.

[357] *Jenard* zum EuGVÜ 1968 (ABl. EG 1979 Nr. C 59/1); *Schlosser* zum EuGVÜ 1978 (ABl. EG 1979 Nr. C 59/71); *Kerameus/Evrigenis* zum EuGVÜ 1982 (ABl. EG 1986 Nr. C 298/1); *Almeida Cruz/Desantes Real/Jenard* zum EuGVÜ 1989 (ABl. EG 1990 Nr. C 189/35).

[358] Vgl. insbes. 1. und 2. Erwägungsgrund zur Brüssel I-VO.

[359] *Kropholler*, EuZPR, Einl., Rn. 46.

[360] *EuGH* 14. 10. 1976, Rs. 29/76, EuGHE 1976, 1541 = NJW 1977, 489 (490) m. Anm. *Geimer*.

Systematik der vereinheitlichten Regelungen sowie die allgemeinen Rechtsgrundsätze, die sich aus der Gesamtheit der innerstaatlichen Rechtsordnungen ergeben. Nur eine autonome, d.h. nicht an nationale Rechtsordnungen gebundene, Auslegung gewährleistet eine einheitliche Anwendung der Vorschriften, denn andernfalls könnten die Mitgliedstaaten durch die Änderung ihres nationalen Rechts oder abweichende Qualifikation den Anwendungsbereich der Bestimmungen nach Belieben einengen oder ausweiten.[361] Diese Praxis einer eigenständigen Begriffsbildung wurde im Zuge der Verordnungsgebung weiter gefestigt, indem zentrale Begriffe, zu deren Ausfüllung bisher auf das nationale Recht zurückgegriffen wurde, in der Verordnung selbst festgelegt wurden.[362]

3. Auslegung des Parallelübereinkommens von Lugano

Für das LugÜ, das mit Staaten abgeschlossen wurde, die nicht der EU **193** angehören, scheidet eine verbindliche Auslegungszuständigkeit des EuGH aus. Insbesondere kann das Gericht eines EU-Mitgliedstaates dem EuGH eine in casu zum LugÜ klärungsbedüftige Frage nicht mit dem Argument vorlegen, es beabsichtige, in gleichgelagerten Fällen zur Brüssel I-VO entsprechend zu entscheiden.[363] Andererseits muss eine einheitliche Auslegung gewährleistet sein. Das LugÜ wird deshalb durch Absichtserklärungen ergänzt,[364] wonach ein regelmäßiger Informationsaustausch zwischen den Vertragsstaaten vorgesehen ist.

III. Anwendungsbereich

1. Sachlicher Anwendungsbereich

a) Zivil- und Handelssachen (Art. 1 I Brüssel I-VO)

Der sachliche Anwendungsbereich der Brüssel I-VO wird durch deren **194** Art. 1 bestimmt. Gemäß Art. 1 I 1 Brüssel I-VO gilt die Verordnung in Zivil- und Handelssachen, ohne dass es auf die Art der Gerichtsbarkeit ankommt. Erfasst werden arbeitsrechtliche Streitigkeiten (vgl. Art. 18–21 Brüssel I-VO), aber auch strafrechtliche Adhäsionsverfahren i.S.d. Art. 5 Nr. 4 Brüssel I-VO, in denen im Strafverfahren (z.B. wegen eines Verkehrsunfalls) über zivilrechtliche Schadensersatzansprüche wegen

---

[361] *Geimer*, NJW 1977, 492–493 (492).

[362] So z.B. der Erfüllungsort (Art. 5 Nr. 1 Brüssel I-VO), der Sitz juristischer Personen (Art. 60 Brüssel I-VO) und der Zeitpunkt der Rechtshängigkeit (Art. 30 Brüssel I-VO).

[363] Vgl. zum Streitstand: *Kropholler*, EuZPR, Einl., Rn. 71–78; *Geimer/Schütze*, EuZVR, Einl., Rn. 193.

[364] Vgl. Protokoll Nr. 2 über die einheitliche Auslegung des Übereinkommens v. 16. 9. 1988 (BGBl. 1994 II S. 2697) = *Jayme/Hausmann*, Nr. 152 (Anhang).

dieser Straftat mitentschieden wird.[365] Nicht in den sachlichen Anwendungsbereich der Brüssel I-VO fallen hingegen steuer-, zoll-
und verwaltungsrechtliche Angelegenheiten (vgl. Art. 1 I 2 Brüssel I-
VO).[366]

195 Der sachliche Anwendungsbereich der Verordnung ist autonom zu
bestimmen.[367] Die in den einzelnen Mitgliedstaaten unterschiedliche
Abgrenzung von Zivil- und Handelssachen auf der einen und öffentlich-
rechtlichen Streitigkeiten auf der anderen Seite kann daher weder der
jeweiligen lex fori noch (im Rahmen des Anerkennungsverfahrens) dem
Recht des Erststaates überlassen werden. Vielmehr sind die gemeinsamen Rechtsgrundsätze zu ermitteln, die den verschiedenen nationalen
Regelungen zugrunde liegen. Demgemäß ist etwa der Rechtsstreit zwischen einer Privatperson und einer Behörde, die in Ausübung hoheitli-
cher Befugnisse gehandelt hat, vom Anwendungsbereich der Verordnung ausgeschlossen.[368]

196–198 **Fall:**[369] Eine deutsche Schulklasse unternimmt einen Ausflug nach Italien. Da der
Lehrer seine Aufsichtspflicht schuldhaft vernachlässigt, erleidet ein Schüler einen
tödlichen Unfall. In Italien wird daraufhin ein Strafverfahren gegen den Lehrer
durchgeführt, in dessen Rahmen er zu einer hohen Schadensersatzleistung an die Eltern des Schülers verurteilt wird *(Adhäsionsverfahren)*. Die Eltern des Schülers möch-
ten aus dem Urteil in Deutschland gegen den Lehrer vollstrecken lassen.

Nach deutschem Recht handelt es sich bei dem in Italien festgestellten Schadensersatzanspruch gegen den Lehrer um einen Amtshaftungsanspruch i. S. v. Art. 34 GG,
§ 839 BGB. In Staatshaftungssachen ist die Brüssel I-VO nicht anwendbar.[370] Der
Begriff der Staatshaftung ist indes, da er über den Anwendungsbereich der Verordnung entscheidet, autonom auszulegen. Die rechtsvergleichende Untersuchung des
EuGH ergab, dass die Haftung des Lehrers gegenüber seinen Schülern in den übrigen
Mitgliedstaaten als zivilrechtliche Deliktshaftung ausgestaltet ist. Die Beaufsichtigung
von Schülern ist keine Tätigkeit, die nur von einem Hoheitsträger wahrgenommen
werden kann. Daher steht Art. 1 I 2 Brüssel I-VO der sachlichen Anwendbarkeit der
Verordnung nicht entgegen.[371]

---

[365] Hierzu unten Rn. 229.
[366] Vgl. hierzu jedoch *EuGH* 15. 5. 2003, Rs. C-266/01 – „Préservatrice foncière" =
IPRax 2003, 528 m. Anm. *Geimer,* 512–515 (Klage des niederländischen Staates gegen private Bürgen auf Zahlung von Zollschulden ist nicht hoheitlich).
[367] So bereits zum EuGVÜ: *EuGH* 14. 10. 1976, Rs. 29/76 – „Eurocontrol", EuGHE
1976, 1541 = NJW 1977, 489 m. Anm. *Geimer;* dazu ausführlich 6. Aufl., § 3
Rn. 192. Vgl. auch *EuGH* 16. 12 1980, Rs. 814/79 – „Rüffer", EuGHE 1980, 3807
= IPRax 1981, 169 m. Anm. *Schlosser,* 154f.; dazu näher 6. Aufl., § 3 Rn. 198.
[368] *EuGH* 14. 10. 1976, Rs. 29/76 – „Eurocontrol", EuGHE 1976, 1541 = NJW 1977,
489 (490); vgl. *Freitag,* IPRax 2004, 305–309.
[369] *EuGH* 21. 4. 1993, Rs. C-172/91 – „Sonntag", EuGHE 1993 I, 1963 = IPRax 1994,
37 m. Anm. *Heß,* 10–12. Zur autonomen Auslegung des sachlichen Anwendungsbereichs vgl. auch *EuGH* 16. 12. 1980, Rs. 814/79 – „Rüffer", EuGHE 1980, 3807
= IPRax 1981, 169 m. krit. Anm. *Schlosser,* 154f. (behördliche Verkehrssicherungs-
pflicht); hierzu ausführlich 6. Aufl., § 3 Rn. 197f.
[370] *Schack,* IZVR, Rn. 97.
[371] Zur anerkennungsrechtlichen Problematik des Falls unten Rn. 265. Zur Prozessge-
schichte: *Kubis,* ZEuP 1995, 846–863.

Rückgriffsklagen, mit denen eine öffentliche Stelle gegenüber einer Privatperson die Rückzahlung von Beträgen verfolgt, die sie als Sozialhilfe an den geschiedenen Ehegatten und an das Kind dieser Person gezahlt hat, fallen nur dann unter den Begriff der Zivilsache, wenn für die Grundlage dieser Klage und die Modalitäten ihrer Erhebung die allgemeinen Vorschriften über Unterhaltsverpflichtungen gelten. Keine Zivilsache liegt hingegen vor, wenn sich die öffentliche Stelle hierbei auf besondere hoheitliche Befugnisse stützt.[372]

b) Ausnahmen (Art. 1 II Brüssel I-VO)

Art. 1 II Brüssel I-VO nimmt bestimmte Rechtsgebiete vom Anwendungsbereich der Verordnung aus. Diese Ausnahmen sind gleichfalls autonom auszulegen.[373]   **199**

Bestimmte Teile des Familienrechts sowie das Erbrecht werden gemäß Art. 1 II lit. a Brüssel I-VO vom Anwendungsbereich der Verordnung ausgenommen. Dies gilt jedoch nicht für Unterhaltsansprüche (arg. Art. 5 Nr. 2 Brüssel I-VO) oder vermögensrechtliche Ansprüche wegen Verlöbnisbruchs.[374] Während Ehestatus- und Kindschaftssachen von den Regelungen der Brüssel II-VO erfasst werden, besteht für güter- und erbrechtliche Auseinandersetzungen noch keine gemeinschaftsrechtliche Lösung.[375]   **200**

Nicht in den Anwendungsbereich der Brüssel I-VO fallen Konkurssachen (lit. b)[376]; auf diesem Gebiet gilt seit dem 31. 5. 2002 die EG-Verordnung über Insolvenzverfahren.[377] Ebenfalls vom Anwendungsbereich der Brüssel I-VO ausgenommen sind Angelegenheiten der sozialen Sicherheit (lit. c)[378] und Schiedsverfahren (lit. d). Selbst wenn die Wirksamkeit einer Schiedsvereinbarung und damit (bei Unwirksamkeit der Schiedsvereinbarung) die Anwendbarkeit der Brüssel I-VO in Frage steht, ist die mit einer Schiedsvereinbarung einhergehende Derogation   **201**

---

[372] *EuGH* 14. 11. 2002, Rs. C-271/00 – „Gemeente Steinbergen/Luc Baten", EuGHE 2002 I, 10 489 = IPRax 2004, 237 m. Anm. *Martiny*, 195–205; Geimer/Schütze/ *Geimer*, EuZVR, Art. 1 EuGVVO Rn. 142 ff.

[373] *EuGH* 22. 2. 1979, Rs. 133/78 – „Gourdain/Nadler", EuGHE 1979, 733 = NJW 1979, 1772.

[374] So auch: *Geimer*, LM § 29 ZPO Nr. 8; *Mankowski*, IPRax 1997, 173–182 (174 f.), jeweils gegen *BGH* 28. 2. 1996, BGHZ 132, 105 = NJW 1996, 1411 = IPRax 1997, 187 = IPRspr 1996 Nr. 142.

[375] Hierzu oben Rn. 186.

[376] Zum Begriff vgl. *EuGH* 22. 2. 1979, Rs. 133/78 – „Gourdain/Nadler", EuGHE 1979, 733 = NJW 1979, 1772.

[377] VO (EG) Nr. 1346/2000 des Rates v. 29. 5. 2000 über Insolvenzverfahren (ABl. EG Nr. L 160/1) = *Jayme/Hausmann*, Nr. 260. Vgl. insbes. zu Art. 5 der Verordnung unten § 12 Rn. 5.

[378] Hier ist die Abgrenzung zum öffentlichen Recht besonders problematisch; vgl. *EuGH* 14. 11. 2002, Rs. C-271/00 – „Gemeente Steinbergen/Luc Baten", EuGHE 2002 I, 10 489 = IPRax 2004, 237 m. Anm. *Martiny*, 195.

staatlicher Gerichte nicht anhand des Art. 23 Brüssel I-VO zu überprüfen.[379]

2. Räumlich-persönlicher Anwendungsbereich

202 Bezüglich des *räumlich-persönlichen* Anwendungsbereichs der Brüssel I-VO ist zwischen den Zuständigkeitsregeln und der Anerkennung
und Vollstreckung von Entscheidungen zu unterscheiden.

a) Zuständigkeitsregeln

203 Verlangt wird ein hinreichender räumlicher Bezug zum Gebiet der EU,
der bei Personen in der Regel durch den Wohnsitz (vgl. Art. 2 I, 4 I
Brüssel I-VO), bei Immobilien durch den Belegenheitsort (Art. 22 Nr. 1
Brüssel I-VO) vermittelt wird. Den Art. 2 I, 3 I, 4 I Brüssel I-VO lässt
sich das allgemeine Prinzip entnehmen, dass Beklagte mit Wohnsitz im
Hoheitsgebiet eines Mitgliedstaats nach den Zuständigkeitsregeln der
Brüssel I-VO – und nur nach diesen (vgl. Art. 3 I Brüssel I-VO) – ver-
klagt werden können. Grundsätzlich wird der räumlich-persönliche
Anwendungsbereich der Brüssel I-VO somit durch den Wohnsitz des
Beklagten bestimmt. Die Staatsangehörigkeit des Beklagten ist dagegen
gemäß Art. 2 Brüssel I-VO für die Anwendbarkeit der Verordnung unerheblich.

204 Die Brüssel I-VO begründet in bestimmten Fällen die ausschließliche Zuständigkeit
der Gerichte eines Mitgliedstaates aufgrund des starken Bezugs des Streitgegenstands
zu dessen Hoheitsgebiet (Art. 22 Brüssel I-VO, z. B. Lageort der Immobilie). In diesen Fällen ordnet Art. 4 I die Anwendbarkeit der Verordnung unabhängig vom
Wohnsitz des Beklagten an. – Auch im Fall einer Gerichtsstandvereinbarung zugunsten der Gerichte eines Mitgliedstaats (Art. 23 Brüssel I-VO) findet die Verordnung
nach Art. 4 I ohne Rücksicht auf den Beklagtenwohnsitz Anwendung. Mit Blick
auf den Wortlaut des Art. 23 hat Art. 4 I Brüssel I-VO insofern klarstellende Funktion.[380]

b) Anerkennungs- und Vollstreckungsregeln

205 Für die Anwendbarkeit der Anerkennungs- und Vollstreckungsregeln
der Brüssel I-VO bestimmt Art. 32 Brüssel I-VO, dass eine Entscheidung in Rede stehen muss, die ein Gericht eines anderen Mitgliedstaates
erlassen hat. Ob dieses Gericht seine Entscheidungszuständigkeit auf die
Brüssel I-VO oder auf sein eigenes nationales Recht gestützt hat, ist für
die Anwendbarkeit der Verordnung unerheblich.

---

[379] *EuGH* 25. 7. 1991, Rs. C-190/89 – „Marc Rich", EuGHE 1991, 3855 = NJW
1993, 189 = IPRax 1992, 312 m. Anm. *Haas,* 292–296 = EuZW 1993, 136
m. Anm. *Wiegand,* EuZW 1992, 529–533; vgl. auch *Schlosser,* EuZPR, Art. 1
Rn. 23–25.
[380] Zum Anwendungsbereich des Art. 23 Brüssel I-VO s. im Übrigen Rn. 244.

c) Drittstaatenproblematik

Im Verhältnis zu Beklagten, die ihren Wohnsitz nicht in einem EU- **206** Mitgliedstaat haben, finden die Zuständigkeitsregeln der Brüssel I-VO (mit Ausnahme der Art. 22, 23 Brüssel I-VO) keine Anwendung. Vielmehr beurteilt sich die internationale Zuständigkeit insofern nach der lex fori des angerufenen Gerichts (vgl. Art. 4 I Brüssel I-VO). Damit kann zur Begründung der internationalen Zuständigkeit auf jene – in Anhang I zur Brüssel I-VO (ex-Art. 3 II EuGVÜ) aufgezählten – exorbitanten Gerichtsstände des nationalen Rechts zurückgegriffen werden, deren Anwendung zu Lasten von Beklagten mit Wohnsitz in einem Vertragsstaat durch Art. 3 I Brüssel I-VO ausgeschlossen ist.[381]

Zudem erweitert Art. 4 II Brüssel I-VO den Kreis der Personen, die sich gegenüber Beklagten mit Wohnsitz in Drittstaaten auf solche exorbitanten Gerichtsstände der lex fori berufen können, auf alle Einwohner des Forumstaates, unabhängig von deren Staatsangehörigkeit; relevant ist dies im Hinblick auf Staaten, deren Verfahrensrecht zwischen in- und ausländischen Klägern differenziert.

Beispiel: Nach Art. 14 Code civil hat ein Franzose für eine Klage gegen einen Ausländer stets einen Gerichtsstand in Frankreich. Aufgrund von Art. 4 II Brüssel I-VO kann sich ein Deutscher mit Wohnsitz in Frankreich ebenso wie ein Franzose auf Art. 14 Code civil berufen und z. B. einen US-Amerikaner in Frankreich verklagen.

Art. 4 II Brüssel I-VO begründet weitreichende Ausnahmen vom **207** Grundsatz „actor sequitur forum rei" und verringert somit den Beklagtenschutz. Folge des Art. 4 II Brüssel I-VO ist nämlich, dass ein Kläger den in einem Drittstaat wohnenden Beklagten regelmäßig am eigenen Wohnsitz verklagen kann. Indem Art. 4 II Brüssel I-VO die Staatsangehörigkeit des Klägers für unbeachtlich erklärt, wird zwar dem Diskriminierungsverbot des Art. 12 EG Rechnung getragen; dies führt jedoch zu einer erweiterten – rechtspolitisch fragwürdigen – Diskriminierung der Einwohner von Drittstaaten. Dabei kann Art. 4 II Brüssel I-VO auch zu Lasten von Staatsangehörigen des Forumstaates oder anderer EU-Mitgliedstaaten eingreifen, wenn diese in einem Drittstaat wohnen.

Grund für die Regelung des Art. 4 II Brüssel I-VO ist wohl, dass dem **208** Kläger möglichst oft ein Gerichtsstand in einem der Mitgliedstaaten eröffnet werden soll, damit er von den durch die Verordnung eröffneten Möglichkeiten der erleichterten Anerkennung und Vollstreckung profitieren kann. Da gemäß Art. 33 I, 38 I Brüssel I-VO grundsätzlich alle in einem anderen Vertragsstaat ergangenen gerichtlichen Entscheidungen (Art. 25 Brüssel I-VO) anzuerkennen bzw. zu vollstrecken sind, vervielfachen sich nämlich im Ergebnis die Vollstreckungsaussichten des Klä-

---

[381] Zum Folgenden: *Schack*, IZVR, Rn. 102–105 a. – Nicht zuletzt diese Drittstaatenproblematik hat insbesondere in den USA den Wunsch nach einem weltweiten Anerkennungsübereinkommen laut werden lassen; dazu oben Rn. 35.

gers, der mit einer Anerkennung des von ihm in einem Drittstaat erstrittenen Urteils nicht ohne weiteres rechnen kann.

3. Gemeinschaftsbezug als immanente Anwendungsvoraussetzung?

209 Die Abgrenzung des Anwendungsbereichs der vereinheitlichten Vorschriften im Verhältnis zu den nationalen Zuständigkeitsregeln der Mitgliedstaaten war Gegenstand der Entscheidung des EuGH in der Rechtssache „ *Group Josi Reinsurance Company* "[382]. Der EuGH hatte die – sich in gleicher Weise hinsichtlich der Brüssel I-VO stellende – Frage zu beantworten, ob die Zuständigkeitsvorschriften des EuGVÜ nur dann eingreifen, wenn der Sachverhalt Bezüge zu mehreren Vertragsstaaten aufweist. Während die Behandlung reiner Inlandssachverhalte seit jeher unstrittig war, haben Sachverhalte, die neben Beziehungen zu einem oder mehreren Drittstaaten Verbindungen zu nur *einem* Vertragsstaat aufwiesen, in der Vergangenheit Anlass zur Diskussion gegeben.

a) Reine Inlandssachverhalte

210 Die Anwendbarkeit der Brüssel I-VO setzt nicht voraus, dass ein „internationaler Sachverhalt" vorliegt.[383] Ob ein für die Anwendung der Verordnung hinreichender Auslandsbezug besteht, ergibt sich aus den jeweiligen Zuständigkeitsregeln. Führen alle zuständigkeitsrelevanten Tatsachen zum Recht eines einzigen Mitgliedstaates, so liegt ein reiner Inlandssachverhalt vor; die Brüssel I-VO ist in diesem Falle nicht entscheidungserheblich.[384]

b) Sachverhalte mit Bezug zu nur einem Vertragsstaat

211 **Fall:** [385] Ein britischer Staatsangehöriger mit Wohnsitz im Vereinigten Königreich mietet bei einem ebenfalls im Vereinigten Königreich ansässigen Privaten ein Ferienhaus in Jamaika. Dort erleidet er aufgrund unzureichender Sicherung des Privatstrands einen Badeunfall und begehrt nun vor englischen Gerichten Schadensersatz.

Vor der Entscheidung des EuGH[386] war die Behandlung von Sachverhalten, die außer der Beziehung zu nur *einem* Vertragsstaat lediglich Berührungspunkte zu einem oder mehreren Drittstaaten aufwiesen, umstritten. Unter – fragwürdiger – Berufung auf die

---

[382] *EuGH* 13. 7. 2000, Rs. C-412/98, EuGHE 2000 I, 5925 = NJW 2000, 3121 = IPRax 2000, 520 m. Anm. *A. Staudinger,* 483–488 = EurLForum 2000, 49 m. Anm. *Geimer;* dazu auch *Gebauer,* ZEuP 2001, 943–462.

[383] Ebenso *Kropholler,* EuZPR, vor Art. 2 Rn. 7. Zum Parallelproblem bei der Anwendung des Internationalen Privatrechts oben § 1 Rn. 15–25.

[384] Problematisch dazu *OGH,* 20. 4. 2004, IPRax 2006, 607 m. zust. Anm. *Heiderhoff,* 612–614: Der OGH hält für die Klage eines inländischen Verbrauchers gegen einen inländischen Reiseunternehmer aus einer Türkeireise trotz Verletzung des Verbrauchers in der Türkei die Brüssel I-VO wegen des Wortlauts von Art. 15, 16 Brüssel I-VO für unanwendbar. Dieser Auslandsbezug sei für die Anwendung der Brüssel I-VO unerheblich.

[385] Angelehnt an *EuGH,* 1. 3. 2005, Rs. C-281/02 – „Owusu" = IPRax 2005, 244.

[386] *EuGH* 13. 7. 2000, Rs. C-412/98 – „Group Josi Reinsurance Company", EuGHE 2000 I, 5925 = NJW 2000, 3121 = IPRax 2000, 520 m. Anm. *A. Staudinger,* 483–488 = EurLForum 2000, 49 m. Anm. *Geimer.*

Präambel des EuGVÜ verlangten ein Teil des Schrifttums[387] sowie manche nationalen Gerichte[388] als „ungeschriebene Anwendungsvoraussetzung" des EuGVÜ Bezüge des Sachverhalts zu mindestens zwei Vertragsstaaten.

In seinen Entscheidungen[389] wendet sich der EuGH nunmehr gegen eine derartige **212** Einschränkung des Anwendungsbereichs: Sie ist nicht mit dem Wortlaut des Art. 2 I EuGVÜ vereinbar, der ausschließlich den Wohnsitz des Beklagten – und gerade nicht den des Klägers – für maßgeblich erklärt. Sofern dem Klägerwohnsitz im Rahmen einzelner besonderer Gerichtsstände[390] Bedeutung zukommt, ist dies durch die gesteigerte Schutzbedürftigkeit des Klägers in diesen Fällen begründet; es handelt sich also um Sondervorschriften, die als solche restriktiv zu handhaben und keinesfalls zu verallgemeinern sind.

Diese Rechtsprechung des EuGH trägt auch nach dem Inkrafttreten der Brüssel I-VO: **213** Die EuGVÜ-Präambel – Ausgangspunkt der einschränkenden Auslegung – ist inhaltlich nicht in den Verordnungstext übernommen worden; hingegen lässt sich die vom EuGH befürwortete weite Auslegung nunmehr dem Wortlaut des 8. Erwägungsgrundes zur Brüssel I-VO[391] entnehmen. Zudem wird auch die der Brüssel I-VO zugrunde liegende Zielsetzung der Art. 61 lit. c, 65 EG – die Schaffung eines einheitlichen Rechtsraums – allein durch einen möglichst weiten Anwendungsbereich der Verordnung gewährleistet.

Die vereinheitlichten Zuständigkeitsregeln der Brüssel I-VO sind daher immer dann anzuwenden, wenn der Beklagte entweder seinen Wohnsitz in einem Mitgliedstaat hat oder eine ausschließliche Zuständigkeit nach Art. 22, 23 Brüssel I-VO begründet ist (Art. 4 I Brüssel I-VO).[392]

In Bezug auf Gerichtsstandsvereinbarungen war unter dem EuGVÜ umstritten, ob **214** durch die Vereinbarung eine aufgrund des EuGVÜ gegebene internationale Zuständigkeit eines anderen Vertragsstaates ausgeschlossen werden muss, damit die Vereinbarung von Art. 17 EuGVÜ erfasst wird. Die Neuformulierung des Art. 23 Brüssel I-VO stellt klar, dass dies nicht (mehr) erforderlich ist; vielmehr ist es den Parteien gestattet, durch entsprechende Vereinbarung von dem Grundsatz der ausschließlichen Zuständigkeit des prorogierten Gerichts abzuweichen und daneben auch die nach den übrigen Zuständigkeitsregeln der Brüssel I-VO gegebene Gerichtsbarkeit eines anderen Mitgliedstaates anzuerkennen.[393]

---

[387] *Piltz,* Die Zuständigkeitsordnung nach dem EWG-Gerichtsstands- und Vollstreckungsübereinkommen, NJW 1979, 1071–1075 (1072); *Schack,* IZVR, Rn. 241. Vgl. auch die Nachw. bei: *Kropholler,* EuZPR, Art. 23 Rn. 6–8; *Geimer/Schütze,* EuZVR, Art. 2 Rn. 101–117.

[388] *BGH* 12. 10. 1989, BGHZ 109, 29 (34) = NJW 1990, 317 = IPRax 1990, 318 m. krit. Anm. W. *Lorenz,* 292–295 = IPRspr 1989 Nr. 195; aus der englischen Rechtsprechung: In re Harrods (Buenos Aires) Ltd., (1991) 4 AllER 334 = 3 WLR 397 *(Court of Appeal).*

[389] *EuGH* 13. 7. 2000, Rs. C-412/98 – „Group Josi Reinsurance Company", EuGHE 2000 I, 5925 = NJW 2000, 3121 = IPRax 2000, 520 m. Anm. *A. Staudinger,* 483–488 = EurLForum 2000, 49 m. Anm. *Geimer; Gebauer,* ZEuP 2001, 949–962; *EuGH,* 1. 3. 2005, Rs. C-281/02 – „Owusu" = IPRax 2005, 244 m. Anm. *Heinze/Dutta,* 224–230.

[390] Z. B. Art. 5 Nr. 2 EuGVÜ (Art. 5 Nr. 2 Brüssel I-VO) in Unterhaltssachen, Art. 8 I 2 EuGVÜ (Art. 9 I lit. b Brüssel I-VO) in Versicherungssachen, Art. 14 I EuG-VÜ (Art. 16 I Brüssel I-VO) in Verbrauchersachen.

[391] „Anknüpfungspunkt an das Hoheitsgebiet *eines* der Mitgliedstaaten".

[392] *Kropholler,* EuZPR, vor Art. 2 Rn. 8-9; *Schlosser,* EuZPR, vor Art. 2 Rn. 5; *Geimer/Schütze,* EuZVR, Art. 2 Rn. 111–113.

[393] Hierzu näher Rn. 244.

4. Zeitlicher Anwendungsbereich

215 Die Brüssel I-VO ist am 1. 3. 2002 in Kraft getreten (Art. 76 Brüssel I-VO). Gemäß Art. 66 I Brüssel I-VO sind die Vorschriften der Verordnung auf alle Klagen anzuwenden, die nach diesem Zeitpunkt erhoben werden; dies gilt auch im Verfahren der Anerkennung und Vollstreckung. Zur Bestimmung des für die Klageerhebung maßgeblichen Zeitpunkts bietet sich ein Rückgriff auf Art. 30 Brüssel I-VO an.[394]

Darüber hinaus finden die Bestimmungen über die Anerkennung und Vollstreckung auch dann Anwendung, wenn die Klage zwar noch *vor* dem 1. 3. 2002 erhoben wurde, die anzuerkennende bzw. zu vollstreckende Entscheidung (vgl. Art. 32 Brüssel I-VO) aber erst *nach* diesem Zeitpunkt erlassen[395] worden ist (Art. 66 II Brüssel I-VO). Dies gilt aber nur dann, wenn im Zeitpunkt der Klageerhebung in beiden beteiligten Staaten (Urteilsstaat und Anerkennungs- bzw. Vollstreckungsstaat) entweder das EuGVÜ/LugÜ in Kraft war (Art. 66 II lit. a Brüssel I-VO) oder wenn sich die Zuständigkeit des Erstgerichts aus einem bilateralen Abkommen (vgl. Art. 69 f. Brüssel I-VO) bzw. aufgrund der hypothetischen Anwendung der Zuständigkeitsvorschriften der Brüssel I-VO ergibt (Art. 66 II lit. b Brüssel I-VO[396]).

IV. Entscheidungszuständigkeit

216 Die Zuständigkeiten der Brüssel I-VO sind – wie die des autonomen deutschen Rechts – zwingend ausgestaltet: Ein Rückgriff auf die Lehre vom forum non conveniens ist somit ausgeschlossen.[397]

Ebenfalls nicht mit der Brüssel I-VO vereinbar sind antisuit injunctions, mit denen das Gericht eines Mitgliedstaates in einem dort anhängigen Verfahren einer Partei untersagt, eine Klage bei einem Gericht eines anderen Vertragsstaates einzureichen oder ein dort anhängiges Verfahren weiterzubetreiben. Derartige Prozessführungsverbote widersprechen dem Grundsatz des gegenseitigen Vertrauens der Mitgliedstaaten in die Wahrung des für alle verbindlichen Zuständigkeitssystems.[398]

---

[394] S. u. Rn. 251.

[395] „Erlassen" ist eine Entscheidung, wenn sie nach dem Recht des Urteilsstaats nach außen wirksam geworden ist; vgl. *Kropholler*, EuZPR, Art. 54 Rn. 7 m. w. Nachw.

[396] Art. 66 II lit. b Brüssel I-VO entspricht der Regelung des Art. 54 II EuGVÜ; vgl. dazu: *Geimer/Schütze*, EuZVR, 1. Aufl. (1997), Art. 54 Rn. 2; *Kropholler*, EuZPR, Art. 54 Rn. 7; *Schlosser*, EuZPR, Art. 54 Rn. 1.

[397] Zum Streitstand: *Kropholler*, EuZPR, vor Art. 2 Rn. 20; *Schlosser*, EuZPR, vor Art. 2 Rn. 6; *P. Huber*, Die englische forum-non-conveniens-Doktrin und ihre Anwendung im Rahmen des EuGVÜ (1994); vgl. auch oben Rn. 68.

[398] *EuGH* 27. 4. 2004, Rs. C-159/02 – „Turner/Grovit", RIW 2004, 541 m. Anm. *Krause*, 533–541 = IPRax 2004, 425 m. Anm. *Rauscher*, 405–409; z. T. a. A. *Schlosser*, EuZPR, Art. 34–36 Rn. 5.

1. Allgemeiner Gerichtsstand (Art. 2 I Brüssel I-VO)

Die Brüssel I-VO folgt – wie die ZPO[399] – im Grundsatz der Regel „ac-   217
tor sequitur forum rei" und eröffnet einen allgemeinen Gerichtsstand
am Wohnsitz des Beklagten. Bei der Bestimmung des Wohnsitzes ist
zwischen natürlichen und juristischen Personen zu unterscheiden:
Art. 59 Brüssel I-VO (ex-Art. 52 EuGVÜ) betrifft den *Wohnsitz natürlicher Personen*. Gemäß Art. 59 I, II Brüssel I-VO ist insoweit das materielle Recht des Staates maßgeblich, in dem sich der behauptete Wohnsitz des Beklagten befinden soll. Art. 59 Brüssel I-VO bestimmt den
Wohnsitz somit nicht unmittelbar, sondern verweist als *Kollisionsnorm*
auf die nationalen Rechtsordnungen der Mitgliedstaaten.

Anders als der Wohnsitz natürlicher Personen ist der „Wohnsitz" von   218
juristischer Personen und rechtsfähigen Vermögensmassen *(trusts)*[400]
nicht mehr den Vorschriften der nationalen Rechtsordnungen zu entnehmen, sondern wird in Art. 60 Brüssel I-VO autonom festgelegt.
Maßgeblich ist der Ort des satzungsmäßigen Sitzes, der Hauptverwaltung oder der Hauptniederlassung.[401] Die Anknüpfungsmomente gelten
alternativ, so dass bei einem Auseinanderfallen von satzungsmäßigem
Sitz und tatsächlicher Hauptverwaltung einer Gesellschaft mehrere
Wohnsitze in verschiedenen Mitgliedstaaten bestehen.[402] Im Rahmen des
Art. 2 I Brüssel I-VO hat der Kläger danach die Wahl, in welchem dieser
Staaten er Klage erhebt.

Der Wohnsitzbegriff des Art. 60 Brüssel I-VO gilt nicht für gesellschaftsrechtliche
Klagen aus Art. 22 Nr. 2 Brüssel I-VO (ex-Art. 16 Nr. 2 EuGVÜ); hier ist der Sitz
weiterhin durch Rückgriff auf das IPR der lex fori zu bestimmen.[403]

Im Übrigen ist der Anwendungsbereich der Art. 59, 60 Brüssel I-VO nicht auf den
allgemeinen Gerichtsstand des Art. 2 I Brüssel I-VO beschränkt; aus der systemati-
schen Stellung der Bestimmungen im Abschnitt „Allgemeine Vorschriften" folgt deren einheitliche Geltung für alle Vorschriften der Verordnung, die auf den „Wohnsitz"
einer Person Bezug nehmen.

In Art. 2 I Brüssel I-VO nicht geregelt ist die örtliche Zuständigkeit.   219
Insoweit muss das angerufene Gericht auf die Zuständigkeitsregeln seines nationalen Prozessrechts zurückgreifen.

---

[399] Zu §§ 12, 13, 17 ZPO vgl. Rn. 40–42.
[400] Hierzu: *Conrad*, Qualifikationsfragen des Trust im Europäischen Zivilprozeßrecht
(2001).
[401] Dies entspricht den in Art. 48 EG für die Niederlassungsfreiheit geltenden An-
knüpfungspunkten. Zum internationalen Gesellschaftsrecht vgl. § 7 Rn. 24.
[402] So auch: *Jayme/Kohler*, Europäisches Kollisionsrecht 1999, IPRax 1999, 401–413
(406); *Hausmann*, EurLForum 2000, 40–49 (43); *Micklitz/Rott*, EuZW 2001, 325–
334 (327).
[403] Zur Begründung s. *Hausmann*, EurLForum 2000, 40–49 (43); *Jayme/Kohler*, Europäisches Kollisionsrecht 1999, IPRax 1999, 401–413 (406); *Kohler*, in: Gottwald
(Hrsg.), Revision des EuGVÜ, S. 1–37 (11).

2. Besondere Gerichtsstände (Art. 5 Brüssel I-VO)

220 In Art. 5 Brüssel I-VO sind fakultative Zuständigkeiten vorgesehen, die
– zusätzlich zum Wohnsitz des Beklagten – teils ein besonders sachnahes
Forum eröffnen, teils den Kläger privilegieren sollen. Diese besonderen
Gerichtsstände stellen systematisch die Ausnahme zur Grundregel des
Art. 2 I Brüssel I-VO dar und sind folglich eng auszulegen.[404] Wie im
autonomen Verfahrensrecht ist auch im Anwendungsbereich der Brüssel I-VO umstritten, ob das in einem besonderen Gerichtsstand angerufene Gericht den Rechtsstreit unter Berücksichtigung *sämtlicher*
Anspruchsgrundlagen erörtern darf oder in seiner Beurteilung auf bestimmte Anspruchsgrundlagen beschränkt ist.[405]

Im Folgenden werden einige praktisch besonders bedeutsame Gerichtsstände der Art. 5 Nr. 1–7 Brüssel I-VO näher erläutert. Diese regeln
nicht nur die internationale, sondern zugleich auch die örtliche Zuständigkeit (vgl. Wortlaut „Gericht *des Ortes*").

a) Gerichtsstand des Erfüllungsorts (Art. 5 Nr. 1 Brüssel I-VO)

221 Art. 5 Nr. 1 Brüssel I-VO gilt nur für vertragliche Ansprüche. Der Begriff des vertraglichen Anspruchs ist dabei autonom auszulegen, da er
der Abgrenzung der Zuständigkeit nach Art. 5 Nr. 1 Brüssel I-VO zur
Zuständigkeit nach Art. 5 Nr. 3 Brüssel I-VO dient.[406] Ein Vertrag wird
dadurch gekennzeichnet, dass eine Partei gegenüber einer anderen freiwillig eine Verpflichtung eingegangen ist.[407]

222 Die Brüssel I-VO knüpft die Zuständigkeit an den Erfüllungsort an; der
Wortlaut des Art. 5 Nr. 1 lit. a Brüssel I-VO stimmt mit dem des Art. 5
Nr. 1 HS. 1 EuGVÜ überein. Eine grundlegende Änderung hat sich indes mit Art. 5 Nr. 1 lit. b Brüssel I-VO ergeben: Während der Begriff
des Erfüllungsortes unter dem EuGVÜ nicht im Übereinkommen selbst
definiert war, sondern ausschließlich nach den Sachnormen des Vertragsstatuts bestimmt wurde,[408] besteht nunmehr für Kaufverträge über
bewegliche Sachen und Dienstleistungsverträge eine verordnungsautonome Definition.

---

[404] Ständige Rspr., zuletzt *EuGH* 19. 2. 2002, Rs. C-256/00 – „WABAG/Plafog",
EuGHE 2002 I, 1699 = EuZW 2002, 217.

[405] Dazu *EuGH* 27. 9. 1988, Rs. 189/87 – „Kalfelis", EuGHE 1988, 5565 = NJW 1988,
3088 m. Anm. *Geimer* = IPRax 1989, 288 m. Anm. *Gottwald*, 272–274 = RIW
1988, 901 m. Anm. *Schlosser*, 987–989; näher *Kropholler*, EuZPR, Art. 5 Rn. 79
m. w. Nachw. Zum autonomen Recht vgl. oben Rn. 39 (mit Beispiel).

[406] *Schlosser*, EuZPR, Art. 5 Rn. 3, 16 m. w. Nachw.

[407] *EuGH* 27. 10. 1998, Rs. C-51/97 – „Réunion européenne/Spliethoff's Bevrach-
tingskantoor", EuGHE 1998 I, 6511 = IPRax 2000, 210 m. Anm. *Koch*, 186–188.

[408] Vgl. ausführlich 6. Aufl., § 3 Rn. 222, sowie zu Art. 5 Nr. 1 lit. a Brüssel I-VO
unten Rn. 224–224 b.

Besteht die streitige vertragliche Verpflichtung in einer geographisch unbegrenzt geltenden Unterlassungspflicht, so ist Art. 5 Nr. 1 Brüssel I-VO unanwendbar, da es an einem bestimmbaren Erfüllungsort fehlt. Die Zuständigkeit ergibt sich in diesem Fall nur nach dem allgemeinen Gerichtsstand aus Art. 2 I Brüssel I-VO.[409]

aa) Art. 5 Nr. 1 lit. b Brüssel I-VO. Die Begriffe „Verkauf beweglicher **223** Sachen" und „Erbringung von Dienstleistungen", die den Anwendungsbereich der Vorschrift bestimmen, sind gemeinschaftsrechtlich autonom auszulegen. Bewegliche Sachen sind namentlich Waren; nicht erfasst werden z. B. Rechte oder Wertpapiere[410]. Der Dienstleistungsbegriff wird in Anlehnung an Art. 50 EG weit ausgelegt und umfasst – weitergehend als im deutschen Recht – alle tätigkeitsbezogenen Leistungen.[411] Umstritten ist, ob hierzu auch Kreditverträge zählen: Der gemeinschaftsrechtliche Begriff der Finanzdienstleistung,[412] die Aufgabe der Differenzierung zwischen Kredit- und sonstigen Dienstleistungsverträgen in Art. 13 I Nr. 2, 3 EuGVÜ und die Absicht, der verordnungsautonomen Definition des Erfüllungsortes einen möglichst weiten Anwendungsbereich einzuräumen, sprechen für die Einordnung von Kreditverträgen als Dienstleistungsverträge i. S. d. Vorschrift.[413]

Erfüllungsort i. S. d. Art. 5 Nr. 1 lit. b Brüssel I-VO ist der Ort in einem **223a** Mitgliedstaat, an dem die Sache geliefert oder die Dienstleistung erbracht worden ist, bzw. der Ort, an dem diese Leistung hätte erfolgen müssen.[414] Der Erfüllungsort soll durch Auslegung der Parteivereinbarung (vgl. Wortlaut „nach dem Vertrag") ohne Rückgriff auf die lex causae ermittelt werden. Ob sich sämtliche im Einzelfall auftretenden Fragen losgelöst vom anwendbaren materiellen Recht klären lassen, erscheint indes fraglich.[415]

Art. 5 Nr. 1 lit. b Brüssel I-VO legt den Erfüllungsort für den jeweiligen Vertragstyp *einheitlich* fest. Anders als unter dem EuGVÜ[416] kommt es

---

[409] *EuGH* 19. 2. 2002, Rs. C-256/00 – „WABAG/Plafog", EuGHE 2002 I, 1699 = IPRax 2002, 392 m. Anm. *Heß,* 376–378.

[410] *LG Darmstadt* 2. 12. 1993, NJW-RR 1994, 684 = IPRax 1995, 318 m. Anm. *Thorn,* 294–299 = IPRspr 1993 Nr. 149.

[411] D. h. neben Dienstverträgen z. B. auch Werk-, Geschäftsbesorgungs- und Frachtverträge; für Arbeits- und Versicherungsverträge sind die Sondervorschriften der Art. 8 ff. und 18 ff. Brüssel I-VO zu beachten.

[412] Vgl. z. B. Art. 1 Haustürwiderrufs-Richtlinie (ABl. EG 1985 Nr. L 372/31).

[413] *Kropholler,* EuZPR, Art. 5 Rn. 44; *Micklitz/Rott,* EuZW 2001, 325–334 (328); krit.: *Hau,* IPRax 2000, 354–360 (359).

[414] Zum Verhältnis von tatsächlichem und vereinbartem Leistungsort vgl. *Kropholler,* EuZPR, Art. 5 Rn. 27, 40.

[415] Vgl. *Kohler,* in: Gottwald (Hrsg.), Revision des EuGVÜ, S. 1–37 (33); *Kropholler/von Hinden,* GS Lüderitz (2000), S. 401–414 (409f.).

[416] *EuGH* 6. 10. 1976, Rs. 14/76 – „de Bloos", EuGHE 1976, 1497 = NJW 1977, 490 m. Anm. *Geimer;* zuletzt bestätigt in *EuGH* 28. 9. 1999, Rs. C-440/97 – „Groupe Concorde", EuGHE 1999 I, 6307; *EuGH* 5. 10. 1999, Rs. C-420/97 – „Leathertex", EuGHE 1999 I, 6747, beide m. Anm. *Hau,* IPRax 2000, 354–360.

also nicht mehr auf die konkret streitige Primärpflicht an; stattdessen entsteht eine Konzentrationswirkung, d. h., *sämtliche* Klagen aus dem Vertrag sind vor den Gerichten des nach Art. 5 Nr. 1 lit. b Brüssel I-VO *allein* maßgebenden Erfüllungsortes zu erheben. Ein eigenständiger Gerichtsstand für die Zahlungsklage besteht unter der Brüssel I-VO nicht mehr. Auch im Rahmen von Zahlungsklagen steht jedoch häufig die vertragsgemäße Erbringung der Sach- oder Dienstleistung in Frage, so dass dem verfahrensrechtlichen Grundsatz der Sach- und Beweisnähe durch einen einheitlichen Vertragsgerichtsstand Rechnung getragen wird.[417]

In dem Verweis auf die Lieferung der Sache bzw. die Erbringung der Dienstleistung in Art. 5 Nr. 1 lit. b Brüssel I-VO klingt das Prinzip der charakteristischen Leistung des Art. 4 II EVÜ (Art. 28 II EGBGB) an; allerdings ist zu beachten, dass Art. 5 Nr. 1 lit. b Brüssel I-VO unmittelbar auf den Ort der Warenlieferung bzw. der Dienstleistung – und nicht wie Art. 4 II EVÜ auf den gewöhnlichen Aufenthalt des Schuldners dieser Leistung – abstellt. Nach Art. 5 Nr. 1 lit. b Brüssel I-VO ergibt sich also nicht zwingend ein Gerichtsstand am Sitz des Verkäufers bzw. des Dienstleisters; das Forum wird vielmehr streitgegenstandsbezogen bestimmt.[418]

223 b **Fall 1 (Warenlieferung):**[419] Ein deutsches Unternehmen liefert seinem italienischen Vertragspartner Waren nach Mailand; trotz Mahnung wird der Kaufpreis nicht gezahlt.

Nach Art. 5 Nr. 1 HS. 1 EuGVÜ war der Erfüllungsort nach dem Vertragsstatut zu bestimmen. Dies ist gemäß Art. 28 I, II EGBGB deutsches Recht und damit – als dessen Bestandteil (Art. 25 GG) – auch das UN-Kaufrecht. Erfüllungsort der Zahlungsverpflichtung ist gemäß Art. 57 I lit. a CISG der Ort der Niederlassung des Verkäufers. Unter dem EuGVÜ war damit ein Erfüllungsortgerichtsstand am Sitz des Klägers in Deutschland gegeben.

Nach Art. 5 Nr. 1 lit. b Brüssel I-VO ist hingegen *ohne Rücksicht auf das Vertragsstatut* der tatsächliche Lieferort maßgeblich. Mithin sind italienische Gerichte zuständig. Deren Zuständigkeit ergibt sich ebenfalls aus Art. 2 I Brüssel I-VO.

Fall 2 (Dienstleistung):[420] Ein deutscher Rechtsanwalt mit Kanzlei in München wird von einem französischen Mandanten mit der Vorbereitung und Durchführung eines Schiedsverfahrens vor einem englischen Schiedsgericht beauftragt. Später will der Anwalt seine Honorarforderung vor deutschen Gerichten einklagen.

Nach Art. 5 Nr. 1 lit. b Brüssel I-VO ist der Schwerpunkt der Tätigkeit des Anwalts zu bestimmen. Dieser liegt nicht notwendig in der Terminswahrnehmung am Ort des Schiedsgerichts; sie kann in der Prozessvorbereitung (Schriftsätze) liegen. Der BGH hat den deutschen Kanzleisitz als Erfüllungsort angesehen und die internationale Zuständigkeit deutscher Gerichte bejaht.

---

[417] Vgl. *Kropholler/von Hinden,* GS Lüderitz (2000), S. 401–414 (407).

[418] *Hau,* IPRax 2000, 354–361 (359).

[419] Nach *Kropholler/von Hinden,* GS Lüderitz (2000), S. 401–414 (406 f.); zur Bestimmung des Leistungsortes beim Versendungskauf vgl. *Hager,* IPRax 2004, 73–77.

[420] *BGH* 2. 3. 2006, NJW 2006, 1806, dazu *Mankowski,* AnwBl 2006, 806–811.

bb) Art. 5 Nr. 1 lit. a, c Brüssel I-VO. In den Fällen, die nicht von der **224** Sondervorschrift des Art. 5 Nr. 1 lit. b Brüssel I-VO erfasst sind, verweist Art. 5 Nr. 1 lit. c auf die Auffangregelung in lit. a. Erfasst werden damit zum einen Vertragstypen, die nicht einen Warenkauf oder eine Dienstleistung zum Gegenstand haben; zum anderen soll lit. a aber auch für Warenkauf- oder Dienstleistungsverträge gelten, wenn sich deren nach lit. b ermittelter Erfüllungsort in einem Drittstaat befindet.[421] Dem scheint die – fragwürdige – Absicht zugrunde zu liegen, dem Kläger nach Möglichkeit einen besonderen Gerichtsstand in einem Mitgliedstaat zu eröffnen; dass hierdurch der gleichfalls in einem Mitgliedstaat ansässige[422] Beklagte benachteiligt wird, bleibt unberücksichtigt, zumal in diesen Fällen immer auch die allgemeine Zuständigkeit der Gerichte eines Mitgliedstaates nach Art. 2 I Brüssel I-VO gegeben ist.[423]

In den genannten Fällen soll der Erfüllungsort nach der vom EuGH **224a** zum EuGVÜ entwickelten und bis zuletzt bestätigten *Tessili*-Formel bestimmt werden. Dies ergibt sich aus der unveränderten Übernahme von Art. 5 Nr. 1 HS. 1 EuGVÜ sowie aus der Kommissionsbegründung. Danach entscheidet das jeweilige – nach Art. 3 f. EVÜ (Art. 27 f. EGBGB) ermittelte – Vertragsstatut über den Erfüllungsort.[424] Maßgeblich ist die konkrete vertragliche Primärverpflichtung, auf die der Kläger seinen Anspruch stützt.[425]

Ein solches Verständnis des Auffangtatbestands führt zu einer „zweispurigen" Bestimmung des Erfüllungsorts – nach lit. b ist der „faktische" Erfüllungsort der charakteristischen Leistung maßgeblich, während für lit. a auf die Vorschriften der lex causae und die konkret streitige Primärverpflichtung zurückzugreifen ist. Ob dieser Kompromiss zwischen autonomer und kollisionsrechtlicher Bestimmung des Erfüllungsorts auf Dauer befriedigt, darf angezweifelt werden.[426]

---

[421] Begründung des Kommissionsentwurfs, KOM(1999) 348, endg. (S. 15) = BRDrucks. 534/99, S. 14.

[422] Anderenfalls wäre der Anwendungsbereich der Brüssel I-VO nicht eröffnet.

[423] Krit.: *Hau,* IPRax 2000, 354–361 (360); *Kropholler,* EuZPR, Art. 5 Rn. 52; *Leipold,* GS Lüderitz (2000), S. 431–453 (450 f.).

[424] *EuGH* 6. 10. 1976, Rs. 12/76 – „Tessili", EuGHE 1976, 1473 = NJW 1977, 490 m. Anm. *Geimer.*

[425] *EuGH* 6. 10. 1976, Rs. 14/76 – „de Bloos", EuGHE 1976, 1497 = NJW 1977, 490 m. Anm. *Geimer;* zuletzt bestätigt in *EuGH* 28. 9. 1999, Rs. C-440/97 – „Groupe Concorde", EuGHE 1999 I, 6307; *EuGH* 5. 10. 1999, Rs. C-420/97 – „Leathertex", EuGHE 1999 I, 6747, beide m. Anm. *Hau,* IPRax 2000, 354–360; *BGH* 30. 4. 2003, WM 2004, 2157. Zur Bestimmung des Erfüllungsortes bei Versteigerungen vgl. *BGH* 2. 10. 2002, WM 2003, 221.

[426] Im Schrifttum wird vielfach eine Auslegung der Auffangregelung im Lichte des Art. 5 Nr. 1 lit. b Brüssel I-VO, d. h. eine an der charakteristischen Leistung orientierte „Schwerpunktbildung" auch für die übrigen Vertragstypen, vorgeschlagen. So bereits zur Revision des EuGVÜ: *Jayme/Kohler,* Europäisches Kollisionsrecht 1999, IPRax 1999, 401–413 (405); ebenso *Kropholler,* EuZPR, Art. 5 Rn. 25; *Micklitz/Rott,* EuZW 2001, 325–334 (329). *Hau,* IPRax 2000, 354–361 (358, 360),

224b **Variante 2:**[427] Das deutsche Unternehmen liefert seinem italienischen Vertragspartner die Waren vereinbarungsgemäß nach New York. Gemäß Art. 5 Nr. 1 HS. 1 EuGVÜ i. V. m. Art. 57 I CISG verbleibt es bei der Zuständigkeit deutscher Gerichte. Aber auch Art. 5 Nr. 1 Brüssel I-VO führt zu einem Erfüllungsortgerichtsstand am Verkäufersitz: Da sich der nach lit. b ermittelte Lieferort in New York, d. h. in einem Drittstaat, befindet, soll die Auffangregel in lit. a – und damit die „*Tessili*-Formel" – maßgeblich sein. Über Art. 57 I CISG gelangt man wiederum zur Zuständigkeit deutscher Gerichte.

225 *cc) Erfüllungsortvereinbarung.* Nach dem Wortlaut des Art. 5 Nr. 1 lit. b Brüssel I-VO soll die autonome Definition des Erfüllungsorts nur zur Anwendung kommen, „sofern nichts anderes vereinbart worden ist". Stellt man in diesem Zusammenhang auf eine *materiell* wirkende Erfüllungsortvereinbarung[428] ab, die den Ort festlegt, an dem der Schuldner zu leisten hat, kann sich für die charakteristische Leistung nichts „anderes" ergeben, denn lit. b knüpft bereits an den tatsächlichen Leistungsort „nach dem Vertrag" an. Eine abweichende Vereinbarung für die *Geld*leistung (durch die z. B. der Verkäufersitz zum Erfüllungsort bestimmt wird) würde zu einem gesonderten Gerichtsstand für die Zahlungsklage und damit zur Aufhebung der mit lit. b beabsichtigten Konzentrationswirkung führen. Ihre Zulässigkeit wird daher zu Recht angezweifelt.[429]

225a Der Einschub in Art. 5 Nr. 1 lit. b Brüssel I-VO kann sich daher nur auf die *prozessual* wirkende, sog. „abstrakte" Erfüllungsortvereinbarung beziehen; diese hat keinen Bezug zur Vertragsausführung, sondern dient ausschließlich dem Zweck, die Zuständigkeit eines bestimmten Gerichts zu begründen. Da die Brüssel I-VO gerade für diesen Fall das Institut der Gerichtsstandsvereinbarung[430] zur Verfügung stellt, gilt für die Wirksamkeit der abstrakten Erfüllungsortvereinbarung der Maßstab des Art. 23 Brüssel I-VO (ex-Art. 17 EuGVÜ). Anderenfalls würden die dort zum Schutz des Vertragspartners angeordneten Formerfordernisse im Wege einer „vermeintlichen" Erfüllungsortvereinbarung unterlaufen.[431] Gerade diese Möglichkeit scheint der unklare Einschub in Art. 5 Nr. 1 Brüssel I-VO jedoch zu eröffnen. Angesichts der – bisher – klaren Abgrenzung von materieller Erfüllungsortvereinbarung (Maßstab: lex causae) und prozessualer Erfüllungsortvereinbarung (Maßstab: Art. 23 Brüssel I-VO) wird diese Formulierung daher zu Recht als irreführend und überflüssig angegriffen.[432] Wie die Praxis damit verfahren wird, bleibt abzuwarten.

225b *dd) Gewinnzusagen aus dem Ausland.* Die Frage des Gerichtsstandes bei Gewinnzusagen ist neuerdings Gegenstand zahlreicher Entschei-

---

erwägt stattdessen (de lege ferenda) eine auf den Zeitpunkt des Vertragsschlusses abstellende Ergänzung des allgemeinen Gerichtsstandes.

[427] Nach *Hau,* IPRax 2000, 354–361 (360).

[428] Über den Wortlaut des Art. 5 Nr. 1 Brüssel I-VO hinaus ist diese auch im Rahmen von lit. a zulässig.

[429] *Micklitz/Rott,* EuZW 2001, 325–334 (328).

[430] S. hierzu unten Rn. 244–247.

[431] *EuGH* 20. 2. 1997, Rs. C-106/95 – „Mainschiffahrts-Genossenschaft", EuGHE 1997 I, 911 = JZ 1997, 836 m. Anm. *Koch* = RIW 1997, 415 m. Anm. *Holl* = ZZPInt 1997, 161 m. Anm. *P. Huber* = IPRax 1999, 31 m. Anm. *Kubis,* 10–14.

[432] *Hau,* IPRax 2000, 354–361 (360); *Kropholler,* EuZPR, Art. 5 Rn. 29, 43; *Kohler,* in: Gottwald (Hrsg.), Revision des EuGVÜ, S. 1–37 (14 f.); *Leipold,* GS Lüderitz (2000), S. 431–453 (447–450); *Micklitz/Rott,* EuZW 2001, 325–334 (328).

dungen.[433] Der Verbraucher wird hierbei von Unternehmen über vermeintliche Gewinne informiert, die jedoch entweder nicht ausbezahlt werden oder sich als wertlos erweisen. Um dieser Praxis entgegenzuwirken, besteht nunmehr gem. § 661a BGB ein Anspruch auf den in Aussicht gestellten Gewinn. Mit dem Ziel, dem Verbraucher die Geltendmachung dieses Anspruchs zu erschweren, werden Zusagen vermehrt aus dem Ausland von dort ansässigen Unternehmen versandt. Auf diese Weise soll ein Gerichtsstand im Inland vermieden werden. Innerhalb des Anwendungsbereichs der Brüssel I-VO kommen hier jedoch neben dem allgemeinen Gerichtsstand am Sitz des Beklagten der Gerichtsstand des Erfüllungsortes gem. Art. 5 Nr. 1, der Deliktsgerichtsstand gem. Art. 5 Nr. 3 sowie der Verbrauchergerichtsstand gem. Art. 15 lit. c, 16 I Brüssel I-VO in Betracht; entscheidend ist folglich die Qualifikation des Anspruchs auf Gewinnauskehr.[434]

Für die Ermittlung des Gerichtsstandes ist grundsätzlich zwischen isolierten Gewinnzusagen und solchen, die die Gewinnausschüttung von einer Bestellung abhängig machen, zu differenzieren.[435] Bestellt der Verbraucher, wie vom Unternehmen gefordert, Ware, so ist wegen der Akzessorietät des Gewinnanspruchs an den Hauptvertrag für den Anspruch auf den Gewinn ebenfalls der Verbrauchergerichtsstand gem. Art. 15 lit. c, 16 I Brüssel I-VO eröffnet.[436] Dies gilt auch dann, wenn die Bestellung nicht Voraussetzung der Gewinnauszahlung ist, der Verbraucher eine solche aber dennoch tätigt, etwa weil ihm für diesen Fall eine bevorzugte Behandlung versprochen wurde.[437]

Für den Fall der isolierten Gewinnzusage hat der EuGH[438] entschieden, dass der Verbrauchergerichtsstand gem. Art. 13 Nr. 3 EuGVÜ nicht eröffnet sei, jedoch der Gerichtsstand des Erfüllungsorts nach Art. 5 Nr. 1 EuGVÜ in Frage komme. Damit hing es vom nationalen Recht ab, ob die Gewinnzusage am Sitz des Verbrauchers zu erfüllen war – eine eher fragwürdige Konstruktion. Nach BGH ist für Gewinnzusagen an inländische Adressaten nach Art. 34 EGBGB deutsches Recht anwendbar; danach ist Erfüllungsort der Wohnsitz des Adressaten. Damit ist über Art. 5 Nr. 1 EuGVÜ die internationale Zuständigkeit deutscher Gerichte für inländische Adressaten begründet.[439]

---

[433] Vgl. u.a. *EuGH* 11. 7. 2002, Rs. C-96/00 – „Gabriel", EuGHE 2002 I, 6367 = IPRax 2003, 50 m. Anm. *Leible*, 28–34; *OLG Nürnberg*, 28. 8. 2002, IPRax 2003, 54; *LG Braunschweig*, 10. 1. 2002, IPRax 2002, 213.

[434] *Leible*, IPRax 2003, 28–34 (29).

[435] *Leible*, IPRax 2003, 28–34; *Kerwer*, JR 2004, 29–31.

[436] *EuGH* 11. 7. 2002, Rs. C-96/00 – „Gabriel", EuGHE 2002 I, 6367.

[437] *Leible*, IPRax 2003, 28–34 (32); wohl auch *Rauscher/A. Staudinger*, EuZPR, Art. 15 Brüssel I-VO Rn. 9.

[438] *EuGH* 20. 1. 2005, Rs. C–27/02 – „Engler" = IPRax 2005, 239.

[439] *BGH* 1. 12. 2005, WM 2005, 151.

Fraglich ist, ob sich die Rechtslage unter der Brüssel I-VO geändert hat. Indes ist der Verbrauchergerichtsstand in Art. 15 I Nr. 1 lit. c) der Brüssel I-VO weiter gefasst als in Art. 13 EuGVÜ.[440] Der sachliche Anwendungsbereich ist nunmehr nicht auf bestimmte Vertragstypen beschränkt, sondern generalklauselartig formuliert („in allen anderen Fällen") und schließt damit Gewinnzusagen ein. Weiterhin ist nicht ein erfolgter Vertragsschluss Voraussetzung; es genügt, dass der andere Teil seine Tätigkeit auf einen Vertragsschluss mit dem Verbraucher ausrichtet.

Der Anspruch aus der Gewinnzusage ist als vertraglich zu qualifizieren. Wie in Art. 5 Nr. 1 EuGVÜ genügt hierfür eine freiwillig eingegangene Verpflichtung des anderen Teils.[441]

Die vertragliche Qualifikation des Anspruchs schließt die Anwendung von Art. 5 Nr. 3 Brüssel I-VO aus.

b) Gerichtsstand für Unterhaltssachen (Art. 5 Nr. 2 Brüssel I-VO)

226 Art. 5 Nr. 2 Brüssel I-VO eröffnet einen besonderen Gerichtsstand für Unterhaltssachen. Der Unterhaltskläger hat danach die Möglichkeit, den Unterhalt am eigenen Wohnsitz oder gewöhnlichen Aufenthalt geltend zu machen, und ist nicht auf den allgemeinen Gerichtsstand am (ausländischen) Wohnsitz des Unterhaltsverpflichteten verwiesen.[442] Dieser Klägergerichtsstand stärkt die Position des Unterhaltsberechtigten. Folglich kann sich eine Behörde mangels einer spezifischen schwächeren Position nicht auf Art. 5 Nr. 2 Brüssel I-VO berufen, wenn sie im Wege einer Regressklage Ansprüche wegen gezahlter Ausbildungsförderung gegen den eigentlich Unterhaltsverpflichteten geltend macht.[443] Der Begriff des Unterhalts ist autonom auszulegen und erfasst auch Fragen, die nach deutschem Recht dem – von der Brüssel I-VO nicht erfassten (Art. 1 II Brüssel I-VO) – ehelichen Güterrecht zugeordnet werden (z.B. prestation compensatoire).[444] Durch die Anknüpfung an den gewöhnlichen Aufenthalt wird Gleichlauf mit dem Haager Unterhaltsabkommen (vgl. Art. 18 EGBGB)[445] hergestellt.

---

[440] Dazu näher S. *Lorenz*, NJW 2006, 472-475 (475); *Tamm/Gaedtke*, VuR 2006, 169–177 (175); *Mörsdorf-Schulte*, JZ 2005, 770-781 (779–780); zweifelnd *Blobel*, VuR 2005, 164–169 (168); anders der Generalanwalt Tizzano in seinen Schlussantägen zur Rs. C – 234/04 „Schlank & Schick".

[441] So der EuGH in der Rechtssache „Engler" zu Art. 5 Nr. 1 EuGVÜ.

[442] Einzelheiten bei *Kropholler*, EuZPR, Art. 5 Rn. 46–63.

[443] *EuGH* 15. 1. 2004, Rs. C-433/01 – „Blijdenstein", IPRax 2004, 240 m. Anm. *Martiny*, 195–205; *Schlosser*, EuZPR, Art. 5 EuGVVO Rn. 13.

[444] *EuGH* 27. 2. 1997, Rs. C-220/95 – „van den Boogaard", EuGHE 1997 I, 1147 = IPRax 1999, 35 m. Anm. *Weller*, 14–20 und *Jayme*, 20 f. Zur umstrittenen Rechtsnatur der prestation compensatoire vgl. § 8 Rn. 81.

[445] Hierzu § 8 Rn. 74.

In dem aktuellen Vorschlag der Kommission für eine Verordnung über die Zuständigkeit und das anwendbare Recht in Unterhaltssachen[446] werden neben dem Beklagten- bzw. Klägerwohnsitz (Art. 3 lit. a und b EuUnthVO) zwei weitere Gerichtsstände eingeführt, die im Zusammenhang mit Status- bzw. Sorgerechtsentscheidungen (Art. 3 lit. c und d EuUnthVO) stehen. Der Begriff der „Personenstandsklage" aus Art. 3 lit. c EuUnthVO meint dabei wohl Vaterschaftsfeststellungsklagen, mit denen eine Unterhaltsforderung verbunden ist (vgl. § 653 ZPO).[447]

c) Gerichtsstand der unerlaubten Handlung (Art. 5 Nr. 3 Brüssel I-VO)

Art. 5 Nr. 3 Brüssel I-VO eröffnet einen besonderen Gerichtsstand für **227** Ansprüche aus unerlaubter Handlung und Gefährdungshaftung. Neben Schadensersatzklagen sind nunmehr auch vorbeugende Unterlassungsklagen erfasst (vgl. Wortlaut „oder einzutreten droht"). Art. 5 Nr. 3 Brüssel I-VO gilt für alle Klagen, mit denen eine Schadenshaftung des Beklagten geltend gemacht wird[448] und die nicht an einen Vertrag i.S.v.Art. 5 Nr. 1 Brüssel I-VO anknüpfen.[449] Ansprüche aus culpa in contrahendo werden daher nur erfasst, wenn die Verletzung allgemeiner Obhutspflichten in Rede steht; bei Verletzung leistungsbezogener Nebenpflichten richtet sich die Zuständigkeit hingegen nach Art. 5 Nr. 1 Brüssel I-VO.[450] Besteht hingegen bei Vertragsverhandlungen noch keine freiwillig eingegangene Verpflichtung, so unterfällt eine Klage wegen vorvertraglicher Haftung Art. 5 Nr. 3 Brüssel I-VO.[451]

Art. 5 Nr. 3 Brüssel I-VO erklärt das Gericht des Ortes für zuständig, **228** „an dem das schädigende Ereignis eingetreten ist". Bei der Auslegung dieses Begriffs stellen sich ähnliche Fragen wie bei der Anwendung der Tatortregel im Internationalen Deliktsrecht.[452] In Betracht kommen sowohl der Ort der schädigenden Handlung (bzw. Unterlassung) als auch

---

[446] KOM (2005) 649 endg. = *Jayme/Hausmann*, Nr. 161.
[447] Vgl. dazu die Stellungnahme des Deutschen Juristinnenbundes auf www.djb. de.
[448] *BGH* 1. 6. 2005, RIW 2005, 465 = JZ 2005, 736 m. Anm. *Ohly*, 738–740.
[449] *EuGH* 27. 9. 1988, Rs. 189/87 – „Kalfelis", EuGHE 1988, 5565 = NJW 1988, 3088 m. Anm. *Geimer* = RIW 1988, 901 m. Anm. *Schlosser*, 987–989 = IPRax 1989, 288 m. Anm. *Gottwald*, 272–274. Vgl. bereits oben Rn. 221. Der *EuGH* hält für vorbeugende Unterlassungsklagen von Verbraucherschutzverbänden bzgl. der Verwendung missbräuchlicher Klauseln nicht den Gerichtsstand des Erfüllungsortes gem. Art. 5 Nr. 1 Brüssel I-VO, sondern den des Tatortes gem. Art. 5 Nr. 3 für gegeben, vgl. *EuGH* 1. 10. 2002, Rs. C-167/00 – „Henkel", EuGHE 2002 I, 8111 = IPRax 2003, 341 m. Anm. *Michailidou*, 223–227.
[450] *Kropholler*, EuZPR, Art. 5 Rn. 67. Zur Qualifikation der culpa in contrahendo vgl. § 11 Rn. 19.
[451] *EuGH* 17. 9. 2002, Rs. C-334/00 – „Tacconi/Wagner", EuGHE 2002 I, 7357 = IPRax 2003, 143 m. Anm. *Mankowski*, 127–135; vgl. Rauscher/*Leible*, EuZPR, Art. 5 Brüssel I-VO Rn. 27.
[452] Hierzu § 11 Rn. 21–23. Zur Auslegung des Begriffs bei Vermögensschäden infolge missglückter Kapitalanlagen vgl. *EuGH* 10. 6. 2004, Rs. C-168/02 – „Kronhofer" = NJW 2004, 2441.

der Ort der Schadensentstehung[453]. Keine Schwierigkeiten ergeben sich, wenn Handlung und Schaden (= Handlungserfolg) am gleichen Ort auftreten (Platzdelikt); erheblich wird die Differenzierung erst, wenn beide auseinanderfallen (Distanzdelikt).

Fall:[454] Elsässische Kaliminen leiten ihre salzhaltigen Abwässer in den Rhein ein. Das Flusswasser wird von niederländischen Gärtnereien zur Bewässerung ihrer Pflanzen genutzt; der Boden versalzt und die Pflanzen gehen ein. Die niederländischen Gärtnereien machen Schadensersatzansprüche gegen die elsässischen Kaliminen geltend.

Der Handlungsort (Einleitung der Abwässer) liegt in Frankreich, der Erfolgsort (Primärschaden) in den Niederlanden.

Bei Distanzdelikten begründen sowohl der Handlungs- als auch der Erfolgsort eine für die gerichtliche Zuständigkeit beachtliche Verknüpfung (Ubiquitätsprinzip[455]). So können sich die zur Begründung der Klage erheblichen Beweismittel je nach Lage des Falls am Ort des ursächlichen Geschehens oder am Ort der Schadensentstehung befinden. Der Geschädigte kann daher nach seiner Wahl vor den Gerichten am Handlungs- oder am Erfolgsort klagen.

Beispiel: Für die Unterlassungsklage gegen ein niederländisches Unternehmen, welches unter Verstoß gegen deutsches Wettbewerbsrecht via Internet verschreibungspflichtige Arzneimittel vertreibt, sind sowohl die Gerichte am niederländischen Standort des Servers (Handlungsort) als auch die Gerichte an jedem Ort, an dem das Medium Internet bestimmungsgemäß abrufbar ist (Erfolgsort), international zuständig.[456] Soll das Verbreitungsgebiet eingeschränkt werden, so kann sich der Werbende eines sog. Disclaimers bedienen, in dem angekündigt wird, dass Adressaten aus einem bestimmten Staat nicht beliefert werden, vorausgesetzt, der Werbende beachtet diesem Disclaimer auch tatsächlich.[457]

Eine Einschränkung erfährt dieser Grundsatz bei Konstellationen mit mehreren Erfolgsorten (Streudelikt): Im Falle von *Persönlichkeitsrechtsverletzungen* durch Presseerzeugnisse ist Handlungsort die Niederlassung des Herausgebers, Erfolgsort jeder Mitgliedstaat, in dem die Veröffentlichung verbreitet wird. Während am Niederlassungsort der gesamte Schaden geltend gemacht werden kann, sind nach der Rechtsprechung des EuGH die Gerichte am Erfolgsort nur insoweit zuständig, als Ersatz

---

[453] Zu beachten ist, dass für den Erfolgsort im Verfahrensrecht – anders als im materiellen Recht (vgl. § 11 Rn. 30) – nicht auf den Ort der Rechtsgutsverletzung, sondern auf den Ort des Schadenseintritts abgestellt wird.

[454] *EuGH* 30. 11. 1976, Rs. 21/76 – „Mines de Potasse d'Alsace", EuGHE 1976, 1759 = NJW 1977, 493 m. Anm. *Geimer*, 2023 f. = *Schack,* Höchstrichterliche Rechtsprechung, Nr. 37.

[455] *EuGH* 5. 2. 2004, Rs. C-18/02 – „DFDS Torline A/S" = RIW 2004, 543. Zum Ubiquitätsprinzip vgl. auch § 11 Rn. 23.

[456] *LG Frankfurt a. M.* 9. 11. 2000, ZIP 2000, 2080 = EWiR 2001, 39 (LS) m. Anm. *Hoeren* und *Just;* vgl. hierzu IPRspr. 2000, Nr. 101; vgl. auch *OGH* 29. 5. 2001, ÖJZ 2001, 848.

[457] *BGH* 30. 3. 2006, BGHZ 167, 91 = NJW 2006, 2630.

für den gerade dort entstandenen Schaden begehrt wird („Mosaikbeurteilung").[458]

Beispiel: Der in England lebende Kläger fühlt sich durch eine französische Zeitschrift in seiner Ehre verletzt. Das englische Gericht kann nur Ersatz für denjenigen Schaden zusprechen, der durch die dort vertriebenen Exemplare der Zeitschrift entstanden ist.

d) Gerichtsstand für Adhäsionsverfahren (Art. 5 Nr. 4 Brüssel I-VO)

Nach nationalem Prozessrecht (z.B. §§ 403 ff. StPO) kann im Strafverfahren gegen **229** den Schädiger zugleich über die zivilrechtlichen Ersatzansprüche des Geschädigten aus der Straftat entschieden werden *(Adhäsionsverfahren)*. Hiervon wird insbesondere in romanischen Staaten häufig Gebrauch gemacht. Die Brüssel I-VO überträgt deshalb die Entscheidungszuständigkeit fakultativ auf die Strafgerichte.[459]

e) Gerichtsstand der Niederlassung (Art. 5 Nr. 5 Brüssel I-VO)

Der Ort der Niederlassung begründet nach Art. 5 Nr. 5 Brüssel I-VO **230** nur eine Zuständigkeit für die aus deren Betrieb herrührenden Streitigkeiten. Insoweit ist Art. 5 Nr. 5 Brüssel I-VO mit § 21 ZPO vergleichbar; allerdings ist der Begriff der Niederlassung in Art. 5 Nr. 5 Brüssel I-VO autonom zu bestimmen.[460]

Fall:[461] Eine belgische Möbelfabrik beauftragte eine deutsche Firma („Möbelagentur") **231** mit dem Aufbau eines Vertriebsnetzes für Deutschland. Hierzu stellte die Möbelfabrik, vertreten durch die Möbelagentur, Handelsvertreter ein. Die Bestellungen wurden von den Handelsvertretern über die Möbelagentur an den belgischen Möbelhersteller weitergeleitet; an der Auslieferung der Möbel war die Möbelagentur nicht beteiligt. Nach einiger Zeit kündigte der Möbelhersteller den Vertrag mit einem der Handelsvertreter, etwas später auch den mit der Möbelagentur. Der deutsche Handelsvertreter verklagt den belgischen Möbelhersteller am deutschen Sitz der Möbelagentur auf Zahlung ausstehender Provisionen sowie einer Abfindung. – Der EuGH hatte zu entscheiden, ob die Möbelagentur Niederlassung der belgischen Möbelfabrik i.S.d. Art. 5 Nr. 5 EuGVÜ (jetzt: Art. 5 Nr. 5 Brüssel I-VO) war.

Niederlassung ist jeder Mittelpunkt geschäftlicher Tätigkeit, der im Rechtsverkehr als Außenstelle eines Stammhauses mit Sitz in einem anderen Mitgliedstaat (vgl. Wortlaut Art. 5 Nr. 5 a.A.) auftritt. Dies setzt eine dauernde Einrichtung, Personal und Räume voraus. Weiterhin ist eine gewisse geschäftliche Selbständigkeit erforderlich, die etwa bei einem bloßen Auslieferungslager nicht gegeben ist; gleichwohl ist die Niederlassung dadurch gekennzeichnet, dass sie der Aufsicht und Leitung des Stammhauses untersteht.

---

[458] *EuGH* 7. 3. 1995, Rs. C-68/93 – „Shevill", EuGHE 1995 I, 415 = ZEuP 1996, 295 m. Anm. *P. Huber* = IPRax 1997, 111 m. Anm. *Kreuzer/Klötgen*, 90–96; krit. zu dieser Rechtsprechung: Staudinger/*von Hoffmann*, Vorbem. zu Art. 40 ff. Rn. 94 m. w. Nachw. Vgl. auch unten § 11 Rn. 32.

[459] Vgl. die Fälle bei Rn. 196–198 und 264 a. E.

[460] *EuGH* 22. 11. 1978, Rs. 33/78 – „Somafer", EuGHE 1978, 2183 = RIW 1979, 56.

[461] *EuGH* 10. 3. 1981, Rs. 139/80 – „Blanckaert", EuGHE 1981, 819 = NJW 1982, 507 = IPRax 1982, 64 m. Anm. *Linke*, 46–48.

Der EuGH lehnte es aus zwei Gründen ab, die Möbelagentur als Niederlassung i. S. d. Art. 5 Nr. 5 EuGVÜ (jetzt: Art. 5 Nr. 5 Brüssel I-VO) anzusehen: Weder unterstand sie der Aufsicht und Leitung des Stammhauses noch war sie in die konkrete Vertragserfüllung eingeschaltet.[462]

232　Zweigniederlassung, Agentur und sonstige Niederlassung werden durch die gleichen Merkmale charakterisiert; auf die Bezeichnung der Außenstelle kommt es daher nicht an.[463]

3. Besondere Zuständigkeit kraft Sachzusammenhangs (Art. 6 Brüssel I-VO)

233　Viele Prozessrechtsordnungen, insbesondere die romanischen Rechte, kennen den Sachzusammenhang als Zuständigkeitsgrund: Sachlich zusammenhängende Streitigkeiten (auch zwischen unterschiedlichen Parteien) sollen vor demselben Gericht entschieden werden. Die Brüssel I-VO nimmt diesen – dem deutschen Rechtsdenken wenig vertrauten – Gedanken auf[464] und normiert in Art. 6 einige Sonderfälle der Zuständigkeit kraft Sachzusammenhangs. Ein Sachzusammenhang in diesem Sinne ist gegeben, wenn bei Durchführung getrennter Verfahren sich widersprechende Entscheidungen drohen (vgl. Wortlaut Art. 6 Nr. 1 Brüssel I-VO).

234　Der Gerichtsstand der Gewährleistungs- bzw. Interventionsklage nach Art. 6 Nr. 2 Brüssel I-VO, durch die ein Drittbeteiligter am Ort des Hauptprozesses entgegen den allgemeinen Zuständigkeitsregeln gerichtpflichtig wird, ist dem deutschen Recht fremd; stattdessen stellen §§ 68, 72–74 ZPO das Institut der Streitverkündung zur Verfügung.[465] Gemäß Art. 65 I Brüssel I-VO kann Art. 6 Nr. 2 daher in Deutschland nicht geltend gemacht werden; es gelten stattdessen die Vorschriften über die Streitverkündung.[466] Art. 65 II Brüssel I-VO gewährleistet die wechselseitige Anerkennung solcher Urteile.

Die internationale Zuständigkeit für Widerklagen ist in Art. 6 Nr. 3 Brüssel I-VO geregelt. Der EuGH wendet die Vorschrift nicht entsprechend auf die Prozessaufrechnung an, obgleich diese ähnliche Funktionen erfüllt.[467]

Unter den in Art. 6 Nr. 4 Brüssel I-VO genannten Voraussetzungen kann eine Vertragsklage auch im dinglichen Gerichtsstand des Art. 22 Nr. 1 Unterabs. 1 Brüssel I-VO erhoben werden. Bedeutung hat Art. 6 Nr. 4 insbesondere bei der dinglichen Sicherung schuldrechtlicher Forderungen (vgl. auch § 25 ZPO).

---

[462] So auch schon *EuGH* 22. 11. 1978, Rs. 33/78 – „Somafer", EuGHE 1978, 2183 = RIW 1979, 56; *EuGH* 18. 3. 1981, Rs. 139/80 – „Blanckaert", EuGHE 1981, 819 = NJW 1982, 507 = IPRax 1982, 64 (65); *EuGH* 6. 10. 1976, Rs. 14/76 – „de Bloos", EuGHE 1976, 1497 = NJW 1977, 490 (491); hierzu *Thorn*, Termingeschäfte an Auslandsbörsen und Internationale Schiedsgerichtsbarkeit, IPRax 1997, 98–106 (98–100).

[463] *EuGH* 6. 10. 1976, Rs. 14/76 – „de Bloos", EuGHE 1976, 1497 = NJW 1977, 490 (491).

[464] Eingehend *Otte*, Umfassende Streitentscheidung durch Beachtung von Sachzusammenhängen (1998).

[465] *Kropholler*, EuZPR, Art. 6 Rn. 18.

[466] Dazu näher: *von Hoffmann/Hau*, Probleme der abredewidrigen Streitverkündung im Europäischen Zivilrechtsverkehr, RIW 1997, 89–94.

[467] *EuGH* 13. 7. 1995, Rs. C-341/93 – „Danvaern", EuGHE 1995 I, 2053 = EuZW 1995, 639 mit abl. Anm. *Geimer*, 640 f. = NJW 1996, 42 mit Anm. *Bacher*, 2140 f.; krit. dazu: *Schack*, IZVR, Rn. 353–355. Klausurbeispiel bei *Mankowski*, Schuhe nach England und die mobile GmbH, Jura 1996, 145–155.

4. Strukturelle Unterlegenheit (Versicherungs-, Verbraucher-, Arbeitssachen)

Die Art. 8 ff., 15 ff. und 18 ff. Brüssel I-VO enthalten besondere Zustän- **235** digkeitsregelungen für Versicherungs-, Verbraucher- und Arbeitssachen. Diese Vertragsverhältnisse zeichnen sich dadurch aus, dass eine Partei regelmäßig wirtschaftlich unterlegen und rechtlich unerfahren ist. Zu ihrem Schutz werden Wahlgerichtsstände eröffnet (Art. 9, 16, 19 Brüssel I-VO); Gerichtsstandsvereinbarungen sind nur unter bestimmten Voraussetzungen wirksam (Art. 13, 17, 21 i. V. m. 23 V Brüssel I-VO). Die Vorschriften enthalten eine abschließende Regelung der Zuständigkeitsgründe: Ein Rückgriff auf Art. 2, 5 Nr. 1 Brüssel I-VO scheidet aus; lediglich der Gerichtsstand der Niederlassung des Art. 5 Nr. 5 Brüssel I-VO wird jeweils ausdrücklich vorbehalten. Bei Versicherungs- und Verbrauchersachen führt eine Verletzung der Zuständigkeitsregeln gemäß Art. 35 Brüssel I-VO zur Versagung der Anerkennung.

a) Versicherungssachen (Art. 8–14 Brüssel I-VO; ex-Art. 7–12 a EuGVÜ)

Der Begriff der Versicherungssache i. S. d. Art. 8–14 Brüssel I-VO erfasst nur private **235 a** Versicherungsverträge; auf Rückversicherungsverträge sind die Vorschriften mangels „Ungleichgewichtslage" nicht anwendbar.[468] Gemäß Art. 9 I lit. b Brüssel I-VO kann der Versicherungsnehmer, Versicherte oder Begünstigte auch vor den Gerichten am eigenen Wohnsitz klagen, während der Versicherer gemäß Art. 12 I Brüssel I-VO an die Gerichte im Wohnsitzstaat des Beklagten verwiesen wird. Bei Gerichtsstandsvereinbarungen werden die Voraussetzungen des Art. 23 Brüssel I-VO durch Art. 13 f. Brüssel I-VO verschärft.

b) Verbrauchersachen (Art. 15–17 Brüssel I-VO; ex-Art. 13–15 EuGVÜ)[469]

aa) Anwendungsbereich. (1) Persönlicher Anwendungsbereich. Die in **236** Art. 15 I Brüssel I-VO enthaltene Definition des Verbrauchervertrags entspricht der des Art. 5 EVÜ (Art. 29 EGBGB[470]) und stellt auf den konkreten Vertragszweck ab. Wer in Ausübung einer – gegenwärtigen oder künftigen – beruflichen oder gewerblichen Tätigkeit handelt, ist nicht Verbraucher.[471] Aus der ratio der Art. 15 ff. Brüssel I-VO sowie

---

[468] *EuGH* 13. 7. 2000, Rs. C-412/98 – „Group Josi Reinsurance Company", EuGHE 2000 I, 5925 = NJW 2000, 3121 = IPRax 2000, 520 m. Anm. *A. Staudinger*, 483–488 = EurLForum 2000, 49 m. Anm. *Geimer.*

[469] Klausurbeispiele bei: *Fuchs/Hau/Thorn*, Fälle zum IPR, Fall 1 (S. 10–13); *Hay/Köster*, Gewagte Spekulationen im Ausland, JuS 1998, 526–531 (noch zu Art. 13 ff. EuGVÜ).

[470] Vgl. hierzu § 10 Rn. 68-69.

[471] Zum sog. Existenzgründungsgeschäft: *EuGH* 3. 7. 1997, Rs. C-269/95 – „Benincasa/Dentalkit", EuGHE 1997 I, 3767 = RIW 1997, 775 (776 f.).

aus dem Wortlaut des Art. 15 I lit. c ergibt sich, dass der andere Vertragspartner nicht seinerseits als Verbraucher handeln darf.[472]

236 a *(2) Sachlicher Anwendungsbereich.* Art. 15 I lit. a, b Brüssel I-VO erfassen den Warenkauf auf Teilzahlung und den zu dessen Finanzierung geschlossenen Kreditvertrag, ohne dass weitere Voraussetzungen hinzutreten müssten; insofern ergeben sich keine Änderungen gegenüber Art. 13 I Nr. 1, 2 EuGVÜ. Für „alle anderen Fälle" bildet Art. 15 I lit. c Brüssel I-VO einen Auffangtatbestand; im Gegensatz zu Art. 13 I Nr. 3 EuGVÜ ist der sachliche Anwendungsbereich nicht mehr auf Sachlieferung oder Erbringung einer Dienstleistung beschränkt. Daher zählen nunmehr sowohl „isolierte" Kreditverträge[473] als auch Time-Sharing-Verträge[474] zu den Verbraucherverträgen. Gemäß Art. 15 III Brüssel I-VO werden jetzt auch Pauschalreiseverträge erfasst; insofern ist eine Angleichung an Art. 5 V EVÜ (Art. 29 IV 2 EGBGB) erfolgt.

236 b Als zusätzliche Voraussetzung mussten nach Art. 13 I Nr. 3 lit. a, b EuGVÜ bislang Angebot oder Werbung des Unternehmers sowie die zum Vertragsschluss erforderlichen Rechtshandlungen des Verbrauchers im Wohnsitzstaat des Verbrauchers erfolgt sein. An diese räumliche Verbindung werden in Art. 15 I lit. c Brüssel I-VO nur noch abgeschwächte Anforderungen gestellt: Es genügt, wenn der Unternehmer seine Tätigkeit „auf irgendeinem Wege" auf den Wohnsitzstaat des Verbrauchers „ausrichtet". Neben den herkömmlichen Formen des Vertragsschlusses werden damit auch Rechtsgeschäfte im elektronischen Geschäftsverkehr erfasst.[475]

Schwierigkeiten bereitet jedoch die Auslegung des Begriffs der „Ausrichtung", der nach dem natürlichen Sprachgebrauch jede Form des zielgerichteten Hinwendens zu einem bestimmten Staat erfasst und damit zu einer unüberschaubaren Ausweitung der Gerichtspflichtigkeit von Unternehmen führen kann. Nach Ansicht des EG-Gesetzgebers soll zwischen *aktiven* Websites (über die unmittelbar ein Vertragsschluss möglich ist) und *passiven* Websites (auf denen lediglich – ohne Möglichkeit der Interaktion – geworben wird) differenziert werden.[476] Nur das Unterhalten einer aktiven Website begründet danach die erforderliche

---

[472] *Kropholler,* EuZPR, Art. 15 Rn. 22.

[473] *Kropholler,* EuZPR, Art. 15 Rn. 20; so bereits zu Art. 13 I Nr. 3 EuGVÜ: *Cour d'Appel de Colmar* 24. 2. 1999, IPRax 2001, 251 m. Anm. *Neumann/Rosch,* 257–259 = ZIP 1999, 1209 m. Anm. *Reich* = EWiR 1999, 1171 (LS) m. Anm. *Mankowski.*

[474] Begründung des Kommissionsentwurfs, KOM(1999) 348, endg. (S. 17) = BRDrucks. 534/99, S. 16; Art. 15 Brüssel I-VO ist insoweit gegenüber Art. 22 Nr. 1 Brüssel I-VO vorrangig. Zur abweichenden Regelung des Art. 29 EGBGB in Bezug auf Time-Sharing-Verträge s. § 10 Rn. 67.

[475] Zur Behandlung von Internet-Verträgen im IPR s. u. § 10 Rn. 73 a.

[476] Begründung des Kommissionsentwurfs, KOM(1999) 348, endg. (S. 17 f.) = BRDrucks. 534/99. S. 16 f.; krit.: *Micklitz/Rott,* EuZW 2001, 325–334 (331); *Schlosser,* EuZPR, Art. 15 Rn. 8 a.

„Ausrichtung" der Tätigkeit. Die „Zugänglichkeit der Website allein
(genügt) nicht ..., um die Anwendbarkeit von Art. 15 zu begründen;
vielmehr ist erforderlich, dass diese Website auch zum Vertragsabschluss
im Fernabsatz auffordert, und dass tatsächlich ein Vertragsabschluss im
Fernabsatz erfolgt ist".[477] Auch wenn der Internetauftritt des Unternehmers passiv ist, richtet er seine Tätigkeit auf den Mitgliedstaat des
Verbrauchers aus, wenn der Vertragsschluss über inländische Vermittler
des Unternehmers erfolgt.[478]

Wo der Verbraucher die „erforderliche Rechtshandlung" vornimmt, ist **236c**
nach Art. 15 I Brüssel I-VO ohne Bedeutung; im Gegensatz zu Art. 13 I
Nr. 3 EuGVÜ kann sich damit auch der „aktive Verbraucher", der sich
zum Vertragsschluss ins Ausland begibt, auf den Verbrauchergerichtsstand nach Art. 15 ff. Brüssel I-VO berufen.[479] Mit der weiten Fassung
des Auffangtatbestands dürften nunmehr praktisch alle Verträge zwischen Verbrauchern und Unternehmern in den Anwendungsbereich der
Art. 15 ff. Brüssel I-VO fallen.[480]

Beispiel: Veranlasst durch ihm zugesandte Kataloge fährt ein deutscher Feinschme-
cker ins Elsass, wo er beim dortigen Hersteller Gänseleber kauft.

(3) Räumlicher Anwendungsbereich. Aus dem Vorbehalt zugunsten von **236d**
Art. 4 Brüssel I-VO folgt, dass sich der Beklagtenwohnsitz auch im
Rahmen der Art. 15 ff. Brüssel I-VO in einem Mitgliedstaat befinden
muss. Eine Ausnahme ergibt sich aus Art. 15 II Brüssel I-VO: Erfasst
werden auch Unternehmer, deren Hauptsitz sich zwar in einem Drittstaat befindet, die jedoch eine Niederlassung in einem Mitgliedstaat betreiben; im Unterschied zu Art. 5 Nr. 5 Brüssel I-VO erweitert
Art. 15 II also den räumlichen Anwendungsbereich der Verordnung für
Klagen in Verbrauchersachen. Ein Rückgriff auf die Gerichtsstände des
autonomen Rechts ist in diesen Fällen ausgeschlossen.[481]

Beispiel: Die Londoner Niederlassung eines US-amerikanischen Softwareherstellers
bewirbt deutsche Verbraucher, die in der Folge Bestellungen an die Niederlassung
senden. Auf Klagen der Verbraucher gegen den Hersteller aus Art. 15 Brüssel I-VO
ist die Brüssel I-VO wegen dessen Londoner Niederlassung räumlich anwendbar
(Art. 15 II Brüssel I-VO).

bb) Zuständigkeit. Gemäß Art. 16 I Brüssel I-VO kann der Verbraucher **236e**
gegen seinen Vertragspartner wahlweise vor den Gerichten an dessen
Wohnsitz oder an seinem eigenen Wohnsitz klagen. Anders als noch
Art. 14 I EuGVÜ regelt Art. 16 I Brüssel I-VO auch die örtliche Zu-

---

[477] Gemeinsame Erklärung des Rates und der Kommission zu den Art. 15 und 73
Brüssel I-VO, abgedruckt in: IPRax 2001, 259–262 (261).
[478] *OLG Dresden* 15. 12. 2004, IPRax 2006, 44 m. Anm. *von Hein*, 16–20.
[479] Krit. hierzu: *Kohler*, in: Gottwald (Hrsg.), Revision des EuGVÜ, S. 1–37
(33 f.).
[480] *Kohler*, in: Gottwald (Hrsg.), Revision des EuGVÜ, S. 1–37 (20).
[481] Zur parallelen Regelung für Versicherungsverträge vgl. Art. 9 II Brüssel I-VO.

ständigkeit, so dass sich die Frage nach der örtlichen Ersatzzuständigkeit (bei fehlendem Verbrauchergerichtsstand im autonomen Prozessrecht) erübrigt.[482]

Gemäß Art. 16 II Brüssel I-VO kann der Vertragspartner des Verbrauchers nur vor den Gerichten in dessen Wohnsitzstaat klagen. Im Gegensatz zu Art. 16 I Brüssel I-VO regelt Art. 16 II nur die internationale Zuständigkeit; die örtliche Zuständigkeit richtet sich nach innerstaatlichem Verfahrensrecht.

Gerichtsstandsvereinbarungen sind in Verbrauchersachen nur dann wirksam, wenn die Voraussetzungen einer der Alternativen des Art. 17 Brüssel I-VO erfüllt sind (Art. 23 V Brüssel I-VO); zusätzlich sind die Formerfordernisse des Art. 23 I, II Brüssel I-VO zu beachten.

c) Arbeitssachen (Art. 18–21 Brüssel I-VO; ex-Art. 5 Nr. 1 HS. 2, 3 EuGVÜ)

236f Mit dem Erlass der Brüssel I-VO wurde die Zuständigkeit für individuelle Arbeitsverträge in einem eigenen Abschnitt systematisch den Regelungen über Versicherungs- und Verbrauchersachen angeglichen: Dies gilt für den grundsätzlich abschließenden Charakter der Vorschriften (Art. 18 I), die Erweiterung des räumlichen Anwendungsbereichs der Brüssel I-VO (Art. 18 II), die Wahlgerichtsstände für Arbeitnehmerklagen (Art. 19)[483], die Beschränkung auf den allgemeinen Gerichtsstand für Arbeitgeberklagen (Art. 20) und die eingeschränkten Derogationsmöglichkeiten (Art. 21)[484]. Allerdings steht die Missachtung der Zuständigkeitsregeln hier der späteren Anerkennung der Entscheidung nicht entgegen (vgl. Art. 35 I Brüssel I-VO[485]).

Im Falle der Entsendung von Arbeitnehmern in das Ausland ist nach der Entsenderichtlinie[486] für Klagen des entsandten Arbeitnehmers zusätzlich die Zuständigkeit der Gerichte des Entsendeortes begründet. Soweit die Entsendung nach Deutschland erfolgt ist, wurde die in der Entsenderichtlinie vorgesehene Zuständigkeit der Gerichte des Entsendeortes durch § 8 AEntG[487] umgesetzt.

5. Ausschließliche Zuständigkeiten (Art. 22 Brüssel I-VO; ex-Art. 16 EuGVÜ)

237 Art. 22 Brüssel I-VO normiert eine Reihe ausschließlicher internationaler Zuständigkeiten, von denen weder im Wege der Gerichtsstandsvereinbarung (Art. 23 V a. E.) noch durch rügelose Einlassung (Art. 24 a. E.)

---

[482] Zu dieser Problematik unter dem EuGVÜ: *KG* 13. 1. 2000 = IPRspr 2000 Nr. 114 = IPRax 2001, 44 m. Anm. *Mankowski*, 33–37.

[483] Vgl. hierzu *EuGH* 27. 2. 2002, Rs. C-37/00 – „Weber/Universal Ogden Services Ltd.", EuGHE 2002 I, 2013 = IPRax 2003, 45 m. Anm. *Mankowski*, 21–28; *BAG* 29. 5. 2002, RIW 2002, 879.

[484] Hierzu: *Franzen*, Internationale Gerichtsstandsvereinbarungen in Arbeitsverträgen zwischen EuGVÜ und autonomem internationalem Zivilprozeßrecht, RIW 2000, 81–88.

[485] Hierzu Rn. 235 a. E., 256.

[486] *Jayme/Hausmann*, Nr. 163.

[487] *Jayme/Hausmann*, Nr. 175.

abgewichen werden kann; auch ein Rückgriff auf die Gerichtsstände der Art. 2, 5 Brüssel I-VO scheidet aus. Die Nichtbeachtung einer ausschließlichen Zuständigkeit stellt ein Anerkennungshindernis im Sinne des Art. 35 I Brüssel I-VO dar. Ratio des Art. 22 Brüssel I-VO ist die vermutete Sach-, Beweis- oder Vollstreckungsnähe, der in den erfassten Fallgruppen der Vorrang vor den Parteiinteressen eingeräumt wird.

Aufgrund der Abweichung von der sonst geltenden Zuständigkeitsordnung sind die Tatbestände des Art. 22 Brüssel I-VO restriktiv auszulegen. In räumlicher Hinsicht gelten sie auch gegenüber Beklagten mit Wohnsitz in einem Drittstaat (vgl. Wortlaut Art. 4 I, 22 a. A.).

a) Unbewegliche Sachen (Art. 22 Nr. 1 Brüssel I-VO)

Art. 22 Nr. 1 Brüssel I-VO begründet die Zuständigkeit der Gerichte im **238** Belegenheitsstaat; anders als § 24 ZPO erfasst die Vorschrift nicht nur dingliche Rechte, sondern auch Miet- und Pachtverträge über unbewegliche Sachen. Der Begriff des dinglichen Rechts wird gemeinschaftsrechtlich autonom bestimmt und ist von dem des persönlichen Rechts zu unterscheiden: Während persönliche Rechte nur gegenüber dem Schuldner geltend gemacht werden können, wirken dingliche Rechte gegenüber jedermann. Eine Klage hat ein dingliches Recht „zum Gegenstand", wenn der geltend gemachte Anspruch Ausfluss der Ausübung eines dinglichen Rechts ist.[488]

Daher ist für eine Klage auf Auflösung eines Kaufvertrages über eine unbewegliche Sache Art. 5 Nr. 1 Brüssel I-VO und nicht Art. 22 Nr. 1 maßgeblich, denn der geltend gemachte Anspruch beruht auf den aus dem Vertrag erwachsenen persönlichen Verpflichtungen der Parteien; das Eigentum an dem Vertragsgegenstand wird nur mittelbar berührt.[489]

Zu Klagen aus Miete oder Pacht unbeweglicher Sachen zählen alle Strei- **239** tigkeiten, die die vertraglichen Verpflichtungen der Parteien betreffen und sich damit „unmittelbar auf die Nutzung der Mietsache beziehen";[490] die Rechtsnatur der Anspruchsgrundlage (Vertrag, Delikt, ungerechtfertigte Bereicherung) ist ohne Belang.[491]

Betrifft ein einheitlicher Miet- oder Pachtvertrag Grundstücke in verschiedenen Mitgliedstaaten, muss in den jeweiligen Mitgliedstaaten geklagt werden, selbst wenn beide Parteien im gleichen Mitgliedstaat wohnen und sich dort auch der flächenmäßig grö-

---

[488] *EuGH* 10. 1. 1990, Rs. 115/88 – „Reichert", EuGHE 1990 I, 27 = IPRax 1991, 45 m. krit. Anm. *Schlosser,* 29 f.; vgl. auch *Kropholler,* EuZPR, Art. 22 Rn. 14.

[489] *EuGH* 5. 4. 2001, Rs. C-518/99 – „Gaillard/Chekili", EuGHE 2001 I, 2771 = EWS 2001, 451; *BGH* 4. 8. 2004, RIW 2004, 783.

[490] *EuGH* 15. 1. 1985, Rs. 241/83 – „Rösler", EuGHE 1985, 99 = NJW 1985, 905 m. Anm. *Rauscher,* 892 = IPRax 1986, 97 m. Anm. *Kreuzer,* 75–80 = *Schack,* Höchstrichterliche Rechtsprechung, Nr. 33.

[491] *LG Bochum* 17. 9. 1985, RIW 1986, 135 m. Anm. *Geimer* = IPRspr 1985 Nr. 144; *OLG Hamm* 24. 1. 1995, IPRspr 1995 Nr. 142.

ßere Anteil der Grundstücke befindet.[492] Befindet sich das Grundstück in einem Drittstaat und nehmen dessen Gerichte eine ausschließliche internationale Zuständigkeit in Anspruch, so gebietet der Rechtsgedanke des Art. 22 Nr. 1 Brüssel I-VO, diese Zuständigkeit anzuerkennen.[493]

240 Art. 22 Nr. 1 Unterabs. 2 Brüssel I-VO (ex-Art. 16 Nr. 1 lit. b EuGVÜ) erfasst im Wesentlichen die Gebrauchsüberlassung von Ferienhäusern und -wohnungen als Hauptfall der „vorübergehenden privaten" Nutzung.

241 Die (zusätzliche) Zuständigkeit der Gerichte im Wohnsitzstaat des Beklagten wird nur eröffnet, wenn es sich bei dem Mieter bzw. Pächter um eine natürliche Person handelt (während als Eigentümer auch eine juristische Person auftreten kann) und die Vertragsparteien ihren Wohnsitz in demselben Mitgliedstaat haben. Trotz des Nebeneinanders zweier Zuständigkeiten handelt es sich weiterhin um ausschließliche Zuständigkeiten, so dass insbesondere abweichende Gerichtsstandsvereinbarungen keine rechtliche Wirkung haben.

242 Mit Blick auf die restriktive Handhabung der ausschließlichen Gerichtsstände werden gemischte Verträge, die neben der Vermietung bzw. Verpachtung weitere Verpflichtungen enthalten (z.B. Pauschalreiseverträge), nicht von Art. 22 Nr. 1, häufig jedoch von Art. 15 I lit. c Brüssel I-VO erfasst.[494]

b) Zwangsvollstreckung (Art. 22 Nr. 5 Brüssel I-VO)

243 In den Anwendungsbereich des Art. 22 Nr. 5 Brüssel I-VO fallen die vollstreckungsrechtlichen Rechtsbehelfe, im deutschen Recht z.B. die Erinnerung gemäß § 766 ZPO, die Vollstreckungsgegenklage gemäß § 767 ZPO[495] und die Drittwiderspruchsklage gemäß § 771 ZPO.[496]

6. Gerichtsstandsvereinbarung (Art. 23 Brüssel I-VO; ex-Art. 17 EuGVÜ)

244 Gemäß Art. 23 I 1 Brüssel I-VO kann durch Parteivereinbarung eine – grundsätzlich (vgl. Art. 23 I 2 Brüssel I-VO) – ausschließliche internationale Zuständigkeit begründet werden.[497] Nach seinem Wortlaut setzt

---

[492] *EuGH* 6. 7. 1988, Rs. 158/87 – „Scherrens", EuGHE 1988, 3791 = IPRax 1991, 44 m. Anm. *Kreuzer,* 25–28.

[493] Ebenso: *Schack,* IZVR, Rn. 316; *Kropholler,* EuZPR, Art. 22 Rn. 7; *Grundmann,* Zur internationalen Zuständigkeit der Gerichte von Drittstaaten nach Art. 16 EuGVÜ, IPRax 1985, 249–254.

[494] *Kropholler,* EuZPR, Art. 22 Rn. 30.

[495] *EuGH* 4. 7. 1985, Rs. 220/84 – „AS-Autoteile", EuGHE 1985, 2267.

[496] *OLG Hamm* 11. 4. 2000 = IPRspr 2000 Nr. 121 = IPRax 2001, 339 m. Anm. *Roth,* 323 f. Näher zu Art. 22 Nr. 5 Brüssel I-VO: *Kropholler,* EuZPR, Art. 22 Rn. 59–64.

[497] Übungsklausuren bei: *Coester-Waltjen/Mäsch,* Übungen, S. 122–137; *Koch/Magnus/Winkler von Mohrenfels,* IPR und Rechtsvergleichung, S. 59–63.

Art. 23 I 1 Brüssel I-VO lediglich voraus, dass eine der Parteien – Kläger *oder* Beklagter – ihren Wohnsitz in einem Mitgliedstaat hat und dass ein Gerichtsstand in einem Mitgliedstaat vereinbart wird.[498] Ein darüber hinausgehender Bezug zu einem weiteren Mitgliedstaat ist nicht erforderlich.[499]

Beispiel: Eine Gerichtsstandsvereinbarung zugunsten deutscher Gerichte zwischen zwei in Deutschland wohnhaften Personen betreffend Streitigkeiten aus einem Mietverhältnis über eine Ferienwohnung in Rumänien richtet sich nach Art. 23 Brüssel I-VO, nicht nach § 38 ZPO.

Nach in Deutschland h.M. handelt es sich bei einer Gerichtsstandsvereinbarung um einen materiellrechtlichen Vertrag, der auf die Herbeiführung prozessualer Wirkungen gerichtet ist. Demgemäß bestimmt sich das Zustandekommen nach der für diesen Vertrag maßgeblichen lex causae, Zulässigkeit und Wirkungen hingegen nach der lex fori.[500] Fraglich ist, ob eine entsprechende Unterscheidung zwischen Zustandekommen und Wirksamkeit der Gerichtsstandsvereinbarung auch im Rahmen von Art. 23 Brüssel I-VO gilt. **245**

Nach dem Wortlaut des Art. 23 Brüssel I-VO müssen die Parteien die Zuständigkeit „vereinbart" haben. Die Anforderungen an die inhaltliche Bestimmtheit der Vereinbarung (Art. 23 I 1, 2 Brüssel I-VO) und die Form (Art. 23 I 3 Brüssel I-VO) sind eng miteinander verknüpft. Jedoch enthält Art. 23 I Brüssel I-VO keine Regelungen für die Beurteilung der Konsenserfordernisse und der Beachtlichkeit von Willensmängeln. Da die Sachrechte der Mitgliedstaaten insoweit große Unterschiede aufweisen, erscheint eine autonome Auslegung derzeit nicht möglich. Somit muss das Zustandekommen der Gerichtsstandsvereinbarung auch weiterhin der lex causae unterstellt werden, soweit Art. 23 Brüssel I-VO keine speziellen Erfordernisse, z.B. für die Form, aufstellt.[501]

Art. 23 I 3 lit. a Brüssel I-VO verlangt als Wirksamkeitsvoraussetzung eine schriftliche[502] bzw. schriftlich bestätigte mündliche Gerichtsstands- **246**

---

[498] S. Rn. 214. Vgl. bereits Bericht *Jenard* (ABl. EG 1979 Nr. C 59/1); näher dazu: *Kropholler*, EuZPR, Art. 17 Rn. 1–10; *Schlosser*, EuZPR, Art. 17 Rn. 6.

[499] Vgl. ausführlich oben Rn. 211–214. Entsprechend zur Zuständigkeit kraft rügeloser Einlassung: *Dörner/A. Staudinger*, Internationale Zuständigkeit – Vertragsstaatenbezug, rügelose Einlassung und Gerichtsstandsklausel, IPRax 1999, 328–342.

[500] S. Rn. 73.

[501] *Kropholler*, EuZPR, Art. 23 Rn. 27 f.; *OLG Koblenz* 9. 1. 1987, NJW-RR 1988, 1334 = IPRax 1987, 308 m. Anm. *Schwarz*, 291–293 = *Schack*, Höchstrichterliche Rechtsprechung, Nr. 34 = IPRspr 1987 Nr. 122. – Zum autonomen Recht Rn. 79.

[502] Zur Anwendbarkeit der EG-Klauselrichtlinie v. 5. 4. 1993 (ABl. EG Nr. L 95/29) auf die Frage der Wirksamkeit einer in AGB enthaltenen Gerichtsstandsvereinbarung: *EuGH* 27. 6. 2000, verb. Rs. C-240/98 bis C 244/98 – „Océano Grupo Editorial/Quintero, EuGHE 2000 I, 4941 = RIW 2000, 700 m. Anm. *Borges*, 933–439 und *Leible*, RIW 2001, 422–431 = DB 2000, 2056 m. Anm. *A. Staudinger;* dazu *Pfeiffer*, Gerichtsstandsklauseln und EG-Klauselrichtlinie, FS Schütze (1999), S. 671–683 (679).

vereinbarung. Um den Bedürfnissen des elektronischen Geschäftsverkehrs gerecht zu werden, ist die Schriftform gemäß Art. 23 II Brüssel I-VO auch bei elektronischer Übermittlung gewahrt, wenn eine dauerhafte Aufzeichnung – z.B. durch Ausdruck in Papierform – möglich ist. Die Rechtsfolgen einer Missachtung der Schriftform sind nicht ausdrücklich geregelt; nach autonomer, an Sinn und Zweck des Art. 23 Brüssel I-VO orientierter Auslegung stellen die dort enthaltenen Anforderungen Wirksamkeitsvoraussetzungen dar. Eine diesen nicht genügende Gerichtsstandsvereinbarung ist daher unwirksam.[503]

Dem grenzüberschreitenden gewerblichen Geschäftsverkehr wird in Art. 23 I 3 lit. b, c Brüssel I-VO Rechnung getragen, indem auch eine Vereinbarung als formwirksam angesehen wird, die den Gepflogenheiten der Parteien[504] oder internationalen Handelsbräuchen (z.B. mittels kaufmännischen Bestätigungsschreibens) entspricht. Besondere Probleme bereitet die Ermittlung eines einschlägigen Handelsbrauchs,[505] etwa wenn sich eine Partei auf eine in ihren AGB enthaltene Gerichtsstandsklausel beruft.[506]

Vertragsklauseln, deren Wortlaut sich in einer Erfüllungsortvereinbarung erschöpft, sind gleichwohl den Formvorschriften des Art. 23 Brüssel I-VO zu unterwerfen, soweit sie tatsächlich nicht materiell-, sondern ausschließlich verfahrensrechtlich wirken, also nur darauf abzielen, mittels Art. 5 Nr. 1 Brüssel I-VO ein Forum für etwaige Streitigkeiten zu bestimmen.[507]

247   Die Gerichtsstandsvereinbarung muss dem Bestimmtheitserfordernis des Art. 23 I 1 Brüssel I-VO genügen und darf nicht nach Art. 23 V Brüssel I-VO unwirksam sein. Hingegen führt die Unwirksamkeit des Hauptvertrages nicht ohne weiteres zur Unwirksamkeit der Gerichtsstandsvereinbarung: Obgleich beide regelmäßig gemeinsam abgeschlossen werden, handelt es sich bei der Gerichtsstandsvereinbarung um ein eigenständiges Rechtsgeschäft.[508] Daher kann vor den Gerichten des

---

[503] So *BGH* 22. 2. 2001 = IPRspr 2001 Nr. 133 = IPRax 2002, 124 m. abl. Anm. *Kröll*, 113–116; vgl. auch *Kropholler*, EuZPR, Art. 23 Rn. 32.

[504] Vgl. hierzu *BGH* 25. 2. 2004, VIII ZR 119/03, EurLForum 2004, 129.

[505] Dazu *EuGH* 20. 2. 1997, Rs. C-106/95 – „Mainschiffahrts-Genossenschaft", EuGHE 1997 I, 911 = JZ 1997, 836 m. Anm. *Koch* = RIW 1997, 415 m. Anm. *Holl* = ZZPInt 1997, 161 m. Anm. *P. Huber* = IPRax 1999, 31 m. Anm. *Kubis*, 10–14 (dort auch zur Abschlussentscheidung des *BGH* 16. 6. 1997, IPRax 1999, 34); zuletzt *EuGH* 16. 3. 1999, Rs. C-159/97 – „Trasporti Castelletti/Trumpy", EuGHE 1999 I, 1597 = IPRax 2000, 119 m. Anm. *Girsberger*, 87–91 = Rev crit 1999, 559 m. Anm. *Gaudemet-Tallon* = Clunet 2000, 528 m. Anm. *Huet; Schlosser*, EuZPR, Art. 23 Rn. 24 ff.

[506] Ausführlich: *Wolf/Horn/Lindacher*, AGBG, 4. Aufl. (1999), Anh. § 2 Rn. 107–114; *Schlosser*, EuZPR, Art. 23 Rn. 20.

[507] Dazu insbes. *EuGH* 20. 2. 1997, a. a. O. (Fn. 490) sowie oben Rn. 225 f.

[508] *EuGH* 3. 7. 1997, Rs. C-269/95 – „Benincasa/Dentalkit", EuGHE 1997 I, 3767 = RIW 1997, 775 (776 f.). Vgl. auch oben Rn. 79.

prorogierten Forums etwa geltend gemacht werden, der Hauptvertrag
sei wegen Sittenwidrigkeit oder Gesetzesverstoßes nichtig.

7. Zuständigkeit kraft rügeloser Einlassung (Art. 24 Brüssel I-VO; ex-Art. 18 EuGVÜ)

Auch im Rahmen der Brüssel I-VO kann die Zuständigkeit durch rüge-   248
lose Einlassung begründet werden, soweit nicht eine ausschließliche Zuständigkeit nach Art. 22 Brüssel I-VO entgegensteht. Im Unterschied zu
§ 39 ZPO genügt jegliche rügelose Einlassung; nicht zuständigkeitsbegründend wirkt hingegen eine hilfsweise Einlassung zur Sache nach
erfolgloser Zuständigkeitsrüge.[509]

Bleibt der Beklagte dem Verfahren fern, da er das betreffende Gericht   249
für unzuständig hält, schützen ihn die Art. 25, 26 I Brüssel I-VO vor
dem Erlass eines Versäumnisurteils durch ein unzuständiges Gericht, da
dieses seine Zuständigkeit von Amts wegen zu prüfen und bei fehlender
Zuständigkeit die Klage abzuweisen hat.

8. Lösung positiver Kompetenzkonflikte (Art. 27–30 Brüssel I-VO; ex-Art. 21–23 EuGVÜ)

Die zahlreichen besonderen Gerichtsstände der Brüssel I-VO, die mit   250
dem allgemeinen Gerichtsstand konkurrieren, bergen die Gefahr, dass
Gerichte in verschiedenen Mitgliedstaaten angerufen werden, um über
denselben Anspruch zwischen denselben Parteien zu entscheiden.
Art. 27 I Brüssel I-VO ordnet deshalb an, dass das später angerufene
Gericht von Amts wegen das Verfahren aussetzt, bis die Zuständigkeit
des zuerst angerufenen Gerichts feststeht. Steht diese fest, so hat sich das
zweite Gericht für unzuständig zu erklären (Art. 27 II Brüssel I-VO).[510]

Ob und wann im Ausland Rechtshängigkeit eingetreten ist, war nach   251
Ansicht des EuGH[511] bislang nach Maßgabe des nationalen Verfahrensrechts der jeweiligen lex fori zu entscheiden. Einzelne Rechtsordnungen
lassen die Rechtshängigkeit bereits mit Eingang der Klageschrift bei Gericht eintreten, andere verlangen Zustellung an den Beklagten.[512] Aus

---

[509] *EuGH* 24. 6. 1981, Rs. 150/80 – „Elefanten Schuh", EuGHE 1981, 1671 (1685, Nr. 14) = NJW 1982, 507.

[510] Zum Verhältnis von Art. 21 EuGVÜ (jetzt: Art. 27 Brüssel I-VO) zum innerstaat-lichen Berufungsrecht: *OLG Stuttgart* 11. 4. 2001, IPRax 2002, 125 m. Anm. *Hau*, 117 f.

[511] *EuGH* 8. 12. 1987, Rs. 144/86 – „Gubisch Maschinenfabrik/Palumbo", EuGHE 1987, 4861 = IPRax 1989, 157 m. Anm. *Schack*, 139–142 = RIW 1988, 818 m. Anm. *Linke = Schack*, Höchstrichterliche Rechtsprechung, Nr. 43 (Rn. 10, 12 m. w. Nachw.).

[512] Zum deutschen Recht vgl. §§ 261 I, 253 I ZPO.

diesem Grund konnte der Kläger unter dem EuGVÜ mit der Wahl des Forums auch den Zeitpunkt der Rechtshängigkeit beeinflussen. Art. 30 Brüssel I-VO bestimmt den Zeitpunkt der Rechtshängigkeit nunmehr autonom: Erforderlich sind kumulativ die Einreichung der Klageschrift bei Gericht und deren Zustellung an den Beklagten; ist beides erfolgt, tritt Rechtshängigkeit „rückwirkend" mit Verwirklichung des ersten Elements ein.[513]

252 Hinsichtlich der Frage, ob die rechtshängigen Klagen denselben Anspruch zwischen denselben Parteien betreffen, ist nach dem EuGH nicht auf die formale Identität des Streitgegenstandes abzustellen; vielmehr genügt es, wenn beiden Verfahren dasselbe Rechtsverhältnis, z.B. ein Vertrag, zugrunde liegt und die in den verschiedenen Verfahren begehrten Rechtsfolgen einander ausschließen.[514] Ob es sich bei zwei Klagen um denselben Gegenstand handelt, beurteilt sich lediglich nach den Klageansprüchen des jeweiligen Klägers; vom Beklagten erhobene Einwendungen sind hierbei unbeachtlich.[515] Nicht notwendig ist die Identität der Parteirolle (Kläger/Beklagter).

253 Da auch Verfahren, deren Streitgegenstände nicht identisch i.S.d. Art. 27 Brüssel I-VO sind, zu einander widersprechenden Entscheidungen führen können, ermöglicht Art. 28 I, II Brüssel I-VO unter den Voraussetzungen des Art. 28 III Brüssel I-VO auch hier eine Aussetzung des Verfahrens (Ermessensspielraum).

9. Einstweiliger Rechtsschutz (Art. 31 Brüssel I-VO; ex-Art. 24 EuGVÜ)

253a Für Maßnahmen des einstweiligen Rechtsschutzes gibt es keine einheitlichen europäischen Zuständigkeitsvorschriften. Die Zuständigkeitsgründe des nationalen Rechts werden beibehalten; exorbitante, weil einseitig klägerfreundliche Gerichtsstände des einstweiligen Rechtsschutzes werden nicht ausgeschlossen. In mehreren EU-Staaten (z.B. Frankreich: référé provision; Niederlande: kort geding) erfüllen Verfahren des einstweiligen Rechtsschutzes faktisch die Funktion von Erkenntnisverfahren. Die Herausnahme des einstweiligen Rechtsschutzes aus der europäischen Zuständigkeitsordnung ist damit systemwidrig.

---

[513] Kohler, in: Gottwald (Hrsg.), Revision des EuGVÜ, S. 1–37 (25 f.).

[514] EuGH 8. 12. 1987, a.a.O. (Fn. 513), Rn. 15, 17, 18; vgl. auch EuGH 6. 12. 1994, Rs. C-406/92 – „Tatry", EuGHE 1994 I, 5439 = JZ 1995, 616 m. Anm. P. Huber, 603–611 = EuZW 1995, 309 m. Anm. Chr. Wolf, 365–367 = EWS 1995, 90 m. Anm. Lenenbach, 361–367 = IPRax 1996, 108 m. Anm. Schack, 80–83; BGH 6. 2. 2002, RIW 2002, 393. Zur Kritik an dieser weiten Auslegung von Art. 21 EuGVÜ zu Lasten von Art. 22 EuGVÜ vgl.: Hau, IPRax 1996, 177–179; Prütting, Die Rechtshängigkeit im internationalen Zivilprozeßrecht und der Begriff des Streitgegenstandes nach Art. 21 EuGVÜ, GS Lüderitz (2000), S. 623–633.

[515] EuGH 8. 5. 2003, Rs. C-111/01 – „Gantner Electronic/Basch", EuGHE 2003 I, 4207 = IPRax 2003, 443 m. Anm. Reischl, 426–430.

Der EuGH hat es unternommen, den Rückgriff auf nationale Zuständigkeitsgründe zu beschränken: Erforderlich ist, „dass zwischen dem Gegenstand dieser Maßnahme und der gebietsbezogenen Zuständigkeit des ... angerufenen Gerichts eine reale Verknüpfung besteht."[516] Bei Maßnahmen, die bestimmte Vermögensgegenstände betreffen, ist demnach nur das Gericht des Lageorts für einstweilige Maßnahmen zuständig. – Weiterhin hat der EuGH die Vollstreckbarerklärung einer einstweiligen Maßnahme nach dem EuGVÜ abgelehnt, wenn eine derartige Verknüpfung nicht besteht.[517]

V. Anerkennung und Vollstreckung ausländischer Entscheidungen

1. Anerkennung (Art. 33–37 Brüssel I-VO; ex-Art. 26–30 EuGVÜ)

Bereits die Art. 26–30 EuGVÜ regelten die Voraussetzungen der Anerkennung ausländischer Entscheidungen in neuartiger und großzügiger Weise. Hieran hat sich durch die Übernahme der Vorschriften in die Brüssel I-VO im Grundsatz nichts geändert; die Anerkennungshindernisse sind in Art. 34 Brüssel I-VO gegenüber Art. 27 EuGVÜ sogar weiter reduziert worden: 254

- Die in Art. 27 Nr. 4 EuGVÜ vorgesehene kollisionsrechtliche Kontrolle statusrechtlicher Vorfragen wurde aufgegeben.[518]
- Das Erfordernis der ordnungsgemäßen Zustellung wurde entschärft.[519]

Die Anerkennung in einem anderen Vertragsstaat ergangener Entscheidungen erfolgt ohne ein besonderes Verfahren (Art. 33 I Brüssel I-VO). Indes ist bei entsprechendem Rechtsschutzbedürfnis eine Feststellungsklage möglich (Art. 33 II Brüssel I-VO), ebenso die inzidente Überprüfung der Anerkennungsfähigkeit in einem gerichtlichen Verfahren (Art. 33 III Brüssel I-VO). Eine inhaltliche Überprüfung (sog. révision au fond) findet nicht statt (Art. 36 Brüssel I-VO); dies gilt auch für das vom erststaatlichen Gericht angewandte Gemeinschaftsrecht.[520]

---

[516] *EuGH* 17. 11. 1998, Rs. C-391/95 – „Van Uden", EuGHE 1998 I, 7091 = JZ 1999, 1103 m. Anm. *Stadler,* 1089–1099 = ZZPInt 1999, 205 m. Anm. *Spellenberg/ Leible* = IPRax 1999, 240 m. Anm. *Heß/Vollkommer,* 220–225.

[517] *EuGH* 27. 4. 1999, Rs. C-99/96 – „Mietz/Intership Yachting", EuGHE 1999 I, 2277 = JZ 1999, 1105 m. Anm. *Stadler,* 1089–1099 = ZZPInt 1999, 212 m. Anm. *Spellenberg/Leible* = IPRax 2000, 411 m. Anm. *Heß,* 370–374.

[518] Im deutschen autonomen Recht wurde dieses Anerkennungshindernis bereits bei der Neufassung des § 328 ZPO im Jahr 1986 abgeschafft (vgl. § 328 I Nr. 3 ZPO a. F.).

[519] Hierzu unten Rn. 259.

[520] *EuGH* 11. 5. 2000, Rs. C-38/98 – „Renault", EuGHE 2000 I, 2973 = EWiR 2000, 627 (LS) m. Anm. *Geimer* = IPRax 2001, 328 m. Anm. *Heß,* 301–306.

255 Art. 32 Brüssel I-VO definiert den in den Art. 33–37 verwendeten Begriff der anerkennungsfähigen „ausländischen Entscheidung". Auch eine Anerkennung nicht rechtskräftiger Urteile ist möglich (Art. 37 Brüssel I-VO); die Aussetzung des Verfahrens ist in diesem Fall in das Ermessen des Gerichts im Anerkennungsstaat gestellt.

a) Keine Überprüfung der internationalen Zuständigkeit

256 Gemäß Art. 35 III Brüssel I-VO darf die internationale Zuständigkeit des Erststaates – anders als in § 328 I Nr. 1 ZPO – grundsätzlich nicht nachgeprüft werden. Eine Ausnahme macht Art. 35 I Brüssel I-VO nur für die Zuständigkeiten der Art. 8 ff., 15 ff., 22 Brüssel I-VO (Versicherungssachen, Verbrauchersachen, ausschließliche Zuständigkeiten) und für Art. 72 Brüssel I-VO i. V. m. Art. 59 EuGVÜ (zwischenstaatliche Vereinbarungen über die Nichtanerkennung), nicht aber für Art. 18 ff., 23 Brüssel I-VO (Arbeitssachen, Gerichtsstandsvereinbarung). Grund für den weitgehenden Verzicht auf eine Überprüfung der internationalen Zuständigkeit des erststaatlichen Gerichts ist das gegenseitige Vertrauen der Vertragsstaaten in die richtige Anwendung der Zuständigkeitsregeln. Dies gilt sowohl in Bezug auf die vereinheitlichten Gerichtsstände der Brüssel I-VO als auch für die Fälle, in denen das Erstgericht seine Entscheidungszuständigkeit gemäß Art. 4 I Brüssel I-VO auf autonome Zuständigkeitsregeln gestützt hat.

b) Kein Gegenseitigkeitserfordernis

257 Durch die Schaffung einheitlicher Anerkennungsvoraussetzungen in der Brüssel I-VO ist die Verbürgung der Gegenseitigkeit zwischen den Vertragsstaaten im Sinne gleichwertiger Anerkennungsvoraussetzungen gewährleistet. Damit erübrigt sich eine besondere Überprüfung, weshalb die Art. 33–37 Brüssel I-VO auch auf dieses Erfordernis verzichten.

c) Verbleibende Anerkennungshindernisse

258 *aa) Gerichtsbarkeit des Erststaates.* Ungeschriebene Anerkennungsvoraussetzung im Rahmen der Brüssel I-VO ist die Gerichtsbarkeit des Erststaates. Fehlt diese, so scheitert nach in Deutschland h. M. eine Anerkennung bereits an der Unwirksamkeit des Urteils. Auf jeden Fall aber wäre die Anerkennung eines völkerrechtswidrigen Urteils ihrerseits ein völkerrechtswidriger Akt.[521]

259 *bb) Wahrung der Verteidigungsrechte (Art. 34 Nr. 2 Brüssel I-VO).* Nach dem Wortlaut des Art. 27 Nr. 2 EuGVÜ war die Anerkennung einer Entscheidung bei nicht ordnungsgemäßer *und* nicht rechtzeitiger Zustellung der Klage an den Beklagten zu versagen.[522] Das Hindernis

---

[521] Vgl. Rn. 17–25 sowie: *Schack,* IZVR, Rn. 827.
[522] Zur abweichenden Rechtsprechung des *EuGH* (*alternativ* nicht ordnungsgemäß *oder* nicht rechtzeitig): *EuGH* 3. 7. 1990, Rs. 305/88 – „Lancray", EuGHE 1990 I, 2725 = IPRax 1991, 177 m. Anm. *Rauscher,* 155–159; dazu: *Band/Reichelm,* Feh-

der nicht ordnungsgemäßen Zustellung wurde in Art. 34 Nr. 2 Brüssel I-VO aufgegeben; es kommt nur mehr auf das Fehlen der tatsächlichen Verteidigungsmöglichkeit – infolge des Zeitpunkts oder der Art und Weise der Zustellung – an. Der Schutz des Beklagten wurde damit abgeschwächt; andererseits kann so eine rechtsmissbräuchliche Berufung auf formale Zustellungsfehler, die ohne Einfluss auf die Verteidigungsmöglichkeiten bleiben, verhindert werden.

Zudem kann sich der Beklagte auf Art. 34 Nr. 2 Brüssel I-VO nur berufen, wenn er einen ihm aufgrund der fehlerhaften Zustellung[523] zustehenden Rechtsbehelf im Erststaat eingelegt hat; unterlässt er dies schuldhaft, kommt eine Versagung der Anerkennung nicht in Betracht.[524]

Auf Art. 34 Nr. 2 Brüssel I-VO kann sich im Rahmen der Anerkennung 260 regelmäßig nur der im erststaatlichen Verfahren säumige Beklagte berufen, da sich der Beklagte ansonsten durch die Einlassung auf das ausländische Verfahren dieses Schutzes begibt. Indes ist die unzulässige Einschränkung der Verteidigungsrechte vom Zweitgericht wohl auch unter der Brüssel I-VO (trotz Streichung der Regelung des Art. 46 Nr. 2 EuGVÜ)[525] nicht nur auf Einrede des Beklagten des erststaatlichen Verfahrens, sondern – abweichend von § 328 I Nr. 2 ZPO („und sich hierauf beruft") – von Amts wegen zu berücksichtigen.

Ob die Zustellung rechtzeitig erfolgt ist, beurteilt sich nach den Um- 261 ständen des konkreten Einzelfalles.[526] Verspätet ist die Zustellung, wenn es dem Beklagten nicht möglich war, sich vor Gericht zu verteidigen.[527]

Beispiel:[528] Ein zwischen der Zustellung des verfahrenseinleitenden Schriftstücks und dem Termin vor dem niederländischen Gericht liegender Zeitraum von lediglich acht Tagen reicht für eine rechtzeitige Zustellung nicht aus.

cc) Entgegenstehende Entscheidungen (Art. 34 Nr. 3, 4 Brüssel I-VO). 262
Art. 34 Nr. 3 Brüssel I-VO betrifft den Fall, dass die anzuerkennende

---

lerhafte Auslandszustellung, IPRax 2001, 173–177; zum Verhältnis von Art. 27 Nr. 2 EuGVÜ und Art. 34 Nr. 2 Brüssel I-VO: *Geimer,* IPRax 2004, 97 f.

[523] Die Nichteinlegung *sonstiger* Rechtsbehelfe schadet – entgegen dem Wortlaut – nicht; s. Begründung des Kommissionsentwurfs, KOM(1999) 348, endg. (S. 25) = BRDrucks. 534/99, S. 24 (zu Art. 41 des Entwurfs); vgl. auch *Kropholler,* EuZPR, Art. 34 Rn. 43.

[524] Zur entgegengesetzten Rechtsprechung unter dem EuGVÜ: *EuGH* 12. 11. 1992, Rs. C-123/91 – „Minalmet/Brandeis", EuGHE 1992 I, 5661.

[525] Anders nunmehr im Vollstreckungsverfahren, s. Rn. 269; vgl. auch *Kropholler,* EuZPR, Art. 34 Rn. 45 sowie vor Art. 33 Rn. 6–8.

[526] Ebenso bereits zum EuGVÜ: *EuGH* 15. 7. 1982, Rs. 228/81 – „Pendy/Pluspunkt", EuGHE 1982, 2723 = NJW 1982, 1937 (LS) = IPRax 1985, 25 (27 Nr. 13) m. Anm. *Geimer,* 6–8.

[527] Einzelheiten bei *Kropholler,* EuZPR, Art. 34 Rn. 34–37; noch zum EuGVÜ: *Schlosser,* EuZPR, 1. Aufl. (1996), Art. 27–29 Rn. 17 m. w. Nachw.

[528] *OLG Düsseldorf* 11. 10. 1999, NJW 2000, 3290 = IPRspr 1999 Nr. 162.

Entscheidung mit einer im Anerkennungsstaat zwischen denselben Parteien ergangenen Entscheidung unvereinbar ist. Erfasst wird auch der Fall, dass sich zwei in verschiedenen Vertragsstaaten im Verfahren des einstweiligen Rechtsschutzes ergangene Entscheidungen widersprechen.[529] Der Vollstreckungsstaat ist dann verpflichtet, die Anerkennung der ausländischen Entscheidung abzulehnen. Art. 34 Nr. 4 Brüssel I-VO erfasst hingegen die Konstellation, dass nicht ein Urteil des Anerkennungsstaates, sondern ein dort gleichfalls Anerkennung beanspruchendes Urteil eines anderen Mitgliedstaates oder eines Drittstaates entgegensteht.

263   Im Unterschied zu § 328 I Nr. 3 ZPO stellt die Nichtbeachtung einer früheren Rechtshängigkeit im Anerkennungsstaat nach Art. 27 Brüssel I-VO im Rahmen des Art. 34 Brüssel I-VO keinen Versagungsgrund dar. Im Hinblick auf die anerkennungsfreundliche Grundtendenz[530] der Brüssel I-VO sind an die Unvereinbarkeit der Urteile i.S.d. Art. 34 Brüssel I-VO strengere Voraussetzungen zu knüpfen als in § 328 I Nr. 3 ZPO. Der EuGH bestimmt die Unvereinbarkeit autonom dahingehend, dass die Rechtsfolgen der Urteile sich gegenseitig ausschließen müssen.[531]

264   dd) *Ordre-public-Vorbehalt (Art. 34 Nr. 1 Brüssel I-VO).* Der ordre public ist als Anerkennungshindernis in der Brüssel I-VO beibehalten worden, hat aber insgesamt keine große praktische Bedeutung. Die Gerichte sind zurückhaltend, Urteilen aus Mitgliedstaaten die Anerkennung aus diesem Grunde zu versagen.[532] Vor diesem Hintergrund sowie im Hinblick auf den „Ausnahmecharakter" des Rechtsinstituts im Allgemeinen hat die in Art. 34 Nr. 1 Brüssel I-VO formulierte Beschränkung auf „offensichtliche" Verstöße weitgehend deklaratorische Bedeutung (vgl. auch Art. 6 EGBGB und § 328 I Nr. 4 ZPO).[533]

Fall:[534] Der Bruder einer Kreditnehmerin wurde in Frankreich als Bürge zur Zahlung verurteilt; die Gläubigerbank möchte am jetzigen deutschen Wohnsitz des Bürgen vollstrecken. Nach Ansicht des BGH obliegt dem Anerkennungsrichter angesichts des Verbots der *révision au fond* keineswegs eine Prüfung, ob die Bürgschaft einer Überprüfung anhand der Maßstäbe standhalten würde, die von der neueren deutschen Rechtsprechung im Hinblick auf Angehörigenbürgschaften zu § 138 BGB entwickelt wurden. Vielmehr erlaubt der ordre-public-Vorbehalt nach Auffassung des BGH lediglich eine deutlich großzügigere Prüfung dahingehend, ob ein derart krasser Fall

---

[529] *EuGH* 6. 6. 2002, Rs. C-80/00 „Italian Leather/WECO Polstermöbel", EuGHE 2002 I, 4995 = RIW 2002, 708.

[530] *Kropholler,* EuZPR, vor Art. 33 Rn. 7.

[531] *EuGH* 4. 2. 1988, Rs. 145/86 – „Hoffmann/Krieg", EuGHE 1988, 645 = NJW 1989, 663 = RIW 1988, 820 m. Anm. *Linke* = IPRax 1989, 159 m. Anm. *Schack,* 139–142.

[532] *Schack,* IZVR, Rn. 862. Zum autonomen Recht vgl. Rn. 165–181.

[533] *R. Wagner,* IPRax 2002, 75–95 (82).

[534] *BGH* 24. 2. 1999, BGHZ 140, 395 = NJW 1999, 2372 = IPRax 1999, 371 m. Anm. *G. Schulze,* 342–347 = IPRspr 1999 Nr. 154.

struktureller Unterlegenheit vorliegt, dass eine verfassungswidrige Einschränkung der Handlungsfreiheit des Bürgen feststellbar ist.

Was im Einzelnen zum ordre public des Anerkennungsstaates zählt, **265** bestimmt dieser nach seinem eigenen Recht.[535] Indes ist gerade gegenüber Entscheidungen von Mitgliedstaaten äußerste Zurückhaltung geboten.[536] Jedenfalls begründet die fehlende internationale Zuständigkeit des Erststaates keinen ordre-public-Verstoß (Art. 35 III 2 Brüssel I-VO). Der BGH hat bislang in zwei Fällen die Anerkennung aus Gründen des ordre public versagt:

– Die Anerkennung eines betrügerisch erlangten Urteils widerspricht dem deutschen ordre public, wenn der Beklagte durch eine weitere Täuschung von der Verteidigung im Urteilsstaat abgehalten wird.[537]
– Die Anerkennung eines ausländischen Urteils wird nicht schon deshalb versagt, weil dieses einen deutschen Beamten wegen einer im Ausland begangenen Amtspflichtverletzung zum Ersatz von Sachschäden verpflichtet. Der ordre-public-Vorbehalt greift laut BGH jedoch dann ein, wenn ein gesetzlich Unfallversicherter wegen eines im Ausland erlittenen Unfalls, für den Versicherungsschutz besteht, dort ein Urteil auf Ersatz von Personenschäden gegen eine Person erwirkt, die gemäß §§ 636, 637 RVO von der Haftung freigestellt ist.[538] – Das Ergebnis ist unverständlich: Der Kläger, der in einem vereinheitlichten Gerichtsstand in Italien obsiegt hat, muss in Deutschland von neuem seine Rechte geltend machen. Wäre hingegen aus dem italienischen Urteil gegen den Beklagten im Inland vollstreckt worden, müsste der Dienstherr diesen freistellen. So würde der Zweck der §§ 636, 637 RVO letztlich doch erreicht. Folglich ist ein ordre-public-Verstoß nicht ersichtlich.

In einem weiteren Fall äußerte der BGH deutliche Zweifel an der Anerkennungsfähigkeit und legte die Frage dem EuGH zur Vorabentscheidung vor.[539]

Fall: Im Rahmen eines Adhäsionsverfahrens vor der Cour d'assises Paris wurde ein Arzt wegen einer in Deutschland vorgenommenen, tödlich verlaufenen Behandlung

---

[535] S. Rn. 171 (Beispiel 1).
[536] *von Hoffmann*, The Relevance of European Community Law, in: *ders.* (Hrsg.), European Private International Law (1999), S. 19–37 (Rn. 9–16); *Pisani*, Grenzen des anerkennungsrechtlichen ordre-public-Vorbehalts im EuGVÜ am Beispiel englischer conditional fee agreements, IPRax 2001, 293–298. Zum rechtsvergleichenden Kontrollmaßstab bei Anwendung des ordre-public-Vorbehalts § 6 Rn. 143.
[537] *BGH* 10. 7. 1986, NJW-RR 1987, 377 = IPRax 1987, 236 m. Anm. *Grunsky*, 219–221 = IPRspr 1986 Nr. 182.
[538] *BGH* 16. 9. 1993, BGHZ 123, 268 = IPRax 1994, 118 m. krit. Anm. *Basedow* = IPRspr 1993 Nr. 178.
[539] *EuGH* 28. 3. 2000, Rs. C-7/98 – „Krombach", EuGHE 2000 I, 1935 = JZ 2000, 723 m. Anm. *von Bar* = ZIP 2000, 859 m. Anm. *Geimer* = EWiR 2000, 441 (LS) m. Anm. *Hau* = IPRax 2000, 406 m. Anm. *Piekenbrock*, 364–366 und Anm. *Matscher*, 428–436; dazu auch *Jayme*, Nationaler ordre public und europäische Integration – Betrachtungen zum Krombach-Urteil des EuGH (2000); Vorlagebeschluss *BGH* 4. 12. 1997, IPRax 1998, 205 m. krit. Anm. *Piekenbrock*, 177–179; Abschlussentscheidung *BGH* 29. 6. 2000, BGHZ 144, 390 = IPRax 2001, 50 (LS) m. Anm. *Mansel* = JZ 2000, 1067 m. Anm. *Gross* = IPRspr 2000 Nr. 154.

einer Französin auf Zahlung von Schadensersatz in Anspruch genommen. Das Gericht stützte seine strafrechtliche Zuständigkeit – und damit die Einschlägigkeit von Art. 5 Nr. 4 EuGVÜ (jetzt: Art. 5 Nr. 4 Brüssel I-VO) – alleine auf den Umstand, dass das Opfer französische Staatsangehörige war. Den vor Gericht erschienenen Rechtsanwälten des Angeklagten wurde gemäß Art. 630 S. 1 franz. Code de procédure pénale untersagt, in Abwesenheit ihres Mandanten als Verteidiger aufzutreten. Die Verurteilung erfolgte schließlich in Abwesenheit des Schuldners.

Die vom Gläubiger begehrte Vollstreckbarerklärung des Schadensersatzurteils in Deutschland wurde wegen Verstoßes gegen den ordre public abgelehnt. Im Hinblick auf Art. 28 III HS. 2 EuGVÜ (jetzt: Art. 35 III 2 Brüssel I-VO) stellt zwar die Annahme der Zuständigkeit aufgrund der Staatsangehörigkeit des Opfers für sich gesehen kein Anerkennungshindernis dar; dem Angeklagten das Recht zu versagen, sich im Verfahren verteidigen zu lassen, verstößt jedoch gegen das in der Verfassungstradition der Mitgliedstaaten verankerte Recht auf ein faires Verfahren (vgl. Art. 103 I GG). Die Anerkennung – und damit die Vollstreckung – des Urteils in Deutschland wurde daher gemäß Art. 27 Nr. 1 EuGVÜ (jetzt: Art. 34 Nr. 1 Brüssel I-VO) abgelehnt.

Mögen die Fälle, in denen die Berufung auf den ordre public erfolgreich ist, auch selten sein, so lässt sich damit nicht die Entbehrlichkeit der ordre-public-Kontrolle begründen.[540]

2. Vollstreckung (Art. 38–52 Brüssel I-VO; ex-Art. 31–45 EuGVÜ)

266 Nach autonomem Recht ist zur Vollstreckbarerklärung ausländischer Entscheidungen eine Vollstreckungsklage nach §§ 722, 723 ZPO erforderlich.[541] Demgegenüber erfolgte die Vollstreckbarerklärung bereits nach dem EuGVÜ in einem wesentlich vereinfachten einseitigen Verfahren, das in der Brüssel I-VO weiter gestrafft wurde.[542]

267 Einzelheiten des Vollstreckungsverfahrens regelt in Deutschland das *Anerkennungs- und Vollstreckungsausführungsgesetz (AVAG)* vom 19. 2. 2001,[543] das gemäß seinen §§ 1 I Nr. 2 lit. b, 34 I auch auf die Vollstreckbarerklärung nach der Brüssel I-VO anwendbar ist. Allerdings darf im Anwendungsbereich einer EG-Verordnung kein gleichlautendes innerstaatliches Recht erlassen werden;[544] daher werden in § 55 AVAG bestimmte Vorschriften in Bezug auf die Brüssel I-VO für unanwendbar erklärt.

a) Vollstreckbarerklärung (Art. 38–42 Brüssel I-VO, §§ 3–10, 55 I AVAG)

268 Der erste Abschnitt des Vollstreckungsverfahrens ist in Art. 38–42 Brüssel I-VO, §§ 3–10, 55 I AVAG geregelt und betrifft die Vollstreckbarerklärung einer ausländi-

---

[540] Hierzu auch *R. Wagner,* IPRax 2002, 75–95.
[541] Hierzu Rn. 179–181.
[542] Zur Verordnung (EG) Nr. 805/2004 zur Einführung eines europäischen Vollstreckungstitels für unbestrittene Forderungen s. Rn. 270 a ff.
[543] BGBl. 2001 I S. 288, zuletzt geändert durch Gesetz v. 30. 1. 2002 (BGBl. 2002 I S. 564); vgl. auch oben Rn. 152.
[544] *EuGH* 28. 3. 1985, Rs. 272/83 – „Kommission/Italien", EuGHE 1985, 1057.

schen Entscheidung. Der Gläubiger leitet das Verfahren durch einen Antrag an den Vorsitzenden einer Kammer des Landgerichts ein (Art. 39 I i. V. m. Anhang II Brüssel I-VO; ex-Art. 32 I EuGVÜ). Die örtliche Zuständigkeit bestimmt sich nach Art. 39 II Brüssel I-VO, Art. 3 II AVAG findet gemäß Art. 55 I AVAG keine Anwendung. Danach ist eine Vollstreckung nicht nur am Wohnsitz des Schuldners, sondern auch am Belegenheitsort des Vermögens – gleichzeitig auch in mehreren Mitgliedstaaten – möglich.

Das erstinstanzliche Verfahren der Vollstreckbarerklärung wurde durch die Neuregelung in der Brüssel I-VO gegenüber den Vorgaben des EuGVÜ erheblich beschleunigt und beschränkt sich nunmehr auf eine rein formale Überprüfung: Gemäß Art. 53 I Brüssel I-VO hat der Gläubiger mit seinem Antrag eine Ausfertigung der Entscheidung sowie eine Bescheinigung über deren Vollstreckbarkeit im Ursprungsstaat nach Anhang V Brüssel I-VO vorzulegen. Gemäß Art. 55 Brüssel I-VO kann das Gericht nach seinem Ermessen auf diese Bescheinigung verzichten und gegebenenfalls Übersetzungen der Urkunden verlangen. Sobald diese formalen Anforderungen erfüllt sind, wird die Entscheidung gemäß Art. 41 Brüssel I-VO ohne Anhörung des Schuldners und in der Regel ohne mündliche Erörterung mit dem Antragsteller (§ 6 II AVAG) „unverzüglich" für vollstreckbar erklärt. Im Gegensatz zu Art. 34 II EuGVÜ prüft das Gericht nach Art. 41 Brüssel I-VO nicht mehr, ob Anerkennungshindernisse bestehen, die der Vollstreckung entgegenstehen könnten. Diese Überprüfung erfolgt nunmehr ausschließlich auf Antrag des Schuldners im Rechtsbehelfsverfahren (Art. 45 I Brüssel I-VO). Die Entscheidung über den Antrag wird dem Antragsteller gemäß Art. 42 I Brüssel I-VO i. V. m. §§ 10 III AVAG mitgeteilt. Wurde dem Antrag stattgegeben, so ordnet der Vorsitzende an, den ausländischen Schuldtitel mit der Vollstreckungsklausel zu versehen (§§ 8, 9 AVAG). Gemäß Art. 42 II Brüssel I-VO i. V. m. § 10 I AVAG werden dem Schuldner beglaubigte Abschriften des Gerichtsbeschlusses und des mit der Vollstreckungsklausel versehenen Schuldtitels zugestellt.   **269**

b) Rechtsbehelfe (Art. 43–47 Brüssel I-VO, §§ 11–14, 55 I AVAG)

Während das EuGVÜ zwischen Rechtsbehelfen des Schuldners (Art. 36–39 EuGVÜ) und solchen des Gläubigers (Art. 40 EuGVÜ) differenzierte, regelt die Brüssel I-VO das Rechtsbehelfsverfahren in Art. 43 f. Brüssel I-VO einheitlich für beide Parteien. Gegen die erstinstanzliche Entscheidung besteht die Möglichkeit der Beschwerde oder der Vollstreckungsgegenklage zum OLG (Art. 43 II, V; Anhang III Brüssel I-VO i. V. m. §§ 11–14, 55 I AVAG) und gegen dessen Beschluss die Rechtsbeschwerde zum BGH (Art. 44; Anhang IV Brüssel I-VO i. V. m. §§ 15–17 AVAG). Gemäß Art. 45 Brüssel I-VO darf die Entscheidung nicht auf ihre Gesetzmäßigkeit hin überprüft werden; eine Versagung oder Aufhebung der Vollstreckbarerklärung kommt nur bei Vorliegen eines Anerkennungshindernisses gemäß Art. 34 f. Brüssel I-VO in Betracht. Andere – materielle – Einwendungen können daher nur vor den Gerichten des Ursprungsstaates geltend gemacht werden;[545] in diesem Fall kann das Rechtsbehelfsverfahren gemäß Art. 46 I Brüssel I-VO i. V. m. § 36 AVAG ausgesetzt werden.   **270**

---

[545] Ausführlich: *Hub*, Die Neuregelung der Anerkennung und Vollstreckung in Zivil- und Handelssachen und das familienrechtliche Anerkennungs- und Vollstreckungsverfahren, NJW 2001, 3145–3151 (3147).

VI. Der Europäische Vollstreckungstitel[*]

Literatur: *Gebauer*, Der europäische Vollstreckungstitel für unbestrittene Forderungen, NJ 2006, 103–106; *Oberhammer*, Der europäische Vollstreckungstitel: Rechtspolitische Ziele und Mehtoden, JBl 2006, 477–503; *Röthel/Sparmann*, Der europäische Vollstreckungstitel für unbestrittene Forderungen, IPRax 2006, 236–237.

1. Europäischer Justizraum in Zivilsachen[546]

270 a Seit dem Vertrag von Amsterdam vollzieht sich in der Europäischen Gemeinschaft eine revolutionäre Veränderung im System der Anerkennung von Entscheidungen aus Mitgliedstaaten. Leitvorstellung ist, gerichtliche Entscheidungen aus EG-Mitgliedstaaten inländischen Entscheidungen gleichzustellen und ihre Vollstreckung im Zweitstaat ohne jede inhaltliche Überprüfung zuzulassen. – Bereits EuGVÜ/Brüssel I-VO erlauben nur eine begrenzte inhaltliche Nachprüfung von Entscheidungen aus anderen Mitgliedstaaten. So ist es insbesondere dem Zweitstaat (Vollstreckungsmitgliedstaat) grundsätzlich verwehrt zu überprüfen, ob die Gerichte des Erststaates (Ursprungsmitgliedstaat) ihre Zuständigkeit zu Recht angenommen haben. EuGVÜ/Brüssel I-VO vertrauen darauf, dass das Justizsystem des Erststaates die Befolgung seiner Zuständigkeitsvorschriften sicherstellt und deshalb eine zweitstaatliche Kontrolle entbehrlich ist. Gleichwohl sehen EuGVÜ/Brüssel I-VO noch ein Minimum zweitstaatlicher Kontrolle vor; sie erstreckt sich darauf, ob dem Beklagten durch Klagezustellung die Verteidigungsrechte gewährt wurden, ob es entgegenstehende zweitstaatliche Entscheidungen gibt und ob das erststaatliche Urteil gegen den zweitstaatlichen ordre public verstößt. Die neue Politik der Gemeinschaft geht nun dahin, die zweitstaatliche Kontrolle schrittweise gänzlich wegfallen zu lassen und den Beklagten auch bei gröbsten ordre public-Verstößen auf die erststaatlichen Rechtsbehelfe zu verweisen. Damit wird in der Tat der Binnenmarkt für gerichtliche Entscheidungen hergestellt und die Position des Klägers gestärkt; dem Beklagten wird allerdings die Chance genommen, fundamentale Verteidigungsrechte im Zweitstaat geltend zu machen. Viele fürchten, dass frivole Kläger (Korruption, Prozessbetrug) die neuen Möglichkeiten zu Lasten ausländischer Personen nutzen werden und halten eine zweitstaatliche ordre public-Kontrolle für unverzichtbar.[547] Auch hat sich herausgestellt, dass vereinzelt das mitgliedstaatliche Prozessrecht als solches ordre public-widrig sein kann.[548] – Ob zweitstaatliche Gerichte ihren Bürgern jegli-

---

[*] Bei der Vorbereitung wirkte Frau Ref. *Julia Stunz* mit.
[546] Vgl. hierzu *Kohler*, IPRax 2003, 401–412.
[547] Kritisch etwa *Stadler*, IPRax 2004, 2–11 (7); gegen eine ordre public-Kontrolle hingegen *Hüßtege*, FS Jayme I (2004), S. 371–385.
[548] Vgl. *EuGH* 28. 3. 2000, Rs. C 7/98 – „Krombach/Bamberski", EuGHE 2000 I, 1935.

chen Rechtsschutz gegen ausländische gerichtliche Entscheidungen entziehen dürfen, ist zudem verfassungsrechtlich zweifelhaft.[549]

2. Überblick

Die Verordnung zur Einführung eines europäischen Vollstreckungstitels 270b vom 21. 4. 2004[550] (EuVTVO) ist die erste Umsetzung der neuen Anerkennungspolitik in das Gemeinschaftsrecht. Sie ordnet den vollständigen Wegfall des Exequaturs für unbestrittene Forderungen an.[551] Kernvorschrift ist Art. 5 EuVTVO, nach welchem eine Entscheidung, die im Erststaat als Europäischer Vollstreckungstitel bestätigt worden ist, in allen übrigen EU-Mitgliedstaaten ohne weiteres anzuerkennen und zu vollstrecken ist. Dies bedeutet den Wegfall des zweitstaatlichen Vollstreckbarerklärungsverfahrens. An die Stelle des Exequaturs tritt ein Bestätigungsverfahren vor dem im Erststaat über den Rechtsstreit entscheidenden Gericht. Die Bestätigung wirkt im Zweitstaat als Vollstreckbarerklärung.[552] Im Rahmen dieser in den Erststaat vorverlagerten Überprüfung werden zudem nur wenige, eng begrenzte Kriterien berücksichtigt. In Verbindung mit dem Ausschluss von Rechtsbehelfen gegen die Bestätigungsentscheidung wird so eine ganz erhebliche Straffung des Verfahrens zur innereuropäischen Durchsetzung gerichtlicher Entscheidungen herbeigeführt, die wesentliche Zeit- und Kostenersparnisse für den Kläger mit sich bringt.[553]

3. Anwendungsbereich

Die EuVTVO ist gem. Art. 2 wie die Brüssel I-VO sachlich auf Zivil- 270c und Handelssachen anwendbar. Weitere Voraussetzung ihrer Anwend-

---

[549] *Becker*, Grundrechtsschutz bei der Anerkennung und Vollstreckbarerklärung im europäischen Zivilverfahrensrecht (2004).

[550] Verordnung (EG) Nr. 805/2004 des Europäischen Parlaments und des Rates vom 21. April 2004 zur Einführung eines europäischen Vollstreckungstitels für unbestrittene Forderungen (ABl. EG Nr. L 143/15). Der erste Vorschlag für eine Verordnung des Rates zur Einführung eines europäischen Vollstreckungstitels stammt vom 18. 4. 2002; KOM (2002) 159 endg. Ihm folgte am 11. 6. 2003 ein geänderter Vorschlag für eine Verordnung des Europäischen Parlaments und des Rates zur Einführung eines europäischen Vollstreckungstitels für unbestrittene Forderungen, KOM (2003) 341 endg. Eine besondere Wendung des Gesetzgebungsverfahrens ergab sich durch das Inkrafttreten des Vertrages von Nizza am 1. 2. 2003, das den Vorgang in das Mitentscheidungsverfahren überführte; vgl. *Stein*, IPRax 2004, 181–191 (181).

[551] Vgl. Erwägungsgrund (8); *Geimer*, FS Németh (2003), S. 229–244 (237).

[552] Vgl. dazu *Stein*, IPRax 2004, 181–191 (182).

[553] Vgl. Erwägungsgrund (9); *Heß*, JZ 2001, 573–583 (578); Czernich/Tiefenthaler/Kodek – *Czernich/Tiefenthaler*, Europäisches Gerichtsstands- und Vollstreckungsrecht (EuGVR), 2. Aufl. (2003), Einl. Rn. 68. Für eine weniger aufwendige Regelung auch *Raum/Lindner*, NJW 1999, 465–470; *Heß*, NJW 2002, 2417–2426 (2425).

barkeit ist, dass die zu bestätigende Entscheidung[554] eine *unbestrittene Forderung* zum Gegenstand hat.[555] Art. 3 I lit. a und b EuVTVO kennt zwei Arten des Nichtbestreitens: Eine Forderung ist einerseits dann unbestritten, wenn ihr Bestehen explizit zugestanden wurde.[556] Andererseits kann das Verhalten des Schuldners als stillschweigendes Nichtbestreiten zu werten sein;[557] dies ist etwa der Fall, wenn der Beklagte der Forderung zu keinem Zeitpunkt des Verfahrens im Einklang mit den Verfahrensvorschriften des Erststaates widersprochen hat,[558] oder wenn er trotz anfänglichen Bestreitens der Forderung der Verhandlung fernbleibt bzw. sich nicht anwaltlich vertreten lässt.[559] Die EuVTVO erfasst damit neben dem deutschen Mahnbescheid nach § 699 ZPO[560] auch Versäumnisurteile.[561]

Die Verordnung trat am 21. Januar 2005 in Kraft und gilt seit dem 21. Oktober 2005. Soweit der Anwendungsbereich sowohl der Brüssel I-VO als auch der EuVTVO eröffnet ist, liegt es in der Hand des Gläubigers, welchen Verfahrens er sich bedienen möchte.[562]

4. Bestätigungsverfahren

270d Möchte die im Ausgangsverfahren siegreiche Partei eine Entscheidung als Europäischen Vollstreckungstitel bestätigen lassen, kann sie jederzeit einen entsprechenden Antrag an das erststaatliche Gericht[563] stellen. Eine Benachrichtigung des Schuldners von dem Bestätigungsverfahren ist nicht vorgesehen.[564] Die Prüfung möglicher Versagungsgründe erfolgt

---

[554] Gem. Art. 24 EuVTVO kann auch ein vollstreckbarer gerichtlicher Vergleich Basis eines Europäischen Vollstreckungstitels sein, ebenso gem. Art. 25 EuVTVO eine öffentliche Urkunde im Sinne der Begriffsbestimmung in Art. 3 Nr. 3 EuVTVO. Dabei sind allerdings die in diesen beiden Vorschriften bestimmten Besonderheiten zu beachten.

[555] Vgl. Art. 3 I EuVTVO; ferner Erwägungsgrund (5).

[556] Etwa durch ein ausdrückliches Anerkenntnis, Art. 3 I lit. a, 1. Alt. oder lit. d oder im Rahmen eines gerichtlichen Vergleichs, Art. 3 I, lit. a, 2. Alt. EuVTVO. Vgl. Geimer/Schütze/*Geimer*, EuZVR, Einl. Rn. 99; *Geimer*, FS Németh (2003), S. 229–244 (241).

[557] Vgl. auch Geimer/Schütze/*Geimer*, EuZVR, Einl. Rn. 100.

[558] Art. 3 I lit. b EuVTVO.

[559] Der Einwand, nicht zahlungsfähig zu sein, gilt nicht als Bestreiten im Sinne der VO; vgl. *Geimer*, FS Németh (2003), S. 229–244 (242).

[560] Geimer/Schütze/*Geimer*, EuZVR, Einl. Rn. 100; *Hüßtege*, FS Jayme I (2004), S. 371–385 (373).

[561] Vgl. *Hüßtege*, FS Jayme I (2004), S. 371–385 (373). krit. insoweit *Stadler*, IPRax 2004, 2–11 (9).

[562] Vgl. Art. 28 EuVTVO; *Wagner*, NJW 2004, 1835–1838 (1835). Kritisch insoweit *Rechberger*, FS Németh (2003), S. 713–734 (729, 730), der befürchtet, damit könne die praktische Relevanz der EuVTVO herabgesetzt werden.

[563] Vgl. Art. 4 Nr. 6 EuVTVO.

[564] Eine Vorschrift über die Zustellung des Antrags an den Schuldner, wie noch Art. 6a des geänderten Vorschlags vom 11. 6. 2003 vorsah, wurde in die endgültige Fassung nicht aufgenommen.

demnach notwendig von Amts wegen. Liegen die Voraussetzungen für die Erteilung der Bescheinigung vor, wird diese gem. Art. 9 I EuVTVO auf dem in Anhang I der Verordnung enthaltenen Formblatt[565] und in der Sprache, in der die Entscheidung abgefasst ist, ausgestellt.[566]

5. Voraussetzungen der Bestätigung

Von Amts wegen wird überprüft, ob es sich um eine Verbrauchersache 270e handelt (Art. 6 I lit. d). Ist dies der Fall, so wird der Europäische Vollstreckungstitel nur erteilt, wenn die Entscheidung im Wohnsitzstaat des Verbrauchers ergangen ist. Weiterhin wird geprüft, ob die Zustellung der Klageschrift an den Beklagten erfolgt ist (Art. 12 ff.). Eine ordre-public-Kontrolle hingegen ist weder im Erststaat noch im Zweitstaat vorgesehen.

6. Vollstreckungsverfahren

Um die Vollstreckung im Zweitstaat zu erreichen, muss der Kläger 270f grundsätzlich nur eine Ausfertigung der erststaatlichen Entscheidung sowie der Bestätigung bei den zweitstaatlichen Vollstreckungsbehörden einreichen.[567] Eine Vollstreckbarerklärung oder Klauselerteilung ist nicht mehr erforderlich; die Bestätigung über den Europäischen Vollstreckungstitel tritt an ihre Stelle.[568] Die Vollstreckung richtet sich nach dem zweitstaatlichen Recht,[569] wobei die als Europäischer Vollstreckungstitel bestätigte Entscheidung wie eine zweitstaatliche zu vollstrecken ist.

Im zweitstaatlichen Vollstreckungsverfahren stehen dem Schuldner zwei letzte Möglichkeiten offen, die Vollstreckung aus der Entscheidung zu verhindern. Zum einen kann er im Falle einer Rechtskraftkollision mit einer früheren Entscheidung die Verweigerung der Vollstreckung beantragen, aber nur dann, wenn diese Unvereinbarkeit im Erststaat nicht geltend gemacht werden konnte.[570] Zum anderen kann er, wenn er im

---

[565] Steht die Bestätigung eines gerichtlichen Vergleichs oder einer öffentlichen Urkunde in Rede, sind die in Anhang II und III enthaltenen Formblätter zu verwenden; vgl. Art. 24 I und Art. 25 I EuVTVO.

[566] Vgl. Art. 9 II EuVTVO. Siehe *Geimer*, FS Németh (2003), S. 229–244 (242); *Hüßtege*, FS Jayme I (2004), S. 371–385 (383); *Heß*, NJW 2002, 2417–2426 (2426), hält die Bescheinigung jedenfalls nach dem Vorentwurf für zu kompliziert und lückenhaft. Art. 8 I EuVTVO sieht ferner die Möglichkeit einer Teilbestätigung vor.

[567] Art. 20 II EuVTVO.

[568] *Hüßtege*, FS Jayme I (2004), S. 371–385 (384). Dies bedeutet eine Abweichung von dem völkerrechtlichen Grundsatz, dass einem fremden Hoheitsakt im Inland keine Wirkungen zukommen; vgl. *Geimer*, FS Németh (2003), S. 229–244 (238).

[569] Art. 20 I EuVTVO.

[570] Hervorzuheben ist hier, dass die noch in der Brüssel I-VO zu findende und dort kritisierte Privilegierung der inländischen Entscheidung auch gegenüber anderen

Erststaat einen Rechtsbehelf gegen die bestätigte Entscheidung eingelegt hat, einen Antrag auf Aussetzung oder auf Beschränkung der Vollstreckung bzw. auf Anordnung einer Sicherheitsleistung stellen.[571]

270g　Der deutsche Gesetzgeber erließ in §§ 1079–1086 ZPO Vorschriften zur Durchführung der EuVTVO.[572] §§ 1079–1081 ZPO regeln das Verfahren zur Bestätigung deutscher Titel als Europäischer Vollstreckungstitel, §§ 1082–1086 ZPO die Zwangsvollstreckung aus ausländischen Europäischen Vollstreckungstiteln in Deutschland.

§ 1086 ZPO geht davon aus, dass gegen ausländische Europäische Vollstreckungstitel Vollstreckungsabwehrklage nach § 767 ZPO erhoben werden kann. Dies ist nicht unproblematisch.[573] Die Vollstreckungsabwehrklage richtet sich gegen eine Wirkung des ausländischen Urteils, was grundsätzlich dem Erststaat vorbehalten ist. Indes sieht die EuVTVO selbst keine Vollstreckungsabwehrklage im Erststaat vor, so dass diese Restzuständigkeit dem Vollstreckungsstaat bleiben muss.

7. Verordnungen über das Europäische Mahnverfahren und über das Europäische Verfahren für geringfügige Forderungen

Literatur: *Graf von Bernstorff*, Mahnverfahren, Forderungsdurchsetzung und Kontenpfändung in der EU, RIW 2007, 88–92; *Hess*, Neue Rechtssetzungsakte und Rechtssetzungsmethoden im Europäischen Justizraum, Zeitschrift für schweizerisches Recht 124 II (2005), 183–230; *Mayer/Lindemann*, Zum Stand des Verfahrens über den Vorschlag für eine Verordnung des Europäischen Parlaments und des Rates zur Einführung eines europäischen Verfahrens für geringfügige Forderungen, BRAK-Mitt 2006, 207–209; *Schollmeyer*, Europäisches Mahnverfahren, IPRax 2002, 478–484; *Sujecki*, Europäisches Mahnverfahren, ZEuP 2006, 124–148.

270h　*a) Europäisches Mahnverfahren*

Der Europäische Vollstreckungstitel für unbestrittene Forderungen regelt nur die Frage, unter welchen Voraussetzungen die Entscheidung eines ausländischen Gerichts ohne Exequaturverfahren im Vollstreckungsstaat vollstreckbar ist. Im Zusammenhang damit steht die Verordnung (EG) Nr. 1896/2006 über das Europäische Mahnverfahren[574] (im Folgenden EuMahnVO), die erstmals einen Bereich des materiellen Zivilprozessrechts europaweit vereinheitlicht. Mit der Verordnung wird ein einheitliches Erkenntnisverfahren für unbestrittene Forderungen zur Verfügung gestellt, das dann im Ursprungsstaat zum Europäischen Voll-

---

mitgliedstaatlichen Entscheidungen aufgehoben ist. Es wird nicht einmal mehr zwischen mitgliedstaatlichen und drittstaatlichen Entscheidungen differenziert.

[571] Art. 23 EuVTVO.

[572] BGBl. 2005 I S. 2477.

[573] Kritisch *Hess*, IPRax 2004, 493-494; *Hök*, ZAP 2005, 159; die Möglichkeit der Vollstreckungsabwehrklage begrüßend *Wagner*, IPRax 2005, 401-410 (407–408).

[574] ABl. EG 2006 Nr. L 399/1; in Kraft getreten gem. Art. 33 EuMahnVO am 31. 12. 2006, anwendbar ab dem 12. 12. 2008, teilweise bereits ab dem 12. 6. 2008.

streckungstitel führt, der ohne zweitstaatliches Exequatur europaweit vollstreckbar ist und somit eine schnelle Durchsetzung offener Geldforderungen garantiert. Zwar muss der Gläubiger das Mahnverfahren regelmäßig – anders als im deutschen Recht (§ 689 ZPO) – nicht an seinem eigenen Wohnsitzgericht, sondern im Wohnsitzstaat des Schuldners einleiten, jedoch hat er die Sicherheit, in allen Mitgliedstaaten ein einheitliches Verfahren zur Durchsetzung seines Anspruchs vorzufinden. Damit entfallen die Kosten der Information über das ausländische Recht sowie für Zustellungen und auch ein ausländischer Rechtsbeistand ist grundsätzlich entbehrlich. Ebenso ergeben sich hinsichtlich der Sprache keine besonderen Schwierigkeiten: Zwar ist der Antrag in der Sprache des zuständigen Gerichts einzureichen, jedoch sind alle Formulare standardisiert, so dass sie unter Zuhilfenahme eines gleichlautenden Formulars der eigenen Sprache ohne Kenntnis der Gerichtssprache auszufüllen sind.

Der Anwendungsbereich der Verordnung ist auf grenzüberschreitende Sachverhalte beschränkt (Art. 2 EuMahnVO). Mindestens eine der Parteien muss ihren Wohnsitz oder gewöhnlichen Aufenthalt in einem anderen Mitgliedstaat als dem des befassten Gerichts haben (Art. 3 I EuMahnVO). Ausdrücklich ausgenommen vom Anwendungsbereich der Verordnung sind Ansprüche aus außervertraglichen Schuldverhältnissen, soweit keine entsprechende Parteivereinbarung oder ein Schuldanerkenntnis vorliegt (Art. 2 II d EuMahnVO).

Das zuständige Gericht ist nach den Vorschriften der Brüssel I-VO zu ermitteln (Art. 6 I EuMahnVO). Damit sind allgemein die Gerichte des Wohnsitzstaates des Beklagten (Art. 2 I Brüssel I-VO) zuständig. Aber auch die besonderen Zuständigkeiten der Brüssel I-VO sind eröffnet, also etwa der Tatortgerichtsstand bei Verkehrsunfällen (Art. 5 Nr. 3 Brüssel I-VO)[575] und der ausschließliche Gerichtsstand des Lageorts unbeweglicher Sachen (Art. 22 Nr. 1 Brüssel I-VO/Art. 2 II d 2) EuMahnVO). Die besonderen Gerichtsstände können dazu führen, dass der Schuldner seinen Einspruch vor einem ausländischen Gericht einlegen muss. Nur für vertragliche Ansprüche gegen Verbraucher sind die Gerichte seines Wohnsitzstaates ausschließlich zuständig (Art. 6 II EuMahnVO).

Das Verfahren auf Erlass eines Europäischen Zahlungsbefehls ähnelt dem deutschen Mahnverfahren. Anzugeben sind in dem Antrag auf Erlass eines Europäischen Zahlungsbefehls u.a. die Höhe der Forderung, der Streitgegenstand einschließlich Tatbestand sowie die Beweismittel (Art. 7 EuMahnVO). Nach Prüfung der notwendigen Angaben, aber ohne konkrete Schlüssigkeitsprüfung (vgl. Art. 12 IV a EuMahnVO), erlässt das Gericht einen Europäischen Zahlungsbefehl und stellt ihn dem Antragsgegner zu. Enthalten darin ist die Aufforderung, entweder

---

[575] Soweit ein Schuldanerkenntnis vorliegt (Art. 2 II d 1) EuMahnVO).

zu zahlen oder binnen dreißig Tagen nach Zustellung Einspruch einzulegen (Art. 12 III EuMahnVO). Dieser Einspruch ist ebenfalls formularmäßig standardisiert und kann bei einem ausländischen Gericht ohne Kenntnis der Gerichtssprache eingelegt werden. Geht dem Gericht innerhalb dieser Frist kein Einspruch zu, so erklärt es den Europäischen Zahlungsbefehl unverzüglich für vollstreckbar (Art. 18 I EuMahnVO). Nach Vollstreckbarkeit im Ursprungsstaat wird er auch in den anderen Mitgliedstaaten vollstreckt, ohne dass es einer weiteren Vollstreckbarerklärung bedarf (Art. 19 EuMahnVO).

b) Vorschlag für ein Europäisches Verfahren für geringfügige Forderungen

Im Zusammenhang mit dem Europäischen Mahnverfahren legte die Kommission auch einen Vorschlag für eine Verordnung zur Einführung eines europäischen Verfahrens für geringfügige Forderungen (small claims) vor.[576] Danach wird es dem Kläger in Zukunft erleichtert, Forderungen mit einem Streitwert bis zu 2000 € durchzusetzen. Um ein effektives Verfahren zu gewährleisten, sind kurze Fristen vorgesehen. Insbesondere soll es möglich sein, eine Entscheidung innerhalb von sechs Monaten zu erreichen und sofort zu vollstrecken. Die internationale Zuständigkeit bestimmt sich nach der Brüssel I-VO. Das Verfahren richtet sich nach dem Recht des zuständigen Mitgliedstaates, wobei der Verordnungsvorschlag den Grundsatz des schriftlichen Verfahrens vorgibt.

Im Dezember 2006 stimmte das Europäische Parlament dem Vorschlag mit einigen Änderungen zu; der Rat hat diesen Vorschlag am 13. 6. 2007 angenommen. Die Verordnung soll ab 1. 1. 2009 Anwendung finden.[577]

F. Internationale Freiwillige Gerichtsbarkeit

Literatur: *Dölle,* Über einige Kernprobleme des internationalen Rechts der freiwilligen Gerichtsbarkeit, RabelsZ 27 (1962/63), 201–244; *Geimer,* Anerkennung ausländischer Entscheidungen auf dem Gebiet der freiwilligen Gerichtsbarkeit, FS Ferid (1988), S. 89–130; *ders.,* Internationale Freiwillige Gerichtsbarkeit, FS Jayme I (2004), S. 241–262; *Hepting/Gaaz,* Personenstandsrecht mit Eherecht und internationalem Privatrecht (Loseblatt, Stand 2006); *Mansel,* Abänderung ausländischer Sorgerechtsentscheidungen und perpetuatio fori im FGG-Verfahren, IPRax 1987, 298–302; *Neuhaus,* Zur internationalen Zuständigkeit in der freiwilligen Gerichtsbarkeit, NJW 1967, 1167–1168; *H. Roth,* Probleme um die internationale und örtliche Zuständigkeit aus dem Verfahrensbereich der Freiwilligen Gerichtsbarkeit, IPRax 1989, 279–281; *ders.,* Zwangsvollstreckung aus ausländischen Entscheidungen der Freiwilligen Gerichtsbarkeit, IPRax 1988, 75–82.

---

[576] KOM (2005) 0087.
[577] http://ec.europa.eu/prelex, vgl. auch *Philipp,* EuZW 2007, 164.

I. Begriff

Die Freiwillige Gerichtsbarkeit umfasst vielfältige gerichtliche bzw. be- **271–272** hördliche Maßnahmen, die nicht dem streitigen Verfahren zuzurechnen sind, aber bestimmt und geeignet sind, rechtliche Wirkungen für die Beteiligten zu äußern.

Beispiele:
– Ausspruch oder Aufhebung einer Adoption
– Anordnung oder Aufhebung einer Vormundschaft bzw. Pflegschaft
– Erteilung einer vormundschaftsgerichtlichen Genehmigung
– Ausstellung eines Erbscheins

II. Rechtsquellen

Rechtsquellen der Internationalen Freiwilligen Gerichtsbarkeit sind **273** völkerrechtliche Abkommen sowie nationales Gesetzes- und Richterrecht.

1. Völkerrechtliche Abkommen

a) Multilaterale Abkommen

Führend bei der Ausarbeitung multilateraler völkerrechtlicher Abkom- **274** men auf dem Gebiet der Freiwilligen Gerichtsbarkeit sind die *Commission Internationale de l'État Civil (CIEC)* sowie die *Haager Konferenz für IPR*. Die bedeutsamsten Abkommen sind:

– Haager Übereinkommen zur Befreiung ausländischer öffentlicher Urkunden von der Legalisation vom 5. 10. 1961[578]
– Londoner Europäisches Übereinkommen zur Befreiung der von diplomatischen oder konsularischen Vertretern errichteten Urkunden von der Legalisation vom 7. 6. 1968[579]
– Luxemburger CIEC-Übereinkommen über die kostenlose Erteilung von Personenstandsurkunden und den Verzicht auf ihre Legalisation vom 26. 9. 1957[580]
– Istanbuler CIEC-Übereinkommen über die Änderung von Namen und Vornamen vom 4. 9. 1958[581]
– Münchener CIEC-Übereinkommen über die Ausstellung von Ehefähigkeitszeugnissen vom 5. 9. 1980[582]

---

[578] BGBl. 1965 II S. 876 = *Jayme/Hausmann*, Nr. 250; in Kraft seit dem 13. 2. 1966.
[579] BGBl. 1971 II S. 86 = *Jayme/Hausmann*, Nr. 251; in Kraft seit dem 19. 9. 1971.
[580] BGBl. 1961 II S. 1067 = *Jayme/Hausmann*, Nr. 252; in Kraft seit dem 24. 12. 1961.
[581] BGBl. 1961 II S. 1076 = *Jayme/Hausmann*, Nr. 20; in Kraft seit dem 24. 12. 1961. Dazu § 7 Rn. 20–21.
[582] BGBl. 1997 II S. 1087 = *Jayme/Hausmann*, Nr. 32; in Kraft seit dem 5. 6. 1997. Dazu § 8 Rn. 1.

- Pariser CIEC-Übereinkommen zur Erleichterung der Eheschließung im Ausland vom 10. 9. 1964[583]
- Haager Übereinkommen über die Zuständigkeit der Behörden und das anzuwendende Recht auf dem Gebiet des Schutzes von Minderjährigen (MSA) vom 5. 10. 1961[584]
- Luxemburger Europäisches Übereinkommen über die Anerkennung und Vollstreckung von Entscheidungen über das Sorgerecht für Kinder und die Wiederherstellung des Sorgeverhältnisses (Europäisches Sorgerechtsübereinkommen) vom 20. 5. 1980[585]
- Haager Übereinkommen über die zivilrechtlichen Aspekte internationaler Kindesentführung (Haager Kindesentführungsübereinkommen) vom 25. 10. 1980[586]
  Hinweis: Die beiden letztgenannten Übereinkommen werden in Deutschland durch das Gesetz zur Aus- und Durchführung bestimmter Rechtsinstrumente auf dem Gebiet des internationalen Familienrechts[587] ergänzt.
- Römisches CIEC-Übereinkommen über die Erweiterung der Zuständigkeit der Behörden, vor denen nichteheliche Kinder anerkannt werden können, vom 14. 9. 1961[588]
- Brüsseler CIEC-Übereinkommen über die Feststellung der mütterlichen Abstammung nichtehelicher Kinder vom 12. 9. 1962[589]
- Römisches CIEC-Übereinkommen über die Legitimation durch nachfolgende Ehe vom 10. 9. 1970[590]
- Haager Abkommen zur Regelung der Vormundschaft über Minderjährige vom 12. 6. 1902[591]
- Haager Übereinkommen über den Schutz von Kindern und die Zusammenarbeit auf dem Gebiet der internationalen Adoption vom 29. 5. 1993[592]

b) Bilaterale Abkommen

275 Die bilateralen Anerkennungs- und Vollstreckungsabkommen regeln – ganz überwiegend – auch Angelegenheiten der Freiwilligen Gerichtsbarkeit. Spezielle bilaterale Abkommen auf dem Gebiet der Freiwilligen Gerichtsbarkeit sind hingegen selten:

---

[583] BGBl. 1969 II S. 451 = *Jayme/Hausmann*, Nr. 31; in Kraft seit dem 25. 7. 1969. Dazu § 8 Rn. 5.
[584] BGBl. 1971 II S. 214 = *Jayme/Hausmann*, Nr. 54; in Kraft seit dem 17. 9. 1971. Dazu § 8 Rn. 105–109 b. Zur Reform des Abkommens vgl. § 8 Rn. 110–110 a.
[585] BGBl. 1990 II S. 220 = *Jayme/Hausmann*, Nr. 182; in Kraft seit dem 1. 2. 1991. Dazu § 8 Rn. 119–120.
[586] BGBl. 1990 II S. 207 = *Jayme/Hausmann*, Nr. 222; in Kraft seit dem 1. 12. 1990. Dazu § 8 Rn. 113–118 a.
[587] BGBl. 1990 I S. 70 = *Jayme/Hausmann*, Nr. 222 a. Dazu § 8 Rn. 121.
[588] BGBl. 1965 II S. 19 = *Jayme/Hausmann*, Nr. 50; in Kraft seit dem 24. 7. 1965. Dazu § 8 Rn. 122.
[589] BGBl. 1965 II S. 23 = *Jayme/Hausmann*, Nr. 51; in Kraft seit dem 24. 7. 1965. Dazu § 8 Rn. 122.
[590] Abgedruckt bei *Jayme/Hausmann*, Nr. 52; für Deutschland noch nicht in Kraft.
[591] RGBl. 1904, 240 = *Jayme/Hausmann*, Nr. 53; in Kraft seit dem 31. 7. 1904; wieder anwendbar nach dem Zweiten Weltkrieg mit Wirkung zum 1. 5. 1952; das Abkommen gilt heute nur noch im Verhältnis zu Belgien. Dazu § 8 Rn. 149.
[592] BGBl. 2001 II S. 1035 = *Jayme/Hausmann*, Nr. 223; in Kraft seit dem 1. 3. 2002. Dazu § 8 Rn. 142, 147 a–147 c.

– Deutsch-französisches Abkommen über die Befreiung öffentlicher Urkunden von der Legalisation vom 13. 9. 1971[593]

2. Autonomes Recht

Regeln zum Verfahren der Freiwilligen Gerichtsbarkeit finden sich etwa **276** in:

– Gesetz über die Angelegenheiten der freiwilligen Gerichtsbarkeit (FGG)
– Personenstandsgesetz (PStG)
– Verschollenheitsgesetz (VerschG)
– §§ 1303–1312 BGB
– §§ 8–16 HGB
– Grundbuchordnung (GBO)

III. Internationale Zuständigkeit. Durchführung des Verfahrens

1. Internationale Zuständigkeit

a) Völkerrechtliche Abkommen

Bei der Prüfung der internationalen Zuständigkeit sind die Zuständig- **277** keitsregeln in völkerrechtlichen Abkommen,[594] z.B. dem MSA, zu beachten. Diese gehen dem autonomen deutschen Recht vor.

Die völkerrechtlichen Abkommen bemühen sich herkömmlicherweise um einen Ausgleich zwischen den Zuständigkeitsinteressen des Heimatstaates und denen des Aufenthaltsstaates. In der Regel wird dabei dem Aufenthaltsstaat die Entscheidungszuständigkeit zugewiesen. Soweit jedoch besondere Interessen des Heimatstaates berührt sind, steht die Zuständigkeit des Aufenthaltsstaates unter einem Vorbehalt (vgl. etwa Art. 3 MSA).[595]

b) Autonomes Recht

aa) Grundsätze. Im Zuge der IPR-Reform von 1986[596] wurden die Re- **278** geln des FGG über die internationale Zuständigkeit für Angelegenheiten der Personensorge, Legitimation und Adoption (§§ 35b, 43b FGG) neu gefasst. Danach können sowohl der Aufenthalt im Inland als auch die deutsche Staatsangehörigkeit die internationale Zuständigkeit deutscher Gerichte begründen. Die Heimat- und Aufenthaltszuständigkeit wird durch die Fürsorgebedürfniszuständigkeit ergänzt (vgl. § 35b FGG).

---

[593] BGBl. 1974 II S. 1075 = *Jayme/Hausmann*, Nr. 253 (m. w. Nachw. zu ähnlichen Abkommen in Fn. 1 und 2); in Kraft seit dem 1. 4. 1975.
[594] S. hierzu die Aufstellung bei Rn. 274 f.
[595] Zur Reichweite dieses Vorbehalts s. § 8 Rn. 108–108 d. Zur Reform vgl. § 8 Rn. 110–110 a.
[596] Gesetz v. 25. 7. 1986 (BGBl. 1986 I S. 1142). Dazu § 1 Rn. 134 f.

Umstritten ist, inwieweit der Grundsatz der perpetuatio fori auch in Angelegenheiten der freiwilligen Gerichtsbarkeit gilt.[597]

279 *bb) Verhältnis der örtlichen zur internationalen Zuständigkeit.* Internationale und örtliche Zuständigkeit werden vom Gesetzgeber im FGG regelmäßig getrennt geregelt und verwenden nicht durchgängig parallele Kriterien. Deswegen sind – anders als in der streitigen Gerichtsbarkeit – die Regeln über die örtliche Zuständigkeit der Gerichte grundsätzlich nicht doppelfunktional. Auch wenn ein örtlicher Gerichtsstand im Inland gegeben ist, müssen die Voraussetzungen der internationalen Zuständigkeit gesondert geprüft werden. Bei der örtlichen Zuständigkeit dominiert das Wohnsitzprinzip. Soweit lediglich eine deutsche Heimat-, nicht aber auch eine Wohnsitzzuständigkeit begründet ist, besteht mangels inländischen Wohnsitzes kein örtlich zuständiges Gericht. Deshalb musste für diese Fälle eine Ersatzzuständigkeit des Amtsgerichts Berlin-Schöneberg eingeführt werden.[598] Ist durch § 35 b II FGG die internationale Fürsorgezuständigkeit deutscher Gerichte gegeben, so eröffnet § 36 III FGG einen örtlichen Gerichtsstand am Ort des Fürsorgebedürfnisses.

c) Einzelne Zuständigkeitsregeln

280–294 *Hinweis:* Ausführungen zu den einzelnen Zuständigkeitsregeln finden sich im jeweiligen Sachzusammenhang bei § 7 Rn. 5a (Todeserklärung), § 8 Rn. 3 (Erteilung von Ehefähigkeitszeugnissen), § 8 Rn. 67–67 c (Scheidungsverbund), § 8 Rn. 146 (Annahme als Kind), § 8 Rn. 151 (Personensorge) und § 9 Rn. 66–68 (Nachlassangelegenheiten).

2. Durchführung des Verfahrens

295 Hinsichtlich der Besonderheiten der Verfahrensgestaltung in Fällen mit Auslandsbezug kann auf die Ausführungen zur streitigen Gerichtsbarkeit verwiesen werden.[599]

IV. Anerkennung und Vollstreckung

296 Für die Anerkennung und Vollstreckung von Entscheidungen auf dem Gebiet der Freiwilligen Gerichtsbarkeit sehen manche völkerrechtlichen Abkommen Sonderregeln vor.[600] Soweit die anzuerkennende bzw. zu vollstreckende ausländische Entscheidung nicht in den Anwendungsbereich eines solchen Vertrags fällt, ist die Einordnung der Entscheidung in den Bereich der Freiwilligen Gerichtsbarkeit erheblich. Die Unterscheidung zwischen streitiger und Freiwilliger Gerichtsbarkeit hat ihren

---

[597] Zum Streitstand: *Geimer,* IZPR, Rn. 1838; *Schack,* IZVR, Rn. 394, 500. Zur streitigen Gerichtsbarkeit vgl. oben Rn. 69–71.

[598] §§ 36 II, 39 II, 43 b III und IV, 45 IV und 73 II FGG.

[599] Vgl. oben Rn. 94–148.

[600] S. hierzu die unter Rn. 274 f. genannten völkerrechtlichen Verträge.

Ursprung im römischen Recht. Sie besteht heute – wenn auch in etwas veränderter Form – im deutschen und im romanischen Rechtskreis fort, wobei jedoch die Abgrenzung der einzelnen Bereiche zum Teil voneinander abweicht. Im common law ist sie unbekannt, die Aufgaben der Freiwilligen Gerichtsbarkeit werden dort vielfach von Verwaltungsbehörden wahrgenommen. Entscheidend für die Einordnung einer ausländischen Maßnahme in den Bereich der Freiwilligen Gerichtsbarkeit ist die funktionale Vergleichbarkeit mit Maßnahmen, die aus deutscher Sicht der Freiwilligen Gerichtsbarkeit zugeordnet werden.[601]

1. Anerkennung (§ 16a FGG)

Die Anerkennung richtet sich nach § 16a FGG, der – anders als § 328 ZPO – nicht die **297** Verbürgung der Gegenseitigkeit fordert. In seinen übrigen Voraussetzungen ist er § 328 ZPO nachgebildet. Daher gilt sinngemäß das zu § 328 I Nr. 1–4 ZPO ausgeführte;[602] insbesondere bedarf es keines gesonderten Anerkennungsverfahrens.

Soweit das ausländische Recht es gestattet, kann die ausländische Entscheidung durch das deutsche Gericht nachträglich abgeändert werden.[603]

Beispiel: Ein deutsches Kind wohnt in Tunesien; seine Eltern leben getrennt. Ihnen **298** wurde von einem tunesischen Gericht das gemeinsame Sorgerecht zugesprochen. Nachdem die Ehepartner sich endgültig zerstritten haben, beantragt die nach Deutschland zurückgekehrte Mutter, ihr das alleinige Sorgerecht für das noch in Tunesien beim Vater weilende Kind zu übertragen. – Strittig ist, unter welchen Voraussetzungen eine Zuständigkeit deutscher Gerichte zur Abänderung der ausländischen Sorgerechtsentscheidung gegeben ist.[604]

2. Vollstreckung

Die Vollstreckung ausländischer Entscheidungen ist im FGG nicht ausdrücklich gere- **299** gelt. Grundsätzlich sind jedoch auch ausländische Entscheidungen auf dem Gebiet der Freiwilligen Gerichtsbarkeit mit den in § 33 FGG genannten Zwangsmitteln durchsetzbar. Dabei ist in dem Verfahren nach § 33 FGG die Anerkennung nach § 16a FGG zu überprüfen. Ist die Entscheidung anerkennungsfähig, so wird sie für vollstreckbar erklärt und nach § 33 FGG vollzogen. Eine gesonderte Vollstreckungsklage entsprechend § 722 ZPO ist auf dem Gebiet der Freiwilligen Gerichtsbarkeit nicht erforderlich.[605]

---

[601] BTDrucks. 10/504, S. 93.

[602] S. Rn. 158–174. Zu Einzelfragen vgl. § 7 Rn. 11 (Entmündigung), § 8 Rn. 147–147 b (Adoption) und § 9 Rn. 70 (Nachlasssachen).

[603] Dazu etwa Soergel/*Kronke*, Art. 38 Anh. IV Rn. 188–196 m. w. Nachw.

[604] Vgl. *BGH* 28. 5. 1986, NJW-RR 1986, 1130 = IPRax 1987, 317 m. Anm. *Mansel*, 298–302 = IPRspr 1986 Nr. 78.

[605] *H. Roth*, IPRax 1988, 75–82.

2. Teil. Allgemeine Lehren

§ 4. Aufbau der Kollisionsnorm

A. Sachnorm und Kollisionsnorm

Sachnormen sind materiellrechtliche Vorschriften, *Kollisionsnormen* hin- 1
gegen Verweisungsregeln, die diejenige Rechtsordnung bestimmen, deren
Vorschriften auf einen Sachverhalt zur Anwendung kommen sollen.

I. Aufbau der Sachnorm

Die Sachnorm beschreibt in abstrakter Weise einen rechtlich bedeutsa- 2
men Vorgang; diese Beschreibung bildet den gesetzlichen Tatbestand.
An die Verwirklichung dieses Tatbestandes knüpft die Sachnorm eine
bestimmte, ebenfalls abstrakt formulierte Rechtsfolge. Die meisten Sachnormen lassen sich in einen Wenn-dann-Satz umformulieren: „Wenn
diese Tatbestandsmerkmale erfüllt sind, dann tritt jene Rechtsfolge ein."

Beispiel: § 138 I BGB – Ein Rechtsgeschäft, das gegen die guten Sitten verstößt
(= abstrakter gesetzlicher Tatbestand), ist nichtig (= abstrakte Rechtsfolge).

Der Richter vergleicht den von ihm zu beurteilenden Lebenssachverhalt
mit dem gesetzlichen Tatbestand (Subsumtion). Lässt sich der Lebenssachverhalt unter den gesetzlichen Tatbestand subsumieren, so ordnet
der Richter in seiner Entscheidung die in der Norm vorgesehene Rechtsfolge an.

Beispiel: Ein Vertrag, der aufgrund einer Schmiergeldzahlung zustande kommt, ist
gemäß § 138 I BGB sittenwidrig und folglich nichtig.

II. Aufbau der Kollisionsnorm

Der Aufbau der Kollisionsnorm gleicht weitgehend dem der Sachnorm. 3
Auch sie enthält einen abstrakten Tatbestand und eine abstrakte Rechtsfolge, doch ist die von der Kollisionsnorm angeordnete Rechtsfolge wegen der besonderen Aufgabenstellung des IPR[1] wesensmäßig verschieden.
Die Sachnorm trifft auf der Rechtsfolgenseite bereits die Sachentscheidung; das Kollisionsrecht bestimmt lediglich die für die Sachentscheidung maßgebliche Rechtsordnung. Dieser ist dann die Sachentscheidung zu entnehmen.

---

[1] Hierzu § 1 Rn. 3–33.

4 Der Tatbestand einer selbständigen Kollisionsnorm[2] enthält regelmäßig
zwei Elemente: den *Anknüpfungsgegenstand*, der einen materiellrechtlich geprägten Systembegriff verwendet (z. B. Ehe, Vertrag oder unerlaubte Handlung), sowie das *Anknüpfungsmoment* (z. B. Staatsangehörigkeit, gewöhnlicher Aufenthalt, Handlungsort oder Parteiwille).[3]

Die Rechtsfolge einer Kollisionsnorm besteht in der Anwendbarkeit
einer bestimmten Rechtsordnung.

Beispiel: Art. 25 I EGBGB – Die Rechtsnachfolge von Todes wegen unterliegt dem
Recht des Staates, dem der Erblasser im Zeitpunkt seines Todes angehörte.

Tatbestand:
– Anknüpfungsgegenstand = Rechtsnachfolge von Todes wegen
– Anknüpfungsmoment = Staatsangehörigkeit des Erblassers im Zeitpunkt seines
  Todes

Rechtsfolge:
– Anwendbarkeit des Heimatrechts des Erblassers.

5 Für das Rechtsgutachten ergibt sich die folgende Prüfungsreihenfolge:

*(1) Welches ist der zugrundeliegende Lebenssachverhalt, der zu der Rechtsfrage Anlass
bietet?*

hier: Tod eines Menschen, Rechtsnachfolge in das Vermögen des Verstorbenen

*(2) Unter welchen kollisionsrechtlichen Anknüpfungsgegenstand lässt sich der zugrun-
deliegende Lebenssachverhalt subsumieren (Qualifikation)?*

hier: Rechtsnachfolge von Todes wegen (Art. 25 I EGBGB)

Die in den autonomen Kollisionsnormen enthaltenen Verweisungsbegriffe sind dabei
in der Regel identisch mit den Systembegriffen des materiellen Rechts. Für die Auslegung der Kollisionsregeln des EGBGB kann daher auf das interne Sachrecht zurückgegriffen werden (Qualifikation nach der lex fori).[4]

(3) Welches ist das maßgebliche Anknüpfungsmoment?

hier: Staatsangehörigkeit des Erblassers im Todeszeitpunkt

(4) Welche Rechtsordnung wird durch die Kollisionsnorm zur Anwendung berufen?

hier: Gesamtverweisung auf das Heimatrecht des Erblassers, d. h. inklusive der (ausländischen) Kollisionsnormen (Art. 4 I 1 EGBGB)[5]

(5) Nimmt die berufene Rechtsordnung die Verweisung an?

Dies ist zu bejahen, wenn das Kollisionsrecht des ausländischen Staates auf sein
eigenes Recht verweist.[6]

(6) Welche Sachnormen der berufenen Rechtsordnung sind anwendbar?

hier: Regeln über die Rechtsnachfolge von Todes wegen, d. h. die erbrechtlichen
Normen[7]

---

[2]   Zum Unterschied zwischen selbständiger und unselbständiger Kollisionsnorm s.
      oben Rn. 6 f.
[3]   *Kropholler*, IPR, S. 105 f., zählt das Anknüpfungsmoment zur Rechtsfolgenseite;
      praktisch bedeutsam ist die unterschiedliche Einordnung aber nicht.
[4]   Für autonome Kollisionsregeln h. M., s. § 6 Rn. 12–17.
[5]   Zur Gesamtverweisung § 6 Rn. 77 f.
[6]   Zur Problematik der Rück- oder Weiterverweisung § 6 Rn. 73–116.
[7]   Hierzu § 9 Rn. 31.

B. Arten von Kollisionsnormen

I. Selbständige und unselbständige Kollisionsnormen

Eine *selbständige Kollisionsnorm*[8] bezeichnet die auf einen Sachverhalt 6
anwendbare Rechtsordnung (Verweisungsnorm). Das anwendbare Recht
kann hier i.d.R. ohne Hinzuziehung weiterer (deutscher) Kollisionsregeln bestimmt werden.

Beispiele: Art. 7 I, Art. 25 I EGBGB

Eine *unselbständige Kollisionsnorm* bezeichnet nicht die auf einen Sach- 7
verhalt anwendbare Rechtsordnung. Sie stellt lediglich eine Ergänzung
(Hilfsnorm) zu den selbständigen Kollisionsnormen dar, wenn diese im
Einzelfall nicht ausreichen, um das anwendbare Recht zu bestimmen.

Beispiele:

- Art. 4 EGBGB (Renvoi, Mehrrechtsstaaten)
- Art. 5 EGBGB (Doppelstaater, Staatenlose)
- Art. 6 EGBGB (ordre public)

Hilfsnormen könnten ohne Weiteres in die einzelnen selbständigen Kollisionsnormen einbezogen werden. Um jedoch Wiederholungen zu vermeiden, hat der Gesetzgeber diese Fragen vor die Klammer gezogen –
eine Regelungstechnik, die vom Allgemeinen Teil des BGB her bekannt
ist. Die unselbständigen Kollisionsnormen bilden somit den Allgemeinen Teil des IPR, die selbständigen Kollisionsnormen den Besonderen
Teil.[9] *Ungeschriebene Hilfsnormen* sind etwa die Regeln über Qualifikation, Anpassung sowie die Anknüpfung von Vorfragen.[10]

II. Einseitige und allseitige Kollisionsnormen

1. Begriff

Die *einseitige Kollisionsnorm* bestimmt nur, wann eigenes Recht, die 8
allseitige Kollisionsnorm dagegen auch, wann fremdes Recht anzuwenden ist.

Die Bezeichnungen „*zweiseitige*" bzw. „*mehrseitige*" *Kollisionsnorm* werden häufig
als Synonyme für „allseitige" Kollisionsnorm verwendet; sie bleiben aber besser jenen
Kollisionsnormen in völkerrechtlichen Verträgen vorbehalten, die tatsächlich nur auf
einen beschränkten Kreis von zwei oder mehr Rechtsordnungen verweisen.[11]

---

8   Zum Begriff der selbständigen bzw. unselbständigen Kollisionsnorm *Kegel/*
    Schurig, IPR, S. 301; *Junker*, IPR, Rn. 106; *Rauscher*, IPR, S. 34 f.
9   *Kegel/Schurig*, IPR, S. 301.
10 MüKo/*Sonnenberger*, Einl. IPR, Rn. 477; Einzelheiten dazu in § 6.
11 *Neuhaus*, Grundbegriffe, S. 101 m. w. Nachw.

Beispiel: Art. 8 III deutsch-iranisches Niederlassungsabkommen vom 17. 2. 1929.[12]

2. Verbreitung

9 Im EGBGB von 1900, das bis zur IPR-Reform 1986 galt, fanden sich fast nur einseitige Kollisionsnormen, obwohl die Entwürfe zum EGBGB noch allseitig formuliert waren. Der Gesetzgeber sah sich damals jedoch außerstande, die Anwendbarkeit fremden Rechts zu regeln, weil dies nach Vorstellung des Auswärtigen Amtes einen unzulässigen Eingriff in die Souveränität anderer Staaten bedeutet hätte.[13] Dieses Bedenken ist verfehlt: Die ausländische Souveränität ist nicht betroffen, da der Anwendungsbefehl nur an inländische Gerichte ergeht, nicht an Organe eines ausländischen Staates. Zudem ist es in der Rechtspraxis erforderlich zu entscheiden, welches Recht anwendbar ist, wenn das deutsche nicht eingreift.

Seit 1986 enthält das EGBGB ganz überwiegend allseitige Kollisionsnormen. Hinter den noch vereinzelt anzutreffenden einseitigen Kollisionsnormen steht häufig die Absicht des Gesetzgebers, Inländer bewusst durch die Anwendung deutschen Rechts zu begünstigen.

Im EGBGB finden sich heute noch folgende einseitige Kollisionsnormen:

- Art. 6 EGBGB (ordre public)
- Art. 7 II EGBGB (Rechts-, Geschäftsfähigkeit)
- Art. 13 II EGBGB (sachliche Ehevoraussetzungen)
- Art. 13 III 1 EGBGB (Form der Eheschließung im Inland)
- Art. 16 EGBGB (Schutz des inländischen Rechtsverkehrs vor ausländischem Ehewirkungsrecht)
- Art. 17 I 2 EGBGB (Scheidung)
- Art. 17 II EGBGB (Form der Inlandsscheidung)
- Art. 17a EGBGB (Ehewohnung und Hausrat)[14]
- Art. 17b II 2 EGBGB (Schutz des inländischen Rechtsverkehrs vor ausländischem Partnerschaftsrecht)
- Art. 22 III 1 EGBGB (Erbrecht des minderjährigen Adoptivkindes)
- Art. 25 II EGBGB (Wahl deutschen Erbrechts)
- Art. 26 V 2 EGBGB (Testierfähigkeit)
- Art. 34 EGBGB (zwingende Normen)

3. Allseitiger Ausbau einseitiger Kollisionsnormen

10 In den Entwürfen zum alten EGBGB waren allseitige Kollisionsnormen vorgesehen. Daher wurden die einseitigen Kollisionsnormen im EGBGB a. F. von der Rechtsprechung im Lichte der Gesetzesmaterialien ausgelegt und zu allseitigen Kollisionsnormen ausgebaut.

---

[12] RGBl. 1930 II S. 1006 = *Jayme/Hausmann*, Nr. 24.
[13] Hierzu: *Kegel/Schurig*, IPR, S. 204 f.; Staudinger/*Sturm*, Einl. zum IPR, Rn. 743–750.
[14] Hierzu § 8 Rn. 31 b.

Beispiel: Art. 15 I EGBGB a. F. – Das eheliche Güterrecht wird nach den deutschen Gesetzen beurteilt, wenn der Ehemann zur Zeit der Eheschließung Deutscher war.

Allseitiger Ausbau: Das eheliche Güterrecht wird nach dem Recht des Staates beurteilt, dem der Ehemann zum Zeitpunkt der Eheschließung angehörte.

Ein allseitiger Ausbau einseitiger Kollisionsnormen kommt auch nach **11** der IPR-Reform von 1986 in Betracht, wenn hinter der betreffenden Norm ein verallgemeinerungsfähiger Rechtsgedanke steht. Dies ist durch Auslegung zu ermitteln.[15]

Fall:[16] F, eine uruguayische Staatsangehörige mit Wohnsitz in Montevideo, kauft in Paris bei dem deutschen Modeschöpfer KL Kleider im Wert von 20 000 €. Als sie nicht zahlt, klagt KL vor dem LG Frankfurt a. M. gegen E, den ebenfalls uruguayischen Ehemann der F, auf Zahlung, da dieser bei einer dortigen Bank ein Guthaben über 250 000 € hat. Muss E für die Schulden der F haften? – Die internationale Zuständigkeit deutscher Gerichte ergibt sich aus § 23 ZPO.[17] Anwendbares Recht?

Qualifikation: Die Mithaftung eines Ehegatten für die Verbindlichkeiten des anderen Ehegatten ist keine Frage des Schuldstatuts, sondern eine allgemeine Ehewirkung. Ehewirkungsstatut ist hier gemäß Art. 14 I Nr. 1 Alt. 1 EGBGB das Recht von Uruguay;[18] dessen Kollisionsrecht nimmt die Verweisung an. Das uruguayische Sachrecht kennt keine Mithaftung des Ehegatten.

Problem: Wäre der Kaufvertrag zwischen F und KL in Deutschland geschlossen worden, so würde Art. 16 II EGBGB den Vertragspartner durch die Anwendung des § 1357 BGB schützen. Der Vertragsschluss erfolgte indes in Frankreich; eine unmittelbare Anwendung des Art. 16 II EGBGB scheidet damit aus. Andererseits enthält das französische Sachrecht eine dem § 1357 BGB entsprechende Vorschrift zum Schutz des inländischen Rechtsverkehrs.[19] Kann diese Vorschrift durch einen allseitigen Ausbau des Art. 16 II EGBGB zur Anwendung gebracht werden?

Hinter Art. 16 II EGBGB steht ein verallgemeinerungsfähiger Rechtsgedanke: Es sollen die am Abschlussort eines Rechtsgeschäfts geltenden Verkehrsschutzregeln zur Anwendung kommen. Bei der französischen Vorschrift handelt es sich um eine den in Art. 16 II EGBGB genannten deutschen Vorschriften verwandte Norm, die auf gleichen Wertvorstellungen (Schutz des Rechtsverkehrs) beruht. Sie soll jedoch nur dann über einen allseitigen Ausbau des Art. 16 II EGBGB zur Anwendung gelangen, wenn sie selbst international Geltung beansprucht. Der Schutz des französischen Geschäftspartners soll vor deutschen Gerichten nicht stärker sein als in Frankreich selbst. Hätte KL in Frankreich geklagt, so hätten die dortigen Gerichte die Vorschrift zu seinen Gunsten angewendet. Daher lässt auch das deutsche Gericht die Vorschrift durch den allseitigen Ausbau des Art. 16 II EGBGB zur Anwendung gelangen.

4. IPR als System einseitiger Kollisionsnormen

Im Schrifttum[20] ist in der Vergangenheit bisweilen empfohlen worden, **12** das staatliche IPR aus einseitigen Kollisionsnormen aufzubauen: Jeder

---

[15] Hierzu *Neuhaus*, Grundbegriffe, S. 101 f.
[16] Nach einer rheinland-pfälzischen Examensklausur.
[17] Hierzu § 3 Rn. 45–48.
[18] Hierzu § 8 Rn. 23.
[19] Art. 220 franz. Code civil.
[20] Nachw. bei *Kegel/Schurig*, IPR, S. 322.

Staat regelt nur die Anwendung seines eigenen Rechts. In einem echten System einseitiger Kollisionsnormen wird der Anwendungsbereich des ausländischen Rechts nach dessen Kollisionsnormen bestimmt und nicht durch allseitigen Ausbau der eigenen Kollisionsnormen.[21]

Indes drohen in einem System einseitiger Kollisionsnormen Kompetenzkonflikte, wenn entweder mehrere Staaten ihr Recht für anwendbar erklären (= positiver Kompetenzkonflikt) oder aber kein Staat sein Recht für anwendbar erklärt (= negativer Kompetenzkonflikt). Daher bedarf es zusätzlicher Regeln, sogenannter Kollisions- oder Konfliktsnormen im engeren Sinne. Diese laufen entweder auf eine analoge Anwendung der inländischen einseitigen Kollisionsnormen oder auf die Bevorzugung inländischen materiellen Rechts als ultima ratio hinaus. Dies geht zu Lasten des internationalen Entscheidungseinklangs.

III. Exklusivnormen

13 Exklusivnormen sind einseitige Kollisionsnormen, die den Anwendungsbereich des inländischen Rechts in systemwidriger Weise ausdehnen. Sie dienen häufig der Begünstigung inländischer Partei- oder Ordnungsinteressen.

– Art. 13 III 1 EGBGB (staatliches Ordnungsinteresse)
– Art. 17 I 2 EGBGB (Inländerprivilegierung)
– Art. 17 II EGBGB (staatliches Ordnungsinteresse)
– Art. 25 II EGBGB (Erleichterung der Rechtsanwendung)

Solche systemwidrigen Ausnahmen sind nicht verallgemeinerungsfähig, da sie gerade keinen allgemeinen Rechtsgedanken enthalten. Aufgrund der Ausdehnung im Anwendungsbereich der Norm käme es vielmehr zwangsläufig zu positiven Kompetenzkonflikten. Ein allseitiger Ausbau von Exklusivnormen widerspräche daher den hinter diesen Normen stehenden Wertungen des Gesetzgebers.[22]

IV. Versteckte Kollisionsnormen. Besondere Kollisionsnormen

14 Neben den ausdrücklichen gibt es auch *versteckte Kollisionsnormen,* die in anderen Normen enthalten sind.

1. Kollisionsnormen in Zuständigkeitsregeln

Versteckte Kollisionsregeln enthalten etwa die *Zuständigkeitsregeln* des US-amerikanischen Rechts. Soweit dortige Gerichte ihre internationale

---

[21] *Neuhaus,* Grundbegriffe, S. 102 m. w. Nachw.; vgl. Art. 310, 3. Spiegelstrich, franz. Code civil: Französisches Recht ist Scheidungsstatut, wenn kein ausländisches Recht Anwendung beansprucht.

[22] *Kegel/Schurig,* IPR, S. 303; differenzierend: *Rauscher,* IPR, S. 40 f.; *Kropholler,* IPR, S. 259 f., nennt diese Normen spezielle Vorbehaltsklauseln.

Zuständigkeit vom domicile der Parteien im Gerichtsbezirk abhängig machen und für diesen Fall ihr eigenes Recht anwenden, bedeutet dies im Ergebnis die Anwendung der lex domicilii.[23] Das deutsche Verfahrensrecht kennt keine versteckten Kollisionsnormen.[24]

2. Sachnormen mit besonderen Kollisionsnormen

Gelegentlich wird der räumlich-persönliche Anwendungsbereich von **15** Sachnormen nicht durch die allgemeinen Kollisionsnormen des EGBGB bestimmt, sondern durch eine besondere Kollisionsnorm, die speziell einer Sachnorm (oder einer Gruppe von Sachnormen) dient. Hierdurch soll der mit der Sachnorm verfolgte Zweck bei internationalen Sachverhalten gezielt („maßgeschneidert") durchgesetzt werden. Betroffen ist nur die Durchsetzung der Zwecke inländischer Sachnormen; deshalb ist die Kollisionsnorm einseitig. Die Anwendung von Kollisionsnormen wird hierbei nicht ausgeschlossen. Vielmehr werden die allgemeinen Kollisionsregeln durch spezielle verdrängt. Solche Normen werden auch als „selbstbegrenzte"[25] bzw. „selbstgerechte"[26] Sachnormen bezeichnet; im französischen Sprachraum spricht man von „règles d'application immédiate".[27] Diese Normen bilden indes keine dritte Gruppe zwischen Sach- und Kollisionsnormen, sondern kombinieren eine Sachnorm mit einer Kollisionsnorm.[28]

Beispiele:

(1) § 130 II GWB – Das hier verankerte Auswirkungsprinzip bestimmt den räumlich-persönlichen Anwendungsbereich der deutschen wettbewerbs- und kartellrechtlichen Normen im GWB.[29]

(2) § 32b UrhG – Auf die Vergütungsansprüche des Urhebers sind bei hinreichendem Inlandsbezug (deutsches Recht als objektives Vertragsstatut bzw. inländische Nutzungshandlungen) §§ 32, 32a UrhG zwingend anwendbar.

Die Kollisionsnorm ist bisweilen nicht ausdrücklich in der Sachnorm **16** enthalten, sondern wird erst durch Auslegung aus ihr gewonnen – so in Sachnormen, die ein ausländisches Tatbestandselement enthalten. Auch hierbei handelt es sich somit um eine *versteckte Kollisionsnorm*.

Beispiele:

(1) Nach § 244 BGB kann eine Fremdwährungsschuld mangels ausdrücklicher abweichender Vereinbarung in Euro bezahlt werden, wenn die Geldschuld im Inland zu zahlen ist. – Dies ist zunächst eine Sachnorm: Dem Fremdwährungsschuldner wird

---

[23] *Kropholler*, IPR, S. 107, 179; *Rauscher*, IPR, S. 38.
[24] Die Gleichlauftheorie leitet umgekehrt die internationale Zuständigkeit aus einer Kollisionsnorm ab; s. § 9 Rn. 66. Zur „versteckten Rückverweisung" durch ausländische Zuständigkeitsregeln § 6 Rn. 83–86.
[25] *Kropholler*, IPR, S. 108.
[26] *Kegel*, GS Ehrenzweig (1976), S. 51–87.
[27] *Maury*, Rev crit dr int priv 1959, 602–608 (603).
[28] *Neuhaus*, Grundbegriffe, S. 105 f. m. w. Nachw.
[29] Zum allseitigen Ausbau der Norm vgl. Staudinger/*von Hoffmann*, Art. 40 Rn. 363.

kraft Gesetzes eine Ersetzungsbefugnis eingeräumt. Nach h. M.[30] enthält die Vorschrift zudem eine Kollisionsnorm: § 244 BGB sei stets anwendbar, wenn der Zahlungsort im Inland liegt, gleichgültig ob Schuldstatut im Übrigen in- oder ausländisches Recht ist.[31]

(2) § 89 b HGB enthält eine zwingende Regelung über den Ausgleichsanspruch des Handelsvertreters. Nach § 92 c I HGB kann jedoch etwas anderes vereinbart werden, wenn der Handelsvertreter sein Tätigkeitsgebiet außerhalb der EU bzw. des EWR hat. Im Schrifttum wurde lange Zeit diskutiert, ob § 92 c I HGB eine eigene Kollisionsnorm enthalte oder für seine Anwendbarkeit die Geltung deutschen Vertragsrechts voraussetze.[32] Nach einer Entscheidung des EuGH vom 9. 11. 2000[33] steht nunmehr fest, dass die Ausgleichsansprüche des Handelsvertreters, welche das autonome Recht diesem in Umsetzung von Art. 17, 18 der EWG-Handelsvertreter-Richtlinie[34] einräumt, auch dann zu gewähren sind, wenn die Vertragsparteien das Recht eines Nichtmitgliedstaates gewählt haben, der Handelsvertreter seine Tätigkeit aber in einem Mitgliedstaat ausgeübt hat.[35] § 92 c I HGB hat danach einen kollisionsrechtlichen Gehalt.

V. Bedingte Verweisung

17 Die Beachtung einer kollisionsrechtlichen Verweisung kann davon abhängig gemacht werden, dass das berufene Recht selbst angewendet werden will *(bedingte Verweisung)*.

1. Gesamtverweisung

18 Den häufigsten Fall der bedingten Verweisung bildet die Gesamtverweisung nach Art. 4 I 1 EGBGB.[36] Die Verweisung steht hier unter dem Vorbehalt, dass die durch unsere Kollisionsregeln berufene Rechtsordnung nach ihren eigenen Kollisionsregeln ebenfalls angewendet werden will. Ist diese Bedingung nicht erfüllt, d. h., verweist das IPR dieses Staates auf unser Recht zurück oder auf das Recht eines dritten Staates weiter, so wenden wir es nicht an.

Die *Sachnormverweisung* ist hingegen unabhängig vom Anwendungswunsch des fremden Rechts, also unbedingt.[37]

---

[30] Staudinger/*K. Schmidt*, § 244 BGB Rn. 77; *Kropholler*, IPR, S. 108; zum Streitstand: MüKo/*Martiny*, Art. 34 Anh. I Rn. 25.

[31] A. A. unter Hinweis auf die den Parteien eingeräumte Dispositionsfreiheit: Staudinger/*von Hoffmann*, Vorbem. zu Art. 40 ff. Rn. 90.

[32] Zum alten Meinungsstand vgl. MüKo/*Martiny*, 3. Aufl. (1998), Art. 28 Rn. 158 a.

[33] Rs. C-381/98 – „Ingmar GB/Eaton Leonard Technologies", EuGHE 2000 I, 9305 = NJW 2001, 2007 m. Anm. *A. Staudinger*, 1974–1978 = RIW 2001, 133 m. Anm. *Freitag/Leible*, 287–295 = IPRax 2001, 225 m. Anm. *Jayme*, 190 f. = Rev crit dr int priv 2001, 107 m. Anm. *Idot*.

[34] RL 86/653/EWG zur Koordinierung der Rechtsvorschriften der Mitgliedstaaten betreffend die selbständigen Handelsvertreter v. 18. 12. 1986 (ABl. EG Nr. L 382/17).

[35] Hierzu § 10 Rn. 96.

[36] Hierzu § 6 Rn. 77 f.

[37] MüKo/*Sonnenberger*, Einl. IPR, Rn. 485.

2. Beachtung eines vorrangigen Einzelstatuts (Art. 3 III EGBGB)

Art. 3 III EGBGB verhilft den zwingenden Vorschriften der lex rei sitae 19 (Einzelstatut) gegenüber dem an sich maßgeblichen Güter- oder Erbstatut (Gesamtstatut) zum Durchbruch:[38] Er enthält eine bedingte Verweisung:[39] Voraussetzung für die Beachtung der lex rei sitae nach Art. 3 III EGBGB ist, dass der Belegenheitsstaat „besondere Vorschriften"[40] geschaffen hat und er diese kollisionsrechtlich durchsetzt, d. h., für alle auf seinem Gebiet belegenen Gegenstände auch bei ausländischem Güter- oder Erbstatut anwendet. Soweit der Belegenheitsstaat selbst seine besonderen Vorschriften nicht konsequent zur Anwendung bringt, besteht keine Veranlassung, diesen über Art. 3 III EGBGB Geltung zu verschaffen.[41] Seinem Wortlaut nach regelt Art. 3 III EGBGB nur, dass das Güter- bzw. Erbstatut nicht zur Anwendung gelangen soll. Er enthält keine Aussage dazu, welches Recht statt dessen gelten soll; nach allgemeiner Ansicht kommt die lex rei sitae zur Anwendung.

Beispiel: Ein deutscher Staatsangehöriger verstirbt. Zum Nachlass gehört eine Ferienwohnung in Frankreich. Erbstatut ist deutsches Recht (Art. 25 I EGBGB). Jedoch unterstellt die französische lex rei sitae in Art. 3 II Code civil die Erbfolge an in Frankreich belegenen Grundstücken zwingend dem französischen Recht. Diese Sonderregel haben die deutschen Gerichte gemäß Art. 3 III EGBGB auch bei deutschem Erbstatut anzuwenden. Somit tritt Nachlassspaltung ein: Die Ferienwohnung wird nach französischem Recht vererbt.[42]

3. Beachtung zwingender ausländischer Normen

Manche Kollisionsnormen machen schon ihrem Wortlaut nach die Anwendung eines bestimmten Rechts nicht nur vom Vorliegen des Anknüpfungsmoments, sondern auch vom Anwendungswillen des ausländischen Rechts abhängig. 20

Beispiel: Art. 11 IV EGBGB – Beachtung zwingender Formvorschriften der lex rei sitae[43]

Einen Sonderfall stellt Art. 34 EGBGB dar: Hierbei handelt es sich um eine einseitige Kollisionsnorm, die nur die Berücksichtigung bestimmter zwingender Vorschriften des deutschen Rechts ermöglicht. Dennoch wird der Rechtsgedanke auch zur Berücksichtigung zwingender ausländischer Normen herangezogen.[44]

---

[38] MüKo/*Sonnenberger*, Art. 3 Rn. 18.
[39] Die in den Entwürfen vorgesehene entsprechende Regelung wurde vom Gesetzgeber als selbstverständlich gestrichen, vgl. *Kegel/Schurig*, IPR, S. 426.
[40] Hierzu § 9 Rn. 61–63 m. w. Nachw.
[41] *Kegel/Schurig*, IPR, S. 428.
[42] Hierzu auch § 9 Rn. 62.
[43] Hierzu § 7 Rn. 42.
[44] Hierzu § 10 Rn. 97–100.

4. Allseitiger Ausbau einseitiger Kollisionsnormen

21 Der allseitige Ausbau einseitiger Kollisionsnormen[45] erfolgt nur unter der Bedingung, dass der ausländische Staat für seine wertungsmäßig vergleichbaren Normen einen internationalen Anwendungsanspruch erhebt. Auch die allseitig ausgebaute Kollisionsnorm enthält somit nur eine bedingte Verweisung.

Beispiel: allseitiger Ausbau des Art. 16 II EGBGB[46]

---

[45] S. oben Rn. 10 f.
[46] Hierzu oben Rn. 11 sowie: *Kegel/Schurig*, IPR, S. 436, 841; *Junker*, IPR, Rn. 111.

§ 5. Anknüpfungsmomente

Der Tatbestand einer selbständigen Kollisionsnorm enthält zwei Elemente: den Anknüpfungsgegenstand (z.B. Ehegüterrecht) und das Anknüpfungsmoment (z.B. Staatsangehörigkeit). Durch das Anknüpfungsmoment wird die Verbindung zwischen Anknüpfungsgegenstand und anwendbarem Recht hergestellt. **1**

A. Staatsangehörigkeit

Literatur: *Mansel,* Das Staatsangehörigkeitsprinzip im deutschen und gemeinschaftsrechtlichen Internationalen Privatrecht: Schutz der kulturellen Identität oder Diskriminierung der Person?, FS Kegel (2002), S. 111–123.

Im deutschen Kollisionsrecht ist die Staatsangehörigkeit nach wie vor das häufigste Anknüpfungsmoment. Es ist maßgeblich bei nahezu allen Fragen, die die persönlichen Rechtsverhältnisse natürlicher Personen betreffen: **2**

- Rechts- und Geschäftsfähigkeit (Art. 7 EGBGB)
- Todeserklärung (Art. 9 EGBGB)
- Name (Art. 10 I, II Nr. 1, III Nr. 1 EGBGB)
- sachliche Voraussetzungen der Eheschließung (Art. 13 I EGBGB)
- allgemeine Ehewirkungen (Art. 14 I Nr. 1 EGBGB)
- Ehegüterrecht (Art. 15 I EGBGB)
- Ehescheidung (Art. 17 I EGBGB)
- Kindschaftsverhältnis (Art. 19 I 2, 19 I 3, 20, 22 I, 23 S. 1 EGBGB)
- Vormundschaft, Betreuung und Pflegschaft (Art. 24 EGBGB)
- gesetzliche Erbfolge (Art. 25 I EGBGB)

I. Personalstatut

In Anlehnung an die Statutenlehre[1] werden jene Rechtsfragen, die die persönlichen Rechtsverhältnisse einer natürlichen Person betreffen, durch ein einheitliches Anknüpfungsmoment einer bestimmten Rechtsordnung, dem sogenannten *Personalstatut,* unterstellt. Dieses ist im deutschen IPR regelmäßig die Rechtsordnung, auf welche die Staatsangehörigkeit des Betroffenen verweist. Deshalb werden die Begriffe *Heimatrecht* – das Recht des Staates, dem der Betroffene angehört – und *Personalstatut* häufig synonym verwendet, obwohl dies sprachlich ungenau ist. **3**

Der Begriff Personalstatut findet in unterschiedlichen Zusammenhängen Verwendung: Zumeist sind damit alle die Rechtsnormen gemeint, die sich auf die persönli- **4**

---

[1] § 2 Rn. 9–15.

chen Rechtsverhältnisse einer natürlichen Person beziehen. Bisweilen werden damit indes nur die Normen bezeichnet, die den persönlichen Status (Rechts- und Geschäftsfähigkeit, Familienstand) betreffen.[2] Ohne inhaltliche Festlegung wird der Begriff als Überschrift in Art. 5 EGBGB sowie in Art. 12 I der Genfer Flüchtlingskonvention vom 28. 7. 1951[3] und Art. 12 I des New Yorker UN-Übereinkommens über die Rechtsstellung der Staatenlosen vom 28. 9. 1954[4] verwendet.

II. Staatsangehörigkeit oder Aufenthalt?

5 Wird eine Person in ihren persönlichen Angelegenheiten betroffen, d. h. vor allem in Statussachen und im Namensrecht, möchte sie nach einer ihr vertrauten und nahestehenden Rechtsordnung beurteilt werden. Daher ist beim Personalstatut einem Anknüpfungsmoment der Vorzug zu geben, das diesem Parteiinteresse Rechnung trägt.[5] Der deutsche Gesetzgeber hat sich für die Anknüpfung an die Staatsangehörigkeit der betroffenen Person(en) entschieden. Wie die Rechtsvergleichung lehrt, ist diese Anknüpfung aber nicht zwingend. Viele Staaten, insbesondere im anglo-amerikanischen Rechtskreis, stellen nicht auf die Staatsangehörigkeit, sondern auf das Domizil ab.[6] Für eine Anwendung des Aufenthaltsrechts als Recht der sozialen Umwelt sprechen vor allem Verkehrsinteressen.[7]

6 Soweit der Aufenthalt nicht nur vorübergehend ist, kann auch das Parteiinteresse eine Anknüpfung an den gewöhnlichen Aufenthalt gebieten. Flüchtlinge und Asylbewerber, aber auch Migranten, fühlen sich mit ihrem Aufenthaltsstaat oft enger verbunden als mit ihrem Herkunftsstaat. Das Abstellen auf den Wohnsitz bzw. auf den gewöhnlichen Aufenthalt fördert die rasche Integration in der neuen Heimat. Deshalb bevorzugen klassische Einwanderungsländer, wie z. B. Kanada, die USA und Australien, diese Anknüpfung.

Auch in den geplanten Rechtsakten der Europäischen Gemeinschaft dominiert die Anknüpfung an den gewöhnlichen Aufenthalt. Hierdurch soll letztlich die Binnenmarktmobilität gefördert werden, wobei freilich verkannt wird, dass die betreffenden Sachverhalte weit überwiegend solche mit Drittstaatenbezug sind.

7 Rückkehrwillige Ausländer werden demgegenüber in ihren persönlichen Angelegenheiten eine Beurteilung nach dem Recht ihres Heimatstaates wünschen, weil sie so hoffen, ihre kulturelle Identität besser vor fremden Einflüssen verteidigen zu können *(Kontinuitätsinteresse).*[8] Indes

---

[2] *Kegel/Schurig,* IPR, S. 442 f.; MüKo/*Sonnenberger,* Einl. IPR, Rn. 669.
[3] BGBl. 1953 II S. 560 = *Jayme/Hausmann,* Nr. 10; in Kraft seit dem 22. 4. 1954.
[4] BGBl. 1976 II S. 474 = *Jayme/Hausmann,* Nr. 12; in Kraft seit dem 24. 1. 1977.
[5] *Kegel/Schurig,* IPR, S. 135, 444 f.
[6] Hierzu unten Rn. 63–66.
[7] *Kegel/Schurig,* IPR, S. 449.
[8] *Rauscher,* IPR, S. 45; *Kegel/Schurig,* IPR, S. 447. Dazu unten Rn. 13.

sind Anpassungen an das soziale Umfeld im Gastland auch dann erforderlich, wenn der Ausländer seine bisherige Staatsangehörigkeit beibehält. So darf z. B. ein bereits verheirateter muslimischer Iraner selbst dann in Deutschland keine weitere Ehe eingehen, wenn das iranische Heimatrecht ihm dies erlaubt. Eine derartige Anpassung an die Gepflogenheiten des sozialen Umfelds kann über den ordre-public-Vorbehalt auch gegenüber einem ausländischen Personalstatut durchgesetzt werden.[9]

Somit gewährleistet das Staatsangehörigkeitsprinzip im Alltag ebensowenig eine uneingeschränkte Wahrung der *kulturellen Identität*,[10] wie umgekehrt das Aufenthaltsprinzip oder eine großzügige Einbürgerungspraxis im Aufenthaltsstaat die rasche gesellschaftliche Eingliederung der neuen Mitbürger sicherstellt.   **8**

Das Bundesverfassungsgericht hat wiederholt die Verfassungsmäßigkeit der Anknüpfung an die Staatsangehörigkeit festgestellt.[11] Bei der Entscheidung zwischen Staatsangehörigkeits- und Aufenthaltsprinzip handele es sich allein um eine rechtspolitische Entscheidung. Freilich kann in Ausnahmefällen die Anwendung des deutschen Aufenthaltsrechts über den ordre-public-Vorbehalt des Art. 6 EGBGB geboten sein, wenn der Betroffene ansonsten über eine Verweisung auf sein Heimatrecht in seinen grundgesetzlich geschützten Menschenrechten verletzt würde.[12]

Der deutsche Gesetzgeber hat sich bei der IPR-Reform von 1986 für die   **9** Beibehaltung des Staatsangehörigkeitsprinzips entschieden: Personalstatut einer natürlichen Person ist grundsätzlich deren Heimatrecht.[13] Auf dem Gebiet des Kindschaftsrechts hat die Anknüpfung an den gewöhnlichen Aufenthalt mit der Neufassung der Art. 19–21 EGBGB freilich stark an Bedeutung gewonnen.[14]

Für die Beibehaltung des Staatsangehörigkeitsprinzips hatte der Gesetzgeber mehrere Gründe:

1. Typischer Ausdruck der Verbundenheit mit einem Staat

Regelmäßig ist die Staatsangehörigkeit eines Menschen Ausdruck einer   **10–12** besonders engen Verbindung mit dem verleihenden Staat und seiner Rechtsordnung. Über Wahlen hat der Staatsangehörige die Möglichkeit, Einfluss auf den politischen Meinungsbildungsprozess zu nehmen, wes-

---

9 Hierzu § 6 Rn. 136–154.
10 Hierzu grundlegend: *Jayme*, Rec cours 251 (1995), 1–267 (167–200).
11 So zuletzt *BVerfG* 18. 7. 2006 (Transsexuellengesetz), NJW 2007, 900 = IPRax 2007, 217 m. Anm. *Röthel* 204–207 = FamRZ 2006, 1818 m. Anm. *Scherpe*, 271 f.
12 Hierzu § 6 Rn. 140, 143, 154.
13 Vgl. BTDrucks. 10/504, S. 30. Dazu auch: *Kegel/Schurig*, IPR, S. 448 f.; *Neuhaus*, Grundbegriffe, S. 222–225.
14 Hierzu § 1 Rn. 135.

halb er das so entstandene staatliche Recht als sein eigenes empfinden darf. Die Anknüpfung der persönlichen Beziehungen an die Staatsangehörigkeit entspricht daher typischerweise dem Parteiinteresse, selbst wenn Staatsangehörigkeit und Aufenthalt auseinanderfallen.[15] Wo dies nicht der Fall ist, sollte dem Betroffenen im Wege der Parteiautonomie die Möglichkeit eingeräumt werden, für sein Aufenthaltsrecht zu optieren (vgl. etwa Art. 10 II Nr. 2, 10 III Nr. 2, 14 I Nr. 2 bzw. 15 II Nr. 2 EGBGB).

2. Kontinuitätsinteresse

13 Gerade Personen, die – etwa aus beruflichen Gründen – ihren Aufenthaltsstaat häufig wechseln, wollen ihre persönlichen und familiären Angelegenheiten nicht nach ständig wechselnden Rechtsordnungen beurteilt wissen. Vielmehr besteht hier ein Interesse an einer gleichbleibenden Behandlung dieser Rechtsfragen nach ein und demselben Recht. Diesem Kontinuitätsinteresse der Parteien wird man nur durch eine Anknüpfung an die Staatsangehörigkeit gerecht.[16] Da sich die Staatsangehörigkeit nicht so leicht wechseln lässt wie der gewöhnliche Aufenthalt, tritt auch ein Statutenwechsel[17] wesentlich seltener ein.

3. Geringere Manipulationsmöglichkeit

14 Die Staatsangehörigkeitsgesetze stellen regelmäßig sehr strenge Anforderungen an den Erwerb oder Verlust der Staatsangehörigkeit. Damit ist sie als Anknüpfungsmoment weniger der Manipulation der Beteiligten unterworfen als Wohnsitz oder gewöhnlicher Aufenthalt. Dies ist insbesondere im Internationalen Personen- und Familienrecht von entscheidender Bedeutung, wo es um die Begründung oder Änderung auf Dauer angelegter Statusverhältnisse geht.[18]

4. Leichte Feststellbarkeit

15 Für die Feststellung der Staatsangehörigkeit genügt ein Blick in den Reisepass oder Personalausweis. Hingegen sind für die Ermittlung des gewöhnlichen Aufenthalts nicht selten umfangreiche tatsächliche Untersuchungen erforderlich, die im Übrigen unterschiedlicher Bewertung zugänglich sind.[19]

---

[15] BTDrucks. 10/504, S. 30 f.
[16] *Jayme,* FS Müller-Freinfels (1986), S. 341–375 (360–363); *Lüderitz,* FS Kegel (1977), S. 31–54 (38–40); *Kegel/Schurig,* IPR, S. 447 m. w. Nachw.
[17] Näher zum Statutenwechsel unten Rn. 97–110.
[18] BTDrucks. 10/504, S. 31; *Neuhaus,* Grundbegriffe, S. 223.
[19] BTDrucks. 10/504, S. 31; *Neuhaus,* Grundbegriffe, S. 223.

5. Förderung des internationalen Entscheidungseinklangs

Die Heimatstaaten der sich in Deutschland aufhaltenden großen Aus- 16
ländergruppen folgen ebenfalls dem Staatsangehörigkeitsprinzip.[20] Damit
wird Entscheidungseinklang mit den Heimatstaaten gefördert.[21] Dieser
ist gerade in Bezug auf Statusangelegenheiten, die den Betroffenen unmittelbar in seinen höchstpersönlichen Belangen berühren, von herausragender Bedeutung, da es *hinkende Rechtsverhältnisse* zu vermeiden
gilt.

6. Keine Beeinträchtigung wesentlicher Verkehrsinteressen

Für die soziale Umwelt im Wohnsitzstaat ist es angenehmer, wenn der 17
hier wohnhafte Ausländer dem inländischen Recht untersteht. Verkehrsinteressen sind jedoch regelmäßig nur im Hinblick auf vermögensrechtliche Angelegenheiten von Bedeutung, kaum jedoch bei solchen rein
persönlichen Angelegenheiten, die üblicherweise dem Personalstatut
unterfallen. In Bezug auf Letztere wird der Rechtsverkehr also durch
das Staatsangehörigkeitsprinzip nicht beeinträchtigt. Soweit ausnahmsweise achtenswerte Verkehrsbedürfnisse (z. B. Art. 12, 16 EGBGB –
Gutglaubensschutz) oder staatliche Ordnungsinteressen (Art. 13 III,
17 II EGBGB) auf dem Spiel stehen, hat der Gesetzgeber diesen durch
Sonderanknüpfungen Rechnung getragen.

Ein Vorzug des Aufenthaltsprinzips ist die häufigere Anwendung der 18
lex fori (Gleichlauf).[22] Die Einfachheit der Rechtsanwendung kann aber
nicht allein ausschlaggebend für die Wahl eines internationalprivatrechtlichen Anknüpfungsmoments sein.[23]

III. Grenzen der Anknüpfung an die Staatsangehörigkeit

Die Anknüpfung an die Staatsangehörigkeit führt dann zu keinem Er- 19
gebnis, wenn mehr als eine Person oder mehr als eine Staatsangehörigkeit zu berücksichtigen sind; Gleiches gilt im Falle von Staatenlosen.
Hier wird die Anknüpfung an die Staatsangehörigkeit durch Hilfsnormen ergänzt.

1. Mehrstaater (Art. 5 I EGBGB)

Die Anknüpfung an die Staatsangehörigkeit versagt, wenn mehrere Staa- 20
ten dem Betroffenen ihre Staatsangehörigkeit verliehen haben.

---

[20] Vgl. Zusammenstellung bei *Kegel/Schurig*, IPR, S. 444.
[21] BTDrucks. 10/504, S. 31; *Rauscher*, IPR, S. 46.
[22] Zu den Vorzügen der lex fori § 3 Rn. 6–8.
[23] BTDrucks. 10/504, S. 31.

Mehrfache Staatsangehörigkeit kann verschiedene Ursachen haben: Sie entsteht durch *Geburt*, wenn sowohl der Staat, in dem das Kind geboren wurde, diesem seine Staatsangehörigkeit verleiht *(ius-soli-Prinzip)*[24], als auch der Staat, dem ein Elternteil angehört *(ius-sanguinis-Prinzip)*[25]. Durch *Eheschließung* entsteht mehrfache Staatsangehörigkeit, wenn der Heimatstaat des einen Ehepartners (i. d. R. des Mannes) dem anderen Ehepartner (i. d. R. der Frau) seine Staatsangehörigkeit verleiht,[26] ohne dass dieser nach seinem Heimatrecht seine alte Staatsangehörigkeit verliert bzw. aufgeben muss. Schließlich kann eine mehrfache Staatsangehörigkeit auch durch *Einwanderung* erworben werden.[27]

Bei der Behandlung von Mehrstaatern unterscheidet das deutsche IPR zwischen solchen mit mehreren ausländischen Staatsangehörigkeiten und solchen, die auch die deutsche Staatsangehörigkeit besitzen:

a) Mehrfache ausländische Staatsangehörigkeit (Art. 5 I 1 EGBGB)

21   Besitzt jemand die Staatsangehörigkeit mehrerer fremder Staaten, so ist gemäß Art. 5 I 1 EGBGB auf die *effektive Staatsangehörigkeit* abzustellen, d. h., maßgeblich ist die Staatsangehörigkeit desjenigen Staates, mit dem der Mehrstaater am engsten verbunden ist. Der gewöhnliche Aufenthalt in einem Heimatstaat indiziert die effektive Staatsangehörigkeit; die Vermutung kann freilich durch andere Faktoren widerlegt werden.

In Betracht kommt z. B. der freiwillige Erwerb einer bestimmten Staatsangehörigkeit oder die Beziehung zu einem Elternteil. Weitere Anhaltspunkte sind die Ausübung politischer Rechte, die Erfüllung der Wehrpflicht, wirtschaftliche und berufliche Beziehungen sowie die sprachliche und kulturelle Zugehörigkeit.[28]

Art. 5 I 1 EGBGB überlässt die Ermittlung der engsten Verbindung damit bewusst den Umständen des Einzelfalles.[29] – Die Anknüpfung an die effektive Staatsangehörigkeit scheint freilich im Bereich des Binnenmarktes durch die jüngste Entscheidung des EuGH in der Rechssache „Carlos Garcia Avello"[30] in Frage gestellt, da hierin u. U. eine nach Art. 12 EG verbotene Diskriminierung gesehen werden mag. Die Reichweite der Entscheidung ist derzeit noch nicht abzuschätzen.[31]

---

[24] Z. B. USA, Vereinigtes Königreich, Argentinien.
[25] Z. B. Frankreich, Deutschland (neuerdings ergänzt durch ein eingeschränktes Territorialitätsprinzip; vgl. dazu unten Rn. 41).
[26] Einen automatischen Erwerb der Staatsangehörigkeit durch Eheschließung gibt es nur noch in wenigen Staaten; vgl. die Länderberichte bei: Staudinger/*Blumenwitz*, Anh. III zu Art. 5.
[27] *Kegel/Schurig*, IPR, S. 453; *Neuhaus*, Grundbegriffe, S. 212.
[28] MüKo/*Sonnenberger*, Art. 5 Rn. 5; Staudinger/*Blumenwitz*, Art. 5 Rn. 14.
[29] MüKo/*Sonnenberger*, Art. 5 Rn. 4 f.
[30] *EuGH* 2. 10. 2003, Rs. C-148/02, ABl. EG Nr. C 275/20 (LS) = IPRax 2004, 339 m. Anm. *Mörsdorf/Schulte*, 315–326 = FamRZ 2004, 173 m. Anm. *Henrich*.
[31] Hierzu § 1 Rn. 125 sowie § 7 Rn. 12–13.

b) Deutsch-ausländische Mehrstaater (Art. 5 I 2 EGBGB)

Besitzt der Mehrstaater auch die deutsche Staatsangehörigkeit, so erklärt **22** Art. 5 I 2 EGBGB die deutsche Staatsangehörigkeit für maßgeblich. Ob sie auch die effektive ist, ist – im Gegensatz zum früheren Recht[32] – unerheblich.[33] Art. 5 I 2 EGBGB dient damit weder dem vermuteten Parteiinteresse, dem durch ein Abstellen auf die effektive Staatsangehörigkeit Rechnung getragen würde, noch dem internationalen Entscheidungseinklang. Der Vorrang der inländischen Staatsangehörigkeit dürfte ein doppeltes Motiv haben: einerseits die Vereinfachung der Rechtsanwendung (lex fori), andererseits der – an sich überlebte – Gedanke, inländische Staatsangehörige seien den Anordnungen des inländischen Gesetzgebers unterworfen. Diese systemwidrige Exklusivnorm ist rechtspolitisch verfehlt.[34] Anders als im öffentlichen Recht liegt im IPR der Grund für die Anwendung des Heimatrechts nicht in einem politischen Treueverhältnis zwischen Bürger und Staat. Ebenso wenig rechtfertigt die Einfachheit der Anwendung der lex fori die Gefährdung des internationalen Entscheidungseinklangs. Gleichwohl ist dem Willen des Gesetzgebers Folge zu leisten.[35] Eine Anwendung der Vorschrift außerhalb ihres originären Anwendungsbereichs ist aber keineswegs selbstverständlich: Art. 5 I 2 EGBGB gilt zwar im Internationalen Zivilverfahrensrecht, nicht aber bei der Auslegung von Kollisionsnormen in völkerrechtlichen Verträgen.[36]

Deutsche ohne deutsche Staatsangehörigkeit i. S. d. Art. 116 I GG werden deutschen **23** Staatsangehörigen durch Art. 9 II Nr. 5 FamRÄndG[37] kollisionsrechtlich gleichgestellt. Nach der Reform des Staatsangehörigkeitsrechts (vgl. §§ 40a, 7 StAG)[38] ist die Regelung praktisch begrenzt auf Spätaussiedler, denen eine Bescheinigung i. S. d. § 15 I, II BVFG noch nicht erteilt worden ist. Mit Ausstellung dieser Bescheinigung erwerben sie die deutsche Staatsangehörigkeit; andere Statusdeutsche wurden am 1. 8. 1999 in die deutsche Staatsangehörigkeit übergeleitet.

Beispiel: Spätaussiedler aus Russland, die in einem förmlichen Verfahren Aufnahme in der Bundesrepublik fanden, unterstehen auch im Zeitraum bis zur Erteilung einer

---

32 Nachw. bei: MüKo/*Sonnenberger*, Art. 5 Rn. 8 f.; *Kegel/Schurig*, IPR, S. 454 f.
33 Einschränkend für den Fall des Erwerbs der deutschen Staatsangehörigkeit aufgrund von § 4 III StAG (ius soli) nunmehr: *LG Karlsruhe* 14. 12. 2000, StAZ 2001, 111 = IPRspr 2000 Nr. 11.
34 Krit. auch: Soergel/*Kegel*, Art. 5 Rn. 12; *Dethloff*, JZ 1995, 64–73 (73); *Fuchs*, NJW 2000, 489–492 (491).
35 Für eine teleologische Reduktion: MüKo/*Sonnenberger*, Art. 5 Rn. 14; *Benicke*, IPRax 2000, 171–179 (179).
36 MüKo/*Sonnenberger*, Art. 5 Rn. 12; a.A.: *BGH* 18. 6. 1997, FamRZ 1997, 1070 (1072) = IPRspr 1997 Nr. 99: „Auch im Rahmen des Art. 4 MSA muss bei Mehrstaatern mit deutscher Staatsangehörigkeit – wie regelmäßig für die internationale Zuständigkeit – die deutsche Staatsangehörigkeit den Ausschlag geben."; *BGH* 24. 4. 2000, IPRspr 2000 Nr. 80; dem folgend: *Rauscher*, IPR, S. 51.
37 V. 11. 8. 1961 (BGBl. I S. 1221) = *Jayme/Hausmann*, Nr. 16.
38 Hierzu unten Rn. 44 f.

Bescheinigung gemäß § 15 I, II BVFG dem deutschen Recht. Mit der Aufnahme in Deutschland tritt also ein Statutenwechsel ein. Die deutsche Volkszugehörigkeit verdrängt die Anknüpfung an die Staatsangehörigkeit; sie ist aus deutscher Sicht ein der deutschen Staatsangehörigkeit gleichwertiges, gegenüber anderen Staatsangehörigkeiten privilegiertes Anknüpfungsmoment.[39] Dies gefährdet freilich den internationalen Entscheidungseinklang.

c) Völkerrechtliche Verträge

24 Mehrfache Staatsangehörigkeit galt lange Zeit als international unerwünscht. Multi- und bilaterale völkerrechtliche Verträge bemühten sich daher um eine Verringerung der mehrfachen Staatsangehörigkeit.[40]

Von Bedeutung ist heute nur noch das New Yorker UN-Übereinkommen über die Staatsangehörigkeit verheirateter Frauen vom 20. 2. 1957[41] – Gemäß Art. 1, 2 haben Heirat, Auflösung der Ehe und Staatsangehörigkeitswechsel des Mannes während der Ehe keinen Einfluss auf die Staatsangehörigkeit der Ehefrau. Wohl aber ist die ausländische Ehefrau eines Inländers auf ihren Antrag hin gemäß Art. 3 vereinfacht einzubürgern, um so ein gemeinsames Familienstatut zu ermöglichen. Das Übereinkommen will primär die Gleichberechtigung der Frau hinsichtlich der Staatsangehörigkeit verwirklichen, verringert aber zugleich die Fälle von Mehrstaatigkeit infolge Eheschließung.

Mittlerweile hat hier ein Richtungswechsel stattgefunden. So ermöglichen die Art. 14 bis 17 des *Straßburger Europäischen Übereinkommens über die Staatsangehörigkeit* vom 6. 11. 1997[42] in einer Reihe von Fällen die Mehrstaatigkeit. Ziff. 22 der deutsch-französischen Erklärung vom 22. 1. 2003 aus Anlass des 40. Jahrestages des Elysée-Vertrages erklärt die Ermöglichung der doppelten Staatsangehörigkeit zum politischen Ziel beider Staaten.

d) Neues Staatsangehörigkeitsrecht vom 1. 1. 2000

25 Durch die Neufassung des StAG wurde das geltende ius-sanguinis-Prinzip um ein eingeschränktes ius-soli-Prinzip ergänzt; dadurch wird auch nach autonomem Recht die Mehrstaatigkeit gefördert.[43] Ziel des Gesetzes ist es, die Integration von Kindern ausländischer Eltern in Deutschland zu verbessern.

Die Zunahme deutsch-ausländischer Mehrstaater bedeutet wegen Art. 5 I 2 EGBGB eine vermehrte Anwendung deutschen Rechts.[44] Dieses

---

[39] MüKo/*Sonnenberger*, Art. 5 Anh. II Rn. 23 f.
[40] Ausführliche Nachw. bei: *Kegel/Schurig*, IPR, S. 456 f.
[41] BGBl. 1973 II S. 1250 = *Jayme/Hausmann*, Nr. 270; in Kraft seit dem 8. 5. 1974.
[42] BGBl. 2004 II S. 579 = *Jayme/Hausmann*, Nr. 273; für Deutschland in Kraft seit dem 1. 9. 2005 (BGBl. 2006 II S. 1351).
[43] *Bernicke*, IPRax 2000, 171–179 (174); anders: BTDrucks. 14/535, S. 11. Das BVerfG 21. 5. 1974, BVerfGE 37, 217 (254) = NJW 1974, 1609 = IPRspr 1974 Nr. 205, sprach sich hingegen zum damaligen Zeitpunkt für die Vermeidung und Beseitigung der Mehrstaatigkeit aus.
[44] *Martiny*, JZ 1993, 1145–1150 (1147).

vordergründig begrüßenswerte Ergebnis birgt indes die zunehmende Gefahr internationaler Entscheidungsdisharmonie und hinkender Rechtsverhältnisse. Des Weiteren begünstigt unterschiedliches Sachrecht das forum shopping und kann einen Zuständigkeitswettlauf der Kläger auslösen.[45] Das neue Staatsangehörigkeitsrecht sollte daher Anlass sein, den Fortbestand des Art. 5 I 2 EGBGB erneut zu überdenken.[46]

2. Staatenlose (Art. 5 II EGBGB)

Bei Staatenlosen geht die Anknüpfung an die Staatsangehörigkeit ins **26** Leere, so dass diese durch ein anderes Anknüpfungsmoment ersetzt werden muss.[47]

Für die Staatenlosigkeit gibt es, ähnlich wie für die mehrfache Staatsangehörigkeit, verschiedene Gründe. So kann jemand von Geburt an staatenlos sein, weil die Heimatrechte seiner Eltern dem ius-soli-Prinzip folgen, während im Geburtsland das Abstammungsprinzip gilt *(originäre Staatenlosigkeit)*. Politische Umwälzungen und „ethnische Säuberungen" im Heimatland können die Aberkennung der Bürgerrechte und den Verlust der Staatsangehörigkeit zur Folge haben. Ebenso können Auswanderer ihre alte Staatsangehörigkeit verlieren, bevor sie eine neue erworben haben *(nachträgliche Staatenlosigkeit)*.[48]

Art. 5 II EGBGB erklärt für alle Staatenlosen deren gewöhnlichen Auf- **27** enthalt oder, mangels eines solchen, deren schlichten Aufenthalt für maßgeblich. Das *New Yorker UN-Übereinkommen über die Rechtsstellung der Staatenlosen* vom 28. 9. 1954[49] knüpft in Art. 12 I Fragen des Personalstatuts in ähnlicher Weise an den Wohnsitz bzw. den gewöhnlichen Aufenthalt an. Das Abkommen geht innerhalb seines Anwendungsbereichs Art. 5 II EGBGB vor, so dass die nationale Vorschrift nahezu bedeutungslos ist.[50] In der Praxis wird der autonom zu bestimmende Wohnsitz i.S.d. New Yorker Staatenlosen-Übereinkommens nach den gleichen Kriterien ermittelt, die auch den gewöhnlichen Aufenthalt einer Person kennzeichnen.[51]

---

[45] *Dethloff*, JZ 1995, 64–73 (72). So stellt Art. 4 lit. b türk. IPRG die spiegelbildliche Regelung zu Art. 5 I 2 EGBGB dar; vgl. *Nomer*, JZ 1993, 1142–1145 (1143); zu rechtspolitischen Überlegungen aus der Türkei: *Rumpf*, IPRax 1996, 435–439.

[46] Für dessen Abschaffung plädiert: *Fuchs*, NJW 2000, 489–492 (491 f.). Zu Art. 5 I 2 EGBGB vgl. oben Rn. 22.

[47] MüKo/*Sonnenberger*, Art. 5 Rn. 18–38.

[48] *Kegel/Schurig*, IPR, S. 457; MüKo/*Sonnenberger*, Art. 5 Rn. 18–22 m. w. Nachw. zur Entstehungsgeschichte des Art. 5 II EGBGB.

[49] BGBl. 1976 II S. 474 = *Jayme/Hausmann*, Nr. 12; in Kraft seit dem 24. 1. 1977. Ausführlich dazu: Staudinger/*Blumenwitz*, Art. 5 Rn. 58–70; Soergel/*Kegel*, Art. 5 Rn. 18–34.

[50] Hierzu auch MüKo/*Sonnenberger*, Art. 5 Rn. 24–27.

[51] MüKo/*Sonnenberger*, Art. 5 Anh. I Rn. 8.

28 Art. 12 I New Yorker Staatenlosen-Übereinkommen und Art. 5 II
    EGBGB sind keine selbständigen Kollisionsnormen[52], die unmittelbar
    zur Anwendung eines bestimmten Rechts führen. Vielmehr beschränken
    sie sich darauf, für diejenigen Kollisionsnormen, welche an die Staatsan-
    gehörigkeit anknüpfen, ein anderes Anknüpfungsmoment zu benennen.
    Sie sind also anstelle des Tatbestandsmerkmals „Staatsangehörigkeit" in
    die einzelnen Kollisionsregeln hineinzulesen.

    Beispiel: Gemäß Art. 7 I i. V. m. Art. 12 I New Yorker Staatenlosen-Übereinkommen
    unterliegt die Rechts- und Geschäftsfähigkeit eines Staatenlosen dem Recht seines
    Wohnsitzes bzw. – mangels eines solchen – seines gewöhnlichen Aufenthalts.

29 Einen Anwendungsfall des Art. 5 II EGBGB bilden weiterhin Personen,
    deren Staatsangehörigkeit sich nicht ermitteln lässt.[53]

3. Mehrpersonenverhältnisse

30 Schwierigkeiten bereitet das Staatsangehörigkeitsprinzip auch bei
    Rechtsverhältnissen, an denen mehrere Personen beteiligt sind (z. B. Ehe
    oder Familie). Haben die Ehegatten unterschiedliche Staatsangehörig-
    keiten, so verhindert die gleichrangige Berücksichtigung beider Staats-
    angehörigkeiten die Behandlung aller Familienangehörigen nach einem
    einheitlichen Recht.[54] Die Bevorzugung einer bestimmten Staatsangehö-
    rigkeit, z. B. der des *pater familias*, bedeutete einen Verstoß gegen das
    Verfassungsgebot der Gleichbehandlung von Mann und Frau (Art. 3 II
    GG).[55] Daher ist die Staatsangehörigkeit bei familienrechtlichen Bezie-
    hungen kein taugliches Anknüpfungsmoment, sofern nicht alle Beteilig-
    ten die gleiche Staatsangehörigkeit haben. Auch hier hat der Gesetzge-
    ber deshalb die hilfsweise Anknüpfung an den gewöhnlichen Aufenthalt
    vorgesehen (vgl. Art. 14 I EGBGB). Das Anknüpfungsmodell der *Kegel-
    schen Leiter* gilt – in leicht veränderter Form – für das gesamte Eherecht
    des EGBGB. Damit sollte eigentlich ein einheitliches Familienstatut ge-
    währleistet werden;[56] aufgrund abweichender Anknüpfungszeitpunkte
    und unterschiedlicher Möglichkeiten der Rechtswahl wird dieses Ziel
    freilich nur unvollkommen erreicht.

[52] Zum Begriff § 4 Rn. 6 f.
[53] BTDrucks. 10/504, S. 41; *Kegel/Schurig,* IPR, S. 458.
[54] *Neuhaus,* Grundbegriffe, S. 216.
[55] Dazu *BVerfG* 4. 5. 1971 (Spanier-Beschluss), BVerfGE 31, 58 = NJW 1971, 1509 =
     FamRZ 1971, 414 m. Anm. *Sturm,* FamRZ 1972, 16–22 = IPRspr 1971 Nr. 39;
     BVerfG 22. 2. 1983, BVerfGE 63, 181 = NJW 1983, 1968 m. Anm. *von Bar,* 1929–
     1936 = IPRax 1983, 223 m. Anm. *Henrich,* 208–210 = IPRspr 1983 Nr. 56; *BVerfG*
     8. 1. 1985, BVerfGE 68, 384 = NJW 1985, 1282 = IPRax 1985, 290 m. Anm. *Beitz-
     ke,* 268–272 = IPRspr 1985 Nr. 70, s. auch § 1 Rn. 134.
[56] BTDrucks. 10/504, S. 2; s. § 1 Rn. 135.

4. Verweisung auf Mehrrechtsstaaten

Ist jemand Angehöriger eines Mehrrechtsstaates, so reicht die Verwei- 31
sung auf die Staatsangehörigkeit allein noch nicht zur Bestimmung der
anwendbaren (Teil-) Rechtsordnung aus. Es bedarf hier eines zusätzlichen Anknüpfungsmoments. Häufig hält das *Interlokale Privatrecht*[57]
eine solche Unteranknüpfung bereit. Regelmäßig wird hierbei auf den
gewöhnlichen Aufenthaltsort abgestellt.[58]

5. Flüchtlinge und Asylberechtigte

Für Flüchtlinge und Asylberechtigte wird durch unterschiedliche Be- 32
stimmungen die Anknüpfung an die Staatsangehörigkeit durch die Anknüpfung an den Wohnsitz (unter Bezugnahme auf Art. 12 der Genfer
Flüchtlingskonvention) ersetzt.

Wegen der Zunahme der *Flüchtling*szahlen infolge des 2. Weltkriegs wurde am 28. 7. 33
1951 das *Genfer UN-Abkommen über die Rechtsstellung der Flüchtlinge (Genfer
Flüchtlingskonvention)*[59] zur Unterzeichnung vorgelegt. Art. 1 dieses multilateralen
Abkommens definiert den Begriff des Flüchtlings. In Art. 12 bestimmt es, dass für das
Personalstatut des Flüchtlings das Recht des Wohnsitzes, hilfsweise das des schlichten
Aufenthaltes, maßgeblich sein soll. Ob der Wohnsitz nach dem materiellen Recht des
Forums oder abkommensautonom (gewöhnlicher Aufenthalt als faktisch bestimmter
Wohnsitz) zu ermitteln ist, ist umstritten.[60] Ziel des Abkommens ist die einheitliche Behandlung der Flüchtlinge in allen Vertragsstaaten. Diese ist gefährdet, wenn
jeder Staat den Wohnsitz und damit letztlich das auf die persönlichen Angelegenheiten des Flüchtlings anwendbare Recht nach seinen eigenen Kriterien bestimmen
könnte. Daher verdient eine vertragsautonome Auslegung des Wohnsitzbegriffes,
die sich statt an rechtliche eher an faktische Kriterien anlehnt, den Vorzug.[61] Der
Wohnsitz i.S.d. Art. 12 I Genfer Flüchtlingskonvention wird deshalb nach h. M.
durch den gewöhnlichen Aufenthalt des Flüchtlings begründet. Art. 12 II der Konvention regelt den Statutenwechsel und soll den Schutz wohlerworbener Rechte sicherstellen.[62]

Der Anwendungsbereich des Art. 12 Genfer Flüchtlingskonvention wird durch Art. 1
des Genfer Protokolls über die Rechtsstellung der Flüchtlinge vom 31. 1. 1967 (Genfer Flüchtlingsprotokoll) erweitert.[63]

Im Rahmen humanitärer Hilfsaktionen aufgenommene Flüchtlinge werden den 34–36
Flüchtlingen i.S.d. Genfer Flüchtlingskonvention durch Gesetz vom 22. 7. 1980

---

[57] Hierzu § 1 Rn. 85.
[58] *Neuhaus*, Grundbegriffe, S. 213 f.; *Kegel/Schurig*, IPR, S. 464.
[59] BGBl. 1953 II S. 960 = *Jayme/Hausmann*, Nr. 10; in Kraft seit dem 22. 4.
1954.
[60] MüKo/*Sonnenberger*, Art. 5 Anh. I Rn. 8, Anh. II Rn. 80.
[61] Zum Streitstand vgl. MüKo/*Sonnenberger*, Einl. IPR, Rn. 728.
[62] Zum Statutenwechsel vgl. unten Rn. 97–110.
[63] BGBl. 1969 II S. 1294 = *Jayme/Hausmann*, Nr. 11; in Kraft seit dem 5. 11.
1969.

gleichgestellt, das Art. 2–34 der Konvention auf sie für anwendbar erklärt.[64] Entsprechendes ordnet § 2 AsylVfG für Asylberechtigte (nicht für Asylbewerber) an.

IV. Feststellung der Staatsangehörigkeit

37 Wird im IPR an die Staatsangehörigkeit angeknüpft, so ist diese nach den Gesetzen desjenigen Staates festzustellen, dessen Staatsangehörigkeit in Frage steht. Jeder Staat bestimmt selbst, unter welchen Voraussetzungen seine eigene Staatsangehörigkeit erworben wird. Bei der Ausgestaltung seines Staatsangehörigkeitsrechts ist jeder Staat grundsätzlich frei; völkerrechtliche Verträge können indes dem nationalen Gesetzgeber bestimmte Regelungen zur Verringerung von mehrfacher Staatsangehörigkeit[65] oder Staatenlosigkeit[66] vorschreiben, wie etwa das Übereinkommen des Europarats über die Vermeidung von Staatenlosigkeit im Zusammenhang mit Staatennachfolge vom 19. 5. 2006.[67] Zudem verbietet das Völkerrecht einem Staat, seine Staatsangehörigkeit Personen aufzuzwingen, die keine Verbindung zu seiner Rechtsordnung haben. Dies bedeutet nicht, dass eine freiwillig erworbene Staatsangehörigkeit unbeachtlich ist, wenn die Person keinen tatsächlichen Bezug zum verleihenden Staat hat.[68]

Nach ganz h. M. sind privatrechtliche Vorfragen,[69] die Einfluss auf die Bestimmung der Staatsangehörigkeit haben (z. B. Abstammung eines Kindes), ausgehend vom IPR dieses Staates zu beantworten, also unselbständig anzuknüpfen.[70]

38 Wichtige Hilfsmittel zur Ermittlung des ausländischen Staatsangehörigkeitsrechts sind:

- *Bergmann/Ferid*, Internationales Ehe- und Kindschaftsrecht (Loseblatt, nach Ländern geordnet)
- *Institut für internationale Angelegenheiten der Universität Hamburg* (Hrsg.), Sammlung geltender Staatsangehörigkeitsgesetze (unregelmäßige Erscheinungsfolge)
- Juris-classeur Nationalité – Commentaire des traités internationaux et des législations nationales (Loseblatt, nach Kontinenten und Ländern geordnet, mit Bibliographie und Rechtsquellennachweisen)

---

[64] Vgl. § 1 des Gesetzes über Maßnahmen für im Rahmen humanitärer Hilfsaktionen aufgenommene Flüchtlinge v. 22. 7. 1980 (BGBl. 1980 I S. 1057) = *Jayme/Hausmann*, Nr. 17. Dazu auch: MüKo/*Sonnenberger*, Art. 5 Anh. II Rn. 95–98; *Jayme*, Zum Personalstatut der „Kontingentflüchtlinge", IPRax 1981, 73–75.

[65] Hierzu oben Rn. 24.

[66] Hierzu oben Rn. 27.

[67] Noch nicht in Kraft; Text abrufbar auf der Homepage des Europarats (http://conventions.coe.int/Treaty/EN/Treaties/Html/200.htm).

[68] MüKo/*Sonnenberger*, Einl. IPR, Rn. 702, 707. Anders im Völkerrecht: *IGH* 6. 4. 1955 – „Nottebohm", ICJ Rep 1955, 4.

[69] Zum Begriff vgl. § 6 Rn. 56–59.

[70] *Kegel/Schurig*, IPR, S. 451 f. m. w. Nachw. Hierzu unten § 6 Rn. 63.

B. Erwerb und Verlust der deutschen Staatsangehörigkeit

Am 1. 1. 2000 trat nach leidenschaftlichen politischen Auseinandersetzungen das **39**
Staatsangehörigkeitsgesetz (StAG)[71] an die Stelle des bisherigen Reichs- und Staatsan-
gehörigkeitsgesetzes vom 22. 7. 1913 (RuStAG). Das traditionelle Abstammungsprinzip wird seither durch ein eingeschränktes Territorialitätsprinzip ergänzt.[72] Ziel ist es,
die Integration der in Deutschland geborenen Kinder ausländischer Eltern zu erleichtern.

I. Erwerb der deutschen Staatsangehörigkeit

§ 3 StAG nennt verschiedene Möglichkeiten des Erwerbs der deutschen Staatsangehörigkeit, die durch die nachfolgenden Vorschriften konkretisiert werden.

1. Geburt (§ 3 Nr. 1 i. V. m. § 4 StAG)

Kinder erwerben – wie unter der Geltung des RuStAG – die deutsche Staatsangehö-   **40**
rigkeit durch Geburt, wenn ein Elternteil die deutsche Staatsangehörigkeit besitzt (§ 4
I 1 StAG). Damit folgt der Gesetzgeber dem Abstammungsprinzip *(ius sanguinis).* Ist
die ausländische Mutter nicht mit dem deutschen Vater des Kindes verheiratet, so
erwirbt das Kind die deutsche Staatsangehörigkeit des Vaters, wenn die Anerkennung
oder Feststellung der Vaterschaft nach den deutschen Gesetzen wirksam ist. Die Abgabe der Anerkennungserklärung bzw. die Einleitung des Feststellungsverfahrens
muss vor Vollendung des 23. Lebensjahres des Kindes erfolgt sein (§ 4 I 2 StAG). Die
Vaterschaftsfeststellung stellt eine nach der deutschen lex causae anzuknüpfende Vorfrage dar. Sie ist wirksam, wenn sie gemäß einer der in Art. 19 I EGBGB genannten
Rechtsordnungen erfolgt ist.[73] § 4 I 2 StAG gilt für alle Kinder, die nach dem 30. 6.
1993 geboren wurden.[74]

Kinder ausländischer Eltern erwerben nunmehr die deutsche Staatsangehörigkeit   **41**
durch Geburt im Inland, wenn ein Elternteil seit acht Jahren rechtmäßig seinen gewöhnlichen Aufenthalt im Inland hat und eine Aufenthaltsberechtigung oder seit drei
Jahren eine unbefristete Aufenthaltserlaubnis besitzt (§ 4 III StAG). Damit führt der
Gesetzgeber unter engen Voraussetzungen das Territorialitätsprinzip *(ius soli)* ein.
Haben die Kinder gleichzeitig eine ausländische Staatsangehörigkeit erworben, so
müssen sie bei Volljährigkeit für eine Staatsangehörigkeit optieren.[75]

2. Erklärung (§ 3 Nr. 2 i. V. m. § 5 StAG)

Der vormals in § 3 Nr. 2 RuStAG geregelte Erwerb der Staatsangehörigkeit durch   **42**
Legitimation ist zum 1. 7. 1998 weggefallen, weil die nachträgliche Eheschließung des
Vaters mit der Mutter des Kindes keine Auswirkungen auf die Abstammung des Kin-

---

[71] BGBl. 1999 I S. 1618; vgl. auch BTDrucks. 14/533.

[72] Hierzu: *Zimmermann,* IPRax 2000, 180–185.

[73] Hierzu § 8 Rn. 123–134.

[74] § 4 RuStAG wurde erst 1993 (BGBl. 1993 I S. 1062) in dem Sinne geändert, dass
     das nichteheliche Kind die deutsche Staatsangehörigkeit vom Vater ex lege erwirbt;
     zuvor bestand lediglich ein Einbürgerungsanspruch.

[75] Vgl. unten Rn. 56.

des mehr hat. Damit können nichteheliche Kinder, die vor dem 1. 7. 1993 geboren sind, und für die folglich die Regelung des § 4 I 2 StAG nicht gilt, die deutsche Staatsangehörigkeit nicht ex lege von ihrem Vater erwerben. Diese Regelungslücke schließt § 5 StAG: Das Kind einer ausländischen Mutter und eines deutschen Vaters, das vor dem 1. 7. 1993 geboren ist, kann eine Erklärung abgeben, dass es deutscher Staatsangehöriger werden will. Voraussetzung dafür ist die wirksame Anerkennung oder Feststellung der Vaterschaft, der rechtmäßige gewöhnliche Aufenthalt seit drei Jahren im Bundesgebiet sowie die Abgabe der Erklärung vor Vollendung des 23. Lebensjahres.

3. Adoption (§ 3 Nr. 3 i. V. m. § 6 StAG)

43   Mit einer nach den deutschen Gesetzen wirksamen Annahme als Kind durch einen Deutschen erwirbt das im Zeitpunkt des Annahmeantrags noch nicht 18 Jahre alte Kind gemäß § 6 S. 1 StAG die deutsche Staatsangehörigkeit. Es genügt, dass entweder der Adoptivvater oder die Adoptivmutter die deutsche Staatsangehörigkeit hat.

4. Bescheinigung aufgrund des Bundesvertriebenengesetzes (§ 3 Nr. 4 i. V. m. § 7 StAG)

44   Neu eingefügt wurde § 3 Nr. 4 i. V. m. § 7 StAG: Danach erwirbt ein Deutscher i. S. d. Art. 116 I GG, der nicht die deutsche Staatsangehörigkeit besitzt, die deutsche Staatsangehörigkeit mit der Ausstellung einer Bescheinigung nach § 15 I oder II BVFG. Aufgrund der Neuregelung in § 40 a StAG[76] betrifft § 7 StAG nur diejenigen Spätaussiedler (mit Ehegatten und Abkömmlingen), denen bis zum 1. 8. 1999 eine Bescheinigung über ihre Spätaussiedlereigenschaft noch nicht erteilt worden war. Mit der späteren Ausstellung der Bescheinigung gemäß § 15 I, II BVFG ist der Erwerb der deutschen Staatsangehörigkeit ex lege verknüpft.

5. Überleitung (§ 3 Nr. 4 a i. V. m. § 40 a StAG)

45   § 40 a StAG regelt den Erwerb der deutschen Staatsangehörigkeit durch Deutsche ohne deutsche Staatsangehörigkeit i. S. d. Art. 116 I GG. Es handelt sich bei dieser Personengruppe um die sog. *Statusdeutschen*, die ihre Heimat verloren und im Gebiet des deutschen Reiches nach dem Stand vom 31. 12. 1937 Zuflucht gefunden haben. Statusdeutsche sind *Flüchtlinge und Vertriebene*, deren Ehegatten und Abkömmlinge sowie *Aussiedler* und *Spätaussiedler.* Aussiedler sind nach der Legaldefinition in § 1 III BVFG diejenigen Volksdeutschen, welche die ehemals unter fremder Verwaltung stehenden Ostgebiete nach Abschluss der allgemeinen Vertreibungsmaßnahmen bis spätestens zum 31. 12. 1992, Spätaussiedler diejenigen deutschen Volkszugehörigen, welche die Nachfolgestaaten der ehemaligen Sowjetunion nach dem 31. 12. 1992 im Wege des Aufnahmeverfahrens verlassen haben (§ 4 I BVFG). Voraussetzung für die Erlangung der Eigenschaft als Statusdeutscher ist die Aufnahme in Deutschland; für Aussiedler (nach dem 1. 7. 1990) und Spätaussiedler gilt ein förmliches Aufnahmeverfahren.

Statusdeutsche erwarben gemäß § 40 a StAG am 1. 8. 1999 kraft Gesetzes die deutsche Staatsangehörigkeit. Für Spätaussiedler sowie deren nichtdeutsche Ehegatten und Abkömmlinge wird zusätzlich gefordert, dass ihnen eine Bescheinigung gemäß § 15 I,

---

[76] Hierzu sogleich Rn. 45.

II BVFG (Nachweis ihrer Spätaussiedlereigenschaft) erteilt worden ist. Der Erwerb der deutschen Staatsangehörigkeit erfolgte unabhängig davon, ob bereits eine ausländische Staatsangehörigkeit bestand.

6. Einbürgerung (§ 3 Nr. 5 i. V. m. §§ 8–16, 40 b StAG)

Einbürgerung ist die Verleihung der Staatsangehörigkeit durch Hoheitsakt. Sie setzt **46** einen Antrag des am Erwerb der deutschen Staatsangehörigkeit interessierten Ausländers voraus. Mit der Aushändigung der Einbürgerungsurkunde wird der Antragsteller deutscher Staatsangehöriger (§ 16 I StAG). Man unterscheidet zwischen Einbürgerungsanspruch und Ermessenseinbürgerung.

a) Einbürgerungsanspruch

Einen Anspruch auf Einbürgerung haben frühere deutsche Staatsangehörige, die zwi- **47** schen dem 31. 1. 1933 und dem 8. 5. 1945 wegen Verfolgung aus politischen, rassischen oder religiösen Gründen eine fremde Staatsangehörigkeit erworben haben (§ 12 StAngRegG), weiterhin Staatenlose (Art. 2 des Gesetzes zur Verminderung der Staatenlosigkeit) sowie heimatlose Ausländer (§ 21 HeimatlAuslG).
Neu eingefügt wurde § 40 b StAG: Danach sind Ausländer bis zu einem Alter von 10 Jahren, die am 1. 1. 2000 rechtmäßig ihren gewöhnlichen Aufenthalt im Inland hatten, auf Antrag einzubürgern, wenn die Voraussetzungen des § 4 III 1 StAG im Zeitpunkt der Geburt vorgelegen haben und weiterhin vorliegen. – Gemäß § 10 I StAG haben Ausländer, die seit acht Jahren rechtmäßig ihren gewöhnlichen Aufenthalt im Inland haben, unter bestimmten Voraussetzungen einen Anspruch auf Einbürgerung. Miteingebürgert werden können deren Ehegatten und die minderjährigen Kinder (§ 10 II StAG). Ein Anspruch auf Einbürgerung nach § 10 StAG besteht u. a. dann nicht, wenn der Einbürgerungsbewerber die deutsche Sprache nicht ausreichend beherrscht oder sich aktiv gegen die freiheitliche demokratische Grundordnung wendet (§ 11 StAG). Eine mehrfache Staatsangehörigkeit wird u. U. hingenommen (§ 12 StAG).

b) Ermessenseinbürgerung

Ausländer, die sich im Inland niedergelassen haben, können unter den in § 8 StAG **48** genannten Voraussetzungen nach pflichtgemäßem Ermessen eingebürgert werden. Gemäß § 9 StAG sollen die Ehegatten Deutscher eingebürgert werden; seit 2001 gilt dies auch für deren (gleichgeschlechtliche) Lebenspartner.

II. Verlust der deutschen Staatsangehörigkeit

Die Gründe für den Verlust der deutschen Staatsangehörigkeit sind in § 17 StAG ab- **49** schließend aufgezählt. Der Verlust der deutschen Staatsangehörigkeit setzt voraus, dass eine andere Staatsangehörigkeit besteht oder erworben wird. Ein Deutscher kann also nicht staatenlos werden.

1. Entlassung (§ 17 Nr. 1 i. V. m. §§ 18–24 StAG)

Ein Deutscher wird gemäß § 18 StAG auf seinen Antrag hin aus der deutschen Staats- **50** angehörigkeit entlassen, sofern er den Erwerb einer ausländischen Staatsangehörigkeit beantragt und ihm die dafür zuständige Stelle die Verleihung zugesichert hat. Dem Antrag ist grundsätzlich stattzugeben. Ausnahmen ordnen § 19 StAG für Minderjährige und unter Vormundschaft stehende Personen sowie § 22 StAG für Personen in einem öffentlich-rechtlichen Dienst- oder Amtsverhältnis (Abs. 1) bzw. Wehrpflichtige (Abs. 2) an.

Wirksam wird die Entlassung regelmäßig mit Aushändigung der Entlassungsurkunde (§ 23 I 1 StAG). Soweit aber der Antragsteller innerhalb eines Jahres nach Aushändigung der Entlassungsurkunde die ihm zugesicherte ausländische Staatsangehörigkeit nicht tatsächlich erworben hat, gilt die Entlassung gemäß § 24 StAG als nicht erfolgt. Der Antragsteller kann also weder staatenlos werden, wenn er sich nach der Entlassung nicht um den Erwerb der von ihm beantragten ausländischen Staatsangehörigkeit bemüht, noch, wenn der fremde Staat seine Zusicherung – aus welchen Gründen auch immer – nicht einhält.

2. Erwerb einer ausländischen Staatsangehörigkeit (§ 17 Nr. 2 i. V. m. § 25 StAG)

51 Ein Deutscher verliert die deutsche Staatsangehörigkeit mit dem Erwerb einer ausländischen (§ 25 I StAG), es sei denn, die deutschen Behörden haben zuvor auf Antrag die Beibehaltung der deutschen Staatsangehörigkeit genehmigt (§ 25 II StAG). Bei der Entscheidung über den Antrag ist zu berücksichtigen, ob der Antragsteller fortbestehende Bindungen an Deutschland glaubhaft machen kann (§ 25 II 2 StAG). Für Minderjährige gilt § 19 StAG entsprechend.

52 § 25 StAG steht in Einklang mit Art. 15 I des Straßburger Europäischen Übereinkommens über die Staatsangehörigkeit vom 6. 11. 1997,[77] der eine solche Regelung ausdrücklich zulässt.

3. Verzicht (§ 17 Nr. 3 i. V. m. § 26 StAG)

53 Ein Doppel- oder Mehrstaater kann auf die deutsche Staatsangehörigkeit verzichten.

4. Annahme als Kind durch einen Ausländer (§ 17 Nr. 4 i. V. m. § 27 StAG)

54 Wird ein Deutscher von einem Ausländer nach den deutschen Gesetzen wirksam als Kind angenommen und erwirbt er dadurch die Staatsangehörigkeit des Annehmenden, so verliert er die deutsche Staatsangehörigkeit, soweit er nicht mit einem deutschen Elternteil verwandt bleibt (§ 27 StAG).

5. Eintritt in die Streitkräfte eines ausländischen Staates (§ 17 I Nr. 5 i. V. m. § 28 StAG)

55 Tritt ein Deutscher ohne Zustimmung nach § 8 Wehrpflichtgesetz in die Streitkräfte eines ausländischen Staates ein, dessen Staatsangehörigkeit er besitzt, so verliert er die

---

[77] BGBl. 2004 II S. 578 = *Jayme/Hausmann*, Nr. 273; für Deutschland in Kraft seit dem 19. 5. 2004.

deutsche Staatsangehörigkeit, es sei denn, er war aufgrund eines zwischenstaatlichen Vertrages dazu berechtigt.

6. Erklärung (§ 17 I Nr. 6 i. V. m. § 29 StAG)

Besteht die aufgrund § 4 III bzw. § 40 b StAG erworbene deutsche Staatsangehörig-   **56** keit neben einer ausländischen, so besteht Erklärungspflicht: Mit Erreichung der Volljährigkeit hat der Erklärungspflichtige zu entscheiden, ob er die deutsche oder die ausländische Staatsangehörigkeit beibehalten will (Option); entscheidet er sich für die ausländische, so geht die deutsche Staatsangehörigkeit verloren. Dies gilt auch dann, wenn bis zum 23. Lebensjahr keine Erklärung abgegeben wird (§ 29 I, II StAG). Will der Erklärungspflichtige die deutsche Staatsangehörigkeit behalten, so hat er die Aufgabe oder den Verlust der ausländischen Staatsangehörigkeit bis zum 23. Lebensjahr nachzuweisen; ansonsten verliert er die deutsche Staatsangehörigkeit (Ausnahmen: § 29 III, IV StAG). – Ob ein derartiger Entzug mit Art. 16 I 1 GG vereinbar ist, erscheint zweifelhaft, wird aber überwiegend bejaht, da der Betroffene den Verlust der deutschen Staatsangehörigkeit durch seine Erklärung selbst beeinflussen könne.[78]

III. Statusdeutsche[79]

Den deutschen Staatsangehörigen in internationalprivatrechtlicher Hinsicht durch   **57** Art. 9 II Nr. 5 FamRÄndG[80] weitgehend gleichgestellt sind die Statusdeutschen i. S. d. Art. 116 I GG. Bedeutung behält Art. 9 II Nr. 5 FamRÄndG indes allein für Spätaussiedler, denen eine Bescheinigung gemäß § 15 I, II BVFG noch nicht erteilt worden ist. Alle anderen Statusdeutschen erwerben die deutsche Staatsangehörigkeit ex lege gemäß § 40 a oder § 7 StAG.

IV. Europäische Unionsbürgerschaft

Gemäß Art. 17 EG ist Unionsbürger, „wer die Staatsangehörigkeit eines   **58** Mitgliedstaates besitzt". Der Unionsbürger hat freies Aufenthaltsrecht in allen Mitgliedstaaten der Union (Art. 18 I EG),[81] weiterhin das aktive und passive Wahlrecht bei Kommunalwahlen sowie zum Europäischen Parlament in seinem Wohnsitzstaat (Art. 19 EG). Er genießt in Drittländern, in denen der Heimatstaat nicht vertreten ist, diplomatischen und konsularischen Schutz durch andere Mitgliedstaaten (Art. 20 EG) und hat ein Petitionsrecht zum Europäischen Parlament (Art. 21 EG). Nach Art. 22 EG sind Ergänzungen dieser Rechte möglich. Die Unionsbürgerschaft ersetzt nicht die nationale Staatsangehörigkeit, sondern setzt

---

[78] *Hailbronner/Renner,* Staatsangehörigkeitsrecht, 4. Aufl. (2005), § 29 StAG Rn. 5–11; *Zimmermann,* IPRax 2000, 180–185 (184), jeweils m. w. Nachw. und unter Berufung auf *BVerfG* 22. 6. 1990, NJW 1990, 2193; s. auch *BVerfG* 8. 12. 2006, FamRZ 2007, 267.

[79] Dazu bereits oben Rn. 23, 45.

[80] Familienrechtsänderungsgesetz v. 11. 8. 1961 (BGBl. 1961 I S. 1221) = *Jayme/Hausmann,* Nr. 16; in Kraft seit dem 1. 1. 1962.

[81] Hierzu: *Hailbronner,* NJW 2004, 2185–2189.

diese voraus. Im deutschen IPR ist die Unionsbürgerschaft grundsätzlich unerheblich;[82] indes ist zu fragen, ob die Unionsbürgerschaft den
für die Anwendung des ordre-public-Vorbehalts erforderlichen Inlandsbezug schafft.[83]

C. Wohnsitz. Aufenthalt

Literatur: *Baetge,* Der gewöhnliche Aufenthalt im Internationalen Privatrecht (1994);
F. A. Mann, Der „gewöhnliche Aufenthalt" im IPR, JZ 1956, 466–470 = *Mann,* Beiträ-
ge zum IPR (1976), S. 25–38; *Schwind,* Der „gewöhnliche Aufenthalt" im IPR, FS
Ferid (1988), S. 423–432; *Spickhoff,* Grenzpendler als Grenzfälle: Zum „gewöhnlichen
Aufenthalt" im IPR, IPRax 1995, 185–189.

I. Wohnsitz

1. Bedeutung

59–60 Im *deutschen IPR* hat der Wohnsitz seit der IPR-Reform von 1986
keine Bedeutung als Anknüpfungsmoment mehr (Ausnahme: Art. 26 I 1
Nr. 3 Alt. 1 EGBGB). An seine Stelle trat die Anknüpfung an den gewöhnlichen, hilfsweise an den schlichten Aufenthalt.[84]

61 Verbreitet ist die Anknüpfung an den Wohnsitz hingegen in älteren *völkerrechtlichen
Abkommen,* z. B. in Art. 12 Genfer Flüchtlingskonvention[85] oder Art. 12 New Yorker
Staatenlosen-Übereinkommen.[86] Auch die Verwendung des Wohnsitzes in Art. 26 I 1
Nr. 3 Alt. 1 EGBGB erklärt sich aus der Inkorporierung von Art. 11 Haager Testa-
mentsform-Übereinkommen in das autonome IPR.[87]

62 Im *Zivilverfahrensrecht* dient der Wohnsitz häufig zur Bestimmung der
örtlichen – seltener der internationalen – Zuständigkeit.

Beispiele:
– allgemeiner Gerichtsstand (§§ 12, 13 ZPO), ebenso Art. 2 I Brüssel I-VO
– örtliche Zuständigkeit in Kindschaftssachen (§ 640a I ZPO); dagegen knüpft § 640a
II 1 Nr. 2 ZPO die internationale Zuständigkeit ebenso wie Art. 8 I Brüssel II-VO
2003 an den gewöhnlichen Aufenthalt an.

---

[82] Staudinger/*Blumenwitz,* Anh. I zu Art. 5 Rn. 5.
[83] *von Hoffmann,* in: von Hoffmann (Hrsg.), European Private International Law
(1998), S. 19–37 (Rn. 12).
[84] S. unten Rn. 70f.
[85] Genfer UN-Abkommen über die Rechtsstellung der Flüchtlinge v. 28. 7. 1951
(BGBl. 1953 II S. 960) = *Jayme/Hausmann,* Nr. 10; in Kraft seit dem 22. 4. 1954.
[86] New Yorker UN-Übereinkommen über die Rechtsstellung der Staatenlosen v.
28. 9. 1954 (BGBl. 1976 II S. 474) = *Jayme/Hausmann,* Nr. 12; in Kraft seit dem
24. 1. 1977.
[87] Haager Übereinkommen über das auf die Form letztwilliger Verfügungen anzuwendende Recht v. 5. 10. 1961 (BGBl. 1965 II S. 1145) = *Jayme/Hausmann,* Nr. 60;
in Kraft seit dem 1. 1. 1966; dazu § 1 Rn. 135 und § 9 Rn. 4, 34 f.

2. Regelung des Wohnsitzes in ausländischen Rechtsordnungen

a) Praktische Bedeutung

Eine Vielzahl ausländischer Rechtsordnungen verwendet ein dem **63** „Wohnsitz" entsprechendes Anknüpfungsmoment; im common law ist das „domicil(e)"[88] sogar – anstelle der Staatsangehörigkeit – primäres Anknüpfungsmoment für das Personalstatut. Für deutsche Gerichte erlangen diese ausländischen Anknüpfungsmomente im Rahmen der Rück- und Weiterverweisung Bedeutung.[89]

b) Frankreich

Das französische „domicile" ist dem deutschen Wohnsitz vergleichbar geregelt. Seit **64** 1945 beurteilt sich das domicile für Ausländer ebenso wie für Franzosen einheitlich nach den Art. 102–111 Code civil. Grundsätzlich ist das domicile am „principal établissement" begründet (Art. 102 Code civil); bei Minderjährigen wird der Wohnsitz vom domicile der Eltern abgeleitet (Art. 108–2 Code civil).

c) England

Im common law beschreibt das „domicil" die Zugehörigkeit zu einem bestimmten **65** Territorium, also die Rechtsbeziehung zwischen einem Menschen und einem Land. Damit hat das domicil im englischen Recht eine der Staatsangehörigkeit vergleichbare Funktion: Es dient der Bestimmung des Personalstatuts. Folglich gibt es auch nur ein Domizil, wobei zwischen dem *domicil of origin* (Ursprungsdomizil, Geburtsort), dem *domicil of choice* (Wahldomizil) und dem *domicil of dependency* abhängiger Personen unterschieden wird. Die Begründung eines Wahldomizils erfordert den tatsächlichen Aufenthalt und einen entsprechenden „animus manendi", also die Absicht, nicht nur für einen im Voraus festgelegten Zeitraum an diesem Ort zu bleiben. Nicht ohne weiteres mit dem domicil gleichgesetzt werden darf die *residence* (Aufenthalts- bzw. Wohnort).[90]

d) USA

In den USA sind die Voraussetzungen zur Begründung eines „domicil" einzelstaatlich **66** geregelt. Sämtliche Regelungen orientieren sich mehr oder weniger stark am englischen Recht; allen gemeinsam ist die strikte Trennung von „domicil" und „residence" sowie die dreifache Untergliederung beim Domizilbegriff. Die Anforderungen an die wirksame Begründung eines Wahldomizils sind indes regelmäßig weniger streng als nach englischem Recht. Grundsätzlich besteht ein „domicil of choice" dort, wo jemand sein „home" (Haus, Wohnung) hat. Der tatsächliche Aufenthalt und der „animus manendi", welche Voraussetzungen für die Begründung des Wahldomizils sind,

---

[88] Im englischen wie im US-amerikanischen Schrifttum sind beide Schreibweisen gebräuchlich.

[89] Hierzu § 6 Rn. 73–116.

[90] *Henrich*, RabelsZ 25 (1960), 456–495; *Ferid/Firsching*, Internationales Erbrecht III, Großbritannien (1984), Grdz. C IV (Rn. 44–49); zu Reformbestrebungen vgl. *Cheshire/North*, Private International Law, 13. Aufl. (1999), S. 133–176 (insbes. 176) m. w. Nachw.

werden dort (widerlegbar) vermutet. Auch nach US-amerikanischem Recht kann eine Person immer nur ein „domicil" haben. Dieses besteht so lange, bis ein neues begründet wird. Da das „domicil of origin" durch die Geburt begründet wird, ist Domizillosigkeit nicht möglich.[91]

3. Bestimmung des „Wohnsitzes"

67　**Fall:** Der verarmte französische Graf C verstirbt in München, wo er seit 15 Jahren gelebt hat und wo er auch seinen Lebensabend verbringen wollte. Er hinterlässt die Wohnungseinrichtung und ein Girokonto bei einer Münchener Bank. Nach welchem Recht richtet sich die Erbfolge?

Die internationale Zuständigkeit deutscher Nachlassgerichte zur Erteilung eines Erbscheins ergibt sich aus der Belegenheit der Nachlassgegenstände im Inland (vgl. § 2369 BGB).[92] Das deutsche IPR verweist in Art. 25 I EGBGB auf das französische Heimatrecht des Erblassers (Gesamtverweisung). Das französische IPR unterstellt die Erbfolge bezüglich beweglichen Vermögens hingegen dem Recht des Staates, in dem der Erblasser im Todeszeitpunkt sein „domicile" hatte. Vorliegend könnte das letzte domicile des C in München gelegen haben, was eine Rückverweisung auf deutsches Recht zur Folge hätte.

Welches Recht bestimmt darüber, wo C sein domicile hatte?

68　Die Entscheidung über den Wohnsitz ist derjenigen Rechtsordnung zu entnehmen, die das Anknüpfungsmoment in ihrer Kollisionsnorm verwendet. Dies folgt aus dem Grundsatz, dass jeder Staat selbst über die Auslegung seiner nationalen Rechtssätze – wozu auch das autonome IPR zählt – bestimmt.[93]

Im Beispielsfall ist nach Maßgabe des französischen Rechts zu prüfen, ob C sein „domicile" zum Todeszeitpunkt in München hatte.

Etwas anderes gilt, soweit der Wohnsitz als Anknüpfungsmoment in völkerrechtlichen Verträgen Verwendung findet. Hier ist der Begriff autonom, d.h. nach rechtsvergleichend gewonnenen Kriterien, auszulegen. Dadurch nähert sich der Wohnsitzbegriff im Ergebnis sehr stark dem des gewöhnlichen Aufenthaltes an.[94]

Auch der europarechtliche Wohnsitzbegriff entspricht weitgehend dem des gewöhnlichen Aufenthalts im deutschen Recht. Ständiger Wohnsitz einer natürlichen Person ist danach der Ort, den der Betroffene als ständigen oder gewöhnlichen Mittelpunkt seiner Lebensinteressen in der Absicht gewählt hat, ihm Dauerhaftigkeit zu verleihen. Maßgeblich hierfür sollen alle wesentlichen tatsächlichen Gesichtspunkte sein.[95]

---

[91]　*Ferid/Firsching,* Internationales Erbrecht VII, USA, Grdz. C II 2 (Rn. 41–46).
[92]　Näher hierzu § 9 Rn. 66 f.
[93]　*Neuhaus,* Grundbegriffe, S. 221.
[94]　Vgl. MüKo/*Sonnenberger,* Einl. IPR, Rn. 728; s. auch oben Rn. 59 und unten Rn. 75.
[95]　EuGH 15. 9. 1994, Rs. C-452/93 – „Magdalena Fernandez", EuGHE 1994 I, 4295, sowie in der Vorinstanz EuG 28. 9. 1993, Rs. T-90/92, EuGHE 1993 II, 971.

II. Aufenthalt

1. Bedeutung

Die Anknüpfung an den Aufenthalt hat seit der Reform von 1986 zent- 69
rale Bedeutung im deutschen IPR. Durch die Neufassung der Art.
19–21 EGBGB sowie die Schaffung des Art. 40 II EGBGB wurde die Anknüpfung an den gewöhnlichen Aufenthalt weiter gestärkt. Auch in
völkerrechtlichen Verträgen ist das Aufenthaltsprinzip verbreitet. Vor
allem die neueren Übereinkommen der Haager Konferenz für IPR stellen vermehrt auf den gewöhnlichen Aufenthalt („résidence habituelle")
ab. Schließlich ist die Anknüpfung an den gewöhnlichen Aufenthalt
auch im Zivilverfahrensrecht im Vordringen begriffen (Beispiele: örtliche und internationale Zuständigkeit in Ehesachen nach §§ 606, 606 a
ZPO; internationale Zuständigkeit nach Art. 3 I lit. a, 8 I Brüssel II-VO
2003). Zu unterscheiden ist zwischen dem gewöhnlichen und dem
schlichten Aufenthalt.

Der *gewöhnliche Aufenthalt* wird im deutschen IPR sowohl als primäres 70
(vgl. Art. 18 I 1, 28 II 1 EGBGB) als auch als subsidiäres (vgl. Art. 14 I
Nr. 2 EGBGB) Anknüpfungsmoment verwendet:

- Art. 5 I EGBGB (Mehrstaater)
- Art. 5 II Alt. 1 EGBGB (Staatenlose, soweit nicht Art. 12 New Yorker Staatenlo-
  sen-Übereinkommen vorrangig eingreift[96])
- Art. 10 II Nr. 2, III Nr. 2 EGBGB (Bestimmung des Familiennamens)
- Art. 13 II Nr. 1 Alt. 1 EGBGB (Eheschließung)
- Art. 14 I Nr. 2 EGBGB (Ehewirkungsstatut bei gemischt-nationalen Ehen)
- Art. 18 I 1 EGBGB (Unterhalt)
- Art. 19 I 1 EGBGB (Abstammung)
- Art. 20 S. 2 EGBGB (Anfechtung der Abstammung)
- Art. 21 EGBGB (Eltern-Kind-Beziehung)
- Art. 26 I Nr. 3 Alt. 2 EGBGB (Testamentsform)
- Art. 28 II 1 EGBGB (Schuldverträge)
- Art. 29 I EGBGB (Verbraucherverträge)
- Art. 29 a II EGBGB (Verbraucherschutz für besondere Gebiete)
- Art. 40 II EGBGB (außervertragliche Schuldverhältnisse)
- deutsches interlokales Privatrecht[97]

Auf den *schlichten Aufenthalt* wird regelmäßig nur subsidiär abgestellt: 71

- Art. 5 II Alt. 2 EGBGB und Art. 12 New Yorker UN-Übereinkommen über die
  Rechtsstellung der Staatenlosen vom 28. 9. 1954[98]
- Art. 12 Genfer UN-Abkommen über die Rechtsstellung der Flüchtlinge vom 28. 7.
  1951[99]

---

96 Hierzu oben Rn. 61 sowie Rn. 27 f.
97 Hierzu § 1 Rn. 86–88.
98 BGBl. 1976 II S. 474 = *Jayme/Hausmann*, Nr. 12; in Kraft seit dem 24. 1. 1977.
99 BGBl. 1953 II S. 960 = *Jayme/Hausmann*, Nr. 10; in Kraft seit dem 22. 4. 1954.

- deutsches interlokales Privatrecht[100]
- § 16 ZPO

2. Gewöhnlicher Aufenthalt

72 **Fall:** Der US-amerikanische Austauschstudent S will ein Jahr an der Universität Heidelberg studieren. Im zweiten Semester stellt S fest, dass seine finanziellen Mittel zum Abschluss seines Studienvorhabens nicht ausreichen, und verklagt deshalb seine im US-Bundesstaat Texas domizilierten Eltern vor dem AG Heidelberg auf Zahlung höheren Unterhalts. Nach Beendigung seines Deutschlandaufenthaltes möchte S wieder nach Texas zurückkehren.

Variante: S hat sich während seines Deutschlandaufenthaltes in die Tochter seiner Zimmerwirtin verliebt und denkt gar nicht mehr an eine Rückkehr nach Texas. Er klagt daher die erforderlichen Mittel ein, um sein Studium in Deutschland abschließen zu können.

Die internationale Zuständigkeit deutscher Gerichte für die Unterhaltsklage des S ergibt sich aus §§ 23 a, 13 ZPO analog i. V. m. § 7 BGB. Örtlich zuständig sind die Gerichte am Wohnsitz des S in Heidelberg. Nach Art. 18 I 1 EGBGB unterliegen Unterhaltsansprüche dem Recht am gewöhnlichen Aufenthalt des Unterhaltsberechtigten, hier des S. Zu ermitteln ist daher, wo S seinen gewöhnlichen Aufenthalt hat.

73 Einigkeit besteht darüber, dass gewöhnlicher Aufenthalt der Ort oder das Territorium ist, in dem eine Person ihren Lebensmittelpunkt hat. Umstritten ist, wie dieser Lebensmittelpunkt festzustellen ist – insbesondere von welcher Dauer ein Aufenthalt sein muss, damit man ihn als „gewöhnlich" bezeichnen kann.

74 Der deutsche Gesetzgeber hat bewusst auf eine Legaldefinition des gewöhnlichen Aufenthalts verzichtet, um den Weg für eine international einheitliche Auslegung des Begriffs – sowohl im nationalen IPR als auch im Rahmen völkerrechtlicher Verträge – offen zu lassen.[101]

75 Der BGH sieht als entscheidendes Kriterium für den gewöhnlichen Aufenthalt die *Eingewöhnung,* also die *soziale Integration* durch familiäre, freundschaftliche und berufliche Beziehungen.[102] Für die soziale Integration am Aufenthaltsort können sowohl die Aufenthaltsdauer als auch der Aufenthaltswille bedeutsam sein. Damit ist der gewöhnliche Aufenthalt einer an klar fassbaren tatsächlichen Vorgängen orientierten einheitlichen internationalen Auslegung und Anwendung zugänglich. Allerdings bezeichnet auch der gewöhnliche Aufenthalt in Wirklichkeit

---

[100] Hierzu *Kegel/Schurig,* IPR, S. 463–466, insbes. S. 465.
[101] BTDrucks. 10/504, S. 41; a. A. *Baetge,* Der gewöhnliche Aufenthalt im IPR, S. 98–101, der für eine nach Anknüpfungsperson, Rechtsgebiet (z. B. Verfahrensrecht, Familienrecht, Deliktsrecht) und Zweck der Anknüpfung differenzierende Auslegung des Begriffs plädiert. Der damit verbundene Gewinn an Rechtssicherheit wird indes erkauft durch den Verlust an internationalem Entscheidungseinklang (*Lagarde,* Rev crit dr int priv 1996, 231–233 [233]).
[102] BGH 29. 10. 1980, BGHZ 78, 293 = NJW 1981, 520 = FamRZ 1981, 135 m. Anm. *Schlosshauer/Selbach,* 536–538 = IPRspr 1980 Nr. 94; *BGH* 3. 2. 1993, NJW 1993, 2047 = IPRax 1994, 131 m. Anm. *von Bar,* 100–103 = IPRspr 1993 Nr. 65.

nicht etwas rein Tatsächliches – das wäre nur der physische Aufenthalt –, denn das Wort „gewöhnlich" führt ein normatives Element ein, das von der Rechtsprechung unterschiedlich ausgelegt werden kann.[103]

a) Tatsächliche Aufenthaltsdauer

Der gewöhnliche Aufenthalt kann einerseits begründet werden durch **76** die *tatsächliche Dauer* des Aufenthaltes und die infolgedessen faktisch entstandenen Bindungen. Eine feste Frist gibt es nicht; indes wird bei Minderjährigen als Faustregel häufig ein Zeitraum von sechs Monaten genannt.[104] Selbst wenn der Aufenthalt gegen den Willen der betroffenen Person (oder des zur Personensorge Berechtigten – vgl. Art. 5 III EGBGB) begründet wurde, kann er durch Zeitablauf nachträglich zum gewöhnlichen werden, soweit eine soziale Integration in die neue Umwelt tatsächlich stattgefunden hat.[105] Problematisch sind die Fälle, in denen der Aufenthalt nicht nur gegen den Willen des Betroffenen begründet wurde, sondern auch dessen Beendigung nicht der freien Entscheidung des Betroffenen überlassen ist.[106] Hier kann eine soziale Integration nicht vermutet werden.

Beispiele: Wehrdienst, Geiselnahme, Strafgefangenschaft

b) Aufenthaltswille (animus manendi)

Hält sich jemand bereits sehr lange an einem Ort auf, so wird der **77** Wille, diesen zum Mittelpunkt (Schwerpunkt) der Lebensverhältnisse zu machen, (widerlegbar[107]) vermutet.[108] Andererseits kann aber auch schon bei kurzer Aufenthaltsdauer ein gewöhnlicher Aufenthalt begründet sein. Entscheidend ist in diesem Fall der *animus manendi,* also die angestrebte Aufenthaltsdauer und die dabei zu erwartende soziale Integration. Wer im Ausland Wohnung und Arbeitsplatz gefunden hat, kann aufgrund seines subjektiven Willens sofort bei Ankunft an diesem Ort einen gewöhnlichen Aufenthalt begründen.[109] Später eintretende Umstände, die entgegen der ursprünglichen Absicht des Betroffenen

---

[103] *Baetge,* Der gewöhnliche Aufenthalt im IPR, S. 105; *Kropholler,* IPR, S. 282.

[104] Palandt/*Heldrich,* Art. 5 Rn. 10.

[105] *OLG Celle* 9. 7. 1998, DEurFamR 1999, 62 (63) m. Anm. *Hohloch* = IPRspr 1998 Nr. 108a; insoweit bestätigt durch *BVerfG* 28. 10. 1998, NJW 1999, 631 (633) = IPRax 2000, 216 m. Anm. *A. Staudinger,* 194–202 = JZ 1999, 459 m. Anm. *Coester-Waltjen* = IPRspr 1998 Nr. 108b.

[106] *Baetge,* Der gewöhnliche Aufenthalt im IPR, S. 122–128; MüKo/*Sonnenberger,* Einl. IPR, Rn. 735.

[107] Vgl. etwa *OLG Rostock* 25. 5. 2000, IPRax 2001, 588 m. Anm. *Baetge,* 573–577 = IPRspr 2000 Nr. 85.

[108] *BGH* 5. 2. 1975, NJW 1975, 1068 = FamRZ 1975, 272 = IPRspr 1975 Nr. 83.

[109] *KG* 5. 11. 1997, IPRax 1998, 274 (275) m. Anm. *Henrich,* 247–249 = IPRspr 1997 Nr. 209; *Kropholler,* IPR, S. 285.

dazu führen, dass der neue Aufenthaltsort schon bald wieder aufgegeben wird, entfalten Wirkung lediglich ex nunc; der gewöhnliche Aufenthalt entfällt hierdurch nicht von Anfang an.[110] Ausschlaggebend hierfür sind der Vertrauensschutz und das Bedürfnis nach Rechtssicherheit.

c) Anwendung im Einzelfall

78 Im Ausgangsfall[111] hat S, solange er nur für ein Jahr in Deutschland studieren möchte, wegen der von vornherein zeitlich begrenzten Dauer keinen gewöhnlichen Aufenthalt in Deutschland, auch wenn er hier rege am Studentenleben teilnimmt und viele deutsche Freunde gewinnt. Vielmehr besteht wegen seines Rückkehrwillens der bisherige gewöhnliche Aufenthalt in Texas fort.

In der Fallabwandlung hat S zwar zu Beginn des Deutschlandaufenthalts seinen gewöhnlichen Aufenthalt in Texas beibehalten (ursprünglicher Rückkehrwillen), jedoch nur so lange, bis er sich entschließt, seinen Aufenthalt in Deutschland – wo er bereits sozial integriert ist – für unbestimmte Dauer fortzusetzen. Ab diesem Zeitpunkt befindet sich sein gewöhnlicher Aufenthalt in Deutschland.

79 Dass die Aufenthaltsdauer allein kein taugliches Indiz für die Bestimmung des gewöhnlichen Aufenthalts ist, verdeutlichen auch folgende Beispiele:

(1) Ein italienischer Ehemann, der die Ehewohnung in Rom aufgibt, seiner von ihm getrennt lebenden deutschen Ehefrau in deren Heimat nachreist und dort mit ihr – in der Hoffnung, sie zur Rückkehr bewegen zu können – ein Jahr zusammenlebt, bevor er enttäuscht nach Italien heimkehrt, behält auch während dieser Zeit seinen gewöhnlichen Aufenthalt in Italien bei.[112]

(2) Ein deutscher Urlauber, der in der Türkei wegen Rauschgiftbesitzes eine mehrjährige Haftstrafe verbüßt, behält seinen gewöhnlichen Aufenthalt in Deutschland während dieser Zeit bei.

(3) Eine minderjährige Deutsche, die von ihrer in Deutschland lebenden sorgeberechtigten Mutter zu Ausbildungszwecken in einem spanischen Internat untergebracht wird, behält ihren gewöhnlichen Aufenthalt bei der Mutter in Deutschland bei.[113]

d) Einzelfragen

80 *aa) Mehrere Aufenthaltsorte.* Doppelter gewöhnlicher Aufenthalt ist denkbar, aber höchst selten. Im Zweifel ist unter mehreren Aufenthaltsorten, an denen sich die betreffende Person etwa gleich lange aufhält, *ein* gewöhnlicher Aufenthalt zu bestimmen; liegen Wohnung und Arbeitsplatz in unterschiedlichen Staaten, so ist in der Regel der Ort der Wohnung maßgeblich.[114]

---

[110] *Kropholler,* IPR, S. 285.

[111] Oben Rn. 72.

[112] Bedeutsam ist dies für das auf die Ehescheidung gemäß Art. 17 I 1, 14 I Nr. 2 Alt. 2 EGBGB anwendbare Recht; näher dazu § 8 Rn. 49–51 sowie Fall bei § 8 Rn. 58.

[113] BGH 5. 2. 1975, NJW 1975, 1068 = FamRZ 1975, 272 = IPRspr 1975 Nr. 83.

[114] Abzulehnen ist die Ansicht von *Spickhoff,* IPRax 1995, 185–189 (189), bei mehrfachem gewöhnlichen Aufenthalt in Deutschland und einem ausländischen Staat Art. 5 I 2 EGBGB analog anzuwenden – diese systemwidrige Exklusivnorm ist nicht analogiefähig.

bb) Aufenthalt abhängiger Personen (Art. 5 III EGBGB). Wegen des tatsächlichen **81** Charakters des Aufenthalts gibt es keinen abgeleiteten Aufenthalt abhängiger Personen. Insbesondere haben Minderjährige ihren gewöhnlichen Aufenthalt nicht automatisch am Aufenthaltsort des Sorgeberechtigten.[115] Zur Begründung des Aufenthalts ist im Gegensatz zur Begründung des Wohnsitzes (vgl. § 8 BGB) keine Geschäftsfähigkeit erforderlich, es genügt der „natürliche (Aufenthalts-) Wille" des Kindes.

Dies bedeutet jedoch nicht, dass der Wille des Sorgeberechtigten bei der Ermittlung **82** des gewöhnlichen Aufenthalts einer nicht voll geschäftsfähigen Person außer Acht zu bleiben hat. Ein ohne bzw. erst recht ein gegen den Willen des gesetzlichen Vertreters begründeter Aufenthalt des nicht voll Geschäftsfähigen ist nach Art. 5 III EGBGB nur dann beachtlich, wenn sich der Betroffene an seinem neuen Aufenthaltsort bereits vollständig sozial integriert hat.

Anstatt auf den Willen des nicht voll Geschäftsfähigen ist also gemäß Art. 5 III EGBGB auf den Willen des gesetzlichen Vertreters abzustellen. Dessen der Aufenthaltsverlagerung gegenüber gleichgültiger oder entgegenstehender Wille wird erst dann unbeachtlich, wenn auch bei der Aufenthaltsbegründung gegen den Willen einer voll geschäftsfähigen Person deren entgegenstehender Wille infolge tatsächlicher sozialer Integration unbeachtlich wäre.[116]

Bei Schaffung des Art. 5 III EGBGB zielte der Gesetzgeber vor allem auf entlaufene oder von Dritten bzw. dem nicht sorgeberechtigten Elternteil entführte Kinder und Jugendliche. Der Aufenthaltsort solcher Minderjährigen war früher insbesondere im Zusammenhang mit der Anordnung von Schutzmaßnahmen nach dem MSA[117] von Bedeutung. Heute greifen insoweit meist die besonderen Rückgaberegelungen der Brüssel II-VO 2003 bzw. des HKEntfÜ.[118]

cc) Fehlender Aufenthaltstitel. Auf die Rechtmäßigkeit des Aufenthalts, d.h. auf das **83** Vorliegen eines gültigen Aufenthaltstitels, kommt es zur Begründung eines gewöhnlichen Aufenthalts nicht an.[119] Der Aufenthaltstitel garantiert lediglich das „Bleibendürfen" an einem einmal begründeten Aufenthalt,[120] so dass der Antrag auf Erteilung bzw. Verlängerung des Aufenthaltstitels den „animus manendi" indiziert.

3. Schlichter Aufenthalt

Zur Begründung des schlichten Aufenthalts genügt die tatsächliche körper- **84** liche Anwesenheit; an die Verweildauer sind hier keine besonderen Anforderungen zu stellen (str.).[121]

---

[115] MüKo/*Sonnenberger,* Einl. IPR, Rn. 733. Dies steht auch in Einklang mit *BGH* 5. 2. 1975, NJW 1975, 1068 = FamRZ 1975, 272 = IPRspr 1975 Nr. 83 (oben Rn. 79), da es in der Entscheidung nur um die Auswirkungen einer ausbildungsbedingten Unterbrechung auf einen tatsächlich vorhandenen gewöhnlichen Aufenthalt ging.

[116] MüKo/*Sonnenberger,* 3. Aufl. (1998), Art. 5 Rn. 40.

[117] Näher hierzu die 7. Aufl. § 8 Rn. 97 f., 108 f.

[118] Hierzu § 8 Rn. 113–118 a.

[119] *OLG Nürnberg* 5. 3. 2001, FamRZ 2002, 324 = IPRspr 2001 Nr. 157 (gewöhnlicher Aufenthalt bei abgelehntem Asylantrag und Ausreiseverfügung).

[120] Vgl. §§ 4 I, 50 I AufenthG v. 30. 7. 2004 (BGBl. 2004 I S. 1950).

[121] A. A.: MüKo/*Sonnenberger,* Einl. IPR, Rn. 736 (kein Aufenthalt bei bloßer Durchreise); zu weitgehend wohl *KG* 13. 5. 1968, FamRZ 1968, 489 (Fundort der Leiche als vermuteter letzter Aufenthalt).

D. Weitere Anknüpfungsmomente

I. Handlungsort

85–86 Aus der mittelalterlichen Statutenlehre[122] stammt der Anknüpfungsgrundsatz „locus regit formam actus": Das Recht des Handlungsortes beherrscht die Form der Handlung. Ursprünglich fand der Grundsatz auf alle Normen Anwendung, die weder höchstpersönliche Angelegenheiten noch Sachen betrafen („statuta mixta"). Hierzu zählten insbesondere Rechtsgeschäfte und Ansprüche aus unerlaubter Handlung.[123]

Heute hat das Anknüpfungsmoment für rechtsgeschäftliche Handlungen außerhalb des Formstatuts nur noch geringe Bedeutung: Selbst wenn keine Rechtswahl der Parteien nach Art. 27 I EGBGB erfolgt ist, wird der Erfüllungsort der vertraglichen Leistungen nur ausnahmsweise eine engere Verbindung im Sinne des Art. 28 V EGBGB begründen können als die in Art. 28 II–IV EGBGB verwendeten Anknüpfungsmomente, der Abschlussort nie (bestr.).[124]

1. Form (Art. 11 EGBGB)

87 Erhalten geblieben ist die Anknüpfung an den Handlungsort bei der Form von Rechtsgeschäften, die gemäß Art. 11 EGBGB selbständig anzuknüpfen ist (Teilfrage).[125] Art. 11 I EGBGB betrachtet dabei das Rechtsgeschäft als formgültig, wenn es entweder den Erfordernissen des Geschäftsstatuts (Wirkungsstatut) oder denen des Rechts am Vornahmeort genügt. Die alternative Anknüpfung der Form an den Abschlussort erfolgt im Interesse der Formwirksamkeit des Rechtsgeschäfts („favor negotii").

88 Sie birgt jedoch die Gefahr, dass die Parteien mit Hilfe des Kollisionsrechts ihnen unliebsames Sachrecht ausschalten können, indem sie sich z. B. zum Vertragsschluss ins Ausland begeben, wo die Formerfordernisse weniger streng sind.[126]

89 Zum Schutz inländischer Verkehrsinteressen wird die Form bei bestimmten im Inland vorgenommenen Rechtsgeschäften abweichend von Art. 11 I EGBGB ausschließlich an den Handlungsort angeknüpft:

– Art. 13 III EGBGB (Eheschließung)
– Art. 17 II EGBGB (Ehescheidung)

90 An den Handlungsort knüpft auch Art. 26 I Nr. 2 EGBGB für die Form der Errichtung einer Verfügung von Todes wegen an.

---

[122] Hierzu § 2 Rn. 9–15.
[123] Näher hierzu § 2 Rn. 14 f.
[124] Hierzu § 10 Rn. 59 f.
[125] Näher hierzu § 7 Rn. 39–46; allgemein zur Teilfrage § 6 Rn. 43–46.
[126] Zur Frage, ob eine solche gewillkürte Veränderung anknüpfungserheblicher Tatsachen zulässig ist oder eine Gesetzesumgehung darstellt, s. § 6 Rn. 127–129.

2. Lebenspartnerschaft (Art. 17b I EGBGB)

Nach Art. 17b I EGBGB unterliegen die Begründung, die allgemeinen   90a
und güterrechtlichen Wirkungen sowie die Auflösung einer eingetragenen Lebenspartnerschaft den Sachvorschriften des Register führenden
Staates. Durch die Wahl des Registrierungsortes (= Handlungsort)
bestimmen die Parteien somit – anders als im Falle der Eheschließung –
nicht nur die auf die Registrierung anwendbaren Formvorschriften,
sondern in weitestem Umfang auch das die Lebenspartnerschaft beherrschende materielle Recht (einheitliches Lebenspartnerschaftssta-
tut).[127]

3. Gesetzliche Schuldverhältnisse

Gemäß Art. 40 I 1 EGBGB ist im Falle *unerlaubter Handlungen* das   91
Recht des Handlungsortes maßgeblich; dem Geschädigten steht indes
ein Bestimmungsrecht zugunsten des Rechts des Erfolgsortes zu
(Art. 40 I 2, 3 EGBGB).[128]

Beispiel: Verletzt A durch einen Schuss über die Grenze den im Nachbarland befindlichen B, so gelangt das Recht des Handlungsortes zur Anwendung, es sei denn, B
optiert für die Anwendung des Rechts des Erfolgsortes (= Ort der Rechtsgutverletzung).

Entsprechend unterliegen Ansprüche aus *Eingriffskondiktion* dem Recht   91a
des Eingriffsortes (Art. 38 II EGBGB),[129] Ansprüche aus *Geschäftsführung ohne Auftrag* dem Recht des Vornahmeortes (Art. 39 I EGBGB).[130]

4. Internationales Gesellschaftsrecht

Im Internationalen Gesellschaftsrecht wird auf den Sitz der Gesellschaft   92
abgestellt.[131] Dies bedeutet letztlich nichts anderes als eine Anknüpfung
an den Handlungsort im weiteren Sinne: Der satzungsmäßige Sitz ist der
Ort, nach dessen Recht die Gesellschaft handeln soll; der tatsächliche
Sitz der Hauptverwaltung ist der Ort, von dem aus die Gesellschaft
überwiegend handelt.

---

[127] Hierzu § 8 Rn. 73c f.
[128] Hierzu § 11 Rn. 23–26; zu vorrangigen Anknüpfungsmomenten vgl. § 11 Rn. 17–
18.
[129] Näher hierzu § 11 Rn. 4f.
[130] Näher hierzu § 11 Rn. 8f.
[131] Näher hierzu § 7 Rn. 23–27.

5. Vollmacht

93 Bei der gesetzlich nicht geregelten Stellvertretung knüpft die h.M. an den Gebrauchsort der Vollmacht an.[132] Dies ist der Ort, an dem der Stellvertreter unter Berufung auf die Vollmacht gehandelt hat.

6. Verfahrensrecht

94 Im Internationalen Verfahrensrecht gilt das lex-fori-Prinzip: Angewandt wird das Recht des Ortes, an dem das Verfahren durchgeführt wird.[133]

II. Ort der Belegenheit einer Sache

95 Im Internationalen Sachenrecht knüpft Art. 43 I EGBGB an die tatsächliche Belegenheit der Sache an.[134] Dieses Prinzip gilt für bewegliche und unbewegliche Sachen gleichermaßen. Die hiernach maßgebliche Rechtsordnung wird als „lex rei sitae" bezeichnet.

Beispiel: Die Übereignung eines Bonner Hausgrundstücks richtet sich unabhängig vom Ort des Vertragsschlusses nach deutschem Recht. Gleiches gilt für eventuell mitzuübereignendes bewegliches Zubehör.

III. Parteiwille

96 Seit den Reformen von 1986 und 1999 hat die subjektive Anknüpfung an den Parteiwillen, die zuvor nur im Internationalen Schuldvertragsrecht anerkannt war, erheblich an Bedeutung gewonnen. So ist den Parteien heute außer im Schuldvertragsrecht (Art. 27 I, 29 I, 30 I EGBGB) die Wahl des anwendbaren Rechts – freilich in teilweise engen Grenzen – auch im Namensrecht (Art. 10 II, III EGBGB), im Eherecht (Art. 14 II–IV; Art. 15 II, III EGBGB), im Erbrecht (Art. 25 II EGBGB) und im Recht der außervertraglichen Schuldverhältnisse (Art. 42 EGBGB) möglich.[135] Die Rechtswahl *(Parteiautonomie)* entspricht der materiellrechtlichen Privatautonomie. Sie findet ihre Grenzen dort, wo Verkehrs- oder Drittinteressen betroffen sind. Soweit die Parteien von einer ihnen eröffneten Rechtswahl Gebrauch machen, geht die subjektive Anknüpfung an den Parteiwillen einer objektiven Schwerpunktbestimmung des betreffenden Rechtsverhältnisses vor.

---

[132] Hierzu § 7 Rn. 48–52.

[133] Hierzu § 3 Rn. 5–12.

[134] Hierzu § 12 Rn. 7.

[135] Dazu § 7 Rn. 16, 18f., § 8 Rn. 26–30, 39–41, § 9 Rn. 9–30 und § 11 Rn. 7, 13, 45, sowie: *Junker*, IPRax 1993, 1–10; *Sturm*, FS E. Wolf (1985), S. 637–658; *Kühne*, IPRax 1987, 69–74.

E. Statutenwechsel

I. Allgemeines

1. Begriff

Als *Statutenwechsel* wird jeder Wechsel der für die Beurteilung eines   97
bestimmten Rechtsverhältnisses maßgeblichen Rechtsordnung bezeichnet. Der Statutenwechsel kann verschiedene Ursachen haben.

a) Änderung der anknüpfungserheblichen Tatsachen

Viele anknüpfungserhebliche Tatsachen stehen nicht unabänderlich fest,   98
sondern können sich im Laufe der Zeit verändern. So kann eine natürliche Person ihren gewöhnlichen Aufenthalt (leichter) oder ihre Staatsangehörigkeit (schwieriger) wechseln; eine bewegliche Sache kann an
einen anderen Ort verbracht werden. Den daraus herrührenden Wechsel
des anwendbaren Rechts bezeichnet man als *Statutenwechsel im engeren
Sinne.*

b) Kollisionsnormenwechsel

Das für die Entscheidung des Sachverhalts maßgebliche Kollisionsrecht   99
kann sich ändern und damit zum Wechsel des anwendbaren materiellen
Rechts führen. Dies ist insbesondere dann der Fall, wenn im Zuge einer
Reform des nationalen IPR andere Anknüpfungsmomente eingeführt
werden.

Beispiel: Art. 21 EGBGB knüpft die Eltern-Kind-Beziehung seit der Reform von
1997 einheitlich an den gewöhnlichen Aufenthalt des Kindes an; zuvor galt für eheliche Kinder das Ehewirkungsstatut (Art. 19 II 1 EGBGB a.F.). Damit trat für eheliche Kinder u.U. ein Statutenwechsel ein.

Seltener ist der Kollisionsnormenwechsel als Folge völkerrechtlicher
Gebietsänderungen, wie z.B. anlässlich des Beitritts der ostdeutschen
Länder zur Bundesrepublik Deutschland. Mit den Folgen befassen sich
intertemporale Kollisionsnormen.[136]

2. Bedeutung

Ein Statutenwechsel kann nur dann eintreten, wenn eine Veränderung   100
der anknüpfungserheblichen Tatsache möglich ist und die Kollisionsnorm keinen bestimmten Anknüpfungszeitpunkt festlegt.[137] Ansonsten
ist ein Statutenwechsel ausgeschlossen:

---

[136] Staudinger/*Rauscher,* Art. 230 Rn. 52–109.
[137] *Neuhaus,* Grundbegriffe, S. 301.

Beispiele:

- Art. 43 I EGBGB (Rechte an einer Sache): Der Lageort von Grundstücken kann nicht verändert werden.
- Art. 13 I EGBGB (Voraussetzungen der Eheschließung): Maßgeblich ist – obwohl im Gesetz nicht ausdrücklich genannt – der Zeitpunkt der Eheschließung.
- Art. 14 I EGBGB (ehelicher Güterstand): Maßgeblich ist der Zeitpunkt der Eheschließung.
- Art. 19 I 3 EGBGB (Abstammung): Maßgeblich ist der Zeitpunkt der Geburt des Kindes (Beachte: In den Fällen des Art. 19 I 1, 2 EGBGB ist ein Statutenwechsel möglich).
- Art. 22 I 1 EGBGB (Adoption): Maßgeblich ist der Zeitpunkt der Annahme.
- Art. 25 I EGBGB (Rechtsnachfolge von Todes wegen): Maßgeblich ist der Zeitpunkt des Todes des Erblassers.[138]
- Art. 40 II EGBGB (unerlaubte Handlung): Maßgeblich ist der Zeitpunkt des die Haftung auslösenden Ereignisses.

II. Auswirkungen des Statutenwechsels

101 **Fall:** Die Deutsche F heiratet 1995 in München ihren italienischen Verlobten. Nach einem Jahr übersiedeln beide auf Wunsch der Familie des Mannes nach Neapel. Ende 1998 kehrt F nach Deutschland zurück, wo sie nach Ablauf des Trennungsjahres die Scheidung beantragt. Welches Recht gilt für die Ehescheidung, die güterrechtliche Auseinandersetzung und die allgemeinen Ehewirkungen (z. B. Mithaftung für vom Ehepartner eingegangene Verbindlichkeiten)?

Für die Ehescheidung ist gemäß Art. 17 I 1 EGBGB das Ehewirkungsstatut *im Zeitpunkt des Eintritts der Rechtshängigkeit des Scheidungsantrags* maßgeblich; dies ist hier gemäß Art. 14 I Nr. 2 EGBGB das italienische Recht. Für die güterrechtliche Auseinandersetzung ist gemäß Art. 15 I EGBGB das Ehewirkungsstatut *im Zeitpunkt der Eheschließung* entscheidend, also gemäß Art. 14 I Nr. 2 EGBGB das deutsche Recht. Bezüglich der allgemeinen Ehewirkungen bestimmt Art. 14 I EGBGB keinen Zeitpunkt, das Ehewirkungsstatut ist somit *wandelbar*.[139] Insoweit hat die Verlagerung des Wohnsitzes von München nach Neapel einen Statutenwechsel zur Folge. Fraglich ist, unter welchen Voraussetzungen deutsches und unter welchen italienisches Recht zur Anwendung gelangt.

1. Allgemeine Grundsätze

102 Soweit der Gesetzgeber keine Sonderregelung für den Fall des Statutenwechsels geschaffen hat,[140] kommen die allgemeinen Grundsätze zur Anwendung. Das anwendbare Recht ändert sich danach ex nunc ab dem Zeitpunkt, in dem das neue Anknüpfungsmoment verwirklicht wird. Der vorherige Zeitraum untersteht weiterhin dem alten Statut.[141]

---

[138] Hierzu § 9 Rn. 6.
[139] *BGH* 16. 10. 1974, BGHZ 63, 107 = NJW 1975, 112 = FamRZ 1975, 24 m. Anm. *Piltz*, 335 f. = IPRspr 1974 Nr. 60; *BGH* 8. 6. 1983, NJW 1984, 562 = IPRax 1984, 271 m. Anm. *Henrich*, 255–257 = IPRspr 1983 Nr. 11; *Andrae*, Internationales Familienrecht, 2. Aufl. (2006), § 3 Rn. 39.
[140] Hierzu unten Rn. 109.
[141] *Neuhaus*, Grundbegriffe, S. 298; *Rauscher*, IPR, S. 93.

Im Ausgangsfall beurteilen sich die allgemeinen Ehewirkungen folglich bis zum Umzug nach Neapel nach deutschem, anschließend nach italienischem Recht.

Im Hinblick auf die Auswirkungen eines Statutenwechsels sind nach überkommener Auffassung drei Fallkonstellationen zu unterscheiden:

a) Abgeschlossene Tatbestände

Tatbestände, die im Zeitpunkt des Statutenwechsels abgeschlossen sind, **103** unterfallen dem alten Statut; der Statutenwechsel hat auf sie keinen Einfluss. Vollendet ist ein Tatbestand, wenn das fragliche Recht oder Rechtsverhältnis vor Eintritt des Statutenwechsels entstanden oder fortgefallen ist. Dabei müssen alle formellen und materiellen Voraussetzungen für die Rechtsänderung vorgelegen haben.[142]

Beispiele: Namenserwerb durch Geburt;[143] Eigentumserwerb durch Verarbeitung; Ende der elterlichen Sorge infolge Volljährigkeit des Kindes.

b) Offene Tatbestände

Im Gegensatz dazu stehen Rechte und Rechtsverhältnisse, bei denen im **104** Zeitpunkt des Statutenwechsels noch nicht alle formellen und materiellen Voraussetzungen für ihre Entstehung bzw. ihren Fortfall vorgelegen haben. Das neue Statut entscheidet hier nicht nur über die noch zu verwirklichenden Voraussetzungen, sondern auch darüber, ob und inwieweit es die bisher verwirklichten anerkennt.[144]

Beispiele:

(1) Eigentumserwerb durch Ersitzung, der im Zeitpunkt des Statutenwechsels noch nicht abgeschlossen ist[145]

(2) Eigentumserwerb durch Einigung und Übergabe zwischen Vertragsparteien in unterschiedlichen Staaten (internationaler Versendungskauf)[146]

Die Berücksichtigung von bereits unter dem alten Statut verwirklichten Tatbestandsmerkmalen kann unter dem Gesichtspunkt des Vertrauensschutzes *(Schutz wohlerworbener Rechte)* geboten sein; für das Internationale Sachenrecht ordnet Art. 43 III EGBGB dies ausdrücklich an.

c) „Gemischte" Rechtsverhältnisse

Schwierigkeiten bereitet zuweilen der Statutenwechsel bei Rechten und **105** Rechtsverhältnissen, die unter dem alten Statut wirksam entstanden sind und unter dem neuen Statut fortwirken.[147]

---

[142] *Neuhaus*, Grundbegriffe, S. 295 f.; MüKo/*Sonnenberger*, Einl. IPR, Rn. 680. Zum Internationalen Sachenrecht § 12 Rn. 30.
[143] *BayObLG* 5. 4. 2000, StAZ 2000, 235 = IPRspr 2000 Nr. 9.
[144] MüKo/*Sonnenberger*, Einl. IPR, Rn. 680; *Neuhaus*, Grundbegriffe, S. 296 f.
[145] Hierzu § 12 Rn. 29.
[146] Hierzu § 12 Rn. 37.
[147] MüKo/*Sonnenberger*, Einl. IPR, Rn. 680; *Neuhaus*, Grundbegriffe, S. 298.

Beispiele: Befugnisse des Eigentümers, Geschäftsfähigkeit, allgemeine Ehewirkungen, Wirkungen des Eltern-Kind-Verhältnisses, Namensführung

106–107 Grundsätzlich bleiben alle vor dem Statutenwechsel eingetretenen Sachverhalte einschließlich ihrer bisherigen Wirkungen dem alten Statut unterworfen.[148] Die zukünftigen Wirkungen bemessen sich hingegen nach dem neuen Statut.

Beispiel 1: Der Herausgabeanspruch des Eigentümers sowie eventuelle Schadensersatzansprüche aus Eigentümer-Besitzer-Verhältnis unterliegen auch dann dem Recht des derzeitigen Lageorts, wenn der Erwerb des Eigentums nach dem Recht eines hiervon abweichenden früheren Lageorts erfolgt ist. Kommen im Rahmen einer materiellen Prüfung des Herausgabeanspruchs (z.B. § 985 BGB) aufgrund eines in der Vergangenheit liegenden Erwerbstatbestands Zweifel am Eigentum des Anspruchstellers auf, so ist die Vorfrage[149] des Eigentumserwerbs bzw. -verlustes indes an das Recht des damaligen Lageorts anzuknüpfen.[150]

Beispiel 2: Die Wirkungen des Eltern-Kind-Verhältnisses unterliegen nach Art. 21 EGBGB dem Recht am gewöhnlichen Aufenthalt des Kindes. Wechselt das Kind seinen Aufenthalt, tritt somit ein Statutenwechsel ein. Dies betrifft etwa den Umfang der elterlichen Vertretungsmacht, der sich ex nunc nach dem neuen Statut bemisst. Für die zuvor getätigten Rechtsgeschäfte bleibt es hingegen bei der Geltung des alten Statuts.

108 Das neue Statut entfaltet grundsätzlich keine Rückwirkung. Ausnahmsweise wird eine *Heilung durch Statutenwechsel* dann befürwortet, wenn ein Recht oder Rechtsverhältnis unter dem alten Statut nicht wirksam entstanden ist, aber bei anfänglicher Geltung des neuen Statuts wirksam entstanden wäre und die Parteien in ihrem Vertrauen auf den Bestand des Rechts oder Rechtsverhältnisses schutzwürdig sind.

Beispiel:[151] Eine Eheschließung ist nach dem durch Art. 13 EGBGB berufenen Recht unwirksam. Später wechseln die „Eheleute" ihre Staatsangehörigkeit. Nach dem neuen Personalstatut wird die Ehe für wirksam angesehen, weshalb beide auf eine erneute Eheschließung verzichten. – Auch aus der Sicht des deutschen Kollisionsrechts sollte die Ehe für wirksam angesehen werden; die methodische Begründung hierfür ist freilich schwierig.[152]

Im Internationalen Sachenrecht ermöglicht nunmehr Art. 43 III EGBGB für Sicherungsrechte an Sachen, die bestimmungsgemäß ins Inland gelangen, eine Heilung durch Statutenwechsel.[153]

---

[148] Zur Frage der Übernahme im Inland unbekannter Rechtsinstitute des ausländischen Rechts im Internationalen Sachenrecht § 12 Rn. 31 f.

[149] Zur Vorfrage § 6 Rn. 56–72.

[150] Vgl. hierzu *Fuchs/Hau/Thorn*, Fälle zum IPR, Fall 7 (S. 77).

[151] Vgl. *RG* 16. 5. 1931, RGZ 132, 416 = IPRspr 1931 Nr. 59; zuletzt *SozG Hamburg* 15. 4. 2005, IPRax 2007, 47 m. Anm. *Siehr* 30–34.

[152] Hierzu § 8 Rn. 12 sowie: MüKo/*Sonnenberger*, Einl. IPR, Rn. 682–685; *Kropholler*, IPR, S. 193; *Siehr*, IPRax 2007, 30–34 (mit rechtsvergleichender Übersicht).

[153] Hierzu § 12 Rn. 33 f.

2. Gesetzliche Sonderregelungen

Für Teilbereiche hat der Gesetzgeber die Auswirkungen des Statuten- **109**
wechsels gesondert geregelt. Dabei wird in der Regel die Fortgeltung des
alten Statuts angeordnet.

– Art. 7 II EGBGB: Geschäftsfähigkeit[154]
– Art. 26 V 1 EGBGB: Gültigkeit und Bindungswirkung einer Verfügung von Todes
  wegen[155]
– Art. 26 V 2 EGBGB: Testierfähigkeit[156]
– Art. 27 II 2 EGBGB (= Art. 3 II 2 EVÜ): Formgültigkeit des Vertrages und Rechte
  Dritter

Ausnahmsweise kann der Gesetzgeber auch die Rückwirkung des neuen **110**
Statuts anordnen.

– Art. 27 II 1 EGBGB (= Art. 3 II 1 EVÜ): Wirkungen einer nachträglichen Rechtswahl[157]

Im Namensrecht entscheidet das jeweilige Heimatrecht über Erwerb, **110a**
Änderung oder Verlust des Namens (Art. 10 I EGBGB); ein Statutenwechsel ist somit möglich. Das deutsche Recht geht in einem solchen
Fall zwar nach dem Grundsatz der Namenskontinuität von der Unveränderlichkeit des einmal erworbenen Namens aus; der Statutenwechsel
macht aber u. U. eine Angleichung des Namens bzw. der Namensführung an das neue (deutsche) Personalstatut erforderlich, was in der
Rechtspraxis bislang mit nicht unerheblichen Schwierigkeiten verbunden war.[158] Hier soll der neue Art. 47 EGBGB Abhilfe schaffen. Der
Übergang zur deutschen Namensform wird dadurch erleichtert, dass in
bestimmten Fällen (z. B. das vorherige Namensstatut unterscheidet nicht
zwischen Vor- und Zunamen oder sieht überhaupt nur einen Namen
vor) eine entsprechende Erklärung des Betroffenen gegenüber dem
Standesamt ausreicht, also nicht der mühsame Weg über die öffentlich-
rechtliche Namensänderung beschritten werden muss.[159]

F. Kombinationen von Anknüpfungsmomenten

Häufig verwenden Kollisionsnormen nicht nur ein einziges Anknüp- **111**
fungsmoment, sondern mehrere. Dann stellt sich die Frage ihrer Rang-

---

[154] Hierzu § 7 Rn. 9.
[155] Hierzu § 9 Rn. 43.
[156] Hierzu § 9 Rn. 44.
[157] Näher hierzu § 10 Rn. 40.
[158] Vgl. etwa *BGH* 17. 2. 1993, BGHZ 121, 305 = NJW 1993, 2241 = IPRspr 1993
Nr. 8 a; *KG* 11. 8. 1992, NJW-RR 1993, 516 = IPRspr 1992 Nr. 21; *OLG Frankfurt*
14. 2. 2006, StAZ 2006, 142.
[159] Vgl. BTDrucks. 16/1831, S. 78 f.; hierzu auch § 7 Rn. 14.

folge. Unterschieden wird zwischen kumulativer, distributiver, alternativer und subsidiärer Anknüpfung.[160]

I. Kumulative Anknüpfung[161]

1. Gleichzeitige Anknüpfung an zwei oder mehr Anknüpfungsmomente

112 Anknüpfungsmomente können in der Weise kombiniert sein, dass eine bestimmte Rechtsordnung nur dann zur Anwendung kommt, wenn alle verwendeten Anknüpfungsmomente auf sie verweisen. Diese Art der Anknüpfung geht häufig ins Leere, so dass zur Vermeidung eines Normenmangels Hilfsanknüpfungen (= subsidiäre Anknüpfung) erforderlich werden.[162]

Beispiele:
– Art. 14 I Nr. 1 Alt. 1 EGBGB – gemeinsame Staatsangehörigkeit beider Ehegatten; Art. 14 I Nr. 1 Alt. 2 bis Nr. 3 EGBGB halten Hilfsanknüpfungen bereit.
– Art. 79 dänisches Wechselgesetz (Wechselfähigkeit) findet nur Anwendung auf Dänen, die ihren Wohnsitz im Inland haben. Für Ausländer und Dänen mit Wohnsitz im Ausland gibt es Sonderregeln.

2. Anspruchsbegrenzung durch ein zusätzliches Anknüpfungsmoment

113 Anknüpfungsmomente können auch in der Weise miteinander verbunden werden, dass das für den Anspruch maßgebliche Recht durch das eine Anknüpfungsmoment bestimmt wird, der Anspruch aber nur dann gewährt wird, wenn ihn auch eine zweite durch das andere Anknüpfungsmoment berufene Rechtsordnung zumindest dem Grunde nach einräumt.[163]

Beispiele:
– Art. 17 III 1 EGBGB (Versorgungsausgleich)[164]
– Art. 18 III EGBGB (Unterhalt zwischen Verwandten der Seitenlinie und Verschwägerten)[165]

Entsprechendes gilt für Zustimmungserfordernisse:
– Art. 23 EGBGB (Zustimmung zur Statusänderung eines Kindes)[166]

---

[160] Ausführlich dazu *Kropholler*, IPR, S. 138–146.
[161] *Neuhaus*, Grundbegriffe, S. 153 f., verwendet die Bezeichnung „kombinierte Anknüpfung".
[162] *Neuhaus*, Grundbegriffe, S. 123 f.; zur subsidiären Anknüpfung unten Rn. 118 a.
[163] *Kropholler*, IPR, S. 144 f.
[164] Hierzu § 8 Rn. 54.
[165] Hierzu § 8 Rn. 92.
[166] Hierzu § 8 Rn. 148.

Die Kumulation erfüllt in der Regel eine Schutzfunktion. Sie ist im **114** Hinblick auf den internationalen Entscheidungseinklang dann zu rechtfertigen, wenn es um die Abwehr von in rechtsvergleichender Sicht ungewöhnlichen Ansprüchen geht, nicht aber, wenn ihr Ziel die Inländerprivilegierung ist. – Einen Sonderfall stellt insoweit Art. 23 EGBGB dar, da dieser gerade das Ziel verfolgt, bei Änderungen des Kindesstatus einen teilweisen Entscheidungseinklang mit dem Heimatrecht des Kindes zu sichern.

II. Distributive Anknüpfung[167]

Distributive Anknüpfung bedeutet, dass die Voraussetzungen ein und **115** derselben Rechtsfolge für jeden Beteiligten individuell nach seinem Recht, meist dem Personalstatut (z. B. Art. 7 I, 13 I EGBGB), angeknüpft werden.

Soweit es um die Begründung eines Rechtsverhältnisses zwischen meh- **116** reren Personen geht, wirkt die distributive Anknüpfung begrenzend: Es treten nur diejenigen Rechtsfolgen ein, die von *allen* beteiligten Rechtsordnungen gewollt sind. Damit bestimmt sich das Ergebnis der kollisionsrechtlichen Verweisung nach derjenigen Rechtsordnung, welche die strengeren Voraussetzungen an den Eintritt der Rechtsfolge stellt. Dieses Prinzip wird unscharf als *Grundsatz des „schwächeren" Rechts* bezeichnet;[168] besser spricht man von „strengerem" (auch: ärgerem) Recht.

Beispiel 1: Die materiellen Voraussetzungen der Eheschließung bestimmen sich für jeden Ehepartner gemäß Art. 13 I EGBGB nach seinem Heimatrecht (distributive Anknüpfung). Die Ehe kommt nur dann wirksam zustande, wenn *beide* Heimatrechte die Eheschließung gestatten. Art. 13 II EGBGB ermöglicht hilfsweise den Rückgriff auf deutsches Recht, soweit die materiellen Ehevoraussetzungen nach einem der Heimatrechte nicht vorliegen.[169]

Beispiel 2: Ein wirksamer Vertrag setzt grundsätzlich die Geschäftsfähigkeit beider Vertragsparteien bei Vertragsschluss voraus. Gemäß Art. 7 I 1 EGBGB ist die Geschäftsfähigkeit nach dem jeweiligen Heimatrecht zu beurteilen. Ist danach eine Partei nicht geschäftsfähig, so kommt der Vertrag nicht zustande, es sei denn, Art. 12 EGBGB (Verkehrsschutz) greift ein.[170]

III. Alternative Anknüpfung

Bei der alternativen Anknüpfung stehen mehrere Anknüpfungsmomen- **117** te gleichrangig nebeneinander; grundsätzlich kann jede der von ihnen berufenen Rechtsordnungen auf den Sachverhalt zur Anwendung gelangen. Führen die verschiedenen Rechtsordnungen im Einzelfall zu unter-

---

[167] *Kropholler*, IPR, S. 145, spricht von „gekoppelter Anknüpfung".
[168] So *Kegel/Schurig*, IPR, S. 794.
[169] Hierzu näher § 8 Rn. 4.
[170] Hierzu näher § 7 Rn. 7, 10.

schiedlichen Ergebnissen, so findet diejenige Rechtsordnung Anwendung, welche zu dem für den bzw. die Begünstigten vorteilhaftesten Ergebnis führt *(materiellrechtliche Begünstigung)*. Es genügt also, dass die angestrebte Rechtsfolge nach *einem* der beteiligten Rechte eintritt. Als Kritik wird dem hinter der alternativen Anknüpfung stehenden *Günstigkeitsprinzip* entgegengehalten, man bediene sich kollisionsrechtlicher Mittel, um unliebsames Sachrecht auszuschalten.

Beispiele:

– Art. 11 I EGBGB: favor negotii – begünstigt wird die Formwirksamkeit von Verträgen[171]
– Art. 26 I EGBGB: favor testamenti – begünstigt wird die Formwirksamkeit einer Verfügung von Todes wegen[172]
– Art. 16 II EGBGB: favor tertii – begünstigt wird der Vertragspartner des Ehegatten im Falle von Einwendungen aus einem fremden Güterstand[173]

117a   Auch im Internationalen Deliktsrecht erfolgt bei Distanzdelikten nach wie vor eine alternative Anknüpfung an das Recht des Handlungs- oder des Erfolgsortes. Indes hängt die Anwendung des Erfolgsortsrechts nunmehr davon ab, ob der Geschädigte von seinem Bestimmungsrecht nach Art. 40 I 2, 3 EGBGB Gebrauch macht. Nach zutreffender Ansicht dient die alternative Anknüpfung hier nicht der Begünstigung des Geschädigten, sondern ist Ausdruck der doppelten Funktion des Haftungsrechts.[174]

IV. Subsidiäre Anknüpfung

118   Eine materiellrechtliche Begünstigung lässt sich außer durch alternative auch durch subsidiäre Anknüpfung verwirklichen: Tritt die gewünschte Rechtsfolge nach dem primären Anknüpfungsmoment nicht ein, so wird ein weiteres Anknüpfungsmoment *hilfsweise* zur Verfügung gestellt.

Beispiele:

(1) Art. 18 I, II EGBGB: favor alimenti – begünstigt wird der Unterhaltsberechtigte; hat dieser nach dem gemäß Art. 18 I 1 EGBGB ermittelten Recht (Regelanknüpfung) keinen Unterhaltsanspruch, so ist hilfsweise nach Art. 18 I 2 EGBGB bzw. – wiederum hilfsweise – nach Art. 18 II EGBGB anzuknüpfen.[175]

(2) Art. 19 I EGBGB: favor filiationis – begünstigt wird die Abstammung des Kindes; kann diese nicht nach Art. 19 I 1 EGBGB (Regelanknüpfung) festgestellt werden, so ist hilfsweise nach Art. 19 I 2 EGBGB bzw. – wiederum hilfsweise – nach Art. 19 I 3 EGBGB anzuknüpfen (str.).[176]

Der materielle Begünstigungseffekt ist freilich geringer als im Falle der alternativen Anknüpfung. Das subsidiäre Anknüpfungsmoment kommt

---

[171] Hierzu § 7 Rn. 40 f.
[172] Hierzu § 9 Rn. 36.
[173] Hierzu § 8 Rn. 46, sowie MüKo/*Siehr*, Art. 16 Rn. 26 f.
[174] Hierzu § 11 Rn. 23–26.
[175] Hierzu § 8 Rn. 86, 89–91.
[176] Hierzu § 8 Rn. 131–133.

nur dann zum Zuge, wenn das primäre Anknüpfungsmoment die erwünschte Rechtsfolge überhaupt nicht eintreten lässt, nicht aber bereits dann, wenn etwa lediglich die Höhe des Anspruchs hinter der des subsidiär anwendbaren Rechts zurückbleibt.

Eine subsidiäre Anknüpfung ist auch dann erforderlich, wenn die 118 a Regelanknüpfung gleichzeitig das Vorliegen mehrerer Anknüpfungsmomente voraussetzt (kumulative Anknüpfung)[177] und deshalb häufig ins Leere zielt. Eine materiellrechtliche Begünstigung ist hiermit nicht beabsichtigt.

Beispiel: Bei Ermittlung des Ehewirkungsstatuts gemäß Art. 14 I EGBGB versagt die kumulative Anknüpfung an das gemeinsame Heimatrecht der Ehegatten nach Art. 14 I Nr. 1 Alt. 1 EGBGB in einer Vielzahl von Fällen. Deshalb hat der Gesetzgeber diese durch ein System subsidiärer Anknüpfungen, die „Kegelsche Leiter", ergänzt.[178]

---

[177] Hierzu oben Rn. 112.
[178] Hierzu § 8 Rn. 22 f.

§ 6. Grundbegriffe

A. Qualifikation

Literatur: *Bernasconi,* Der Qualifikationsprozeß im Internationalen Privatrecht (Zürich 1997); *Dörner,* Qualifikation im IPR – ein Buch mit sieben Siegeln?, StAZ 1988, 345–352; *Hebert,* Fallbearbeitung und Qualifikationsprobleme im Internationalen Privatrecht, JuS 2000, 254–260; *Mistelis,* Charakterisierungen und Qualifikation im internationalen Privatrecht (1999); *H. Weber,* Die Theorie der Qualifikation (1986).

I. Begriff

1 Die Qualifikation ist seit einem Jahrhundert eines der theoretisch umstrittensten Grundprobleme des IPR.[1] Indes besteht heute, soweit praktische Ergebnisse in Rede stehen, weitgehende Einmütigkeit; der Theorienstreit hat merklich an Heftigkeit nachgelassen. Im Folgenden soll nicht der gesamte Streit nachgezeichnet,[2] vielmehr nur auf praktisch bedeutsame Fragen hingewiesen werden. Im Kern geht es um Folgendes: Der Tatbestand der Kollisionsnorm enthält zwei Elemente – den Anknüpfungsgegenstand und das Anknüpfungsmoment.[3] Anknüpfungsgegenstand ist ein materiellrechtlich geprägter Systembegriff (z.B. allgemeine Ehewirkungen). Qualifikation ist die *Subsumtion* des zu beurteilenden Sachverhalts *unter den* im Tatbestand der Kollisionsnorm enthaltenen *Anknüpfungsgegenstand.*[4] Nicht Gegenstand der Qualifikation ist das Anknüpfungsmoment; Anknüpfungsmomente (z.B. Staatsangehörigkeit, gewöhnlicher Aufenthalt) werden ausgelegt, nicht qualifiziert.[5]

Beispiel: Ein Kaufmann nimmt einen Ehemann aus von dessen Ehefrau getätigten Geschäften des täglichen Bedarfs in Anspruch. Fraglich ist, ob die Mithaftung des Ehegatten unter den Anknüpfungsgegenstand „allgemeine Wirkungen der Ehe" (Art. 14 EGBGB) zu subsumieren ist.

---

[1] Aufgedeckt wurde die Problematik 1891 von *Franz Kahn* (1861–1904), JherJb 30 (1891), 1–143 (107–143), und *Etienne Bartin* (1860–1948), Clunet 24 (1897), 225–255, 466–495 und 720–738 = *Picone/Wengler* (Hrsg.), IPR, S. 345–374 (Auszug).

[2] Hierzu die 6. Aufl., § 6 Rn. 1–30.

[3] Hierzu § 4 Rn. 4.

[4] Der Gegenstand der Qualifikation ist im Schrifttum umstritten. Manche sehen diesen im konkreten Lebenssachverhalt, andere in dem diesem zugrundeliegenden Rechtsverhältnis, der zur beurteilenden Rechtsfrage oder der materiellrechtlichen Sachnorm. Der Streit erscheint wenig fruchtbar; dazu: *Neuhaus,* Grundbegriffe, S. 118–122; MüKo/*Sonnenberger,* Einl. IPR, Rn. 498; *Siehr,* IPR, S. 429.

[5] *Siehr,* IPR, S. 429; *Neuhaus,* Grundbegriffe, S. 114.

II. Fallgruppen

Qualifikationsprobleme haben im Wesentlichen drei Ursachen: **2**

1. Systemunterschiede zwischen deutschem IPR und deutschem materiellen Recht

Qualifikation ist Subsumtion eines Sachverhalts unter den Systembegriff, der im Tatbestand einer Kollisionsnorm enthalten ist. Dabei kann bereits hinsichtlich der deutschen Sachnorm fraglich sein, unter welche Kollisionsnorm sie einzuordnen ist.

Fall:[6] Der mit der L verheiratete Schweizer A gewährt seiner ihn pflegenden Betreue-   **3** rin, der Deutschen B, ein Darlehen von 50 000 €, das durch eine Grundschuld an einem in Deutschland belegenen Grundstück gesichert wird. Bereits vier Monate später unterzeichnet A einen Erlassvertrag, demzufolge „nach meinem Ableben die dann zumal bestehende Restschuld der Darlehensnehmerin erlassen wird." Wenig später stirbt A. L kündigt das Darlehen und verlangt Rückzahlung. Sie behauptet, nach schweizerischem Recht sei der Erlassvertrag formnichtig.

Fraglich ist, ob die mit dem Erlassvertrag verbundene Schenkung von Todes wegen dem Vertragsstatut oder dem Erbstatut untersteht. Das Vertragsstatut kommt zur Anwendung, wenn die Schenkung zu Lebzeiten des Schenkenden vollzogen worden ist; ansonsten ist das Erbstatut anwendbar.[7] Auch die Abgrenzung beider Institute, d. h. die Frage, wann die Schenkung vollzogen wurde, sollte dem (hypothetischen) Erbstatut unterstellt werden (str.).[8]

Es handelt sich dabei um das Problem, den sachlichen Anwendungsbe-   **4** reich der deutschen Kollisionsnormen gegeneinander abzugrenzen. Dieses hat seine Ursache darin, dass schon die Systembegriffe des deutschen IPR nicht vollständig mit denen des deutschen materiellen Rechts übereinstimmen.[9]

Weitere Beispiele:
- §§ 280 I, 311 II, 241 II BGB (culpa in contrahendo): vertragliches Schuldverhältnis (Art. 27–35 EGBGB) oder unerlaubte Handlung (Art. 40–42 EGBGB)?[10]
- § 1371 BGB (güterrechtlicher Ausgleichsanspruch des überlebenden Ehegatten): Güterstand (Art. 15 EGBGB) oder Rechtsnachfolge von Todes wegen (Art. 25 EGBGB)?[11]

---

[6] *OLG Karlsruhe* 15. 12. 1987, IPRax 1991, 259 m. Anm. *Winkler von Mohrenfels,* 237–241 = IPRspr 1987 Nr. 24A.

[7] § 9 Rn. 51; *Winkler von Mohrenfels,* IPRax 1991, 237–241 (239); *Hay,* PdW IPR, Nr. 215 (S. 252).

[8] Vgl. § 9 Rn. 51.

[9] Soergel/*Kegel,* Art. 3 Rn. 112; *Kegel/Schurig,* IPR, S. 334; *Neuhaus,* Grundbegriffe, S. 115, jeweils mit weiteren Beispielen.

[10] S. hierzu § 10 Rn. 22 sowie § 11 Rn. 19.

[11] S. hierzu unten Rn. 32 f., 36 sowie § 9 Rn. 53–55.

- § 1360a IV BGB (Prozesskostenvorschusspflicht unter Ehegatten): allgemeine Ehewirkungen (Art. 14 EGBGB), Güterstand (Art. 15 EGBGB), Unterhalt (Art. 18 EGBGB) oder Verfahrensrecht (lex-fori-Prinzip)?[12]

2. Systemunterschiede zwischen deutschem und ausländischem materiellen Recht

5 Das ausländische Recht kann ein bestimmtes Rechtsinstitut systematisch anders einordnen als das deutsche Recht. Für diesen Fall ist fraglich, ob der Umfang der kollisionsrechtlichen Verweisung vom deutschen Recht bestimmt wird oder ob er sich im Interesse des internationalen Entscheidungseinklangs am ausländischen Recht zu orientieren hat.[13]

6 **Fall:**[14] Eine Staatenlose verstirbt an ihrem letzten Wohnsitz in Stockholm. Zu ihrem Nachlass gehört u. a. ein Grundstück in Berlin. Da Angehörige nicht ermittelt werden können, beansprucht der allgemeine Erbfonds des schwedischen Staates den Nachlass. Fraglich ist, ob es sich hierbei um einen erbrechtlichen Anspruch im Sinne des Art. 25 I EGBGB handelt.

Das Recht des Staates am erbenlosen Nachlass ist in manchen Ländern (z. B. Deutschland) materiellrechtlich als echtes Erbrecht ausgestaltet, d. h., der Staat übernimmt die gleichen Rechte und Pflichten wie jeder andere Erbe. In anderen Rechtsordnungen (z. B. Schweden) steht dem Staat dagegen ein sachenrechtliches Aneignungsrecht zu. Da über Letzteres die lex rei sitae befindet, erstreckt es sich in der Regel nur auf die im jeweiligen Staatsgebiet belegenen Nachlassgegenstände. Ob sich der Anspruch des schwedischen allgemeinen Erbfonds auch auf das Berliner Grundstück erstreckt, hängt mithin davon ab, ob der Anspruch erb- oder sachenrechtlich zu qualifizieren ist.

7 **Weitere Beispiele:**

(1) Manche Rechtsordnungen gewähren dem überlebenden Ehegatten einen güterrechtlichen Anspruch an dem während der Ehe gemeinsam erworbenen Vermögen. In anderen Rechtsordnungen ist dieser Anspruch erbrechtlich ausgestaltet.[15]

(2) In Deutschland ist die Verjährung im materiellen Recht geregelt, im anglo-amerikanischen Recht begrenzen prozessrechtliche Klagefristen die zeitliche Geltendmachung von Ansprüchen. Fraglich ist, ob Letztere nur zu beachten sind, wenn anglo-amerikanische Gerichte den Streit zu entscheiden haben (lex-fori-Prinzip des Internationalen Verfahrensrechts), oder ob sie auch vor inländischen Gerichten zur Anwendung gelangen, wenn anglo-amerikanisches Recht Schuldstatut ist.

(3) Ähnlich umstritten ist die systematische Einordnung von Vorschriften, die für Verträge, welche einen bestimmten Wert übersteigen, bestimmte Beweismittel (vor allem den Zeugenbeweis) ausschließen. Solche Vorschriften können entweder prozessrechtlich qualifiziert werden oder aber als Formvorschriften (Art. 11 EGBGB).

Derartige Systemunterschiede können nur teilweise im Wege der Qualifikation ausgeräumt werden; vielfach bedarf es hier der Anpassung.[16]

---

[12] Vgl. hierzu MüKo/*Siehr,* Art. 14 Rn. 104 m. w. Nachw.

[13] *Kegel/Schurig,* IPR, S. 328 f. mit Beispiel.

[14] KG 30. 4. 1985, OLGZ 1985, 280 = IPRax 1986, 41 m. Anm. *Firsching,* 25–27 = IPRspr 1985 Nr. 115; zur Lösung § 9 Rn. 57.

[15] S. hierzu die Fälle unten bei Rn. 32 f.

[16] Näher hierzu unten Rn. 31–37.

3. Dem deutschen Recht unbekannte ausländische Rechtsinstitute

Gelegentlich finden sich im Ausland Rechtsinstitute, die dem deutschen   8
materiellen Recht unbekannt sind. Diese lassen sich nicht zweifelsfrei
einem der im deutschen Kollisionsrecht enthaltenen Systembegriffe zuordnen, da die Systembegriffe des deutschen materiellen Rechts hierbei
keine Hilfestellung leisten können.[17]

Fall:[18] Ein deutscher Muslim hat 1988 seine ebenfalls muslimische Freundin, eine   9
israelische Staatsangehörige, in München zunächst standesamtlich und anschließend
im Islamischen Zentrum nach islamischem Ritus geheiratet. In einer darüber aufge-
nommenen Traubescheinigung, die die Unterschrift des islamischen Geistlichen,
zweier Trauzeugen und der Ehegatten trägt, wurde ein Brautgeld *(Morgengabe)* von
50 000 DM vereinbart. Zwei Jahre später wird die Ehe sowohl vom deutschen Familiengericht als auch – durch einseitige Erklärung des Mannes – vom Islamischen Zentrum geschieden. Dabei erklärt der Mann, dass finanzielle Forderungen der Ehegatten
gegeneinander ausgeschlossen sein sollen. Nach Rechtskraft des Scheidungsurteils
verklagt die Ehefrau den Mann auf Zahlung der bei Eheschließung vereinbarten Morgengabe. Zu Recht?

Die internationalprivatrechtliche Einordnung der Morgengabe des islamischen Rechts
stößt auf Schwierigkeiten. Die Morgengabe („mahr") ist ein eigenständiges Rechtsinstitut,[19] das teils unterhaltsrechtlich, teils güterrechtlich qualifiziert wird. Hierbei handelt es sich um einen vor der Eheschließung vereinbarten Geldbetrag, den der zukünftige Ehemann seiner Braut zu zahlen hat. Die Vereinbarung der Morgengabe ist
allerdings in der Regel nicht Voraussetzung für die Wirksamkeit der Eheschließung
nach islamischem Ritus. Auch wird üblicherweise bei der Heirat nur ein kleiner Teil des
Geldbetrages an die Frau gezahlt, der Rest der Morgengabe wird erst bei Auflösung der
Ehe durch Scheidung oder Tod des Ehemannes fällig. Sie dient damit in erster Linie der
finanziellen Absicherung der Frau nach Beendigung der Ehe. Mittelbar hindert die
Vereinbarung einer Morgengabe den Ehemann daran, gegen seine Frau vorschnell die
Verstoßung („talaq") auszusprechen, da die Morgengabe dann ebenfalls fällig wird.[20]
Manche islamischen Rechtsordnungen, die von einer Gütertrennung zwischen den
Ehegatten ausgehen, zählen die vereinbarte Morgengabe zum Vermögen der Ehefrau.[21]
Die Morgengabe erfüllt eine Vielzahl von Funktionen. Es bietet sich daher an, bei
ihrer kollisionsrechtlichen Einordnung zwischen den verschiedenen Aspekten zu
unterscheiden: Soweit die (fehlende) Vereinbarung der Morgengabe die Gültigkeit der
Ehe in Frage stellt, ist die Wirksamkeit der Eheschließung nach dem gemäß Art. 13
EGBGB maßgeblichen Recht zu beurteilen. Soweit es um Zahlungsansprüche aus der
Morgengabevereinbarung geht, ist nach wohl h. M. der Zeitpunkt ihrer Geltendmachung entscheidend.[22] Während des Bestehens der Ehe ist je nach Art der Regelung
entweder das allgemeine Ehewirkungsstatut nach Art. 14 EGBGB (Schwerpunkt:

---

[17] Soergel/*Kegel,* Vor Art. 3 Rn. 114; *Kegel/Schurig,* IPR, S. 329–334 m. w. Nachw.
[18] *BGH* 28. 1. 1987, NJW 1987, 2161= IPRax 1988, 109 m Anm. *Heßler,* 95–97 =
Schack, Höchstrichterliche Rechtsprechung, Nr. 5 = IPRspr 1987 Nr. 48.
[19] *OLG Köln* 29. 10. 1981, IPRax 1983, 73 m. Anm. *Heldrich,* 64 f. („das juristische
Kuckucksei aus dem Morgenland") = IPRspr 1981 Nr. 67.
[20] *Heldrich,* IPRax 1983, 64 f. (64).
[21] *OLG Köln* 29. 10. 1981, IPRax 1983, 73 = IPRspr 1981 Nr. 67 (zum iranischen
Recht).
[22] Grundlegend *Heldrich,* IPRax 1983, 64 f. (64).

Unterhaltssicherung)[23] oder das Güterrechtsstatut des Art. 15 EGBGB (Schwerpunkt: güterrechtliche Privilegierung der Ehefrau) maßgebend. Bei Auflösung der Ehe durch Scheidung oder „talaq" entscheidet das Scheidungsstatut (Art. 17 EGBGB) ebenso wie über Unterhaltspflichten zwischen Geschiedenen (Art. 18 IV EGBGB).[24] Bei Auflösung der Ehe durch den Tod des Ehemannes hat die Morgengabe eine dem Vermächtnis vergleichbare Funktion. Daher unterliegt der Zahlungsanspruch in diesem Fall dem Erbstatut (Art. 25 EGBGB). Abgrenzungsschwierigkeiten ergeben sich insoweit nicht.[25]

10   **Weitere Beispiele:**[26]

- Ketubah des jüdischen Rechts (mit der islamischen Morgengabe vergleichbar)[27]
- Trust im anglo-amerikanischen Recht[28]
- Handschuhehe[29]
- Lösungsrecht im französischen und schweizerischen Recht[30]
- Trennung von Tisch und Bett[31]
- Legitimation[32]

III. Lösungsmöglichkeiten

11   Zur Lösung der Qualifikationsprobleme wurden verschiedene Theorien entwickelt: die lex-fori-Theorie, die lex-causae-Theorie und die rechtsvergleichende Theorie. Heute wird keiner dieser Theorien mehr ein absoluter Geltungsanspruch eingeräumt. Vielmehr haben die von ihnen angebotenen Lösungsansätze bei den einzelnen Fallgruppen eine unterschiedliche relative Bedeutung. Eine Synthese wird mit der heute herrschenden funktionellen Qualifikation unternommen.

1. Qualifikation nach der lex fori

a) Grundsatz

12   Nach in Deutschland, aber auch in vielen anderen Ländern[33] h. M. erfolgt die Qualifikation grundsätzlich nach der *lex fori:* Die Systembe-

---

23 *OLG Nürnberg* 25. 1. 2001, FamRZ 2001, 1613 = IPRspr 2001 Nr. 56.

24 *OLG Düsseldorf* 3. 1. 1997, FamRZ 1998, 623 m. krit. Anm. *Öztan* = IPRspr 1997 Nr. 80.

25 *BGH* 28. 1. 1987, IPRax 1988, 109 (110) = IPRspr 1987 Nr. 48 m. w. Nachw.; ausführlich: *Heldrich*, IPRax 1983, 64 f.

26 S. auch *Kegel/Schurig*, IPR, S. 332 f.; MüKo/*Sonnenberger*, Einl. IPR, Rn. 525–530.

27 *Bergmann/Ferid*, Internationales Ehe- und Kindschaftsrecht VII, Israel (1987), III C2 (S. 107 f.) m. w. Nachw.

28 MüKo/*Sonnenberger*, Einl. IPR, Rn. 528; dazu § 12 Rn. 17 f.

29 *BGH* 19. 12. 1958, BGHZ 29, 137 = NJW 1959, 717 = *Schack*, Höchstrichterliche Rechtsprechung, Nr. 27 = IPRspr 1958/59 Nr. 112; dazu § 8 Rn. 8.

30 Hierzu § 12 Rn. 17, 19.

31 *BGH* 22. 3. 1967, BGHZ 47, 324 (332) = NJW 1967, 2109 = JZ 1967, 671 m. Anm. *Heldrich* = RabelsZ 32 (1968), 313 m. Anm. *Jayme* = IPRspr 1966/67 Nr. 90; dazu § 8 Rn. 48.

32 *BayObLG* 11. 6. 1999, BayObLGZ 1999, 163 = FamRZ 1999, 1443 = IPRspr 1999 Nr. 74; dazu § 8 Rn. 141.

33 Nachw. bei *Siehr*, IPR, S. 430 f.

griffe im Tatbestand einer inländischen Kollisionsnorm werden ebenso ausgelegt wie die entsprechenden Systembegriffe im materiellen Recht der lex fori.

Dies ist rechtslogisch konsequent: Der Anwendungsbereich einer Norm 13 wird nach dem Rechtssystem bestimmt, dem die Norm angehört.[34] Die in den Kollisionsnormen des EGBGB verwendeten Systembegriffe stimmen in der Regel mit denen des deutschen materiellen Rechts überein. Damit führt eine an den Sachnormen der lex fori orientierte Qualifikation häufig zu praktisch befriedigenden Ergebnissen.

Beispiel: Im Ausgangsbeispiel (oben Rn. 1) steht § 1357 BGB (Geschäfte zur Deckung des Lebensbedarfes) unter dem Titel: „Wirkungen der Ehe im Allgemeinen". Der gleiche Begriff wird in Art. 14 EGBGB verwendet.

Dies ist aber nicht immer der Fall. So bietet die Systematik des bürgerli- 14 chen Rechts keine klare Richtlinie für die güterrechtlichen Ausgleichsansprüche des überlebenden Ehegatten (§ 1371 BGB).

Auch ist es folgerichtig, bei *Systemunterschieden zwischen in- und ausländischem Recht* der inländischen Systematisierung den Vorzug zu geben:

Wenn das von unserem Kollisionsrecht als Erbstatut berufene schwedische Sachrecht das Aneignungsrecht des Fiskus als Erbrecht begreift, wir dieses aber sachenrechtlich qualifizieren, so hat unsere Qualifikation Vorrang; es geht nämlich um die Auslegung des inländischen Kollisionsrechts (Verweisungsumfang). Das Aneignungsrecht des Fiskus wird danach nicht vom Erbstatut erfasst.

Die Qualifikation nach der lex fori versagt freilich, wenn es um die kol- 15 lisionsrechtliche Einordnung ausländischer Rechtsinstitute geht, die dem deutschen Recht unbekannt sind.

b) Ausnahmen

aa) Völkerrechtliche Verträge. Die Qualifikation nach der lex fori ist 16 unzulässig, soweit unter Kollisionsnormen in völkerrechtlichen Verträgen zu subsumieren ist. Der Zweck der Rechtsvereinheitlichung verbietet hier, dass jeder Vertragsstaat den im Abkommen verwendeten Systembegriffen durch Qualifikation nach der jeweiligen lex fori eine unterschiedliche Bedeutung beimisst.[35] Solche Systembegriffe werden daher entweder im völkerrechtlichen Vertrag selbst definiert oder sind autonom, d.h. rechtsvergleichend, auszulegen.[36]

bb) Ausländische Kollisionsnormen. Bei der Beurteilung, ob das von den 17 deutschen Kollisionsnormen berufene Recht die Verweisung annimmt oder aber eine Rück- bzw. Weiterverweisung ausspricht,[37] sind die Kol-

---

[34] So auch *Siehr*, IPR, S. 431; *Neuhaus*, Grundbegriffe, S. 123.
[35] Soergel/*Kegel*, Vor Art. 3 Rn. 126.
[36] Hierzu unten Rn. 23–26.
[37] Hierzu unten Rn. 73–116.

lisionsnormen des ausländischen, von uns zur Anwendung berufenen Rechts maßgeblich. Die ausländische Kollisionsnorm ist dabei im Interesse des internationalen Entscheidungseinklangs so anzuwenden, wie sie der ausländische Richter anwenden würde. Dies schließt eine Auslegung der darin verwendeten Systembegriffe nach der deutschen lex fori aus. Maßgeblich für die Qualifikation ist hier allein das ausländische materielle Recht.[38]

Beispiel: Die Erbfolge nach einem Belgier unterliegt gemäß Art. 25 I EGBGB belgischem Recht (Gesamtverweisung). Nach belgischem IPR beurteilt sich die Rechtsnachfolge in den beweglichen Nachlass nach dem Wohnsitzrecht, diejenige in den unbeweglichen Nachlass nach dem Recht des Lageorts. Der deutsche Richter hat die Abgrenzung zwischen beweglichem und unbeweglichem Nachlass dem belgischen Recht zu entnehmen.

17a Etwas anderes gilt im Falle der sog. *Qualifikationsverweisung.* Namentlich die Rechtsordnungen des common law befragen im Falle von Anknüpfungsregeln, welche zwischen beweglichem und unbeweglichem Vermögen unterscheiden, das Recht des Lageortes, ob dieser den jeweiligen Vermögensgegenstand als unbewegliches Vermögen qualifiziert. Erst aufgrund dieser Qualifikation durch die potentiell berufene Rechtsordnung erfolgt dann die Verweisung auf das Recht des Lageortes.

Beispiel: Das Kollisionsrecht des US-Bundesstaats Ohio verweist für die Erbfolge in unbewegliches Vermögen auf das Recht des Lageortes. Diesem überlässt es gleichzeitig die Qualifikation, ob es sich im Einzelfall um unbewegliches Vermögen handelt. Somit ist die Frage, ob Ansprüche aus dem Vermögensgesetz auf Restitution eines in der ehemaligen DDR belegenen Grundstücks unbewegliches Vermögen darstellen, nach deutschem Recht zu beantworten.[39]

2. Qualifikation nach der lex causae

18 Nach der vor allem von *Martin Wolff*[40] vertretenen lex-causae-Qualifikation soll nicht die lex fori, sondern das *zur Anwendung berufene (ausländische) Recht* darüber entscheiden, unter welche Kollisionsnorm ein bestimmtes Rechtsinstitut einzuordnen ist. Maßgeblich ist die Einordnung des ausländischen materiellen Rechts.

19–22 Die Ansicht hat trotz ihres unbestreitbaren Vorzugs, sich „einer unbeholfenen Kennzeichnung auslandsrechtlicher Gebilde"[41] zu enthalten, kaum Anhänger gefunden. Hierfür sind vor allem zwei Gründe ausschlaggebend: Methodisch erfordert die Qualifikation nach der lex causae einen Vorgriff auf das anwendbare Recht, das eigentlich erst im Anschluss an die Qualifikation ermittelt werden kann.[42] Noch gewichtiger erscheint, dass der Ansatz im Ergebnis auf ein System einseitiger Kollisionsnormen hinausliefe, da ausländisches Recht nur dann angewandt würde, wenn es

---

[38] *Neuhaus,* Grundbegriffe, S. 123; *Siehr,* IPR, S. 431.
[39] *BGH* 10. 5. 2000, BGHZ 144, 251 = NJW 2000, 2421 = IPRax 2002, 40 m. Anm. *Umbeck,* 33–35 = JR 2001, 234 m. Anm. *Rauscher* = IPRspr 2000 Nr. 97.
[40] *Wolff,* IPR, S. 54–60; ihm folgend: *Süß,* JW 1937, 1975 f.
[41] *Wolff,* IPR, S. 54.
[42] *Keller/Siehr,* IPR, S. 440; *Neuhaus,* Grundbegriffe, S. 124; *Selb,* AcP 157 (1958/59), 341–349.

selbst angewandt sein will.[43] Folge wären positive oder negative Kompetenzkonflikte zwischen den beteiligten Rechtsordnungen. Normenwidersprüche in Form von Normenmangel bzw. Normenhäufung erforderten in einer Vielzahl von Fällen eine Anpassung des Kollisions- bzw. Sachrechts. Der interne Entscheidungseinklang würde geopfert, ohne dass internationaler Entscheidungseinklang gewährleistet wäre.[44]

3. Rechtsvergleichende Qualifikation

Auch die von *Ernst Rabel*[45] (1874–1955) begründete rechtsvergleichende Qualifikation vermochte sich nicht durchzusetzen. Ihr begrüßenswerter Ansatz, die in den Kollisionsnormen verwandten Systembegriffe *autonom*, d. h. losgelöst von der Begrifflichkeit der lex fori oder der lex causae, auszulegen,[46] scheitert an seiner praktischen Umsetzung. Eine rechtsvergleichende Auslegung, welche die einzelnen Rechtsinstitute nach deren rechtspolitischen Zwecken einordnet, kann nur von einem international besetzten Gericht wie dem EuGH[47] vorgenommen werden, nicht vom nationalen Richter. Freilich hat der Ansatz im Rahmen einer Weiterentwicklung der lex-fori-Theorie Berücksichtigung gefunden. Darüber hinaus werden in internationalen Übereinkommen verwendete Begriffe überwiegend autonom qualifiziert, um eine einheitliche Anwendung des Übereinkommens durch die Gerichte aller Vertragsstaaten zu gewährleisten. **23–26**

4. Funktionelle Qualifikation

Die lex-fori-Theorie wird heute, insbesondere bei der Qualifikation von dem deutschen Recht unbekannten ausländischen Rechtsinstituten, durch die *funktionelle* bzw. *teleologische*[48] *Qualifikation* ergänzt. Diese verbindet Elemente der lex-fori-Theorie mit denen der rechtsvergleichenden Qualifikation. Sie ist damit nicht so neu, wie es auf den ersten Blick erscheinen mag. Dem Grunde nach wurde sie schon von *Kahn*[49] gefordert und vom *Reichsgericht*[50] in einigen Entscheidungen vertreten. Sie ermöglicht ein von der Regelungssystematik der materiellen lex fori losgelöstes Verständnis der Kollisionsnormen und wird im Wesentlichen in zwei Spielarten vertreten: **27**

(1) *Nach den Zwecken der Kollisionsnormen. Kegel* hält für die Qualifikation die internationalprivatrechtlichen Interessen für ausschlaggebend, die mit der jeweiligen **28**

---

[43] Hierzu § 4 Rn. 12.
[44] *Keller/Siehr,* IPR, S. 440; *Kegel/Schurig,* IPR, S. 342 m. w. Nachw.; *Neuhaus,* Grundbegriffe, S. 125; Soergel/*Kegel,* Vor Art. 3 Rn. 118. Dazu näher unten Rn. 32 f.
[45] *Rabel,* RabelsZ 5 (1931), 241–288.
[46] Hierzu: *Kegel/Schurig,* IPR, S. 343–346; Soergel/*Kegel,* Vor Art. 3 Rn. 119; *Neuhaus,* Grundbegriffe, S. 126 f.
[47] Hierzu § 3 Rn. 188–192.
[48] So *Kegel/Schurig,* IPR, S. 346 (auch: „internationalprivatrechtliche Qualifikation").
[49] *Kahn,* Gesetzeskollisionen, in: Lenel/Lewald, Abhandlungen zum IPR (1928), S. 99.
[50] *RG* 6. 7. 1934, RGZ 145, 121 = IPRspr 1934 Nr. 29; *RG* 11. 4. 1940, RGZ 163, 367 (375 f.) = IPRspr 1935–44 Nr. 223.

Kollisionsnorm verfolgt werden (Partei-, Verkehrs- oder Ordnungsinteressen). Sachverhalte bzw. Sachnormen mit vergleichbarer internationalprivatrechtlicher Interessenlage sollen dabei unter die gleiche Kollisionsnorm zu subsumieren sein.[51] Dieser Ansatz wird auch als lex-fori-Theorie im weiteren Sinne bezeichnet: Zwar geht er von den Wertungen des inländischen Rechts aus; im Unterschied zur lex-fori-Theorie im engeren Sinne sieht er sich jedoch nicht an die Systembegriffe des internen materiellen Rechts gebunden.

29 (2) *Nach den Zwecken der Sachnorm. Neuhaus,*[52] *Lewald*[53] und andere befürworten dagegen eine Qualifikation anhand der Funktion der einzelnen Rechtsinstitute im Rechtsleben. Dieser Ansatz bedient sich rechtsvergleichender Methoden und baut insoweit auf der Lehre *Rabels* auf. Es wird vermutet, dass die Lebensverhältnisse und die daraus resultierenden Bedürfnisse und Probleme der Menschen überall auf der Welt ähnlich sind *(praesumtio similitudinis)*. Nur die Art der Problemlösung unterscheidet sich von Rechtsordnung zu Rechtsordnung, der dahinterstehende Regelungszweck bleibt der gleiche. Daher soll dieser für die Qualifikation maßgeblich sein.

30 *Stellungnahme:* Im Rahmen der funktionellen Qualifikation sind sowohl die Zwecke der Sachnorm als auch diejenigen der deutschen Kollisionsnormen von Bedeutung. Bei der Ermittlung dieser Zwecke dient die lex fori als Ausgangspunkt. „Die dem deutschen Richter dabei obliegende Aufgabe ist es, die Vorschriften des ausländischen Rechts, insbesondere wenn sie eine dem deutschen Recht unbekannte Rechtsfigur enthalten, nach ihrem Sinn und Zweck zu erfassen, ihre Bedeutung vom Standpunkt des ausländischen Rechts zu würdigen und sie mit Einrichtungen der deutschen Rechtsordnung zu vergleichen. Auf der so gewonnenen Grundlage sind sie den aus den Begriffen und Abgrenzungen der deutschen Rechtsordnung aufgebauten Merkmalen der deutschen Kollisionsnormen (…) zuzuordnen."[54]

B. Anpassung

Literatur: *Derstadt,* Die Notwendigkeit der Anpassung bei Nachlaßspaltung im internationalen Erbrecht (1998); *Hug,* Die Substitution im IPR (1983); *Kropholler,* Die Anpassung im Kollisionsrecht, FS Ferid (1978), S. 271–289; *Looschelders,* Die Anpassung im Internationalen Privatrecht (1995); *van Venrooy,* Internationalprivatrechtliche Substitution (1999).

I. Begriff

31 Der Begriff *Anpassung*[55] bezeichnet die Auflösung von Normenwidersprüchen zwischen mehreren zur Anwendung berufenen Rechtsord-

---

[51] *Kegel/Schurig,* IPR, S. 346–355; Soergel/*Kegel,* Vor Art. 3 Rn. 120.
[52] *Neuhaus,* Grundbegriffe, S. 129–131.
[53] *Lewald,* Rec cours 69 (1939 III), 1–125 (78–84).
[54] *BGH* 19. 12. 1958, BGHZ 29, 137 (139) = NJW 1959, 717 = *Schack,* Höchstrichterliche Rechtsprechung, Nr. 27 = IPRspr 1958/59 Nr. 112.
[55] *Neuhaus,* Grundbegriffe, S. 353; *Keller/Siehr,* IPR, S. 450f.

nungen.[56] Diese Normenwidersprüche beruhen weniger auf Unterschieden zwischen den beteiligten Privatrechtsordnungen als vielmehr darauf, dass das Kollisionsrecht die daraus herrührenden Konflikte nicht vollständig zu lösen vermag.[57] Es handelt sich daher um ein kollisionsrechtliches Problem.[58] Die praktische Bedeutung ist gering; so wird ein Schulfall (schwedische Witwe) über die Jahrzehnte fortgeschleppt, obgleich dessen rechtliche Grundlagen seit Langem entfallen sind.[59] Gleichwohl lässt sich die Problematik an den Ansprüchen des überlebenden Ehegatten nach dem Tod seines Partners aufzeigen: Nach deutschem Verständnis erhält der überlebende Ehegatte die Erbquote gemäß § 1931 I BGB und den pauschalierten Zugewinnausgleich gemäß § 1371 BGB. Über die Erbquote entscheidet das Erbstatut; die Erhöhung des gesetzlichen Erbteils durch den pauschalierten Zugewinnausgleich wird güterrechtlich qualifiziert.[60] Weil aber Art. 15 und Art. 25 EGBGB unterschiedliche Anknüpfungsmomente verwenden, werden Normenwidersprüche möglich und es entsteht gegebenenfalls Anpassungsbedarf. Güter- und Erbstatut fallen etwa dann auseinander, wenn Ehegatten mit unterschiedlicher Staatsangehörigkeit in einem Drittstaat leben. Güterstatut ist hier das Recht des gemeinsamen gewöhnlichen Aufenthalts bei Eheschließung (Art. 15 I, 14 I Nr. 2 EGBGB), während die Rechtsnachfolge von Todes wegen jeweils dem Heimatrecht des Erblassers im Zeitpunkt seines Todes unterliegt (Art. 25 EGBGB).

1. Fallgruppen

a) Normenmangel

Beispiel 1: Ein Ungar, der mit seiner deutschen Ehefrau und dem gemeinsamen Kind **32** in Deutschland gelebt hat, verstirbt ohne Hinterlassung eines Testaments. Was steht der Witwe zu?
Güterstatut ist deutsches Recht (Art. 15 I, 14 I Nr. 2 EGBGB). Gemäß § 1371 BGB erhält die Frau ¼ der Erbschaft. – Erbstatut ist ungarisches Recht (Art. 25 I EGBGB). Das ungarische IPR (§ 36 IPR-GesetzesVO) knüpft gleichfalls an das Heimatrecht des Erblassers im Todeszeitpunkt an und nimmt die Gesamtverweisung durch das deutsche IPR folglich an. Nach ungarischem Sachrecht hat der überlebende Ehegatte neben Kindern des Erblassers kein Erbrecht, sondern nur einen Nießbrauch am Nachlass (§§ 607, 615 ungar. ZGB); denn das ungarische Recht nimmt einen güterrechtlichen Ausgleich vor: Endet die gesetzlich vorgesehene Gütergemeinschaft (§ 27 I ungar. FamG), so hat der überlebende Ehegatte Anspruch auf die Hälfte des

---

[56] Der Begriff „Anpassung" ist dem der „Angleichung" vorzuziehen, da zur Lösung des Problems nur die Rechtsanwendung im Einzelfall modifiziert wird, nicht aber die beteiligten Rechtsordnungen oder Normen als solche einander angeglichen werden; so auch *Neuhaus*, Grundbegriffe, S. 353; *Looschelders*, Anpassung im IPR, S. 4.
[57] Näher zu den Entstehungsgründen von Normenwidersprüchen unten Rn. 34.
[58] *Keller/Siehr*, IPR, S. 450 f.
[59] Vgl. Soergel/*Kegel*, Vor Art. 3 Rn. 155.
[60] Staudinger/*Mankowski*, Art. 15 Rn. 324.

gemeinsamen, während der Ehe erworbenen Vermögens (§ 31 ungar. FamG). Käme im vorliegenden Fall ausschließlich deutsches oder ungarisches Recht zur Anwendung, so erhielte die Witwe u. U. mehr als bei der Kombination beider Rechtsordnungen. Es liegt ein (teilweiser) Normenmangel vor, der eine Anpassung erforderlich macht.

Beispiel 2:[61] Bei einem Autounfall in Deutschland wird der in Belgien wohnhafte 20-jährige J getötet. Seine Eltern, die in Belgien einen Bauernhof betreiben, klagen gegen die Versicherungsgesellschaft des Unfallgegners, eines Brasilianers, dessen Kfz in den Niederlanden zugelassen ist, auf Zahlung einer monatlichen Rente wegen entgangener Dienste des Sohnes im elterlichen Betrieb.

Nach der Tatortregel gelangt deutsches Recht zur Anwendung; Anspruchsgrundlage ist § 845 BGB. Fraglich ist, ob den J eine Dienstleistungspflicht gegenüber seinen Eltern traf (Vorfrage). Darüber entscheidet nach Art. 21 EGBGB (Eltern-Kind-Verhältnis) belgisches Recht als das Recht am gewöhnlichen Aufenthalt des J; dieses kennt keine dem § 1619 BGB entsprechende Regelung. Jedoch hätte belgisches Deliktsrecht den Eltern einen Schadensersatzanspruch gewährt (Art. 1382 belg. Code civil).

b) Normenhäufung

33 **Beispiel:** Heiratet ein Deutscher in Ungarn eine Ungarin und nehmen beide dort ihren gewöhnlichen Aufenthalt, so stehen der Ehefrau beim Tode ihres Gatten sowohl nach deutschem Erbstatut als auch nach ungarischem Güterstatut Ansprüche zu. Durch die Teilanwendung beider Rechtsordnungen erhielte die Witwe u. U. mehr, als ihr nach jeder Einzelnen zustünde.[62] Man spricht von Normenhäufung. Auch hier ist Anpassung erforderlich.

2. Ursachen

34 Anpassungsprobleme sind eine Folge der *analytischen Methode des IPR:* Der zu beurteilende Lebenssachverhalt wird unter sachlichen bzw. zeitlichen Gesichtspunkten zerlegt (z. B. Unterscheidung zwischen erbrechtlichen und güterrechtlichen Ansprüchen, Abspaltung von Teilfragen, Statutenwechsel); die einzelnen Rechtsfragen werden unterschiedlichen Rechtsordnungen unterstellt.[63] Dadurch kann es zu einem Neben- oder Nacheinander mehrerer Rechtsordnungen kommen.[64] Sofern diese nicht aufeinander abgestimmt sind, führt dies zu widersprüchlichen Ergebnissen,[65] die im Wege der Anpassung beseitigt werden müssen. Die Anpassung erfordert also eine Synthese unterschiedlicher Rechtsordnungen. – Insbesondere im Internationalen Schuldrecht wird versucht,

---

[61] *OLG Köln* 8. 3. 1994, FamRZ 1995, 1200 = IPRspr 1994 Nr. 47; vgl. auch den „Tänzerin"-Fall: *OLG Celle* 30. 11. 1978, IPRspr 1979 Nr. 20, dazu: *von Bar/ Mankowski,* IPR I, § 7 Rn. 252, 256; *Looschelders,* Anpassung im IPR, S. 13.

[62] S. auch den deutsch-österreichischen Erbfall *LG Mosbach* 18. 3. 1997, JuS 1999, 296 (LS) m. Anm. *Hohloch* = IPRspr 1997 Nr. 119.

[63] Zur Anknüpfung von Teilfragen unten Rn. 43–46; zum Statutenwechsel § 5 Rn. 97–110.

[64] *Neuhaus,* Grundbegriffe, S. 354 f.

[65] MüKo/*Sonnenberger,* Einl. IPR, Rn. 601.

Normenwidersprüche im Wege der akzessorischen Anknüpfung sämtlicher Anspruchsarten an das Statut des den Schwerpunkt der Rechtsbeziehungen bildenden Rechtsverhältnisses von vornherein auszuschließen.[66]

II. Lösungsmöglichkeiten

Anpassungsprobleme lassen sich durch eine modifizierte Anwendung 35 entweder des eigenen Kollisionsrechts oder aber der beteiligten Sachrechte ausräumen. Dabei kann je nach Art des zu beseitigenden Normenwiderspruchs die eine oder die andere Methode vorzugswürdig sein. Einen allgemeingültigen Weg zur Lösung von Anpassungsproblemen gibt es nicht, jedoch bewährte Lösungsmodelle.[67]

1. Kollisionsrechtliche Lösung

Kollisionsrechtlich lassen sich Normenwidersprüche dadurch ausräu- 36 men, dass die gesamte Rechtsbeziehung einem einheitlichen Recht unterstellt wird. Welcher Rechtsordnung dabei im Einzelfall der Vorzug gegeben wird, beruht auf einer Wertentscheidung.[68]

Im *Beispiel 1* (oben Rn. 32) lässt sich der Wertungswiderspruch (Normenmangel) dadurch beseitigen, dass die Frage der Ausgleichsansprüche zwischen Ehegatten im Todesfall insgesamt entweder dem Erbstatut (Art. 25 EGBGB) oder dem Güterstatut (Art. 15 EGBGB) unterstellt wird.[69] Hierbei dürfte die Unterstellung des gesamten Ausgleichs – einschließlich des erbrechtlichen – unter das Güterstatut vorzuziehen sein, da der Schwerpunkt der Auseinandersetzung typischerweise in der Verteilung des während der Ehe erworbenen Vermögens liegt.[70]
In *Beispiel 2* (oben Rn. 32) wäre zu erwägen, die Vorfrage der Dienstleistungspflicht des J nicht selbständig anzuknüpfen, sondern dem Statut der Hauptfrage zu unterwerfen, diese im Ergebnis somit als Teilfrage des Deliktsstatuts zu behandeln.[71] Über die Anwendung des § 1619 BGB gelangte man so zu einem Schadensersatzanspruch der Eltern des J aus § 845 BGB.

2. Materiellrechtliche Lösung

Als ultima ratio kommt die Schaffung neuer Sachnormen durch den 37 Richter in Betracht.[72]

---

[66] Hierzu § 10 Rn. 62 sowie § 11 Rn. 14, 40 f.
[67] *Kropholler*, IPR, S. 237–240; MüKo/*Sonnenberger*, Einl. IPR, Rn. 602–613.
[68] Hierzu: *Siehr*, IPR, S. 438; Soergel/*Kegel*, Vor Art. 3 Rn. 157; *Baetge*, JuS 1996, 600–605 (604).
[69] Zum Meinungsstand *Kropholler*, IPR, S. 238 f.
[70] So etwa *Kegel/Schurig*, IPR, S. 366 f.
[71] Dies entspräche einem zur Beantwortung statusrechtlicher Vorfragen im Rahmen des Unterhaltsstatuts entwickelten Ansatz; vgl. hierzu § 8 Rn. 83–84.
[72] *Junker*, IPR, Rn. 267; *Neuhaus*, Grundbegriffe, S. 358.

Im *Beispiel 1* (oben Rn. 32) könnte die Ehefrau z. B. das erhalten, was ihr nach beiden Rechtsordnungen zusteht. Wieviel dies ist, ist rechtsvergleichend zu ermitteln.[73] Man könnte ihr aber auch den Mittelwert zwischen den Ansprüchen nach deutschem bzw. ungarischem Recht zugestehen.[74]

Im *Beispiel 2* (oben Rn. 32) entschied das OLG Köln, dass den Eltern des J das zu gewähren sei, was sie nach beiden Rechtsordnungen unabhängig voneinander erhalten würden. Es sei geboten, „im Rahmen des § 845 BGB das belgische Schadensersatzrecht an die Stelle der fehlenden belgischen Dienstleistungsverpflichtung im Sinne des § 1619 BGB treten zu lassen."[75]

Die Schaffung einer neuen Sachnorm hat den Nachteil, dass diese ein in keiner der beteiligten Rechtsordnungen vorgesehenes Kunstgebilde ist. Dieser Ausweg sollte deshalb nur beschritten werden, wenn es an einem näheren Bezug zu einer der kollisionsrechtlich zur Anwendung berufenen Rechtsordnungen fehlt.[76]

III. Transposition

38–39 Wie bereits dargelegt,[77] bereiten fremdartige Rechtsinstitute vielfach Probleme im Rahmen der Qualifikation. Aber auch wenn die maßgebliche Kollisionsnorm und damit das anwendbare Recht bestimmt sind, können sich insbesondere im Falle sachenrechtlicher Vorgänge Schwierigkeiten bei der Abstimmung des ausländischen Rechtsinstituts mit dem deutschen Recht, etwa dem sachenrechtlichen numerus clausus, ergeben. Die früher wohl h. M. sprach sich insoweit für eine Umwandlung des dem deutschen Recht unbekannten Rechtsinstituts in ein dem gleichen Zweck dienendes deutsches Rechtsinstitut aus; diesen Vorgang bezeichnet man als *Transposition*.[78] Nach Schaffung des Art. 43 II EGBGB im Zuge der IPR-Reform von 1999 ist eine solche Transposition nicht länger erforderlich; die rechtlichen Wirkungen eines ausländischen Instituts werden lediglich durch das Recht des neuen Lageorts begrenzt.[79]

IV. Exkurs: Substitution

40 Eng verwandt mit der Transposition ist die *Substitution*.[80] Hierbei geht es um die Frage, ob ein ausländisches Rechtsinstitut einem deutschen gleichwertig ist und dieses daher im Tatbestand einer deutschen Sachnorm ersetzen kann (Beispiel: öffentliche Beglaubigung gemäß § 129

---

[73] So etwa Staudinger/*Mankowski,* Art. 15 Rn. 378 f.; Palandt/*Heldrich,* Art. 15 Rn. 26.

[74] *von Overbeck,* NethIntLRev 9 (1962), 362–379 (368 f.).

[75] OLG Köln 8. 3. 1994, FamRZ 1995, 1200 = IPRspr 1994 Nr. 47 (S. 100).

[76] MüKo/*Sonnenberger,* Einl. IPR, Rn. 613.

[77] S. oben Rn. 8–10.

[78] Hierzu: *Keller/Siehr,* IPR, S. 518 f.; *Kropholler,* IPR, S. 561; *Junker,* IPR, Rn. 268.

[79] Hierzu § 12 Rn. 31 f.

[80] Zur Abgrenzung der Substitution von Anpassung bzw. Vorfrage s. *Hug,* Substitution im IPR (1983); *Mansel,* FS W. Lorenz (1991), S. 689–715 (701–707).

BGB durch einen ausländischen Notar[81]). Es handelt sich somit um eine Erscheinungsform des *Auslandssachverhalts*.[82]

Fall:[83] Nach deutschem Recht bedarf die Satzungsänderung einer GmbH der notariellen Beurkundung (§§ 53, 55 GmbHG). Eine deutsche GmbH hatte ihre Gesellschafterversammlung, bei der eine Kapitalerhöhung beschlossen worden war, in den Niederlanden abgehalten. Die Beurkundung des Beschlusses der Gesellschafterversammlung wurde von einem niederländischen Notar vorgenommen. Nach einer verbreiteten Ansicht genügt für Satzungsänderungen nicht die Beachtung der Ortsform; vielmehr sind die Formvorschriften des Gesellschaftsstatuts zu erfüllen.[84] Dann stellt sich die Frage, ob die Beurkundung durch einen niederländischen Notar den Anforderungen der §§ 53, 55 GmbHG genügt.

Scharf zu unterscheiden ist die Substitution von der Anpassung. Während die Anpassung auf Normenwidersprüchen zwischen den beteiligten Rechtsordnungen beruht, setzt die Substitution gerade voraus, dass das substituierende ausländische Rechtsinstitut dem deutschen Recht nicht fremdartig ist, sondern in seiner Ausgestaltung durch das ausländische Recht weitestgehend dem zu ersetzenden deutschen Institut entspricht.[85] **41**

C. Teilfrage – Erstfrage – Vorfrage

Im kollisionsrechtlichen Schrifttum ist die Unterscheidung zwischen Teilfrage, Erstfrage und Vorfrage[86] verbreitet; indes ist die Terminologie insoweit nicht einheitlich. Die Rechtsprechung bedient sich der Begriffe „Teilfrage" und „Erstfrage" nicht.[87] Von besonderer Schwierigkeit ist nur die Vorfrage.[88] **42**

I. Teilfrage

1. Begriff

Eine Teilfrage ist eine tatbestandliche Voraussetzung eines (komplexen) Rechtsverhältnisses, die durch Gesetz oder Richterrecht von diesem abgespalten und einem gesonderten Statut unterstellt werden kann.[89] Sie tritt daher niemals isoliert, sondern stets nur im Zusammenhang mit einer anderen Rechtsfrage – der sogenannten *Hauptfrage* – auf. Folgende Teilfragen unterliegen einer solchen Sonderanknüpfung: **43**

---

[81] *Kropholler,* IPR, S. 231 f.

[82] *Ferid,* IPR, § 2 Rn. 26–30; Soergel/*Kegel,* Vor Art. 3 Rn. 164a.E. (Fn. 1).

[83] *OLG Düsseldorf* 25. 1. 1989, NJW 1989, 2200 = *Schack,* Höchstrichterliche Rechtsprechung, Nr. 8 = IPRspr 1989 Nr. 34.

[84] Hierzu § 7 Rn. 42.

[85] *Kropholler,* IPR, S. 231; MüKo/*Sonnenberger,* Einl. IPR, Rn. 614–618.

[86] Grundlegend: *Melchior,* Die Grundlagen des deutschen IPR (1932), S. 245–265; *Wengler,* RabelsZ 8 (1934), 148–251.

[87] *Hüßtege,* IPR, S. 20.

[88] Hierzu näher unten Rn. 56–72.

[89] *Neuhaus,* Grundbegriffe, S. 136–140 m. w. Nachw.

- Geschäftsfähigkeit (Art. 7 I EGBGB)
- Form des Rechtsgeschäfts (Art. 11 EGBGB)
- Vertretungsmacht[90]
- Ehefähigkeit[91]
- Testierfähigkeit[92]
- Testamentsform (Art. 26 EGBGB)

44 Die Abspaltung von Teilfragen hat einerseits den Vorteil, dass durch eine gesonderte Anknüpfung den berührten Interessen in stärkerem Maße Rechnung getragen werden kann. So begünstigt z. B. die gesonderte Anknüpfung der Form in Art. 11 EGBGB die Wirksamkeit des Vertragsschlusses (Parteiinteresse).[93] – Andererseits birgt die Sonderanknüpfung von Teilfragen die Gefahr, dass ein einheitlicher Lebenssachverhalt durch Anwendung unterschiedlicher Rechtsordnungen willkürlich zerrissen wird. Anpassungsprobleme sind die Folge.[94]

45 Das Gegenstück zur Aufspaltung eines einheitlichen Rechtsverhältnisses in Teilfragen bildet die *akzessorische Anknüpfung*. Hierbei werden *rechtssystematisch* getrennte Rechtsverhältnisse (z. B. Vertrag, GoA, Delikt) einem einheitlichen Recht unterstellt, weil sie *funktional* zusammengehören.[95]

2. Anknüpfung

46 Ist eine Teilfrage durch Gesetz eigenständig normiert (Beispiele: Art. 7 EGBGB – Geschäftsfähigkeit; Art. 11 EGBGB – Form) oder hat die Rechtsprechung für diese besondere Anknüpfungsregeln entwickelt (Beispiel: Stellvertretung[96]), so wird eine selbständige Anknüpfung vorgenommen. Ansonsten beurteilt sich die Teilfrage nach dem auf die Hauptfrage anwendbaren Recht.[97]

II. Erstfrage

1. Begriff

47 Die h. M. verwendet den Begriff „Erstfrage" nicht, sondern fasst diese Erscheinung mit der Vorfrage im engeren Sinne zusammen und bezeichnet beides als Vorfrage.[98] Unterscheidet man hingegen mit einem Teil des Schrifttums zwischen Erst- und Vorfrage, so bezeichnet erstere die Frage nach dem Bestehen solcher Rechtsverhältnisse oder Rechte, die im

---

[90] Hierzu § 7 Rn. 47–56.
[91] Hierzu § 8 Rn. 2–4.
[92] Hierzu § 9 Rn. 41.
[93] Hierzu § 7 Rn. 39–46.
[94] *Neuhaus,* Grundbegriffe, S. 133–140; *Lüderitz,* IPR, Rn. 143. Zur Anpassung s. oben Rn. 31–37.
[95] Hierzu § 10 Rn. 62 sowie § 11 Rn. 14, 40 f.
[96] Hierzu § 7 Rn. 47–56.
[97] *Kropholler,* IPR, S. 133 f.; MüKo/*Sonnenberger,* Einl. IPR, Rn. 548.
[98] Hierzu näher unten Rn. 56–58.

Tatbestand einer inländischen Kollisionsnorm vorausgesetzt werden (z. B. Bestehen einer Ehe der Kindesmutter in Art. 19 I 3 EGBGB – Abstammungsstatut).[99]

a) Abgrenzung zur Vorfrage

Die Erstfrage stellt sich bereits auf der Ebene des deutschen IPR, während die Vorfrage erst vom ausländischen IPR bzw. dem anwendbaren materiellen Recht aufgeworfen wird.[100] Bisweilen wird das gleiche präjudizielle Rechtsverhältnis sowohl von der inländischen Kollisionsnorm als auch von der ausländischen Kollisions- oder Sachnorm vorausgesetzt, ist also einmal Erstfrage, das andere Mal Vorfrage; dies soll nach Meinung mancher Autoren Auswirkungen auf die Anknüpfung der Vorfrage haben.[101] Ob eine Erstfrage vorliegt, ergibt sich unmittelbar aus der Formulierung der Kollisionsnorm;[102] eine Grenzziehung zur Vorfrage ist daher ohne weiteres möglich. Die Unterscheidung ist freilich nur dann sinnvoll, wenn hieraus Rückschlüsse für die Anknüpfung gezogen werden können.

48

b) Bedeutung

Erstfragen treten nach hier vertretener Ansicht dann auf, wenn eine Kollisionsnorm in ihrem Tatbestand auf ein bestimmtes Recht bzw. Rechtsverhältnis Bezug nimmt, das seinerseits wiederum Anlass zu einer kollisionsrechtlichen Fragestellung bietet, und die Frage nach dem Bestehen des Rechts oder Rechtsverhältnisses bereits auf der Ebene des deutschen Kollisionsrechts beantwortet werden muss, um das auf die Hauptfrage anwendbare Recht bestimmen zu können.

49

Fall:[103] Der griechische Gastarbeiter G heiratet seine griechische Verlobte F in Deutschland nach griechisch-orthodoxem Ritus vor einem Popen.[104] Der religiösen Zeremonie ist keine standesamtliche Eheschließung vorausgegangen; diese wurde auch später nicht nachgeholt. Eine Ermächtigung des Popen seitens der griechischen Regierung i. S. d. Art. 13 III 2 EGBGB fehlte ebenfalls. Ein Jahr später bringt F eine Tochter zur Welt. Nach welchem Recht beurteilt sich, ob G als Vater des Kindes anzusehen ist?

50

Die Abstammung eines Kindes richtet sich gemäß Art. 19 I EGBGB nach dem Recht seines gewöhnlichen Aufenthalts, dem Heimatrecht des jeweiligen Elternteils bzw.

---

[99] *Siehr*, IPR, S. 470, 567; *Kropholler*, IPR, S. 134; *von Bar/Mankowski*, IPR I, § 7 Rn. 186.

[100] *Neuhaus*, Grundbegriffe, S. 140 f.; *Hüßtege*, IPR, S. 20; näher dazu unten Rn. 58.

[101] Hierzu unten Rn. 70.

[102] *Neuhaus*, Grundbegriffe, S. 141; *Lüderitz*, IPR, Rn. 137; krit. im Hinblick auf ungeschriebene Kollisionsnormen: *Kegel/Schurig*, IPR, S. 381.

[103] Vgl. hierzu *BGH* 22. 1. 1965, BGHZ 43, 213 = NJW 1965, 1129 = FamRZ 1965, 311 m. Anm. *Bosch* und Anm. *Neuhaus*, 541–544 = IPRspr 1964/65 Nr. 81 b; *OLG Karlsruhe* 27. 4. 1983, FamRZ 1983, 757 = IPRspr 1983 Nr. 93.

[104] Vgl. hierzu *Bergmann/Ferid*, Internationales Ehe- und Kindschaftsrecht VI, Griechenland (2001), III B 1: Art. 1367 griech. ZGB lässt alternativ die Trauung nach griechisch-orthodoxem Ritus oder die Ziviltrauung zu.

dem allgemeinen Ehewirkungsstatut des Art. 14 I EGBGB (subsidiäre Anknüpfung[105]). Voraussetzung für die Anknüpfung an das Ehewirkungsstatut ist jedoch, dass die Kindesmutter verheiratet ist. Die Ehe der Kindesmutter ist hier Erstfrage, da ohne eine solche Ehe die Anknüpfungsalternative des Art. 19 I 3 EGBGB nicht zur Verfügung steht.

51 **Variante 1:** Da ihre Verbindung kinderlos bleibt, entschließen sich G und F, ein Kind zu adoptieren. Welchem Recht unterliegt die Annahme an Kindesstatt?

Art. 22 I EGBGB unterscheidet zwischen der Annahme durch unverheiratete Personen und der Annahme durch Ehegattten. Erfolgt die Annahme als Kind durch einen oder beide Ehegatten, so unterliegt diese nach Art. 22 I 2 EGBGB dem allgemeinen Ehewirkungsstatut (Art. 14 I EGBGB). Die Ehe des bzw. der Annehmenden ist Erstfrage, da ohne eine solche Ehe die Anknüpfung an die Staatsangehörigkeit des Annehmenden nach Art. 22 I 1 EGBGB einschlägig wäre.

Von Teilen des Schrifttums wird indes ein wesentlich weiterer Begriff der Erstfrage vertreten.[106] Danach reicht bereits die Bezugnahme auf ein bestimmtes Recht oder Rechtsverhältnis aus, ohne dass dessen Bestehen unabdingbare Voraussetzung für die Anwendung der fraglichen Kollisionsnorm wäre.

Beispiele: Gemäß Art. 14 I Nr. 1 EGBGB unterliegen die allgemeinen *Ehe*wirkungen vorrangig dem gemeinsamen Heimatrecht der *Ehegatten*. Erstfrage soll das Bestehen der Ehe sein. – Nach Art. 17 I 1 EGBGB unterliegt die Scheidung einer *Ehe* dem allgemeinen *Ehe*wirkungsstatut bei Rechtshängigkeit des Scheidungsantrags. Auch hier sei die bestehende Ehe Erstfrage. – Das *Eltern-Kind*-Verhältnis unterliegt nach Art. 21 EGBGB dem Recht am gewöhnlichen Aufenthalt des Kindes. Erstfrage sei somit die Abstammung des Kindes vom jeweiligen Elternteil.

In keinem dieser Fälle erfordert die Anwendung der deutschen Kollisionsnorm jedoch die Beantwortung der „Erstfrage". Vielmehr wird der präjudizielle Rechtsbegriff hier lediglich zur Umschreibung des Anknüpfungsgegenstands („allgemeine Ehewirkungen", „Eltern-Kind-Verhältnis") oder zur Bezeichnung des Anknüpfungsmoments („Heimatrecht der Ehegatten") verwendet. Insoweit reicht es aber aus, dass die Beteiligten des Rechtsstreits das Bestehen eines solchen Rechtsverhältnisses vortragen; eine Entscheidung über dessen Bestand ist erst auf der Ebene des Sachrechts erforderlich. Es handelt sich somit ausschließlich um eine Vorfrage.

Variante 2: G und F beantragen vor dem Amtsgericht ihres deutschen Wohnortes die Scheidung. Wie wird das Gericht entscheiden?

Die Antragsteller begehren die Scheidung ihrer „Ehe". Das auf die Scheidung anwendbare Recht ergibt sich aus Art. 17 I 1 EGBGB. In seinem Tatbestand scheint Art. 17 EGBGB das Bestehen einer Ehe vorauszusetzen: Besteht keine Ehe, so bedarf es auch nicht der Scheidung. Freilich ist diese Frage keineswegs bereits auf kollisionsrechtlicher Ebene zu entscheiden. Sie ist nicht Voraussetzung für die Bestimmung des Scheidungsstatuts. Zur Ermittlung der anwendbaren Rechtsordnung gemäß Art. 17 I 1 EGBGB reicht es vielmehr aus, dass die Parteien vortragen, bei Rechtshängigkeit des Scheidungsantrags miteinander verheiratet gewesen zu sein. Erst im Rahmen der

---

[105] Hierzu § 8 Rn. 131 f.
[106] *Kropholler*, IPR, S. 134 f.; *Lüderitz*, IPR, Rn. 137.

materiellen Prüfung ist die Frage nach dem Bestehen der Ehe zu beantworten. Es handelt sich ausschließlich um eine Vorfrage.

2. Anknüpfung

a) Grundsatz

Die Anknüpfung der Erstfrage ist wenig problematisch, wenn man diese **52** strikt von der Vorfrage trennt: Da die präjudizielle Rechtsfrage vom Kollisionsrecht des Forums aufgeworfen wird, hat die lex fori über deren Anknüpfung zu entscheiden *(selbständige Anknüpfung).*[107]

Im Ausgangsfall (Rn. 50) bedeutet die selbständige Anknüpfung der Erstfrage, dass **53** das Vorliegen einer Ehe zwischen G und F anhand des nach Art. 13 EGBGB maßgeblichen Rechts zu beurteilen ist. Gemäß Art. 13 I EGBGB unterliegen zwar die materiellen Ehevoraussetzungen (z. B. Ehefähigkeit, Verbot der Doppelehe) grundsätzlich dem griechischen Heimatrecht der Verlobten. Da G und F in Deutschland geheiratet haben, gilt hinsichtlich der Form der Eheschließung indes nicht die allgemeine Regelung des Art. 11 EGBGB, sondern Art. 13 III 1 EGBGB (lex specialis). Danach muss die Ehe in der in Deutschland vorgeschriebenen Form, also vor einem Standesbeamten (§ 1310 BGB), geschlossen worden sein. Dies war vorliegend nicht der Fall. Auch die Ausnahmeregel des Art. 13 III 2 EGBGB bezüglich der Eheschließung zwischen ausländischen Verlobten greift nicht zugunsten von G und F ein, da der Pope nicht von der griechischen Regierung ermächtigt war. Obwohl die Ehe zwischen G und F nach ihrem griechischen Heimatrecht wirksam zustande gekommen ist,[108] betrachtet das deutsche Recht die Eheschließung als unwirksam. Eine Anknüpfung der Abstammung nach Art. 19 I 3 EGBGB scheidet aus.

b) Ausnahmen

aa) Subsidiäre Anknüpfung der Ehelichkeit. Prüft man im Ausgangsfall (oben Rn. 50) **54** die Abstammung des Kindes, so ist im Rahmen der Anknüpfung nach Art. 19 I 3 EGBGB zu klären, ob eine wirksame Ehe der Mutter besteht. Während das griechische Recht dies bejaht, verneint das deutsche Recht die Erstfrage. Die Anwendung des Art. 13 III 1 EGBGB bedeutet hier für das Kind, dass die Anknüpfungsalternative des Art. 19 I 3 EGBGB nicht zur Verfügung steht. U. U. mag dies dazu führen, dass der „Ehemann" der Mutter nicht als Kindesvater festgestellt ist. Aus diesem Grund wird die Ansicht vertreten, dass die Erstfrage hier alternativ anzuknüpfen sei. Das im Rahmen des Art. 19 I EGBGB zu beachtende Günstigkeitsprinzip (Erleichterung der Abstammungsfeststellung) gebiete es, eine möglichst große Anzahl an Anknüpfungsalternativen zur Verfügung zu stellen.[109] – Dabei wird freilich übersehen, dass es seit der Ablösung des favor legitimitatis durch den favor filiationis nicht länger Ziel des Art. 19 I EGBGB ist, die eheliche Abstammung des Kindes zu fördern, sondern es allein darum geht, diesem einen Vater zuzuordnen. Hierzu ist eine alternative Anknüpfung der Erstfrage nicht erforderlich, da selbst dann, wenn die Wirksamkeit der Ehe aufgrund des Art. 13 III 1 EGBGB verneint wird, die Anknüpfungsalternativen des Art. 19 I 1, 2 EGBGB verbleiben.

---

[107] *Siehr,* IPR, S. 470; *Kropholler,* IPR, S. 223 f.
[108] Nach Art. 1367 griech. ZGB ist eine nach griechisch-orthodoxem Ritus geschlossene Ehe wirksam.
[109] Hierzu § 8 Rn. 130 sowie: MüKo/*Klinkhardt,* Art. 19 Rn. 42.

55 *bb) Erstfragen im Rahmen völkerrechtlicher Verträge.* Häufig werden die im Rahmen von völkerrechtlichen Verträgen auftretenden Erstfragen im Abkommen selbst materiellrechtlich geregelt (z. B. Art. 1 IV Haager Unterhaltsabkommen von 1956[110] – Definition des Begriffs „Kind"). Ansonsten sind sie stets unselbständig anzuknüpfen. Dies wird bisweilen im völkerrechtlichen Vertrag selbst ausdrücklich angeordnet, ergibt sich aber bereits aus dessen Zielsetzung. Völkerrechtliche Verträge dienen der Rechtsvereinheitlichung, weshalb bei ihrer Anwendung der internationale Entscheidungseinklang zu wahren ist. Dieser erfordert eine unselbständige Anknüpfung der Erstfrage nach der lex causae.[111] Konsequent ist es, bei in das autonome Kollisionsrecht inkorporierten völkerrechtlichen Verträgen die damit zusammenhängenden Erstfragen gleichfalls unselbständig anzuknüpfen.[112]

III. Vorfrage

1. Begriff

a) Vorfrage im weiteren Sinne

56 Die h. M.[113] verwendet den Begriff „Vorfrage" in einem weiten Sinn. Danach ist Vorfrage jede Frage nach dem Bestehen eines präjudiziellen Rechtsverhältnisses oder eines Rechts – ganz gleich, ob diese vom Tatbestand einer in- bzw. ausländischen Kollisions- oder Sachnorm aufgeworfen wird.

b) Vorfrage im engeren Sinne

57 Vorzugswürdig ist die von einem Teil des Schrifttums[114] vertretene Auffassung, die zwischen vom Tatbestand einer inländischen Kollisionsnorm aufgeworfener Erstfrage und Vorfrage im engeren Sinne unterscheidet. Nur diese Unterscheidung ermöglicht eine differenzierte und systematische Betrachtung der mit Vor- und Erstfrage verbundenen Anknüpfungsproblematik.[115]

58 Vorfragen sind nach der hier vertretenen Ansicht nur solche Fragen nach dem Bestehen eines präjudiziellen Rechtsverhältnisses oder Rechts, die von dem durch unsere Kollisionsnormen zur Anwendung berufenen (ausländischen) Recht aufgeworfen werden; dabei kann es sich um materielles Recht, aber auch um ausländisches Kollisionsrecht handeln. Vorfragen können sich damit erst im Anschluss an die kollisionsrechtliche Anknüpfung nach deutschem IPR stellen.

---

[110] BGBl. 1961 II S. 1013 = *Jayme/Hausmann,* Nr. 40; in Kraft seit dem 1. 1. 1962.

[111] *Lüderitz,* IPR, Rn. 141; *Wienke,* Zur Anknüpfung der Vorfrage bei internationalprivatrechtlichen Staatsverträgen (1977), S. 195.

[112] *Lüderitz,* IPR, Rn. 141.

[113] *Kegel/Schurig,* IPR, S. 373–375; *Junker,* IPR, Rn. 230–236.

[114] *Kropholler,* IPR, S. 134 f., 223 f.; *Rauscher,* IPR, S. 105 f.

[115] Näher hierzu oben Rn. 52–55 und unten Rn. 60–72.

Variante 3:[116] Der griechische Ehemann G verstirbt. Die Ehe ist kinderlos geblieben; **59**
Verwandte des Ehemannes leben nicht mehr. Wer ist sein gesetzlicher Erbe?
Art. 25 I EGBGB verweist auf das griechische Heimatrecht des Ehemannes. Da das
griechische IPR im Erbrecht gleichfalls dem Staatsangehörigkeitsprinzip folgt (Art. 28
griech. ZGB), nimmt es die Gesamtverweisung durch das deutsche IPR an. Gemäß
Art. 1821 griech. ZGB erhält die Ehefrau den gesamten Nachlass des Ehemannes als
gesetzliche Erbin, sofern keine anderen Angehörigen vorhanden sind.[117] Demnach
könnte die F hier gesetzliche Alleinerbin des G geworden sein. Voraussetzung dafür
ist jedoch, dass F die Ehefrau des G war. Dieses Tatbestandsmerkmal des Art. 1821
griech. ZGB ist vorab zu prüfen. Das Bestehen einer Ehe zwischen F und G ist im
Rahmen des Art. 1821 griech. ZGB Vorfrage.[118]

2. Anknüpfung

Zur Anknüpfung der Vorfrage werden im Wesentlichen zwei Positionen **60**
vertreten; daneben existieren verschiedene vermittelnde Ansichten.[119]
Die unterschiedlichen Auffassungen erlangen jedoch nur dann praktische Bedeutung, wenn auf die Hauptfrage ausländisches Recht zur Anwendung gelangt und die Kollisionsnormen der lex fori bzw. der lex
causae auf unterschiedliche Rechtsordnungen verweisen.

a) Selbständige Anknüpfung nach der lex fori

aa) Grundsatz. Der BGH[120] sowie die h.L.[121] knüpfen Vorfragen im **61**
engeren Sinne grundsätzlich selbständig an, d.h., das präjudizielle
Rechtsverhältnis wird nach den Kollisionsnormen der lex fori beurteilt.
Für die Lösung der Variante 3[122] bedeutet dies, dass das Vorliegen einer Ehe zwischen
G und F, die Voraussetzung für die Erbenstellung der F nach Art. 1821 griech. ZGB
ist, ausgehend vom deutschen IPR zu beurteilen ist. Danach ist aufgrund von Art. 13
III 1 EGBGB eine Ehe zwischen G und F nicht zustande gekommen.[123] Als Folge ist
die F nicht gesetzliche Erbin des G, obwohl die Ehe zwischen F und G nach griechi-
schem Sachrecht wirksam und F damit Ehefrau des G war.

Selbständige Anknüpfung der Vorfrage bedeutet, dass diese so beurteilt **62**
wird, als wäre sie Hauptfrage. Das Bestehen bzw. Nichtbestehen eines
Rechtsverhältnisses oder Rechts wird aus der Sicht des deutschen IPR
somit immer gleich beurteilt, unabhängig davon, ob es in Gestalt einer

---

[116] Ausgangsfall oben Rn. 50.
[117] *Ferid/Firsching*, Internationales Erbrecht III, Griechenland (1979), Grdz. E III,
Rn. 62–64.
[118] Zur weiteren Lösung des Falles vgl. unten Rn. 61 bzw. Rn. 68.
[119] *Ferid*, IPR, § 4 Rn. 62; *Hüßtege*, IPR, S. 30 f.
[120] BGH 22. 1. 1965, BGHZ 43, 213 = NJW 1965, 1129 = FamRZ 1965, 311 m. Anm.
Bosch und Anm. *Neuhaus*, 541–544 = IPRspr 1964/65 Nr. 81 b; *BGH* 12. 3. 1981,
NJW 1981, 1900 = IPRspr 1981 Nr. 128.
[121] *von Bar/Mankowski*, IPR I, § 7 Rn. 194–213; *Kegel/Schurig*, IPR, S. 376–382; *Lüderitz*, IPR, Rn. 140; *Kropholler*, IPR, S. 226; *Junker*, IPR, Rn. 244.
[122] S. oben Rn. 59.
[123] S. oben Rn. 53.

Vor-, Erst- oder Hauptfrage auftritt. Die selbständige Anknüpfung gewährleistet folglich den *internen Entscheidungseinklang*.[124]

bb) Ausnahmen. Die h.M. erkennt mehrere Ausnahmen von der selbständigen Anknüpfung der Vorfrage an:

63 *(1) Privatrechtliche Vorfragen im Staatsangehörigkeitsrecht*
Knüpft ein Staat den Erwerb bzw. Verlust seiner Staatsangehörigkeit an familienrechtliche Tatbestände, wie z.B. Abstammung oder Eheschließung, an, so werden diese privatrechtlichen Vorfragen aus der Sicht des IPR des betreffenden Staates (lex causae) beurteilt. Die unselbständige Anknüpfung solcher Vorfragen folgt aus dem Grundsatz, dass jeder Staat selbst entscheidet, wen er als seinen Staatsangehörigen ansieht.[125]

64 *(2) Vorfragen in völkerrechtlichen Verträgen*
Wie bereits dargelegt,[126] sind präjudizielle Rechtsverhältnisse in völkerrechtlichen Verträgen – soweit nichts anderes im Abkommen selbst angeordnet wird – im Interesse des internationalen Entscheidungseinklangs unselbständig anzuknüpfen. Dieser Grundsatz gilt auch für ins nationale Recht inkorporierte völkerrechtliche Verträge (Art. 18, 26, 27–37 EGBGB).[127] Daher beurteilt der BGH die Feststellung der Vaterschaft im Rahmen des Art. 18 EGBGB aus der Sicht des für die Unterhaltsverpflichtung maßgeblichen Rechts, knüpft die Vorfrage also unselbständig an.[128]

65–66 *(3) Familienrechtliche Vorfragen im Namensrecht*
Im Internationalen Namensrecht ist der Erwerb bzw. Verlust des Namens regelmäßig an familienrechtliche Tatbestände, z.B. Abstammung oder Eheschließung (vgl. Art. 10 II, III EGBGB), gekoppelt. Damit eine Person überall auf der Welt den gleichen Namen führen kann, sind die mit dem Erwerb bzw. Verlust eines Namens zusammenhängenden familienrechtlichen Vorfragen grundsätzlich unselbständig anzuknüpfen. Zudem kann durch eine Unterstellung der Statusfrage unter das IPR des Namensstatuts (Art. 10 I EGBGB – Heimatrecht des Betroffenen) gewährleistet werden, dass privates und öffentliches Namensrecht (Name in den Ausweispapieren) übereinstimmen.[129]

Nach a.A. sind familienrechtliche Vorfragen des Namensrecht hingegen selbständig anzuknüpfen.[130] Dem entspricht die Rechtsprechung des BGH zur früheren Feststellung der Ehelichkeit als Voraussetzung für den Namenserwerb.[131] Begründet wird dies mit dem internen Entscheidungseinklang: Das deutsche Recht kenne keine nur für einzelne Rechtsbeziehungen geltende Vaterschaft; die Abstammung müsse daher aus der Sicht des deutschen Rechts immer gleich beurteilt werden. Deshalb sei hier

---

[124] *Kropholler*, IPR, S. 226; *von Bar/Mankowski*, IPR I, § 7 Rn. 194; *Kegel/Schurig*, IPR, S. 381.
[125] Hierzu § 5 Rn. 37 sowie: *Kegel/Schurig*, IPR, S. 382 f.; *Kropholler*, IPR, S. 227.
[126] S. oben Rn. 55.
[127] *Lüderitz*, IPR, Rn. 141.
[128] *BGH* 15. 2. 1984, BGHZ 90, 129 = NJW 1984, 1299 = IPRax 1986, 35 m. Anm. *Klinkhardt*, 21–25 = StAZ 1984, 194 m. Anm. *Beitzke* und Anm. *Rauscher*, 306–308 = *Schack*, Höchstrichterliche Rechtsprechung, Nr. 6 = IPRspr 1984 Nr. 96.
[129] *Kegel/Schurig*, IPR, S. 595–597; *Kropholler*, IPR, S. 227; näher dazu § 7 Rn. 13.
[130] *Kegel/Schurig*, IPR, S. 383.
[131] *BGH* 15. 2. 1984, BGHZ 90, 129 = NJW 1984, 1299 = IPRax 1986, 35 m. Anm. *Klinkhardt*, 21–25 = StAZ 1984, 194 m. Anm. *Beitzke* und Anm. *Rauscher*, 306–308 = *Schack*, Höchstrichterliche Rechtsprechung, Nr. 6 = IPRspr 1984 Nr. 96; *BGH* 9. 7. 1986, NJW 1986, 3022 = IPRax 1987, 22 m. Anm. *Sturm*, 1–4 = IPRspr 1986, Nr. 11.

selbständig anzuknüpfen. Entsprechendes dürfte für die heutige Feststellung der Elternschaft gelten.

b) Unselbständige Anknüpfung nach der lex causae

aa) Grundsatz. Im Anschluss an *Melchior* und *Wengler*,[132] die Entdecker **67** der Vorfragenproblematik, wird von Teilen der Lehre eine unselbständige Anknüpfung der Vorfrage vertreten.[133] Danach ist die Vorfrage ausgehend vom IPR – nicht vom materiellen Recht[134] – der lex causae zu beantworten.

Nach dieser Auffassung wäre die F in der Variante 3[135] gemäß Art. 1821 griech. ZGB gesetzliche Alleinerbin des G geworden, denn aus der Sicht des griechischen IPR war die Ehe zwischen G und F wirksam.[136]

Als Vorzug der unselbständigen Anknüpfung wird hervorgehoben, dass **68** deutsche Gerichte die Vorfrage damit ebenso behandeln wie der ausländische Richter. Dies fördert den *internationalen Entscheidungseinklang*, der Leitprinzip des IPR ist.[137] Zudem gebietet die kollisionsrechtliche Verweisung auf fremdes Recht, dieses entsprechend der ausländischen Rechtspraxis anzuwenden. Dies bedeutet, dass die in ausländischen Normen verwendeten Tatbestandsmerkmale aus der Sicht des ausländischen Rechts auszulegen sind.[138]

Für die unselbständige Anknüpfung der Vorfrage spricht zudem, dass es **69** der ausländische Gesetzgeber selbst in der Hand hat, ob er die von ihm zugrunde gelegten Rechtsverhältnisse im Tatbestand der Sachnorm definiert oder statt dessen auf eine bestehende Rechtsbeziehung verweist (etwa bei Unterhaltspflichten). Wenn er die Entscheidung über das Rechtsverhältnis dem nach seinem IPR maßgeblichen Recht überlässt, so ist dies ebenso zu respektieren wie die autonome Begriffsbestimmung. Greift man in diesem Fall auf das deutsche IPR zurück, so missachtet man die Entscheidung des ausländischen Gesetzgebers.[139]

Beispiel: Art. 45 III schweiz. OR knüpft bei Schadensersatzansprüchen wegen der Tötung Dritter an die von diesem tatsächlich erbrachten Versorgungsleistungen an. Die entsprechende Vorschrift des deutschen Rechts (§ 844 II BGB) fordert dagegen das Bestehen einer gesetzlichen Unterhaltspflicht und stellt damit die Vorfrage nach dem Bestehen familienrechtlicher Beziehungen, die eine solche Unterhaltspflicht begründen können. Bei der Anwendung von Art. 45 III OR überlassen wir die Bestimmung des Kreises der Unterhaltsberechtigten dem schweizerischen Recht. Warum

---

[132] *Melchior,* Die Grundlagen des deutschen IPR (1932), S. 245–265; *Wengler,* RabelsZ 8 (1934), 148–251.
[133] *Siehr,* IPR, S. 473; Rn. 499–504; *Neuhaus,* Grundbegriffe, S. 345–347.
[134] Allgemeine Ansicht; vgl. *Kegel/Schurig,* IPR, S. 376.
[135] S. oben Rn. 59.
[136] Vgl. hierzu auch oben Rn. 53.
[137] *Neuhaus,* Grundbegriffe, S. 346.
[138] *Neuhaus,* Grundbegriffe, S. 345.
[139] Hierzu ausführlich: MüKo/*Sonnenberger,* 3. Aufl. (1998), Einl. IPR, Rn. 499–504.

sollten wir die Wertungen des Deliktsstatuts nicht ebenso übernehmen, wenn dieses zur Bestimmung des Kreises der Unterhaltsberechtigten auf ein präjudizielles Rechtsverhältnis verweist?

70 *bb) Ausnahmen.* Auch die Befürworter einer unselbständigen Vorfragenanknüpfung sehen eine Vielzahl von Ausnahmen von der Grundregel vor. Diese variieren indes von Autor zu Autor und sind zudem häufig auf den Einzelfall bezogen, so dass eine Darstellung an dieser Stelle unterbleiben muss. Hinzuweisen ist jedoch auf die verbreitete Auffassung, welche sich für den Fall des Zusammentreffens von Erst- und Vorfrage für eine selbständige Vorfragenanknüpfung ausspricht. Die Ansicht basiert auf dem vorliegend abgelehnten weiten Verständnis der Erstfrage und dient in erster Linie wohl dazu, in praktisch besonders wichtigen Fallgruppen doch wieder zu einer selbständigen Vorfragenanknüpfung zu gelangen.

Beispiel: Ein in Deutschland lebendes italienisches Ehepaar begehrt die Scheidung. Das anwendbare Recht bestimmt sich nach Art. 17 I EGBGB. In dessen Tatbestand wird das Bestehen einer Ehe logisch vorausgesetzt, d. h., die wirksame Eheschließung ist hier Erstfrage i. w. S. Liegt eine Ehe vor, so ist auf die Scheidung gemäß Art. 17 I in Verbindung mit Art. 14 I Nr. 1 EGBGB italienisches Recht anzuwenden. Italienisches Kollisions- wie Sachrecht setzen gleichfalls eine bestehende Ehe voraus.[140] Dort ist die wirksame Eheschließung Vorfrage.

In den Fällen, in denen das Bestehen eines Rechtsverhältnisses sowohl Erst- als auch Vorfrage ist, dürfe die Frage nach dem präjudiziellen Rechtsverhältnis – ist sie im Rahmen der Erstfrage einmal beantwortet – nicht erneut im Rahmen der Vorfrage aufgeworfen werden. Vielmehr sei das einmal gefundene Ergebnis auch der weiteren Beurteilung zugrunde zu legen. Ergebe die Prüfung der Erstfrage, dass das betreffende Rechtsverhältnis aus der Sicht der lex fori nicht besteht, so seien alle daran geknüpften Rechtsfolgen unbeachtlich. Ergebe die Prüfung der Erstfrage hingegen, dass das betreffende Rechtsverhältnis nach der lex fori besteht, so sei dies auch bei der Anwendung der ausländischen Normen zugrunde zu legen, selbst wenn das nach der lex causae maßgebliche Recht von der Nichtigkeit des Rechtsverhältnisses ausgeht.[141]

Nach der hier vertretenen Ansicht handelt es sich im Beispielsfall nicht um eine Erstfrage, so dass keine Festlegung hinsichtlich der Beantwortung der Vorfrage erfolgt. Aber auch dort, wo Erst- und Vorfrage wirklich einmal zusammentreffen, erscheint es nicht zwingend, das für die Ermittlung der anwendbaren deutschen Kollisionsnorm maßgebliche Ergebnis der Erstfragenprüfung für die Beantwortung der Vorfrage zu übernehmen.

Beispiel: Zur Ermittlung des Adoptionsstatuts wird die Erstfrage einer wirksamen Ehe des Annehmenden selbständig nach deutschem Recht angeknüpft. Besteht danach eine Ehe, so wird das Adoptionsstatut gemäß Art. 22 I 2 EGBGB bestimmt. Tritt im Rahmen des danach anwendbaren Sachrechts die Vorfrage einer wirksamen Ehe des Annehmenden auf, so kann diese unabhängig vom Ergebnis der Erstfragenprüfung beantwortet werden.

c) Stellungnahme

71–72 Die überzeugenderen Gründe sprechen entgegen der h. M. für eine unselbständige Anknüpfung der Vorfrage. Der internationale Entscheidungseinklang ist eines der wesentlichen Ziele des deutschen IPR, was

---

[140] Zum Sachrecht s. *Bergmann/Ferid,* Internationales Ehe- und Kindschaftsrecht VIII, Italien (2000), III B 8.

[141] *Neuhaus,* Grundbegriffe, S. 362 f.; vgl. auch *von Bar/Mankowski,* IPR I, § 7 Rn. 202.

insbesondere aus der Anerkennung des Renvoi in Art. 4 I 1 EGBGB deutlich wird.[142] Internationaler Entscheidungseinklang wird aber nur dann erzielt, wenn das berufene ausländische Recht so angewandt wird, wie es der ausländischen Rechtspraxis entspricht. Dies gebietet eine Beantwortung der vom ausländischen Recht aufgeworfenen Vorfrage aus der Perspektive des ausländischen Richters und somit deren unselbständige Anknüpfung.

Demgegenüber kommt dem Gedanken des internen Entscheidungseinklangs wesentlich geringere Bedeutung zu. Eine nach einzelnen Rechtsfolgen differenzierende Beurteilung von Statusverhältnissen, welche diese nur im Hinblick auf einen Ausschnitt der Rechtsbeziehungen als wirksam ansieht, ist dem deutschen Recht keineswegs fremd.[143] Diese ergibt sich insbesondere aus der Pflicht zur Anerkennung ausländischer Entscheidungen, welche seit Abschaffung der kollisionsrechtlichen Kontrolle im Rahmen des Anerkennungsverfahrens unabhängig davon erfolgt, welche Rechtsordnung das ausländische Gericht im Hinblick auf das Statusverhältnis angewandt hat.[144]

D. Rück- und Weiterverweisung

Literatur: *Ebenroth/Eyles*, Der Renvoi nach der Novellierung des deutschen IPR, IPRax 1989, 1–12; *Kartzke*, Renvoi und Sinn der Verweisung, IPRax 1988, 8–13; *Kropholler*, Der renvoi im vereinheitlichten Kollisionsrecht, FS Henrich (2000), S. 293–402; *Kühne*, Der Anwendungsbereich des Renvoi im Licht der Entwicklung des IPR, FS Ferid (1988), S. 251–267; *Mäsch*, Der Renvoi – Plädoyer für die Begrenzung einer überflüssigen Rechtsfigur, RabelsZ 61 (1997) 285–312; *Michaels*, Der Abbruch der Weiterverweisung im deutschen Internationalen Privatrecht, RabelsZ 61 (1997), 685–713; *Rauscher*, Sachnormverweisung aus dem Sinn der Verweisung, NJW 1988, 2151–2154; *Siehr*, Renvoi und wohlerworbene Rechte, FS Heini (1995), S. 407–428; *Sonnenberger*, Sackgassen des versteckten hypothetischen Renvoi, FS Sturm II (1999), S. 1683–1696; *Sonnentag*, Der Renvoi im IPR (2001).

I. Allgemeines

1. Begriff

Eine Rück- oder Weiterverweisung *(Renvoi)* liegt vor, wenn das zur   73 Anwendung berufene fremde Recht die Gesamtverweisung durch das

---

[142] Hierzu unten Rn. 87–90. Zum Zusammenhang zwischen Vorfragenanknüpfung und Renvoi auch *Batiffol/Lagarde*, Droit international privé I, 8. Aufl. (1993), Rn. 312. Allgemein zur Bedeutung des internationalen Entscheidungseinklangs § 1 Rn. 13.

[143] Vgl. etwa unten Rn. 153 (Beispiel 2).

[144] Vgl. § 3 Rn. 173 bzw. 254.

inländische IPR nicht annimmt, sondern seinerseits durch sein IPR auf
das Recht eines anderen Staates verweist. Von *Rückverweisung* (renvoi
au premier degré) spricht man, wenn das zur Anwendung berufene
Recht auf das Recht desjenigen Staates verweist, durch das es zur Anwendung berufen wurde. Bei der *Weiterverweisung* (renvoi au second
degré) wird hingegen das Recht eines dritten Staates für anwendbar erklärt.

2. Sachnorm- oder Gesamtverweisung

74   Zu einer Rück- oder Weiterverweisung kann es nur kommen, wenn die
lex fori das IPR der aus ihrer Sicht maßgeblichen Rechtsordnung befragt
und jenes von dem der lex fori abweicht. Die Beachtung des ausländischen IPR ist keineswegs selbstverständlich; abgelehnt wird der Renvoi
etwa in Griechenland (Art. 32 griech. ZGB), den skandinavischen Ländern sowie den meisten Einzelstaaten der USA.[145]

a) Sachnormverweisung

75   Eine *Sachnormverweisung* liegt vor, wenn das IPR die Anwendbarkeit des
ausländischen Rechts nicht von der Zustimmung durch dessen IPR abhängig macht, sondern eine *unbedingte Verweisung*[146] ausspricht. Durch
die Sachnormverweisung wird der Standpunkt des eigenen IPR ohne Be-
fragung des ausländischen IPR durchgesetzt. Damit ist potentiell der internationale Entscheidungseinklang gefährdet.[147] Sachnormverweisungen
bilden deshalb im deutschen IPR systematisch die Ausnahme.[148]

76   Eine Verweisung auf deutsches Recht ist stets Sachnormverweisung.
Diese Selbstverständlichkeit ergibt auch der Umkehrschluss aus Art. 4
I 1 EGBGB, wonach die Verweisung auf das Recht eines *anderen* Staates
grundsätzlich Gesamtverweisung ist.

b) Gesamtverweisung

77   Im Unterschied zur Sachnormverweisung erstreckt sich die *Gesamtverweisung* auf das gesamte Privatrecht einer Rechtsordnung, einschließlich
deren IPR. Die betreffenden Sachnormen sind nur anzuwenden, wenn
das IPR dieses Staates keine Rück- oder Weiterverweisung ausspricht,
sondern die Verweisung annimmt.[149] Die Anwendbarkeit einer Rechts-

---

[145] Ausführlicher Überblick bei *von Overbeck,* Rec cours 176 (1982 III), 9–258 (133–
146); Staudinger-*Hausmann,* Anh. zu Art. 4.

[146] Zum Begriff § 4 Rn. 17.

[147] Vgl. aber unten Rn. 88.

[148] Hierzu unten Rn. 106.

[149] *RG* 2. 6. 1932, RGZ 136, 361 (365) = IPRspr 1932 Nr. 5; *Kegel/Schurig,* IPR,
S. 392, hält deshalb den Ausdruck „IPR-Verweisung" für treffender.

ordnung wird somit von der Zustimmung durch deren IPR abhängig gemacht, es handelt sich um eine *bedingte Verweisung*.[150]

Der deutsche Gesetzgeber hat sich grundsätzlich zugunsten der Ge- **78** samtverweisung und damit für die Beachtung des Renvoi ausgesprochen:[151] Gemäß Art. 4 I 1 EGBGB erfasst die Verweisung auf das Recht eines anderen Staates *auch* dessen Internationales Privatrecht, „sofern dies nicht dem Sinn der Verweisung widerspricht".

3. Ursachen

Ein Renvoi kann verschiedene Ursachen haben: **79**

a) Abweichende Anknüpfungsmomente

Häufigster Grund für einen Renvoi sind abweichende Anknüpfungsmomente. Diese treten insbesondere im Bereich des Familien- und Erbrechts bei Verweisungen zwischen Staaten auf, von denen der eine dem Wohnsitz- bzw. Aufenthaltsprinzip, der andere hingegen dem Staatsangehörigkeitsprinzip folgt.[152] Das *Haager Abkommen zur Regelung der Konflikte zwischen dem Heimatrecht und dem Domizilrecht* vom 15. 6. 1955,[153] welches insoweit Abhilfe schaffen sollte, ist nicht in Kraft getreten.[154]

Zuweilen wird an unterschiedliche Personen angeknüpft, z.B. wenn ein **80** Staat die elterliche Sorge über einen Minderjährigen an das Heimatrecht der Eltern anknüpft, ein anderer dagegen an das Heimatrecht des Minderjährigen.

Ferner ist möglich, dass die beteiligten Rechtsordnungen zwar das glei- **81** che Anknüpfungsmoment verwenden, dieses aber unterschiedlich auslegen. So lag ein abweichender Wohnsitzbegriff auch der Entscheidung der französischen Cour de Cassation im Fall *Forgo* zugrunde, die bahnbrechend für die Anerkennung des Renvoi wurde:[155]

Fall:[156] Franz Xaver Forgo wurde 1801 als nichteheliches Kind einer Bayerin in Bayern geboren. 1805 wanderte seine Mutter mit ihm nach Frankreich aus. Dort heiratete sie einen Franzosen und erwarb hierdurch die französische Staatsangehörigkeit. Auch Franz Xaver lebte sich in Frankreich ein und heiratete später eine reiche Fran-

---

[150] Hierzu § 4 Rn. 18.
[151] BTDrucks. 10/504, S. 38.
[152] *Kropholler,* IPR, S. 168, 176; *Siehr,* IPR, S. 456.
[153] Französischer Text in Rev crit dr int priv 1951, 730 f., und RabelsZ 17 (1952), 272 f. (nur Auszug); englische Übersetzung in AmJCompL 18 (1952), 280 f.; Literaturhinweise bei *Kegel/Schurig,* IPR, S. 414.
[154] Zum Ratifikationsstand vgl. *Jayme/Hausmann,* Vor Nr. 20 (Fn. 1); zur Entstehung vgl. *Dölle,* RabelsZ 17 (1952), 161–211 (199–207).
[155] *Kegel/Schurig,* IPR, S. 389 f.
[156] *Cour de Cassation* 5. 5. 1875, DSJur 1875, 409; 24. 6. 1878, DSJur 1878, 421; 22. 2. 1882, DSJur 1882, 393 = *Schack,* Höchstrichterliche Rechtsprechung, Nr. 2.

zösin, mit der er in Gütergemeinschaft lebte. Er überlebte seine Frau und starb 1869 in Südfrankreich. Die Ehe war kinderlos geblieben; ein Testament hatte Forgo nicht errichtet. Daher stritten die bayerischen Seitenverwandten der Mutter mit dem französischen Fiskus um den Nachlass. Nach bayerischem Recht hätten die Seitenverwandten der Mutter Forgo gesetzlich beerbt. Nach französischem Recht bestand hingegen kein gesetzliches Erbrecht von Seitenverwandten der Eltern am Nachlass eines nichtehelichen Kindes.

Das französische Recht verwies für die Erbfolge an den Grundstücken auf das Recht des Lageorts (lex rei sitae), also französisches Recht. Den beweglichen Nachlass unterstellte es dem Heimatrecht des Erblassers. Dies war, da Forgo nie die französische Staatsangehörigkeit erworben hatte, bayerisches Recht. Die Cour de Cassation wandte aber nicht direkt die bayerischen Sachvorschriften an, sondern prüfte zunächst das bayerische IPR. Danach unterstand die Erbfolge in Bezug auf den beweglichen Nachlass dem Recht am letzten tatsächlichen Wohnsitz des Erblassers. Aus bayerischer Sicht war damit französisches Recht anwendbar, obwohl Forgo nach französischem Recht mangels Genehmigung durch die französische Regierung keinen Wohnsitz in Frankreich begründet hatte. Die Cour de Cassation ging von einer Rückverweisung durch das bayerische IPR aus, prüfte aber nicht, ob das bayerische IPR seinerseits eine Gesamtverweisung aussprach;[157] sie brach die Verweisungskette vielmehr ab und nahm eine Verweisung auf französische Sachvorschriften an. Damit war auch der bewegliche Nachlass Forgos für den französischen Fiskus gesichert.

b) Abweichende Qualifikation

82 Ursache des Renvoi kann auch die abweichende Qualifikation einer Rechtsfrage im ausländischen IPR sein, welche auf Systemunterschieden zwischen den beteiligten Rechtsordnungen beruht.[158]

Beispiel: Eine Ungarin ist in Deutschland mit einem Deutschen verheiratet. – Gemäß Art. 10 I EGBGB bestimmt sich der Ehename nach dem Heimatrecht des jeweiligen Ehegatten, für die Ehefrau folglich nach ungarischem Recht. Das ungarische IPR qualifiziert die eheliche Namensführung indes als Ehewirkung und unterstellt sie dem Ehewirkungsstatut. Gemäß § 39 ungar. IPR-GesetzesVO ist mangels eines gemeinsamen Personalstatuts der Ehegatten das Recht des Staates anzuwenden, in dessen Gebiet diese ihren gemeinsamen Wohnsitz haben. Das deutsche IPR nimmt die Rückverweisung kraft abweichender Qualifikation an und bricht die Verweisung gemäß Art. 4 I 2 EGBGB ab.

c) Versteckter Renvoi

83 Problematisch ist die Begründung eines Renvoi in Fällen, in denen es an einer ausdrücklichen Regelung durch das ausländische Kollisionsrecht fehlt:[159]

---

[157] Eine solche wäre nach der Theorie vom double renvoi beachtlich gewesen, näher dazu unten Rn. 89.

[158] Hierzu: *von Bar/Mankowski*, IPR I, § 7 Rn. 220; Staudinger/*Hausmann*, Art. 4 Rn. 63.

[159] Hierzu: *Kegel/Schurig*, IPR, S. 411–413; *Kropholler*, IPR, S. 179–183; Staudinger/*Hausmann*, Art. 4 Rn. 79–83; krit.: MüKo/*Sonnenberger*, Art. 4 Rn. 50–55.

Fall:[160] Eine mit einem Inder verheiratete Deutsche begehrt vor dem Familiengericht die Scheidung der Ehe. Der letzte gemeinsame Aufenthalt der Eheleute befand sich in Indien. Welches Recht ist auf die Scheidung anwendbar?

Gemäß Art. 17 I 1 i. V. m. Art. 14 I Nr. 2 EGBGB ist Scheidungsstatut das indische Recht. Fraglich ist, ob dieses die Gesamtverweisung annimmt. Das indische IPR ist nicht kodifiziert; die Gerichtspraxis folgt häufig dem Vorbild des englischen common law. Ausgangspunkt sind danach die Bestimmungen über die internationale Zuständigkeit. Nach indischem Recht sind indische Gerichte in Scheidungssachen u. a. dann zuständig, wenn einer der Ehegatten Inder ist. In der Folge beurteilt sich die Scheidung nach indischem Recht als lex fori. Wendet man diese Regeln entsprechend auf den vorliegenden Sachverhalt an, so bedeutet dies aufgrund der deutschen Staatsangehörigkeit der Ehefrau eine Rückverweisung auf das deutsche Recht.

Wird eine Kollisionsnorm aus einer Zuständigkeitsregel abgeleitet, so spricht man von einem *versteckten Renvoi.*

Zwar stelle das ausländische Recht keine allseitigen Kriterien zur Bestimmung des anwendbaren Rechts auf, die ausländischen Gerichte legten ihrer Entscheidung aber stets das eigene materielle Recht (lex fori) zugrunde. Das in der Sache anwendbare Recht sei somit an die internationale Zuständigkeit gekoppelt (Gleichlaufprinzip).[161]   **84**

Indes kann daraus, dass die Gerichte eines Staates bei Bejahung ihrer internationalen Zuständigkeit ihr eigenes materielles Recht anwenden, nicht gefolgert werden, dass sie ausländischen Gerichten – soweit diese international zuständig sind – ebenfalls die Anwendung der lex fori gebieten. Vielmehr zeigt sich das ausländische Recht an der Konstellation desinteressiert und hält deshalb keine Regelung bereit. Wohl aber widerspricht in diesem Fall die Anwendung der jeweiligen lex fori nicht den Vorstellungen des ausländischen Rechts, so dass ein Renvoi auf die jeweilige lex fori angenommen werden darf. Methodisch handelt es sich hierbei allerdings nicht um eine Anwendung ausländischen Kollisionsrechts, sondern um die Schließung einer Regelungslücke mittels Fortbildung des deutschen IPR. Diese orientiert sich freilich an den Rechtsgrundsätzen der von uns zunächst berufenen Rechtsordnung, wodurch die Anerkennungsfähigkeit der zu fällenden Entscheidung erhöht wird.   **85**

Die Annahme einer versteckten Rückverweisung entspricht allgemeiner Praxis. Anerkannt ist, dass die „jurisdiction"-Regeln des anglo-amerikanischen Rechtskreises für Ehescheidung,[162] elterliche Sorge[163] sowie Adoption[164] versteckte Kollisionsnormen enthalten.[165]   **86**

---

[160] Nach *OLG Hamburg* 25. 4. 2000, IPRax 2002, 304 m. Anm. *Andrae/Essebier,* 294–297 = IPRspr 2000 Nr. 58.

[161] Palandt/*Heldrich*, Art. 4 Rn. 2 m. w. Nachw.

[162] *RG* 2. 6. 1932, RGZ 136, 361 = IPRspr 1932 Nr. 5; *OLG Stuttgart* 24. 5. 1984, IPRax 1987, 121 m. Anm. *Adam*, 98–102 = IPRspr 1985 Nr. 68; *OLG Köln* 12. 5. 1988, IPRax 1989, 297 m. Anm. *Coester-Waltjen*, 282 f. = Schack, Höchstrichterliche Rechtsprechung, Nr. 28 = IPRspr 1988 Nr. 74; zum Versorgungsausgleich vgl. § 8 Rn. 55.

[163] *OLG Köln* 22. 9. 2000, IPRspr 2000 Nr. 17.

[164] *KG* 19. 11. 1982, OLGZ 1983, 129 = IPRax 1983, 246 (LS) m. Anm. *Jayme* = IPRspr 1982 Nr. 107; *OLG Frankfurt* 6. 10. 1983, OLGZ 1984, 45 = IPRax 1984, 330 (LS) m. Anm. *Jayme* = IPRspr 1983 Nr. 114; dazu § 8 Rn. 147.

[165] Umfangreiche Nachw. bei *Kegel/Schurig*, IPR, S. 412 f.; Palandt/*Heldrich*, Art. 4 Rn. 2.

II. Gründe für den Renvoi

1. Internationaler Entscheidungseinklang

87 Als Hauptgrund für die Beachtung des Renvoi wird das Bemühen um internationalen Entscheidungseinklang genannt. [166] Dieses Argument trifft sicher zu, wenn die Verweisung zu einer Rechtsordnung führt, welche die Verweisung annimmt: Hier entscheidet das deutsche Gericht den Sachverhalt ebenso, wie das ausländische Gericht ihn entscheiden würde.

88 Verweist das aus deutscher Sicht maßgebliche Recht jedoch auf das deutsche Recht zurück und bricht dieses gemäß Art. 4 I 2 EGBGB die Verweisung ab, so entspricht das dem Wunsch des ausländischen IPR nur, wenn jenes eine Sachnormverweisung ausspricht. Ordnet das ausländische IPR dagegen ebenfalls eine Gesamtverweisung an und bricht es seinerseits die Verweisungskette bei einer Rückverweisung auf das eigene Recht ab, so wendet jeder Staat im Ergebnis sein eigenes materielles Recht an. Internationaler Entscheidungseinklang wird hier nicht erzielt. [167]

Beispiel: Stirbt ein Argentinier mit letztem Wohnsitz in Deutschland, so beachten wir im Rahmen der Bestimmung des Erbstatuts (Art. 25 I EGBGB) die Rückverweisung des argentinischen IPR auf das Recht des letzten Wohnsitzes, während argentinische Gerichte die Rückverweisung des Wohnsitzstaates auf das Heimatrecht gleichfalls beachten würden. [168]

89 An diesem Punkt setzt die Kritik durch die Anhänger der im englischen IPR entwickelten foreign-court-Theorie und der Lehre vom double renvoi an: Nach der *foreign-court-Theorie* stellt sich das eigene Gericht auf den gleichen Standpunkt wie die Gerichte desjenigen Staates, dessen Recht aufgrund des eigenen IPR maßgeblich ist. [169] Eine Entscheidung ist damit aber nur dann zu erreichen, wenn der fremde Staat nicht ebenfalls der foreign-court-Theorie folgt. [170] Zu Recht hat deshalb der deutsche Gesetzgeber im Zuge der IPR-Reform von 1986 eine Übernahme der foreign-court-Theorie abgelehnt. [171] – Die *Lehre vom double renvoi* will internationalen Entscheidungseinklang dadurch erzielen, dass sie bei einer Rückverweisung durch das ausländische IPR die Verweisungskette nicht abbricht, wenn diese als Gesamtverweisung

---

[166] *Kegel/Schurig*, IPR, S. 396 f., 403; Staudinger/*Hausmann*, Art. 4 Rn. 17 f.; *Neuhaus*, Grundbegriffe, S. 270; krit.: *Flessner*, Interessenjurisprudenz im IPR (1990), S. 129.

[167] *Kegel/Schurig*, IPR, S. 398; *Siehr*, IPR, S. 459; *Mäsch*, RabelsZ 61 (1997), 285–312 (296).

[168] Zu den Besonderheiten im argentinischen IPR vgl. Staudinger/*Hausmann*, Anh. zu Art. 4 Rn. 568, 570.

[169] Eine Übernahme der foreign-court-Theorie ins deutsche IPR befürwortet *Kegel*, IPR, 7. Aufl. (1994), S. 289.

[170] *Siehr*, IPR, S. 457, 460 f., 462 f.; *Kropholler*, IPR, S. 163 f.

[171] BTDrucks. 10/504, S. 39.

gewollt ist. Vielmehr verweist sie für diesen Fall erneut auf das ausländische IPR zurück *(double renvoi)* und überlässt diesem die Entscheidung darüber, ob es die Verweisung seinerseits abbricht.[172] Auch dieses System funktioniert freilich nur, wenn ihm nicht beide beteiligten Staaten folgen.[173]

Bei einer Rückverweisung ist internationaler Entscheidungseinklang **90** daher nur dann zu erzielen, wenn sich die beteiligten Rechtsordnungen unterschiedlich zum Renvoi verhalten. Ansonsten sind divergierende Entscheidungen unvermeidlich. Würde allerdings jeder Staat ausschließlich auf die Sachvorschriften der von ihm für maßgeblich gehaltenen Rechtsordnung verweisen, so könnte nie internationaler Entscheidungseinklang erzielt werden, da jeweils das Recht der Gegenseite angewendet würde.[174] Die Beachtung des Renvoi bildet daher gegenüber einer reinen Sachnormverweisung das kleinere Übel, da hier nur in den Fällen, in denen die beteiligten Rechtsordnungen im Kreise verweisen und den Renvoi gleichermaßen beachten, kein internationaler Entscheidungseinklang erzielt wird.

2. Heimwärtsstreben

Im Falle der Rückverweisung muss die Verweisungskette an irgendei- **91** ner Stelle unterbrochen werden. International gebräuchlich ist die Unterbrechung bei derjenigen Rechtsordnung, die als Erste zum zweiten Mal in der Verweisungskette auftaucht, also bei der lex fori.[175] Bricht ein Gericht die Verweisungskette beim eigenen Recht ab, so ist dieses *Heimwärtsstreben* durchaus sachgerecht: Die Unterschiede zwischen den beteiligten Kollisionsrechten deuten an, dass den beteiligten Interessen durch die eine wie durch die andere Anknüpfung Rechnung getragen werden kann.[176] Für das angerufene Gericht ist die Anwendung der vertrauten lex fori günstiger, denn es kann schneller und mit größerer Sicherheit eine Entscheidung treffen; zudem werden Kosten gespart, die mit der Ermittlung des ausländischen Sachrechts verbunden sind.[177] Schließlich würde durch die Anwendung des jeweils fremden Rechts ebenfalls kein internationaler Entscheidungseinklang erzielt.

Im Ergebnis wird deshalb von Staaten, die den Renvoi beachten, we- **92** sentlich häufiger das eigene materielle Recht angewandt, als dies nach den eigenen Kollisionsregeln der Fall wäre. Der Renvoi dient somit auch

---

[172] So etwa *Melchior,* Grundlagen, S. 219 f.; *Pagenstecher,* NJW 1952, 801–804; BayObLG 22. 6. 1976, BayObLGZ 1976, 151 (161) = NJW 1976, 2076 = FamRZ 1977, 490 = IPRspr 1976 Nr. 115.
[173] *Neuhaus,* Grundbegriffe, S. 273 f.; *Kegel/Schurig,* IPR, S. 398.
[174] *Kegel/Schurig,* IPR, S. 398.
[175] *Neuhaus,* Grundbegriffe, S. 269 f.
[176] *Neuhaus,* Grundbegriffe, S. 271.
[177] *Keller/Siehr,* IPR, S. 467; *Kegel/Schurig,* IPR, S. 396.

als Mittel, um zur Anwendung des eigenen Rechts zu gelangen.[178] Hier steht das Heimwärtsstreben jedoch nicht im Widerspruch zu den Ordnungsprinzipien des IPR.

3. Materiellrechtliches Ergebnis

93 Gelegentlich wird der Renvoi auch zur Begründung eines erwünschten materiellrechtlichen Ergebnisses bemüht, so z.B. im Fall *Forgo*,[179] wo er dem französischen Fiskus den gesamten Nachlass des Erblassers sicherte.[180]

III. Fallgruppen

1. Rückverweisung

94 Verweist das ausländische IPR auf das deutsche Recht zurück, so sind gemäß Art. 4 I 2 EGBGB die deutschen Sachvorschriften anzuwenden – gleichgültig, ob das ausländische IPR seinerseits eine Sachnorm- oder eine Gesamtverweisung ausspricht. Gleichwohl ist eine Differenzierung angebracht:

a) Sachnormverweisung durch das ausländische IPR

95 Spricht das ausländische IPR eine Sachnormverweisung aus, so ergibt sich die Anwendung deutscher Sachvorschriften bereits aus der Beachtung des Renvoi. Art. 4 I 2 EGBGB wirkt hier rein deklaratorisch. Die Unterbrechung der Verweisungskette beim deutschen Recht ist in diesem Fall unbedenklich, da auch das ausländische IPR das deutsche materielle Recht für anwendbar erklärt. Internationaler Entscheidungseinklang, der tragende Grund für die Beachtung des Renvoi, ist somit gewährleistet.

b) Gesamtverweisung durch das ausländische IPR

96 Deutsche Sachvorschriften werden gemäß Art. 4 I 2 EGBGB aber auch dann angewandt, wenn das ausländische IPR eine Gesamtverweisung ausspricht.[181] Dies ist vielfach kritisiert worden,[182] da der Standpunkt des ausländischen IPR zum Renvoi ignoriert wird.

---

[178] *Siehr,* IPR, S. 460, 462 f.; *Neuhaus,* Grundbegriffe, S. 270; *Michaels,* RabelsZ 61 (1997), 685–713 (693); krit.: *Mäsch,* RabelsZ 61 (1997), 285–312 (298).

[179] S. oben Rn. 81.

[180] *Neuhaus,* Grundbegriffe, S. 69: „Vorwand für die Anwendung inländischen Rechts".

[181] Dies soll auch dann gelten, wenn nicht das vom deutschen IPR berufene Recht, sondern eine durch dessen IPR berufene dritte Rechtsordnung „mittelbar" auf das deutsche Recht zurückverweist; BTDrucks. 10/504, S. 38.

[182] Vgl. z.B. MüKo/*Sonnenberger,* Art. 4 Rn. 35; *Keller/Siehr,* IPR, S. 459, 462 f.

Jedoch lässt sich, wenn das ausländische IPR eine Gesamtverweisung ausspricht, internationaler Entscheidungseinklang nicht erzielen.[183] Für den Abbruch der Verweisung beim deutschen Recht sprechen verfahrensökonomische Gründe.[184]

2. Weiterverweisung

Der deutsche Gesetzgeber hat in Art. 4 I 1 EGBGB auch die Weiterver- **97** weisung durch das ausländische IPR auf das Recht eines dritten Staates für beachtlich erklärt. Nicht geregelt wurde, ob die Weiterverweisung als Gesamt- oder Sachnormverweisung zu verstehen ist; darüber entscheidet somit die Rechtsordnung, welche die Weiterverweisung ausspricht.[185]

a) Sachnormverweisung

Behandelt das vom deutschen Recht nach Art. 4 I 1 EGBGB berufene **98** ausländische IPR die Verweisung auf das Recht des dritten Staates als Sachnormverweisung, so erkennt das deutsche IPR dies im Rahmen der Weiterverweisung an.[186] Damit wird internationaler Entscheidungseinklang zumindest zwischen dem deutschen Recht und dem aus deutscher Sicht primär maßgeblichen Recht erzielt, denn beide wenden das Sachrecht des dritten Staates an.

b) Gesamtverweisung

Problematisch ist die Behandlung der Weiterverweisung, sofern das aus- **99** ländische IPR ebenfalls vom Grundsatz der Gesamtverweisung ausgeht. Hier sind verschiedene Fallkonstellationen zu unterscheiden:

Fall:[187] Die Luxemburgerin M verstirbt 1990 in der Schweiz, wo sie bei ihrer Tochter T lebte. Sie hinterlässt u.a. ein Grundstück in Österreich sowie beweglichen Nachlass in Deutschland und der Schweiz. Sohn S klagt in Deutschland gegen T auf Auskunftserteilung über den Umfang des Nachlasses. Nach welchem Recht wird M beerbt?[188]

Auf den Nachlass der M gelangt deren luxemburgisches Heimatrecht zur Anwendung (Art. 25 I EGBGB). Dabei handelt es sich gemäß Art. 4 I 1 EGBGB um eine Gesamtverweisung unter Einschluss des luxemburgischen IPR. Hiernach unterliegt der be-

---

[183] Hierzu oben Rn. 88.
[184] Staudinger/*Hausmann*, Art. 4 Rn. 51.
[185] BTDrucks. 10/504, S. 38.
[186] Allgemeine Ansicht: vgl. *Kegel/Schurig*, IPR, S. 400; *Kropholler*, IPR, S. 174f.; Palandt/*Heldrich*, Art. 4 Rn. 3; *Junker*, IPR, Rn. 202.
[187] Nach *BGH* 2. 5. 1966, BGHZ 45, 351 = NJW 1966, 2270 = IPRspr 1966/67 Nr. 3.
[188] Die internationale Zuständigkeit deutscher Gerichte bzgl. des Auskunftsersuchens des S ergibt sich aus § 28 ZPO, da ein Teil der Nachlassgegenstände in Deutschland belegen ist; vgl. § 3 Rn. 59.

wegliche Nachlass dem Recht am letzten Wohnsitz des Erblassers, der unbewegliche Nachlass hingegen dem Recht des Lageorts *(Nachlassspaltung).*[189] Dabei spricht das luxemburgische IPR gleichfalls Gesamtverweisungen aus.

100 *aa) Der dritte Staat nimmt die Verweisung an.* Nimmt das Recht des dritten Staates die Verweisung an, so wird diesem Wunsch nach allgemeiner Ansicht – trotz verschiedener theoretischer Ansätze[190] – Folge geleistet, da internationaler Entscheidungseinklang zwischen allen beteiligten Staaten erzielt wird.

Im Ausgangsfall liegt hinsichtlich des beweglichen Nachlasses eine Weiterverweisung des luxemburgischen IPR auf das schweizerische Wohnsitzrecht vor. Das schweizerische IPR nimmt diese Verweisung an (Art. 90 I IPRG). Wenn deutsche Gerichte das Recht der Schweiz anwenden, erzielen sie somit Entscheidungseinklang mit Luxemburg und der Schweiz.

101 *bb) Der dritte Staat spricht einen Renvoi aus.* Umstritten ist die Behandlung der Weiterverweisung, wenn der dritte Staat einen aus Sicht des auf ihn weiterverweisenden Rechts beachtlichen Renvoi ausspricht.

Im Hinblick auf das österreichische Grundstück (unbeweglicher Nachlass) spricht das luxemburgische IPR eine Weiterverweisung auf die österreichische lex rei sitae aus. Das österreichische IPR nimmt die Verweisung jedoch nicht an, sondern verweist auf das luxemburgische Heimatrecht der M zurück. Dabei handelt es sich aus österreichischer Sicht um eine Gesamtverweisung. Das luxemburgische IPR erkennt die Rückverweisung durch das österreichische Recht an und bricht die Verweisungskette durch Anwendung luxemburgischen Sachrechts ab. Ebenso würde das österreichische IPR die Verweisungskette nach erneuter Rückverweisung durch das luxemburgische IPR abbrechen (§ 5 II HS. 1 österr. IPRG). Als Folge wenden sowohl die österreichischen als auch die luxemburgischen Gerichte ihr eigenes materielles Erbrecht an. Einen Entscheidungseinklang mit Luxemburg und Österreich zugleich kann das deutsche Gericht nicht erzielen. Welchen Standpunkt soll es sich zu eigen machen?

102 *(1) Beachtung nur der ersten Weiterverweisung.* Nach einer Ansicht soll grundsätzlich nur die erste Weiterverweisung beachtlich sein. Im Ergebnis wird diese somit als Sachnormverweisung behandelt. Begründet wird dies damit, dass „die Prüfung weiterer Anknüpfungs- und Renvoi-Regeln fremder Rechtsordnungen ... ein zu hoher Preis für die Hoffnung auf internationale Entscheidungsgleichheit" sei.[191]

103 Zugegebenermaßen ist der Renvoi durch einen dritten Staat weder im EGBGB noch in den meisten anderen Rechtsordnungen ausdrücklich geregelt.[192] Die Auffassung kapituliert indes voreilig vor den Schwierigkeiten der Ermittlung des ausländischen IPR und opfert ohne Not den internationalen Entscheidungseinklang. Weder wird Entscheidungseinklang mit dem aus unserer Sicht sachnächsten Staat gesucht, noch wird er konsequent mit dem dritten Staat verfolgt. Denn auch insoweit wird

---

[189] Näher zur Nachlassspaltung § 9 Rn. 58–64.
[190] Hierzu sogleich Rn. 102–105.
[191] *Kropholler,* IPR, S. 175.
[192] Ausnahmen: Art. 13 ital. IPRG sowie § 5 II HS. 2 österr. IPRG.

nur dann Entscheidungseinklang erzielt, wenn dieser die Verweisung letztlich annimmt.

(2) Beachtung gemäß dem IPR des erstmals weiterverweisenden Staa- 104 **tes.** Die h. M.[193] beachtet den Renvoi durch einen dritten Staat, soweit dieser nach dem IPR des erstmals weiterverweisenden Staates (hier: Luxemburg) beachtlich ist. Dafür spricht, dass dessen Recht aus der Sicht des deutschen IPR das sachnächste ist.[194] Die Auffassung kann sich auf die Gesetzgebungsmaterialien zu Art. 4 I 1 EGBGB stützen, wonach mit dem vom deutschen Recht berufenen IPR grundsätzlich auch dessen Regeln zur Rück- und Weiterverweisung anzuwenden sind.[195] Sie folgt zudem in vollem Umfang dem Anwendungsbefehl des Art. 4 I 1 EGBGB.

Im Ausgangsfall wird das deutsche Gericht deshalb den Verweisungszirkel aus der Sicht des luxemburgischen IPR auflösen und letztlich luxemburgisches Erbrecht anwenden.

Zum selben Ergebnis gelangt die Ansicht, nach der die Verweisungskette stets bei der 105 Rechtsordnung abgebrochen werden soll, die als Erste zum zweiten Mal in der Verweisungskette auftaucht.[196] Diese Ansicht entspricht zwar den internationalen Gepflogenheiten bei der Behandlung der Rückverweisung, internationaler Entscheidungseinklang zwischen dem deutschen und dem aus deutscher Sicht sachnächsten Recht wird aber nicht stets erzielt: Folgt dieses Recht etwa ausnahmsweise der foreign-court-Theorie oder der Lehre vom double renvoi,[197] so kann nach der h. M. Ent-scheidungseinklang u. U. zwischen allen drei Rechtsordnungen erzielt werden, was nach dieser Ansicht nicht gewährleistet ist. Der Standpunkt des aus deutscher Sicht sachnäheren Rechts bleibt hier unberücksichtigt. Die Ansicht ist deshalb abzulehnen.

IV. Sachnormverweisung

Im Falle einer Sachnormverweisung wird das ausländische IPR nicht 106 zur Anwendung berufen. Sein möglicherweise abweichender Standpunkt kann daher keine Berücksichtigung finden. Ein Renvoi ist ausgeschlossen.

1. Völkerrechtliche Verträge

Völkerrechtliche Verträge zum IPR, insbesondere die Haager Übereinkommen, ver- 107 weisen häufig auf das innerstaatliche Recht („loi interne") und sprechen damit eine Sachnormverweisung aus. Eine Gesamtverweisung würde aus dem Anwendungsbereich des völkerrechtlichen Vertrages hinausführen und so die einheitliche Rechtsanwendung in den Vertragsstaaten gefährden. Es kann nicht der Entscheidung des na-

---

[193] *Kegel/Schurig*, IPR, S. 402 f.; Staudinger/*Hausmann*, Art. 4 Rn. 56.
[194] Ähnlich argumentiert auch *Neuhaus*, Grundbegriffe, S. 272.
[195] BTDrucks. 10/504, S. 38.
[196] Palandt/*Heldrich*, Art. 4 Rn. 3; MüKo/*Sonnenberger*, Art. 4 Rn. 36; ablehnend: *Michaels*, RabelsZ 61 (1997), 685–713 (703).
[197] Hierzu oben Rn. 89.

tionalen IPR überlassen werden, ob der Verweisung durch den völkerrechtlichen Vertrag Folge zu leisten ist. Daher widerspricht eine Gesamtverweisung den Zielen des völkerrechtlichen Vertrages: Rechtsvereinheitlichung und Erleichterung der Rechtsanwendung.

2. Ausdrückliche gesetzliche Anordnung

a) Rückverweisung auf deutsches Recht (Art. 4 I 2 EGBGB)

108 Die Rückverweisung auf deutsches Recht wird in Art. 4 I 2 EGBGB als Sachnormverweisung behandelt, um die Verweisungskette abzubrechen.[198]

b) Rechtswahl (Art. 4 II EGBGB)

109 Art. 4 II EGBGB stellt klar, dass die Verweisung aufgrund einer Rechtswahl Sachnormverweisung ist. Dies gilt auch für die einseitige Rechtswahl im Namensrecht (Art. 10 III EGBGB) sowie das Bestimmungsrecht des Geschädigten im Internationalen Deliktsrecht (Art. 40 I 2, 3 EGBGB).[199] Nicht in den Anwendungsbereich des Art. 4 II EGBGB fällt die Rechtswahl auf dem Gebiet des Internationalen Schuldvertragsrechts; hier ist Art. 35 I EGBGB lex specialis.[200]

110 Eine Sachnormverweisung liegt auch vor, soweit die Rechtswahl auf ein akzessorisch angeknüpftes Rechtsverhältnis durchschlägt, z.B. das gemäß Art. 14 II oder III EGBGB gewählte Ehewirkungsstatut auf den Güterstand (Art. 15 I EGBGB: Ehewirkungsstatut bei Eheschließung) oder die Ehescheidung (Art. 17 I 1 EGBGB: Ehewirkungsstatut bei Eintritt der Rechtshängigkeit des Scheidungsantrags).[201]

111 Strittig ist, ob die Wahl von Kollisionsnormen gänzlich ausgeschlossen ist. Die Anwendung bestimmter, den Parteien sachgerecht erscheinender Kollisionsregeln kann ebenso im Parteiinteresse liegen, wie die Anwendung eines bestimmten materiellen Rechts. Wo der Kreis der wählbaren Sachrechte nicht eingeschränkt ist (Internationales Schuldvertragsrecht), bestehen gegen eine Wahl von Kollisionsnormen somit keine Bedenken.[202]

c) Bezugnahme auf Sachvorschriften

112 Manche Kollisionsnormen verweisen ausdrücklich auf Sachvorschriften, so z.B. Art. 12, Art. 17b I 1 oder Art. 18 I EGBGB. Andere verweisen auf materiell-rechtliche Erfordernisse, insbesondere auf Formerforder-

---

[198] Hierzu oben Rn. 88, 95.

[199] Hierzu § 11 Rn. 24–26, 61.

[200] Hierzu § 10 Rn. 101.

[201] Ebenso: Palandt/*Heldrich*, Art. 4 Rn. 11; *Kropholler*, IPR, S. 175 f.; *Kartzke*, IPRax 1988, 8–14 (10); teilweise abweichend: *Kühne*, FS Ferid (1988), S. 251–267 (263); *Rauscher*, NJW 1988, 2151–2154 (2154); *Ebenroth/Eyles*, IPRax 1989, 1–12 (11 f.).

[202] So auch *Kegel/Schurig*, IPR, S. 404; Erman/*Hohloch*, Art. 4 Rn. 14; *Kropholler*, IPR, S. 175 f.

nisse (Art. 11, 26 EGBGB).[203] Auch in solchen Fällen erfolgt eine Sachnormverweisung.[204]

3. Sinn der Verweisung (Art. 4 I 1 HS. 2 EGBGB)

Eine Gesamtverweisung ist zudem ausgeschlossen, sofern diese dem 113 „Sinn der Verweisung" widersprechen würde. In Betracht kommen insbesondere materiellrechtliche Erwägungen.

a) Alternative Anknüpfung

Durch die alternative Anknüpfung möchte der Gesetzgeber meist ein bestimmtes materielles Ergebnis erzielen; Gleiches gilt bisweilen für die subsidiäre Anknüpfung.[205]

Beispiele:
- Art. 11 I EGBGB: favor negotii[206]
- Art. 19 I EGBGB: favor filiationis[207]
- Art. 40 IV EGBGB: favor laesi[208]

Dieses Ziel würde jedenfalls dann vereitelt, wenn alle in Betracht kommenden Rechtsordnungen auf eine einzige Rechtsordnung zurück- bzw. weiterverweisen.[209] Dies gilt es zu vermeiden. Konsequent ist es, bei alternativen Anknüpfungen immer nur die jeweiligen Sachvorschriften anzuwenden und einen Renvoi nie zu beachten.[210] Dem entspricht die ausdrückliche Anordnung der Sachnormverweisung in den wichtigsten Fällen der alternativen Anknüpfung (Beispiele: Art. 11 I, 26 I EGBGB). Teilweise wird indes differenziert und ein Renvoi dann zugelassen, wenn dadurch der Kreis der anwendbaren Rechte erweitert wird. Beachtet wird der Renvoi hier aber nur „in favorem", d.h., wenn durch Anwendung des aufgrund der primären Anknüpfung maßgeblichen materiellen Rechts das gewünschte Ergebnis nicht erreicht würde.[211]

b) Akzessorische Anknüpfung

Die akzessorische Anknüpfung bezweckt die einheitliche materiellrecht- 114 liche Beurteilung sämtlicher sachlich zusammenhängender Rechtsfragen

---

[203] Zum umstrittenen Fall des Zustimmungserfordernisses (Art. 23 S. 1 EGBGB) vgl. § 8 Rn. 148.
[204] BTDrucks. 10/504, S. 35, 38; *Kropholler,* IPR, S. 169.
[205] Hierzu § 5 Rn. 117 f.
[206] Hierzu § 7 Rn. 40 f.
[207] Hierzu § 8 Rn. 131 f., 134.
[208] Hierzu § 11 Rn. 47.
[209] BTDrucks. 10/5632, S. 39; *OLG Stuttgart* 3. 8. 2000, IPRax 2002, 128 m. Anm. *Henrich,* 118 f. = IPRspr 2000 Nr. 78.
[210] *Rauscher,* NJW 1988, 2151–2154 (2153); *Kühne,* FS Ferid (1988), S. 251–267 (258).
[211] *Kegel/Schurig,* IPR, S. 405; *Kropholler,* IPR, S. 171 f.; Palandt/*Heldrich,* Art. 4 Rn. 7; *Kartzke,* IPRax 1988, 8–14 (9).

(Ziel der *materiellen Harmonie*). Ist im Hauptstatut der Renvoi ausgeschlossen, so muss er auch bei akzessorisch angeknüpften Fragen ausgeschlossen sein. Daher scheidet die Beachtung des Renvoi etwa bei der vertragsakzessorischen Anknüpfung deliktischer Ansprüche[212] aus.

115 Dient die Bezugnahme auf eine bestimmte Anknüpfung dagegen nur der Vereinfachung des Gesetzestextes, wie etwa die Verweisung auf das nach der Kegelschen Leiter zu bestimmende Ehewirkungsstatut (Art. 14 I EGBGB) in Art. 15 I bzw. 17 I EGBGB, so widerspricht die Beachtung des Renvoi grundsätzlich nicht dem Sinn der Verweisung.[213] Etwas anderes gilt, wenn die Parteien das Ehewirkungsstatut durch Rechtswahl bestimmt haben. Diese wird durch die Bezugnahme auf das Ehewirkungsstatut auch im Rahmen der anderen Anknüpfungsregeln bindend und schließt einen Renvoi aus (bestr.).[214]

c) Anknüpfung an die engste Verbindung

116 Die Anknüpfung an die engste Verbindung ist Ziel der Ausweichklauseln, welche namentlich das Internationale Schuldrecht prägen (Art. 28 V, 41 EGBGB). Sie stellen hier das notwendige Korrelat zum verallgemeinernden Charakter der Regelanknüpfung dar, welche zwar Rechtssicherheit schafft, aber in vielen Fällen nicht den berechtigten Erwartungen der Parteien im Hinblick auf das anwendbare Recht entspricht. Drohender Rechtsunsicherheit wird dabei durch Bildung von Regelbeispielen begegnet. Die Verbindung von Grundregel und Ausweichklausel führt zu einem differenzierten Anknüpfungsschema, welches Rechtssicherheit und Einzelfallgerechtigkeit miteinander in Einklang bringt. Eine Beachtung des Renvoi, der meist auf gröberen Anknüpfungsregeln beruhen dürfte, würde diese Wertungen unterlaufen. Konsequent werden daher für den Bereich des Internationalen Vertragsrechts ausschließlich Sachnormverweisungen ausgesprochen (Art. 35 I EGBGB). Das Gleiche sollte auch für das IPR der außervertraglichen Schuldverhältnisse gelten (str.).[215]

116a In anderen Fällen, so insbesondere bei Art. 14 I Nr. 3 EGBGB, stellt sich die subsidiäre Anknüpfung an die engste Verbindung hingegen als bloße Verlegenheitslösung dar. Eine grundsätzliche Wertentscheidung des Gesetzgebers, die gegenüber abweichendem ausländischen Kollisionsrecht durchzusetzen wäre, ist hiermit nicht verbunden.[216] Es ist zwar misslich, wenn das ausländische IPR einen Renvoi ausspricht, nachdem das deutsche Gericht mühsam die engste Verbindung des Sachverhalts ermittelt hat, aber die Entschlusslosigkeit des deutschen

---

[212] Hierzu § 11 Rn. 61.
[213] *Kropholler*, IPR, S. 172; Staudinger/*Hausmann*, Art. 4 Rn. 96 f.
[214] Hierzu oben Rn. 109 m. w. Nachw.
[215] Hierzu § 11 Rn. 60 f.
[216] A. A.: Palandt/*Heldrich*, Art. 4 Rn. 8 m. w. Nachw.; *Siehr*, FS Ferid (1988), S. 433–446 (441).

Gesetzgebers kann nicht höher wiegen als die Wertentscheidung des ausländischen Gesetzgebers, der hier typisierend anknüpft. Ansonsten könnte man die Beachtung des Renvoi stets ablehnen, wenn das ausländische IPR anders anknüpft als das deutsche. Dann wäre die Sachnormverweisung aber nicht die Ausnahme, sondern die Regel. Für die Beachtung des Renvoi im Rahmen des Art. 14 I Nr. 3 EGBGB spricht zudem die systematische Stellung der Vorschrift. Im Rahmen des Art. 14 I Nr. 1 und Nr. 2 EGBGB wird der Renvoi nämlich nach einhelliger Ansicht beachtet. Weshalb dann gerade für Art. 14 I Nr. 3 EGBGB, die dünnste Sprosse der Kegelschen Leiter, etwas anderes gelten sollte, ist nicht nachzuvollziehen.[217]

E. Mehrrechtsstaaten

Literatur: *Kegel*, Die Anwendung des Rechts ausländischer Staaten mit räumlicher Rechtsspaltung, FS Arnold (1955), S. 61–79; *Rauscher*, Die Ausschaltung fremden interlokalen Rechts durch Art. 4 Abs. 3 S. 1 EGBGB, IPRax 1987, 206–209; *Rheinstein*, Das Kollisionsrecht im System des Verfassungsrechts der Vereinigten Staaten, FS Rabel I (1954), S. 539–589; *Spickhoff*, Die engste Verbindung im interlokalen und internationalen Familienrecht, JZ 1993, 336–344; *Stiehl*, Das interpersonale Kollisionsrecht im Internationalen Privatrecht (1989); *Stoll*, Kollisionsrechtliche Fragen bei räumlicher Spaltung des anwendbaren Rechts, FS Keller (1989), S. 511–527.

I. Grundlagen

In zahlreichen Staaten gilt kein einheitliches Privatrecht, sondern für verschiedene Territorien bzw. Personengruppen gilt unterschiedliches Recht. Mit der internationalprivatrechtlichen Verweisung liegt dann noch nicht fest, welches Sachrecht zur Anwendung kommt. Verweist das deutsche IPR auf einen Mehrrechtsstaat, so beurteilt sich das weitere Vorgehen nach Art. 4 III EGBGB; für das Internationale Schuldvertragsrecht enthält Art. 35 II EGBGB eine besondere Regelung (lex specialis).[218] **117**

Art. 4 III EGBGB sieht für den Fall der Rechtsspaltung eine dreisprossige Anknüpfungsleiter vor. Vorrang genießen die Bestimmungen des deutschen Kollisionsrechts, soweit diese die maßgebliche Teilrechtsordnung unmittelbar bezeichnen. Ist dies nicht der Fall, so ist das einheitliche Kollisionsrecht des berufenen Mehrrechtsstaates heranzuziehen. Verfügt der Mehrrechtsstaat nicht über ein einheitliches Kollisionsrecht, so entscheidet die engste Verbindung.

Die praktische Bedeutung, welche den einzelnen Sprossen der Leiter zukommt, hängt wesentlich davon ab, in welchen Fällen das deutsche IPR **117a**

---

[217] Ebenso: *von Bar*, IPR II, Rn. 208; *Kartzke*, IPRax 1988, 8–14 (9); *Kühne*, FS Ferid (1988), S. 251–267 (262); MüKo/*Sonnenberger*, Art. 4 Rn. 29; *Ebenroth/Eyles*, IPRax 1989, 1–12 (11 f.).
[218] Hierzu § 10 Rn. 101.

selbst unmittelbar auf die einschlägige Teilrechtsordnung verweist. Nach allgemeiner Ansicht[219] ist dies bei territorialer Rechtsspaltung immer dann der Fall, wenn örtliche Anknüpfungsmomente (z. B. Lageort, Handlungsort, gewöhnlicher Aufenthalt) verwendet werden. Somit verbleiben für die subsidiäre Anknüpfung nur mehr die Fälle der Anknüpfung an die Staatsangehörigkeit. Bei personaler Rechtsspaltung bezeichnet das deutsche IPR hingegen nie die maßgebliche Teilrechtsordnung.

Freilich ist zu beachten, dass die Art der Verweisung durch die Problematik des Mehrrechtsstaates nicht beeinflusst wird. Somit ist im Falle der Gesamtverweisung die unmittelbare Berufung der maßgeblichen Teilrechtsordnung durch das deutsche IPR anhand des ausländischen Internationalen wie Interlokalen Privatrechts auf etwaige Rück- und Weiterverweisungen hin zu überprüfen.

Beispiel: Der aus dem US-Bundesstaat Kentucky stammende 17-jährige US-Amerikaner B verbringt einen einjährigen Sprachaufenthalt in Hamburg. Dort erwirbt er einen Farbfernseher. Die Wirksamkeit des Kaufvertrags hängt von der Geschäftsfähigkeit des B ab, die gemäß Art. 7 I EGBGB nach dessen Heimatrecht zu beurteilen ist. Da es sich nach Art. 4 I EGBGB um eine Gesamtverweisung handelt, ist zu prüfen, ob die Verweisung angenommen wird. Die USA verfügen über kein einheitliches Kollisionsrecht, so dass die maßgebliche Teilrechtsordnung zu ermitteln ist. Eine unmittelbare Verweisung des deutschen IPR auf die einschlägige Teilrechtsordnung findet nicht statt. Da die USA zudem über kein einheitliches Interlokales Privatrecht verfügen, ist nach Art. 4 III 2 EGBGB diejenige Teilrechtsordnung zur Anwendung zu bringen, zu der der Sachverhalt die engste Verbindung aufweist. Dies ist vorliegend das Recht von Kentucky.[220] Zu prüfen ist nunmehr, ob das Recht von Kentucky die durch Art. 7 I EGBGB ausgesprochene Gesamtverweisung annimmt. Das Kollisionsrecht von Kentucky knüpft die Geschäftsfähigkeit alternativ an das „domicil" oder das Vertragsstatut an. Da B sich nur vorübergehend in Deutschland aufhält, befindet sich sein domicil nach wie vor in Kentucky.[221] Das Recht von Kentucky nimmt die Verweisung somit an.

II. Mehrrechtsstaaten mit einheitlichem Kollisionsrecht (Art. 4 III 1 EGBGB)

118 Bei einem Mehrrechtsstaat mit einheitlichem Kollisionsrecht (Beispiel: *Spanien*) entscheidet dessen IPR zunächst über den Renvoi. Nimmt es die Verweisung an, so ist die maßgebliche Teilrechtsordnung gemäß Art. 4 III 1 EGBGB ausgehend von dessen innerstaatlichem Recht, d. h. dessen Interlokalen bzw. Interpersonalen Kollisionsnormen, zu bestimmen.[222]

---

[219] *Looschelders,* Art. 4 Rn. 33; Palandt/*Heldrich,* Art. 4 Rn. 14, jeweils m. w. Nachw.
[220] Näher zur hierbei angewandten Methodik sogleich bei Rn. 120 f.
[221] Zum Begriff des domicil § 5 Rn. 63–66.
[222] Vgl. etwa *OLG Frankfurt* 25. 2. 2000, IPRax 2001, 140 m. Anm. *Henrich,* 113 f. = IPRspr 2000 Nr. 52.

Fall: Der in Barcelona geborene Spanier X lebt seit langer Zeit als Gastarbeiter in   **119**
Hamburg, wo er 1988 stirbt. Er hinterlässt ein Guthaben bei einer Hamburger Bank.
Nach welchem Recht wird X beerbt?

Die Fragestellung ist erbrechtlich zu qualifizieren. Gemäß Art. 25 I EGBGB ist an die
Staatsangehörigkeit des Erblassers im Todeszeitpunkt anzuknüpfen. Da X Spanier
war, ist auf den Erbfall spanisches Recht unter Einschluss des IPR (vgl. Art. 4 I 1
EGBGB) anzuwenden. Das spanische IPR nimmt die Verweisung an, so dass der Erb-
fall nach den spanischen Sachnormen zu beurteilen ist. In Spanien gilt indes kein einheitliches Erbrecht, sondern – je nach Region – der Código civil oder ein *Foralrecht.*
Somit ist gemäß Art. 4 III 1 EGBGB die maßgebliche Teilrechtsordnung zu ermitteln.
Dies geschieht mittels des spanischen Interlokalen Privatrechts, das in Art. 13–16 des
Einführungstitels zum Código civil geregelt ist. Dessen Art. 14 I knüpft an die bürgerlich-rechtliche Gebietszugehörigkeit an. Im Zweifel ist hierbei auf den Geburtsort
abzustellen. Damit bestimmt das spanische Interlokale Privatrecht, dass auf den
Nachlass des X das Erbrecht von Katalonien (Foralrecht) anzuwenden ist.

III. Mehrrechtsstaaten ohne einheitliches Kollisionsrecht (Art. 4 III 2 EGBGB)

Bei Staaten ohne einheitliches Kollisionsrecht (Beispiele: *USA, Vereinig-*   **120**
tes Königreich, Kanada, Australien) erlaubt Art. 4 III 2 EGBGB eine
hilfsweise Anknüpfung an die Teilrechtsordnung der engsten Verbindung. Der angestrebte internationale Entscheidungseinklang erfordert,
zu diesem Zweck primär Anknüpfungsgrundsätze des ausländischen
Rechtskreises und nur subsidiär solche des deutschen IPR heranzuziehen.

Fall: Der in New York lebende US-Amerikaner A stirbt 1990; er hinterlässt ein Gut-   **121**
haben bei einer Münchener Bank. Nach welchem Recht wird A beerbt?

Art. 25 I EGBGB verweist auf das Recht der USA einschließlich des Kollisionsrechts.
Die USA sind ein Mehrrechtsstaat. Es gibt in den USA jedoch weder ein einheitliches
IPR noch ein einheitliches Interlokales Privatrecht. Daher ist die maßgebliche Teil-
rechtsordnung nach Art. 4 III 2 EGBGB zu bestimmen; allerdings lassen sich dem
US-amerikanischen Recht Grundsätze entnehmen, die Maßstäbe für die interlokale
Anknüpfung bilden können.[223]

Das Recht der USA kennt neben der eigentlichen US-Staatsbürgerschaft *(federal citizenship)* die sogenannte *state citizenship* (= Zugehörigkeit zu einem Einzelstaat). Geregelt ist diese doppelte Staatsangehörigkeit in § 1 des 14. Amendment zur US-
Verfassung: „All persons born or naturalized in the United States, and subject to the
jurisdiction thereof, are citizens of the United States and of the State wherein they
reside." Wer die *federal citizenship* besitzt, ist damit zugleich Angehöriger desjenigen
Bundesstaates, in dem er sein „domicil" hat.[224] Der US-amerikanische Begriff der
„state citizenship" wurde zwar ursprünglich nicht als kollisionsrechtliches Anknüpfungskriterium entwickelt – dies ist das „domicil" als solches; er ist aber Ausdruck der
US-amerikanischen Vorstellungen über die Beziehung eines Bürgers zu einem be-

---

[223] A.A.: *Junker,* IPR, Rn. 227 (gewöhnlicher Aufenthalt).
[224] *Ferid/Firsching,* Internationales Erbrecht VII, USA (1981), Rn. 37–37 c m. w.
Nachw.; *Bergmann/Ferid,* Internationales Ehe- und Kindschaftsrecht XVIII, Vereinigte Staaten (1994), S. 4 f. m. w. Nachw.

stimmten Bundesstaat. Daher bedient sich die in Deutschland wohl h.M.[225] der „state citizenship" im Rahmen des Art. 4 III 2 EGBGB zur Bestimmung der Teilrechtsordnung, mit der der Sachverhalt am engsten verbunden ist. Im Beispiel hat A die „state citizenship" von New York, d.h., das IPR von New York findet Anwendung. – Nach a. A.[226] ist die maßgebliche Teilrechtsordnung unmittelbar unter Zuhilfenahme des „domicil" zu bestimmen, da dieses Anknüpfungsmoment im Kollisionsrecht der einzelnen Bundesstaaten als gemeinsames Element anzutreffen sei.

F. Gesetzesumgehung

I. Allgemeines

122   Von *Gesetzesumgehung (fraus legis)* wird gesprochen, wenn die Anwendung einer Norm umgangen oder erschlichen wird. Sie ist dem IPR ebenso bekannt wie dem materiellen Recht. Dort ist das Verbot von Umgehungsgeschäften in einer Reihe von Vorschriften ausdrücklich niedergelegt (§§ 306a, 312f S. 2, 487 S. 2, 506 S. 2 BGB, § 42 AO). Hier wie dort ist die Abgrenzung der Gesetzesumgehung von rechtmäßigem Handeln unklar.

123   Die Parteien können mit den Mitteln des IPR vielfältig beeinflussen, welches Recht zur Anwendung kommt: So können anknüpfungserhebliche Tatsachen verändert oder gar vorgetäuscht, eine vom Gesetz eröffnete Rechtswahl ausgeübt oder Sachverhalte im Hinblick auf eine günstigere Qualifikation in eine andere äußere Form gekleidet werden (z.B. Schenkung unter Lebenden statt – so nicht zulässiger – Enterbung von Pflichtteilsberechtigten). Schließlich kann bei mehreren fakultativen Gerichtsständen das Forum danach ausgewählt werden, welches IPR zum günstigsten Sachrecht führt *(forum shopping).*[227]

Die heute h.M.[228] sieht in der Gesetzesumgehung ein *eigenständiges Rechtsinstitut,* dessen Anwendungsbereich freilich nicht auf das Kollisionsrecht beschränkt ist. Tatbestandlich setzt die Gesetzesumgehung eine Umgehungs*handlung* voraus;[229] hinzutreten muss aus Gründen der Rechtssicherheit eine Umgehungsabsicht, d.h., die anknüpfungs- bzw. qualifikationserheblichen Tatsachen müssen bewusst und mit dem Ziel der Umgehung verändert worden sein (str.).[230]

---

[225] Nachw. bei *Ferid/Firsching,* a.a.O., Rn. 37b; *Rauscher,* IPR, S. 85.

[226] *OLG Brandenburg* 2. 4. 2001, Rpfleger 2001, 495 = IPRspr 2001 Nr. 109.

[227] Hierzu § 1 Rn. 48 und § 3 Rn. 62f.

[228] *Kegel/Schurig,* IPR, S. 475–478; Staudinger/*Blumenwitz,* Art. 6 Rn. 59; allgemein: MüKo/*Mayer-Maly/Armbrüster,* § 134 BGB Rn. 11–19; a.A. (teleologische Rechtsanwendung): *Kropholler,* IPR, S. 160–162.

[229] Hierzu unten Rn. 126–132.

[230] *Kegel/Schurig,* IPR, S. 478, 481f.; *Raape/Sturm,* IPR I, S. 328 (m.w. Nachw. in Fn. 16).

Weiterhin muss die Umgehung *rechtsmissbräuchlich* sein. Rechtsmissbrauch liegt vor, wenn die Schaffung oder Veränderung von anknüpfungs- bzw. qualifikationserheblichen Tatsachen in Relation zu dem von den Beteiligten damit verfolgten Zweck als *verwerflich* anzusehen ist.[231] Die Verwerflichkeit kann sich aus dem Grad, in dem die Autorität des Gesetzes untergraben wird,[232] aus der Bedeutung der umgangenen Norm[233] oder aus dem Vorgehen und den Motiven der Beteiligten[234] ergeben. Die bloße Ausnutzung der vom Gesetz eröffneten Möglichkeiten (Beispiele: Art. 11 I EGBGB – Wahl des Abschlussortes; Art. 17b I 1 EGBGB – Wahl des Registrierungsortes) ist nicht verwerflich. Auch das Ausnutzen von Gesetzeslücken ist erst dann zu missbilligen, wenn der erzielte Erfolg in krassem Widerspruch zum Gesetzeszweck steht.[235]

Liegt eine Gesetzesumgehung vor, so gelangen als Rechtsfolge die umgangenen Vorschriften anstelle derjenigen zur Anwendung, deren Anwendung die Beteiligten anstrebten. **124**

II. Fallgruppen

Bei der Umgehungshandlung ist danach zu unterscheiden, ob die für die Anknüpfung bzw. Qualifikation erheblichen Tatsachen tatsächlich vorgelegen haben *(echte Umgehung),* oder ob diese von den Beteiligten lediglich vorgetäuscht wurden *(Simulation).* **125**

1. Echte Umgehung

Im IPR bieten sich im Wesentlichen vier Möglichkeiten zur Gesetzesumgehung an, deren Nutzung aber nicht ohne weiteres als verwerflich anzusehen ist. **126**

a) Veränderung anknüpfungserheblicher Tatsachen

Zum einen können *anknüpfungserhebliche Tatsachen beeinflusst* werden. So können z.B. der Lageort einer beweglichen Sache, der Handlungsort oder der Aufenthalt einer Person[236] verändert werden. Will der **127**

---

[231] MüKo/*Sonnenberger,* Einl. IPR, Rn. 767.
[232] *Kegel/Schurig,* IPR, S. 482 f.
[233] *Raape/Sturm,* IPR I, S. 330.
[234] *Ferid,* IPR, § 3 Rn. 178; *Raape/Sturm,* IPR I, S. 331.
[235] *Raape/Sturm,* IPR I, S. 328; *von Bar/Mankowski,* IPR I, § 7 Rn. 132 f.; *Medicus,* BGB AT, Rn. 660.
[236] Vgl. *BGH* 18. 9. 2001, NJW 2002, 960 = IPRax 2002, 525 m. Anm. *Ehricke,* 505–508 = IPRspr 2001 Nr. 212: Verlegung des Wohnsitzes zur Begründung einer für den Gemeinschuldner günstigeren Zuständigkeit ausländischer Insolvenzgerichte. Zur Verlegung des Wohnsitzes nach Antragstellung auf Eröffnung des Insolvenzverfahrens nunmehr *EuGH* 17. 1. 2006, Rs. C-1/04 – „Straubitz-Schreiber", NZI 2006, 153 m. Anm. *Mankowski* = IPRax 2006, 149 m. Anm. *Kindler* 114–116.

Gesetzgeber einer solchen Veränderung des Anknüpfungsmomentes vorbeugen, so kann er einerseits schwer veränderliche Anknüpfungsmomente wählen (z. B. die Staatsangehörigkeit)[237] oder andererseits einen bestimmten Zeitpunkt für die Anknüpfung festlegen (Beispiel: Art. 15 EGBGB – Zeitpunkt der Eheschließung).[238] Soweit der Gesetzgeber darauf verzichtet hat, der Veränderung des Anknüpfungsmoments einen Riegel vorzuschieben, wird nur ausnahmsweise eine Gesetzesumgehung anzunehmen sein.

aa) Wechsel der Staatsangehörigkeit

128 Beispiel: Eine neue Staatsangehörigkeit wird nur zu dem Zweck angenommen, die Scheidung und anschließende Wiederverheiratung mit einem neuen Partner zu ermöglichen, da das alte Heimatrecht keine Scheidung zuließ.

In einer alten Entscheidung[239] hat die französische Cour de Cassation einen derartigen Wechsel der Staatsangehörigkeit für unbeachtlich erklärt. In Deutschland hingegen wird der Wechsel der Staatsangehörigkeit – gleich aus welchen Motiven er erfolgt ist – nicht als Gesetzesumgehung angesehen.[240]

bb) Verlegung des Abschlussortes eines Vertrages[241]

129 Fall: Der Aachener V will dem Kölner K ein in Aachen belegenes Appartement verkaufen. Handelseinig geworden, beschließen sie, ins nahe Belgien zu fahren. Dort ist, ebenso wie in Frankreich, ein privatschriftlicher Grundstückskaufvertrag bindend. Einen Monat später klagt K, der eine beträchtliche Anzahlung geleistet hat, in Deutschland auf Erfüllung des Vertrages. Das erstinstanzliche Gericht entscheidet, dass der Kaufvertrag wegen Umgehung der Formvorschrift des § 311 b I BGB nichtig ist. Zu Recht?

Art. 11 I EGBGB lässt alternativ die Ortsform genügen. Danach ist der nach belgischem Recht formwirksame Kaufvertrag wirksam. Art. 11 IV EGBGB greift nicht ein, denn § 311 b I BGB gehört nicht zu den Vorschriften, die ohne Rücksicht auf das Vertragsstatut für alle in Deutschland belegenen Grundstücke gleichermaßen gelten wollen.[242] Da sich die Parteien hier jedoch nur ins Ausland begeben haben, um die Anwendung der für sie unbequemen Formvorschrift des § 311 b I BGB zu vermeiden, könnte ein Fall von Gesetzesumgehung vorliegen. Dies wäre zu bejahen, wenn die Anwendung der belgischen Formvorschriften in diesem Fall dem Zweck des Art. 11 EGBGB widerspricht und die alternative Anknüpfung an die Ortsform von den Parteien zur Erreichung dieses Ergebnisses missbraucht wurde.

---

[237] Zu den einzelnen Anknüpfungsmomenten *Raape/Sturm*, IPR I, S. 331–333.

[238] *Raape/Sturm*, IPR I, S. 329.

[239] *Cour de Cassation* 18. 3. 1878, *Clunet* 1878, 50 (Prinzessin Bauffremont-Bibesco).

[240] *Neuhaus*, Grundbegriffe, S. 195 f.; *Raape/Sturm*, IPR I, S. 328 f., 331; zum Fall der Scheidung vgl. auch: *Kegel/Schurig*, IPR, S. 484 f.; *Siehr*, IPR, S. 482 f.

[241] Vgl. hierzu *BGH* 9. 3. 1979, BGHZ 73, 391 = NJW 1979, 1773 m. Anm. *Löber*, NJW 1980, 496–497 = *Schack*, Höchstrichterliche Rechtsprechung, Nr. 9 = IPRspr 1979 Nr. 7. – Zur Problematik von Gesellschaftsversammlungen im Ausland vgl. oben Rn. 40 sowie § 7 Rn. 42.

[242] Vgl. hierzu § 7 Rn. 42.

Sinn der alternativen Anknüpfung an den Abschlussort in Art. 11 EGBGB ist es, den Parteien einen wirksamen Vertragsschluss an dem Ort zu ermöglichen, an dem sie sich gerade befinden; denn über die Formerfordernisse des Ortsrechts können sie sich in der Regel leicht und zweifelsfrei unterrichten. Nicht bezweckt ist ein *Vertragsschlusstourismus*, bei dem die Parteien an den Ort reisen, der das für sie günstigste Recht bietet. Eine Unterscheidung nach dem Zweck des Auslandsaufenthaltes im Rahmen des Art. 11 I EGBGB würde jedoch umfangreiche Nachforschungen über die Motive der Parteien erfordern und zu erheblicher Rechtsunsicherheit führen.[243] Gegenüber der Rechtssicherheit wiegt das Interesse an der Einhaltung bestimmter Formerfordernisse, auch wenn diese wichtigen Zwecken (wie z.B. dem Übereilungsschutz) dienen, nur gering.[244] Daher sind nach h.M.[245] im Rahmen des Art. 11 I EGBGB die Motive für das Aufsuchen des Abschlussortes unerheblich. Eine Gesetzesumgehung durch den Vertragsschluss in Belgien ist im Ergebnis abzulehnen.

b) Abschluss eines Umgehungsgeschäfts – Veränderung qualifikationserheblicher Tatsachen

Zum anderen kann einem Vorgang durch Rechtsgeschäft ein verändertes 130 Gewand gegeben werden, so dass dieser unter eine andere Kollisionsnorm zu subsumieren ist. Es werden die für die *Qualifikation* erheblichen Tatsachen verändert.

Beispiel: Der französische Erblasser hat in Frankreich belegene Grundstücke in eine ausländische (Kapital-)Gesellschaft eingebracht. Da das französische Kollisionsrecht die Erbfolge in beweglichen und unbeweglichen Nachlass unterschiedlich anknüpft,[246] können auf diese Weise die Pflichtteilsberechtigten ausgeschaltet werden.

Die Cour d'appel Paris entschied in einem derartigen Fall, dass das französische Recht als lex rei sitae gleichwohl Anwendung findet, und gewährte den Kindern des Erblassers Pflichtteilsansprüche.[247] Umgehungshandlung und Umgehungsabsicht standen hier außer Frage. Auch im deutschen materiellen Recht führt die Aushöhlung von Pflichtteilsrechten durch Verfügungen unter Lebenden zur Anwendung der erbrechtlichen Vorschriften.[248] Daher ist es konsequent, die lex rei sitae über die Ausgleichsansprüche der Pflichtteilsberechtigten entscheiden zu lassen, sofern schutzwürdige kollisionsrechtliche Interessen Dritter nicht betroffen sind.

c) Missbrauch der Rechtswahl

Ferner wird die *missbräuchliche Schaffung einer* vom Gesetz an sich 131 nicht vorgesehenen *Rechtswahlmöglichkeit* teilweise als ein Fall der Ge-

[243] So auch *Neuhaus*, Grundbegriffe, S. 196.
[244] Hierzu auch *Kegel/Schurig*, IPR, S. 484.
[245] Soergel/*Kegel*, Art. 11 Rn. 43; *Junker*, IPR, Rn. 188; a.A.: *Neuhaus*, Grundbegriffe, S. 195f.
[246] Zur Nachlassspaltung § 9 Rn. 7, 58f.
[247] *Cour d'appel Paris* 23. 1. 1990, Rev crit dr int priv 1991, 92 m. Anm. *Lequette*; vgl. auch *Cour de Cassation* 4. 2. 1986, Clunet 1987, 86 m. Anm. *Niboyet-Hoegy* = Rev crit dr int priv 1986, 685; zum Ganzen auch *Kegel/Schurig*, IPR, S. 480.
[248] Hierzu § 9 Rn. 48–52.

setzesumgehung angesehen. Diese Problematik ist unter dem Stichwort der „Gran-Canaria"-Fälle[249] diskutiert worden.

Beispiel: Deutschen Touristen werden in Tunesien Waren unter Einschaltung eines tunesischen „Strohmannes" verkauft, wobei der Vertrag tunesischem Recht unterstellt wird. Die Vertragsabwicklung erfolgt durch deutsche Firmen in Deutschland. Das tunesische Recht kennt im Falle von Haustürgeschäften kein dem § 312 BGB vergleichbares Widerrufsrecht. Daher kann in der Zwischenschaltung eines tunesischen „Strohmannes" eine missbräuchliche Ausschaltung der Beschränkungen der Rechtswahlfreiheit in Art. 27 III EGBGB zur Umgehung des Widerrufsrechts nach § 312 BGB gesehen werden.[250] Umgehungshandlung und Umgehungsabsicht stehen hier außer Zweifel: Die Einschaltung des tunesischen Vertragspartners hat nur den Zweck, einen Auslandsbezug zu schaffen, der eine kollisionsrechtliche Rechtswahl ermöglicht. Planung und Durchführung der Geschäfte liegen ausschließlich in der Hand des deutschen Lieferanten. Es liegt also nicht der in Art. 27 III EGBGB vorausgesetzte reale Auslandsbezug des Sachverhalts vor.

d) „Forum shopping"

132   Diskutiert wird die Gesetzesumgehung auch im Zusammenhang mit *forum shopping*. Aber: Wird durch Gesetz die Wahlmöglichkeit zwischen zwei oder mehr Gerichtsständen eröffnet, so liegt nichts Verwerfliches darin, wenn der rechtskundige Kläger sich bei seiner Wahl von der Erwägung leiten lässt, wo das für ihn günstigere Urteil gefällt werden wird.[251]

2. Simulation

133   Bei der Simulation[252] werden die anknüpfungs- oder qualifikationserheblichen Tatsachen nur vorgetäuscht. Hier muss lediglich der wahre Sachverhalt aufgedeckt werden, um die Gesetzesumgehung zu vereiteln, weil solche Sachverhalte schon nicht die gesetzlichen Tatbestandsvoraussetzungen erfüllen. Demgegenüber entspricht die echte Gesetzesumgehung dem Wortlaut des Gesetzes, jedoch nicht seinem Zweck.[253]

Variante:[254] V und K fahren nicht nach Belgien, sondern schließen den Vertrag in Aachen ab. Jedoch geben sie in dem privatschriftlichen Kaufvertrag Lüttich als Abschlussort an. – Sobald die Simulation aufgedeckt ist, wird an die tatsächlichen

---

[249] Zum Begriff § 10 Rn. 73 (Fn. 143).

[250] Vgl. etwa *OLG Frankfurt* 1. 6. 1989, NJW-RR 1989, 1018 = IPRax 1990, 236 (239) m. Anm. *Lüderitz*, 216–219 = IPRspr 1989 Nr. 41; *LG Hamburg* 21. 2. 1990, NJW-RR 1990, 495 = IPRax 1990, 239 (242) m. Anm. *Lüderitz*, 216–219 = IPRspr 1990 Nr. 29; a. A.: *OLG Hamm* 1. 12. 1988, NJW-RR 1989, 496 = IPRax 1990, 242 (244) m. Anm. *Jayme*, 220–222 = IPRspr 1988 Nr. 21 b; dazu auch: *Mäsch*, Rechtswahlfreiheit und Verbraucherschutz (1993), S. 121 f.; *Coester-Waltjen*, FS W. Lorenz (1991), S. 297–319 (315–319); hierzu vgl. § 10 Rn. 73.

[251] Hierzu bereits § 3 Rn. 62 f.

[252] *Kegel/Schurig*, IPR, S. 491 f.; *Kropholler*, IPR, S. 157 f.; MüKo/*Sonnenberger*, Einl. IPR, Rn. 760.

[253] *Raape/Sturm*, IPR I, S. 329: „Die echte Umgehung ist getarnt. Sie achtet den Buchstaben und missachtet den Geist."

[254] Zum Ausgangsfall oben Rn. 129.

Umstände (hier: Abschlussort in Deutschland) angeknüpft. Die vorgetäuschten Umstände sind für die Anknüpfung unerheblich.

III. Staatlich zugelassene Formen der Gesetzesumgehung

Mitunter lassen Staaten um wirtschaftlicher Vorteile willen, insbesondere um international wettbewerbsfähig zu bleiben, bestimmte Formen der Gesetzesumgehung zu.   **134**

Beispiele:

- das Ausflaggen *von Schiffen* sichert die Wettbewerbsfähigkeit der einheimischen Reedereien[255]
- die *Gründung von Briefkastenfirmen* in Steueroasen (Liechtenstein, Delaware) verschafft diesen Steuereinnahmen[256]
- *Hochzeits-* (Gretna Green, Tondern), *Scheidungs-* (Nevada) und *Registrierungsparadiese für Lebenspartner* (Deutschland) fördern den Tourismus[257]

Bisweilen muss sich der Staat einem gesetzwidrig geschaffenen Zustand zum Schutz höherrangiger Interessen beugen.

Beispiel: Verschleppt der nicht sorgeberechtigte Elternteil einen Minderjährigen ins **135** Ausland *(legal kidnapping)* und lebt dieser sich am neuen Aufenthaltsort ein, so ist die Anerkennung des Sorgerechts des Entführers das kleinere Übel gegenüber der Rückführung des Minderjährigen zum ursprünglich Sorgeberechtigten.[258]

G. Ordre public (Art. 6 EGBGB)

Literatur: *Jayme*, Methoden der Konkretisierung des ordre public im IPR (1989); *Spickhoff*, Der ordre public im IPR (1989).

I. Allgemeines

1. Begriff

Die Anwendung des durch das IPR berufenen ausländischen Rechts **136** gleicht einem „Sprung ins Dunkle";[259] bei der Anknüpfung werden weder der Inhalt des ausländischen Rechts noch das Ergebnis seiner Anwendung im Einzelfall berücksichtigt. Daher bedarf es eines Korrektivs,

---

[255] Hierzu § 10 Rn. 83 sowie: *Kropholler*, IPR, S. 158.

[256] Hierzu § 7 Rn. 24 f. sowie: *Ebling*, AWD 1970, 16–19; *Kegel/Schurig*, IPR, S. 486.

[257] Hierzu *Keller/Siehr*, IPR, S. 529 f. m. w. Nachw.; zur Nevada-Scheidung *Kegel/Schurig*, IPR, S. 826; zur Anknüpfung bei eingetragenen Lebenspartnerschaften § 8 Rn. 73 a–73 j.

[258] Hierzu § 8 Rn. 111–121, insbes. Rn. 118, 120, sowie: *Kropholler*, IPR, S. 158; *Siehr*, IPR, S. 483.

[259] *Raape/Sturm*, IPR I, S. 199.

falls das Ergebnis der Anwendung ausländischen Rechts wesentlichen
Grundsätzen des eigenen Rechts widerspricht. Mit *ordre public* wird
dabei derjenige Teil der inländischen Rechtsordnung umschrieben,
dessen Beachtung auch im internationalen Rechtsverkehr unverzichtbar
ist.

2. Inhalt

137   Unter *ordre public* (= öffentliche Ordnung) verstand man ursprünglich
Normen, die der Aufrechterhaltung der innerstaatlichen öffentlichen
Ordnung oder sonstiger schützenswerter öffentlicher (staatlicher) Interessen dienen. Der deutsche Gesetzgeber versuchte dies in Art. 30
EGBGB a. F. durch Bezugnahme auf „die guten Sitten" und „den Zweck
deutscher Gesetze" zu umschreiben. Dabei sollte der Zweck der deutschen Gesetze sowohl deren internationalen Geltungswillen als auch die
hinter den Regelungen stehenden Rechtsgrundsätze umfassen.[260]

138   Die Formulierung erwies sich indes als unzureichend.[261] So ist heute
allgemein anerkannt, dass der ordre public auch dem Schutz von Indivi-
dualinteressen, etwa auf dem Gebiete des Verbraucherschutzes, dient.[262]

139   Nach der Formel des BGH soll der ordre-public-Vorbehalt nur dann
eingreifen, wenn „das Ergebnis der Anwendung ausländischen Rechts
... im Einzelfall zu den Grundgedanken der deutschen Regelung und
den in ihnen liegenden Gerechtigkeitsvorstellungen ... in einem so
schwerwiegenden Widerspruch steht, daß seine Anwendung für untragbar angesehen werden muss".[263] Insbesondere hat er im Anschluss an
den „Spanier"-Beschluss des BVerfG[264] den ordre-public-Vorbehalt als
Instrument zur Durchsetzung der *Grundrechte* verwendet.

140   Beide Gedanken hat der deutsche Gesetzgeber im Zuge der IPR-Reform
von 1986 durch die Neufassung des ordre-public-Vorbehalts in Art. 6
EGBGB übernommen.[265] Danach muss das *Ergebnis* der Anwendung
der ausländischen Norm – nicht bloß deren Inhalt! – mit wesentlich-
en Grundsätzen des deutschen Rechts unvereinbar sein (Art. 6 S. 1
EGBGB).

---

[260] *Mugdan*, Materialien I, S. 306.
[261] Hierzu die 6. Aufl., § 6 Rn. 138.
[262] Vgl. hierzu § 10 Rn. 95 f.
[263] *BGH* 18. 6. 1970, BGHZ 54, 123 (130, 132, 140) = IPRspr 1970 Nr. 59 b; *BGH*
12. 5. 1971, BGHZ 56, 180 (191) = IPRspr 1971 Nr. 40; *BGH* 20. 6. 1979, BGHZ
75, 32 = NJW 1979, 1776 m. Anm. *Kropholler*, 2468 f. = FamRZ 1979, 1006 m.
Anm. *Heldrich* = IPRspr 1979 Nr. 83.
[264] *BVerfG* 4. 5. 1971, BVerfGE 31, 58 = NJW 1971, 1509 m. Anm. *Becker*, 1491–1493,
und *Guradze*, 2121 f. = FamRZ 1971, 414 m. Anm. *Sturm*, FamRZ 1972, 16–22 =
Schack, Höchstrichterliche Rechtsprechung, Nr. 1 = IPRspr 1971 Nr. 39; dazu § 1
Rn. 134.
[265] BTDrucks. 10/504, S. 43.

Eine Verletzung der *Grundrechte* löst nach Art. 6 S. 2 EGBGB stets das Eingreifen des deutschen ordre public aus. „Voraussetzung für eine Grundrechtsverletzung ist allerdings, daß das betroffene spezielle Grundrecht nach Wortlaut, Inhalt und Funktion unter Berücksichtigung der Gleichstellung anderer Staaten und der Eigenständigkeit ihrer Rechtsordnungen für auslandsbezogene Sachverhalte Geltung verlangt."[266] Der Inhalt des ordre public unterliegt dem Wandel gesellschaftlicher **141** Wertvorstellungen.

Beispiel 1: Noch 1958 hielt der BGH den Anspruch auf Kranzgeld nach § 1300 BGB a. F. für einen unverzichtbaren Teil der deutschen Rechtsordnung, der auch international mit Hilfe des ordre-public-Vorbehalts durchgesetzt werden müsse.[267] Diese Entscheidung wurde bereits damals kritisiert, weil innerstaatlich die Berechtigung des § 1300 BGB vor dem Hintergrund der Gleichberechtigung von Mann und Frau nach Art. 3 II GG umstritten war.[268] Später ergingen Entscheidungen, die § 1300 BGB aus diesen Erwägungen selbst bei reinen Inlandsfällen unangewendet ließen.[269] Zum 1. 7. 1998 wurde die Vorschrift aufgehoben.

Beispiel 2: Bürgschaftsversprechen natürlicher Personen für Verpflichtungen naher Familienangehöriger, insbesondere Ehegatten, galten lange Zeit als rechtlich unproblematisch. Unter Berufung auf Art. 2 I GG sowie das Sozialstaatsprinzip entschied das BVerfG 1993, dass die Zivilgerichte korrigierend in die Privatautonomie eingreifen müssen, wenn sich das starke Übergewicht eines Vertragsteils für den anderen als Fremdbestimmung darstellt. Verträge, die als Ergebnis einer strukturellen Unterlegenheit einer Seite zustande gekommen seien und diese ungewöhnlich stark belasteten, seien anzupassen oder gar als sittenwidrig und daher nichtig anzusehen.[270] Diese verfassungsgerichtlichen Vorgaben wurden in der Folgezeit durch die Zivilgerichte aufgenommen; Verwandtenbürgschaften werden seither am Maßstab des § 138 BGB gemessen.[271] Auf kollisionsrechtlicher Ebene erscheint ein Eingreifen des ordre public denkbar, wenn ein „besonders krasser Fall struktureller Unterlegenheit" vorliegt.[272]

3. Funktion

Der Inhalt des ordre-public-Vorbehalts und damit auch seine Funktion **142** haben sich im Laufe der Zeit gewandelt. Im Zeitalter *Savignys* spielten

[266] *BVerfG* 4. 5. 1971, BVerfGE 31, 58 (86) = NJW 1971, 1509 m. Anm. *Becker*, 1491–1493, und *Guradze*, 2121 f. = FamRZ 1971, 414 m. Anm. *Sturm*, FamRZ 1972, 16–22 = *Schack*, Höchstrichterliche Rechtsprechung, Nr. 1 = IPRspr 1971 Nr. 39.

[267] *BGH* 21. 11. 1958, BGHZ 28, 375 = IPRspr 1958/59 Nr. 110; später obiter widerrufen von *BGH* 24. 4. 1974, BGHZ 62, 282 (283) = IPRspr 1974 Nr. 45.

[268] So *Neuhaus*, Grundbegriffe, S. 371.

[269] *AG Münster* 8. 12. 1992, NJW 1993, 1720 = FamRZ 1993, 707; bestätigt durch *BVerfG* 5. 2. 1993, FamRZ 1993, 662.

[270] *BVerfG* 19. 10. 1993, BVerfGE 89, 214.

[271] Vgl. die Nachw. bei Palandt/*Heinrichs*, § 138 Rn. 37–38 e.

[272] So *BGH* 24. 2. 1999, BGHZ 140, 395 (399) = NJW 1999, 2372 = IPRax 1999, 371 m. Anm. *Schulze* 342–347 = IPRspr 1999 Nr. 154, im Rahmen der Anerkennung eines ausländischen Urteils nach EuGVÜ; vgl. auch *Dörner*, FS Sandrock (2000), S. 205–222. Zum umgekehrten Fall der Ausschaltung ausländischer Bürgenschutzvorschriften durch die Wahl deutschen Rechts *OLG Köln* 21. 3. 1997, RIW 1998, 148 = IPRspr 1997 Nr. 36.

sich internationalprivatrechtliche Fälle vor allem im europäischen und europäisch geprägten Raum (Kolonien) ab, wobei die beteiligten Rechtsordnungen in vielen Bereichen „aufgrund der gemeinsamen christlichen Gesittung"[273] durch die gleichen Wertvorstellungen verbunden waren. Der ordre-public-Vorbehalt diente daher weniger der Abwehr abweichender ausländischer Wertvorstellungen (= *negative Funktion*), sondern vielmehr der internationalen Durchsetzung zwingender inländischer Vorschriften (= *positive Funktion*).[274] Die positive Funktion des ordre public wird heute in Deutschland[275] als „Sonderanknüpfung von Eingriffsnormen"[276] zunehmend verselbständigt (vgl. Art. 34 EGBGB).[277] Dagegen hat Art. 6 EGBGB die Nichtanwendung der ordre-public-widrigen ausländischen Normen zur Folge, ohne dabei notwendig deutsche Normen an deren Stelle treten zu lassen.[278] Dennoch erscheint es verfehlt, im Zusammenhang mit Art. 6 EGBGB nur von der negativen Funktion des ordre public zu sprechen, da sich beide Funktionen nicht gegenseitig ausschließen, sondern – je nach Fallgestaltung – mal der eine, mal der andere Aspekt des ordre public stärker in den Vordergrund rückt.[279] So umfasst die Anwendung des deutschen Rechts aufgrund des ordre-public-Vorbehalts stets auch die Nichtanwendung der abweichenden ausländischen Normen, und die Nichtanwendung ordre-public-widriger ausländischer Normen führt zur internationalen Beachtung der unverzichtbaren Grundsätze des deutschen Rechts.

143 Heute steht gleichwohl die negative Funktion des ordre public im Vordergrund. Dies hängt mit der weltweiten Mobilisierung des Privatrechtsverkehrs zusammen: Zwar wurden im europäischen Raum noch bestehende Konfrontationen (z.B. Möglichkeit einer Ehescheidung) weitgehend abgebaut; gleichzeitig gewinnt jedoch die Auseinandersetzung mit islamischen und fernöstlichen Anschauungen an Bedeutung. Weltweit gibt es aufgrund unterschiedlicher Religion, Kultur, Geschichte und politischer Ideologie eine Vielzahl widersprüchlicher Lösungen für ein Rechtsproblem (z.B. Mehrehe, Privatscheidung, elterliche Sorge, gleichgeschlechtliche Ehe, Geschlechtszugehörigkeit,[280] Zinsverbot).

Im Interesse einer internationalen Ordnung können inländische Vorstellungen nicht per se den Vorrang beanspruchen: Wer ausländisches Recht

---

[273] *Savigny*, System des heutigen römischen Rechts VIII (1849), S. 27.

[274] Hierzu: *Kropholler*, IPR, S. 244f.; Staudinger/*Blumenwitz*, Art. 6 Rn. 8–17.

[275] Anders aber in der Schweiz, vgl. Art. 17 schweiz. IPRG (dazu *Siehr*, IPR, S. 487f.), und in Frankreich, vgl. Art. 6 franz. Code civil.

[276] Hierzu § 10 Rn. 93–46.

[277] Vgl. hierzu *Sonnenberger*, IPRax 2003, 104–116.

[278] Hierzu: *Siehr*, IPR, S. 591f.; *Neuhaus*, Grundbegriffe, S. 376; *Raape/Sturm*, IPR I, S. 200 (m.w. Nachw. in Fn. 16).

[279] So auch *Siehr*, IPR, S. 487f.; *Neuhaus*, Grundbegriffe, S. 364; *Raape/Sturm*, IPR I, S. 200.

[280] *BVerfG* 18.7. 2006 (Transsexuellengesetz), NJW 2007, 900 = IPRax 2007, 217 m. Anm. *Röthel* 204–207 = FamRZ 2006, 1818 m. Anm. *Scherpe*, 271f.

unter Berufung auf den ordre public nicht anwendet, schafft *hinkende Rechtsverhältnisse.*[281] Daher darf sich das deutsche Recht nicht zum alleinigen Maßstab machen, sondern muss prinzipiell fremdartige Regelungen anderer Staaten hinnehmen. Insbesondere kann eine Prüfung von Sinn und Zweck des ausländischen Rechtsinstituts zum Ergebnis führen, dass das deutsche Recht ähnliche Ziele verfolgt und sich dabei lediglich anderer Institute bedient; ein ordre-public-Verstoß scheint hier nahezu ausgeschlossen. Ist die fragliche Regelung hingegen auch in ihrer Heimatrechtsordnung rechtspolitisch umstritten, so schwächt dies deren Durchsetzungskraft gegenüber unseren Gerechtigkeitsvorstellungen. Schließlich empfiehlt es sich im Hinblick auf den internationalen Entscheidungseinklang, nur solche inländischen Rechtsgrundsätze als Bestandteil des ordre public zu begreifen, die international nicht unüblich sind *(rechtsvergleichender Kontrollmaßstab).*[282]

4. Sonderformen

a) Ordre-public-Vorbehalt und besondere Vorbehaltsklauseln

Der ordre-public-Vorbehalt des Art. 6 EGBGB ist eine allgemeine Vorbehaltsklausel, mit der unerträgliche Ergebnisse bei der Anwendung ausländischen Rechts korrigiert werden. Ob ein bestimmtes Ergebnis der Korrektur bedarf und welche Regelung statt der durch den ordre-public-Vorbehalt ausgeschlossenen zur Anwendung kommen soll, kann dabei nur für jeden Einzelfall gesondert beurteilt werden.[283] *Besondere Vorbehaltsklauseln* dagegen umschreiben exakt das missbilligte Ergebnis und ordnen für den Fall ihres Eingreifens den Korrekturmaßstab an.[284] Teilweise handelt es sich dabei um in Gesetzesform gefasste häufige Anwendungsfälle der allgemeinen Vorbehaltsklausel, welche die Rechtsanwendung erleichtern (z.B. Art. 13 II, 17b IV,[285] 40 III EGBGB[286]). Teilweise aber ist das missbilligte Ergebnis gar nicht mit wesentlichen Grundsätzen des inländischen Rechts unvereinbar, sondern der Vorbehalt zielt auf die Begünstigung der eigenen Staatsangehörigen (z.B. Art. 17 I 2 EGBGB); die rechtspolitische Berechtigung gerade solcher besonderer Vorbehaltsklauseln kann zweifelhaft erscheinen.[287]

144

---

[281] Vgl. etwa § 8 Rn. 4, 13–16.

[282] Zur möglichen Konkretisierung des ordre public durch eine aus der Rechtsprechung des BGH hergeleitete, fünf Schritte umfassende Prüfungsmethode, die auch die Wesentlichkeit des eigenen Rechtssatzes (vgl. oben Rn. 139–141 bzw. unten Rn. 149) sowie den hinreichenden Inlandsbezug (vgl. unten Rn. 152f.) umfasst: *Jayme,* Methoden der Konkretisierung des ordre public im IPR, S. 42–60.

[283] *Kropholler,* IPR, S. 245.

[284] *Siehr,* IPR, S. 486f., 491.

[285] Hierzu § 8 Rn. 73j.

[286] Hierzu § 11 Rn. 59.

[287] *Kropholler,* IPR, S. 259f.; *Keller/Siehr,* IPR, S. 538f.

b) Verfahrensrechtlicher ordre public

145 Der verfahrensrechtliche ordre public ist bei der Anerkennung und Vollstreckung ausländischer Entscheidungen zu beachten, aber auch bei
der Gewährung von Rechtshilfe an ausländische Gerichte (z. B. Durchführung einer Beweisaufnahme). Er dient der internationalen Gewähr-
leistung eines fairen Verfahrens und erfordert die Beachtung einiger
zwingender Verfahrensgrundsätze wie der Unabhängigkeit und Unparteilichkeit des Gerichts sowie des Rechts auf rechtliches Gehör.[288] Eine
materielle Inhaltskontrolle der ausländischen Entscheidung findet hingegen nur in sehr beschränktem Umfang statt.[289]

c) Internationaler ordre public

146 Im französischen IPR wird der *ordre public international* unterschieden vom *ordre
public interne*.[290] Der ordre public interne erfasst die innerstaatlich zwingenden Normen, während der ordre public international unserem ordre-public-Vorbehalt im
Sinne des Art. 6 EGBGB entspricht.

147 Der Begriff des internationalen ordre public wird auch im Sinne eines allen Völkern
gemeinsamen, auf überstaatlichen Rechtsgrundsätzen aufbauenden Standards verwendet. Diesen will man aus völkerrechtlichen Verträgen, dem Völkergewohnheitsrecht
und internationalen Gepflogenheiten ableiten.[291] Dabei wird jedoch übersehen, dass
völkerrechtliche Verträge die Vertragsstaaten nur im Rahmen ihres Anwendungsbereiches binden und das Völkergewohnheitsrecht keine unmittelbare Quelle des IPR
bildet.[292] Einen seiner Rechtsquelle nach internationalen ordre public gibt es daher
nicht; gleichwohl orientiert sich der einzelstaatliche ordre public teilweise an internationalen Standards.

148 Im Geltungsbereich der *EMRK* sind die dort aufgeführten Menschenrechte für den
Inhalt des nationalen ordre public ebenso prägend wie die Grundrechte.[293] Die Menschenrechte sind also gemeinsamer Bestandteil des kollisionsrechtlichen ordre public
aller Vertragsstaaten.[294]

II. Anwendung des ordre-public-Vorbehalts

1. Kontrollmaßstab

149 Der ordre-public-Vorbehalt dient primär der Durchsetzung tragender
Grundsätze der deutschen Rechtsordnung. Wertvorstellungen anderer

---

[288] Näher hierzu § 3 Rn. 166 f.
[289] So auch *Siehr*, IPR, S. 489, 531 f.; näher dazu § 3 Rn. 168–174.
[290] Hierzu *Batiffol/Lagarde*, Droit international privé I, 8. Aufl. (1993), Rn. 354 a. E.
[291] So etwa *Bleckmann*, ZaöRV 34 (1974), 112–132; *Jaenicke*, BerGesVR 7 (1967), 77–
131; *Wiethölter*, BerGesVR 7 (1967), 133–177.
[292] Hierzu § 1 Rn. 100.
[293] BTDrucks. 10/504, S. 44; *Kropholler*, IPR, S. 250 f.; *Matscher*, IPR und IZVR vor
den Organen der EMRK, FS Neumayer (1985), S. 459–478; *Engel*, RabelsZ 53
(1989), 3–51.
[294] *Keller/Siehr*, IPR, S. 541.

Staaten finden allenfalls mittelbar Berücksichtigung, soweit der Inhalt des ordre public sich an internationalen Standards (z. B. Menschenrechten) orientiert.[295] Kontrollmaßstab ist daher grundsätzlich nur die eigene Rechtsordnung. Der ausländische ordre public ist bei der Anwendung des ausländischen IPR, d. h. insbesondere im Rahmen einer Rück- oder Weiterverweisung, zu beachten. Ein Renvoi hat danach zu unterbleiben, soweit die Anwendung des von der ersten Rechtsordnung berufenen Rechts im Ergebnis dem ordre public der zuerst berufenen Rechtsordnung widerspräche.[296] Dies folgt aus der Pflicht zur authentischen Anwendung ausländischen Rechts.

2. Gegenstand der ordre-public-Kontrolle

Mit dem ordre-public-Vorbehalt wird das *Ergebnis der Anwendung aus-* **150** *ländischen Rechts* kontrolliert. Der ordre-public-Vorbehalt richtet sich nicht gegen die ausländische Norm als solche, sondern nur gegen das Ergebnis ihrer Anwendung in einem konkreten Fall. Art. 6 EGBGB erlaubt somit keine „abstrakte Normenkontrolle" gegenüber ausländischem Recht. Es ist denkbar, dass das Ergebnis der Anwendung einer ausländischen Norm deutschen Rechtsgrundsätzen nicht widerspricht, obwohl das deutsche Recht die hinter der Regelung stehenden Gedanken nicht teilt.[297] Umgekehrt kann im Einzelfall auch einmal die Anwendung einer an sich nicht zu beanstandenden Norm untragbar sein.

Beispiel 1: Ein ausländisches Gesetz, das die Ehe zwischen Verwandten bis zum 5. Grad verbietet, steht im Widerspruch zum Grundrecht der Eheschließungsfreiheit. Soweit dieses Gesetz aber zur Folge hat, dass Bruder und Schwester in Deutschland nicht heiraten können, wird es von uns dennoch angewandt.

Beispiel 2: Überlässt ein Staat die Regelung der Voraussetzungen für die Eheschließung den einzelnen Religionsgemeinschaften und stellt er im Interpersonalen Privatrecht auf die Religionszugehörigkeit der Verlobten ab, so ist dies an sich nicht zu beanstanden.[298] Wenn die Beachtung dieser Regelung allerdings zur Folge hat, dass ein Angehöriger dieses Staates in Deutschland nicht mit seiner andersgläubigen deutschen Verlobten getraut werden darf, verstößt die Anwendung des ausländischen religiösen Rechts gegen das in Art. 6 GG verbürgte Grundrecht auf Eheschließungsfreiheit und damit gegen den deutschen ordre public.[299] Indes ist hier die Vorbehaltsklausel des Art. 13 II EGBGB lex specialis.

Der Überprüfung unterliegen ausländische Sach-, aber auch Kollisions- **151** normen.

[295] Hierzu bereits oben Rn. 147 sowie: BTDrucks. 10/504, S. 43; *Siehr,* IPR, S. 488 f.
[296] *Kegel/Schurig,* IPR, S. 409; *Kropholler,* IPR, S. 258 f.; *Raape/Sturm,* IPR I, S. 98. Einen Überblick über den ordre public in anderen Rechtsordnungen gibt *Staudinger/Blumenwitz,* Art. 6 Rn. 177–183.
[297] Hierzu *BGH* 20. 12. 1972, BGHZ 60, 68 (78) = NJW 1973, 417 = JR 1973, 245 m. Anm. *Jayme* = JZ 1974, 178 m. Anm. *Firsching* = IPRspr 1972 Nr. 59 b.
[298] *Neuhaus,* Grundbegriffe, S. 373 f.; *ders.,* StAZ 1965, 279–281.
[299] So etwa *BGH* 12. 5. 1971, BGHZ 56, 180 = IPRspr 1971 Nr. 40.

Beispiel: Eine gemischt-nationale Ehe soll geschieden werden. Angeknüpft wird nach Art. 17 I 1, 14 I Nr. 2 EGBGB an das Recht des gemeinsamen gewöhnlichen Aufenthalts bei Eintritt der Rechtshängigkeit des Scheidungsantrags (Gesamtverweisung). Das IPR des Aufenthaltsstaates verweist weiter auf das Heimatrecht des Mannes. Dies führt unmittelbar zu einer Verschlechterung der prozessualen Stellung der Frau (Anwendung einer ihr fremden Rechtsordnung) und stellt damit einen ordre-public-Verstoß dar (str.).[300]

Innerstaatliches Recht, einschließlich von Deutschland ratifizierter völkerrechtlicher Verträge, ist nicht Gegenstand der ordre-public-Kontrolle, sondern unterliegt der unmittelbaren Kontrolle durch das Grundgesetz.

3. Inlandsbezug

152 Das Eingreifen des ordre public setzt in seiner positiven wie in seiner negativen Funktion einen hinreichenden Inlandsbezug voraus; dies gilt selbst für die Verletzung unserer Grundrechte.[301] Bezüglich der positiven Funktion ergibt sich die Voraussetzung des Inlandsbezugs bereits aus dem Grundsatz, dass ein Staat Personen, die keinerlei Beziehung zu seiner Rechtsordnung haben, nicht die Anwendung seines Rechts aufzwingen darf. Für die Durchsetzung inländischer Wertvorstellungen mittels der negativen Funktion des ordre public muss das Gleiche gelten.[302] Daher ist bei der Anwendung des ordre-public-Vorbehalts nach dem Grad der Inlandsbeziehung zu differenzieren: Je geringer der Inlandsbezug, desto bedeutender müssen die verletzten inländischen Rechtsgrundsätze sein *(Relativität des ordre public).*[303]

Beispiel: Die Versagung der Eheschließung durch ausländisches religiöses Recht verletzt den deutschen ordre public nicht, wenn keiner der Verlobten Deutscher ist oder seinen gewöhnlichen Aufenthalt in Deutschland hat (so auch Art. 13 II Nr. 1 EGBGB).

153 Außerdem kann es von Bedeutung sein, ob das anstößige Ergebnis durch das deutsche Gericht selbst herbeigeführt oder von diesem nur im Rahmen einer Vorfrage[304] berücksichtigt wird.

Als Faustregel gilt dabei: Soweit inländische Gerichte oder Behörden durch die Anwendung ausländischen Rechts selbst einen ordre-public-widrigen Rechtszustand begründen würden, ist die Anwendung dieser Rechtssätze unter dem Gesichtspunkt des ordre public unzulässig; Art. 6 EGBGB dient hier der Kontrolle deutscher Hoheitsgewalt. Geht es demgegenüber lediglich um die Ableitung von Rechtsfolgen aus im

---

[300] *Kropholler,* IPR, S. 245, 170 f.; a. A.: MüKo/*Sonnenberger,* Art. 6 Rn. 45.
[301] Hierzu oben Rn. 140.
[302] *Neuhaus,* Grundbegriffe, S. 365–367; *Siehr,* IPR, S. 491.
[303] So auch *Kropholler,* IPR, S. 246.
[304] Hierzu oben Rn. 56–72.

Ausland begründeten ordre-public-widrigen Rechtsverhältnissen oder um deren Anerkennung, so liegt darin nicht notwendigerweise eine beachtliche Verletzung des ordre public. Dies wird als *effet atténué* des ordre public bezeichnet.[305]

Beispiel 1: Ein iranischer Moslem, der in seiner Heimat bereits verheiratet ist, möchte in Deutschland eine weitere Ehe mit einer Iranerin eingehen. Ihr gemeinsames Heimatrecht erlaubt die Vielehe. Dennoch werden die beiden in Deutschland nicht getraut, da dem deutschen Eherecht der Grundsatz der Einehe zugrunde liegt, so dass die Vornahme der Trauung durch deutsche Behörden den deutschen ordre public verletzen würde.

Beispiel 2: Ein iranischer Moslem hat im Iran mehrere – nach iranischem Recht wirksame – Ehen geschlossen. Er kommt als Geschäftsführer einer Ölhandelsgesellschaft mit seiner Familie nach Deutschland, wo er einige Zeit später stirbt. Nach dem gemäß Art. 8 III des deutsch-iranischen Niederlassungsabkommens vom 17. 2. 1929[306] maßgeblichen iranischen Heimatrecht sind alle Ehefrauen zu gleichen Teilen Erben. Die Mehrehe erlangt hier im Rahmen der Vorfrage („Wer ist erbberechtigte Ehefrau?") Bedeutung. Es geht dabei nur um ihre Auswirkung auf die erbrechtliche Vermögensauseinandersetzung. Das Ergebnis der Anwendung des iranischen Rechts („Die Ehefrauen erben zu gleichen Teilen") ist für das deutsche Recht tragbar, auch wenn es die Begründung (Anerkennung der nach iranischem Recht zulässigen Mehrehe) nicht ist. Die Anerkennung der im Iran geschlossenen Mehrehe im Rahmen der Vorfrage erschüttert – im Gegensatz zur Zulassung der Eingehung einer Mehrehe im Inland – wegen des geringeren Inlandsbezuges nicht die Grundfesten der deutschen Rechtsordnung. Der deutsche ordre public steht daher dem Erbrecht der Ehefrauen nicht entgegen.[307]

III. Rechtsfolgen

Greift der ordre-public-Vorbehalt ein, so ist die betreffende ausländische **154** Norm nicht anzuwenden. Ist eine hierdurch entstehende Regelungslücke nicht hinnehmbar, so sollte diese im Interesse des internationalen Entscheidungseinklangs primär aus dem Geist des ausländischen Rechts heraus und nur subsidiär durch die Anwendung der lex fori geschlossen werden.[308]

Beispiel:[309] Nach schweizerischem Recht sind bestimmte Forderungen unverjährbar. Dies wird in Deutschland als Verstoß gegen den ordre public aufgefasst. Welches Ersatzrecht die entstandene Regelungslücke schließen soll, ist umstritten.[310] In Betracht kommt die *lex causae*, also die Anwendung der längsten Verjährungsfrist nach den allgemeinen Regeln des schweizerischen Rechts (10 Jahre), die *lex fori*, also die Anwendung derjenigen deutschen Verjährungsvorschrift, welche „dem Rechtsgedanken des fremden Rechts am nächsten kommt"[311] (30 Jahre) oder die Bildung einer eigen-

---

[305] *Kropholler,* IPR, S. 666 f.
[306] RGBl. 1930 II S. 1006 = *Jayme/Hausmann,* Nr. 24; in Kraft seit dem 11. 1. 1931.
[307] MüKo/*Birk,* Art. 25 Rn. 115.
[308] Hierzu bereits oben Rn. 142.
[309] *RG* 19. 12. 1922, RGZ 106, 82 (85).
[310] Hierzu *Schwung,* RabelsZ 49 (1985), 407–425.
[311] *RG* 19. 12. 1922, RGZ 82 (86).

ständigen *Sachnorm,* die gerade noch unserem ordre public entspricht.[312] Durch den letztgenannten Ansatz wird der internationale Entscheidungseinklang am wenigsten beeinträchtigt; andererseits schafft ein solches Kunstgebilde, welches keiner der beteiligten Rechtsordnungen entspricht, Rechtsunsicherheit.

Häufig wird eine Lückenfüllung aus dem Geiste des ausländischen Rechts heraus freilich daran scheitern, dass die ausländische Rechtsordnung keine geeigneten Regeln bereithält, sei es weil das von uns als ordre-public-widrig begriffene ausländische Rechtsinstitut solche Regelungen dort entbehrlich macht, sei es weil gerade das Fehlen einer entsprechende Regelung die Verletzung des ordre public begründet.

Beispiel:[313] Hat ein in Deutschland lebender Transsexueller mit ausländischer Staatsangehörigkeit nach seinem Heimatrecht nicht die Möglichkeit, seine Geschlechtszugehörigkeit feststellen sowie seinen Vornamen ändern zu lassen, so liegt hierin wegen der Verletzung des allgemeinen Persönlichkeitsrechts (Art. 2 I i. V. mit Art. 1 I GG) ein Verstoß gegen den deutschen ordre public. Zur Füllung der Regelungslücke kommt allein ein Rückgriff auf § 8 I Nr. 1 TSG in Betracht.

---

[312] *Kegel/Schurig,* IPR, S. 539: „vielleicht 50 Jahre".
[313] *BVerfG* 18. 7. 2006, NJW 2007, 900 = IPRax 2007, 217 m. Anm. *Röthel* 204–207 FamRZ 2006, 1818 m. Anm. *Scherpe,* 271 f.

3. Teil. Besondere Lehren

§ 7. Personenrecht. Rechtsgeschäft

A. Natürliche Personen

I. Rechtsfähigkeit

Gemäß Art. 7 I EGBGB bestimmt sich die Rechtsfähigkeit einer Person 1
nach ihrem Heimatrecht. Heute ist keine Rechtsordnung mehr bekannt,
die bestimmten Menschengruppen die Rechtsfähigkeit grundsätzlich
verweigert (z.B. Sklaven). Das deutsche Recht kennt zudem keine inhaltliche Beschränkung der Rechtsfähigkeit. Soweit das Personalstatut
derartige Beschränkungen (z.B. bürgerlicher Tod als Strafe[1]) vorsieht,
verstoßen diese regelmäßig gegen den deutschen ordre public (Art. 6
EGBGB).[2]

Die Rechtsordnungen weichen indes bei der Bestimmung von Beginn
und Ende der Rechtsfähigkeit voneinander ab.

1. Beginn

Die Frage nach dem Beginn der Rechtsfähigkeit kann insbesondere bei 2
der Erbfolge auftauchen. Während nach dem BGB die Rechtsfähigkeit
bereits mit Vollendung der Geburt eintritt (§ 1 BGB), ist in anderen
Rechtsordnungen die Lebensfähigkeit des Menschen Voraussetzung für
die Rechtsfähigkeit.[3]

Von der allgemeinen Rechtsfähigkeit zu unterscheiden ist die Fähigkeit 3
zur Teilhabe an bestimmten Rechten oder Rechtsgeschäften *(besondere
Rechtsfähigkeit)*, die sich nach dem Wirkungsstatut des jeweiligen
Rechts- oder Erwerbsvorgangs richtet.[4]

Beispiel: Die Erbfähigkeit bestimmt sich nach dem Erbstatut.

---

[1] Vgl. Nachw. bei *Kegel/Schurig*, IPR, S. 545.
[2] Staudinger/*Hausmann*, Art. 7 Rn. 28 f.
[3] So muss das Kind nach Art. 30 span. Código civil 24 Stunden gelebt haben.
[4] MüKo/*Birk*, Art. 7 Rn. 17 f.

2. Ende

4   Das Personalstatut bestimmt das mit dem Tode des Menschen eintretende Ende der Rechtsfähigkeit. Ebenso richten sich bei Verschollenen die
(förmliche) Todeserklärung, die Feststellung des Todes und des Todes-
zeitpunkts sowie Lebens- und Todesvermutungen nach dem Heimatrecht des Verschollenen zum Zeitpunkt, zu dem es die letzten Nachrich-
ten von ihm gab (Art. 9 S. 1 EGBGB). Die Vielzahl der genannten
Rechtsinstitute erklärt sich aus den Unterschieden der nationalen Rechtsordnungen:

Deutschland und Österreich folgen dem System der Todeserklärung (gegebenenfalls
der Feststellung der Todeszeit). – Im anglo-amerikanischen Recht herrscht das System
einfacher Vermutungen. Wer eine gewisse Zeit (nach common law sieben Jahre[5]) ver-
schollen ist, gilt als tot. Die widerlegbare Vermutung gilt nicht allgemein, sondern nur
für ein konkretes Verfahren, in dem der Tod einer Person Vorfrage ist. Sie wird daher
zum Teil als verfahrensrechtliche Beweisfrage qualifiziert. – Andere Staaten wie etwa
die Schweiz (vgl. Art. 35–38 ZGB) folgen dem System der Verschollenheits- oder
Abwesenheitserklärung. Die Verschollenheit wird durch gerichtliches Urteil festgestellt, damit insbesondere die Erben provisorisch in den Nachlass eingewiesen werden
können. Eine förmliche Feststellung des Todes erfolgt nicht. Frankreich, das ursprünglich nur eine solche Abwesenheitserklärung kannte (Art. 112–143 Code civil
a. F.), hat 1945 zusätzlich die Todeserklärung eingeführt (Art. 88–92 Code civil).

Unter Art. 9 S. 1 EGBGB fällt auch die *Kommorientenvermutung* (§ 11
VerschG: Vermutung des gleichzeitigen Todes zweier für tot erklärter
Verschollener oder bei einem Ereignis Verstorbener, z. B. Ehegatten).[6]
Hatten die Verstorbenen unterschiedliche Staatsangehörigkeiten, so
kann eine Anpassung erforderlich werden (str.).[7]

5   Trotz ausländischen Personalstatuts kommt deutsches Recht auf die Todeserklärung zur Anwendung, wenn ein berechtigtes Interesse daran
besteht (Art. 9 S. 2 EGBGB), so etwa, wenn Wirkungsstatut eines
Rechtsgeschäfts des Verschollenen deutsches Recht ist oder dieser im
Inland seinen letzten gewöhnlichen Aufenthalt hatte, über inländisches
Vermögen verfügte bzw. früher die deutsche Staatsangehörigkeit besaß
(so noch ausdrücklich: § 12 II–IV VerschG a. F.).[8]

5a Die *internationale Zuständigkeit* deutscher Gerichte zur Todeserklärung ergibt sich
aus § 12 VerschG. Dieser knüpft alternativ an die Staatsangehörigkeit oder den letzten
bekannten gewöhnlichen Aufenthalt des Verschollenen an. Daneben kann gemäß
§ 12 II VerschG auch ein berechtigtes Interesse die internationale Zuständigkeit deutscher Gerichte begründen, z. B. wenn die Todeserklärung Voraussetzung für die Geltendmachung von Erb- oder Rentenansprüchen im Inland ist. Somit wird in der Pra-

---

[5]   US-amerikanische statutes haben die Frist vielfach auf fünf Jahre verkürzt.
[6]   MüKo/*Birk*, Art. 9 Rn. 47; *Kropholler*, IPR, S. 323.
[7]   MüKo/*Birk*, Art. 9 Rn. 47; Staudinger/*Weick* Art. 9 Rn. 61; Beispiel bei *Junker*,
      IPR, Rn. 295.
[8]   Vgl. BTDrucks. 10/504, S. 46.

xis Gleichlauf zwischen internationaler Zuständigkeit und anwendbarem Recht hergestellt.

Die *Anerkennung* einer ausländischen Todeserklärung richtet sich nach § 16a FGG. Dessen Voraussetzungen entsprechen – mit Ausnahme des Verzichts auf die Verbürgung der Gegenseitigkeit – denen des § 328 ZPO;[9] insbesondere bedarf es keines gesonderten Anerkennungsverfahrens.

II. Geschäftsfähigkeit

Literatur: *Baetge,* Anknüpfung der Rechtsfolgen bei fehlender Geschäftsfähigkeit, IPRax 1996, 185–188; *Lipp,* Verkehrsschutz und Geschäftsfähigkeit im IPR, RabelsZ 63 (1999), 107–143.

1. Personalstatut und Wirkungsstatut

Die allgemeine Geschäftsfähigkeit unterliegt nicht dem Recht, das den   6
Geschäftsinhalt bestimmt (Wirkungsstatut), sondern wird als Wirksamkeitsvoraussetzung gemäß Art. 7 I EGBGB gesondert angeknüpft (Teilfrage).[10] Wie die Rechtsfähigkeit richtet sich die Geschäftsfähigkeit nach dem Heimatrecht. Dagegen unterliegen „besondere Geschäftsfähigkeiten" dem jeweiligen Wirkungsstatut. So bestimmt z.B. das Deliktsstatut die Deliktsfähigkeit,[11] das Erbstatut die Testierfähigkeit (bestr.).[12]

Fall: Der 17-jährige Deutsche D, wohnhaft in München, errichtet dort im Oktober 1993 ein privatschriftliches Testament in dem er über sein in Frankreich gelegenes Grundstück verfügt.

Nach Art. 25 EGBGB gelangt deutsches Recht zur Anwendung (Erbstatut). Die Testierfähigkeit beginnt hiernach mit Vollendung des 16. Lebensjahres (§ 2229 I BGB). D ist somit testierfähig. Nach materiellem deutschen Recht ist das Testament wegen § 2247 IV BGB (Ausschluss des eigenhändigen Testaments bei Minderjährigen) nichtig. Aber: § 2247 IV BGB ist als Formvorschrift zu qualifizieren. Daher ist zu prüfen, ob das Testament hinsichtlich seiner Form gemäß einer der in Art. 26 EGBGB aufgezeigten Alternativen gültig ist. Art. 26 I Nr. 4 EGBGB verweist auf die lex rei sitae, also auf französisches Recht (Sachnormverweisung).[13] Danach ist das Testament wirksam, denn einem Minderjährigen (Art. 904 Code civil: Testierfähigkeit ab vollendetem 16. Lebensjahr) steht die eigenhändige Schriftform des Art. 970 Code civil offen.

Das *Wirkungsstatut* (z.B. Vertragsstatut) entscheidet darüber, ob die Geschäftsfähigkeit rechtsgeschäftliche Wirkungsvoraussetzung ist, und bestimmt den Zeitpunkt, in dem die Geschäftsfähigkeit vorliegen muss. Verlangt das Wirkungsstatut Geschäftsfähigkeit, so entscheidet nach Art. 7 I EGBGB das *Heimatrecht* über deren Voraussetzungen, insbesondere über die Altersgrenze oder eine etwa bestehende Teilgeschäftsfähigkeit.

---

[9] Hierzu § 3 Rn. 158–174.
[10] Hierzu unten Rn. 38.
[11] Hierzu § 11 Rn. 57.
[12] Hierzu § 9 Rn. 41.
[13] Hierzu § 9 Rn. 36.

7 Die Geschäftsfähigkeit kann durch *Eheschließung* erweitert werden. Art. 7 I 2 EGBGB regelt den Fall, dass ein minderjähriger Ehegatte vor der Eheschließung beschränkt geschäftsfähig war und ihm sein Personalstatut (nicht das Ehewirkungsstatut) mit der Heirat die volle Geschäftsfähigkeit zuerkennt („Heirat macht mündig").

Beispiel: Eine 17-jährige Französin heiratet einen Deutschen. Beide leben in Deutschland. Nach französischem Recht tritt Mündigkeit mit Eheschließung ein.

2. Fehlen der Geschäftsfähigkeit

8 Fehlt nach dem Personalstatut die Geschäftsfähigkeit, z. B. weil die Volljährigkeit nach diesem Recht nicht erreicht ist, so entscheidet nach zutreffender h. M. das Personalstatut auch über die Folgen dieses Mangels (z. B. Nichtigkeit bzw. schwebende Unwirksamkeit des betroffenen Rechtsgeschäfts).[14] Die Person des Vertretungsberechtigten sowie die Schranken der Vertretungsmacht unterliegen dagegen dem Vertretungsstatut (bestr.).[15] Hierzu zählt auch das Erfordernis einer vormundschaftsgerichtlichen Genehmigung für bestimmte Rechtsgeschäfte. Sieht das Heimatrecht des Minderjährigen insoweit strengere Regeln vor, so sind indes diese einzuhalten;[16] der Schutz des Minderjährigen geht auch kollisionsrechtlich dem Schutz des Rechtsverkehrs vor.

3. Statutenwechsel (Art. 7 II EGBGB)

9 Nach Art. 7 II EGBGB bleibt ein Ausländer, der die deutsche Staatsangehörigkeit erwirbt, geschäftsfähig, soweit er nach seinem früheren Heimatrecht geschäftsfähig war *(semel maior, semper maior)*.

Beispiel: Eine mit einem Deutschen verheiratete 16-jährige Französin erwirbt nach der Heirat die deutsche Staatsangehörigkeit und kauft anschließend ein Sportcoupé. – Der Vertrag ist wirksam, da nach Art. 476 Code civil Heirat mündig macht. Trotz anschließendem Wechsel des Personalstatuts bleibt die Geschäftsfähigkeit erhalten.

Die einseitig formulierte Kollisionsnorm ist allseitig auszubauen:[17] Die einmal erworbene (volle oder beschränkte) Geschäftsfähigkeit geht durch den Erwerb einer anderen Staatsangehörigkeit nicht wieder verloren. Der Schutz wohlerworbener Rechte hat Vorrang vor dem Entscheidungseinklang mit dem neuen Heimatstaat.

---

[14] *Kropholler,* IPR, S. 318; *von Bar,* IPR II, Rn. 43; Palandt/*Heldrich,* Art. 7 Rn. 5; a. A.: MüKo/*Birk,* Art. 7 Rn. 36, der die Rechtsfolgen dem Wirkungsstatut entnehmen will; ebenso: *OLG Düsseldorf* 25. 11. 1994, IPRax 1996, 199 m. abl. Anm. *Baetge,* 185–188 = IPRspr 1994 Nr. 7.

[15] Hierzu unten Rn. 47; a. A. (Art. 7 EGBGB): *von Bar,* IPR II, Rn. 42.

[16] Staudinger/*Hausmann,* Art. 7 Rn. 77; MüKo/*Birk,* Art. 7 Rn. 39; vgl. auch *OLG Köln* 22. 9. 2000, ZUM 2001, 166.

[17] *Kropholler,* IPR, S. 318 f.; zum allseitigen Ausbau allgemein § 4 Rn. 11.

4. Schutz des Rechtsverkehrs (Art. 12 EGBGB)

Da die Geschäftsfähigkeit an das Heimatrecht angeknüpft wird, dessen 10
Inhalt dem Vertragspartner typischerweise unbekannt ist, wird über
Art. 12 EGBGB die gutgläubige Partei geschützt, die darauf vertraute,
mit einer geschäftsfähigen Person einen Vertrag abzuschließen. Hiernach
wird die Geschäftsfähigkeit unter bestimmten Umständen alternativ an
das Recht des Abschlussortes angeknüpft.

Voraussetzung[18] ist erstens, dass der Vertrag von zwei Personen abgeschlossen wird, die sich in demselben Staat aufhalten. Bei Distanzgeschäf-
ten über die Grenze kommt Art. 12 EGBGB nicht zur An-wendung.
Entscheidend ist allein die körperliche Anwesenheit der Vertragsparteien während der Teilnahme am innerstaatlichen Rechtsverkehr. Unerheblich ist, auf welchem Weg (z. B. Telefon, Brief, E-Mail) der Vertrag
zustande kommt. Zweitens muss das Recht, das über die Geschäftsfähigkeit bestimmt, ein anderes sein als das Recht des Abschlussortes
(Normenkollision). Drittens muss die Person, die sich auf ihre Geschäftsunfähigkeit beruft, nach dem Recht des Abschlussortes geschäftsfähig sein.

Kennt der Vertragspartner die Geschäftsunfähigkeit oder beruht seine
Unkenntnis auf Fahrlässigkeit, so ist er bösgläubig und wird nicht über
Art. 12 EGBGB geschützt. Die Kenntnis, dass es sich bei dem Geschäfts-
partner um einen Ausländer handelt, begründet allein noch keine Fahrlässigkeit.[19] Die Beweislast für die Bösgläubigkeit trifft den Geschäftsun-
fähigen.

Beispiel: Der 20-jährige Filipino A kauft in Deutschland ein Auto. – Obwohl A nach
philippinischem Recht erst mit 21 Jahren volljährig wird, ist der Kauf wegen Art. 12
EGBGB voll wirksam.

Art. 12 EGBGB wird auf einseitige Rechtsgeschäfte analog angewendet.[20] Er erfasst über die Rechts- und Geschäftsfähigkeit hinaus die
Handlungsfähigkeit. Daher gilt Art. 12 EGBGB auch für familienrechtliche Handlungsbeschränkungen (z. B. § 1365 BGB).[21] Das Vertrauen auf
die Partei- und Prozessfähigkeit oder die Deliktsfähigkeit wird von der
Vorschrift dagegen nicht geschützt.

---

[18] Zu den Voraussetzungen vgl. *Giuliano/Lagarde*, BTDrucks. 10/503, S. 66; *Lipp*,
RabelsZ 63 (1999), 107–143 (135 f.), MüKo/*Spellenberg*, Art. 12 Rn. 35.
[19] *Liessem*, NJW 1989, 497–502 (501).
[20] *Kropholler*, IPR, S. 320; MüKo/*Spellenberg*, Art. 12 Rn. 24; a. A.: Palandt/*Heldrich*, Art. 12 Rn. 2.
[21] *LG Aurich* 23. 2. 1990, IPRax 1991, 341 (342) m. Anm. *H. Roth*, 320–322 = IPRspr
1990 Nr. 75; Palandt/*Heldrich*, Art. 12 Rn. 5; zu dem verwandten Art. 16 EGBGB
vgl. § 8 Rn. 44–46.

5. Ende

11 Das Personalstatut bestimmt, wann die Geschäftsfähigkeit eines Menschen erlischt.

Seit Inkrafttreten des Betreuungsgesetzes am 1. 1. 1992 kann die Geschäftsfähigkeit nach deutschem Recht nicht mehr durch Entmündigung beschränkt oder entzogen werden; der Betreute bleibt (vorbehaltlich des § 104 Nr. 2 BGB) weiterhin geschäftsfähig.[22]

11a Die *Anerkennung* einer ausländischen Entmündigung erfolgt nach § 16a FGG: Die Verbürgung der Gegenseitigkeit ist nicht gefordert. Im Übrigen entsprechen die Voraussetzungen denen des § 328 ZPO.[23] Die internationale Zuständigkeit des ausländischen Gerichts ist – spiegelbildlich – § 35b FGG zu entnehmen (vgl. § 69e FGG).[24] Trotz der Abschaffung der Entmündigung im deutschen Recht ist die Anerkennung einer ausländischen Entmündigung nicht ausgeschlossen. Soweit ein Deutscher im Ausland entmündigt wird, kann die Anerkennung indes gegen den deutschen ordre public verstoßen (§ 16a Nr. 4 FGG); dann kann ihr gleichwohl die Wirkung einer Betreuung beigemessen werden.[25]

III. Name

Literatur: *Henrich,* Die Rechtswahl im internationalen Namensrecht und ihre Folgen, StAZ 1996, 129–134; *Hepting,* Das IPR des Kindesnamens nach der Kindschaftsrechtsreform, StAZ 1998, 133–146; *ders.,* Regelungszwecke und Regelungswidersprüche im Namensrecht, StAZ 1996, 1–11.

1. Anknüpfung an das Heimatrecht (Art. 10 I EGBGB)

12–13 Gemäß Art. 10 I EGBGB unterliegt der Name einer Person deren Heimatrecht. Damit hat sich der deutsche Gesetzgeber grundsätzlich für die Anknüpfung an die Staatsangehörigkeit entschieden. Hierdurch wird Gleichklang zwischen öffentlichem (Eintragung in die Personalpapiere) und privatem Namensrecht erzielt. Allerdings kann die Anknüpfung nicht sicherstellen, dass sich die Namensführung sämtlicher Familienmitglieder nach ein und demselben Recht richtet. Es bleibt vielmehr Aufgabe des materiellen Rechts, die bei verschiedenen Namen in derselben Familie auftretenden Anpassungsprobleme zu beheben.[26] Im Falle von Mehrstaatern ist gemäß Art. 5 I EGBGB allein auf die effektive

---

[22] Zur Anknüpfung des Betreuungsverhältnisses § 8 Rn. 150.

[23] Hierzu § 3 Rn. 158–174.

[24] § 8 Rn. 151; vgl. auch Palandt/*Heldrich,* Art. 7 Rn. 9; *Kropholler,* IPR, S. 321; allgemein zur Anerkennung ausländischer Entscheidungen auf dem Gebiet der Freiwilligen Gerichtsbarkeit § 3 Rn. 297f.

[25] *von Bar,* IPR II, Rn. 48.

[26] BTDrucks. 10/504, S. 46.

bzw. die deutsche Staatsangehörigkeit abzustellen.[27] Dies kann indes nach der Rechtsprechung des EuGH im Einzelfall einen Verstoß gegen das Diskriminierungsverbot des Art. 12 EG darstellen, wenn dem (minderjährigen) Angehörigen eines anderen Mitgliedstaates hierdurch verwehrt wird, seinen Namen im Einklang mit dem ausländischen Heimatrecht zu ändern.[28]

Das Personalstatut entscheidet über die Namensführung: Dazu gehören **14** u. a. der Vor- und Familienname, der Zwischenname, die Schreibweise und das Recht zur Führung von Adelsbezeichnungen[29].

Ein Statutenwechsel ist beachtlich.[30] Das deutsche Recht geht beim Erwerb der deutschen Staatsangehörigkeit zwar nach dem Grundsatz der Namenskontinuität von der Unveränderlichkeit des einmal erworbenen Namens aus; der Statutenwechsel macht aber u. U. eine Angleichung des Namens bzw. der Namensführung an das neue (deutsche) Personalstatut erforderlich.[31] Probleme entstehen immer dann, wenn die nach ausländischem Recht geführte Namensform dem deutschen Recht unbekannt ist.

Beispiele: Das vormalige Namensstatut unterscheidet nicht zwischen Vor- und Zunamen bzw. sieht überhaupt nur einen Namen vor; der nach diesem Recht gebildete Name enthält dem deutschen Recht unbekannte Bestandteile, etwa einen Zwischennamen; die Namensform wird nach dem Geschlecht oder Verwandtschaftsverhältnis abgewandelt.

Um den Betroffenen den mühsamen Weg über eine öffentlich-rechtliche Namensänderung zu ersparen, eröffnet ihnen Art. 47 EGBGB nunmehr die Möglichkeit, in solchen Fällen durch öffentlich beglaubigte oder beurkundete Erklärung gegenüber dem Standesamt selbst eine Namensangleichung vorzunehmen.[32]

Fall:[33] Volksdeutsche Spätaussiedler,[34] die aus Russland in die Bundesrepublik gekommen sind, beantragen, den Zwischennamen (Vatersnamen), der nach russischem Recht Bestandteil des Namens ist, nicht in das neu anzulegende deutsche Familienbuch einzutragen.

Für die Namensführung von Spätaussiedlern deutscher Volkszugehörigkeit gelten die allgemeinen Regeln des IPR. Nach Art. 10 I EGBGB unterliegt der Name dem Heimatrecht der Person. Ursprünglich galt russisches Namensrecht. Danach muss der Zwischenname (Vorname des Vaters) geführt werden. Mit der Aufnahme in Deutsch-

---

[27] *BayObLG* 17. 6. 1999, FamRZ 2000, 56 = IPRspr 1999 Nr. 3 b.
[28] *EuGH* 2. 10. 2003, Rs. C-148/02 – „Carlos Garcia Avello", EuGHE 2003 I, 11 613 = IPRax 2004, 339 m. Anm. *Mörsdorf-Schulte*, 315–326 = FamRZ 2004, 173 m. Anm. *Henrich*. Zu beachten ist aber die Möglichkeit einer Rechtswahl nach Art. 10 III EGBGB; hierzu unten Rn. 18 sowie § 1 Rn. 125.
[29] Hierzu: *BayObLG* 16. 6. 1971, BayObLGZ 1971, 204 = IPRspr 1971 Nr. 7; *OLG Celle* 12. 2. 1963, IPRspr 1962/63 Nr. 14.
[30] Staudinger/*Hepting*, Art. 10 Rn. 97; *Kropholler*, IPR, S. 326.
[31] Hierzu bereits § 5 Rn. 110 a.
[32] S. BTDrucks 16/1831, S. 78 f.
[33] *BGH* 9. 6. 1993, NJW 1993, 2244 = IPRspr 1993 Nr. 10.
[34] Zum Begriff § 5 Rn. 45.

land trat nach Art. 9 II Nr. 5 FamRÄndG ein *Statutenwechsel* ein: Volksdeutsche werden wie deutsche Staatsangehörige behandelt. Nach Art. 47 I 1 Nr. 3 EGBGB haben die Betroffenen somit die Möglichkeit, den Zwischennamen durch eine formwirksame Erklärung (Art. 47 IV EGBGB) gegenüber dem Standesamt abzulegen.[35] Machen sie hiervon keinen Gebrauch, so ist der Zwischenname als Bestandteil des Namens in das Familienbuch einzutragen.

In Art. 10 II und III wird die Grundregel der Anknüpfung an das Heimatrecht im Falle von Ehegatten und Kindern durch Möglichkeiten einer Rechtswahl durchbrochen.

2. Ehename (Art. 10 I, II EGBGB)

15 Der Ehename wird gemäß Art. 10 I EGBGB nach dem Heimatrecht der Ehegatten bestimmt. Haben diese unterschiedliche Staatsangehörigkeiten, so richtet sich die Auswirkung der Eheschließung auf den Namen nach dem jeweiligen Heimatrecht.

Beispiel: Heiratet eine Schweizerin einen Deutschen, so bestimmt ihr Heimatrecht ihren Familiennamen. Nach Art. 160 I ZGB ist der Name des Ehemannes der Familienname der Ehegatten (vgl. aber Art. 30 II ZGB: Wahl des Namens der Frau möglich, wenn „achtenswerte Gründe" vorliegen). Die Schweizerin führt somit den Namen ihres Mannes, obgleich § 1355 BGB dies nicht (mehr) vorsieht. Heiratet ein Schweizer eine Deutsche, so behalten beide ihre bisherigen Namen bei.[36]

Weisen die Heimatrechte der Ehegatten Widersprüche auf, so hat unter Umständen eine Anpassung zu erfolgen.[37]

Manche ausländischen Kollisionsrechte unterstellen den Ehenamen nicht dem Personalstatut, sondern dem Ehewirkungsstatut.[38] Damit kann es zu Rück- und Weiterverweisungen kraft abweichender Qualifikation kommen.[39]

16 Zur Grundanknüpfung tritt, unabhängig vom Ort der Eheschließung, die in Abs. 2 genannte Wahlmöglichkeit der Eheleute. Eine zeitliche Befristung für die Rechtswahl sieht Art. 10 II EGBGB nicht vor; diese kann somit *vor* oder *nach* der Eheschließung getroffen werden. Sinn der Rechtswahl ist einerseits, beide Ehegatten einem einheitlichen Namensrecht zu unterstellen, andererseits die Anpassung an die namensrechtlichen Gepflogenheiten des Aufenthaltsstaats (Umweltbezogenheit des Namens). Indes hat die Abkehr vom Heimatrecht durch die Möglichkeit der Rechtswahl hinkende Rechtsverhältnisse zur Folge, wenn

---

[35] So bislang auch schon die Regelung des § 94 I BVFG.

[36] Zur Rechtswahl sogleich Rn. 16.

[37] Staudinger/*Hepting*, Art. 10 Rn. 144–154.

[38] MüKo/*Birk*, Art. 10 Rn. 65; *Henrich*, Internationales Familienrecht (2000), S. 76; dem entsprach die frühere deutsche Rechtsprechung, vgl. *BGH* 12. 5. 1971, BGHZ 56, 193 = IPRspr 1971 Nr. 48.

[39] Vgl. das Beispiel § 6 Rn. 82.

das Heimatrecht die Rechtswahl nach Art. 10 II EGBGB nicht anerkennt.[40]

Folgende Wahlmöglichkeiten bestehen:
(1) Sofern die Eheleute unterschiedliche Heimatrechte haben, können sie gemäß Art. 10 II Nr. 1 EGBGB das Heimatrecht eines Ehepartners wählen. Hat ein Ehepartner mehrere Staatsangehörigkeiten, so kann auch das Recht der nicht-effektiven bzw. nicht-deutschen Staatsangehörigkeit gewählt werden.

(2) Sind beide Ehepartner Ausländer (gleicher oder unterschiedlicher Staatsangehörigkeit) und hat einer von ihnen seinen gewöhnlichen Aufenthalt im Inland, so kann der Ehename nach deutschem Recht gewählt werden.

Beispiele: Die deutsch-spanische Doppelstaaterin und ihr italienischer Ehemann können gemäß Art. 10 II Nr. 1 EGBGB deutsches, spanisches oder italienisches Recht für die Namensführung wählen. – Lebt ein Däne mit seiner griechischen Frau in Deutschland, so können sie statt ihrer Heimatrechte auch deutsches Recht als Namensstatut wählen (Art. 10 II Nr. 2 EGBGB).

Fall:[41] Die in Florida geborene und dort lebende US-Amerikanerin Carry Smith lässt ihren Namen durch Gerichtsbeschluss in „Carry Vanessa Principessa di Michelis" ändern. Später heiratet sie in Florida den Deutschen Ernst Walter Rettig. Beide übersiedeln nach Deutschland. Beim Standesbeamten beantragen sie die Führung des Namens „Principe und Principessa di San Michelis". Art. 10 II EGBGB eröffnet, anders als der Wortlaut dies indiziert, die Rechtswahl, nicht die Namenswahl.[42] Gemäß Art. 10 II Nr. 1 EGBGB können die Ehegatten das Recht von Florida als Heimatrecht der Ehefrau wählen. Ob die Heirat Einfluss auf die Namensführung des Mannes hat, ist demzufolge nach dem Namensrecht des Staates Florida zu bestimmen. Erlaubt das Recht von Florida, den Namen der Frau als gemeinsamen Ehenamen zu führen, so hieße der Mann – wie seine Frau – „Principessa di Michelis". Den veränderten Namen „Principe di Michelis" kann der Gatte nur dann führen, wenn das Recht Floridas insoweit flexibel ist.

Die Regelung des Art. 10 II EGBGB findet auf eingetragene Lebenspartner entsprechende Anwendung (Art. 17b II 1 EGBGB).[43]

3. Kindesname (Art. 10 I, III EGBGB)

Über den Namen des Kindes entscheidet dessen Heimatrecht (Art. 10 I   **17** EGBGB). Hat das Kind dieselbe Staatsangehörigkeit wie seine Eltern und führen diese einen gemeinsamen Ehenamen, so ergeben sich bei der Bestimmung des Kindesnamens keine Schwierigkeiten.

---

[40] Zur rechtspolitischen Bewertung der Rechtswahl: Staudinger/*Hepting*, Art. 10 Rn. 171–174.

[41] Fall nach *Marcks*, StAZ 1996, 149–151; dazu: *Henrich*, StAZ 1996, 129–134.

[42] *BayObLG* 26. 5. 1999, BayObLGZ 1999, 153 = IPRax 2000, 131 m. Anm. *Gaaz*, 115 f. = IPRspr 1999 Nr. 7; Erman/*Hohloch*, Art. 10 Rn. 25; Soergel/*Schurig*, Art. 10 Rn. 63 d, 30.

[43] Hierzu *Henrich*, FamRZ 2002, 137–144 (138).

18 Der Inhaber der elterlichen Sorge hat gemäß Art. 10 III EGBGB die Möglichkeit der Rechtswahl.[44] Wer Inhaber der elterlichen Sorge, also gesetzlicher Vertreter des Kindes ist (Erstfrage), bestimmt sich nach dem gemäß Art. 21 EGBGB anzuwendenden Recht am gewöhnlichen Aufenthalt des Kindes (bestr.).[45] Die Wahlmöglichkeiten erstrecken sich auf:

(1) das Heimatrecht eines Elternteils, ungeachtet des Art. 5 I 2 EGBGB;

(2) das deutsche Recht, wenn ein Elternteil hier seinen gewöhnlichen Aufenthalt hat;

(3) im Fall der Namenserteilung[46] das Heimatrecht des den Namen Erteilenden.

19 Die Wahlmöglichkeiten des Art. 10 III EGBGB sind alternativ: Entweder bestimmt sich der Name nach dem Personalstatut des Kindes oder der gemäß Art. 10 III EGBGB gewählten Rechtsordnung.[47] Ebenso wie Abs. 2 sieht Abs. 3 keine zeitliche Begrenzung für die Rechtswahl vor. Die Abstammung ist als Vorfrage unselbständig, also nach den Kollisionsnormen des Namensstatuts anzuknüpfen (str.).[48] Auch im Falle des Kindesnamens besteht angesichts der nunmehr erweiterten Rechtswahl die Gefahr hinkender Rechtsverhältnisse.[49]

4. Namensänderung

20–21 Das Personalstatut entscheidet über die behördliche[50] Änderung des Namens. Im internationalen Rechtsverkehr ist das *Istanbuler CIEC-Übereinkommen über die Änderung von Namen und Vornamen* vom 4. 9. 1958[51] zu beachten. Gemäß Art. 2 besitzt ein Staat grundsätzlich nur für eigene Staatsangehörige die internationale Zuständigkeit zur Änderung des Namens und Vornamens. Eine in einem anderen Vertragsstaat vorgenommene unanfechtbare Namensänderung wird ohne weiteres anerkannt (Art. 3).

---

[44] Vgl. *BayObLG* 28. 5. 1997, BayObLGZ 1997, 167 = FamRZ 1997, 1558 = IPRspr 1997 Nr. 14: Art. 10 III EGBGB eröffnet die Rechtswahl, nicht die Namenswahl.

[45] Staudinger/*Hepting*, Art. 10 Rn. 243 f. Zur Erstfrage allgemein § 6 Rn. 65 f. Zur Anknüpfung der gesetzlichen Stellvertretung s. unten Rn. 47.

[46] Zur gewillkürten Namensänderung s. Staudinger/*Hepting*, Art. 10 Rn. 282–285.

[47] Palandt/*Heldrich*, Art. 10 Rn. 22.

[48] So im Grundsatz: *Henrich*, FamRZ 1998, 1401–1406 (1406); a. A. (selbständige Anknüpfung): *Hepting*, StAZ 1998, 133–146 (142 f.); Palandt/*Heldrich*, Art. 10 Rn. 22.

[49] Vgl. oben Rn. 16.

[50] Alternativ hierzu sieht nunmehr Art. 47 EGBGB eine Namensangleichung nach Statutenwechsel durch öffentlich beglaubigte oder beurkundete Erklärung des Betroffenen gegenüber dem Standesamt vor; hierzu oben Rn. 14.

[51] BGBl. 1961 II S. 1076 = *Jayme/Hausmann*, Nr. 20; in Kraft seit dem 24. 12. 1961.

B. Juristische Personen

Literatur: *Behrens,* Das Internationale Gesellschaftsrecht nach dem Überseering-Urteil des EuGH und den Schlussanträgen zu Inspire Art, IPRax 2003, 193–207; *Brombach,* Das internationale Gesellschaftsrecht im Spannungsfeld von Sitztheorie und Niederlassungsfreiheit (2006); *Zimmer,* Internationales Gesellschaftsrecht (1996).

I. Rechtsquellen

Das EGBGB enthält auch nach der Reform von 1999 keine Regelung für **22** juristische Personen.[52] Das Brüsseler EWG-Übereinkommen über die gegenseitige Anerkennung von Gesellschaften und juristischen Personen vom 29. 2. 1968[53] ist nicht in Kraft getreten und mittlerweile überholt. Die bilateralen Handels- und Niederlassungsabkommen, die Deutschland mit anderen Staaten abgeschlossen hat, enthalten häufig Regelungen zur Rechtsstellung juristischer Personen.[54] Das dabei verwandte Anknüpfungsmoment wechselt. Auf den satzungsmäßigen Sitz der Gesellschaft (Gründungstheorie) stellt namentlich Art. 25 V des *Freundschafts-, Handels- und Schiffahrtsvertrages mit den USA* von 1954[55] ab.[56]

Die EG-Verordnung über das Statut der Europäischen Aktiengesellschaft (SE)[57] schafft eine alternative (europaweite) Gesellschaftsform. Die Regelung ist freilich lückenhaft und bedarf der Ergänzung durch das nationale Recht. Maßgeblich hierfür sind nach Art. 9 I lit. c (ii) SE-VO die Rechtsvorschriften des Sitzstaates. Hierunter ist nach der Systematik der Verordnung der satzungsmäßige Sitz zu verstehen, der freilich nach Art. 7 SE-VO in dem Mitgliedstaat liegen muss, in dem sich die Hauptverwaltung der „Societas Europaea" (= SE) befindet.[58]

---

[52] Zum jüngsten Regelungsvorschlag des Deutschen Rates für IPR *Sonnenberger/Bauer,* RIW 2006, Beilage 1 zu Heft 4, S. 1–24. Zur Auswirkung des geplanten § 4 a GmbHG auf die Bestimmung des Gesellschaftsstatuts unten Rn. 32 a.

[53] BGBl. 1972 II S. 370.

[54] Vgl. den Überblick bei MüKo/*Kindler,* IntGesR, Rn. 306–310.

[55] BGBl. 1956 II S. 488.

[56] Vgl. *BGH* 29. 1. 2003, BGHZ 153, 353 = NJW 2003, 1607 = IPRax 2003, 265 = RIW 2003, 473 m. Anm. *Merkt,* 458–460 = IPRspr 2003 Nr. 10b; s. auch *BGH* 13. 10. 2004, IPRax 2005, 340 m. Anm. *Stürner,* 305–308 = RIW 2005, 147 m. Anm. *Paal,* 735–740, zum Erfordernis eines tatsächlichen wirtschaftlichen Bezugs zum Gründungsstaat (sog. *genuine link*).

[57] VO Nr. 2157 v. 8. 10. 2001 (ABl. EG Nr. L 294/1) = *Jayme/Hausmann,* Nr. 21; in Kraft seit dem 8. 10. 2004.

[58] Hierzu *Teichmann,* ZGR 2002, 383–464 (397 f., 456 f.).

II. Anwendbares Recht

1. Gesellschaftsstatut

23　Das für die Innen- und Außenbeziehungen einer juristischen Person maßgebliche Recht wird als Gesellschaftsstatut bezeichnet. Das Gesellschaftsstatut „bestimmt, unter welchen Voraussetzungen die juristische Person entsteht, lebt und vergeht".[59] Es regelt Anfang und Ende sowie Umfang der Rechtsfähigkeit.[60] Ihm unterfallen Partei- und Prozessfähigkeit im Verfahren, Geschäftsfähigkeit, Satzung und daraus erwachsende Rechtsstellung der Organe (z. B. Vertretungsmacht, Haftung) und Mitglieder, Zulässigkeit der Übertragung ihrer Rechte und sämtliche damit im Zusammenhang stehenden Fragen. Ein besonderer inländischer Akt der Anerkennung ausländischer Gesellschaften ist nicht vorgesehen.[61]

24　Über die Anknüpfung der Rechtsbeziehungen einer juristischen Person herrscht seit langem Streit. Eine Anknüpfung an Staatsangehörigkeit oder Aufenthalt, wie sie für natürliche Personen gegeben ist, scheidet aus. Im Wesentlichen stehen sich zwei Theorien gegenüber:

(1) *Sitztheorie:* Die Rechtsbeziehungen einer juristischen Person beurteilen sich nach dem Recht des Staates, in dem der tatsächliche Sitz der Hauptverwaltung liegt.

(2) *Gründungsrechtstheorie:* Maßgeblich ist das Recht, nach dem die Gründer die juristische Person errichtet haben.

Für die Gründungsrechtstheorie spricht die Rechtssicherheit; ferner wird den Interessen der Gesellschafter, die ihr Gründungsrecht wählten, Rechnung getragen. Bei Sitzverlegung ins Ausland wird die Rechtspersönlichkeit gewahrt. Die einseitig gesellschafterfreundliche Anknüpfung lädt jedoch zu Rechtsmissbrauch ein *(Briefkastenfirma).* – Die Sitztheorie setzt das nicht immer einfache Auffinden des tatsächlichen Verwaltungssitzes voraus, wahrt aber die Interessen der Gläubiger sowie des Rechtsverkehrs. Die Verlegung des tatsächlichen Verwaltungssitzes ist schwierig, wenn nicht unmöglich; die Objektivität des Anknüpfungsmoments macht den Rückgriff auf das Institut der Gesetzesumgehung überflüssig.[62]

Die Gründungsrechtstheorie hat sich im anglo-amerikanischen Bereich, der Schweiz und den Niederlanden durchgesetzt, die Sitztheorie dage-

---

[59] *BGH* 11. 7. 1957, BGHZ 25, 134 (144) = NJW 1957, 1433 = IPRspr 1956/57 Nr. 21.

[60] *BGH* 5. 11. 1980, BGHZ 78, 318 = NJW 1981, 522 = IPRax 1981, 130 m. Anm. *Großfeld,* 116 f. = IPRspr 1980 Nr. 41.

[61] *OLG Saarbrücken* 21. 4. 1989, NJW 1990, 647 = RIW 1990, 831 m. Anm. *Kronke,* 799–804 = JZ 1989, 904 m. Anm. *Ebenroth/Hopp,* 883–892 = IPRax 1990, 324 m. Anm. *Großfeld/Strotmann,* 298–301 = IPRspr 1989 Nr. 27.

[62] Zur Gesetzesumgehung § 6 Rn. 122–135.

gen gilt derzeit (noch) in Deutschland, Frankreich, Belgien, Luxemburg und Österreich.[63]

Die deutsche Rechtsprechung und der überwiegende Teil der Literatur **25** stellen zur Bestimmung des Sitzes auf den tatsächlichen Sitz der Hauptverwaltung ab.[64] Keine Rolle spielt, wo die einzelnen Betriebsstätten liegen. Entscheidend ist vielmehr „der Tätigkeitsort der Geschäftsführung und der dazu berufenen Vertretungsorgane, also der Ort, wo die grundlegenden Entscheidungen der Unternehmensleitung effektiv in laufende Geschäftsführungsakte umgesetzt werden".[65]

Fall: Im Handelsregister in Moskau ist eine AG russischen Rechts eingetragen. Die gesamte Verwaltung der Gesellschaft, die Pkw der Luxusklasse herstellt, liegt in Russland; die Produktionsstätten der Gesellschaft befinden sich hingegen in Deutschland. – Gesellschaftsstatut ist das russische Recht.

Nimmt die nach ausländischem Recht gegründete Gesellschaft ihren **26** Verwaltungssitz in Deutschland, so ist sie nicht wirksam errichtet. Dies ist Folge der Sitztheorie.

Variante: Liegen im Ausgangsfall sowohl Verwaltungs- als auch Produktionsstätten in Deutschland, so ist Gesellschaftsstatut deutsches Recht. Hiernach fehlt es an der für die Entstehung der juristischen Person konstitutiven Eintragung in ein deutsches Register.[66] Es handelt sich um eine „nicht-existente Rechtsperson",[67] die keine Rechtsfähigkeit genießt.

Eine Rück- oder Weiterverweisung des Rechts des Sitzstaates ist zu be- **27** achten. Erkennt der Sitzstaat die von einem dritten Staat verliehene Rechtsfähigkeit an, so tun wir dies auch.[68] Dies entschärft die Folgen der Sitztheorie.[69]

Fall:[70] Eine Gesellschaft mit tatsächlicher Hauptverwaltung in Genf wurde nach panamaischem Recht gegründet. – Deutsches IPR verweist auf Schweizer Recht (Gesamtverweisung). Dieses (Art. 154 IPRG) folgt indes der Gründungsrechtstheorie und verweist weiter auf das Recht von Panama, welches die Verweisung annimmt. Das Schweizer Recht erkennt somit die Rechtsfähigkeit der Gesellschaft an; wir beachten dies.

---

[63] Rechtsvergleichender Überblick bei Staudinger/*Großfeld,* IntGesR, Rn. 153–159.

[64] Ständige Rspr., Nachw. bei Staudinger/*Großfeld,* IntGesR, Rn. 26–30; a. A.: *Knobbe-Keuk,* ZHR 154 (1990), 325–354 (353 f.). Im Schrifttum finden sich zudem vermittelnde Ansichten; vgl. *Zimmer,* Internationales Gesellschaftsrecht, S. 213–218.

[65] *BGH* 21. 3. 1986, BGHZ 97, 269 (272) = NJW 1986, 2194 = IPRspr 1986 Nr. 19; *OLG Hamburg* 21. 1. 1987, RIW 1988, 816 = IPRspr 1987 Nr. 10.

[66] MüKo/*Kindler,* IntGesR, Rn. 466.

[67] *LG Aurich* 11. 7. 1967, IPRspr 1968/69 Nr. 14.

[68] *OLG Frankfurt* 24. 4. 1990, NJW 1990, 2204 = IPRax 1991, 403 m. Anm. *Großfeld/König,* 379 f. = IPRspr 1990 Nr. 20.

[69] Staudinger/*Großfeld,* IntGesR, Rn. 107–109; MüKo/*Kindler,* IntGesR, Rn. 484–496.

[70] *OLG Frankfurt* 24. 4. 1990, NJW 1990, 2204 = IPRspr 1990 Nr. 20.

2. Nichtrechtsfähige Personenverbindungen

28 Rechtsstellung und Organisation nicht- bzw. teilrechtsfähiger Personenverbindungen und Vermögensmassen unterliegen ebenfalls dem Sitz ihrer effektiven Hauptverwaltung.[71]

3. Schutz des Rechtsverkehrs

29 Im anglo-amerikanischen Recht spielt die *ultra-vires*-Lehre eine bedeutsame Rolle: Geschäfte der Gesellschaftsorgane, die außerhalb des satzungsmäßigen Gesellschaftszwecks liegen, sind mangels Rechtsfähigkeit nichtig. Zum Schutz des redlichen inländischen Verkehrs gilt jedoch die ausländische juristische Person in Analogie zu Art. 12 EGBGB als rechts- und geschäftsfähig, soweit sie es nach inländischem Recht wäre (bestr.).[72]

4. Sitzverlegung

30 Bei Sitzverlegungen in einen anderen Staat tritt – soweit man der Sitztheorie folgt – Statutenwechsel ein.[73] Zu entscheiden ist, wie sich der Statutenwechsel auf die Rechtsfähigkeit der juristischen Person auswirkt. Eine Regelung wie in Art. 7 II EGBGB kennt das Internationale Gesellschaftsrecht nicht.[74] Die juristische Person besteht nur dann fort, wenn dieses sowohl dem Recht des bisherigen wie des neuen Sitzstaates entspricht.[75] Bei Sitzverlegungen in die Bundesrepublik Deutschland ergeben sich besondere Schwierigkeiten wegen des deutschen *numerus clausus* der Gesellschaftsrechtsformen; grundsätzlich muss eine Neugründung erfolgen.[76]

Fall:[77] Die nach russischem Recht gegründete R-AG hatte ihren Verwaltungssitz ursprünglich in Russland. Später verlegte sie diesen nach Deutschland.

Die Gesellschaft erlangt nach Auffassung des BGH nur dann Rechtsfähigkeit, wenn im Inland eine Neugründung und die Eintragung ins Handelsregister am deutschen

---

[71] Hierzu Staudinger/*Großfeld*, IntGesR, Rn. 746, 770.

[72] *von Bar*, IPR II, Rn. 637, 640 m. w. Nachw.; Palandt/*Heldrich*, Anh. zu Art. 12 Rn. 11; Staudinger/*Großfeld*, IntGesR, Rn. 268–270. Zu Art. 12 EGBGB s. oben Rn. 10.

[73] *BGH* 21. 3. 1986, BGHZ 97, 269 (271) = IPRspr 1986 Nr. 19; *OLG Frankfurt* 24. 4. 1990, NJW 1990, 2204 = IPRspr 1990 Nr. 20.

[74] Vgl. *von Bar*, IPR II, Rn. 623.

[75] *OLG Frankfurt* 24. 4. 1990, NJW 1990, 2204 = IPRspr 1990 Nr. 20; *OLG Zweibrücken* 27. 6. 1990, IPRax 1991, 406 m. Anm. *Großfeld/König*, 380–382 = IPRspr 1990 Nr. 23.

[76] *OLG Zweibrücken* 27. 6. 1990, IPRax 1991, 406 m. Anm. *Großfeld/König*, 380–382 = IPRspr 1990 Nr. 23; *OLG Hamburg* 30. 3. 2007, ZIP 2007, 1108; krit.: Soergel/*Lüderitz*, Anh. Art. 10 Rn. 50.

[77] Angelehnt an *BGH* 21. 3. 1986, BGHZ 97, 269 (272) = IPRspr 1986 Nr. 19.

Sitz erfolgt. Ein Fortbestehen der Gesellschaft sollte man – entgegen der Rechtsprechung – dann annehmen, wenn im Wege der analogen Anwendung der Umwand-
lungsregeln (§§ 190–304 UmwG) die Struktur der Gesellschaft dem deutschen Recht
angeglichen werden kann.[78]

Umgekehrt führt die Sitzverlegung einer Gesellschaft von Deutschland   **31**
ins Ausland zu deren Auflösung.[79]

5. Europäisches Gemeinschaftsrecht

Teilweise überlagert wird die Anknüpfung nach der Sitztheorie durch   **32**
das europäische Gemeinschaftsrecht, namentlich die Niederlassungsfreiheit (Art. 43, 48 EG). Der hierdurch ausgelöste Prozess der richter-
rechtlichen Rechtsfortbildung ist derzeit noch nicht abgeschlossen,
wenngleich sich klare Tendenzen erkennen lassen. Am Ausgangspunkt
stehen zwei Entscheidungen des EuGH: Gegenstand des *Daily Mail*-
Urteils von 1988[80] war der steuerwirksame Umzug der Geschäftsleitung
und somit eine Verlegung des Verwaltungssitzes der Gesellschaft von
einem Mitgliedstaat in einen anderen. Nach Auffassung des Gerichtshofs ist der Staat, in dem die Gesellschaft bislang ihren Sitz hatte,
befugt, den Wegzug der Gesellschaft aus seinem Hoheitsbereich besonderen (nationalen) Voraussetzungen zu unterwerfen, da hierdurch insbesondere seine fiskalischen Interessen substantiell berührt seien.

In dem 1999 ergangenen *Centros*-Urteil[81] entschied der Gerichtshof
hingegen, dass eine Gesellschaft, die nach dem Recht eines EU-Mitgliedstaates wirksam errichtet worden ist, im Gründungsstaat indes keinerlei Geschäftstätigkeit entfaltet, berechtigt ist, im EU-Ausland eine
Zweigniederlassung eintragen zu lassen, von der aus die gesamte Geschäftstätigkeit abgewickelt werden soll. Die Auswirkungen dieser Entscheidung auf die Sitztheorie waren anfangs heftig umstritten. Während
die deutsche Rechtsprechung zunächst von einer unveränderten Geltung
der Sitztheorie ausging,[82] wurde sie etwa in Österreich als Folge der
EuGH-Rechtsprechung teilweise aufgegeben.[83]

Ein Vergleich beider Entscheidungen und der diesen zugrunde liegenden   **32a**
Sachverhalte legt eine differenzierte Betrachtungsweise nahe: Soweit die

---

[78] Vgl. *Großfeld/König*, IPRax 1991, 380–382 (381).
[79] *OLG Hamm* 1. 2. 2001, NJW 2001, 2183 = RIW 2001, 461 = IPRax 2001, 343 (LS.)
m. Anm. *Mansel* = IPRspr 2001 Nr. 13; *BayObLG* 11. 2. 2004, ZIP 2004, 806.
[80] *EuGH* 27. 9. 1988, Rs. 81/87, EuGHE 1988, 5483 = NJW 1989, 2186 = IPRax
1989, 381 m. Anm. *Behrens*, 354–361.
[81] *EuGH* 9. 3. 1999, Rs. C-212/97, EuGHE 1999 I, 1459 = NJW 1999, 2027 = IPRax
1999, 360 m. Anm. *Behrens*, 323–331.
[82] *OLG Hamm* 1. 2. 2001 sowie *OLG Düsseldorf* 26. 3. 2001, IPRax 2001, 343 (LS)
m. Anm. *Mansel; LG Potsdam* 30. 9. 1999, IPRax 2001, 134 m. Anm. *Thorn*, 102–
110 = IPRspr 1999 Nr. 21; *OLG Brandenburg* 31. 5. 2000, NJW-RR 2001, 29.
[83] *OGH* 15. 7. 1999, RIW 2000, 378 = IPRax 2000, 418 m. Anm. *Behrens*, 384–
390.

primäre Niederlassungsfreiheit betroffen ist, d. h. das Recht auf erstmalige Errichtung einer Gesellschaft oder deren Verlagerung über die Grenze hinweg, besteht „beim derzeitigen Stand des Gemeinschaftsrechts" kein Recht auf Sitzverlegung innerhalb der EU („Wegzugsfreiheit"). Verlagert eine Gesellschaft ihren Sitz ins Ausland, so kann das *Recht des Herkunftsstaats* folglich nach wie vor anordnen, dass diese ihre Rechtsfähigkeit verliert, wodurch eine Neugründung im Ausland erforderlich wird (str.).

Für den Bereich der *sekundären Niederlassungsfreiheit* sind dagegen alle im EU-Ausland wirksam gegründeten Gesellschaften im Inland anzuerkennen. Hiermit verbunden ist zum einen das Recht auf Errichtung von Zweigniederlassungen, deren Eintragung nicht länger unter Hinweis auf den Charakter der Auslandsgründung als Umgehungsgeschäft („Scheinauslandsgesellschaft") abgelehnt werden kann.[84] Zum anderen darf die Gesellschaft auch über nicht formalisierte Betriebsorganisationen (z. B. Agenturen) im Inland ihrer Geschäftstätigkeit nachgehen, also Rechtsgeschäfte abschließen und abwickeln sowie die daraus entstehenden Ansprüche notfalls einklagen. Die hierfür erforderliche Rechts- und Parteifähigkeit ist ihr zuzusprechen.[85] Die hier vorgenommene Differenzierung steht auch mit den späteren Entscheidungen des EuGH in Einklang.[86]

Zwar gebietet die Rechtsprechung des EuGH auch, soweit die sekundäre Niederlassungsfreiheit betroffen ist, keine Sonderanknüpfung; ausreichend wäre vielmehr die Anerkennung im EG-Ausland wirksam gegründeter Gesellschaften auf der Ebene des Sachrechts, etwa im Rahmen des § 13e II 2 HGB (Eintragung von Zweigniederlassungen) bzw. des § 50 I ZPO (Parteifähigkeit).[87] Gleichwohl spricht sich die mittlerweile h. M. dafür aus, Gesellschaften aus EG-Mitgliedstaaten, welche der Gründungstheorie folgen, in vollem Umfang dem Recht ihres Gründungsstaates zu unterwerfen.[88] Gleiches soll im Hinblick auf die Staaten

---

[84] So noch *BayObLG* 26. 8. 1998, NJW-RR 1999, 401 = IPRax 1999, 364 m. krit. Anm. *Behrens*, 323–331, und abl. Anm. *Thorn*, IPRax 2001, 102–110; zum Sachverhalt § 1 Rn. 111.

[85] So bereits *Thorn*, IPRax 2001, 102–110 (108) m. w. Nachw.

[86] *EuGH* 5. 11. 2002, Rs. C-208/00 – „Überseering", EuGHE 2002 I, 9919 = NJW 2002, 3614 = IPRax 2003, 65 m. Anm. *W.-H. Roth*, 117–127, und *Behrens*, 193–207 = RIW 2002, 945 m. Anm. *Leible/Hoffmann*, 925–936 = ZIP 2002, 2037 m. Anm. *Eidenmüller*, 2233–2245 = JZ 2003, 947 m. Anm. *Ebke*, 927–933 = Rev crit dr int priv 2003, 508 m. Anm. *Lagarde* und *Ballarino*, 373–402; *EuGH* 13. 12. 2005, Rs. C-411/03 – „SEVIC", IPRax 2006, 596 m. Anm. *Doralt*, 572–578 = ZIP 2005, 2311 m. Anm. *Teichmann*, ZIP 2006, 355–363.

[87] Hierzu die Voraufl. § 7 Rn. 32 sowie oben § 1 Rn. 112, 129f.

[88] *BGH* 13. 3. 2003, BGHZ 154, 185 = NJW 2003, 1461 m. Anm. *M. Schulz*, 2705–2708 = IPRax 2003, 344 m. Anm. *Weller*, 324–328 = ZIP 2003, 718 m. Anm. *Leible/Hoffmann*, 925–931 = RIW 2003, 474 m. Anm. *Merkt*, 458–460.

des EWR (Norwegen, Island, Liechtenstein)[89] sowie die Schweiz gelten.[90] Ist die Gründung im Ausland gescheitert oder die Gesellschaft im Gründungsstaat wieder erloschen, so steht einer Anwendung der Sitztheorie indes nichts entgegen.

Beispiel: Wird eine englische Private Limited Company, die ihre gesamte Geschäftstätigkeit in Deutschland entfaltet, im Londoner Gesellschaftsregister gelöscht, so ist sie nach ihrem deutschen Sitzrecht als GbR anzusehen.

Umstritten ist weiterhin, wie der inländische Rechtsverkehr vor dem Missbrauch ausländischer Gesellschaftsformen geschützt werden kann.[91] Eine verschiedentlich vorgeschlagene Sonderanknüpfung nationaler Vorschriften über das Mindestkapital sowie die Haftung der Geschäftsführer ist nach der *Inspire Art*-Entscheidung des EuGH von 2003 unzulässig.[92]

Der im Juni 2006 vorgelegte Referentenentwurf eines Gesetzes zur Modernisierung des GmbH-Rechts und zur Bekämpfung von Missbräuchen (MoMiG-RefE)[93] bedeutet – zumindest für Inlandsgesellschaften – faktisch einen Übergang zur Gründungsrechtstheorie, da nach dem geplanten § 4a GmbHG die Bestimmung eines deutschen Gesellschaftssitzes nicht mehr davon abhängt, dass sich der tatsächliche Verwaltungssitz im Inland befindet. In die gleiche Richtung zielt auch der Vorschlag des Deutschen Rates für IPR für eine Regelung des Internationalen Gesellschaftsrechts vom Februar 2006.[94]

III. Enteignung[95]

Enteignende Eingriffe eines ausländischen Staates gegenüber einer Gesellschaft unterfallen nach h. M. dem Territorialitätsgrundsatz. Damit ist die Wirkung der Enteignung grundsätzlich auf das Gebiet des enteignenden Staates beschränkt.   33

Beispiel: Enteignungen in der ehemaligen DDR erstreckten sich nur auf das dort belegene Vermögen, nicht etwa auf Grundstücke in der Bundesrepublik.

---

[89] *BGH* 19. 9. 2005, BGHZ 164, 148 = NJW 2005, 3351; *OLG Frankfurt* 28. 5. 2003, IPRax 2004, 56 m. Anm. *Baudenbacher/Buschle*, 26–31 = IPRspr 2003 Nr. 16.
[90] So – mit zweifelhafter Begründung – *OLG Hamm* 26. 5. 2006, ZIP 2006, 1822. Anders dagegen für eine nach dem Recht der Isle of Man gegründete Gesellschaft *OLG Hamburg* 30. 3. 2007, ZIP 2007, 1108.
[91] Hierzu etwa *Borges*, ZIP 2004, 733–744.
[92] *EuGH* 30. 9. 2003, Rs. C-167/01, NJW 2003, 3331 m. Anm. *Zimmer*, 3585–3592 = IPRax 2004, 46 m. Anm. *Behrens*, 20–26 = EuZW 2003, 687 m. Anm. *Leible/ Hoffmann*, 677–683; s. auch *BGH* 14. 3. 2005, NJW 2005, 1648.
[93] Abrufbar unter: www.bmj.de (>Gesetzesentwürfe> Handels- und Wirtschaftsrecht).
[94] Hierzu *Sonnenberger/Bauer*, RIW 2006, Beilage 1 zu Heft 4, S. 1–24.
[95] Zur völkerrechtlichen Behandlung entschädigungsloser Enteignungen § 1 Rn. 102.

34　Ist die Gesellschaft im enteignenden Staat untergegangen oder sind dort Gesellschaftsanteile enteignet worden, erwächst die Problematik der Rest- bzw. Spaltgesellschaft. Nach h. M. besteht die ursprüngliche Gesellschaft mit ihrem außerhalb des enteignenden Staates belegenen Vermögen fort.

Beispiel: Die Enteignung des Vermögens der Carl-Zeiss-Stiftung in Jena umfasste nur das DDR-Vermögen. Die ursprüngliche Stiftung bestand in der Bundesrepublik fort und war Trägerin der hier belegenen Vermögenswerte (z.B. Betriebsstätten, Patente, Warenzeichen).

Durch die Konstruktion der Rest- und Spaltgesellschaft wird es deutschen Gerichten ermöglicht, in Fällen entschädigungsloser Enteignung den Alteigentümern die im Inland befindlichen Vermögenswerte zu erhalten. Sie findet aber keine Anwendung bei Enteignungen, die gegen angemessene Entschädigung vorgenommen wurden.

Beispiel: Im Fall der französischen Enteignungen von 1981 haben belgische und schweizerische Gerichte anerkannt, dass das inländische Vermögen weiterhin der Muttergesellschaft zusteht und nicht einer Spaltgesellschaft, die sich aus den enteigneten und entschädigten Aktionären zusammensetzt.[96]

IV. Konzern

35　Der Konzern ist ein Unternehmenszusammenschluss, in dem die einzelnen Unternehmen rechtlich selbständig bleiben.[97] Derartige Zusammenschlüsse finden häufig zwischen Unternehmen mit Sitz in unterschiedlichen Staaten statt. Das Gesellschaftsstatut regelt hier auch das Konzernrecht.[98] Kollisionsrechtlich unterliegt jedes Unternehmen seinem eigenen Gesellschaftsstatut. Das auf die grenzüberschreitende Unternehmensverbindung anwendbare Recht ist das Recht der jeweils hauptbetroffenen Gesellschaft.[99]

36　Man unterscheidet Unterordnungs- und Gleichordnungskonzern.

Unterordnungskonzern: Zusammenfassung eines herrschenden mit einem oder mehreren abhängigen Unternehmen unter einheitlicher Leitung des herrschenden Unternehmens (vgl. § 18 I AktG).

Die Konzernrechtsbeziehungen zum herrschenden Unternehmen unterfallen dem Gesellschaftsstatut des abhängigen Unternehmens.[100] Dies rechtfertigt sich aus dem Gedanken des Schutzes des Schwächeren, aber auch aus den ordnungspolitischen Schutzinteressen des Sitzstaates.

Fall:[101] Eine deutsche Gesellschaft gründete 1929 eine Tochtergesellschaft in der Schweiz und übertrug dieser ihr US-Vermögen mit dem Zweck, im Falle eines even-

---

[96]　Soergel/*von Hoffmann*, Anh. Art. 38 Rn. 76.
[97]　*von Bar*, IPR II, Rn. 646–649.
[98]　Staudinger/*Großfeld*, IntGesR, Rn. 556.
[99]　*von Bar*, IPR II, Rn. 646; *Kronke*, ZGR 1989, 473–499 (476).
[100]　OLG Hamm 15. 1. 1997, IPRspr 1997 Nr. 18; Staudinger/*Großfeld*, IntGesR, Rn. 557.
[101]　OLG Frankfurt 23. 3. 1988, IPRspr 1988 Nr. 13.

tuellen Krieges der US-amerikanischen Feindhandelsgesetzgebung zu entgehen. Die Vermögensanteile wurden in den 30er Jahren auf Schweizer Bürger übertragen. – Die Ansprüche der deutschen Muttergesellschaft gegen ihre ehemalige Tochtergesellschaft auf Rückübertragung von Vermögenswerten unterstehen dem Statut der beherrschten Gesellschaft, hier also Schweizer Recht.

Gleichordnungskonzern: Zusammenfassung mehrerer rechtlich selbständiger Unternehmen unter einheitlicher Leitung, ohne dass ein Unternehmen von dem anderen abhängig ist (vgl. § 18 II AktG).

Beim Gleichordnungskonzern gibt es keine hauptbetroffene Gesellschaft. Grundsätzlich sind beide Gesellschaftsstatute zu beachten und mögliche Normenwidersprüche im Wege der Anpassung zu beseitigen.[102]

C. Rechtsgeschäft

I. Begriff

Wie das *materielle* Recht geht auch das deutsche IPR von einem Allge- **37** meinbegriff des Rechtsgeschäfts aus, der für alle Rechtsgebiete (Schuld-, Sachen-, Familien-, Erbrecht) identisch ist (vgl. etwa Art. 16 II EGBGB). Die Voraussetzungen des Rechtsgeschäfts lassen sich aufgliedern in die eigentlichen *Tatbestandsmerkmale* und die sonstigen *Wirksamkeitsvoraussetzungen*.[103] Die *Tatbestandsmerkmale,* insbesondere die Willenserklärung(en), unterstehen dem Recht, das auch den Geschäftsinhalt und die Geschäftsabwicklung beherrscht *(Wirkungsstatut).*

Fall: Ein Deutscher mit Wohnsitz in München macht dort einem in Paris lebenden Franzosen ein Schenkungsversprechen. Beide unterstellen das Geschäft deutschem Recht. – Wirkungsstatut ist nach Art. 27 I EGBGB deutsches Recht (Vertragsstatut). § 516 BGB verlangt zwei Willenserklärungen, Angebot und Annahme.

Das Wirkungsstatut beherrscht auch einen Teil der *Wirksamkeitsvoraus-* **38** *setzungen* (vgl. Art. 31 I EGBGB). Hierzu zählen Voraussetzungen und Folgen von Willensmängeln, die Zulässigkeit des Geschäftsinhalts (Beispiel: Verstoß gegen die guten Sitten) oder auch die „consideration" nach englischem Recht.

Andere Wirksamkeitsvoraussetzungen werden indes nicht dem Wirkungsstatut unterstellt, sondern selbständig angeknüpft (Teilfragen[104]). Dies gilt insbesondere für die *Rechts-* sowie die *Geschäfts*fähigkeit, welche nach Art. 7 I EGBGB dem Personalstatut (Heimatrecht) unterliegen.[105]

Ebenfalls selbständig anzuknüpfen ist die Zustimmung dritter Personen zu einem Rechtsgeschäft (Beispiel: Zustimmung des Gläubigers zur Schuldübernahme nach

---

[102] Staudinger/*Großfeld*, IntGesR, Rn. 560; zur Anpassung § 6 Rn. 31–37.
[103] *Enneccerus/Nipperdey*, BGB-AT, 15. Aufl. (1960), S. 859 f., 904–906.
[104] Hierzu § 6 Rn. 43–46.
[105] Hierzu oben Rn. 1–7.

§ 415 BGB).[106] Zum Schutze nicht voll geschäftsfähiger Personen verlangen die meisten Rechtsordnungen die Zustimmung Dritter (z. B. gesetzlicher Vertreter oder Familienrat) zu deren Rechtsgeschäften. Diese dem materiellen Recht entspringenden Erfordernisse unterfallen dem Personalstatut des nicht voll Geschäftsfähigen.[107] Ebenso wird die gesetzliche *Verfügungsbefugnis* selbständig angeknüpft, z. B. diejenige des Ehepartners (allgemeines Ehewirkungsstatut).[108]

II. Form (Art. 11 EGBGB)

Literatur: *Benecke,* Auslandsbeurkundung im GmbH-Recht: Anknüpfung und Substitution, RIW 2002, 280–286; *Großfeld/Berndt,* Die Übertragung von deutschen GmbH-Anteilen im Ausland, RIW 1996, 625–632; *von Mehren,* The „Battle of the Forms": A Comparative View, AmJCompL 38 (1990), 265–298; *Zellweger,* Die Form der schuldrechtlichen Verträge im internationalen Privatrecht (1990).

39 Die Form des Rechtsgeschäfts untersteht Art. 11 EGBGB. Zur Form eines Rechtsgeschäfts zählt etwa die Frage, ob dieses privatschriftlich verfasst sein muss oder einer öffentlichen Beglaubigung bzw. Beurkundung, etwa durch einen Notar, bedarf. Auch der Sprachenzwang, d. h. das Erfordernis, das Schriftstück in einer bestimmten Sprache zu verfassen, ist bisweilen den Formvorschriften zuzurechnen (z. B. § 483 BGB).[109] Nicht in den Bereich des Formstatuts fallen hingegen die Empfangsbedürftigkeit einer Willenserklärung sowie die Frage, ob es für einen wirksamen Vertragsschluss der Annahme der Willenserklärung bedarf; hier gilt das Wirkungsstatut.

Für einzelne Arten von Rechtsgeschäften enthält das EGBGB Sonderregelungen des Formstatuts, welche Art. 11 EGBGB vorgehen; dies betrifft namentlich die Eheschließung im Inland (Art. 13 III EGBGB),[110] die Inlandsscheidung (Art. 17 II EGBGB)[111] sowie Verfügungen von Todes wegen (Art. 26 I EGBGB).[112]

1. Objektive Anknüpfung

40 Nach Art. 11 I EGBGB ist das Rechtsgeschäft formwirksam, wenn entweder die Formerfordernisse des Wirkungsstatuts oder diejenigen des Ortsrechts (Ort, an dem das Rechtsgeschäft vorgenommen wird) erfüllt sind (Sachnormverweisung[113]). Die alternative Anknüpfung dient dem *favor negotii:* Die Parteien sind mit ausländischen Formvorschriften ty-

---

[106] Soergel/*von Hoffmann,* Art. 33 Rn. 37 (Statut der übernommenen Schuld).
[107] Hierzu oben Rn. 8.
[108] Soergel/*Lüderitz,* Anh. Art. 10 Rn. 114.
[109] Hierzu *Freitag,* IPRax 1999, 142–148.
[110] Hierzu § 8 Rn. 5.
[111] Hierzu § 8 Rn. 52.
[112] Hierzu § 9 Rn. 33–40.
[113] H. M.; vgl. § 6 Rn. 112.

pischerweise nicht vertraut. Das dadurch erhöhte Risiko der Formunwirksamkeit bei internationalen Geschäften wird mittels der alternativen Anknüpfung gemindert.[114]

Fall: Die deutsche F will den 15 jährigen Ukrainer S adoptieren. Dessen in Kiew ansässige Eltern stimmen der Adoption schriftlich zu.

Die Adoption ist ein familienrechtliches Rechtsgeschäft, welches in den Anwendungsbereich des Art. 11 EGBGB fällt. Dieser gilt auch für einzelne Akte, die allein nicht die vollständige Wirkung des Rechtsgeschäfts herbeiführen, wie hier die Zustimmung der Kindeseltern zur Adoption.[115] Wirkungsstatut ist das Adoptionsstatut nach Art. 22 I 1 EGBGB (hier: deutsches Recht als Heimatrecht der Annehmenden); für etwaige Zustimmungserfordernisse kommt daneben kumulativ das ukrainische Heimatrecht des Kindes als weiteres Wirkungsstatut zur Anwendung (vgl. Art. 23 S. 1 EGBGB).[116]

Nach Art. 105 Ehe- und Familienkodex der Ukraine[117] bedarf es zur Adoption eines Minderjährigen der schriftlichen Zustimmung seiner Eltern; nach deutschem Recht muss die Einwilligung der Eltern hingegen notariell beurkundet sein (§§ 1747 I 1, 1750 I BGB). Jedoch kommt ukrainisches Recht hier alternativ als Ortsrecht zur Anwendung. Nach dem in Art. 11 I EGBGB zum Ausdruck kommenden „favor negotii" ist die Zustimmung der Eltern zur Adoption damit formwirksam erklärt worden.[118]

Verstärkt wird der favor negotii durch den nur auf Verträge anwendbaren **41** Art. 11 II EGBGB. Dieser stellt für *Distanzgeschäfte* (Vertragsschluss unter Abwesenden in zwei verschiedenen Staaten) zwei zusätzliche Formstatute zur Verfügung. Hiernach reicht es für die Formwirksamkeit des Vertrages aus, wenn die Formvorschriften des Wirkungsstatuts oder des Abgabeortes einer der beiden Willenserklärungen erfüllt sind.[119] Dies führt dazu, dass das günstigere Ortsrecht auch über die Formwirksamkeit der Erklärung jenes Vertragspartners entscheidet, der bei Vertragsschluss nicht an diesem Ort anwesend war.

Fall: Ein Deutscher mit Wohnsitz in München macht einem in Basel ansässigen Schweizer brieflich ein Schenkungsversprechen, welches dieser annimmt. Vereinbart ist die Anwendung deutschen Rechts.

Der Vertrag muss nach Art. 11 I EGBGB alternativ den Formvorschriften des Wirkungsstatuts oder denen des Ortsrechts genügen. Da es sich um ein Distanzgeschäft handelt, ist nach Art. 11 II EGBGB die Einhaltung der Formregeln eines der beiden Ortsrechte ausreichend, in deren Geltungsbereich sich die Parteien bei Abgabe ihrer Willenserklärungen befanden. Das deutsche Wirkungsstatut, welches zugleich Ortsrecht der deutschen Vertragspartei ist, verlangt nach § 518 I BGB die notarielle Beurkundung des Schenkungsversprechens. Nach dem Schweizer Ortsrecht des Schenkungsempfängers reicht hingegen ein privatschriftliches Versprechen, auch in Form

---

[114] *Kropholler,* IPR, S. 310.

[115] MüKo/*Spellenberg*, Art. 11 Rn. 11.

[116] Hierzu § 8 Rn. 143, 148.

[117] V. 20. 6. 1969 i.d.F. v. 23. 6. 1992, abgedruckt in: *Bergmann/Ferid,* Internationales Ehe- und Kindschaftsrecht, Ukraine (1993) III B 1.

[118] So auch *KG* 27. 4. 1993, NJW-RR 1993, 1288 = FamRZ 1993, 1363 = IPRax 1994, 217 m. Anm. *S. Lorenz,* 193–197 = IPRspr 1993 Nr. 26.

[119] Soergel/*Kegel*, Art. 11 Rn. 8.

eines Briefes, aus (Art. 243 I, 13 II OR). Der Schenkungsvertrag ist danach wirksam. – Es ist jedoch zu erwägen, das nach Art. 11 II EGBGB berufene Ortsrecht des Begünstigten mangels Schutzwürdigkeit bei einseitig verpflichtenden Verträgen nicht anzuwenden.

42 Sonderregeln gelten nach Abs. 5 für die Form von Verfügungsgeschäften über unbewegliche wie bewegliche Sachen (*lex rei sitae* als lex causae). Abs. 4 dehnt diese Regelung auch auf Verpflichtungsgeschäfte über Immobilien aus, falls die lex rei sitae kein anderes Formstatut duldet. Dazu muss es sich bei einer die Form betreffenden Norm um eine Vorschrift mit internationalem Geltungsanspruch handeln.[120]

Fall: Ein Deutscher mit Wohnsitz in Wien verkauft einem Kölner Landsmann brieflich sein in Deutschland belegenes Grundstück. Ist er an diese Abmachung gebunden? Nach dem deutschen Wirkungsstatut (Art. 28 III EGBGB: lex rei sitae[121]), welches zugleich Ortsrecht des Käufers ist, bedarf ein Grundstückskaufvertrag der öffentlichen Beurkundung (§ 311 b I BGB). Nach dem österreichischen Ortsrecht des Verkäufers ist dies nicht erforderlich. Somit wäre der Vertrag formwirksam zustande gekommen (Art. 11 II EGBGB), es sei denn, das deutsche Recht als Wirkungsstatut duldet insoweit kein anderes Formstatut (Art. 11 IV EGBGB). Dies ist vorliegend nicht der Fall; vielmehr können deutsche Grundstücke im Ausland nach Ortsrecht verkauft werden.[122] – Anders dagegen im Falle der Grundstücksübereignung nach §§ 873, 925 BGB: Hier gilt gemäß Art. 11 V EGBGB allein deutsches Recht als Wirkungsstatut.

Sehr umstritten ist, ob – in analoger Anwendung von Abs. 5 – die Beurkundung gesellschaftsrechtlicher Vorgänge ausschließlich in der Form des Gesellschaftsstatuts vorgenommen werden darf. Nach der Begründung des Regierungsentwurfs sollte Art. 11 I EGBGB hier keine Anwendung finden;[123] im Gesetz kommt diese Einschränkung jedoch nicht zum Ausdruck, so dass die (alternative) Einhaltung der Ortsform ausreicht.[124]

43 Die zwingenden Formvorschriften der lex rei sitae können auch durch entsprechende Akte im Ausland erfüllt werden (Substitution[125]). Voraussetzung ist die Gleichwertigkeit zum deutschen Verfahren, wie sie etwa bei Beurkundung durch einen österreichischen Notar gegeben ist.[126]

---

[120] Beispiel: § 550 BGB (Schriftform des Wohnraummietvertrages) bezweckt die Unterrichtung späterer Grundstückserwerber über die auf sie übergehenden Mietverträge. Er dürfte wegen dieser Publizitätsfunktion Anwendung auf alle inländischen Grundstücke beanspruchen. S. im Schweizer Recht auch Art. 216 OR i. V. m. Art. 119 III 2 IPRG.

[121] Hierzu unten Rn. 52–56.

[122] Soergel/*Kegel*, Art. 11 Rn. 16 m. w. Nachw.

[123] BTDrucks. 10/504, S. 49.

[124] Hierzu Palandt/*Heldrich*, Art. 11 Rn. 13 m. w. Nachw.; MüKo/*Spellenberg*, Art. 11 Rn. 131 f.

[125] Hierzu § 6 Rn. 40 f.

[126] MüKo/*Spellenberg*, Art. 11 Rn. 60–72; s. auch *OLG München* 19. 11. 1997, RIW 1998, 147 = IPRspr 1997 Nr. 25; *OLG Naumburg* 28. 2. 2001, IPRspr 2001 Nr. 20.

Art. 29 III EGBGB knüpft die Form für *Verbraucherverträge* abwei- **44** chend von Art. 11 EGBGB allein an den gewöhnlichen Aufenthalt des Verbrauchers an; der favor negotii tritt hier hinter den Übereilungsschutz zurück.

2. Rechtswahl

Die Parteien können das Formstatut von Schuldverträgen durch Wahl **45** des Wirkungsstatuts (Art. 27 I EGBGB) selbst bestimmen.[127] Nach Satz 3 kann diese Rechtswahl auch auf einen Teil des Vertrages beschränkt sein, etwa auf die erforderliche Form *(Teilrechtswahl)*. Allerdings wird die Rechtswahl teilweise eingeschränkt (Art. 29 I, 30 I EGBGB). In anderen Rechtsgebieten, wie im Internationalen Sachenrecht oder im Internationalen Erbrecht (Art. 25 II EGBGB), ist eine Rechtswahl hingegen nicht oder nur sehr begrenzt möglich. Hier ist folglich auch das Formstatut weitgehend der Parteidisposition entzogen.

Auch die Abwahl eines möglichen Formstatuts durch die Parteien ist **46** zulässig. So wie diese vertraglich höhere Voraussetzungen an die Form des Vertrages vereinbaren können, sind sie nach dem Grundsatz der Parteiautonomie auch befugt, auf die alternativen Formstatute des Art. 11 I, II EGBGB und somit auf den Grundsatz des favor negotii zu verzichten. Allerdings wird man eine ausdrückliche Abwahl des Ortsrechts durch die Parteien fordern müssen; insbesondere ist in der Bestimmung des Geschäftsstatuts keine konkludente Abwahl des Ortsrechts begründet.

Fall: Eine italienische Erschließungsgesellschaft mit deutscher Zweigniederlassung in Köln schließt mit dem in Stuttgart wohnhaften D in Mailand einen Vorvertrag über den Kauf eines am Comer See gelegenen Grundstücks ab. In dem privatschriftlichen Vertrag wird u. a. vereinbart:

(1) Für die in dieser Bestellung übernommenen Verpflichtungen gilt deutsches Recht.

(2) Erfüllungsort und Gerichtsstand ist Köln.

Die Wahl deutschen Rechts als Geschäftsstatut bedeutet nicht gleichzeitig die konkludente Abwahl des italienischen Ortsrechts für die Form des Vorvertrages (a. A.: BGH[128]). Da dieses die Einhaltung der Schriftform genügen lässt (Art. 1350 Nr. 1, 1376 codice civile), ist der Vertrag formwirksam, obwohl die Form des § 311 b I BGB nicht eingehalten wurde.[129]

III. Vertretung

Literatur: *von Caemmerer,* Die Vollmacht für schuldrechtliche Geschäfte im deutschen Internationalen Privatrecht, RabelsZ 24 (1959), 201–221; *G. Fischer,* Verkehrs-

---

[127] *BGH* 22. 1. 1997, IPRax 1998, 479 m. Anm. *Spickhoff,* 462–465.
[128] 3. 12. 1971, BGHZ 57, 337 = NJW 1972, 385 m. Anm. *Jayme,* 1618 f. = IPRspr 1971 Nr. 11.
[129] So auch *Jayme,* NJW 1972, 1618 f.

schutz im internationalen Vertragsrecht (1990), S. 269–313; *Leible,* Vertretung ohne
Vertretungsmacht, Genehmigung und Anscheinsvollmacht im IPR, IPRax 1998, 257–
263; *Lüderitz,* Prinzipien im internationalen Vertretungsrecht, FS Coing II (1982),
S. 305–321; *Schäfer,* Das Vollmachtstatut im deutschen IPR – einige neuere Ansätze in
kritischer Würdigung, RIW 1996, 189–193.

47 Zu unterscheiden ist zwischen gesetzlicher Vertretung und Vollmacht:

1. Gesetzliche Vertretung

Die gesetzliche Vertretungsmacht der Eltern beurteilt sich nach Art. 21
EGBGB.[130] Die gesetzliche Vertretung des Vormunds, Betreuers bzw.
Pflegers richtet sich nach Art. 24 EGBGB, die eines Testamentsvollstre-
ckers nach Art. 25 EGBGB,[131] die der Organe juristischer Personen nach
deren Sitzrecht.[132]

2. Vollmacht

48 Die im materiellen Recht vorgenommene Unterscheidung zwischen Bevollmächtigung und Vertretergeschäft (Beispiel: Kauf, der vom Vertreter
abgeschlossen wird) beherrscht auch das IPR.[133] Zudem ist die Vollmacht von dem ihr zugrundeliegenden Rechtsgeschäft (z.B. Auftrag,
Dienst-, Werkvertrag) abzugrenzen; dessen Wirkungsstatut ist selbständig zu ermitteln.

49 Die Anknüpfung der Vollmacht ist nach wie vor gesetzlich nicht geregelt. Das Haager Übereinkommen über das auf Vertreterverträge und
die Stellvertretung anwendbare Recht vom 14. 3. 1978 ist für Deutschland nicht in Kraft.[134] Auf europäischer Ebene wird im Rahmen der
Rom I-VO eine Regelung angestrebt; der einschlägige Art. 7 Entw. erscheint in seiner derzeitigen Fassung indes nicht geeignet, namentlich
die schwierigen Abgrenzungsprobleme befriedigend zu lösen.

Maßgebend für die Anknüpfung der Vollmacht sind die kollisionsrechtlichen Interessen des Drittkontrahenten und des Vollmachtgebers: Den
Interessen des Drittkontrahenten wäre durch eine Unterstellung unter
das Statut des Vertretergeschäfts genügt. Indes läuft es den Interessen

---

[130] Vgl. § 8 Rn. 140.

[131] Staudinger/*Dörner,* Art. 25 Rn. 277 f.

[132] *BGH* 30. 1. 1970, BGHZ 53, 181 = NJW 1970, 998 m. Anm. *Langen* = IPRspr
1970 Nr. 7; *BGH* 27. 5. 1993, NJW 1993, 2744 = IPRspr 1993 Nr. 27; dazu oben
Rn. 23–25.

[133] Hierzu *BGH* 29. 11. 1961, AWD 1962, 52 = JZ 1963, 167 m. Anm. *Lüderitz* =
IPRspr 1960/61 Nr. 40; *BGH* 9. 12. 1964, BGHZ 43, 21 = NJW 1965, 487 =
IPRspr 1964/65 Nr. 33; *BGH* 16. 4. 1975, BGHZ 64, 183 = NJW 1975, 1220 =
IPRspr 1975 Nr. 118; Staudinger/*Magnus,* Einl. zu Art. 27–37 Rn. A 10.

[134] Text abgedruckt in RabelsZ 43 (1979), 176–189, das Übereinkommen gilt derzeit
für Argentinien, Frankreich, die Niederlande und Portugal.

des Vollmachtgebers zuwider, Bestand und Umfang seiner Bindung einem Recht zu entnehmen, auf dessen Bestimmung er keinen Einfluss hat. Solche Fragen, die die Vollmachterteilung selbst betreffen und wie sie etwa in den §§ 167–176 BGB geregelt sind, unterliegen daher dem sogenannten Vollmachtsstatut.

Es spricht jedoch nichts dagegen, die Zulässigkeit einer Stellvertretung beim in Rede stehenden Rechtsgeschäft, die Rechtsfolgen bestehender Vollmacht wie auch die Haftung des falsus procurator (bestr.)[135] aus Gründen des Verkehrsschutzes dem Wirkungsstatut zu entnehmen, d. h. dem Statut, welches das vom Vertreter vorgenommene Rechtsgeschäft (z. B. Kauf) beherrscht. Solche materiellrechtlichen Regelungen finden sich etwa in den §§ 164–166, 177–181 BGB.

Die Bestimmung des Vollmachtsstatuts ist nach wie vor umstritten. Teils **50–51** wird auf das Recht des Staates abgestellt, in dem die Vollmacht ihre Wirkung entfalten soll *(Wirkungsland),*[136] teils auf das Recht des Staates, in dem die Vollmacht tatsächlich ausgeübt wird *(Gebrauchsort).*[137] Aus Gründen des Verkehrsschutzes ist die letztgenannte Ansicht vorzuziehen. Handelt der Vertreter von einer selbständigen Niederlassung aus (Beispiele: Handelsvertreter, Prokurist), so ist nach überwiegender Auffassung an deren Sitz anzuknüpfen, wenn dieser für den Drittkontrahenten erkennbar ist.[138]

Fall: X aus München erteilt dem in Frankfurt/Main ansässigen Y Auftrag und Voll- **52** macht, für ihn eine Maschine in London zu kaufen. Y fährt nach London und kauft die Maschine dort für 100 000 £ von der Firma Brown.
Wirkungsstatut für den Kauf ist englisches Recht (Art. 28 II EGBGB).[139] Diesem unterstehen zugleich die Fragen, welche mit der Stellvertretung beim Rechtsgeschäft als solcher zusammenhängen, etwa deren Zulässigkeit. Die Bevollmächtigung unterfällt dem Vollmachtsstatut, also englischem Recht als Gebrauchsort. Der Auftrag unterliegt dem für das Verhältnis X–Y maßgeblichen Wirkungsstatut, hier deutschem Recht.

Variante 1: Y fährt weisungswidrig nach Frankreich und kauft die Maschine dort von der Firma Dupont. – Hier ist Wirkungsstatut das französische Recht; auch die Vollmacht ist an dieses anzuknüpfen, da es nicht darauf ankommt, wo die Vollmacht wirken soll (Wirkungsland), sondern wo sie tatsächlich gebraucht wurde (Gebrauchsort). Hinsichtlich des Auftrags bleibt es bei der Anwendbarkeit deutschen Rechts.

---

[135] Erman/*Hohloch,* Anh. I Art. 37 Rn. 19; w. Nachw. bei MüKo/*Spellenberg,* Vor Art. 11 Rn. 269 (Fn. 800).

[136] *BGH* 16. 4. 1975, BGHZ 64, 183 = NJW 1975, 1220 = IPRspr 1975 Nr. 118; *BGH* 13. 5. 1982, NJW 1982, 2733 = IPRax 1983, 67 m. Anm. *Stoll,* 52–55 = IPRspr 1982 Nr. 139.

[137] *Kegel/Schurig,* IPR, S. 621; *Rabel,* Unwiderruflichkeit der Vollmacht, RabelsZ 7 (1933), 797–807 (805 a. E.); *Schäfer,* RIW 1996, 189–193 (192); *LG Karlsruhe* 6. 4. 2001, RIW 2002, 153 = IPRspr 2001 Nr. 19; wohl auch *BGH* 26. 4. 1990, NJW 1990, 833 = IPRax 1991, 247 m. Anm. *Ackmann,* 220–223 = IPRspr 1990 Nr. 65.

[138] *BGH* 29. 11. 1961, AWD 1962, 52 = JZ 1963, 167 m. Anm. *Lüderitz* = IPRspr 1960/61 Nr. 40; *Lüderitz,* FS Coing II (1982), S. 305–321 (318 f.).

[139] Hierzu § 10 Rn. 45 f.

Variante 2: Kaufmann X schickt zum Kauf seinen Prokuristen Y nach London. – Ist diese Stellung des Y für die Firma Brown erkennbar, so findet hier deutsches Recht als Sitzrecht des Vertreters auf Bestand und Umfang der Vollmacht Anwendung.

53 Im Falle der *Anscheins- und Duldungsvollmacht* tritt an die Stelle des Gebrauchsorts der Ort, an dem der Rechtsschein entstanden ist und sich ausgewirkt hat.[140] Dies folgt bei der Duldungsvollmacht aus deren Nähe zur konkludenten Vollmachterteilung, bei der Anscheinsvollmacht aus dem Gedanken der Rechtsscheinhaftung, wie er etwa in Art. 12, 16 EGBGB zum Ausdruck kommt.

Fall: Der ehemalige Angestellte eines französischen Unternehmens hat eine Blankourkunde an sich gebracht und sie in eine auf ihn ausgestellte Vollmacht gefälscht. Unter Gebrauch dieser „Vollmacht" kauft er in Deutschland Ware auf Kredit ein. – Die Frage, ob eine Anscheinsvollmacht vorliegt, untersteht deutschem Recht, da sich hier der Rechtsschein der gefälschten Urkunde ausgewirkt hat.

54 Die Vollmacht zur Verfügung über Grundstücke wird aus Gründen der Durchsetzbarkeit der lex rei sitae unterstellt.[141]

55 Wenig geklärt ist, inwieweit der Vollmachtgeber das Vollmachtsstatut durch *Rechtswahl* bestimmen kann.[142] Eine Beschränkung[143] im Drittinteresse ist erforderlich: Nur ein Rechtswahlwille, der aus der Vollmachturkunde hervorgeht oder dem Dritten durch den Vertreter oder Vollmachtgeber mitgeteilt wurde, ist beachtlich.

56 Da die Vollmacht eine einseitige empfangsbedürftige Willenserklärung darstellt, beurteilt sich ihre *Form* nach Art. 11 I EGBGB.[144] Nach dem Grundsatz des „favor negotii" reicht somit die Einhaltung der Formvorschriften des Vollmachtsstatuts bzw. des Ortsrechts des Vollmachtgebers aus.

IV. Verjährung

Literatur: *Girsberger*, Verjährung und Verwirkung im internationalen Obligationenrecht: Internationales Privat- und Einheitsrecht (1989); *Kegel*, Die Grenze von Qualifikation und Renvoi im internationalen Verjährungsrecht (1962); *Linke*, Die Bedeutung ausländischer Verfahrensakte im deutschen Verjährungsrecht, FS Nagel (1987), S. 209–226.

---

[140] *BGH* 9. 12. 1964, BGHZ 43, 21 (27) = NJW 1965, 487 = IPRspr 1964/65 Nr. 33; *BGH* 26. 6. 1968, VersR 1968, 995 (996 f.).

[141] *RG* 18. 10. 1935, RGZ 149, 93 = IPRspr 1935–44 Nr. 153; *BGH* 3. 10. 1962, NJW 1963, 46 = IPRspr 1962/63 Nr. 145. Dazu Staudinger/*Magnus*, Einl. zu Art. 27–37 Rn. A 30; vgl. auch § 12 Rn. 7–9.

[142] Zum Meinungsstand vgl. *Schäfer*, RIW 1996, 189–193 (190 f.).

[143] Hierzu Staudinger/*Magnus*, Einl. zu Art. 27–37 Rn. A 12; MüKo/*Spellenberg*, Vor Art. 11 Rn. 228–239.

[144] Zur Problematik der Form unwiderruflicher Vollmachten im IPR: *OLG Schleswig* 19. 12. 1961, SchlHAnz 1962, 173 m. Anm. *Deutsch*, 244 f. = IPRspr 1960/61 Nr. 22; *Ludwig*, Zur Form der ausländischen Vollmacht für inländische Gegenstände, insbesondere Liegenschaften, NJW 1983, 495–497.

Verjährungsregeln werden, da sie Auswirkungen auf das Entscheidungs-   **57**
ergebnis haben, also streitentscheidend sind, materiellrechtlich qualifiziert *(funktionelle Qualifikation)*[145]. Hierbei ist unbeachtlich, dass etwa
die anglo-amerikanischen Rechtsordnungen die Verjährung prozessrechtlich einordnen und daher stets der lex fori unterstellen.[146] Auch
Ausschlussvorschriften (limitation of action) und die Verwirkung werden als Verjährungsregeln qualifiziert.[147]

Die Verjährung untersteht dem Wirkungsstatut.[148] Für vertragliche Ansprüche ergibt sich dies unmittelbar aus Art. 32 I Nr. 4 EGBGB (Vertragsstatut).

---

[145] Hierzu § 3 Rn. 9 f.; allgemein zur funktionellen Qualifikation § 6 Rn. 27–30.
[146] *RG* 6. 7. 1934, RGZ 145, 121 = IPRspr 1934 Nr. 29; *BGH* 9. 6. 1960, NJW 1960,
1720 = IPRspr 1960/61 Nr. 23.
[147] Staudinger/*Firsching*, Vor Art. 12 Rn. 275.
[148] Etwa für Ansprüche aus unerlaubter Handlung: *RG* 8. 7. 1930, RGZ 129, 385
(388 f.) = IPRspr 1930 Nr. 156; *BGH* 29. 3. 1978, BGHZ 71, 175 = NJW 1978,
1426 = IPRspr 1978 Nr. 21.

§ 8. Familienrecht

Literatur: *Andrae,* Internationales Familienrecht, 2. Aufl. (2006); *Henrich,* Internationales Familienrecht, 2. Aufl. (2000); *Böhmer/Finger,* Das gesamte Familienrecht – Das internationale Recht (IntFamR) [Loseblatt].

A. Eheschließung

Literatur: *Coester,* Probleme des Eheschließungsrechts in rechtsvergleichender Sicht, StAZ 1988, 122–129; *Siehr,* Die gemischt-nationale Ehe im internationalen Privatrecht, FS Ferid (1988), S. 433–446; *Striewe,* Ausländisches und internationales Privatrecht der nichtehelichen Lebensgemeinschaft (1986).

I. Sachliche Ehevoraussetzungen

1. Völkerrechtliche Verträge

1 Nach dem *Münchener CIEC-Übereinkommen über die Ausstellung von Ehefähigkeitszeugnissen* vom 5. 9. 1980[1] hat jeder Vertragsstaat die Verpflichtung, ein Ehefähigkeitszeugnis (dazu Rn. 3) nach einem einheitlichen Formular auszustellen, wenn einer seiner Angehörigen dies für eine Eheschließung im Ausland verlangt und er nach dem Recht des ausstellenden Staates die Voraussetzungen der Eheschließung erfüllt (Art. 1).

Das *Haager Abkommen zur Regelung des Geltungsbereichs der Gesetze auf dem Gebiet der Eheschließung* vom 12. 6. 1902[2] gilt nur noch im Verhältnis zu Italien. Gemäß Art. 1 bestimmt das Heimatrecht jedes Verlobten über das Recht zur Eingehung der Ehe. – Das *Haager Übereinkommen über die Schließung und Anerkennung der Gültigkeit von Ehen* vom 14. 3. 1978 wurde von Deutschland nicht ratifiziert.[3]

2. Autonomes Recht

2 Die Voraussetzungen der Eheschließung unterliegen dem Heimatrecht jedes Verlobten (Art. 13 I EGBGB).[4] Ehevoraussetzungen sind z.B. Ehemündigkeit, elterliche Zustimmung sowie das Fehlen von Ehehindernissen.[5] Über *einseitige* Ehevoraussetzungen entscheidet das Recht des jeweiligen Verlobten, *zweiseitige* Ehevoraussetzungen müssen nach den

---

[1] BGBl. 1997 II S. 1087 = *Jayme/Hausmann,* Nr. 32; in Kraft seit dem 5. 6. 1997.
[2] RGBl. 1904 S. 221 = *Jayme/Hausmann,* Nr. 30; in Kraft seit dem 31. 7. 1904 (RGBl. S. 249).
[3] Hierzu: *von Bar,* RabelsZ 57 (1993), 63–123 (81).
[4] Distributive Anknüpfung, vgl. § 5 Rn. 115 f.
[5] *Henrich,* Internationales Familienrecht, S. 27.

Rechten beider Verlobter vorliegen. Maßgeblich ist der Zeitpunkt der Eheschließung.

Beispiele:[6]

(1) Die Ehemündigkeit ist *einseitige Ehevoraussetzung:* Ein 19-jähriger Deutscher ist ehemündig (§ 1303 I i.V.m. § 2 BGB) und darf eine nach ihrem Heimatrecht ehemündige 16-jährige Griechin heiraten. Ein 17-jähriger Deutscher benötigt dagegen für die Eheschließung mit einer 19-jährigen Ausländerin eine Befreiung (§ 1303 II BGB).

(2) Das Verbot der Doppelehe ist *zweiseitiges Ehehindernis:* Eine ledige Deutsche kann wegen § 1306 BGB einen bereits verheirateten Jordanier nicht heiraten, obgleich dessen Heimatrecht die Mehrehe gestattet.

Weitere Ehehindernisse bzw. -voraussetzungen sind Verwandtschaft, Schwägerschaft, bestimmte Wartezeiten sowie das Erfordernis einer Morgengabe.

Die Fragen, ob bereits eine andere Ehe wirksam geschlossen oder diese zwischenzeitlich durch Scheidung aufgelöst wurde, sind *Vorfragen.*[7]

Bei Eheschließung hat ein Ausländer dem Standesamt eine Bescheini- 3 gung seines Heimatstaates beizubringen, dass nach dessen Recht keine Ehehindernisse bestehen (Ehefähigkeitszeugnis); damit sollen Eheschließungen vermieden werden, die im Heimatstaat nicht anerkannt werden. Ein Ehefähigkeitszeugnis hat derjenige beizubringen, der „hinsichtlich der Voraussetzungen der Eheschließung vorbehaltlich des Art. 13 Abs. 2 des Einführungsgesetzes zum Bürgerlichen Gesetzbuche ausländischem Recht unterliegt" (§ 1309 I 1 BGB); ausländisches Recht ist danach auch ausländisches Kollisionsrecht.[8] Von diesem Erfordernis kann indes gemäß § 1309 II BGB Befreiung erteilt werden. Kein Ehefähigkeitszeugnis ist erforderlich, wenn sich die Ehefähigkeit nach deutschem Recht richtet, z.B. bei Staatenlosen, Asylberechtigten oder Flüchtlingen[9] mit Wohnsitz in Deutschland.

Fall:[10] Ein in Tel Aviv lebender Israeli, der der jüdischen Religionsgemeinschaft angehört, möchte in Bielefeld eine evangelische Deutsche heiraten. Er stellt den Antrag, ihn von der Pflicht zur Beibringung eines Ehefähigkeitszeugnisses zu befreien (§ 1309 II BGB). Dies wird vom OLG unter Hinweis auf das jüdische Eheverbot der Religionsverschiedenheit abgelehnt. Zu Recht?

Das israelische Recht nimmt die in Art. 13 I EGBGB ausgesprochene Verweisung auf das Heimatrecht an und verweist interpersonal auf jüdisches Recht. Nach jüdischem Eherecht besteht das Eheverbot der Religionsverschiedenheit: Eine Ehe zwischen einem jüdischen und einem nichtjüdischen Partner ist eine Nichtehe. Es ist daher zu entscheiden, ob das Eheverbot zu berücksichtigen ist oder wegen Verstoßes gegen den ordre public unbeachtet bleibt.[11] Der BGH bejahte den ordre-public-Verstoß: Es sei

---

6 Rechtsvergleichender Überblick zu Ehemündigkeit bzw. Mehrehe in: Staudinger/ *Mankowski* (2003), Art. 13 Rn. 196–201 bzw. 235–245.
7 Zur Vorfragenanknüpfung § 6 Rn. 56–72.
8 *Hepting*, FamRZ 1998, 713–718; *Barth/Wagenitz*, FamRZ 1996, 833–837.
9 Hierzu § 5 Rn. 26, 32.
10 *BGH* 12. 5. 1971, BGHZ 56, 180 = NJW 1971, 1519 = IPRspr 1971 Nr. 40.
11 Hierzu § 6 Rn. 150.

untragbar, einem deutschen Staatsangehörigen die Eheschließung in der Bundesrepublik mit der Begründung zu verweigern, dass die Verlobten unterschiedlichen Religionsgemeinschaften angehörten. Das Eheverbot der Religionsverschiedenheit stelle eine Beschränkung der bürgerlichen Freiheit dar. Die Befreiung von der Beibringung eines Ehefähigkeitszeugnisses durfte wegen des jüdischen Verbots der Religionsverschiedenheit daher nicht verweigert werden.

4   Ausnahmsweise kommt gemäß Art. 13 II EGBGB[12] deutsches Recht zur Anwendung, wenn ansonsten bestimmte Eheschließungsvoraussetzungen nicht erfüllt wären. Dazu müssen folgende kumulative Voraussetzungen vorliegen:[13] Erstens muss der in Art. 13 II Nr. 1 EGBGB geforderte hinreichende Inlandsbezug bestehen. Die Verlobten müssen zweitens die erforderlichen Schritte zur Behebung von Ehehindernissen nach dem betroffenen Heimatrecht unternommen haben, denn die Anwendung deutschen Rechts mit der Folge einer „hinkenden Ehe"[14] soll auf Ausnahmefälle beschränkt bleiben (Art. 13 II Nr. 2 EGBGB). Drittens muss es mit der Eheschließungsfreiheit unvereinbar sein, die Eheschließung zu versagen. Die gegenwärtige Fassung von Art. 13 II Nr. 3 EGBGB beruht auf dem *Spanier*-Beschluss des BVerfG:[15] Ist die Eheschließung einer geschiedenen Deutschen mit einem Ausländer deswegen ausgeschlossen, weil dessen Heimatrecht den geschiedenen Ehegatten noch als verheiratet ansieht (Verbot der Doppelehe), so ist die Eheschließung deutschem Recht zu unterstellen (Art. 13 II Nr. 3 HS. 2 Alt. 1 EGBGB). Gleiches gilt gemäß Art. 13 II Nr. 3 HS. 2 Alt. 2 EGBGB, wenn der frühere Ehegatte eines Verlobten für tot erklärt wurde, dies aber von dem (fremden) Heimatrecht eines der Verlobten nicht anerkannt wird („hinkende Todeserklärung").[16]

II. Form der Eheschließung

1. Eheschließung im Inland

5   Eine Ehe kann im Inland grundsätzlich nur nach deutschen Formvorschriften (§§ 1310–1312 BGB) geschlossen werden (Art. 13 III 1 EGBGB).[17] Damit wird die allgemeine Regel, dass für die Form von Rechtsgeschäften alternativ das Wirkungsstatut oder das Ortsrecht gilt

---

[12] Es handelt sich hierbei um eine spezielle Ausformung des allgemeinen ordre-public-Vorbehalts in Art. 6 EGBGB; dazu § 6 Rn. 144.

[13] BTDrucks. 10/504, S. 52 f.

[14] Hierzu unten Rn. 13–16.

[15] *BVerfG* 4. 5. 1971, BVerfGE 31, 58 = IPRspr 1971 Nr. 39; s. dazu § 1 Rn. 134.

[16] MüKo/*Coester*, Art. 13 Rn. 81.

[17] Zum Verhältnis des Art. 13 III EGBGB zu Art. 4 des Pariser CIEC-Übereinkommens zur Erleichterung der Eheschließung im Ausland v. 10. 9. 1964 (BGBl. 1969 II S. 451 = *Jayme/Hausmann*, Nr. 31), das für Deutschland derzeit im Verhältnis zu Griechenland, den Niederlanden, Spanien und der Türkei gilt, vgl. Staudinger/*Mankowski* (2003), Art. 13 Rn. 18–23.

(Art. 11 I EGBGB), für Inlandsehen zugunsten der ausschließlichen Geltung des Ortsrechts verdrängt.[18] Die Vorschrift ist Ausdruck des staatlichen Eheschließungsmonopols: Beide Verlobten müssen vor dem Standesbeamten erklären, die Ehe miteinander eingehen zu wollen (§§ 1310 S. 1, 1311 S. 1 BGB).

Eine Ausnahme von der Inlandsform für im Inland geschlossene Ehen sieht Art. 13 III 2 EGBGB vor: Ist keiner der Verlobten Deutscher, so kann die Ehe vor einer „ordnungsgemäß ermächtigten Person" geschlossen werden. Zu diesem Personenkreis gehören Geistliche, die dem Auswärtigen Amt von der Botschaft des Heimatstaates persönlich benannt wurden, sowie diplomatische bzw. konsularische Vertreter und Truppenoffiziere, bei denen eine namentliche Benennung nicht erforderlich ist.[19]

2. Eheschließung im Ausland

Art. 13 III EGBGB regelt nur die Eheschließung im Inland. Wird die 6 Ehe im Ausland geschlossen, so gelten die allgemeinen Regeln des Art. 11 EGBGB: Die Ehe ist formgültig geschlossen, wenn entweder das Eheschließungsstatut als Wirkungsstatut (kumulativ die Heimatrechte beider Verlobter, Art. 13 I EGBGB)[20] oder aber das Recht am Ort der Eheschließung die gewählte Form vorsieht.

Beispiele: Zwei Deutsche können in Griechenland nach griechisch-orthodoxem Ritus vor einem Geistlichen die Ehe eingehen (Ortsform). – Ein zum Islam übergetretener Deutscher, der in Marokko eine Marokkanerin heiratet, hat die dortige Ortsform, die gleichzeitig Wirkungsstatut der Ehefrau ist, zu beachten (also u.a. Anwesenheit zweier 'udul [Notare] bei der Eheschließung; Vertretung der Frau durch Ehevormund).[21] – Im islamischen Zentrum von Marseille heiraten ein Algerier und eine Marokkanerin (beide muslimischen Glaubens) in der von beiden Heimatrechten anerkannten religiösen Form (Wirkungsstatut). Die Ehe ist trotz der in Frankreich obligatorischen Zivilehe aus deutscher Sicht wirksam.

In einigen Staaten können Deutsche gemäß § 8 I KonsularG vor einem 7 deutschen Konsularbeamten heiraten.[22] Voraussetzung ist, dass der betreffende Staat dieser hoheitlichen Tätigkeit auf seinem Staatsgebiet zu-

---

[18] Allgemein zur Anknüpfung der Form von Rechtsgeschäften § 7 Rn. 39–46.

[19] Hierzu: *Hepting*, StAZ 1987, 154–160.

[20] MüKo/*Coester*, Art. 13 Rn. 130 f. Das Pariser CIEC-Übereinkommen zur Erleichterung der Eheschließung im Ausland v. 10. 9. 1964 (BGBl. II S. 2054 = *Jayme/ Hausmann*, Nr. 31) hat kaum praktische Bedeutung; vgl. *Kegel/Schurig*, IPR, S. 828.

[21] *OLG Düsseldorf* 12. 8. 1992, IPRax 1993, 331 m. Anm. *Kotzur*, 305–309 = IPRspr 1992 Nr. 80; *OLG Düsseldorf* 25. 11. 1992, FamRZ 1993, 1083 = IPRspr 1992 Nr. 83.

[22] Abgedruckt bei: *Jayme/Hausmann*, Nr. 36. Z. B. in Ägypten, Ecuador, Irak, Iran, Japan, Pakistan, Russland, Saudi-Arabien, Sudan und den Vereinigten Arabischen Emiraten; Verzeichnis der Konsularbezirke in: StAZ 1990, 151; StAZ 1992, 193; StAZ 1993, 231; Staudinger/*Mankowski* (2003), Art. 13 Rn. 734.

gestimmt hat. Sind beide Ehegatten Deutsche, so ist nach Art. 11 I EGBGB sowohl die Form des Wirkungsstatuts als auch – wegen der Zustimmung des ausländischen Staates – die des Ortsrechts erfüllt.[23]

3. Stellvertretung (Handschuhehe)

8 Nach manchen Rechtsordnungen müssen die Verlobten bei der Eheschließung nicht gleichzeitig anwesend sein; es genügt vielmehr, dass die Erklärung durch einen Stellvertreter abgegeben wird.[24] Man nennt dies *Handschuhehe,* da der Handschuh im Mittelalter Symbol der Vollmacht war.[25] Die Zulässigkeit der Handschuhehe wird als Formfrage qualifiziert: Bei der Inlandsehe ist allein das Ortsrecht maßgeblich, bei der Auslandsehe alternativ auch das Heimatrecht der Verlobten. Im Inland ist eine Handschuhehe somit unzulässig, selbst wenn das Heimatrecht der Verlobten diese gestattet.

Fall:[26] Die italienische Staatsangehörige I erscheint mit dem Stellvertreter S ihres Verlobten, dem Deutschen D, vor dem Standesamt in Florenz. D hatte S zuvor durch eine in Deutschland errichtete notarielle Urkunde bevollmächtigt. Die beiden Erschienenen geben die zur Eheschließung zwischen I und D erforderlichen Erklärungen ab. Wenig später macht D geltend, dass die Eheschließung durch Stellvertreter nach deutschem Recht unwirksam sei. Er begehrt die Feststellung, dass eine Ehe mit I nicht besteht.

Das italienische Recht fordert, ebenso wie das deutsche, zur Eheschließung grundsätzlich die gleichzeitige Anwesenheit beider Verlobter vor der zuständigen Amtsperson (Form der Eheschließung). Art. 111 codice civile lässt indes bei Vorliegen wichtiger Gründe ausnahmsweise die Eheschließung durch Stellvertreter zu. Dabei handelt es sich gleichfalls um eine Formvorschrift, da nur der äußere Rahmen der Eheschließung bestimmt wird. Bei einer im Ausland geschlossenen Ehe wird das auf die Form anwendbare Recht nach Art. 11 EGBGB bestimmt. Ortsrecht ist italienisches Recht. Nach italienischem Recht ist die Handschuhehe zulässig. – Fraglich ist hier, ob auch Deutschland Eheschließungsort ist. Dafür spricht, dass der Kläger die Vollmacht in Deutschland abgesandt hatte. Entscheidend ist jedoch allein, an welchem Ort die Konsenserklärungen der Verlobten abgegeben wurden; dies war Florenz.

Die Stellvertretung bei der Eheschließung ist nur dann *Formfrage,* wenn der Stellvertreter oder Bote eine zuvor festgelegte Erklärung überbringt, nicht dagegen, wenn dieser – wie in manchen islamischen Rechtsordnungen – selbst den Ehegatten auswählen kann („Stellvertretung im Wil-

---

[23] *Henrich,* Internationales Familienrecht, S. 32.

[24] Z.B. in Italien (Art. 111 codice civile: celebrazione per procura), Spanien (Art. 55 Código civil), Portugal (Art. 1620 Código civil) und Mexiko (Art. 102 Código Civil für México, D. F.).

[25] *Jacobs,* StAZ 1992, 5–8.

[26] *BGH* 19. 12. 1958, BGHZ 29, 137 = NJW 1959, 717 = *Schack,* Höchstrichterliche Rechtsprechung, Nr. 27 = IPRspr 1958/59 Nr. 112. Zur Formgültigkeit einer in Pakistan geschlossenen Handschuhehe eines in Deutschland Asylberechtigten: *LG Stuttgart* 28. 1. 1992, StAZ 1992, 379 = IPRspr 1992 Nr. 76. Zur verdeckten Stellvertretung: *OLG Karlsruhe* 15. 3. 1994, IPRspr 1994 Nr. 69.

len").[27] Solche weiten Befugnisse des Stellvertreters fallen unter die materiellen Ehevoraussetzungen. Darüber bestimmt somit das Heimatrecht der Verlobten und nicht das Ortsrecht.[28]

III. Folgen einer fehlerhaften Eheschließung

Unterlaufen bei der Eheschließung Fehler, so entscheidet das verletzte 9 Recht über die Folgen (h. M.).[29] Zunächst ist zu klären, ob es sich um einen Formverstoß oder das Fehlen einer materiellen Ehevoraussetzung handelt.

1. Formverstoß

Wurde bei einer Inlandsehe ein Formerfordernis nicht eingehalten, so entscheidet das 10 deutsche Recht über die Folgen. Erfolgte die Eheschließung im Ausland und widersprechen sich Orts- und Wirkungsstatut in den rechtlichen Folgen des Formmangels, so entscheidet als Folge des Günstigkeitsprinzips (favor negotii), auf dem die alternative Anknüpfung des Art. 11 I EGBGB beruht, das mildere Recht.[30]

2. Materieller Mangel

Die Heimatrechte der Verlobten (Art. 13 I EGBGB) entscheiden über 11 die Rechtsfolgen eines Verstoßes gegen materielle Ehehindernisse. Soweit mehr als ein Recht verletzt wurde, gibt das strengere Recht den Ausschlag.[31] Das *strengere Recht* ist das Recht, welches die weiter gehenden Rechtsfolgen an den Verstoß knüpft.

Fall:[32] Der Deutsche A heiratet in Ghana die ghanaische Staatsangehörige B. Diese war jedoch bereits verheiratet und ihre frühere Ehe nie aufgelöst worden. Das Paar lebt zunächst in Ghana; einige Jahre später übersiedelt es nach Deutschland. Hier beantragen A und B beim zuständigen Standesamt, ein Familienbuch anzulegen. Der Standesbeamte lehnt dies ab: Eine gültige Ehe sei nicht geschlossen worden. Zu Recht?

Über die Form der Eheschließung entscheidet ghanaisches Recht (Art. 11 I EGBGB): Alle erforderlichen Förmlichkeiten wurden danach eingehalten. Die sachlichen Voraussetzungen der Eheschließung sind gemäß Art. 13 I EGBGB anzuknüpfen. Bei B findet eine Verweisung auf ghanaisches Recht statt (Gesamtverweisung). Ghanaisches

---

[27] Zur Abgrenzung vgl. *BayObLG* 28. 11. 2000, BayObLGZ 2000, 335 = StAZ 2001, 66 = IPRspr 2000 Nr. 51.

[28] *Henrich,* Internationales Familienrecht, S. 34; MüKo/*Coester,* Art. 13 Rn. 44.

[29] *Henrich,* Internationales Familienrecht, S. 38; *BGH* 10. 1. 2001, FamRZ 2001, 991 = IPRspr 2001 Nr. 53.

[30] Staudinger/*Mankowski* (2003), Art. 13 Rn. 764; *Kropholler,* IPR, S. 340.

[31] Allgemein hierzu § 5 Rn. 116; vgl. auch: *Henrich,* Internationales Familienrecht, S. 38; *Kropholler,* IPR, S. 340; *OLG Oldenburg* 13. 1. 2000, IPRax 2001, 143 m. Anm. *Piekenbrock,* 119–122 = IPRspr 2000 Nr. 45.

[32] *BGH* 4. 10. 1990, NJW 1991, 3088 = IPRspr 1990 Nr. 73.

Recht knüpft an das Domizilrecht der Eheschließenden an. Im Zeitpunkt der Eheschließung hatten A und B ihr Domizil in Ghana; das Recht Ghanas nimmt die Verweisung somit an. Nach ghanaischem Recht liegt beim Verstoß gegen das Verbot der Doppelehe eine Nichtehe vor. Nach dem deutschen Heimatrecht des A führt der Verstoß hingegen lediglich zu einer aufhebbaren Ehe (§§ 1314 I, 1306 BGB). Bei Verletzung beider Heimatrechte der Ehegatten entscheidet das strengere Recht. Folglich liegt eine Nichtehe vor. Die Anlegung eines Familienbuchs wurde zu Recht abgelehnt.

IV. Statutenwechsel

12 Heftig umstritten ist, ob eine ursprünglich ungültige Ehe dadurch geheilt werden kann, dass die Betroffenen in ein Personalstatut wechseln, das die Ehe als fehlerfrei betrachtet.

Fall:[33] Der Niederländer N schließt 1970 mit einer Deutschen die Ehe. Diese wird im Jahr 1975 in den Niederlanden geschieden. Die beantragte Feststellung der Anerkennungsfähigkeit des Scheidungsurteils in Deutschland wird 1977 durch die zuständige Landesjustizverwaltung abgelehnt. 1980 heiratet N in den Niederlanden eine weitere Deutsche, die verwitwete D. Diese erwirbt später die niederländische Staatsangehörigkeit unter gleichzeitigem Verlust der deutschen. Sie lebt seit der Eheschließung in ehelicher Gemeinschaft mit N in den Niederlanden. Als ihr wegen der Wiederverheiratung die Witwenrente entzogen wird, erhebt D vor dem AG Schöneberg Ehenichtigkeitsklage.

Im Zeitpunkt der zweiten Eheschließung lag nach deutschem Recht ein Ehehindernis vor: Zwar war die erste Ehe in den Niederlanden geschieden, das Scheidungsurteil nach deutschem Recht mangels Anerkennungsfähigkeit jedoch unwirksam. Aus deutscher Sicht lag mithin eine Doppelehe vor. Auf dieses Ergebnis hat der spätere Wechsel der Staatsangehörigkeit (Statutenwechsel) grundsätzlich keinen Einfluss, da Art. 13 I EGBGB bei der Bestimmung des Heimatrechts der Verlobten auf den Zeitpunkt der Eheschließung abstellt. Das Eheschließungsstatut ist danach *unwandelbar*. Nach Ansicht des KG wurde die in Deutschland nichtige Ehe indes dadurch geheilt, dass der deutsche Ehegatte nach der Eheschließung unter Verlust der deutschen Staatsangehörigkeit diejenige des Staates erwarb, in dem er die Ehe geschlossen hatte, und auch sonst ein vollständiger Bruch mit der deutschen Rechtsordnung vorlag. Da das niederländische Recht die Zweitehe wegen rechtskräftiger Scheidung des Ehemannes als wirksam ansah, hatte die Ehenichtigkeitsklage der D keinen Erfolg.

Nach wohl h. M.[34] kommt eine *Heilung durch Statutenwechsel*[35] sowohl beim Fehlen sachlicher Ehevoraussetzungen als auch bei Formmängeln in Betracht. Erforderlich hierfür ist jedenfalls, dass kein enger rechtlicher Bezug (Staatsangehörigkeit, gewöhnlicher Aufenthalt) der Ehegatten zum Eheschließungsstatut mehr besteht und diese ihren gemeinsamen Lebensmittelpunkt nunmehr in einem Staat haben, dessen Recht die Ehe für gültig ansieht.

---

[33] *KG* 27. 1. 1986, IPRax 1987, 33 m. Anm. *Siehr*, 19–21 = IPRspr 1986 Nr. 51.

[34] Zum Meinungsstand vgl. *Siehr*, IPRax 2007, 30–34.

[35] Hierzu § 5 Rn. 108. *Siehr*, IPRax 2007, 30–34, spricht aufgrund der Unwandelbarkeit des Eheschließungsstatuts von einer „Heilung durch Statutenersatz".

V. „Hinkende Ehe"

Ehen, die nach einer Rechtsordnung wirksam sind, nach einer anderen **13** jedoch nicht, bezeichnet man als „hinkend". Die *Vorfrage* nach der Wirksamkeit einer Ehe kann sich sowohl bei der Scheidung als auch bei der Wiederverheiratung stellen.[36] Hinkende Ehen können auf unterschiedliche Weise entstehen.

Beispiel:[37] Zwei Griechen heiraten in Deutschland nach griechisch-orthodoxem Ritus vor dem Popen. Die Ehe ist nach griechischem Recht wirksam, nach deutschem Recht liegt eine Nichtehe vor (Art. 13 III EGBGB i.V. mit § 1310 BGB).

Wird die Ehe im Inland als unwirksam angesehen, nach den Heimatrechten der Verlobten dagegen als gültig, so können die Ehegatten – gleichgültig, ob sie die Ehe im Heimatstaat oder im Inland führten – ohne eine in ihrem Heimatstaat anerkannte Scheidung nicht erneut heiraten. Wer außerhalb seines Heimatstaates nach seinem Heimatrecht heiratet, soll an der Ehe festgehalten werden.[38]

Anders liegt der Fall eines Deutschen, der eine nach Ortsrecht nicht **14** wirksam geschlossene Ehe eingeht.

Beispiel: Eine Deutsche heiratet in Frankreich einen Griechen nach griechisch-orthodoxem Ritus.

Die Deutsche ist weder nach ihrem Heimatrecht noch nach Ortsrecht wirksam verheiratet; sie kann ohne weiteres erneut eine Ehe eingehen. Dagegen kann ihr griechischer Mann ohne in Griechenland anerkannte Scheidung der Ehe im Inland nicht wieder heiraten,[39] denn nach griechischem Recht wird eine Ehe auch dann als formgültig angesehen, wenn die gewählte Form dem Heimatrecht nur *eines* der Ehegatten entspricht (Art. 13 I 2 griech. ZGB).

Beispiel: Zwei Zyprioten heiraten in Deutschland standesamtlich. Das Recht von **15** Zypern betrachtet die Ehe als Nichtehe, nach deutschem Recht ist die Ehe gültig.

Wird die Ehe im Inland als gültig angesehen, darf im Inland aus Gründen des ordre public (Verbot der Doppelehe) ohne vorherige Scheidung nicht erneut geheiratet werden, auch wenn das Heimatrecht die Eheschließung nicht anerkennt. Die Scheidung erfolgt hier nach deutschem Recht.[40]

---

[36] Zur Erst- und Vorfrage § 6 Rn. 47–72.
[37] Vgl. auch § 6 Rn. 50.
[38] So Staudinger/*von Bar*, 12. Aufl., Art. 13 Rn. 101; a.A. jetzt: Staudinger/*Mankowski* (2003), Art. 13 Rn. 274; MüKo/*Coester*, Art. 13 Rn. 148, 158 – danach entscheidet die Rechtsordnung, zu der die stärkere Beziehung besteht.
[39] A.A.: Staudinger/*Mankowski* (2003), Art. 13 Rn. 274.
[40] Palandt/*Heldrich*, Art. 17 Rn. 10 m. w. Nachw.

16 Eine hinkende Ehe kann sich nicht nur aus unterschiedlichen Formen der Eheschließung, sondern auch infolge Scheidung ergeben. Allerdings sind die Staaten, die eine Scheidung gänzlich ablehnen und auch eine Scheidung im Ausland nicht anerkennen, selten geworden.[41]

> **Beispiel:** Zwei Filipinos, die sich in Deutschland scheiden lassen, dürfen nach philippinischem Recht keine Ehe mehr eingehen. Eine Wiederheirat ist in Deutschland unter den Voraussetzungen des Art. 13 II EGBGB zulässig.

Hinkende Ehen durch Scheidung entstehen indes auch, wenn der ausländische Staat die ausschließliche internationale Zuständigkeit für die Scheidung seiner Staatsangehörigen beansprucht und deshalb das ausländische Scheidungsurteil nicht anerkennt oder aber besondere Scheidungsvoraussetzungen fordert, die in anderen Staaten unbekannt sind.[42] – Die ausländische Scheidung einer Ehe, an der ein Deutscher beteiligt ist, schafft eine hinkende Ehe, solange das Scheidungsurteil im Inland nicht anerkannt ist.[43]

VI. Verlöbnis

17 Das EGBGB enthält keine Kollisionsnorm für das Verlöbnis. Art. 13 I, II EGBGB werden daher auf die sachlichen Voraussetzungen der Verlobung entsprechend angewandt; für die Form gilt Art. 11 I–III EGBGB.[44]

Ansprüche aus *Verlöbnisbruch* richten sich nach dem gemeinsamen Heimatrecht der Verlobten (Art. 14 I Nr. 1 EGBGB analog), da die gemeinsame Staatsangehörigkeit im deutschen Internationalen Familienrecht primäres Anknüpfungsmoment ist.[45] Haben die Verlobten kein gemeinsames Heimatrecht, so wird von der Rechtsprechung[46] an die Staatsangehörigkeit des Inanspruchgenommenen, im Schrifttum[47] hingegen zunehmend an den gemeinsamen gewöhnlichen Aufenthalt der Verlobten (Art. 14 I Nr. 2 EGBGB analog), hilfsweise an ihre engste Verbindung zu einer Rechtsordnung (Art. 14 I Nr. 3 EGBGB analog)

---

[41] Übersicht über die scheidungsfeindlichen Staaten bei: Staudinger/*Mankowski* (2003), Art. 13 Rn. 278–282, Art. 17 Rn. 20–25. S. auch unten Fn. 136.

[42] Staudinger/*Mankowski* (2003), Art. 13 Rn. 283–286.

[43] Hierzu unten Rn. 60–73.

[44] *von Bar*, IPR II, Rn. 111 m. w. Nachw.; Soergel/*Schurig*, Vor Art. 13 Rn. 14.

[45] *Kropholler*, IPR, S. 337 f.; Staudinger/*Mankowski* (2003), Anh. zu Art. 13 Rn. 25.

[46] *BGH* 21. 11. 1958, BGHZ 28, 375 = IPRspr 1958 Nr. 110; *BGH* 13. 4. 2005, NJW-RR 2005, 1089 = IPRax 2005, 545 m. krit. Anm. S. *Lorenz/Unberath*, 516–521; *OLG Zweibrücken* 18. 7. 1985, FamRZ 1986, 354 = IPRspr 1985 Nr. 59; so auch: *Henrich*, Internationales Familienrecht, S. 43; Palandt/*Heldrich*, Art. 13 Rn. 30.

[47] *Kegel/Schurig*, IPR, S. 794; *Lüderitz*, IPR, Rn. 359; *Kropholler*, IPR, S. 341 f.; Staudinger/*Mankowski* (2003), Anh. zu Art. 13 Rn. 27.

angeknüpft. Für Art. 14 I EGBGB spricht, dass er auch auf eheähnliche Beziehungen Anwendung findet.[48] Zudem kann der Verpflichtete bei gewöhnlichem Aufenthalt im Ausland und unterschiedlichen Staatsangehörigkeiten der Verlobten nicht auf Anwendung seines Heimatrechts vertrauen.[49]

Beispiele: Der Anspruch türkischer Eltern auf Entschädigung wegen in Erwartung der Eheschließung ihres Sohnes mit einer Türkin getätigter Aufwendungen richtet sich nach türkischem Recht (und nicht nach dem deutschen Aufenthaltsrecht).[50] – Macht eine Deutsche gegen einen Türken Ansprüche aus Verlöbnisbruch geltend, so richten sich diese nach deutschem Recht als dem Recht des gemeinsamen gewöhnlichen Aufenthalts beider Verlobter.

Umstritten ist die Behandlung deliktischer Schadensersatzansprüche zwischen Verlobten.[51]

VII. Nichteheliche Lebensgemeinschaft

Das deutsche Kollisionsrecht hält mit Art. 17 b EGBGB lediglich eine **18** Regelung für die eingetragene Lebenspartnerschaft bereit. Es ist umstritten, ob deren Anwendungsbereich auf gleichgeschlechtliche Partnerschaften beschränkt ist oder auf eingetragene heterosexuelle Partnerschaften, wie sie zahlreiche ausländische Rechtsordnungen kennen, ausgedehnt werden kann.[52] Für andere Formen der nichtehelichen Lebensgemeinschaft stellt sich die Frage, nach welchem Recht ein Partner gegenüber dem anderen Rückforderungs- oder Unterhaltsansprüche nach Auflösung der Beziehung geltend machen kann. Im Schrifttum wird überwiegend vertreten, die familienrechtlichen Kollisionsnormen des EGBGB analog anzuwenden:[53] Die Auflösung der nichtehelichen Lebensgemeinschaft beurteilt sich nach Art. 17 I 1, 14 I EGBGB analog, güterrechtliche Ansprüche nach Art. 15 EGBGB analog und Unterhaltsansprüche nach Art. 18 EGBGB analog. Daneben können etwaige schuldrechtliche Ansprüche geltend gemacht werden.[54] Nach a. A. ist al-

---

[48] Hierzu unten Rn. 18.
[49] Staudinger/*Mankowski* (2003), Anh. zu Art. 13 Rn. 30.
[50] So auch *OLG Düsseldorf* 8. 5. 1992, FamRZ 1992, 1295 = IPRspr 1992 Nr. 78.
[51] Hierzu § 11 Rn. 40.
[52] Hierzu unten Rn. 73 a–73 n. Zu Regelungen in anderen Rechtsordnungen s. den rechtsvergleichenden Überblick bei: Staudinger/*Mankowski* (2003), Anh. zu Art. 13 Rn. 44–49; Soergel/*Schurig*, Vor Art. 13 Rn. 29–37.
[53] *Striewe*, Ausländisches und Internationales Privatrecht der nichtehelichen Lebensgemeinschaft (1986), S. 385–396; *von Bar*, IPR II, Rn. 121 f.; *Kegel/Schurig*, IPR, S. 796; *Kropholler*, IPR, S. 376; *Henrich*, Internationales Familienrecht, S. 46–51; MüKo/*Sonnenberger*, Einl. IPR, Rn. 529 (Rechtsanalogie); Soergel/*Schurig*, Art. 13 Rn. 6 (für die „institutionalisierte" Lebensgemeinschaft).
[54] Analog den „unbenannten" Zuwendungen zwischen Ehegatten, dazu unten Rn. 33.

lein schuldrechtlich zu qualifizieren (Vertrag, Gesellschaft, ungerechtfertigte Bereicherung, Delikt).[55]

Beispiel: Ein unverheiratetes slowenisches Paar lebt längere Zeit in Deutschland. Die Frau verlangt nach Beendigung der Beziehung Aufteilung des gemeinschaftlichen Vermögens. Nach der im Schrifttum h. M. unterliegt der Anspruch slowenischem Recht (Art. 15 I, 14 I Nr. 1 EGBGB analog); dagegen gelangt die Gegenansicht hier regelmäßig zur Anwendung deutschen Rechts (Art. 38 I, III EGBGB).

Der Qualifikationsstreit entfällt künftig, falls die Rom IV-Verordnung – wie geplant – auch eine Kollisionsnorm zum Güterstatut anderer Lebensgemeinschaften als der Ehe bereithält.[56]

B. Ehewirkungen

I. Allgemeine Ehewirkungen

1. Qualifikation

19–20 Mangels völkerrechtlicher Verträge[57] bestimmt sich das Statut der allgemeinen Ehewirkungen nach Art. 14 EGBGB. Der unmittelbare sachliche Anwendungsbereich der Vorschrift ist klein: Darunter fallen etwa die Pflicht zur ehelichen Lebensgemeinschaft (§ 1353 BGB), die Haushaltsführung (§ 1356 BGB), die Geschäfte zur Deckung des Lebensbedarfs (§ 1357 BGB), der Haftungsmaßstab (§ 1359 BGB) sowie spezielle Eigentumsvermutungen (§ 1362 BGB).[58]

Beispiel:[59] Ein nicht krankenversicherter Spanier unterzieht sich in Deutschland einer Chemotherapie. Kurz darauf stirbt er. Das Krankenhaus verlangt von seiner spanischen Ehefrau Zahlung der Behandlungskosten.

Die Frau ist nur dann verpflichtet, die Krankenhauskosten ihres Mannes zu zahlen, wenn dieser sie (im Rahmen der Geschäfte zur Deckung des Lebensbedarfs) mit verpflichten konnte. Schlüsselgewalt und Mithaftung der Ehegatten unterfallen dem allgemeinen Ehewirkungsstatut. Anwendbar ist spanisches Recht als gemeinsames Heimatrecht der Ehegatten (Art. 14 I Nr. 1 EGBGB). Die Gesamtverweisung (Art. 4 I EGBGB) wird vom spanischen IPR angenommen. Zu prüfen ist in der Folge, ob Art. 1319 Código civil (Mithaftung der Ehegatten) oder ein Foralrecht zur An-

---

[55] *BGH* 13. 4. 2005, NJW-RR 2005, 1089 = IPRax 2005, 545 m. krit. Anm. S. *Lorenz/Unberath*, 516–521; Palandt/*Heldrich*, Art. 17 Rn. 14.

[56] Vgl. hierzu unten Rn. 32.

[57] Das Haager Ehewirkungsabkommen vom 17. 7. 1905 (BGBl. 1986 II S. 505) wurde wegen Verstoßes gegen den Gleichberechtigungsgrundsatz von der Bundesrepublik Deutschland zum 23. 8. 1987 gekündigt. Seine güterrechtlichen Kollisionsnormen gelten weiterhin für Ehen, die bis zu diesem Zeitpunkt geschlossen wurden; vgl. *Jayme/Hausmann*, Nach Nr. 32 (Fn. 1).

[58] BTDrucks. 10/504, S. 54; *Henrich*, Internationales Familienrecht, S. 56 f.

[59] Vgl. *BGH* 27. 11. 1991, FamRZ 1992, 291 = IPRax 1993, 97 m. Anm. *Jayme*, 80 f. = IPRspr 1991 Nr. 77 b.

wendung kommt.[60] Sollte spanisches Recht die Haftung verneinen, kommt Art. 16 II EGBGB in Betracht.

Nicht zu den allgemeinen Ehewirkungen gehören das Ehegüterrecht 21 (Art. 15 EGBGB), das Unterhaltsrecht (Art. 18 EGBGB) und das Namensrecht (Art. 10 EGBGB).

Zentrale Bedeutung gewinnt Art. 14 EGBGB durch die in zahlreichen Vorschriften vorgenommenen Verweisungen auf diese Grundnorm des Internationalen Familienrechts: So verweisen Art. 15 I EGBGB für die güterrechtlichen Beziehungen der Ehegatten, Art. 17 I EGBGB für das Scheidungsstatut sowie im Internationalen Kindschaftsrecht die Art. 19 I 3 und 22 I 2 EGBGB auf das Statut der allgemeinen Ehewirkungen. Dahinter steht die Absicht, alle familienrechtlichen Beziehungen möglichst einem einheitlichen Recht zu unterstellen. Freilich verhindern unterschiedliche Anknüpfungszeitpunkte sowie abweichende Möglichkeiten der Rechtswahl die Bildung eines einheitlichen Familienstatuts.[61]

2. Anwendbares Recht

Es ist erforderlich, die Ehewirkungen für beide Ehegatten einem einheit- 22 lichen Recht zu unterstellen. Der Gleichheitsgrundsatz (Art. 3 II GG) verbietet es aber, bei unterschiedlicher Staatsangehörigkeit der Ehegatten einer von beiden den Vorzug zu geben. In diesen Fällen ist daher an den gemeinsamen gewöhnlichen Aufenthalt anzuknüpfen. Art. 14 EGBGB enthält in Abs. 1 mit der *Kegelschen Leiter* eine objektive Bestimmung des Ehewirkungsstatuts, während die Abs. 2–4 eine beschränkte *Rechtswahl* eröffnen.

a) Objektive Bestimmung (Art. 14 I EGBGB)

Art. 14 I EGBGB ist kein Fall der alternativen Anknüpfung. Es handelt 23 sich bei der Kegelschen Leiter vielmehr um eine stufenweise, d.h. *subsidiäre Anknüpfung*.[62] Allgemeines Ehewirkungsstatut ist das Heimatrecht der Ehegatten, wenn diese eine gemeinsame Staatsangehörigkeit besitzen. Hatten beide zu einem früheren Zeitpunkt während der Ehe eine gemeinsame Staatsangehörigkeit, und hat ein Ehegatte diese beibehalten, so gilt dieses Heimatrecht als Ehewirkungsstatut fort (Art. 14 I Nr. 1 EGBGB). Der deutsche Gesetzgeber hält also aus Gründen der Kontinuität selbst dann an dem ehemals gemeinsamen Heimatrecht fest, wenn gegenwärtig ein anderes gemeinsames Anknüpfungsmoment in Form des gemeinsamen gewöhnlichen Aufenthalts besteht.[63]

---

[60] Zum Mehrrechtsstaat § 6 Rn. 118 f.
[61] Hierzu § 5 Rn. 30 a. E.
[62] Zur subsidiären Anknüpfung vgl. § 5 Rn. 119.
[63] Vgl. BTDrucks. 10/504, S. 55; krit.: MüKo/*Siehr*, Art. 14 Rn. 17; *Kropholler*, IPR, S. 347.

Bei Doppelstaatern ist im Rahmen des Art. 14 I EGBGB – im Gegensatz
etwa zu Art. 14 II, 10 II Nr. 1 EGBGB – allein die effektive bzw. deutsche Staatsangehörigkeit maßgeblich (Art. 5 I EGBGB).[64]

Beispiele:[65] Eine Frau, die die deutsche und die spanische Staatsangehörigkeit besitzt,
heiratet einen Spanier. Ein gemeinsames Heimatrecht i. S. d. Art. 14 I Nr. 1 EGBGB
besteht nicht. – Die deutsch-spanische Frau heiratet in Spanien einen Deutschen. Das
Ehepaar lebt in Spanien. Die allgemeinen Ehewirkungen werden gemäß Art. 14 I
Nr. 1 EGBGB deutschem Recht unterstellt.[66]

24   Lässt sich nach diesen Kriterien kein gemeinsames Heimatrecht der Ehegatten bestimmen – hatten also beide Ehegatten nie eine gemeinsame
Staatsangehörigkeit oder haben beide diese später aufgegeben –, so wird
nach Art. 14 I Nr. 2 EGBGB an den *letzten gemeinsamen gewöhnlichen
Aufenthalt* der Ehegatten angeknüpft. Voraussetzung ist, dass mindestens
einer der Ehegatten den gewöhnlichen Aufenthalt in diesem Staat *unun
terbrochen* beibehalten hat. Art. 14 I Nr. 2 EGBGB fordert nicht, dass die
Ehegatten an demselben Ort wohnen; entscheidend ist, dass sich der gewöhnliche Aufenthalt beider in demselben Staat befindet.[67] Dabei ist der
gewöhnliche Aufenthalt für jeden Ehegatten gesondert zu bestimmen.[68]

25   Art. 14 I Nr. 3 EGBGB knüpft hilfsweise an das Recht des Staates an, zu
dem die Ehegatten die *engste Verbindung* haben. Typischer Anwendungsfall für Abs. 1 Nr. 3 sind gemischtnationale Ehen, bei denen die
Ehegatten, etwa nach einer Trennung, in verschiedene Staaten ausgewan-
dert sind.[69] Kriterien[70] für die Bestimmung der engsten Verbindung sind
die gemeinsame soziale Bindung der Ehegatten an einen Staat durch
Herkunft, Kultur, Sprache und berufliche Tätigkeit, der gemeinsame
schlichte Aufenthalt in einem Staat sowie der letzte gemeinsame gewöhnliche Aufenthalt, wenn keiner der Ehegatten sich mehr dort befindet, einer der Ehegatten aber diesem Staat angehört. In Pattsituationen
mag sogar der Ort der Eheschließung entscheiden.

Beispiel: Ein französischer Pilot und eine deutsche Stewardess heiraten in Luxemburg. Beide behalten während der Ehe ihre Wohnungen im jeweiligen Herkunftsstaat
bei und gehen weiterhin ihren Berufen bei der luxemburgischen Fluggesellschaft nach.
Die engste Verbindung (Art. 14 I Nr. 3 EGBGB) besteht aufgrund der beruflichen
Tätigkeit der Ehegatten zu Luxemburg, dessen Recht über die allgemeinen Ehewirkungen entscheidet.

---

[64] § 5 Rn. 21 f.
[65] S. auch *AG Freiburg i. Br.* 19. 7. 2001, FamRZ 2002, 888 = IPRax 2002, 223 m.
Anm. *Jayme*, 209 = IPRspr 2001 Nr. 69.
[66] MüKo/*Siehr*, Art. 14 Rn. 22, hält dieses Ergebnis für verfassungswidrig. Er greift
deshalb korrigierend ein und lässt die gemeinsame deutsche Staatsangehörigkeit
dann nicht maßgeblich sein, wenn sie für den deutschen Mehrstaater während der
Ehe nie die effektive war.
[67] BTDrucks. 10/504, S. 55.
[68] MüKo/*Siehr*, Art. 14 Rn. 29; dazu oben § 5 Rn. 72–79.
[69] MüKo/*Siehr*, Art. 14 Rn. 36.
[70] BTDrucks. 10/5632, S. 41; zur „Pattsituation" s. *Spickhoff*, JZ 1993, 336–344 (341).

Die Verweisungen in Art. 14 I EGBGB sind *Gesamtverweisungen;* dies gilt auch für die engste Verbindung in Nr. 3.[71]

b) Rechtswahl (Art. 14 II–IV EGBGB)

Voraussetzung für die Rechtswahl ist, dass nicht an ein gemeinsames **26** Heimatrecht der Ehegatten gemäß Art. 14 I Nr. 1 EGBGB angeknüpft werden kann, etwa weil eine gemeinsame Staatsangehörigkeit nicht besteht oder die gemeinsame Staatsangehörigkeit nicht die effektive i.S. von Art. 5 I EGBGB ist.[72]

Beispiel: Ein türkisches Ehepaar, das in Deutschland lebt, kann nicht deutsches Recht als Ehewirkungsstatut wählen. Es wird für die allgemeinen Ehewirkungen an seinem türkischen Heimatrecht festgehalten (Art. 14 I Nr. 1 EGBGB).

Art. 14 II–IV EGBGB beschränkt die Rechtswahl auf das Heimatrecht eines Ehegatten. Das Recht des gewöhnlichen Aufenthalts oder ein anderes Recht können nicht gewählt werden.

Bei Mehrstaatern lässt Art. 14 II EGBGB die Wahl des Rechts der nicht-effektiven bzw. nicht-deutschen Staatsangehörigkeit zu („ungeachtet des Art. 5 Abs. 1"). Voraussetzung ist, dass auch der andere Ehegatte diesem Staat angehört.

Beispiele: Im Beispiel des Spaniers und seiner deutsch-spanischen Ehefrau (oben Rn. 23) kann spanisches Recht als Ehewirkungsstatut gewählt werden. – Heiratet die deutsch-spanische Frau einen Italiener, so ist eine Rechtswahl dagegen mangels gemeinsamer Staatsangehörigkeit nach Art. 14 II EGBGB ausgeschlossen.

Eine weitere Rechtswahl eröffnet Art. 14 III EGBGB. Gehören die Ehe- **27** gatten verschiedenen Staaten an oder haben beide eine frühere gemeinsame Staatsangehörigkeit verloren, so können sie das Heimatrecht eines Ehegatten wählen, soweit keine starke Bindung zum Aufenthaltsstaat besteht.[73] Im Falle von Mehrstaatern kann die Wahl jedoch lediglich zugunsten des Rechts der effektiven Staatsangehörigkeit erfolgen; ansonsten ist eine Rechtswahl nur im Rahmen des Art. 14 II EGBGB möglich.[74] Art. 14 III EGBGB nennt die zwei folgenden Konstellationen:

(1) Die Ehegatten haben keine gemeinsame Staatsangehörigkeit, wohl aber einen gemeinsamen gewöhnlichen Aufenthalt. Nach Art. 14 I Nr. 2 EGBGB wäre das Recht des gemeinsamen gewöhnlichen Aufenthalts maßgeblich. Haben die Ehegatten ihren gemeinsamen gewöhnlichen Aufenthalt in dem Staat, dem ein Ehegatte angehört, so kann eine Abwahl dieses Rechts nicht erfolgen. Die Bindung an das Recht des Aufenthaltsstaats ist zu stark; der gemeinsame gewöhnliche Aufenthalt schließt hier die Rechtswahl aus.

---

[71] Näher hierzu § 6 Rn. 116.
[72] *von Bar,* IPR II, Rn. 197.
[73] MüKo/*Siehr,* Art. 14 Rn. 49 f.
[74] MüKo/*Siehr,* Art. 14 Rn. 44.

Beispiele: Lebt ein Deutscher mit seiner mexikanischen Ehefrau in Mexiko, kann nicht deutsches Recht für die Ehewirkungen gewählt werden. – Lebt ein Deutscher mit seiner österreichischen Ehefrau im Jemen, können die Ehegatten gemäß Art. 14 III EGBGB deutsches oder österreichisches Recht wählen *(Gefällesituation[75])*.

(2) Die Ehegatten haben keine gemeinsame Staatsangehörigkeit und keinen aktuellen gemeinsamen gewöhnlichen Aufenthalt. Ihnen wird die Wahl eines der Heimatrechte gestattet. Damit können sie die relativ schwachen Anknüpfungen an den letzten gemeinsamen gewöhnlichen Aufenthalt (Art. 14 I Nr. 2 EGBGB) oder die sonstige engste Verbindung (Art. 14 I Nr. 3 EGBGB) ausschließen.

28 Die Rechtswahl kann jederzeit erfolgen, soweit die Voraussetzungen der Abs. 2 oder 3 vorliegen.[76] Sie kann auch bereits vor der Eheschließung vorgenommen werden, ihre Wirkungen treten freilich erst mit Eheschließung ein.[77] – Die Rechtswahl endet ex nunc kraft Parteiwillens durch Aufhebung der Rechtswahl – in der von Art. 14 IV EGBGB für die Rechtswahl vorgesehenen Form – bzw. durch Wahl eines neuen Rechts oder kraft Gesetzes, wenn beide Ehegatten dieselbe Staatsangehörigkeit erwerben (Art. 14 III 2 EGBGB).

29 Art. 14 IV EGBGB bestimmt die *Form* der Rechtswahl. Wird die Rechtswahlerklärung im Inland abgegeben, muss sie notariell beurkundet werden. Erfolgt die Rechtswahl im Ausland, genügt es, dass alternativ die Formvorschriften für einen Ehevertrag nach dem gewählten Recht oder nach dem Ortsrecht eingehalten werden (Art. 14 IV 2 EGBGB).

Beispiel:[78] Ein von einem Sharia-Gericht in Syrien beurkundeter Ehevertrag mit Rechtswahl- und Morgengabevereinbarung entspricht dem syrischen Recht und genügt daher dem Formerfordernis des Art. 14 IV 2 EGBGB.

30 Bei der Rechtswahl gemäß Art. 14 II, III EGBGB handelt es sich um eine *Sachnormverweisung* (Art. 4 II EGBGB).[79]

c) Statutenwechsel

31 Das Ehewirkungsstatut ist *wandelbar*, d.h., es wird nicht auf einen bestimmten Anknüpfungszeitpunkt abgestellt.[80]

Beispiel: Ein türkisches Ehepaar lebt in Deutschland. Beide Ehegatten nehmen nach zehnjähriger Ehe die deutsche Staatsangehörigkeit an. Ab diesem Zeitpunkt ist deutsches Recht Ehewirkungsstatut; auf abgeschlossene Sachverhalte bleibt hingegen türkisches Recht anwendbar.

---

[75] BTDrucks. 10/504, S. 56: Die Heimatrechte stehen einander nahe, weichen aber vom Aufenthaltsrecht ab.

[76] MüKo/*Siehr*, Art. 14 Rn. 58.

[77] BTDrucks. 10/504, S. 56.

[78] *BayObLG* 7. 4. 1998, FamRZ 1998, 1594 (1596) = IPRspr 1998 Nr. 71.

[79] Hierzu § 6 Rn. 109.

[80] Dagegen ist das Ehegüterstatut (Art. 15 I EGBGB) unwandelbar; dazu unten Rn. 34.

3. Ehewohnung und Hausrat (Art. 17 a EGBGB)

Strittig ist die Qualifikation der Zuweisung von Ehewohnung und 31 a
Hausrat aus Anlass von Scheidung bzw. Trennung der Ehegatten.[81] Teilweise wird die Versorgungsfunktion betont, mithin eine Anknüpfung an
Art. 18 EGBGB bzw. das vorrangige Haager Unterhaltsabkommen vorgenommen.[82] Gegen eine güterrechtliche Qualifikation (Art. 15 EGBGB)
spricht, dass die Zuweisung güterstandsunabhängig stattfindet. Die Aufteilung der gemeinsamen Vermögensgrundlagen legt die Anknüpfung an
das allgemeine Ehewirkungsstatut nahe.[83]

Für die *im Inland* belegene Ehewohnung und den *im Inland* befind- 31 b
lichen Hausrat wurde mit Wirkung vom 1. 1. 2002 Art. 17 a in das
EGBGB eingefügt. Danach unterliegen die Nutzungsbefugnis an diesen
sowie damit zusammenhängende Betretungs-, Näherungs- und Kon-
taktverbote den deutschen Sachvorschriften.[84]

Art. 17 a EGBGB ist als einseitige Kollisionsnorm formuliert: Bei im
Ausland belegener Ehewohnung kommt nicht das Recht des Lageortes,
sondern das allgemeine Ehewirkungsstatut (Art. 14 EGBGB) zur Anwendung. Allerdings ist an einen allseitigen Ausbau der Vorschrift zu
denken:[85] Art. 17 a EGBGB ist keine Exklusivnorm;[86] er schützt nicht
primär staatliche Ordnungsinteressen, sondern den schwächeren Ehegatten.

Mit der Anknüpfung an den Lageort, der typischerweise mit dem gewöhnlichen Auf- 31 c
enthalt übereinstimmt, hat der Gesetzgeber einen weiteren Schritt hin zum Aufenthaltsprinzip vollzogen.[87]

Nicht erfasst von Art. 17 a EGBGB sind Störungen außerhalb der Ehe- 31 d
wohnung, wie etwa am Arbeitsplatz. Sinnvoll wäre gewesen, auch solche Belästigungen in den Anwendungsbereich der Vorschrift einzubeziehen. Nach dem Wortlaut des Art. 17 a EGBGB unterliegt nämlich bei
einem französischen Ehepaar mit gewöhnlichem Aufenthalt in Deutsch-

---

[81] Zum Streitstand vgl. Staudinger/*Mankowski* (2003), Art. 17 a Rn. 33–45 m. w.
Nachw.

[82] *OLG Hamm* 15. 11. 1988, FamRZ 1989, 621 = IPRspr 1988 Nr. 90; *OLG
Koblenz* 26. 11. 1990, NJW-RR 1991, 522 = IPRspr 1990 Nr. 115; *OLG Karlsruhe*
2. 9. 1992, FamRZ 1993, 1464 = IPRspr 1992 Nr. 121.

[83] So auch: Soergel/*Schurig*, Art. 14 Rn. 50; Staudinger/*Mankowski* (2003), Art. 17 a
Rn. 34.

[84] Art. 17 a EGBGB ist Teil des Gesetzes zur Verbesserung des zivilgerichtlichen
Schutzes bei Gewalttaten und Nachstellungen sowie zur Erleichterung der Über-
lassung der Ehewohnung bei Trennung (BGBl. 2001 I S. 3513); dazu *Wagner,*
IPRax 2001, 281–293 (293).

[85] *Thorn,* FS Jayme (2004), S. 955–969 (967 f.).

[86] Allgemein zu Exklusivnormen § 4 Rn. 13.

[87] Zur Entwicklung im Internationalen Kindschaftsrecht vgl. § 1 Rn. 135 sowie unten
Rn. 110 f.

land das Verbot von Belästigungen durch den Ehegatten am Arbeitsplatz nach wie vor dem gemeinsamen französischen Heimatrecht (Art. 1 4 I Nr. 1 EGBGB), nicht dem Aufenthaltsrecht. Diese unterschiedliche Anknüpfung ist nicht sachgerecht. Eine analoge Anwendung der Vorschrift erscheint daher wünschenswert.[88]

Art. 17a EGBGB findet entgegen seinem Wortlaut auch auf eingetragene Lebenspartnerschaften Anwendung (Art. 17b II 1 EGBGB).

II. Ehegüterrecht

1. Rechtsquellen

32 Völkerrechtliche Verträge zum Ehegüterrecht sind in Deutschland nicht in Kraft.[89] – Auf europäischer Ebene haben die Arbeiten zu einer Verordnung über das internationale Güterrecht (Rom IV) begonnen. Hierzu hat die Kommission im Juli 2006 ein Grünbuch vorgelegt.[90] Die geplante Verordnung soll nicht nur das Statut des ehelichen Güterstandes regeln, sondern auch die vermögensrechtlichen Wirkungen anderer Lebensgemeinschaften (Lebenspartnerschaft, nichteheliche Lebensgemeinschaft) erfassen. Darüber hinaus sind Normen zur gerichtlichen Zuständigkeit sowie zur Anerkennung und Vollstreckung gerichtlicher Entscheidungen geplant.

2. Qualifikation

33 Zu den güterrechtlichen Wirkungen einer Ehe gehören das *gesetzliche* Güterrecht, das Regelungen über den Güterstand (z. B. Gütertrennung, Gütergemeinschaft), die Verwaltung und Nutznießung des Vermögens und die Beendigung des gesetzlichen Güterstandes enthält, sowie das *vertragliche* Güterrecht, also der Ehevertrag.[91] Hierunter fallen insbesondere die Fragen, in welchem Güterstand die Ehegatten leben, zu welcher Gütermasse ein bestimmter Gegenstand gehört, ob ein Zugewinnausgleich erfolgt,[92] welche Sorgfaltspflichten bei der Vermögensverwaltung zu beachten sind und welche Auskunftsanprüche[93] bestehen. Nicht zum Güterrecht zählen „ehebedingte" bzw. „unbenannte" Zuwendungen, die schuldrechtlich qualifiziert werden.[94] – Besonders um-

---

[88] A. A.: Bamberger/Roth/*Otte*, Art. 17a Rn. 11.

[89] Das Haager Übereinkommen über das auf Ehegüterstände anzuwendende Recht v. 14. 3. 1978 gilt nur zwischen Frankreich, Luxemburg und den Niederlanden; Text in RabelsZ 41 (1977), 554–569; dazu: *Beitzke*, RabelsZ 41 (1977), 457–478.

[90] Grünbuch zu den Kollisionsnormen im Güterrecht unter besonderer Berücksichtigung der gerichtlichen Zuständigkeit und der gegenseitigen Anerkennung vom 17. 7. 2006, KOM (2006) 400 endg.

[91] Hierzu im Einzelnen: MüKo/*Siehr*, Art. 15 Rn. 84–100.

[92] Zum Zugewinnausgleich im Todesfall § 9 Rn. 54 f.

[93] *OLG Köln* 17. 12. 1997, FamRZ 1999, 298 = IPRspr 1997 Nr. 70.

[94] *BGH* 21. 10. 1992, BGHZ 119, 392 = FamRZ 1993, 289 = IPRspr 1992 Nr. 89; *S. Lorenz*, FamRZ 1993, 393–396. Zu den Parallelproblemen in der nichtehelichen Lebensgemeinschaft oben Rn. 18.

stritten ist die Qualifikation der im islamischen Recht verbreiteten Morgengabe.[95]

3. Unwandelbarkeit der Anknüpfung

Art. 15 I EGBGB verweist auf Art. 14 EGBGB, stellt aber auf den Zeit- **34** punkt der Eheschließung ab. Spätere Änderungen, die zu einem Wechsel des Ehewirkungsstatuts führen, haben keinen Einfluss auf das Ehegüterstatut: Das Ehegüterstatut ist unwandelbar *(Versteinerung)*. Damit besteht während der gesamten Ehe eine einheitliche Zuordnung des ehelichen Vermögens. Dies schafft Vorhersehbarkeit und erleichtert die Abwicklung des Güterstands nach Auflösung der Ehe durch Scheidung oder Tod eines Ehegatten.[96] Es wird vermieden, dass einzelne Vermögensmassen voneinander abzugrenzen und nach unterschiedlichen Kriterien auseinanderzusetzen sind. Indes bleibt eine Rechtswahl zulässig (Art. 15 II EGBGB). So wird dem gemeinsamen Interesse der Ehegatten Rechnung getragen, nach einem Wechsel ihres Lebensmittelpunkts auch ihre güterrechtlichen Beziehungen dem neuen Ehewirkungsstatut zu unterstellen oder aber die alte Anknüpfung fortbestehen zu lassen, wenn auch das neue Ehewirkungsstatut nicht von Dauer sein wird.

Beispiel: Ein gemischt-nationales Ehepaar hatte im Zeitpunkt der Eheschließung seinen gewöhnlichen Aufenthalt in Österreich. Gesetzlicher Güterstand ist danach die Gütertrennung. Verlegen beide Ehegatten ihren gewöhnlichen Aufenthalt nach Deutschland, bleibt der Güterstand nach österreichischem Recht bestehen. Sie haben aber die Möglichkeit gemäß Art. 15 II Nr. 2 EGBGB deutsches Recht als Ehegüterstatut zu wählen und dann zu entscheiden, in welchem Güterstand sie leben wollen. Ob nur neu erworbenes Vermögen oder auch das bereits vorhandene Vermögen dem neuen Güterstand unterfällt, richtet sich nach dem gewählten Recht.[97]

Hinzuweisen ist auf das *Gesetz über den ehelichen Güterstand von Vertriebenen und* **35** *Flüchtlingen* vom 4. 8. 1969,[98] das einen (einmaligen) Wechsel des Ehegüterstatuts vorsieht: Vertriebene, Flüchtlinge, Aussiedler und Zuwanderer, die ihren gewöhnlichen Aufenthalt in Deutschland nehmen, werden, sofern sie nach ihrem Heimatrecht im gesetzlichen Güterstand lebten, in den Güterstand der Zugewinngemeinschaft überführt. Dies gilt nur für die vom Gesetz erfassten Personengruppen (z. B. Sudetendeutsche), nicht aber für andere Gruppen wie etwa Flüchtlinge nach dem Genfer Flüchtlingsabkommen.

4. Einheitlichkeit des Güterrechtsstatuts

Das Ehegüterrechtsstatut gilt – unabhängig vom Lageort – für alle Ver- **36** mögenswerte der Ehegatten. Ein Vorrang des Einzelstatuts kann sich

---

[95] Hierzu § 6 Rn. 9.
[96] BTDrucks. 10/504, S. 57 f.
[97] BTDrucks. 10/504, S. 58; *von Bar*, IPR II, Rn. 227.
[98] BGBl. 1969 I S. 1067 = *Jayme/Hausmann*, Nr. 37; zu den Einzelheiten: Staudinger/*Mankowski* (2003), Art. 15 Rn. 420–442.

jedoch aus Art. 3 III EGBGB,[99] der Rechtswahl nach Art. 15 II Nr. 3 EGBGB oder aufgrund Rück- bzw. Weiterverweisung ergeben.

5. Anwendbares Recht

a) Objektive Bestimmung (Art. 15 I EGBGB)

37 Nach Art. 15 I EGBGB bestimmen sich die güterrechtlichen Wirkungen der Ehe nach dem Ehewirkungsstatut. Art. 15 I EGBGB übernimmt also die subjektiven und objektiven Anknüpfungen des Art. 14 EGBGB. Nach Art. 15 I i. V. m. Art. 14 I Nr. 1 EGBGB müssen die Ehegatten im Zeitpunkt der Eheschließung eine gemeinsame (im Falle von Mehrstaatern effektive bzw. deutsche) Staatsangehörigkeit haben. Ist dies nicht der Fall, so wird auf den gemeinsamen gewöhnlichen Aufenthalt im Zeitpunkt der Eheschließung abgestellt (Art. 15 I i. V. m. Art. 14 I Nr. 2 EGBGB). Wird ein gemeinsamer gewöhnlicher Aufenthalt nicht oder erst *nach* der Eheschließung begründet, ist die engste Verbindung gemäß Art. 15 I i. V. m. Art. 14 I Nr. 3 EGBGB zu ermitteln.

38 Durch die in Art. 15 I EGBGB ausgesprochene Verweisung gewinnt Art. 14 I Nr. 3 EGBGB praktische Bedeutung: Art. 15 I EGBGB stellt unwandelbar auf den Zeitpunkt der Eheschließung ab. Eine Anknüpfung an die letzte gemeinsame Staatsangehörigkeit oder den letzten gemeinsamen gewöhnlichen Aufenthalt während der Ehe kommen daher nicht in Betracht. Im Rahmen der Verweisung von Art. 15 I EGBGB auf Art. 14 I Nr. 3 EGBGB wird indes die Zukunftsplanung der Ehegatten im Zeitpunkt der Eheschließung berücksichtigt, soweit diese auch verwirklicht wurde: Die gemeinsame Verbundenheit zu einer Rechtsordnung zeigt sich in der beabsichtigten Begründung einer gemeinsamen Staatsangehörigkeit oder eines (ersten) gemeinsamen gewöhnlichen Aufenthalts alsbald nach der Eheschließung.[100]

Fall: Die Deutsche K und der Belgier H haben sich bei einem Urlaub in Südfrankreich kennengelernt. Wenig später heiraten sie am Wohnort der Braut mit der Absicht, sich alsbald in der Provence niederzulassen. Zunächst beenden sie jedoch ihre kurz vor dem Abschluss stehenden Studien im jeweiligen Heimatland und ziehen erst nach Ablegung aller Examina nach Südfrankreich. Nach welchem Recht bestimmen sich die güterrechtlichen Verhältnisse von K und H?

Im Zeitpunkt der Eheschließung hatten K und H weder eine gemeinsame Staatsangehörigkeit noch einen gemeinsamen gewöhnlichen Aufenthalt. Sie trafen auch keine Rechtswahl hinsichtlich der allgemeinen Ehewirkungen oder des Güterrechts. Daher ist gemäß Art. 15 I i. V. m. Art. 14 I Nr. 3 EGBGB die engste Beziehung der Ehegatten zum Recht eines Staates zu ermitteln. Die engste Beziehung beider Ehegatten besteht zu Frankreich: Dort haben sie nach der Eheschließung – wie geplant – ihren (ersten) gemeinsamen gewöhnlichen Aufenthalt genommen. Der Güterstand unterliegt somit französischem Recht.

---

[99] Hierzu § 4 Rn. 19 sowie § 12 Rn. 26.
[100] *OLG Köln* 6. 2. 1998, FamRZ 1998, 1590 = IPRspr 1998 Nr. 77; MüKo/*Siehr*, Art. 15 Rn. 19 f.; Palandt/*Heldrich*, Art. 15 Rn. 19 a. E.

Soll eine Rechtswahl nach Art. 14 II–IV EGBGB güterrechtliche Auswirkungen haben, so muss sie bereits bei Eheschließung erfolgen, da Art. 15 I EGBGB auf diesen Zeitpunkt abstellt.

b) Rechtswahl (Art. 15 II EGBGB)

Art. 15 II EGBGB sieht eine Rechtswahl für die güterrechtlichen Wir   **39** kungen der Ehe vor. Dabei schränkt Art. 15 II EGBGB den Kreis der wählbaren Rechte weniger ein als Art. 14 II EGBGB, gewährt der Parteiautonomie also größeren Raum. Wählbar sind das Heimatrecht eines Ehegatten (Nr. 1), das Recht des gewöhnlichen Aufenthaltsortes (mindestens)[101] eines Ehegatten (Nr. 2) sowie – für unbewegliches Vermögen – das Recht des Lageortes (Nr. 3).

Bei der subjektiven Anknüpfung an das Heimatrecht eines der Ehegat   **40** ten (Art. 15 II Nr. 1 EGBGB) ist für Mehrstaater umstritten, ob die Rechtswahl auf die Wahl des Rechts der effektiven bzw. deutschen Staatsangehörigkeit beschränkt ist (Art. 5 I EGBGB). Dies ist nach dem Wortlaut anzunehmen, der – anders als Art. 14 II EGBGB – keinen Ausschluss des Art. 5 I EGBGB enthält. Im Schrifttum wird jedoch eine korrigierende Auslegung vorgeschlagen, die auch die Wahl des Rechts der nicht-effektiven bzw. nicht-deutschen Staatsangehörigkeit erlaubt.[102] Dem ist entgegenzuhalten, dass damit die im Vergleich zu Art. 14 II EGBGB erweiterten Rechtswahlmöglichkeiten eine zusätzliche Ausdehnung erführen.

Beispiel: Eine Deutsch-Spanierin und ein Italiener haben ihren gemeinsamen gewöhnlichen Aufenthalt in der Schweiz. Können beide spanisches Ehegüterrecht vereinbaren?
Nach Art. 15 II EGBGB können die Ehegatten deutsches, italienisches (Nr. 1) oder schweizerisches (Nr. 2) Recht wählen. Die korrigierende Auslegung lässt zudem die Wahl spanischen Rechts zu. Gemäß Art. 14 II EGBGB bestünde hier keine entsprechende Rechtswahlmöglichkeit. Also kann sich eine Ausdehnung der Rechtswahl in Art. 15 II EGBGB nicht auf die Analogie zu Art. 14 II EGBGB berufen.

Art. 15 II Nr. 3 EGBGB lässt eine gegenständlich beschränkte Rechts   **41** wahl zu. Was „unbewegliches Vermögen" ist, bestimmt die lex rei sitae (Qualifikationsverweisung).[103] Nach deutschem Recht zählen hierzu Grundstücke, deren Bestandteile und Zubehör sowie Wohnungseigentum, nicht dagegen Forderungen oder Gesellschaftsanteile.[104] – Umstritten ist, ob die Rechtswahl auf einzelne Grundstücke beschränkt werden kann.[105]

---

[101] MüKo/*Siehr*, Art. 15 Rn. 29.
[102] MüKo/*Siehr*, Art. 15 Rn. 28; Palandt/*Heldrich*, Art. 15 Rn. 22; *Kropholler*, IPR, S. 355; a. A.: *Henrich*, Internationales Familienrecht, S. 97.
[103] *Henrich*, Internationales Familienrecht, S. 98 f.
[104] Palandt/*Heldrich*, Art. 15 Rn. 22.
[105] Vgl. zur Rechtswahl im internationalen Erbrecht § 9 Rn. 20.

Fall:[106] Ein Serbe und eine Kroatin haben 1975 in Bosnien-Herzegowina geheiratet. Sie leben im Güterstand der Errungenschaftsgemeinschaft nach dem Recht von Bosnien-Herzegowina und sind Eigentümer eines Grundstücks in Mainz. Im Jahre 1992 erklären sie, die güterrechtlichen Wirkungen ihrer Ehe für dieses Grundstück deutschem Recht (in der Form der Gütertrennung) zu unterstellen. Ist die Rechtswahl zulässig?

Nach dem Wortlaut können auch einzelne Gegenstände des unbeweglichen Vermögens erfasst sein. Die Entstehungsgeschichte[107] gibt keinen Aufschluss über die Auslegung. Zweck der Vorschrift ist es, den Ehegatten bei jedem Grundstückserwerb die Entscheidung zu ermöglichen, ob sie hinsichtlich der güterrechtlichen Wirkungen das Recht des Lageorts wählen wollen.[108] Die Rechtswahl kann also beschränkt auf einzelne Vermögensgegenstände erfolgen. Dies bedeutet jedoch nicht, dass die Ehegatten für verschiedene Grundstücke in Deutschland auch verschiedene Güterstände des deutschen Rechts wählen können, denn das deutsche Güterrecht lässt diese Möglichkeit nicht zu.

Für die Form der Rechtswahl gilt Art. 14 IV EGBGB entsprechend.[109]

c) Intertemporale Regelung (Art. 220 III EGBGB)

42 Art. 15 I EGBGB a. F. knüpfte die güterrechtlichen Verhältnisse der Ehegatten an das Heimatrecht des Mannes im Zeitpunkt der Eheschließung an; er wurde vom Bundesverfassungsgericht am 22. 2. 1983 wegen Verstoßes gegen das Gleichheitsgebot für nichtig erklärt.[110] Art. 15 I EGBGB a. F. war damit nicht erst ex nunc nichtig, sondern bereits seit seinem Verstoß gegen Art. 3 II GG mit Ablauf der Übergangsfrist am 1. 4. 1953. Folglich war in das zum 1. 9. 1986 in Kraft getretene EGBGB eine intertemporale Regelung für die güterrechtlichen Beziehungen der nach dem 1. 4. 1953 und vor dem 1. 9. 1986 geschlossenen Ehen aufzunehmen, denn an die Staatsangehörigkeit des Mannes durfte ab dem 1. 4. 1953 nicht mehr angeknüpft werden. Gemäß Art. 220 III EGBGB gilt Folgendes:

(1) Die güterrechtlichen Beziehungen der Ehen, die vor dem 1. 4. 1953 geschlossen wurden, bestimmen sich nach Art. 15 EGBGB a. F. Die Ehegatten können jedoch eine Rechtswahl treffen (Art. 220 III 6 EGBGB).

(2) Für Ehen, die nach dem 31. 3. 1953 und bis zum 8. 4. 1983[111] einschließlich geschlossen wurden, enthält Art. 220 III EGBGB eine Sonderregelung.

43 Art. 220 III 1–4 EGBGB[112] trennt für solche Ehen zwischen zwei Zeiträumen: Für die Zeit *nach* dem 8. 4. 1983 ist Art. 15 EGBGB n. F. auch auf derartige Altehen anzuwenden.[113] Für die Zeit bis zum 8. 3. 1983 gilt hingegen weiterhin subsidiär das Heimatrecht des Ehemannes im Zeitpunkt der Eheschließung (Art. 220 III Nr. 3

---

[106] *LG Mainz* 14. 12. 1992, NJW-RR 1994, 73 = DNotZ 1994, 564 m. Anm. *Schotten* = FamRZ 1994, 1457 (LS) m. Anm. *Mankowski* = IPRspr 1992 Nr. 90.

[107] BTDrucks. 10/5632, S. 42.

[108] So auch *LG Mainz* 14. 12. 1992 (Fn. 106), NJW-RR 1994, 73 (74).

[109] Zu den Besonderheiten: MüKo/*Siehr*, Art. 15 Rn. 38–41.

[110] *BVerfG* 22. 2. 1983, BVerfGE 63, 181 = IPRspr 1983 Nr. 56.

[111] An diesem Tage wurde die Entscheidung des Bundesverfassungsgerichts im Bundesgesetzblatt (BGBl. 1983 I S. 525) veröffentlicht und damit allgemein bekannt.

[112] Hierzu: *Henrich*, Internationales Scheidungsrecht (1998), S. 76–82; *ders.*, Internationales Familienrecht, S. 107–115; MüKo/*Siehr*, Art. 15 Rn. 147–196.

[113] Vgl. hierzu *BVerfG* 18. 12. 2002, NJW 2003, 1656 = FamRZ 2003, 361 m. Anm. *Henrich*, 362.

EGBGB). Die Unterscheidung besitzt aufgrund der Rechtsprechung des BGH heute keine praktische Bedeutung mehr: Nach Ansicht des BGH „bezieht sich der Stichtag nicht auf den Vermögenserwerb, sondern auf den zu beurteilenden güterrechtsrelevanten Vorgang".[114] Güterrechtsrelevante Vorgänge sind Scheidung und Tod. Nur wenn Scheidung oder Tod vor dem Stichtag eingetreten ist, kann es zu einer Anknüpfung an das Mannesrecht kommen. Wird die Ehe später geschieden oder tritt der Tod später ein, so bestimmt sich das Güterstatut nach Art. 15 EGBGB n.F., gleichgültig, ob der auszugleichende Vermögenserwerb vor oder nach dem Stichtag erfolgte.

Beispiel: Ein Italiener und eine Deutsche haben 1976 geheiratet. Durch die Eheschließung erwarb die Frau die italienische Staatsangehörigkeit hinzu. Das Paar lebte in Deutschland und wurde 2001 dort geschieden.

Die Parteien haben zwar beide die italienische Staatsangehörigkeit. Diese ist bei der Frau jedoch wegen Art. 5 I 2 EGBGB nicht die maßgebliche. Da die Scheidung erst 2001 erfolgte, ist nach Ansicht des BGH Art. 15 EGBGB n.F. anwendbar. Am 9. 4. 1983 (Stichtag) hatten die Ehegatten zwar keine gemeinsame Staatsangehörigkeit i.S.d. Art. 15 I, 14 I Nr. 1 EGBGB, aber einen gemeinsamen gewöhnlichen Aufenthalt in Deutschland (Art. 15 I, 14 I Nr. 2 EGBGB). Daher bestimmt deutsches Recht den Güterstand. Die Parteien haben danach während der Ehe durchgängig im Güterstand der Zugewinngemeinschaft gelebt, d.h., es wird auch das Vermögen erfasst, das die Ehegatten vor dem 9. 4. 1983 erworben haben.

(3) Für Ehen, die nach dem 8. 4. 1983 geschlossen wurden, gilt Art. 15 EGBGB n.F. (Art. 220 III 5 EGBGB).

6. Schutz Dritter

Art. 16 EGBGB dient – wie Art. 12 EGBGB[115] – als einseitige Kollisions- **44** norm dem Schutz des inländischen Rechtsverkehrs.[116]

Art. 16 I EGBGB verweist auf § 1412 BGB: Ehegatten können auf **45** einem fremden Güterstand beruhende Einwendungen einem Dritten gegenüber nur dann entgegenhalten, wenn der Güterstand im Güterrechtsregister eingetragen oder dem Dritten bekannt war. Weitere Voraussetzungen für die Anwendung von Art. 16 EGBGB sind, dass die Ehegatten in einem ausländischen – gesetzlichen oder vertraglichen – Güterstand leben (Art. 15 I, II EGBGB) und mindestens ein Ehegatte seinen gewöhnlichen Aufenthalt im Inland hat. Die Eintragung des ausländischen Güterstands in das deutsche Güterrechtsregister wird mangels entsprechenden Antrags der Ehegatten nur sehr selten vorgenommen,[117] so dass letztlich die Frage der Kenntnis des Dritten ausschlaggebend ist. Folge der Anwendung von Art. 16 I EGBGB ist, dass

---

[114] *BGH* 17. 9. 1986, IPRax 1987, 114 (115) m. Anm. *Henrich*, 93–95 = IPRspr 1986 Nr. 58; s. auch *OLG Hamm* 29. 4. 1992, FamRZ 1993, 111 (115) = IPRspr 1992 Nr. 159. Zur Verfassungsmäßigkeit der Vorschrift: *BGH* 8. 4. 1987, IPRax 1988, 100 m. Anm. *Schurig*, 88–94 = IPRspr 1987 Nr. 47b.

[115] Hierzu § 7 Rn. 10.

[116] Zum allseitigen Ausbau vgl. § 4 Rn. 11.

[117] Vgl. Nachw. bei MüKo/*Siehr*, Art. 16 Rn. 21.

gegenüber dem Dritten der deutsche gesetzliche Güterstand zur Anwendung kommt.

Fall:[118] Eine vermögende Italienerin, die mit einem Italiener verheiratet ist und in Deutschland lebt, erwirbt während der Ehe ein Grundstück in Deutschland, das sie später an ein deutsches Ehepaar veräußert. Nach italienischem Güterrecht gehört das Grundstück zum Gesamtgut und unterliegt damit der gemeinsamen Verwaltung der Ehegatten. Die Übereignung des Grundstücks ohne Zustimmung des Ehemannes wäre danach nicht zulässig.

Die Voraussetzungen des Art. 16 I EGBGB liegen vor: Das italienische Ehepaar lebt im italienischen Güterstand; die Ehefrau hat ihren gewöhnlichen Aufenthalt in Deutschland. Das deutsche Ehepaar hat keine Kenntnis von dem fremden Güterstand und konnte den Grundbesitz folglich wirksam erwerben.

46 Art. 16 II EGBGB lässt das für den Dritten günstigere deutsche Recht zur Anwendung kommen. Dabei gilt diejenige Vorschrift (§§ 1357, 1362, 1431, 1456 BGB), die dem Dritten im konkreten Einzelfall zum Erfolg verhilft. Der Dritte hat kein Wahlrecht; der Richter wendet die günstigere Norm vielmehr von Amts wegen an. Voraussetzung ist die Gutgläubigkeit des Dritten, d. h., dieser darf die Geltung fremden Rechts weder kennen noch grob fahrlässig nicht kennen.[119]

Beispiel: Im oben bei Rn. 20 geschilderten Fall kommt es zur Anwendung deutschen Rechts (§ 1357 BGB), wenn das spanische Recht keine Mithaftung des Ehegatten vorsieht und der Krankenhausträger die Geltung spanischen Rechts nicht grob fahrlässig verkannt hat. Allein die Kenntnis der ausländischen Staatsangehörigkeit des Patienten begründet noch nicht den Vorwurf grober Fahrlässigkeit, wenn der Krankenhausträger daraus nicht folgern muss, dass sich die Mithaftung des Ehegatten nach ausländischem Recht richtet.

C. Ehescheidung

Literatur: *Henrich,* Internationales Scheidungsrecht (1998); *Hohloch* (Hrsg.), Internationales Scheidungs- und Scheidungsfolgenrecht (1998); *Jayme,* Internationales Ehescheidungsrecht in der Fallbearbeitung, JuS 1989, 387–390; *Lüderitz,* Die Ehescheidung nach dem Gesetz zur Neuregelung des Internationalen Privatrechts, IPRax 1987, 74–81; *R. Wagner,* Versorgungsausgleich mit Auslandsberührung (1996).

I. Rechtsquellen

46 a Völkerrechtliche Verträge zur Bestimmung des Scheidungsstatuts sind mit Ausnahme von Art. 8 III des deutsch-iranischen Niederlassungsabkommens vom 17. 2. 1929[120] nicht in Kraft.

Vereinheitlichte europäische Kollisionsnormen für das auf Ehescheidung und Ehetrennung anwendbare Recht sollen mit Wirkung zum 1. 3. 2008 in die EG-Ver-

---

[118] *LG Aurich* 23. 2. 1990, IPRax 1991, 341 m. Anm. *H. Roth,* 320–322 = IPRspr 1990 Nr. 75.

[119] BTDrucks. 10/504, S. 59.

[120] RGBl. 1930 II, S. 1006 = *Jayme/Hausmann,* Nr. 23, in Kraft seit dem 11. 1. 1931.

ordnung über die Zuständigkeit und die Anerkennung und Vollstreckung von Entscheidungen in Ehe- und Kindschaftssachen (Brüssel II-VO)[121] aufgenommen werden (Rom III). Einen entsprechenden Änderungsvorschlag hat die Kommission am 17. 7. 2006 vorgelegt.[122] Danach steht den Ehegatten bis zum Zeitpunkt der Rechtshängigkeit des Scheidungsantrags eine beschränkte Rechtswahl zu. Wählbar sind das gemeinsame Heimatrecht, das Recht des gemeinsamen gewöhnlichen Aufenthalts sowie die lex fori (Art. 20 a Entw.). Mangels Rechtswahl ist das gemeinsame Aufenthaltsrecht der Ehegatten anwendbar;[123] fehlt ein solches, so stehen subsidiäre Anknüpfungen zur Verfügung (Art. 20 b Entw.). Unabhängig davon, ob auf das Recht eines Mitgliedstaates oder das eines Drittstaates verwiesen wird, erfolgt stets eine Sachnormverweisung (Art. 20 d Entw.).

II. Qualifikation

Das *Scheidungsstatut* bestimmt über Voraussetzungen und Folgen der **47** Ehescheidung, über die Scheidungsfolgen jedoch nur insoweit, als diese nicht eigenständig geregelt sind.[124] So gilt für die namensrechtlichen Folgen Art. 10 EGBGB, für die güterrechtliche Auseinandersetzung Art. 15 EGBGB, für den Unterhalt Art. 18 IV EGBGB und für das elterliche Sorgerecht das MSA/KSÜ bzw. Art. 21 EGBGB.[125] Zu den von Art. 17 EGBGB erfassten Scheidungsfolgen gehören insbesondere die Auflösung der Ehe, aber auch die Hausratsaufteilung.[126] – Die Frage, ob eine wirksame Ehe besteht, ist als *Vorfrage* unselbständig anzuknüpfen.[127]

Der kollisionsrechtliche Begriff der „Scheidung" ist weiter gefasst als im **48** bürgerlichen Recht:[128] Er umfasst neben der gerichtlichen Auflösung der Ehe auch dem deutschen Recht unbekannte Institute wie die *Trennung von Tisch und Bett*[129] oder die Privatscheidung. Fälle der *Privatscheidung*[130] sind etwa die im Fernen Osten praktizierten privaten Aufhebungsverträ-

[121] Vgl. dazu unten Rn. 60 a–66 b.

[122] Vorschlag für eine Verordnung des Rates zur Änderung der Verordnung (EG) Nr. 2201/2003 im Hinblick auf die Zuständigkeiten in Ehesachen und zur Einführung von Vorschriften betreffend das anwendbare Recht in diesem Bereich, KOM (2006) 399 endg.

[123] Krit. hierzu *Andrae*, Internationales Familienrecht, § 4 Rn. 96–98.

[124] BTDrucks. 10/504, S. 60; MüKo/*Winkler von Mohrenfels*, Art. 17 Rn. 10.

[125] Anders insoweit BTDrucks. 10/504, S. 60, die die Verteilung des Sorgerechts als von Art. 17 EGBGB erfasst ansieht; vgl. aber MüKo/*Winkler von Mohrenfels*, Art. 17 Rn. 197; *Kropholler*, IPR, S. 366 f.

[126] *OLG Köln* 20. 2. 1989, NJW-RR 1989, 646 = IPRspr 1989 Nr. 94; *Hohloch*, Internationales Scheidungs- und Scheidungsfolgerecht, Kap. 1 Rn. 186–197.

[127] A. A. die h. M.: *OLG Zweibrücken* 25. 7. 1997, NJW-RR 1997, 1227 = JuS 1998, 271 (LS) m. Anm. *Hohloch* = IPRspr 1997 Nr. 74; *Kropholler*, IPR, S. 363. Zur Vorfrage allgemein § 6 Rn. 56–72.

[128] Zur Qualifikation allgemein § 6 Rn. 1–30.

[129] So bereits *BGH* 22. 3. 1967, BGHZ 47, 324 (336) = IPRspr 1966/67 Nr. 90; BTDrucks. 10/504, S. 60.

[130] Dazu näher unten Rn. 69–73. Rechtsvergleichender Überblick bei: Staudinger/ *Mankowski* (2003), Art. 17 Rn. 58–72.

ge, die Verstoßung (talaq)[131] in den islamisch geprägten Staaten sowie die Übergabe des Scheidebriefes (get) nach jüdischem Recht. Eine Privatscheidung kann im Inland wegen Art. 17 II EGBGB nicht vorgenommen werden. Die Anerkennung einer ausländischen Privatscheidung ohne behördliche Mitwirkung richtet sich nach Art. 17 EGBGB und nicht nach § 328 ZPO oder Art. 7 § 1 FamRÄndG, denn es geht nicht um die Anerkennung eines Urteils, sondern um die Wirkung eines privaten Rechtsgeschäfts.[132]

Nicht von Art. 17 EGBGB erfasst sind die Aufhebung bzw. Nichtigerklärung einer Ehe. Diese unterliegen dem Eheschließungsstatut (Art. 13 EGBGB), da über die Folgen einer fehlerhaften Eheschließung zu entscheiden ist.[133]

III. Anwendbares Recht

49 Zur Bestimmung des Scheidungsstatuts verweist Art. 17 I 1 EGBGB auf das Ehewirkungsstatut (Art. 14 EGBGB). Es gilt also das (letzte) gemeinsame Heimatrecht der Ehegatten, hilfsweise das Recht am (letzten) gemeinsamen gewöhnlichen Aufenthalt, hilfsweise das Recht der engsten Verbindung (Art. 14 I EGBGB). Die Rechtswahl der Ehegatten bezüglich der allgemeinen Ehewirkungen (Art. 14 II, III EGBGB) ist auch für die Scheidung zu beachten.

50 Maßgeblicher Zeitpunkt für die Bestimmung des Scheidungsstatuts ist der Eintritt der Rechtshängigkeit der Scheidungsklage. Hierdurch soll ein Wechsel des anwendbaren Rechts während des Verfahrens vermieden werden. Das Scheidungsstatut ist somit im Grundsatz *unwandelbar.*

51 Deutsches Recht kommt subsidiär zur Anwendung, wenn die Scheidung nach dem durch Art. 17 I 1 EGBGB bestimmten Recht nicht möglich ist und der den Scheidungsantrag einreichende Ehegatte im Zeitpunkt der Rechtshängigkeit Deutscher ist oder es bei Eheschließung war (Art. 17 I 2 EGBGB).[134] Nimmt der Antragsteller zwischen dem Zeitpunkt der Rechtshängigkeit und der letzten mündlichen Verhandlung die deutsche Staatsangehörigkeit an, so ist dies im laufenden Verfahren zu berücksichtigen; ansonsten müsste ein neues Verfahren eingeleitet werden, was

---

[131] *BayObLG* 13. 1. 1994, IPRax 1995, 324 m. Anm. *Börner,* 309–314 = IPRspr 1994 Nr. 174; *AG Esslingen* 19. 3. 1992, IPRax 1993, 250 m. Anm. *Beitzke,* 231–236 = IPRspr 1992 Nr. 97.

[132] Dazu näher unten Rn. 69.

[133] *OLG Düsseldorf* 27. 1. 1992, IPRax 1993, 251 m. Anm. *Henrich,* 236–237 = IPRspr 1992 Nr. 74 b.

[134] Ursprünglicher Zweck der Vorschrift war, den mit Ausländern verheirateten deutschen Frauen die Scheidung nach deutschem Recht auch dann zu ermöglichen, wenn sie durch die Eheschließung ihre Staatsangehörigkeit verloren; krit. hierzu: Staudinger/*Mankowski* (2003), Art. 17 Rn. 178.

dem telos des Art. 17 I 2 zuwiderliefe (str.).[135] Bei Mehrstaatern ist unerheblich, ob die deutsche Staatsangehörigkeit die effektive ist (vgl. Art. 5 I 2 EGBGB).

Weitere Voraussetzung für das Eingreifen des Art. 17 I 2 EGBGB ist, dass eine Scheidung nach dem Ehewirkungsstatut im konkreten Fall nicht möglich ist. Das ausländische Recht muss die Möglichkeit der Scheidung nicht generell verneinen.[136] Umstritten ist indes, ob es bereits genügt, dass die Voraussetzungen der Scheidung zur Zeit (z. B. mangels Einhaltung von Wartefristen) noch nicht erfüllt sind. Dies wurde von der bislang h. M. bejaht.[137] Dagegen spricht freilich der rechtspolitisch wie europarechtlich fragwürdige Exklusivcharakter der Norm, die den Anwendungsbereich des deutschen Rechts zugunsten des deutschen Ehegatten systemwidrig ausdehnt und hierdurch die ausländische Partei benachteiligt. Aus diesem Grund ist eine teleologische Reduktion vorzunehmen: Art. 17 I 2 EGBGB greift nur bei erheblichen Scheidungserschwernissen des ausländischen Rechts ein, durch deren Beachtung die verfassungsrechtlich geschützte Eheschließungsfreiheit verletzt würde.[138] Maßgeblicher Zeitpunkt für die Bewertung ist die letzte mündliche Verhandlung.[139]

Die Exklusivnorm des Art. 17 I 2 EGBGB eignet sich nicht zum allseitigen Ausbau.[140] Allerdings kann – ein hinreichender Inlandsbezug vorausgesetzt – bei Unscheidbarkeit der Ehe von Ausländern der ordre public eingreifen.[141]

IV. Scheidung im Inland

Gemäß § 1564 S. 1 BGB sind ausschließlich Gerichte zur Scheidung   52
einer Ehe berufen (Scheidungsmonopol deutscher Gerichte). Dies gilt
für die Scheidung im Inland auch bei ausländischem Scheidungsstatut
(Art. 17 II EGBGB). Die Regelung soll zur Rechtsklarheit beitragen

---

[135] OLG Zweibrücken 16. 11. 2001, NJW-RR 2002, 581 = IPRspr 2001 Nr. 72; MüKo/Winkler von Mohrenfels, Art. 17 Rn. 66; Kersting, FamRZ 1992, 268–275 (274 f.); Kropholler, IPR, S. 364. a. A. noch die Voraufl.; s. auch BTDrucks. 10/504, S. 60; AnwK/Gruber, Art. 17 Rn. 37 m. w. Nachw.

[136] Soergel/Schurig, Art. 17 Rn. 26. Rechtsvergleichender Überblick bei: Staudinger/Mankowski (2003), Art. 17 Rn. 20–25. Die meisten der scheidungsfeindlichen Staaten (Andorra, Malta, Philippinen und Vatikanstadt) sehen indes eine Trennung von Tisch und Bett vor.

[137] Vgl. die umfassenden Nachw. in BGH 25. 10. 2006, BGHZ 169, 328 = NJW 2007, 220 = FamRZ 2007, 113 m. Anm. Henrich, 117; ebenso noch die Voraufl.

[138] BGH 25. 10. 2006, BGHZ 169, 328 = NJW 2007, 220 = FamRZ 2007, 113 m. Anm. Henrich, 117; Andrae, Internationales Familienrecht, § 4 Rn. 27.

[139] MüKo/Winkler von Mohrenfels, Art. 17 Rn. 68; Kropholler, IPR, S. 364; a. A.: Jayme, IPRax 1987, 167–168 (168); Kersting, FamRZ 1992, 268–275 (274).

[140] Vgl. hierzu § 4 Rn. 13.

[141] OLG Zweibrücken 16. 11. 2001, NJW-RR 2002, 581 = IPRspr 2001 Nr. 72; Kropholler, IPR, S. 365. Zum ordre public § 6 Rn. 136–154.

und sowohl die Belange etwaiger Kinder als auch das öffentliche Interesse an einem geordneten Verfahren schützen.[142] Allerdings lässt sich der Scheidungsakt leicht ins Ausland verlegen, womit sich im Anschluss die Frage ihrer Anerkennung im Inland stellt.[143]

V. Versorgungsausgleich

53 Art. 17 III EGBGB enthält eine besondere Kollisionsnorm für den Versorgungsausgleich, der eine eigenständige – auch vom güterrechtlichen Ausgleich zu trennende – Scheidungsfolge darstellt: Der Versorgungsausgleich unterliegt dem Scheidungsstatut (Art. 17 I 1 EGBGB). Die subsidiäre Anknüpfung erfolgt jedoch nach der Sondervorschrift des Art. 17 III 2 EGBGB und nicht nach Art. 17 I 2 EGBGB.

54 Ein Versorgungsausgleich kann nur dann stattfinden, wenn ihn das Heimatrecht mindestens eines Ehegatten kennt (Art. 17 III 1 HS. 2 EGBGB). Nur wenige Rechtsordnungen kennen einen dem deutschen Recht vergleichbaren Versorgungsausgleich.[144] Es genügt jedoch, wenn eines der Heimatrechte eine im weitesten Sinne entsprechende Regelung aufweist, die zu einem Ausgleich der während der Ehe erworbenen Anwartschaften auf Invaliditäts- und Alterssicherung bei Scheidung führt (*funktionelle Qualifikation*).[145]

Beispiel:[146] Bei einer im Inland geschiedenen Ehe zwischen zwei hier wohnhaften Argentiniern findet ein Versorgungsausgleich nicht statt, da das argentinische Recht einen Versorgungsausgleich nicht kennt.

55 Rück- und Weiterverweisung sind zu beachten und zwar auch dann, wenn das ausländische Recht einen Versorgungsausgleich nicht kennt (*versteckter Renvoi*).[147]

56 Subsidiär kommt deutsches Recht auf den Versorgungsausgleich zur Anwendung (Art. 17 III 2 EGBGB), wenn der Antragsgegner eine inländische Versorgungsanwartschaft erworben hat (Nr. 1) oder die Rechtsordnung, die während eines Teils der Ehezeit über die allgemeinen Ehewirkungen bestimmte, den Versorgungsausgleich kennt (Nr. 2). Die Durchführung des Versorgungsausgleichs erfolgt hier jedoch nur dann, wenn dies nicht der Billigkeit widerspricht.

57 Ob ein Versorgungsausgleich durchgeführt werden kann, ist also in folgenden Schritten zu prüfen:

---

[142] BTDrucks. 10/504, S. 61; MüKo/*Winkler von Mohrenfels,* Art. 17 Rn. 86.
[143] Vgl. den Fall unten bei Rn. 71.
[144] Rechtsvergleichender Überblick bei Staudinger/*Mankowski* (2003), Art. 17 Rn. 306–316, 335.
[145] Näher hierzu § 6 Rn. 27–30.
[146] Vgl. *AG Detmold* 13. 9. 1989, IPRax 1990, 415 (LS) m. Anm. *Jayme* = IPRspr 1989 Nr. 100.
[147] *OLG Stuttgart* 24. 5. 1984, IPRax 1987, 121 m. Anm. *Adam,* 98–102 = IPRspr 1985 Nr. 68; Zum versteckten Renvoi § 6 Rn. 83–85.

(1) Bestimmung des Scheidungsstatuts nach Art. 17 I 1 EGBGB (allgemeines Ehewirkungsstatut);

(2) Ermittlung des Heimatrechts eines oder beider Ehegatten, um festzustellen, ob mindestens eines dieser Rechte den Versorgungsausgleich kennt;

(3) gegebenenfalls Antrag auf Durchführung des Versorgungsausgleichs nach deutschem Recht

- wenn im Inland eine Anwartschaft erworben wurde oder
- wenn ein früheres Ehewirkungsstatut (Art. 14 EGBGB)[148] den Versorgungsausgleich kennt

und die Durchführung des Versorgungsausgleichs nicht der Billigkeit widerspricht.

Beispiel: Ein Österreicher und eine Griechin, die seit einigen Jahren in Deutschland **58** leben, lassen sich hier scheiden. – Auf die Scheidung gelangt deutsches Recht als das Recht des gemeinsamen gewöhnlichen Aufenthalts zur Anwendung (Art. 17 I 1, 14 I Nr. 2 EGBGB). Ein Versorgungsausgleich findet zunächst nicht statt, da weder das österreichische noch das griechische Recht einen solchen kennen. Etwas anderes gilt nach Art. 17 III 2 EGBGB: Beantragt etwa die Griechin die Durchführung des Versorgungsausgleichs und hat der Österreicher in Deutschland Versorgungsansprüche erworben, so wird der Versorgungsausgleich nach deutschem Recht durchgeführt (Art. 17 III 2 Nr. 1 EGBGB). Dasselbe Ergebnis wird über Art. 17 III 2 Nr. 2 EGBGB erreicht, da die allgemeinen Ehewirkungen des Paares während der Zeit, in der es in Deutschland lebte, deutschem Recht unterlagen.

Der Versorgungsausgleich kann bei einer im Ausland geschiedenen Ehe **59** auch nachträglich durchgeführt werden.[149]

D. Verfahren in Ehesachen

Das Internationale Verfahrensrecht in Ehesachen wird heute vom Europä- **60** ischen Gemeinschaftsrecht geprägt. Dem autonomen Prozessrecht kommt nur mehr eine ergänzende Funktion zu. Damit verbunden hat die Staatsangehörigkeit als ein die internationale Zuständigkeit begründender Faktor stark an Bedeutung eingebüßt.

I. EG-Verordnung über die Zuständigkeit und die Anerkennung und Vollstreckung von Entscheidungen in Ehe- und Kindschaftssachen (Brüssel II-VO)

Literatur: *Andrae,* Anerkennung und Vollstreckung von Entscheidungen sowie die Beachtung der früheren Rechtshängigkeit nach der EheVO (Brüssel II-Verordnung),

---

[148] Zur Wandelbarkeit des Ehewirkungsstatuts vgl. oben Rn. 31.
[149] *BGH* 3. 2. 1993, NJW 1993, 2047 = IPRax 1994, 131 m. Anm. *von Bar,* 100–103 = IPRspr 1993 Nr. 65.

ERA-Forum 1/2003, 28–53; *Boele-Woelki*, Brüssel II: Die Verordnung über die Zuständigkeit und die Anerkennung von Entscheidungen in Ehesachen, ZfRV 2001, 121–130; *Dilger*, Die Regelungen zur internationalen Zuständigkeit in Ehesachen in der Verordnung (EG) Nr. 2201/2003 (2004); *Gruber*, Die neue „europäische Rechtshängigkeit" bei Scheidungsverfahren, FamRZ 2000, 1129–1135; *ders.*, Die neue EheVO und die deutschen Ausführungsgesetze, IPRax 2005, 203–300; *Hau*, Das System der internationalen Entscheidungszuständigkeit im europäischen Eheverfahrensrecht, FamRZ 2000, 1333–1341; *ders.*, Europäische und autonome Zuständigkeitsgründe in Ehesachen mit Auslandsbezug, ERA-Forum 1/2003, 9–17; *Hausmann*, Neues internationales Eheverfahrensrecht in der Europäischen Union, EurLegForum 2000, 271–279; *Helms*, Die Anerkennung ausländischer Entscheidungen im Europäischen Eheverfahrensrecht, FamRZ 2001, 257–266; *Kohler*, Status als Ware: Bemerkungen zur europäischen Verordnung über das internationale Verfahrensrecht für Ehesachen, in: Mansel (Hrsg.), Vergemeinschaftung des Europäischen Kollisionsrechts (2001), S. 41–53; *Rauscher*, Europäisches Zivilprozeßrecht – Kommentar, 2. Aufl. (2006); *Schack*, Das Internationale Eheverfahrensrecht in Europa, RabelsZ 65 (2001), 615–633; *Vogel*, Internationales Familienrecht – Änderungen und Auswirkungen durch die neue EU-Verordnung, MDR 2000, 1045–1051; *R. Wagner*, Die Anerkennung und Vollstreckung von Entscheidungen nach der Brüssel II-Verordnung, IPRax 2001, 73–81.

1. Hintergrund und Entwicklung

60 a Am 1. 3. 2001 trat die Brüssel II-VO[150] in Kraft.[151] Hierdurch wurden in systematischer Anlehnung an die Brüssel I-VO erstmals einheitliche Regeln für die internationale Zuständigkeit und die Anerkennung ausländischer Entscheidungen in Ehesachen innerhalb der EU geschaffen. Seit dem 1. 3. 2005 gilt die Verordnung in der neuen, erweiterten Fassung.[152] Während die eherechtlichen Vorschriften im Wesentlichen unverändert geblieben sind, wurden in der Neufassung auch die internationale Zuständigkeit sowie die Anerkennung und Vollstreckung ausländischer Entscheidungen in isolierten Verfahren betreffend die elterliche Verantwortung umfassend geregelt.[153] Gleichzeitig wurden die Vorschriften über mit der Ehescheidung verbundene Sorgerechtsentscheidungen (Annexzuständigkeit) überarbeitet.[154]

---

[150] VO (EG) Nr. 1347/2000 des Rates v. 29. 5. 2000 über die Zuständigkeit und die Anerkennung und Vollstreckung von Entscheidungen in Ehesachen und in Verfahren betreffend die elterliche Verantwortung für die gemeinsamen Kinder der Ehegatten (ABl. EG Nr. L 160/19) = *Jayme/Hausmann*, Nr. 161.

[151] Die Zuständigkeit der EG wurde durch den Vertrag von Amsterdam begründet; die VO gilt nicht für Dänemark. Näher zum Vertrag von Amsterdam § 1 Rn. 116; zur Brüssel I-VO vgl. § 3 Rn. 182.

[152] VO (EG) Nr. 2201/2003 des Rates v. 27. 11. 2003 über die Zuständigkeit und die Anerkennung und Vollstreckung von Entscheidungen in Ehesachen und in Verfahren betreffend die elterliche Verantwortung und zur Aufhebung der VO (EG) Nr. 1347/2000 (ABl. EG Nr. L 338/1) = *Jayme/Hausmann*, Nr. 162. Diese Fassung wird bisweilen noch missverständlich als Brüssel IIa-VO bezeichnet; die Voraufl. verwendete zur Klarstellung die Bezeichnung „Brüssel II-VO 2003".

[153] Hierzu unten Rn. 96–104.

[154] Hierzu unten Rn. 63 f.

Mit der Brüssel II-VO sollen für den wichtigen Bereich des Ehe-
rechts „hinkende Rechtsverhältnisse" beseitigt werden.[155] Zuvor waren
konkurrierende gerichtliche Zuständigkeiten in mehreren Staaten, einander widersprechende Entscheidungen sowie die Nichtanerkennung
ausländischer Entscheidungen, die einer inländischen Entscheidung wi-
dersprachen, an der Tagesordnung.

Beispiel: Ein dänisches Ehepaar lebt in Deutschland. Der Ehemann beantragt die
Scheidung vor einem dänischen, die Frau kurz darauf vor einem deutschen Gericht.
Wegen nicht ordnungsgemäßer Zustellung der Klageschrift an die Ehefrau setzt das
deutsche Gericht das inländische Verfahren nicht aus; auch das später ergehende dänische Urteil wird nicht anerkannt. Das in Deutschland gefällte Urteil wird wiederum
in Dänemark nicht anerkannt. Folge ist eine „hinkende Scheidung" bzw. eine „hinkende Ehe".

Derzeit laufen bereits Arbeiten zu einer dritten Fassung der Brüssel II-VO, die zum **60 b**
1. 3. 2008 als Rom III-VO in Kraft treten soll.[156] Wesentliche Neuerung ist neben der
Einführung von Kollisionsnormen für Ehescheidung und Ehetrennung die Möglichkeit der Ehegatten,[157] eine schriftliche Gerichtsstandsvereinbarung zu treffen (Art. 3 a
Entw.). Wählbar sein sollen die nach Art. 3 Brüssel II-VO zuständigen Gerichte, die
Gerichte am letzten gemeinsamen gewöhnlichen Aufenthalt, sofern dieser mindestens
drei Jahre bestand, sowie die Gerichte eines Mitgliedstaates, dessen Staatsangehörigkeit einer der Ehegatten besitzt bzw. in dem er sein „domicile" hat (Vereinigtes Königreich, Irland). Darüber hinaus bemüht sich der Entwurf um eine Auflösung des
Normenwiderspruchs zwischen den bisherigen Art. 6 und 7 Brüssel II-VO.[158]

2. Anwendungsbereich

a) Sachlicher Anwendungsbereich

Für Entscheidungen in *Ehesachen* ist die Brüssel II-VO gemäß Art. 1 I **61**
lit. a sachlich anwendbar auf Verfahren, die die Ehescheidung, die Trennung ohne Auflösung des Ehebandes oder die Ungültigerklärung einer
Ehe betreffen. Die Begriffe sind autonom auszulegen. Auf nichteheliche
Lebensgemeinschaften findet die VO keine Anwendung. Obwohl sich
Art. 1 I lit. a Brüssel II-VO seinem Wortlaut nach nur auf statusändern-
de Entscheidungen bezieht, dürften auch Feststellungsklagen sachlich
erfasst sein.[159]

Im Übrigen entspricht der sachliche Anwendungsbereich der Brüssel
II-VO nicht dem deutschen Scheidungsverbund. Erfasst wird nur das
Statusverfahren als solches, nicht hingegen die vermögensrechtlichen
Auswirkungen der Ehescheidung (Güterstand, Versorgungsausgleich,

---

[155] Zur „hinkenden Ehe" oben Rn. 13–16.
[156] Änderungsvorschlag der Kommission vom 17. 7. 2006, KOM (2006) 399 endg.
[157] Hierzu oben Rn. 46 a.
[158] Hierzu unten Rn. 64–64 a.
[159] *Gruber*, FamRZ 2000, 1129–1135 (1130); *Hau*, FamRZ 2000, 1333–1341 (1333);
a. A.: MüKoZPO/*Gottwald*, Art. 1 Rn. 2; *Andrae*, Internationales Familienrecht,
§ 4 Rn. 133.

Ehewohnung, Hausrat), die Unterhaltspflichten sowie die Namensführung.[160]
Etwas anderes gilt im Hinblick auf Art. 12 I, II Brüssel II-VO lediglich für Entscheidungen betreffend die *elterliche Verantwortung,* sofern diese aus Anlass eines Antrags auf Ehescheidung bzw. -auflösung ergehen *(Annexzuständigkeit).*[161]

b) Räumlich-persönlicher Anwendungsbereich

61a aa) *Zuständigkeitsregeln.* In *Ehesachen* stellt die durch den gewöhnlichen Aufenthalt oder die Staatsangehörigkeit eines der Ehegatten vermittelte Verbundenheit mit einem Mitgliedstaat ein gewichtiges Indiz für die Anwendbarkeit der Zuständigkeitsregeln der Brüssel II-VO dar. Aufgrund der Vielfalt alternativer Gerichtsstände erscheint eine allgemeingültige Umschreibung des räumlich-persönlichen Anwendungsbereichs im Unterschied zur Brüssel I-VO indes nicht möglich;[162] als eigenständiger Prüfungspunkt scheidet er somit aus.

Dies gilt auch in *Kindschaftssachen,* wo die Anwendung der Zuständigkeitsvorschriften im Unterschied zur ursprünglichen Fassung keinen gewöhnlichen Aufenthalt des Kindes in einem Mitgliedstaat voraussetzt.[163]

61b bb) *Anerkennung und Vollstreckung.* Die Vorschriften über die Anerkennung und Vollstreckung sind stets anwendbar, wenn die Entscheidung eines mitgliedstaatlichen Gerichts in Rede steht (Art. 21 I bzw. 28 I Brüssel II-VO).

c) Zeitlicher Anwendungsbereich

61c Zeitlich findet die VO in ihrer Neufassung von 2003 auf alle Verfahren Anwendung, welche seit dem 1. 3. 2005 eingeleitet wurden (Art. 64 I Brüssel II-VO). Darüber hinaus ist eine Anerkennung und Vollstreckung von Entscheidungen aus zuvor eingeleiteten Verfahren im Grundsatz dann möglich, wenn das entscheidende Gericht seine Zuständigkeit auf die EG-Verordnung bzw. einen zwischen dem Ursprungsmitgliedstaat und dem ersuchten Mitgliedstaat geltenden völkerrechtlichen Vertrag stützen konnte; Art. 64 II–IV Brüssel II-VO differenziert insoweit

---

[160] Erwägungsgrund Nr. 10 der Brüssel II-VO. Für Unterhaltssachen gilt die Brüssel I-VO; dazu § 3 Rn. 200.

[161] Zum Begriff der elterlichen Verantwortung vgl. Art. 1 II bzw. 2 Nr. 7 Brüssel II-VO sowie unten Rn. 97.

[162] Auch Art. 6 Brüssel II-VO stellt nach der hier vertretenen Auffassung (vgl. unten Rn. 64 f.) keine Regelung des räumlich-persönlichen Anwendungsbereichs dar; a. A. indes: *Schlosser,* EuZPR, Art. 7 Rn. 1 f.

[163] Zu beachten ist indes der Vorrang des KSÜ im Falle von Kindern mit gewöhnlichem Aufenthalt in einem Vertragsstaat, der nicht zugleich Mitgliedstaat der EU ist (vgl. Art. 61 Brüssel II-VO).

zwischen drei Sachverhaltsvarianten, je nach Zeitpunkt der Verfahrenseinleitung und Zeitpunkt der Entscheidung.

Beispiele: Wurde das Scheidungsverfahren vor einem französischen Gericht zwischen dem 1. 3. 2001 (Inkrafttreten der ursprünglichen Brüssel II-VO) und dem 1. 3. 2005 (Inkrafttreten der Neufassung) eingeleitet, so unterliegt auch eine vor dem 1. 3. 2005 ergangene Entscheidung in Deutschland den Anerkennungs- und Vollstreckungsregeln der Neufassung (Art. 64 III Brüssel II-VO). – Entsprechendes gilt für ein vor dem 1. 3. 2001 eingeleitetes und zwischen dem 1. 3. 2001 und dem 1. 3. 2005 abgeschlossenes Verfahren, soweit Zuständigkeitsvorschriften des autonomen französischen Prozessrechts angewandt wurden, die jenen der Brüssel II-VO entsprechen (Art. 64 IV Brüssel II-VO).

3. Entscheidungszuständigkeit

a) Ehesachen

Für Entscheidungen in Ehesachen sieht Art. 3 I Brüssel II-VO sieben   **62** gleichrangige Zuständigkeitsgründe vor:

– gemeinsamer gewöhnlicher Aufenthalt der Ehegatten (Art. 3 I lit. a Spiegelstrich 1)
– letzter gemeinsamer gewöhnlicher Aufenthalt der Ehegatten, sofern einer von ihnen dort noch seinen gewöhnlichen Aufenthalt hat (Art. 3 I lit. a Spiegelstrich 2)[164]
– gewöhnlicher Aufenthalt des Antragsgegners (Art. 3 I lit. a Spiegelstrich 3)
– gewöhnlicher Aufenthalt eines der Ehegatten bei Stellung eines gemeinsamen Antrags (Art. 3 I lit. a Spiegelstrich 4)[165]
– gewöhnlicher Aufenthalt des Antragstellers, sofern er sich dort seit mindestens einem Jahr unmittelbar vor der Antragstellung aufgehalten hat (Art. 3 I lit. a Spiegelstrich 5)
– gewöhnlicher Aufenthalt des Antragstellers, wenn er sich dort seit mindestens sechs Monaten unmittelbar vor der Antragstellung aufgehalten hat und er entweder Staatsangehöriger des betreffenden Mitgliedstaates ist oder im Fall des Vereinigten Königreiches bzw. Irlands dort sein „domicile" hat (Art. 3 I lit. a Spiegelstrich 6)
– gemeinsame Staatsangehörigkeit (bzw. gemeinsames „domicile") der Ehegatten (Art. 3 I lit. b)

Die Staatsangehörigkeit hat als Anknüpfungskriterium für die interna-   **62a** tionale Zuständigkeit im Vergleich zum autonomen Recht erheblich an Bedeutung eingebüßt, diese aber nicht vollständig verloren. So eröffnet die gemeinsame Staatsangehörigkeit der Ehegatten die Entscheidungszuständigkeit (Art. 3 I lit. b Brüssel II-VO); auch verkürzt die Staatsangehörigkeit des Antragstellers die forumbegründende Aufenthaltsdauer (Art. 3 I lit. a, 6. Spiegelstrich Brüssel II-VO). Im Schrifttum werden freilich Bedenken geäußert, ob die fortdauernde zuständigkeitsrechtliche

---

[164] Krit. zum durch die Regelung bewirkten Interessenungleichgewicht zwischen den Parteien Rauscher/*Rauscher*, EuZPR, Art. 3 Rn. 16.
[165] Zur Voraussetzung des gemeinsamen Antrags vgl. Rauscher/*Rauscher*, EuZPR, Art. 3 Rn. 20.

Begünstigung eigener Staatsangehöriger mit dem Diskriminierungsverbot des Art. 12 EG vereinbar ist.[166]

Das Zurückdrängen der Staatsangehörigkeit als Zuständigkeitsgrund gefährdet die Scheidungsfreiheit, die für deutsche Staatsangehörige bislang über die subsidiäre Anknüpfung nach Art. 17 I 2 EGBGB gewährleistet wurde. Dessen Anwendung setzt nämlich die Zuständigkeit deutscher Gerichte voraus, welche nach Art. 3 Brüssel II-VO anders als nach autonomem Recht (vgl. § 606 a I Nr. 1 ZPO) nicht in jedem Fall gegeben ist.[167]

Beispiel: Ein deutsch-türkisches Ehepaar lebt getrennt in den Niederlanden. Will sich die deutsche Ehefrau von ihrem Mann scheiden lassen, so sind dafür nach Art. 3 I Brüssel II-VO ausschließlich niederländische Gerichte zuständig. Nach niederländischem Recht sperrt eine Ehetrennung die Umwandlung in eine Ehescheidung für drei Jahre (Art. 1:150, 1:179 BW). Die subsidiäre Anknüpfung an deutsches Recht nach Art. 17 I 2 EGBGB gelangt nicht zur Anwendung. Eine schnellere Scheidung kann die Ehefrau nur durch Umzug nach Deutschland und nach anschließender sechsmonatiger Wartefrist erreichen (Art. 3 I lit. a Spiegelstrich 6 Brüssel II-VO).

62 b   Zweifelhaft ist, wie sich die mehrfache Staatsangehörigkeit eines der Ehegatten auswirkt.[168] Gegen eine Effektivitätskontrolle spricht zum einen der autonom auszulegende Wortlaut, der diesbezüglich keine Einschränkungen enthält, zum anderen das Gebot der Rechtssicherheit im Zuständigkeitsrecht. Die internationale Zuständigkeit im gemeinsamen Heimatstaat der Ehegatten besteht daher unabhängig von der Effektivität ihrer Staatsangehörigkeit.[169]

b) Elterliche Verantwortung

63   Die für die Entscheidung in Ehesachen gemäß Art. 3 I Brüssel II-VO zuständigen Gerichte sind u. U. auch für Entscheidungen über die elterliche Verantwortung international zuständig. Eine solche Zuständigkeit kann sich zum einen aus den allgemeinen Zuständigkeitsregeln für Entscheidungen über die elterliche Verantwortung ergeben, die grundsätzlich ein Forum am gewöhnlichen Aufenthalt des Kindes eröffnen (Art. 8 Brüssel II-VO).[170] Zum anderen begründet Art. 12 I, II Brüssel II-VO unter bestimmten Bedingungen eine Annexzuständigkeit des mit der Ehesache befassten Gerichts. Voraussetzung ist, dass zumindest einer

---

[166] Hierzu *Hau,* FamRZ 2000, 1333–1341 (1335–1337); AnwK/*Gruber,* Anh. I zum III. Abschnitt EGBGB, Art. 3 Rn. 48–50; a. A.: Rauscher/*Rauscher,* EuZPR, Art. 3 Rn. 30.

[167] Vgl. hierzu Rauscher/*Rauscher,* EuZPR, Art. 3 Rn. 3 f.

[168] Zur Mehrstaatigkeit § 5 Rn. 19–25.

[169] *Hau,* FamRZ 2000, 1333–1341 (1337); *Boele-Woelki,* ZfRV 2001, 121–130 (123); *Hausmann,* EurLForum 2000, 271–279 (277); Rauscher/*Rauscher,* EuZPR, Art. 3 Rn. 32; a. A.: MüKoZPO/*Gottwald,* Art. 2 Rn. 12.

[170] Im Einzelnen unten Rn. 99 f.

der Ehegatten die elterliche Verantwortung für das Kind hat (Abs. 1 lit. a), die Zuständigkeit des Gerichts von den Ehegatten bzw. den Trägern der elterlichen Verantwortung anerkannt worden ist und diese im Einklang mit dem Kindeswohl steht (Abs. 1 lit. b). Anders als nach der ursprünglichen Fassung des Art. 3 I Brüssel II-VO ist nicht mehr erforderlich, dass das Kind seinen gewöhnlichen Aufenthalt in einem Mitgliedstaat hat;[171] auch die frühere Beschränkung auf gemeinsame Kinder der Ehegatten ist weggefallen.

Beispiel: Erkennt ein in Deutschland lebendes türkisches Ehepaar bei Einreichung des Scheidungsantrags die Zuständigkeit des deutschen Familiengerichts für die Entscheidung über die elterliche Verantwortung an, so ist eine Annexzuständigkeit auch dann möglich, wenn die Kinder bei den Großeltern in Istanbul leben, es sei denn, das Kindeswohl steht dem im Einzelfall entgegen.[172]

Nach Art. 12 II Brüssel II-VO endet die Annexzuständigkeit mit Rechtskraft der Entscheidung in der Ehesache oder einer Beendigung des Verfahrens aus sonstigem Grund, etwa durch Antragsrücknahme oder Tod eines der Ehegatten. War die Sorgerechtssache zu diesem Zeitpunkt bereits anhängig, so endet die Zuständigkeit freilich erst mit dem rechtskräftigen Abschluss der Sorgerrechtssache (perpetuatio fori).

Im Unterschied zu MSA[173] und KSÜ[174] beschränkt sich die Brüssel II-VO   **63a**
auf die Regelung der Zuständigkeit sowie der Anerkennung und Vollstreckung von Entscheidungen. Regelungen über das auf das Eltern-Kind-Verhältnis anwendbare Recht werden nicht getroffen. Fraglich ist daher, nach welchem Recht sich bestimmt, ob ein Ehegatte die elterliche Verantwortung nach Art. 12 I lit. a Brüssel II-VO hat (Erstfrage).[175]

Fall: Die spanische Mutter eines 2-jährigen Kindes beantragt vor dem FamG Köln die Scheidung von ihrem gleichfalls spanischen Ehemann sowie die Übertragung des Sorgerechts für das Kind. Gemeinsamer gewöhnlicher Aufenthalt der Eheleute ist Köln; das Kind lebt bei der Großmutter in Wien.

Die internationale Zuständigkeit des FamG Köln für die Scheidung folgt aus Art. 3 I lit. a Spiegelstrich 1 Brüssel II-VO. Da das Kind seinen gewöhnlichen Aufenthalt nicht im Forumstaat hat (vgl. Art. 8 I Brüssel II-VO), ergibt sich eine Annexzuständigkeit der für die Scheidung international zuständigen Gerichte nur unter den Voraussetzungen des Art. 12 I Brüssel II-VO. Danach ist u. a. erforderlich, dass zumin-

---

[171] Einschränkungen können sich lediglich aus dem Vorrang des KSÜ für Kinder mit gewöhnlichem Aufenthalt in einem Vertragsstaat ergeben, der nicht gleichzeitig Mitgliedstaat der EU ist (vgl. Art. 61 Brüssel II-VO).

[172] Hierzu Rauscher/*Rauscher*, EuZPR, Art. 12 Rn. 16 mit Beispielen.

[173] Haager Übereinkommen über die Zuständigkeit der Behörden und das anzuwendende Recht auf dem Gebiete des Schutzes von Minderjährigen v. 5. 10. 1961, BGBl. 1971 II S. 219 = *Jayme/Hausmann*, Nr. 54; dazu unten Rn. 105–109b.

[174] Haager Übereinkommen über die Zuständigkeit, das anzuwendende Recht, die Anerkennung, Vollstreckung und Zusammenarbeit auf dem Gebiet der elterlichen Verantwortung und der Maßnahmen zum Schutz von Kindern v. 19. 10. 1996; abgedruckt bei: *Jayme/Hausmann*, Nr. 55; für Deutschland noch nicht in Kraft.

[175] Hierzu *Boele-Woelki*, ZfRV 2001, 121–130 (124); *Jayme/Kohler*, IPRax 2000, 454–465 (457f.).

dest einer der Ehegatten die elterliche Verantwortung für das Kind hat (Abs. 1 lit. a). Angesichts des Vorrangs der Brüssel II-VO gegenüber dem MSA fragt sich, ob hier für die Frage des anwendbaren Rechts ein Rückgriff auf das MSA zulässig ist.

Der Vorrang der Brüssel II-VO bezieht sich nach Art. 60 Brüssel II-VO nur auf die von der VO selbst geregelten Bereiche. Dies und der internationale Entscheidungseinklang sprechen für einen Rückgriff auf das MSA. Indes stellt Art. 3 MSA nach h.M. keine eigenständige Kollisionsnorm dar, sondern findet nur im Rahmen von Schutzmaßnahmen nach Art. 1, 2 MSA Anwendung.[176] Der Rückgriff auf das autonome Kollisionsrecht (Art. 21 EGBGB) gefährdet hingegen den internationalen Entscheidungseinklang. Eine überzeugende Lösung wird erst mit Inkrafttreten des KSÜ möglich werden, da dieses in Art. 16 eine eigenständige Kollisionsnorm enthält, welche gesetzliche Gewaltverhältnisse an den gewöhnlichen Aufenthalt des Kindes anknüpft. Zur Frage des auf die Sorgerechtsentscheidung anwendbaren Rechts s. unten Rn. 105 a, 110 a.

63 b Innerhalb ihres sachlichen Anwendungsbereichs hat die Brüssel II-VO Vorrang vor den zwischen den Mitgliedstaaten geschlossenen multi- und bilateralen Staatsverträgen über die Anerkennung und Vollstreckung von Entscheidungen in Ehe- und Kindschaftssachen (Art. 59, 60 Brüssel II-VO); dies gilt auch für das Haager Kindesentführungsübereinkommen.[177] Eine das KSÜ betreffende Sonderregelung enthält Art. 61 Brüssel II-VO.

c) Verhältnis zu den autonomen mitgliedstaatlichen Zuständigkeitsvorschriften

64 Eine Abgrenzung des räumlich-persönlichen Anwendungsbereichs der VO im Verhältnis zum autonomen Prozessrecht nehmen Art. 6 und 7 I Brüssel II-VO vor. Hat der Beklagte entweder seinen gewöhnlichen Aufenthalt in einem Mitgliedstaat oder besitzt er dessen Staatsangehörigkeit, so darf ein Verfahren vor den Gerichten eines anderen Mitgliedstaates nur nach Maßgabe der Art. 3–5 Brüssel II-VO durchgeführt werden (Art. 6 Brüssel II-VO); die Zuständigkeitsregeln sind somit ausschließlicher Natur. Ergibt sich aus den Zuständigkeitsvorschriften der VO keine Zuständigkeit eines mitgliedstaatlichen Gerichts, so bestimmt sich die internationale Zuständigkeit in jedem Mitgliedstaat nach dessen autonomem Recht, einschließlich seiner exorbitanten Gerichtsstände (Art. 7 I Brüssel II-VO).[178]

Freilich widersprechen sich die Aussagen beider Vorschriften aufgrund mangelhafter Abstimmung in Teilbereichen, was die Frage nach deren Rangverhältnis aufwirft. Nach wohl h.M. tritt die Sperrwirkung des Art. 6 Brüssel II-VO auch dann ein, wenn die VO selbst keinen Gerichtsstand bereitstellt; die Regelung des Art. 6 Brüssel I-VO müsse so-

---

[176] Vgl. unten Rn. 108 d.
[177] Hierzu unten Rn. 113–118 a.
[178] Hierzu eingehend: *Boele-Woelki*, ZfRV 2001, 121–130 (125 f.); *Hau*, FamRZ 2000, 1333–1341 (1340 f.).

mit als weitere Voraussetzung für den Rückgriff auf die autonomen Zuständigkeitsregeln in Art. 7 I Brüssel II-VO hineingelesen werden.[179]

Beispiel: Für den Scheidungsantrag einer erst seit drei Monaten in Deutschland lebenden Deutschen gegen ihren in Kalifornien wohnhaften spanischen Ehemann ist eine Zuständigkeit nach den Art. 3–5 Brüssel II-VO nicht eröffnet. Da der Antragsgegner Angehöriger eines Mitgliedstaates ist, wäre deutschen Gerichten gleichwohl der Rückgriff auf die Zuständigkeitsgründe des autonomen Prozessrechts verwehrt. Dies käme ausschließlich den spanischen Heimatstaatgerichten zu.

Nach zutreffender Ansicht entfaltet Art. 6 Brüssel II-VO seine Sperrwirkung indes nur dann, wenn nach der VO die internationale Zuständigkeit mitgliedstaatlicher Gerichte begründet ist (teleologische Reduktion). Dies ist bei Antragsgegnern mit gewöhnlichem Aufenthalt in einem Mitgliedstaat stets der Fall (vgl. Art. 3 I lit. a Spiegelstrich 3 Brüssel II-VO), nicht jedoch bei Antragsgegnern, die lediglich über die Staatsangehörigkeit eines Mitgliedstaats verfügen. Zur Vermeidung von Lücken im Rechtsschutz greift in diesen Fällen die Ausnahmevorschrift des Art. 7 I Brüssel II-VO. Danach können sämtliche mitgliedstaatlichen Gerichte auf ihr autonomes Prozessrecht zurückgreifen.[180]

Im Ausgangsbeispiel können deutsche Gerichte ihre Zuständigkeit somit auf § 606a I Nr. 1 ZPO stützen. Dies ist insbesondere deshalb von Bedeutung, weil das autonome spanische Verfahrensrecht hier keine Zuständigkeit spanischer Gerichte begründet, das Scheidungsverfahren also in Kalifornien durchzuführen wäre. Ergebnis wäre eine Entscheidung, die nicht unter die Anerkennungsregeln der VO fiele. Dies widerspräche indes dem Ziel der Schaffung eines europäischen Rechtsraums: Nur wenn dem Kläger ein Gerichtsstand in einem der Mitgliedstaaten eröffnet wird, kann er auch von den durch die VO geschaffenen Möglichkeiten der erleichterten Urteilsanerkennung profitieren.

Darüber hinaus beschreibt Art. 6 Brüssel II-VO den positiven Anwendungsbereich der VO nicht abschließend, sondern bestimmt lediglich, in welchen Fällen die Zuständigkeiten nach Art. 3–5 Brüssel II-VO ausschließlich sind. Umstritten ist, ob dies im Umkehrschluss bedeutet, dass in den übrigen Fällen ein Rückgriff auf das autonome Prozessrecht möglich bleibt. **64a**

Beispiel: Eine seit über einem Jahr in Frankreich lebende Deutsche will sich von ihrem in seinem Heimatstaat zurückgebliebenen marokkanischen Ehemann scheiden lassen. Die Zuständigkeit französischer Gerichte ergibt sich aus Art. 3 I lit. a Spiegelstrich 5 Brüssel II-VO. Freilich handelt es sich dabei nicht um eine ausschließliche Zuständigkeit nach Art. 6 Brüssel II-VO. Folglich bliebe ein Rückgriff auf § 606a I 1 Nr. 1 ZPO zur Begründung der internationalen Zuständigkeit deutscher Gerichte möglich.[181] Andererseits lässt Art. 7 I Brüssel II-VO diesen nur dann zu, wenn sich keine Zuständigkeit mitgliedstaatlicher Gerichte aus der VO ergibt.[182]

---

[179] *Hau*, FamRZ 2000, 1333–1341 (1340); AnwK/*Gruber*, Anh. I zum III. Abschnitt EGBGB, Art. 6 Rn. 1–7.

[180] Rauscher/*Rauscher*, EuZPR, Art. 7 Rn. 4.

[181] So Rauscher/*Rauscher*, EuZPR, Art. 7 Rn. 7.

[182] So *Hau*, FamRZ 2000, 1333–1341 (1340 f.).

Zur Beseitigung dieses Normenwiderspruchs sind in der geplanten Neufassung der VO die Streichung des Art. 6 Brüssel II-VO sowie die Änderung des Art. 7 Brüssel I-VO vorgesehen.[183] Letzterer soll künftig sicherstellen, dass bei hinreichend engem Bezug zu einem Mitgliedstaat (vormaliger gemeinsamer gewöhnlicher Aufenthalt der Ehegatten von mindestens drei Jahren Dauer; Staatsangehörigkeit bzw. „domicile" eines der Ehegatten) ein entsprechendes Forum zur Verfügung steht.

64b Eine Erweiterung des Anwendungsbereichs des autonomen Prozessrechts – einschließlich seiner exorbitanten Gerichtsstände – zugunsten von EU-Staatsbürgern findet über die Regelung zur Restzuständigkeit in Art. 7 II Brüssel II-VO statt.

Fall: Eine Luxemburgerin ist mit einem US-Amerikaner verheiratet. Das Ehepaar lebt mit der gemeinsamen 3-jährigen Tochter in Kalifornien. Eines Tages zieht die Ehefrau, die sich in den USA nicht mehr wohl fühlt, mit der Tochter zu ihrer Schwester nach Trier. Dort beantragt sie nach wenigen Wochen die Scheidung der Ehe sowie die Übertragung des Sorgerechts für die Tochter.
Die internationale Zuständigkeit ergibt sich nicht aus Art. 3–5 Brüssel II-VO. Nach Art. 7 II Brüssel II-VO kann sich die Luxemburgerin aber wie eine Inländerin auf die deutschen Zuständigkeitsvorschriften berufen, da ihr Ehemann weder seinen gewöhnlichen Aufenthalt in einem Mitgliedstaat hat noch Staatsangehöriger eines Mitgliedstaates ist. Demgemäß folgt die internationale Zuständigkeit deutscher Gerichte hier aus § 606 a I Nr. 1 ZPO.

4. Lösung positiver Kompetenzkonflikte. Einstweilige Maßnahmen

65 Werden zwischen denselben Parteien Anträge auf Ehescheidung, Trennung ohne Auflösung des Ehebandes oder Ungültigerklärung einer Ehe in mehreren Mitgliedstaaten gestellt, so gilt die Prioritätsregel: Dem früher eingeleiteten Verfahren gebührt der Vorrang; das später angerufene Gericht hat das Verfahren so lange auszusetzen, bis die Zuständigkeit des zuerst angerufenen Gerichts geklärt ist (Art. 19 I Brüssel II-VO).[184] Der Zeitpunkt der Rechtshängigkeit wird autonom bestimmt: Erforderlich sind kumulativ die Einreichung der Klageschrift bei Gericht und deren Zustellung an den Beklagten; ist beides erfolgt, so tritt Rechtshängigkeit „rückwirkend" mit Verwirklichung des ersten Elements ein (Art. 16 Brüssel II-VO).[185]

65a Art. 20 I Brüssel II-VO ermöglicht in Eilfällen für Maßnahmen des vorläufigen Rechtsschutzes einen Rückgriff auf autonome Zuständigkeitsvorschriften in Bezug auf im Gerichtsstaat befindliche Personen und Vermögensgegenstände. Damit wird im Unterschied zu Art. 31 Brüssel I-VO[186] ausdrücklich festgelegt, unter welchen Voraussetzungen die Zuständigkeitsvorschriften des nationalen Rechts gelten.

---

[183] Vgl. hierzu oben Rn. 60 b.
[184] *OGH* 9. 9. 2002, JBl 2003, 326 = IPRax 2003, 456 m. Anm. *Hau,* 461.
[185] Zur entsprechenden Regelung in Art. 30 Brüssel I-VO vgl. § 3 Rn. 251.
[186] Vgl. hierzu § 3 Rn. 253 a.

So können im oben bei Rn. 63 a geschilderten Fall auch österreichische Gerichte in dringenden Fällen einstweilige Maßnahmen zur Regelung der elterlichen Verantwortung treffen.

5. Anerkennung und Vollstreckung

In einem Mitgliedstaat ergangene Entscheidungen[187] werden in allen anderen Mitgliedstaaten ohne besonderes Verfahren anerkannt (Art. 21 I Brüssel II-VO). Dies hat zur Folge, dass das Verfahren des Art. 7 § 1 FamRÄndG zur Anerkennung ausländischer Entscheidungen in Ehesachen nicht anwendbar ist.[188] Anerkennungsvoraussetzungen und -verfahren entsprechen dem System der Brüssel I-VO.[189]   **66**

Die Art. 28–36 Brüssel II-VO enthalten ein an die Brüssel I-VO angelehntes, erheblich vereinfachtes Verfahren der Vollstreckbarerklärung. Örtlich zuständig sind die Gerichte am gewöhnlichen Aufenthalt des Vollstreckungsschuldners bzw. des Kindes, auf das sich der Antrag bezieht (Art. 29 I, II Brüssel II-VO).   **66 a**

6. Ausführungsbestimmungen

Die Ausführungsbestimmungen zur Brüssel II-VO finden sich im Internationalen Familienrechtsverfahrensgesetz (IntFamRVG)[190]. Örtlich zuständig ist danach wahlweise das Gericht am gewöhnlichen Aufenthalt des Antragsgegners oder des Kindes, auf das sich die Entscheidung bezieht (§ 10 IntFamRVG). Beibehalten wurde die 1999 eingeführte Zuständigkeitskonzentration bei dem Familiengericht, in dessen Bezirk das jeweilige OLG seinen Sitz hat (§ 12 IntFamRVG).   **66 b**

II. Autonomes Recht

Literatur: *Andrae/Heidrich,* Zur Zukunft des förmlichen Anerkennungsverfahrens gem. Art. 7 FamRÄndG nach der Großen Justizreform, FPR 2006, 222–228; *Gottwald,* Deutsche Probleme Internationaler Familienverfahren, FS Nakamura (1996), S. 187–201; *Haecker,* Die Anerkennung ausländischer Entscheidungen in Ehesachen (1989); *Heiderhoff,* Die Berücksichtigung ausländischer Rechtshängigkeit in Ehescheidungsverfahren (1998); *Kilian,* Aktuelle Probleme der internationalen Zuständigkeit in Ehesachen, § 606 a ZPO, IPRax 1995, 9–13.

---

[187] Erfasst werden nur „positive Statusentscheidungen", d. h. Entscheidungen, mit denen die Scheidung, die Auflösung des Ehebandes oder die Ungültigerklärung der Ehe ausgesprochen wird. Im Falle einer „negativen Entscheidung" sind die Parteien nicht gehindert, vor einem anderen zuständigen Gericht erneut die Scheidung zu beantragen; dazu krit.: *Hau,* FamRZ 1999, 484–488 (487).

[188] Vgl. zu Art. 7 § 1 FamRÄndG unten Rn. 68 a f.

[189] Hierzu § 3 Rn. 254.

[190] Gesetz zur Aus- und Durchführung bestimmter Rechtsinstrumente auf dem Gebiet des internationalen Familienrechts v. 26. 1. 2005, BGBl. 2005 I S. 162 = *Jayme/Hausmann,* Nr. 162 a.

1. Internationale Zuständigkeit

a) Ehesachen

67 Im Rahmen der Restzuständigkeiten nach Art. 6, 7 I Brüssel II-VO sowie außerhalb des sachlichen Anwendungsbereichs der EG-Verordnungen bestimmt sich die internationale Zuständigkeit deutscher Gerichte für *Ehesachen* nach § 606a ZPO. Der Begriff *Ehesachen* umfasst gemäß § 606 I 1 ZPO Verfahren auf Scheidung (§§ 1564ff. BGB; §§ 622–630 ZPO) und Aufhebung der Ehe (§§ 1313–1318, 1320 BGB; § 631 ZPO), ferner Klagen auf Feststellung des Bestehens oder Nichtbestehens der Ehe (§ 632 ZPO) sowie die Klage auf Herstellung des ehelichen Lebens (§ 1353 BGB; beachte § 888 III ZPO). Darüber hinaus zählen zu den Ehesachen die Klage auf Feststellung des Rechts zum Getrenntleben[191] sowie die in ausländischen Rechten häufig vorkommende gerichtliche Trennung von Tisch und Bett. Nach h. M. wird analog §§ 621 I, 623 ZPO (Verbundszuständigkeit) in einem Scheidungsverfahren auch über die Scheidungsfolgesachen (z. B. Unterhalt, Versorgungsausgleich, Sorgerecht) entschieden, sofern dem keine vorrangigen internationalen Übereinkommen (für Unterhalt: Brüssel I-VO; für Sorgerecht: Brüssel II-VO bzw. MSA/KSÜ) entgegenstehen.[192]

67a Die Verbundszuständigkeit deutscher Gerichte gemäß §§ 606a, 621 ZPO kann auch dann eingreifen, wenn sich die Zuständigkeit hinsichtlich der Ehesache selbst aus Art. 3–5 Brüssel II-VO ergibt.

Beispiel: Die vor mehr als sechs Monaten nach Deutschland zurückgekehrte deutsche Ehefrau beantragt vor dem Familiengericht die Scheidung von ihrem in Italien zurückgebliebenen Ehemann. Die internationale Zuständigkeit deutscher Gerichte ergibt sich hinsichtlich des Scheidungsverfahrens aus Art. 3 I lit. a Spiegelstrich 6 Brüssel II-VO, hinsichtlich des Unterhaltsanspruchs aus Art. 5 Nr. 2 Brüssel I-VO und hinsichtlich des Versorgungsausgleichs aus §§ 606a I 1 Nr. 1, 621 ZPO. Sind Kinder vorhanden, so ergibt sich die Zuständigkeit für die Sorgerechtsentscheidung wiederum aus Art. 8–13 Brüssel II-VO.

Die Arbeiten zur Reform des Familienverfahrensrecht befinden sich derzeit in ihrer Endphase. Die Normen über das Verfahren in Familiensachen sollen aus ZPO und FGG herausgelöst und in einem eigenen Gesetz über das Verfahren in Familiensachen und in Angelegenheiten der Freiwilligen Gerichtsbarkeit (FamFG) zusammengefasst werden. Die Vorschriften zur internationalen Zuständigkeit in Familiensachen finden sich ohne wesentliche inhaltliche Änderungen im geplanten Abschnitt 9 Unterabschnitt 2 (§§ 98–106 FamFG RegE).[193]

---

[191] *OLG Karlsruhe* 6. 3. 1984, IPRax 1985, 106 m. Anm. *Henrich*, 88–90 = IPRspr 1984 Nr. 156.

[192] Musielak/*Borth*, § 623 ZPO Rn. 7 sowie § 621 ZPO Rn. 91; *Nagel/Gottwald*, IZPR, § 5 Rn. 92. Vgl. auch bereits oben § 3 Rn. 200.

[193] Entwurf eines Gesetzes zur Reform des Verfahrens in Familiensachen und in den Angelegenheit der Freiwilligen Gerichtsbarkeit v. 9. 5. 2007.

b) Zuständigkeitsgründe

Die Zuständigkeit deutscher Gerichte wird gemäß § 606 a I 1 Nr. 1 ZPO **67 b**
durch die *deutsche Staatsangehörigkeit* mindestens eines Ehegatten begründet. Abgestellt wird auf den Zeitpunkt der letzten mündlichen Verhandlung;[194] eine Einbürgerung ist bis zu diesem Zeitpunkt zu beachten.
Zudem genügt nach der zweiten Alternative der Nr. 1, dass ein Ehegatte
im Zeitpunkt der Eheschließung Deutscher war. Bei Mehrstaatern muss
die deutsche Staatsangehörigkeit nicht die effektive sein.

Beispiel:[195] Eine Deutsch-Brasilianerin, die nie in Europa gelebt hat, heiratet einen
US-Amerikaner. Mit der Einbürgerung in den USA verliert sie ihre deutsche Staatsangehörigkeit. Beide Ehegatten können in Deutschland die Scheidung beantragen.

§ 606 a I 1 Nr. 2 ZPO knüpft an den *gemeinsamen gewöhnlichen Aufenthalt* der Ehe- **67 c**
gatten im Inland an. Wegen der gleichlautenden Regelung des Art. 3 I lit. a Spiegelstrich 1 Brüssel II-VO kommt der Regelung allenfalls noch für die Verbundszuständigkeit Bedeutung zu.

Nach § 606 a I 1 Nr. 4 ZPO genügt, dass *nur ein Ehegatte* seinen gewöhnlichen Aufenthalt im Inland hat. Die Zuständigkeit deutscher Gerichte in dieser Alternative ist
jedoch ausgeschlossen, wenn die Entscheidung offensichtlich nach dem Heimatrecht
keines Ehegatten anerkannt wird (negative Anerkennungsprognose).[196] *Hinkende Ehen*
sollen vermieden werden. Diese Differenzierung zwischen Ausländern aus unterschiedlichen Staaten wird bisweilen wegen Verstoßes gegen Art. 3 I GG für verfassungswidrig gehalten.[197]

Schließlich sieht § 606 a I 1 Nr. 3 ZPO vor, dass deutsche Gerichte international zuständig sind, wenn ein Ehegatte *staatenlos* ist und seinen gewöhnlichen Aufenthalt im
Inland hat.[198]

Da Deutschland in den Fällen des § 606 a ZPO keine ausschließliche internationale
Zuständigkeit in Anspruch nimmt (§ 606 a I 2 ZPO), kommt die Aussetzung des inländischen Verfahrens aufgrund eines früher im Ausland eingeleiteten Parallelverfah-
rens in Betracht. Die Beachtung der ausländischen Rechtshängigkeit ist in mehreren
bilateralen Abkommen vorgesehen.[199] Zur Problematik nach autonomem Recht vgl.
§ 3 Rn. 64–67.

2. Anerkennung ausländischer gerichtlicher Entscheidungen

a) Völkerrechtliche Verträge

Multilaterale Abkommen sind für Deutschland nicht in Kraft. Dies gilt insbesondere **68**
für das *Luxemburger CIEC-Übereinkommen über die Anerkennung von Entschei-*

---

[194] Zöller/*Geimer*, § 606 a ZPO Rn. 40; vgl. aber zur Bestimmung des Scheidungsstatuts oben Rn. 50.

[195] Nach Zöller/*Geimer*, § 606 a ZPO Rn. 44; dazu auch: *OLG Stuttgart* 26. 2. 1997,
FamRZ 1997, 882 = IPRspr 1997 Nr. 71.

[196] Zöller/*Geimer*, § 606 a ZPO Rn. 60; *Kilian*, IPRax 1995, 9–13 (11).

[197] *Geimer*, IZPR, Rn. 1954.

[198] Allgemein zu Staatenlosen § 5 Rn. 26–29.

[199] Zum deutsch-schweizerischen Anerkennungs- und Vollstreckungsabkommen:
BGH 18. 3. 1987, IPRax 1989, 104 m. Anm. *Siehr*, 93–46 = IPRspr 1987 Nr. 145.

dungen in Ehesachen vom 8. 9. 1967[200] und das *Haager Übereinkommen über die Anerkennung von Ehescheidungen und Ehetrennungen* vom 1. 6. 1970[201]. Diese würden zudem von der Brüssel II-VO verdrängt (vgl. Art. 60 Brüssel II-VO).

b) Art. 7 § 1 FamRÄndG

68a   Die *formellen Voraussetzungen* eines Verfahrens zur Anerkennung ausländischer Entscheidungen in Ehesachen im Inland richten sich vorbehaltlich der Brüssel II-VO nach Art. 7 § 1 FamRÄndG.[202] Zuständig ist die Landesjustizverwaltung des Bundeslandes, in dem ein Ehegatte seinen gewöhnlichen Aufenthalt hat; hat keiner der Ehegatten seinen gewöhnlichen Aufenthalt im Inland, so ist die Justizverwaltung des Landes zuständig, in dem die neue Ehe geschlossen werden soll, ansonsten die Justizverwaltung des Landes Berlin (Art. 7 § 1 II 3 FamRÄndG).

Diese Zuständigkeitskonzentration sichert eine einheitliche Beurteilung von Statusfragen im Inland nach sachverständiger Prüfung. Die Entscheidung durch eine Verwaltungsbehörde ist jedoch systemwidrig und verfassungsrechtlich bedenklich (Art. 19 IV GG).[203]

Einer Anerkennung der ausländischen Entscheidung bedarf es dann nicht, wenn die Gerichte des Staates entschieden haben, dem beide Ehegatten angehören (Art. 7 § 1 I 3 FamRÄndG).

Zu den ausländischen Entscheidungen in Ehesachen gehören Urteile und andere Entscheidungen ausländischer Gerichte und Verwaltungsbehörden, Entscheidungen geistlicher Gerichte sowie Privatscheidungen, soweit staatliche Behörden oder staatlich ermächtigte Stellen daran beteiligt waren.[204] Werden Privatscheidungen im Ausland hingegen ohne jede hoheitliche Beteiligung vorgenommen, so richtet sich deren „Anerkennung" nach Art. 17 EGBGB.[205]

68b   Art. 7 § 1 I 2 FamRÄndG verzichtet auf das Erfordernis der Gegenseitigkeit (§ 328 I Nr. 5 ZPO). Im Übrigen regelt er nicht die *materiellen Voraussetzungen* der Anerkennung: Diese ergeben sich entweder aus internationalen Abkommen oder aus § 328 ZPO. Die in § 328 ZPO geforderte internationale Zuständigkeit des ausländischen Gerichts (oder der ausländischen Behörde) ist – spiegelbildlich – § 606a ZPO zu entnehmen.[206] § 606a II ZPO[207] sieht bei der Anerkennung ausländischer Entscheidungen zwei Erleichterungen gegenüber den Zuständigkeitserfordernissen des § 606a I 1 ZPO vor: Hat ein Ehegatte seinen gewöhnlichen Aufenthalt im Urteilsstaat, so wird nicht geprüft, ob das Heimat-

---

[200] Das Übereinkommen gilt für die Niederlande, Österreich und die Türkei; vgl. *Jayme/Hausmann*, Nach Nr. 181a (Fn. 1).

[201] Zum Ratifikationsstand vgl. *Jayme/Hausmann*, Nach Nr. 181a (Fn. 2).

[202] Hierzu bereits § 3 Rn. 177.

[203] Vorbildlich de lege ferenda wäre eine Anlehnung an Art. 29 I Brüssel II-VO; dazu oben Rn. 66a; vgl. auch die Kritik bei *Andrae/Heidrich*, FPR 2006, 222–228.

[204] Näher Staudinger/*Spellenberg*, IntVerfREhe (2005), Art. 7 § 1 FamRÄndG Rn. 30–37.

[205] Hierzu unten Rn. 69.

[206] Zu den weiteren Voraussetzungen des § 328 ZPO: § 3 Rn. 158–178.

[207] Neufassung v. 21. 5. 1999, BGBl. 1999 I S. 1026.

recht die Entscheidung anerkennen wird (anders: § 606 a I 1 Nr. 4 ZPO). Wird die Entscheidung von den Heimatrechten anerkannt, müssen die Zuständigkeitsvoraussetzungen des § 606 a I ZPO im Ausland nicht erfüllt sein, die Ehegatten brauchen also weder durch ihre Staatsangehörigkeit noch durch ihren gewöhnlichen Aufenthalt mit dem Scheidungsstaat verbunden gewesen zu sein. Diese erleichterte Anerkennung greift im Ergebnis jedoch nicht ein, wenn mindestens ein Ehegatte Deutscher ist; hier müssen die Zuständigkeitsvorschriften des § 606 a I ZPO beachtet worden sein.

Fall:[208] Die Ehegatten, ein US-Amerikaner und seine deutsche Frau, lassen sich in Chihuahua (Mexiko) scheiden. Ihren letzten gemeinsamen Aufenthalt hatten beide in Nürnberg. Dort lebt die Frau auch noch während des Scheidungsverfahrens; der derzeitige Aufenthaltsort des Ehemannes ist unbekannt. Die Ehefrau beantragt bei der Landesjustizverwaltung, das mexikanische Scheidungsurteil anzuerkennen.

Die Anerkennung ausländischer Ehescheidungen erfolgt nach Art. 7 § 1 FamRÄndG; die Voraussetzungen der Anerkennung richten sich nach § 328 ZPO. Die Anerkennung ist gemäß § 328 I Nr. 1 ZPO ausgeschlossen, wenn das ausländische Gericht nach den deutschen Zuständigkeitsvorschriften – spiegelbildlich betrachtet – unzuständig war. Dies ist hier der Fall: § 606 a II ZPO setzt voraus, dass das Heimatrecht beider Ehegatten deren Beziehung zum Scheidungsstaat als hinreichend betrachtet; dem deutschen Heimatrecht der Frau genügt aber eine Anerkennungszuständigkeit, die weder auf die Staatsangehörigkeit noch auf den gewöhnlichen Aufenthalt zumindest eines Gatten gestützt werden kann, nicht. Die Frau kann sich freilich in Deutschland scheiden lassen (Art. 3 I lit. a Spiegelstrich 6 Brüssel II-VO).

Art. 7 § 1 FamRÄndG soll ohne wesentliche inhaltliche Änderungen in das FamFG übernommen werden (vgl. § 107 FamFG-RegE).[209] Die Regelung der Anerkennungshindernisse findet sich in § 109 FamFG-RegE.[210]

III. Anerkennung ausländischer Privatscheidungen

1. Scheidung ohne behördliche Mitwirkung

Bei der Anerkennung einer ausländischen Privatscheidung im Inland ist 69 zunächst zu klären, ob die Scheidung *von den Ehegatten selbst* vorgenommen wurde oder ob eine staatliche Behörde bzw. religiöse Instanz daran beteiligt war. Bei einer ohne behördliche Mitwirkung im Ausland vorgenommenen Scheidung findet im Inland kein förmliches Anerkennungsverfahren nach Art. 7 § 1 FamRÄndG statt, denn es fehlt an einer gerichtlichen oder behördlichen Entscheidung. Die Voraussetzungen der

---

[208] *BayObLG* 19. 9. 1991, BayObLGZ 1991, 337 = IPRax 1992, 178 (LS) m. Anm. *Henrich* = IPRspr 1991 Nr. 217. Zu den Anerkennungshindernissen des § 328 I Nr. 2 und 4 ZPO: *OLG Hamm* 27. 7. 1995, FamRZ 1996, 178 = IPRspr 1995 Nr. 175. Zur Nevada-Scheidung vgl. § 6 Rn. 134.

[209] Hierzu oben Rn. 67 a.

[210] Krit. dazu *Andrae/Heidrich*, FPR 2006, 222–228.

Anerkennung richten sich nach Art. 17 EGBGB.[211] Im Schrifttum wird bisweilen gefordert, auch reine Privatscheidungen dem Anerkennungsverfahren nach Art. 7 § 1 FamRÄndG zu unterwerfen.[212]

Fall:[213] Die Ehegatten waren ursprünglich deutsche Staatsangehörige. Sie übersiedelten während ihrer Ehe nach Israel, wo der Ehemann die israelische Staatsangehörigkeit annahm. Nach einigen Jahren reicht die Frau vor dem Rabbinatsgericht die Scheidung ein, kehrt anschließend nach Deutschland zurück und stellt vor dem Amtsgericht einen Scheidungsantrag.

Deutsche Gerichte sind gemäß § 606 a I 1 Nr. 1 ZPO zuständig, da die Ehefrau Deutsche ist. Der Einwand der entgegenstehenden Rechtshängigkeit ist nicht zu beachten: Bei der Scheidung vor dem Rabbinatsgericht handelt es sich um eine Privatscheidung, die von den Parteien vollzogen und vom Rabbinatsgericht lediglich überwacht wird. Eine Privatscheidung wird nicht anerkannt, wenn Scheidungsstatut deutsches Recht ist.[214]

2. Scheidung unter behördlicher Mitwirkung

70   Sind im Ausland dagegen *Behörden an der Scheidung beteiligt,* etwa zur (deklaratorischen) Registrierung der Scheidung, findet ein Anerkennungsverfahren gemäß Art. 7 § 1 FamRÄndG statt.[215] Materiellrechtlich bemisst sich die Anerkennungsfähigkeit einer solchen Scheidung jedoch gleichfalls nach Art. 17 EGBGB und nicht wie bei der Scheidung durch ein Gericht nach § 328 ZPO: Im Fall der Privatscheidung liegt, auch bei Mitwirkung einer ausländischen Behörde, kein Hoheitsakt vor.

Fall:[216] In Thailand wird die Ehe zwischen einem Thailänder und seiner deutschen Frau durch übereinstimmende Willenserklärungen der Ehegatten geschieden. Beide haben ihren gewöhnlichen Aufenthalt in Deutschland. Die Scheidung ist nach Registrierung durch die thailändischen Behörden nach thailändischem Recht wirksam. Wenig später beantragt das Paar in Deutschland vor der zuständigen Landesjustizverwaltung die Anerkennung der Scheidung.

Die Privatscheidung unterliegt aufgrund der behördlichen Mitwirkung dem Anerkennungsverfahren nach Art. 7 § 1 FamRÄndG. Ihre Wirksamkeit richtet sich indes nach dem Ehewirkungsstatut (Art. 17 I, 14 I EGBGB). Die Ehegatten haben keine gemeinsame Staatsangehörigkeit. Anzuknüpfen ist daher an das Recht des gemeinsamen gewöhnlichen Aufenthalts; Scheidungsstatut ist deutsches Recht. Die Privatscheidung steht in Widerspruch zu § 1564 BGB. Der BGH führte dazu aus, es handele sich bei § 1564 S. 1 BGB nicht nur um eine Formvorschrift, sondern um eine Grundentscheidung des materiellen Scheidungsrechts, eine Scheidung ohne Gericht nicht

---

[211] *OLG Düsseldorf* 28. 8. 2002, FamRZ 2003, 381 (LS) = IPRspr 2002 Nr. 206; MüKo/*Coester*, Art. 13 Rn. 178.

[212] Staudinger/*Spellenberg*, IntVerfREhe (2005), Art. 7 § 1 FamRÄndG Rn. 41; *Kropholler*, IPR, S. 375.

[213] *BGH* 2. 2. 1994, IPRax 1995, 111 m. Anm. *Henrich*, 86–89 = IPRspr 1994 Nr. 77; Soergel/*Schurig*, Art. 17 Rn. 64 a; *Coester-Waltjen/Mäsch*, Übungen, Fall 8.

[214] Hierzu näher Rn. 70.

[215] *OLG Düsseldorf* 28. 9. 2002, FamRZ 2003, 381 (LS) = IPRspr 2002 Nr. 206.

[216] *BGH* 21. 2. 1990, BGHZ 110, 267 = FamRZ 1990, 607 = IPRspr 1990 Nr. 216.

zuzulassen. Ist Scheidungsstatut deutsches Recht, so wird die einvernehmliche Privat-scheidung im Inland somit nicht anerkannt.

Ein Anerkennungsverfahren findet nicht statt, wenn ein Gericht des **71** gemeinsamen Heimatstaates beider Ehegatten entschieden hat (Art. 7 § 1 I 3 FamRÄndG).

Fall: Zwei thailändische Staatsangehörige mit gewöhnlichem Aufenthalt in Deutsch-land scheiden ihre Ehe in gegenseitigem Einverständnis in Thailand und lassen die Scheidung behördlich registrieren. – Scheidungsstatut ist thailändisches Recht (Art. 17 I, 14 I Nr. 1 EGBGB): Hiernach ist die Ehescheidung wirksam. Sie wird im Inland ohne förmliches Verfahren anerkannt (Art. 7 § 1 I 3 FamRÄndG).

Ist die Ehescheidung nach dem Heimatrecht beider Ehegatten wirksam, **72** so wird man einen Verstoß gegen den *ordre public* nur im Ausnahmefall annehmen können.

Fall:[217] Ein jordanisches Sharia-Gericht registriert die Scheidung zweier jordanischer Staatsangehöriger, die durch Verstoßung der Ehefrau vollzogen wurde. – Scheidungs-statut ist jordanisches Recht (Art. 17 I 1, 14 I Nr. 1 EGBGB). Die Ehe wurde hiernach wirksam geschieden. Ein Verstoß gegen den deutschen ordre public (Art. 6 EGBGB) liegt nicht vor, da die Ehe im vorliegenden Fall auch nach deutschem Recht (endgülti-ge Zerrüttung der Ehe) geschieden worden wäre.[218]

Art. 7 § 1 FamRÄndG wurde nahezu wörtlich in § 107 FamFG-RegE („Anerkennung ausländischer Entscheidungen") übernommen. Der Meinungsstreit, ob und unter welchen Voraussetzungen ausländische Privatscheidungen förmlich anzuerkennen sind, dürfte sich somit auch unter dem neuen Recht fortsetzen.

3. Inlandsscheidung

Eine im *Inland* vorgenommene Privatscheidung ist wegen des gerichtli- **73** chen Scheidungsmonopols unwirksam (Art. 17 II EGBGB),[219] gleichgül-tig, ob es sich um eine reine Privatscheidung oder um eine unter behörd-licher Mitwirkung erfolgte Scheidung handelt.

E. Eingetragene Lebenspartnerschaft (Art. 17b EGBGB)

Literatur: *Gebauer/A. Staudinger,* Registrierte Lebenspartnerschaften und die Kap-pungsregel des Art. 17b Abs. 4 EGBGB, IPRax 2002, 275–282; *Hausmann,* Über-legungen zum Kollisionsrecht registrierter Partnerschaften, FS Henrich (2000), S. 241–265; *Henrich,* Kollisionsrechtliche Fragen der eingetragenen Lebenspartner-schaft, FamRZ 2002, 137–144; *Thorn,* Besondere Kollisionsnormen und allgemeine

---

[217] *OLG Koblenz* 21. 9. 1992, FamRZ 1993, 563 = IPRspr 1992 Nr. 236.

[218] *Nagel/Gottwald,* IZPR, § 11 Rn. 232; a. A. *OLG Stuttgart* 3. 12. 1998, IPRax 2000, 427 m. krit. Anm. *Rauscher,* 391–394 = IPRspr 1998 Nr. 8 (Verletzung des Rechts auf rechtliches Gehör).

[219] Hierzu oben Rn. 52.

Lehren des IPR, FS Jayme (2004), S. 955–969; *R. Wagner,* Das neue Internationale Privat- und Verfahrensrecht zur eingetragenen Lebenspartnerschaft, IPRax 2001, 281–293.

73 a Am 1. 8. 2001 ist das „Gesetz zur Beendigung der Diskriminierung gleichgeschlechtlicher Gemeinschaften: Lebenspartnerschaften" in Kraft getreten. [220] Dieses enthält eine eigene kollisionsrechtliche Regelung für eingetragene gleichgeschlechtliche Lebenspartnerschaften (Art. 17 b EGBGB). [221]

I. Qualifikation

73 b Art. 17 b EGBGB regelt seinem Wortlaut nach nur die „eingetragene Lebenspartnerschaft". Damit verwendet der Tatbestand der Kollisionsnorm einen Rechtsbegriff des deutschen Sachrechts. [222] Das deutsche Sachrecht kennt nach § 1 LPartG nur die Eintragung *gleichgeschlechtlicher* Lebenspartnerschaften. Hierdurch wird die kollisionsrechtliche Begriffsbildung indes nicht präjudiziert. Art. 17 b EGBGB ist als allseitige Kollisionsnorm[223] ausgestaltet. Einerseits sind auch registrierte heterosexuelle Lebenspartnerschaften erfasst,[224] soweit diese eine der deutschen Lebenspartnerschaft vergleichbare Funktion haben.[225] – Entgegen der wohl h. M. findet Art. 17 b EGBGB andererseits auf die nach manchen ausländischen Rechtsordnungen zulässige echte Eheschließung zwischen gleichgeschlechtlichen Partnern keine Anwendung. Hiergegen spricht zum einen die funktionelle Qualifikation des Rechtsinstituts als Vollehe; zum anderen führt die generelle Sonderanknüpfung aller Formen gleichgeschlechtlichen Zusammenlebens zu einer verfassungswidrigen Benachteiligung traditioneller Ehepaare (vgl. Art. 3 I, III GG), da diese weiterhin die materiellen Ehevoraussetzungen ihrer Heimatrechtsordnungen beachten müssen. [226] Somit ist in solchen Fällen Art. 13 EGBGB analog anzuwenden.

---

[220] BGBl. 2001 I S. 266.

[221] Ursprünglich handelte es sich um Art. 17 a EGBGB. Infolge des Änderungsgesetzes v. 11. 12. 2001 wurde Art. 17 a EGBGB zu Art. 17 b EGBGB; BGBl. 2001 I S. 3513.

[222] *R. Wagner,* IPRax 2001, 281–293 (288).

[223] So ausdrücklich die Begründung des Gesetzesentwurfes, BTDrucks. 14/3751, S. 60. Zum Begriff der allseitigen Kollisionsnorm § 4 Rn. 8–10.

[224] *R. Wagner,* IPRax 2001, 281–293 (292); Böhmer/Finger/*Finger,* Art. 17 b Rn. 5, 9.

[225] Zum französischen pacte civil de solidarité (pacs) vgl. *Ferrand,* FamRZ 2000, 517–525.

[226] *Thorn,* FS Jayme (2004), S. 955–969 (956–958) m. w. Nachw.

II. Begründung, allgemeine und güterrechtliche Wirkungen sowie Auflösung der eingetragenen Lebenspartnerschaft (Art. 17 b I EGBGB)

1. Anwendbares Recht

Begründung, allgemeine und güterrechtliche Wirkungen sowie Auflösung **73 c** einer eingetragenen Lebenspartnerschaft richten sich nach dem Recht des Register führenden Staates. Hierdurch kommt es zur Ausbildung eines einheitlichen Gesamtstatuts, welches neben den Voraussetzungen der Lebenspartnerschaft auch deren wesentliche Rechtswirkungen erfasst. Anders als bei der Ehe (Art. 13 EGBGB) ist das Heimat-recht der Partner nicht Anknüpfungsmoment. Die Anknüpfung der eingetragenen Lebenspartnerschaft an das Recht des Registrierungsortes wird damit begründet, dass im Inland wohnenden Ausländern die Begründung einer Lebenspartnerschaft ermöglicht werden soll, auch wenn ihr Heimatrecht dieses Institut nicht kennt.[227] Die Anknüpfung an das Recht des gemeinsamen gewöhnlichen Aufenthalts wurde abgelehnt, weil sie u. U. solche Paare an der Eingehung einer Lebenspartnerschaft hindert, bei denen einer der Partner seinen gewöhnlichen Aufenthalt im Ausland hat.[228] Freilich bleiben Zweifel, ob in solchen Fällen ein echtes Bedürfnis nach der Registrierung eines Status besteht, dem die Anerkennung nach dem gelebten Umweltrecht versagt bleibt. Die Anknüpfung an den Registrierungsort führt zu einer indirekten Beachtlichkeit des Parteiwillens.

Für die Registrierung in Deutschland bedarf es keines Inlandsbezuges. **73 d** Deutschland ist somit „Registrierungsparadies für Lebenspartnerschaften". Bei ausländischen Partnern ist zudem – anders als bei der Eheschließung[229] – nicht die Beibringung eines Ehefähigkeitszeugnisses vorgesehen.

Beispiel: Ein homosexuelles Paar aus New York kann während seines Deutschlandurlaubs die in ihrer Heimat nicht vorgesehene Lebenspartnerschaft registrieren lassen.

Das bewusste Abweichen von den kollisionsrechtlichen Grundsätzen des Familienrechts spricht gegen die analoge Anwendung von Art. 220 EGBGB auf die eingetragene Lebenspartnerschaft. Das erklärte Ziel des Gesetzgebers, die rechtliche Stellung gleichgeschlechtlicher Paare abzusichern, spricht für eine rückwirkende Anwendung des Art. 17 b EGBGB auf vor dem 1. 8. 2000 im Ausland registrierte Partnerschaften.

---

[227] BTDrucks. 14/3751, S. 60; dazu *Henrich*, FamRZ 2002, 137–144 (137).
[228] BTDrucks. 14/3751, S. 60.
[229] Siehe hierzu oben Rn. 3.

73e Die Auflösung der eingetragenen Lebenspartnerschaft richtet sich nach dem Recht des Registrierungsortes. Im deutschen Sachrecht wird die Auflösung einer registrierten Lebenspartnerschaft als Aufhebung bezeichnet und erfolgt durch Gerichtsurteil (§ 15 I LPartG).

Die geplante Rom IV-Verordnung soll künftig auch eine Kollisionsnorm zur Be-stimmung des Güterrechtsstatuts eingetragener Lebenspartnerschaften enthalten.[230]

2. Art der Verweisung

73f Die Verweisung auf den Registrierungsort in Art. 17b I EGBGB ist Sachnormverweisung.[231] Damit wird der Entscheidungseinklang mit dem Registrierungsstaat behindert.[232]

III. Unterhalts- und erbrechtrechtliche Folgen der eingetragenen Lebenspartnerschaft (Art. 17b I 2 EGBGB)

73g Art. 17b I 2 EGBGB verweist für unterhaltsrechtliche und erbrechtliche Folgen der eingetragenen Lebenspartnerschaft auf das allgemeine Unterhalts- bzw. Erbstatut (Art. 18 bzw. Art. 25 EGBGB).

Hat der Lebenspartner danach keine Ansprüche, so beruft Art. 17b I 2 HS. 2 EGBGB hinsichtlich der gesetzlichen Unterhalpflicht bzw. des gesetzlichen Erbrechts indes die Sachvorschriften des Registrierungsstaates; es handelt sich hierbei um die subsidiäre Anknüpfung einer Teilfrage.[233] In der Folge können Normenwidersprüche (Normenhäufung) auftreten, die dann durch Anpassung beseitigt werden müssen.

IV. Namensrecht. Verkehrsschutz. Mehrfachregistrierung (Art. 17b II, III EGBGB)

73h Für das Namensrecht der Lebenspartner ist Art. 10 EGBGB maßgeblich.[234] Art. 17b II 1 EGBGB verweist auf Art. 10 II EGBGB und eröffnet den eingetragenen Lebenspartnern damit eine weitgehende Rechtswahl.

Der als einseitige Kollisionsnorm ausgestaltete Art. 17b II 2 EGBGB regelt Fragen des Verkehrsschutzes. Unterliegen danach die allgemeinen Partnerschaftswirkungen ausländischem Recht, kommt für im Inland befindliche bewegliche Sachen § 8 I LPartG zur Anwendung, soweit

---

[230] S. oben Rn. 32.
[231] Zum Begriff der Sachnormverweisung § 6 Rn. 75f.
[232] Hierzu *Thorn*, FS Jayme (2004), S. 955–969 (964f.).
[233] Zum Erbrecht § 9 Rn. 8a.
[234] Hierzu § 7 Rn. 16f.

dieser für einen gutgläubigen Dritten günstiger ist als das fremde Recht. Entsprechendes gilt auch für im Inland getätigte Rechtsgeschäfte eines Partners zur Deckung des Lebensbedarfs (§ 8 II LPartG i. V. m. § 1357 BGB).[235] Ein allseitiger Ausbau der Norm erscheint wie im Falle der Parallelvorschrift des Art. 16 II EGBGB möglich.[236]

Führen die Lebenspartner die Registrierung in mehreren Staaten herbei, so gelten nach Art. 17b III EGBGB die Sachvorschriften des Staates der letzten Eintragung. Dies führt zu einem Statutenwechsel, der freilich nur ex nunc wirkt.[237]   73i

V. Besondere Vorbehaltsklausel (Art. 17b IV EGBGB)

Art. 17b IV EGBGB beschränkt die Wirkungen der im Ausland regis-   73j
trierten Lebenspartnerschaft auf die Vorschriften des BGB und des LPartG. Damit sollte dem Art. 6 GG entnommenen Abstandsgebot Rechnung getragen werden. Der Wortlaut des Art. 17b IV EGBGB legt nahe, diese Vorschriften als absolute Grenze anzusehen; indes ist eine am Gesetzeszweck (Abstandsgebot) orientierte Auslegung zu erwägen, die nicht jede über das deutsche Recht hinausgehende Begünstigung des Lebenspartners ausschließt.[238] Nicht möglich ist jedenfalls eine nach dem Recht des Registrierungsortes zulässige Adoption.

Problematisch ist die Anwendung der Vorbehaltsklausel bei im Ausland rechtswirksam geschlossenen heterosexuellen Lebenspartnerschaften.

Fall: Ein französisches heterosexuelles Paar geht in Frankreich einen pacs ein. Nach Art. 17b EGBGB sind die französischen Sachvorschriften als das Recht des Register führenden Staates anwendbar. Da das deutsche Recht keine registrierte heterosexuelle Lebenspartnerschaft kennt, wäre aufgrund der Vorbehaltsklausel die Lebenspartnerschaft aus deutscher Sicht unwirksam.

Die Vorbehaltsklausel bezieht sich ausdrücklich nur auf die *Wirkungen* der eingetragenen Lebenspartnerschaft. Über die *Voraussetzungen* wird demgegenüber nichts ausgesagt. Der Fall sollte daher so gelöst werden, dass die Lebenspartnerschaft als solche aus deutscher Sicht zwar wirksam ist, ihr allerdings nur Wirkungen in dem Umfang zuerkannt werden, der dem deutschen Sachrecht entspricht, nämlich die einer homosexuellen Lebenspartnerschaft.[239]

---

[235] Vgl. hierzu: Böhmer/Finger/*Finger*, Art. 17b Rn. 54. Zum Verkehrsschutz zwischen Ehegatten siehe oben Rn. 44–46.

[236] Hierzu § 4 Rn. 11.

[237] *Henrich*, FamRZ 2002, 137–144 (139 f.). Allgemein zum Statutenwechsel § 5 Rn. 97–100.

[238] *Thorn*, FS Jayme (2004), S. 955–969 (965 f.) m. w. Nachw.

[239] Zur Unterscheidung zwischen der Begründung eines Rechtsverhältnisses und dessen Wirkungen vgl. § 12 Rn. 31.

VI. Verfahren in Lebenspartnerschaftssachen

1. Internationale Zuständigkeit

73 k Die internationale Zuständigkeit deutscher Gerichte für Lebenspartner-schaftssachen richtet sich nach § 661 ZPO. Die Brüssel II-VO findet bei nichtehelichen Lebenspartnerschaften keine Anwendung.[240] Indes ist für Unterhaltsansprüche der sachliche Anwendungsbereich der Brüssel I-VO eröffnet.[241]

Anlässlich der Arbeiten zur Rom IV-VO über das auf das Güterrecht anwendbare Recht, die auch eingetragene Lebenspartnerschaften erfassen soll,[242] wird erwogen, den sachlichen Anwendungsbereich der Brüssel I-VO[243] ausdrücklich auf güterrecht-liche Streitigkeiten nach Auflösung eingetragener Lebenspartnerschaften zu erstre-cken.[244]

Der Begriff der Lebenspartnerschaftssache wird in § 661 I ZPO ab-schließend definiert. Hierzu zählen insbesondere die Aufhebung der Lebenspartnerschaft (Nr. 1), die Verpflichtung zur Fürsorge und Unter-stützung (Nr. 3), die gesetzlichen Unterhaltspflichten (Nr. 4) sowie gü-terrechtliche Ansprüche (Nr. 6).

73 l Die Zuständigkeitsgründe in § 661 III ZPO gehen über diejenigen in Ehesachen hinaus. Außer in den Fällen des § 606 a ZPO ist die interna-tionale Zuständigkeit deutscher Gerichte auch dann begründet, wenn lediglich einer der Lebenspartner seinen gewöhnlichen Aufenthalt im Inland hat (§ 661 III Nr. 1 lit. a ZPO), wobei es anders als in Ehesachen (§ 606 a I Nr. 4 ZPO) nicht darauf ankommt, ob die beantragte Ent-scheidung offensichtlich nach dem Recht keines der Staaten anerkannt würde, denen einer der Lebenspartner angehört. Ferner sind deutsche Gerichte auch dann international zuständig, wenn die Lebenspartner-schaft vor einem deutschen Standesbeamten begründet wurde (§ 661 III Nr. 1 lit. b ZPO).[244a]

73 m Damit wird sichergestellt, dass jede im Inland registrierte Lebenspart-nerschaft von einem deutschen Gericht aufgelöst werden kann. Gleich-zeitig wird ein inländisches Forum für alle hiermit verbundenen ver-mögensrechtlichen Ansprüche eröffnet.[245]

---

[240] Hierzu oben Rn. 61.

[241] Vgl. § 3 Rn. 200.

[242] S. oben Rn. 32.

[243] Hierzu § 3 Rn. 194–201.

[244] Vgl. Grünbuch zu den Kollisionsnormen im Güterrecht unter besonderer Berück-sichtigung der gerichtlichen Zuständigkeit und der gegenseitigen Anerkennung v. 17. 7. 2006, KOM (2006) 400 endg., Punkt 3.1.2.

[244a] Vgl. auch § 103 FamFG-RegE, dazu oben Rn. 67 a.

[245] Für Unterhaltsansprüche ist indes der Vorrang der Brüssel I-VO zu beachten; vgl. § 3 Rn. 200.

Mit dem alleinigen Abstellen auf den Standesbeamten wurde unterstellt, dass die Bundesländer diesen als zuständige Behörde bestimmen würden. Ist – wie in Bayern – der Notar maßgebliche Registrierungsstelle, so ist zur Verhinderung einer Rechtsverweigerung der Verweis auf den Standesbeamten in § 661 III Nr. 1 lit. b ZPO als Anknüpfung an „jede zuständige Stelle" zu verstehen.

2. Anerkennung

Die Anerkennung einer im Ausland ergangenen gerichtlichen Entscheidung über die Auflösung einer Lebenspartnerschaft richtet sich nach § 328 ZPO. Die Brüssel II-VO findet keine Anwendung.   **73n**

Eine im Ausland erfolgte Auflösung der Lebensgemeinschaft ohne Gerichtsurteil – etwa aufgrund einseitiger Erklärung eines Partners (so Art. 515-7 Code civil) – kann im Inland nicht förmlich anerkannt werden. Die Wirksamkeit der Auflösung richtet sich – wie bei ausländischen Privatscheidungen – nach dem maßgeblichen Sachstatut, also dem Recht des Register führenden Staates (Art. 17b I 1 EGBGB).[246]

F. Unterhalt

Literatur: *Hausmann*, Der Unterhaltsbegriff in Staatsverträgen des internationalen Privat- und Verfahrensrechts, IPRax 1990, 382–389; *Musger*, Zur „Abänderung" von Unterhaltstiteln in Sachverhalten mit Auslandsberührung, IPRax 1992, 108–117; *Reng*, Unterhaltsansprüche aufgrund nichtehelicher Lebensgemeinschaft (1994).

I. Rechtsquellen

Art. 18 EGBGB übernimmt – in leicht verändertem Wortlaut – die Art. 4–10, 11 II des *Haager Übereinkommens über das auf Unterhaltspflichten anzuwendende Recht* vom 2. 10. 1973.[247] Dessen Kollisionsnormen sind allseitig; sie sind auch anwendbar, wenn sie auf das Recht eines Nicht-Vertragsstaates verweisen (Art. 3).   **74**

Das Haager Übereinkommen von 1973 ersetzt zwischen den Vertragsstaaten das *Haager Übereinkommen über das auf Unterhaltsverpflichtungen gegenüber Kindern anzuwendende Recht* vom 24. 10. 1956.[248] Dieses beschränkt seinen Anwendungsbereich auf die Fälle, in denen der Unterhaltsberechtigte in einem Vertragsstaat lebt und daher das Recht dieses Staates anzuwenden ist (Art. 6). Das Haager Übereinkommen von 1956 gilt weiter im Verhältnis zu Belgien, Liechtenstein, Österreich sowie der chinesischen Sonderverwaltungsregion Macao, da diese Staaten nicht das Haager Übereinkommen von 1973 ratifiziert haben.   **75**

Dem Haager Übereinkommen von 1973 geht das *deutsch-iranische Niederlassungsabkommen* vom 17. 2. 1929 vor.[249] Es sieht in Art. 8 III vor, dass die Staatsangehörigen bei-   **76**

---

[246] MüKo/*Coester*, Art. 17b Rn. 125, 40; AnwK/*Gruber*, Art. 17b Rn. 84.
[247] BGBl. 1986 II S. 837 = *Jayme/Hausmann*, Nr. 41; in Kraft seit dem 1. 4. 1987.
[248] BGBl. 1961 II S. 1013 = *Jayme/Hausmann*, Nr. 40; in Kraft seit dem 1. 1. 1962.
[249] RGBl. 1930 II S. 1006 = *Jayme/Hausmann*, Nr. 23; in Kraft seit dem 11. 1. 1931; dazu: *Schotten/Wittkowski*, FamRZ 1995, 264–269.

der Staaten im Personen-, Familien- und Erbrecht ihren heimischen Gesetzen unterworfen bleiben. Das Niederlassungsabkommen gilt auch für Unterhaltsansprüche, wird jedoch nur dann angewandt, wenn alle Beteiligten *dieselbe* Staatsangehörigkeit besitzen.[250]

Beispiele: Fordert der in Deutschland lebende iranische Sohn von seinem iranischen Vater Unterhalt, ist das Niederlassungsabkommen – und nicht das Haager Übereinkommen bzw. Art. 18 EGBGB – anwendbar. – Fordert dagegen die deutsche Frau von ihrem iranischen Mann Unterhalt, findet nicht das Niederlassungsabkommen, sondern das Haager Unterhaltsabkommen bzw. Art. 18 EGBGB Anwendung.

77 Das Verhältnis des Haager Übereinkommens von 1973 zu Art. 18 EGBGB ist umstritten. Hierbei geht es vor allem um die Frage, ob das Haager Übereinkommen oder Art. 18 EGBGB Vorrang beansprucht.[251] Grundsätzlich haben völkerrechtliche Verträge Vorrang vor dem autonomen Kollisionsrecht. Vorliegend besteht jedoch die Besonderheit, dass das Übereinkommen in eine inhaltsgleiche Kollisionsnorm des EGBGB übernommen wurde. Daher ist es unbedenklich, beiden Rechtsquellen gleichzeitig Geltung einzuräumen. Dabei ist – analog zur Regelung des Art. 36 EGBGB – Art. 18 EGBGB übereinkommenskonform auszulegen.

77 a Am 15. 12. 2005 hat die Europäische Kommission einen Vorschlag für eine Verordnung des Rates über die Zuständigkeit und das anwendbare Recht in Unterhaltssachen, die Anerkennung und Vollstreckung von Unterhaltsentscheidungen und die Zusammenarbeit im Bereich der Unterhaltspflichten vorgelegt (Rom VI-VO).[252] Die Verordnung soll zwischen den Mitgliedstaaten das Haager Übereinkommen von 1973 ablösen und zudem die bisherigen Regelungen in der Brüssel I-VO[253] ersetzen; der sachliche Anwendungsbereich der Brüssel I-VO wie auch der EuVTVO soll entsprechend eingeschränkt werden.[254] Nach dem Entwurf ist die Verordnung anwendbar auf alle Unterhaltsverpflichtungen aus einem Familienverhältnis oder Beziehungen, die eine ähnliche Wirkung entfalten (Art. 1 Entw.). Hierdurch werden etwa auch Lebenspartnerschaften und nichteheliche Lebensgemeinschaften einbezogen, soweit das anwendbare Sachrecht hieraus Unterhaltsverpflichtungen herleitet. Unterhaltsstatut soll grundsätzlich das Recht am gewöhnlichen Aufenthalt des Unterhaltsberechtigten sein. In Beibehaltung des Günstigkeitsprinzips wird aber subsidiär auf die lex fori bzw. das Recht der engsten Verbindung verwiesen (Art. 13 Entw.). Wesentliche Neuerung gegenüber dem Haager Abkommen und Art. 18 EGBGB ist, dass der Unterhaltsverpflichtete den Anspruch des Unterhaltsberechtigten in bestimmten Fällen unter Berufung auf ein anderes Recht bestreiten kann; in Betracht kommen das Recht der gemeinsamen Staatsangehörigkeit, das Recht am gewöhnlichen Aufenthalt des Unterhaltsverpflichteten sowie im Falle von Ehegatten das Recht, zu dem die Eheschließung den engsten Bezug aufweist (Art. 15 Entw.).

II. Anspruchsberechtigte

78 Die Vorschrift über den sachlichen Anwendungsbereich des Haager Übereinkommens (Art. 1) wurde nicht in Art. 18 EGBGB übernommen. Insbesondere sieht Art. 18 I EGBGB keine Beschränkung auf be-

---

[250] MüKo/*Siehr*, Art. 18 Anh. I Rn. 15.

[251] S. bereits § 1 Rn. 81.

[252] KOM (2005) 649 end. Zur deutschen Übersetzung vgl. *Dörner*, IPRax 2006, 550–552.

[253] Dazu unten Rn. 94–94 a.

[254] Vgl. § 3 Rn. 194–201 sowie 270 c.

stimmte Anspruchsberechtigte vor. Demgegenüber bestimmt Art. 1 Haager Übereinkommen, dass das Abkommen auf die Unterhaltspflichten anzuwenden ist, „die sich aus Beziehungen der Familie, Verwandtschaft, Ehe oder Schwägerschaft ergeben, einschließlich der Unterhaltspflicht gegenüber dem nichtehelichen Kind". Art. 18 EGBGB erstreckt sich jedenfalls auf die in Art. 1 Haager Übereinkommen genannten Personengruppen. Ob darüber hinaus auch andere Unterhaltsansprüche erfasst werden, ist umstritten. Diskutiert wird dies namentlich für Unterhaltspflichten gegenüber Pflegekindern oder dem Partner in einer nichtehelichen Lebensgemeinschaft.

1. Pflege- und Stiefkinder

Soweit Pflege- oder Stiefkinder keine familienrechtlichen Beziehungen zu ihren Pflege- **79** oder Stiefeltern haben, werden sie vom Wortlaut des Art. 1 Haager Übereinkommen nicht erfasst. Teilweise wird vertreten, dass Unterhaltsansprüche gleichwohl unter das Haager Übereinkommen, jedenfalls aber unter Art. 18 EGBGB fallen, der keine Beschränkung auf verwandtschaftliche Beziehungen vorsieht.[255] – Art. 18 EGBGB steht im Abschnitt „Familienrecht". Der sachliche Anwendungsbereich von Art. 18 EGBGB geht daher nicht weiter als Art. 1 Haager Übereinkommen. Eine analoge Anwendung von Art. 18 EGBGB erscheint jedoch interessengerecht.

2. Nichteheliche Lebensgemeinschaft[256]

Ein Teil des Schrifttums[257] sieht familienrechtliche Unterhaltsansprüche **80** gegen den nichtehelichen Partner als vom Haager Unterhaltsabkommen erfasst an. Die überwiegende Meinung lehnt diese Ausdehnung des Anwendungsbereichs eines internationalen Abkommens jedoch ab.[258] Umstritten ist, ob Art. 18 EGBGB Anwendung findet. Teilweise wird der Unterhaltsanspruch gegen den nichtehelichen Lebenspartner direkt unter Art. 18 EGBGB subsumiert: Art. 18 EGBGB enthalte keine Beschränkung auf bestimmte Unterhaltsberechtigte oder -verpflichtete; daher gelte er auch für Unterhaltsansprüche nichtehelicher Partner.[259] Es müsse sich jedoch um familienrechtsähnliche, nicht um schuldrechtliche Ansprüche handeln.[260] Andere beschränken den Anwendungsbereich des Art. 18 EGBGB dagegen strikt auf die in Art. 1 Haager Übereinkom-

---

[255] *Henrich,* Internationales Familienrecht, S. 178; MüKo/*Siehr,* Art. 18 Anh. I Rn. 45–47; a. A.: *Ferid,* IPR, § 8 Rn. 385.

[256] Für die registrierte gleichgeschlechtliche Lebensgemeinschaft beachte Art. 17 b I 2 EGBGB; s. dazu oben Rn. 73 g.

[257] MüKo/*Siehr,* Art. 18 Anh. I Rn. 38, 183; Staudinger/*Mankowski* (2003), Art. 18 Rn. 9–11, Art. 18 Anh. I Rn. 112 f.

[258] *Looschelders,* Art. 18 Rn. 8; AnwK/*Gruber,* Art. 18 Rn. 49.

[259] *Henrich,* Internationales Familienrecht, S. 49.

[260] *Reng,* Unterhaltsansprüche aufgrund nichtehelicher Lebensgemeinschaft (1994), S. 108.

men genannten familienrechtlichen Beziehungen und schließen Ansprüche aus nichtehelicher Lebensgemeinschaft aus. [261]
Sachgerecht erscheint eine analoge Anwendung von Art. 18 EGBGB: [262] Unterhaltsansprüche nichtehelicher Partner sind, auch bei funktioneller Qualifikation,[263] keine Ansprüche aus „Familienrecht"; indes liegt ein der Ehe vergleichbares Rechtsverhältnis vor.

III. Qualifikation. Vorfrage

81 Art. 18 EGBGB umfasst Unterhaltspflichten aller Art, die der Sicherung der Versorgung dienen. Aus Art. 1 Haager Übereinkommen lässt sich nur entnehmen, dass es sich um familienrechtliche Ansprüche handeln muss. Umstritten ist, ob die französische „prestation compensatoire" (Ausgleichszahlung nach Auflösung der Ehe) zum Unterhalt i.S.d. Art. 18 EGBGB zählt;[264] nicht dazu gehören die Zuweisung von Ehewohnung und Hausrat im Scheidungsfall[265] sowie erbrechtliche Ansprüche. – Bei deliktischen Schadensersatzansprüchen ist zu unterscheiden: Sie gehören als solche nicht zu den Unterhaltspflichten; die bei einem deliktischen Anspruch auftretende Vorfrage, ob eine Unterhaltspflicht (etwa zwischen Ehegatten) bestand, ist jedoch dem Unterhaltsstatut zu entnehmen.

Beispiel:[266] Bei einer Gasexplosion im Badezimmer seiner Wohnung stirbt der türkische Vater zweier Kinder. Diese klagen gegen die Stadt auf Schadensersatz für entgangenen und künftig entgehenden Unterhalt. – Die Stadt haftet aus Delikt; die in § 844 II BGB aufgeworfene Vorfrage, ob der Vater gegenüber den Kindern unterhaltspflichtig war, richtet sich nach dem Unterhaltsstatut.

Vertragliche Ansprüche sind grundsätzlich nicht vom Unterhaltsstatut erfasst, sondern dem Vertragsstatut unterstellt. Eine Ausnahme gilt dann, wenn die vertragliche Vereinbarung eine gesetzliche Verpflichtung zur Unterhaltszahlung modifiziert. Hier bestimmt das Unterhaltsstatut über die Zulässigkeit einer solchen Vereinbarung.[267]

82 Das Unterhaltsstatut entscheidet über Bestehen und Ausmaß des Unterhaltsanspruchs (Art. 18 VI Nr. 1 EGBGB), also darüber, ob und in welcher Höhe ein Unterhaltsanspruch besteht. Der Unterhalt soll den Lebensbedarf des Unterhaltsberechtigten sichern. Dabei werden sowohl „die Bedürfnisse des Berechtigten" als auch „die wirtschaftlichen

---

[261] Palandt/*Heldrich*, Art. 18 Rn. 15.

[262] *von Bar*, IPR II, Rn. 120; *Looschelders*, Art. 18 Rn. 8.

[263] Hierzu § 6 Rn. 27–30.

[264] Als ehegüterrechtlich qualifiziert von *OLG Karlsruhe* 18. 1. 1989, IPRax 1990, 406 m. Anm. *Hausmann*, 382–389 = IPRspr 1989 Nr. 110; a. A.: *Henrich,* Internationales Familienrecht, S. 187 f.; *Fuchs,* IPRax 1998, 327–330 (328).

[265] *OLG Köln* 20. 2. 1989, NJW-RR 1989, 646 = IPRspr 1989 Nr. 94.

[266] Sachverhalt nach *BGH* 30. 9. 1986, NJW-RR 1987, 147 = IPRspr 1986 Nr. 90.

[267] *Henrich,* Internationales Familienrecht, S. 187.

Verhältnisse des Unterhaltsverpflichteten" berücksichtigt (Art. 18 VII EGBGB).

Fall:[268] Der in Warschau lebende Pole S macht gegenüber seinem in Deutschland lebenden Vater Unterhalt geltend. – Auf den Unterhaltsanspruch ist polnisches Recht anwendbar (Art. 18 I 1 EGBGB). Der Bedarf des Kindes richtet sich nach den Verhältnissen seines Aufenthaltsortes (Art. 18 VI Nr. 1 EGBGB). Dabei werden jedoch auch die günstigeren wirtschaftlichen Verhältnisse des Vaters in Deutschland berücksichtigt (Art. 18 VII EGBGB). Die Gerichte gehen vermehrt dazu über, von den Bedarfssätzen der „Düsseldorfer Tabelle" einen gewissen Abzug vorzunehmen.[269]

Das Unterhaltsstatut bestimmt den Unterhaltspflichtigen: Damit werden regelmäßig *Vorfragen* wie das Bestehen der Ehe, die eheliche bzw. nichteheliche Abstammung oder das wirksame Zustandekommen einer Adoption aufgeworfen. Insbesondere im Hinblick auf die Abstammung ist umstritten, wie solche Vorfragen anzuknüpfen sind. Zum Teil wird die Auffassung vertreten, dass es aufgrund des Art. 18 VI Nr. 1 EGBGB für Unterhaltsansprüche genügt, wenn die familienrechtliche Beziehung nach den Sachnormen des Unterhaltsstatuts vorliegt; im Ergebnis wird das präjudizielle Statusverhältnis damit nicht als Vorfrage angeknüpft, sondern als Teilfrage des Unterhaltsanspruchs behandelt.[270] Hat der Unterhaltsberechtigte seinen gewöhnlichen Aufenthalt im Inland, so wird die Vaterschaft nach inländischem Recht festgestellt.

83–84

Fall:[271] Die Spanierin F ist mit einem Deutschen verheiratet, von dem sie sich nach einigen Jahren trennte; eine Scheidung ist bislang nicht erfolgt. F lebt mit ihrem neuen deutschen Partner P und dem gemeinsamen Sohn S, der gleichfalls die deutsche Staatsangehörigkeit hat, in Bremen. P hat die Vaterschaft vor dem deutschen Konsulat in Malaga anerkannt. S verlangt von P Unterhalt. – Unterhaltsstatut ist deutsches Recht (Art. 18 V EGBGB). Die Vorfrage der Wirksamkeit des Vaterschaftsanerkenntnisses unterliegt gleichfalls deutschem Recht (Art. 18 VI Nr. 1 EGBGB). S hat danach – vor rechtskräftiger Ehelichkeitsanfechtung – keinen Anspruch gegen P, da der Ehemann der Mutter gemäß § 1592 Nr. 1 BGB Vater des Kindes ist.

Nach a. A. sollen solche Vorfragen selbständig bzw. alternativ in favorem alimenti angeknüpft werden.[272] Wiederum andere befürworten eine unselbständige Vorfragenanknüpfung.[273] Gerade im Geltungsbereich internationaler Übereinkommen (hier: Haager Unterhaltsübereinkommen) gebietet das Ziel einer einheitlichen Anwendung in den Vertragsstaaten (internationaler Entscheidungseinklang) indes die unselbständige Anknüpfung von Vorfragen.[274]

---

[268] *OLG Düsseldorf* 10. 11. 1986, FamRZ 1987, 195 m. Anm. *Henrich* und *Bytomski,* 511–516 = IPRspr 1986 Nr. 70; Soergel/*Kegel*, Art. 18 Rn. 34–44.

[269] Z. B. *OLG Zweibrücken* 10. 3. 1998, FamRZ 1999, 33 = IPRspr 1998 Nr. 85; *OLG Koblenz* 9. 6. 2000, FamRZ 2002, 56 = IPRspr 2001 Nr. 75.

[270] Zum Meinungsstand vgl. Staudinger/*Mankowski* (2003), Anh. I zu Art. 18 Rn. 18.

[271] *LG Dortmund* 31. 8. 1989, NJW-RR 1990, 12 = IPRspr 1989 Nr. 118.

[272] AnwK/*Gruber*, Art. 18 EGBGB Rn. 71–78; MüKo/*Siehr*, Art. 18 Anh. I Rn. 242–249.

[273] *Andrae*, Internationales Familienrecht, § 8 Rn. 68.

[274] Hierzu § 6 Rn. 64.

Beispiel: Der Deutsche M heiratet in Frankreich die Griechin F nach griechisch-orthodoxem Ritus. Nachdem sie nach Griechenland zurückgekehrt ist, begehrt F von M vor einem deutschen Gericht Unterhalt. – Unterhaltsstatut ist gemäß Art. 18 I 1 EGBGB griechisches Recht. Danach schuldet der Ehemann der Ehefrau Unterhalt. Wird die Vorfrage der wirksamen Ehe zwischen M und F selbständig nach Art. 13 EGBGB angeknüpft, so besteht keine wirksame Ehe;[275] auch ein Unterhaltsanspruch besteht folglich nicht. Bei unselbständiger Anknüpfung nach griechischem IPR ist die Ehe hingegen wirksam geschlossen worden (Art. 13 I 2 griech. ZGB); F hat gegen M einen Anspruch auf Unterhalt.

85   Das Unterhaltsstatut entscheidet gemäß Art. 18 VI Nr. 2 EGBGB über die Durchsetzung des Anspruchs, insbesondere die elterliche Vertretung beim Unterhaltsanspruch eines Kindes,[276] und nach Art. 18 VI Nr. 3 EGBGB über das Ausmaß der Erstattungspflicht an öffentliche Einrichtungen, die an den Unterhaltsberechtigten Mittel gewährt haben.[277]

IV. Anwendbares Recht

86   Art. 18 I, II EGBGB sehen verschiedene Anknüpfungsmomente vor, die im Verhältnis der *Subsidiarität*[278] zueinander stehen (Anknüpfungsleiter); Ziel ist die materiellrechtliche Begünstigung des Unterhaltsberechtigten (favor alimenti).[279] Im Übrigen enthält Art. 18 EGBGB Sonderregeln für besondere Gruppen von Unterhaltsberechtigten (Verwandte in der Seitenlinie, nachehelicher Unterhalt).

1. Überwiegender Inlandsbezug

87   Die Prüfung beginnt zweckmäßigerweise mit Art. 18 V EGBGB, der bei entsprechendem Inlandsbezug eine vorrangige Anknüpfung an das deutsche Recht statuiert.[280] Auf den Unterhaltsanspruch kommt danach deutsches Recht zur Anwendung, wenn Unterhaltsberechtigter und -verpflichteter Deutsche sind und der Unterhaltsverpflichtete seinen gewöhnlichen Aufenthalt im Inland hat. Auf den Aufenthaltsort des Berechtigten kommt es nicht an.

Beispiel: Der in Spanien lebende Deutsch-Spanier C macht gegenüber seinem Vater, der Deutscher ist und in Deutschland lebt, Unterhaltsansprüche geltend. – Fraglich ist, ob deutsches Recht auf den Unterhaltsanspruch anwendbar ist: Stellt man auf die effektive Staatsangehörigkeit des C ab, ist dies zu verneinen;[281] geht man hingegen

---

[275] Vgl. oben Rn. 14.
[276] *Henrich,* Internationales Familienrecht, S. 199f.
[277] *Henrich,* Internationales Familienrecht, S. 200f.
[278] Hierzu allgemein § 5 Rn. 118.
[279] Krit.: *von Bar,* IPR II, Rn. 290.
[280] *Lüderitz,* IPR, Rn. 399; *von Bar,* IPR II, Rn. 282.
[281] So MüKo/*Siehr,* Art. 18 Anh. I Rn. 361.

gemäß Art. 5 I 2 EGBGB von der deutschen Staatsangehörigkeit des C aus, so ist Unterhaltsstatut das deutsche Recht.[282] Da Art. 18 EGBGB das Haager Übereinkommen übernimmt, besteht kein genereller Vorrang der deutschen Staatsangehörigkeit.[283] Somit ist auf die effektive spanische Staatsangehörigkeit des C abzustellen; Art. 18 V EGBGB greift nicht ein. Nach Art. 18 I 1 EGBGB ist spanisches Recht anwendbar.

Liegt ein Inlandsbezug im Sinne des Art. 18 V EGBGB nicht vor, so ist **88** zu entscheiden, um welche Art der Unterhaltsverpflichtung es sich handelt. Art. 18 I, II EGBGB sprechen allgemein von Unterhaltspflichten und meinen damit den Ehegattenunterhalt sowie Ansprüche von Verwandten in gerader Linie; auf Unterhaltsansprüche aus nichtehelicher Lebensgemeinschaft ist Art. 18 I EGBGB analog anzuwenden.[284] Art. 18 III EGBGB sieht Sonderregeln für Unterhaltsansprüche zwischen Verwandten in der Seitenlinie und Verschwägerten vor. Art. 18 IV EGBGB regelt den nachehelichen Unterhaltsanspruch.

2. Ehegatten und Verwandte in gerader Linie

Auf Unterhaltsansprüche zwischen Ehegatten – während der Ehe – und **89** Verwandten in gerader Linie findet das Recht des Staates Anwendung, in dem derjenige, der den Unterhalt begehrt, seinen gewöhnlichen Aufenthalt hat (Art. 18 I 1 EGBGB); denn sein Bedarf lässt sich am besten nach dem Recht bemessen, das ihn umgibt. Art. 18 I 1 EGBGB ordnet ausdrücklich eine Sachnormverweisung an („Sachvorschriften").

Fall:[285] Die Deutsche T, die mit ihrer Mutter in Gießen lebt, verlangt von ihrem gleichfalls in Deutschland lebenden indischen Vater Unterhalt; die Ehe der Eltern ist geschieden. Nach Rechtshängigkeit des Unterhaltsanspruchs übersiedelt T mit ihrer Mutter nach Ohio (USA).

Die Voraussetzungen für eine Anwendung des Art. 18 V EGBGB liegen nicht vor. Gemäß Art. 18 I 1 EGBGB ist das Recht am gewöhnlichen Aufenthaltsort des Kindes anzuwenden. Solange T ihren gewöhnlichen Aufenthalt in Deutschland hatte, war deutsches Recht auf den Anspruch anwendbar. Begründet T in den USA einen neuen gewöhnlichen Aufenthalt (*Statutenwechsel*), so ist „vom Zeitpunkt des Aufenthaltswechsels an das innerstaatliche Recht des neuen gewöhnlichen Aufenthalts anzuwenden" (Art. 4 II Haager Übereinkommen). Das Unterhaltsstatut ist somit *wandelbar.*

Die Wandelbarkeit des Unterhaltsstatuts endet, wenn ein rechtskräftiger **90** Titel vorliegt. Ein Wechsel des gewöhnlichen Aufenthalts kann dann nur noch über die Abänderungsklage (§ 323 ZPO) berücksichtigt werden.[286]

Gewährt das Sachrecht am gewöhnlichen Aufenthalt des Berechtigten **91** überhaupt keinen Unterhalt, wird subsidiär auf das gemeinsame Hei-

[282] So *Kropholler*, IPR, S. 379 f.
[283] Hierzu allgemein § 5 Rn. 22 a. E.; a. A. *KG* 7. 9. 2001, FamRZ 2002, 1057 = IPRspr 2001 Nr. 78.
[284] Hierzu oben Rn. 80.
[285] Nach *OLG Karlsruhe* 24. 8. 1989, FamRZ 1990, 313 = IPRspr 1989 Nr. 117.
[286] *von Bar*, IPR II, Rn. 287.

matrecht von Antragsteller und Antragsgegner (Art. 18 I 2 EGBGB), wiederum hilfsweise auf deutsches Recht abgestellt (Art. 18 II EGBGB). Die Anknüpfungskaskade dient dem Schutz des Unterhaltsberechtigten (favor alimenti).

Beispiel: Der in New York lebende 25-jährige deutsche Student S begehrt von seinem in Frankreich lebenden deutschen Vater Unterhalt. – Das Recht von New York (Art. 18 I 1 EGBGB) kennt keine gesetzliche Unterhaltpflicht von Eltern gegenüber Kindern, die älter als 21 Jahre sind.[287] Gemäß Art. 18 I 2 EGBGB ist daher auf das gemeinsame deutsche Heimatrecht abzustellen. Danach ist eine Unterhaltspflicht des Vaters grundsätzlich gegeben (§§ 1601 ff. BGB).

Fall:[288] Die deutsche Ehefrau A und ihr italienischer Mann B haben sich getrennt, leben aber beide weiterhin in Italien. A begehrt von B für das in Deutschland anhängige Scheidungsverfahren Prozesskostenvorschuss. – Das italienische Recht als das Recht des gewöhnlichen Aufenthalts des Unterhaltsberechtigten kennt keinen Anspruch auf Prozesskostenvorschuss. Gleichwohl kommt eine subsidiäre Anknüpfung an deutsches Recht gemäß Art. 18 II EGBGB nicht in Betracht, denn es genügt hierfür nicht, dass ein bestimmter Anspruch versagt wird. Vielmehr darf das ausländische Recht, damit die Voraussetzungen des Art. 18 I 2, II EGBGB erfüllt sind, keinerlei Unterhalt gewähren.

3. Verwandte in der Seitenlinie und Verschwägerte

92   Unterhaltpflichten zwischen Verwandten in der Seitenlinie und Verschwägerten richten sich gleichfalls nach dem Recht am gewöhnlichen Aufenthalt des Unterhaltsberechtigten (Art. 18 I 1 EGBGB), subsidiär nach dem gemeinsamen Heimatrecht (Art. 18 I 2 EGBGB). Das deutsche Recht gewährt den betreffenden Personengruppen keinen Unterhaltsanspruch, so dass eine subsidiäre Anknüpfung nach Art. 18 II EGBGB ausscheidet. Der Verpflichtete kann dem geltend gemachten Unterhaltsanspruch nach Art. 18 III EGBGB aber die Einrede[289] entgegenhalten, der Anspruch sei nach dem gemeinsamen Heimatrecht oder – wenn ein solches fehlt – nach seinem Aufenthaltsrecht nicht begründet. Diese Einschränkung wurde vorgenommen, da es nur wenige Rechtsordnungen gibt, die einen Unterhaltsanspruch zwischen derartigen Verwandten vorsehen, und der Verpflichtete nicht unbillig belastet werden sollte.[290]

Beispiel: Der Deutsche A, der seit einigen Jahren in Italien lebt, verlangt von seinem Bruder W, der ebenfalls Deutscher ist und in Deutschland lebt, Unterhalt. – Das italienische Recht sieht in Art. 433 Nr. 6 codice civile einen Unterhaltsanspruch gegenüber „voll- und halbbürtigen Geschwistern" vor. Dem geltend gemachten Anspruch

---

[287] Domestic Relations Law § 32 [2], McKinney's Consolidated Laws of New York Annotated, Book 14, 1999; *Breslaw v. Breslaw,* 548 N.Y.S. 2d 815 (N.Y. App. Div. 1989).

[288] KG 23. 7. 1987, IPRax 1988, 234 m. Anm. *von Bar,* 220–222 = IPRspr 1987 Nr. 70.

[289] *Kropholler,* IPR, S. 380; MüKo/*Siehr,* Art. 18 Anh. I Rn. 148.

[290] Palandt/*Heldrich,* Art. 18 Rn. 11.

kann W aber entgegenhalten, dass das deutsche Recht als gemeinsames Heimatrecht der Brüder keine Unterhaltsverpflichtung unter Geschwistern kennt (Art. 18 III EGBGB).

4. Nachehelicher Unterhalt

Art. 18 IV EGBGB weicht von der Regelanknüpfung des Art. 18 I 1 **93** EGBGB ab: Die Unterhaltspflicht zwischen geschiedenen Ehegatten unterliegt dem Scheidungsstatut, sofern die Scheidung im Inland ausgesprochen oder anerkannt worden ist. Scheidungs- und damit Unterhaltsstatut ist das Recht, das vom Richter auf die Scheidung angewandt wurde, im Konfliktfall also nicht – wie beim Versorgungsausgleich (Art. 17 III 1 EGBGB) – das Recht, das das Gericht nach Art. 17 EGBGB auf die Scheidung hätte anwenden müssen.[291]

Fall:[292] Die Ehegatten sind deutsche Staatsangehörige. Sie lebten über viele Jahre in Deutschland und übersiedelten dann in die Dominikanische Republik, wo sie nach dortigem Recht geschieden wurden. Die Scheidung wurde im Inland anerkannt. Nach Deutschland zurückgekehrt, begehrt die Ehefrau von ihrem geschiedenen Mann, der mittlerweile in den USA lebt und arbeitet, nachehelichen Unterhalt. – Das Unterhaltsbegehren der Frau richtet sich nach dem Recht der Dominikanischen Republik, obwohl bei einer Inlandsscheidung deutsches Recht Scheidungsstatut gewesen wäre.

Durch Unterstellung unter das Scheidungsstatut wird das Unterhaltsstatut der geschiedenen Ehegatten unwandelbar. Damit wird ausgeschlossen, dass der Unterhalt begehrende geschiedene Ehegatte seinen Anspruch durch Umzug in eine „unterhaltsfreundliche" Rechtsordnung erweitert. Allerdings kann der Ausschluss nachehelichen Unterhalts im ausländischen Recht im Einzelfall gegen den deutschen ordre public verstoßen.[293]

Bei einer Trennung ohne Auflösung des Ehebandes (z. B. Trennung von Tisch und Bett) bzw. Nichtig- oder Ungültigerklärung der Ehe wird dasjenige Recht auf die Unterhaltsansprüche angewendet, nach welchem die Trennung, Nichtig- oder Ungültigerklärung durchgeführt worden ist.[294]

V. Internationale Zuständigkeit sowie Anerkennung und Vollstreckung

Der Unterhaltsberechtigte kann wählen, ob er in seinem Wohnsitzstaat **94** oder im Wohnsitzstaat des Unterhaltsverpflichteten klagt (Art. 5 Nr. 2,

---

[291] Hierzu: *von Bar*, IPR II, Rn. 293.

[292] *BGH* 27. 3. 1991, NJW 1991, 2212 = IPRspr 1991 Nr. 106.

[293] *OLG Düsseldorf* 9. 11. 1994, FamRZ 1995, 885 = IPRspr 1994 Nr. 97; *OLG Zweibrücken* 5. 7. 1996, FamRZ 1997, 93 = IPRspr 1996 Nr. 4 (belgisches Recht).

[294] Hierzu oben Rn. 48.

2 I Brüssel I-VO bzw. LugÜ; §§ 23 a, 12, 13 ZPO).[295] Wird der Unterhaltsanspruch im Zusammenhang mit der Scheidung geltend gemacht, so gelten außerhalb des räumlich-persönlichen Anwendungsbereichs von Brüssel I-VO bzw. LuGÜ die Vorschriften über die *Verbundszuständigkeit.*[296]

Das *New Yorker UN-Übereinkommen über die Geltendmachung von Unterhaltsansprüchen im Ausland* vom 20. 6. 1956[297] ist ein Rechtshilfeabkommen, das jedoch nicht im Verhältnis zu den USA gilt. Der Erleichterung der Durchsetzung von Unterhaltsansprüchen im anglo-amerikanischen Raum dient das *Auslandsunterhaltsgesetz.*[298]

94 a Die Anerkennung und Vollstreckung einer Entscheidung, die in einem EU-Mitgliedstaat ergangen ist, richtet sich nach Art. 33 I, 38 Brüssel I-VO. Für die übrigen EWR-Staaten gelten Art. 25 ff. LugÜ. Parallel zu den beiden Haager Übereinkommen in Unterhaltssachen wurden das *Haager Übereinkommen über die Anerkennung und Vollstreckung von Entscheidungen auf dem Gebiet der Unterhaltspflicht gegenüber Kindern* vom 15. 4. 1958[299] und das *Haager Übereinkommen über die Anerkennung und Vollstreckung von Unterhaltsentscheidungen* vom 2. 10. 1973[300] von Deutschland ratifiziert. Zu Letzterem erging 1988 ein deutsches Ausführungsgesetz, das 2001 neu verkündet wurde.[301] Greift keines dieser Abkommen ein, richtet sich die Anerkennung des ausländischen Urteils nach § 328 ZPO, die Vollstreckung nach § 722 ZPO.[302] Dies gilt auch dann, wenn der Ausspruch zum Kindesunterhalt in einem Scheidungsurteil enthalten ist, das seinerseits nach Art. 7 § 1 FamRÄndG anzuerkennen ist.[303] Ist ein ausländisches Urteil im Inland anzuerkennen, kann bei veränderten Umständen eine Abänderung des ausländischen Unterhaltstitels erfolgen.[304]

G. Kindschaftsrecht

95 Im Internationalen Kindschaftsrecht kommt verfahrensrechtlichen Fragen eine herausgehobene Bedeutung zu. Neben der internationalen Zu-

---

[295] Hierzu § 3 Rn. 56.

[296] Hierzu oben Rn. 67 a; Soergel/*Kegel,* Art. 18 Rn. 60–63.

[297] BGBl. 1959 II S. 150 = *Jayme/Hausmann,* Nr. 220; in Kraft seit dem 19. 8. 1959.

[298] Gesetz zur Geltendmachung von Unterhaltsansprüchen im Verkehr mit ausländischen Staaten v. 19. 12. 1986 (BGBl. I S. 2563) = *Jayme/Hausmann,* Nr. 234; in Kraft seit dem 1. 1. 1987; dazu: *Bach,* FamRZ 1996, 1250–1254.

[299] BGBl. 1961 II S. 1006 = *Jayme/Hausmann,* Nr. 180; in Kraft seit dem 1. 1. 1962. Es gilt nur noch im Verhältnis zu Belgien, Liechtenstein, Österreich, Surinam und Ungarn.

[300] BGBl. 1986 II S. 826 = *Jayme/Hausmann,* Nr. 181; in Kraft seit dem 1. 4. 1987.

[301] Gesetz zur Ausführung zwischenstaatlicher Verträge und zur Durchführung von Verordnungen der Europäischen Gemeinschaft auf dem Gebiet der Anerkennung und Vollstreckung in Zivil- und Handelssachen (AVAG) v. 19. 2. 2001 (BGBl. I S. 288, geändert durch Gesetz v. 26. 1. 2005, BGBl. I S. 162) = *Jayme/Hausmann,* Nr. 160 a.

[302] Hierzu § 3 Rn. 158–176, 179–181.

[303] *BGH* 14. 2. 2007 NJW-RR 2007, 722 = FamRZ 2007, 717.

[304] *BGH* 1. 6. 1983, IPRax 1984, 320 m. Anm. *Spellenberg,* 304–308 = *Schack,* Höchstrichterliche Rechtsprechung, Nr. 48 = IPRspr 1983 Nr. 95. Str. ist, ob das ausländische Recht die Abänderung zulassen muss; vgl. *Henrich,* Internationales Familienrecht, S. 217–219.

ständigkeit sowie der Anerkennung und Vollstreckung ausländischer Entscheidungen betrifft dies insbesondere die internationale Zusammenarbeit, etwa bei Schutzmaßnahmen zugunsten von Kindern oder bei der Rückführung entführter Kinder (legal kidnapping). Internationale Übereinkommen auf diesem Gebiet wie namentlich das Haager Minderjährigenschutzabkommen (MSA) von 1961 sowie das bald an dessen Stelle tretende Haager Kinderschutzübereinkommen (KSÜ) von 1996 erklären häufig die lex fori für maßgeblich, knüpfen das in der Sache anwendbare Recht also an die internationale Zuständigkeit an (Gleichlaufprinzip). Daraus erklärt sich die beherrschende Stellung, welche die Neufassung der Brüssel II-VO seit ihrem Inkrafttreten am 1. 3. 2005 einnimmt.

I. EG-Verordnung über die Zuständigkeit und die Anerkennung und Vollstreckung von Entscheidungen in Ehe- und Kindschaftssachen (Brüssel II-VO)

Literatur: *Bauer,* Neues internationales Verfahrensrecht im Licht der Kinderentführungsfälle, IPRax 2002, 179–186; *Busch,* Schutzmaßnahmen für Kinder und der Begriff der „elterlichen Verantwortung" im internationalen und europäischen Recht – Anmerkungen zur Ausweitung der Brüssel II-Verordnung, IPRax 2003, 218–222; *Coester-Waltjen,* „Brüssel II" und das Haager Kindesentführungsübereinkommen, FS W. Lorenz (2001), S. 305–314; *Looschelders,* Die Europäisierung des internationalen Verfahrensrechts für Entscheidungen über die elterliche Verantwortung, JR 2006, 45–51; *McEleavy,* Brussels II bis: Matrimonial Matters, Parental Responsibility, Child Abduction and Mutual Recognition, IntCompLQuart 53 (2004), 503–512; *A. Schulz,* Die Verordnung (EG) Nr. 2201/2003 (Brüssel II a) – eine Einführung, NJW Beilage zu Heft 18/2004, 2–5; *dies.,* Die Zeichnung des Haager Kinderschutzübereinkommens von 1996 und der Kompromiss zur Brüssel II a-Verordnung, FamRZ 2003, 1351–1354.

1. Hintergrund und Entwicklung

Während sich die ursprüngliche Fassung der Brüssel II-VO,[305] welche am 1. 3. 2001 in Kraft getreten war, in ihrem sachlichen Anwendungsbereich auf mit der Ehescheidung verbundene Sorgerechtsentscheidungen (Annexzuständigkeit) beschränkte,[306] regelt die neue, erweiterte Fassung vom 27. 11. 2003[307] umfassend auch die internationale Zuständigkeit **96**

---

[305] VO (EG) Nr. 1347/2000 des Rates v. 29. 5. 2000 über die Zuständigkeit und die Anerkennung und Vollstreckung von Entscheidungen in Ehesachen und in Verfahren betreffend die elterliche Verantwortung für die gemeinsamen Kinder der Ehegatten (ABl. EG Nr. L 160/19).

[306] Hierzu oben Rn. 63 f.

[307] VO (EG) Nr. 2201/2003 des Rates v. 27. 11. 2003 über die Zuständigkeit und die Anerkennung und Vollstreckung von Entscheidungen in Ehesachen und in Verfahren betreffend die elterliche Verantwortung und zur Aufhebung der VO (EG) Nr. 1347/2000 (ABl. EG Nr. L 338/1 = *Jayme/Hausmann,* Nr. 162).

sowie die Anerkennung und Vollstreckung ausländischer Entscheidungen in isolierten Verfahren betreffend die elterliche Verantwortung. Mit deren Inkrafttreten am 1. 3. 2005 hat namentlich das Haager Minderjährigenschutzabkommen (MSA) von 1963 erheblich an Bedeutung eingebüßt.

2. Anwendungsbereich

a) Sachlicher Anwendungsbereich

97 Für Entscheidungen in Sorgerechtssachen ist die Brüssel II-VO gemäß Art. 1 I lit. b Brüssel II-VO sachlich anwendbar auf Verfahren, die die Zuweisung, die Ausübung, die Übertragung sowie die vollständige oder teilweise Entziehung der elterlichen Verantwortung zum Gegenstand haben. Als Beispiele zählt Abs. 2 folgende Materien auf:
– Sorgerecht und Umgangsrecht
– Vormundschaft, Pflegschaft und vergleichbare Institute
– Bestimmung und Aufgabenbereich einer Person bzw. Stelle, die für die Person oder das Vermögen des Kindes verantwortlich ist, dieses vertritt oder ihm beisteht
– Unterbringung des Kindes in Pflegefamilie oder Heim
– Maßnahmen zum Schutz des Kindes im Zusammenhang mit Verwaltung und Erhaltung seines Vermögens oder der Verfügung darüber.
Ausdrücklich vom Anwendungsbereich ausgeschlossen sind nach Abs. 3 z. B. Abstammung (lit. a), Adoption (lit. b), Kindesname (lit. c) sowie Unterhaltspflichten (lit. e).

Im deutschen Recht fallen zunächst die Verfahrensgegenstände des § 621 I Nr. 1–3 ZPO[308] in den Anwendungsbereich der VO, also die Regelung der elterlichen Sorge, die Regelung des Umgangs mit dem Kind sowie die Herausgabe des Kindes. Dazu zählen weiterhin die gerichtliche Übertragung der Entscheidungsbefugnis auf einen Elternteil bei Meinungsverschiedenheiten (§ 1628 BGB), die Entziehung der elterlichen Sorge bei Gefährdung des Kindeswohls (§§ 1666, 1666a BGB) oder die Entziehung der Vertretungsmacht (§ 1629 II 3 BGB), die Einschränkung der elterlichen Sorge bei Pflegerbestellung (§ 1630 III BGB) sowie die Übertragung der elterlichen Sorge bei Tod eines Elternteils (§§ 1680 II–III, 1681 BGB).[309] Schließlich werden auch Vormundschaft (§§ 1773 ff. BGB) und Pflegschaft (§ 1909 BGB) erfasst.

b) Räumlich-persönlicher Anwendungsbereich

98 aa) *Zuständigkeitsregeln.* Obgleich der gewöhnliche Aufenthalt des Kindes Grundlage für die Regelzuständigkeit nach Art. 8 Brüssel II-VO

---

[308] Zöller/*Philippi*, § 621 ZPO Rn. 79a m. w. Nachw.
[309] Weitere Beispiele bei *Kropholler*, IPR, S. 391.

ist, setzt die VO im Unterschied zu Art. 3 der ursprünglichen Fassung für ihre Anwendbarkeit nicht mehr voraus, dass das Kind seinen gewöhnlichen Aufenthalt in einem Mitgliedstaat hat. Somit ist eine Berufung auf die besonderen Gerichtsstände nach Art. 10, 12 und 13 II Brüssel II-VO auch bei Kindern mit gewöhnlichem Aufenthalt in einem Drittstaat möglich.

bb) Anerkennung und Vollstreckung. Die Vorschriften über die Aner- **98a** kennung und Vollstreckung sind stets anwendbar, wenn die Entscheidung eines mitgliedstaatlichen Gerichts in Rede steht (Art. 21 I bzw. 28 I Brüssel II-VO).

3. Entscheidungszuständigkeit

a) Allgemeiner Gerichtsstand

Für Entscheidungen über die elterliche Verantwortung sind gemäß **99** Art. 8 I Brüssel II-VO grundsätzlich die Gerichte am gewöhnlichen Aufenthaltsort des Kindes zuständig. Die bereits nach altem Recht (Art. 1 MSA; §§ 43, 35 b FGG) allgemein anerkannte Zuständigkeitsregel dient dem Kindeswohl, da die Gerichte im Aufenthaltsstaat aufgrund ihrer Sachnähe am besten in der Lage scheinen, die Interessen des Kindes zu wahren.

Beispiele: Lebt ein deutsches Kind in Frankreich, so sind nach Art. 8 I Brüssel II-VO allein französische Gerichte für die Sorgerechtsentscheidung zuständig. Etwas anderes gilt lediglich dann, wenn die Eltern des Kindes in Deutschland geschieden werden und eine Sorgerechtsregelung im Verbund wünschen (Art. 12 I Brüssel II-VO).[310] – Dagegen sind deutsche Gerichte nach Art. 8 I Brüssel II-VO für Sorgerechtsentscheidungen gegenüber einem ägyptischen Kind mit gewöhnlichem Aufenthalt in Deutschland zuständig, obwohl Ägypten kein Mitgliedstaat ist.

Mit einem rechtmäßigen Wechsel des gewöhnlichen Aufenthalts tritt auch eine Änderung der internationalen Zuständigkeit ein. Dies gilt selbst dann, wenn ein Verfahren bereits anhängig ist.[311] Verlegt das Kind seinen gewöhnlichen Aufenthalt nach Einleitung eines Sorgerechtsverfahrens in einen *Nicht-Mitgliedstaat,* so fehlt es regelmäßig an einer Zuständigkeit nach der Brüssel II-VO, und das autonome deutsche Recht entscheidet, ob die Zuständigkeit der deutschen Gerichte fortdauert *(perpetuatio fori)* oder ob deutsche Gerichte nicht mehr zuständig sind. Hier sind im Einzelfall Sachnähe des Gerichts und inländisches Fürsorgebedürfnis für das Kind gegeneinander abzuwägen.[312] Für die fort-

---

[310] Hierzu oben Rn. 63 f.

[311] Gegen eine perpetuatio fori im Falle des MSA bereits: *BGH* 5. 6. 2002, BGHZ 151, 63 = NJW 2002, 2955 = FamRZ 2002, 1182 = IPRax 2003, 145 m. Anm. *Bauer,* 135–140. Etwas anderes gilt nach Art. 12 II Brüssel II-VO für den Fall der Annexzuständigkeit.

[312] § 3 Rn. 71.

dauernde Zuständigkeit deutscher Gerichte sprechen die deutsche Staatsangehörigkeit des Kindes sowie ein im Inland rechtshängiges Scheidungsverfahren der Eltern. Dagegen spricht der gewöhnliche Aufenthalt des Kindes in dem neuen Staat, die Sachnähe des dortigen Gerichts sowie die Vermeidung hinkender Rechtsverhältnisse.

Fall: Die Ehegatten (Ehemann: Schwede; Ehefrau: Norwegerin) leben mit ihren norwegischen Kindern seit Jahren in Deutschland. Nach der Trennung machen sie ein Sorgerechtsregelungsverfahren in Deutschland anhängig. Anschließend verzieht die Frau mit den Kindern nach Norwegen.

Solange die Kinder ihren gewöhnlichen Aufenthalt in Deutschland hatten, waren deutsche Gerichte gemäß Art. 8 I Brüssel II-VO für die Sorgerechtsentscheidung zuständig. Nach Verlagerung des gewöhnlichen Aufenthalts nach Norwegen, wo die Kinder nach sechsmonatigem Aufenthalt sozial integriert sind, entfällt die Zuständigkeit deutscher Gerichte. Der Grundsatz der perpetuatio fori ist nicht anwendbar.[313]

99 a   Bei einem *Aufenthaltswechsel* von einem Mitgliedstaat in einen anderen verbleibt indes die Zuständigkeit für die Änderung einer zuvor ergangenen Entscheidung über das Umgangsrecht für eine Übergangszeit von drei Monaten bei den Gerichten des früheren Aufenthaltsstaates, wenn sich der danach umgangsberechtigte Elternteil weiterhin dort aufhält und dieser sich nicht auf das Verfahren im neuen Aufenthaltsstaat einlässt (Art. 9 Brüssel II-VO). Die Regelung findet im Verhältnis zu Drittstaaten keine Anwendung.

Beispiele: Verzogen Vater und minderjährige Tochter – mit Zustimmung der umgangsberechtigten Mutter – von Frankreich nach Deutschland, so bleiben französische Gerichte für die Dauer von drei Monaten für die Änderung der Entscheidung über das Umgangsrecht zuständig. – Im Falle eines Zuzugs aus der Schweiz tritt eine solche Zuständigkeitssperre nicht ein.

Im Falle des *widerrechtlichen Verbringens* oder Zurückhaltens eines Kindes bleiben hingegen grundsätzlich die Gerichte am vormaligen Aufenthaltsort zuständig (Art. 10 Brüssel II-VO). Dies gilt nur dann nicht, wenn das Kind einen neuen gewöhnlichen Aufenthalt in einem anderen Mitgliedstaat begründet hat und die sorgeberechtigte Person dem Aufenthaltswechsel zustimmt oder aber einer der Tatbestände der lit. b erfüllt ist; hiernach ist insbesondere Voraussetzung, dass die sorgeberechtigte Person innerhalb angemessener Zeit[314] nicht die erforderlichen Schritte zur Rückgabe des Kindes unternommen hat bzw. diese erfolglos geblieben sind und dass sich das Kind in seiner neuen Umgebung bereits eingelebt hat.[315] Art. 11 Brüssel II-VO ergänzt im Verhältnis der Mitgliedstaaten

---

[313] So: *KG* 5. 11. 1997, NJW 1998, 1565 = IPRax 1998, 274 m. Anm. *Henrich*, 247–249 = IPRspr 1997 Nr. 209; *OLG Celle* 2. 1. 1991, FamRZ 1991, 1221 = IPRspr 1991 Nr. 114; a. A.: *OLG München* 16. 9. 1992, IPRax 1994, 42 (43) m. Anm. *H. Roth*, 19–21 (20) = IPRspr 1992 Nr. 137.

[314] Ein Jahr nach Kenntnis bzw. Kennenmüssen des Sorgeberechtigten vom neuen Aufenthaltsort des Kindes.

[315] Vgl. *BGH* 22. 6. 2005, BGHZ 163, 248 = NJW 2005, 3424.

zueinander die Regeln der Art. 12f. HKEntfÜ über die Kindesrückgabe; hierzu unten Rn. 118a.

Art. 13 Brüssel II-VO schließlich begründet eine Hilfszuständigkeit am **99b** einfachen Aufenthaltsort des Kindes, wenn dessen gewöhnlicher Aufenthalt nicht feststellbar ist oder es sich bei den Kindern um Flüchtlinge bzw. Vertriebene handelt.

Für die Bestimmung des gewöhnlichen Aufenthalts gelten die allgemei- **99c** nen Regeln.[316] Der gewöhnliche Aufenthalt des Kindes wird nicht vom Aufenthalt des Sorgeberechtigten abgeleitet, sondern selbständig ermittelt.[317] Problematisch ist die Bestimmung des gewöhnlichen Aufenthalts des Kindes in *Entführungsfällen*. Auf die Rechtmäßigkeit der Verlegung des Aufenthalts kommt es nicht an.[318] Vielmehr wird darauf abgestellt, ob bereits eine Integration in das neue soziale Umfeld stattgefunden hat. Indizien hierfür sind etwa die Beherrschung der fremden Sprache, Schulbesuch oder Freundschaften. Ein gewöhnlicher Aufenthalt des Kindes wird in der Regel nach sechsmonatigem Aufenthalt in einem Staat zu bejahen sein;[319] dies gilt jedoch nicht, wenn das Kind vor Ort nicht integriert ist, etwa weil es nach seiner Entführung versteckt gehalten wurde.[320]

b) Zuständigkeitsvereinbarung

Art. 12 III Brüssel II-VO lässt im Falle isolierter Sorgerechtsentschei- **100** dungen[321] eine Zuständigkeitsvereinbarung der Verfahrensbeteiligten durch Anrufung eines mitgliedstaatlichen Gerichts zu, wenn eine wesentliche Bindung des Kindes – etwa in Form des gewöhnlichen Aufenthalts eines Sorgeberechtigten oder der Staatsangehörigkeit des Kindes – zu diesem Mitgliedstaat besteht und die Zuständigkeit im Einklang mit dem Kindeswohl ist. Letzteres ist nach Abs. 4 regelmäßig dann der Fall, wenn der Aufenthaltsstaat des Kindes nicht Vertragsstaat des KSÜ ist und „sich ein Verfahren in dem betreffenden Drittstaat als unmöglich erweist".

c) Forum non conveniens

Gemäß Art. 15 Brüssel II-VO kann das an sich zuständige Gericht in **101** Ausnahmefällen im Interesse des Kindeswohls das Verfahren aussetzen

---

[316] S. hierzu § 5 Rn. 72–83.

[317] *BGH* 29. 10. 1980, BGHZ 78, 293 (296) = IPRspr 1980 Nr. 94.

[318] *OLG Hamm* 16. 5. 1991, NJW 1992, 636 = IPRspr 1991 Nr. 118; dazu auch § 5 Rn. 83.

[319] *BGH* 29. 10. 1980, BGHZ 78, 293 (301) = IPRspr 1980 Nr. 94; *OLG Frankfurt* 5. 8. 1998, NJW 1998, 3206 = IPRspr 1998 Nr. 93, verneint den gewöhnlichen Aufenthalt bei dreimonatigem Aufenthalt in Deutschland nach Entführung.

[320] *OLG Hamm* 6. 5. 1985, IPRax 1986, 45 (LS) m. Anm. *Henrich* = IPRspr 1985 Nr. 90.

[321] Zur Annexzuständigkeit nach Art. 12 I, II Brüssel II-VO oben Rn. 63 f.

und die Parteien einladen, das Gericht eines anderen Mitgliedstaates anzurufen, das seiner Ansicht nach besser in der Lage ist, den Fall zu beurteilen (Abs. 1 lit. a, 4); alternativ kann es unmittelbar das betreffende Gericht ersuchen, sich für zuständig zu erklären (Abs. 1 lit. b, 5). Voraussetzung ist in beiden Fällen eine besondere Bindung des Kindes zu dem anderen Mitgliedstaat (vgl. Abs. 3). Die Vorschrift erscheint als Konzession an die common law-Staaten und findet ihr Vorbild in Art. 8 f. KSÜ.

d) Restzuständigkeit

102 Ein Rückgriff auf Zuständigkeitsnormen außerhalb der Brüssel II-VO, sei es auf solche in völkerrechtlichen Verträgen (MSA, KSÜ), sei es auf solche des autonomen Prozessrechts, ist nach Art. 14 Brüssel II-VO nur dann zulässig, wenn sich aus den Art. 8 bis 13 Brüssel II-VO keine Zuständigkeit eines mitgliedstaatlichen Gerichts ergibt. Damit kommt diesen nur mehr geringe Bedeutung zu.

4. Lösung positiver Kompetenzkonflikte. Einstweilige Maßnahmen

103 Im Hinblick auf die Lösung positiver Kompetenzkonflikte gilt wie bei Ehesachen die Prioritätsregel (Art. 19 II Brüssel II-VO).[322]

Zur Zuständigkeit für Maßnahmen des vorläufigen Rechtsschutzes s. oben Rn. 65 a.

5. Anerkennung und Vollstreckung

104 Zur Anerkennung und Vollstreckung von in einem anderen Mitgliedstaat ergangenen Entscheidungen s. oben Rn. 66 f.

Eine entscheidende Neuerung stellen die Sonderregelungen der Art. 40–43 Brüssel II-VO dar, die für bestimmte Sorgerechtsentscheidungen (vgl. Art. 40 I Brüssel II-VO) eine vereinfachte Vollstreckbarkeit ermöglichen. Betroffen hiervon sind zum einen Entscheidungen über das Umgangsrecht, zum anderen Entscheidungen über die Kindesrückgabe i. S. von Art. 11 VIII Brüssel II-VO.[323] Wird in diesen Fällen eine Bescheinigung des Ursprungsstaates nach Art. 41 I bzw. 42 I Brüssel II-VO vorgelegt, so sind die Entscheidungen solchen des Vollstreckungsstaates gleichgestellt: Eine Vollstreckbarerklärung ist nicht erforderlich; die Anerkennung darf nicht verweigert werden.[324]

---

[322] Vgl. oben Rn. 65.
[323] Hierzu unten Rn. 118 a.
[324] Näher hierzu A. Schulz, NJW Beilage zu Heft 18/2004, 2–5 (4).

II. Haager Minderjährigenschutzabkommen

Literatur: *Andrae,* Zur Abgrenzung des räumlichen Anwendungsbereichs von Ehe-VO, MSA, KSÜ und autonomem IZPR/IPR, IPRax 2006, 82–89; *Lagarde,* La nouvelle convention de La Haye sur la protection des mineurs, Rev crit dr int priv 1997, 217–237; *Mottl,* Aufenthalts- und Gefährdungszuständigkeit nach dem Haager Minderjährigenschutzabkommen im Vergleich, IPRax 1994, 60–63; *Pirrung,* Das Haager Kinderschutz-Übereinkommen vom 19. Oktober 1996, FS Rolland (1999), S. 277–290; *Roth/Döring,* Das Haager Abkommen über den Schutz von Kindern, JBl 1999, 758–772; *Siehr,* Die Rechtslage der Minderjährigen im internationalen Recht und die Entwicklung in diesem Bereich, FamRZ 1996, 1047–1052; *Sturm,* Stellungnahme zum Vorentwurf eines Übereinkommens über den Schutz von Kindern, IPRax 1997, 10–14.

1. Praktische Bedeutung

Das *Haager Übereinkommen über die Zuständigkeit der Behörden und* **105** *das anzuwendende Recht auf dem Gebiete des Schutzes von Minderjährigen* vom 5. 10. 1961 (MSA)[325] hatte in der kindschaftsrechtlichen Praxis lange Zeit überragende Bedeutung. Durch die jüngeren europarechtlichen Entwicklungen hat es diese indes weitgehend eingebüßt. Seit dem 1. 3. 2005 erfasst die Brüssel II-VO nunmehr auch isolierte Entscheidungen betreffend die elterliche Verantwortung[326] und deckt somit den sachlichen Anwendungsbereich des MSA in vollem Umfang ab. Aufgrund des Vorrangs der VO (vgl. Art. 60 lit. a Brüssel II-VO) kommen die Kompetenzregeln des MSA nur noch im Rahmen der Restzuständigkeit nach Art. 14 Brüssel II-VO zum Zuge. Von praktischer Bedeutung sind danach allein diejenigen Zuständigkeitsregeln des MSA, welche nicht auf den gewöhnlichen Aufenthalt des Kindes abstellen (dann: Art. 8 I Brüssel II-VO), und dies auch nur in jenen Fällen, in denen keinerlei sonstige Zuständigkeit nach der Brüssel II-VO gegeben ist.

Beispiel: Eine Berufung auf die Zuständigkeit der Heimatbehörden nach Art. 4 MSA oder die Eilzuständigkeit nach Art. 9 MSA ist weiterhin möglich, wenn der Minderjährige seinen gewöhnlichen Aufenthalt nicht in einem Mitgliedstaat hat und auch keine der sonstigen Zuständigkeiten nach Art. 9, 10, 12 oder 13 Brüssel II-VO eingreift.

Die kollisionsrechtlichen Bestimmungen des MSA behalten hingegen **105a** ihre praktische Relevanz. Gemäß Art. 1 MSA sind die Behörden (Gerichte, Verwaltungsbehörden) des Staates, in dem der Minderjährige seinen gewöhnlichen Aufenthalt hat, dafür zuständig, Maßnahmen zum Schutz der Person und des Vermögens des Minderjährigen zu treffen. Art. 1 MSA enthält also eine Vorschrift über die *internationale Zuständigkeit.*

---

[325] BGBl. 1971 II S. 219 = *Jayme/Hausmann,* Nr. 54; in Kraft seit dem 17. 9. 1971.
[326] Zum sachlichen Anwendungsbereich oben Rn. 97.

Nach Art. 2 MSA wenden die Behörden in der Folge die lex fori, also das Recht des Aufenthaltsstaates des Minderjährigen an (Gleichlaufprinzip). Art. 2 MSA ist eine *Kollisionsnorm*, die in ihrem Anwendungsbereich die Art. 21 und 24 EGBGB verdrängt. Die Brüssel II-VO regelt derzeit ausschließlich die internationale Zuständigkeit, nicht aber das auf die elterliche Sorge anwendbare Recht; deshalb bezieht sich ihr Vorrang nach Art. 60 lit. a Brüssel II-VO auch nicht auf Kollisionsregeln. Dies und der internationale Entscheidungseinklang sprechen für einen Rückgriff auf das MSA zur Bestimmung des anwendbaren Rechts. Danach ist grundsätzlich an den gewöhnlichen Aufenthalt des Minderjährigen anzuknüpfen.[327] Ein Rückgriff auf die autonomen Kollisionsnormen hätte dagegen zur Folge, dass das bereits erreichte Maß an Rechtsvereinheitlichung wieder zerstört würde. Dies gilt erst recht nach der geplanten Ablösung des MSA durch das KSÜ, da dieses von sämtlichen Mitgliedstaaten ratifiziert werden soll.[328]

Beispiel: Ein italienisches Ehepaar mit gewöhnlichem Aufenthalt in Deutschland beantragt vor italienischen Gerichten die Trennung von Tisch und Bett. Gleichzeitig wird eine Entscheidung über das Sorgerecht für den 5-jährigen Sohn angestrebt. – Bei Rückgriff auf die Art. 5, 15 KSÜ zur Bestimmung des anwendbaren Rechts wird es künftig für die Sachentscheidung ohne Bedeutung sein, ob das Sorgerechtsverfahren am deutschen Aufenthaltsort des Kindes (Art. 8 I Brüssel II-VO) oder im Verbundverfahren vor den für die Ehesache zuständigen italienischen Gerichten durchgeführt wird (Art. 12 I Brüssel II-VO). Bei Rückgriff auf das autonome Kollisionsrecht würde hingegen von deutschen Gerichten an den gewöhnlichen Aufenthalt des Kindes (Art. 21 EGBGB), von italienischen an dessen Staatsangehörigkeit angeknüpft (Art. 36 ital. IPRG).

2. Anwendungsbereich

a) Räumlich-persönlicher Anwendungsbereich

106   Voraussetzung für die Anwendung des MSA ist zunächst, dass ein *Minderjähriger* betroffen ist. Ob eine Person minderjährig ist, bestimmen nach Art. 12 MSA kumulativ das Heimatrecht und das Recht am gewöhnlichen Aufenthalt. Ist sie nach einem dieser Rechte nicht als minderjährig anzusehen, scheidet die Anwendung des MSA aus.

Beispiele: Ein 18-jähriger Österreicher, der in Deutschland lebt, ist nicht minderjährig im Sinne des MSA, obgleich er nach seinem Heimatrecht erst mit 19 Jahren volljährig wird. Daher werden Schutzmaßnahmen nach dem gemäß Art. 21 EGBGB anwendbaren Recht und nicht nach dem MSA ergriffen. – Die verheiratete 17-jährige Luxemburgerin, die in Deutschland lebt, ist nicht minderjährig im Sinne des MSA, da nach ihrem Heimatrecht der Grundsatz „Heirat macht mündig" gilt.

106a   Der Minderjährige muss seinen *gewöhnlichen Aufenthalt* in einem Vertragsstaat haben. Entscheidend für die Anwendung des MSA ist also

---

[327] So auch *AG Leverkusen* 10. 1. 2002, FamRZ 2002, 1636.
[328] Hierzu unten Rn. 110.

nicht die Staatsangehörigkeit des Minderjährigen, sondern sein gewöhnlicher Aufenthalt: Liegt dieser in einem Vertragsstaat, entscheiden die Behörden aufgrund des MSA; liegt er in einem Nicht-Vertragsstaat, sind die autonomen Vorschriften über die Zuständigkeit und das anwendbare Recht maßgeblich.

b) Sachlicher Anwendungsbereich

Hat der Minderjährige seinen gewöhnlichen Aufenthalt in einem Vertragsstaat, so können die Behörden dieses Landes Schutzmaßnahmen für ihn ergreifen. *Schutzmaßnahmen* sind solche Maßnahmen, die die Rolle der Eltern ergänzen oder ersetzen.[329] Der sachliche Anwendungsbereich entspricht somit weitgehend jenem der Brüssel II-VO.[330] **107**

3. Ex-lege-Gewaltverhältnis

Gemäß Art. 3 MSA ist ein Gewaltverhältnis, das nach dem Heimatrecht **108** des Minderjährigen besteht, in allen Vertragsstaaten anzuerkennen. Damit wird ein Kompromiss zwischen Aufenthalts- und Staatsangehörigkeitsprinzip geschaffen. Zu den „Gewaltverhältnissen" zählt insbesondere die elterliche Sorge.

Die Auslegung von Art. 3 MSA war nicht immer unumstritten:[331] Die **108a** Rechtsprechung folgt der *Heimatrechtstheorie;*[332] dieser Ansicht hat sich nunmehr auch die herrschende Lehre angeschlossen. Danach schließt ein ex-lege-Gewaltverhältnis die Zuständigkeit der Behörden des Aufenthaltsstaats nicht aus. Lässt das Heimatrecht einen Eingriff in das ex-lege-Gewaltverhältnis zu, dürfen Schutzmaßnahmen nach dem Recht des Aufenthaltsstaates getroffen werden. Das Heimatrecht darf also der Schutzmaßnahme nicht entgegenstehen.

Fall:[333] Die Eltern eines tunesischen Kindes (Vater: Tunesier; Mutter: Italienerin) leben getrennt in Deutschland. Der Mutter wurde das Sorgerecht für das Kind übertragen. Der Vater legt dagegen Beschwerde ein und beruft sich auf seine Rechtsstellung nach tunesischem Recht.
Der BGH überprüfte das tunesische Recht auf seinen Inhalt; denn Art. 3 MSA gewähre keinen weiter gehenden Schutz, als ihn das Heimatrecht des Minderjährigen vorsehe. Nach tunesischem Recht ist bei Getrenntleben der Ehegatten ein Eingriff in die Rechte des Vaters möglich; dann ist auch die Übertragung der alleinigen elterlichen Sorge auf die Mutter nach deutschem Recht zulässig.

---

[329] Beispiele bei Staudinger/*Kropholler* (2003), Vorbem. zu Art. 19 Rn. 48–88. Umstritten ist, ob auch die vormundschaftliche Genehmigung dazu gehört; vgl. *Henrich*, Internationales Familienrecht, S. 264 f.
[330] So auch *Kropholler*, IPR, S. 394.
[331] Vgl. hierzu 6. Aufl., § 8 Rn. 100.
[332] *BGH* 11. 4. 1984, IPRax 1985, 40 m. Anm. *Jayme*, 23 f. = IPRspr 1984 Nr. 81.
[333] *BGH* 11. 4. 1984, IPRax 1985, 40 m. Anm. *Jayme*, 23 f. = IPRspr 1984 Nr. 81.

108b	Ist der Minderjährige *Mehrstaater,* so ist nur das ex-lege-Gewaltverhältnis des Heimatrechts der effektiven Staatsangehörigkeit zu beachten; Art. 5 I 2 EGBGB findet im Anwendungsbereich des völkerrechtlichen Vertrages MSA keine Anwendung.[334] Mitunter besteht jedoch zu keinem Heimatrecht eine engere persönliche Beziehung.

Fall:[335] Das Kind besitzt – wie die Mutter – die niederländische und die ungarische Staatsangehörigkeit, hat seinen gewöhnlichen Aufenthalt jedoch in Deutschland. Dort ist es geboren und aufgewachsen; es spricht nur Deutsch. Das Kind hat weder Beziehungen zu den Niederlanden noch zu Ungarn. – Eine effektive Staatsangehörigkeit ist hier nicht festzustellen; keinem der Heimatrechte kann ein Vorrang eingeräumt werden. Daher ist zu ermitteln, ob sich unter Anwendung beider Heimatrechte ein ex-lege-Gewaltverhältnis ergibt. Schließen sich die Regelungen beider Heimatrechte gegenseitig aus, ist keines der Gewaltverhältnisse zu berücksichtigen.

108c	Mitunter kann bei den in einigen islamischen Rechtsordnungen festgelegten gesetzlichen Gewaltverhältnissen des Vaters über das Kind ein Verstoß gegen den *ordre public* vorliegen (Art. 16 MSA).

108d	Umstritten ist, ob es sich bei Art. 3 MSA um eine *eigenständige Kollisionsnorm* handelt, die auch außerhalb der Anordnung von Schutzmaßnahmen anwendbar ist. Zwei Auffassungen stehen sich gegenüber: Nach einer Ansicht ist lediglich Art. 2 i. V. m. Art. 1 MSA eine Kollisionsnorm; Art. 3 MSA ist danach nur dann zu beachten, wenn es um konkrete Schutzmaßnahmen nach Art. 1, 2 MSA geht.[336] Die Gegenmeinung fasst Art. 3 MSA als eigenständige Kollisionsnorm auf:[337] Ein nach dem Heimatrecht vorgesehenes gesetzliches Gewaltverhältnis solle stets beachtet werden. Der BGH hat den Streit im Sinne der ersten Auffassung entschieden:[338]

Fall: Die Tochter einer französischen Staatsangehörigen, Vater unbekannt, wird in Deutschland geboren. Nach französischem Recht steht das Kind unter dem alleinigen und unbeschränkten Sorgerecht der Mutter, während nach deutschem Recht auf Antrag der Mutter eine Beistandschaft des Jugendamtes entsteht (§ 1714 BGB). Mutter und Tochter haben ihren gewöhnlichen Aufenthalt in Deutschland.

Das Entstehen der Beistandschaft ist keine behördliche Maßnahme im Sinne der Art. 1, 2 MSA, da sie zwar einen Antrag bedingt, aber ex lege entsteht. Nach Ansicht des BGH ist Art. 3 MSA nicht anwendbar, französisches Recht somit unbeachtlich. Das Entstehen des gesetzlichen Gewaltverhältnisses der Beistandschaft richtet sich

---

[334] Hierzu allgemein § 5 Rn. 22 a. E.; a. A.: *BGH* 24. 4. 2000, NJWE-FER 2000, 278 = IPRspr 2000 Nr. 80.

[335] *OLG München* 4. 11. 1986, IPRax 1988, 32 m. Anm. *Mansel,* 22 f. = IPRspr 1986 Nr. 82.

[336] So die Rspr.; Nachw. bei *von Bar,* IPR II, Rn. 340 (Fn. 1234); Soergel/*Kegel,* Vor Art. 19 Rn. 27 bzw. Art. 24 Rn. 24.

[337] Staudinger/*Kropholler* (2003), Vorbem. zu Art. 19 Rn. 286; *Henrich,* Internationales Familienrecht, S. 241–244.

[338] *BGH* 2. 5. 1990, BGHZ 111, 199 = IPRax 1991, 254 m. Anm. *Sturm,* 231–235 = *Schack,* Höchstrichterliche Rechtsprechung, Nr. 29 = IPRspr 1990 Nr. 143.

folglich gemäß Art. 21 EGBGB nach dem Aufenthaltsrecht des Kindes,[339] hier also nach deutschem Recht.

Von der Qualifikation des Art. 3 MSA hängt insbesondere ab, ob dieser im Rahmen von Art. 12 I Brüssel II-VO zur Beantwortung der Erstfrage herangezogen werden kann, ob einer der Ehegatten die elterliche Verantwortung für das Kind hat, für das eine Sorgerechtsentscheidung im Scheidungsverbund beantragt wird.[340]

4. Besondere Zuständigkeiten

a) Eingreifen der Heimatbehörden (Art. 4 MSA)

Wenn das Wohl des Minderjährigen es „erfordert", können auch die Behörden seines **109** Heimatstaates Maßnahmen ergreifen (Art. 4 I MSA). Erforderlich ist, dass sie die Behörden des Aufenthaltsstaates zuvor verständigt haben. Die Regelung hat innerhalb des MSA Ausnahmecharakter und ist deshalb eng auszulegen.[341] Bei Mehrstaatern, die auch die deutsche Staatsangehörigkeit haben, besteht im Rahmen des Art. 4 MSA kein Vorrang der deutschen Staatsangehörigkeit, da Art. 5 I 2 EGBGB bei internationalen Abkommen keine Anwendung findet (bestr.).[342] Unnötige Zuständigkeitskonkurrenzen werden so vermieden.[343]

Fall:[344] Die von ihrem Ehemann getrennt lebende Mutter eines Mädchens, das die deutsche wie die türkische Staatsangehörigkeit und seinen gewöhnlichen Aufenthalt in der Türkei hat, beantragt in Deutschland die Übertragung der elterlichen Sorge.

Eine Zuständigkeit mitgliedstaatlicher Gerichte nach dem Regelwerk der Brüssel II-VO besteht nicht. Somit können im Rahmen der Restzuständigkeit nach Art. 14 Brüssel II-VO die Zuständigkeitsregeln des MSA herangezogen werden. Fraglich ist, ob die internationale Zuständigkeit deutscher Gerichte auf Art. 4 MSA gestützt werden kann. Der BGH führt dazu aus: „Auch im Rahmen des Art. 4 MSA muss bei Mehrstaatern mit deutscher Staatsangehörigkeit – wie regelmäßig für die internationale Zuständigkeit – die deutsche Staatsangehörigkeit den Ausschlag geben. (…) Es wäre mit unverzichtbaren Grundsätzen des deutschen Verfassungsrechts nicht vereinbar, wenn deutsche Gerichte und Behörden einem deutschen Minderjährigen den Mindestschutz des Art. 4 I MSA nur deshalb nicht gewähren können, weil er zusätzlich zu der deutschen Staatsangehörigkeit noch eine andere Staatsangehörigkeit besitzt."

---

[339] Palandt/*Heldrich*, Art. 21 Rn. 5; a. A.: MüKo/*Klinkhardt*, Art. 24 Rn. 51; *Andrae*, Internationales Familienrecht, § 6 Rn. 108, die die Anknüpfung an den gewöhnlichen Aufenthalt des Kindes einer hinter § 1717 BGB versteckten Kollisionsnorm entnehmen wollen.

[340] Hierzu oben Rn. 63 a.

[341] *Henrich*, Internationales Familienrecht, S. 272.

[342] Vgl. hierzu § 5 Rn. 22.

[343] *Rauscher*, IPRax 1985, 214–216 (216); *OGH* 19. 12. 1989, IPRax 1992, 176 m. Anm. *Mottl*, 178–183; a. A.: *BGH* 18. 6. 1997, NJW 1997, 3024 = FamRZ 1997, 1070 (1072) = IPRspr 1997 Nr. 99; *Henrich*, Internationales Familienrecht, S. 273; MüKo/*Siehr*, 3. Aufl. (1998), Art. 19 EGBGB Anh. I Rn. 219; vgl. ferner *Fuchs/ Hau/Thorn*, Fälle zum IPR, S. 132–135.

[344] *BGH* 18. 6. 1997, NJW 1997, 3024 = FamRZ 1997, 1070 = IPRspr 1997 Nr. 99.

Überzeugender ist es indes, entsprechend dem Willen des Gesetzgebers Art. 5 I 2 EGBGB in Fragen der internationalen Zuständigkeit weder anzuwenden noch den Rechtsgedanken entsprechend heranzuziehen.[345]

Die Behörden des Heimatstaates des Kindes wenden ihr eigenes Recht an (Art. 4 I, II MSA) und sorgen für die Durchführung der getroffenen Maßnahmen (Art. 4 III MSA). Sie können aber auch dem Aufenthaltsstaat die Durchführung der Maßnahmen übertragen (Art. 6 MSA). Sind Vollstreckungshandlungen erforderlich, richtet sich deren Umsetzung nach innerstaatlichem Recht oder völkerrechtlichen Verträgen (Art. 7 S. 2 MSA). Die Maßnahmen des Heimatstaates ersetzen zuvor getroffene Maßnahmen des Aufenthaltsstaates (Art. 4 IV MSA).

b) Gefährdung des Minderjährigen (Art. 8 MSA)

109 a   Die Behörden des Aufenthaltsstaates des Minderjährigen sind – ohne Rücksicht auf ein nach dessen Heimatrecht bestehendes ex-lege-Gewaltverhältnis – befugt, Maßnahmen zum Schutz des Minderjährigen zu treffen, wenn dessen Person oder Vermögen „ernstlich gefährdet" sind. Nach der Heimatrechtstheorie[346] ist ein Rückgriff auf Art. 8 MSA meist nicht erforderlich.[347] Der Begriff der ernstlichen Gefährdung ist eng auszulegen:[348] Darunter fallen Lebensgefahr, drohende Entführung und schwere Vernachlässigung des Minderjährigen. Die ernstliche Gefährdung des Kindeswohls muss nicht bereits vorliegen; es genügt vielmehr, dass sie bevorsteht.[349] Die Behörden des Aufenthaltsstaates wenden die lex fori an; dies entspricht der Systematik des MSA und dem Eilbedürfnis der Maßnahme.[350]

c) Eilzuständigkeit (Art. 9 MSA)

109 b   Art. 9 MSA geht noch über Art. 8 MSA hinaus und gewährt eine Zuständigkeit der Behörden am schlichten Aufenthalt des Minderjährigen oder am Belegenheitsort seines Vermögens. Voraussetzung ist, dass es sich um einen dringenden Fall handelt (Eilzuständigkeit). Ein Fall ist dringend, wenn Maßnahmen der nach Art. 1 und 4 I MSA zuständigen Behörden nicht vorliegen und auch keine Zeit bleibt, diese abzuwarten.[351] Die Behörden am schlichten Aufenthaltsort sollten möglichst nur provisorische Maßnahmen treffen; dabei steht es ihnen frei, ob sie dies nach der lex fori, dem Recht des gewöhnlichen Aufenthalts oder dem Heimatrecht des Minderjährigen tun.[352]

---

[345] BTDrucks. 10/504, S. 41: „Die Bestimmung ist (...) bewußt für das Internationale Privatrecht formuliert, im internationalen Verfahrensrecht kann die mehrfache Staatsangehörigkeit zu anderen, teilweise erheblich abweichenden Folgen führen."; ausdrücklich gegen den BGH daher: *KG* 5. 11. 1997, IPRax 1998, 274 (275) m. Anm. *Henrich*, 246–249 = IPRspr 1997 Nr. 209. Dazu § 5 Rn. 22.

[346] Vgl. oben Rn. 108 a.

[347] Vgl. *Henrich*, Internationales Familienrecht, S. 273 f.

[348] MüKo/*Siehr*, 3. Aufl. (1998), Art. 19 Anh. I Rn. 308–312.

[349] *BayObLG* 22. 10. 1992, BayObLZ 1992, 301 = FamRZ 1993, 463 = IPRspr 1992 Nr. 138.

[350] Vgl. *OGH* 15. 11. 1990, IPRax 1992, 106 m. Anm. *Zemen*, 120–125; *OGH* 19. 2. 1992, ZfRV 1992, 382.

[351] MüKo/*Siehr*, 3. Aufl. (1998), Art. 19 Anh. I Rn. 326.

[352] MüKo/*Siehr*, 3. Aufl. (1998), Art. 19 Anh. I Rn. 328.

III. Reform: Haager Kinderschutzübereinkommen von 1996

Die ehedem überragende Bedeutung des MSA führte dazu, dass darüber   110
nachgedacht wurde, das Übereinkommen zu verbessern und damit für
weitere Staaten (z. B. aus dem anglo-amerikanischen Rechtskreis, Skan-
dinavien) annehmbar zu machen.

Am 19. 10. 1996 wurde auf der 18. Haager Session der Entwurf des re-
formierten Minderjährigenschutzabkommens beschlossen.[353] Dieses von
35 Staaten unterzeichnete *Haager Übereinkommen über die Zuständigkeit, das anzuwendende Recht, die Anerkennung, Vollstreckung und
Zusammenarbeit auf dem Gebiet der elterlichen Verantwortung und der
Maßnahmen zum Schutz von Kindern* (KSÜ)[354] soll nach seinem Art. 51
das MSA ersetzen. Im Verhältnis der Mitgliedstaaten der Europäischen
Union wird es allerdings von der Brüssel II-VO verdrängt (Art. 61
Brüssel II-VO). Das KSÜ ist am 1. 1. 2002 in Kraft getreten und gilt
derzeit bereits für 13 Staaten, darunter mit Bulgarien, Estland, Lettland,
Litauen, der Slowakei, Slowenien, Tschechien und Ungarn acht Mitglied-
staaten der EU. Ursprünglich war vorgesehen, dass die übrigen Mitgliedstaaten das Übereinkommen gemeinsam ratifizieren.[355] Nach dem Gutachten des EuGH vom 7. 2. 2006 zur Revision des Lugano-Übereinkommens[356] geht die Kommission scheinbar von einer weitreichenden
Außenkompetenz der Gemeinschaft zum Abschluss völkerrechtlicher
Verträge auf dem Gebiet des Kollisionsrechts aus. Deshalb erscheint eine
Ratifikation des Übereinkommens durch die Gemeinschaft nicht ausgeschlossen.[357] Dieses soll deshalb im Folgenden kurz dargestellt werden.

Der Begriff „Minderjährige" wird durch „Kinder" (children, enfants)
ersetzt. Das KSÜ ist sachlich auf Kinder von der Geburt bis zur Vollendung ihres 18. Lebensjahres anwendbar (Art. 2 KSÜ).

Die Zuständigkeit der Behörden am gewöhnlichen Aufenthalt des Kindes (Art. 5 KSÜ) erfährt eine erhebliche Aufwertung. Eine Begrenzung
dieser Zuständigkeit etwa durch ein gesetzliches Gewaltverhältnis nach
dem Heimatrecht (Art. 3 MSA) wird es künftig nicht mehr geben.[358]
Damit wird der Vorrang des Aufenthaltsprinzips vor dem Staatsangehörigkeitsprinzip bekräftigt. Wechselt das Kind seinen gewöhnlichen

---

[353] Text in: Rev crit dr int priv 1996, 813–829.
[354] Abgedruckt bei: *Jayme/Hausmann*, Nr. 55.
[355] Vgl. Beschluss des Europäischen Rates v. 19. 12. 2002, ABl. EG 2003 Nr. L 48/1;
hierzu auch *A. Schulz*, FamRZ 2003, 1351–1354 (1351).
[356] Gutachten 1/03 v. 7. 2. 2006, EurLegForum 2005 I, 312–320; hierzu § 1 Rn. 123 b.
[357] Seit dem 3. 4. 2007 ist die Gemeinschaft Mitglied der Haager Konferenz für IPR;
vgl. hierzu den Beschluss des Rates v. 5. 10. 2006, ABl. EG Nr. L 297/1.
[358] *Siehr*, FamRZ 1996, 1047–1052 (1049); vgl. ferner: *Roth/Döring*, JBl 1999, 758–772
(760 f.).

Aufenthalt, so ist der neue Aufenthaltsstaat für Schutzmaßnahmen zuständig (Art. 5 II KSÜ); etwas anderes gilt nur im Falle der
Entführung des Kindes (Art. 7 KSÜ). Freilich wird den Zuständigkeitsregeln wegen des Vorrangs der Brüssel II-VO kaum praktische Bedeutung zukommen.

Besonderes Gewicht wird auf die internationale Zusammenarbeit der
Behörden gelegt. So können die Behörden am gewöhnlichen Aufenthalt
des Kindes sich an Behörden anderer, in Art. 8 II KSÜ genannter Vertragsstaaten wenden, damit diese Schutzmaßnahmen ergreifen, oder aber
das Verfahren aussetzen und die Parteien ersuchen, in einem anderen
Vertragsstaat ein Verfahren zu beginnen. Umgekehrt können die Behörden der in Art. 8 II KSÜ aufgezählten Vertragsstaaten bei den Behörden
des Aufenthaltsstaates eine Anfrage auf Übernahme der Sache stellen
(Art. 9 I KSÜ). Darin liegt – eine Konzession an die common law-
Staaten – eine Fortentwicklung des forum non conveniens-Gedan-
kens.[359] Die Regelung war Vorbild für Art. 15 Brüssel II-VO.

110a Auch im Rahmen der Brüssel II-VO von Bedeutung sind die Bestimmungen des KSÜ zum anwendbaren Recht. Gemäß Art. 15 I KSÜ
wendet ein Vertragsstaat grundsätzlich sein eigenes Recht an; somit
kommt es in Verbindung mit den Zuständigkeitsnormen regelmäßig
zur Anwendung des Rechts am gewöhnlichen Aufenthalt des Kindes.
Nur ausnahmsweise ist das Recht des Staates maßgeblich, mit dem der
Sachverhalt eine enge Verbindung aufweist (Art. 15 II KSÜ). Auch gesetzliche Gewaltverhältnisse unterstehen fortan dem Recht des gewöhnlichen Aufenthalts (Art. 16 I KSÜ).[360] Eine dem Art. 12 EGBGB entsprechende Regelung hält schließlich der neue Art. 19 KSÜ bereit, der
den Dritten schützt, der im Vertrauen auf die nach dem Recht des
Abschlussortes bestehende Vertretungsmacht ein Geschäft mit einer im
Namen des Kindes handelnden Person abgeschlossen hat.

IV. „Legal Kidnapping"

Literatur: *Bach/Gildenast*, Internationale Kindesentführung (1999); *Bruch*, Das Haager Kindesentführungsübereinkommen: Erreichte Fortschritte, künftige Herausfor-
derungen, DEurFamR 1999, 40–45; *Krüger*, Das Haager Übereinkommen über die
zivilrechtlichen Aspekte internationaler Kindesentführung, MDR 1998, 694–697;
A. Schulz, Die Verordnung (EG) Nr. 2201/2003 (Brüssel II a) – eine Einführung, NJW
Beilage zu Heft 18/2004, 2–5; *Winkler von Mohrenfels*, Der Kindeswille im Rahmen
des Haager Kindesentführungsübereinkommens, FS Geimer (2002), S. 1527–1538;
Witteborg, Zur Rückführung des Kindes im Rahmen des Haager Kindesentführungsübereinkommens, IPRax 2005, 330–335.

---

[359] Hierzu § 3 Rn. 68.
[360] Hierzu oben Rn. 63 a.

1. Problem

Von „legal kidnapping" spricht man, wenn ein Elternteil, dem nicht das **111** alleinige Sorgerecht zusteht, das Kind in ein anderes Land entführt. Kehrt der nicht sorgeberechtigte Elternteil nach der Trennung oder Scheidung unter Mitnahme des Kindes in seinen Heimatstaat zurück, erhofft er sich davon oft eine für ihn günstigere Sorgerechtsregelung; so kann das „kidnapping" schließlich zum „legal kidnapping" werden.[361] Leidtragender ist das Kind, „das unter der plötzlichen Erschütterung seines Gleichgewichts, dem traumatischen Kontaktverlust zu dem Elternteil, der für seine Erziehung verantwortlich war, und der Unsicherheit und Frustration leidet, die sich aus dem Zwang ergeben, sich einer fremden Sprache, ungewohnten kulturellen Bedingungen und unbekannten Lehrern und Verwandten anzupassen."[362] Internationales „legal kidnapping" erregt die Öffentlichkeit und führt zu diplomatischen Spannungen.[363]

Weder das MSA noch Art. 5 III EGBGB bieten für die Fälle des „legal **112** kidnapping" eine angemessene Regelung, da beide Normenkomplexe davon ausgehen, dass die Anknüpfung an den gewöhnlichen Aufenthalt nicht daran scheitert, dass der Aufenthalt ohne oder gegen den Willen des Kindes begründet wurde.[364]

Um sicherzustellen, dass das Kind möglichst umgehend wieder an seinen bisherigen Aufenthaltsort zurückkehrt und die Entführung des eigenen Kindes dem entführenden Elternteil keinen dauerhaften Erfolg bringt, waren daher besondere Regelungen erforderlich, wie sie erstmals durch das Haager Kindesentführungsübereinkommen und das Europäische Sorgerechtsübereinkommen, jeweils von 1980, geschaffen wurden. Beide Abkommen sind in Deutschland in Kraft. Auch die Brüssel II-VO beinhaltet in ihrer Neufassung von 2003 Sonderregeln für Kindesentführungsfälle, welche grundsätzlich Vorrang vor den völkervertraglichen Regelungen beanspruchen (Art. 60 Brüssel II-VO). Dies betrifft namentlich die Vollstreckung bestimmter Entscheidungen über das Umgangsrecht bzw. die Kindesrückgabe (Art. 40–43 Brüssel II-VO) sowie die Zuständigkeitsvorschrift des Art. 10 Brüssel II-VO[365]. Hingegen ergänzt Art. 11 Brüssel II-VO im Verhältnis der Mitgliedstaaten zueinander Art. 12, 13 HKEntfÜ mit dem Ziel, die Rückgabe entführter Kinder weiter zu erleichtern, was Art. 36 HKEntfÜ ausdrücklich zulässt.

---

[361] *von Bar,* IPR II, Rn. 335.
[362] *Dyer,* zitiert nach: BTDrucks. 11/5314.
[363] Zu jüngeren Konflikten mit den Regierungen der USA und Frankreichs sowie zu politischen Lösungsversuchen vgl. *Däubler-Gmelin,* in: Jb. Bitburger Gespräche 2001, S. 99–109 (102–104).
[364] § 5 Rn. 81 f.
[365] Hierzu bereits oben Rn. 99 a.

2. Haager Kindesentführungsübereinkommen

113 Das *Haager Übereinkommen über die zivilrechtlichen Aspekte internationaler Kindesentführung* vom 25. 10. 1980 (HKEntfÜ) ist für Deutschland am 1. 12. 1990 in Kraft getreten.[366]

a) Anwendungsbereich

Das Übereinkommen regelt nicht die Voraussetzungen einer Sachentscheidung über das Sorgerecht. Vielmehr dienen die darin enthaltenen Rückführungsbestimmungen einzig der einmaligen Wiederherstellung einer tatsächlichen Sachlage (Aufenthaltsort des Kindes) mit Hilfe einer inländischen Rückführungsentscheidung. Nur im Hinblick auf diesen Akt der Rechtshilfe wird auch die Frage der *internationalen Zuständigkeit* der Vertragsstaaten geregelt.[367] Somit kommt es nicht zu einer sachlichen Überschneidung mit den Bestimmungen der Brüssel II-VO.

Die in der Überschrift verwendete Terminologie („internationale Kindesentführung") stimmt im Übrigen nicht mit den im Übereinkommen selbst verwendeten Begriffen überein. Man wollte mit dem Titel eine gewisse Aufmerksamkeit erreichen, im Text jedoch nicht den Eindruck vermitteln, dass es sich um eine „Entführung" handelt.[368]

114 *aa) Räumlich-persönlicher Anwendungsbereich.* Das HKEntfÜ ist gemäß Art. 1 i.V.m. Art. 4 nur dann anwendbar, wenn ein Kind mit gewöhnlichem Aufenthalt[369] in einem Vertragsstaat von dort in einen anderen Vertragsstaat verbracht oder hier zurückgehalten wird.[370] Verlegt der Elternteil, dessen Sorgerecht verletzt wurde, seinen gewöhnlichen Aufenthalt später ebenfalls in den Zufluchtsstaat, so ist das HKEntfÜ nicht mehr anwendbar;[371] rein interne Sachverhalte unterstehen dem jeweiligen nationalen Recht. Bei der Verbringung eines Kindes in einen Nicht-Vertragsstaat ist das Übereinkommen nicht anwendbar, da es auf der Zusammenarbeit der Behörden der Vertragsstaaten aufbaut. Art. 4 S. 2 HKEntfÜ begrenzt den persönlichen Anwendungsbereich des Übereinkommens auf Kinder, die das 16. Lebensjahr noch nicht vollendet haben.

115 *bb) Sachlicher Anwendungsbereich.* Ziel des Übereinkommens ist gemäß Art. 1 lit. a HKEntfÜ, die sofortige *Rückgabe* der Kinder sicherzustel-

---

[366] BGBl. 1991 II S. 329 = *Jayme/Hausmann*, Nr. 222.

[367] MüKo/*Siehr*, Art. 21 Anh. II Rn. 23.

[368] Bericht *Pérez-Vera*, BTDrucks. 11/5314, S. 46.

[369] Zum gewöhnlichen Aufenthalt im Falle eines ständigen Aufenthaltswechsels vgl. *OLG Rostock* 25. 5. 2000, FamRZ 2001, 642 = IPRax 2001, 588 m. Anm. *Baetge*, 573–577 = IPRspr 2000 Nr. 85.

[370] Vgl. auch Bericht *Pérez-Vera*, BTDrucks. 11/5314, S. 47.

[371] *AG Schleswig* 5. 1. 2001, FamRZ 2001, 933 = IPRax 2002, 220 m. Anm. *A. Schulz*, 201–207 = IPRspr 2001 Nr. 93.

len; nach Art. 1 lit. b HKEntfÜ soll gewährleistet werden, dass das tatsächlich bestehende Sorgerecht in anderen Vertragsstaaten beachtet wird. Um die Rückgabe der Kinder sicherzustellen, werden in jedem Vertragsstaat Zentrale Behörden eingerichtet (Art. 6 HKEntfÜ).[372] Diese haben Anträge auf Rückführung der Kinder entgegenzunehmen, den Aufenthaltsort der Kinder zu ermitteln und das Rückgabeverfahren einzuleiten bzw. zu erleichtern (Art. 7 HKEntfÜ).[373] Nur im Ausnahmefall darf der Antrag auf Rückführung des Kindes zurückgewiesen werden (Art. 13, 20 HKEntfÜ). In Deutschland ist der Generalbundesanwalt beim BGH „Zentrale Behörde" im Sinne des Übereinkommens (§ 3 I IntFamRVG[374]).

Entscheidende Voraussetzung für das Eingreifen der Behörden ist die *Wi-* **116** *derrechtlichkeit* des Verbringens oder Zurückhaltens des Kindes (Art. 3 HKEntfÜ): Sie wird durch die Verletzung des *Sorgerechts* (Art. 5 lit. a HKEntfÜ) begründet, aber auch durch eine Verletzung des Rechts auf persönlichen Umgang mit dem Kind (Art. 21 HKEntfÜ).[375] Wem das Sorgerecht zusteht, bestimmt sich nach dem Aufenthaltsrecht des Kindes vor dem „kidnapping" (Art. 3 I lit. a HKEntfÜ). Hierbei handelt es sich um eine Gesamtverweisung,[376] denn der Entscheidungseinklang mit den Gerichten des legitimen Aufenthaltsstaates soll gesichert werden. Das Sorgerecht muss nicht nur bestehen, sondern auch tatsächlich ausgeübt worden sein (Art. 3 I lit. b HKEntfÜ).[377] Üben die Eltern das Sorgerecht gemeinsam aus und lebt das Kind nur bei einem Elternteil, so ist das Personensorgerecht des anderen Elternteils bei einer Entführung auch dann verletzt, wenn es weniger umfassend ist (z. B. Mitspracherecht) als das des überwiegend für das Kind sorgenden Elternteils.[378]

b) Rückgabe von Kindern

Ist ein Kind widerrechtlich verbracht oder zurückgehalten worden und **117** wurde ein entsprechender Antrag gestellt (Art. 8 HKEntfÜ), so ordnet das Gericht oder die Behörde des Staates, in dem sich das Kind befindet, die sofortige Rückgabe des Kindes an (Art. 12 HKEntfÜ). Das Gericht

---

[372] Eine Aufstellung der Zentralen Behörden enthält MüKo/*Siehr,* Art. 21 Anh. II Rn. 26.

[373] BTDrucks. 11/5314, S. 36.

[374] Gesetz zur Aus- und Durchführung bestimmter Rechtsinstrumente auf dem Gebiet des Internationalen Familienrechts, BGBl. 2005 I S. 162 = *Jayme/Hausmann* Nr. 162a.

[375] MüKo/*Siehr,* Art. 21 Anh. II Rn. 42.

[376] Bericht *Pérez-Vera,* BTDrucks. 11/5314, S. 48; MüKo/*Siehr,* Art. 21 Anh. II Rn. 29; Staudinger/*Pirrung* (1994), Vorbem. zu Art. 19 Rn. 639; *Andrae,* Internationales Familienrecht, § 6 Rn. 213.

[377] Hierzu: *OLG Zweibrücken* 15. 11. 2000, FamRZ 2001, 643 = IPRspr 2000 Nr. 90; *OLG Rostock* 4. 7. 2001, NJW-RR 2001, 1448 = IPRax 2002, 218 m. Anm. *Siehr,* 199 f. = IPRspr 2001 Nr. 97.

[378] *BVerfG* 18. 7. 1997, FamRZ 1997, 1269 = IPRspr 1997 Nr. 101b; *Holl,* IPRax 1999, 185–187 (186 f.).

hat innerhalb von sechs Wochen nach Antragstellung zu entscheiden; ansonsten hat es die Gründe für die Verspätung darzulegen (Art. 11 II HKEntfÜ).

Fall:[379] Einen Tag, nachdem dem Ehemann im Scheidungsverfahren in Ungarn das Sorgerecht für das gemeinsame Kind zugesprochen worden war, verließ die Ehefrau mit dem Kind Ungarn. Beide leben seit einigen Monaten in Deutschland. – Nach Art. 12 HKEntfÜ ist die sofortige Rückführung des Kindes nach Ungarn anzuordnen.

Die Rückgabe[380] ist anzuordnen, wenn zwischen „Entführung" und Antragstellung nicht mehr als ein Jahr vergangen ist (Art. 12 I HKEntfÜ); wurde der Antrag auf Rückgabe später als ein Jahr nach der „Entführung" gestellt, kann die Rückgabe abgelehnt werden, wenn sich das Kind in die neue Umgebung eingelebt hat (Art. 12 II HKEntfÜ). Nach Art. 18 I HKEntfÜ sind die Behörden und Gerichte jedoch nicht daran gehindert, „jederzeit" die Rückgabe des Kindes anzuordnen. Die Anordnung der Rückgabe des Kindes kann also – gestützt auf Bestimmungen außerhalb des Übereinkommens – auch dann erfolgen, wenn die Jahresfrist des Art. 12 HKEntfÜ verstrichen ist und das Kind sich bereits in dem neuen Aufenthaltsstaat eingelebt hat.

118 Die Ausnahmen, bei denen die Rückführung des Kindes von den Behörden verweigert werden kann, sind restriktiv auszulegen.[381] Dazu gehören nach Art. 13 HKEntfÜ die Fälle, in denen der Antragsteller das Sorgerecht nicht ausübte[382] oder bei einer Rückgabe des Kindes mit seelischen[383] bzw. körperlichen Schäden des Kindes zu rechnen wäre. Die Gefahr, dass die Gerichte des neuen Aufenthaltsstaates das Übereinkommen mittels dieser Generalklausel aushöhlen, ist nicht von der Hand zu weisen. So untersagte das BVerfG[384] die Vollstreckung einer

---

[379] *AG Besigheim* 20. 8. 1991, IPRax 1992, 386 m. Anm. *Hüßtege*, 369–372 = IPRspr 1991 Nr. 121.

[380] Zur Abwicklung und Ausgestaltung der Rückgabe vgl. *OLG Stuttgart* 22. 10. 2001, FamRZ 2002, 1138 = IPRax 2003, 249 m. Anm. *H. Roth*, 231–233 = IPRspr 2001 Nr. 101.

[381] Bericht *Pérez-Vera*, BTDrucks. 11/5314, S. 43; *BVerfG* 7. 10. 1993, IPRax 1995, 118 (LS) m. Anm. *Jayme* = IPRspr 1994 Nr. 100; *BVerfG* 9. 3. 1999, NJW 1999, 2173 (2174) = IPRax 2000, 221 m. Anm. *A. Staudinger*, 194–202 = IPRspr 1999 Nr. 81 b.

[382] *OLG Frankfurt* 1. 12. 1995, FamRZ 1996, 689 = IPRspr 1995 Nr. 99; *Bach/ Gildenast*, Internationale Kindesentführung (1999), Rn. 114–122. Zur Verfassungsmäßigkeit des Art. 13 I HKEntfÜ: *BVerfG* 15. 2. 1996, FamRZ 1996, 405 = IPRspr 1996 Nr. 89; *BVerfG* 15. 8. 1996, FamRZ 1996, 1267 = IPRspr 1996 Nr. 101; *Kropholler*, RabelsZ 60 (1996), 485–506 (503).

[383] Z. B. Verlust des alleinbetreuenden Elternteils wegen drohender strafrechtlicher Verfolgung im ursprünglichen Aufenthaltsstaat, vgl. *OLG Celle* 27. 2. 2006 (Az. 17 UF 130/05), OLG-Rep Celle 2006, 275. Grundsätzlich sind strafrechtliche Verfolgungsmaßnahmen jedoch hinzunehmen, vgl. *BVerfG* 29. 10. 1998, FamRZ 1999, 85 = IPRspr 1999 Nr. 108 b.

[384] *BVerfG* 31. 1. 1996, NJW 1996, 1953 = FamRZ 1996, 479 = IPRspr 1996 Nr. 88 b.

Rückgabeentscheidung des OLG Hamburg[385] durch einstweilige Anordnung: Es bestehe die ernstzunehmende Besorgnis, dass der Vater die Kinder nach der Rückgabe an ihn in einen Staat mitnimmt, der weder Vertragsstaat des Haager Entführungsübereinkommens noch des Europäischen Sorgerechtsübereinkommens ist (hier: Ägypten). – Die Abwägung im Einzelfall ist schwierig: Mit Hilfe des HKEntfÜ soll einerseits keine neue Entführung ermöglicht werden; andererseits sollten bloße Vermutungen die Rückgabe des Kindes an den Sorgeberechtigten nicht verhindern.

Fall:[386] Die Deutsche M und der US-Amerikaner V lebten mit ihrem gemeinsamen Kind im US-Bundesstaat Iowa. Nach dessen Recht steht den Eltern nach einer Scheidung das gemeinsame Sorgerecht zu. Im Anschluss an eine gemeinsame Reise nach Berlin blieb die Mutter mit dem damals 5-monatigen Kind gegen den Willen des Vaters in Deutschland, wo beide seither leben. – Das Gericht führte aus: Die Rückführung des Kindes sei nicht deshalb unzumutbar, weil das Kind erst fünf Monate alt ist; denn um eine Trennung von der Hauptbezugsperson zu vermeiden, könne die Mutter das Kind zurück begleiten und an dessen gewöhnlichem Aufenthaltsort eine Entscheidung über die elterliche Sorge herbeiführen.

Im Fall gegenläufiger Rückführungsanträge verlangt das BVerfG eine *besondere Prüfung des Kindeswohls* anhand von Art. 13 I lit. b HKEntfÜ, um ein Hin- und Rückführen des Kindes zu vermeiden.[387] Damit ist das Kindeswohl, das gemäß Art. 13 I lit. b HKEntfÜ im Ausnahmefall der Rückführung entgegensteht, zu einer positiven Voraussetzung der Rückführung geworden. Der angestrebten Beschleunigung des Verfahrens dient dies sicherlich nicht, zumal dem Kind zur Wahrung seiner Interessen im Verfahren ein Pfleger an die Seite zu stellen ist.

Ist das Kind alt genug, um selbst über seinen Aufenthalt entscheiden zu können, wird sein Wille berücksichtigt (Art. 13 II HKEntfÜ).[388] Eine Rückgabe des Kindes scheitert ferner dann, wenn sie „nach den im ersuchten Staat geltenden Grundwerten über den Schutz der Menschenrechte und Grundfreiheiten unzulässig ist" (Art. 20 HKEntfÜ). Es handelt sich dabei um einen besonderen ordre-public-Vorbehalt.

Die strikte Befolgung der Grundsätze des HKEntfÜ durch die Gerichte der inzwischen fast achtzig Vertragsstaaten dürfte auf potentielle „Kindesentführer" eine abschreckende Wirkung haben, da die Zahl sicherer

---

[385] *OLG Hamburg* 16. 1. 1996, FamRZ 1996, 685 m. abl. Anm. *Diedrich* = IPRspr 1996 Nr. 88 a.

[386] *AG Berlin-Pankow/Weißensee* 28. 6. 2000, DAVorm 2000, 1160 = IPRspr 2000 Nr. 86. Vgl. auch *BVerfG* 17. 3. 1995, FamRZ 1995, 663 = IPRspr 1995 Nr. 94 b.

[387] *BVerfG* 29. 10. 1998, FamRZ 1999, 85 = IPRspr 1999 Nr. 108 b; *BVerfG* 31. 3. 1999, NJW 1999, 2175 = FamRZ 1999, 777 = IPRspr 1999 Nr. 82 c; vgl. den „Entführungskrimi" um Caroline und Matthias T., die erst von ihrer Mutter nach Frankreich und dann von ihrem Vater nach Deutschland entführt worden sind, mit unterschiedlichen Entscheidungen deutscher und französischer Gerichte in: DEurFamR 1999, 55–68.

[388] *OLG Celle* 20. 10. 1994, FamRZ 1995, 955 = IPRspr 1994 Nr. 108.

Zufluchtsorte sinkt. Präventivwirkung kann das HKEntfÜ aber nur dann erzielen, wenn die Ausnahmen (Art. 13, 20 HKEntfÜ) eng ausgelegt werden.

c) Art. 11 Brüssel II-VO

118a Im Verhältnis der EU-Mitgliedstaaten zueinander führt Art. 11 Brüssel II-VO ein besonderes Regime ein, nach welchem die Rückführung entführter Kinder nach dem HKEntfÜ weiter erleichtert werden soll; insbesondere werden die Gründe, aus denen eine Rückgabe verweigert werden kann, eingeschränkt.[389] Art. 36 HKEntfÜ lässt eine solche Vereinbarung ausdrücklich zu. Im Einzelnen gilt:

- Das Kind ist während des Verfahrens zu hören, es sei denn, dies erscheint aufgrund seines Alters oder Reifegrades unangebracht (Art. 11 II).
- Das Gericht muss spätestens sechs Wochen nach Eingang des Antrags entscheiden, es sei denn, dies ist aufgrund außergewöhnlicher Umstände nicht möglich (Art. 11 III).
- Die Rückgabe des Kindes kann nicht aufgrund von Art. 13 lit. b HKEntfÜ verweigert werden, wenn nachgewiesen ist, dass angemessene Schutzvorkehrungen für die Zeit nach der Rückkehr getroffen wurden (Art. 11 IV).
- Die Rückgabe des Kindes kann nur verweigert werden, nachdem dem Antragsteller rechtliches Gehör gewährt wurde (Art. 11 V).
- Nach Ablehnung der Kindesrückführung besteht eine Pflicht zur grenzüberschreitenden Zusammenarbeit (Art. 11 VI, VII).
- Ungeachtet einer auf Art. 13 HKEntfÜ gestützten Verweigerung der Rückgabe ist die spätere Entscheidung eines nach der Brüssel II-VO zuständigen Gerichts, mit der die Rückgabe des Kindes angeordnet wird, nach Art. 40ff. Brüssel II-VO vollstreckbar, um die Rückgabe des Kindes sicherzustellen (Art. 11 VIII). Eine im früheren Aufenthaltsstaat ergangene Sorgerechts- und Herausgabeentscheidung zugunsten des in seinem Sorgerecht verletzten Elternteils setzt sich somit gegenüber einer nach dem HKEntfÜ getroffenen Entscheidung, mit welcher die Rückgabe verweigert wird, durch.

Die Regeln gelten nur bei Kindesentführungen von einem Mitgliedstaat in einen anderen, nicht dagegen bei Beteiligung eines Nicht-Mitgliedstaates.

3. Europäisches Sorgerechtsübereinkommen

119 Das im Europarat erarbeitete Luxemburger Europäische Übereinkommen über die Anerkennung und Vollstreckung von Entscheidungen über das Sorgerecht für Kinder und die Wiederherstellung des Sorgeverhältnisses vom 20. 5. 1980 (EuEntfÜ)[390] ist für Deutschland am 1. 12. 1991 in Kraft getreten. Ziel des Übereinkommens ist, Vollstreckungshilfe bei Kindesentführungen zu leisten. Ähnlich wie nach dem Haager Kindesentführungsübereinkommen werden Zentrale Behörden errichtet. Diese nehmen Anträge auf Anerkennung und Vollstreckbarerklä-

---

[389] Hierzu *A. Schulz*, NJW Beilage zu Heft 18/2004, 2–5 (3).
[390] BGBl. 1991 II S. 392 = *Jayme/Hausmann*, Nr. 182.

rung von Sorgerechtsentscheidungen entgegen und leiten ein Verfahren ein, um den Aufenthaltsort des Kindes ausfindig zu machen und die Rückgabe des Kindes sicherzustellen.

Seit Inkrafttreten der erweiterten Brüssel II-VO am 1. 3. 2005 kommt dem EuEntfÜ nur mehr im Verhältnis zu Nicht-Mitgliedstaaten Bedeutung zu. Dies sind derzeit Dänemark,[391] Island, Liechtenstein, Mazedonien, Montenegro, Norwegen, die Schweiz, Serbien sowie die Türkei.

Das Kind muss nicht – wie beim Haager Kindesentführungsübereinkommen – aus einem Vertragsstaat verbracht worden sein; entscheidend ist vielmehr, dass die Sorgerechtsentscheidung eines Vertragsstaates verletzt wird.[392] Dies kann durch die „Entführung" oder das Zurückhalten des Kindes geschehen.

Im Mittelpunkt des Übereinkommens steht Art. 7 EuEntfÜ, der bestimmt, dass Sorgerechtsentscheidungen, die in einem Vertragsstaat ergangen sind, in jedem anderen Vertragsstaat anzuerkennen und zu vollstrecken sind. Bei *unzulässiger Verbringung* (Art. 1 lit. d EuEntfÜ) des Kindes in einen anderen Vertragsstaat ist die bestehende Sorgerechtsentscheidung wiederherzustellen. Folgende Fallgruppen sind zu unterscheiden:[393] **120**

(1) Haben Eltern und Kind die Staatsangehörigkeit des Staates, in dem die Sorgerechtsentscheidung ergangen ist, und hat das Kind dort auch seinen gewöhnlichen Aufenthalt, so ist das Sorgeverhältnis wiederherzustellen, wenn zwischen der Verbringung und dem Antrag nicht mehr als sechs Monate vergangen sind (Art. 8 I EuEntfÜ). Das Kind ist also sofort zurückzugeben.

(2) Liegen die in Art. 8 EuEntfÜ geforderten Voraussetzungen nicht vor, richtet sich die Wiederherstellung des Sorgeverhältnisses nach Art. 9 EuEntfÜ. Wurde innerhalb von sechs Monaten nach Verbringung des Kindes ein Antrag auf Wiederherstellung des Sorgeverhältnisses gestellt, so kann er nur aus den in Art. 9 EuEntfÜ genannten Gründen versagt werden. Dies sind die Nichtbeachtung des rechtlichen Gehörs, die fehlende internationale Zuständigkeit des Erststaates und sich widersprechende Sorgerechtsentscheidungen.

(3) Art. 10 EuEntfÜ sieht demgegenüber weitere Versagungsgründe vor: Er betrifft sowohl die Fälle, in denen der Antrag mehr als sechs Monate nach unzulässiger Verbringung des Kindes gestellt wurde und die Integration des Kindes am neuen Aufenthaltsort daher im Zweifel schon erfolgt ist, als auch jene Fälle, in denen kein unzulässiges Verbringen vorliegt.[394]

Zu den Art. 8 und 9 EuEntfÜ hat Deutschland einen Vorbehalt erklärt (Art. 17 EuEntfÜ): Danach kann die Anerkennung und Vollstreckung von Sorgerechtsentscheidungen in Deutschland in den Fällen der Art. 8 und 9 EuEntfÜ auch aus den in Art. 10 I lit. a, b EuEntfÜ genannten Gründen verweigert werden. Art. 10 I EuEntfÜ ist – ebenso wie Art. 13 HKEntfÜ –[395] eng auszulegen.[396]

[391] Vgl. § 3 Rn. 184.
[392] MüKo/*Siehr*, Art. 21 Anh. III Rn. 8.
[393] BTDrucks. 11/5314, S. 62.
[394] MüKo/*Siehr*, Art. 21 Anh. III Rn. 41.
[395] Hierzu oben Rn. 118.
[396] *OLG Frankfurt* 10. 7. 1995, FamRZ 1995, 1372 (1373) = IPRax 1997, 92 m. Anm. *Pirrung*, 82–86 = IPRspr 1995 Nr. 97.

4. Verhältnis der Übereinkommen zueinander

121   Das Haager Kindesentführungsübereinkommen (Art. 34 S. 2 HKEntfÜ) und das Europäische Sorgerechtsübereinkommen (Art. 19 EuEntfÜ) können nach ihrem Wortlaut grundsätzlich nebeneinander angewendet werden. Während das HKEntfÜ der einmaligen Wiederherstellung einer *tatsächlichen Sachlage* mit Hilfe einer *inländischen* Rückführungsentscheidung dient, betrifft das EuEntfÜ die Anerkennung und Vollstreckung *ausländischer* Entscheidungen zum materiellen Sorge- und Umgangsrecht, also die dauerhafte Gestaltung der *Rechtslage*. Die Übereinkommen haben unterschiedliche Vertragsstaaten, ergänzen sich aber und bilden zusammen ein „geschlossenes internationales Instrumentarium"[397] gegen die Kindesentführung. Das Haager Kindesentführungsübereinkommen geht in seinem sachlichen Anwendungsbereich dem MSA wie demnächst dem KSÜ vor (Art. 34 S. 1 HKEntfÜ).[398] Die Brüssel II-VO schließlich hat Vorrang vor sämtlichen genannten Übereinkommen (Art. 60, 61 Brüssel II-VO), was sich aber im Falle des HKEntfÜ mangels Überschneidung des sachlichen Anwendungsbereichs kaum auswirkt.

Die Ausführungsbestimmungen zu den genannten Rechtsakten finden sich seit dem 1. 3. 2005 im IntFamRVG.[399]

V. Abstammung

Literatur: *Henrich,* Das Kollisionsrecht im Kindschaftsrechtsreformgesetz, StAZ 1998, 1–6; *ders.,* Kindschaftsrechtsreformgesetz und IPR, FamRZ 1998, 1401–1406; *Looschelders,* Alternative und sukzessive Anwendung mehrerer Rechtsordnungen nach dem neuen internationalen Kindschaftsrecht, IPRax 1999, 420–426.

1. Völkerrechtliche Verträge

122   Zur Feststellung der Abstammung des Kindes von der Mutter ist in Deutschland das *Brüsseler CIEC-Übereinkommen über die Feststellung der mütterlichen Abstammung nichtehelicher Kinder* vom 12. 9. 1962 in Kraft.[400] Gemäß Art. 1 ist Mutter, wer in der Geburtsurkunde eines nichtehelichen Kindes als solche bezeichnet ist. Das *Römische CIEC-Übereinkommen über die Erweiterung der Zuständigkeit der Behörden, vor denen nichteheliche Kinder anerkannt werden können,* vom 14. 9. 1961[401] bestimmt, vor welchen Behörden Vaterschaftsanerkenntnisse abgegeben werden können.

2. Anwendbares Recht

123   Das am 1. 7. 1998 in Kraft getretene Kindschaftsrechtsreformgesetz (KindRG)[402] beseitigte die zuvor bestehende Unterscheidung zwischen

---

[397] BTDrucks. 11/5314, S. 37.

[398] Ausführlich: MüKo/*Siehr,* Art. 21 Anh. II Rn. 128–135.

[399] Gesetz zur Aus- und Durchführung bestimmter Rechtsinstrumente auf dem Gebiet des internationalen Familienrechts, BGBl. 2005 I S. 162 = *Jayme/Hausmann,* Nr. 162 a.

[400] BGBl. 1965 II S. 23 = *Jayme/Hausmann,* Nr. 51; in Kraft seit dem 24. 7. 1965.

[401] BGBl. 1965 II S. 19 = *Jayme/Hausmann,* Nr. 50; in Kraft seit dem 24. 7. 1965.

[402] BGBl. 1997 I S. 2942.

ehelichen und nichtehelichen Kindern zugunsten der Gleichbehandlung
aller Kinder: Die Begriffe „ehelich" und „nichtehelich" wurden gestrichen,[403] das Rechtsinstitut der Legitimation abgeschafft[404] und die Kollisionsnormen zur Abstammung (Art. 19 EGBGB), zur Anfechtung der
Abstammung (Art. 20 EGBGB) sowie zum Eltern-Kind-Verhältnis
(Art. 21 EGBGB) neu gefasst.

Zur Klärung der Abstammung eines Kindes stellt Art. 19 I EGBGB bis   **124**
zu drei Rechtsordnungen zur Verfügung: „Regelanknüpfung"[405] ist die
Anknüpfung an den (jeweiligen) gewöhnlichen Aufenthalt des Kindes
(Art. 19 I 1 EGBGB) – ein weiterer Schritt zur Ersetzung des Staatsan-
gehörigkeits- durch das Aufenthaltsprinzip.[406] Daneben sieht Art. 19 I 2
EGBGB die Anknüpfung an das Heimatrecht desjenigen Elternteils vor,
von dem die Abstammung zu beurteilen ist. Schließlich unterstellt
Art. 19 I 3 EGBGB die Abstammung dem Ehewirkungsstatut im Zeitpunkt der Geburt des Kindes oder, wenn die Ehe zuvor durch den Tod
eines Ehegatten aufgelöst wurde, im Zeitpunkt der Auflösung. Während
es sich bei den ersten beiden Alternativen um wandelbare Anknüpfungen handelt, ist die Anknüpfung an das Ehewirkungsstatut unwandelbar.[407] – Die Neuregelung wirft zahlreiche Probleme auf, deren Lösung
nach wie vor ungeklärt ist.

a) Gewöhnlicher Aufenthalt des Kindes

Der gewöhnliche Aufenthalt des Kindes wird nach den allgemeinen   **125**
Grundsätzen bestimmt; er ist für das Kind selbständig zu ermitteln.[408]
Hat das Kind seinen gewöhnlichen Aufenthalt in Deutschland, so be-
stimmt sich die Abstammung von beiden Elternteilen nach §§ 1591 ff.
BGB.

Fraglich ist, wie sich die Verlegung des gewöhnlichen Aufenthalts auf das
Abstammungsstatut auswirkt. Hiermit verbunden ist ein Statutenwechsel, denn das nach Art. 19 I 1 EGBGB ermittelte Abstammungsstatut ist
wandelbar. Dies bedeutet indes nicht, dass die nach dem Ursprungsstatut
begründete Abstammungsvermutung mit dem Statutenwechsel entfällt.
Der Schutz wohlerworbener Rechte des Kindes gebietet eine einschrän-
kende Auslegung des Art. 19 I 1 EGBGB.[409]

b) Heimatrecht des Elternteils

Die Abstammung des Kindes kann im Verhältnis zu jedem Elternteil   **126**
nach dessen Heimatrecht bestimmt werden. Bei einem Mehrstaater ist

---

[403] BTDrucks. 13/4899, S. 29, 51.
[404] BTDrucks. 13/4899, S. 69f.
[405] BTDrucks. 13/4899, S. 137.
[406] Hierzu § 1 Rn. 135.
[407] BTDrucks. 13/4899, S. 137f. Dazu unten Rn. 130.
[408] Hierzu § 5 Rn. 81.
[409] *Henrich*, StAZ 1998, 1–6 (3); *Andrae*, Internationales Familienrecht, § 5 Rn. 12.

auf die effektive bzw. deutsche Staatsangehörigkeit abzustellen (Art. 5 I EGBGB).[410]

c) Vorfrage: Ehe der Eltern

127 Im Rahmen der nach Art. 19 I 1, 19 I 2 EGBGB maßgeblichen Rechtsordnung kann sich die Frage stellen, ob das Kind in einer Ehe geboren ist. Es handelt sich um eine Vorfrage. Heftig umstritten ist, ob diese selbständig oder unselbständig anzuknüpfen ist. Im Schrifttum wird zudem eine alternative Vorfragenanknüpfung bejaht, um die Abstammungsfeststellung zu begünstigen.[411] Dies bedeutet, dass zum Zweck der Abstammungsfeststellung eine Ehe der Eltern nach dem gemäß den Kollisionsregeln des Abstammungsstatuts anwendbaren Sachrecht angenommen werden kann, auch wenn das nach Art. 13, 11 EGBGB anwendbare Recht diese verneint.

128 Beispiel:[412] Zwei Griechen leben in Deutschland und heiraten hier nach griechisch-orthodoxem Ritus vor einem Popen, der zur Eheschließung von der griechischen Regierung nicht ordnungsgemäß ermächtigt worden ist. Stammt das später geborene Kind von dem „Ehemann" der Mutter ab?

Nach deutschem Recht als dem Recht des gewöhnlichen Aufenthalts des Kindes (Art. 19 I 1 EGBGB) ist Vater des Kindes, wer zum Zeitpunkt der Geburt mit der Mutter des Kindes verheiratet ist (§ 1592 Nr. 1 BGB). Nach deutschem Recht liegt eine Nichtehe vor (Art. 13 III 1 EGBGB, § 1310 BGB). – Gemäß Art. 19 I 2 EGBGB unterliegt die Abstammung dem griechischen Heimatrecht des „Vaters". Das griechische IPR nimmt die Gesamtverweisung an (Art. 17, 14 griech. ZGB). Griechisches Sachrecht geht, ebenso wie deutsches, von der Vaterschaft des Ehemanns aus (Art. 1465 griech. ZGB). Würde nunmehr die Vorfrage nach dem Bestehen der Ehe selbständig angeknüpft, so wäre eine wirksame Eheschließung wegen Art. 13 III 1 EGBGB zu verneinen. Bei unselbständiger Vorfragenanknüpfung, also der Beurteilung nach griechischem IPR (Art. 13 I 2 griech. ZGB) und – daraus folgend – griechischem Sachrecht, ist die Ehe hingegen wirksam (Art. 1367 I griech. ZGB), der Ehemann also Vater des Kindes.

129 Für die vorgeschlagene alternative Anknüpfung der Elternehe fehlt es nach neuem Recht an einem eindeutigen Ziel der materiellen Begünstigung: Der vormalige *favor legitimitatis* wurde aufgegeben. Das verschiedentlich propagierte Ziel, den „wirklichen Vater" des Kindes zu ermitteln, findet bereits im deutschen Recht keine eindeutige Grundlage (vgl. § 1592 Nr. 1 BGB). Das einzig anerkannte Ziel des Art. 19 I EGBGB, nämlich dem Kind überhaupt einen Vater zu geben, lässt sich bereits mit den zur Verfügung stehenden Anknüpfungsvarianten verwirklichen. Einer zusätzlichen alternativen Vorfragenanknüpfung bedarf es hierfür nicht. Damit kommen die allgemeinen Erwägungen zur Anknüpfung von Vorfragen zum Tragen. Wie allgemein spricht auch hier

---

[410] Hierzu § 5 Rn. 21 f. Zu Staatenlosen, Flüchtlingen und Asylberechtigten vgl. § 5 Rn. 26–28.

[411] MüKo/*Klinkhardt*, Art. 19 Rn. 35; *Andrae*, Internationales Familienrecht, § 5 Rn. 16 f.

[412] Vgl. § 6 Rn. 50.

der internationale Entscheidungseinklang mit den Gerichten des Abstammungsstatuts für eine ausschließlich unselbständige Anknüpfung
der Vorfrage nach den Kollisionsregeln der lex causae.

Im Ausgangsbeispiel ist die Vorfrage der wirksamen Ehe somit ausschließlich unselbständig, also nach griechischem IPR anzuknüpfen.

d) Ehewirkungsstatut

Art. 19 I 3 EGBGB knüpft die Abstammung des Kindes an das objek- **130**
tive Ehewirkungsstatut nach Art. 14 I EGBGB an. Eine Rechtswahl gemäß Art. 14 Abs. 2–4 EGBGB bleibt unberücksichtigt. Abstammungsstatut ist danach primär das gemeinsame Heimatrecht der Ehegatten.
Haben die Ehegatten unterschiedliche Staatsangehörigkeiten, so ist nach
der in Art. 14 I EGBGB übernommenen Kegelschen Leiter hilfsweise
auf die letzte gemeinsame Staatsangehörigkeit, den (letzten) gemeinsamen gewöhnlichen Aufenthalt und schließlich die engste Verbindung
der Ehegatten zu einem Staat abzustellen. Den *favor legitimitatis,* also
die Förderung der Ehelichkeit des Kindes, gibt es im Unterschied zum
vormaligen Recht nicht mehr. Dem anwendbaren Recht ist lediglich zu
entnehmen, ob das Kind durch seine Geburt in der Ehe die Mutter und
den Ehemann der Mutter zu Eltern bekommen hat.[413] Ob die Mutter
des Kindes verheiratet ist, also ob eine Ehe besteht, ist *Erstfrage.*[414] Diese ist selbständig, also nach deutschem IPR anzuknüpfen.[415] Das gemäß
Art. 19 I 3 EGBGB ermittelte Abstammungsstatut ist *unwandelbar:*
Entscheidend ist der Zeitpunkt der Geburt oder, wenn die Ehe zuvor
durch Tod aufgelöst worden ist, der Zeitpunkt der Auflösung. Ist das
Kind hingegen nach Auflösung der Ehe durch Scheidung oder Aufhebung geboren, so ist Art. 19 I 3 EGBGB nicht anwendbar.

3. Alternative oder subsidiäre Anknüpfung?

Beispiel 1:[416] Drei Monate nach Scheidung der Italienerin F von ihrem griechischen **131**
Ehemann M bringt F die Tochter T zur Welt. F lebt bei ihrem Freund, dem Deutschen D, der die Vaterschaft zu T anerkennt. Alle Beteiligten wohnen in Deutschland.
Gemäß Art. 19 I 1 EGBGB unterliegt die Abstammung dem Recht am gewöhnlichen Aufenthalt des Kindes, mithin deutschem Recht. Dieses kennt keine Vermutung für die Abstammung des Kindes vom früheren Ehemann der Mutter nach Scheidung der Ehe (§ 1593 I BGB).
Art. 19 I 2 EGBGB verweist auf das griechische Heimatrecht des Vaters. Zu klären ist
die Art der Verweisung. Eine Gesamtverweisung könnte vorliegend dem Sinn der
Verweisung widersprechen (Art. 4 I 1 EGBGB):[417] Bezüglich der Vaterschaftsvermu-
tung weist das griechische IPR im Wege der Sachnormverweisung auf das deutsche
Recht als das Recht des letzten gemeinsamen Aufenthalts zurück (Art. 14, 17, 32

---

griech. ZGB). Sinn der Anknüpfungsmomente in Art. 19 I EGBGB ist indes, dem Kind die Feststellung der Abstammung zu erleichtern. Eine Rück- und Weiterverweisung darf somit nur dann berücksichtigt werden, wenn sie die Zahl der anwendbaren Rechte nicht vermindert.[418] Deshalb ist Art. 19 I 2 EGBGB hier Sachnormverweisung auf das griechische Recht. Gemäß Art. 1465 griech. ZGB wird ein Kind, das innerhalb von 300 Tagen nach Auflösung der Ehe geboren wurde, so angesehen, als habe es als Vater den Ehemann seiner Mutter.

Während D die Vaterschaft nach deutschem Recht anerkennen kann, setzt dies nach griechischem Recht die wirksame Anfechtung der Ehelichkeit des Kindes voraus. Fraglich ist, welches Abstammungsstatut heranzuziehen ist.

132 Die in Art. 19 I EGBGB genannten Anknüpfungsalternativen sind Ausfluss des *Günstigkeitsprinzips:* Dem Kind soll die Feststellung seiner Abstammung erleichtert werden.

Ungeklärt ist, in welchem Rang die verschiedenen Anknüpfungsmomente zueinander stehen: gleichrangig im Sinne echter Alternativität oder subsidiär, d. h., die nachgeordneten Anknüpfungsmomente stehen erst dann zur Verfügung, wenn die gewünschte Rechtsfolge nach dem durch das vorrangige Anknüpfungsmoment bestimmten Recht nicht eintritt.[419]

Die Gleichrangigkeit der Anknüpfungsalternativen scheint zwar auf den ersten Blick dem Leitbild des Kindeswohls am besten zu entsprechen, kann aber zu widersprüchlichen Ergebnissen führen. Im Beispiel 1 wird der geschiedene Muttergatte nach seinem Heimatrecht als Vater vermutet, der leibliche Vater hat indes nach dem Aufenthaltsrecht des Kindes die Vaterschaft wirksam anerkannt: Das Kind hat damit zwei Väter. Vorgeschlagen wird, den Widerspruch durch das Prioritätsprinzip aufzulösen.[420] Tritt, wie im vorliegenden Fall, die Vaterschaft des Muttergatten mit der Geburt des Kindes ein, so hängt die Priorität und damit die Abstammung davon ab, ob der wirkliche Vater vor oder nach der Geburt anerkannt hat. Nach a. A. soll derjenigen Anknüpfung der Vorzug gegeben werden, welche für das Kind am günstigsten ist. Dies sei die Anknüpfung, die zum wirklichen Vater führt.[421] Diese Lösung ist nicht nur wegen der Vermengung materieller mit kollisionsrechtlichen Wertungen methodisch fragwürdig; sie versagt auch bei mehrfacher Anerkennung.

Für Subsidiarität spricht der Wortlaut des Art. 19 EGBGB: Die Abstammung des Kindes *unterliegt* nach S. 1 dem Recht des Staates, in dem das Kind seinen gewöhnlichen Aufenthalt hat und *kann* nach S. 2 und S. 3 nach anderen Rechtsordnungen bestimmt werden. Die Anknüpfung an den gewöhnlichen Aufenthalt ist „Regelanknüpfung"[422]; sie erreicht

---

[418] MüKo/*Klinkhardt*, Art. 19 Rn. 22f.

[419] Hierzu § 5 Rn. 118.

[420] Palandt/*Heldrich*, Art. 19 Rn. 6; *BayObLG* 11. 1. 2002, BayObLGZ 2002, 4 = FamRZ 2002, 686 = IPRax 2002, 405 m. Anm. *Hepting*, 388–391; *LG Leipzig* 31. 7. 2001, StAZ 2002, 146 = IPRspr 2001 Nr. 86.

[421] *Henrich*, StAZ 1998, 1–6 (4); vgl. auch *OLG Frankfurt* 31. 8. 2001, FamRZ 2002, 688 = IPRspr 2001 Nr. 87.

[422] BTDrucks. 13/4899, S. 137.

Gleichklang mit dem Unterhaltsstatut, dem MSA und Art. 21 EGBGB. Zudem entspricht eine Feststellung der Abstammung nach dem Umweltrecht des Kindes im Regelfall dessen kollisionsrechtlichen Interessen und dient somit dem Kindeswohl. Deshalb sollte der Anknüpfung an den gewöhnlichen Aufenthalt des Kindes grundsätzlich Vorrang zukommen.[423] Kann danach ein Vater des Kindes festgestellt werden, so scheidet ein Rückgriff auf Art. 19 I 2, 3 EGBGB aus. Wird nach Art. 19 I 1 EGBGB ein Vater nicht ermittelt, so ist das Abstammungsstatut nach Art. 19 I 2, 3 EGBGB zu bestimmen. Art. 19 I EGBGB als „Anknüpfungsleiter" zu verstehen, wahrt das Interesse des Kindes an einer frühzeitigen Feststellung der Abstammung, ohne eine Prüfung des Kindeswohls im Einzelfall zu fordern. Die *subsidiäre* Anknüpfung erhöht somit die Rechtssicherheit.

Im Beispiel 1 kommt nach der Regelanknüpfung des Art. 19 I 1 EGBGB deutsches Recht zur Anwendung: Die Anerkennung der T durch D (§§ 1592, 1595 I BGB) ist ohne vorherige Anfechtung der Ehelichkeit möglich.

Beispiel 2: Sind F und M nicht geschieden, sondern leben getrennt, so kommt daneben **133** die Anknüpfung an das Ehewirkungsstatut (Art. 19 I 3 EGBGB) in Betracht, soweit nicht nach dem Recht am gewöhnlichen Aufenthalt des Kindes bereits ein Vater ermittelt werden kann.

4. Renvoi

Durch die Regelanknüpfung an den gewöhnlichen Aufenthalt sollte **134** „Harmonie mit dem Unterhaltsstatut (…), dem Haager Minderjährigenschutz-Übereinkommen einschließlich der dazu bestehenden Reformbestrebungen und mit dem Wirkungsstatut (Artikel 21)" hergestellt werden.[424] Dies spricht für eine Sachnormverweisung.[425] Bei den Anknüpfungen in Art. 19 I 2, 3 EGBGB handelt es sich hingegen um Gesamtverweisungen. Ziel der Anknüpfungsvarianten in Art. 19 I EGBGB ist es, den Kreis der anwendbaren Rechtsordnungen zugunsten des Kindes zu erweitern: Eine Rück- oder Weiterverweisung widerspricht folglich dann dem Sinn der Verweisung, wenn die Zahl der anwendbaren Rechtsordnungen hierdurch verringert würde.[426]

5. Verpflichtungen des Vaters gegenüber der Mutter

Die Verpflichtungen des Vaters gegenüber der Mutter aufgrund der Schwangerschaft **135** unterliegen dem Recht des gewöhnlichen Aufenthalts der Mutter (Art. 19 II EGBGB). Es handelt sich um eine Gesamtverweisung.[427]

---

[423] *Andrae*, Internationales Familienrecht, § 5 Rn. 27–29.
[424] Vgl. BTDrucks. 13/4899, S. 137.
[425] MüKo/*Klinkhardt*, Art. 19 Rn. 21.
[426] Vgl. Beispiel oben bei Rn. 131 sowie § 6 Rn. 113.
[427] Palandt/*Heldrich*, Art. 19 Rn. 9; a. A. (Sachnormverweisung): MüKo/*Klinkhardt*, Art. 19 Rn. 66.

Fraglich ist, ob auch Unterhaltsansprüche der Mutter während der Schwangerschaft von Art. 19 II EGBGB erfasst sind. Das Haager Unterhaltsabkommen von 1973 ist nicht anwendbar, da es sich nicht um familienrechtliche Ansprüche handelt. Art. 19 II EGBGB hat als lex specialis Vorrang vor der (analogen) Anwendung von Art. 18 EGBGB.[428]

6. Anfechtung der Abstammung

136 Art. 20 EGBGB erfasst die Anfechtung der Abstammung, sei es aus ehelicher Geburt oder infolge Anerkennung. Gemäß Art. 20 S. 1 EGBGB kann die Abstammung nach jedem Recht angefochten werden, aus dem sich ihre Voraussetzungen ergeben *(strenge Akzessorietät des Anfechtungsstatuts)*.[429] Wird Art. 19 I EGBGB als subsidiäre Anknüpfung verstanden, so kann auch die Anfechtung nur nach dem Recht erfolgen, nach dem die Abstammung festgestellt worden ist. Das Kind hat daneben stets die Möglichkeit, die Abstammung nach dem Recht seines gewöhnlichen Aufenthalts anzufechten (Art. 20 S. 2 EGBGB).

137 Im Beispiel 1 (oben Rn. 131) kann M die Abstammung der T nach griechischem Recht anfechten, weil nur nach griechischem Recht die Vaterschaft besteht. T kann die Vaterschaft des M zusätzlich („in jedem Fall") nach deutschem Recht als dem Recht ihres gewöhnlichen Aufenthalts anfechten, obgleich M nach deutschem Recht nicht als der Vater des Kindes angesehen wird.

Das Anfechtungsstatut umfasst die Anfechtungsgründe und -fristen, die Form der Anfechtung sowie den Kreis der Anfechtungsberechtigten.[430] Eine gegenüber dem deutschen Recht kürzere Anfechtungsfrist verstößt grundsätzlich nicht gegen den ordre public,[431] wohl aber der Ausschluss jeder Anfechtungsmöglichkeit.[432]

7. Intertemporales Recht

138 Gemäß Art. 224 § 1 EGBGB wird das Abstammungsstatut für Ereignisse vor dem 1. 7. 1998 nach altem Recht, für die Zeit danach nach der jetzigen Regelung ermittelt: Für die Feststellung der Vaterschaft ist der Zeitpunkt der Geburt des Kindes entscheidend (Art. 224 § 1 I EGBGB). – Anfechtungen seit dem 1. 7. 1998 richten sich nach neuem Recht (Art. 224 § 1 II EGBGB).

---

[428] So bereits zu Art. 20 I 2 EGBGB a. F.: Staudinger/*Kropholler* (1996), Art. 20 Rn. 27; a. A. (Vorrang der staatsvertraglichen Regelung): MüKo/*Klinkhardt*, Art. 19 Rn. 68; Palandt/*Heldrich*, Art. 19 Rn. 9.

[429] *Andrae*, Internationales Familienrecht, § 5 Rn. 42–50.

[430] MüKo/*Klinkhardt*, Art. 20 Rn. 7–10; Palandt/*Heldrich*, Art. 20 Rn. 3.

[431] *AG Spandau* 4. 6. 1997, FamRZ 1998, 1132 = IPRspr 1997 Nr. 91: ein Monat nach türkischem Recht.

[432] *OLG Stuttgart* 3. 8. 2000, FamRZ 2001, 246 = IPRax 2002 128 m. Anm. *Henrich*, 118 f. = IPRspr 2000 Nr. 78.

8. Verfahren in Kindschaftssachen

Auf Verfahren zur Feststellung bzw. Anfechtung des Eltern-Kind- **139** Verhältnisses findet die Brüssel II-VO nach ihrem Art. 1 III lit. a keine Anwendung.

Die *internationale Zuständigkeit* deutscher Gerichte ergibt sich somit allein aus § 640a II ZPO[433]: Deutsche Gerichte sind zuständig, wenn eine der Parteien Deutscher ist oder ihren gewöhnlichen Aufenthalt im Inland hat. Damit ist die Vorschrift wesentlich einfacher gefasst als § 606a ZPO. Die *Anerkennung* ausländischer Urteile richtet sich nach § 328 ZPO.

VI. Eltern-Kind-Verhältnis

Literatur: *Sturm/Sturm,* Die gesetzliche Vertretung Minderjähriger nach dem neuen Kindschaftsrecht – national und international, StAZ 1998, 305–315.

Mit der Neufassung des Art. 21 EGBGB wurde die Unterscheidung **140** zwischen ehelichen und nichtehelichen Kindern aufgegeben. Sachlich erfasst Art. 21 EGBGB die elterliche Sorge (Personensorge, Vermögenssorge einschließlich der Vertretungsmacht und der Haftung, Schutzmaßnahmen und Umgangsregelungen). Seine praktische Bedeutung ist jedoch wegen des Vorrangs des MSA/KSÜ[434] und spezieller Kollisionsnormen (Art. 10, 18 EGBGB) begrenzt.

Das Eltern-Kind-Verhältnis unterliegt dem Recht am gewöhnlichen Aufenthalt des Kindes. Hierfür sprechen zunächst Praktikabilitätserwägungen, denn Behörden und Gerichte wenden regelmäßig ihr eigenes Recht an. Darüber hinaus entspricht es regelmäßig den kollisionsrechtlichen Interessen der Betroffenen, dass das sie umgebende Umweltrecht auch ihre familiären Beziehungen bestimmt. Da das Eltern-Kind-Verhältnis für eheliche Kinder bis zum 1. 7. 1998 an das Ehewirkungsstatut angeknüpft wurde (Art. 19 II EGBGB a.F.), ist mit der Neufassung des Gesetzes insoweit ein Statutenwechsel eingetreten.

Beispiel 1: Während sich die Wirkungen des Eltern-Kind-Verhältnisses zwischen einem verheirateten italienischen Paar und seinen Kindern früher nach italienischem Recht richteten (Art. 19 II EGBGB a.F.), unterliegen diese nunmehr dem deutschen Aufenthaltsrecht (Art. 21 EGBGB).

Beispiel 2: Ebenso führt die Neuregelung für deutsche Ehepaare, die mit ihrem Kind im Ausland leben, zu einem Statutenwechsel: Eine deutsche Familie lebt mehrere Jahre in Saudi-Arabien; nach einem Streit kehrt die Mutter allein nach Deutschland zurück und verlangt hier die Herausgabe des Kindes sowie das alleinige Sorgerecht. Deutsche Gerichte haben saudiarabisches Recht anzuwenden.

---

[433] Vgl. auch § 99 FamFG-RegE, dazu oben Rn. 67a.

[434] Zur Frage, ob dies auch im Anwendungsbereich der Brüssel II-VO gilt, vgl. oben Rn. 63a.

Rück- und Weiterverweisungen durch das Recht am gewöhnlichen Aufenthalt des Kindes sind zu beachten (str.).[435]

VII. Legitimation

141 Das Rechtsinstitut der Legitimation ist im deutschen Kollisions- und Sachrecht durch das Kindschaftsrechtsreformgesetz abgeschafft worden. Gleichwohl hat die Legitimation als Vorfrage weiterhin Bedeutung, wenn nach ausländischem Recht z. B. ein Erb- oder Unterhaltsanspruch des Kindes von seiner ehelichen Abstammung abhängt.[436]

VIII. Adoption

Literatur: *B. Baumann,* Verfahren und anwendbares Recht bei Adoptionen mit Auslandsberührung (1992); *Benicke,* Typenmehrheit im Adoptionsrecht und deutsches IPR (1995); *Busch,* Adoptionswirkungsgesetz und Haager Adoptionsübereinkommen – von der Nachadoption zur Anerkennung und Wirkungsfeststellung, IPRax 2003, 13–20; *Frank;* Neuregelungen auf dem Gebiet des Internationalen Adoptionsrechts unter besonderer Berücksichtigung der Anerkennung von Auslandsadoptionen, StAZ 2003, 257–263; *Pirrung,* Sorgerechts- und Adoptionsübereinkommen der Haager Konferenz und des Europarats, RabelsZ 57 (1993), 124–154.

1. Völkerrechtliche Verträge

142 Am 1. 3. 2002 ist für Deutschland das *Haager Übereinkommen vom 29. 5. 1993 über den Schutz von Kindern und die Zusammenarbeit auf dem Gebiet der internationalen Adoption* in Kraft getreten.[437] Es enthält insbesondere Regelungen zur Anerkennung von Adoptionen, die gemäß dem Übereinkommen zustande gekommen sind. – Durch das *Straßburger Europäische Übereinkommen über die Adoption von Kindern* vom 24. 4. 1967[438] wurde das materielle Adoptionsrecht der Vertragsstaaten harmonisiert.

2. Anwendbares Recht

143 Art. 22 I EGBGB unterscheidet danach, ob der Annehmende verheiratet ist oder nicht. Adoptiert ein einzelner ein Kind, unterliegt die Annahme seinem Heimatrecht (Art. 22 I 1 EGBGB). Abgestellt wird auf den Zeitpunkt der Annahme; das Adoptionsstatut ist *unwandelbar.*

---

[435] Palandt/*Heldrich,* Art. 21 Rn. 1; *Andrae,* Internationales Familienrecht, § 6 Rn. 4; a. A.: MüKo/*Klinkhardt,* Art. 21 Rn. 4.

[436] Unselbständige Anknüpfung: *Henrich,* FamRZ 1998, 1401–1406 (1405); *ders.,* IPRax 1999, 114 f. (115).

[437] BGBl. 2001 II S. 1035 = Jayme/Hausmann, Nr. 223; dazu: *Pirrung,* RabelsZ 57 (1993), 124–154 (142); Soergel/*Lüderitz,* Art. 22 Rn. 65–80.

[438] BGBl. 1980 II S. 1094; in Kraft seit dem 11. 2. 1981.

Nimmt ein Ehepaar oder einer der Ehegatten ein Kind an, richtet sich die Adoption nach dem objektiven Ehewirkungsstatut (Art. 22 I 2, 14 I EGBGB); die nach Art. 14 II–IV EGBGB vorgenommene Rechtswahl ist für die Adoption unbeachtlich. Abgestellt wird auf den Zeitpunkt der Adoption.[439] Die Frage, ob eine Ehe vorliegt, ist eine selbständig anzuknüpfende Erstfrage (Art. 13, 11 EGBGB). Das Ehewirkungsstatut entscheidet auch über die Zulässigkeit einer Adoption durch nur einen Ehegatten (Einzeladoption).

3. Anwendungsbereich

Kind i. S. d. Art. 22, 23 EGBGB ist die anzunehmende Person, nicht **144** notwendig ein Minderjähriger.[440]

Art. 22 EGBGB erfasst nicht nur die Adoption, sondern auch vergleichbare Institute wie die Pflegekindschaft sowie die Annahme an Enkels oder Bruders Statt.[441] Das Adoptionsstatut bestimmt grundsätzlich Voraussetzungen und Wirkungen der Adoption; die Wirkungen der Adoption werden indes im Wesentlichen von speziellen Anknüpfungen erfasst (Art. 10, 18, 21 EGBGB). Zu den Voraussetzungen gehören Alterserfordernisse und -abstände, persönliche Eigenschaften (z. B. Kinderlosigkeit) und Zustimmungserfordernisse. Ferner zählt dazu die Frage, ob eigene nichteheliche Kinder adoptiert werden dürfen. Zu den vom Adoptionsstatut erfassten Wirkungen der Adoption zählen deren verwandtschaftliche Folgen (Art. 22 II EGBGB).

Beispiel:[442] Ein türkisches Ehepaar mit Wohnsitz im Inland will ein Kind adoptieren. Die Annahme unterliegt türkischem Recht (Art. 22 I 2, 14 I Nr. 1 EGBGB). Dieses lässt eine Adoption nicht zu, weil die Annehmenden bereits eigene Kinder haben. Deutsche Gerichte lassen dieses Verbot wegen eines angeblichen Verstoßes gegen den deutschen ordre public indes unbeachtet (methodisch zweifelhaft!).[443]

Umstritten war lange Zeit, ob die Stellung als gesetzlicher Erbe nach dem **145** Annehmenden, seinem Ehegatten sowie Verwandten dem Adoptions-[444] oder dem Erbstatut[445] untersteht. Diesen Streit hat der Gesetzgeber nun-

---

[439] von Bar, IPR II, Rn. 321.

[440] von Bar, IPR II, Rn. 324. Beachte aber Art. 22 III 3 EGBGB.

[441] Palandt/Heldrich, Art. 22 Rn. 1; Soergel/Lüderitz, Art. 22 Rn. 16.

[442] OLG Schleswig 31. 5. 2001, NJW-RR 2001, 1372 = FamRZ 2002, 698 = IPRspr 2001 Nr. 105; AG Siegen 22. 1. 1992, IPRax 1993, 184 m. Anm. Schnabel, 169 f. = IPRspr 1992 Nr. 147.

[443] Hierzu § 2 Rn. 54 a.

[444] So: BGH 14. 12. 1988, FamRZ 1989, 378 = IPRax 1990, 55 m. Anm. Beitzke, 36–41 = IPRspr 1988 Nr. 115; K. Müller, NJW 1985, 2056–2061 (2060); vgl. ferner: OLG Düsseldorf 5. 6. 1998, FamRZ 1998, 1627 = IPRax 1999, 380 m. Anm. Klinkhardt, 356 f. = IPRspr 1998 Nr. 118.

[445] So mit Einschränkungen: KG 23. 9. 1987, FamRZ 1988, 434 = Schack, Höchstrichterliche Rechtsprechung, Nr. 4 = IPRspr 1987 Nr. 106.

mehr in Art. 22 II EGBGB[446] zugunsten des Adoptionsstatuts entschieden. Im Rahmen der Erbberechtigung eines adoptierten Kindes ist als *Vorfrage* dessen Verwandtschaftsverhältnis zum Erblasser zu klären. Mit der Adoption werden die verwandtschaftlichen Beziehungen des Adoptierten zu seiner Herkunftsfamilie und zu der annehmenden Familie insgesamt neu gestaltet. Dabei sind die Wirkungen der Adoption auf das Verwandtschaftsverhältnis in den einzelnen Rechtsordnungen sehr unterschiedlich ausgestaltet. Soweit die Erbberechtigung vorgesehen ist, ist sie Ausfluss dieses Verwandtschaftsverhältnisses.[447] Über die verwandtschaftliche Beziehung zwischen Erblasser und Adoptiertem entscheidet das Adoptionsstatut. Art und Umfang des Erbrechts regelt hingegen das Erbstatut.

Die Beurteilung der verwandtschaftlichen Beziehung nach dem Adoptionsstatut hat zur Folge, dass der Adoptierte nicht erbberechtigt ist, falls das Adoptionsstatut nur eine schwache Adoption[448] kennt, da diese kein Verwandtschaftsverhältnis des Adoptierten zu den Angehörigen des Annehmenden begründet; ob das Erbstatut in solchen Fällen eine Erbberechtigung vorsieht, ist in der Regel unerheblich. Indes erhält der Adoptierte gemäß Art. 22 III 1 EGBGB unter bestimmten Voraussetzungen gleichwohl die vom deutschen Recht vorgesehene Erbberechtigung: Hierzu muss deutsches Recht Erbstatut sein, der Adoptierte darf bei der Annahme als Kind das 18. Lebensjahr noch nicht vollendet haben (Art. 22 III 3 EGBGB) und der Erblasser muss die Gleichstellung des Adoptierten in der für eine Verfügung von Todes wegen vorgeschriebenen Form angeordnet haben. Die einseitige Kollisionsnorm des Art. 22 III EGBGB, welche eine Anpassung von Adoptions- und Erbstatut vorsieht, dürfte sich für einen allseitigen Ausbau eignen.[449]

Fall:[450] Die deutsche Erblasserin E verstirbt in Österreich. Als gesetzlicher Erbe kommt neben weiteren Neffen und Nichten der E auch das von österreichischen Verwandten adoptierte Kind K in Betracht.

Erbstatut ist deutsches Recht (Art. 25 I EGBGB). Das Bestehen eines Verwandtschaftsverhältnisses zwischen E und K (Vorfrage) untersteht dem Adoptionsstatut (Art. 22 II EGBGB). Dieses ist nach Art. 22 I 2 EGBGB österreichisches Recht. Danach ist K nicht erbberechtigt, weil österreichisches Recht – außer zu den Annehmenden selbst – keine verwandtschaftlichen Beziehungen zu den Verwandten der Annehmenden vorsieht. Dass K nach deutschem Recht (Erbstatut) die Stellung eines ehelichen Kindes und somit verwandtschaftliche Beziehungen zu den Verwandten der

---

[446] Eingefügt durch Gesetz zur Regelung von Rechtsfragen auf dem Gebiet der internationalen Adoption und zur Weiterentwicklung des Adoptionsvermittlungsrechts v. 5. 11. 2001 (BGBl. 2001 I S. 2950).

[447] *K. Müller*, NJW 1985, 2056–2061 (2057).

[448] Hierzu unten Rn. 147 a.

[449] Zum allseitigen Ausbau vgl. § 4 Rn. 11.

[450] Nach KG 23. 9. 1987, FamRZ 1988, 434 = *Schack*, Höchstrichterliche Rechtsprechung, Nr. 4 = IPRspr 1987 Nr. 106.

Annehmenden hat, ist für die Erbberechtigung bedeutungslos. Ein gesetzliches Erbrecht steht K daher nicht zu.[451]

Variante: Die E hatte in ihrem Testament bestimmt, dass K im Hinblick auf die Erbfolge einem nach deutschem Recht angenommenen Kind gleichgestellt werden soll. – Da Erbstatut deutsches Recht ist, gelangt Art. 22 III 1 EGBGB zur Anwendung. K ist gesetzlicher Miterbe der E.

4. Internationale Zuständigkeit

Die Brüssel II-VO ist in Adoptionssachen nicht anwendbar (vgl. **146** Art. 1 III lit. b Brüssel II-VO). Die internationale Zuständigkeit deutscher Gerichte für Adoptionssachen richtet sich somit nach § 43 b FGG.[452] Die Vorschrift knüpft alternativ an die deutsche Staatsangehörigkeit (bei Doppelstaatern beachte Art. 5 I 2 EGBGB) oder an den inländischen gewöhnlichen Aufenthalt eines der Beteiligten an und trägt damit dem Günstigkeitsprinzip Rechnung. Deutsche Gerichte sind demnach zuständig, wenn der Annehmende, einer der annehmenden Ehegatten oder das Kind Deutscher ist bzw. seinen gewöhnlichen Aufenthalt im Inland hat.

Die Anknüpfungsmomente der Art. 22, 23 EGBGB weichen von den Zuständigkeitskriterien des § 43 b FGG ab. Ein völliger Gleichlauf von internationaler Zuständigkeit und anwendbarem Recht wird von § 43 b FGG somit nicht gewährleistet. Daher haben die Gerichte bisweilen auch in Adoptionssachen nach ausländischem Recht zu entscheiden.

5. Anerkennung einer ausländischen Adoption

Die Anerkennung einer im Ausland vorgenommenen Adoption erfolgte **147** früher ausschließlich nach § 16 a FGG[453]; ein besonderes Anerkennungsverfahren war danach nicht vorgesehen.

Anders als § 328 ZPO fordert § 16 a FGG nicht die Verbürgung der Gegenseitigkeit; in seinen übrigen Voraussetzungen ist er § 328 ZPO nachgebildet.[454] Soweit das ausländische Recht es gestattet, kann die ausländische Entscheidung durch das deutsche Gericht nachträglich abgeändert werden.[455]

Nach Inkrafttreten des Haager Adoptionsübereinkommens (HAdoptÜ)[456] **147a** für Deutschland werden Adoptionen aus anderen Vertragsstaaten des

---

[451] Mit anderer Argumentation *KG* 23. 9. 1987, FamRZ 1988, 434 (435) = IPRspr 1987 Nr. 106; vgl. Soergel/*Lüderitz*, Art. 22 Rn. 28–32.

[452] Vgl. auch § 101 FamFG-RegE, dazu oben Rn. 67 a.

[453] Vgl. auch §§ 108 f. FamFG-RegE, dazu oben Rn. 67 a.

[454] Vgl. *BayObLG* 21. 6. 2000, BayObLGZ 2000, 180 = StAZ 2000, 300 m. Anm. *Busch*, StAZ 2001, 12 f. = IPRspr 2000 Nr. 190. Zu § 328 ZPO s. § 3 Rn. 158–174.

[455] Hierzu etwa Soergel/*Kronke*, Art. 38 Anh. IV Rn. 188–196 m. w. Nachw.

[456] Hierzu oben Rn. 142.

Übereinkommens, die nach den Regelungen des Übereinkommens zustande gekommen sind, kraft Gesetzes in allen Vertragsstaaten anerkannt (Art. 23 HAdoptÜ).

Handelt es sich bei der im Ausland vorgenommenen Adoption um eine *starke* Adoption, also um eine solche, die zu einer Beendigung des früheren Eltern-Kind-Verhältnisses führt, so wird diese Wirkung nach Art. 26 I lit. c HAdoptÜ in den anderen Vertragsstaaten grundsätzlich anerkannt. Der Adoption werden im Aufnahmestaat mithin die gleichen Wirkungen zuerkannt, wie dieser Staat sie für eine *starke* Adoption nach eigenem Recht vorsieht. Führt die im Heimatstaat vorgenommene Adoption nur zu einer *schwachen* Adoption, so kann diese gemäß Art. 27 HAdoptÜ in eine *starke* umgewandelt werden.[457]

147b Ergänzend zum HAdoptÜ ist in Deutschland am 1.1.2002 das Adoptionswirkungsgesetz (AdWirkG) in Kraft getreten.[458] Dieses enthält ein fakultatives Verfahren zur Anerkennung von im Ausland durchgeführten Adoptionen;[459] erfasst werden auch Adoptionen in Staaten, die nicht Mitgliedstaaten des HAdoptÜ sind.

Früher herrschte oftmals Rechtsunsicherheit über die Anerkennung einer im Ausland vorgenommenen Adoption. Stellte sich die Frage der Wirksamkeit als Vorfrage – wie etwa im Bereich der Unterhaltspflichten oder des Erbrechts –, so hatte jede Behörde jeweils neu über die Anerkennungsfähigkeit der im Ausland durchgeführten Adoption zu befinden. Dies führte in der Vergangenheit zu „Wiederholungsadoptionen".[460] Nach § 2 I AdWirkG stellt das Vormundschaftsgericht nunmehr auf Antrag fest, ob die Annahme als Kind anzuerkennen ist und ob das Eltern-Kind-Verhältnis zu den bisherigen Eltern durch die Annahme erloschen ist. Diese Entscheidung ist mit Wirkung für und gegen jedermann (erga omnes) verbindlich. Nach § 3 I AdWirkG kann das Gericht auf Antrag eine schwache Auslandsadoption in eine starke Inlandsadoption umwandeln. Durch diese Vorschriften entfällt das Bedürfnis nach einer Wiederholung der Adoption.

147c Für die Vollstreckung ausländischer Entscheidungen gilt § 33 FGG entsprechend. Dabei ist in dem Verfahren nach § 33 FGG die Anerkennung nach § 16a FGG zu überprüfen. Ist die Entscheidung anerkennungsfähig, so wird sie für vollstreckbar erklärt und nach § 33 FGG vollzogen.

---

[457] S. hierzu etwa *Kropholler*, IPR, S. 418–419.

[458] Gesetz über Wirkungen der Annahme als Kind nach ausländischem Recht (Adoptionswirkungsgesetz) v. 5.11.2001 (BGBl. I S. 2950). Dazu: *Bornhofen*, StAZ 2002, 1–10 (5–7).

[459] Anders Art. 7 § 1 FamRÄndG, der für Entscheidungen in Ehesachen ein obligatorisches Anerkennungsverfahren vorsieht; dazu oben Rn. 68a f.

[460] Vgl. hierzu 6. Aufl., § 8 Rn. 147.

IX. Zustimmung

Literatur: *Sturm,* Das Gültigkeitsprinzip und die Zustimmung nach Art. 23, StAZ 1997, 261–270.

Art. 23 EGBGB enthält eine ergänzende Regelung: Bei Abstammungser-   **148** klärung, Namenserteilung oder Adoption ist das Zustimmungserfordernis des Kindes sowie seiner leiblichen Eltern sowohl nach dem Hauptstatut als auch nach dem Heimatrecht des Kindes zu erfüllen *(kumulative Anknüpfung*[461]*).* Die Anknüpfung an das Heimatrecht des Kindes schützt – anders als diejenige an das elternbezogene Hauptstatut – kollisionsrechtlich dessen Interessen[462] und beugt „hinkenden" Statusveränderungen vor. Ob es sich bei der Verweisung auf das Heimatrecht des Kindes um eine Sachnorm-[463] oder um eine Gesamtverweisung[464] handelt, ist umstritten; dem Zweck der Anknüpfung, (auch) Entscheidungseinklang mit dem Heimatstaat des Kindes herzustellen, dient die Gesamtverweisung.

Nach Art. 23 S. 2 EGBGB kann das Zustimmungserfordernis im Interesse des Kindeswohls ausnahmsweise nicht dem Heimatrecht, sondern deutschem Recht unterliegen. Dies ist etwa bei der Umwandlung schwacher Auslandsadoptionen in starke Inlandsadoptionen erforderlich, wenn die Zustimmung der leiblichen Eltern nach dem Heimatrecht nicht mehr eingeholt werden kann.

H. Vormundschaft. Betreuung. Pflegschaft

I. Völkerrechtliche Verträge

Dem Art. 24 EGBGB gehen das MSA[465] sowie – im Verhältnis zu Belgien – das   **149** *Haager Abkommen zur Regelung der Vormundschaft über Minderjährige* vom 12. 6. 1902[466] vor. Mit dem Inkrafttreten des Haager Kinderschutzabkommens (KSÜ)[467] wird sein räumlicher Anwendungsbereich weiter eingeschränkt werden.

II. Autonomes Recht

Art. 24 I 1 EGBGB sieht die Regelanknüpfung an das Heimatrecht   **150** des Betroffenen vor. Der sachliche Anwendungsbereich von Art. 24

---

[461] Hierzu § 5 Rn. 112–114.

[462] Palandt/*Heldrich,* Art. 23 Rn. 1.

[463] So: Palandt/*Heldrich,* Art. 23 Rn. 2; *Kropholler,* IPR, S. 423.

[464] So: *Henrich,* Internationales Familienrecht, S. 320; *von Bar,* IPR II, Rn. 323.

[465] BGBl. 1971 II S. 217 = *Jayme/Hausmann,* Nr. 54. Hierzu oben Rn. 105–109 b.

[466] RGBl. 1904 S. 240 = *Jayme/Hausmann,* Nr. 53; in Kraft seit dem 31. 7. 1904. Das Abkommen gilt nur noch im Verhältnis zu Belgien.

[467] Abgedruckt bei: *Jayme/Hausmann,* Nr. 55. Hierzu oben Rn. 110 f.

EGBGB ist klein: Soweit Minderjährige betroffen sind, ist eine angeordnete Vormundschaft eine Schutzmaßnahme i.S.d. vorrangig anzuwendenden MSA; Gleiches gilt für die Bestellung eines Pflegers. Deshalb erlangt Art. 24 EGBGB im Wesentlichen Bedeutung bei der Pflegschaft in Erbschaftsfällen und der Betreuung Volljähriger;[468] im Übrigen erfasst Art. 24 EGBGB die Ergänzungspflegschaft für deutsche Kinder, die ihren gewöhnlichen Aufenthalt nicht in einem Vertragsstaat des MSA haben.[469]

Eine vom Heimatrecht vorgesehene Entmündigung eines Ausländers durch inländische Gerichte ist ausgeschlossen (str.);[470] für einen Ausländer mit gewöhnlichem – oder hilfsweise schlichtem – Aufenthalt in Deutschland kann ein Betreuer nach deutschem Recht bestellt werden (Art. 24 I 2, III EGBGB).

III. Verfahren

151 Entscheidungen über Vormundschaft, Pflegschaft und entsprechende Rechtsinstitute fallen in den sachlichen Anwendungsbereich der Brüssel II-VO (vgl. Art. 1 II lit. b).

Im Rahmen der Restzuständigkeit nach Art. 14 Brüssel II-VO ist für die *internationale Zuständigkeit* auf § 35 b FGG[471] abzustellen. Dieser knüpft an die Person an, für die eine dieser Maßnahmen angeordnet werden soll. Anknüpfungspunkte sind dabei gleichrangig und miteinander konkurrierend die Staatsangehörigkeit – hierbei ist Art. 5 I 2 EGBGB zu beachten –, der Aufenthalt und das Fürsorgebedürfnis für diese Person.[472] Nach § 69 e S. 1 FGG ist § 35 b FGG auf Betreuungssachen entsprechend anzuwenden.[473]

Die *Anerkennung* ausländischer Anordnungen aus Nicht-Mitgliedstaaten erfolgt nach § 16 a FGG.

---

[468] *Andrae,* Internationales Familienrecht, § 6 Rn. 110.
[469] *von Bar,* IPR II, Rn. 349.
[470] Wie hier: *von Bar,* IPR II, Rn. 47; a.A.: MüKo/*Klinkhardt,* Art. 24 Rn. 10.
[471] Vgl. auch § 104 FamFG-RegE, dazu oben Rn. 67 a.
[472] Keidel/Kuntze/Winkler/*Engelhardt,* § 35 b FGG Rn. 6, 8.
[473] Zur Betreuung § 7 Rn. 11.

§ 9. Erbrecht

Literatur: *Ferid/Firsching*, Internationales Erbrecht (Loseblatt); *Flick/Piltz*, Der Internationale Erbfall (1999); *Henrich*, Die Anknüpfung von Spar- und Depotverträgen zugunsten Dritter auf den Todesfall, FS W. Lorenz (1991), S. 379–392; *Mansel*, Vereinheitlichung des internationalen Erbrechts in der Europäischen Gemeinschaft – Kompetenzfragen und Regelungsgrundsätze, FS Ansay, Ankara (2006), S. 203–248; *von Oertzen*, Personengesellschaftsanteile im Internationalen Erbrecht, IPRax 1994, 73–80; *Tiedemann*, Die Rechtswahl im deutschen Internationalen Erbrecht, RabelsZ 55 (1991), 17–38.

A. Erbstatut

I. Grundzüge

Das internationale Erbrecht ist in Art. 25, 26 EGBGB geregelt, eine 1–3 Sonderregelung für eingetragene Lebenspartnerschaften findet sich in Art. 17b I 2 EGBGB.[1] Von den zahlreichen multilateralen Abkommen[2] ist in Deutschland nur das *Haager Übereinkommen über das auf die Form letztwilliger Verfügungen anzuwendende Recht* vom 5. 10. 1961 in Kraft. Die angestrebte Europäisierung des Internationalen Erbrechts (Rom V-VO) befindet sich immer noch im Anfangsstadium.[3] Art. 25 I EGBGB knüpft an die Staatsangehörigkeit des Erblassers zum Zeitpunkt seines Todes an. Soweit der Erblasser sich zur Regelung seiner Nachlassangelegenheiten einer Verfügung von Todes wegen bedient, eröffnet ihm Art. 25 II EGBGB eine beschränkte Rechtswahl.[4] Gesondert angeknüpft werden die Form der letztwilligen Verfügung (Art. 26 I–IV EGBGB),[5] deren Gültigkeit und Bindungswirkung (Art. 26 V 1 EGBGB)[6] sowie die Testierfähigkeit[7] (Art. 26 V 2 EGBGB).

Problematisch ist das Verhältnis des *Haager Übereinkommens über das* 4 *auf die Form letztwilliger Verfügungen anzuwendende Recht* vom 5. 10. 1961[8] zu Art. 26 EGBGB, da der Inhalt dieses Übereinkommens durch

---

[1] Hierzu unten Rn. 8 a.
[2] Vgl. die Übersicht bei Staudinger/*Dörner*, Vorbem. zu Art. 25 f. Rn. 21 f.
[3] Vgl. das Grünbuch zum „Erb- und Testamentsrecht" v. 1. 3. 2005, KOM (2005) 65 (endg.), den Bericht des Rechtsausschusses des Europäischen Parlaments v. 16. 10. 2006 sowie die Entschließung des Europäischen Parlaments v. 16. 11. 2006.
[4] Näher hierzu unten Rn. 9–30.
[5] Näher hierzu unten Rn. 33–40.
[6] Näher hierzu unten Rn. 31, 43.
[7] Näher hierzu unten Rn. 41, 44.
[8] BGBl. 1965 II S. 1145 = *Jayme/Hausmann*, Nr. 60; in Kraft seit dem 1. 1. 1966.

Art. 26 I–III EGBGB in das nationale Kollisionsrecht übernommen wurde *(inkorporierter Staatsvertrag).*[9]

II. Objektive Bestimmung des Erbstatuts (Art. 25 I EGBGB)

1. Heimatrecht des Erblassers

5 **Fall:** Der Italiener E verstirbt ohne Hinterlassung eines Testaments an seinem letzten Wohnsitz in Stuttgart, wo er seit mehr als 25 Jahren gelebt und gearbeitet hat. Sämtliche Nachlassgegenstände befinden sich in Deutschland. Nach welchem Recht richtet sich die Erbfolge?

Variante 1: Kurz vor seinem Tode hat E die deutsche Staatsbürgerschaft erworben.

6 Art. 25 I EGBGB verweist auf das Heimatrecht des Erblassers. Maßgeblich ist die Staatsangehörigkeit des Erblassers im Todeszeitpunkt; das Erbstatut ist somit *unwandelbar.*

Im Ausgangsfall richtet sich die Erbfolge in das Vermögen des E nach italienischem Recht (Gesamtverweisung). Das italienische Kollisionsrecht folgt ebenfalls dem Staatsangehörigkeitsprinzip (vgl. Art. 46 I IPRG), nimmt die Verweisung also an. – In der Variante 1 richtet sich die Erbfolge nach deutschem Recht, die frühere italienische Staatsangehörigkeit des E ist nach Art. 25 I EGBGB unbeachtlich. Der Wechsel der Staatsangehörigkeit führt im Rahmen des Art. 25 I EGBGB zu *keinem Statutenwechsel.*[10] Er bewirkt also nicht etwa, dass die zuvor erworbenen Nachlassgegenstände dem bisherigen Heimatrecht unterstehen, die danach erworbenen hingegen dem neuen Heimatrecht.

2. Nachlasseinheit

7 Die objektive Anknüpfung der Erbfolge an die Person des Erblassers gewährleistet eine einheitliche Beurteilung aller Nachlassgegenstände nach einer einzigen Rechtsordnung *(Grundsatz der Nachlasseinheit).*[11] Eine Anknüpfung an den Lageort der einzelnen Nachlassgegenstände (wie sie in zahlreichen Rechtsordnungen vor allem für unbewegliches Vermögen vorherrscht[12]) bewirkt dagegen Nachlassspaltung, also die Maßgeblichkeit unterschiedlicher Rechtsordnungen für die einzelnen Teile des Nachlasses einer Person. Dies kann zu Wertungswidersprüchen mit nahezu unlösbaren Anpassungsproblemen (z. B. Pflichtteilsrechte von Kindern bzw. Ehegatten[13]) führen.[14]

---

[9] Näher hierzu unten Rn. 34 f.; zu inkorporierten Staatsverträgen allgemein § 1 Rn. 79–82.

[10] Hierzu § 5 Rn. 97–110.

[11] Staudinger/*Dörner*, Art. 25 Rn. 19.

[12] Vgl. Nachw. bei Palandt/*Heldrich*, Art. 25 Rn. 2; Soergel/*Schurig*, Vor Art. 25 Rn. 1 f.

[13] S. Fallbeispiele § 6 Rn. 32 f.

[14] MüKo/*Birk*, Art. 25 Rn. 131, 134, 136, 143, 147; Staudinger/*Dörner*, Art. 25 Rn. 730–759.

3. Gesamtverweisung

Art. 25 I EGBGB spricht eine Gesamtverweisung im Sinne des Art. 4 I 1 **8** EGBGB aus; Rück- und Weiterverweisungen durch das IPR des Heimatstaates sind bei der Bestimmung des Erbstatuts zu beachten. Dies gilt auch dann, wenn die Beachtung des ausländischen IPR zu einer Nachlassspaltung führt. Da der deutsche Gesetzgeber in Art. 3 III, 25 II EGBGB selbst Ausnahmen vom Prinzip der Nachlasseinheit vorsieht,[15] widerspricht die Beachtung einer vom ausländischen IPR angeordneten Nachlassspaltung nicht dem Zweck der kollisionsrechtlichen Verweisung.[16]

4. Eingetragene Lebenspartnerschaft

Eine Sonderregelung für die Anknüpfung gesetzlicher Erbansprüche **8 a** eingetragener Lebenspartner findet sich in Art. 17b I 2 EGBGB. Demzufolge bleibt es grundsätzlich bei der Geltung des nach Art. 25 EGBGB ermittelten Erbstatuts. Steht dem Lebenspartner hiernach kein gesetzliches Erbrecht zu,[17] insbesondere weil das Statusverhältnis in der betreffenden Rechtsordnung nicht anerkannt wird, so gelangen indes die Sachvorschriften des Registerstaates zur Anwendung.

Beispiel: Der Deutsche M und der Italiener U lassen ihre Lebenspartnerschaft in Deutschland registrieren. Verstirbt U, so steht dem M als überlebendem Partner nach italienischem Erbstatut (Art. 25 EGBGB) kein gesetzliches Erbrecht zu; gemäß Art. 17b I 2 EGBGB findet daher zu seinen Gunsten § 10 LPartG Anwendung, der ihm ein gesetzliches Erbrecht einräumt.

Methodisch handelt es sich hierbei um die subsidiäre Anknüpfung einer Teilfrage (Erbrecht des überlebenden Lebenspartners),[18] wie sie auch aus anderen Gebieten des IPR zur Erreichung eines erwünschten materiellrechtlichen Ergebnisses bekannt ist.[19] Im Übrigen (z.B. Erbrecht sonstiger Hinterbliebener, Erbauseinandersetzung) bleibt es bei der Geltung des allgemeinen Erbstatuts. Hierdurch auftretende Wertungswidersprüche sind im Wege der Anpassung zu beseitigen. Insbesondere sind die durch das allgemeine Erbstatut festgesetzten Erbquoten der übrigen Hinterbliebenen so herabzusetzen, dass die nach dem Recht des Registerstaates vorgesehene Erbquote des Lebenspartners realisiert werden kann.[20]

---

[15] S. hierzu unten Rn. 58–64.

[16] *Siehr*, IPRax 1987, 4–8 (5).

[17] Zur Frage, ob die Vorschrift auch dann eingreift, wenn das ausländische Erbstatut lediglich ein gesetzliches Vermächtnis einräumt, *Henrich*, FamRZ 2002, 137–144 (144).

[18] *Thorn*, FS Jayme (2004), S. 955–969 (961–963).

[19] So etwa im Unterhaltsrecht (vgl. § 8 Rn. 86, 91) sowie im Falle der Abstammung (vgl. § 8 Rn. 131 f.); allgemein zur subsidiären Anknüpfung § 5 Rn. 118.

[20] Zu Anpassungsproblemen zwischen Erbstatut und Recht des Registerstaates vgl. auch *Henrich*, FamRZ 2002, 137–144 (144).

Zweifelhaft bleibt die praktische Durchsetzbarkeit der Regelung im Verhältnis zu Staaten, welche die Lebenspartnerschaft nicht anerkennen. Hier wird der hinterbliebene Lebenspartner auf in anerkennungsfreundlichen Staaten belegenes Vermögen und damit verbundene Ausgleichsansprüche angewiesen sein.

III. Rechtswahl (Art. 25 II EGBGB)

1. Wirkung

9   **Variante 2:**[21] Der Italiener E hat nach Beratung durch einen Notar ein Testament errichtet, in dem er anordnet, dass sich die Erbfolge in das bei Stuttgart gelegene Hausgrundstück nach deutschem Recht richten soll. Ist diese Bestimmung wirksam?

Gemäß Art. 25 II EGBGB kann der Erblasser für in Deutschland belegenes unbewegliches Vermögen deutsches Recht wählen. Soweit der Erblasser Deutscher ist oder sein ausländisches Heimatrecht für unbeweglichen Nachlass auf die *lex rei sitae* verweist, hat die Rechtswahl nur deklaratorische Bedeutung.[22] In den übrigen Fällen soll durch die Rechtswahl eine Übereinstimmung von Erbstatut und deutscher lex rei sitae ermöglicht werden;[23] hinterlässt der Erblasser neben dem von der Rechtswahl erfassten noch weiteres Vermögen, so tritt Nachlassspaltung ein.[24]

E hat in der Variante 2 eine wirksame Rechtswahl nach Art. 25 II EGBGB getroffen.[25] Damit beurteilt sich die Erbfolge hinsichtlich des Hausgrundstücks nach deutschem Recht; die Erbfolge hinsichtlich der übrigen Nachlassgegenstände richtet sich dagegen nach dem durch Art. 25 I EGBGB berufenen italienischen Recht.

10   Ob die vom Gesetzgeber angestrebte Vereinfachung der Nachlassabwicklung[26] eintritt, ist zweifelhaft: Zwar gelangt deutsches Recht zur Anwendung, der Notar muss den Verfügenden aber bei Beurkundung der Rechtswahl auf die damit verbundene Nachlassspaltung und die mögliche Nichtanerkennung der Rechtswahl durch sein Heimatrecht hinweisen.[27] Immerhin kann der Erblasser auf diese Weise häufig die Kosten eines Rechtsgutachtens über das anwendbare Erbrecht vermeiden und das Verfahren der Erbscheinserteilung (gegenständlich beschränkter Eigenrechtserbschein[28]) vereinfachen.[29]

---

21 Zum Ausgangsfall s. oben Rn. 5.
22 Staudinger/*Dörner*, Art. 25 Rn. 468 f.
23 *Jayme*, IPRax 1986, 265–270 (269).
24 Vgl. *BayObLG* 30. 9. 1999, BayObLGZ 1999, 296 = FamRZ 2000, 573 = IPRspr 1999 Nr. 97.
25 Zu den einzelnen Wirksamkeitsvoraussetzungen der Rechtswahl s. unten Rn. 16–24.
26 BTDrucks. 10/5632, S. 44.
27 MüKo/*Birk*, Art. 25 Rn. 72.
28 Zum Erbscheinverfahren unten Rn. 67, 70.
29 Staudinger/*Dörner*, Art. 25 Rn. 465.

2. Parteiautonomie

Die Parteiautonomie ist im Internationalen Erbrecht lebhaft umstrit- **11**
ten; im internationalen Vergleich bildet sie – nach wie vor – die Ausnahme.[30]

Die Befürworter der Parteiautonomie wollten im Zuge der IPR-Reform von 1986 eine **12–13**
erbrechtliche Rechtswahl zugunsten des Wohnsitz- oder Aufenthaltsrechts zulassen,[31]
parallel zu der in Art. 15 II EGBGB für das Ehegüterrecht vorgesehenen Rechtswahl.
Dadurch wären das Auseinanderfallen von Erb- und Güterstatut und die daraus herrührenden Anpassungsprobleme[32] güterrechtlicher Ausgleichsansprüche beim Tode
eines Ehegatten vermieden worden.[33] Zudem entspreche die Zulassung der Parteiautonomie im Erbrecht der materiellrechtlichen Testierfreiheit.[34]

Im Rahmen der Testierfreiheit kann der Erblasser eine Regelung treffen, die inhaltlich
der gesetzlichen Erbfolge nach dem Recht eines anderen Staates gleichkommt (materiellrechtliche Verweisung). Diese Gestaltungsfreiheit findet aber ihre Grenzen in den
zwingenden Vorschriften des materiellen Rechts, insbesondere im Pflichtteilsrecht
und in den Vorschriften über die Haftung der Erben gegenüber den Nachlassgläubigern. Zwingende Normen im materiellen Recht stehen freilich – wie Art. 27 EGBGB
für das Internationale Vertragsrecht zeigt[35] – nicht schon grundsätzlich der kollisionsrechtlichen Parteiautonomie entgegen. Die Parallele zum Internationalen Vertragsrecht ist jedoch nur begrenzt gegeben: Dort setzt eine Rechtswahl die Einigung der
von ihr Betroffenen voraus; ihre Wirkungen erstrecken sich nicht auf Dritte. Die einseitige Rechtswahl des Erblassers hätte aber Auswirkungen auf Dritte (Pflichtteilsbe-
rechtigte, Nachlassgläubiger). Folgerichtig sollte die Parteiautonomie im Erbrecht ihre
Grenzen in den Pflichtteilsrechten und Gläubigerschutzbestimmungen des objektiv
bestimmten Erbstatuts finden.[36]

Der deutsche Gesetzgeber hat in Art. 25 II EGBGB die Wahl deutschen Rechts zuge- **14**
lassen, da dadurch deutsche zwingende Normen nicht ausgeschaltet werden und die
Rechtsanwendung für deutsche Notare, Gerichte und Behörden erleichtert wird. Die
einseitige Bevorzugung des deutschen Erbrechts gefährdet den internationalen Entscheidungseinklang. Da die Rechtswahl nach Art. 25 II EGBGB aber nur für inländisches unbewegliches Vermögen zulässig ist, ist die Durchsetzung der erbrechtlichen
Ansprüche im Belegenheitsstaat (Deutschland) gewährleistet.[37] Beeinträchtigt werden
können allerdings die Pflichtteils- bzw. Gläubigerrechte nach dem objektiven ausländischen Erbstatut. Dagegen können sich die Betroffenen im Ausland nur dann mit
Erfolg wenden, wenn dort ausreichendes Vermögen für ihre Ausgleichsansprüche
vorhanden ist.

---

[30] MüKo/*Birk*, Art. 25 Rn. 21 (mit Beispielen in Fn. 27).
[31] *Siehr*, IPRax 1987, 4–8 (6); so etwa Art. 46 II ital. IPRG.
[32] S. hierzu unten Rn. 53–55 und zur Anpassung allgemein § 6 Rn. 31–37.
[33] MüKo/*Birk*, Art. 25 Rn. 151, 164 f.; *Siehr*, IPRax 1987, 4–8 (8).
[34] Vgl. die Nachw. bei Soergel/*Schurig*, Art. 25 Rn. 2 (Fn. 2); a. A.: Palandt/*Heldrich*,
Art. 25 Rn. 7; MüKo/*Birk*, Art. 25 Rn. 21.
[35] Hierzu § 10 Rn. 26 f.
[36] BTDrucks. 10/504, S. 74 f.; *Siehr*, IPRax 1987, 4–8 (7).
[37] MüKo/*Birk*, Art. 25 Rn. 167; *Kropholler*, IPR, S. 430.

3. Allseitiger Ausbau des Art. 25 II EGBGB?

15 Art. 25 II EGBGB ist eine *einseitige* Kollisionsnorm.[38] Grund hierfür ist einerseits die angestrebte Vereinfachung der Rechtsanwendung für deutsche Notare, Gerichte und Behörden, andererseits die Sicherung von Pflichtteilsberechtigten und Nachlassgläubigern.[39] Die Vorschrift ist eine zur Durchsetzung inländischer Interessen und Gerechtigkeitsvorstellungen geschaffene *Exklusivnorm*.[40] Ein allseitiger Ausbau des Art. 25 II EGBGB scheidet damit aus; die Rechtswahl zugunsten einer ausländischen lex rei sitae ist nicht möglich.[41]

4. Anforderungen an eine wirksame Rechtswahl

16 Die Rechtswahl ist ein eigenständiges, von der Verfügung von Todes wegen getrenntes Rechtsgeschäft.[42] Eine wirksame Rechtswahl nach Art. 25 II EGBGB ist an formelle und materielle Voraussetzungen geknüpft.

a) Form

17 Für die Form gilt nicht die allgemeine Regel des Art. 11 EGBGB. Art. 25 II EGBGB verweist auf die Vorschriften für Verfügungen von Todes wegen, also Art. 26 I–IV EGBGB. Die erbrechtliche Rechtswahl ist formgültig, wenn sie den Formerfordernissen genügt, die eines der nach Art. 26 EGBGB maßgeblichen Rechte für Verfügungen von Todes wegen aufstellt.

b) Materielle Wirksamkeit

18 Einige Voraussetzungen für die materielle Wirksamkeit der Rechtswahl werden in Art. 25 II EGBGB ausdrücklich genannt, andere ergeben sich aus der rechtsgeschäftlichen Natur der Rechtswahl.

19 *aa) Art. 25 II EGBGB. (1) Unbewegliches Vermögen.* Die Rechtswahl muss sich auf im Inland belegenes unbewegliches Vermögen beziehen. Der Begriff des unbeweglichen Vermögens ist nach deutschem Recht als lex fori zu qualifizieren. Das BGB kennt den Begriff nicht; dem Ausnahmecharakter der Vorschrift entspricht eine Beschränkung auf dingliche Rechte.[43]

---

[38] Hierzu § 4 Rn. 8 f.
[39] *Tiedemann*, RabelsZ 55 (1991), 17–40 (22).
[40] MüKo/*Birk*, Art. 25 Rn. 21.
[41] *Siehr*, IPRax 1987, 4–8 (7); Staudinger/*Dörner*, Art. 25 Rn. 466.
[42] MüKo/*Birk*, Art. 25 Rn. 32.
[43] Palandt/*Heldrich*, Art. 25 Rn. 7; MüKo/*Birk*, Art. 25 Rn. 65; a. A.: Staudinger/*Dörner*, Art. 25 Rn. 479.

Erfasst werden somit Grundstücke, Grundstücksbestandteile und Zubehör; ferner zählen hierzu Wohnungs- und Stockwerkseigentum sowie Erbbaurechte.[44] Auch beschränkte dingliche Rechte an Grundstücken wie Hypothek, Grund- und Rentenschuld sind als unbewegliches Vermögen anzusehen, da das Verwertungsrecht notwendig im Belegenheitsstaat ausgeübt werden muss und damit den dortigen Rechtsverkehr in besonderem Maße berührt.[45] Keine dinglichen Rechte begründen Gesellschafts- oder Miterbenanteile, selbst wenn das Eigentum der Gesellschaft bzw. der Erbengemeinschaft in unbeweglichem Vermögen besteht; deshalb stellen sie ebenso wie schuldrechtliche Ansprüche aus Grundstückskauf, -miete oder -pacht kein unbewegliches Vermögen dar.[46]

(2) Teilrechtswahl. Die Rechtswahl muss sich nicht notwendig auf das **20** gesamte inländische Vermögen des Erblassers beziehen; nach h. M. ist eine *Teilrechtswahl* zulässig.[47]

Beispiel: Der Italiener E ist Eigentümer von zwei inländischen Grundstücken: ein Geschäftshaus, in dem er eine Pizzeria betreibt, sowie ein Wohnhaus. Er unterstellt nur die Erbfolge in das Wohnhaus dem deutschen Recht. – Eine solche Teilrechtswahl ist zulässig. Die Erbfolge in das von der Rechtswahl nicht erfasste inländische unbewegliche Vermögen richtet sich dann nach dem objektiven Erbstatut, hier also nach italienischem Recht.

Viele Einzelfragen sind nach wie vor ungeklärt, etwa die Möglichkeit **21** einer auf bestimmte Normenkomplexe (Pflichtteilsrechte, Erbenhaftung) beschränkten Teilrechtswahl, wie sie im Internationalen Vertragsrecht durch Art. 27 I 3 EGBGB eröffnet wird.[48]

bb) Fähigkeit zur Vornahme der Rechtswahl. Eine wirksame Rechtswahl **22** setzt die Geschäftsfähigkeit des Wählenden voraus. Diese wird nicht gemäß Art. 7 I EGBGB angeknüpft, sondern wegen des Sachzusammenhangs mit der Testierfähigkeit nach deutschem Recht als dem gewählten Erbstatut beurteilt.[49]

Beispiel: Ein sechzehnjähriger Pole, zu dessen Vermögen ein in Deutschland belegenes Grundstück zählt, trifft in seinem Testament eine Rechtswahl zugunsten deutschen Rechts. – Die Frage der Geschäftsfähigkeit im Hinblick auf die Rechtswahl unterliegt deutschem Recht als gewähltem Erbstatut.

cc) Weitere Wirksamkeitsvoraussetzungen. Weitere Voraussetzungen für **23–24** die materielle Wirksamkeit der Rechtswahl ergeben sich aus ihrer Eigenschaft als erbrechtliches Rechtsgeschäft, z. B. die Möglichkeit einer kon-

---

[44] Palandt/*Heldrich*, Art. 25 Rn. 7; MüKo/*Birk*, Art. 25 Rn. 66.

[45] *LG Saarbrücken* 4. 5. 2000, IPRspr 2000 Nr. 96; Staudinger/*Dörner*, Art. 25 Rn. 484; a. A.: Soergel/*Schurig*, Art. 25 Rn. 4.

[46] MüKo/*Birk*, Art. 25 Rn. 67; a. A. jeweils Staudinger/*Dörner*, Art. 25 Rn. 485 f.

[47] Soergel/*Schurig*, Art. 25 Rn. 11; zur Teilrechtswahl im Güterrecht § 8 Rn. 41.

[48] Dagegen z. B. Staudinger/*Dörner*, Art. 25 Rn. 476, 505.

[49] Vgl. die §§ 2229 I, 2247 IV BGB, nach denen ein Minderjähriger, der das 16. Lebensjahr vollendet hat, (lediglich) ein notariell beurkundetes Testament errichten kann; MüKo/*Birk*, Art. 25 Rn. 33.

kludenten Rechtswahl,[50] die Berücksichtigung von Willensmängeln, die Zulässigkeit von Bedingungen und Befristungen, Nichtigkeitsgründe sowie die Bindungswirkung (Widerruflichkeit).[51] Diese Voraussetzungen werden in Art. 25 II EGBGB nicht ausdrücklich genannt. Deshalb ist ihre kollisionsrechtliche Behandlung umstritten.

Fall: Der Österreicher A hat in einem vor einem deutschen Notar errichteten Testament erklärt, dass die Erbfolge in sein bei Passau belegenes Wohnhaus deutschem Recht unterliegen soll. Diese Rechtswahl widerruft er einige Zeit später. Nach welchem Recht richtet sich die Widerruflichkeit der Rechtswahl?

Solche Fragen könnten entweder nach dem objektiv bestimmten Erbstatut oder nach dem gewählten deutschen materiellen Recht beurteilt werden. Für die Anknüpfung an das gewählte Recht spricht die Parallele zum Internationalen Vertragsrecht. Dort wird die Wirksamkeit der Rechtswahl dem von den Parteien gewählten Recht unterstellt (Art. 27 IV, 31 I EGBGB)[52]. Diese Normen können auf die Berufung deutschen Erbrechts im Wege der Rechtswahl nach Art. 25 II EGBGB entsprechend angewendet werden.[53] Das gewählte Erbstatut entfaltet also – ebenso wie das gewählte Vertragsstatut – Vorwirkungen für die materielle Beurteilung der Rechtswahl. Ob eine materiell wirksame Rechtswahl nach Art. 25 II EGBGB zustande gekommen ist, entscheidet somit das deutsche Sachrecht.[54]

Der Widerruf der Rechtswahl durch A richtet sich nach deutschem Recht. Die Bestimmungen über den Widerruf von Testamenten (§§ 2253–2258 BGB) sind entsprechend anzuwenden.[55]

5. Folgen einer unzulässigen Rechtswahl

25   Die Folgen einer über Art. 25 II EGBGB hinausgehenden Rechtswahl sind umstritten. Zwei Fälle sind zu unterscheiden:

a) Volle Unwirksamkeit

Hinterlässt der Erblasser überhaupt kein inländisches unbewegliches Vermögen oder wählt er nicht deutsches, sondern ausländisches Erbrecht, so ist die Rechtswahl nach Art. 25 II EGBGB unwirksam.[56] Damit ist aus deutscher Sicht das Heimatrecht des Erblassers Erbstatut

---

50   *OLG Zweibrücken* 28. 5. 2002, FamRZ 2003, 1697 = ZEV 2003, 162 m. Anm. *Süß* = MittBayNot 2003, 146 m. Anm. *Riering* = IPRspr 2002 Nr. 116; *LG Stuttgart* 11. 9. 2002, IPRspr 2002 Nr. 119 (Verwendung von Fachausdrücken des deutschen Erbrechts). Erforderlich ist aber ein entsprechendes Erklärungsbewusstsein des Verfügenden; *Looschelders*, Art. 25 Rn. 42.

51   Zur Anknüpfung von Wirksamkeitsvoraussetzungen allgemein § 7 Rn. 37 f.

52   Hierzu § 10 Rn. 41.

53   MüKo/*Birk*, Art. 25 Rn. 32; Staudinger/*Dörner*, Art. 25 Rn. 492.

54   Soergel/*Schurig*, Art. 25 Rn. 7.

55   MüKo/*Birk*, Art. 25 Rn. 57.

56   MüKo/*Birk*, Art. 25 Rn. 73; Staudinger/*Dörner*, Art. 25 Rn. 488 f.

(Art. 25 I EGBGB). Allerdings liegt eine Gesamtverweisung vor. Lassen die Kollisionsnormen des Erbstatuts die vom Erblasser getroffene Rechtswahl zu, wie z. B. Art. 3098 II Code civil du Québec, oder verweist das Heimatrecht seinerseits auf eine Rechtsordnung, nach der die Rechtswahl des Erblassers zulässig ist,[57] so ist die Rechtswahl aufgrund der Beachtlichkeit der Weiterverweisung auch für deutsche Gerichte und Behörden verbindlich.[58] Ist die Rechtswahl dagegen auch nach den im Rahmen des Renvoi zu beachtenden Rechtsordnungen unzulässig, so entfaltet sie keinerlei Wirkungen.

Fall: Der in Québec geborene und aufgewachsene Frankokanadier E verstirbt an seinem langjährigen Wohnsitz in Frankreich. Er hinterlässt nur bewegliches Vermögen, darunter ein Bankkonto in Deutschland. Als Erbstatut hat er französisches Recht gewählt. Nach welchem Recht beurteilt sich die Erbfolge in das deutsche Bankkonto?
Die Voraussetzungen einer Rechtswahl nach Art. 25 II EGBGB liegen nicht vor. Art. 25 I i. V. m. Art. 4 III 2 EGBGB verweist auf das Recht von Québec als derjenigen Teilrechtsordnung des Heimatstaates Kanada, zu der vorliegend die engste Verbindung besteht[59] (Gesamtverweisung). Art. 3098 II Code civil du Québec erlaubt dem Erblasser eine Rechtswahl zugunsten des ausländischen Domizilrechts. Danach konnte E hier die Erbfolge durch Rechtswahl dem Recht seines französischen Domizils unterstellen (Sachnormverweisung[60]).

Ob und inwieweit die *Nichtigkeit der Rechtswahl* eine im Zusammen- **26** hang damit getroffene Verfügung von Todes wegen berührt, entscheidet das objektiv bestimmte Erbstatut. Eine entsprechende Anwendung des § 2085 BGB scheidet hier aus.[61]

Die Unwirksamkeit der Rechtswahl verbietet es nicht, Grundsätze der gewählten **27** Rechtsordnung, die der Erblasser bei Errichtung der Verfügung von Todes wegen im Sinne hatte *(Handeln unter falschem Recht)*, als Auslegungshilfe zu berücksichtigen.[62] Die unzulässige Rechtswahl kann hier als zulässige materielle Verweisung auf die dispositiven Normen der gewählten Rechtsordnung gedeutet werden.[63]

b) Teilweise Unwirksamkeit

Variante:[64] Zum Nachlass des E gehört neben dem beweglichen Vermögen auch eine **28** Eigentumswohnung in Köln. E will den gesamten Nachlass nach deutschem Recht vererben. Wirksamkeit der Rechtswahl?

Besteht der Nachlass aus beweglichem wie unbeweglichem Vermögen oder ist er im In- und Ausland belegen, so genügt die Wahl deutschen Rechts nur hinsichtlich des inländischen unbeweglichen Vermögens den

---

[57] Vgl. *Jayme*, IPRax 1986, 265–270 (270, Beispiel 2).
[58] MüKo/*Birk*, Art. 25 Rn. 27; Staudinger/*Dörner*, Art. 25 Rn. 470.
[59] Hierzu § 6 Rn. 120 f.
[60] S. Art. 3080 Code civil du Québec.
[61] MüKo/*Birk*, Art. 25 Rn. 73; Staudinger/*Dörner*, Art. 25 Rn. 491; missverständlich insoweit *Hüßtege*, IPR, S. 119.
[62] Palandt/*Heldrich*, Art. 25 Rn. 12; *Kartzke*, IPRax 1999, 98–100.
[63] *BGH* 29. 3. 1972, NJW 1972, 1001; Soergel/*Schurig*, Art. 25 Rn. 78.
[64] Zum Ausgangsfall s. oben Rn. 25.

Wirksamkeitserfordernissen des Art. 25 II EGBGB; bezüglich des sonstigen Vermögens ist sie dagegen unwirksam. Fraglich ist, ob die teilweise Unwirksamkeit auch den an sich wirksamen Teil der Verfügung erfasst.

29–30 Die wohl h. M.[65] wendet § 2085 BGB analog an. Hiernach ist im Zweifel – anders als bei § 139 BGB – eine *geltungserhaltende Reduktion* der Rechtswahl auf das inländische unbewegliche Vermögen geboten, wenn anzunehmen ist, dass der Erblasser diesen Teil des Nachlasses in jedem Fall – also auch unter Inkaufnahme einer Nachlassspaltung – deutschem Erbrecht unterstellen wollte.[66] Die Gegenansicht[67] möchte auf die allgemeinen Regeln zur Teilnichtigkeit von Rechtsgeschäften (§ 139 BGB) zurückgreifen.

§ 2085 BGB ist lex specialis für Verfügungen von Todes wegen. Die Rechtswahl nach Art. 25 II EGBGB kommt in ihrer Wirkung der Ausübung der erbrechtlichen Dispositionsfreiheit durch Verfügung von Todes wegen gleich, so dass die analoge Anwendung des § 2085 BGB vorzugswürdig ist. Problematisch ist dessen Anwendung lediglich insoweit, als es sich bei § 2085 BGB um eine Norm des deutschen materiellen Rechts handelt, während die Rechtswahl auf der Ebene des Kollisionsrechts erfolgt. Indes ist die Zulässigkeit der Rechtswahl nach Art. 25 II EGBGB eine Frage der Anwendung und Auslegung einer deutschen Kollisionsnorm. Daher kann die teilwirksame Rechtswahl hier nach Maßgabe des deutschen materiellen Rechts beurteilt werden.

B. Anwendungsbereich

I. Allgemeines

31 Nach dem Erbstatut werden alle mit dem Erbfall zusammenhängenden Fragen beurteilt; eine Ausnahme hiervon bildet lediglich die Form letztwilliger Verfügungen, die in Art. 26 EGBGB gesondert angeknüpft wird.[68]

Das Erbstatut regelt etwa die Berufung zur Erbschaft, insbesondere den Kreis der gesetzlichen Erben[69] und ihre Erbquoten, die Pflichtteilsrechte – auch wenn diese materiellrechtlich als Noterbrecht oder als Pflichtteilsergänzungsanspruch ausgestaltet sind –, die Erbfähigkeit sowie die dingliche Wirkung des Erbfalls (Eigentumsübergang); letztere hängt freilich von der Billigung durch die lex rei sitae ab.[70]

---

[65] Erman/*Hohloch*, Art. 25 Rn. 19; *Jayme*, IPRax 1986, 265–270 (270, Beispiel 1); *Fuchs/Hau/Thorn*, Fälle zum IPR, S. 141 f.

[66] *OLG Zweibrücken* 28. 5. 2002, FamRZ 2003, 1697 = ZEV 2003, 162 m. Anm. *Süß* = MittBayNot 2003, 146 m. Anm. *Riering* = IPRspr 2002 Nr. 116; *LG Hamburg* 6. 8. 1999, ZEV 1999, 491 = IPRspr 1999 Nr. 96; so auch MüKo/*Birk*, Art. 25 Rn. 74, der allerdings bezweifelt, dass ein entsprechender Wille feststellbar sein wird.

[67] Soergel/*Schurig*, Art. 25 Rn. 8.

[68] Palandt/*Heldrich*, Art. 25 Rn. 10; zur Form s. unten Rn. 33–40.

[69] Zum eingetragenen Lebenspartner s. oben Rn. 8a; zur Vorfrage der Adoption § 8 Rn. 145.

[70] Zum Ganzen Soergel/*Schurig*, Art. 25 Rn. 25–28, 44; Palandt/*Heldrich*, Art. 25 Rn. 10–15; zur dinglichen Wirkung des Erbfalles vgl. MüKo/*Birk*, Art. 25 Rn. 167–

Beispiel: Ein nach ausländischem Erbstatut bestehendes Vindikationslegat (= Vermächtnis mit unmittelbar dinglicher Wirkung) an einem in Deutschland belegenen Grundstück begründet nach deutschem Recht lediglich einen schuldrechtlichen Anspruch (Damnationslegat, vgl. § 2174 BGB).[71] Die vorgenommene Transformation erscheint indes – insbesondere im Hinblick auf Art. 43 II EGBGB[72] – nicht zwingend; die intertemporale Vorschrift des Art. 213 EGBGB[73] zeigt, dass ein dinglich wirkendes Vermächtnis mit der deutschen Rechtsordnung vereinbar ist.

Ferner bestimmt das Erbstatut über die Testamentsvollstreckung[74] sowie über die Nachlassverbindlichkeiten und die Haftung für diese.[75] Der Umfang des Nachlasses richtet sich ebenfalls nach dem Erbstatut; die Frage, ob einzelne Gegenstände überhaupt Bestandteil des Nachlasses geworden sind, ist demgegenüber gesondert anzuknüpfende Vorfrage.[76] Das Erbstatut entscheidet auch über Annahme oder Ausschlagung der Erbschaft.[77]

II. Sonderprobleme

Gesondert geregelt werden in Art. 26 EGBGB die Anforderungen an **32** die Form einer Verfügung von Todes wegen sowie die Auswirkungen eines Statutenwechsels auf eine bereits errichtete Verfügung von Todes wegen und auf die Testierfähigkeit des Erblassers.

1. Formstatut (Art. 26 I–IV EGBGB)

Die Form der Verfügung von Todes wegen ist eine gesondert anzuknüp- **33** fende Teilfrage.[78] Sie ist in Art. 26 I–IV EGBGB abweichend vom allgemeinen Formstatut des Art. 11 EGBGB geregelt. Der deutsche Gesetzgeber hat in Art. 26 I–III EGBGB die wesentlichen Bestimmungen des Haager Übereinkommens über das auf die Form letztwilliger Ver-

---

171. Für eine sachenrechtliche Qualifikation hingegen *Süß*, RabelsZ 65 (2001), 245–263.

[71] So *BGH* 28. 9. 1994, NJW 1995, 58 = IPRax 1996, 39 m. Anm. *Dörner*, 26–28 = ZEV 1995, 298 m. Anm. *Birk*, 283–285 = IPRspr 1994 Nr. 125; zum Legalnießbrauch des romanischen Rechtskreises *BayObLG* 26. 10. 1995, FamRZ 1996, 694 = IPRspr 1995 Nr. 120.

[72] Hierzu § 12 Rn. 31.

[73] Hierzu Staudinger/*J. Mayer*, Art. 213 Rn. 14.

[74] Vgl. *KG* 1. 12. 1998, IPRspr 1998 Nr. 120 (personal representative nach englischem Recht).

[75] Soergel/*Schurig*, Art. 25 Rn. 37, 42; Staudinger/*Dörner*, Art. 25 Rn. 274–280, 212 f.

[76] Soergel/*Schurig*, Art. 25 Rn. 24; Palandt/*Heldrich*, Art. 25 Rn. 17; *OLG Düsseldorf* 7. 4. 2000, FamRZ 2001, 1102 = ZEV 2001, 484 m. Anm. *Henrich* = IPRspr 2000 Nr. 94; str. ist, ob diese Vorfrage selbständig oder unselbständig anzuknüpfen ist, s. dazu § 6 Rn. 60–72 und § 12 Rn. 26.

[77] Staudinger/*Dörner*, Art. 25 Rn. 108–115; zum Erbverzicht s. unten Rn. 49 f.

[78] Zur Teilfrage § 6 Rn. 43–46.

fügungen anzuwendende Recht vom 5. 10. 1961[79] übernommen *(inkorporierter Staatsvertrag)*[80].

a) Verhältnis zum Haager Abkommen

aa) Gemeinsamkeiten und Unterschiede

34   Art. 26 I–III EGBGB stimmt inhaltlich nicht völlig mit dem Haager Übereinkommen überein; die vom deutschen Gesetzgeber zusätzlich eingefügte Anknüpfung an das Erbstatut in Art. 26 I Nr. 5 EGBGB ist den Vertragsstaaten aber durch Art. 3 Übk. vorbehalten. Nicht übernommen in Art. 26 EGBGB wurden etwa die in Art. 1 II Übk. vorgesehene Unteranknüpfung bei Mehrrechtsstaaten, die im Wortlaut von Art. 4 III EGBGB abweicht, und der ordre-public-Vorbehalt des Art. 7 Übk.[81] Während das Haager Übereinkommen nur auf Testamente und gemeinschaftliche Testamente (Art. 4 Übk.) Anwendung findet, weitet Art. 26 IV EGBGB den Anwendungsbereich auch auf andere Verfügungen von Todes wegen, insbesondere Erbverträge, aus.[82]

Eine Regelung über den Statutenwechsel enthält das Haager Übereinkommen nicht; Art. 26 V EGBGB erlangt insoweit selbständige Bedeutung. Freilich wirkt sich der Statutenwechsel nicht nur auf die Formgültigkeit der letztwilligen Verfügung, sondern auch auf deren materielle Wirksamkeit (inhaltliche Gültigkeit, Bindungswirkung) aus.[83] Die Regelung des Art. 26 V EGBGB ist daher von der Form letztwilliger Verfügungen und folglich auch vom Haager Übereinkommen losgelöst.[84]

Da das Haager Übereinkommen nach seinem Art. 6 auch im Verhältnis zu Nichtvertragsstaaten anwendbar ist, führt die Übernahme inhaltsgleicher Regelungen in das nationale Kollisionsrecht nicht zu einer Ausweitung des räumlichen Anwendungsbereichs.

bb) Vorrang des Übereinkommens

35   Art. 26 I–III EGBGB übernimmt – mit Ausnahme von Art. 26 I Nr. 5 EGBGB – inhaltlich das Haager Übereinkommen. Somit führt Art. 26 EGBGB grundsätzlich zu den gleichen Ergebnissen wie die Anwendung des an sich vorrangig zu berücksichtigenden Übereinkommens. Manche[85] halten daher einen Rückgriff auf die entsprechenden Anknüpfungsregeln des Haager Übereinkommens grundsätzlich für überflüssig. Dafür spricht die vom Gesetzgeber mit der Übernahme des Übereinkommens in das autonome Kollisionsrecht angestrebte Vereinfachung der Rechtsanwendung, dagegen der grundsätzliche Vorrang der in völkerrechtlichen Verträgen enthaltenen Kollisionsnormen (Art. 3 II 1 EGBGB).[86]

Wenn die Auslegung von Art. 26 EGBGB im Lichte des Übereinkommens erfolgt, kann beiden Rechtsquellen gleichzeitig Geltung eingeräumt werden.[87]

---

[79]   BGBl. 1965 II S. 1145 = *Jayme/Hausmann,* Nr. 60; in Kraft seit dem 1. 1. 1966.
[80]   Grundsätzlich zur Problematik der inkorporierten Staatsverträge § 1 Rn. 79–82.
[81]   Soergel/*Schurig,* Art. 26 Rn. 2; Staudinger/*Dörner,* Art. 26 Rn. 19–22.
[82]   MüKo/*Birk,* Art. 26 Rn. 39, 77.
[83]   S. unten Rn. 43.
[84]   Palandt/*Heldrich,* Art. 26 Rn. 1.
[85]   Soergel/*Schurig,* Art. 26 Rn. 3; Palandt/*Heldrich,* Art. 26 Rn. 1 m. w. Nachw.
[86]   So: *BGH* 28. 9. 1994, NJW 1995, 58 = IPRax 1996, 39 m. Anm. *Dörner,* 26–28 = IPRspr 1994 Nr. 12; *Jayme,* IPRax 1986, 265–270 (266); MüKo/*Birk,* Art. 26 Rn. 2.
[87]   Hierzu § 1 Rn. 81 f.

b) Favor testamenti

Durch die vielfältigen Anknüpfungsmöglichkeiten[88] für die Form einer **36** letztwilligen Verfügung soll in erster Linie die Ungültigkeit der Errichtung oder des Widerrufs einer letztwilligen Verfügung aus Formgründen vermieden werden. Es genügt, dass die Verfügung von Todes wegen nach einer der nach dem Übereinkommen bzw. nach Art. 26 I–IV EGBGB maßgeblichen Rechtsordnungen formwirksam ist. Die alternative Anknüpfung[89] der Form dient somit dem *favor testamenti.*[90] Folglich handelt es sich bei den Verweisungen im Haager Übereinkommen, aber auch in Art. 26 I–IV EGBGB, um *Sachnormverweisungen.*[91] Für das Haager Übereinkommen wird dies durch dessen Art. 1 I ausdrücklich klargestellt. Lediglich im Rahmen der Anknüpfung an das Erbstatut gemäß Art. 26 I Nr. 5, V EGBGB sind Rück- und Weiterverweisung zu beachten.[92]

c) Besondere letztwillige Verfügungen

Problematisch ist die Testamentsform vor allem bei gemeinschaft- **37** lichen Testamenten und Erbverträgen sowie beim Erbverzicht. Das Haager Übereinkommen erfasst zwar gemeinschaftliche Testamente, schließt aber Erbvertrag und Erbverzicht aus seinem Anwendungsbereich aus.[93]

aa) Gemeinschaftliches Testament. Zahlreiche Rechtsordnungen, vor **38** allem im romanischen Rechtskreis, verbieten gemeinschaftliche Testamente. Die Wirkung eines solchen Verbots hängt davon ab, ob das Verbot sich gegen den *Inhalt* des gemeinschaftlichen Testaments (wechselbezügliche Verfügungen) oder gegen die *Form* (Zusammenfassung in einer Urkunde) richtet.

Soweit das Verbot sich nur gegen die Form richtet,[94] können die Angehörigen solcher Staaten dann wirksam ein gemeinschaftliches Testament errichten, wenn das Recht des Errichtungsortes dieses zulässt. Soweit das Verbot sich gegen den Inhalt richtet, entscheidet dagegen das Erbstatut über die Zulässigkeit des gemeinschaftlichen Testaments. Haben die Testierenden kein gemeinsames Erbstatut, so müssen die Wirksamkeitsvoraussetzungen kumulativ nach beiden Erbstatuten er-

---

[88] Zur Anknüpfung an den Vornahmeort *LG München I* 28. 9. 1998, IPRspr 1998 Nr. 119.

[89] Hierzu § 5 Rn. 117 f.

[90] MüKo/*Birk*, Art. 26 Rn. 38.

[91] Hierzu § 6 Rn. 113.

[92] *Hüßtege*, IPR, S. 122; Soergel/*Schurig*, Art. 26 Rn. 13.

[93] MüKo/*Birk*, Art. 26 Rn. 65.

[94] So das niederländische Recht; vgl. *KG* 11. 4. 2000, FamRZ 2001, 794 = IPRspr 2000 Nr. 95.

füllt sein. Der zulässige Inhalt eines gemeinschaftlichen Testaments und seine Wirkungen beurteilen sich daher stets nach dem strengeren Recht.[95]

Fall: Ein Italiener und dessen deutsche Ehefrau errichten in Deutschland ein gemeinsames Testament.

Das Testament ist gemäß Art. 26 I Nr. 2 EGBGB nach dem Recht des deutschen Errichtungsortes formgültig. Nach dem Heimatrecht der Ehefrau ist es auch inhaltlich wirksam. Das italienische Heimatrecht des Ehemannes verbietet dagegen in Art. 589 codice civile das gemeinschaftliche Testament.[96] Die Qualifikation dieser Vorschrift erfolgt auf der Grundlage des deutschen Kollisionsrechts; jedoch ist hierbei die Zwecksetzung nach ausländischem Sachrecht zu beachten.[97] Das italienische Recht behandelt Art. 589 codice civile als materielle Schutzvorschrift.[98] Er soll die unbeeinflusste Willensentschließung des Testators sichern und vermeiden, dass sich die Testierenden an die Vereinbarung gebunden fühlen. Damit ist Art. 589 codice civile auch nach deutschem Kollisionsrecht eine Vorschrift des materiellen Erbrechts. Folglich ist das Testament des Ehemannes nach italienischem Recht nichtig (Art. 635 codice civile). Ob das Testament der Frau isoliert bestehen kann, bestimmt sich nach deutschem Recht (vgl. § 2270 I BGB).

39 *bb) Erbvertrag.* Der Erbvertrag ist eine Verfügung von Todes wegen; auf seine Form finden gemäß Art. 26 IV EGBGB die dem Haager Übereinkommen nachgebildeten Regeln des Art. 26 I–III EGBGB Anwendung.

Bezüglich der inhaltlichen Zulässigkeit ist zu unterscheiden: Beim *einseitigen* Erbvertrag trifft nur ein Vertragspartner eine Verfügung von Todes wegen; deshalb muss der Erbvertrag hier nur dem für den Verfügenden maßgeblichen Erbstatut genügen, nicht dem des anderen Vertragspartners. Der *zweiseitige* Erbvertrag hingegen muss den Anforderungen der Erbstatute beider Vertragspartner genügen.[99]

40 *cc) Erbverzicht.* Der Erbverzicht ist keine Verfügung von Todes wegen, sondern ein Rechtsgeschäft unter Lebenden auf den Todesfall. Für seine Form gilt daher nicht Art. 26 EGBGB, sondern Art. 11 EGBGB. Danach ist der Erbverzicht formwirksam, wenn er entweder den Anforderungen des Errichtungsstatuts (hypothetisches Erbstatut des Erblassers zum Zeitpunkt des Verzichts) oder des Vornahmeorts genügt.[100]

---

[95] MüKo/*Birk*, Art. 26 Rn. 98, 102; Palandt/*Heldrich*, Art. 25 Rn. 14; vgl. auch *Fuchs/Hau/Thorn*, Fälle zum IPR, S. 143–147; Staudinger/*Dörner*, Art. 25 Rn. 306–317 m. w. Nachw.

[96] Hierzu *OLG Frankfurt* 17. 5. 1985, IPRax 1986, 111 m. Anm. *Grundmann*, 94–97 = IPRspr 1985 Nr. 116; *Ferid/Firsching*, Internationales Erbrecht III, Italien, Rn. 75 m. w. Nachw.

[97] Hierzu § 6 Rn. 27–30.

[98] *Grundmann*, IPRax 1986, 94–97 (96). Krit. *Süß*, IPRax 2002, 22–28.

[99] MüKo/*Birk*, Art. 26 Rn. 133 f.; *Kropholler*, IPR, S. 446.

[100] Staudinger/*Dörner*, Art. 25 Rn. 381; MüKo/*Birk*, Art. 26 Rn. 145 f.; näher zu Art. 11 EGBGB oben § 7 Rn. 39–45. Zu inhaltlicher Zulässigkeit und Wirkungen des Erbverzichts vgl. unten Rn. 49 f.

2. Testierfähigkeit

Fraglich ist, ob die Testierfähigkeit im IPR der allgemeinen Geschäftsfä-   **41**
higkeit entspricht und daher wie diese nach Art. 7 I EGBGB anzuknüpfen ist, oder ob es sich dabei – wie im materiellen deutschen Recht (vgl.
§ 2229 BGB) – um eine *besondere Geschäftsfähigkeit*[101] handelt, die dem
Erbstatut unterfällt.

Die Frage wird regelmäßig[102] erst im Rahmen der Rück- bzw. Weiterverweisung bedeutsam, da das deutsche IPR sowohl in Art. 7 I EGBGB
als auch in Art. 25 I EGBGB auf das Heimatrecht des Erblassers verweist. Soweit das Heimatrecht des Erblassers – anders als das deutsche
Recht – Geschäftsfähigkeit und erbrechtliche Fragen unterschiedlich
anknüpft, ist die Einordnung der Testierfähigkeit erheblich.

Die Auswirkung eines Statutenwechsels auf die Testierfähigkeit ist
innerhalb des Internationalen Erbrechts in Art. 26 V 2 EGBGB besonders geregelt. Deshalb ist die Testierfähigkeit von der allgemeinen
Geschäftsfähigkeit (Art. 7 I EGBGB) zu trennen. Dort ist der Statutenwechsel in Art. 7 II EGBGB geregelt. Wäre die Testierfähigkeit ein Un-
terfall der allgemeinen Geschäftsfähigkeit, hätte es der Regelung in
Art. 26 V 2 EGBGB nicht bedurft. Folglich ist die Testierfähigkeit nach
dem Erbstatut zu beurteilen. Maßgeblich ist das Recht, das im Zeitpunkt
der Verfügung von Todes wegen auf die Erbfolge anzuwenden wäre (Errichtungsstatut; Art. 26 V 1 EGBGB).[103]

3. Statutenwechsel

Die Auswirkungen eines Statutenwechsels sind in Art. 26 V EGBGB ge-   **42**
regelt. Die Vorschrift ist anwendbar auf Verfügungen von Todes wegen
und auf Rechtsgeschäfte unter Lebenden auf den Todesfall, nicht aber auf
die gesetzliche Erbfolge, welche unwandelbar dem Heimatrecht des Erblassers im Zeitpunkt seines Todes unterliegt (Art. 25 I EGBGB).[104] Durch
einen Statutenwechsel können z.B. die Testierfähigkeit, die Formwirksamkeit einer letztwilligen Verfügung, deren inhaltliche Gültigkeit sowie
deren Bindungswirkung beeinflusst werden.

*a) Gültigkeit und Bindungswirkung der Verfügung (Art. 26 V 1
EGBGB)*

Art. 26 V 1 EGBGB stellt für die Gültigkeit einer letztwilligen Ver-   **43**
fügung und die Bindung an diese auf das hypothetische Erbstatut des

---

[101] Zum Begriff vgl. *von Bar*, IPR II, Rn. 35 f.
[102] Ausnahme oben Rn. 22.
[103] Staudinger/*Dörner*, Art. 25 Rn. 224 f.; *Siehr*, IPRax 1987, 4–8 (6); differenzierend:
Soergel/*Schurig*, Art. 26 Rn. 27.
[104] S. oben Rn. 6; MüKo/*Birk*, Art. 25 Rn. 105 f.

Erblassers zum Zeitpunkt ihrer Errichtung ab *(Errichtungsstatut)*.[105] Die *Gültigkeit* der letztwilligen Verfügung umfasst sämtliche Wirksamkeitsvoraussetzungen der Verfügung einschließlich der Anfechtung wegen Willensmängeln.[106] Strittig ist, ob eine nach dem Errichtungsstatut unwirksame Verfügung von Todes wegen durch Statutenwechsel wirksam werden kann.[107] Zugunsten einer Heilung spricht die Beachtung des Erblasserwillens; dem stehen keine Verkehrs- oder Drittinteressen entgegen. Zur *Bindungswirkung* gehören Zulässigkeit und Voraussetzungen eines Widerrufs sowie die Aufhebung einer letztwilligen Verfügung. – Dagegen unterliegen Inhalt (Auslegung) und sonstige Wirkungen der Verfügung von Todes wegen dem Erbstatut beim Tode des Erblassers.

b) Testierfähigkeit (Art. 26 V 2 EGBGB)

44 Bei der Testierfähigkeit wird das hypothetische Erbstatut in noch stärkerem Umfang berücksichtigt. Geschützt wird nicht nur das Vertrauen des Erblassers in eine bereits errichtete letztwillige Verfügung; selbst dann, wenn der Erblasser von seiner einmal erlangten Testierfähigkeit noch keinen Gebrauch durch Errichtung einer letztwilligen Verfügung gemacht hat, verliert er sie durch einen späteren Statutenwechsel nicht wieder.[108] Die Regelung über die Testierfähigkeit ist dabei an die entsprechende Regelung der allgemeinen Geschäftsfähigkeit in Art. 7 II EGBGB angelehnt und erfasst sowohl den Statutenwechsel zum deutschen Recht als auch den vom deutschen zum ausländischen Recht. Eine analoge Anwendung auf den Wechsel von einer ausländischen Staatsangehörigkeit zu einer anderen (allseitiger Ausbau) ist wie in Art. 7 II EGBGB zu bejahen (bestr.).[109]

III. Qualifikationsprobleme

Vielfach finden sich auch außerhalb des Erbrechts im materiellen Recht Vorschriften betreffend die Rechtsnachfolge im Todesfall. Fraglich ist, ob diese in den Anwendungsbereich des Erbstatuts fallen.

---

[105] MüKo/*Birk*, Art. 25 Rn. 109; Soergel/*Schurig*, Art. 26 Rn. 26.

[106] Staudinger/*Dörner*, Art. 25 Rn. 239; a. A.: Palandt/*Heldrich*, Art. 26 Rn. 8.

[107] Dafür: Palandt/*Heldrich*, Art. 26 Rn. 8; dagegen: Staudinger/*Dörner*, Art. 26 Rn. 75, 83, jeweils m. w. Nachw.; allgemein zur Heilung durch Statutenwechsel § 5 Rn. 108.

[108] *Siehr*, IPRax 1987, 4–8 (6); Soergel/*Schurig*, Art. 26 Rn. 29.

[109] Ebenso: Palandt/*Heldrich*, Art. 26 Rn. 9; Soergel/*Schurig*, Art. 26 Rn. 31; *Kropholler*, IPR, S. 445; *Fuchs/Hau/Thorn*, Fälle zum IPR, S. 140; a. A.: *Siehr*, IPRax 1986, 4–8 (6: betroffenes Recht muss diese Frage selbst entscheiden). Zur entsprechenden Problematik in Art. 7 II EGBGB vgl. § 7 Rn. 9; allgemein zum allseitigen Ausbau § 4 Rn. 10f.

1. Nachfolge in Gesellschaftsanteile

Bei der Nachfolge in Gesellschaftsanteile nach dem Tod eines Gesell-   45
schafters ist zwischen Kapital- und Personengesellschaften zu unterscheiden.

a) Kapitalgesellschaften

Der Bestand einer Kapitalgesellschaft wird durch den Tod eines Anteils-   46
eigners nicht berührt. Daher entscheidet über die Vererbung von Gesellschaftsanteilen das *Erbstatut*.[110]

b) Personengesellschaften

Problematisch ist die Nachfolge in Personengesellschaften. Die persön-   47
liche Bindung des Gesellschafters an die Gesellschaft ist hier ungleich
stärker ausgeprägt als bei der Kapitalgesellschaft, weshalb die deutsche
Rechtsprechung im materiellen Recht Sonderregeln für die Vererbung
von Anteilen an Personengesellschaften entwickelt hat.[111] Kollisionsrechtlich ist umstritten, welche Fragen dem Erbstatut und welche dem
Gesellschaftsstatut unterstehen.[112] Über das *Fortbestehen* der Gesellschaft beim Tod eines Gesellschafters entscheidet das *Gesellschaftsstatut*.[113] Dieses kann etwa die Vererblichkeit der Gesellschafterstellung
oder aber die Auflösung der Gesellschaft vorsehen. Nach deutschem
Recht scheidet der Gesellschafter einer OHG im Todesfall aus der Gesellschaft aus (§ 131 III 1 Nr. 1 HGB). Das *Erbstatut* bestimmt hingegen, wer Erbe des Gesellschafters geworden ist, ob etwa die Personenge-
sellschaft selbst als Erbe eingesetzt werden kann.[114]

2. Rechtsgeschäfte unter Lebenden auf den Todesfall

Schwierig ist die kollisionsrechtliche Einordnung von Rechtsgeschäften,   48
die der Erblasser zwar zu Lebzeiten vornimmt, die aber einer Regelung
seiner Nachlassangelegenheiten dienen (Beispiele: Erbverzicht, Schenkung von Todes wegen).

---

[110] MüKo/*Birk*, Art. 25 Rn. 180.
[111] *BGH* 22. 11. 1956, BGHZ 22, 186; *BGH* 10. 2. 1977, BGHZ 68, 225 = NJW 1977,
1339 = DNotZ 1977, 550 m. Anm. *Priester* und Anm. *Göbel*, DNotZ 1979, 133–
135 = BB 1977, 809 m. Anm. *Ulmer*, 805–808 = JZ 1977, 685 m. Anm. *Wiedemann*;
OLG *Hamm* 17. 1. 1991, NJW-RR 1991, 837 = DNotZ 1992, 320 m. Anm. *Winkler* = FamRZ 1992, 113 m. Anm. *Reimann*.
[112] Zur Qualifikation von Ausgleichs- bzw Abfindungsansprüchen vgl. *Dörner*, IPRax
2004, 519 f. (520), sowie MüKo/*Birk*, Art. 25 Rn. 183, 186.
[113] LG *München I* 6. 5. 1999, IPRax 2001, 459 m. Anm. *Schurig*, 446–449 = IPRspr
1999 Nr. 95. Zum Gesellschaftsstatut § 7 Rn. 23–27.
[114] Soergel/*Schurig*, Art. 25 Rn. 76; *von Oertzen*, IPRax 1994, 73–80 (74–76).

a) Erbverzicht

49–50 Der *Erbverzicht* untersteht dem Erbstatut, da durch ihn die gesetzliche Erbfolge beeinflusst wird.[115] Im Falle des Statutenwechsels nach Abschluss des Erbverzichts gilt: Die Gültigkeit des Erbverzichts unterliegt dem Errichtungsstatut (Art. 26 V 1 EGBGB); seine materiellen Wirkungen beurteilen sich hingegen nach dem Erbstatut beim Tode des Erblassers (Art. 25 I EGBGB).[116]

b) Schenkung von Todes wegen

51 Die *Schenkung von Todes wegen* wird im internen deutschen Recht durch § 2301 BGB der Verfügung von Todes wegen gleichgestellt. Deshalb unterwirft die h. M.[117] die Schenkung von Todes wegen kollisionsrechtlich dem Erbstatut. Wechselt der Versprechende nach dem Schenkungsversprechen die Staatsangehörigkeit, so beurteilt sich die materielle Wirksamkeit entsprechend Art. 26 V 1 EGBGB weiterhin nach dem hypothetischen Erbstatut im Zeitpunkt des Vertragsschlusses. Auch die Abgrenzung von der Schenkung unter Lebenden sollte nicht der lex fori, sondern dem hypothetischen Erbstatut entnommen werden (Qualifikation nach der lex causae[118]).

c) Verträge zugunsten Dritter auf den Todesfall

52 Verträge zugunsten Dritter auf den Todesfall sind die Lebensversicherung unter Bestimmung des Bezugsberechtigten, die Versorgung Dritter im Rahmen einer privaten Unfallversicherung sowie die Anlegung eines Sparbuchs auf den Namen eines Dritten.[119]

Beispiel: Der in Straßburg lebende Franzose E legt bei der B-Bank in Kehl (Deutschland) ein Sparbuch an, das auf den Namen seines Neffen lautet.

Kollisionsrechtlich liegt die Schwierigkeit dieses Vertragstyps darin, dass es sich um ein Dreiecksverhältnis handelt, auf dessen verschiedene Einzelbeziehungen unterschiedliche Rechtsordnungen Anwendung finden können. Der Vertrag zwischen dem Erblasser (Versprechensempfänger) und dem Versprechenden (Deckungsverhältnis) richtet sich nach dem Vertragsstatut (im Beispiel nach h. M. deutsches Recht[120]). Das Valutaverhältnis ist regelmäßig als Schenkung von Todes wegen zu qualifizieren, da durch die Vereinbarung der Umfang der Erbmasse (Pflichtteilsrechte) beeinträchtigt wird; somit entscheidet hierüber das Erbstatut (vorliegend französisches Recht).[121]

---

[115] *BGH* 13. 11. 1996, BGHZ 134, 60 = FamRZ 1997, 173 = IPRspr 1996 Nr. 120.

[116] MüKo/*Birk*, Art. 26 Rn. 148; Staudinger/*Dörner*, Art. 25 Rn. 374, 385; a. A.: Soergel/*Schurig*, Art. 26 Rn. 42 (Errichtungsstatut). Zur Form vgl. oben Rn. 40.

[117] MüKo/*Birk*, Art. 26 Rn. 154 m. w. Nachw. in Fn. 228 f.; Soergel/*Schurig*, Art. 26 Rn. 44; *Henrich*, FS W. Lorenz (1991), S. 379–392 (386); offengelassen in *OLG Düsseldorf* 16. 8. 1996, FamRZ 1997, 61 = IPRspr 1996 Nr. 118 (alternative Prüfung des Vertrags- bzw. Erbstatuts).

[118] Soergel/*Schurig*, Art. 26 Rn. 44, MüKo/*Birk*, Art. 26 Rn. 155.

[119] MüKo/*Birk*, Art. 26 Rn. 157; *Henrich*, FS W. Lorenz (1991), S. 379–392.

[120] Hierzu Soergel/*von Hoffmann*, Art. 28 Rn. 318 f.

[121] Hierzu oben Rn. 51. A. A. indes die Rspr., die die Zuwendung als Schenkung unter Lebenden qualifiziert und nach Art. 27 ff. EGBGB anknüpft; vgl. *OLG Düsseldorf* 7. 4. 2000, FamRZ 2001, 1102.

3. Güterrechtlicher Ausgleich zwischen Ehegatten im Todesfall

Vorschriften, die die güterrechtliche Auseinandersetzung zwischen Ehe- **53** gatten für den Fall regeln, dass die eheliche Gemeinschaft durch den Tod eines Ehegatten beendet wird, können entweder erb- oder güterrechtlich qualifiziert werden. Da das Erbrecht auf das Heimatrecht des Erblassers zum Zeitpunkt seines Todes abstellt (Art. 25 I EGBGB), während das eheliche Güterrecht in erster Linie an die gemeinsame Staatsangehörigkeit der Ehegatten oder deren gemeinsamen gewöhnlichen Aufenthalt zur Zeit der Eheschließung anknüpft (Art. 15 I i.V.m. Art. 14 I Nr. 1, 2 EGBGB), decken sich Erbstatut und Güterrechtsstatut vielfach nicht.[122] Die einzelnen nationalen Rechtsordnungen stimmen güterrechtliche und erbrechtliche Regelungen aufeinander ab, während das deutsche Kollisionsrecht Erb- und Güterrecht unterschiedlich anknüpft. So treten oftmals Wertungswidersprüche, z.B. Normenmangel oder Normenhäufung, auf.[123]

Im deutschen Recht ist die kollisionsrechtliche Einordnung der §§ 1371, **54–55** 1931 BGB umstritten.[124] Nach der Rechtsprechung des Reichsgerichts[125] sind „alle diejenigen Bestimmungen als ein Bestandteil des ehelichen Güterrechts anzusehen, welche aus dem Wesen desselben hervorgehen und als Folge desselben zu betrachten sind, wenn sie sich auch äußerlich als erbrechtlich darstellen". Diese generalklauselartige Abgrenzungsformel wurde dahingehend konkretisiert, dass das eheliche Güterrecht die Rechte der Ehegatten in der Ehe, einschließlich der Zuordnung der Vermögenswerte jedes Ehegatten bei Auflösung der ehelichen Gemeinschaft – sei es durch Scheidung, sei es durch den Tod eines Ehegatten – regelt. Demgegenüber bestimmt das Erbrecht über die Verteilung derjenigen Vermögensposten, die dem Verstorbenen im Einklang mit dem Ehegüterrecht gehörten. Zum Nachlass gehört also nur, was dem überlebenden Ehegatten nicht schon kraft güterrechtlicher Zuordnung gebührt.[126] Als güterrechtlich sind Ausgleichsansprüche insbesondere dann zu qualifizieren, wenn eine Disposition des Erblassers über den betreffenden Vermögensanteil mittels Verfügung von Todes wegen ausgeschlossen ist.[127] Danach wäre § 1371 BGB eine güterrechtliche, § 1931 BGB eine erbrechtliche Vorschrift. In der Folge könnte der überlebende Ehegatte vollen Ausgleich nach §§ 1371, 1931 BGB nur erhalten, wenn

---

[122] MüKo/*Birk*, Art. 25 Rn. 25f., 150–152 m. w. Nachw.

[123] Staudinger/*Dörner*, Art. 25 Rn. 715–717; zur Lösung solcher Anpassungsprobleme § 6 Rn. 32f.

[124] MüKo/*Birk*, Art. 25 Rn. 156–163; Staudinger/*Mankowski*, Art. 15 Rn. 341–382; Staudinger/*Dörner*, Art. 25 Rn. 32f.

[125] *RG* 25. 10. 1896, RGZ 36, 331 (334 – zum rheinischen Recht).

[126] Staudinger/*Dörner*, Art. 25 Rn. 135, 148.

[127] MüKo/*Birk*, Art. 25 Rn. 155.

deutsches Recht sowohl Güterrechts- als auch Erbstatut ist.[128] Eine solche Lösung wird jedoch dem funktionalen Zusammenhang der §§ 1371, 1931 BGB nicht gerecht. Lösen lässt sich dieses Problem (Normenmangel) durch abweichende Qualifikation.[129]

4. Erbrecht des Fiskus

56 Umstritten ist die kollisionsrechtliche Behandlung von erbenlosem Nachlass. Häufig erheben in solchen Fällen der Heimatstaat des Erblassers und der Belegenheitsstaat miteinander konkurrierende Ansprüche. Ob der Nachlass erbenlos ist, bestimmt sich nach dem Erbstatut.[130] Welche Nachlassgegenstände beansprucht werden können, hängt dagegen davon ab, ob das Fiskuserbrecht als echtes Erbrecht[131] oder als hoheitliches Aneignungsrecht zu qualifizieren ist.[132]

57 **Fall:**[133] Eine Staatenlose verstirbt in Stockholm, ihrem letzten gewöhnlichen Aufenthalt. Zum Nachlass gehört u.a. ein Grundstück in Berlin. Der vom schwedischen Recht zum Erben berufene staatliche allgemeine Erbfonds begehrt vor dem AG Berlin-Schöneberg die Ausstellung eines Erbscheins, der ihn als Erben des Berliner Grundstücks ausweist. Zu Recht?

Das deutsche IPR verweist in den Art. 25 I, 5 II EGBGB auf das schwedische Recht (Gesamtverweisung). Das schwedische IPR knüpft die Erbfolge nach einem Staatenlosen ebenfalls an dessen letzten gewöhnlichen Aufenthalt an, nimmt die Verweisung also an. Da die Erblasserin weder ein Testament errichtet hat, noch Verwandte hinterlässt, die nach schwedischem Recht als gesetzliche Erben in Betracht kämen, gilt der Nachlass als erbenlos. Nach Kapitel 5 § 1 des schwedischen Erbgesetzes vom 12. 12. 1958 fällt der Nachlass damit an den allgemeinen Erbfonds, d.h., im Ergebnis beansprucht der schwedische Staat den Nachlass. Hierbei werden auch die im Ausland belegenen Grundstücke des Erblassers erfasst. Fraglich ist, ob der schwedische Erbfonds somit Erbe des in Deutschland belegenen Grundstücks geworden ist.

Die in Art. 25 EGBGB angeordnete Verweisung umfasst nur erbrechtliche Vorschriften. Nach Ansicht des KG[134] handelt es sich bei dem vom schwedischen allgemeinen Erbfonds geltend gemachten Anspruch jedoch um ein hoheitliches Aneignungsrecht, da es sich unabhängig von international-erbrechtlichen Anknüpfungsmomenten auf alle im Inland belegenen Vermögenswerte erstreckt. Aufgrund des hoheitlichen Charakters des Aneignungsrechtes kann dieses nicht als privatrechtliche (erbrechtliche) Vorschrift qualifiziert werden. Kapitel 5 § 1 des schwedischen Erbgesetzes findet daher auf das Berliner Grundstück keine Anwendung.

---

[128] *OLG Karlsruhe* 29. 6. 1989, NJW 1990, 1420 = IPRax 1990, 407 m. Anm. *Schurig*, 389–393 = IPRspr 1989 Nr. 164 = *Schack*, Höchstrichterliche Rechtsprechung, Nr. 30; *OLG Hamm* 12. 6. 1995, FamRZ 1995, 1606 = IPRspr 1995 Nr. 119; *LG Mosbach* 18. 3. 1997, ZEV 1998, 489 = IPRspr 1997 Nr. 119; MüKo/*Birk*, Art. 25 Rn. 156 m. w. Nachw.

[129] Hierzu näher § 6 Rn. 36; zum Meinungsstand vgl. *Kropholler*, IPR, S. 236–240.

[130] Staudinger/*Dörner*, Art. 25 Rn. 190; MüKo/*Birk*, Art. 25 Rn. 172.

[131] So wie § 1936 BGB.

[132] Rechtsvergleichender Überblick m. w. Nachw. bei: Staudinger/*Dörner*, Art. 25 Rn. 192.

[133] Nach *KG* 30. 4. 1985, IPRax 1986, 41 m. Anm. *Firsching*, 25–27 = IPRspr 1985 Nr. 115.

[134] 30. 4. 1985, IPRax 1986, 41 (42) m. Anm. *Firsching*, 25–27 = IPRspr 1985 Nr. 115 (S. 298).

Fraglich ist dann das rechtliche Schicksal des Berliner Grundstücks. Nach einer Ansicht soll der deutsche Fiskus hier gemäß § 1936 BGB das inländische Vermögen erben.[135] Dagegen spricht jedoch, dass deutsches Recht gerade nicht als Erbstatut berufen ist, so dass die Anwendung des § 1936 BGB kollisionsrechtlich nicht zu begründen ist. Nach a. A.[136] bestimmt über den erbenlosen Nachlass, soweit das Erbstatut kein privatrechtlich ausgestaltetes Fiskuserbrecht vorsieht, die lex rei sitae. Das deutsche Sachenrecht kennt für diesen Fall allerdings kein gesetzliches Aneignungsrecht; es besteht eine Regelungslücke. Dem deutschen Fiskus ist ein sachenrechtliches Aneignungsrecht in Analogie zu § 958 II BGB zu gewähren.[137]

IV. Nachlassspaltung

Nachlassspaltung tritt ein, wenn auf die Rechtsnachfolge von Todes wegen nach einem Erblasser mehrere Rechtsordnungen als Erbstatut berufen sind.[138] Die Nachlassspaltung hat das Entstehen mehrerer selbständig zu beurteilender Nachlassmassen zur Folge.[139] Das deutsche Kollisionsrecht kennt für eine Nachlassspaltung verschiedene Ursachen. **58**

1. Beachtung von Rück- und Weiterverweisung

Nachlassspaltung tritt häufig ein, wenn das von Art. 25 I EGBGB berufene Heimatrecht des Erblassers für bewegliches und unbewegliches Vermögen unterschiedliche Kollisionsregeln bereithält; das deutsche IPR beachtet diese Rück- und Weiterverweisungen. Die dadurch entstehende Nachlassspaltung widerspricht nicht dem Zweck der Verweisung nach Art. 4 I 1 Alt. 2 EGBGB.[140] **59**

Beispiele:[141] Frankreich, Belgien[142], England und viele US-amerikanische Einzelstaaten unterstellen den beweglichen Nachlass dem Recht des letzten gewöhnlichen Aufenthalts des Erblassers, während für den unbeweglichen Nachlass das Recht des Lageorts gilt. Dabei überlassen die angloamerikanischen Rechtsordnungen der lex rei sitae die Entscheidung darüber, ob es sich um eine unbewegliche Sache handelt (Qualifikationsverweisung).[143]

---

[135] MüKo/*Birk*, Art. 25 Rn. 176; w. Nachw. und Kritik bei Staudinger/*Firsching*, 12. Aufl., Vor Art. 24–26 Rn. 249.

[136] Staudinger/*Firsching*, 12. Aufl., Vor Art. 24–26 Rn. 254 m. w. Nachw.

[137] Wohl ebenso *Kropholler*, IPR, S. 443 f.; a. A.: Staudinger/*Dörner*, Art. 25 Rn. 202.

[138] Ausführlich hierzu: Staudinger/*Dörner*, Art. 25 Rn. 723–728.

[139] MüKo/*Birk*, Art. 25 Rn. 127–132; Soergel/*Schurig*, Art. 25 Rn. 96–102.

[140] S. oben Rn. 8; Palandt/*Heldrich*, Art. 25 Rn. 9; Soergel/*Schurig*, Art. 25 Rn. 79.

[141] Nach Palandt/*Heldrich*, Art. 25 Rn. 2 m. Nachw. aus der Rechtsprechung; s. auch Soergel/*Schurig*, Art. 25 Rn. 82.

[142] Beachte nunmehr aber Art. 78 II 2 belg. IPRG, wonach – bei grundsätzlicher Anordnung von Sachnormverweisungen – ein Renvoi der lex rei sitae auf das Recht des letzten gewöhnlichen Aufenthalts des Erblassers angenommen wird.

[143] BGH 10. 5. 2000, BGHZ 144, 251 = NJW 2000, 2421 = IPRax 2002, 40 m. Anm. *Umbeck*, 33–35 = JR 2001, 234 m. Anm. *Rauscher* = IPRspr 2000 Nr. 97; KG 7. 12. 2000, IPRspr 2000 Nr. 98.

Fall:[144] Ein belgischer Staatsangehöriger stirbt an seinem letzten gewöhnlichen Aufenthalt in Köln. Zu seinem Nachlass gehört u. a. ein Zweifamilienhaus in Südfrankreich. Nach welchem Recht wird er beerbt?

Das deutsche IPR verweist in Art. 25 I EGBGB auf das belgische Heimatrecht des Erblassers (Gesamtverweisung). Art. 78 belg. IPRG knüpft für den beweglichen Nachlass an den letzten gewöhnlichen Aufenthalt des Erblassers an, für den unbeweglichen Nachlass dagegen an den Lageort; dabei handelt es sich nach Art. 16 belg. IPRG grundsätzlich um Sachnormverweisungen. Hinsichtlich des beweglichen Nachlasses gelangt somit kraft Rückverweisung deutsches Sachrecht zur Anwendung (s. auch Art. 4 I 2 EGBGB). Bezüglich des Zweifamilienhauses verweist das belgische IPR weiter auf das französische Recht. Da das französische IPR unbeweglichen Nachlass gemäß Art. 3 II Code civil ebenfalls dem Recht des Lageortes unterstellt, greift die Sonderregelung des Art. 78 II 2 belg. IPRG, wonach ein Renvoi ausnahmsweise zugelassen würde, nicht ein. Auch aus der Sicht des deutschen IPR ist die Weiterverweisung auf das französische IPR beachtlich; es kommt mithin zur Nachlassspaltung.

Eine Nachlassspaltung durch Rück- oder Weiterverweisung kommt zudem in Betracht, wenn der Erblasser eine nach dem ausländischen Erbstatut zulässige Teilrechtswahl getroffen hat.[145]

2. Rechtswahl (Art. 25 II EGBGB)

60　Die Wahl deutschen Rechts durch einen ausländischen Erblasser nach Art. 25 II EGBGB führt zu einer Nachlassspaltung, wenn das von Art. 25 I EGBGB für den restlichen Nachlass berufene Heimatrecht nicht auf das deutsche Recht zurückverweist.[146]

3. Beachtung eines Einzelstatuts (Art. 3 III EGBGB)

61　Grundsätzlich gilt das gemäß Art. 25 I EGBGB ermittelte Erbstatut für alle Nachlassgegenstände, gleichgültig in welchem Staat sie belegen sind.[147] Der internationale Entscheidungseinklang wird gefährdet, wenn das Kollisionsrecht des Lageortes die dort befindlichen Gegenstände dem eigenen Recht unterwirft. Bei mit dem Recht des Belegenheitsstaats besonders eng verbundenen Gegenständen, vor allem Grundstücken, haben Regelungswidersprüche zwischen dem kollisionsrechtlich berufenen Vermögensstatut (hier: Erbstatut) und der nicht berufenen lex rei sitae schwerwiegende Konsequenzen, z. B. die Nichtanerkennung des Erbrechts der nach dem Erbstatut berufenen Erben. Dieser Konflikt wird gelöst, indem dem Regelungsanspruch des Lageortes der Vorrang eingeräumt wird, obgleich damit die vom deutschen Kollisionsrecht vorgesehene Einheitlichkeit des Vermögensstatuts im Familien- und

---

[144] Nach *OLG Köln* 24. 2. 1992 = NJW-RR 1992, 1480 = IPRax 1994, 376 m. Anm. *Dörner*, 362–366 (stark vereinfacht).

[145] Staudinger/*Dörner*, Art. 25 Rn. 727.

[146] S. hierzu oben Rn. 9.

[147] MüKo/*Sonnenberger*, Art. 3 Rn. 17.

Erbrecht durchbrochen wird.[148] Art. 3 III EGBGB zeigt: Auch im Kollisionsrecht setzen sich Praktikabilitätserwägungen gelegentlich gegenüber der Prinzipientreue durch. Der comitas-Gedanke, die Achtung fremder staatlicher Interessensphären sowie das Bemühen um internationalen Entscheidungseinklang sind weitere rechtspolitische Erwägungen, die Art. 3 III EGBGB zugrunde liegen.[149]

a) Besondere Vorschriften

Die lex rei sitae verdrängt gemäß Art. 3 III EGBGB die Vorschriften des **62** an sich nach Art. 25 I EGBGB berufenen Erbstatuts, soweit der Belegenheitsstaat dort befindliche Nachlassgegenstände besonderen Vorschriften unterwirft.

Solche *besonderen Vorschriften* des Belegenheitsstaates sind jedenfalls zwingende Sachnormen, die rechtliches Sondervermögen bilden, das dem allgemeinen bürgerlichen Recht aus *wirtschafts- oder gesellschaftspolitischen* Gründen entzogen ist.[150]

Beispiele: Lehen, Fideikommiss, Rentengut, Erbhof

Art. 3 III EGBGB ist aber auch dann anwendbar, wenn das Kollisions- **62a** recht des Lageorts Grundstücke aus ähnlichen Erwägungen (Souveränitätsvorbehalte, Sozialpolitik) zwingend der lex rei sitae unterwirft.[151] Dem Gesetzeswortlaut ist keine Einschränkung auf materiellrechtliche Sondervorschriften zu entnehmen. Im Anschluss an die BGH-Rechtsprechung zu Art. 28 EGBGB a.F.[152] hat der Gesetzgeber die Anwendbarkeit von Art. 3 III EGBGB auch auf *Kollisionsnormen des Belegenheitsstaates,* die Vermögensgegenstände (insbesondere Immobilien) der lex rei sitae unterwerfen, billigend zur Kenntnis genommen.[153] Der Meinungsstreit zu Art. 28 EGBGB a.F. sollte daher im Rahmen des Art. 3 III EGBGB keine Bedeutung mehr haben.[154] Die lex rei sitae findet dabei nicht nur Berücksichtigung, soweit sie die Erbfolge insgesamt gesondert anknüpft, sondern auch, soweit sie nur Teilfragen (z.B. Schuldenhaftung) gesondert beurteilt.[155] Erfasst werden von Art. 3 III EGBGB vor

---

[148] Palandt/*Heldrich,* Art. 3 Rn. 15; Staudinger/*Dörner,* Art. 25 Rn. 522.

[149] MüKo/*Sonnenberger,* Art. 3 Rn. 18.

[150] MüKo/*Sonnenberger,* Art. 3 Rn. 21; Soergel/*Schurig,* Art. 25 Rn. 89, jeweils m. w. Nachw.

[151] Bedingte Verweisung, dazu § 4 Rn. 17–21.

[152] *BGH* 2. 5. 1966, BGHZ 45, 351 = NJW 1966, 2270 = IPRspr 1966/67 Nr. 3.

[153] BTDrucks. 10/504, S. 36 f.; vgl. dazu auch *BayObLG* 3. 4. 1990, NJW-RR 1990, 1033 = IPRspr 1990 Nr. 144 (französisches Recht).

[154] So die ganz h. M.: *BGH* 21. 4. 1993, IPRax 1994, 375 m. Anm. *Dörner,* 362–366 = IPRspr 1993 Nr. 115; *BayObLG* 31. 7. 1996, NJW-RR 1997, 201 = FamRZ 1997, 318 = IPRspr 1996 Nr. 117; MüKo/*Sonnenberger,* Art. 3 Rn. 25; MüKo/*Birk,* Art. 25 Rn. 102; Palandt/*Heldrich,* Art. 3 Rn. 14; a. A. freilich: *Kegel/Schurig,* IPR, S. 431–434; Soergel/*Schurig,* Art. 25 Rn. 89; *Solomon,* IPRax 1997, 81–87 (86 f.).

[155] *BayObLG* 2. 6. 1982, IPRax 1983, 187 m. Anm. *Firsching,* 166–169 (168) = IPRspr 1982 Nr. 115 (österreichisches Recht).

allem körperliche Gegenstände, nach h. M. aber auch Forderungen und Immaterialgüterrechte.[156]

b) Verweisung auf die lex rei sitae

63   Zwar beschränkt sich Art. 3 III EGBGB in seinem Wortlaut auf die Aussage, dass die allgemeinen vermögensrechtlichen Kollisionsregeln auf Gegenstände, die nach der lex rei sitae besonderen Vorschriften unterliegen, *nicht* zur Anwendung kommen. Aus Sinn und Zweck der Vorschrift folgt indes, dass die betreffenden Gegenstände der lex rei sitae unterliegen.[157]

4. Völkerrechtliche Verträge

64   Erbrechtliche Kollisionsnormen in völkerrechtlichen Verträgen, die gemäß Art. 3 II 1 EGBGB Vorrang vor dem nationalen IPR beanspruchen, können zu einer Nachlassspaltung führen, wenn sie die Nachfolge in den unbeweglichen Nachlass der lex rei sitae unterstellen, die Nachfolge in den beweglichen Nachlass dagegen dem Heimat- bzw. Aufenthaltsrecht des Erblassers.[158]

Beispiele:
– §§ 14, 18 des deutsch-türkischen Konsularvertrages vom 28. 5. 1929[159]
– Art. 28 III des deutsch-sowjetischen Konsularvertrages vom 25. 4. 1958[160]

C. Verfahren in Nachlasssachen

I. Streitige Gerichtsbarkeit

65   Für die streitige Gerichtsbarkeit (z. B. Erbschaftsklage, Klage auf Rechnungslegung unter Miterben) gelten die allgemeinen Zuständigkeits- und Vollstreckungsregeln. Mangels vorrangiger völkerrechtlicher[161] bzw. europarechtlicher[162] Regelungen bestimmt sich die internationale Zuständigkeit deutscher Gerichte somit entsprechend den Normen der ZPO zur örtlichen Zuständigkeit, insbesondere §§ 27, 28 ZPO.[163]

---

[156] MüKo/*Sonnenberger*, Art. 3 Rn. 35; Staudinger/*Dörner*, Art. 25 Rn. 526.

[157] Staudinger/*Dörner*, Art. 25 Rn. 542.

[158] Staudinger/*Dörner*, Art. 25 Rn. 724.

[159] RGBl. 1930 II S. 7 = *Jayme/Hausmann*, Nr. 61; in Kraft seit dem 18. 11. 1931. Hierzu Staudinger/*Dörner*, Vorbem. zu Art. 25 f., Rn. 169–178, 189.

[160] BGBl. 1959 II S. 233; in Kraft seit dem 24. 5. 1959; dessen Art. 28 III ist abgedruckt bei *Jayme/Hausmann*, Vor Nr. 61 (Fn. 3). Hierzu Staudinger/*Dörner*, Vorbem. zu Art. 25 f., Rn. 191–199; zur Weitergeltung nach Auflösung der UdSSR s. MüKo/*Birk*, Art. 25 Rn. 302.

[161] Eine Ausnahme stellt etwa § 15 des deutsch-türkischen Nachlassabkommens (Anlage zu Art. 20 des Konsularvertrages v. 28. 5. 1929 [RGBl. 1930 II S. 747, 758]; abgedruckt bei *Jayme/Hausmann*, Nr. 61) dar.

[162] Nach Art. 1 II lit. a Brüssel I-VO findet diese auf dem Gebiet des Erbrechts keine Anwendung.

[163] Hierzu § 3 Rn. 38–61, insbes. Rn. 59.

II. Freiwillige Gerichtsbarkeit

1. Internationale Zuständigkeit

Weit überwiegend unterliegen Nachlasssachen dem Verfahren der Frei- **66** willigen Gerichtsbarkeit (Beispiele: Sicherung des Nachlasses, Nachlasspflegschaft, Testamentsvollstreckung, Erteilung eines Erbscheins). Im Unterschied zu anderen Gebieten der Freiwilligen Gerichtsbarkeit (vgl. §§ 35 b, 43 b FGG) sah der Gesetzgeber anlässlich des IPR-Neuregelungsgesetzes vom 25. 7. 1986 kein zwingendes Bedürfnis für eine ausdrückliche Regelung der internationalen Zuständigkeit.[164] Deren Herleitung bleibt damit weiterhin umstritten.

Die ständige Rechtsprechung folgt insoweit dem Gleichlaufprinzip: Danach sind deutsche Gerichte nur dann international zuständig, wenn für die Erbfolge deutsches Recht maßgeblich ist *(Gleichlauf zwischen materiellem und Verfahrensrecht)*.[165] Hierfür ist ohne Bedeutung, aus welchem Grund deutsches Recht zur Anwendung gelangt, also etwa aufgrund zulässiger Rechtswahl oder infolge Rückverweisung; auch eine teilweise Anwendbarkeit (Nachlassspaltung) wird für ausreichend erachtet. Begründet wird die Gleichlauftheorie herkömmlicherweise mit der starken Verbindung zwischen materiellem Erbrecht und Verfahrensrecht, deren Auflösung zu unerwünschten Konflikten führen soll.

Ein solcher über das übliche Maß hinausgehender Zusammenhang zwischen Sach- und Verfahrensrecht wird im Schrifttum zu Recht bestritten.[166] Statt dessen wird wie im Falle des streitigen Verfahrens eine Ableitung der internationalen Zuständigkeit für Nachlassmaßnahmen aus den in §§ 73, 74 FGG enthaltenen Regeln über die örtliche Zuständigkeit befürwortet *(Doppelfunktionalität)*.[167] Danach begründen insbesondere die deutsche Staatsangehörigkeit des Erblassers, dessen letzter inländischer Wohnsitz oder Aufenthalt sowie die Belegenheit von Nachlassgegenständen im Inland die internationale Zuständigkeit deutscher Nachlassgerichte; hinzu tritt die Fürsorgebedürfnis-Zuständigkeit im Rahmen der Nachlasssicherung nach § 74 FGG.

Der Gegensatz zwischen beiden Ansichten wird indes in der Rechtspraxis weitgehend dadurch aufgehoben, dass sich auch die Rechtsprechung zu weitreichenden Ausnahmen vom strengen Gleichlaufgrundsatz veran-

---

[164] BTDrucks. 10/504, S. 92.

[165] *BGH* 26. 10. 1967, BGHZ 49, 1 = NJW 1968, 353 = IPRspr 1966/67 Nr. 303; *BayObLG* 27. 3. 2003, FamRZ 2003, 1594 (Testamentseröffnung); w. Nachw. bei Soergel/*Schurig*, Art. 25 Rn. 48.

[166] *Kegel/Schurig*, IPR, S. 1019f., *Berenbrok*, Internationale Nachlassabwicklung, Zuständigkeit und Verfahren (1989), S. 107–110, 248–253.

[167] *Heldrich*, NJW 1967, 417–422; MüKo/*Birk*, Art. 25 Rn. 316–322; Soergel/*Schurig*, Art. 25 Rn. 50, jeweils m. w. Nachw.

lasst sieht, bei denen eine internationale Zuständigkeit deutscher Gerichte auch bei ausländischem Erbstatut bejaht wird. Dies betrifft neben Sicherungsmaßnahmen (z. B. Bestellung eines Nachlasspflegers)[168] und der allgemeinen Fürsorgebedürfnis-Zuständigkeit[169] – die Ablehnung der internationalen Zuständigkeit käme hier für den Betroffenen einer Verweigerung des Rechtsschutzes gleich – insbesondere das Erbscheinsverfahren.

67 Insoweit ergibt sich aus den §§ 2353, 2369 BGB, dass deutsche Nachlassgerichte den Erbschein bei Auslandsfällen in zwei Formen ausstellen können:

(1) Bei Anwendbarkeit deutschen materiellen Erbrechts wird ein allgemeiner Erbschein nach § 2353 BGB erteilt *(Eigenrechtserbschein)*. Dieser kann im Falle der Nachlassspaltung, d.h. dann, wenn nur ein Teil des Nachlasses deutschem Erbrecht unterliegt, gegenständlich beschränkt sein; die eingeschränkte Geltung ist dann im Erbschein zu vermerken.[170]

(2) Für im Inland befindliche Nachlassgegenstände darf auch bei Anwendbarkeit ausländischen materiellen Erbrechts ein gegenständlich beschränkter Erbschein nach § 2369 BGB erteilt werden *(Fremdrechtserbschein)*.[171] Der Erbschein dient dem Schutz des inländischen Rechtsverkehrs (vgl. §§ 2365–2367 BGB). Deshalb kommt es für seine Erteilung weder darauf an, ob das fremde Erbstatut den vom deutschen Nachlassgericht ausgestellten Erbschein anerkennt, noch darauf, ob das fremde Recht überhaupt ein dem Erbschein vergleichbares Institut aufweist. Im Fremdrechtserbschein sind stets seine Beschränkung auf die im Inland befindlichen Nachlassgegenstände sowie das anwendbare fremde Erbrecht zu vermerken.

68 Die aus §§ 2353, 2369 BGB abgeleiteten Zuständigkeitsregeln sind gemäß § 2368 III BGB auf die Erteilung des *Testamentsvollstreckerzeugnisses* entsprechend anwendbar.[172]

2. Durchführung des Verfahrens

69 Soweit deutsche Nachlassgerichte bei Geltung ausländischen Erbrechts international zuständig sind, müssen diese keine wesensfremden Tätigkeiten übernehmen, welche nach ausländischem Erbrecht nötig, aber mit dem deutschen Verfahrensrecht unvereinbar sind. Eine derartige Unverträglichkeit sollte indes nur in Ausnahmefällen angenommen werden.[173]

Beispiel: Das österreichische Erbrecht kennt – anders als das deutsche Recht – keine dingliche Wirkung des Erbfalls, sondern lässt die Erbschaft erst nach „Einantwortung" durch das Abhandlungsgericht auf den Erben übergehen (§§ 797, 819 ABGB).

---

[168] *BGH* 26. 10. 1967, BGHZ 49, 1 = NJW 1968, 353 = FamRZ 1968, 26.

[169] *BayObLG* 2. 12. 1965, NJW 1967, 447 m. Anm. *Heldrich*, 417–422.

[170] Vgl. etwa *BayObLG* 2. 6. 1982, BayObLGZ 1982, 236 = IPRax 1983, 187 m. Anm. *Firsching*, 166–169 = IPRspr 1982 Nr. 115 (S. 265).

[171] Vgl. *BayObLG* 2. 2. 1995, BayObLGZ 1995, 47 = FamRZ 1995, 1028 = IPRspr 1995 Nr. 118.

[172] Hierzu MüKo/*Birk*, Art. 25 Rn. 355 m. w. Nachw.

[173] *Kegel/Schurig*, IPR, S. 1020 f.; vgl. auch die Übersicht bei MüKo/*Birk*, Art. 25 Rn. 320.

Stirbt ein Österreicher an seinem letzten gewöhnlichen Aufenthalt in Deutschland, so sollen deutsche Gerichte nach wohl h. M. eine solche Einantwortung als wesensfremde Tätigkeit nicht vornehmen können.[174] – Ist kein in Österreich belegener Nachlass vorhanden, so fehlt es freilich an der internationalen Zuständigkeit österreichischer Gerichte zur Einantwortung. Hier soll die Annahmeerklärung des Erben gegenüber dem zuständigen deutschen Nachlassgericht für den Übergang der Erbschaft ausreichen;[175] methodisch handelt es sich dabei um eine Anpassung auf materiellrechtlicher Ebene.[176]

3. Anerkennung

Die Anerkennung ausländischer Nachlassentscheidungen erfolgt, wie **70** allgemein im FG-Verfahren, nach § 16 a FGG. Insbesondere der Anerkennung ausländischer Erbfolgezeugnisse kommt jedoch kaum praktische Bedeutung zu. Selbst wenn das ausländische Erbrecht einmal ein dem deutschen Erbschein vergleichbares Zeugnis kennt, wird hierdurch die Erteilung eines deutschen Erbscheins nach den soeben geschilderten Grundsätzen nicht ausgeschlossen; dieser genießt im Inland sodann Vorrang.[177]

---

[174] MüKo/*Birk*, Art. 25 Rn. 238 m. w. Nachw.; a. A. etwa *Kegel/Schurig*, IPR, S. 1020 f.

[175] Hierzu *S. Lorenz*, IPRax 2004, 536–540 (539 f.).

[176] Zur Anpassung § 6 Rn. 31–37.

[177] Hierzu *BayObLG* 27. 3. 1991, FamRZ 1991, 1237 = IPRspr 1991 Nr. 232; s. auch *Kropholler*, IPR, S. 451 f. m. w. Nachw.

§ 10. Schuldverträge

Literatur: *Dutoit,* The Rome Convention on the Choice of Law for Contracts, in: von Hoffmann (Hrsg.), European Private International Law (1998), S. 39–65; *Giuliano/Lagarde,* Bericht über das Übereinkommen über das auf vertragliche Schuldverhältnisse anzuwendende Recht, BTDrucks. 10/503, S. 33–79; *Lagarde,* Le nouveau droit international privé des contrats après l'entrée en vigueur de la convention de Rome du 19 juin 1980, Rev crit dr int priv 1991, 287–340; *Lando,* The EEC Convention on the law applicable to contractual obligations, CMLRev 1987, 159–214; *E. Lorenz,* Die Rechtswahlfreiheit im internationalen Schuldvertragsrecht, RIW 1987, 569–584; *North* (Hrsg.), Contract Conflicts, Amsterdam/New York/Oxford (1982); *Pirrung,* Die Einführung des EG-Schuldvertragsübereinkommens in die nationalen Rechte, in: von Bar (Hrsg.), Europäisches Gemeinschaftsrecht und IPR (1990), S. 21–70; *Reithmann/Martiny,* Internationales Vertragsrecht: Das internationale Privatrecht der Schuldverträge, 6. Aufl. (2004).

A. Allgemeines

I. Rechtsquellen

1–22 Das Haager Übereinkommen betreffend das auf internationale Kaufverträge über bewegliche Sachen anzuwendende Recht vom 15. 6. 1955[1] ist für Deutschland nicht in Kraft.

Art. 27 bis 37 EGBGB inkorporieren das *Römische EWG-Übereinkommen über das auf vertragliche Schuldverhältnisse anzuwendende Recht* vom 19. 6. 1980 ins deutsche Recht; dabei wurden Änderungen in Wortlaut und Normenaufbau vorgenommen.[2] Nach Art. 36 EGBGB ist vor diesem Hintergrund eine autonome, nicht am nationalen Recht orientierte Auslegung der das Internationale Vertragsrecht betreffenden Regeln geboten; nur so kann eine einheitliche Auslegung des EVÜ in seinen Mitgliedstaaten gewährleistet werden.

22 a Die beiden Auslegungsprotokolle zum EVÜ vom 19. 12. 1988[3] sind am 1. 8. 2004 in Kraft getreten.[4] Angesichts der anstehenden Ablösung des Übereinkommens durch eine EG-Verordnung dürfte dem aber keine große praktische Bedeutung mehr zukommen, da sich die Auslegungskompetenz des Gerichtshofs der Europäischen Gemeinschaften (EuGH) künftig bereits aus Art. 220 EG ergeben wird. Die gemeinschaftsweite

---

[1]   Text abgedruckt bei *Jayme/Hausmann,* Nr. 76.
[2]   Zur Problematik einer derartigen „Inkraftsetzung" völkerrechtlicher Abkommen § 1 Rn. 79 f.
[3]   BGBl. 1995 II S. 916, 923 = *Jayme/Hausmann,* Nr. 70 a, 70 b.
[4]   Vgl. *Jayme/Kohler,* IPRax 2004, 481–493 (491).

einheitliche Anwendung der Kollisionsregeln ist damit in jedem Fall sichergestellt.[5]

Die Arbeiten an der europäischen Verordnung über das auf vertragliche Schuldverhältnisse anzuwendende Recht (Rom I) sind bereits weit fortgeschritten. Der Kommissionsvorschlag vom 15. 12. 2005[6] weicht in zentralen Punkten vom EVÜ ab: So soll den Parteien die Wahl nichtstaatlichen Rechts ermöglicht werden (Art. 3 II Entw.). Für die objektive Bestimmung des Vertragsstatuts sind bei Fortfall der Ausweichklausel starre Anknüpfungsregeln vorgesehen (Art. 4 Entw.). Eine Sonderanknüpfung von Verbraucherverträgen erfolgt nur mehr bei innerhalb der EU ansässigen Verbrauchern; an die Stelle von Rechtswahl und Meistbegünstigung tritt eine zwingende Anknüpfung an das Aufenthaltsrecht des Verbrauchers (Art. 5 Entw.). Mittlerweile liegt freilich ein Berichtsentwurf des Rechtsausschusses des Europäischen Parlaments vom 22. 8. 2006 vor, der in vielem eine Rückkehr zum bewährten Anknüpfungssystem des EVÜ vollzieht und nur in einzelnen Punkten behutsame Reformen vorsieht.

II. Anwendungsbereich

Zu beachten ist, dass Art. 37 EGBGB bestimmte Rechtsgebiete aus dem Anwendungsbereich der Art. 27 bis 36 EGBGB ausnimmt. Dies gilt insbesondere für Verpflichtungen aus Wechseln und Schecks, das Gesellschaftsrecht,[7] die Vertretungsmacht[8] sowie den überwiegenden Teil der Versicherungsverträge.   **22b**

Auf einseitige Rechtsgeschäfte finden Art. 27 bis 36 EGBGB entsprechende Anwendung. Dies betrifft neben Auslobung und Patronatserklärung insbesondere die Gewinnmitteilung, die unabhängig davon, ob sie zum Abschluss eines Vertrages führt[9] oder nicht, als schuldrechtliches Rechtsgeschäft zu qualifizieren ist.[10] Die Gegenansicht, die den Anspruch aus § 661a BGB deliktisch qualifiziert und lediglich bei Zustandekommen eines Kaufvertrages akzessorisch an das Vertragsstatut anknüpft (Art. 41 II Nr. 1 EGBGB),[11] überbewertet den lauterkeitsrechtlichen Gehalt der Vorschrift zu Lasten ihrer verbraucherschützenden Funktion.

---

[5] Zum Vorabentscheidungsverfahren § 1 Rn. 123 a.

[6] KOM (2005) 650 endg. = *Jayme/Hausmann*, Nr. 80; hierzu *Mankowski*, IPRax 2006, 101–113.

[7] Hierzu § 7 Rn. 22–36.

[8] Hierzu § 7 Rn. 47–56. Der Rom I-Entw. sieht dagegen in Art. 7 eine Kollisionsnorm für Vertretergeschäfte vor.

[9] Vgl. zur Frage der internationalen Zuständigkeit (Klage aus Vertrag) *EuGH* 11. 7. 2002, Rs. C-96/00 – „Gabriel", EuGHE 2002 I, 6367 = NJW 2002, 3637 m. Anm. *Feuchtmeyer*, 3598 f. = RIW 2002, 949 m. Anm. *Fetsch*, 936–945 = IPRax 2003, 50 m. Anm. *Leible*, 28–34.

[10] S. *Lorenz*, IPRax 2002, 192–196, *Looschelders*, Vorbem. zu Art. 27–37 Rn. 9. Vgl. auch *BGH* 28. 11. 2002, BGHZ 153, 82 (88 f.) = IPRspr 2002 Nr. 157 = NJW 2003, 426: Gewinnzusage ist einseitiges Rechtsgeschäft oder geschäftsähnliche Handlung. Zur internationalen Zuständigkeit § 3 Rn. 225 b.

[11] So etwa Reithmann/Martiny/*Freitag*, IntVertragR, Rn. 442; *Fetsch*, RIW 2002, 936–945.

Umstritten ist die Qualifikation von Ansprüchen aus *culpa in contra-hendo*.[12] Sachgerecht erscheint folgende Differenzierung: Bei Verletzung allgemeiner Obhuts- und Fürsorgepflichten wurden die Ansprüche aus cic von der Rechtsprechung entwickelt, um die Schwächen des deutschen Deliktsrechts auszugleichen; aus dieser Funktion folgt eine deliktische Qualifikation. Dagegen weisen Ansprüche aus der Verletzung leistungs-bezogener Nebenpflichten (Aufklärungs-, Beratungspflichten) einen en-gen inhaltlichen Bezug zum vertraglichen Schuldverhältnis auf und fallen daher in den Anwendungsbereich der Art. 27 bis 36 EGBGB.[13]

B. UN-Kaufrecht

Literatur: *Daun*, Grundzüge des UN-Kaufrechts, JuS 1997, 811–816, 998–1005; *Karollus*, Der Anwendungsbereich des UN-Kaufrechts im Überblick, JuS 1993, 378–382; *Lurger*, Überblick über die Judikaturentwicklung zu ausgewählten Fragen des CISG, IHR 2005, 177–188; *Schlechtriem/Schwenzer*, Kommentar zum Einheitli-chen UN-Kaufrecht – CISG –, 4. Aufl. (2004); *Staudinger/Magnus*, Wiener UN-Kaufrecht (CISG) [1999].

23 Für eine Reihe von Schuldverträgen bestehen multilaterale sachrechts-vereinheitlichende Übereinkommen, denen auch Deutschland beigetre-ten ist.[14] Wichtigstes ist das *Wiener UN-Übereinkommen über Verträge über den internationalen Warenkauf* vom 11. 4. 1980 (CISG = Conven-tion on the International Sale of Goods).[15] Das Abkommen ist bereits für mehr als sechzig Staaten, darunter nahezu alle wichtigen Industrie-nationen, in Kraft getreten.[16] Im Folgenden sollen deshalb zumindest einige wesentliche Regelungen des Abkommens dargestellt werden.

I. Anwendungsbereich

23 a Der Anwendungsbereich des Abkommens wird durch dessen Art. 1 bis 6 bestimmt. In *räumlicher* Hinsicht setzt Art. 1 CISG alternativ voraus, dass entweder die Parteien des Kaufvertrages ihre Niederlassung/ihren

---

12 Hierzu Staudinger/*von Hoffmann*, Vorbem. zu Art. 40 ff. Rn. 9–11; *Mankowski*, IPRax 2003, 127–135.

13 Vgl. aber zukünftig Art. 12 Rom II-VO. Zur parallelen Fragestellung beim maß-geblichen Gerichtsstand vgl. § 3 Rn. 227.

14 Vgl. § 1 Rn. 66–68. Für Deutschland nicht in Kraft ist das UNIDROIT-Übereinkommen von Ottawa über das internationale Finanzierungsleasing v. 28. 5. 1988; Text abgedruckt in: Rev dr unif 1988 I, 134–161.

15 BGBl. 1989 II S. 588, berichtigt BGBl. 1990 II S. 1699 = *Jayme/Hausmann*, Nr. 77; in Kraft für die Bundesrepublik Deutschland seit dem 1. 1. 1991.

16 Ein Überblick über den Ratifikationsstand findet sich auf der UNCI-TRAL-homepage (http://www.uncitral.org/uncitral/en/uncitral_texts/sale_goods/1980CISG_status.html).

gewöhnlichen Aufenthalt in zwei unterschiedlichen Vertragsstaaten haben oder aber das Kollisionsrecht das Recht eines Vertragsstaates für anwendbar erklärt.[17]

Beispiel: Eine englische Tuchfabrik kauft bei einem deutschen Maschinenhersteller einen Webstuhl. Deutschland ist Vertragsstaat des UN-Kaufrechts, nicht aber das Vereinigte Königreich, so dass die erste Alternative des Art. 1 I lit. a für dessen Anwendbarkeit ausscheidet; jedoch ist vorliegend nach Art. 28 II EGBGB deutsches Recht anwendbar, also das Recht eines Vertragsstaates, weshalb gemäß der zweiten Alternative des Art. 1 I lit. b das UN-Kaufrecht anwendbar ist.

Sachlich ist das UN-Kaufrecht auf Kauf- und Werklieferungsverträge[18] über Waren, d. h. bewegliche körperliche Sachen,[19] anwendbar. Ausgenommen ist u. a. der Kauf für den persönlichen Gebrauch (Art. 2 lit. a CISG). Zudem können die Vertragsparteien die Anwendung des UN-Kaufrechts ausdrücklich oder stillschweigend[20] abbedingen (Art. 6 CISG).

II. Regelungsbereiche

Materiellrechtlich beschränkt sich das UN-Kaufrecht im Wesentlichen 24 auf zwei *Regelungsbereiche:* den Vertragsschluss durch Angebot und Annahme (Teil II) sowie die Pflichten der Parteien bei Vertragsdurchführung einschließlich der Folgen von Leistungsstörungen (Teil III). Nicht erfasst werden nach Art. 4 CISG hingegen die dinglichen Rechtsfolgen des Warenkaufs sowie Fragen der materiellen Gültigkeit des Vertrages (z. B. die Folgen von Willensmängeln oder fehlender Geschäftsfähigkeit für dessen Wirksamkeit); hierbei handelt es sich um *externe Lücken* des Abkommens. Im Einzelnen ist die Grenzziehung schwierig. Nach h. M. wird etwa die Anfechtung wegen Irrtums über eine verkehrswesentliche Eigenschaft durch die Regelungen des UN-Kaufrechts verdrängt, da die Haftung für die Vertragswidrigkeit der Ware hierin abschließend geregelt ist.[21]

---

[17] *OLG Düsseldorf* 10. 2. 1994, RIW 1995, 53 = IPRspr 1994 Nr. 26; zum deutschen „Teilvorbehalt" in Art. 2 des Vertragsgesetzes zum UN-Kaufrecht s. Schlechtriem/Schwenzer/*Ferrari*, Art. 1 Rn. 77–81.

[18] Ausgenommen sind nach Art. 3 CISG jedoch Verträge, bei denen der Besteller einen wesentlichen Teil der für die Herstellung notwendigen Stoffe selbst zur Verfügung zu stellen hat, sowie gemischte Verträge, bei denen der Dienstleistungsanteil überwiegt; hierzu *Karollus*, JuS 1993, 378–382 (380).

[19] *OLG Köln* 26. 8. 1994, RIW 1994, 970 = NJW-RR 1995, 245 = IPRspr 1994 Nr. 37; zum Kauf von Computer-Software: Schlechtriem/Schwenzer/*Ferrari*, Art. 1 Rn. 38 m. w. Nachw.

[20] Hierzu Schlechtriem/Schwenzer/*Ferrari*, Art. 6 Rn. 18–32; Staudinger/*Magnus*, Art. 6 Rn. 20–47; s. auch *OLG Hamm* 9. 6. 1995, NJW-RR 1996, 179 = IPRax 1996, 269 m. Anm. *Schlechtriem*, 256 f. = IPRspr 1995 Nr. 29 (keine stillschweigende Abwahl des UN-Kaufrechts durch Berufung auf Vorschriften des BGB im Prozess).

[21] Schlechtriem/Schwenzer/*Ferrari*, Art. 4 Rn. 24; Staudinger/*Magnus*, Art. 4 Rn. 48–50 m. w. Nachw.

Beispiel: Irrt sich ein russischer Juwelier beim Kauf einer Schmuckkollektion von einem deutschen Goldschmied über den Goldgehalt der Stücke, so ist auch bei deutschem Vertragsstatut (Art. 28 II EGBGB) eine Anfechtung des Kaufvertrages nach §§ 119 II, 143 BGB ausgeschlossen; der Verkäufer haftet vielmehr gemäß Art. 45 CISG, vorausgesetzt, die betreffende Eigenschaft steht im Widerspruch zum Vertrag (vgl. Art. 35 CISG).

1. Vertragsschluss

24 a Ein Vertrag kommt nach UN-Kaufrecht wie im deutschen autonomen Recht durch Angebot und Annahme zustande, wobei inhaltliche Übereinstimmung zwischen beiden ausreicht. Eine zeitliche Abfolge wird nicht vorausgesetzt, so dass etwa die Kreuzofferte oder die gleichzeitige Abzeichnung eines Schriftstückes ohne weiteres erfasst sind.[22] Wesentlicher Unterschied zum BGB ist die fehlende Bindungswirkung des Angebots.

Fall: Der Schweizer Weinhändler P macht dem Trierer Winzer W per Telefax ein Angebot über den Kauf von 2000 Flaschen Riesling Auslese. Nachdem das Angebot bei W eingegangen ist, aber bevor dieser eine Bestätigung an P abgesandt hat, widerruft P in einem Telefongespräch mit W sein Angebot. Ist der Widerruf wirksam oder bleibt P an sein Angebot gebunden?

Deutschland und die Schweiz sind Vertragsstaaten des UN-Kaufrechts, so dass dieses über Art. 1 I lit. a Anwendung findet. Nach Art. 16 I CISG, der die englische mailbox-rule übernimmt und somit vom deutschen Recht (§ 145 BGB) abweicht, ist ein Angebot bis zur Absendung der Annahmeerklärung frei widerruflich. Somit konnte P sein Angebot an W wirksam widerrufen.

2. Leistungsstörungen

24 b Im Bereich der Leistungsstörungen unterscheidet das UN-Kaufrecht nicht zwischen verschiedenen Leistungsstörungstypen (Beispiele: Verzug, Unmöglichkeit, Schlechtleistung), sondern geht von einem einheitlichen Tatbestand der Vertragsverletzung aus, welcher erst auf Rechtsfolgenseite näher differenziert wird.[23] Hier bestehen weitere erhebliche Unterschiede zum BGB: Während dieses grundsätzlich bei jedem Fehler der gelieferten Sache (sowie bei Fehlschlagen der Nacherfüllung) ein Rücktrittsrecht gewährt, setzt Art. 49 I lit. a CISG für die Aufhebung des Vertrags eine wesentliche Vertragsverletzung im Sinne von Art. 25 CISG voraus.[24]

---

[22] Schlechtriem/Schwenzer/*Schlechtriem*, Vor Art. 14–24 Rn. 2, 5.

[23] Als Folge der Schuldrechtsreform stellt das BGB zwar – dem UN-Kaufrecht folgend – auf den Begriff der Pflichtverletzung ab (§ 280 I BGB), unterscheidet in der Folge aber nach wie vor zwischen den verschiedenen Leistungsstörungstypen; vgl. AnwKomBGB/*Dauner-Lieb*, § 280 Rn. 13–19.

[24] Hierzu *Ferrari*, IHR 2005, 1–9. Zur Frage, ob die UNIDROIT Principles of International Commercial Contracts 2004 für die Auslegung des Art. 25 CISG herangezogen werden können, vgl. *Koch*, IHR 2005, 65–70.

Fall:[25] Der deutsche Händler F schließt mit dem italienischen Hersteller M einen Kaufvertrag über einen Posten italienischer Markenschuhe ab, welche der Verkäufer auch fristgemäß liefert. Als M Bezahlung des Kaufpreises begehrt, wendet F ein, die Schuhe seien aus anderem Material hergestellt als vereinbart, was auch äußerlich erkennbar sei; er erklärt deshalb die Aufhebung des Vertrages. Zu Recht?

Deutschland und Italien sind Vertragsstaaten des UN-Kaufrechts, dieses ist somit anwendbar. Die Vertragsaufhebung setzt nach Art. 49 I lit. a CISG eine wesentliche Vertragsverletzung voraus. Wesentlich ist eine Vertragsverletzung gemäß Art. 25 CISG jedoch nur dann, wenn der hiervon betroffenen Partei „im Wesentlichen entgeht, was sie nach dem Vertrag hätte erwarten können". Kann vertragswidrige Ware in zumutbarer Weise verwertet werden, so fehlt es an einer wesentlichen Vertragsverletzung und eine Vertragsaufhebung ist ausgeschlossen. Wegen eines eventuellen Leistungsdefizits ist der Käufer dann auf andere Rechtsbehelfe angewiesen, nämlich die Herabsetzung des Kaufpreises (Art. 45 I lit. a, 50 CISG) sowie Schadensersatzansprüche (Art. 45 I lit. b, 74–77 CISG). Vorliegend stellt die Materialabweichung an sich noch keine wesentliche Vertragsverletzung dar, da nicht ersichtlich ist, dass eine zumutbare Verwertung der Schuhe deshalb ausscheidet. F war somit nicht zur Aufhebung des Vertrages berechtigt.

Der Käufer kann sich nicht auf die Vertragswidrigkeit der Ware (Art. 35 CISG) berufen, wenn er diese dem Verkäufer nicht fristgemäß angezeigt hat (Art. 39 CISG). Die Rügefrist schließt ihrerseits an die Untersuchungsfrist des Art. 38 CISG an.[26]

Umstritten ist, ob bei Sach- oder Vermögensschäden[27] konkurrierende deliktische Ansprüche nach dem Deliktsstatut geltend gemacht werden können oder ob das UN-Kaufrecht insoweit Sperrwirkung entfaltet.[28]

3. Lückenfüllung

Auch innerhalb seines Regelungsbereichs weist das UN-Kaufrecht Lücken auf *(interne Lücken).* Diese sind primär nach den dem UN-Kaufrecht zugrundeliegenden allgemeinen Grundsätzen zu füllen; gibt es keine derartigen Grundsätze, so ist die Lücke nach dem vom IPR der lex fori berufenen nationalen Recht zu schließen (Art. 7 II CISG). 24c–25

Fall: Der syrische Kaufmann A erwirbt vom deutschen Hersteller M eine Werkzeugmaschine. M verschifft die Ware vereinbarungsgemäß und übersendet A die Frachtpapiere (Konnossement); dennoch zahlt A den vereinbarten Kaufpreis nicht. M begehrt nunmehr zusätzlich Verzugszinsen. Zu Recht?

Deutschland und Syrien sind Vertragsstaaten des UN-Kaufrechts, so dass dieses Anwendung findet. Nach Art. 58 I CISG wird mangels Parteivereinbarung der Kaufpreis fällig, sobald der Verkäufer dem Käufer entweder die Ware oder die Dokumente, wel-

25 Nach *OLG Frankfurt* 18. 1. 1994, NJW 1994, 1013 m. Anm. *Kappus,* 984 f. = RIW 1994, 240 m. Anm. *Diedrich,* RIW 1995, 11–16, und *R. Koch,* RIW 1995, 98–100 = IPRspr 1994 Nr. 24.

26 Hierzu *Fuchs/Hau/Thorn,* Fälle zum IPR, S. 21 f.

27 Für Personenschäden beachte die Ausschlussklausel des Art. 5 CISG (externe Lücke).

28 Zum Meinungsstreit vgl. Schlechtriem/Schwenzer/*Ferrari,* Art. 5 Rn. 12; MüKo/ *H.P. Westermann,* Art. 5 Rn. 5.

che zur Verfügung darüber berechtigen, ausgehändigt hat. Letzteres ist hier durch Übersendung des Konnossements erfolgt. Somit ist ein Zinsanspruch des M gemäß Art. 78 CISG entstanden, wonach Geldschulden bei Verzug zu verzinsen sind. Jedoch wird kein Zinssatz festgelegt.[29] Aus den allgemeinen Grundsätzen des UN-Kaufrechts lässt sich ein Zinssatz nicht entnehmen. Nach Art. 7 II CISG ist daher auf das Vertragsstatut, hier deutsches Recht (Art. 28 II EGBGB), zurückzugreifen;[30] die Zinshöhe bestimmt sich dann nach § 288 II BGB. Als Alternative könnte eine Anwendung des Art. 7.4.9. II UNIDROIT Principles 2004 als lex mercatoria erwogen werden.

Zu beachten ist, dass internationale Handelsbräuche gemäß Art. 9 II CISG bereits als Teil der Parteivereinbarung gelten (widerlegliche Vermutung), diese also nicht erst im Wege der Lückenfüllung nach Art. 7 II CISG zur Anwendung gelangen.

C. Rechtswahl (Art. 27 EGBGB)

I. Parteiautonomie

26 Im materiellen Schuldvertragsrecht können die Parteien an Stelle der dispositiven Normen einer Rechtsordnung andere Regeln vereinbaren *(Privatautonomie)*. Im Internationalen Schuldvertragsrecht können die Parteien das für ihre Vertragsbeziehung maßgebliche Recht selbst bestimmen *(Parteiautonomie)*. Die Parteien sind damit in der Lage, zwingende privatrechtliche Bestimmungen derjenigen Rechtsordnung auszuschalten, welche bei objektiver Ermittlung des anwendbaren Rechts berufen wäre. Andererseits untersteht der Vertrag dafür den zwingenden Vorschriften des von ihnen gewählten Rechts.[31] Die Rechtswahl, die zum Ausschluss zwingenden Rechts führt, wird als *kollisionsrechtliche Verweisung* bezeichnet. Sie unterscheidet sich von der bloß *materiellrechtlichen Verweisung*, durch die Dispositivnormen einer Rechtsordnung in den Vertrag inkorporiert werden.[32] – Zwingende Normen des *öffentlichen Rechts* (Eingriffsnormen) unterliegen hingegen eigenen Kollisionsregeln.[33]

27 Art. 27 EGBGB verwirklicht das Prinzip der freien Rechtswahl, d.h., die Parteien können das für ihre Vertragsbeziehungen maßgebliche

---

[29] Grund für die Lücke waren divergierende politische und kommerzielle Interessen der Verhandlungsstaaten, welche durch religiöse Motive (Zinsverbot des Korans) noch verstärkt wurden.

[30] *OLG Koblenz* 18. 11. 1999, IPRspr 1999 Nr. 36; *Faust*, RabelsZ 68 (2004), 511–527 m. w. Nachw.; a. A.: Schlechtriem/Schwenzer/*Hornung*, Art. 84 Rn. 13 (Sonderanknüpfung an den Sitz des zur Verzinsung verpflichteten Verkäufers).

[31] So etwa *BAG* 12. 10. 1977, NJW 1978, 1766 (1767, unter II 1 a) = IPRspr 1977 Nr. 46; *OLG Hamburg* 1. 3. 1979, VersR 1979, 812 = IPRspr 1979 Nr. 33A.

[32] *Kropholler*, IPR, S. 293.

[33] Hierzu unten Rn. 93 f. sowie 97–100.

Recht selbst bestimmen. Die Parteien unterliegen nach Art. 27 I EGBGB keinerlei Schranken bei der Wahl des anwendbaren Rechts.[34] Der Sachverhalt braucht weder eine räumliche noch eine sachliche (z.B. Eignung einer Rechtsordnung zur Regelung bestimmter Streitigkeiten) Beziehung zu dem gewählten Recht aufzuweisen. Auch ein „anzuerkennendes Interesse" der Parteien an dem gewählten Recht wird nicht vorausgesetzt.[35] Somit können die Parteien ein Recht vereinbaren, zu dem weder sie noch der Vertrag irgendeine Beziehung aufweisen.

Beispiele:

(1) Ein chinesisches Staatsunternehmen und ein deutscher Anlagenbauer vereinbaren für den Vertrag über die Errichtung eines Industriekomplexes in China die Geltung schwedischen Rechts (neutrale Rechtsordnung).

(2) Eine deutsche Großbäckerei kauft von einem kanadischen Getreidehändler eine Lieferung Weizen. Die Parteien vereinbaren die Geltung englischen Rechts; dieses ist wegen der führenden Rolle der London Corn Trade Association im internationalen Getreidehandel besonders mit den Usancen dieser Branche vertraut.

Der Parteiwille ist auch dann maßgeblich, wenn das gewählte Recht zur *Nichtigkeit des Vertrags* führt (bestr.).[36] Haben die Parteien von ihrer Befugnis zur Rechtswahl Gebrauch gemacht, ist für die Anwendung des „favor negotii" und eine daraus folgende Ersatzanknüpfung nach objektiven Grundsätzen kein Raum.

II. Grenzen der Parteiautonomie

1. Wahl nichtstaatlichen Rechts

Art. 27 I EGBGB bestimmt nicht ausdrücklich, dass die kollisionsrechtliche Verwei- **28** sung auf *staatliches Recht* beschränkt ist; dies ergibt sich jedoch aus Art. 7 I EVÜ.[37] Ausgeschlossen ist daher die Wahl einer nichtstaatlichen Rechtsordnung als Vertragsstatut (Beispiele: *lex mercatoria;* UNIDROIT Principles of International Commercial Contracts).[38] Eine solche Verweisung kann nur materielle Verweisung sein:[39] Sie ist im Rahmen der zwingenden Normen des nach objektiven Grundsätzen zu bestimmenden Vertragsstatuts zu berücksichtigen. Möglich ist hingegen eine *negative Rechtswahl,* wenn nur die Anwendung einer bestimmten staatlichen Rechtsordnung ausgeschlossen wird. Dann ist die Rechtsordnung zu ermitteln, welche nach objektiver Anknüpfung anwendbar ist. Ist dies die abbedungene, so ist auf diejenige Rechtsordnung abzustellen, welche die nächst engere Beziehung zum Sachverhalt aufweist. Unwirksam ist eine Rechtswahl, die sämtliche mit dem Sachverhalt verbundenen staatlichen Rechte ausschließt.

---

[34] Reithmann/Martiny/*Martiny,* IntVertragsR, Rn. 63; Soergel/*von Hoffmann,* Art. 27 Rn. 7.

[35] MüKo/*Martiny,* Art. 27 Rn. 19 f.; unzutreffend daher: *FG Düsseldorf* 12. 3. 1997, IPRspr 1997 Nr. 32; *LG Karlsruhe* 8. 6. 1999, IPRspr 1999 Nr. 32 A.

[36] Soergel/*von Hoffmann,* Art. 27 Rn. 11 m. w. Nachw.

[37] *von Bar,* IPR II, Rn. 425; *Kropholler,* IPR, S. 464 f.

[38] Differenzierend: MüKo/*Martiny,* Art. 27 Rn. 28–41.

[39] S. oben Rn. 26.

2. Binnensachverhalt

29 Eine Einschränkung der freien Rechtswahl enthält Art. 27 III EGBGB. Hiernach werden bei *Binnensachverhalten,* d. h. bei Fällen, in denen der Sachverhalt nur mit einem einzigen Staat verbunden ist, die Wirkungen der Rechtswahl eingeschränkt. Trotz der Wahl eines ausländischen Rechts bleiben die zwingenden Bestimmungen des mit dem Sachverhalt verbundenen Rechts unberührt. Anders als in Art. 34 EGBGB sind hiervon nicht nur international zwingende Normen erfasst. Abbedungen werden kann also nur das dispositive Recht, was eine lediglich materiellrechtliche Verweisung auf das gewählte Recht bedeutet.[40]

30 **Fall:** Zwei deutsche Vertragspartner unterstellen einen in Frankfurt/Main abgeschlossenen Kaufvertrag über in Hanau befindliche Chemikalien Schweizer Recht.

Zweifelhaft ist, welche Elemente erforderlich sind, um Verbindungen des Sachverhalts mit einem weiteren Staat herzustellen. Genügt es etwa, wenn der Vertrag statt in Frankfurt/Main in Zürich abgeschlossen wurde? Nicht ausreichend ist, dass die Parteien gleichzeitig mit der Wahl einer ausländischen Rechtsordnung die Zuständigkeit eines ausländischen Gerichts oder eines ausländischen Schiedsgerichts vereinbart haben (vgl. Art. 27 III EGBGB).[41] Erheblich dürften nur objektive Elemente sein, welche auf den Leistungsaustausch zwischen den Parteien bezogen und daher auch im Rahmen der objektiven Anknüpfung nach Art. 28 EGBGB heranzuziehen sind.[42] Als solche kommen etwa der gewöhnliche Aufenthalt der Vertragsparteien, die Erfüllungsorte der Vertragspflichten sowie jede grenzüberschreitende Bewegung von Waren, Dienstleistungen oder Zahlungen in Betracht.[43] Unzureichend dürfte hingegen sein, wenn allein der Abschlussort im Ausland liegt (str.).[44] Ebenso scheidet die Staatsangehörigkeit der Parteien, da nicht auf den Leistungsaustausch bezogen, als geeignetes Kriterium aus (bestr.).[45]

III. Ausdrückliche Rechtswahl

31 Die Rechtswahl kann nach Art. 27 I EGBGB ausdrücklich oder konkludent erklärt werden.

Eine ausdrückliche Rechtswahl findet sich häufig in AGB und Formularverträgen, aber auch in Individualabreden. Ist Inhalt oder Umfang

---

[40] Reithmann/Martiny/*Martiny,* IntVertragsR, Rn. 105.
[41] *LG Hamburg* 31. 5. 1990, RIW 1990, 1020 = IPRspr 1990 Nr. 37; Palandt/*Heldrich,* Art. 27 Rn. 4.
[42] Soergel/*von Hoffmann,* Art. 27 Rn. 87–95; zur objektiven Anknüpfung unten Rn. 59 f.
[43] *von Bar,* IPR II, Rn. 418 f.
[44] A. A. etwa: Palandt/*Heldrich,* Art. 27 Rn. 4.
[45] Differenzierend: MüKo/*Martiny,* Art. 27 Rn. 87.

einer solchen Rechtswahlklausel zweifelhaft, so richtet sich deren Auslegung nach der lex fori.[46] Eine Auslegung nach dem Statut des Hauptvertrages käme einer durch Art. 35 I EGBGB ausgeschlossenen Gesamtverweisung gleich.[47] Bei der Auslegung nach der lex fori sind jedoch die dem IPR eigenen Auslegungsmaximen und Wertungen zu beachten.

Beispiel: Der Händlervertrag zwischen einem englischen Autohersteller und einem deutschen Importeur enthält eine „jurisdiction clause" zugunsten englischer Gerichte. Fraglich ist, ob dies eine Rechtswahlklausel darstellt. Die Auslegungsgrundsätze sind hierzu dem IPR des Forums zu entnehmen.

IV. Stillschweigende Rechtswahl

Schwierig ist festzustellen, unter welchen Voraussetzungen eine konklu- **32** dente Rechtswahl durch die Parteien bejaht werden kann.[48] Sicher ist, dass es auf den realen und nicht auf einen hypothetischen Parteiwillen ankommt. Die hypothetische Rechtswahl, die nach altem Recht von den Gerichten zur Ermittlung der anwendbaren Rechtsordnung herangezogen wurde, darf auch nicht dadurch in das neue IPR übernommen werden, dass man sie in die stillschweigende Rechtswahl einbezieht.[49] Es darf also weder darüber spekuliert werden, welche Rechtswahl die Parteien getroffen hätten, wenn sie das Problem bei Vertragsschluss erkannt hätten, noch sind deren Interessen auf objektiver Grundlage abzuwägen.[50] Entscheidend ist vielmehr, ob im Wege der ergänzenden Vertragsauslegung „auf der Grundlage der von beiden Parteien angenommenen Bewertungsmaßstäbe" die Lücke im Vertragswerk geschlossen werden kann. Ist dies nicht möglich, so ist die Lücke durch Rückgriff auf die gesetzlichen Dispositivvorschriften (Art. 28 EGBGB) zu füllen.

1. Indizwirkung von Vertragsbestimmungen

Der Schluss auf eine stillschweigende Rechtswahl der Parteien hat seine **33** Grundlage in typischen Bestimmungen des Vertrages. Diesen kommt allerdings nur Indizwirkung zu, welche durch andere Vertragsbestim-

[46] *Lando*, RabelsZ 38 (1974), 388–395 (391).
[47] Folgerichtig unterstellt Art. 27 IV EGBGB zwar Zustandekommen und Wirksamkeit der Rechtswahlklausel dem Vertragsstatut, nicht aber deren Auslegung.
[48] Zu entsprechenden Unklarheiten tragen auch die insoweit voneinander abweichenden Sprachfassungen des Art. 3 I EVÜ bei (etwa: „mit hinreichender Sicherheit", „reasonable certainty", „de manière certaine").
[49] Reithmann/Martiny/*Martiny*, IntVertragsR, Rn. 84; so aber *OLG Köln* 25. 5. 1994, IPRax 1996, 270 m. abl. Anm. *Thorn*, 257–260 (258f.) = EWiR 1995, 129 m. Anm. *Schütze* = IPRspr 1994 Nr. 35.
[50] Bericht *Giuliano/Lagarde*, BTDrucks. 10/503, S. 33–79 (49f.); MüKo/*Martiny*, Art. 27 Rn. 47.

mungen widerlegt werden kann. Zu den Vertragsbestimmungen mit einer solchen Indizwirkung zählen insbesondere:

34 (1) Bezugnahme auf Vorschriften eines bestimmten Rechts,[51] Bezugnahme auf Usancen oder Vereinbarung von Formularen (Beispiele: Formular der London Corn Trade Association; Seeversicherungspolice von Lloyd's) oder von Geschäftsbedingungen, die auf einem bestimmten Recht aufbauen (Beispiele: VOB[52], Allgemeine deutsche Spediteurbedingungen);[53]

Fall:[54] Eine niederländische GmbH verkauft einer spanischen Gesellschaft ein in Spanien belegenes Grundstück. Deren Mitgesellschafter, darunter auch der in Frankfurt/Main wohnhafte D, verbürgen sich in der in niederländischer Sprache abgefassten Vertragsurkunde persönlich für die Erfüllung der Vertragspflichten. Ein von D unterschriebener Zusatz lautet: „Gut für 272 875 Gulden zuzüglich der Kosten des Kaufs und sonstiger Kosten ..." Die GmbH verklagt D vor einem deutschen Gericht auf Zahlung aus der Bürgschaftserklärung. Welchem Recht unterliegt die Verpflichtung des D?

Der von D unterschriebene Zusatz stellt in seinem Wortlaut genau auf Art. 1915 des (alten) niederländischen Burgerlijk Wetboek ab. Hierin ist ein starker Hinweis auf einen entsprechenden Parteiwillen begründet, niederländisches Recht zur Anwendung gelangen zu lassen. Da keine dem entgegenstehenden Indizien vorliegen und insbesondere die Bürgschaft unabhängig vom Hauptvertrag angeknüpft wird,[55] ist somit niederländisches Recht kraft stillschweigender Rechtswahl berufen.

35 (2) Verweisung auf einen anderen Vertrag, für den eine Rechtswahl getroffen wurde;[56]

(3) Existenz anderer Verträge der gleichen Art zwischen den Parteien, für die eine Rechtswahl getroffen wurde oder die tatsächlich nach einem bestimmten Recht abgewickelt wurden;

(4) Vereinbarung eines einheitlichen ausschließlichen Gerichtsstandes für sämtliche Streitigkeiten zwischen den Parteien.[57]

Nach altem Recht wurden weitere Umstände als Indizien für das Vorliegen einer stillschweigenden Rechtswahl gewertet: die Vereinbarung eines einheitlichen Erfüllungsortes für die Leistungen der Parteien, die vereinbarte Zahlungswährung,[58] der Ort des

---

[51] *BGH* 19. 1. 2000, NJW-RR 2000, 1002 = JZ 2000, 1115 m. Anm. *Sandrock* = IPRax 2002, 37 m. Anm. *Hohloch/Kjelland*, 30–33 = IPRspr 2000 Nr. 20 („Vergleich im Sinne der Art. 2044 ff. Code civil").

[52] *BGH* 14. 1. 1999, NJW-RR 1999, 813 = IPRax 2001, 333 m. Anm. *Pulkowski*, 306–310 = IPRspr 1999 Nr. 27; *BGH* 10. 4. 2003, NJW 2003, 2605 = IPRspr 2003 Nr. 30.

[53] Reithmann/Martiny/*Martiny*, IntVertragsR, Rn. 95, 97 f. m. w. Nachw.

[54] *LG Waldshut-Tiengen* 27. 1. 1983, IPRax 1984, 100 = IPRspr 1983 Nr. 22.

[55] Hierzu unten Rn. 62.

[56] Vgl. *OLG Hamburg* 5. 10. 1998, IPRspr 1998 Nr. 34 (Einzelgeschäfte im Verhältnis zum Rahmenvertriebsvertrag).

[57] MüKo/*Martiny*, Art. 27 Rn. 48–50 m. w. Nachw.; *OLG Köln* 18. 10. 2001, IPRspr 2001 Nr. 32.

[58] Zum neuen Recht: *OLG Köln* 26. 8. 1994, NJW-RR 1995, 245 = WiB 1995, 35 m. Anm. *Gaus* = IPRspr 1994 Nr. 37.

Vertragsschlusses sowie die Vertragssprache.[59] Insbesondere gegenüber den beiden letztgenannten Faktoren ist aber Zurückhaltung geboten, da sie selbst bei der objektiven Anknüpfung nach Art. 28 EGBGB unberücksichtigt bleiben (str.).[60]

Beispiel: Ein italienisches Unternehmen und der in Deutschland ansässige Italiener H schließen in Rom einen Handelsvertretervertrag für das Vertriebsgebiet Deutschland in italienischer Sprache ab. – Wenn weder die gemeinsame Staatsangehörigkeit noch die Vertragssprache oder der Abschlussort – für sich genommen – taugliche Indizien für eine stillschweigende Rechtswahl sind, ändert sich hieran auch nichts durch deren Kumulierung.

Weisen mehrere typische Umstände auf dieselbe Rechtsordnung, so wird hierdurch deren Indizwirkung verstärkt, und es ist von einer stillschweigenden Rechtswahl auszugehen.[61] Weisen hingegen mehrere typische Umstände auf verschiedene Rechtsordnungen, so heben sich deren Indizwirkungen gegenseitig auf.[62] Auch eine Gewichtung der einzelnen Umstände ist im Interesse der Rechtssicherheit abzulehnen. Mangels eines eindeutigen von den Parteien gesetzten Regelungsprogramms kann hier nicht auf den realen Parteiwillen geschlossen werden; eine stillschweigende Rechtswahl liegt nicht vor. **36**

2. Stillschweigende Rechtswahl im Prozess

Anders als nach altem Recht[63] kann die Erörterung des Rechtsstreits vor Gericht unter Zugrundelegung einer bestimmten Rechtsordnung nicht mehr als Indiz für einen entsprechenden Parteiwillen gewertet werden: Den Parteien fehlt meist das Bewusstsein, dass der Rechtsstreit auch nach einer anderen Rechtsordnung entschieden werden könnte (str.).[64] Die von der Gegenansicht verfolgten prozessrechtlichen Ordnungsinteressen werden methodenehrlicher über eine aus dem entsprechenden Prozessverhalten folgende *Präklusion* erreicht.[65] **37**

---

[59] Reithmann/Martiny/*Martiny*, IntVertragsR, 4. Aufl. (1988), Rn. 100. Abwegig insoweit *OLG Köln* 29. 2. 2000, IPRspr 2000 Nr. 21 (Verwendung der deutschen Sprache durch ein im deutschsprachigen Teil Belgiens gelegenes Möbelhaus).

[60] Reithmann/Martiny/*Martiny*, IntVertragsR, Rn. 96; hierzu auch unten Rn. 60.

[61] *OLG Celle* 20. 11. 1991, NJW-RR 1992, 1126 = IPRspr 1991 Nr. 27.

[62] Bericht *Giuliano/Lagarde*, a. a. O. (Fn. 50), S. 49; vgl. etwa *KG* 22. 6. 1994, VuR 1995, 35 = IPRspr 1994 Nr. 21 b.

[63] Etwa: *BGH* 15. 1. 1986, NJW-RR 1986, 456 = IPRax 1986, 292 m. Anm. *Schack*, 272–274 = IPRspr 1986 Nr. 29.

[64] *OLG Köln* 17. 9. 1993, RIW 1993, 1023 = IPRspr 1993 Nr. 36; Soergel/*von Hoffmann*, Art. 27 Rn. 52; *Steiner*, Die stillschweigende Rechtswahl im Prozess im System der subjektiven Anknüpfungen im deutschen Internationalen Privatrecht (1998), S. 111–127, jeweils m. w. Nachw.

[65] Zum Verhältnis von richterlicher Fürsorgepflicht und Präklusion vgl. *BVerfG* 14. 4. 1987, BVerfGE 75, 183.

Fall:[66] Ein Hamburger Unternehmen (Käufer) verklagt ein Schweizer Unternehmen in Hamburg auf Schadensersatz in Höhe von 100 000 €, weil dieses sich ungerechtfertigt vom Kaufvertrag über 250 t Säure losgesagt habe. Es ist strittig, ob es aufgrund einer von der Schwesterfirma der Beklagten fernschriftlich aufgegebenen Auftragsbestätigung überhaupt zu einem wirksamen Vertragsschluss gekommen ist. Als Gerichtsstand war Hamburg vereinbart. In den beiden Vorinstanzen haben die Parteien übereinstimmend die Rechtsfrage eines wirksamen Vertrages ausschließlich nach deutschem Recht behandelt.

Anders als vom BGH entschieden, ist hier nicht von einer stillschweigenden Rechtswahl der Parteien aufgrund ihres Verhaltens im Prozess auszugehen. Wollte die Schweizer Beklagte nunmehr aber in das Verfahren einbringen, dass nach dem ihrer Ansicht nach anwendbaren Schweizer Recht ein Vertrag nicht zustande gekommen sei, so wäre sie damit präkludiert.

V. Teilrechtswahl

38 Das von den Parteien gewählte Vertragsstatut unterstellt grundsätzlich den gesamten Vertrag vom Vertragsabschluss (Art. 31 I EGBGB) bis zu den Erfüllungsmodalitäten (Art. 32 I EGBGB) einem einheitlichen Recht.[67] Der Grundsatz des einheitlichen Vertragsstatuts kann jedoch nach Art. 27 I 3 EGBGB durchbrochen werden. Hiernach können die Parteien die Rechtswahl auch nur für einen Teil des Vertragsverhältnisses treffen, während der Vertrag im Übrigen nach Art. 28 EGBGB objektiv angeknüpft wird. Zugleich wird hieraus gefolgert, dass es den Parteien auch freisteht, verschiedene Teile des Vertrages unterschiedlichen Rechtsordnungen zu unterstellen. In beiden Fällen kommt es zu einer Vertragsspaltung *(dépeçage)*. Diese bewirkt, dass die zwingenden Normen, welche den jeweiligen Vertragteil betreffen, unterschiedlichen Rechtsordnungen zu entnehmen sind. Die Teilverweisung hat somit kollisionsrechtliche Wirkung.[68]

39 **Fall:** Zwei Deutsche schließen in Hamburg einen Kaufvertrag über ein Grundstück in Spanien ab. Sie vereinbaren, dass die Erfüllung der Kaufpreiszahlung deutschem Recht unterliegt.

Auch die Teilrechtswahl dient der Verwirklichung der Parteiautonomie. Sie hat ihre Grenze jedoch dort, wo die Vertragsspaltung widersprüchliche Ergebnisse hervorriefe. Dies bedeutet, dass die Vertragsspaltung nicht dazu führen darf, dass die Parteien Geboten durch unterschiedliche Rechtsordnungen unterliegen, die miteinander unvereinbar sind. Es reicht also nicht allein aus, dass ein inhaltlich abtrennbarer Vertragteil vorliegt, sondern durch die Vertragsspaltung darf auch der Grundsatz der *materiellen Harmonie* nicht verletzt werden.[69] So ist es etwa rechtslogisch ausgeschlossen, den Konsens kraft Parteiwillens unterschiedlichen Rechten zu unterstellen; vielmehr ist die Bindungswirkung des Vertrages für beide Parteien demselben Recht zu entnehmen. Gleiches gilt für die Frage des funktionellen Synallagmas bei Aus-

---

[66] Nach *BGH* 15. 4. 1970, NJW 1971, 323 m. Anm. *Geimer* = IPRspr 1970 Nr. 12.
[67] Hierzu unten Rn. 84.
[68] MüKo/*Martiny*, Art. 27 Rn. 68.
[69] Soergel/*von Hoffmann*, Art. 27 Rn. 57.

tauschverträgen. Auch hier besteht ein unauflöslicher Zusammenhang zwischen den gegenseitigen Leistungspflichten beider Parteien, so dass insoweit ein einziges Recht zur Anwendung gelangen muss.[70] Andererseits ist es möglich, den Vertragsschluss und die Vertragserfüllung verschiedenen Rechtsordnungen zu unterstellen *(große Vertragsspaltung)* oder hinsichtlich des Inhalts der einzelnen Vertragspflichten eine unterschiedliche Rechtswahl zu treffen.

Somit ist die im Ausgangsfall vorgenommene Teilrechtswahl wirksam. Vertragsstatut ist spanisches Recht (Art. 28 III EGBGB: lex rei sitae); die Erfüllung der Kaufpreiszahlung unterliegt jedoch deutschem Recht.

VI. Nachträgliche Rechtswahl

Die Parteien eines Vertrages können das anwendbare Recht vor Ab- **40** schluss des Hauptvertrages, gleichzeitig mit diesem oder auch danach bestimmen. Dies ergibt sich hinsichtlich der nachträglichen Rechtswahl unmittelbar aus Art. 27 II EGBGB, unabhängig davon, ob das zunächst anwendbare Recht auf dem Parteiwillen oder einer objektiven Anknüpfung beruhte. Durch die nachträgliche Rechtswahl tritt somit ein *Statutenwechsel* ein, der *ex tunc* wirkt.[71]

Beispiel: Ursprüngliches Vertragsstatut war brasilianisches Recht. Hiernach ist ein abstraktes Schuldversprechen nichtig. Später wird zwischen den Parteien deutsches Vertragsstatut vereinbart. – Wegen der ex-tunc-Wirkung der nachträglichen Rechtswahl ist das Schuldversprechen von Anfang an wirksam.

Die Zulässigkeit einer nachträglichen Rechtswahl bestimmt sich im Übrigen allein nach den Kollisionsnormen der lex fori. Zu beachten ist zudem Art. 27 II EGBGB, wonach die Formwirksamkeit des Vertrages nach der ursprünglichen lex causae durch eine nachträgliche Rechtswahl unberührt bleibt. Hierdurch wird der „favor negotii" weiter gestärkt.[72]

Nach Art. 27 IV EGBGB wird die *Rechtswahlvereinbarung,* obwohl **41** materiellrechtlich vom Hauptvertrag zu unterscheiden, hinsichtlich ihres Zustandekommens wie ihrer Wirksamkeit akzessorisch gegenüber diesem angeknüpft.[73] Dies folgt insbesondere aus der Verweisung auf Art. 31 EGBGB.

Fall: Auf der Leipziger Messe verkauft der deutsche Kühlschrankhersteller K dem französischen Großhändler C 200 Kühlschränke. Wenige Tage später sendet die Firma C ein Bestätigungsschreiben mit folgender Klausel: „Es wurde darin übereingestimmt, dass dem Kaufvertrag unsere Allgemeinen Vertragsbedingungen zugrunde liegen; ein Exemplar der AGB liegt diesem Schreiben bei." Die AGB enthalten u. a. eine Rechtswahlklausel zugunsten französischen Rechts. – Das Zustandekommen der Rechtswahlvereinbarung richtet sich nach französischem Recht.

---

[70] *Rigaux,* Cah dr eur 24 (1988), 306–321 (317).
[71] Dies folgt aus Art. 27 II 2 EGBGB, der ansonsten überflüssig wäre; so auch *Reinhart,* IPRax 1995, 365–371 (367–371). Unzutreffend daher *LG Essen* 20. 6. 2001, IPRax 2002, 396 m. Anm. *Krapfl,* 380–384 = IPRspr 2001 Nr. 29.
[72] Vgl. hierzu bereits § 7 Rn. 40–46.
[73] *OLG Celle* 26. 7. 2001, IPRspr 2001 Nr. 31.

D. Mangels Rechtswahl anwendbares Recht
(Art. 28 EGBGB)

42 Häufig machen die Parteien von der Befugnis, das anwendbare Recht zu bestimmen, keinen Gebrauch. Für diesen Fall wird das Vertragsstatut in der Regel[74] nach Art. 28 EGBGB durch objektive Anknüpfung ermittelt. Art. 28 EGBGB ist auch anwendbar, wenn die Parteien lediglich eine Teilrechtswahl getroffen haben oder die vorgenommene Rechtswahl unwirksam ist.

I. Gesetzessystematik

43 Art. 28 EGBGB hat ein neuartiges Anknüpfungssystem eingeführt, das sich grundlegend vom alten deutschen Recht unterscheidet.[75] Grundgedanke ist die Anknüpfung an den Sitz/Aufenthalt des Erbringers der *charakteristischen Leistung.* Dies ermöglicht einerseits die Berücksichtigung der Eigenarten eines jeden Vertragstyps, gewährleistet andererseits aber auch die erforderliche Rechtssicherheit (Vorhersehbarkeit des anwendbaren Rechts).[76] Zudem kann das Anknüpfungsmoment dem Vertrag selbst entnommen werden; ein Rückgriff auf außerhalb des Vertrages liegende Umstände (z.B. Abschlussort, Staatsangehörigkeit der Parteien) ist nicht erforderlich.[77]

44 Abs. 1 gibt lediglich die allgemeine Richtlinie, dass an das Recht anzuknüpfen ist, mit welchem der Vertrag die engste Beziehung hat. Diese Richtlinie wird in den folgenden Absätzen konkretisiert. So wird nach Abs. 2 die engste Beziehung regelmäßig durch die charakteristische Leistung vermittelt. Anknüpfungsmoment ist der gewöhnliche Aufenthalt bzw. der Sitz ihres Erbringers. Nur wenn sich eine charakteristische Leistung nicht bestimmen lässt, ist nach Abs. 2 S. 3 auf die Generalklausel des Abs. 1 zurückzugreifen.[78]

Abs. 3 und 4 enthalten abweichende Anknüpfungsmomente für Grundstücks- bzw. Güterbeförderungsverträge (leges speciales). Ist eine Anknüpfung aufgrund der in den Abs. 2 bis 4 vorgegebenen Kriterien möglich, so gelten die dort genannten gesetzlichen Vermutungen nach Abs. 5 ausnahmsweise dann nicht, wenn sich im konkreten Einzelfall aus der

---

[74] Zu den vorrangigen Sondernormen für Verbraucher- (Art. 29 EGBGB) und Arbeitsverträge (Art. 30 EGBGB) unten Rn. 72 bzw. 81.

[75] Gleiches gilt für die übrigen Vertragsstaaten des EVÜ; ein Überblick hierzu findet sich bei *Giuliano/Lagarde,* a.a.O. (Fn. 50), S. 51 f.

[76] *Kropholler,* IPR, S. 468; Soergel/*von Hoffmann,* Art. 28 Rn. 5–9.

[77] Bericht *Giuliano/Lagarde,* a.a.O. (Fn. 50), S. 52.

[78] Reithmann/Martiny/*Martiny,* IntVertragsR, Rn. 114 („Auffangtatbestand").

Gesamtheit der Umstände ergibt, dass der Vertrag engere Verbindungen mit einem anderen Staat aufweist.

Prüfungsreihenfolge: Zunächst sind die Abs. 2 bis 4 zu prüfen. Liegt danach keiner der besonderen Vertragstypen der Abs. 3 und 4 vor und lässt sich auch eine charakteristische Leistung nach Abs. 2 nicht bestimmen, so ist die Anknüpfung nach der Generalklausel des Abs. 1 vorzunehmen. Sind hingegen die Anwendungsvoraussetzungen eines der Abs. 2 bis 4 erfüllt, so ist hiernach anzuknüpfen, es sei denn, aus der Gesamtheit der Umstände ergibt sich eine nähere Beziehung zu einem anderen Staat; in diesem Fall erfolgt die Anknüpfung nach der Ausweichklausel des Abs. 5.

II. Charakteristische Leistung (Abs. 2)

1. Begriff

Der Begriff der charakteristischen Leistung wird in Art. 28 EGBGB **45** nicht definiert. Auch der Bericht von *Giuliano/Lagarde* zum EVÜ enthält nur eine negative Umschreibung. Danach ist für einen gegenseitigen (synallagmatischen) Vertrag die Geldleistung nicht charakteristisch; charakteristisch für einen Vertragstyp ist vielmehr „die Leistung, für die die Zahlung geschuldet wird".[79] Dies ist die Leistung, die dem Vertrag sein Gepräge gibt,[80] ihn von anderen Austauschverhältnissen unterscheidet.[81] Ein starkes Indiz hierfür wird häufig die Bezeichnung des Vertragstyps sein, da es zumeist die charakteristische Leistung ist, die diesem seinen Namen gibt[82] (Beispiele: Dienst-, Werkvertrag; allerdings nicht: Kaufvertrag – anders: sale, vente). Diese Leistung bildet den Schwerpunkt der vertraglichen Verpflichtungen.

Nach dieser Formel ist es möglich, für eine Reihe von Austauschverträgen unmittel- **46** bar die charakteristische Leistung zu bestimmen:
- den *Kauf* charakterisiert die Leistung des Verkäufers,
- die *Miete/Pacht* die Leistung des Vermieters/Verpächters,
- den *Dienst-* bzw. *Werkvertrag* die Leistung des Dienstverpflichteten bzw. Werkunternehmers,[83]
- den *Handelsvertretervertrag* die Leistung des Handelsvertreters,[84]
- den *Vertragshändlervertrag* die Leistung des Vertragshändlers,[85]
- den *Lizenzvertrag* die Leistung des Rechteinhabers;[86]
- bei aleatorischen Verträgen (Risikoverträgen) wie etwa dem *Versicherungsvertrag* ist es die Leistung des Übernehmers des Risikos, welche den Vertrag charakterisiert.[87]

---

[79] A. a. O. (Fn. 50), S. 52 f.
[80] *Kropholler,* IPR, S. 468; Palandt/*Heldrich,* Art. 28 Rn. 3.
[81] Reithmann/Martiny/*Martiny,* IntVertragsR, Rn. 122.
[82] *von Bar,* IPR II, Rn. 495.
[83] *BGH* 17. 11. 1994, BGHZ 128, 41 = IPRax 1996, 342 m. Anm. *Fischer,* 332–335.
[84] *BGH* 11. 2. 1988, NJW 1988, 1466 = IPRax 1989, 98 m. Anm. *Mansel,* 84–87 = IPRspr 1988 Nr. 153.
[85] *OLG Stuttgart* 7. 8. 1998, IPRax 1999, 103 m. Anm. *Wolf,* 82–87 = IPRspr 1998 Nr. 152.
[86] Soergel/*von Hoffmann,* Art. 28 Rn. 501.
[87] Bericht *Giuliano/Lagarde,* a. a. O. (Fn. 50), S. 53.

Erbringen beide Seiten Geldleistungen, so tritt die Leistung, welche lediglich das Entgelt für die andere, spezifische Leistung bildet, hinter dieser zurück. Beim *Darlehen* etwa ist die Zinszahlung bloßes Entgelt für die Überlassung der Darlehenssumme, welche den Leistungsaustausch charakterisiert.[88]

Bei unvollkommen zweiseitig verpflichtenden Verträgen wie etwa der *Leihe*, in denen regelmäßig nur eine Seite eine (Haupt-)Leistung erbringt, sowie bei einseitig verpflichtenden Verträgen wie der *Schenkung* ist ohnehin zweifelsfrei, dass die Hauptleistung das Vertragsverhältnis charakterisiert. Gleiches gilt für einseitige Rechtsgeschäfte wie die *Auslobung*.

47 Zu unterscheiden ist die charakteristische von der *berufstypischen Leistung*, die bisweilen zur inhaltlichen Rechtfertigung der Anknüpfung nach Art. 28 EGBGB bemüht wird. Beide fallen zwar in der Regel zusammen, können sich aber in Einzelfällen auch einmal gegenüberstehen. Dann gebührt der charakteristischen Leistung der Vorrang.[89]

Beispiel: Antiquitätenhändler A kauft von Bauer B einen wertvollen Barockschrank. Während die berufstypische Leistung hier vom Händler erbracht wird, ist die den Vertrag charakterisierende Leistung diejenige des Verkäufers, also B. An diese knüpft auch Art. 28 II EGBGB an, so dass das Recht am gewöhnlichen Aufenthalt des B zur Anwendung gelangt.

2. Gemischte Verträge

48 Schwieriger ist die Ermittlung der charakteristischen Leistung bei *gemischten Verträgen*.[90] Hierbei fassen die Parteien Tatbestandsmerkmale verschiedener Vertragstypen zu einem einheitlichen Vertrag zusammen.

Beispiele: Der Verkäufer einer Einbauküche verpflichtet sich gleichzeitig zu deren Montage. – Der Reiseveranstalter übernimmt die Beförderung, Unterbringung und Verpflegung eines Urlaubers sowie weitere Nebenleistungen *(Pauschalreisevertrag)*.

Es ist wie folgt zu differenzieren: Setzt sich die Gesamtleistung nur einer Vertragspartei aus jeweils für einen anderen Vertragstyp charakteristischen Leistungen zusammen oder handelt es sich um einen typischen Vertrag mit bloßer Nebenleistung (Beispiel: Kauf mit Lieferung frei Haus), so ist es auch bei mehreren verschiedenartigen Hauptleistungen nur eine Vertragspartei, die charakteristische Leistungen erbringt, während die Gegenleistung in einer reinen Geldzahlung besteht.[91] Probleme können allerdings dort auftreten, wo für die Einzelleistungen nach den Abs. 2 bis 4 unterschiedliche Anknüpfungsvermutungen einschlägig sind

---

[88] MüKo/*Martiny*, Art. 28 Rn. 33, 177. Anders die h.M. im Fall des Sparkontos: *OLG Düsseldorf* 8. 12. 1994, IPRax 1996, 423 m. Anm. *Kronke* = IPRspr 1994 Nr. 17; zur Unterscheidung zwischen charakteristischer und berufstypischer Leistung sogleich Rn. 47.

[89] Soergel/*von Hoffmann*, Art. 28 Rn. 33.

[90] Zum Begriff: *von Bar*, IPR II, Rn. 500.

[91] Hierzu Soergel/*von Hoffmann*, Art. 28 Rn. 35–45; Reithmann/Martiny/*Martiny*, IntVertragsR, Rn. 170.

oder diese von unterschiedlichen Niederlassungen des Schuldners erbracht werden.

Beispiel: Im Fall des Pauschalreisevertrages etwa würde die Beförderungs- wie die Dienstleistung an den Sitz des Unternehmers angeknüpft, während für die Immobilienmiete nach noch h. M.[92] der Lageort entscheidend wäre (Abs. 3). – Ein ähnliches Problem entstünde, wenn der französische Küchenhersteller C die in Straßburg durch den in Karlsruhe wohnhaften D gekaufte Einbauküche bei diesem durch seine deutsche Niederlassung montieren ließe. Hier fände auf die Kaufleistung eigentlich französisches Recht, auf die Montageleistung hingegen deutsches Recht Anwendung.

Gegen eine isolierte Anknüpfung der einzelnen Leistungen spricht, dass auch Verträge, bei denen eine Vertragspartei kombinierte Leistungen erbringt, als einheitlicher Vertrag(styp) gelten. Dies ergibt sich für den Pauschalreisevertrag bereits aus Art. 29 IV EGBGB. Somit sind solche Verträge einheitlich anzuknüpfen, wozu der Schwerpunkt der geschuldeten Leistungen zu ermitteln ist. Dies erfolgt bei *Massenverträgen* wie dem Pauschalreisevertrag aufgrund der typischen Vertragsumstände und nicht auf Grundlage der Wertverhältnisse der Leistungen im konkreten Einzelfall. Daher ist der Pauschalreisevertrag stets an den Sitz des Erbringers der Reiseleistung anzuknüpfen.[93] – Hingegen ist im Falle des Kaufvertrages über die Einbauküche mit gleichzeitiger Montageleistung auf den konkreten Fall abzustellen und durch einen Wertvergleich der Einzelleistungen der individuelle Vertragsschwerpunkt zu ermitteln.

Handelt es sich bei dem gemischten Vertrag hingegen um einen Aus- **49** tauschvertrag, bei welchem die Gegenleistung nicht in der Zahlung eines Entgelts besteht, so wird die Ermittlung einer charakteristischen Leistung meist nicht möglich sein. Dies gilt zunächst für Verträge mit einer „gleichtypischen Gegenleistung" wie dem *Tausch,* bei denen Leistung und Gegenleistung demselben Vertragstyp zuzuordnen sind. Aber auch bei Vereinbarung einer anderstypischen Gegenleistung erweist sich eine solche Anknüpfung als schwierig.

Beispiel:[94] *Bierlieferungsvertrag* – Gegen die Verpflichtung zum Bezug einer bestimmten Biermarke wird dem Gastwirt ein zinsloses Darlehen eingeräumt.

Nur wenn in diesem Fall eine der Leistungen Entgeltcharakter hat, d.h., lediglich an die Stelle der Geldzahlung tritt, überwiegt die andere Leistung so stark, dass sie als die den Vertrag charakterisierende bezeichnet werden kann. Hier könnte der Einräumung des Darlehens ein solcher Entgeltcharakter beizumessen sein, so dass an die Bezugsverpflichtung anzuknüpfen wäre.

Andernfalls ist mangels einer charakteristischen Leistung nach Abs. 2 S. 3 die objektive Anknüpfung nach Abs. 1 vorzunehmen.[95]

Beispiel:[96] *Franchising* – Der Franchisegeber verpflichtet sich, dem Franchisenehmer für dessen Unternehmen Handelswaren oder -marken, Warenzeichen, eine bestimmte

---

[92] Hierzu unten Rn. 55.
[93] Soergel/*von Hoffmann,* Art. 28 Rn. 40, 220; so im Ergebnis auch: MüKo/*Martiny,* Art. 28 Rn. 201.
[94] Vgl. *OGH* 9. 3. 1993, ZfRV 1993, 213.
[95] Hierzu unten Rn. 63–65.
[96] Soergel/*von Hoffmann,* Art. 28 Rn. 273–276.

Geschäftsform, Vertriebsformen und/oder Erfahrungswissen (Know-how) sowie das Recht zu überlassen, bestimmte Waren oder Dienstleistungen zu vertreiben. Den Franchisenehmer trifft im Austausch neben der Pflicht zur Entgeltzahlung die Verpflichtung, den Absatz des betreffenden Produkts unter Herausstellung der Marke oder einer sonstigen Bezeichnung zu fördern.

Aufgrund der erheblichen Variationsmöglichkeiten hinsichtlich der individuellen Vertragsgestaltung scheitert eine generell typisierende Anknüpfung. Der Vertriebspflicht des Franchisenehmers kann im Einzelfall eine Vielzahl gleichrangiger Pflichten des Franchisegebers gegenüberstehen. Deshalb ist im Hinblick auf das jeweilige Vertragsverhältnis eine konkrete Schwerpunktbestimmung nach Art. 28 I EGBGB vorzunehmen.

3. Anknüpfungsmoment

50 Kann eine vertragscharakteristische Leistung ermittelt werden, so ist damit noch keine Aussage über das Anknüpfungsmoment getroffen. Hier hat Art. 28 II EGBGB eine Entscheidung zugunsten des Umweltrechts des Erbringers der charakteristischen Leistung getroffen. Hat dieser den Vertrag in Ausübung einer beruflichen oder gewerblichen Tätigkeit geschlossen, so ist die Niederlassung Anknüpfungsmoment (Abs. 2 S. 2).[97] Ansonsten ist auf den gewöhnlichen Aufenthalt, bei juristischen Personen auf den Ort der tatsächlichen Hauptverwaltung abzustellen. Der im Hinblick auf Art. 36 EGBGB autonom auszulegende Begriff des gewöhnlichen Aufenthalts meint hier den aus den tatsächlichen Verhältnissen ersichtlichen Daseinsmittelpunkt einer Partei, der – anders als der schlichte Aufenthalt – auf eine gewisse Dauer angelegt sein muss.[98]

Bei der Anknüpfung an die Niederlassung für den Fall einer beruflichen oder gewerblichen Tätigkeit ist zu beachten, dass grundsätzlich das Recht der *Hauptniederlassung* maßgeblich ist. Diese ist bei juristischen Personen identisch mit der tatsächlichen Hauptverwaltung nach Satz 1. Abzustellen ist auf den Ort, von dem aus Aufsicht und Leitung des Unternehmens erfolgen.[99]

51 Geschieht die Steuerung der vertraglichen Leistung – nach dem Vertrag – jedoch nicht von der Hauptniederlassung, sondern von einer davon zu unterscheidenden Untergliederung des Unternehmens *(Zweigniederlassung)* aus, so ist diese maßgeblich. Bedingung für das Vorhandensein einer solchen Untergliederung ist ein räumliches und persönliches Substrat (Geschäftsräume, Personal) sowie eine gewisse Dauer der Einrichtung (mindestens 1 Jahr). Weiterhin ist eine hinreichende geschäftliche Selbständigkeit erforderlich, der gleichwohl ein Abhängigkeitsverhältnis zum Haupthaus gegenüberstehen muss.[100]

---

[97] Dies gilt gleichermaßen für natürliche wie juristische Personen: *Kropholler*, IPR, S. 469.

[98] *BGH* 29. 10. 1980, BGHZ 78, 293 (295) = NJW 1981, 520 = FamRZ 1981, 135 m. Anm. *Schlosshauer-Selbach*, 536–538 = IPRax 1981, 139 m. Anm. *Henrich*, 125 f. = IPRspr 1980 Nr. 94; *von Bar/Mankowski*, IPR I, § 7 Rn. 23. Zum gewöhnlichen Aufenthalt § 5 Rn. 72–83.

[99] Reithmann/Martiny/*Martiny*, IntVertragsR, Rn. 131.

[100] Soergel/*von Hoffmann*, Art. 28 Rn. 67; zum Niederlassungsbegriff des Art. 5 Nr. 5 Brüssel I-VO vgl. § 3 Rn. 231 f.

III. Grundstücksverträge (Abs. 3)

1. Allgemeines

Abs. 3 enthält ein besonderes Anknüpfungsmoment für Grundstücksver- **52** träge. Diese werden, anders als Verträge über Mobilien, nicht subjektbezogen an den Erbringer der charakteristischen Leistung angeknüpft, sondern objektbezogen an den Lageort des Vertragsgegenstandes, das Grundstück.[101] Diese Anknüpfung verdrängt als lex specialis diejenige nach Abs. 2. Die Begriffe „Grundstück" und „dingliches Recht" sind wegen des engen Zusammenhangs zu den am Lageort geltenden Publizitätsvorschriften nach der lex causae zu qualifizieren (Quaifikationsverweisung).[102]

Beispiel: Die Behandlung von Gebäuden oder Zubehör als Immobilien hängt davon ab, ob das Recht des Lageortes diese als Grundstücksbestandteile ansieht.

Die Anknüpfung an die lex rei sitae gilt zum einen für Verträge, welche **53** ein dingliches Recht an einem Grundstück zum Gegenstand haben (Abs. 3 Alt. 1).

Beispiel: Ein Niederländer verkauft ein in Osnabrück belegenes Grundstück.

Hierzu gehört auch der Erwerb dinglich wirkender Nutzungsrechte (Grunddienstbarkeit, Nießbrauch).[103] Nicht in den Anwendungsbereich des Abs. 3 fallen hingegen Verträge über die Errichtung oder Instandsetzung von Gebäuden, da bei diesen nicht das Grundstück oder die Grundstücksnutzung Gegenstand des Vertrages ist, sondern die Bauleistung.[104]

Auch Verträge über ein lediglich schuldrechtlich wirkendes Nutzungs- **54** recht an einem Grundstück unterliegen nach Abs. 3 Alt. 2 der Anknüpfung an die lex rei sitae; hierdurch wird Mieterschutz verwirklicht.[105]

Beispiel: Grundstücks-, Wohnungsmiete, Pacht.

2. Kurzfristige Mietverträge

Umstritten ist, ob Abs. 3 auch für kurzfristige Mietverträge, die insbe- **55** sondere bei im Ausland belegenen Ferienwohnungen häufig sind, An-

---

[101] *von Bar,* IPR II, Rn. 514.

[102] Soergel/*von Hoffmann,* Art. 28 Rn. 73; a. A. (autonome Qualifikation): MüKo/ *Martiny,* Art. 28 Rn. 62. Zur Qualifikation nach der lex causae allgemein § 6 Rn. 18–22.

[103] *BGH* 10. 5. 1996, NJW-RR 1996, 1034 = IPRspr 1996 Nr. 34 (Kauf eines Dauerwohnrechtes nach § 31 WEG).

[104] *BGH* 25. 2. 1999, IPRax 2001, 331 m. Anm. *Pulkowski,* 306–310 = IPRspr 1999 Nr. 110; *OLG Brandenburg* 25. 5. 2000, IPRspr 2000 Nr. 23 A (Architektenvertrag); Reithmann/Martiny/*Thode,* IntVertragsR, Rn. 1111.

[105] Dem entspricht die ausschließliche internationale Zuständigkeit der Gerichte des Lageortes (Art. 22 Nr. 1 S. 1 Brüssel I-VO); dazu § 3 Rn. 238–242.

wendung findet. Zweifelhaft ist dies deshalb, weil hier weder sach- noch kollisionsrechtlich ein besonderes Schutzbedürfnis des Mieters erkennbar ist. Ein Teil des Schrifttums[106] will bei gemeinsamem gewöhnlichen Aufenthalt von Vermieter und Mieter über die Ausweichklausel des Abs. 5 Abhilfe schaffen. Methodisch vorzugswürdig erscheint die Lösung über eine teleologische Reduktion des Anwendungsbereichs von Abs. 3 auf langfristige Mietverträge.[107] Sie entspricht auch Art. 22 Nr. 1 S. 2 Brüssel I-VO. Zeitliche Grenze sind hiernach 6 Monate. Sämtliche Mietverträge, welche diese Dauer nicht übersteigen, sind somit nach Abs. 2 an den Sitz des Vermieters anzuknüpfen.

3. Dingliches Rechtsgeschäft

56 Abs. 3 erfasst nur das obligatorische, nicht aber das dingliche Rechtsgeschäft. Letzteres unterliegt gemäß Art. 43 I EGBGB dem Recht des Lageortes.[108] Dies gilt selbst dann, wenn – wie in zahlreichen ausländischen Rechtsordnungen – das Eigentum bereits mit Abschluss des Kaufvertrages übergeht.[109]

IV. Güterbeförderungsverträge (Abs. 4)

57 Abs. 4 enthält eine Sonderregelung für *Güterbeförderungsverträge,* die lex specialis zu Abs. 2 ist. Die insoweit durchzuführende Anknüpfung weicht in einigen wesentlichen Punkten von Abs. 2 ab. So wird allein auf die Hauptniederlassung des Beförderers abgestellt, und auch dieser Anknüpfungspunkt führt nur dann zur maßgeblichen Rechtsordnung, wenn sich in diesem Staat zugleich der Verlade- oder Entladeort, oder aber die Hauptniederlassung des Absenders befindet. Liegen diese Voraussetzungen nicht vor, so ist das Vertragsstatut nach Abs. 1 zu bestimmen.[110]

Abs. 4 findet nur auf Güter-, nicht auf Personenbeförderungsverträge Anwendung; er gilt für sämtliche Beförderungsmittel.[111] Zu beachten ist jedoch, dass gerade auf dem Gebiet des Transportrechts eine Vielzahl internationaler Abkommen besteht,[112] welche größtenteils auch für Deutschland in Kraft getreten sind und somit Vorrang vor den Kollisionsregeln des autonomen Rechts genießen.

V. Engere Verbindung mit einem anderen Staat (Abs. 5)

58 Eine Anknüpfung aufgrund der Vermutungen der Abs. 2 bis 4 erfolgt dann nicht, wenn sich aus der Gesamtheit der Umstände ergibt, dass der

---

[106] Palandt/*Heldrich,* Art. 28 Rn. 12.
[107] So etwa: MüKo/*Martiny,* Art. 28 Rn. 155; Soergel/*von Hoffmann,* Art. 28 Rn. 164.
[108] Hierzu § 12 Rn. 7, 21.
[109] Etwa nach Art. 1583 franz. Code civil.
[110] Soergel/*von Hoffmann,* Art. 28 Rn. 79.
[111] MüKo/*Martiny,* Art. 28 Rn. 68.
[112] Vgl. § 1 Rn. 68.

Vertrag engere Beziehungen mit einem anderen Staat aufweist (Abs. 5). Eine solche Ausweichklausel ist als Korrelat zu dem verallgemeinernden Charakter der in den Abs. 2 bis 4 formulierten Anknüpfungsregeln erforderlich.[113]

1. Grundsatz

Abs. 5 soll in Ausnahmefällen dazu dienen, von den allgemein gehalte- **59** nen Vermutungen abweichen zu können.[114] Die durch die Vermutungen der Abs. 2 bis 4 erreichte Rechtssicherheit darf jedoch auf diesem Weg nicht wieder beseitigt werden. Entscheidend ist der Sinn der typisierenden Anknüpfung: Abs. 2 stellt auf den Sitz des Erbringers der charakteristischen Leistung als dem regelmäßig wichtigsten auf den Leistungsaustausch bezogenen Kriterium ab. Somit kann diese Anknüpfung nur dann über Abs. 5 verdrängt werden, wenn sich im konkreten Einzelfall eindeutig ein anderes Zentrum des Leistungsaustauschs ermitteln lässt.[115] Hierzu müssen eine Reihe objektiver, d. h. auf den Leistungsaustausch bezogener, Elemente auf eine gemeinsame, von den Regelanknüpfungen der Abs. 2 bis 4 verschiedene Rechtsordnung hinweisen; damit wird der Schwerpunkt durch die Verknüpfungen des *konkreten* Vertrages bestimmt. Solche auf den objektiven Leistungsaustausch bezogenen Elemente sind etwa die Erfüllungsorte der vertraglich geschuldeten Leistungen, der jeweilige Sitz der Parteien, der Lageort des Vertragsgegenstandes und unter Umständen die vertraglich vereinbarte Währung.

Fall: Ein in Kopenhagen ansässiger Käufer bestellt bei einem dänischen Unternehmen Waren, die nach Tondern zu liefern sind. Es wird Lieferung durch die Flensburger Niederlassung des Verkäufers sowie Zahlung in Kopenhagen in dänischer Krone vereinbart.

Die Anknüpfung an den Erbringer der charakteristischen Leistung nach Abs. 2 würde hier zum deutschen Recht der Verkäuferniederlassung führen (Abs. 2 S. 2 Alt. 2). Jedoch weisen der Erfüllungsort von Leistung und Gegenleistung, der gewöhnliche Aufenthalt beider Vertragsparteien sowie die vereinbarte Zahlungswährung auf die dänische Rechtsordnung hin, so dass die Beziehung des gesamten Vertrages zu Dänemark erheblich stärker als zu Deutschland ist. Die Vermutung zugunsten der Anknüpfung an die Niederlassung, von welcher aus die charakteristische Leistung erbracht wird, wird daher durch die stärkere Verbindung zu Dänemark widerlegt (Abs. 5).

Auch die Mitwirkung amtlicher Stellen am Zustandekommen des Ver- **60** trages, etwa durch Erteilung einer erforderlichen Genehmigung oder

---

[113] Bericht *Giuliano/Lagarde*, a. a. O. (Fn. 50), S. 54.
[114] *Kropholler*, IPR, S. 472.
[115] Soergel/*von Hoffmann*, Art. 28 Rn. 97; vgl. auch: *Merschformann*, Die objektive Bestimmung des Vertragsstatuts beim internationalen Warenkauf (1991), S. 190–194; *KG* 22. 6. 1994, VuR 1995, 35 = IPRspr 1994 Nr. 21 b; krit.: Reithmann/Martiny/*Martiny*, IntVertragsR, Rn. 143.

durch Beteiligung besonderer Beurkundungspersonen bei bestehenden Formerfordernissen, kann im Einzelfall von Bedeutung sein.[116] Hingegen weisen der Abschlussort, die Staatsangehörigkeit der Vertragsparteien sowie die Vertragssprache keinen Bezug zum Leistungsaustausch auf und sollten daher im Rahmen des Abs. 5 unberücksichtigt bleiben.[117]

2. Typenbildung, insbesondere akzessorische Anknüpfung

61 Rechtssicherheit bei Anwendung der Ausweichklausel wird durch *Typenbildung* gewonnen.

Fall: Auf einem Gebrauchtwagenmarkt in Frankfurt/Main verkauft ein Pole mit Wohnsitz in Krakau einem auf der Heimreise nach Istanbul befindlichen Türken einen Caravan. Anwendbares Recht?

Beim Barkauf erfolgen Vertragsschluss, Übergabe der Ware und Zahlung des Kaufpreises an einem einzigen Ort. Hier überwiegt im Hinblick auf den einheitlichen Erfüllungsort des Vertrages die Verbindung zum Ort des Leistungsaustauschs eindeutig die Beziehung zum Sitz des Verkäufers, selbst wenn nicht in der Währung des Zahlungsortes geleistet wird, sondern in der Verkäuferwährung.[118] Somit ist im Beispielsfall deutsches Recht anwendbar.

62 Ein weiteres Beispiel ist die *akzessorische Anknüpfung* dienender Verträge (Nebenvertrag) an das sie beherrschende Rechtsgeschäft (Hauptvertrag), die das Ziel der materiellen Harmonie verfolgt.

Beispiele: Akzessorische Anknüpfung einer Sicherungsabrede an das Statut des abzusichernden Rechtsgeschäfts (Darlehensvertrag); akzessorische Anknüpfung der einzelnen Kaufverträge an das Statut des Vertragshändlervertrags (Rahmenvertrag); angelehnte Verträge wie Vergleich, Option, Vorvertrag.[119]

Voraussetzung ist zum einen, dass ein enger wirtschaftlicher Zusammenhang zwischen den einzelnen Verträgen besteht; eine rein äußerliche Zusammenfassung in einer einzigen Urkunde reicht hierfür nicht aus.[120] Weiterhin können nur solche Nebenverträge akzessorisch angeknüpft werden, die zwischen den gleichen Vertragsparteien abgeschlossen wurden wie der Hauptvertrag *(Parteiidentität)* oder bei denen sich der Dritte der Geltung des Hauptvertrages unterworfen hat.

Beispiele: Der *Bürgschaftsvertrag* kann mangels Parteiidentität nicht akzessorisch an das Statut des zu sichernden Vertrages angeknüpft werden;[121] Gleiches gilt für die im

---

[116] Reithmann/Martiny/*Martiny*, IntVertragsR, Rn. 152; s. auch *BGH* 26. 7. 2004, NJW 2005, 1041 = IPRax 2005, 342 m. Anm. *Unberath*, 308–312.

[117] Soergel/*von Hoffmann*, Art. 28 Rn. 103 f., 106; a. A. die wohl überwiegende Meinung: vgl. MüKo/*Martiny*, Art. 28 Rn. 88, 112.

[118] *Merschformann*, Die objektive Bestimmung des Vertragsstatuts beim internationalen Warenkauf (1991), S. 221.

[119] Soergel/*von Hoffmann*, Art. 28 Rn. 120 f.

[120] *Kegel/Schurig*, IPR, S. 665 f.; Soergel/*von Hoffmann*, Art. 28 Rn. 115.

[121] Palandt/*Heldrich*, Art. 28 Rn. 21; Reithmann/Martiny/*Martiny*, IntVertragsR, Rn. 166, 1183.

Rahmen eines Makler- oder Handelsvertreterverhältnisses vermittelten bzw. abgeschlossenen Ausführungsgeschäfte im Hinblick auf das Statut des *Vertriebsverhältnisses*. An-dererseits ist es möglich, den *Subunternehmervertrag* akzessorisch an das Statut des Anlagenbauvertrages anzuknüpfen, wenn sich der Subunternehmer der Geltung des Hauptvertrages unterworfen hat.[122]

VI. Verträge ohne bestimmbare charakteristische Leistung (Abs. 1 S. 1)

Kann eine charakteristische Leistung nicht bestimmt werden, so ist nach **63** Abs. 2 S. 3 auf die Generalklausel des Abs. 1 zurückzugreifen. Dies gilt etwa für Austauschverträge mit gleichtypischer Gegenleistung (Beispiel: *Tausch*); auch beim Grundstückstausch heben sich die Hinweise auf die lex rei sitae (Abs. 3) gegenseitig auf. Schließlich fehlt es bisweilen überhaupt an einem Austauschverhältnis (Kooperationsvertrag, *joint venture*);[123] auch hier lässt sich eine charakteristische Leistung nicht bestimmen.

Fall: Der Luxemburger X und der Trierer Y sind beide begeisterte Sammler von **64** Stichen mit Mosel-Motiven. X weiß, dass Y gerne seine „Ansicht von Ürzig 1789" erwerben würde, und ist seinerseits an dem „Einzug Napoleons in Trier" interessiert, den Y doppelt hat. Daher fährt X nach Trier, um Y einen entsprechenden Tausch vorzuschlagen. Dieser stimmt zu. Man kommt überein, die Stiche in den nächsten Tagen per Kurier auszutauschen. Anwendbares Recht?

Nach Abs. 1 S. 1 unterliegt der Vertrag in solchen Fällen dem Recht des Staates, mit welchem er die engsten Verbindungen aufweist. Bei der hier vorzunehmenden *individualisierenden Schwerpunktermittlung* sind primär wiederum die objektiven, auf den Leistungsaustausch bezogenen Kriterien heranzuziehen, die bereits im Rahmen des Abs. 5 angesprochen wurden, also insbesondere die Erfüllungsorte der vertraglich geschuldeten Leistungen sowie der Sitz der Vertragsparteien.[124] Lässt sich hiernach bereits ein eindeutiger Schwerpunkt des Vertragsverhältnisses feststellen, so ist die Prüfung damit abgeschlossen. Ist dies nicht der Fall, etwa weil sich die Bezüge gegenseitig aufheben, so sind – anders als in Abs. 5 – subjektive Kriterien wie Abschlussort oder Vertragssprache heranzuziehen, um den konkreten Schwerpunkt des Vertrages festzulegen. Dieser Unterschied erklärt sich daraus, dass über Abs. 5 eine bereits vorhandene Regelanknüpfung verdrängt werden soll, während im Rahmen des Abs. 1 S. 1 mangels Anknüpfungsalternative notfalls auch schwache Indizien den Ausschlag geben müssen.[125]

Im vorliegenden Fall weisen die objektiven Kriterien jeweils auf unterschiedliche Rechtsordnungen, nämlich im gleichen Maße auf Luxemburger bzw. deutsches Recht.

---

[122] So im Ergebnis auch: *von Bar,* IPR II, Rn. 504.
[123] Hierzu: *Zweigert/von Hoffmann,* FS Luther (1976), S. 203–212 (208).
[124] S. oben Rn. 59f.
[125] Soergel/*von Hoffmann,* Art. 28 Rn. 127.

Somit sind die subjektiven Kriterien zur Bestimmung des Schwerpunkts heranzuziehen, hier insbesondere der Ort des Vertragsschlusses in Trier. Dies führt dazu, dass
deutsches Recht maßgeblich ist. Diese Anknüpfung ist nur eine Notlösung; es man-
gelt indes an einer Alternative.

VII. Vertragsspaltung (Abs. 1 S. 2)

65 Eine Vertragsspaltung ist möglich (Abs. 1 S. 2). Sie dient im Bereich der
objektiven Vertragsanknüpfung – anders als im Falle der Rechtswahl[126] –
jedoch nicht der Verwirklichung der Parteiautonomie. Daher sind strengere Anforderungen zu stellen. Insbesondere kommt dem Prinzip der
materiellen Harmonie höhere Bedeutung zu.[127]

Beispiel: Kaufvertrag zwischen einer deutschen und einer iranischen Gesellschaft über
eine Kühlanlage, die in den Iran zu liefern und dort von der deutschen Firma ein Jahr
lang zu warten ist. – Anzuknüpfen ist an die Leistung des deutschen Verkäufers. Freilich ist zu erwägen, ob die Wartungspflicht nicht isoliert und nach Abs. 1 S. 2 selbständig angeknüpft werden kann; insoweit liegt der Vertragsschwerpunkt nach Abs. 5
im Iran.

E. Sonderanknüpfung für einzelne Vertragstypen

I. Verbraucherverträge (Art. 29 EGBGB)

Literatur: *Bröcker,* Verbraucherschutz im europäischen Kollisionsrecht (1998); *von
Hoffmann,* Inländische Sachnormen mit zwingendem internationalem Anwendungsbereich, IPRax 1989, 261–271; *Leible,* Rechtswahlfreiheit und kollisionsrechtlicher
Verbraucherschutz, JbJgZivRW 1995, 245–269; *Mankowski,* Das Internet im Internationalen Vertrags- und Deliktsrecht, RabelsZ 63 (1999), 203–294 (S. 231–256); *Thorn,*
Verbraucherschutz bei Verträgen im Fernabsatz, IPRax 1999, 1–9 (dazu: *Lagarde,* Rev
crit dr int priv 1999, 421–424).

66 Art. 29 EGBGB sieht für bestimmte Arten von Verbraucherverträgen
besondere allseitige Kollisionsnormen vor, die der Schutzbedürftigkeit
der schwächeren Vertragspartei Rechnung tragen sollen. Die Sonderregelung des Art. 29 EGBGB enthält zwei grundlegende Aussagen: Zum
einen hat nach Abs. 1 eine Rechtswahl nicht die Wirkung, für den Verbraucher günstige zwingende Schutzvorschriften seines Aufenthaltsstaates abzubedingen; zum anderen erklärt Abs. 2 bei fehlender Rechtswahl
das Aufenthaltsrecht des Verbrauchers zum Vertragsstatut. Diese Anknüpfung ist gegenüber Art. 28 EGBGB lex specialis.

---

[126] Hierzu oben Rn. 38f.
[127] Vgl. Bericht *Giuliano/Lagarde,* a.a.O. (Fn. 50), S. 49; Soergel/*von Hoffmann,*
Art. 28 Rn. 129.

Schließlich wird in Abs. 3 bezüglich des auf Verbraucherverträge anwendbaren Formstatuts vom Grundsatz des „favor negotii"[128] zugunsten der zwingenden Anknüpfung an das Aufenthaltsrecht des Verbrauchers abgewichen.

1. Anwendungsbereich

Art. 29 EGBGB ist nur dann anwendbar, wenn sein sachlicher, persönli- 67
cher und räumlicher Anwendungsbereich eröffnet ist. Die Begriffe sind
jeweils autonom auszulegen.

a) Sachlich

Sachlich erfasst Art. 29 EGBGB nur bestimmte Vertragstypen. Zu „*Verträgen über die Lieferung beweglicher Sachen*" zählen insbesondere Warenkäufe (Bar- wie Kreditkauf),[129] Mietkauf und Leasing beweglicher Sachen.[130] Ausgeschlossen sind hingegen beispielsweise Verträge über die wiederkehrende Nutzung von Ferienwohnungen *(Timesharing-Verträge),* da sie keine Mobilien zum Gegenstand haben.[131] Unter „*Erbringung von Dienstleistungen*" fallen gewerbliche, kaufmännische, handwerkliche sowie freiberufliche[132] Tätigkeiten, soweit sie regelmäßig gegen Entgelt erbracht werden und keine Veräußerung oder Gebrauchsüberlassung zum Gegenstand haben.[133] Nicht generell erfasst werden hingegen Einlagen- und Kreditgeschäfte, etwa von Banken. Art. 29 EGBGB ist lediglich auf solche Kreditverträge anwendbar, die der Finanzierung von Warenlieferungen oder Dienstleistungen der beschriebenen Art dienen.[134] Ausdrücklich ausgenommen aus dem Anwendungsbereich des Art. 29 EGBGB sind nach Abs. 4 Nr. 1 Beförderungsverträge – wiederum mit einer Unterausnahme für Pauschalreiseverträge in Abs. 4 S. 2.

b) Persönlich

Der persönliche Anwendungsbereich des Art. 29 EGBGB erfasst nur 68
den *Verbraucher,* da Zielrichtung der Norm der Schutz der schwächeren
Vertragspartei ist. Dabei ist nicht auf die formale Stellung des Empfän-

---

[128] Hierzu § 7 Rn. 40 f.
[129] Bericht *Giuliano/Lagarde,* a. a. O. (Fn. 50), S. 55.
[130] MüKo/*Martiny,* Art. 29 Rn. 15.
[131] *LG Düsseldorf* 12. 4. 1994, RIW 1995, 415 m. Anm. *Mankowski,* 364–370 = VuR 1994, 262 m. Anm. *Tonner* = IPRspr 1994 Nr. 33.
[132] Vgl. *BGH* 24. 7. 2003, NJW 2003, 3486 = IPRspr 2003 Nr. 200 (Anwaltsvertrag zur Durchsetzung von Erbschaftsansprüchen).
[133] Als Auslegungshilfe bietet sich Art. 50 EG an.
[134] Hierzu: *BGH* 26. 10. 1993, BGHZ 123, 380 = NJW 1994, 262 = RIW 1994, 154 m. Anm. *W. H. Roth,* 275–278 = IPRax 1994, 449 m. Anm. *W. Lorenz,* 429–431 = JR 1995, 14 m. Anm. *Dörner* = IPRspr 1993 Nr. 37.

gers abzuheben, sondern auf den Verwendungszweck der gelieferten Ware oder Dienstleistung (vgl. § 13 BGB).[135]

Beispiel: Kaufmann K erwirbt einen Pkw für den privaten Gebrauch; Art. 29 EGBGB ist anwendbar.

69 Ebenso ist ausschlaggebend, ob der Anbieter im Rahmen seiner beruflichen bzw. gewerblichen Tätigkeit gehandelt hat oder nicht (vgl. § 14 BGB).[136]

Beispiel: Der belgische Metzgermeister H bietet einen gebrauchten Pkw in einer Zeitung des deutschen Grenzgebiets an. Da H beruflich mit Würsten und nicht mit Autos handelt, ist Art. 29 EGBGB nicht anwendbar.

c) Räumlich

70 Räumlich ist der Anwendungsbereich des Art. 29 EGBGB auf die in Abs. 1 Nr. 1 bis 3 gebildeten Fallgruppen begrenzt. Sinn dieser Einschränkung ist, dass der Verbraucher nicht als schutzwürdig angesehen wird, wenn er sich aus eigenem Antrieb ins Ausland begibt und dort Waren erwirbt oder Dienstleistungen in Anspruch nimmt. Vielmehr lässt er in einem solchen Fall sein eigenes Verbraucherschutzrecht an der Grenze zurück.[137] Etwas anderes gilt dann, wenn das Verbrauchergeschäft aufgrund verschiedener Beziehungen zum Aufenthaltsstaat des Verbrauchers in die Nähe eines Inlandsgeschäfts rückt und sich hierdurch der *Schwerpunkt des Vertragsschlusses* ins Inland verlagert.[138]

Dementsprechend setzen die Fälle des Abs. 1 Nr. 1 und 2 eine Absatztätigkeit des Anbieters im Lande des Verbrauchers voraus, während Nr. 3 die Veranlassung der Auslandsreise durch den Verkäufer in den Vordergrund stellt (Beispiel: *Butterfahrt*). Eine weitere Einschränkung des räumlichen Anwendungsbereichs enthält Abs. 4 Nr. 2 für Dienstleistungsverträge, die gänzlich im Ausland zu erbringen sind (z. B. Auslandssprachkurs).

2. Rechtswahl

71 Art. 29 EGBGB lässt die freie Rechtswahl unberührt. Auch die Wahl einer neutralen Rechtsordnung sowie eine kollisionsrechtliche Teilverweisung bleiben zulässig.[139] Der Verbrauchervertrag ist mithin den zwingenden privatrechtlichen Normen des gewählten Vertragsstatuts unterworfen,

---

[135] MüKo/*Martiny*, Art. 29 Rn. 7; Soergel/*von Hoffmann*, Art. 29 Rn. 14.
[136] *E. Lorenz*, RIW 1987, 569–584 (576); *Thorn*, IPRax 1999, 1–9 (4); a. A.: Palandt/*Heldrich*, Art. 29 Rn. 3.
[137] Vgl. Begründung des Regierungsentwurfs, BTDrucks. 10/504, S. 20–97 (80); so auch *Kroeger*, Der Schutz der „marktschwächeren" Partei im internationalen Vertragsrecht (1984), S. 177.
[138] Soergel/*von Hoffmann*, Art. 29 Rn. 15.
[139] MüKo/*Martiny*, Art. 29 Rn. 54.

einschließlich dessen Verbraucherschutznormen. Art. 29 I EGBGB hat lediglich die Funktion, den Verbraucher alternativ in den Genuss der Verbraucherschutznormen seines Aufenthaltsstaates kommen zu lassen. Entscheidend ist, welche Norm konkret, also auf den jeweiligen Streitgegenstand bezogen, günstiger für den Verbraucher ist, diejenige seines Aufenthaltsstaates oder diejenige des gewählten Vertragsstatuts. Das Recht des Aufenthaltsstaates gibt also nur das Mindestmaß des zu gewährenden Schutzes vor, das unter Umständen von den Normen des Vertragsstatuts übertroffen werden kann.[140]

Fall: Eine Schweizer Uhrenmanufaktur vertreibt ihre Produkte durch Vertreter (Reisende) in Deutschland. Ein Vertreter besucht die Hausfrau F und überredet diese, ihrem Mann eine teure Armbanduhr zu kaufen. Sie bestellt ein Modell zu 2000 €. Als ihr Ehemann nach Hause kommt, schimpft er wegen des hohen Preises. F widerruft daraufhin schriftlich ihre Bestellung. Ist dies möglich?

Auch wenn die Vertragsparteien die Anwendung Schweizer Rechts vereinbart haben, kann der F hierdurch nicht der Schutz des § 312 BGB[141] entzogen werden (Art. 29 I EGBGB).

3. Objektive Anknüpfung

Mangels Rechtswahl ist der Vertrag nach Art. 29 II EGBGB an den ge- **72** wöhnlichen Aufenthalt des Verbrauchers anzuknüpfen. Diese von der Anknüpfung an die charakteristische Leistung nach Art. 28 II EGBGB abweichende Regel soll dem Verbraucher den Schutz seines Umweltrechts als Mindeststandard sichern.[142]

Haben die Parteien im Ausgangsfall (Rn. 71) keine Rechtswahl getroffen, ist somit deutsches Recht als Aufenthaltsrecht der Verbraucherin F anwendbar.

4. „Gran-Canaria"-Fälle

Vom Wortlaut des Art. 29 EGBGB nicht erfasst wird die seit langem **73** bekannte Gruppe der „Gran-Canaria"-Fälle.[143]

Fall: Deutsche Tunesienurlauber werden auf Djerba über deutschsprachige Werbung gezielt zu einer Verkaufsveranstaltung in deutscher Sprache eingeladen. Bei Vertragsschluss wird neben der Geltung tunesischen Rechts – welches keine dem § 312 BGB

---

[140] E. Lorenz, RIW 1987, 569–584 (577: „Rosinentheorie").

[141] Die Vorschrift setzt die RL 85/577/EWG betreffend den Verbraucherschutz im Falle von außerhalb von Geschäftsräumen geschlossenen Verträgen v. 20. 12. 1985 (ABl. EG Nr. L 372/31) um.

[142] BTDrucks. 10/504, S. 20–97 (80).

[143] Die Bezeichnung rührt vom ersten geographischen Auftreten dieser Fälle her; inzwischen weist das spanische Recht jedoch eine dem § 312 BGB vergleichbare Regelung auf, weshalb das Problem insoweit obsolet geworden ist. Im Verhältnis zu anderen Urlaubsländern besteht es nach wie vor.

vergleichbare Regelung aufweist – vereinbart, dass die Ware von einer deutschen Firma unmittelbar an die Heimatadresse des Urlaubers geliefert werden soll. Hier ist keine der Fallgruppen des Art. 29 I EGBGB unmittelbar anwendbar, da dem Vertragsschluss weder eine Absatztätigkeit des Anbieters im Land des Verbrauchers vorausging, noch dieser die Reise des Verbrauchers ins Ausland veranlasst hatte. Dennoch wird auf unterschiedlichste Weise versucht, dem Käufer den Schutz seines Aufenthaltsrechtes zu gewähren: Teilweise wird eine analoge Anwendung des Art. 29 I EGBGB befürwortet,[144] teilweise auf die ordre-public-Bestimmung des Art. 6 EGBGB zurückgegriffen.[145] In jüngerer Zeit wird die Anwendbarkeit deutschen Verbraucherschutzrechts zudem über Art. 34 EGBGB[146] sowie über Art. 31 II EGBGB[147] begründet. Eine derartige Ausweitung steht jedoch im Widerspruch zu den differenzierten Wertungen des Art. 29 EGBGB und zum Gebot der EVÜ-konformen Auslegung (Art. 36 EGBGB).[148] – Häufig schiebt ein inländisches Unternehmen einen ausländischen Strohmann vor, verabredet mit diesem bereits vor Vertragsschluss eine Abtretung der Ansprüche gegenüber dem Dritten und verpflichtet sich zur Erfüllung der Gegenansprüche. In diesem Fall ist zu erwägen, ob nicht eine Umgehung des Art. 27 III EGBGB vorliegt, die dessen Zweck, bei Binnensachverhalten zwingendes Inlandsrecht zur Anwendung zu bringen, zuwiderliefe.[149]

5. Internet-Fälle

73 a Lebhaft diskutiert wird die Anwendbarkeit des Art. 29 EGBGB bei Vertragsschluss mittels moderner Kommunikationstechniken.

Beispiel: Der in Deutschland ansässige A entdeckt beim Surfen im Internet den Katalog eines US-Unternehmens. Per E-Mail bestellt A Waren, welche ihm mittels Paketdienst zugesandt werden.

Fraglich erscheint, ob in diesen Fällen der räumliche Anwendungsbereich von Art. 29 EGBGB eröffnet ist. Stellt man auf die physische Präsenz des Anbieters im Aufenthaltsstaat des Verbrauchers ab, so ist die Anwendbarkeit der Norm zu verneinen. Parallel zur Werbung mittels Rundfunk oder Fernsehen (Teleshopping)[150] sollte indes der Einsatz ei-

---

[144] *OLG Stuttgart* 18. 5. 1990, NJW-RR 1990, 1081 (1083) = IPRax 1991, 332 m. krit. Anm. *Mankowski*, 305–313 = IPRspr 1990 Nr. 34; Reithmann/Martiny/*Martiny*, IntVertragsR, Rn. 818; krit. hierzu Soergel/*von Hoffmann*, Art. 29 Rn. 34.

[145] *AG Lichtenfels* 24. 5. 1989, IPRax 1990, 235 (236) m. Anm. *Lüderitz*, 216–219 = IPRspr 1989 Nr. 40; hierzu Soergel/*von Hoffmann*, Art. 29 Rn. 35.

[146] Etwa: *LG Detmold* 29. 9. 1994, NJW 1994, 3301 = IPRax 1995, 249 m. krit. Anm. *Jayme*, 234–236 = EWiR 1995, 453 m. abl. Anm. *Mankowski* = IPRspr 1994 Nr. 39; hierzu unten Rn. 96.

[147] *LG Gießen* 14. 2. 1994, NJW 1995, 406 = IPRax 1995, 395 m. abl. Anm. *Mäsch*, 371–374 = IPRspr 1994 Nr. 28; *LG Stuttgart* 13. 7. 1995, RIW 1996, 424 m. abl. Anm. *Mankowski*, 382–387 = IPRspr. 1995 Nr. 30; hierzu unten Rn. 86.

[148] Vgl. *BGH* 19. 3. 1997, BGHZ 135, 124 = NJW 1997, 1697 = IPRax 1998, 285 m. Anm. *Ebke*, 263–270 = RIW 1997, 875 m. Anm. *Mankowski*, RIW 1998, 287–291 = Rev crit dr int priv 1998, 610 m. Anm. *Lagarde* = IPRspr 1997 Nr. 34; *OLG Naumburg* 31. 3. 1998, IPRspr 1998 Nr. 30.

[149] Vgl. *LG Stuttgart* 23. 5. 1990, NJW-RR 1990, 1394 = IPRspr 1990 Nr. 36; dazu § 6 Rn. 131.

[150] Reithmann/Martiny/*Martiny*, IntVertragsR, Rn. 811.

nes gebietsneutralen oder gar exportorientierten Mediums ausreichen, um Art. 29 EGBGB über dessen Abs. 1 Nr. 1 eingreifen zu lassen: Da der Anbieter den Grenzübertritt bei Einsatz eines internationalen Werbemediums gerade beabsichtigt, muss er sich auch das gesamte Verbreitungsgebiet als Ort seiner Werbung zurechnen lassen.[151] Möglich erscheint, die Anwendbarkeit des Art. 29 I Nr. 1 EGBGB in diesen Fällen durch die Schaltung eines Disclaimers oder die auf der Website verwendete Sprache einzuschränken.[152]

II. Gemeinschaftskollisionsrecht (Art. 29 a EGBGB)

Literatur: *Freitag/Leible*, Ergänzung des kollisionsrechtlichen Verbraucherschutzes durch Art. 29 a EGBGB, EWS 2000, 342–350; *A. Staudinger*, Internationales Verbraucherschutzrecht made in Germany, RIW 2000, 416–421; *R. Wagner*, Zusammenführung verbraucherschützender Kollisionsnormen aufgrund EG-Richtlinien in einem neuen Art. 29 a EGBGB, IPRax 2000, 249–258.

Die durch Art. 5 EVÜ erzielte einheitliche Anknüpfung von Verbraucherverträgen **73 b** innerhalb der Mitgliedstaaten wird in zunehmendem Maße durch die in verbraucherschützenden Richtlinien der EG enthaltenen Sonderkollisionsnormen beeinträchtigt. Solche Normen, die nach Art. 20 EVÜ Vorrang vor dem Übereinkommen genießen, finden sich namentlich in Art. 6 II Klauselrichtlinie,[153] Art. 12 II Fernabsatzrichtlinie,[154] Art. 9 Timesharing-Richtlinie,[155] Art. 7 II Verbrauchsgüterkauf-Richtlinie[156] sowie Art. 12 II der Richtlinie über den Fernabsatz von Finanzdienstleistungen[157]. Soweit die genannten Normen für die räumliche Anwendbarkeit lediglich einen engen Zusammenhang mit dem Gebiet des Gemeinsamen Marktes voraussetzen, bedarf diese Generalklausel der Ausfüllung durch den nationalen Gesetzgeber bzw. die nationalen Gerichte. Diese erfolgt in unterschiedlicher Weise[158] und führt somit zu einer nationalen Zersplitterung des Kollisionsrechts, die bereits überwunden schien.[159] Als einziger Ausweg bietet sich eine europarechtlich verbindliche Festschreibung des

---

[151] Hierzu Soergel/*von Hoffmann*, Art. 29 Rn. 18; *Thorn*, IPRax 1999, 1–9 (4f.).

[152] Hierzu *BGH* 30. 3. 2006, BGHZ 167, 91 = NJW 2006, 2630; *Pfeiffer*, JuS 2004, 282–285 (284).

[153] RL 93/13/EWG über missbräuchliche Klauseln in Verbraucherverträgen v. 5. 4. 1993 (ABl. EG Nr. L 95/29) = *Jayme/Hausmann*, Nr. 81.

[154] RL 97/7/EG über den Verbraucherschutz bei Vertragsschlüssen im Fernabsatz v. 20. 5. 1997 (ABl. EG Nr. L 144/19–28) = *Jayme/Hausmann*, Nr. 83; hierzu *Thorn*, IPRax 1999, 1–9.

[155] RL 94/47/EG zum Schutz der Erwerber im Hinblick auf bestimmte Aspekte von Verträgen über den Erwerb von Teilzeitnutzungsrechten v. 26. 10. 1994 (ABl. EG Nr. L 280/83) = *Jayme/Hausmann*, Nr. 82.

[156] RL 99/44/EG zu bestimmten Aspekten des Verbrauchsgüterkaufs und der Garantien für Verbrauchsgüter v. 25. 5. 1999 (ABl. EG Nr. L 171/12) = *Jayme/Hausmann*, Nr. 84.

[157] RL 02/65/EG v. 23. 9. 2002 (ABl. EG Nr. L 271/16) = *Jayme/Hausmann*, Nr. 85; hierzu *Heiss*, IPRax 2003, 100–104.

[158] Zur unterschiedlichen Umsetzung des Art. 6 II Klauselrichtlinie etwa: *von Hoffmann*, ZfRV 1995, 45–54 (51f.).

[159] *Martiny*, ZEuP 1999, 246–270 (249–251).

räumlichen Anwendungsbereichs der Richtlinien (etwa im Wege einer Verordnung)
an.

1. Anwendungsbereich

73c Im deutschen Recht hat Art. 29a EGBGB (Verbraucherschutz für besondere Gebiete) die vorherigen spezialgesetzlichen Kollisionsregeln
(§ 12 AGBG, § 8 TzWrG) abgelöst und damit die Rechtslage bereinigt.
Der Anwendungsbereich der Norm, die im Verhältnis zu Art. 29
EGBGB lex specialis ist (vgl. Art. 20 EVÜ),[160] erscheint freilich in man-
cherlei Hinsicht unscharf:

Der *sachliche* Anwendungsbereich der Norm ist von der im Einzelfall
betroffenen Richtlinie abhängig. Während etwa Art. 1 Timesharing-
Richtlinie einen „Vertrag über den unmittelbaren oder mittelbaren Erwerb von Teilzeitnutzungsrechten an einer oder mehreren Immobilien"
voraussetzt, findet die Fernabsatz-Richtlinie nach ihrem Art. 2 Nr. 1 auf
Verträge Anwendung, die eine Ware oder Dienstleistung betreffen, wobei Art. 3 I bestimmte Vertragstypen wie etwa Finanzdienstleistungen
ausdrücklich ausnimmt. Der Weg zu einer einheitlichen Regelung, wie
sie sich in Art. 29 I EGBGB findet, war somit versperrt.

In ihrem *persönlichen* Anwendungsbereich stimmen beide Vorschriften
hingegen überein, da auch Art. 29a EGBGB ein Verbrauchergeschäft
voraussetzt.

Für die Bestimmung des *räumlichen* Anwendungsbereichs enthält
Art. 29a EGBGB eine Generalklausel mit Regelbeispiel, wodurch das
Gebot der Rechtssicherheit mit der notwendigen Flexibilität für den
Einzelfall in Einklang gebracht werden soll. Voraussetzung ist danach
ein enger Zusammenhang des Vertrages mit dem Gebiet des Europäischen Wirtschaftsraums (EWR);[161] ein solcher Zusammenhang besteht
insbesondere dann, wenn der Vertrag aufgrund einer geschäftlichen Tätigkeit (z.B. Angebot, Werbung) innerhalb des EWR zustande gekommen ist und der Verbraucher bei Abgabe der Willenserklärung hier seinen gewöhnlichen Aufenthalt hatte. Anders als im Rahmen des Art. 29
EGBGB ist nicht erforderlich, dass die Bezüge zu einem einzigen Mitgliedstaat bestehen. Der mehrdeutige Wortlaut des Art. 29a EGBGB ist
richtlinienkonform so auszulegen, dass auch Bezüge zu unterschiedlichen Mitgliedstaaten ausreichen.[162]

Beispiel: Unternimmt die in Deutschland lebende P vom polnischen Danzig aus
eine organisierte Kaffeefahrt ins russische Kaliningrad, so genügen die Bezüge zu
Deutschland (gewöhnlicher Aufenthalt der P) und Polen (Ausgangsort der Kaffee-

---

[160] Anders die Regierungsbegründung, BTDrucks. 14/2658, S. 50: „Artikel 29 ist vor
29a zu prüfen."; dem folgend *Freitag/Leible*, EWS 2000, 342–350 (346).

[161] Dieser umfasst neben den Mitgliedstaaten der EU Island, Norwegen und Liechtenstein.

[162] *A. Staudinger*, RIW 2000, 416–421 (416).

fahrt), um die räumliche Anwendbarkeit von Art. 29 a EGBGB zu begründen. Art. 29 EGBGB greift hingegen nicht ein, da gewöhnlicher Aufenthalt und Ausgangsort im selben Mitgliedstaat gelegen sein müssen (vgl. Art. 29 I Nr. 3 EGBGB: „von diesem Staat").

Art. 29 a EGBGB ist indes nur dann anwendbar, wenn der Vertrag *aufgrund* einer *Rechtswahl* dem Recht eines Drittstaates unterliegt, unabhängig davon, ob (hypothetisches) objektives Vertragsstatut in solchen Fällen das Recht eines EWR-Staates gewesen wäre oder nicht.[163] Eine objektive Sonderanknüpfung verbraucherschützender Normen, wie sie sich in Art. 29 II EGBGB findet, ist hingegen – mit Ausnahme der Timesharing-Verträge (vgl. Art. 29 a III EGBGB)[164] – nicht vorgesehen.

Schließen P und der Veranstalter der Kaffeefahrt im vorhergehenden Beispiel einen Kaufvertrag über eine Rheumadecke ab und werden in den beigefügten AGB die Gewährleistungsansprüche des Käufers weitestgehend ausgeschlossen, so hängt die Anwendung des europäischen Verbraucherschutzrechts davon ab, ob die Parteien eine Rechtswahl zugunsten eines drittstaatlichen Rechts getroffen haben. Ist dies nicht der Fall, so bleibt die objektive Anknüpfung nach Art. 28 II EGBGB unberührt; die Grenzen der Freizeichnung sind sodann dem russischen Recht zu entnehmen.

Diese Differenzierung erscheint sowohl systematisch als auch im Hinblick auf die Parteiinteressen unbefriedigend; sie ergibt sich indes zwingend aus den Vorgaben der Richtlinien auf der einen sowie des EVÜ auf der anderen Seite.[165]

2. Rechtsfolge

Als Rechtsfolge bestimmt Art. 29 a EGBGB, dass – ungeachtet der 73 d Rechtswahl – die in Umsetzung der Richtlinie geschaffenen Verbraucherschutzbestimmungen desjenigen Staates anzuwenden sind, zu dem der geforderte enge Zusammenhang besteht. Weist der Sachverhalt Bezüge zu mehreren EWR-Mitgliedstaaten auf, so ist regelmäßig auf den Staat abzustellen, in dem der Kontakt zwischen Verbraucher und Unternehmer zustande gekommen ist.[166] Dessen Rechtsordnung ist für beide Parteien vorhersehbar, der Unternehmer kann somit sein Haftungsrisiko kalkulieren.

Im Ausgangsbeispiel gelangt die Klauselrichtlinie in Form des polnischen Umsetzungsaktes zur Anwendung, da Verbraucher und Unternehmer ihren geschäftlichen Kontakt in Polen geknüpft haben. Das deutsche Aufenthaltsrecht der P ist für den Unternehmer hingegen nicht vorhersehbar.

---

[163] Vgl. *Freitag/Leible*, EWS 2000, 342–350 (345).
[164] Hierzu sogleich Rn. 73 e.
[165] Krit. hierzu *Thorn*, IPRax 1999, 1–9 (8 f.).
[166] Anders wohl die Regierungsbegründung, BTDrucks. 14/2658, S. 50 (engste Beziehung).

Entgegen der Vorgaben der Richtlinien und abweichend von Art. 29 I EGBGB ist *kein Günstigkeitsvergleich* mit den verbraucherschützenden Normen des gewählten Vertragsstatuts vorgesehen; vielmehr gelangt nach Art. 29 a EGBGB stets der mitgliedstaatliche Umsetzungsakt zur Anwendung. Hierin liegt ein Verstoß gegen das europäische Sekundärrecht. Eine richtlinienkonforme Auslegung scheitert indes am eindeutigen Willen des deutschen Gesetzgebers.[167] Unbenommen bleibt den Gerichten die Vorlage zum EuGH im Wege des Vorabentscheidungsverfahrens.

3. Timesharing-Verträge

73 e Besondere Probleme wirft die Vorschrift des Art. 29 a EGBGB im Hinblick auf Timesharing-Verträge auf. Fraglich erscheint zum einen die Konkretisierung des geforderten engen Zusammenhangs zum Gebiet des EWR im Falle der Rechtswahl nach Abs. 1. Primär dürfte hierbei auf den Lageort der Timesharing-Immobilie abzustellen sein.[168] – Zum anderen stößt die objektive Anknüpfung nach Abs. 3 auf berechtigte Kritik, da hiernach stets die Vorschriften des BGB über Teilzeit-Wohnrechteverträge anwendbar sind, wenn die objektive Anknüpfung nach den allgemeinen Kollisionsnormen im Falle einer im EWR belegenen Immobilie zur Anwendung eines drittstaatlichen Rechts führen würde.[169] Die praktische Relevanz der Vorschrift dürfte indes gering sein, da sowohl schuldrechtliches wie dingliches Rechtsgeschäft objektiv an den Lageort der Immobilie anzuknüpfen sind (Art. 28 III bzw. 43 I EGBGB), der in Art. 29 a III EGBGB beschriebene Fall also allenfalls bei gesellschaftsrechtlichen Gestaltungen des Timesharing eintreten kann.[170]

III. Arbeitsverträge (Art. 30 EGBGB)

Literatur: *Birk,* Arbeitsrecht und Internationales Privatrecht, RdA 1999, 13–18; *ders.,* in: Richardi/Wlotzke (Hrsg.), Münchener Handbuch zum Arbeitsrecht I, 2. Aufl. (2000), §§ 17–23: Internationales und Europäisches Arbeitsrecht; *Borgmann,* Die Entsendung von Arbeitnehmern in der Europäischen Gemeinschaft (2001); *Junker,* Internationales Arbeitsrecht in der Praxis im Blickpunkt: Zwanzig Entscheidungen der Jahre 1994–2000, RIW 2001, 94–107; *ders.,* Internationales Arbeitsrecht im Konzern (1992); *Krebber,* Internationales Privatrecht des Kündigungsschutzes bei Arbeitsverhältnissen (1997); *ders.,* Die Bedeutung von Entsenderichtlinie und Arbeitnehmer-Entsendegesetz für das Arbeitskollisionsrecht, IPRax 2001, 22–28.

74 Wie bei Verbraucherverträgen geht der Gesetzgeber auch für Arbeitsverträge von einer Schutzbedürftigkeit der schwächeren Vertragspartei (Arbeitnehmer) aus, der auf der Ebene des Kollisionsrechts Rechnung zu tragen ist. Art. 30 EGBGB verfährt dabei regelungstechnisch wie Art. 29 EGBGB: Zum einen wird die Wirkung einer Rechtswahl zwi-

---

[167] Vgl. hierzu *Freitag/Leible,* EWS 2000, 342–350 (347).
[168] So auch *Freitag/Leible,* EWS 2000, 342–350 (345 f.).
[169] Hierzu *Freitag/Leible,* EWS 2000, 342–350 (348 f.); *A. Staudinger,* RIW 2000, 416–421 (418 f.), die allerdings den Anwendungsbereich der Norm falsch einschätzen.
[170] Vgl. MüKo/*Martiny,* Art. 28 Rn. 161 f.

schen den Parteien in der Weise eingeschränkt, dass den Arbeitnehmer schützende Bestimmungen des objektiv zu ermittelnden Arbeitsvertragsstatuts hierdurch nicht abbedungen werden können (Abs. 1); zum anderen enthält Abs. 2 besondere Anknüpfungsregeln bei Fehlen einer Rechtswahl. Zunehmend überlagert wird Art. 30 EGBGB durch ein binnenmarktspezifisches Kollisionsrecht, welches durch die Rechtsprechung des EuGH sowie den europäischen Richtliniengeber geprägt wird.[171]

1. Begriff

Der Begriff des Arbeitsvertrages ist autonom auszulegen (Art. 36 **75** EGBGB; bestr.);[172] nur so wird eine einheitliche Rechtsanwendung gewährleistet. Hierbei kann auf die, in anderem Zusammenhang ergangene, Rechtsprechung des EuGH zurückgegriffen werden. Danach gilt: „Das wesentliche Merkmal des Arbeitsverhältnisses besteht darin, dass jemand während einer bestimmten Zeit für einen anderen nach dessen Weisung Leistungen erbringt, für die er als Gegenleistung eine Vergütung erhält."[173] Entscheidende Kriterien sind die Erbringung von Leistungen durch den Arbeitnehmer, dessen Weisungsgebundenheit sowie die Zahlung einer Vergütung. An der Weisungsgebundenheit fehlt es etwa im Falle des Handelsvertreters, weshalb dieser, unabhängig von seiner Einordnung in die einzelnen nationalen Rechtsordnungen, kein Arbeitnehmer im Sinne des Art. 30 EGBGB ist.[174]

2. Rechtswahl

Eine Rechtswahl für den Arbeitsvertrag ist zulässig (Art. 27 EGBGB). **76** Diese kann nicht nur durch Individualabrede, sondern auch im *Tarifvertrag* erfolgen, soweit das Tarifvertragsstatut (Recht des erfassten Betriebes) dies zulässt.[175] Unterliegt der Tarifvertrag deutschem Recht, so ergibt sich die Zulässigkeit der Rechtswahl aus § 1 I TVG[176].

Nach Art. 30 I EGBGB darf die Rechtswahl nicht dazu führen, dass **77** dem Arbeitnehmer der Schutz entzogen wird, der sich aus den zwingenden Bestimmungen des nach Abs. 2 anwendbaren Rechts ergibt. Die zwingenden Bestimmungen des objektiven Vertragsstatuts stellen somit

---

[171] Hierzu näher unten Rn. 81 b f.

[172] So etwa MünchArbR/*Birk*, § 20 Rn. 3, 95; MüKo/*Martiny*, Art. 30 Rn. 17; a. A. (Qualifikation nach der lex fori): Bericht *Giuliano/Lagarde*, a. a. O. (Fn. 50), S. 70.

[173] *EuGH* 3. 7. 1986, Rs. 66/85 – „Lawrie-Blum", EuGHE 1986, 2121; näher hierzu: Soergel/*von Hoffmann*, Art. 30 Rn. 5 f. (insbes. Fn. 10) m. w. Nachw.

[174] Soergel/*von Hoffmann*, Art. 30 Rn. 8; vgl. auch *LAG Düsseldorf* 7. 12. 1990, RIW 1992, 402 m. Anm. *Klima*, 404 f. = IPRspr 1992 Nr. 261 a, das sich jedoch auf deutsches Recht als lex fori stützt.

[175] *LAG Rheinland-Pfalz* 16. 6. 1981, IPRspr 1981 Nr. 44.

[176] Tarifvertragsgesetz in der Fassung v. 25. 8. 1969 (BGBl. I S. 1323).

einen sozialen Mindeststandard dar, von dem durch Rechtswahl nicht zu Lasten des Arbeitnehmers abgewichen werden kann. Vielmehr findet die Rechtsordnung Anwendung, die für das konkrete Klagebegehren des Arbeitnehmers insgesamt die ihm günstigeren Schutznormen aufweist (*konkreter Gesamtvergleich;* str.).[177]

Fall: Arbeitgeber D betreibt eine Kfz-Werkstatt in Saarbrücken; dort beschäftigt er den französischen Mechaniker F. Im Arbeitsvertrag wurde die Geltung französischen Rechts vereinbart. Wenige Monate später kündigt D den Arbeitsvertrag, da F einige Male zu spät zur Arbeit erschienen ist.

Nach dem französischen Vertragsstatut steht dem F auch bei unrechtmäßiger Kündigung lediglich ein Abfindungsanspruch zu (Art. L 122–14–4 I HS. 2 Code du Travail). Dagegen geht das deutsche Arbeitsrecht bei fehlendem Kündigungsgrund grundsätzlich vom Fortbestand des Arbeitsverhältnisses aus (§ 1 I KSchG). Trotz der wirksamen Rechtswahl kann sich F nach Art. 30 I EGBGB auf die für ihn günstigeren Schutznormen des deutschen Arbeitsrechts berufen, da sein gewöhnlicher Arbeitsort (Art. 30 II Nr. 1 EGBGB) in Deutschland liegt.[178]

78–79 Schwierig ist die Abgrenzung zu Art. 34 EGBGB.[179] Art. 30 I EGBGB erfasst nur solche Regelungen, die zum Arbeitsvertragsstatut gerechnet werden. Normen, die ohne Rücksicht auf das Vertragsstatut anzuwenden sind, unterliegen hingegen Art. 34 EGBGB.[180] Für das Sonderprivatrecht, welches dem Ausgleich typischer Ungleichgewichtslagen dient, traf Art. 30 I EGBGB nach hergebrachter Anschauung indes eine abschließende Regelung.

Die Unterscheidung hat durch die Neufassung des Arbeitnehmer-Entsendegesetzes (AEntG) im Zuge der Umsetzung der EG-Entsenderichtlinie ihre praktische Bedeutung größtenteils eingebüßt, da § 7 AEntG weite Bereiche des Sonderprivatrechts zu international zwingenden Normen im Sinne von Art. 34 EGBGB erklärt.[181] Art. 30 I EGBGB erfasst danach im Wesentlichen nur mehr die Vorschriften über den allgemeinen Kündigungsschutz, den Bestandsschutz bei Betriebsübergang (§ 613 a BGB) sowie die betriebliche Altersversorgung[182].

80 Somit wird der Arbeitnehmer kollisionsrechtlich gleich dreifach geschützt: Es gilt das gewählte Recht einschließlich dessen sonderprivatrechtlicher Schutzvorschriften. Sind im konkreten Fall jedoch die Schutzbestimmungen des nach Art. 30 II EGBGB objektiv zu bestimmenden

---

[177] MünchArbR/*Birk*, § 20 Rn. 25; Soergel/*von Hoffmann*, Art. 30 Rn. 33; vgl. auch *BAG* 11. 12. 2003 = IPRspr 2003 Nr. 46 b. Für einen Einzelvergleich dagegen: *E. Lorenz*, RIW 1987, 569–584 (577); *LAG Baden-Württemberg* 15. 10. 2002, BB 2003, 900 m. krit. Anm. *Thüsing*, 898–900 = IPRspr 2003 Nr. 46 a.

[178] Das Arbeitnehmer-Entsendegesetz erfasst nicht den allgemeinen Kündigungsschutz; vgl. unten Rn. 81 c.

[179] Zur Problematik, insbesondere einer autonomen Auslegung: *Junker*, IPRax 1989, 69–75.

[180] Zur Unterscheidung vgl. 6. Aufl., § 10 Rn. 78.

[181] Hierzu unten Rn. 81 c.

[182] Vgl. *LAG Frankfurt a. M.* 13. 9. 2000, IPRspr 2000 Nr. 42.

Vertragsstatuts für den Arbeitnehmer insgesamt günstiger, so verdrängen diese die Schutznormen des gewählten Rechts. Unabhängig hiervon finden Eingriffsnormen gemäß Art. 34 EGBGB stets Anwendung.

3. Objektive Anknüpfung

Mangels Rechtswahl ist der Arbeitsvertrag nach Art. 30 II Nr. 1 **81** EGBGB an den gewöhnlichen Arbeitsort *(lex loci laboris)* anzuknüpfen. Das Recht des gewöhnlichen Arbeitsortes bleibt – vorbehaltlich der am Einsatzort geltenden international zwingenden Bestimmungen i.S.d. Art. 34 EGBGB[183] – auch bei einer *vorübergehenden Entsendung* des Arbeitnehmers in einen anderen Staat (z.B. Montage) anwendbar. Eine vorübergehende Entsendung liegt vor, wenn der Zeitpunkt der Rückkehr von vornherein feststeht und die Entsendung die Dauer von 12, in Ausnahmefällen 24 Monaten nicht überschreitet. Die gleiche Abgrenzung wird im Sozialrecht getroffen.[184]

Beispiel: Die Arbeitskräfte eines für neun Monate auf einer Berliner Großbaustelle tätigen portugiesischen Subunternehmers bleiben auch für den Zeitraum ihrer Entsendung im Grundsatz portugiesischem Recht als Arbeitsvertragsstatut unterworfen.

Verrichtet der Arbeitnehmer seine Arbeit hingegen gewöhnlich nicht **81a** in ein und demselben Staat (Beispiele: Reisebegleiter, Flugzeugwartungsingenieur mit ständig wechselnden Einsatzorten), so versagt die Anknüpfung an den gewöhnlichen Arbeitsort. Gleiches gilt, wenn der gewöhnliche Arbeitsort auf staatsfreiem Gebiet liegt (z.B. Bohrinsel auf hoher See[185]). Art. 30 II Nr. 2 EGBGB stellt für diese Fälle auf das Recht der Niederlassung ab, die den Arbeitnehmer eingestellt hat.[186] Einstellende Niederlassung kann die Hauptniederlassung, eine Zweigniederlassung, aber auch eine selbständige Tochtergesellschaft sein.

In atypischen Fällen kann die Ausweichklausel des Art. 30 II HS. 2 EGBGB eingreifen;[187] die zu Art. 28 V EGBGB entwickelten Grundsätze sind entsprechend anzuwenden.[188]

---

[183] Hierzu unten Rn. 81c, 96.

[184] §§ 4, 5 SGB IV; Art. 14 Ziff. 1 der VO (EWG) Nr. 1408/71 über die Anwendung der Systeme der sozialen Sicherheit auf Arbeitnehmer und Selbständige sowie deren Familienangehörige, die innerhalb der Gemeinschaft zu- und abwandern, in der Fassung der VO (EG) Nr. 118/97 v. 2. 12. 1996 (ABl. EG 1997 Nr. L 28/1).

[185] Vgl. *Sayers v. International Drilling Co. N. V.,* (1971) 1 WLR 1176 (Court of Appeal).

[186] *LAG Frankfurt a. M.* 16. 11. 1999, IPRax 2001, 461 m. Anm. *Benecke,* 449–454 = IPRspr 1999 Nr. 47; *BAG* 12. 12. 2001, IPRax 2003, 258 m. Anm. *Franzen,* 239–243 = SAE 2002, 253 m. krit. Anm. *Junker* (Recht des Registerstaates) = IPRspr 2001 Nr. 52.

[187] Vgl. *BAG* 29. 10. 1992, IPRax 1994, 123 m. Anm. *Mankowski,* 88–98 = EWiR 1993, 673 m. Anm. *Martiny* = IPRspr 1992 Nr. 69b; *BAG* 24. 10. 2001, IPRspr 2001 Nr. 50.

[188] Vgl. oben Rn. 58–62.

4. Gemeinschaftskollisionsrecht

81 b Seit einiger Zeit bildet sich für den Bereich der Arbeitsverträge echtes Gemeinschaftskollisionsrecht heraus. Dieses wird von zwei gegenläufigen Strömungen geprägt: Auf der einen Seite begrenzt der EuGH im Binnenmarkt die Anwendung zwingender Vorschriften des Arbeitsortes. Danach stellen arbeitsrechtliche Eingriffsnormen wie etwa Bestimmungen über gesetzliche Mindestlöhne Beschränkungen des freien Dienstleistungsverkehrs (Art. 49, 50 EG) dar, die nur aus zwingenden Gründen des Allgemeininteresses, zu denen auch der Schutz des Arbeitnehmers zählt, gerechtfertigt sind. Zudem müssen die Regelungen für alle Arbeitnehmer im Aufnahmestaat gelten und erforderlich sein, d. h., das betreffende Interesse darf nicht bereits durch äquivalente Vorschriften des Herkunftsstaates geschützt sein, und es dürfen keine die Dienstleistungsfreiheit weniger einschränkenden, gleich geeigneten Maßnahmen zur Verfügung stehen.[189]

81 c Auf der anderen Seite hat der europäische Gesetzgeber die Anwendung der zwingenden Vorschriften des Arbeitsortes durch Schaffung der Entsenderichtlinie[190] befördert.

Hintergrund waren die von Unternehmern und Gewerkschaften beklagten Wettbewerbsverzerrungen durch Anbieter aus Billiglohnländern. Entsprechende Befürchtungen hatten den nationalen deutschen Gesetzgeber bereits zuvor veranlasst, für den als besonders sensibel geltenden Bereich der Bauwirtschaft eine gesetzliche Sonderregelung in § 1 I AEntG[191] zu schaffen. Hiernach gelten die für allgemeinverbindlich erklärten tarifvertraglichen Regelungen am tatsächlichen Arbeitsort über Entgelt und Urlaub unabhängig vom Arbeitsvertragsstatut; diese stellen somit international zwingendes Recht im Sinne von Art. 34 EGBGB dar.[192] Da dies eine eklatante Beschränkung des freien Dienstleistungsverkehrs nach Art. 49, 50 EG darstellt, die zudem protektionistische Ziele verfolgt, mussten zur Rechtfertigung Gründe des Arbeitnehmerschutzes vorgeschoben werden.

Den gleichen Ansatz verfolgt die EG-Entsenderichtlinie, die nach ihrem Art. 1 branchenübergreifend für alle Unternehmen mit Sitz in einem EU-Mitgliedstaat gilt, welche im Rahmen der länderübergreifenden Erbringung von Dienstleistungen Arbeitnehmer in das Hoheitsgebiet ei-

---

[189] *EuGH* 23. 11. 1999, Rs. C-369/96 und C-376/96 – „Arblade", EuGHE 1999 I, 8453 = RIW 2000, 137; *EuGH* 15. 3. 2001, Rs. C-165/98 – „Mazzoleni/Inter Surveillance Assistance", Rev crit dr int priv 2001, 495 m. Anm. *Pataut* = IPRax 2002, 210 m. Anm. *Franzen*, 186–191; *EuGH* 24. 1. 2002, Rs. C-164/99 – „Portugaia Construções", EuGHE 2001 I, 2189 = EuZW 2002, 245. In allen Fällen war die Entsenderichtlinie zeitlich noch nicht anwendbar.

[190] RL 96/71/EG über die Entsendung von Arbeitnehmern im Rahmen der Erbringung von Dienstleistungen v. 16. 12. 1996 (ABl. EG 1997 Nr. L 18/1).

[191] Gesetz über zwingende Arbeitsbedingungen bei grenzüberschreitenden Dienstleistungen (Arbeitnehmer-Entsendegesetz) v. 26. 2. 1996 (BGBl. I S. 227); hierzu *Franzen*, DZWir 1996, 89–100.

[192] *Borgmann*, IPRax 1996, 315–320 (318); Soergel/*von Hoffmann*, Art. 30 Rn. 1 b.

nes anderen Mitgliedstaats entsenden. Art. 3 I enthält einen Katalog arbeitsrechtlicher Bestimmungen, die unabhängig vom Arbeitsvertragsstatut dem Recht des tatsächlichen Arbeitsortes zu entnehmen sind und somit zwingende Bestimmungen i. S. d. Art. 34 EGBGB darstellen. Hierzu zählen insbesondere: Mindestlohnsätze (einschließlich Überstundensätze), Höchstarbeitszeiten und Mindestruhezeiten, bezahlter Mindestjahresurlaub,[193] Vorschriften über Leiharbeit, Arbeitssicherheit, Mutter- und Jugendschutz sowie Gleichbehandlung.[194]

Der Eingriff des europäischen Gesetzgebers in die Dienstleistungsfreiheit dient nicht dem Schutz des Arbeitnehmers, sondern dem nationalen Wettbewerb.[195]

Bei Umsetzung der Richtlinie im Wege einer Reformierung des Arbeitnehmer-Entsendegesetzes hat der deutsche Gesetzgeber deren Anwendungsbereich nochmals erweitert. Erfasst werden auch Unternehmen mit Sitz außerhalb der EU;[196] zudem wird eine Entsendung, d. h. ein vorübergehender Einsatz des Arbeitnehmers am Arbeitsort, nicht vorausgesetzt. Europarechtlich bedenklich erscheint der Verzicht auf das in Art. 3 VII 1 der Richtlinie enthaltene Günstigkeitsprinzip.[197] **81d**

Beispiel: Ein Hotelfachwirt wird von seinem Schweizer Arbeitgeber zu Ausbildungszwecken für 4 Monate nach Deutschland entsandt. – Auch während der Entsendung nach Deutschland bleibt das Sonderprivatrecht des gewöhnlichen Arbeitsortes (hier: Schweiz) nach Art. 30 I EGBGB zugunsten des Arbeitnehmers anwendbar. Dieses regelt insbesondere den Kündigungsschutz. Hinsichtlich der Eingriffsnormen des Art. 34 EGBGB ist dagegen auf den tatsächlichen Arbeitsort abzustellen (z. B. Mindestlohn, Urlaubsanspruch, Zulässigkeit von Sonntagsarbeit, Lohnfortzahlung im Krankheitsfall).

5. Seearbeitsverträge

Umstritten ist, ob Art. 30 EGBGB auf Heuerverträge (Seearbeitsverträge) Anwendung **82** findet oder ob insoweit § 1 SeemG[198] Vorrang genießt, mit der Folge, dass stets an das Flaggenrecht anzuknüpfen wäre.[199] Art. 30 EGBGB ist jedoch die jüngere Rechtsnorm und beruht zudem auf dem EVÜ. Er genießt damit nach Art. 3 II EGBGB Vorrang vor dem autonomen Kollisionsrecht und verdrängt § 1 SeemG.

Für die Zulässigkeit einer Rechtswahl gilt somit das oben Ausgeführte. Unklar ist hingegen, welches objektive Anknüpfungskriterium des Art. 30 II EGBGB eingreift. Der Gesichtspunkt des Gleichklangs von öffentlichem und privatem Arbeitsrecht, der

---

[193] *BAG* 25. 6. 2002, ArbuR 2002, 306.
[194] Er ist im Binnenmarkt systemwidrig und damit eng auszulegen.
[195] Vgl. aber *EuGH* 24. 1. 2002, Rs. C-164/99 – „Portugaia Construções", EuGHE 2001 I, 2189 = EuZW 2002, 245.
[196] Hiermit wird freilich die Bestimmung des Art. 1 IV Entsenderichtlinie umgesetzt, die eine Begünstigung von Unternehmen aus Drittstaaten verbietet.
[197] *Jayme/Kohler,* IPRax 2000, 454–465 (464).
[198] Seemannsgesetz v. 26. 7. 1957 (BGBl. II S. 713).
[199] Zum Meinungsstreit: Soergel/*von Hoffmann,* Art. 30 Rn. 55 f.

der Anknüpfung nach Art. 30 II EGBGB zugrunde liegt, spricht für die Anwendung des Rechts der ordnungsgemäß geführten Flagge (str.).[200]

83 Probleme wirft die Neufassung des § 21 IV 1 FlaggenrechtsG[201] auf, die im Rahmen des sogenannten Zweitregistergesetzes[202] in Kraft getreten ist und vorsieht, dass Arbeitsverhältnisse mit Besatzungsmitgliedern eines im Internationalen Seeschifffahrtsregister eingetragenen Schiffes, die keinen inländischen Wohnsitz oder Aufenthalt besitzen, nicht allein deshalb deutschem Recht unterliegen, weil das Schiff die Bundesflagge führt.[203] Die Regelung dient dem Ausgleich von Wettbewerbsnachteilen deutscher Reeder und soll das Ausweichen auf Billigflaggen überflüssig machen.[204] Wegen dieser „protektionistischen" Zielsetzung scheidet ein allseitiger Ausbau der Norm aus. Unklar ist zudem, welche zusätzlichen Faktoren vorliegen müssen, um in solchen Fällen zur Anwendung deutschen Rechts gelangen zu können. In Betracht kommen das Registerland sowie der Heimathafen des Schiffes (str.).[205]

F. Anwendungsbereich des Vertragsstatuts

I. Geltungsbereich

84 Das Vertragsstatut gilt für Voraussetzungen (Art. 31 I EGBGB) sowie für Auslegung und Wirkungen (Art. 32 EGBGB) des Vertrages einschließlich der Nichtigkeitsfolgen (Rückabwicklung). Dahinter steht der Grundsatz, möglichst das gesamte Vertragsverhältnis einer einzigen Rechtsordnung zu unterstellen *(materielle Harmonie).* Hiermit wird dem inneren Zusammenhang zwischen den Teilfragen Vertragsanbahnung,[206] Vertragsschluss, Auslegung, Vertragsergänzung und Grenzen der Parteiautonomie Rechnung getragen.

---

[200] *Mankowski,* RabelsZ 53 (1989), 487–525 (498–504); für eine Anknüpfung an das Recht der einstellenden Niederlassung hingegen: Palandt/*Heldrich,* Art. 30 Rn. 7.

[201] Gesetz über das Flaggenrecht der Seeschiffe und die Flaggenführung der Binnenschiffe (Flaggenrechtsgesetz) in der Fassung v. 26. 10. 1994 (BGBl. I S. 3140).

[202] Gesetz zur Einführung eines zusätzlichen Registers für Seeschiffe unter der Bundesflagge im internationalen Verkehr (Internationales Seeschiffahrtsregister – ISR) v. 23. 3. 1989 (BGBl. I S. 550).

[203] Zur Verfassungsmäßigkeit der Regelung *BVerfG* 10. 1. 1995, BVerfGE 92, 26 = IPRax 1996, 115 m. Anm. *Tomuschat,* 83–87 = JZ 1995, 507 m. Anm. *Lagoni,* 499–503 = IPRspr 1995 Nr. 55. Zum Verhältnis zwischen § 21 IV 1 FlaggenrechtsG und Art. 30 EGBGB: *Magnus,* IPRax 1990, 141–145 (142 f.) m. w. Nachw.

[204] BTDrucks. 11/2161, S. 4 f. Gleichwohl wurde ihre Vereinbarkeit mit EG-Recht bejaht: *EuGH* 17. 3. 1993, Rs. C-72/91 und C-73/91 – „Sloman Neptun Schiffahrts AG/Seebetriebsrat", EuGHE 1993, 887 = IPRax 1994, 199 m. Anm. *Magnus,* 178–180.

[205] Nachw. zum Meinungsstand bei: Reithmann/Martiny/*Martiny,* IntVertragsR, Rn. 1900; s. zudem BAG 3. 5. 1995, IPRax 1996, 416 m. Anm. *Mankowski,* 405–410 = EzA Art. 30 EGBGB Nr. 3 m. Anm. *Franzen* = IPRspr 1995 Nr. 57.

[206] Zur Anknüpfung der culpa in contrahendo oben Rn. 22 b.

1. Vorkonsensuale Elemente

Fall: Der in London wohnhafte Brite B reserviert per Telefax ein Hotelzimmer in **85** Berlin; nach Eingang seines Telefax, aber noch vor Absendung der Reservierungsbestätigung, überlegt er es sich anders und will telefonisch seine Reservierung annullieren. Ist er an sein Angebot gebunden?

Die Bindungswirkung der Offerte unterliegt nach Art. 31 I EGBGB dem Vertragsstatut, da es nur bei Vorliegen eines wirksamen Angebotes im Zeitpunkt der Annahmeerklärung zu einem Vertragsschluss kommt, dieses also eine Geschäftsvoraussetzung darstellt. Das Vertragsstatut ist hier mangels Rechtswahl objektiv anzuknüpfen (Art. 28 EGBGB). Erbringer der charakteristischen Leistung (Abs. 2) ist der Hotelwirt,[207] so dass deutsches Recht zur Anwendung gelangt. Anders als das englische Recht[208] geht dieses von der Bindungswirkung des Angebots aus (§ 145 BGB). B kann seine Reservierung daher nicht widerrufen.[209]

Auch vorkonsensuale Elemente unterstehen bereits dem Vertragsstatut; das gilt unabhängig davon, ob dieses objektiv angeknüpft oder durch Parteiwillen bestimmt wird. Einer Rechtswahl kommt somit Vorwirkung zu. Das Vertragsstatut entscheidet zudem über das Zustandekommen des Rechtswahlvertrages.[210]

2. Art. 31 II EGBGB

Art. 31 II EGBGB bestimmt, dass die Zustimmung einer Partei – unter **86** gewissen Voraussetzungen – kumulativ dem Vertragsstatut und dem Aufenthaltsrecht dieser Partei unterliegt.[211] Dem Aufenthaltsrecht kommt dann eine Sperrwirkung gegenüber dem Vertragsstatut zu.[212] Andererseits reicht es in keinem Fall, dass allein das Aufenthaltsrecht eine Zustimmung der betreffenden Vertragspartei als gegeben ansieht, wenn das Vertragsstatut dies verneint.

Zustimmung meint den rechtsgeschäftlichen Erklärungswert des Verhaltens einer Partei. Erfasst wird somit nur die Existenz der vertraglichen Einigungserklärungen, nicht dagegen deren Wirksamkeit oder die Bindung an diese (z.B. Möglichkeit der Anfechtung oder des Widerrufs).[213] Praktisch bedeutsam wird die Vorschrift in Fällen, in denen das

---

[207] Zur Anknüpfung des Beherbergungsvertrages vgl. MüKo/*Martiny*, Art. 28 Rn. 199.

[208] Hierzu *Chitty* on Contracts. General Principles, 28. Aufl., London (2001), Rn. 2–080.

[209] Vgl. auch den Fall oben bei Rn. 24a; das UN-Kaufrecht ist hier sachlich nicht anwendbar (Beherbergungsvertrag).

[210] Hierzu oben Rn. 41.

[211] Bei Kaufleuten/Gesellschaften ist entsprechend Art. 28 II EGBGB der Sitz der Niederlassung ausschlaggebend.

[212] *Mäsch*, IPRax 1995, 371–374 (372); ähnlich bereits *BGH* 7. 7. 1976, NJW 1976, 2075 m. Anm. *Buchmüller*, NJW 1977, 501 = IPRspr 1976 Nr. 8.

[213] Soergel/*von Hoffmann*, Art. 31 Rn. 30–33; a.A.: *LG Stuttgart* 13. 7. 1995, RIW 1996, 424 m. abl. Anm. *Mankowski*, 382–387 (384–386) = IPRspr 1995 Nr. 30.

Schweigen einer Partei als Annahme eines Angebots gedeutet werden
mag (Beispiel: *kaufmännisches Bestätigungsschreiben*).[214] Voraussetzung
ihrer Anwendung ist jedoch, dass es der betreffenden Partei nicht zuzumuten ist, sich insoweit am Vertragsstatut zu orientieren.

Fall: Auf einer Haushaltsmesse in Colmar schließt der französische Gerätehändler C mit
dem deutschen Hersteller P mündlich einen Kaufvertrag über einen Posten Küchen-
herde ab. Wenig später sendet P dem C ein Bestätigungsschreiben über den Vertragsschluss zu, in dem er seine beigefügten AGB für anwendbar erklärt. C schweigt hierzu.
Sind die AGB Bestandteil des Kaufvertrages geworden?
Vertragsstatut ist deutsches Recht als Verkäuferrecht (Art. 28 II EGBGB). Nach den
zum „kaufmännischen Bestätigungsschreiben" entwickelten Regeln wären die AGB
danach Vertragsbestandteil geworden, da C diesen nicht unverzüglich widersprochen
hat. Es ist C jedoch vorliegend nicht zuzumuten, deutsche Verhaltensregeln beim
Vertragsschluss einzuhalten, da er zu keinem Zeitpunkt seine eigene Rechtssphäre
verlassen hat. Nach Art. 31 II EGBGB ist daher insoweit französisches Recht zusätzlich anwendbar; die Geltung der AGB des P wurde danach nicht wirksam vereinbart.

3. Geschäftswirkungen

87   Das Vertragsstatut beherrscht nach Art. 32 EGBGB auch die Geschäfts-
wirkungen (Verjährung/Verwirkung,[215] Aufrechnung[216]) eines Anspruchs
(Abs. 1 Nr. 4) sowie bestimmte Beweisfragen (Abs. 3)[217].

88   Für *Erfüllungsmodalitäten* (Art und Weise der Erfüllung; vom Gläubiger im Falle mangelhafter Erfüllung zu treffende Maßnahmen) ist hingegen nach Abs. 2 das Recht des Staates zu „berücksichtigen", in dem die
Erfüllung erfolgt. Dies bedeutet nicht, dass insoweit eine Sonderanknüpfung vorzunehmen ist; vielmehr bleibt das Vertragsstatut anwendbar. Es wird lediglich anerkannt, dass eventuell Handlungen außerhalb
des Staates vorzunehmen sind, dessen Recht Vertragsstatut ist *(Auslandssachverhalt)*.[218] Dort können aber unter Umständen die durch das
Vertragsstatut gebotenen Handlungen gar nicht vorgenommen werden,
etwa weil die nach dem Vertragsstatut zur Mitwirkung an dieser Handlung berufene Behörde im Vornahmestaat nicht existiert. In einem solchen Fall ist im Wege der materiellrechtlichen Angleichung der am Vornahmeort mögliche Rechtsakt heranzuziehen.

---

[214] *OLG Köln* 15. 5. 1996, NJW-RR 1997, 182 = IPRspr 1996 Nr. 35; Reithmann/
Martiny/*Martiny,* IntVertragsR, Rn. 214, 218 f.

[215] Hierzu: *Kegel,* FS Pleyer (1986), S. 513–538.

[216] Soergel/*von Hoffmann,* Art. 32 Rn. 49 m. w. Nachw., vgl. auch *LG München I*
20. 3. 1995, RIW 1996, 688 = IPRax 1996, 31 m. Anm. *Kindler,* 16–22 = IPRspr
1995 Nr. 41.

[217] Hierzu Reithmann/Martiny/*Martiny,* IntVertragsR, Rn. 286–290.

[218] *Krings,* Erfüllungsmodalitäten im internationalen Schuldvertragsrecht (1996),
S. 157–159; zum Auslandssachverhalt vgl. oben § 1 Rn. 129.

II. Forderungsabtretung. Gesetzlicher Forderungsübergang (Art. 33 EGBGB)

Literatur: *von Hoffmann,* in: Hadding/Schneider (Hrsg.), Die Forderungsabtretung, insbesondere zur Kreditsicherung, in ausländischen Rechtsordnungen (1999), S. 3–25; *Kieninger,* Das Statut der Forderungsabtretung im Verhältnis zu Dritten, RabelsZ 63 (1998), 678–711; *Stadler,* Der Streit um das Zessionsstatut – eine endlose Geschichte?, IPRax 2000, 104–110.

Das sachrechtsvereinheitlichende UNIDROIT-Übereinkommen von **89** Ottawa über das internationale Factoring vom 28. 5. 1988 ist für Deutschland in Kraft.[219] Hingegen ist das von UNCITRAL entwickelte UN-Übereinkommen über Forderungsabtretungen im internationalen Handel vom 12. 12. 2001 bislang nicht in Kraft getreten.

Art. 33 I, II EGBGB befasst sich mit der Forderungsabtretung; Art. 33 III EGBGB betrifft den gesetzlichen Forderungsübergang. In beiden Fällen geht der Anwendungsbereich über das Internationale Vertragsrecht im engeren Sinne hinaus. Erfasst werden im Falle der Forderungsabtretung, die ihrerseits ein schuldrechtliches Kausalgeschäft zwischen Zedent und Zessionar voraussetzt und hierüber den Bezug zum Recht der „vertraglichen Schuldverhältnisse" herstellt, nicht nur die Abtretung vertraglicher, sondern auch sonstiger Forderungen, etwa aus gesetzlichem Schuldverhältnis (z. B. Delikt).[220] Darüber noch hinaus geht Abs. 3, der nicht nur für den gesetzlichen Übergang „vertraglicher" Forderungen maßgebend ist, sondern auch das auf die Legalzession von Ansprüchen aus gesetzlichen Schuldverhältnissen anwendbare Recht bestimmt.[221]

1. Forderungsabtretung

Im Fall der rechtsgeschäftlichen Abtretung einer Forderung wird das **90** Grundgeschäft zwischen Alt- und Neugläubiger (Beispiele: Forderungskauf, Factoring) nach Art. 33 I EGBGB gesondert angeknüpft. Das insoweit geltende Vertragsstatut ist also selbständig nach den Art. 27–37 EGBGB zu ermitteln. Dagegen ist aus Gründen des Schuldnerschutzes für die rechtsgeschäftliche Forderungsabtretung (= Verfügungsgeschäft) nach Art. 33 II EGBGB das Recht maßgebend, dem die abgetretene Forderung unterliegt *(Forderungsstatut).*[222]

Fall: Der belgische Tuchhändler W verkauft in Antwerpen an den Münchner Modemacher M Baumwolle für 20000 €. Die Kaufpreisforderung tritt W wenig später

---

[219] BGBl. 1998 II S. 172 = *Jayme/Hausmann,* Nr. 78; in Kraft seit dem 1. 12. 1998.
[220] *von Bar,* IPR II, Rn. 564, 566.
[221] Art. 33 III EGBGB geht damit weit über den Wortlaut von Art. 13 EVÜ hinaus; diese Erweiterung des Anwendungsbereichs ist jedoch unbedenklich.
[222] *OLG Hamm* 8. 2. 1995, NJW-RR 1996, 1271 = IPRax 1996, 197 = IPRspr 1995 Nr. 40.

aufgrund eines unechten Factoring-Vertrages an das Bankhaus Z in Luxemburg ab. Z verlangt von M Zahlung.

Auf das Grundgeschäft zwischen W und Z ist nach Art. 33 I i.V.m. Art. 28 II EGBGB Luxemburger Recht anwendbar, weil die Z als Factor die charakteristische Leistung erbringt.[223] Die Voraussetzungen und Wirkungen der Abtretung der Kaufpreisforderung unterliegen gemäß Art. 33 II EGBGB belgischem Recht, da dieses nach Art. 28 II EGBGB Statut des Kaufvertrages zwischen W und M ist.

2. Gesetzlicher Forderungsübergang

91 Art. 33 III EGBGB regelt den Fall, dass ein Dritter verpflichtet ist, den Gläubiger einer Forderung zu befriedigen. Hier bestimmt das für die Verpflichtung des Dritten maßgebende Recht *(Zessionsgrundstatut),* ob und in welcher Höhe die Forderung des Gläubigers gegen den Schuldner kraft Gesetzes auf ihn (den Dritten) übergeht.[224] Das *Forderungsstatut* hingegen ist für den Übergang der Forderung grundsätzlich unbeachtlich. Nach ihm richten sich lediglich der Inhalt der Forderung sowie der Schutz des Schuldners (z.B. Erhalt von Einreden).

Fall: Der in Flensburg wohnhafte B verbürgt sich für die Rückzahlung eines Darlehens, das sein im dänischen Sonderburg arbeitender Sohn S von seinem dortigen Arbeitgeber A erhalten hat. Als S nicht zahlt, nimmt A den B in Anspruch.

Die Frage, ob und in welcher Höhe die Forderung des A gegen den S bei Inanspruchnahme des Bürgen B auf diesen übergeht, beurteilt sich gem. Art. 33 III EGBGB nach dem Bürgschaftsstatut (Zessionsgrundstatut). Der Bürgschaftsvertrag unterliegt hier nach Art. 28 II EGBGB deutschem Recht, da insoweit B als Bürge die charakteristische Leistung erbringt.[225] Das den Darlehensvertrag[226] beherrschende dänische Recht (Forderungsstatut) bestimmt lediglich, inwieweit S dem B die ihm gegenüber A zustehenden Einreden entgegenhalten kann.

III. Zwingende Vorschriften

Literatur: *Fetsch,* Eingriffsnormen und EG-Vertrag (2002); *von Hoffmann,* Inländische Sachnormen mit zwingendem internationalem Anwendungsbereich, IPRax 1989, 261–271; *Schurig,* Zwingendes Recht, „Eingriffsnormen" und neues IPR, RabelsZ 54 (1990), 217–250.

92 Grundlegend ist die Unterscheidung zwischen inländischen und ausländischen zwingenden Normen.

1. Inländische Normen (Art. 34 EGBGB)

Art. 34 EGBGB regelt lediglich die Anwendung inländischer, nicht jedoch diejenige ausländischer zwingender Normen.

---

[223] Reithmann/Martiny/*Martiny,* IntVertragsR, Rn. 1228.
[224] *OLG Hamburg* 4. 8. 2000, TranspR 2001, 88 = IPRspr 2000 Nr. 30.
[225] Zur selbständigen Anknüpfung der Bürgschaft vgl. oben Rn. 62.
[226] Zur Anknüpfung des Darlehensvertrages vgl. oben Rn. 46.

a) Eingriffsnormen

Art. 34 EGBGB gilt für inländische Eingriffsnormen sowie eingeschränkt **93** auch für inländisches Sonderprivatrecht. *Eingriffsnormen* sind politische wie wirtschaftspolitische Vorschriften, die nicht der Gerechtigkeit zwischen Privaten, sondern den Interessen des Staates dienen.[227]

Eingriffsnormen sind etwa alle Verbotsgesetze im Sinne des § 134 BGB. Derartige Gesetze können Zielen der Außen- und Militärpolitik, Wirtschaftspolitik, aber auch Kultur-, Umwelt- und Sozialpolitik dienen. Meist handelt es sich um die Kontrolle des Kapital-, Waren- oder Dienstleistungsverkehrs, wie Ein- und Ausfuhrverbote, Kartellverbote, Devisen- und Währungsbestimmungen, Produktsicherheit, Arbeitsschutz, aber auch um den Schutz von Kulturgütern und die Erhaltung seltener Pflanzen und Tiere sowie der Sauberkeit von Luft und Umwelt.

Für die Anwendung deutscher Eingriffsnormen ist es gleichgültig, ob **94** deutsches oder ausländisches Recht Vertragsstatut ist,[228] da für diese nicht die Kollisionsnormen des IPR, sondern diejenigen des *Internationalen Verwaltungsrechts* maßgeblich sind. Sie unterliegen stets der Sonderanknüpfung des Art. 34 EGBGB. Danach ist auf den räumlich-persönlichen Anwendungswillen der Eingriffsnorm abzustellen. Dieser wird bisweilen in der Eingriffsnorm selbst ausdrücklich festgelegt.

Fall: Der deutsche Unternehmer D schließt mit einem libyschen Staatsunternehmen einen Kaufvertrag über moderne vollautomatische Gewehre ab, welche in Deutschland hergestellt werden. Sie treffen eine Rechtswahl zugunsten libyschen Rechts. – Die Vereinbarung libyschen Rechts schließt die Anwendung des KriegswaffenG[229] nicht aus. § 3 II, III KriegswaffenG stellt die Ausfuhr solcher Waffen unter einen Genehmigungsvorbehalt, unabhängig davon, welches Recht auf den zugrunde liegenden Kaufvertrag anwendbar ist. Damit erstreckt sich der Anwendungsbereich der Norm auf alle im Inland befindlichen Kriegswaffen.

Bestimmt eine inländische Sachnorm selbst ihren internationalen Anwendungsbereich, so liegt eine „selbstbegrenzte Sachnorm" vor, das heißt eine *Sachnorm mit eigener (einseitiger) Kollisionsnorm*.[230] Fehlt eine ausdrückliche Bestimmung, so ist auf den Normzweck abzustellen;[231] im Zweifel ist die Anwendung auf den deutschen Machtbereich beschränkt.

---

[227] Krit. hierzu: *Schurig*, RabelsZ 54 (1990), 217–250 (227 f.) m. w. Nachw.
[228] Vgl. etwa *KG* 1. 7. 1983, WM 1984, 1195 (1198) = IPRspr 1985 Nr. 124 b (§ 98 II GWB); *BGH* 16. 11. 1987, BGHZ 102, 204 = NJW 1988, 1083 = IPRspr 1987 Nr. 24 (§ 61 BörsG a. F.).
[229] Ausführungsgesetz zu Artikel 26 Abs. 2 des Grundgesetzes (Gesetz über die Kontrolle von Kriegswaffen) i. d. F. v. 22. 11. 1990 (BGBl. I S. 2506).
[230] Hierzu allgemein § 4 Rn. 15 f.
[231] Vgl. etwa zum Preisrecht der HOAI: *BGH* 27. 2. 2003, BGHZ 154, 110 = NJW 2003, 2020 = IPRax 2003, 449 m. Anm. *Kilian/C. Müller*, 436–440 = IPRspr 2003 Nr. 27.

b) Sonderprivatrecht

95 *Sonderprivatrecht*[232] unterscheidet sich von den Eingriffsnormen nach seinem Regelungszweck. Es dient vornehmlich dem Ausgleich struktureller Ungleichgewichtslagen zwischen den Vertragsparteien, also dem Schutz des Schwächeren; zumeist werden damit freilich auch sozialpolitische Ziele verfolgt, so dass die Abgrenzung im Einzelfall schwierig sein kann. Kein Sonderprivatrecht sind Zweckmäßigkeitsvorschriften (Beispiele: Verjährung, Zinseszinsverbot) sowie Generalklauseln, in denen rechtsethische Grundwerte von zwingender Geltung festgehalten sind (§§ 138, 242 BGB).[233] Diese unterliegen dem Vertragsstatut; in Einzelfällen mag bei ausländischem Vertragsstatut Art. 6 S. 1 EGBGB eingreifen.[234]

Im deutschen materiellen Recht werden drei Gruppen zwingender Normen traditionell dem Sonderprivatrecht zugeordnet: Verbraucherschutz, Wohnungsmiete, Arbeitsrecht.[235] Sonderprivatrechtliche Bestimmungen entwickeln sich aber auch in weiteren Bereichen (z. B. Anlegerschutz,[236] Urheberschutz[237]).

96 Im Unterschied zu den öffentlich-rechtlichen Eingriffsnormen unterliegt das Sonderprivatrecht nicht stets Art. 34 EGBGB. Für einzelne Typen von Verbraucherverträgen und generell für Arbeitsverträge ist in den Art. 29, 30 EGBGB eine allseitige Sonderanknüpfung sonderprivatrechtlicher Vorschriften vorgesehen.[238] Nach der Systematik des EVÜ sollte damit ausgeschlossen werden, dass Art. 34 EGBGB für inländische sonderprivatrechtliche Vorschriften, die in den sachlichen Anwendungsbereich der Art. 29, 30 EGBGB fallen, eine hierüber hinausgehende Sonderanknüpfung ermöglicht.[239] Bei Verbrauchergeschäften außerhalb des sachlichen Anwendungsbereichs von Art. 29 EGBGB (Beispiel: Gewinnzusagen) bestehen gegenüber einem Rückgriff auf Art. 34 EGBGB keine Beden-

---

[232] Hierzu *von Hoffmann,* IPRax 1989, 261–271.

[233] Soergel/*von Hoffmann,* Art. 34 Rn. 9; a. A.: *LG Tübingen* 8. 2. 1995, NJW-RR 1995, 1142 = IPRspr 1995 Nr. 24; *LG Detmold* 29. 9. 1994, NJW 1994, 3301 = IPRax 1995, 249 m. krit. Anm. *Jayme,* 234–236 = EWiR 1995, 453 m. abl. Anm. *Mankowski* = IPRspr 1994 Nr. 39.

[234] *Mankowski,* RIW 1996, 8–12.

[235] Vgl. *Weitnauer,* Der Schutz des Schwächeren im Zivilrecht (1975), S. 38–61.

[236] Hierzu: *Grundmann,* RabelsZ 54 (1990), 283–322; Soergel/*von Hoffmann,* Art. 34 Rn. 66–75.

[237] Vgl. hierzu BTDrucks. 14/8058, S. 1, 20.

[238] Vgl. hierzu oben Rn. 71 bzw. 77 f.

[239] *BGH* 26. 10. 1993, BGHZ 123, 380 = NJW 1994, 262 = RIW 1994, 154 m. Anm. *W. H. Roth,* 275–278 = IPRax 1994, 449 m. Anm. *W. Lorenz,* 429–431 = JR 1995, 14 m. Anm. *Dörner* = IPRspr 1993 Nr. 37; *BGH* 19. 3. 1997, BGHZ 135, 124 = NJW 1997, 1697 = IPRax 1998, 285 m. Anm. *Ebke,* 263–270 = RIW 1997, 875 m. Anm. *Mankowski,* RIW 1998, 287–291 = Rev crit dr int priv 1998, 610 m. Anm. *Lagarde* = IPRspr 1997 Nr. 34.

ken.[240] Für den Bereich der Arbeitsverträge muss diese Unterscheidung aufgrund der EG-Entsenderichtlinie und des hierauf fußenden Arbeitnehmer-Entsendegesetzes indes als weitgehend überholt gelten.[241] Weiterhin sieht Art. 34 EGBGB nicht für alle zwingenden Vorschriften des Privatrechts eine Sonderanknüpfung vor, sondern nur für solche, „die ohne Rücksicht auf das auf den Vertrag anzuwendende Recht den Sachverhalt zwingend regeln" *(international zwingende Normen).* Dieser Charakter ergibt sich entweder unmittelbar aus dem Gesetzeswortlaut (Beispiele: § 61 BörsG, § 32b UrhG[242]), oder aber aus dem Gesetzeszweck.

Fall: Eine Schweizer Versicherungsgesellschaft ist Eigentümerin eines Mietshauses in Konstanz; für die Mietverträge ist die Geltung schweizerischen Rechts vereinbart.

Bereits aus dem Regierungsentwurf geht hervor, dass Vorschriften des Wohnungsmietrechts einer Sonderanknüpfung unterliegen.[243] Dies lässt erkennen, dass es sich hierbei um auch international zwingende Vorschriften des Sonderprivatrechts handelt. Seine Rechtfertigung findet dies darin, dass die Wohnraummiete von einer Ungleichgewichtslage zwischen Vermieter und Mieter geprägt wird.[244] Ihrem Ausgleich dienen im deutschen Recht die Schutzvorschriften des BGB zugunsten des Mieters, etwa zur Miethöhe (§§ 537–561 BGB). Anwendbar sind diese Vorschriften auf Wohnungsmietverträge über im Inland belegene Grundstücke. Somit sind vorliegend trotz schweizerischen Vertragsstatuts die deutschen Mieterschutzvorschriften aufgrund der Sonderanknüpfung nach Art. 34 EGBGB anwendbar.

Auf europäischer Ebene hat der EuGH jüngst entschieden, dass der auf **96 a** Art. 17f. Handelsvertreter-Richtlinie[245] beruhende Ausgleichsanspruch des Handelsvertreters international zwingendes Recht darstellt.[246] Somit kann sich ein innerhalb der EU tätiger Handelsvertreter auch dann auf den an seinem Tätigkeitsort geltenden nationalen Umsetzungsakt berufen, wenn Vertragsstatut das Recht eines Drittstaates ist.

Beispiel: Ist A für ein kalifornisches Unternehmen als Handelsvertreter in Deutschland tätig, so kann er nach Vertragsbeendigung auch dann einen Ausgleichsanspruch

---

[240] So im Hinblick auf § 661a BGB *BGH* 1. 12. 2005, BGHZ 165, 172 = NJW 2006, 230 = IPRax 2006, 602 m. Anm. *Jordans,* 582–584; *S. Lorenz,* IPRax 2002, 192–196 (196); *Looschelders,* Art. 34 Rn. 23 (bestr.).

[241] Hierzu oben Rn. 81c.

[242] Hierzu *von Welser,* IPRax 2002, 364–366.

[243] BTDrucks. 10/504, S. 20–97 (83).

[244] So auch *von Bar,* IPR II, Rn. 452.

[245] RL 86/653/EWG zur Koordinierung der Rechtsvorschriften der Mitgliedstaaten betreffend die selbständigen Handelsvertreter v. 18. 12. 1986 (ABl. EG Nr. L 382/17).

[246] *EuGH* 9. 11. 2000, Rs. C-381/98 – „Ingmar GB/Eaton Leonard Technologies", EuGHE 2000 I, 9305 = RIW 2001, 133 m. Anm. *Freitag/Leible,* 287–295 = IPRax 2001, 225 m. Anm. *Jayme,* 190f. = NJW 2001, 2007 m. Anm. *A. Staudinger,* 1974–1978 = Rev crit dr int priv 2001, 107 m. Anm. *Idot.*

nach § 89 b HGB geltend machen, wenn der Handelsvertretervertrag kraft Rechtswahl kalifornischem Recht unterliegt.

2. Ausländische Eingriffsnormen

97 Früher herrschte der Grundsatz, dass ausländisches öffentliches Recht vor inländischen Gerichten unbeachtlich ist: Kein Staat hilft, den Machtbereich eines fremden Staates zu erweitern. Dieser Grundsatz gilt heute allgemein als überwunden. Fraglich ist aber, unter welchen Voraussetzungen und in welchen Grenzen ausländisches öffentliches Recht zu beachten ist.

98 Art. 7 I EVÜ hat es unternommen, Voraussetzungen und Grenzen der Berücksichtigung ausländischer zwingender Normen außerhalb des Vertragsstatuts zu bestimmen.

„Bei Anwendung des Rechts eines bestimmten Staates aufgrund dieses Übereinkommens kann den zwingenden Bestimmungen des Rechts eines anderen Staates, mit dem der Sachverhalt eine enge Verbindung aufweist, Wirkung verliehen werden, soweit diese Bestimmungen nach dem Recht des letztgenannten Staates ohne Rücksicht darauf anzuwenden sind, welchem Recht der Vertrag unterliegt. Bei der Entscheidung, ob diesen zwingenden Bestimmungen Wirkung zu verleihen ist, sind ihre Natur und ihr Gegenstand sowie die Folgen zu berücksichtigen, die sich aus ihrer Anwendung oder ihrer Nichtanwendung ergeben würden."

Art. 7 I EVÜ wurde nicht in das deutsche IPR übernommen.[247] Diese gesetzgeberische Entscheidung bedeutet indes keine grundsätzliche Ablehnung der Anwendung drittstaatlicher Eingriffsnormen.[248] Vielmehr sind Rechtsprechung und Lehre aufgerufen, die entsprechende Lücke im Wege der Rechtsfortbildung auszufüllen.[249]

99 Zwei Ansätze stehen sich gegenüber: Der eine will den Anwendungsanspruch ausländischer Eingriffsnormen beachten, der andere die Regeln der inländischen Eingriffsnormen über ihren Anwendungsbereich allseitig ausbauen. Der internationale Entscheidungseinklang wird allein durch den ersten Ansatz gefördert. Demgemäß ist eine ausländische Eingriffsnorm in folgenden Fällen von deutschen Gerichten anzuwenden:

(1) der ausländische Staat, der die Norm erlassen hat, besitzt die Macht, sie durchzusetzen (Beispiel: Kaufgegenstand befindet sich noch in dem Staat, dessen Rechtsordnung den Export untersagt);

---

[247] Dies war aufgrund eines Vorbehalts nach Art. 22 I lit. a EVÜ möglich, von dem neben Deutschland auch Luxemburg, Portugal und das Vereinigte Königreich Gebrauch gemacht haben.

[248] BRDrucks. 224/1/83, S. 1–3 (2).

[249] So auch MüKo/*Martiny*, Art. 34 Rn. 62; a.A.: Palandt/*Heldrich*, Art. 34 Rn. 4 f.

(2) der Normzweck wird von der internationalen Rechtsgemeinschaft getragen[250] (Beispiele: Kulturgüterschutz,[251] durch die Vereinten Nationen verhängtes Embargo);

(3) der Zweck der ausländischen Norm stimmt mit Zwecken des deutschen Gesetzgebers überein. Hat der deutsche Gesetzgeber also entsprechende Eingriffsnormen erlassen, so ist das ausländische Verbotsgesetz von uns anzuwenden. Gleiches gilt für ausländisches Sonderprivatrecht.[252] Aber selbst wenn der deutsche Gesetzgeber keine entsprechende Norm erlassen hat, genügt die Kompatibilität der ausländischen Eingriffsnorm mit unseren Interessen.[253]

Fall:[254] Zwei deutsche Kaufleute schließen einen Kaufvertrag über aus den USA stammendes „Borax" ab, das nach Dänemark geliefert werden soll. Gegenüber der für die Erteilung der erforderlichen Exportlizenz zuständigen US-Behörde erklären sie übereinstimmend, das „Borax" sei zum Verbleib in Dänemark bestimmt. In Wirklichkeit war ihnen jedoch bekannt, dass es von dort in den Ostblock verbracht werden sollte.

Vertragsstatut ist nach Art. 28 II EGBGB deutsches Recht; allein das Erfordernis einer US-amerikanischen Ausfuhrgenehmigung reicht für eine Näherbeziehung nach Art. 28 V EGBGB nicht aus. Somit ist fraglich, inwieweit das ausländische Verbotsgesetz Berücksichtigung finden kann. Auch das deutsche Recht kennt Exportverbote. Das US-amerikanische Exportverbot diente zudem auch deutschen Verteidigungsinteressen. Daher war die US-amerikanische Eingriffsnorm anzuwenden.

Der BGH hat mehrfach ausländischen Verbotsgesetzen im Rahmen der **100** Generalklausel des § 138 BGB zur Wirkung verholfen.[255] Diese Lösung ist unbefriedigend: Erstens setzt sie voraus, dass deutsches Recht Vertragsstatut ist; ist ausländisches Recht Vertragsstatut, so überließen wir diesem, ob und wieweit wir drittstaatliche Eingriffsnormen zu berücksichtigen haben. Zweitens verdeckt die Berufung auf § 138 BGB, dass sich in Wirklichkeit die kollisionsrechtliche Frage nach dem Anwendungsanspruch der ausländischen Norm und seiner Billigung durch die lex fori stellt.

---

[250] So auch Art. 9 II der Resolution des Institut de Droit international anlässlich der 65. Sitzung in Basel 1991, IPRax 1991, 430: „... de fins généralement acceptées par la communauté internationale".

[251] Vgl. *BGH* 22. 6. 1972, BGHZ 59, 82 = NJW 1972, 1575 m. Anm. *F. A. Mann*, 2179 = *Schack*, Höchstrichterliche Rechtsprechung, Nr. 14 (Export nigerianischer Kulturgüter).

[252] Unzutreffend daher *OLG München* 11. 1. 2002, RIW 2002, 319 m. Anm. *Eberl*, 305–307 = IPRspr 2002 Nr. 30; krit. hierzu *Thorn*, IPRax 2002, 349–364 (360).

[253] Soergel/*von Hoffmann*, Art. 34 Rn. 89, 91 f.; Kompatibilität abgelehnt in *BGH* 16. 4. 1975, BGHZ 64, 183 = NJW 1975, 1220 = IPRspr 1975 Nr. 118 (Entzug von Lizenzvergaberechten).

[254] *BGH* 21. 12. 1960, NJW 1961, 822.

[255] *BGH* 21. 12. 1960, NJW 1961, 822.

IV. Sachnormverweisung

101 Verweisungen auf dem Gebiet des Internationalen Schuldvertragsrechts
sind nach Art. 35 I EGBGB Sachnormverweisungen; eine Rück- oder
Weiterverweisung scheidet somit aus.[256] Dieser Grundsatz gilt nach Abs. 2
auch dann, wenn auf einen Mehrrechtsstaat verwiesen wird. In diesem Fall
wird unter Ausschluss des dort geltenden interlokalen Privatrechts unmittelbar auf die Sachnormen der maßgeblichen Teilrechtsordnung verwiesen. Art. 35 II EGBGB ist lex specialis gegenüber Art. 4 III EGBGB.[257]

---

[256] Zur Möglichkeit einer Rechtswahl zugunsten von Kollisionsnormen § 6 Rn. 111.
[257] *Kropholler*, IPR, S. 459.

§ 11. Außervertragliche Schuldverhältnisse

Literatur: *Kreuzer,* Die Vollendung der Kodifikation des deutschen Internationalen Privatrechts durch das Gesetz zum Internationalen Privatrecht der außervertraglichen Schuldverhältnisse und Sachen vom 21. 5. 1999, RabelsZ 65 (2001), 383–462; *Sonnenberger,* La loi allemande du 21 mai 1999 sur le droit international privé des obligations non contractuelles et des biens, Rev crit dr int priv 1999, 647–668; *Spickhoff,* Die Restkodifikation des Internationalen Privatrechts: Außervertragliche Schuldverhältnisse und Sachenrecht, NJW 1999, 2209–2215; *R. Wagner,* Der Regierungsentwurf eines Gesetzes zum Internationalen Privatrecht für außervertragliche Schuldverhältnisse und für Sachen, IPRax 1998, 429–438.

Seit der IPR-Reform vom 1. 6. 1999[1] ist das Internationale Privatrecht **1** der außervertraglichen Schuldverhältnisse in den Art. 38 bis 42 EGBGB gesetzlich geregelt; hinzu tritt für die ungerechtfertigte Bereicherung die bereits seit 1986 bestehende Norm des Art. 32 I Nr. 5 EGBGB.

In weiten Bereichen schreibt das Gesetz die bereits zuvor geltende Rechtslage fest, die durch Richterrecht geprägt war. Die alte Rechtsprechung kann deshalb ebenso zur Auslegung herangezogen werden wie die Vorschläge des Deutschen Rates für IPR aus dem Jahre 1982.[2]

Die Arbeiten zur Europäisierung des IPR der außervertraglichen **1a** Schuldverhältnisse sind nunmehr zu einem erfolgreichen Abschluss gebracht worden.[3] Nachdem sich Kommission und Parlament lange Zeit durch unterschiedliche Verordnungsvorschläge gegenseitig blockiert hatten,[4] wurde das Vermittlungsverfahren überraschend schnell durchlaufen. Noch im Juli soll die Verordnung über das auf außervertragliche Schuldverhältnisse anwendbare Recht (Rom II-VO) in Kraft treten.[5] Anwendbar sein werden die darin enthaltenen Kollisionsnormen freilich erst ab 1. 1. 2009, so dass für eine Übergangszeit weiterhin die Art. 38 bis 42 EGBGB gelten.

Im Ergebnis hat sich der Kommissionsentwurf weitestgehend durchgesetzt: Das Ubiquitätsprinzip wird durch eine alleinige Anknüpfung an den Erfolgsort abgelöst (Art. 4 I Rom II-VO). Die Möglichkeiten der Auflockerung entsprechen dem derzeitigen deutschen Recht (vgl. Art. 4 II, III Rom II-VO). Für Unternehmer wird auch die Möglichkeit einer vorherigen Rechtswahl eröffnet (Art. 14 S. 1 lit. b Rom II-VO). Sonderanknüpfungsregeln bestehen für die Produkthaftung (Art. 5), Wettbewerbsver-

---

[1] Hierzu § 1 Rn. 134, 139f.

[2] *von Caemmerer* (Hrsg.), Vorschläge und Gutachten zur Reform des deutschen internationalen Privatrechts der außervertraglichen Schuldverhältnisse (1983).

[3] Zur Entwicklungsgeschichte Staudinger/*von Hoffmann,* Vorbem. zu Art. 38 ff., Rn. 16–18.

[4] Hierzu die Voraufl. § 11 Rn. 1a sowie *G. Wagner,* IPRax 2006, 372–390.

[5] Bei Redaktionsschluss lag eine vorläufige Fassung vom 25. 6. 2007 – 2003/0168 (COD) – vor, die noch Gegenstand einer Überprüfung durch den Sprachendienst war.

letzungen (Art. 6), Umweltschäden – für die das Ubiquitätsprinzip weitergilt – (Art. 7), die Verletzung von Immaterialgüterrechten (Art. 8) sowie Schäden aus Arbeitskämpfen (Art. 9). Nach langem Streit bleiben auf Druck der Medienindustrie Persönlichkeitsverletzungen vom Anwendungsbereich der Verordnung ausgeschlossen (vgl. Art. 1 II lit. g Rom II-VO), so dass insoweit das nationale Kollisionsrecht auch zukünftig anwendbar bleibt.

Die Regeln zur ungerechtfertigten Bereicherung (Art. 10) sowie zur GoA (Art. 11) sind gegenüber den ersten Entwürfen wesentlich ausdifferenzierter und haben sich damit dem deutschen Kollisionsrecht angenähert, ohne dessen dogmatische Schärfe zu erreichen. Neu aufgenommen wurde mit Art. 12 Rom II-VO eine Kollisionsnorm für die culpa in contrahendo, welche vorrangig eine akzessorische Anknüpfung an das Statut des (hypothetischen) Vertrags vorsieht.

Angesichts der zwischenzeitlich nicht unberechtigten Befürchtungen, dass die Rom II-VO aufgrund weiter Generalklauseln einen erheblichen Verlust an Rechtssicherheit mit sich bringen würde, stimmt das letztlich erzielte Vermittlungsergebnis alles in allem versöhnlich, wobei freilich nach wie vor Wertungswidersprüche zwischen der Grundregel auf der einen und Sonderanknüpfungen für bestimmte Deliktstypen auf der anderen Seite festzustellen sind. Zudem kündigen sich erste Auslegungsfragen an, die einer Klärung durch das EuGH bedürfen werden.

A. Ungerechtfertigte Bereicherung

Literatur: *Busse,* Die geplante Kodifikation des Internationalen Bereicherungsrechts in Deutschland, RIW 1999, 16–21; *Einsele,* Das Kollisionsrecht der ungerechtfertigten Bereicherung, JZ 1993, 1025–1033; *Fischer,* Die Neuregelung des Kollisionsrechts der ungerechtfertigten Bereicherung und der Geschäftsführung ohne Auftrag im IPR-Reformgesetz von 1999, IPRax 2002, 1–17; *Schlechtriem,* Bereicherungsansprüche im internationalen Privatrecht, in: von Caemmerer (Hrsg.), Vorschläge und Gutachten zur Reform des deutschen internationalen Privatrechts der außervertraglichen Schuldverhältnisse (1983), S. 29–79; *ders.,* Internationales Bereicherungsrecht, IPRax 1995, 65–71.

I. Allgemeines

2   Die gesetzlichen Regelungen zum Internationalen Bereicherungsrecht finden sich in den Art. 38, 41–42 EGBGB sowie in der schon seit 1986 bestehenden Norm des Art. 32 I Nr. 5 EGBGB. Wie im deutschen Sachrecht wird nach einzelnen Bereicherungstypen differenziert. Auf diese Weise werden die unterschiedlichen Funktionen von Leistungskondiktion (Rückabwicklung gescheiterter Leistungsverhältnisse) und Eingriffskondiktion (Güterschutz) auch auf der Ebene des Kollisionsrechts berücksichtigt.[6]

II. Leistungskondiktion (Art. 38 I EGBGB)

3   Leistungskondiktionen unterliegen nach Art. 38 I EGBGB dem *Recht der zugrundeliegenden Leistungsbeziehung* (z. B. Schuldvertrag, uner-

---

[6]   *Schlechtriem,* IPRax 1995, 65–71 (65).

laubte Handlung, gesetzliche Unterhaltspflicht).[7] Ist das Rechtsverhältnis gescheitert oder hat dieses in Wirklichkeit nie bestanden, so gilt das Statut des unwirksamen bzw. hypothetischen Rechtsverhältnisses, auf welches die Leistung bezogen war.[8] Dies folgt für den praktisch bedeutsamsten Fall der Rückabwicklung nichtiger Verträge bereits aus Art. 32 I Nr. 5 EGBGB, der als lex specialis auf völkerrechtlicher Grundlage (EVÜ) Vorrang vor der allgemeinen Regelung des Art. 38 I EGBGB genießt.[9]

Fall: Der in Konstanz wohnhafte D hat bei dem schweizerischen Möbelhaus H ein Sofa gekauft, welches kurze Zeit später geliefert wird. Hierbei bemerkt D, dass er sich hinsichtlich der Farbe getäuscht hat, und ficht den Vertrag wegen Irrtums an. Der Anspruch auf Rückgabe des Sofas richtet sich nach dem Statut des nichtigen Vertrages, also nach Schweizer Recht (Art. 28 II, 32 I Nr. 5 EGBGB).

Eine *akzessorische Anknüpfung* an das Vertragsstatut ergibt sich schon aus der Funktion der Leistungskondiktion, gescheiterte Schuldverträge rückabzuwickeln. Sie ist Folge der schuldrechtlichen Beziehung und ihrer Störung. Die akzessorische Anknüpfung ist geboten, weil damit alle Rechtsbehelfe aus Leistungsstörung einem einheitlichen Recht unterstehen.[10] Eine unterschiedliche Anknüpfung vertraglicher und bereicherungsrechtlicher Ansprüche würde dagegen zu Anpassungsproblemen führen.

Art. 38 I EGBGB findet auch auf den Bereicherungsausgleich im Mehrpersonenverhältnis Anwendung. Entscheidend ist hierbei, auf welches Rechtsverhältnis die Leistung bezogen ist.[11]

Beispiel: Tilgt A die vermeintliche Mietzinsschuld seines Neffen B für eine Wohnung in Paris, so richtet sich der Rückforderungsanspruch des A gegen den Vermieter nach dem Statut der vermeintlichen Mietschuld, also nach französischem Recht (Art. 28 III EGBGB).

III. Eingriffskondiktion (Art. 38 II EGBGB)

Die Eingriffskondiktion unterliegt nach Art. 38 II EGBGB dem Recht 4 des Staates, in dem der Eingriff erfolgt ist. Die Anknüpfung an den Eingriffsort beruht vor allem auf sachrechtlichen Erwägungen. Die Eingriffskondiktion ergänzt den delikts- und sachenrechtlichen Güterschutz. Folglich sollte eine Anknüpfungsregel den Gleichklang mit dem Internationalen Deliktsrecht und dem Internationalen Sachenrecht anstreben. Eine einheitliche Anknüpfung von bereicherungs- und delikts-

---

7 So schon *RG* 4. 5. 1932, IPRspr 1932 Nr. 38.
8 *BGH* 9. 3. 1979, BGHZ 73, 392 = NJW 1979, 1773 = IPRspr 1979 Nr. 7; *OLG München* 28. 1. 1998, IPRspr 1998 Nr. 37.
9 BTDrucks. 14/343, S. 8; Bamberger/Roth/*Spickhoff,* Art. 38 Rn. 6; a. A. nur *Busse,* RIW 1999, 16–21 (18).
10 BTDrucks. 14/343, S. 8.
11 Staudinger/*von Hoffmann/Fuchs,* Art. 38 Rn. 18; *Looschelders,* Art. 38 Rn. 7.

rechtlichen Ansprüchen ist vor allem deshalb geboten, weil Bereicherungsansprüche in vielen Rechtsordnungen aus deliktischen Ansprüchen
hervorgegangen sind, ihre Ablösung vom Schadensersatzrecht jedoch in
unterschiedlichem Maße verlaufen ist, so dass die Grenzziehung zwischen beiden Anspruchsarten in den einzelnen Rechtsordnungen vari-
iert. Zudem sind beide Anspruchsarten in ihren Voraussetzungen und
Rechtsfolgen häufig eng aufeinander abgestimmt. Eine unterschiedliche
Anknüpfung könnte daher zu Normenhäufung bzw. Normenmangel
führen.[12]

Die Anknüpfung an den *Eingriffsort* sichert nicht nur den Gleichklang
mit den deliktischen Ansprüchen, sondern, da Eingriffsort und Belegenheitsort des betroffenen Rechtsgutes meist zusammenfallen, in der
Mehrzahl der Fälle auch jenen mit den sachenrechtlichen Güterschutz-
bestimmungen.

Fall: Dem deutschen Touristen A wird während eines Urlaubs in Italien seine Videokamera gestohlen. Der italienische Dieb L veräußert diese noch am gleichen Tag an
seinen gutgläubigen Landsmann T. – Der Kondiktionsanspruch des A gegen L unterliegt dem Recht des Eingriffsortes, hier Italien. Somit kommt es zu einem Gleichklang
mit dem Deliktsstatut[13] (Schadensersatzansprüche des A gegen L) wie mit dem
Sachenrechtsstatut[14] (Vorfrage des Eigentumserwerbs durch T).

5 *Eingriffsort* ist der Ort, an dem die Verletzung der Rechtsposition des
Betroffenen – des geschützten Interesses – erfolgt ist.

Beispiele: Bei Verfügung eines Nichtberechtigten ist Eingriffsort der Lageort der Sache
im Zeitpunkt der Verfügung.[15] – Beim Eingriff in die Forderungszuständigkeit, insbesondere durch unberechtigte Einziehung einer Forderung, ist Eingriffsort der Erfüllungsort der Forderung; indes kommt hier regelmäßig eine Näherbeziehung zum
Forderungsstatut gemäß Art. 41 I EGBGB in Betracht.[16]

Wie im Internationalen Deliktsrecht gilt die Ubiquitätsregel:[17] Eingriffsort sind sowohl der Handlungs- als auch der Erfolgsort. Unklar ist, wie
sich die Modifizierung der Ubiquitätsregel im Deliktsrecht (Art. 40 I
EGBGB)[18] auf den angestrebten Gleichklang auswirkt, da Art. 38 II
EGBGB für das Bereicherungsrecht dem Handlungsort abweichend
vom Deliktsrecht keinen Vorrang einräumt. Der Gleichklang kann über
die Ausweichklausel des Art. 41 EGBGB[19] oder die analoge Anwendung
des Art. 40 I EGBGB durchgesetzt werden.[20]

---

[12] BTDrucks. 14/343, S. 9; dazu § 6 Rn. 31–37.
[13] Hierzu unten Rn. 21 f.
[14] § 12 Rn. 7.
[15] *OLG Düsseldorf* 13. 5. 1998, IPRspr 1998 Nr. 54.
[16] Staudinger/*von Hoffmann/Fuchs,* Art. 38 Rn. 13; vgl. auch *BGH* 8. 12. 1998, NJW
1999, 940 = IPRax 2000, 128 m. Anm. *Stadler,* 104–110 = IPRspr 1998 Nr. 39.
[17] MüKo/*Junker,* Art. 38 Rn. 21; *Busse,* RIW 1999, 16–21 (20); ablehnend: Soergel/
Lüderitz, Art. 38 Anh. I Rn. 43.
[18] Hierzu unten Rn. 24–26.
[19] So Bamberger/Roth/*Spickhoff,* Art. 38 Rn. 9. Zur Ausweichklausel unten Rn. 7.
[20] Palandt/*Heldrich,* Art. 38 Rn. 3; *Fischer,* IPRax 2002, 1–17 (4).

Beispiel: Unerlaubte Nutzung des Photos eines französischen Schauspielers in einer deutschen Illustrierten: Der deliktsrechtliche Unterlassungsanspruch wie der bereicherungsrechtliche Anspruch auf Zahlung einer Lizenzgebühr richten sich, wenn der Verletzte nicht französisches Recht (Erfolgsort) gewählt hat, nach deutschem Recht (Handlungsort).

IV. Sonstige Bereicherungsfälle (Art. 38 III EGBGB)

Für alle sonstigen Fälle der Bereicherung knüpft Art. 38 III EGBGB **6** an den Ort an, an welchem die Bereicherung eingetreten ist.[21] Dies betrifft insbesondere abgeirrte Leistungen und Verwendungen auf fremdes Gut.[22] Im Regelfall dürfte in solchen Fällen somit das Aufenthaltsrecht des Empfängers bzw. bei Aufwendungen auf Sachen das Recht an deren Lageort zur Anwendung gelangen. Im Unterschied zur Eingriffskondiktion ist eine Begünstigung des Bereicherungsschuldners hier auch gerechtfertigt, da die Bereicherung ohne sein Zutun eingetreten ist.[23]

Umstritten ist, ob Art. 38 III EGBGB auch auf Rückforderungsansprüche nach Auflösung einer nichtehelichen Lebensgemeinschaft Anwendung findet, wenn ein vertragliches Zuwendungsverhältnis fehlt.[24]

V. Auflockerung[25]

Ebenso wie im Internationalen Deliktsrecht[26] ist über den Wortlaut des **7** Art. 42 EGBGB hinaus auch die *vorherige Wahl* des anwendbaren Rechts durch die Parteien zulässig;[27] deren praktische Bedeutung dürfte indes gering sein. Eine Auflockerung der Anknüpfung ist zudem geboten, wenn zwischen den Beteiligten eine *besondere rechtliche oder tatsächliche Beziehung* im Zusammenhang mit der Bereicherung besteht (Art. 41 II Nr. 1 EGBGB). Folglich kann auch die Eingriffskondiktion im Einzelfall akzessorisch an einen Vertrag anzuknüpfen sein.[28] Schließlich ermöglicht Art. 41 II Nr. 2 EGBGB für alle Nichtleistungskondiktionen eine Auflockerung zugunsten des gemeinsamen Aufenthaltsrechts von Bereichertem und Entreichertem, die aber anders als im Falle unerlaubter Handlungen nicht zwingend ist.[29] Für die Leistungskondik-

---

[21] Z.B. *BGH* 3. 2. 2004, BGHZ 158, 1 (4 f.) = NJW 2004, 1315 = IPRspr 2004 Nr. 29.

[22] Zur Tilgung fremder Verbindlichkeiten s. unten Rn. 12.

[23] BTDrucks. 14/343, S. 9.

[24] So *BGH* 13. 4. 2005, NJW-RR 2005, 1089 = IPRax 2005, 545 m. Anm. *S. Lorenz/Unberath*, 516–521. Hierzu § 8 Rn. 18.

[25] Hierzu § 2 Rn. 54 sowie unten Rn. 34–45.

[26] Hierzu unten Rn. 45.

[27] Krit.: *Busse*, RIW 1999, 16–21 (19).

[28] Vgl. die Beispielsfälle bei *Schlechtriem*, IPRax 1995, 65–71 (70, unter VII); *Fischer*, IPRax 2002, 1–17 (5).

[29] BTDrucks. 14/343, S. 12; hierzu unten Rn. 35–38.

tion kommt dies wegen ihrer akzessorischen Anknüpfung an das Vertragsstatut nicht in Betracht (vgl. Art. 41 II Nr. 2 EGBGB).

Fall: Der in Regensburg wohnhafte D leiht seinem langjährigen Freund A, der seit einiger Zeit im österreichischen Linz lebt, seine Videokamera für eine Urlaubsreise. In Italien geht A das Reisegeld aus, und so veräußert er die Kamera an den gutgläubigen B.

Die Eingriffskondiktion wird nach Art. 41 II Nr. 1 EGBGB *akzessorisch* an den Leihvertrag zwischen D und A angeknüpft; zur Anwendung gelangt deutsches Recht (Art. 28 II EGBGB).[30] Aufgrund der vertragsakzessorischen Anknüpfung der deliktischen Ansprüche des D gegen A[31] kommt es zwar auch in diesem Fall zu einem Gleichklang mit dem Deliktsstatut. Sachenrechtsstatut (Vorfrage des Eigentumserwerbs durch B) ist jedoch die italienische lex rei sitae.

B. Geschäftsführung ohne Auftrag

Literatur: *Fischer,* Die Neuregelung des Kollisionsrechts der ungerechtfertigten Bereicherung und der Geschäftsführung ohne Auftrag im IPR-Reformgesetz von 1999, IPRax 2002, 1–17; *von Hoffmann,* Das auf die Geschäftsführung ohne Auftrag anzuwendende Recht, in: von Caemmerer (Hrsg.), Vorschläge und Gutachten zur Reform des deutschen internationalen Privatrechts der außervertraglichen Schuldverhältnisse (1983), S. 80–96; *Wandt,* Die Geschäftsführung ohne Auftrag im internationalen Privatrecht (1989).

I. Anwendbares Recht (Art. 39 I EGBGB)

8–9   Art. 39 I EGBGB schreibt die bereits vor der IPR-Reform herrschende Anknüpfung der Geschäftsführung ohne Auftrag (GoA) an den Ort fest, an dem das Geschäft vorgenommen wurde *(Vornahmeort).*[32] Dieser Ort ist meist einfach zu ermitteln und begünstigt keinen der Beteiligten.[33] Hier stoßen die Interessen von Geschäftsführer und Geschäftsherr aufeinander. Der Geschäftsherr ist an diesem Ort regelmäßig physisch präsent oder hat doch zumindest seinen Rechtskreis, etwa durch den Erwerb von Grundeigentum, hierhin ausgeweitet. Der Geschäftsführer wiederum wird am Vornahmeort tätig, weshalb auch seine schützenswerten Interessen durch eine solche Anknüpfung berücksichtigt werden.

Fall: Der Luxemburger A wird bei einem Verkehrsunfall im französischen Forbach schwer verletzt. Der zufällig vorbeikommende B, welcher in Saarbrücken lebt, transportiert A mit seinem Auto in ein Saarbrücker Krankenhaus, wo dieser gerettet wird. B verlangt von A Ersatz für die verschmutzten Sitzbezüge.

---

[30]   Hierzu § 10 Rn. 46.

[31]   Hierzu unten Rn. 40 f.

[32]   *BGH* 4. 11. 2004, RIW 2005, 144; *BGH* 23. 2. 2006, NJW-RR 2006, 656; MüKo/ *Junker,* Art. 39 Rn. 7. Zum alten Recht s. *BGH* 25. 9. 1997, NJW 1998, 1321 = IPRspr 1997 Nr. 60.

[33]   Staudinger/*von Hoffmann/Thorn,* Art. 39 Rn. 9.

Anzuknüpfen ist nach Art. 39 I EGBGB an den Vornahmeort, also den Ort, an welchem das fremde Geschäft durchgeführt wurde. B hat seine Nothilfe in Frankreich begonnen, aber in Deutschland fortgesetzt und abgeschlossen. Eine Unterstellung des Geschäfts unter mehrere Rechtsordnungen würde dessen inneren Zusammenhang kollisionsrechtlich zerreißen. Da der Ort der Beendigung des Geschäfts oftmals von Zufällen abhängt und bisweilen auch der Willkür des Geschäftsführers unterliegt, ist auf den Ort des Beginns der Geschäftsführung abzustellen.[34] Vorliegend gelangt somit französisches Recht zur Anwendung.

Fallen Handlungs- und Erfolgsort der GoA ausnahmsweise auseinander, 10 so scheitert eine alternative Anknüpfung, wie sie aus Delikts- und Bereicherungsrecht bekannt ist, daran, dass bei der GoA wechselseitige Ansprüche der Beteiligten gegeneinander bestehen. Das Günstigkeitsprinzip könnte hier zur Anwendung unterschiedlicher Rechtsordnungen führen, was es zu vermeiden gilt. Der Interessenausgleich zwischen Geschäftsherr und Geschäftsführer spricht für eine Anknüpfung an den Erfolgsort, da der Handlungsort allein vom Geschäftsführer bestimmt wird.[35]

Beispiel: A erfährt von einer Einbruchserie in seiner spanischen Feriensiedlung. Noch von Deutschland aus erteilt er telefonisch den Auftrag zur Reparatur der Fensterscheiben, und zwar nicht nur in seiner eigenen Ferienwohnung, sondern auch in derjenigen seines spanischen Nachbarn E. Abzustellen ist nicht auf den Aufenthaltsort des A bei Auftragserteilung (Handlungsort), sondern auf den Lageort der Ferienwohnung des E (Erfolgsort).

Da das Erfolgsortrecht in diesen Fällen identisch mit der lex rei sitae ist, wird zudem Gleichklang mit dem Internationalen Sachenrecht erzielt.

Tritt der Erfolg der GoA in mehreren Staaten ein (Beispiel: Vermögensverwaltung), so ist dessen Schwerpunkt zu ermitteln.[36] Meist kommt in solchen Fällen indes eine akzessorische Anknüpfung in Betracht.[37]

II. Einzelfälle

1. Hilfeleistung auf See

Hilfeleistungen für Personen, Schiff und Ladung in Seenot sind klassische Fälle der 11 GoA. Auf eine Sonderregelung für diesen Bereich wurde in der Neuregelung bewusst verzichtet.[38] Soweit die Hilfeleistung in Küstengewässern oder auf Binnenwasserstraßen erfolgt ist, unterliegt diese somit der Anknüpfung an den Vornahmeort. Das Anknüpfungsmoment versagt jedoch bei Hilfeleistung auf hoher See.[39] Auch das *Inter-*

---

[34] So auch MüKo/*Junker*, Art. 39 Rn. 8; *Fuchs/Hau/Thorn*, Fälle zum IPR, S. 6f.; für eine Schwerpunktbestimmung im Einzelfall hingegen: BTDrucks. 14/343, S. 9.

[35] Staudinger/*von Hoffmann/Thorn*, Art. 39 Rn. 12; *Looschelders*, Art. 39 Rn. 8, jeweils m. w. Nachw.; a. A.: Soergel/*Lüderitz*, Art. 38 Anh. I Rn. 6 (Handlungsort).

[36] Staudinger/*von Hoffmann/Thorn*, Art. 39 Rn. 13; a. A. Bamberger/Roth/*Spickhoff*, Art. 39 Rn. 3 (Rückgriff auf den Handlungsort).

[37] Hierzu unten Rn. 14.

[38] BTDrucks. 14/343, S. 9.

[39] Unklar insoweit BTDrucks. 14/343, S. 9.

nationale Übereinkommen von 1989 über Bergung[40] bietet hier keine umfassende Lösung, da dessen sachlicher Anwendungsbereich begrenzt ist.[41] Als Anknüpfungsmomente kommen das Heimatrecht des rettenden oder des geretteten Schiffs in Betracht. Die Argumente für eine der beiden Anknüpfungen halten sich die Waage: Einerseits soll die Hilfeleistung prämiert, andererseits aber auch der Geschäftsherr gegen unerwartete Ansprüche geschützt werden. In dieser Pattsituation ist beachtlich, dass durch eine Anknüpfung an das *Heimatrecht des geretteten Schiffs (Heimathafen)* meist Gleichlauf zwischen anwendbarem Recht und gerichtlicher Zuständigkeit erreicht und zudem die Urteilsvollstreckung erleichtert wird.[42]

2. Tilgung fremder Verbindlichkeiten (Art. 39 II EGBGB)

12 Eine Ausnahme von der Anknüpfung an den Vornahmeort gilt auch für die Tilgung einer fremden Verbindlichkeit (Art. 39 II EGBGB). Hier wird der Regressanspruch des Zahlenden gegen den Schuldner *akzessorisch* an das auf die Verbindlichkeit anwendbare Recht angeknüpft.[43] Grund für diese abweichende Regel ist der Umstand, dass für den Rückgriff des Zahlenden gegen den Schuldner verschiedene Rückgrifftechniken möglich sind. Bestand zwischen beiden eine rechtliche Sonderverbindung, so kommen etwa eine Legalzession[44] oder ein Gesamtschuldnerausgleich in Betracht. Fehlt es an einer Verpflichtung bzw. Berechtigung des Zahlenden gegenüber dem Schuldner, so greifen Rückgriffskondiktion bzw. GoA ein. Für diese funktionsverwandten Ausgleichsmechanismen ist eine einheitliche Anknüpfung anzustreben.[45]

Eine Anknüpfung an den Zahlungsort ließe die Interessen des Geschäftsherrn unberücksichtigt, da jener einseitig vom Geschäftsführer bestimmt werden kann. Zudem vernachlässigte sie den Zusammenhang des Rückgriffs mit der getilgten Schuld. Im materiellen Recht setzt der Rückgriff gegen den Schuldner dessen Befreiung von der ursprünglichen Schuld voraus. Deshalb muss kollisionsrechtlich dieselbe Rechtsordnung, welche über die Tilgungswirkung der Zahlung durch einen anderen als den Schuldner entscheidet, auch den Ausgleich zwischen Zahlendem und Schuldner regeln. Dies ist nur durch eine akzessorische Anknüpfung gewährleistet.

Fall:[46] Die internationale Spedition F mit Sitz in den Niederlanden transportiert für ein tschechisches Unternehmen eine Maschine zum deutschen Hersteller, wo sie repariert werden soll. F bezahlt die an der deutschen Grenze erhobene Einfuhrumsatzsteuer und begehrt vom Hersteller anschließend deren Erstattung.

---

[40] BGBl. 2001 II S. 510; für Deutschland in Kraft seit dem 8. 10. 2002.

[41] Staudinger/*von Hoffmann/Thorn*, Art. 39 Rn. 28 f.

[42] Staudinger/*von Hoffmann/Thorn*, Art. 39 Rn. 32–34 m. w. Nachw.

[43] Staudinger/*von Hoffmann/Thorn*, Art. 39 Rn. 40. Ebenso bereits zum alten Recht OLG Celle 21. 12. 1966, NJW 1967, 783 = FamRZ 1967, 156 = IPRspr 1966/67 Nr. 259; *Wandt*, Die GoA im IPR, S. 174–177.

[44] Hierzu § 10 Rn. 91.

[45] Ähnlich W. *Lorenz*, FS Zweigert (1981), S. 199–232 (215).

[46] Nachgebildet OLG Stuttgart 8. 4. 1976, NJW 1976, 2079.

Die Frage, ob der Spediteur einen direkten Ausgleichsanspruch gegen den von seiner Vertragspflicht zur Zahlung der Mehrwertsteuer befreiten Hersteller hat, ist nach dem Recht zu beurteilen, dem der Reparaturvertrag zwischen dem Hersteller und dem tschechischen Unternehmen untersteht (Art. 39 II EGBGB). Haben die Parteien des Reparaturvertrages keine Rechtswahl getroffen, so ist danach deutsches Recht anwendbar (Art. 28 II EGBGB).

III. Auflockerung[47]

Auch bei der GoA ist gegebenenfalls eine Auflockerung der Anknüp- **13** fung an den Vornahmeort geboten (Art. 41, 42 EGBGB).

1. Rechtswahl (Art. 42 EGBGB)

Eine *nachträgliche Rechtswahl* durch die Parteien ist möglich (Art. 42 EGBGB). Haben die Parteien bereits vor Übernahme der Geschäftsführung eine Vereinbarung über das auf gesetzliche Ausgleichsansprüche anwendbare Recht getroffen, wie dies häufig in Bergungsfällen geschieht, so wird in aller Regel ein Auftrag und keine GoA vorliegen. Unabhängig davon begegnet auch eine vorherige Rechtswahl keinerlei Bedenken.[48]

2. Akzessorische Anknüpfung (Art. 41 II Nr. 1 EGBGB)

Wird die Geschäftsführung durch eine besondere rechtliche oder tat- **14** sächliche Beziehung zwischen Geschäftsherrn und Geschäftsführer veranlasst (Beispiel: Überschreitung eines erteilten Auftrags), so sind die Ausgleichsansprüche aus GoA akzessorisch anzuknüpfen (Art. 41 II Nr. 1 EGBGB).[49] Die akzessorische Anknüpfung an das Vertragsstatut vermeidet Abgrenzungsprobleme zwischen vertraglicher Berechtigung und auftragsloser Geschäftsführung bei einer bestehenden Vertragsbeziehung zwischen den Parteien. Qualifikationskonflikten und Anpassungsproblemen wird somit vorgebeugt. Zudem ermöglicht die akzessorische Anknüpfung im Bedarfsfalle auch eine einheitliche Anknüpfung konkurrierender Ansprüche aus GoA, Bereicherung, Delikt sowie Eigentümer-Besitzer-Verhältnis und sichert so den gebotenen Gleichklang.[50] Ausschlaggebend ist insoweit der Schwerpunkt des gesetzlichen Schuldverhältnisses, der regelmäßig bei der GoA als dem speziellsten gesetzlichen Ausgleichsverhältnis anzusiedeln sein dürfte.

---

[47] Hierzu § 2 Rn. 54 sowie unten Rn. 34–45.

[48] Staudinger/*von Hoffmann/Thorn*, Art. 39 Rn. 49.

[49] *BGH* 25. 9. 1997, NJW 1998, 318 = IPRspr 1997 Nr. 60 (Miteigentümerverhältnis); *OLG Koblenz* 20. 6. 1991, NJW 1992, 3267 = IPRax 1992, 383 m. Anm. *Brückner*, 266 = IPRspr 1991 Nr. 49.

[50] BTDrucks. 14/343, S. 9 f.; Staudinger/*von Hoffmann/Thorn*, Art. 39 Rn. 36, 55.

3. Gemeinsamer gewöhnlicher Aufenthalt (Art. 41 II Nr. 2 EGBGB)

15 Schließlich kann die Anknüpfung an den Vornahmeort auch zugunsten des gemeinsamen gewöhnlichen Aufenthalts von Geschäftsherr und Geschäftsführer[51] aufgelockert werden (Art. 41 II Nr. 2 EGBGB).

Fall:[52] D, der seinen Wohnsitz in Kiel hat, befasst sich gewerbsmäßig damit, entwendete Schiffe und Wassersportfahrzeuge ausfindig zu machen und den Eigentümern wieder zuzuführen. Dem Bremer E wurde seine Yacht während der Durchführung von Instandsetzungsarbeiten auf Mallorca gestohlen. Anlässlich von Recherchen für einen anderen Fall findet D die Yacht an der spanischen Küste und stellt sie für E sicher. Nunmehr verlangt er von diesem Ersatz seiner Aufwendungen.

Die Anknüpfung an den Vornahmeort würde vorliegend zur Anwendung spanischen Rechts führen. Jedoch wird der Vornahmeort als Anknüpfungsmoment vom gemeinsamen gewöhnlichen Aufenthalt der Parteien verdrängt. Deutsches Recht ist anwendbar.

16 Während für den Regelfall eine derartige Auflockerung der Anknüpfung an den Vornahmeort zu befürworten ist, trifft dies für den Fall der Zahlung einer fremden Schuld nicht zu.[53] Eine Anknüpfung an den gemeinsamen Aufenthalt ließe hier den Zusammenhang zwischen Tilgungswirkung und Rückgriff unbeachtet, der Grund für die akzessorische Anknüpfung an das Statut der Verbindlichkeit ist. Auch bei der Einwirkung auf ein fremdes Grundstück erscheint es zweifelhaft, ob zum gemeinsamen Aufenthaltsrecht der Beteiligten eine engere Verbindung besteht als zum Vornahmeort, der hier gleichzeitig Lageort des Grundstücks ist.[54] Methodisch handelt es sich um eine teleologische Reduktion des Anwendungsbereichs von Art. 41 II Nr. 2 EGBGB.

C. Unerlaubte Handlung

Literatur: *Binder*, Zur Auflockerung des Deliktsstatuts, RabelsZ 20 (1955), 401–499; *Freitag/Leible*, Das Bestimmungsrecht des Art. 40 Abs. 1 EGBGB im Gefüge der Parteiautonomie im Internationalen Deliktsrecht, ZvglRW 99 (2000), 101–142; *von Hein*, Das Günstigkeitsprinzip im internationalen Deliktsrecht (1999); *von Hoffmann*, Internationales Haftungsrecht im Referentenentwurf des Bundesjustizministeriums vom 1. 12. 1993, IPRax 1996, 1–8; *Hohloch*, Das Deliktsstatut – Grundlagen und Grundlinien des internationalen Deliktsrechts (1984); *Kadner Graziano*, Europäisches Internationales Deliktsrecht (2003); *Kropholler*, Ein Anknüpfungssystem für das Deliktsstatut, RabelsZ 33 (1969), 601–653; *W. Lorenz*, Die allgemeine Grundregel betreffend das auf die außervertragliche Schadenshaftung anzuwendende Recht, in:

---

51 Zum Meinungsstreit nach altem Recht: *von Hoffmann*, in: von Caemmerer (Hrsg.), S. 80–96 (84 f. m. w. Nachw.).

52 *OLG Düsseldorf* 1. 10. 1982, RIW 1984, 481 = IPRspr 1982 Nr. 25 = *Schack*, Höchstrichterliche Rechtsprechung, Nr. 23.

53 So auch MüKo/*Junker*, Art. 41 Rn. 5, 22; *Looschelders*, Art. 39 Rn. 17.

54 Hierzu allgemein *Kegel*, GS R. Schmidt (1966), S. 215–242 (223).

von Caemmerer (Hrsg.), Vorschläge und Gutachten zur Reform des deutschen internationalen Privatrechts der außervertraglichen Schuldverhältnisse (1983), S. 97–159; *Schurig*, Ein ungünstiges Günstigkeitsprinzip – Anmerkungen zu einer misslungenen gesetzlichen Regelung des internationalen Deliktsrechts, in: GS Lüderitz (2000), S. 699–711; *Spickhoff*, Die Tatortregel im neuen Deliktskollisionsrecht, IPRax 2000, 1–8; *Stoll*, Handlungsort und Erfolgsort im internationalen Deliktsrecht, in: GS Lüderitz (2000), S. 733–750.

I. Allgemeines

Internationale Übereinkommen spielen im Bereich des Deliktsrechts – mit Ausnahme einiger Teilgebiete – bislang nur eine untergeordnete Rolle. Hervorzuheben ist das *Haager Übereinkommen über das auf Straßenverkehrsunfälle anzuwendende Recht* vom 4. 5. 1971,[55] das für Deutschland freilich nicht in Kraft ist. Wesentliche Änderungen der bestehenden Rechtslage bringt die Rom II-VO, deren Anknüpfungsnormen indes erst ab dem 1. 1. 2009 anwendbar sein werden.[56]   **17**

Das autonome Internationale Deliktsrecht ist seit der Reform von 1999 in den Art. 40 bis 42 EGBGB geregelt; für Grundstücksemissionen gilt Art. 44 EGBGB. Das Gesetz orientiert sich in vielen Punkten an der zuvor geltenden Rechtslage, die weitestgehend auf Richterrecht beruhte, weist aber auch einige wesentliche Neuerungen auf.[57] Art. 40 I EGBGB hält mit der Tatortregel eine einheitliche Kollisionsnorm für unerlaubte Handlungen bereit, ohne nach besonderen Deliktstypen (z. B. Verkehrsunfälle, Produkthaftung, Persönlichkeitsverletzungen, Umweltschäden) zu differenzieren. Deren Eigenheiten können vielmehr im Rahmen der Auflockerungsmöglichkeiten nach Art. 41 EGBGB Berücksichtigung finden. Das gemeinsame Aufenthaltsrecht der Parteien genießt generell Vorrang vor dem Tatortrecht (Art. 40 II EGBGB); eine Rechtswahl ist zulässig (Art. 42 EGBGB).

Prüfungsreihenfolge: Fehlt es an einer Rechtswahl seitens der Beteiligten (Art. 42 EGBGB), so ist zunächst zu prüfen, ob Schädiger und Geschädigter einen gemeinsamen gewöhnlichen Aufenthalt haben, an welchen vorrangig anzuknüpfen ist (Art. 40 II EGBGB). Besteht kein gemeinsamer Aufenthalt, so greift die Regelanknüpfung an den Tatort nach Art. 40 I EGBGB. In deren Rahmen ist auf das Recht des Handlungsortes abzustellen, es sei denn, der Geschädigte hat von seinem Bestimmungsrecht zugunsten des Rechts am Erfolgsort wirksam Gebrauch gemacht. Unabhängig davon, ob an den gemeinsamen Aufenthalt oder an den Tatort anzuknüpfen wäre, ist schließlich zu prüfen, ob eine engere Beziehung zu einer anderen Rechtsordnung i. S. der Ausweichklausel des Art. 41 EGBGB besteht.   **18**

Abweichend von der empfohlenen Prüfungsreihenfolge orientiert sich die folgende Darstellung aus methodischen wie didaktischen Gründen an der Tradition des Internationalen Deliktsrechts, welche die Tatortregel zum Ausgangspunkt hat.

---

[55] Text abgedruckt bei *Jayme/Hausmann*, Nr. 100.
[56] Hierzu oben Rn. 1 a.
[57] Hierzu die Voraufl. § 11 Rn. 17.

II. Begriff

19 Der internationalprivatrechtliche Begriff der „unerlaubten Handlung"
ist nicht identisch mit demjenigen des materiellen Rechts.[58] Anders als
dieser umfasst er die *gesamte außervertragliche Schadenshaftung*, also
auch Gefährdungshaftung[59], Aufopferung sowie die culpa in contrahendo bei Verletzung allgemeiner Obhuts- und Fürsorgepflichten (bestr.).[60]
Zu Letzterem sowie zur Qualifikation von Gewinnzusagen vgl. § 10
Rn. 22 b.

20 Zweifelhaft ist hingegen, ob *Privatstrafen*, wie sie insbesondere das US-amerikanische
Recht *(punitive damages, treble damages)*, aber auch das französische Recht *(astreinte)*
kennen, unter den Anwendungsbereich des Deliktsstatuts fallen. Hier ist nach dem
Zweck einer solchen Privatstrafe zu differenzieren.[61] Dient diese dem Ausgleich ent-
standener Vermögensschäden (Kompensation) oder soll sie eine „Privatgenugtuung"
für die Verletzung ideeller Rechtsgüter gewähren, so wird auch die Privatstrafe vom
Deliktsstatut erfasst. So ergänzen „punitive damages" häufig unzureichende „com-
pensatory damages" beim Ersatz immaterieller Schäden oder von Kosten des Rechtsstreits.[62] Werden mit der Privatstrafe hingegen Strafzwecke bzw. Motive der Gene-
ralprävention verfolgt (teilweise bei der Gewährung von „punitive damages", soweit
diese an den Staat oder eine soziale Einrichtung fließen), oder hat die Privatstrafe
Beugecharakter („astreinte"[63]), so ist sie nicht deliktsrechtlich zu qualifizieren.[64] Die
Privatstrafe findet in solchen Fällen vor inländischen Gerichten selbst dann keine
Anwendung, wenn ausländisches Recht Deliktsstatut ist.

III. Anwendbares Recht

1. Tatortregel (Art. 40 I EGBGB)

21 Art. 40 I EGBGB unterstellt die Haftung aus unerlaubter Handlung unabhängig vom Deliktstyp dem Recht des Tatortes.[65] Die Anknüpfung entspricht der vor der IPR-Reform von 1999 geltenden Rechtslage.[66]

---

[58] *Nussbaum,* Deutsches Internationales Privatrecht (1932), S. 288.

[59] BTDrucks. 14/343, S. 11, im Anschluss an *BGH* 8. 1. 1981, BGHZ 80, 1 (3) =
IPRspr 1981 Nr. 24.

[60] Hierzu Staudinger/*von Hoffmann*, Vorbem. zu Art. 40 ff., Rn. 9–11.

[61] Hierzu Staudinger/*von Hoffmann*, Vorbem. zu Art. 40 ff., Rn. 51–53.

[62] Der Zweck der „punitive damages" wird nicht für alle US-Bundesstaaten einheitlich definiert; vgl. hierzu *Merkt*, Abwehr der Zustellung von „punitive damages"-
Klagen (1995), S. 71–77, 92–95, 106–108.

[63] Art. 5–8 des Gesetzes Nr. 72–626 v. 5. 7. 1972; vgl. auch *Cour de Cassation,* Sections Civiles, 20. 10. 1959, DSJur 1959, 537 m. Anm. *Holleaux.*

[64] *S. Remien*, Rechtsverwirklichung durch Zwangsgeld (1992), S. 306–308, der
Zwangsgelder wie die „astreinte" prozessrechtlich qualifiziert und der lex fori unterwirft.

[65] BTDrucks. 14/343, S. 11.

a) Platzdelikt

Keine Probleme bereitet die Anwendung der Tatortregel, wenn Hand- **22** lung und Erfolg am gleichen Ort eintreten *(Platzdelikt)*. Dies ist im Unfallrecht regelmäßig der Fall.

Beispiel: Ein deutscher Urlauber fährt in Krakau einen österreichischen Touristen an; dieser wird schwer verletzt. Handlungs- und Erfolgsort liegen beide in Polen.

b) Distanzdelikt

Treten Handlung und Erfolg in unterschiedlichen Staaten auf, so fragt **23** sich, welcher Rechtsordnung der Vorzug gebührt. Dieses Problem kann sich bei *Distanzdelikten* stellen.

Beispiel: A schießt von Deutschland aus über die Grenze auf den in der Schweiz befindlichen B, der schwer verletzt wird. Der Handlungsort liegt in Deutschland, der Erfolgsort in der Schweiz.

Die beiden Hauptfunktionen des Haftungsrechts weisen hier in unterschiedliche Richtungen: Die verhaltenssteuernde (präventive) Funktion spricht für eine Anknüpfung an den Handlungsort, die Ausgleichs-/Opferentschädigungsfunktion für eine Anknüpfung an den Erfolgsort.[67] Die relative Gewichtung beider Funktionen mag im Hinblick auf einzelne Deliktstypen variieren: So dominiert im Unfallrecht die Ausgleichsfunktion, während im Wettbewerbsrecht sowie beim Immissionsschutz die Verhaltenssteuerung im Vordergrund steht. Gleichwohl erfüllen alle Deliktstypen beide Funktionen.[68] Daher muss bei Distanzdelikten sowohl der Handlungs- als auch der Erfolgsort Berücksichtigung finden *(Ubiquitätsprinzip)*. Dem Ubiquitätsprinzip folgen im Hinblick auf die internationale Zuständigkeit auch Art. 5 Nr. 3 Brüssel I-VO in seiner Auslegung durch den Europäischen Gerichtshof[69] sowie § 32 ZPO[70].

2. Bestimmungsrecht des Geschädigten (Art. 40 I 2–3 EGBGB)

Das Ubiquitätsprinzip trifft keine Aussage darüber, in welchem Ver- **24** hältnis die beiden berufenen Rechtsordnungen zueinander stehen.

---

[66] *RG* 30. 5. 1919, RGZ 96, 96 (98); *BGH* 23. 6. 1964, NJW 1964, 2012 = IPRspr 1964/65 Nr. 51; *BGH* 8. 1. 1981, BGHZ 80, 1 (3) = IPRspr 1981 Nr. 24; *BGH* 8. 3. 1983, BGHZ 87, 95 (97) = NJW 1983, 1972 = IPRax 1984, 30 m. Anm. *Hohloch,* 14–17 = IPRspr 1983 Nr. 31.

[67] *Ehrenzweig*, FS Rabel I (1954), S. 655–683 (657); *Trutmann*, Das internationale Privatrecht der Deliktsobligationen (1973), S. 92–95.

[68] *Hohloch*, Deliktsstatut, S. 230 m. w. Nachw.

[69] Hierzu § 3 Rn. 227 f.

[70] Hierzu § 3 Rn. 52–55.

Vor der IPR-Reform von 1999 galt nach h. M. insoweit das *Günstigkeitsprinzip:* Zur Anwendung gelangte das Recht, welches für den Verletzten günstiger ist.[71] Dem Geschädigten stand ein Wahlrecht zwischen den beiden einschlägigen Rechtsordnungen zu; machte er hiervon keinen Gebrauch, so oblag es nach h. M. dem angerufenen Gericht, die für den Geschädigten in concreto günstigere Rechtsordnung zu ermitteln.[72]

Legitimiert wurde das Günstigkeitsprinzip häufig mit der größeren Sympathie für das Opfer als für den Täter.[73] Dies trifft aber nur im Falle von erheblichem Tatverschulden (z. B. Vorsatztat) zu, während der Gedanke etwa bei der Gefährdungshaftung seine Berechtigung verliert. Eigentliche Grundlage des Günstigkeitsprinzips ist die wegen der bereits dargestellten doppelten Funktion des Haftungsrechts erforderliche Verknüpfung von Handlungs- und Erfolgsort. Diese kann nur im Wege der Kumulierung oder der Alternativität erfolgen. Die Kumulierung der beteiligten Rechtsordnungen würde jedoch zu einem Minimalschutz des Geschädigten führen, der weniger böte als jedes der beteiligten Rechte für sich genommen.[74] Somit bleibt nur das Günstigkeitsprinzip.

25   Das Günstigkeitsprinzip hat durch die IPR-Reform eine merkwürdige Veränderung erfahren. Nach Art. 40 I 1 EGBGB ist grundsätzlich das *Recht des Handlungsortes* maßgeblich. Nach Satz 2 der Vorschrift kann der Geschädigte jedoch verlangen, dass das Recht des Erfolgsortes angewandt wird. Von diesem *Bestimmungsrecht zugunsten des Rechts des Erfolgsortes* kann er indes nur im ersten Rechtszug bis zum Ende des ersten frühen Termins (§ 275 ZPO) oder des schriftlichen Vorverfahrens (§ 276 ZPO) Gebrauch machen; danach bleibt es bei der Maßgeblichkeit des Rechts des Handlungsortes. Eine generelle Pflicht des Gerichts zum Hinweis auf das Bestimmungsrecht besteht nicht.[75]

Fall: Der armenische Terrorist H schickt eine Briefbombe von Frankfurt/Main nach Paris, wo sie beim Empfänger, dem russischen Konsulatsbeamten G, explodiert.

Der Handlungsort liegt hier in Deutschland, der Erfolgsort in Frankreich; somit finden sowohl die deutsche als auch die französische Rechtsordnung Berücksichtigung. Nach altem Recht war es Aufgabe des Gerichts, die für G günstigere Rechtsordnung zu ermitteln. Nach dem neuen Art. 40 I EGBGB ist nunmehr grundsätzlich deutsches Recht (Handlungsort) anwendbar; G hat jedoch die Möglichkeit, die Anwendung französischen Rechts (Erfolgsort) zu verlangen.

Das Bestimmungsrecht ist ein einseitiges Rechtsgeschäft (Gestaltungsgeschäft) auf dem Gebiet des Internationalen Privatrechts (bestr.).[76] Das

---

[71]   *RG* 30. 3. 1903, RGZ 54, 198 (205); *RG* 12. 11. 1932, RGZ 138, 243 (246) = IPRspr 1932 Nr. 60; *BAG* 30. 10. 1963, BAGE 15, 79 (82) = NJW 1964, 990 = SAE 1964, 115 m. Anm. *Sieg* = IPRspr 1962/63 Nr. 40; *BGH* 23. 6. 1964, NJW 1964, 2012 = IPRspr 1964/65 Nr. 51.

[72]   *BGH* 17. 3. 1981, IPRax 1982, 13 m. Anm. *Kreuzer,* 1–5 = IPRspr 1981 Nr. 25; *OLG Saarbrücken* 22. 10. 1957, NJW 1958, 752 m. Anm. *Boisserée,* 1240 f. = IPRspr 1956/57 Nr. 42.

[73]   So *Kegel/Schurig,* IPR, S. 725.

[74]   *Kegel/Schurig,* IPR, S. 724; *Lewald,* Das deutsche internationale Privatrecht (1931), S. 262.

[75]   BTDrucks. 14/343, S. 11 f.; hierzu *S. Lorenz,* NJW 1999, 2215–2218 (2217).

[76]   Staudinger/*von Hoffmann,* Art. 40 Rn. 10 f.; MüKo/*Junker,* Art. 40 Rn. 34–36; a. A. etwa Bamberger/Roth/*Spickhoff,* Art. 40 Rn. 24 (prozessrechtliches Institut).

Recht kann innerhalb wie außerhalb des Prozesses ausgeübt werden.[77] Seine Ausübung ist unwiderruflich und bindet den Geschädigten auch über das konkrete Verfahren hinaus.[78]

Für die Ersetzung des Günstigkeitsprinzips durch ein Bestimmungsrecht des Geschä- **26** digten wie für dessen enge zeitliche Begrenzung werden vor allem *prozessökonomische Gründe* angeführt. Das Gericht ist nicht länger gezwungen, von Amts wegen – gegebenenfalls in mehreren Instanzen – zwei Rechtsordnungen daraufhin zu überprüfen, welches die für den Geschädigten günstigere ist. Ob es allerdings ratsam war, den Handlungsort zu bevorzugen, muss angezweifelt werden. Merkwürdig ist folgender Wertungswiderspruch: Den kollisionsrechtlichen Interessen des Geschädigten wird durch sein Bestimmungsrecht der Vorrang eingeräumt; die subsidiäre Anknüpfung an den Handlungsort privilegiert hingegen kollisionsrechtlich den Schädiger. Konsequent wäre die subsidiäre Anknüpfung an den Erfolgsort als den typischen kollisionsrechtlichen Interessen des Geschädigten entsprechend. Auch ist fraglich, ob die Gerichte von der Anwendung ausländischen Rechts entlastet werden. In der Mehrzahl der Fälle klagen Geschädigte ihre Ansprüche am Erfolgsort ein, da dieser regelmäßig mit ihrem gewöhnlichen Aufenthalt zusammenfällt; somit werden deutsche Gerichte in Zukunft häufiger als bislang gezwungen sein, ausländisches Deliktsrecht anzuwenden.[79]

3. Handlungsort

a) Regel

Die Bestimmung des Handlungsortes bereitet im Normalfall keine **27** Schwierigkeiten. Vorausgesetzt wird eine willensgesteuerte Tätigkeit, welche als Gefährdung eines rechtlich geschützten Interesses an die Außenwelt tritt,[80] also eine tatbestandsmäßige Ausführungshandlung mit Außenwirkung. Bloße *Vorbereitungshandlungen* werden nicht erfasst.[81]

Beispiele:

Pressedelikte – entscheidend ist der Vertrieb der Zeitschrift; das Sammeln von Material, das Verfassen der Berichte sowie der Druck sind lediglich Vorbereitungshandlungen.[82]

Briefdelikt – entscheidend ist der Absendeort; der Ort, an dem der Brief geschrieben wurde, ist unerheblich.[83]

Internet-Delikt – entscheidend ist der Ort, an dem die Information in das Netz eingespeist wurde; das Erstellen der page ist bloße Vorbereitungshandlung.[84]

---

[77] Vgl. *KG* 7. 11. 2000, RIW 2001, 611 = IPRspr 2000 Nr. 131 (konkludente Ausübung durch Berufung auf deutsche Rechtsnormen in der Klageschrift).

[78] MüKo/*Junker*, Art. 40 Rn. 41.

[79] Krit. hierzu von *Hoffmann*, IPRax 1996, 1–8 (4 f.); zur überzeugenden Lösung des Art. 62 italien. IPRG vgl. *Maglio/Thorn*, ZvglRW 96 (1997), 347–385 (376 f.).

[80] So *Deutsch*, Allgemeines Haftungsrecht, 2. Aufl. (1996), Rn. 96.

[81] Staudinger/*von Hoffmann*, Art. 40 Rn. 18 m. w. Nachw.; MüKo/*Junker*, Art. 40 Rn. 25.

[82] *OLG Oldenburg* 14. 11. 1988, NJW 1989, 400.

[83] *BGH* 20.12. 1963, BGHZ 40, 391 (394) = NJW 1964, 969 = JZ 1964, 369 m. Anm. *Wengler* = IPRspr 1962/63 Nr. 161; Bamberger/Roth/*Spickhoff*, Art. 40 Rn. 48; a. A.: Soergel/*Lüderitz*, Art. 38 Rn. 5.

[84] Staudinger/*von Hoffmann*, Art. 40 Rn. 18; *Looschelders*, Art. 40 Rn. 107.

b) Sonderfälle

28 Problematisch ist die Bestimmung des Handlungsortes bei einer Mehrzahl von Handlungen sowie im Falle der Gefährdungshaftung.

aa) Mehrzahl von Handlungen

Fall:[85] Einem Fotoreporter gelingen im französischen Saint-Rémy private Aufnahmen von Prinzessin Caroline von Monaco. Wenige Tage später werden diese in der weltweit erscheinenden deutschen Illustrierten F veröffentlicht.

Fraglich ist, wo der für die Haftung der F maßgebliche Handlungsort liegt, da der Vertrieb der Zeitschrift, auf welchen insoweit abzustellen ist, in mehreren Ländern gleichzeitig erfolgt ist. Im Schrifttum wird die Meinung vertreten, dass das Recht desjenigen Handlungsortes zur Anwendung gelangt, welches den Geschädigten am günstigsten stellt.[86] Diese Ausdehnung des Günstigkeitsprinzips ist zum einen unpraktikabel und widerspricht somit dem mit der IPR-Reform verfolgten Ziel der Prozessökonomie. Zum anderen ist sie sachlich unbegründet: Die Legitimation des Günstigkeitsprinzips liegt nicht in der Sympathie mit dem Geschädigten, sondern in der doppelten Funktion des Haftungsrechts begründet. Die für den Handlungsort entscheidende Funktion der Verhaltenssteuerung bezüglich des Herstellungs- und Vertriebsprozesses spricht für eine Anknüpfung an die Verhaltenszentrale, hier also den realen Verlagssitz, der meist mit dem juristischen Sitz übereinstimmen dürfte.[87] Der Handlungsort liegt somit in Deutschland.

29 *bb) Gefährdungshaftung.* In Fällen der Gefährdungshaftung (z. B. Verkehrs- und Transportmittel, Gewässerschäden, Umwelthaftung, Atomhaftung, Tierhalterhaftung) bereitet die Anknüpfung an den Handlungsort Schwierigkeiten, da diese keine Verhaltenssteuerung im eigentlichen Sinne bezweckt,[88] sondern einer Risikoverlagerung bei zwar gefährlichen, aber gesellschaftlich dennoch erwünschten Betätigungen dient. Mangels Verhaltensunrechts existiert somit auch kein Handlungsort. Eine unterschiedliche Anknüpfung von Verschuldens- und Gefährdungshaftung ist dennoch abzulehnen.[89] Zum einen differiert die Zuordnung einzelner Deliktstypen unter eine der beiden Haftungsarten in den verschiedenen Rechtsordnungen; zum anderen ergeben sich auch im deutschen Sachrecht Probleme bei der Grenzziehung, welche von der graduellen Annäherung beider Haftungsarten in der jüngeren Gesetzge-

---

[85] Nach *OLG Hamburg* 8. 12. 1994, NJW-RR 1995, 790 = AfP 1996, 69 m. Anm. *Ehmann/Thorn*, 20–25 = IPRspr 1994 Nr. 51; s. auch *Fuchs/Hau/Thorn*, Fälle zum IPR, Fall 5 (S. 49–58).

[86] *Kegel/Schurig*, IPR, S. 731 f. Für eine Wahlbefugnis des Geschädigten Bamberger/Roth/*Spickhoff*, Art. 40 Rn. 19.

[87] *Ehmann/Thorn*, AfP 1996, 20–25 (23); vgl. auch *BGH* 19. 12. 1995, BGHZ 131, 332 = NJW 1996, 1128 = IPRspr 1995 Nr. 39 („Erscheinungsort"). Für eine Schwerpunktbildung auch MüKo/*Junker*, Art. 40 Rn. 28.

[88] Zur betriebswirtschaftlichen Präventivfunktion der Gefährdungshaftung: *Deutsch*, Unerlaubte Handlungen, Schadensersatz und Schmerzensgeld, 3. Aufl. (1995), Rn. 355.

[89] Staudinger/*von Hoffmann*, Art. 40 Rn. 32 f. (m. w. Nachw. bei Rn. 28–30).

bung herrühren. Somit ist auch im Falle der Gefährdungshaftung an den Ort anzuknüpfen, von welchem aus der Verletzungserfolg verursacht wurde.

Während bei der Verschuldenshaftung der Handlungsort als Zentrum der Verhaltenssteuerung Berücksichtigung findet, wird bei der Gefährdungshaftung ein *Risikozusammenhang* zwischen dem Betrieb der gefährlichen Sache und der erfolgten Rechtsgutsverletzung gefordert.[90] Ein solcher Zusammenhang ergibt sich aus der Eigenart des Betriebs, wobei das Verschuldensmoment durch die Betriebsbezogenheit ersetzt wird; diese ist aber handlungsbezogen. Der geforderte Zusammenhang zwischen Betrieb und Verletzungserfolg besteht allein an dem Ort, an dem die gefährliche Sache außer Kontrolle gerät und hierdurch die Rechtsgutsverletzung verursacht.[91] Dies ist bei ortsfesten Anlagen deren Betriebsort, bei beweglichen Sachen deren Standort im Zeitpunkt der Verursachung der Rechtsgutsverletzung.

Beispiel: Verunglückt ein Tankwagen in Belgien und wird hierdurch das Wasser eines bereits in Deutschland gelegenen Gewässers verunreinigt, so ist Handlungsort der Ort, an dem sich die besondere Gefahr des Transportmittels realisiert hat, also Belgien.

4. Erfolgsort

a) Ort der Rechtsgutsverletzung

Erfolgsort ist nach h. M. der Ort, an dem das durch die Deliktsnorm 30 geschützte Rechtsgut verletzt worden ist. Wo der endgültige Schaden bzw. weitere Verletzungsfolgen eintreten, ist hingegen ohne Belang.[92]

Beispiel: Der in Paris ansässige A wird während eines Urlaubs in Berlin von einem Pkw angefahren. Nach kurzer Behandlung im dortigen Krankenhaus wird er in eine Pariser Klinik verlegt, wo er an den Unfallfolgen verstirbt. Erfolgsort ist der Ort der Rechtsgutsverletzung (Deutschland), nicht der Ort des Eintritts weiterer Schadensfolgen (Frankreich).

b) Vorverlegung des Erfolgsortes

Fragwürdig erscheint die Anknüpfung an den Erfolgsort, wenn zwi- 31 schen Beendigung der Verletzungshandlung und Eintritt des Verletzungserfolges ein Ortswechsel stattgefunden hat.[93]

---

[90] *Deutsch,* Allgemeines Haftungsrecht, 2. Aufl. (1996), Rn. 689–691.

[91] *Kegel/Schurig,* IPR, S. 730; *Mansel,* VersR 1984, 97–106 (100 f.).

[92] *RG* 17. 2. 1933, RGZ 140, 25 (29) = IPRspr 1933 Nr. 67; *BGH* 10. 11. 1977, BGHZ 70, 7 = NJW 1978, 495 = IPRspr 1977 Nr. 29; *BGH* 24. 9. 1986, BGHZ 98, 263 (275) = NJW 1987, 592 = JR 1987, 157 m. Anm. *Schlosser* = IPRax 1988, 159 m. Anm. *Hausmann,* 140–144 = IPRspr 1986 Nr. 144.

[93] Hierzu Staudinger/*von Hoffmann,* Art. 40 Rn. 25.

Beispiele: Der Finne S erwirbt bei einem Zwischenstopp auf dem Frankfurter Flughafen in einer dortigen Apotheke ein in Deutschland hergestelltes Medikament. Auf dem Weiterflug nach Johannesburg nimmt S das Medikament ein und erleidet infolgedessen einen Herzanfall. In Südafrika angekommen, wird er sofort ins Krankenhaus eingeliefert. – Der in Marburg ansässige B erhält von C einen Brief mit ehrverletzendem Inhalt; B liest diesen erst während einer Geschäftsreise in Ungarn.

In beiden Fällen war die Verletzungshandlung in Staat A (Deutschland) abgeschlossen; der Erfolg tritt indes erst in Staat B (Hoheitszeichen des Flugzeugs[94] bzw. Ungarn) ein. Abzustellen ist darauf, wann die Schadensquelle so in den Rechtskreis des Geschädigten gelangt ist, dass der Zeitpunkt und damit der Ort des Erfolgseintritts allein von dessen Willen abhängt (Ort des Kaufs; Ort der Briefzustellung).[95] Wo dann letztlich der Erfolg eintritt, bleibt für die Bestimmung des Erfolgsortes unerheblich. Der Verletzungsort wird damit „unwandelbar"[96] und dem Schädiger zurechenbar.

c) Mehrzahl von Erfolgsorten

32 Probleme wirft die Bestimmung des Erfolgsortes im Falle *reiner Vermögensschäden* sowie bei *Persönlichkeitsverletzungen* auf, da hier mehrere Rechtsordnungen gleichzeitig betroffen sein können.

Beispiele: Bank A gibt dem multinationalen Bauunternehmen B eine falsche Kreditauskunft über ihren Kunden C; daraufhin wird B im Rahmen verschiedener Bauvorhaben für C tätig. Dieser fällt nach wenigen Monaten in Konkurs. – Die weltweit erscheinende Zeitschrift F veröffentlicht ohne Genehmigung Fotos aus dem Privatleben der Prinzessin Caroline von Monaco; diese verlangt u. a. Schmerzensgeld wegen Verletzung ihres Persönlichkeitsrechts.

Der Verletzungserfolg ist hier in mehreren Staaten gleichzeitig eingetreten. Ein Teil der Literatur dehnt das Günstigkeitsprinzip derart aus, dass das für den Geschädigten jeweils günstigste Erfolgsortrecht anwendbar ist. Andere wollen die in den verschiedenen Rechtsordnungen eingetretenen Störungen der Beziehungen einer Person zu ihrer Umwelt jeweils nach dem betroffenen Umweltrecht beurteilen („Mosaikbeurteilung").[97] Die erste Lösung führt zu einer willkürlichen Bevorzugung des Geschädigten, die zweite ist praktisch kaum durchführbar. Daher ist insgesamt auf den Haupterfolgsort abzustellen oder, wenn sich ein solcher nicht eindeutig ermitteln lässt, auf den Sitz des Geschädigten.[98] – In Beispiel 1 liegt der Erfolgsort folglich mangels entgegenstehender Hinweise am Hauptsitz der B. In Beispiel 2 ist nach hier vertretener Ansicht das Recht am gewöhnlichen Aufenthalt der Prinzessin maßgeblich, da an diesem Lebensmittelpunkt am stärksten in die soziale Umwelt der Geschädigten eingegriffen wird.[99]

---

[94] Hierzu Rn. 33.

[95] *Rabel,* The Conflict of Laws II, Ann Arbor (1960), S. 323: „first invasion of the interest".

[96] *Kegel/Schurig,* IPR, S. 730.

[97] *Looschelders,* Art. 40 Rn. 31, 105, 107; MüKo/*Junker,* Art. 40 Rn. 163; so auch *EuGH* 7. 3. 1995, Rs. C-68/93 – „Shevill", EuGHE 1995I, 415, für die Frage der internationalen Zuständigkeit; hierzu G. *Wagner,* RabelsZ 62 (1998), 243–285, sowie oben § 3 Rn. 228.

[98] Staudinger/*von Hoffmann,* Art. 40 Rn. 26, 61; *Ehmann/Thorn,* AfP 1996, 20–25 (23), jeweils m. w. Nachw.

[99] *Fuchs/Hau/Thorn,* Fälle zum IPR, S. 54.

5. Borddelikte. Staatsfreies Gebiet

Im Falle von Delikten an Bord von Schiffen oder Luftfahrzeugen ist auf **33** das *Recht des Heimathafens*[100] (des Hoheitszeichens) abzustellen. Dies gilt unabhängig davon, ob sich diese zum fraglichen Zeitpunkt in staatlichen Hoheitsgewässern bzw. über staatlichem Luftraum[101], oder aber auf staatsfreiem Gebiet befinden.[102] Bei unterschiedlichen Heimatrechten (Beispiel: Schiffskollision) kommt das Heimatrecht des schädigenden Schiffes („Handlungsort") zur Anwendung, es sei denn, der Geschädigte optiert für das Recht des geschädigten Schiffes („Erfolgsort");[103] der in Art. 40 I EGBGB für Distanzdelikte gefundene Regelungsmechanismus wird hier analog angewandt.

6. Auflockerung[104]

Die Regelanknüpfung an den Tatort wird durch eine noch engere Beziehung zu einem anderen Recht verdrängt (Auflockerung). Grund für die **34** Auflockerung ist, dass in diesen Fällen die Beurteilung des Rechtsverhältnisses nach dem Tatortrecht zufällig, gezwungen oder doch unangemessen erschiene.[105]

a) Gemeinsamer gewöhnlicher Aufenthalt (Art. 40 II EGBGB)

Haben Schädiger und Geschädigter ihren gewöhnlichen Aufenthalt in **35** demselben Staat, so wird die Regelanknüpfung an den Tatort *generell* durch diejenige an das gemeinsame Aufenthaltsrecht *verdrängt*.[106]

Beispiel: Verursachen der in Würzburg lebende Deutsche A und der in Tübingen lebende Portugiese B mit ihren Pkw in Spanien einen Verkehrsunfall, so verdrängt das gemeinsame deutsche Aufenthaltsstatut von A und B nach Art. 40 II EGBGB die Anknüpfung an den spanischen Tatort.

---

[100] So auch *Looschelders*, Art. 40 Rn. 41; a. A. (Recht der Flagge): Bamberger/Roth/ *Spickhoff*, Art. 40 Rn. 35.

[101] *OLG Frankfurt* 13. 2. 1997, IPRspr 1997 Nr. 47.

[102] Staudinger/*von Hoffmann*, Art. 40 Rn. 36, 226.

[103] BTDrucks. 14/343, S. 11; zum Günstigkeitsprinzip nach altem Recht vgl. *RG* 12. 11. 1932, RGZ 138, 243 = IPRspr 1932 Nr. 60; *OLG Hamburg* 14. 11. 1974, VersR 1975, 761 = IPRspr 1974 Nr. 40.

[104] Hierzu § 2 Rn. 54.

[105] BTDrucks. 14/343, S. 12; *BGH* 18. 12. 1973, NJW 1974, 495 m. Anm. *Trenk-Hinterberger*, 1048 f. = IPRspr 1973 Nr. 17; *BGH* 5. 10. 1976, NJW 1977, 496 = IPRspr 1976 Nr. 17.

[106] Hierzu BGH 14. 12. 1999, NJW 2000, 1188 = IPRspr 1999 Nr. 42; *AG Mannheim* 4. 5. 2000, IPRspr 2000 Nr. 123; Staudinger/*von Hoffmann*, Art. 40 Rn. 393 f.; krit.: Soergel/*Lüderitz*, Art. 38 Rn. 83, 31 (Beschränkung auf einseitige Kollisionsnorm).

36 Art. 40 II EGBGB knüpft an die Rechtsprechung des BGH an, in welcher der gemeinsame gewöhnliche Aufenthalt von Schädiger und Geschädigtem bereits vor der IPR-Reform von 1999 eine ständige Aufwertung erfahren hatte.[107] Indes sind nach neuem Recht keine weiteren die Beziehung zum gemeinsamen Aufenthaltsrecht verstärkenden Faktoren wie etwa der Zulassungs- oder Versicherungsort der unfallbeteiligten Fahrzeuge mehr erforderlich. Insbesondere hat die Staatsangehörigkeit von Schädiger und Geschädigtem nach Aufhebung der Rechtsanwendungsverordnung von 1942[108] jegliche Bedeutung verloren.

Fall: Der in Leipzig lebende Deutsche A mietet sich während seines Italienurlaubs einen Pkw. Auf einem Ausflug stößt er mit dem Wagen des in Stuttgart lebenden Italieners B zusammen, der Verwandte in seiner alten Heimat besuchen will.

Die Regelanknüpfung an das italienische Tatortrecht wird durch die vorrangige Anknüpfung an den gemeinsamen gewöhnlichen Aufenthaltsort von A und B in Deutschland verdrängt (Art. 40 II EGBGB). Hierfür ist es ohne Bedeutung, ob der Mietwagen des A in Italien zugelassen und versichert war; auch die Staatsangehörigkeit der Beteiligten spielt keine Rolle.

37 Der generelle Vorrang des gemeinsamen Aufenthaltsrechts beruht auf der praktischen Erwägung, dass Unfallbeteiligte nach einem Unfall im Ausland meist in ihr Aufenthaltsland zurückkehren. Ist dieses für Schädiger und Geschädigten identisch, so wird durch die Anwendung des gemeinsamen Aufenthaltsrechts die *Schadensabwicklung* wesentlich erleichtert.[109] Dies gilt regelmäßig auch dann, wenn Schadensversicherer in die Schadensabwicklung eingeschaltet sind, da diese ihren Sitz meist im Aufenthaltsstaat der Unfallbeteiligten haben. Wo dies einmal nicht der Fall ist (Mietwagen), besteht die Möglichkeit einer Näherbeziehung zum gemeinsamen Versicherungs-/Zulassungsstatut nach Art. 41 II Nr. 1 EGBGB.[110]

38 In Anlehnung an Art. 28 II 2 EGBGB stellt Art. 40 II 2 EGBGB dem gewöhnlichen Aufenthalt natürlicher Personen den Hauptverwaltungssitz von juristischen Personen gleich; ist eine Niederlassung an der unerlaubten Handlung beteiligt (Beispiel: Lkw der Niederlassung verursacht einen Verkehrsunfall), so ist auf deren Sitz abzustellen.

Maßgeblicher *Zeitpunkt* für die Bestimmung des gemeinsamen gewöhnlichen Aufenthalts ist der Zeitpunkt der Rechtsgutsverletzung. Eine nachträgliche Verlegung des Aufenthalts einer der Parteien kann keinen Einfluss auf das Deliktsstatut haben; dieses ist unwandelbar.[111]

---

[107] Hierzu die 5. Aufl., § 11 Rn. 34–37.

[108] Verordnung über die Rechtsanwendung bei Schädigungen deutscher Staatsangehöriger außerhalb des Reichsgebiets v. 7. 12. 1942 (RGBl. I S. 706); hierzu die 5. Aufl., § 11 Rn. 33.

[109] BTDrucks. 14/343, S. 12.

[110] Hierzu unten Rn. 43.

[111] *BGH* 8. 3. 1983, BGHZ 87, 95 (103) = NJW 1983, 1972 = IPRax 1984, 30 m. Anm. *Hohloch*, 14–17 = IPRspr 1983 Nr. 31; hierzu auch Staudinger/*von Hoffmann*, Art. 40 Rn. 403.

b) Engere Verbindung mit einem anderen Staat (Art. 41 I EGBGB)

Besteht mit dem Recht eines Staates eine wesentlich engere Verbindung   **39**
als mit dem Recht des Tatortes oder dem des gemeinsamen gewöhnlichen Aufenthalts von Schädiger und Geschädigtem, so ist jenes Recht
anzuwenden (Art. 41 I EGBGB). Diese Art. 28 V EGBGB nachgebilde-
te *Ausweichklausel* bildet das notwendige Korrelat zu dem verallgemeinernden Charakter der in Art. 40 I–II EGBGB formulierten
Anknüpfungsregeln. Da sie das erforderliche Maß an Flexibilität gewährleistet, glaubte der Gesetzgeber auf besondere Anknüpfungsregeln
für einzelne Deliktstypen (z. B. Amtshaftung, Wettbewerbsverstöße)
verzichten zu können.[112] Die durch die Regelanknüpfungen erreichte
Rechtssicherheit darf jedoch über die Ausweichklausel nicht wieder beseitigt werden. Dieser Gefahr begegnet der Gesetzgeber durch *Typenbildung.*

aa) Akzessorische Anknüpfung (Art. 41 II Nr. 1 EGBGB). Nach Art. 41   **40**
II Nr. 1 EGBGB kann sich eine Näherbeziehung insbesondere „aus einer besonderen rechtlichen oder tatsächlichen Beziehung zwischen den
Beteiligten im Zusammenhang mit dem Schuldverhältnis" ergeben
(akzessorische Anknüpfung).[113] Der gesamte Lebenssachverhalt soll
möglichst einer einheitlichen Rechtsordnung unterstellt und nicht in
einzelne Rechtsbeziehungen aufgespalten werden, die jeweils unterschiedlichen Rechtsordnungen unterstehen.[114] Dies gilt insbesondere im
Verhältnis der deliktischen zu den vertraglichen Ansprüchen,[115] aber
ebenso gegenüber dem Familienrecht.[116] Indes legitimiert das Bestehen
eines (vertraglichen oder sonstigen) Rechtsverhältnisses zwischen den
Parteien nicht die Unterstellung sämtlicher zwischen ihnen eingetretener
Schadensereignisse unter diese Sonderbeziehung. Erforderlich ist vielmehr ein besonderer sachlicher Zusammenhang zwischen Sonderrechtsverhältnis und Schadensereignis. So sind etwa Delikte, welche sich bei
bloßer Gelegenheit der Vertragserfüllung ereignet haben, nicht vertrag-
sakzessorisch anzuknüpfen.[117]

---

[112] BTDrucks. 14/343, S. 10.

[113] Die Rechtsprechung stand der akzessorischen Anknüpfung bislang eher skeptisch
gegenüber, vgl. *BGH* 28. 2. 1996, BGHZ 132, 105 = NJW 1996, 1411 = IPRspr
1996 Nr. 142.

[114] *Kropholler,* RabelsZ 33 (1969), 601–653 (631 f.).

[115] Krit. zur akzessorischen Anknüpfung an das Vertragsstatut bei Anwendbarkeit des
Einheitskaufrechts: *Huber,* IPRax 1996, 91–95 (92); indes fördert auch hier die ak-
zessorische Anknüpfung den internen Entscheidungseinklang, da das Einheitsrecht
Lücken aufweist, welche durch das autonome Recht zu schließen sind, vgl. § 10
Rn. 24 c.

[116] Beispiele und w. Nachw. bei Staudinger/*von Hoffmann,* Art. 41 Rn. 20.

[117] Staudinger/*von Hoffmann,* Art. 41 Rn. 11; Bamberger/Roth/*Spickhoff,* Art. 41
Rn. 9.

Fall:[118] Der Deutsche A und die in Spanien lebende Brasilianerin I sind seit längerem miteinander verlobt. A hat der I während dieser Zeit Geschenke im Gesamtwert von 150000 € gemacht. Dennoch wurde die Eheschließung von I immer wieder hinausgezögert. Als diese schließlich ein Kind von einem anderen Mann erwartet, löst A die Verlobung und verlangt Schadensersatz.

Der BGH knüpfte vorliegend nach der Tatortregel an, wobei die Ermittlung von Handlungs- und Erfolgsort mangels entsprechender Sachverhaltsfeststellungen des OLG offenbleiben musste. Eine akzessorische Anknüpfung des Deliktsstatuts an das Verlöbnisstatut wurde abgelehnt. – Dem ist auch nach Inkrafttreten von Art. 41 EGBGB zuzustimmen: Im Falle der Haftung aus einer vorsätzlich begangenen Straftat fehlt es am geforderten sachlichen Zusammenhang zwischen Sonderrechtsverhältnis und Schadensereignis. Der Betrugstatbestand wurde lediglich bei Gelegenheit des Verlöbnisses verwirklicht; somit ist nach der Tatortregel anzuknüpfen.

41 In Betracht kommt eine vertragsakzessorische Anknüpfung deliktischer Ansprüche insbesondere bei Transportschäden (Statut des Beförderungs-/Transportvertrages), bei der Produkthaftung (Statut des Kaufvertrages)[119] sowie bei Arbeitsunfällen (Statut des Arbeitsvertrages). Delikte zwischen Ehegatten werden akzessorisch an das Ehewirkungsstatut angeknüpft, unerlaubte Handlungen der Eltern gegenüber ihren Kindern an das Kindschaftsstatut.[120]

Fall: Die in Deutschland bei ihrer Mutter lebende minderjährige K besucht während der Sommerferien ihren Vater V, der von der Familie getrennt in Frankreich lebt. Während eines Ausflugs verursacht V als Fahrzeuglenker einen Verkehrsunfall, bei dem K schwer verletzt wird.

Die Regelanknüpfung nach Art. 40 I EGBGB würde vorliegend mangels gemeinsamen gewöhnlichen Aufenthalts von Schädiger und Geschädigter zur Anwendung des französischen Tatortrechts führen. Jedoch besteht eine Näherbeziehung zu einer anderen Rechtsordnung gemäß Art. 41 II Nr. 1 EGBGB: Da es sich um das Delikt eines Elternteils gegenüber seinem Kind handelt, ist akzessorisch an das Kindschaftsstatut (Art. 21 EGBGB[121]) anzuknüpfen. Zur Anwendung gelangt das Recht des Staates, in dem K ihren gewöhnlichen Aufenthalt hat, vorliegend also deutsches Recht.

42 Zudem ist auch die akzessorische Anknüpfung an eine lediglich faktische („tatsächliche") Beziehung möglich.[122]

Fall: Eine Greifswalder Reisegesellschaft unternimmt eine 14-tägige Busreise an die spanische Costa Brava. Hieran nimmt auch der in Stettin (Polen) ansässige W teil. Auf einem Rastplatz bei Lyon gerät er mit einem deutschen Mitreisenden in Streit, wobei beide verletzt werden.

Die deliktischen Ansprüche werden nach Art. 41 II Nr. 1 Alt. 2 EGBGB akzessorisch an die faktische Beziehung der Reisegruppe angeknüpft. Diese nimmt ihr gemeinsa-

---

[118] Nach *BGH* 28. 2. 1996, BGHZ 132, 105 = NJW 1996, 1411 = IPRax 1997, 187 m. Anm. *Mankowski*, 173–182 = IPRspr 1996 Nr. 142.

[119] Zum Sonderfall des Garantievertrages aber: *von Hoffmann*, JuS 1986, 385–388 (387 f.).

[120] *Kropholler*, RabelsZ 33 (1969), 601–653 (629, 631); *K. Müller*, JZ 1986, 212–219 (214–216).

[121] Hierzu § 8 Rn. 140.

[122] Staudinger/*von Hoffmann*, Art. 41 Rn. 22; Bamberger/Roth/*Spickhoff*, Art. 41 Rn. 12; a. A.: MüKo/*Junker*, Art. 41 Rn. 19.

mes deutsches Ausgangsrecht vergleichbar einer „Käseglocke"[123] auf die Ferienreise mit. Auf deliktische Ansprüche innerhalb der Reisegruppe findet somit deutsches Recht Anwendung.

Auch die Anknüpfung an den gemeinsamen gewöhnlichen Aufenthalt **43** von Schädiger und Geschädigtem kann durch eine wesentlich engere Beziehung zu einer anderen Rechtsordnung verdrängt werden.

Fall: Deutsche Urlauber stoßen mit ihren in Frankreich zugelassenen und versicherten Mietwagen in Marseille zusammen.

Gegenüber der Regelanknüpfung an den französischen Tatort genießt die Anknüpfung an das gemeinsame deutsche Aufenthaltsstatut von Schädiger und Geschädigtem Vorrang (Art. 40 II EGBGB). Zu erwägen ist indes, ob im vorliegenden Fall eine Näherbeziehung zum französischen Recht besteht, da die unfallbeteiligten Fahrzeuge in Frankreich zugelassen und versichert sind. Unter dem Gesichtspunkt einer vereinfachten Schadensabwicklung kommt somit eine akzessorische Anknüpfung an das gemeinsame Versicherungs-/Zulassungsstatut nach Art. 41 II Nr. 1 EGBGB in Betracht.[124]

bb) Näherbeziehung im Rahmen einzelner Deliktstypen. Für einzelne **44** Deliktstypen erweisen sich die Tatortregel sowie die Anknüpfung an den gemeinsamen gewöhnlichen Aufenthalt von Schädiger und Geschädigtem als nicht sachgerecht.

So unterliegt die außervertragliche Haftung von Staaten gegenüber Privaten im Bereich des hoheitlichen Handelns *(Staatshaftung)* nach seit langem h.M. einer außerhalb des Deliktsstatuts begründeten Sonderanknüpfung an das *Recht des Amtsstaates.*[125] Dies folgt aus dem völkergewohnheitsrechtlichen Grundsatz der Staatensouveränität, der die staatliche Immunität für hoheitliches Handeln festschreibt: Wegen der Gleichheit der Staaten darf kein Staat hoheitliches Handeln eines anderen Staates seiner Gesetzgebung, Gerichtsbarkeit oder Vollstreckung unterwerfen. Auch die Eigenhaftung der Staatsbediensteten für hoheitliches Handeln ist aufgrund des funktionellen Zusammenhangs zur Haftungsübernahme durch den Staat an das Recht des Entsendestaates anzuknüpfen.[126]

Die Rechtsfolgen einer *Verletzung von Immaterialgütern* wie Patenten, Marken, Gebrauchs- und Geschmacksmustern sowie Urheberrechten richten sich nach dem *Recht des Schutzlandes.*[127] Grund für die Sonderanknüpfung ist das im Immaterialgüterrecht quasi weltweit geltende materielle Territorialitätsprinzip: Nach nationalem Recht bestehen subjektive Immaterialgüterrechte räumlich nur in dem Bereich des Staates, nach dessen Rechtsordnung sie verliehen worden sind (staatlicher Hoheitsakt); das jeweilige Immaterialgüterrecht setzt sich somit aus einer Vielzahl nationaler Rechte

---

[123] *Ferid,* IPR, § 6 Rn. 163–170; *Binder,* RabelsZ 20 (1955), 401–499 (480–485), spricht von der „soziologischen Einbettung der Tat".

[124] *Looschelders,* Art. 40 Rn. 83; *LG Berlin* 8. 4. 2002, NJW-RR 2002, 1107 = JuS 2002, 1126 (LS) m. krit. Anm. *Hohloch.*

[125] *OLG Köln* 3. 12. 1998, NJW 1999, 1555 = IPRax 1999, 251 m. Anm. *Tomuschat,* 237–240 = IPRspr 1998 Nr. 44; MüKo/*Junker,* Art. 40 Rn. 196; Staudinger/*von Hoffmann,* Art. 40 Rn. 109.

[126] *Kropholler,* IPR, S. 534.

[127] BGH 2. 10. 1997, BGHZ 136, 380 = NJW 1998, 1395 = JZ 1998, 1015 m. Anm. *Schack* = IPRspr 1997 Nr. 125. S. auch Art. 8 Rom II-VO.

zusammen.[128] Folglich kann für den deliktischen Rechtsschutz nicht wie sonst der Begehungsort als Anknüpfungspunkt gewählt werden, sondern allein der Entstehungs- bzw. Bestandsort des betroffenen Rechtes.[129]

Solche Sonderanknüpfungen einzelner Deliktstypen können seit der IPR-Reform von 1999 auf die Ausweichklausel des Art. 41 I EGBGB gestützt werden. Dies gilt auch für die Anknüpfung von *Wettbewerbsverstößen*.[130]

c) Rechtswahl (Art. 42 EGBGB)

45 Das anwendbare Recht kann von den Parteien nachträglich im Wege der Rechtswahl bestimmt werden (Art. 42 EGBGB).[131] Die Beachtlichkeit einer Rechtswahl, die *vor* Begehen der unerlaubten Handlung getroffen wurde, wird in der Gesetzesbegründung zu Art. 42 EGBGB dagegen unter Hinweis auf den Schutzcharakter außervertraglicher Schuldverhältnisse abgelehnt.[132] Indes dient das materielle Deliktsrecht – ebenso wie das Vertragsrecht – primär der Regelung individueller Interessenkonflikte und wird zumindest auf Rechtsfolgenseite vom Grundsatz der Dispositionsfreiheit beherrscht. Zudem besteht bisweilen ein legitimes Bedürfnis nach Kalkulation des Haftungsrisikos und somit nach Vorhersehbarkeit des anwendbaren Rechts (z. B. Gefälligkeitsverhältnis, Großbaustelle, Sportveranstaltung). Daher sollte auch die vorherige Rechtswahl grundsätzlich zulässig sein.[133]

Meist dürfte eine vorherige Rechtswahl freilich im Rahmen einer vertraglichen oder faktischen Sonderbeziehung zwischen den Parteien erfolgen. Dann stellt sich wegen der akzessorischen Anknüpfung der deliktischen Ansprüche die Frage einer Zulässigkeit der Rechtswahl in der Regel überhaupt nicht.

IV. Einzelne Deliktstypen

1. Unfallrecht, insbesondere Straßenverkehrsunfälle

a) Anwendbares Recht

46 Das *Haager Übereinkommen über das auf Straßenverkehrsunfälle anzuwendende Recht* vom 4. 5. 1971[134] ist in allen wichtigen europäischen

---

[128] „Bündeltheorie"; vgl. Soergel/*Kegel*, Anh. nach Art. 12 Rn. 22.

[129] Staudinger/*von Hoffmann*, Art. 40 Rn. 388.

[130] Hierzu unten Rn. 51.

[131] Zum Problem einer stillschweigenden Rechtswahl im Prozess vgl. Staudinger/*von Hoffmann*, Art. 42 Rn. 11–13, sowie § 10 Rn. 37.

[132] BTDrucks. 14/343, S. 14; so auch die im Schrifttum h.M.: Palandt/*Heldrich*, Art. 42 Rn. 1; Erman/*Hohloch*, Art. 42 Rn. 9; *Herkner*, Die Grenzen der Rechtswahl im internationalen Deliktsrecht (2003), S. 98–106.

[133] Staudinger/*von Hoffmann*, Art. 42 Rn. 4f.

[134] Text abgedruckt bei *Jayme/Hausmann*, Nr. 100.

Reiseländern, nicht aber in Deutschland in Kraft; eine Ratifizierung erscheint überfällig.[135]

Im Unfallrecht herrscht das *Platzdelikt* vor. Fallen Handlungs- und Erfolgsort zusammen, so bestehen keine Schwierigkeiten bei Anwendung der Tatortregel (Art. 40 I EGBGB); haben Schädiger und Geschädigter ihren gewöhnlichen Aufenthalt in demselben Staat, so genießt die Anknüpfung an den gemeinsamen Aufenthalt Vorrang vor der Regelanknüpfung an den Tatort (Art. 40 II EGBGB).[136] Zudem ist der Bereich der Transportschäden ein typisches Anwendungsgebiet für die akzessorische Anknüpfung deliktischer Ansprüche an das Vertragsstatut (Transportvertrag) nach Art. 41 II Nr. 1 EGBGB.[137] Unter diesem Gesichtspunkt gewinnt auch die Vielzahl internationaler Abkommen auf dem Gebiet des Transportrechts für die Bestimmung des Deliktsstatuts an Bedeutung.[138]

b) Direktanspruch (Art. 40 IV EGBGB)

Art. 40 IV EGBGB knüpft den Direktanspruch gegen den Haftpflicht- **47** versicherer im Falle eines Straßenverkehrsunfalls alternativ an das Deliktsstatut und das Statut des Versicherungsvertrages an. Damit beendet er den zuvor bestehenden Meinungsstreit[139] zugunsten eines geschädigtenfreundlichen Günstigkeitsprinzips. Die Einführung eines reinen Günstigkeitsprinzips überrascht, weil dieses zur selben Zeit in Art. 40 I EGBGB aufgegeben wurde.[140]

Bei der Ermittlung des Deliktsstatuts für die Zwecke des Art. 40 IV EGBGB sollen allein die Tatortregel sowie deren Auflockerung mittels des gemeinsamen Aufenthaltsstatuts zur Anwendung gelangen. Eine Auflockerung über Art. 41 EGBGB ist nicht vorzunehmen, da diese dem Sinn der alternativen Anknüpfung zuwiderliefe;[141] die Beachtlichkeit einer Rechtswahl durch die Parteien scheitert nach Art. 42 S. 2 EGBGB an den davon betroffenen Rechten Dritter (hier: Haftpflichtversicherer). Das nach Art. 40 IV EGBGB anwendbare Recht bestimmt über Grund und Höhe des Direktanspruchs.

Zur Anknüpfung einer Legalzession der Ansprüche des Geschädigten **48** gegen den Schädiger auf den Versicherer, sobald und soweit dieser dem Geschädigten den Schaden ersetzt, vgl. § 10 Rn. 91.

---

[135] Hierzu Staudinger/*von Hoffmann*, Art. 40 Rn. 181 m. w. Nachw.; weiterhin krit.: *W. Lorenz*, RabelsZ 57 (1993), 175–206 (188–195).
[136] Hierzu vgl. oben Rn. 35–38.
[137] Hierzu vgl. oben Rn. 40 f.
[138] Übersicht bei § 1 Rn. 68.
[139] Hierzu Staudinger/*von Hoffmann*, Art. 40 Rn. 433–436.
[140] Hierzu oben Rn. 25.
[141] *R. Wagner*, IPRax 1998, 429–438 (434); Bamberger/Roth/*Spickhoff*, Art. 40 Rn. 13; a. A.: *Looschelders*, Art. 40 Rn. 76.

2. Produkthaftung

Literatur: *von Hein,* Grenzüberschreitende Produkthaftung für „Weiterfresserschäden": Anknüpfung an den Marktort ist interessengerechter, RIW 2000, 820–833; *W. Lorenz,* Das internationale Privatrecht der Produktenhaftpflicht, FS Wahl (1973), S. 185–206; *Taupitz,* Das internationale Produkthaftungsrecht im Zugriff der europäischen Warenverkehrsfreiheit: Abschied vom favor laesi?, ZEuP 1997, 986–1009; *Thorn,* Internationale Produkthaftung des Zulieferers, IPRax 2001, 561–567; *Wandt,* Internationale Produkthaftung (1995).

49 Das *Haager Übereinkommen über das auf die Produkthaftung anwendbare Recht* vom 2. 10. 1973[142] ist mittlerweile für wichtige deutsche Handelspartner (Frankreich, Niederlande, Spanien) in Kraft getreten. Deutschland hat gegenwärtig nicht die Absicht, das Abkommen zu ratifizieren. Die *EG-Produkthaftungsrichtlinie* vom 25. 7. 1985[143] enthält keine Kollisionsnorm.

Nach autonomem Recht gelten auch für die Produkthaftung die allgemeinen Anknüpfungsregeln.[144] Allerdings sind im Rahmen der Tatortregel gewisse Besonderheiten bei der Bestimmung von Handlungs- und Erfolgsort zu beachten. *Handlungsort* ist der Sitz der Hauptverwaltung des Herstellers, da von hier die Verhaltenssteuerung im Hinblick auf Herstellung und Vertrieb der Ware ausgeübt wird.[145] Soweit Importeure oder Zwischenhändler aufgrund der Produkthaftung in Anspruch genommen werden, ist für diese der Handlungsort selbständig zu bestimmen; ausschlaggebend ist deren eigener Geschäftssitz.

Hinsichtlich des *Erfolgsortes* ist zu differenzieren (str.).[146] Werden der Erwerber des Produktes, dessen Familienangehörige oder von diesem abhängige Arbeitnehmer geschädigt, so ist der Erwerbsort des Produktes alleiniger Erfolgsort.[147] Handelt es sich bei dem Geschädigten hingegen um einen unbeteiligten Dritten *(bystander),* so ist an den Ort der Rechtsgutverletzung als Erfolgsort anzuknüpfen.[148]

Fall: Der in Passau lebende A erwirbt im österreichischen Linz ein Reisebügeleisen des tschechischen Herstellers B, welches nur ungenügend gegen Überhitzung gesichert ist. Bei der Inbetriebnahme während eines Urlaubs in Florida wird das Hemd

---

[142] Text abgedruckt bei Staudinger/*von Hoffmann,* Art. 40 Rn. 80.
[143] ABl. EG 1985 Nr. L 210/29, geändert durch RL v. 10. 5. 1999 (ABl. EG Nr. L 141/20).
[144] Zur akzessorischen Anknüpfung der Produkthaftung an das Vertragsstatut bei gleichzeitigem Vorliegen vertraglicher Ansprüche des Geschädigten gegenüber dem Schädiger vgl. oben Rn. 40f.
[145] *Thorn,* IPRax 2001, 561–567 (564f.); *Looschelders,* Art. 40 Rn. 111; a.A.: *von Hein,* RIW 2000, 820–833 (829–833), der allein auf den Marktort abstellen will; vgl. hierzu auch *OLG Düsseldorf* 18. 12. 1998, RIW 2000, 874 = IPRax 2001, 584 = IPRspr 1999 Nr. 37.
[146] Wie hier etwa *OGH* 19. 10. 2006, ZfRV 2006, 236.
[147] Hierzu bereits oben Rn. 31.
[148] Vgl. Staudinger/*von Hoffmann,* Art. 40 Rn. 96.

des A in Brand gesetzt; dieser erleidet zudem Verbrennungen an den Händen. A macht Schadensersatzansprüche gegen den Hersteller geltend.

Handlungsort ist der Sitz des Herstellers in Tschechien; als Erfolgsort gilt für die Ansprüche des Produktkäufers A der Erwerbsort in Österreich, nicht der Ort der Rechtsgutsverletzung in Florida. – Wird bei der Inbetriebnahme des Bügeleisens in Florida jedoch ein unbeteiligter Dritter geschädigt, so ist der Erfolgsort für diesen selbständig am Ort der Rechtsgutsverletzung (Florida) zu bestimmen.

Die Anknüpfung der Produkthaftung an den Tatort steht in Einklang **50** mit den europarechtlichen Vorgaben; insbesondere gebietet die Warenverkehrsfreiheit nach Art. 28 EG entgegen anderslautender Ansicht keine Anknüpfung an das Herkunftsland.[149]

Art. 5 Rom II-VO sieht künftig eine höchstkomplexe Anknüpfungsleiter vor. Danach kommt vorrangig das Aufenthaltsrecht des Geschädigten, subsidiär das Recht des Erwerbsorts und abermals subsidiär das Recht des Staates zur Anwendung, in dem der Primärschaden eingetreten ist. Voraussetzung ist jeweils, dass das schädigende Produkt im betreffenden Staat auch vermarktet wurde. Kann der Schädiger nachweisen, dass die Vermarktung im betreffenden Staat für ihn nicht vorhersehbar war, so ist das Recht seines gewöhnlichen Aufenthalts anwendbar. Zudem besteht die Möglichkeit einer Auflockerung der Anknüpfung auf der Grundlage einer engeren Verbindung zu einer anderen Rechtsordnung, etwa im Rahmen einer akzessorischen Anknüpfung an das Statut eines zwischen den Parteien bestehenden Vertrages (Art. 5 II Rom II-VO).

3. Wettbewerbsverstöße

Literatur: *Buchner,* Rom II und das Internationale Immaterialgüter- und Wettbewerbsrecht, GRUR 2005, 1004–1012; *Dethloff,* Europäisierung des Wettbewerbsrechts (2001); *Kreuzer,* Wettbewerbsverstöße und Beeinträchtigung geschäftlicher Interessen, in: von Caemmerer (Hrsg.), Vorschläge und Gutachten zur Reform des deutschen internationalen Privatrechts der außervertraglichen Schuldverhältnisse (1983), S. 232–297; *Lindacher,* Zum Internationalen Privatrecht des unlauteren Wettbewerbs, WRP 1996, 645–652; *Sack,* Das internationale Wettbewerbs- und Immaterialgüterrecht nach der EGBGB-Novelle, WRP 2000, 269–289; *W. Weber,* Die kollisionsrechtliche Behandlung von Wettbewerbsverletzungen mit Auslandsbezug (1982).

Das Recht des unlauteren Wettbewerbs nimmt im Internationalen De- **51** liktsrecht eine Sonderstellung ein, da hier *Drittinteressen* im Vordergrund stehen.[150] Die Fragestellung lautet typischerweise nicht, ob einem individuell Verletzten Ersatz für den ihm zugefügten Schaden gebührt, sondern ob eine bestimmte Werbe-, Marketing- oder sonstige Wettbewerbsmaßnahme auf dem Markt, auf dem sie zum Tragen kommt, unter der Abwägung der Interessen aller Marktbeteiligten und des Allgemeininteresses am Schutz der Wettbewerbsordnung zu untersagen ist; klassische Klageform ist die Unterlassungs- und nicht die Schadensersatzklage.

---

[149] Hierzu *Taupitz,* ZEuP 1997, 986–1009 (1006–1008), sowie oben § 1 Rn. 107–109.

[150] *Deutsch,* Wettbewerbstatbestände mit Auslandsberührung (1962), S. 27; *Trutmann,* Das internationale Privatrecht der Deliktsobligationen (1973), S. 180; MüKo/ *Drexl,* IntUnlWettbR, Rn. 4.

Die Tatortregel in Form des Ubiquitätsprinzips beruht jedoch allein auf dem Ausgleich der kollisionsrechtlichen Interessen von Schädiger und Geschädigtem. Drittinteressen bleiben hierbei unberücksichtigt. Somit ist die Tatortregel in der hergebrachten Form für die Anknüpfung im Wettbewerbsrecht ungeeignet.

Einigkeit besteht darüber, dass für das Wettbewerbsrecht ein von der allgemeinen Tatortregel abweichendes Anknüpfungsmoment zu suchen ist, welches Drittinteressen einbezieht.[151] Die h. M. spricht sich für eine wettbewerbsspezifische Bestimmung des Tatortes aus, welche nach der IPR-Reform von 1999 methodisch auf die Ausweichklausel des Art. 41 I EGBGB zu stützen ist.[152] Anknüpfungsmoment ist der Ort der wettbewerblichen Interessenkollision, d.h. der Ort, auf dessen Markt die Wettbewerbsmaßnahme einwirkt.[153] Am Marktort sind die Interessen der Mitbewerber sowie der Allgemeinheit berührt. Hier besteht zudem die Gefahr weiterer wettbewerbswidrigen Verhaltens, welches es zu verhindern gilt (Prävention). Anwendbar ist somit grundsätzlich das *Recht des Marktes,* um dessen Marktanteile es geht und auf dem der Verbraucher zum Zwecke des Produktabsatzes umworben wird (Absatzmarkt).[154]

Fall:[155] Das in den USA ansässige Unternehmen B stellt Kindersaugflaschen unter dem Warenzeichen Y her und vertreibt diese weltweit, teilweise direkt, teilweise über eine niederländische Lizenznehmerin. Das Warenzeichen Y ist in ca. 60 Ländern, darunter auch Deutschland, geschützt. Die deutsche Exportfirma K bringt unter der Bezeichnung X Kindersaugflaschen auf den Markt, welche in Deutschland hergestellt werden und äußerlich den Flaschen der B ähneln. Allerdings vertreibt K die Flaschen X nicht in Deutschland, sondern unter anderem in Südostasien und Lateinamerika. B verklagt K vor einem deutschen Gericht und begehrt, dieser wegen Verletzung ihres Warenzeichens den Vertrieb der beanstandeten Flaschen zu untersagen.

Für die behauptete Wettbewerbsverletzung durch B ist die Tatortregel in Form des Ubiquitätsprinzips nicht anwendbar. Vielmehr ist nach Art. 41 I EGBGB auf das Recht des Warenabsatzmarktes abzustellen. Vorliegend muss also für jedes der vom Export der Flaschen X durch K erfassten Länder gesondert geprüft werden, ob nach dem dort geltenden Recht ein Wettbewerbsverstoß vorliegt. Das deutsche Wettbewerbsrecht findet keine Anwendung, da ein Vertrieb der Flasche X in Deutschland gerade nicht erfolgt.

52   Sind jedoch im Einzelfall Drittinteressen gar nicht oder nur mittelbar berührt, etwa weil sich der Wettbewerbsverstoß – dem allgemeinen Deliktsrecht vergleichbar – unmittelbar gegen einen bestimmten Mitbe-

---

[151] Zum Meinungsstand: Staudinger/*von Hoffmann*, Art. 40 Rn. 302–314.

[152] BTDrucks. 14/343, S. 10; *Looschelders*, Art. 40 Rn. 94; s. auch oben Rn. 44.

[153] Baumbach/*Hefermehl*, Wettbewerbsrecht, 22. Aufl. (2001), Einl. UWG, Rn. 184, 186 f.; *Kreuzer*, in: von Caemmerer (Hrsg.), S. 232–297 (275); *Sack*, GRUR Int 1988, 320–343 (330); *Lindacher*, WRP 1996, 645–652 (647 f.).

[154] Zur Ermittlung des Marktortes bei Werbung im Internet vgl. *KG* 20. 12. 2001, GRUR Int 2002, 448 = IPRspr 2001 Nr. 121.

[155] *BGH* 30. 6. 1961, BGHZ 35, 329 = NJW 1962, 37 = *Schack*, Höchstrichterliche Rechtsprechung, Nr. 18 = IPRspr 1960/61 Nr. 155.

werber richtet *(betriebs- oder individualrechtsbezogener Wettbewerbs-verstoß)*, so gelangen die allgemeinen Anknüpfungsregeln, insbesondere die Tatortregel in Verbindung mit dem Ubiquitätsprinzip, zur Anwendung.[156]

Beispiele: Verrat von Geschäftsgeheimnissen (§ 17 UWG), Abwerbung fremder Arbeitnehmer, unbegründete Schutzrechtverwarnung.

Im Einzelnen ist die Abgrenzung von marktbezogenen und betriebsbezogenen Wettbewerbsverstößen schwierig und folglich umstritten.[157]

Vor der IPR-Reform von 1999 wurde die Beachtlichkeit einer Rechts- **53** wahl für marktbezogene Wettbewerbsverstöße im Hinblick auf die hiervon betroffenen Interessen Dritter sowie der Allgemeinheit überwiegend abgelehnt.[158] Da Art. 42 S. 2 EGBGB die Rechte Dritter ausdrücklich vorbehält, eine Rechtswahl somit ohnehin nur Wirkung inter partes entfaltet, sind die Bedenken gegen die Zulässigkeit der Rechtswahl nunmehr ausgeräumt.[159]

Das Kollisionsrecht des unlauteren Wettbewerbs wird durch das *Europäi-* **54** *sche Gemeinschaftsrecht* nicht aufgehoben. Grundsätzlich gilt auch hier das Recht des Marktortes. Handelt der betroffene Anbieter vom europäischen Ausland aus, so können die gegenüber dem Herkunftsland des Anbieters strengeren Wettbewerbsregeln des Marktortes indes einen Eingriff in die Grundfreiheiten (freier Warenverkehr; Dienstleistungsfreiheit) darstellen. In diesem Fall muss das Recht des Herkunftsstaates bei der Beurteilung der dort verwirklichten Tatbestandselemente berücksichtigt werden, etwa zur Ausfüllung des Begriffs der guten Sitten in § 1 UWG (*Binnenmarktsachverhalt* als Sonderfall des Auslandssachverhalts).[160] Dies gilt auch für den Bereich des elektronischen Geschäftsverkehrs; Art. 3 der EG-e-commerce-Richtlinie vom 8. 6. 2000[161] steht mit einem solchen materiellrechtlichen Verständnis des Herkunftslandprinzips in Einklang (bestr.).[162]

---

[156] *Kreuzer*, in: von Caemmerer (Hrsg.), S. 232–297 (282); *W. Weber*, S. 173; *Looschelders*, Art. 40 Rn. 97.

[157] Vgl. etwa die Bsp. bei Staudinger/*von Hoffmann*, Art. 40 Rn. 320 m. w. Nachw.; hierzu auch: *Lindacher*, WRP 1996, 645–652 (649 f.).

[158] *Reichert-Facilides*, FS G. Hartmann (1976), S. 205–212 (211 f.).

[159] Staudinger/*von Hoffmann*, Art. 40 Rn. 345; a. A.: *Sack*, WRP 2000, 269–289 (285).

[160] *EuGH* 7. 3. 1990, Rs. 362/88 – „GB-INNO", EuGHE 1990 I, 667 = EuZW 1990, 222 m. Anm. *Alt*, 311–313 und *J. Sack*, 313 f. = GRUR Int 1990, 955 m. Anm. *Hakenberg/Harles* (Werbung eines belgischen Unternehmens in Luxemburg); *EuGH* 18. 5. 1993, Rs. C-126/91 – „Yves Rocher", EuGHE 1993 I, 2361 = EuZW 1993, 420 m. Anm. *Leisner*, 655–659 = WRP 1993, 615 m. Anm. *Schricker* und *Keßler*, 571–577; *Basedow*, RabelsZ 59 (1995), 1–55 (49–52) m. w. Nachw.; hierzu näher § 1 Rn. 107–109.

[161] ABl. EG 2000 Nr. L 178/1; in Deutschland umgesetzt durch § 4 Teledienstgesetz (BGBl. 2001 I S. 3721).

[162] *Sonnenberger*, ZvglRW 100 (2001), 107–136 (126–128); *Looschelders*, Art. 40 Rn. 100; a. A. (Kollisionsregel): *Mankowski*, ZvglRW 100 (2001), 137–181.

Art. 6 Rom II-VO unterscheidet künftig wie das geltende deutsche Kollisionsrecht zwischen markt- und betriebsbezogenen Wettbewerbsverstößen. Während erstere an das Recht des Staates angeknüpft werden, in dem die Wettbewerbsverhältnisse sowie die kollektiven Verbraucherinteressen beeinträchtigt sind (Abs. 1), verweist Art. 6 II Rom II-VO für letztere auf die allgemeine Anknüpfungsregel des Art. 4. Eine Rechtswahl ist nach Art. 6 IV Rom II-VO unzulässig.

4. Umweltschäden

Literatur: *Hager,* Zur Berücksichtigung öffentlich-rechtlicher Genehmigungen bei Streitigkeiten wegen grenzüberschreitender Immissionen, RabelsZ 53 (1989), 293–319; *Kreuzer,* Umweltstörungen und Umweltschäden im Kollisionsrecht, in: Dolzer u.a. (Hrsg.), Umweltschutz im Völkerrecht und Kollisionsrecht (1992), S. 245–309; *Sturm,* Immissionen und Grenzdelikte, in: von Caemmerer (Hrsg.), Vorschläge und Gutachten zur Reform des deutschen internationalen Privatrechts der außervertraglichen Schuldverhältnisse (1983), S. 338–360; *Wandt,* Deliktsstatut und Internationales Umwelthaftungsrecht, VersR 1998, 529–538; *U. Wolf,* Deliktsstatut und internationales Umweltrecht (1995).

55 Völkerrechtliche Abkommen auf dem Gebiet der Haftung für Umweltschäden bestehen derzeit nur auf dem Gebiet der Kernenergie sowie für Ölverschmutzungsschäden.[163] Im autonomen Recht finden die allgemeinen Anknüpfungsregeln auch auf Umweltschäden Anwendung.[164]

Fall:[165] Das französische Unternehmen C leitet Kohle- und Bergschlamm in den deutsch-französischen Grenzfluss Rossel ein. Infolge von Schlammablagerungen kann der deutsche Unternehmer S seine durch die Wasserkraft der Rossel betriebene Turbine nicht mehr zur Erzeugung von elektrischer Energie nutzen. S verlangt von C deshalb Schadensersatz.

Nach der Tatortregel ist auf den Handlungs- wie auf den Erfolgsort abzustellen. Handlungsort ist der Ort, an dem der schädigende Stoff aus der Verfügungsgewalt des Schädigers in das Gewässer gelangt, vorliegend also der Ort der Schlammeinleitung (Frankreich). Erfolgsort ist der Ort der Rechtsgutsverletzung, hier der geschädigte Gewerbebetrieb des S in Deutschland. Somit gelangt französisches Recht als Recht des Handlungsortes zur Anwendung, es sei denn, S macht von seinem Bestimmungsrecht zugunsten des Rechts am Erfolgsort (Deutschland) Gebrauch (Art. 40 I EGBGB).

56 Auch *Unterlassungsansprüche* sind alternativ anzuknüpfen, gleichgültig ob sie internrechtlich dem Delikts- oder Sachenrecht (wie § 1004 BGB) zugeordnet werden;[166] den Gleichklang zwischen Internationalem Delikts- und Nachbarrecht sichert nun ausdrücklich Art. 44 EGBGB.[167]

---

[163] Übersicht bei § 1 Rn. 69.

[164] Bamberger/Roth/*Spickhoff,* Art. 40 Rn. 41; zur internationalen Zuständigkeit vgl. § 3 Rn. 55.

[165] *LG Saarbrücken* 4. 7. 1961, IPRspr 1960/61 Nr. 38; *OLG Saarbrücken* 5. 3. 1963, IPRspr 1962/63 Nr. 38.

[166] Vgl. hierzu auch die Begründung des EuGH in seiner *Temelin*-Entscheidung zur internationalen Zuständigkeit bei Umweltdelikten: *EuGH* 18. 5. 2006, Rs. C-343/04 – „ČES", EuGHE 2006 I, 4558 = NVwZ 2006, 1149 (1151) = IPRax 2006, 591 m. Anm. *Thole* 564–567.

[167] Vgl. BTDrucks. 14/343, S. 16f., sowie § 12 Rn. 20.

Höchst umstritten ist, welche Folgen die öffentlich-rechtliche Genehmigung einer Emission am Handlungsort auf die Haftung nach dem Recht des Erfolgsortes hat.[168] Eine ausländische Genehmigung sollte als Auslandssachverhalt auf materiellrechtlicher Ebene nur dann beachtlich sein und zum Ausschluss der Rechtswidrigkeit führen, wenn den Einwohnern des Erfolgsortsstaats eine Beteiligungsmöglichkeit am Genehmigungsverfahren im Emissionsstaat eingeräumt wurde, die Genehmigung in beiden Staaten im Hinblick auf Voraussetzungen und Rechtsfolgen ebenso vergleichbar ist wie die Umweltstandards und kein Verstoß gegen den ordre public des Erfolgsortes vorliegt.

Der künftige Art. 7 Rom II-VO behält für Umweltschäden – im Unterschied zu allen anderen Deliktstypen – die Ubiquitätsregel bei. Zwar bleibt es bei der objektiven Anknüpfung an den Erfolgsort nach Art. 4 I Rom II-VO. Der Geschädigte hat aber ein einseitiges Wahlrecht zu Gunsten des Rechts am Handlungsort.

V. Anwendungsbereich des Deliktsstatuts

1. Allgemeines

Dem Deliktsstatut unterliegen sowohl die Voraussetzungen der Haftung 57 (Deliktsfähigkeit, Kausalität, Rechtswidrigkeit, Verschulden) als auch die Art und Weise des Schadensersatzes (Umfang und Höhe des Schadens, Unterlassungs-[169] und Beseitigungsansprüche, immaterieller Schaden).[170] Es regelt zudem, ob deliktische Ansprüche übertragbar bzw. vererblich sind.

2. Verkehrsregeln. Sicherheitsvorschriften

Viel diskutiert wird die Frage, ob und in welchem Rahmen örtliche Ver- 58 kehrsregeln und sonstige Sicherheitsvorschriften Berücksichtigung finden können, wenn sie nicht dem Deliktsstatut entstammen. Dieses Problem stellt sich insbesondere dann, wenn der Tatort eindeutig lokalisiert werden kann, Deliktsstatut aber nicht das Tatortrecht ist.

Fall: Der in Bonn lebende Schotte M verbringt seinen Urlaub mit deutschen Bekannten in Edinburgh. Während einer Landpartie kommt er mit seinem in Deutschland zugelassenen Pkw in einer unübersichtlichen Kurve auf die rechte Fahrbahnseite. Als plötzlich ein anderes Fahrzeug entgegenkommt, kann er einen Zusammenstoß nur dadurch vermeiden, dass er die Fahrbahn verlässt. Bei diesem Manöver wird einer der Insassen verletzt.

---

[168] Hierzu Staudinger/*von Hoffmann*, Art. 40 Rn. 164–174; *U. Wolf*, Deliktsstatut und internationales Umweltrecht, S. 179–192, jeweils m. w. Nachw.

[169] *BGH* 19. 12. 1995, BGHZ 131, 332 = NJW 1996, 1128 = IPRspr 1995 Nr. 39.

[170] *BGH* 14. 6. 1960, VersR 1960, 990 (991); MüKo/*Junker*, Art. 40 Rn. 200–204; Staudinger/*von Hoffmann*, Vorbem. zu Art. 40 ff., Rn. 23–44; Soergel/*Lüderitz*, Art. 38 Rn. 93–101.

506   3. Teil. Besondere Lehren

Anwendbar ist deutsches Recht als gemeinsames Aufenthaltsstatut der Unfallbeteiligten (Art. 40 II EGBGB). Unbestritten müssen jedoch die Verkehrsvorschriften des Tatortrechts, hier also das britische Linksfahrgebot, herangezogen werden.[171]

Dabei handelt es sich weder um eine „Berücksichtigung dritter Rechtsordnungen" oder gar um ein „kollisionsrechtliches Nebenstatut", welches gesondert anzuknüpfen wäre, sondern um einen typischen Fall des *Auslandssachverhalts*[172]. Danach ist zu prüfen, ob und inwieweit ausländische Sachverhaltselemente unter den Tatbestand der Sachnormen des Deliktsstatuts subsumiert werden können. Hierbei geht es insbesondere um örtliche Verkehrsregeln (z. B. Straßen-, Luft-, Schifffahrtsverkehr; Verhaltensregeln für Skifahrer[173]) sowie Sicherheitsvorschriften (z. B. Anlegen von Sicherheitsgurten, Sicherheitseinrichtungen an Kfz oder Schiffen, zulässiger Blutalkoholgehalt).

Diesen kommt im Rahmen des Deliktsstatuts *Tatbestandswirkung* zu. Es handelt sich also um eine materiellrechtliche Wertung, nicht um ein kollisionsrechtliches Gebot.[174] Haftungstatbestände sind häufig als „offene Tatbestände" formuliert: Ob eine Haftung begründet ist, ergibt sich nicht aus der Haftungsnorm selbst, sondern erst in Verbindung mit einer Verhaltensnorm. Hier gewinnen die am Tatort geltenden Regeln Bedeutung. So ist etwa bei Anwendbarkeit deutschen Sachrechts im Rahmen der Prüfung der verkehrserforderlichen Sorgfalt (§ 276 BGB) die Einhaltung der am Tatort geltenden Verkehrsregeln zu verlangen.[175] Ebenso sind bei § 823 II BGB als Schutzgesetze die örtlichen Verkehrsregeln und Sicherheitsvorschriften heranzuziehen.

Im Ausgangsfall ist bei Prüfung des deutschen materiellen Rechts zu beachten, dass M dem am Tatort geltenden Linksfahrgebot zuwider gehandelt hat. Somit hat er die im Verkehr erforderliche Sorgfalt (§ 276 BGB) missachtet. Zudem liegt in dem Verstoß gegen das Linksfahrgebot eine Schutzgesetzverletzung im Sinne des § 823 II BGB begründet.

3. Ordre-public-Klausel (Art. 40 III EGBGB)

59 Art. 40 III EGBGB, der den allgemeinen ordre-public-Vorbehalt des Art. 6 EGBGB für den Bereich des Deliktsrechts konkretisiert,[176] sieht vor, dass Ansprüche aus unerlaubter Handlung, welche ausländischem

---

171 So etwa *BGH* 26. 11. 1964, BGHZ 42, 385 (388) = NJW 1965, 489 = IPRspr 1964/65 Nr. 62; *BGH* 23. 11. 1971, BGHZ 57, 265 (267f.) = NJW 1972, 387 = IPRspr 1971 Nr. 18.
172 Hierzu § 1 Rn. 129.
173 *OLG Düsseldorf* 19. 4. 1996, VersR 1997, 193 = IPRspr 1996 Nr. 41; *LG Traunstein* 5. 4. 2000, SpuRt 2002, 20 = IPRspr 2001 Nr. 36.
174 Staudinger/*von Hoffmann*, Vorbem. zu Art. 40ff., Rn. 58; Bamberger/Roth/ *Spickhoff*, Art. 40 Rn. 11f.
175 So etwa: *BGH* 23. 1. 1996, NJW-RR 1996, 732 = RIW 1996, 426 = IPRspr 1996 Nr. 39; *OLG Hamm* 26. 11. 1996, IPRspr 1997 Nr. 46.
176 *Spickhoff*, NJW 1999, 2209–2215 (2213).

Recht unterliegen, in drei im Gesetz einzeln beschriebenen Fallgruppen nicht geltend gemacht werden können. Dies betrifft zunächst Ansprüche, die „wesentlich weiter gehen als zur angemessenen Entschädigung des Verletzten erforderlich" ist (Nr. 1) oder „offensichtlich anderen Zwecken als einer angemessenen Entschädigung des Verletzten dienen" (Nr. 2). Zu denken ist hier vor allem an den mehrfachen Schadensersatz sowie den Strafschadensersatz des US-amerikanischen Rechts.[177] Soweit „punitive damages" deliktsrechtlich qualifiziert werden,[178] kann der deutsche Richter bei Anwendung US-amerikanischen Rechts im Einzelfall dennoch davon absehen, einen solchen Schadensersatz zuzusprechen, wenn er den wirklich erlittenen Schaden wesentlich übersteigt. Fraglich erscheint, ob die beiden in den Nr. 1 und 2 genannten Alternativen wirklich unterschiedliche Fallgruppen zum Inhalt haben, da eine Leistung, die den eingetretenen Schaden wesentlich überschreitet, stets anderen Zwecken als einer angemessenen Entschädigung des Verletzten dienen dürfte.[179] Nach Art. 40 III Nr. 3 EGBGB können zudem Ansprüche nach einer ausländischen Rechtsordnung nicht geltend gemacht werden, die den Haftungsbeschränkungen eines für Deutschland verbindlichen völkerrechtlichen Übereinkommens[180] zuwiderlaufen. Hierdurch soll einer drohenden Ungleichbehandlung des Schädigers begegnet werden, die in ansonsten gleich gelagerten Sachverhalten dadurch entstehen könnte, dass in einem Fall das Recht eines Vertragsstaates des fraglichen Übereinkommens, im anderen aber dasjenige eines Nichtvertragsstaates anwendbar ist.[181]

4. Renvoi

Die Beachtlichkeit eines Renvoi im Internationalen Deliktsrecht ist umstritten. Die Frage gewinnt im Zusammenhang mit der Auflockerung der Tatortregel zunehmend an Bedeutung. Die Mehrzahl der Instanzgerichte sowie ein Teil des Schrifttums befürworten die Beachtung des Renvoi.[182] Hierfür spricht theoretisch der internationale Entscheidungseinklang, praktisch die Erwägung, dass der Renvoi häufig die Anwendung inländischen Rechts ermöglicht. 60

Während die ursprüngliche Fassung des Referentenentwurfes mittels einer Verweisung auf Art. 35 EGBGB den Renvoi für das IPR der außervertraglichen Schuldverhältnisse ausdrücklich ausschloss (Art. 42 II Ref. E. 1984), schweigt die Neukodifikation zu dieser Frage. Somit bleibt die allgemeine Regelung des Art. 4 EGBGB anwendbar.

---

[177] BTDrucks. 14/343, S. 12.
[178] Hierzu oben Rn. 20; zur Anerkennung ausländischer punitive-damages-Urteile § 3 Rn. 172.
[179] Staudinger/*von Hoffmann*, Art. 40 Rn. 417; MüKo/*Junker*, Art. 40 Rn. 214.
[180] In Betracht kommen insbesondere Übereinkommen auf dem Gebiet des Umwelthaftungsrechts; s. oben Rn. 55 sowie § 1 Rn. 69.
[181] BTDrucks. 14/343, S. 12 f.; Bamberger/Roth/*Spickhoff*, Art. 40 Rn. 54.
[182] Nachw. bei Staudinger/*von Hoffmann*, Vorbem. zu Art. 40 ff., Rn. 66 f., 69.

61 Je differenzierter eine Kollisionsnorm ist und je mehr sie von materiellen Vorstellungen über eine angemessene Anknüpfung getragen wird, desto weniger ist es gerechtfertigt, diese Wertung durch das ausländische Kollisionsrecht wieder zunichte machen zu lassen. Demgegenüber spielt das Ordnungsinteresse am internationalen Entscheidungseinklang im Internationalen Deliktsrecht, wie auch sonst im Internationalen Vermögensrecht, nur eine geringe Rolle.[183] Daher gilt für die Beachtlichkeit des Renvoi Folgendes:

(1) Soweit eine Rechtswahl der Beteiligten nach Art. 42 EGBGB erfolgt ist, ist diese Sachnormverweisung (Art. 4 II EGBGB).

(2) Werden die deliktischen Ansprüche akzessorisch zu einem zwischen den Parteien bestehenden Rechtsverhältnis angeknüpft (Art. 41 II Nr. 1 EGBGB), so ist ein Renvoi ebenfalls ausgeschlossen, da ansonsten die mit der akzessorischen Anknüpfung bezweckte einheitliche materiellrechtliche Beurteilung zusammenhängender Rechtsfragen vereitelt würde (vgl. Art. 4 I 1 HS. 2 EGBGB).[184]

(3) Macht der Geschädigte von seinem in Art. 40 I 2 EGBGB vorgesehenen Bestimmungsrecht zugunsten des Rechts am Erfolgsort Gebrauch, so handelt es sich gemäß Art. 4 II EGBGB (einseitige Rechtswahl) gleichfalls um eine Sachnormverweisung.[185]

(4) Die Regelanknüpfung an den Handlungsort (Art. 40 I 1 EGBGB) soll prozessökonomischen Zielen dienen,[186] denen eine Gesamtverweisung zuwiderliefe. Zudem beruht die alternative Anknüpfung an Handlungs- und Erfolgsort auf materiellrechtlichen Erwägungen, namentlich der doppelten Funktion des Deliktsrechts (Verhaltenssteuerung/Opferentschädigung). Durch einen Renvoi könnte jedoch die Anzahl der zur Verfügung stehenden Rechtsordnungen verringert und somit das Ziel der alternativen Anknüpfung beeinträchtigt werden.[187]

Beispiel: Durch die Emissionen eines französischen Kraftwerks werden in Deutschland gelegene Gemüsefelder geschädigt. Das französische IPR knüpft unerlaubte Handlungen im Unterschied zum deutschen Kollisionsrecht allein an den Erfolgsort an.[188] Bei Annahme einer Gesamtverweisung erfolgte somit eine Rückverweisung durch das IPR des französischen Handlungsortes auf das Recht des Erfolgsortes; das Ziel der alternativen Anknüpfung würde hierdurch verfehlt.

Liegen Handlungs- und Erfolgsort in unterschiedlichen Staaten, so ist die Verweisung durch die Tatortregel daher Sachnormverweisung.

---

[183] *OLG Karlsruhe* 7. 12. 1978, IPRspr 1978 Nr. 29; vgl. auch *Kropholler,* RabelsZ 33 (1969), 601–653 (645 f.).

[184] S. § 6 Rn. 114.

[185] So im Ergebnis auch MüKo/*Junker,* Art. 40 Rn. 237, unter Hinweis auf Art. 4 I 1 a. E. EGBGB.

[186] Hierzu oben Rn. 26.

[187] Hierzu auch § 6 Rn. 113.

[188] *Cour de Cassation,* Sections Civiles, 8. 2. 1983, Clunet 111 (1984) 123.

(5) Im Falle eines Platzdeliktes bestehen bei Anknüpfung an die Tatortregel keine grundsätzlichen Bedenken gegen eine Beachtung des Renvoi.[189] Fraglich ist jedoch, ob eine solche Differenzierung in der Rechtsfolge einer alternativ anknüpfenden Kollisionsnorm rechtstechnisch vertretbar ist.[190] Zudem beinhaltet die Anwendung der Grundregel stets auch ein Negativurteil über das Eingreifen der Ausweichklausel. Sie erweist sich damit als Teil eines differenzierten Anknüpfungsschemas, welches einen Ausgleich zwischen Rechtssicherheit und Einzelfallgerechtigkeit herzustellen sucht. Dies spricht für eine Sachnormverweisung.

(6) Ist die Anknüpfung an den Tatort Sachnormverweisung, so muss dies auch für eine Näherbeziehung über den gemeinsamen gewöhnlichen Aufenthalt der Beteiligten (Art. 40 II EGBGB) gelten; es erscheint unlogisch, im Falle der Grundregel nur materielles Recht zu berufen, im Falle der Sonderanknüpfung hingegen auch die Kollisionsnormen einzubeziehen.[191]

---

[189] So etwa *Timme*, NJW 2000, 3258–3260 (3259).
[190] Ablehnend etwa *Dörner*, Jura 1990, 57–62 (62).
[191] So auch *Dörner*, Jura 1990, 57–62 (62).

§ 12. Sachenrecht

Literatur: *Benecke*, Abhandenkommen und Eigentumserwerb im IPR, ZvglRW 101 (2002), 362–378; *Drobnig*, Mobiliarsicherheiten im internationalen Wirtschaftsverkehr, RabelsZ 38 (1974), 468–489; *Kreuzer*, Die Vollendung der Kodifikation des deutschen internationalen Privatrechts durch das Gesetz zum Internationalen Privatrecht der außervertraglichen Schuldverhältnisse und Sachen vom 21. 5. 1999, RabelsZ 65 (2001), 383–462; *Pfeiffer*, Der Stand des Internationalen Sachenrechts nach seiner Kodifikation, IPRax 2000, 270–281; *Stoll*, Zur gesetzlichen Regelung des internationalen Sachenrechts in Artt. 43–46 EGBGB, IPRax 2000, 259–270; *Weber*, Parteiautonomie im internationalen Sachenrecht?, RabelsZ 44 (1980), 510–530.

A. Allgemeines

I. Gegenstand

1   Das Internationale Sachenrecht umfasst alle Fragestellungen, die den im 3. Buch des BGB geregelten vergleichbar sind. Es geht um die Zuordnung von Grundstücken und beweglichen Sachen (oder Rechten an denselben) gegenüber jedermann *(absolute Wirkung).*[1]

II. Rechtsquellen

1. Autonomes Recht

2   Seit der IPR-Reform vom 1. 6. 1999[2] ist das Internationale Sachenrecht in den Art. 43 bis 46 EGBGB gesetzlich geregelt. Daneben bestehen spezialgesetzliche Regelungen, die auf völker- bzw. europarechtlichen Vorgaben beruhen.[3]

3   Das Gesetz schreibt in der zentralen Norm des Art. 43 I EGBGB die bereits zuvor kraft Gewohnheits- bzw. Richterrechts geltende lex-rei-sitae-Regel fest. Daneben finden sich in Art. 43 II, III EGBGB fragmentarische Regelungen zum Statutenwechsel. Ausführlich geregelt sind dagegen die dinglichen Rechte an Transportmitteln (Art. 45 EGBGB). Eine Neuerung im Internationalen Sachenrecht stellt die Ausweichklau-

---

[1]   MüKo/*Wendehorst*, Art. 43 Rn. 39; Staudinger/*Stoll*, Internationales Sachenrecht, Rn. 1.

[2]   Hierzu § 1 Rn. 136.

[3]   Hierzu sogleich Rn. 4–6.

sel des Art. 46 EGBGB dar; sie erlaubt im Einzelfall ein Abweichen von der lex-rei-sitae-Regel.[4]

2. Völkerrechtliche Verträge

In völkerrechtlichen Verträgen zur Vereinheitlichung des materiellen Rechts werden **4** sachenrechtliche Fragestellungen meist ausgeklammert.

Beispiel: Art. 4 S. 2 des Wiener UN-Übereinkommens über Verträge über den internationalen Warenkauf vom 11. 4. 1980[5]

Versuchen, die Kollisionsnormen über den Eigentumserwerb international zu vereinheitlichen, war bislang kein Erfolg beschieden.[6]

Beispiel: Haager Übereinkommen über das auf den Eigentumserwerb bei internationalen Käufen beweglicher Sachen anzuwendende Recht vom 15. 4. 1958[7]

Lediglich für Teilbereiche wurden international einheitliche Sach- bzw. Kollisionsregeln geschaffen.

Beispiele:
– Genfer Abkommen über die internationale Anerkennung von Rechten an Luftfahrzeugen vom 19. 6. 1948[8], in Deutschland umgesetzt durch §§ 103–106 des *Gesetzes über Rechte an Luftfahrzeugen* vom 26. 2. 1959[9]
– Haager Übereinkommen über das auf den Trust anwendbare Recht und die Anerkennung von Trusts vom 1. 7. 1985[10]
– UNIDROIT-Übereinkommen von Ottawa über das internationale Finanzierungsleasing vom 28. 5. 1988[11]
– Haager Übereinkommen über die auf bestimmte Rechte in Bezug auf Intermediärverwahrte Wertpapiere anzuwendende Rechtsordnung[12]
– Übereinkommen über internationale Sicherungsrechte an beweglicher Ausrüstung[13]

---

[4] Hierzu allgemein § 2 Rn. 54.
[5] BGBl. 1989 II S. 588 = *Jayme/Hausmann*, Nr. 77; in Kraft seit dem 1. 1. 1991.
[6] Staudinger/*Stoll*, Internationales Sachenrecht, Rn. 105.
[7] Französischer Text in RabelsZ 24 (1959), 145–148; nicht in Kraft getreten; dazu *Petersen*, RabelsZ 24 (1959), 1–53 (10–21).
[8] BGBl. 1959 II S. 130 = *Jayme/Hausmann*, Nr. 110; in Kraft seit dem 5. 10. 1959; näher dazu MüKo/*Wendehorst*, Art. 45 Rn. 5–8.
[9] BGBl. 1959 I S. 57 = *Jayme/Hausmann*, Nr. 113; dazu näher Staudinger/*Stoll*, Internationales Sachenrecht, Rn. 400–402; MüKo/*Kreuzer*, 3. Aufl. (1998), Nach Art. 38 Anh. I Rn. 167–173.
[10] Englischer und französischer Text in RabelsZ 50 (1986), 698–715; deutsche Übersetzung in IPRax 1987, 55–58; für Deutschland nicht in Kraft; dazu näher: *Kötz*, RabelsZ 50 (1986), 562–585.
[11] Englischer und französischer Text in Rev dr unif 1988 I, 134–161; für Deutschland nicht in Kraft; dazu näher: *Dageförde*, Internationales Finanzierungsleasing (1992).
[12] Noch nicht in Kraft getreten; amtliche deutsche Übersetzung in IPRax 2003, 550–555; hierzu: *Reuschle*, IPRax 2003, 495–505; *Merkt/Rossbach*, ZvglRW 102 (2003), 33–52.
[13] Englischer Text in ZLW 2002, 150–171; für Deutschland nicht in Kraft; dazu *Henrichs*, IPRax 2003, 210–218.

3. Europarecht

5 Pläne, im Rahmen der EG das Internationale Sachenrecht zu vereinheitlichen, wurden bald aufgegeben.[14] Die Europäische Union bemüht sich heute um eine Vereinheitlichung von Teilfragen des materiellen Sachenrechts. Zu nennen ist insbesondere die Verordnung (EG) Nr. 1346/2000 über Insolvenzverfahren vom 31. 5. 2002[15]. Ziel der Verordnung ist es, auch im Bereich des Insolvenzrechts das Konzept des Binnenmarktes stärker zu verwirklichen als bisher. Hierzu wird dem in einem Mitgliedstaat eröffneten Insolvenzverfahren, dem „Hauptinsolvenzverfahren", eine möglichst weitgehende unionsweite Wirkung beigegeben (Grundsatz der eingeschränkten Universalität). Davon ausgenommen sind jedoch nach Art. 5 EuInsVO gerade dingliche Rechte von Gläubigern oder Dritten an Gegenständen des Gemeinschuldners, die sich bei Eröffnung des Verfahrens im Gebiet eines anderen Mitgliedstaats befinden; insoweit ist ein Sekundärinsolvenzverfahren am Lageort durchzuführen. Eingeschränkt sind die Wirkungen des Insolvenzverfahrens zudem bei Bestehen eines Eigentumsvorbehalts (Art. 7 EuInsVO). Auch auf diesem Gebiet gelang es somit nicht, zu einer wirklichen Vereinheitlichung des Kollisions- oder Sachrechts zu kommen.

6 Regelungen zu Einzelfragen des Internationalen Sachenrechts finden sich indes in Richtlinien. So enthält Art. 12 der Richtlinie 93/7/EWG vom 15. 3. 1993 betreffend die Rückgabe von unrechtmäßig aus dem Hoheitsgebiet eines Mitgliedstaats verbrachten Kulturgütern[16], in Deutschland umgesetzt durch §§ 4, 8 *Kulturgüterrückgabegesetz* vom 15. 10. 1998[17], eine Kollisionsregel zur Beurteilung der Eigentumsverhältnisse. Diese knüpft in Abweichung von der im Internationalen Sachenrecht üblichen lex-rei-sitae-Regel an das Recht des Staates an, aus welchem das Kulturgut unrechtmäßig ausgeführt wurde. Sie entspricht damit neueren Tendenzen für eine Sonderanknüpfung im Falle von abhanden gekommenen Sachen (lex originis).[18] – Mit dem Eigentum und sonstigen Nutzungsrechten an Immobilien befasst sich die Richtlinie 94/47/EG vom 26. 10. 1994 zum Schutze der Erwerber im Hinblick auf bestimmte Aspekte von Verträgen über den Erwerb von Teilzeitnutzungsrechten an Immobilien[19], deren kollisionsrechtliche Vorgaben in Deutschland durch Art. 29a EGBGB umgesetzt wurden.[20] – Die Richtlinie 2000/35/EG zur Bekämpfung von Zahlungsverzug im Geschäftsverkehr vom 29. 6. 2000[21] enthält in ihrem Art. 4 eine Regelung zum Eigentumsvorbehalt, welche die mit einem Statutenwechsel innerhalb der EU verbundenen Probleme zumindest entschärfen, wenn nicht beseitigen soll. Der Wortlaut gibt Anlass zu Zweifeln: Sind die Mitgliedstaaten zur Einführung des Eigentumsvorbehalts in das interne Recht verpflichtet oder beschränkt sich ihre Pflicht darauf, den im EU-

---

14 Soergel/*von Hoffmann*, Vor Art. 27 Rn. 6; Staudinger/*Stoll*, Internationales Sachenrecht, Rn. 112 f. m. w. Nachw.

15 ABl. EG 2000 Nr. L 160/1 = *Jayme/Hausmann*, Nr. 260; hierzu: *Huber*, ZZP 2001, 133–166; *Eidenmüller*, IPRax 2001, 2–15.

16 ABl. EG 1993 Nr. L 74/74 = *Jayme/Hausmann*, Nr. 112; dazu *Siehr*, NJW 1993, 2206–2209.

17 BGBl. 1998 I S. 3162 = *Jayme/Hausmann*, Nr. 114; dazu *Fuchs*, IPRax 2000, 281–286.

18 Näher hierzu Rn. 22; zum gutgläubigen Erwerb von Kulturgütern Soergel/*Lüderitz*, Art. 38 Anh. II Rn. 107–110 m. w. Nachw.; *Mansel*, IPRax 1988, 268–271 (271); *Siehr*, IPRax 1993, 339 f.

19 ABl. EG 1994 Nr. L 280/83 = *Jayme/Hausmann*, Nr. 81; hierzu: *Mäsch*, EuZW 1995, 8–14.

20 Hierzu § 10 Rn. 73 b.

21 ABl. EG 2000 Nr. L 200/35.

Ausland begründeten Eigentumsvorbehalt anzuerkennen? – Hinzuweisen ist schließlich auf Art. 9 II der Richtlinie 98/26/EG über die Wirksamkeit von Abrechnungen in Zahlungs- sowie Wertpapierliefer- und -abrechnungssystemen vom 19. 5. 1998.[22]
Insgesamt bleibt die Kodifizierung des für den internationalen Warenverkehr bedeutsamen Internationalen Sachenrechts innerhalb der Europäischen Union fragmentarisch.

III. Grundsatz: lex rei sitae (Art. 43 I EGBGB)

Nach dem Grundsatz der *lex rei sitae,* der nunmehr in Art. 43 I EGBGB 7 kodifiziert ist, werden sachenrechtliche Fragen an den Lageort der Sache angeknüpft. Maßgeblich ist der Zeitpunkt, in dem der sachenrechtliche Tatbestand verwirklicht wurde.[23]

1. Verbreitung

Der lex-rei-sitae-Grundsatz gilt für Immobilien und Mobilien gleicher- 8 maßen. In neuerer Zeit wird für Mobilien eine Auflockerung der Anknüpfung (Parteiautonomie; alternative Anknüpfung an Herkunfts- und Bestimmungsort) gefordert; diese Bestrebungen können in Ausnahmefällen über die Ausweichklausel des Art. 46 EGBGB Berücksichtigung finden.[24]
Auch im Ausland ist die Anknüpfung an die lex rei sitae gebräuchlich.[25] Deshalb wird regelmäßig internationaler Entscheidungseinklang erzielt. Der Anreiz zur Vereinheitlichung des IPR ist somit gering.

2. Gründe

Für die Anknüpfung an die lex rei sitae spricht zunächst das *Verkehrsin-* 9 *teresse:* Der inländische Rechtsverkehr muss nur mit solchen dinglichen Belastungen einer Sache rechnen, die dem inländischen Recht bekannt sind. Weiterhin ist der Lageort als Anknüpfungsmoment leicht zu ermitteln. Schließlich sichert die internationale Verbreitung des Grundsatzes den internationalen Entscheidungseinklang und damit die Anerkennung ausländischer Urteile im Belegenheitsstaat.[26] Bei Immobilien besteht darüber hinaus häufig eine ausschließliche internationale Zuständigkeit der

---

[22] ABl. EG 1998 Nr. L 166/45; hierzu *Pfeiffer,* IPRax 2000, 270–281 (280 f.).
[23] *BGH* 20. 3. 1963, BGHZ 39, 173 (174); fortgeführt von *BGH* 11. 3. 1991, NJW 1991, 1415 = IPRax 1993, 176 m. Anm. *Kreuzer,* 157–162 = *Schack,* Höchstrichterliche Rechtsprechung, Nr. 24 = IPRspr 1991 Nr. 71; MüKo/*Wendehorst,* Art. 43 Rn. 116.
[24] Näher hierzu unten Rn. 12 und Rn. 36–42; vgl. auch Erman/*Hohloch,* Art. 46 Rn. 7; *Kreuzer,* RabelsZ 65 (2001), 383–462 (455 f.).
[25] Nachw. bei Staudinger/*Stoll,* Internationales Sachenrecht, Rn. 22–103.
[26] BTDrucks. 14/343, S. 15; MüKo/*Wendehorst,* Art. 43 Rn. 4.

Gerichte des Belegenheitsstaates. Insoweit ermöglicht der Grundsatz der lex rei sitae den Gleichlauf zwischen internationaler Zuständigkeit und anwendbarem Recht.[27]

Im Falle von Mobilien ist die Anknüpfung an die lex rei sitae insoweit problematisch, als diese den Lageort wechseln können, womit dann ein Statutenwechsel verbunden ist. Für Sachen, die bestimmungsgemäß ihren Lageort wechseln (z. B. Transportmittel, *res in transitu* oder Sachen, die Gegenstand eines internationalen Versendungskaufs sind), wird daher die uneingeschränkte Geltung der lex rei sitae in Frage gestellt; diesen Bedenken hat der Gesetzgeber durch Schaffung einer besonderen Anknüpfungsnorm für bestimmte international eingesetzte Transportmittel (Art. 45 EGBGB) sowie der Ausweichklausel des Art. 46 EGBGB teilweise Rechnung getragen.[28]

IV. Ausschluss der Parteiautonomie. Ausweichklausel

10 Die h. M.[29] lässt eine Rechtswahl im Bereich des Internationalen Sachenrechts nicht zu; Teile des Schrifttums fordern dagegen seit längerer Zeit für Mobilien eine beschränkte Zulassung der Parteiautonomie.[30]

Die Rechtswahl ermöglicht es, dingliches und schuldrechtliches Rechtsgeschäft der gleichen Rechtsordnung zu unterstellen. Sie vermeidet Probleme des Statutenwechsels, insbesondere beim internationalen Versendungskauf[31] und bei *res in transitu*[32]. Die Parteien sollen wählen können zwischen dem Recht des Abgangsortes, dem Recht des Bestimmungsortes und dem auf den Schuldvertrag anwendbaren Recht.[33] Teilweise wird die Parteiautonomie dahingehend eingeschränkt, dass zwingende Publizitätsvorschriften der lex rei sitae, die dem Schutz des Rechtsverkehrs dienen, nicht abbedungen werden können.[34] Nach a. A. soll die Rechtswahl nur inter partes wirken.[35]

Die Argumente für eine Zulassung der Parteiautonomie im Internationalen Sachenrecht vermögen indes nicht zu überzeugen: So kann die Übereinstimmung von Sachen- und Schuldstatut auch durch eine entsprechende schuldrechtliche Rechtswahl erreicht

---

[27] Staudinger/*Stoll*, Internationales Sachenrecht, Rn. 125.

[28] Hierzu näher unten Rn. 36–42.

[29] BGH 25. 9. 1996, NJW 1997, 461 (462) = IPRax 1997, 422 m. Anm. *Stoll*, 411–413 = IPRspr 1996 Nr. 56; *Kegel/Schurig*, IPR, S. 766; *Pfeiffer*, IPRax 2000, 270–281 (273 f.); Erman/*Hohloch*, Art. 43 Rn. 6; Palandt/*Heldrich*, Vor Art. 43 Rn. 1; *Kreuzer*, RabelsZ 65 (2001), 383–462 (446–448, der sich jedoch bei internationalen Verkehrsgeschäften de lege ferenda für eine mittelbare Rechtswahl über die akzessorische Anknüpfung an das Vertragsstatut ausspricht; hierzu unten Rn. 37).

[30] *Weber*, RabelsZ 44 (1980), 510–530; Staudinger/*Stoll*, Internationales Sachenrecht, Rn. 282–285; s. auch *Kropholler*, IPR, S. 558 f.

[31] Hierzu näher unten Rn. 37.

[32] Hierzu näher unten Rn. 39 f.

[33] Staudinger/*Stoll*, Internationales Sachenrecht, Rn. 262, 285–287, 292–294; dieser Lösung folgt auch Art. 104 I schweiz. IPRG.

[34] So Staudinger/*Stoll*, Internationales Sachenrecht, Rn. 284, 287.

[35] So etwa Art. 104 II schweiz. IPRG; krit. hierzu MüKo/*Kreuzer*, 3. Aufl. (1998), Nach Art. 38 Anh. I Rn. 74.

werden.[36] Würde man dagegen das dingliche Rechtsgeschäft mittels Rechtswahl dem Schuldstatut unterstellen, so wäre wegen der unbeschränkten Parteiautonomie im Internationalen Schuldvertragsrecht auch hier der Kreis der wählbaren Rechtsordnungen unbeschränkt.[37] Gegen die Zulassung einer solchen unbeschränkten Rechtswahl spricht aber, wie auch die Befürworter der Parteiautonomie einräumen, im Internationalen Sachenrecht das *Verkehrsinteresse*. Publizitätserfordernisse (Traditionsprinzip, Registereintragung) der jeweiligen lex rei sitae sollen bestehende Rechte an einer Sache auch für Dritte, insbesondere Gläubiger (Zwangsvollstreckung, Insolvenz), offenlegen. Dies gebietet die zwingende Anknüpfung sachenrechtlicher Fragen an die lex rei sitae; für die Parteiautonomie bleibt kein Raum.

Das EGBGB schweigt auch nach der IPR-Reform von 1999 zur Zulässigkeit einer **11** Rechtswahl im Internationalen Sachenrecht. Die Begründung zum Regierungsentwurf erscheint mehrdeutig: Einerseits wird eine Rechtswahl gerade für internationale Verkehrsgeschäfte aus Gründen des Verkehrsschutzes abgelehnt,[38] andererseits aber die Ausweichklausel des Art. 46 EGBGB als mögliche Grundlage für eine „ausnahmsweise" zulässige Rechtswahl der Parteien mit Wirkung inter partes angesehen.[39] Auch nach der Neukodifikation besteht somit kein Anlass, von der oben vertretenen Ansicht abzurücken, wonach eine Rechtswahl im Bereich des Internationalen Sachenrechts generell unzulässig ist.[40]

Das Verkehrsinteresse, das gegen die Zulassung der Rechtswahl spricht, **12** begrenzt auch die Anwendung der Ausweichklausel. Eine wesentlich engere Verbindung zu einer anderen Rechtsordnung kann nur angenommen werden, wenn am Lageort keine Verbindungen zu Dritten bestehen.[41]

Beispiel 1: Auf einer Busreise von Greifswald an die Costa Brava wird in Lyon unter Mitreisenden ein Photoapparat veräußert. Zur Anwendung gelangt nach Art. 46 EGBGB das Recht des Ausgangsortes der Busreise; das Recht des Lageortes ist nicht anwendbar, da dort keine Verbindungen zu Dritten bestehen. Es gilt somit deutsches Sachenrecht: Der Eigentumsübergang erfolgt nach § 929 S. 1 BGB; ein wirksamer Kaufvertrag ist hierfür nicht erforderlich (Abstraktionsprinzip).

Beispiel 2: An der Costa Brava mietet ein Mitglied der Reisegruppe einen Fernseher und veräußert diesen an einen Mitreisenden. Die Frage des Eigentumserwerbs untersteht dem Recht des Lageortes (Art. 43 I EGBGB); die Ausweichklausel ist nicht anwendbar, da am Lageort Beziehungen zu Dritten (Alteigentümer) bestehen. Es gilt somit spanisches Recht: Danach ist ein gutgläubiger Erwerb an veruntreuten Sachen ausgeschlossen.[42]

Eine auf Art. 46 EGBGB zu stützende Ausnahme vom lex-rei-sitae-Grundsatz wird für *Reisegepäck* diskutiert. Die unterschiedlichen Lö-

---

[36] So auch MüKo/*Kreuzer*, 3. Aufl. (1998), Nach Art. 38 Anh. I Rn. 35 (für das Liegenschaftsrecht).

[37] Zum Internationalen Vertragsrecht vgl. § 10 Rn. 27.

[38] BTDrucks. 14/343, S. 16.

[39] BTDrucks. 14/343, S. 19; krit. zur bloß relativen Wirkung: *Stoll*, IPRax 2000, 259–270 (264 f.).

[40] So auch *Looschelders*, Art. 46 Rn. 8.

[41] *Pfeiffer*, IPRax 2000, 270–281 (275); Bamberger/Roth/*Spickhoff*, Art. 46 Rn. 6 f.; zu weiteren Anwendungsfällen s. unten Rn. 39 f., 42.

[42] *Thorn*, Der Mobiliarerwerb vom Nichtberechtigten (1996), S. 169 f.

sungsansätze[43] bauen auf dem gemeinrechtlichen Grundsatz „mobilia personam sequuntur"[44] auf. Für *lageortsbezogene Rechtsgeschäfte* bleibt es jedoch bei der Anwendung der lex rei sitae. – Entsprechend kommt für den Übergang des Eigentums an gestohlenen Sachen vom Versicherungsnehmer auf den Versicherer eine Näherbeziehung zu dem Staat, in dem die Sache versichert war, in Betracht, zumal der neue Lageort häufig unbekannt sein dürfte.[45]

B. Anwendungsbereich der lex rei sitae

I. Sache

13 Das Internationale Sachenrecht versteht unter Sachen ebenso wie das deutsche materielle Recht nur körperliche Gegenstände (§ 90 BGB).[46] Tiere sind keine Sachen, werden diesen aber rechtlich in der Regel gleichgestellt (§ 90a BGB).

14 Bei *Wertpapieren* ist zwischen dem Wertpapier als beweglicher Sache und dem darin verbrieften Recht zu unterscheiden: Über das Recht am Papier entscheidet das Wertpapiersachstatut, also das Recht des jeweiligen Lageortes *(lex cartae sitae)*.[47] Ob mit dem Eigentum am Papier auch das verbriefte Recht übergeht, entscheidet dagegen das Wertpapierrechtsstatut. Dieses wird wie das verbriefte Recht angeknüpft:[48] Bei Forderungen (etwa Schuldverschreibungen) entscheidet das Schuldstatut, bei dinglichen Rechten (z.B. Warenpapiere, Grundschuldbriefe)[49] die lex rei sitae, bei Gesellschaftsanteilen das Gesellschaftsstatut.

Beispiel:[50] Das Eigentum an Inhaberaktien einer niederländischen AG, die in Deutschland deponiert sind, soll übertragen werden. Das Gesellschaftsstatut (niederländisches Recht) bestimmt über die Voraussetzungen des Erwerbs und Verlustes der Mitgliedschaft an der niederländischen AG. Dieses sieht vor, dass der Erwerb der Mitgliedschaft an den sachenrechtlichen Erwerb der Inhaberpapiere geknüpft ist (Vorfrage).

---

[43] *K. Müller,* RIW 1982, 461–470 (gewöhnlicher Lageort bzw. Ausgangsort der Reise); *Drobnig,* FS Kegel (1977), S. 141–151 (145: Wohnsitz des Eigentümers); Staudinger/*Stoll,* Internationales Sachenrecht, Rn. 286 (Ausgangsort der Reise).

[44] Vgl. § 2 Rn. 12.

[45] Vgl. *Looschelders,* Art. 46 Rn. 21; *Benecke,* ZvglRW 101 (2002), 362–378 (370 f.).

[46] Erman/*Hohloch,* Vor Art. 43 Rn. 2; Soergel/*Lüderitz,* Art. 38 Anh. II Rn. 5.

[47] Staudinger/*Stoll,* Internationales Sachenrecht, Rn. 264, 413; MüKo/*Wendehorst,* Art. 43 Rn. 194; *OLG Karlsruhe* 6. 4. 2001, VersR 2002, 1251 = IPRspr 2001 Nr. 44 (schweiz. Sparheft).

[48] Staudinger/*Stoll,* Internationales Sachenrecht, Rn. 412, 415; MüKo/*Kreuzer,* 3. Aufl. (1998), Nach Art. 38 Anh. I Rn. 118f.

[49] Besonderheiten gelten bei Hypotheken, vgl. Staudinger/*Stoll,* Internationales Sachenrecht, Rn. 243 m. w. Nachw.

[50] Nach *RG* 10. 3. 1934, SeuffArch 88 (1934), 193 = IPRspr 1934 Nr. 11.

Die Voraussetzungen des Eigentumsübergangs an den in Deutschland deponierten Inhaberaktien sind nach der lex cartae sitae, also nach deutschem Recht zu bestimmen.

II. Dingliche Rechte

1. Zulässige Sachenrechtstypen

Im materiellen Sachenrecht herrscht Typenzwang: Im Interesse des Ver- **15** kehrsschutzes gibt es nur einen begrenzten Katalog dinglicher Rechte. Die nationalen Sachrechte kennen unterschiedliche Typen dinglicher Rechte; deshalb muss die jeweilige lex rei sitae über die zulässigen Sachenrechtstypen bestimmen.[51] Dies führt insbesondere beim Statutenwechsel zu Problemen; der neuen lex rei sitae unbekannte Sachenrechtstypen bedürfen der *Anerkennung* durch diese.[52]

In Deutschland sind mit Sicherungseigentum und Eigentumsvorbehalt besitzlose Mobiliarsicherheiten zugelassen.[53] Österreich hingegen hält am Faustpfandprinzip fest und erkennt etwa deutsches Sicherungseigentum nicht an.[54] Andere Länder wahren Publizitätserfordernisse bei besitzlosen Mobiliarsicherheiten durch Eintragung in amtliche Register[55] oder – bei Kraftfahrzeugen – in die Fahrzeugpapiere.[56]

a) Deutsches Recht

Das deutsche Recht kennt neben dem Eigentum als umfassendster dingli- **16** cher Berechtigung (Vollrecht) eine Reihe beschränkter dinglicher Rechte, hauptsächlich Pfandrechte (Mobiliarpfandrecht, Grundschuld, Hypothek) oder Nutzungsrechte (Nießbrauch, Grunddienstbarkeit, beschränkte persönliche Dienstbarkeit, Erbbaurecht, Rentenschuld). Auch der Besitz wird, was seinen Schutz anbelangt, dem Eigentum weitgehend gleichgestellt und ist daher wie ein dingliches Recht zu behandeln.[57]

b) Ausländische Rechtsordnungen

Schwierigkeiten bereitet die Qualifikation ausländischer, dem deutschen **17** Recht unbekannter Rechtsinstitute,[58] z.B. des Trust des anglo-ameri-

---

[51] Staudinger/*Stoll*, Internationales Sachenrecht, Rn. 147; MüKo/*Wendehorst*, Art. 43 Rn. 77.

[52] Näher hierzu Rn. 31 f.

[53] Für das Sicherungseigentum bereits *Mugdan*, Motive III, S. 626 f.; der Eigentumsvorbehalt ist in § 449 BGB anerkannt.

[54] *OGH* 14. 12. 1983, IPRax 1985, 165 m. Anm. *Martiny*, 168–171 = *Schack*, Höchstrichterliche Rechtsprechung, Nr. 25.

[55] So die Schweiz (Art. 715 I ZGB): *BG* 19. 8. 1980, IPRax 1982, 199 m. Anm. *Siehr*, 207–210; *BG* 2. 6. 2005, BGE 131 III, 595, und Frankreich: *BGH* 20. 3. 1963, BGHZ 39, 173.

[56] So Italien: *BGH* 11. 3. 1991, NJW 1991, 1415 = IPRax 1993, 176 m. Anm. K*reuzer*, 157–162 = *Schack*, Höchstrichterliche Rechtsprechung, Nr. 24 = IPRspr 1991 Nr. 71.

[57] MüKo/*Wendehorst*, Art. 43 Rn. 64; Erman/*Hohloch*, Art. 43 Rn. 15.

[58] Hierzu allgemein § 6 Rn. 8–10.

kanischen Rechts, des Lösungsrechts nach Art. 934 II schweiz. ZGB bzw. Art. 2280 I franz. Code civil oder der Vorzugsrechte der romanischen Rechte.[59] Entscheidend für die Einordnung als dingliches Recht ist, ob die Rechtsstellung *erga omnes* wirkt; wirkt sie nur *inter partes*, so ist das betreffende Recht schuldrechtlicher Natur.

18 Beim anglo-amerikanischen *Trust* darf der Treuhänder zwar im eigenen Namen über die ihm anvertrauten Vermögensgegenstände verfügen; dabei sind seiner Verfügungsmacht jedoch durch die Zweckbestimmung des Treugebers Grenzen gesetzt. Damit die Begünstigten ihre Rechte aus dem Trust auch unabhängig vom Treugeber, insbesondere nach dessen Tode, durchsetzen können, wird ihre Rechtsposition vielfach dinglich (z.B. durch Herausgabeansprüche) abgesichert. Wegen dieser dinglichen Wirkungen wird der Trust des anglo-amerikanischen Rechts als sachenrechtliches Institut angesehen.[60]

19 Das schweizerische Recht lässt beim gutgläubigen Erwerber einer abhanden gekommenen Sache unter gewissen Umständen einen Anspruch auf Ersatz des von ihm gezahlten Kaufpreises entstehen (Art. 934 II ZGB), den dieser dem dinglichen Herausgabeanspruch des Eigentümers entgegenhalten kann. Wegen der Kopplung des *Lösungsrechts*[61] an den dinglichen Herausgabeanspruch wird dieses sachenrechtlich qualifiziert.[62]

2. Erfasste Fragen

20 Erfasst werden von der lex rei sitae insbesondere Entstehung, Fortdauer und Untergang dinglicher Rechte.[63] Geregelt sind ferner deren Inhalt und Ausübung, z.B. Zuweisungsgehalt (Nutzungen[64]), auf Rechtsgeschäft beruhende Verfügungsbefugnis,[65] Übertragbarkeit sowie Akzessorietät[66]. Schließlich entscheidet die lex rei sitae auch darüber, ob eine Duldungspflicht gegenüber Einwirkungen auf das dingliche Recht besteht, sowie über Ansprüche bei Beeinträchtigung dinglicher Rechte

---

[59]   Zu letzteren MüKo/*Kreuzer*, Nach Art. 38 Anh. I Rn. 107–109.

[60]   *Graue*, FS Ferid (1978), S. 151–182; *Serick*, FS Nipperdey II (1965), S. 653–666; differenzierend: Staudinger/*Stoll*, Internationales Sachenrecht, Rn. 171–176.

[61]   Begrifflich korrekt handelt es sich hierbei um das Lösungsrecht des Alteigentümers (= Befugnis, die Sache gegen Erstattung des Kaufpreises abzulösen), teilweise wird aber auch vom Lösungsrecht des Marktkäufers gesprochen. Hierzu: *Thorn*, Der gutgläubige Erwerb vom Nichtberechtigten (1996), S. 245.

[62]   *BGH* 8. 4. 1987, BGHZ 100, 321 = IPRax 1987, 374 m. Anm. *Stoll*, 357–360 = EWiR 1987, 833 m. Anm. *Schütze* = *Schack*, Höchstrichterliche Rechtsprechung, Nr. 26 = IPRspr 1987 Nr. 40; MüKo/*Wendehorst*, Art. 43 Rn. 60; *Fuchs/Hau/Thorn*, Fälle zum IPR, S. 83 f.

[63]   BTDrucks. 14/343, S. 15.

[64]   *BGH* 25. 9. 1997, NJW 1998, 1321 = IPRax 1999, 45 m. Anm. *Stoll*, 29–31 = IPRspr 1997 Nr. 60 (Früchte).

[65]   *BGH* 29. 5. 2000, NJW-RR 2000, 1583 = IPRspr 2000 Nr. 43 (Veräußerungsermächtigung). Zur gesetzlichen Verfügungsbefugnis vgl. § 7 Rn. 38.

[66]   Staudinger/*Stoll*, Internationales Sachenrecht, Rn. 149; *BGH* 8. 4. 1987, BGHZ 100, 321 (326) = IPRax 1987, 374 m. Anm. *Stoll*, 357–360 = *Schack*, Höchstrichterliche Rechtsprechung, Nr. 26 = IPRspr 1987 Nr. 40.

(z.B. dinglicher Herausgabeanspruch).[67] Jedoch werden nachbarrecht-
liche Unterlassungsansprüche dem Deliktsstatut unterstellt (Art. 44
EGBGB).[68] – Über die Qualifikation ausländischer Rechtsinstitute entscheidet nicht die lex rei sitae, sondern die lex fori – freilich nachdem sie
die Regelungszwecke der lex rei sitae erfasst hat.[69]

a) Trennungs- und Abstraktionsprinzip

Das Trennungsprinzip gilt nicht nur im deutschen materiellen Recht, **21**
sondern ist auch bei der kollisionsrechtlichen Behandlung sachenrechtlicher Fragen zu beachten: Schuldrechtliches Kausalgeschäft und dingliche Rechtsfolge werden getrennt angeknüpft. Das Kausalgeschäft untersteht dem Schuldstatut, die dingliche Rechtsfolge der lex rei sitae. Die
lex rei sitae entscheidet auch, ob und wie sich Mängel des Kausalgeschäfts auf die dingliche Rechtslage auswirken.[70]

Beispiel: Ein Deutscher verkauft einem Landsmann seine auf Korsika gelegene
Ferienwohnung. Im privatschriftlichen Kaufvertrag wird die Geltung deutschen
Rechts vereinbart. Später ficht der Käufer den Kaufvertrag wegen arglistiger Täuschung seitens des Verkäufers (Verschweigen von Mängeln) an und verlangt sein Geld
zurück. – Ob mit wirksamer Anfechtung des Kaufvertrages das Eigentum an dem
Grundstück automatisch an den Verkäufer zurückfällt, bestimmt sich nach französischem Recht als Recht des Lageortes (Art. 43 I EGBGB). Hiernach ist der Eigentumsübergang von der Wirksamkeit des Kausalgeschäfts abhängig. Mit Anfechtung
des Kaufvertrages, die sich nach deutschem Recht richtet (Art. 27 I EGBGB), fällt das
Eigentum somit an den Verkäufer zurück.

b) Erwerb vom Nichtberechtigten

Die lex rei sitae regelt sowohl den Erwerb dinglicher Rechte durch **22**
Rechtsgeschäft als auch kraft Gesetzes (z.B. Eigentumserwerb durch
Verarbeitung oder Vermischung).[71] Auch Vermutungen für das Bestehen
bzw. Nichtbestehen einer bestimmten dinglichen Rechtslage sind der lex
rei sitae zu entnehmen.[72] Der gutgläubige (Eigentums-) Erwerb vom
Nichtberechtigten beurteilt sich gleichfalls nach der lex rei sitae.

---

[67] MüKo/*Kreuzer,* 3. Aufl. (1998), Nach Art. 38 Anh. I Rn. 31 f.; Palandt/*Heldrich,*
Art. 43 Rn. 4; differenzierend: MüKo/*Wendehorst,* Art. 43 Rn. 96 f.
[68] Hierzu § 11 Rn. 56; BTDrucks. 14/343, S. 16 f.; *Pfeiffer,* IPRax 2000, 270–281 (274).
[69] Hierzu näher Rn. 17–19; Staudinger/*Stoll,* Internationales Sachenrecht, Rn. 140;
MüKo/*Kreuzer,* 3. Aufl. (1998), Nach Art. 38 Anh. I Rn. 16; allgemein zur funktionellen Qualifikation § 6 Rn. 27–30.
[70] Staudinger/*Stoll,* Internationales Sachenrecht, Rn. 296; Erman/*Hohloch,* Art. 43
Rn. 11.
[71] Staudinger/*Stoll,* Internationales Sachenrecht, Rn. 147, 267; Erman/*Hohloch,*
Art. 43 Rn. 11.
[72] BGH 9. 5. 1996, ZIP 1996, 1181 = IPRspr 1996 Nr. 54 (Eigentumsvermutung zugunsten des Besitzers). Eine Sonderstellung nehmen Verfügungsbeschränkungen
und Eigentumsvermutungen ein, die vom (ausländischen) Ehegüterrecht angeordnet werden; näher dazu: § 8 Rn. 20–31, 44–46; Staudinger/*Stoll,* Internationales Sachenrecht, Rn. 152, 188 f. m. w. Nachw.

Fall:[73] Der Kölner Münzhändler M ersteigert 1988 bei dem Züricher Auktionshaus A im Auftrage des K zwei Silbermünzen aus dem 14. Jahrhundert. M wusste nicht, dass die Münzen zwei Jahre zuvor aus der staatlichen Münzsammlung des Landes Schleswig-Holstein gestohlen worden waren. Hat M Eigentum an den Münzen erworben?

Die h. M. knüpft den gutgläubigen Erwerb abhanden gekommener Gegenstände vom Nichtberechtigten nach Art. 43 I EGBGB an den Lageort im Zeitpunkt des Erwerbs an.[74] Diese Anknüpfung birgt jedoch die Gefahr, dass gestohlene Sachen bewusst in das Hoheitsgebiet eines Staates verbracht werden, nach dessen Recht der gutgläubige Erwerb unter erleichterten Voraussetzungen möglich ist.[75]

Beispiel: Hätte der Dieb die Münzen nach Italien gebracht, wo ein gutgläubiger Erwerb abhanden gekommener Sachen möglich ist (Art. 1153 I codice civile), so hätte M dort auf einer Auktion Eigentum an den Münzen erwerben können, und das Land Schleswig-Holstein hätte sein Eigentum verloren.

Durch die Anwendung der neuen lex rei sitae können die Rechte des Alteigentümers erheblich geschmälert werden. Deshalb wird vereinzelt erwogen, auf den Lageort zum Zeitpunkt des Abhandenkommens abzustellen;[76] als gesetzliche Grundlage hierfür könnte die Ausweichklausel des Art. 46 EGBGB dienen. Gegen eine solche Anknüpfung sprechen jedoch Verkehrsinteressen: Der Erwerber, dem die ausländische Herkunft der Sache nicht bekannt ist, muss nicht mit der Geltung ausländischen Rechts rechnen.[77]

Somit beurteilt sich ein etwaiger gutgläubiger Erwerb der Münzen durch M im Ausgangsfall gemäß Art. 43 I EGBGB nach schweizerischem Recht. Nach Art. 934 I ZGB ist ein gutgläubiger Erwerb der abhanden gekommenen Münzen – ebenso wie im deutschen Recht – nicht möglich. Allerdings kann M gemäß Art. 934 II ZGB der Vindikation des Eigentümers den Anspruch auf Erstattung des von ihm gezahlten Kaufpreises entgegenhalten (Lösungsrecht).

Variante:[78] M übergibt die Münzen noch in der Schweiz seinem ebenfalls gutgläubigen Kunden K. Erwirbt dieser von M damit zugleich dessen Einreden gegenüber dem Herausgabeanspruch des Eigentümers?

Die schweizerische lex rei sitae bestimmt über den Fortbestand des Lösungsrechts bei Übertragung des damit belasteten Gegenstandes. Art. 934 II Alt. 2 ZGB ordnet an,

---

[73] Nach *BGH* 8. 4. 1987, BGHZ 100, 321 = NJW 1987, 3077 = IPRax 1987, 374 m. Anm. *Stoll,* 357–360 = *Schack,* Höchstrichterliche Rechtsprechung, Nr. 26 = IPRspr 1987 Nr. 40.

[74] *OLG Düsseldorf* 13. 5. 1998, IPRspr 1998 Nr. 54; *OLG Brandenburg* 12. 12. 2000, NJW-RR 2001, 597 = VersR 2001, 361 m. Anm. *Looschelders/Bottek,* 401–405 = IPRspr 2000 Nr. 44; *Fuchs/Hau/Thorn,* Fälle zum IPR, S. 77 f.; MüKo/*Wendehorst,* Art. 43 Rn. 80; *Benecke,* ZvglRW 101 (2002), 362–378 (366 f.).

[75] Zur echten Gesetzesumgehung § 6 Rn. 127; vgl. auch Staudinger/*Stoll,* Internationales Sachenrecht, Rn. 260 f.

[76] *Mansel,* IPRax 1988, 268–271 (271).

[77] Hierzu oben Rn. 12; im Ergebnis ebenso Staudinger/*Stoll,* Internationales Sachenrecht, Rn. 302.

[78] Nach *BGH* 8. 4. 1987, BGHZ 100, 321 = NJW 1987, 3077 = IPRax 1987, 374 m. Anm. *Stoll,* 357–360 = *Schack,* Höchstrichterliche Rechtsprechung, Nr. 26 = IPRspr 1987 Nr. 40.

dass das Lösungsrecht bei jedem weiteren gutgläubigen Erwerber neu entsteht,[79] und zwar in Höhe des jeweils an den vorhergehenden Erwerber gezahlten Kaufpreises. Das ursprüngliche Lösungsrecht erlischt also bei Weiterveräußerung des damit belasteten Gegenstandes. K hat jedoch gemäß Art. 934 II Alt. 2 ZGB ein eigenes Lösungsrecht erworben.

Die lex rei sitae regelt alle Einzelfragen des gutgläubigen Erwerbs, insbesondere wann eine Sache als abhanden gekommen gilt und welche Anforderungen an den guten Glauben zu stellen sind.[80] **23**

Fall:[81] Ein mit einer italienischen Autohypothek belasteter Pkw wird in Deutschland an den gutgläubigen G verkauft. Die dingliche Belastung des Pkw ist im „foglio complementare", einem Zusatzblatt zur „carta di circolazione" (Kfz-Brief), vermerkt. Nach italienischem Recht ist das „foglio complementare" Bestandteil der Fahrzeugpapiere. Der weder der italienischen Sprache noch des italienischen Rechts kundige G hat sich lediglich die „carta di circolazione" vorlegen lassen. Hat er den Pkw gutgläubig lastenfrei erworben?

Der BGH verneinte die nach §§ 936 II, 932 II BGB erforderliche Gutgläubigkeit, da G blind auf die Behauptungen des italienischen Verkäufers vertraut habe. Es sei jedoch seine Pflicht gewesen, sich über die nach italienischem Recht erforderlichen Fahrzeugpapiere *(Auslandssachverhalt[82])* zu informieren und sich diese gegebenenfalls übersetzen zu lassen.

c) Dauervoraussetzungen

Der Fortbestand mancher dinglicher Rechte ist von *Dauervoraussetzungen* **24** *gen* abhängig.

Beispiele: Das französische Recht knüpft den Fortbestand eines Pfandrechts in Art. 2076 Code civil streng an den unmittelbaren Besitz des Pfandgläubigers.[83] – Das schweizerische Recht knüpft in Art. 101 II IPRG das Fortbestehen eines nach ausländischem Recht wirksam begründeten Eigentumsvorbehalts an die Eintragung in ein amtliches Register, gewährt allerdings eine Übergangsfrist von 3 Monaten.[84]

---

[79] Dies ist in der Schweiz dogmatisch nicht unumstritten: Manche nehmen an, dass der gutgläubige Zweiterwerber nur dann ein neues, eigenes Lösungsrecht erwirbt, wenn auf den zweiten Erwerbsvorgang ebenfalls die Voraussetzungen des Art. 934 II ZGB zutreffen; in den übrigen Fällen soll das ursprüngliche Lösungsrecht zusammen mit der Sache auf den gutgläubigen Zweiterwerber übergehen; vgl. dazu Berner Kommentar/*Stark*, Bd. IV: Sachenrecht, 3. Abteilung: Besitz und Grundbuch, 1. Teilband: Der Besitz, Art. 919–941 ZGB, Bern (1984), Art. 934 Rn. 41; *Gutzwiller* u. a. (Hrsg.), Schweizerisches Privatrecht, Bd. V: Sachenrecht, Erster Halbband, Stuttgart/Basel (1977), S. 493.

[80] Staudinger/*Stoll*, Internationales Sachenrecht, Rn. 301 f. m. w. Nachw.; *BGH* 11. 3. 1991, NJW 1991, 1415 = IPRax 1993, 176 (177) m. Anm. *Kreuzer*, 157–162 (160) = IPRspr 1991 Nr. 21; a. A.: *Hanisch*, FS Müller-Freienfels (1986), S. 193–224 (215: selbständig anzuknüpfende Vorfrage).

[81] *BGH* 11. 3. 1991, NJW 1991, 1415 = IPRax 1993, 176 m. Anm. *Kreuzer*, 157–162 = *Schack*, Höchstrichterliche Rechtsprechung, Nr. 24 = IPRspr 1991 Nr. 21.

[82] Hierzu § 1 Rn. 129.

[83] *BGH* 20. 3. 1963, BGHZ 39, 173 (178).

[84] Näher hierzu: Staudinger/*Stoll*, Internationales Sachenrecht, Rn. 26, 326; vgl. auch schweiz. *BG* 19. 8. 1980, IPRax 1982, 199 m. Anm. *Siehr*, 207–210; *BG* 2. 6. 2005, BGE 131 III, 595.

Die lex rei sitae kann eine Voraussetzung, an die sie Entstehung oder Erwerb eines dinglichen Rechts knüpft, auch auf dessen Fortgeltung erstrecken, so dass das betreffende Recht untergeht, sobald die Voraussetzung entfällt.[85] Selbst nach einer früheren ausländischen lex rei sitae wirksam begründete Rechte können in ihrem Fortbestand von der neuen lex rei sitae abhängig sein; die Erwerbsvoraussetzung (z.B. Eintragungspflicht) wird hier zur Dauervoraussetzung erhoben und damit durchgesetzt.[86]

3. Ausgeschlossene Fragen

a) Teilfragen[87]

25 Die Rechts- und Geschäftsfähigkeit[88] der am dinglichen Rechtsgeschäft Beteiligten, ihre gesetzliche oder rechtsgeschäftliche Stellvertretung[89] und die Form des dinglichen Verfügungsgeschäfts[90] werden vom deutschen IPR gesondert angeknüpft.

b) Gesamtrechtsnachfolge

26 Beim Erwerb von Sachgesamtheiten im Wege der *Gesamtrechtsnachfolge* (eheliche Gütergemeinschaft, Erbschaft) entscheidet das die Gesamtrechtsnachfolge anordnende Recht grundsätzlich auch über die sachenrechtliche Zuordnung.[91]

Beispiel: Im Erbfall entscheidet das Erbstatut über den Eigentumsübergang an den einzelnen Nachlassgegenständen. Ob der betreffende Gegenstand überhaupt im Eigentum des Erblassers stand, beurteilt sich dagegen nach der lex rei sitae (Vorfrage[92]).

Gegenüber dem für die Gesamtrechtsnachfolge maßgeblichen Recht können Sonderregeln der lex rei sitae nur in den engen Grenzen des Art. 3 III EGBGB Geltung beanspruchen.[93]

III. Renvoi

27 Nach ganz h.M.[94] ist ein – in der Praxis seltener – Renvoi durch die lex rei sitae zu beachten, da dingliche Rechte nur verwirklicht werden kön-

---

[85] MüKo/*Kreuzer*, 3. Aufl. (1998), Nach Art. 38 Anh. I Rn. 62; Staudinger/*Stoll*, Internationales Sachenrecht, Rn. 357.
[86] So Art. 101 II schweiz. IPRG bezüglich der Eintragungspflicht für Eigentumsvorbehalte nach Art. 715 I ZGB.
[87] Hierzu allgemein § 6 Rn. 43.
[88] Hierzu § 7 Rn. 6–11.
[89] Hierzu § 7 Rn. 47–56.
[90] Hierzu § 7 Rn. 42f.
[91] Hierzu näher § 9 Rn. 31 m. w. Nachw. in Fn. 70; MüKo/*Wendehorst*, Art. 43 Rn. 102; *Pfeiffer*, IPRax 2000, 270–281 (271f.); *Stoll*, IPRax 2000, 259–270 (260f.).
[92] Hierzu allgemein § 6 Rn. 60–72.
[93] Hierzu näher § 4 Rn. 19 sowie § 9 Rn. 61–63.
[94] Palandt/*Heldrich*, Vor Art. 43 Rn. 1; *Looschelders*, Art. 43 Rn. 9.

nen, wenn die lex rei sitae diese anerkennt; sie muss deshalb in sachenrechtlichen Fragen das letzte Wort behalten. Ausnahmen gelten dort, wo die Beachtung des Renvoi dem Zweck der Verweisung widerspricht (vgl. Art. 4 I 1 EGBGB), z.B. bei der Anknüpfung nachbarrechtlicher Ansprüche an das Deliktsstatut nach Art. 44 EGBGB[95] sowie bei Anwendung der Ausweichklausel des Art. 46 EGBGB.[96]

C. Statutenwechsel

Von herausragender praktischer Bedeutung ist die Auswirkung eines **28** Lageortswechsels auf die dingliche Rechtslage bei Mobilien. Der *Schutz wohlerworbener Rechte* einerseits und die *Verkehrsinteressen* im neuen Belegenheitsstaat andererseits führen zu einer modifizierten Anwendung der allgemeinen Grundsätze des Statutenwechsels.[97] Sowohl bei *offenen* wie bei *abgeschlossenen* Tatbeständen sind Verkehrsinteressen zu berücksichtigen.

Variante:[98] M verbringt die in der Schweiz ersteigerten Münzen nach Deutschland. Dort veräußert er sie an den gutgläubigen D. Kann D dem Herausgabeanspruch des Eigentümers ein Lösungsrecht entgegenhalten?

Mit Erwerb der Münzen in der Schweiz ist nach Art. 934 II ZGB ein Lösungsrecht zugunsten des M entstanden. Dieses ist auch nicht mit Verbringung der Münzen nach Deutschland erloschen; denn das Lösungsrecht ist dem dinglichen Zurückbehaltungsrecht des § 1000 BGB strukturell verwandt und deshalb mit der deutschen Sachenrechtsordnung vereinbar (Art. 43 II EGBGB). Jedoch ist das Lösungsrecht des M mit Weiterveräußerung der Münzen an D erloschen und ein neues Lösungsrecht des D nicht entstanden, da der Erwerbsvorgang M – D sich nach deutschem Recht als Recht des Lageortes beurteilt (Art. 43 I EGBGB) und Art. 934 II Alt. 2 ZGB somit nicht zur Anwendung gelangt. Das deutsche Recht gesteht dem gutgläubigen Erwerber abhanden gekommener Sachen indes kein Lösungsrecht zu.[99]

I. Offene Tatbestände

Bei offenen Tatbeständen sind unter der Geltung des alten Statuts noch **29** nicht sämtliche Voraussetzungen der dinglichen Rechtsänderung erfüllt worden.

Fall: Der Österreicher A erwirbt Anfang 1986 von D eine Madonnenstatue, die er in seiner Wohnung in Innsbruck aufstellt. Die Statue ist ihrem Eigentümer – was A nicht weiß – von D gestohlen worden. 1990 übersiedelt A mit der Madonna nach München. Anfang 1997 erfährt der Bestohlene von dem Verbleib der Statue und verklagt A auf Herausgabe. A wendet ein, er habe das Eigentum durch Ersitzung erworben.

---

[95] Vgl. hierzu § 11 Rn. 56.

[96] Erman/*Hohloch*, Art. 46 Rn. 4; *Kreuzer*, RabelsZ 65 (2001) 383–462 (455); w. Bsp. bei *Pfeiffer*, IPRax 2000, 270–281 (271).

[97] Hierzu § 5 Rn. 101–110.

[98] Zum Ausgangsfall vgl. oben Rn. 22.

[99] Hierzu *Fuchs/Hau/Thorn*, Fälle zum IPR, S. 85–87 m. w. Nachw.

Unter Geltung der österreichischen lex rei sitae, d. h. bis zur Übersiedlung des A nach München, wurde der Eigentumserwerb durch Ersitzung noch nicht abgeschlossen, da die Ersitzungsfrist für bewegliche Sachen dort sechs Jahre beträgt (§§ 1453, 1455, 1460, 1476 österr. ABGB).[100] Mithin liegt ein offener Tatbestand vor.

Ein offener Tatbestand beurteilt sich in seiner Gesamtheit nach dem neuen Statut.[101] Dieses entscheidet nicht nur über die Vollendung des sachenrechtlichen Tatbestands, sondern auch über die Anerkennung von unter der Geltung des alten Statuts verwirklichten Tatbestandsmerkmalen. Somit können diese bei der Anwendung der neuen lex rei sitae als *Auslandssachverhalt* berücksichtigt werden.[102] Für das deutsche Recht ordnet der als einseitige Kollisionsnorm[103] formulierte Art. 43 III EGBGB nunmehr ausdrücklich an, dass bei einem solchen gestreckten Erwerbstatbestand Vorgänge in einem anderen Staat wie inländische zu berücksichtigen sind.

Gemäß Art. 43 III EGBGB rechnet das deutsche Recht im Rahmen des § 937 I BGB die Zeit, während der A die Statue in Österreich in Eigenbesitz hatte, auf die Ersitzungszeit an.[104] Somit ist die erforderliche Zeit von zehn Jahren verstrichen; A ist nunmehr Eigentümer der Madonna.

II. Abgeschlossene Tatbestände

1. Grundsatz

30 Ein abgeschlossener Tatbestand liegt vor, wenn sich die Rechtsänderung bereits unter dem alten Statut vollzogen hat.

Beispiel: A hat in Italien wirksam Eigentum an einer gestohlenen Armbanduhr erworben (Art. 1153 I codice civile). Kommt A später mit seiner Armbanduhr nach Deutschland, so erkennt das deutsche Recht das Eigentum des A an der Armbanduhr an, da es den Eigentumserwerb nach italienischem Recht als abgeschlossen ansieht.

---

[100] Näher zur Mobiliarersitzung im österreichischen Recht: *Gschnitzer,* Österreichisches Sachenrecht, Wien/New York (1985), S. 117–120.

[101] *BGH* 29. 5. 2000, NJW-RR 2000, 1583 = IPRspr 2000 Nr. 43 (Genehmigung der Verfügung eines Nichtberechtigten nach Wechsel des Lageortes); *OLG Hamm* 14. 8. 1985, IPRspr 1985 Nr. 143; *LG Hamburg* 20. 6. 1996, IPRspr 1996 Nr. 55; MüKo/*Kreuzer,* 3. Aufl. (1998), Nach Art. 38 Anh. I Rn. 60 m. w. Nachw.

[102] Staudinger/*Stoll,* Internationales Sachenrecht, Rn. 353; allgemein zum Auslandssachverhalt § 1 Rn. 129.

[103] BTDrucks. 14/343, S. 16; *Pfeiffer,* IPRax 2000, 270–281 (273); a. A. (internationalprivatrechtliche Sachnorm für Auslandssachverhalte): *Kreuzer,* RabelsZ 65 (2001), 383–462 (449); allgemein zur einseitigen Kollisionsnorm § 4 Rn. 8–12.

[104] Ausführlich zur Anrechnung im Rahmen der Ersitzungsfrist: Staudinger/*Stoll,* Internationales Sachenrecht, Rn. 272 f.; MüKo/*Wendehorst,* Art. 43 Rn. 160–165, jeweils m. w. Nachw.

Ebenso liegt ein abgeschlossener Tatbestand vor, wenn eine beabsichtigte Rechtsänderung nach dem alten Statut fehlgeschlagen ist und das neue Statut diesen Fehlschlag als endgültig betrachtet.[105]

Beispiel: B ersteht in England von U eine Taschenuhr, welche diesem vom Eigentümer zur Reparatur anvertraut worden war. Eigentum an dieser kann er nach englischem Recht nicht erwerben (nemo-dat-Regel[106]). Kommt B später mit der Uhr nach Deutschland, so erwirbt er auch nach deutschem Recht kein Eigentum, denn das deutsche Recht sieht den in England beabsichtigten Eigentumserwerb als endgültig fehlgeschlagen an.

Das neue Statut lässt die unter dem alten Statut entstandene Rechtslage in der Regel unberührt, d.h., es übernimmt bei einem Statutenwechsel die Sache „mit der sachenrechtlichen Prägung, die ihr das bisherige Statut verliehen hatte. Grundsätzlich erkennt deshalb das neue Sachstatut ein Recht an der Sache, das nach den Vorschriften des früheren Statuts wirksam entstanden ist, auch in seinem Herrschaftsbereich an."[107] Begründet wird die Anerkennung von unter dem alten Sachstatut entstandenen dinglichen Rechten mit dem Gebot des Schutzes wohlerworbener Rechte. Im Zweifel führt danach der Statutenwechsel nicht zum Untergang bestehender dinglicher Rechte und Belastungen.[108]

Dieser Grundsatz erfährt allerdings in zwei Fällen bedeutsame Einschränkungen: zum einen bei der Übernahme von der neuen lex rei sitae unbekannten Rechtsinstituten, zum anderen bei aus Sicht des alten Statuts – nicht aber des neuen – fehlgeschlagenen Rechtsänderungen, sofern die Sache nach dem Willen der Parteien von vornherein zum Transport in den Geltungsbereich des neuen Statuts bestimmt war.

2. Unbekannte Rechtsinstitute (Art. 43 II EGBGB)

Fall:[109] Der lothringische Schrotthändler S erwirbt in Frankreich einen Lkw. Der **31** Kauf wird durch das französische Kreditinstitut B finanziert, wobei zur Sicherung der Kreditforderung ein Registerpfandrecht am Lkw bestellt wird. In der Folgezeit setzt S das Fahrzeug vor allem in Deutschland ein, wo es im Auftrag eines deutschen Gläubigers gepfändet wird. B klagt daraufhin auf vorzugsweise Befriedigung gemäß § 805 ZPO und stützt diesen Anspruch auf das nach französischem Recht wirksam entstandene Registerpfandrecht. Da das deutsche Recht kein Registerpfandrecht kennt, erscheint dessen Fortgeltung fraglich.

Gemäß Art. 43 II EGBGB können Rechte, welche nach dem alten Sachenrechtsstatut wirksam begründet worden sind, im Falle eines Lageortswechsels „nicht im Widerspruch" zur neuen lex rei sitae „aus-

---

[105] Staudinger/*Stoll*, Internationales Sachenrecht, Rn. 354 m. w. Nachw.; MüKo/*Wendehorst*, Art. 43 Rn. 142–146.

[106] Hierzu *Thorn*, Der Mobiliarerwerb vom Nichtberechtigten (1996), S. 51 f., 156, 171–175.

[107] *BGH* 20. 3. 1963, BGHZ 39, 173 (175).

[108] Staudinger/*Stoll*, Internationales Sachenrecht, Rn. 354.

[109] Nach *BGH* 20. 3. 1963, BGHZ 39, 173.

geübt werden". Damit hat der Gesetzgeber den lange bestehenden Meinungsstreit zwischen Hinnahmetheorie und Transpositionslehre[110] entschärft:

Der von der Hinnahmetheorie geforderte Schutz wohlerworbener Rechte wird durch den Schutz des inländischen Rechtsverkehrs beschränkt. Das nach dem alten Statut wirksam begründete dingliche Recht soll übernommen und mit den Wirkungen eines entsprechenden dinglichen Rechts des neuen Statuts ausgestattet werden.[111] Dies bedeutet im Unterschied zur Transpositionslehre nicht notwendigerweise, dass das Recht in ein Institut des Lageortes umgewandelt wird; vielmehr genügt es, dass es in seinen Wirkungen vom neuen Recht begrenzt wird.[112]

Beispiel: Im Ausgangsfall dient das französische Registerpfandrecht dem gleichen Zweck, den im deutschen Recht das Institut der Sicherungsübereignung erfüllt: Sicherung des Geldkreditgebers. Deutete man das französische Registerpfandrecht – wie von der Transpositionslehre gefordert – in deutsches Sicherungseigentum um, so erhielte der Sicherungsnehmer indes nach dem Statutenwechsel mehr als zuvor.

Die Anerkennung des Registerpfandrechts im Rahmen des § 805 ZPO steht nicht im Widerspruch zum deutschen Sachenrecht: Im deutschen Recht sind mit Eigentumsvorbehalt und Sicherungsübereignung weitreichende Ausnahmen vom Faustpfandprinzip anerkannt. Dadurch hat sich das deutsche IPR der Möglichkeit begeben, besitzlosen ausländischen Mobiliarsicherheiten unter Berufung auf das Faustpfandprinzip die Anerkennung zu versagen[113] – anders etwa das schweizerische[114] oder das österreichische IPR.[115] „Da das französische und das deutsche Sachenrecht für einen Fall der vorliegenden Art dem Finanzierungsinstitut gleicherweise ein besitzloses Sicherungsrecht zur Verfügung stellen, kann es nicht gegen den Zweck der Pfandrechtsbestimmungen des Bürgerlichen Gesetzbuches verstoßen, wenn in diesem Fall das besitzlose französische Registerpfandrecht anerkannt wird."[116]

---

[110] Hierzu die 5. Aufl., § 12 Rn. 31–33 a.

[111] So BTDrucks. 14/343, S. 16.

[112] So etwa: *Pfeiffer*, IPRax 2000, 270–281 (273); *Stoll*, IPRax 2000, 259–270 (262); *Looschelders*, Art. 43 Rn. 50 f.; MüKo/*Wendehorst*, Art. 43 Rn. 54; Erman/*Hohloch*, Art. 43 Rn. 21; a. A. wohl: *Kreuzer*, RabelsZ 65 (2001), 383–462 (444 f.); *OLG Karlsruhe* 6. 7. 2000, WM 2003, 564 = IPRspr 2001 Nr. 52A.

[113] *Kreuzer*, IPRax 1993, 157–162 (160); MüKo/*Kreuzer*, 3. Aufl. (1998), Nach Art. 38 Anh. I Rn. 86.

[114] Schweiz. *BG* 19. 8. 1980, IPRax 1982, 199: Die Eintragungspflicht für Eigentumsvorbehalte in das Eigentumsvorbehaltsregister (Art. 715 ZGB) ist Bestandteil des schweizerischen ordre public; ebenso *BG* 2. 6. 2005, BGE 131 III, 595.

[115] *OGH* 14. 12. 1983, IPRax 1985, 165 m. Anm. *Martiny*, 168–171 = *Schack*, Höchstrichterliche Rechtsprechung, Nr. 24: Das im Ausland entstandene dingliche Recht kann nur dann dingliche Wirkungen entfalten, wenn es mit der inländischen Sachenrechtsordnung vereinbar ist. Die Anerkennung durch die neue lex rei sitae hängt vor allem von der Einhaltung ihrer grundlegenden Publizitätserfordernisse ab (Faustpfandprinzip).

[116] *BGH* 20. 3. 1963, BGHZ 39, 173 (176–178).

In neuerer Zeit sind keine Fälle mehr bekannt geworden, in denen die 32
Anerkennung mangels Funktionsäquivalenz versagt wurde. Die deutsche Rechtsprechung ist bei der Bejahung einer Funktionsäquivalenz
ausländischer Rechtsinstitute großzügig.[117]

Beispiel:[118] Ein Italiener verkauft in Deutschland seinen mit einer Autohypothek nach
italienischem Recht zugunsten der B-Bank belasteten Ferrari an einen Deutschen.
Dieser hätte die dingliche Belastung aus den Fahrzeugpapieren ersehen können. Die
B-Bank möchte in Deutschland aus der Autohypothek die Zwangsvollstreckung in
den Wagen betreiben.

Nach Ansicht des BGH ist die „in Italien wirksam bestellte Autohypothek (...) anzuerkennen, wenn das Fahrzeug endgültig im Inland verbleiben soll; hinsichtlich der
Verwertung eines solchen besitzlosen Pfandrechts gelten die für das Sicherungseigentum entwickelten Regeln entsprechend".

3. Heilung durch Statutenwechsel

Eine Heilung fehlgeschlagener dinglicher Rechtsänderungen durch Sta- 33
tutenwechsel scheidet grundsätzlich aus.[119] Das neue Statut übernimmt
die Rechtslage, wie sie durch das alte Statut geprägt wurde;[120] auch das
Scheitern der Rechtsänderung ist somit endgültig.[121]

Beispiel: A erwirbt in der Schweiz von B ein Ölgemälde, welches diesem zur Restau-
rierung anvertraut wurde. Der der Übereignung zugrundeliegende Kaufvertrag ist
jedoch unwirksam. Wegen des im Schweizer Recht geltenden Kausalitätsprinzips
scheitert ein gutgläubiger Erwerb durch A am Fehlen eines wirksamen Verpflich-
tungsgeschäfts. Auch wenn das Gemälde im Anschluss nach Deutschland gelangt
(Abstraktionsprinzip!), ändert sich am Ergebnis nichts; eine Heilung durch Statutenwechsel findet nicht statt.

Bei Sicherungsrechten an für den Export bestimmten Sachen wird dieses
Prinzip indes nicht für angemessen erachtet.

Fall:[122] Die italienische Maschinenbaufirma M liefert dem deutschen Strickwarenher-
steller S Strickmaschinen über Österreich nach Deutschland. M und S haben mündlich
einen Eigentumsvorbehalt zugunsten des M vereinbart, mit dem die Kaufpreisforderung abgesichert werden soll. In Deutschland lässt ein Gläubiger des S die Maschinen
pfänden. M beruft sich auf den Eigentumsvorbehalt.

Die Entstehung des Eigentumsvorbehalts beurteilt sich nach italienischem Recht.
Danach wirkt die Vereinbarung eines Eigentumsvorbehalts, die nicht den Formerfordernissen der Art. 1524, 2704 codice civile (schriftlich, notariell beglaubigte Unter-

---

[117] MüKo/*Kreuzer*, 3. Aufl. (1998), Nach Art. 38 Anh. I Rn. 86 m. w. Nachw.

[118] Nach *BGH* 11. 3. 1991, NJW 1991, 1415 = IPRax 1993, 176 (177) m. Anm. *Kreuzer*, 157–162 (160) = *Schack*, Höchstrichterliche Rechtsprechung, Nr. 24 = IPRspr
1991 Nr. 71; dazu auch schon der Fall oben bei Rn. 23.

[119] Hierzu allgemein § 5 Rn. 108 m. w. Nachw.

[120] *KG* 29. 9. 1987, NJW 1988, 341 = IPRax 1990, 393 m. Anm. *Kreuzer*, 365–372 =
IPRspr 1987 Nr. 41.

[121] MüKo/*Wendehorst*, Art. 43 Rn. 142f.; Staudinger/*Stoll*, Internationales Sachenrecht, Rn. 303.

[122] Nach *BGH* 2. 2. 1966, BGHZ 45, 95; dazu *Kegel*, JuS 1968, 162–166.

schrift des Käufers) genügt, nur inter partes, nicht aber gegenüber den Gläubigern des Käufers (Art. 1523, 1524 I codice civile).

Nach den oben dargelegten allgemeinen Grundsätzen dürfte der Eigentumsvorbehalt auch nach Verbringung der Maschinen nach Deutschland nur inter partes wirken. Dieser wäre für M somit praktisch wirkungslos, die Vereinbarung zwischen M und S hätte ihren Zweck verfehlt. Das Interesse der Parteien zielte darauf, dem M einen in Deutschland voll wirksamen Eigentumsvorbehalt im Sinne des deutschen Rechts zu verschaffen. Zur Begründung eines solchen hätte in Deutschland die formlose Vereinbarung zwischen M und S genügt. Der BGH folgert daraus – im Ergebnis zutreffend, dass der Eigentumsvorbehalt in dem Zeitpunkt, in dem die Maschinen die deutsche Grenze überschreiten, wirksam werden müsse. Um dieses Ziel zu erreichen, nimmt er an, dass S dem M unmittelbar nach Grenzübertritt der Maschinen sein relativ wirksames Eigentum mittels antizipierten Besitzkonstituts rückübertragen hat. Dieses Ergebnis stützt der BGH auf die Auslegung der Parteivereinbarung nach § 157 BGB.[123] Gegen die Lösung des BGH spricht jedoch, dass M im Verhältnis zu S als Eigentümer der Maschinen gilt, so dass eine Rückübereignung streng genommen ausscheidet.

34 Der Lösung gerade dieses Problems dient der neu geschaffene Art. 43 III EGBGB:[124] Ist ein Recht an einer Sache, die bestimmungsgemäß nach Deutschland gelangt, nicht bereits zuvor erworben worden, so sind für einen solchen Erwerb im Inland Vorgänge in einem ausländischen Staat wie inländische zu berücksichtigen. Dies betrifft nicht allein offene Tatbestände,[125] sondern auch Fälle, in denen nach dem alten (ausländischen) Sachenrechtsstatut lediglich ein relativ wirkendes dingliches Recht an der Sache erworben wurde, während nach deutschem Recht als dem Recht des Bestimmungsstaates unter gleichen Voraussetzungen ein absolutes Recht entstanden wäre.[126] Hier darf das neue Statut, sobald die Sache in seinen Herrschaftsbereich gelangt ist (Grenzübertritt), dem dinglichen Recht weiterreichende Wirkungen beimessen als das Ausgangsstatut.[127] Im Ergebnis führt dies zur Anwendung derjenigen lex rei sitae, die dem von den Parteien gewollten dinglichen Recht im neuen Belegenheitsstaat zur Wirkung verhilft *(Günstigkeitsprinzip):*[128] Die nach dem Recht des Absendeortes wirksamen Sicherungsrechte sind in Deutschland grundsätzlich anzuerkennen; daneben ist aber auch solchen Sicherungsrechten in Deutschland Wirkung zu verleihen, die zwar nicht den Anforderungen am ausländischen Absendeort genügen, wohl aber denen des deutschen Rechts als Recht des vereinbarten Bestimmungsortes.[129] Durch eine solche alternative Begründung des Sicherungsrechts

---

[123] *BGH* 2. 2. 1966, BGHZ 45, 95 (98–100).

[124] Hierzu BTDrucks. 14/343, S. 16; krit.: MüKo/*Wendehorst,* Art. 43 Rn. 168.

[125] S. oben Rn. 29.

[126] Krit. *Stoll,* IPRax 2000, 259–270 (263).

[127] Soergel/*Lüderitz,* Art. 38 Anh. II Rn. 53, 78; w. Nachw. bei MüKo/*Sonnenberger,* 3. Aufl. (1998), Einl. IPR, Rn. 499 (Fn. 1168).

[128] So schon *BGH* 2. 2. 1966, BGHZ 45, 95 (98 f.); allgemein zum Günstigkeitsprinzip § 5 Rn. 117.

[129] So ausdrücklich *Lüderitz,* in: Lauterbach (Hrsg.), Vorschläge und Gutachten zur Reform des deutschen internationalen Personen- und Sachenrechts (1972), S. 198 f.

werden insbesondere der Veräußerer und dessen Gläubiger geschützt; aber auch die Interessen des Erwerbers und seiner Gläubiger werden gewahrt, da sich die dingliche Rechtslage nach dem Recht des aktuellen Lageortes bemisst und somit leichter zu ermitteln ist.[130]

4. Wiederaufleben dinglicher Rechte

Wirksam begründete dingliche Rechte gelten auch dann fort, wenn sie **35** von einem zwischenzeitlichen Lageortsrecht nicht anerkannt wurden. Sie leben wieder auf, sobald die Sache in das Gebiet eines Staates gelangt, mit dessen Sachenrechtsordnung das betreffende dingliche Recht vereinbar ist. Dies gilt jedoch nur, soweit nicht sonstige, nach dem Recht des aktuellen Lageortes beachtliche Vorgänge am zwischenzeitlichen Lageort (z.B. Rechtsgeschäfte, Maßnahmen der Zwangsvollstreckung) zum Erlöschen des betreffenden dinglichen Rechts geführt haben.[131]

Fall:[132] Der Deutsche D übereignet seinen Pkw zur Sicherung eines Darlehens in Höhe von 10000 € an eine deutsche Bank. Sein Schwiegersohn S zahlt das Darlehen zurück und erhält dafür von der Bank das Sicherungseigentum am Pkw übertragen. D übersiedelt kurz darauf nach Österreich, wo sein Pkw im Auftrage eines Gläubigers gepfändet wird. S erhebt gegen die Zwangsvollstreckung in Österreich Exszindierungsklage nach § 37 Exekutionsordnung.

In Österreich ist die Bestellung von Sicherungseigentum nur entsprechend den Pfandrechtsvorschriften möglich, also durch körperliche Übergabe an den Gläubiger (§ 451 ABGB). Daher erkennt das österreichische Recht deutsches Sicherungseigentum wegen Verletzung grundlegender Publizitätserfordernisse nicht an. Die Zwangsvollstreckung in den Pkw war zulässig. Fährt der Ersteigerer später mit dem Pkw nach Deutschland, wird sein Eigentum in Deutschland anerkannt.[133]

Variante: Hat D sich nur vorübergehend in Österreich aufgehalten (Urlaub) und wurde dort kein Vollstreckungsakt vorgenommen, so lebt das Sicherungseigentum bei Rückkehr des Pkw nach Deutschland wieder auf.[134]

Der bloße Aufenthalt der Sache in einem Rechtsgebiet, welches das betreffende dingliche Recht nicht anerkennt, hat noch nicht dessen Erlöschen zur Folge.[135] Die h.M. nimmt lediglich ein Ruhen des dinglichen Rechts an: Der ordre-public-Vorbehalt des zwischenzeitlichen Lageortes

---

[130] Hierzu BTDrucks. 14/343, S. 16.
[131] *von Caemmerer*, FS Zepos II, Athen (1973), S. 25–34 (33f.); *Kropholler*, IPR, S. 561f.; MüKo/*Kreuzer*, 3. Aufl. (1998), Nach Art. 38 Anh. I Rn. 91; s. auch BTDrucks. 14/343, S. 14.
[132] Nach *OGH* 14. 12. 1983, IPRax 1985, 165 m. Anm. *Martiny*, 168–171 = *Schack*, Höchstrichterliche Rechtsprechung, Nr. 25.
[133] Vgl. insoweit das obiter dictum in *BGH* 8. 4. 1987, BGHZ 100, 321 (326) = NJW 1987, 3077 (3079) = IPRax 1987, 374 (377) m.Anm. *Stoll*, 357–360 = *Schack*, Höchstrichterliche Rechtsprechung, Nr. 26 = IPRspr 1987 Nr. 40.
[134] Hierzu ausführlich *Martiny*, IPRax 1985, 168–171 (171).
[135] MüKo/*Kreuzer*, 3. Aufl. (1998), Nach Art. 38 Anh. I Rn. 91.

bezweckt lediglich die Nichtanwendung der entsprechenden ausländischen Normen durch die eigenen Gerichte, nicht die endgültige Beseitigung der damit verbundenen dinglichen Rechte.[136] Nach Verlassen des anerkennungsfeindlichen Rechtsgebiets erwacht das dingliche Recht aus seiner Ruhe.[137]

D. Sonderfälle

36 Für einige Fallgruppen werden seit längerer Zeit Ausnahmen von der lex-rei-sitae-Regel diskutiert. Bei der Neukodifikation des Internationalen Sachenrechts von 1999 kamen diese Erwägungen in der Schaffung einer besonderen Anknüpfungsnorm für bestimmte internationale Transportmittel (Art. 45 EGBGB) sowie der Ausweichklausel des Art. 46 EGBGB zum Tragen.

I. Internationaler Versendungskauf

37 Nach bislang h. M.[138] gilt die Anknüpfung an die lex rei sitae auch für internationale Verkehrsgeschäfte, bei denen der Verkäufer den Kaufgegenstand ins Ausland zu senden hat (internationaler Versendungskauf). Danach kommt es zu einer *sukzessiven Anwendung* der am Absende- sowie am Bestimmungsort geltenden Rechtsordnungen; im Ausland erfolgte Vorgänge sind gegebenenfalls nach Art. 43 III EGBGB zu berücksichtigen.[139] Das Recht eines bloßen Durchgangslandes bleibt unbeachtet, wenn Drittinteressen nicht betroffen sind.[140]

Fall: K erwirbt von V in Italien eine gestohlene Vase; vereinbarungsgemäß sendet V die Vase anschließend über die Schweiz an den deutschen Wohnort des K.

Nach dem zunächst anwendbaren Recht des italienischen Absendeorts hat ein gutgläubiger Erwerb mangels Übergabe der Sache in Italien nicht stattgefunden (offener Tatbestand). In Deutschland als Bestimmungsort ist ein gutgläubiger Erwerb gestohlener Sachen ausgeschlossen (§ 935 I BGB). Schweizer Recht als Recht eines bloßen Durchgangslandes bleibt unberücksichtigt. Somit ist K nicht Eigentümer der Vase geworden.

Eine von Teilen des Schrifttums[141] vorgeschlagene akzessorische Anknüpfung an das Statut des zugrundeliegenden Kausalgeschäfts (Kauf-

---

[136] Erman/*Hohloch*, Art. 43 Rn. 22; a. A.: *Kegel/Schurig*, IPR, S. 772 f.

[137] „Wiedererweckungstheorie": *Pfeiffer*, IPRax 2000, 270–281 (273); MüKo/*Kreuzer*, 3. Aufl. (1998), Nach Art. 38 Anh. I Rn. 63, 91 f., 94; zur Beachtlichkeit eines ausländischen ordre public-Vorbehalts § 6 Rn. 149.

[138] Nachw. bei MüKo/*Kreuzer*, 3. Aufl. (1998), Nach Art. 38 Anh. I Rn. 72.

[139] Hierzu oben Rn. 29.

[140] *Fuchs/Hau/Thorn*, Fälle zum IPR, S. 80–82; zur Berücksichtigung des Rechts eines Transitstaates s. unten Rn. 39 f.

[141] So de lege ferenda: *Kreuzer*, RabelsZ 65 (2001), 383–462 (S. 446–448).

vertrag), die auf die Ausweichklausel des Art. 46 EGBGB zu stützen wäre, ist abzulehnen. Eine solche Anknüpfung würde aufgrund der unbeschränkten Parteiautonomie im Internationalen Schuldvertragsrecht (Art. 27 EGBGB) zu einer systemwidrigen Durchbrechung des numerus clausus der Sachenrechte führen und mangels Erkennbarkeit nach außen Verkehrs- wie Drittinteressen verletzen.[142] Zudem besteht zum Vertragsstatut nicht die von Art. 46 EGBGB geforderte „wesentlich engere Verbindung" als zum Recht des Lageortes. Zu erwägen ist im Einzelfall allenfalls eine einheitliche Anknüpfung des dinglichen Rechtsgeschäfts an den Bestimmungsort.

Früher bestehende Schwierigkeiten bei der Begründung von Sicherungsrechten an Waren, die Gegenstand eines internationalen Versendungskaufs sind, wurden mittlerweile durch Art. 43 III EGBGB beseitigt.[143] **38**

II. Res in transitu

Eng mit dem internationalen Versendungskauf verwandt ist die Problematik der *res in transitu*.[144] Im Unterschied zu jenem wird über die Ware jedoch nicht bereits vor, sondern erst während des Transports verfügt; häufig steht der Bestimmungsort noch nicht fest. Umstritten ist, welchem Recht Verfügungen über auf dem Transport befindliche Güter unterstehen. Die Neukodifikation von 1999 schweigt zu dieser Frage.[145] Vielfach ist der aktuelle Lageort nicht zweifelsfrei feststellbar; nicht selten befindet sich die Sache auf hoheitsfreiem Gebiet (z.B. Transporte auf hoher See oder per Flugzeug).[146] Zudem erscheint die Anknüpfung an den jeweiligen Lageort willkürlich, soweit es sich dabei um ein bloßes Transitland handelt.[147] **39**

Beispiel: Eine Schiffsladung Weizen, die sich auf dem Weg von New York nach Rotterdam befindet, wird auf der Londoner Warenbörse verkauft. Nach welchem Recht beurteilt sich der Eigentumsübergang?

Das Recht eines bloßen Transitlandes bleibt nach h.M. regelmäßig außer Betracht.[148] Statt dessen ist, da die sachenrechtlichen Beziehungen zum

---

[142] BTDrucks. 14/343, S. 16.

[143] Hierzu oben Rn. 33 f.

[144] Zum Begriff vgl. MüKo/*Kreuzer*, 3. Aufl. (1998), Nach Art. 38 Anh. I Rn. 126.

[145] BTDrucks. 14/343, S. 14; anders Art. 101 schweiz. IPRG.

[146] Eine Ersatzanknüpfung an das Heimatrecht des Schiffs bzw. Luftfahrzeugs erscheint hier willkürlich; soll bei Transporten von Luftfracht von Deutschland in die USA etwa den Ausschlag geben, ob der Transport von British Airways oder Air France durchgeführt wird? So auch Staudinger/*Stoll*, Internationales Sachenrecht, Rn. 266, 366.

[147] *Kropholler*, IPR, S. 564; MüKo/*Kreuzer*, 3. Aufl. (1998), Nach Art. 38 Anh. I Rn. 126; a.A.: MüKo/*Wendehorst*, Art. 46 Rn. 40–44.

[148] MüKo/*Kreuzer*, 3. Aufl. (1998), Nach Art. 38 Anh. I Rn. 130; Soergel/*Lüderitz*, Art. 38 Anh. II Rn. 89, jeweils m.w. Nachw.

Absendeort bereits abgebrochen wurden, auf das *Recht des zukünftigen Bestimmungsortes* abzustellen; methodisch kann dies über die Ausweichklausel des Art. 46 EGBGB begründet werden.[149] Vereinzelt[150] wird vorgeschlagen, den Parteien eine Rechtswahl einzuräumen, was jedoch von der h. M. zu Recht abgelehnt wird.[151]

Im vorliegenden Beispiel richtet sich der Eigentumsübergang somit nach niederländischem Recht.

40 Ausnahmsweise ist auch bei res in transitu nach Art. 43 I EGBGB auf den jeweiligen Lageort abzustellen, wenn dort *Maßnahmen der Zwangsvollstreckung* (z. B. Arrest, Pfändung) gegen die Sache ergriffen werden oder ein *lageortsbezogenes Rechtsgeschäft* abgeschlossen wird. Ein solches liegt vor, wenn der Transport vor Erreichen des Bestimmungsortes abgebrochen und am Lageort über die Sache verfügt wird. Hier besteht ein hinreichend enger Bezug zum Lageort, so dass für die Ausweichklausel des Art. 46 EGBGB kein Raum bleibt.[152]

Beispiele: Der Schiffskapitän ändert eigenmächtig die Route, fälscht die Transportpapiere und veräußert den Weizen in Algier an einen gutgläubigen Dritten. – Der Reeder unterbricht den Transport der Ladung unter Berufung auf sein gesetzliches Pfandrecht hieran in England.[153]

Nicht zur res in transitu im engeren Sinne zählt die h. M. Verkehrsmittel und Sachen, die Gegenstand eines internationalen Versendungskaufs sind; über letztere wird bereits vor dem Transport verfügt.[154] Deshalb besitzt die res-in-transitu-Problematik in der Praxis nur geringe Bedeutung.

III. Verkehrsmittel (Art. 45 EGBGB)

41 Ebenfalls unbefriedigend ist die Anknüpfung an den jeweiligen Lageort für im internationalen Bereich eingesetzte Verkehrsmittel.[155] Hier steht jedoch mit dem Zulassungs- bzw. Registrierungsort in der Regel ein auch für Dritte leicht ermittelbares und relativ manipulationsfestes Anknüpfungsmoment zur Verfügung.[156] Diese Anknüpfung hat auch Eingang in zahlreiche internationale Übereinkommen[157] gefunden.

---

[149] *Kropholler*, IPR, S. 564 f.; *Junker*, RIW 2000, 241–255 (252); *Looschelders*, Art. 46 Rn. 18.

[150] Staudinger/*Stoll*, Internationales Sachenrecht, Rn. 368 f. m. w. Nachw.

[151] Hierzu bereits oben Rn. 10 f.

[152] Palandt/*Heldrich*, Art. 43 Rn. 9; Bamberger/Roth/*Spickhoff*, Art. 46 Rn. 7.

[153] Zur besonderen Problematik des gesetzlichen Pfandrechts bei der res in transitu vgl. MüKo/*Kreuzer*, 3. Aufl. (1998), Nach Art. 38 Anh. I Rn. 105 f.; Staudinger/*Stoll*, Internationales Sachenrecht, Rn. 277, 372.

[154] Staudinger/*Stoll*, Internationales Sachenrecht, Rn. 366 f.

[155] Hierzu *Kreuzer*, RabelsZ 65 (2001), 383–462 (451).

[156] MüKo/*Wendehorst*, Art. 45 Rn. 1; Staudinger/*Stoll*, Internationales Sachenrecht, Rn. 367; Soergel/*Lüderitz*, Art. 38 Anh. II Rn. 81.

[157] Hierzu oben Rn. 4.

Art. 45 I EGBGB sieht im Einklang hiermit für *Luft-, Wasser- und Schienenfahrzeuge* eine Anknüpfung an den Registrierungsort,[158] hilfsweise an den gewöhnlichen Standort des Fahrzeugs vor.[159] Ausgenommen davon sind lediglich gesetzliche Sicherungsrechte: Insoweit knüpft Art. 45 II EGBGB an die zu sichernde Forderung (Forderungsstatut) an; deren Rangfolge untereinander unterliegt indes der lex rei sitae (Art. 43 I EGBGB).[160]

Fall:[161] Das russische Schiff MS „G." wird in einem italienischen Hafen vom griechischen Ölhändler O mit Bunkeröl zum Preis von 6 000 US-$ beliefert. Als die Zahlung ausbleibt, beantragt O aufgrund eines Schiffsgläubigerrechts den Arrest des nunmehr im Hamburger Hafen liegenden Schiffes.

Ob der O ein gesetzliches Sicherungsrecht an der MS „G." zusteht, richtet sich gemäß Art. 45 II 1 EGBGB nach dem Statut der zu sichernden Forderung, hier des Kaufpreisanspruchs der O. Dieser unterliegt mangels Rechtswahl griechischem Recht (Art. 28 II EGBGB), wobei es sich nach Art. 35 I EGBGB um eine Sachnormverweisung handelt. Nach Art. 106 griech. Seerechtsgesetz steht O für die Bunkerlieferung ein Schiffsgläubigerrecht an der MS „G." zu.

Variante: Macht ein deutscher Gläubiger im sich anschließenden Zwangsversteigerungsverfahren geltend, ihm stehe eine vorrangige Schiffshypothek an der MS „G" zu, so richtet sich das Bestehen der Hypothek gemäß Art. 45 I Nr. 2 EGBGB nach dem Recht Russlands als Registerstaat, welches die Gesamtverweisung durch das deutsche IPR annimmt (vgl. Art. 415 I russ. Seehandelsgesetzbuch). – Die Rangfolge zwischen dem griechischen Schiffspfandrecht und der russischen Schiffshypothek unterliegt indes nach Art. 45 II 2, 43 I EGBGB deutschem Recht als derzeitiger lex rei sitae.

Für *Kraftfahrzeuge* sieht das Gesetz keine Sonderregel vor; es bleibt also **42** mit der bisher h. M. bei der Anwendung der lex rei sitae.[162] Indes spricht einiges dafür, bei Kraftfahrzeugen, die dauerhaft dem internationalen Personen- bzw. Güterverkehr gewidmet sind (z. B. Reisebus, Lkw),[163] auf der Grundlage der Ausweichklausel des Art. 46 EGBGB ebenfalls auf den Zulassungsort abzustellen:[164] Der Bezug zum Zulassungsort bleibt auch bei häufigen Fahrten ins Ausland bestehen; der Zulassungsort ist zudem aus dem Kennzeichen ersichtlich. Ein wiederholter Statutenwechsel (z. B. Reisebus, der dreimal wöchentlich zwischen Deutschland und Spanien pendelt) mit den damit verbundenen Problemen kann

---

[158] Hierzu *Kreuzer*, RabelsZ 65 (2001), 383–462 (452 f.).

[159] *Stoll*, IPRax 2000, 259–270 (266 f.); ebenso bereits *BGH* 6. 3. 1995, RIW 1995, 944 = JZ 1995, 784 m. Anm. *Stoll* = IPRspr 1995 Nr. 61 (Recht des Heimathafens bei nicht registrierter Segelyacht).

[160] Hierzu: BTDrucks. 14/343, S. 18; *Stoll*, IPRax 2000, 259–270 (267 f.).

[161] Nach *OLG Hamburg* 8. 6. 1989, IPRax 1990, 400 m. Anm. *Mankowski/Kerfack*, 372–378 = IPRspr 1989 Nr. 67.

[162] BTDrucks. 14/343, S. 17; MüKo/*Wendehorst*, Art. 45 Rn. 25; *BGH* 20. 3. 1963, BGHZ 39, 173.

[163] *Drobnig*, FS Kegel (1977), S. 141–151 (144 f.); *Sonnenberger*, AWD 1971, 253–257; *BGH* 11. 3. 1991, NJW 1991, 1415 = IPRax 1993, 176 m. Anm. *Kreuzer*, 157–162 = *Schack*, Höchstrichterliche Rechtsprechung, Nr. 24 = IPRspr 1991 Nr. 71.

[164] *Pfeiffer*, IPRax 2000, 270–281 (275).

so vermieden werden.[165] Für Kraftfahrzeuge im Individualverkehr ist die Anknüpfung an den Registrierungsort dagegen nicht zwingend.[166]

---

[165] *Martiny*, IPRax 1985, 168–171 (169 f.).

[166] *K. Müller*, RIW 1982, 461–470 (466–470); vgl. auch *OLG Köln* 21. 7. 1999, VersR 2000, 462 = IPRspr 1999 Nr. 48.

Gesetzesverzeichnis

Die fettgedruckten Zahlen bezeichnen das Kapitel, gefolgt von der Randnummer.

Niederlande

Burgerlijk Wetboek vom 10. 4. 1838
- Art. 1915 a.F.: **10** 34

Österreich

Allgemeines Bürgerliches Gesetzbuch
vom 1. 6. 1811, **2** 22
- § 451: **12** 35
- § 797: **9** 69
- § 819: **9** 69
- § 1453: **12** 29
- § 1455: **12** 29
- § 1460: **12** 29
- § 1476: **12** 29
Gesetz über das Exekutions- und Siche-
rungsverfahren – Exekutionsordnung
– vom 27. 5. 1896
- § 37: **12** 35
Handelsgesetz vom 10. 5. 1897, **3** 146
Bundesgesetz über das Internationale
Privatrecht vom 15. 6. 1978, **2** 35
- § 5: **6** 101

Portugal

Código Civil vom 25. 11. 1966
- Art. 1620: **8** 8

Schweiz

Zivilgesetzbuch vom 10. 12. 1907
- Art. 30: **7** 15
- Art. 35–38: **7** 4
- Art. 160: **7** 15
- Art. 715: **12** 15, 24, 31
- Art. 934: **12** 17, 19, 22, 28
Obligationenrecht vom 30. 3. 1911
- Art. 13: **7** 41
- Art. 45: **6** 69
- Art. 216: **7** 42
- Art. 243: **7** 41
Bundesgesetz über das Internationale
Privatrecht vom 18. 12. 1987
- Art. 17: **6** 142
- Art. 90: **6** 100
- Art. 101: **12** 24
- Art. 104: **12** 10
- Art. 119: **7** 42
- Art. 128: **11** 4
- Art. 154: **7** 27

Spanien

Código civil vom 24. 7. 1889, **2** 35
- Art. 13–16 Einf.: **6** 119

- Art. 14 Einf.: **6** 119
- Art. 30: **7** 2
- Art. 55: **8** 8
- Art. 1319: **8** 20

Türkei

Zivilgesetzbuch vom 4. 4. 1926 i.d.F.
vom 12. 5. 1988, **3** 51

Ukraine

Ehe- und Familienkodex vom 20. 6. 1969
i.d.F. vom 23. 6. 1992
- Art. 105: **7** 40

Ungarn

Familiengesetz von 1952
- § 27: **6** 32
- § 31: **6** 32
Zivilgesetzbuch von 1959 i.d.F. von 1977
- § 607: **6** 32
- § 615: **6** 32
Verordnung über das Internationale
Privatrecht von 1979
- § 36: **6** 32
- § 39: **6** 82

Vereinigte Staaten von Amerika

United States Constitution vom 17. 9.
1787
- Amendment XIV (1868) sec.1: **6** 121
(New York)
Domestic Relations Law
- § 32: **8** 91

III. Recht der Europäischen Union

Vertrag zur Gründung der Europäischen
Gemeinschaft vom 25. 3. 1957 (BGBl.
II, 766) i.d.F. des Vertrags von Ams-
terdam vom 2. 10. 1997 (ABl. EG
Nr. C 340/173)
- Art. 3: **1** 108
- Art. 6 a.F.: **1** 125–126; **3** 108
- Art. 12: **1** 125–128, 130; **3** 108–109,
207; **7** 12 f.; **8** 62 a
- Art. 17: **1** 127; **5** 58
- Art. 18: **1** 125; **5** 58
- Art. 19: **5** 58
- Art. 20: **5** 58
- Art. 21: **5** 58
- Art. 22: **5** 58
- Art. 28: **1** 107, 11
- Art.30 a.F.: **1** 109

IV. Völkerrechtliche Verträge

V. Sonstige Rechtsquellen

Entscheidungsverzeichnis

Die fettgedruckten Zahlen bezeichnen das Kapitel, gefolgt von der Randnummer.

I. Europäischer Gerichtshof

11.7.1974	Rs. 8/74	„Dassonville"	EuGHE 1974, 837	**1**, 107
6.10.1976	Rs. 12/76	„Tessili"	EuGHE 1976, 1473 = NJW 1977, 490 m. Anm. Geimer	**3**, 224a
6.10.1976	Rs. 14/76	„De Bloos"	EuGHE 1976, 1497 = NJW 1977, 490 m. Anm. Geimer	**3**, 223a, 224a, 231f.
14.10.1976	Rs. 29/76	„Eurocontrol"	EuGHE 1976, 1541 = NJW 1977, 489 m. Anm. Geimer	**3**, 192, 195
30.11.1976	Rs. 21/76	„Mines de potasse d'Alsace"	EuGHE 1976, 1759 = NJW 1977, 493 m. Anm. Geimer 2023f.	**3**, 228
22.11.1978	Rs. 33/78	„Somafer"	EuGHE 1978, 2183 = RIW 1979, 56	**3**, 230f.
20.2.1979	Rs. 120/78	„Cassis de Dijon"	EuGHE 1979, 649 = NJW 1979, 1766	**1**, 107
22.2.1979	Rs. 133/78	„Gourdain/ Nadler"	EuGHE 1979, 733 = NJW 1979, 1772	**3**, 199, 201
16.12.1980	Rs. 814/79	„Rüffer"	EuGHE 1980, 3807 = IPRax 1981, 169 m. Anm. Schlosser 154f.	**3**, 195, 196–198
10.3.1981	Rs. 139/80	„Blankaert"	EuGHE 1981, 1819 = NJW 1982, 507 = IPRax 1982, 64 m. Anm. Linke 46–48	**3**, 231
24.6.1981	Rs. 150/80	„Elefanten Schuh"	EuGHE 1981, 1671 = NJW 1982, 507 = IPRax 1982, 234 m. Anm. Leipold 222–225	**3**, 248
15.7.1982	Rs. 228/81	„Pendy/ Pluspunkt"	EuGHE 1982, 2723 = NJW 1982, 1937 = IPRax 1985, 27 m. Anm. Geimer 6–8	**3**, 261

6.10.1982	Rs. 283/81	„C. I. L. F. I. T."	EuGHE 1982, 3415 = NJW 1983, 1257	**3**, 190
15.1.1985	Rs. 241/83	„Rösler"	EuGHE 1985, 99 = NJW 1985, 905 m. Anm. Rauscher 892–898 = IPRax 1986, 97 m. Anm. Kreuzer 75–80	**3**, 239
28.3.1985	Rs. 272/83	„Kommission/ Italien"	EuGHE 1985, 1057	**3**, 267
4.7.1985	Rs. 220/84	„AS-Autoteile"	EuGHE 1985, 2267	**3**, 243
26.2.1986	Rs. 152/84	„Marshall"	EuGHE 1986, 723	**1**, 122
3.7.1986	Rs. 66/85	„Lawrie-Blum"	EuGHE 1986, 2121	**10**, 75
8.12.1987	Rs. 144/86	„Gubisch Maschinen- fabrik/ Palumbo"	EuGHE 1987, 4861 = RIW 1988, 818 m. Anm. Linke = IPRax 1989, 157 m. Anm. Schack 139–142	**3**, 251
4.2.1988	Rs. 145/86	„Hoffmann/ Krieg"	EuGHE 1988, 645 = NJW 1989, 663 = IPRax 1989, 159 m. Anm. van Venrooy 137 f. und Schack 139–142	**3**, 263
6.7.1988	Rs. 158/87	„Scherrens"	EuGHE 1988, 3791 = IPRax 1991, 44 m. Anm. Kreuzer 25–28	**3**, 239
27.9.1988	Rs. 189/87	„Kalfelis"	EuGHE 1988, 5565 = NJW 1988, 3088 m. Anm. Geimer = IPRax 1989, 288 m. Anm. Gottwald 272–274	**3**, 220, 227
22.6.1989	Rs. 103/88	„Fratelli Costanzo"	EuGHE 1989, 1839 = RIW 1990, 407	**1**, 122
10.1.1990	Rs. C-115/88	„Reichert"	EuGHE 1990 I, 27 = IPRax 1991, 45 m. Anm. Schlosser 29 f.	**3**, 238
7.3.1990	Rs. C-362/88	„GB-INNO"	EuGHE 1990 I, 667 = RIW 1991, 347 = EuZW 1990, 222 m. Anm. Alt 311–313 und Sack 313 f.	**1**, 109; **11**, 54
3.7.1990	Rs. C-305/88	„Lancray"	EuGHE 1990 I, 2725 = IPRax 1991, 177 m. Anm. Rauscher 155–159	**3**, 259

13.11.1990	Rs. C-106/89	„Marleasing"	EuGHE 1990 I, 4135	**1**, 122
25.7.1991	Rs. C-190/89	„Marc Rich"	EuGHE 1991 I, 3855 = NJW 1993, 189 = IPRax 1992, 312 m. Anm. Haas 292–296	**3**, 201
19.11.1991	Rs. C-6 u. 9/90	„Francovich"	EuGHE 1991 I, 5357 = NJW 1992, 165	**1**, 122
12.11.1992	Rs. C-123/91	„Minalmet/ Brandeis"	EuGHE 1992 I, 5661	**3**, 259
17.3.1993	Rs. C-72 u. 73/91	„Sloman Neptun Schiff- fahrts AG/ Seebetriebsrat"	EuGHE 1993 I, 887 = IPRax 1994, 199 m. Anm. Magnus 178–180	**10**, 83
21.4.1993	Rs. C-172/91	„Sonntag"	EuGHE 1993 I, 1963 = IPRax 1994, 37 m. Anm. Heß 10–12	**3**, 196– 198
18.5.1993	Rs. C-126/91	„Yves Rocher"	EuGHE 1993 I, 2361 = EuZW 1993, 420 m. Anm. Leisner 655–659	**11**, 54
1.7.1993	Rs. C-20/92	„Hubbard/ Hamburger"	EuGHE 1993 I, 3777 = NJW 1993, 2431 = IPRax 1994, 203 m. Anm. Kaum 180–183	**3**, 108
24.11.1993	Rs. C-267 u. 268/91	„Keck und Mithouard"	EuGHE 1993 I, 6097 = NJW 1994, 121 m. Anm. Möschel 429–431 = IPRax 1995, 167 m. Anm. Gebauer 152–156	**1**, 107
10.2.1994	Rs. C-398/92	„Mund & Fester"	EuGHE 1994 I, 467 = NJW 1994, 1271 m. Anm. Mankowski, NJW 1995, 306–308 = IPRax 1994, 439 m. Anm. Geiger, 415 f.	**1**, 128
14.7.1994	Rs. C-91/92	„Faccini Dori"	EuGHE 1994 I, 3325 = NJW 1994, 2473 m. Anm. Ukrow 2469 f.	**1**, 122
6.12.1994	Rs. C-406/92	„Tatry"	EuGHE 1994 I, 5439 = IPRax 1996, 108 m. Anm. Schack 80–83	**3**, 252
7.3.1995	Rs. C-68/93	„Shevill"	EuGHE 1995 I, 415 = ZEuP 1996, 295 m. Anm. P. Huber 300– 313	**3**, 228; **11**, 32

13.7.1995	Rs. C-341/93	„Danvaern"	EuGHE 1995 I, 2053 = NJW 1996, 42 m. Anm. Bacher 2140 f. = EuZW 1995, 639 m. Anm. Geimer	**3**, 190, 234
20.2.1997	Rs. C-106/95	„Mainschiff-fahrts-Genossen-schaft"	EuGHE 1997 I, 932 = JZ 1997, 836 m. Anm. Koch = IPRax 1999, 31 m. Anm. Kubis 10–14	**3**, 225 a, 246
27.2.1997	Rs. C-220/95	„van den Boogaard"	EuGHE 1997 I, 1147 = IPRax 1999, 35 m. Anm. Weller 14–20 und Jayme 20 f.	**3**, 226
20.3.1997	Rs. C-323/95	„Hayes/ Kronenberger"	EuGHE 1997 I, 1711 = NJW 1998, 2127	**3**, 108
3.7.1997	Rs. C-269/95	„Benincasa/ Dentalkit"	EuGHE 1997 I, 3767 = RIW 1997, 775	**3**, 236, 247
27.10.1998	Rs. C-51/97	„Réunion européenne/ Spliethoff's Befrach-tingskantoor"	EuGHE 1998 I, 6511 = IPRax 2000, 210 m. Anm. Koch 186–188	**3**, 221
17.11.1998	Rs C-391/95	„Van Uden"	EuGHE 1998 I, 7091 = JZ 1999, 1103 m. Anm. Stadler 1089–1099 = IPRax 1999, 240 m. Anm. Heß/ Vollkommer 220–225	**3**, 253 a
9.3.1999	Rs. C-217/97	„Centros"	EuGHE 1999 I, 1459 = NJW 1999, 2027 m. Anm. Kindler 1993–2000 = IPRax 1999, 360 m. Anm. Behrens 323–331	**1**, 112; **7**, 32
16.3.1999	Rs. C-159/97	„Trasporti Castelletti/ Trumpy"	EuGHE 1999 I, 1597 = IPRax 2000, 119 m. Anm. Girsberger 87–91	**3**, 246
27.4.1999	Rs. C-99/96	„Mietz/ Intership Yach-ting"	EuGHE 1999 I, 2277 = JZ 1999, 1105 m. Anm. Stadler 1089–1099 = IPRax 2000, 411 m. Anm. Heß 370–374	**3**, 253 a
10.6.1999	Rs. C-430/97	„Jutta Johannes"	EuGHE 1999 I, 3475	**1**, 125

28.9.1999	Rs. C-440/97	„Groupe Concorde"	EuGHE 1999 I, 6307 m. Anm. Hau, IPRax 2000, 354–360	**3**, 223 a, 224 a
5.10.1999	Rs. C-420/97	„Leathertex"	EuGHE 1999 I, 6747 m. Anm. Hau, IPRax 2000, 354–360	**3** 223 a, 224 a
23.11.1999	Rs. C-369/96 u. 376/96	„Arblade"	EuGHE 1999 I, 8453 = RIW 2000, 137	**1**, 113– 114; **10**, 81 b
28.3.2000	Rs. C-7/98	„Krombach"	EuGHE 2000 I, 1935 = ZIP 2000, 859 m. Anm. Geimer = IPRax 2000, 406 m. Anm. Piekenbrock 364–366 und Matscher 428–436	**3**, 265
11.5.2000	Rs. C-38/98	„Renault"	EuGHE 2000 I, 2973 = EWiR 2000, 627 (LS) m. Anm. Geimer = IPRax 2001, 328 m. Anm. Heß 301–306	**3**, 254
27.6.2000	Rs. C-240/98 bis C 244/98	„Océano Grupo Editorial/ Quintero"	EuGHE 2000 I, 4941 = RIW 2000, 700 m. Anm. Borges 933–939 und Leible, RIW 2001, 422–431	**3**, 246
13.7.2000	Rs. C-412/98	„Group Josi Reinsurance Company"	EuGHE 2000 I, 5925 = NJW 2000, 3121 = IPRax 2000, 520 m. Anm. A. Staudinger 483–488	**3**, 209, 212, 235 a
9.11.2000	Rs. C-381/98	„Ingmar GB/ Eaton Leonard Technologies Inc."	EuGHE 2000 I, 9305 = NJW 2001, 2007 m. Anm. A. Staudinger 1974– 1978 = IPRax 2001, 225 m. Anm. Jayme 190 f. = RIW 2001 133 m. Anm. Freitag/ Leible 287–295	**4**, 16; **10**, 96 a
15.3.2001	Rs. C-165/98	„Mazzoleni/ Inter Surveillance Assistance"	EuGHE 2001 I, 2189 = Rev crit 90 (2001), 495 m. Anm. Pataut	**1**, 113– 114; **10**, 81 b

5.4.2001	Rs. C-518/99	„Gaillard/ Chekili"	EuGHE 2001 I, 2771 = EWS 2001, 451	**3**, 238
24.1.2002	Rs. C-164/99	„Portugaia Construções"	EuGHE 2001 I, 2189 = EuZW 2002, 245	**10**, 81 b, 81 c
27.2.2002	Rs. C-37/00	„Weber/ Universal"	EuGHE 2002 I, 2013 = IPRax 2003, 45 m. Anm. Mankowski 21–28	**3**, 236 f
6.6.2002	Rs. C-80/00	„Italian Leather"	EuGHE 2002 I, 4995 = RIW 2002, 708	**3**, 262
11.7.2002	Rs. C-96/00	„Gabriel"	EuGHE 2002 I, 6367 = NJW 2002, 3637 m. Anm. Feuchtmeyer 3598–3599 = IPRax 2003, 50 m. Anm. Leible 28–34	**3**, 225 b; **10**, 22 b
17.9.2002	Rs. C-334/00	„Tacconi"	EuGHE 2002 I, 7357 = IPRax 2003, 143 m. Anm. Mankowski 127–135	**3**, 227
1.10.2002	Rs. C-167/00	„Henkel"	EuGHE 2002 I, 8111 = IPRax 2003, 341 m. Anm. Michailidou 223–227	**3**, 227
5.11.2002	Rs. C-208/00	„Überseering"	EuGHE 2002 I, 9919 = NJW 2002, 3614 = IPRax 2003, 65 m. Anm. W.-H. Roth 117–127 und Behrens 193–207 = Rev. crit. 2003, 508 m. Anm. Lagarde und Ballarino 373–402	**1**, 112; **7**, 32 a
8.5.2003	Rs. C-111/01	„Gantner/ Basch"	EuGHE 2003 I, 4207 = IPRax 2003, 443 m. Anm. Reischl 426–430	**3**, 252
15.5.2003	Rs. C-266/01	„Preservatrice foncière TI-ARD"	EuGHE 2003 I, 4867 = IPRax 2003, 528 m. Anm. Geimer 512–515	**3**, 194
30.9.2003	Rs. C-167/01	„Inspire Art"	EuGHE 2003 I, 10 155 = NJW 2003, 3331 m. Anm. Zimmer 3585–3592 = IPRax 2004, 46 m. Anm. Behrens 20–26	**1**, 112; **7**, 32 a

2.10.2003	Rs. C-148/02	„Carlos Garcia Avello"	EuGHE 2003 I, 11613 = IPRax 2004, 339 m. Anm. Mörsdorf-Schulte 315–326	**1**, 125; **5**, 21; **7**, 12–13
15.1.2004	Rs. C-433/01	„Blijdenstein"	EuGHE 2004 I, 981 = IPRax 2004, 240 m. Anm. Martiny 195–205	**3**, 226
5.2.2004	Rs. C-18/02	„DFDS Torline A/S"	EuGHE 2004 I, 1417 = IPRax 2006, 161 m. Anm. Franzen 127–129 = RIW 2004, 543	**3**, 228
27.4.2004	Rs. C-159/02	„Turner/ Grovit"	EuGHE 2004 I, 3565 = RIW 2004, 541 m. Anm. Krause 533–541 = IPRax 2004, 425 m. Anm. Rauscher 405–409	**3**, 216
20.1.2005	Rs. C-27/02	„Engler"	EuGHE 2005 I, 481 = IPRax 2005, 239	**3**, 225 b
1.3.2005	Rs. C-281/02	„Owusu"	EuGHE 2005 I, 1383 = IPRax 2005, 244 m. Anm. Heinze/ Dutta 224–230	**3**, 212
8.11.2005	Rs. C-443/03	„Leffler/Berlin Chemie AG"	EuGHE 2005 I, 9611 = IPRax 2006, 151 m. Anm. Stadler 116–123	**3**, 113 b
13.12.2005	Rs. C-411/03	„SEVIC"	EuGHE 2005 I, 10 805 = IPRax 2006, 596 m. Anm. Doralt 572–578 = ZIP 2005, 2311 m. Anm. Teichmann ZIP 2006, 355–363	**7**, 32 a
17.1.2006	Rs. C-1/04	„Straubitz-Schreiber"	EuGHE 2006 I, 701 = NZI 2006, 153 m. Anm. Mankowski = IPRax 2006, 149 m. Anm. Kindler 114–16	**3**, 270 b
16.3.2006	Rs. C-234/04	„Schlank & Schick"	EuGHE 2006 I, 2585	**3**, 225 b
27.4.2006	Rs. C-96/04	„Grunkin-Paul"	EuGHE 2006 I, 3561 = IPRax 2006, 402	**1**, 125
18.5.2006	Rs. C-343/04	„CES"	EuGHE 2006 I, 4558 = IPRax 2006, 591 m. Anm. Thole 564–567 = NVwZ 2006, 149	**11**, 56

II. Deutsche Gerichte

1. Bundesverfassungsgericht

4.5.1971	1 BvR 636/68	BVerfGE 31, 58 = NJW 1971, 1509 m. Anm. Guradze 2121–2122 und Becker 1491–1493 = RabelsZ 36 (1972), 145 m. zahlreichen Anm. = IPRspr 1971 Nr. 39	1, 134; 5, 30; 6, 139 f.; 8, 4
21.5.1974	1 BvL 22/71 und 21/72	BVerfGE 37, 217 = NJW 1974, 1609 = IPRspr 1974 Nr. 205	5, 25
13.12.1977	2 BvM 1/76	BVerfGE 46, 342 = NJW 1978, 485 = IPRspr 1977 Nr. 117	3, 25
20.4.1982	2 BvL 26/81	BVerfGE 60, 253 = NJW 1982, 2425	3, 101
22.2.1983	1 BvL 17/81	BVerfGE 63, 181 = NJW 1983, 1968 m. Anm. von Bar 1929–1936 = IPRax 1983, 223 m. Anm. Henrich 208–210 = IPRspr 1983 Nr. 56	1, 134; 5, 30; 8, 42
12.4.1983	2 BvR 678–681, 683/81	BVerfGE 64, 1 = NJW 1983, 2766 m. Anm. von Schönfeld, NJW 1986, 2980–2987 = IPRax 1984, 196 m. Anm. Stein 179–183 = IPRspr 1983 Nr. 127	3, 45
8.1.1985	1 BvR 830/83	BVerfGE 68, 384 = NJW 1985, 1282 = IPRax 1985, 290 m. Anm. Beitzke 268–272 = IPRspr 1985 Nr. 70	1, 134; 5, 30
14.4.1987	1 BvR 162/84	BVerfGE 75, 183 = NJW 1987, 2003	10, 37
22.6.1990	2 BvR 116/90	NJW 1990, 2193	5, 56
5.2.1993	1 BvR 39/93	FamRZ 1993, 662	6, 141
7.10.1993	1 BvR 1651/93	IPRax 1995, 118 (LS) m. Anm. Jayme = IPRspr 1994 Nr. 100	8, 118
19.10.1993	1 BvR 567, 1044/89	BVerfGE 89, 214	6, 141
17.3.1995	1 BvR 323 und 610/95	FamRZ 1995, 663 = FuR 1995, 145 m. Anm. Niemeyer = IPRspr 1995 Nr. 94 b	8, 118
31.1.1996	2 BvR 166/96	NJW 1996, 1953 = FamRZ 1996, 479 m. Anm. Diedrich 686–688 = IPRspr 1996 Nr. 88 b	8, 118
15.8.1996	2 BvR 1075/96	NJW 1996, 3145 = IPRax 1997, 124 m. Anm. Klein 106–109 = IPRspr 1996 Nr. 101	8, 118
18.7.1997	2 BvR 1126/97	FamRZ 1997, 1269 = IPRspr 1997 Nr. 101 b	8, 116

29.10.1998	2 BvR 1206/98	BVerfGE 99, 145 = NJW 1999, 631 = FamRZ 1999, 85 = IPRspr 1998 Nr. 108b	**5, 76; 8, 118**
9.3.1999	2 BvR 420/99	NJW 1999, 2173 = IPRspr 1999 Nr. 81b	**8, 118**
31.3.1999	2 BvR 559/99	NJW 1999, 2175 = FamRZ 1999, 777 = IPRspr 1999 Nr. 82c	**8, 118**
18.12.2002	1 BvR 108/96	NJW 2003, 1656 = FamRZ 2003, 361 m. Anm. Henrich 362 = IPRspr 2002 Nr. 73	**8, 43**
25.7.2003	2 BvR 1198/03	BVerfGE 108, 238 = NJW 2003, 2598 = IPRax 2004, 61 m. Anm. Oberhammer 40–45 = IPRspr 2003 Nr. 17b	**3, 124**
18.7.2006	1 BvL 1/04 und 12/04	NJW 2007, 900 = FamRZ 2006, 1818 m. Anm. Scherpe 271–272 = IPRax 2007, 217 m. Anm. Röthel 204–207	**5, 8**
8.12.2006	2 BvR 1339/06	FamRZ 2007, 267	**5, 56**

2. Reichsgericht

20.1.1894	V 329/93	RGZ 32, 414	**3, 58**
25.10.1896	II 184/95	RGZ 36, 331	**9, 54–55**
7.4.1902	VI 20/02	RGZ 51, 163	**3, 45**
30.3.1903	VI 376/02	RGZ 54, 198	**11, 24**
21.3.1905	II 307/04	RGZ 60, 296	**6, 138**
19.1.1911	VII 583/10	RGZ 75, 147	**3, 45**
10.3.1911	II 358/10	RGZ 75, 414	**3, 45**
30.5.1919	VII 33/19	RGZ 96, 96	**11, 21**
19.12.1922	III 137/22	RGZ 106, 82	**6, 154**
16.5.1931	IX 497/30	RGZ 132, 416 = IPRspr 1931 Nr. 59	**5, 108**
4.5.1932	I 349/31	IPRspr 1932 Nr. 38	**11, 3**
2.6.1932	IV 103/32	RGZ 136, 361 = IPRspr 1932 Nr. 5	**6, 77**
12.11.1932	I 68/32	RGZ 138, 243 = IPRspr 1932 Nr. 60	**11, 24, 33**
17.2.1933	II 318/32	RGZ 140, 25 = IPRspr 1933 Nr. 67	**11, 30**
10.3.1934	V 234/33	SeuffArch 88 (1934), 193 = IPRspr 1934 Nr. 11	**12, 14**
6.7.1934	II 102/34	RGZ 145, 121 = IPRspr 1934 Nr. 29	**6, 27**
11.4.1940	IV 529/39	RGZ 163, 367 = IPRspr 1935–44 Nr. 223	**6, 27**

3. Bundesgerichtshof

22.11.1956	II ZR 222/55	BGHZ 22, 186 = NJW 1957, 180	**9**, 47
11.7.1957	II ZR 318/55	BGHZ 25, 134 = NJW 1957, 1920 = IPRspr 1956/57 Nr. 81 b	**1**, 111; **7**, 23
5.2.1958	IV ZR 204/57	MDR 1958, 319 = IPRspr 1958/59 Nr. 38	**3**, 106
21.11.1958	IV ZR 107/58	BGHZ 28, 375 = NJW 1959, 529 m. Anm. Lüderitz 1032 f. = IPRspr 1958/59 Nr. 110	**3**, 169; **6**, 141; **8**, 17
19.12.1958	IV ZR 87/58	BGHZ 29, 137 = NJW 1959, 717 = IPRspr 1958/59 Nr. 112	**6**, 10, 30; **8**, 8
13.7.1959	II ZR 109/57	NJW 1959, 1873 = IPRspr 1958/59 Nr. 3	**3**, 146
14.6.1960	VI ZR 81/59	VersR 1960, 990	**11**, 57
24.11.1960	II ZR 9/60	NJW 1961, 410 = IPRspr 1960/61 Nr. 5	**3**, 134
21.12.1960	VIII ZR 1/60	BGHZ 34, 169 = NJW 1961, 822	**10**, 99 f.
30.6.1961	I ZR 39/60	BGHZ 35, 329 = NJW 1962, 37 = IPRspr 1960/61 Nr. 155	**11**, 51
20.3.1963	VIII ZR 130/61	BGHZ 39, 173 = NJW 1963, 1200 = IPRspr 1962/63 Nr. 60	**12**, 7, 15, 24, 30 f., 42
20.12.1963	I b ZR 104/62	BGHZ 40, 391 = NJW 1964, 969 = IPRspr 1962/63 Nr. 161	**11**, 27
23.6.1964	VI ZR 180/63	NJW 1964, 2012 = IPRspr 1964/65 Nr. 51	**11**, 21, 24
30.9.1964	VIII ZR 195/61	BGHZ 42, 194 = NJW 1964, 2350 = IPRspr 1964/65 Nr. 259	**3**, 176, 180
26.11.1964	II ZR 55/63	BGHZ 42, 385 = NJW 1965, 489 = IPRspr 1964/65 Nr. 62	**11**, 58
22.1.1965	IV ZB 441/64	BGHZ 43, 213 = NJW 1965, 1129 = IPRspr 1964/65 Nr. 81 b	**6**, 50, 61
14.6.1965	GSZ 1/65	BGHZ 44, 46 = NJW 1965, 1665 = IPRspr 1964/65 Nr. 224	**3**, 38, 93
2.2.1966	VIII ZR 153/64	BGHZ 45, 95 = NJW 1966, 879 = IPRspr 1966/67 Nr. 54	**12**, 33–34
2.5.1966	III ZR 92/64	BGHZ 45, 351 = NJW 1966, 2270 = IPRspr 1966/67 Nr. 3	**6**, 99; **9**, 62 a
22.3.1967	IV ZR 148/65	BGHZ 47, 324 = NJW 1967, 2109 = IPRspr 1966/67 Nr. 90	**3**, 11 f.; **6**, 10; **8**, 48
18.10.1967	VIII ZR 145/66	BGHZ 48, 327 = NJW 1968, 354 = IPRspr 1966/67 Nr. 251	**3**, 166
26.10.1967	VII ZR 86/65	BGHZ 49, 1 = NJW 1968, 353 = IPRspr 1966/67 Nr. 303	**9**, 66
29.2.1968	VII ZR 102/65	BGHZ 49, 384 = NJW 1968, 1233 = IPRspr 1968/69 Nr. 199	**3**, 72 f., 75 f.

8.5.1968	VIII ZR 43/65	BGHZ 50, 100 = NJW 1968, 1575 = IPRspr 1968/69 Nr. 222	**3**, 176
26.6.1968	VIII ZR 104/66	VersR 1968, 995 = IPRspr 1968/69 Nr. 28	**10**, 15
17.10.1968	VII ZR 23/68	BGHZ 51, 27 = NJW 1969, 188 = IPRspr 1968/69 Nr. 211	**3**, 103
39.7.1969	VIII ZR 185/67	BGHZ 52, 251 = NJW 1969, 2090 m. Anm. Geimer = IPRspr 1968/69 Nr. 227	**3**, 176
30.1.1970	V ZR 139/68	BGHZ 53, 181 = NJW 1970, 998 m. Anm. Langen = IPRspr 1970 Nr. 7	**10**, 11, 26
16.3.1970	VII ZR 125/68	BGHZ 53, 332 = NJW 1970, 1002 = IPRspr 1970 Nr. 121 b	**3**, 176
15.4.1970	VIII ZR 87/69	NJW 1971, 323 m. Anm. Geimer = IPRspr 1970 Nr. 12	**10**, 37
18.6.1970	IV ZB 69/69	BGHZ 54, 123 = NJW 1970, 1503 = IPRspr 1970 Nr. 59 b	**6**, 139
12.5.1971	IV AR 38/70	BGHZ 56, 180 = NJW 1971, 1519 = IPRspr 1971 Nr. 40	**1**, 91; **6**, 139, 150; **8**, 3
12.5.1971	IV ZB 52/70	BGHZ 56, 193 = NJW 1971, 1516 = IPRspr 1971 Nr. 48	**7**, 15
23.11.1971	VI ZR 97/70	BGHZ 57, 265 = NJW 1972, 387 = IPRspr 1971 Nr. 18	**11**, 58
29.3.1972	IV ZR 1200/68	NJW 1972, 1001 = IPRspr 1972 Nr. 124	**9**, 27
17.5.1972	VIII ZR 76/71	BGHZ 59, 23 = NJW 1972, 1622 m. Anm. Geimer = IPRspr 1972 Nr. 140	**3**, 75
22.6.1972	II ZR 113/70	BGHZ 59, 82 = NJW 1972, 1575 m. Anm. F. A. Mann 2179	**10**, 99
5.7.1972	VIII ZR 118/71	BGHZ 59, 116 = NJW 1972, 1671 m. Anm. Geimer = IPRspr 1972 Nr. 160	**3**, 89
20.12.1972	IV ZB 20/72	BGHZ 60, 68 = NJW 1973, 417 = IPRspr 1972 Nr. 59 b	**6**, 150
18.12.1973	VI ZR 25/72	NJW 1974, 495 m. Anm. Trenk-Hinterberger 1048 f. = IPRspr 1973 Nr. 17	**11**, 34
24.4.1974	IV ZR 138/72	BGHZ 62, 282 = NJW 1974, 1506 = IPRspr 1974 Nr. 45	**6**, 141
16.10.1974	IV ZB 12/74	BGHZ 63, 107 = NJW 1975, 112 = IPRspr 1974 Nr. 60	**5**, 101
5.2.1975	IV ZR 103/73	NJW 1975, 1068 = FamRZ 1975, 272 m. Anm. Piltz 335 f. = IPRspr 1975 Nr. 83	**5**, 77, 79, 81–82
16.4.1975	I ZR 40/73	BGHZ 64, 183 = NJW 1975, 1220 = IPRspr 1975 Nr. 118	**10**, 99

19.12.1975	I ZR 99/74	NJW 1976, 474 = IPRspr 1975 Nr. 3	**3**, 135
30.3.1976	VI ZR 143/74	NJW 1976, 1581 = IPRspr 1976 Nr. 2	**3**, 140
7.7.1976	I ZR 51/75	NJW 1976, 2075 m. Anm. Buchmüller, NJW 1977, 501 = IPRspr 1976 Nr. 8	**10**, 86
5.10.1976	VI ZR 253/75	NJW 1977, 496 = IPRspr 1976 Nr. 17	**11**, 34
10.2.1977	II ZR 120/75	BGHZ 68, 225 = NJW 1977, 1339 = JZ 1977, 685 m. Anm. Wiedemann	**9**, 47
16.10.1977	IV ZB 7/77	BGHZ 69, 387 = NJW 1978, 496 = FamRZ 1978, 771 m. Anm. Dilger	**3**, 142, 144
10.11.1977	III ZR 79/75	BGHZ 70, 7 = NJW 1978, 495 = IPRspr 1977 Nr. 29	**11**, 30
9.3.1979	V ZR 85/77	BGHZ 73, 391 = NJW 1979, 1773 m. Anm. Löber, NJW 1980, 496 f. = IPRspr 1979 Nr. 7	**6**, 129; **11**, 3
16.5.1979	VIII ZB 8/79	BGHZ 74, 278 = NJW 1980, 528 = IPRspr 1979 Nr. 200	**3**, 174
20.6.1979	VI ZR 106/78	BGHZ 75, 32 = NJW 1979, 1776 m. Anm. Kropholler 2468 f. = IPRspr 1979 Nr. 83	**6**, 139
29.10.1980	IV b ZB 586/80	BGHZ 78, 293 = NJW 1981, 520 = IPRax 1981, 139 m. Anm. Henrich 125 f. = IPRspr 1980 Nr. 94	**10**, 50
5.11.1980	VIII ZR 230/79	BGHZ 78, 318 = NJW 1981, 522 = IPRax 1981, 130 m. Anm. Großfeld 116 f. = IPRspr 1980 Nr. 41	**1**, 111; **7**, 23
8.1.1981	III ZR 157/79	BGHZ 80, 1 = IPRspr 1981 Nr. 24	**11**, 19, 21
12.3.1981	IV a ZR 111/83	NJW 1981, 1900 = IPRax 1982, 198 m. Anm. Denzler 181–185 = IPRspr 1981 Nr. 128	**6**, 61
17.3.1981	VI ZR 286/78	IPRax 1982, 13 m. Anm. Kreuzer 1–5 = IPRspr 1981 Nr. 25	**11**, 24
5.5.1982	IV b ZR 697/80	BGHZ 84, 17 = NJW 1982, 1947 = IPRax 1983, 33 m. Anm. Beitzke 16–18 = IPRspr 1982 Nr. 136	**3**, 181
8.3.1983	VI ZR 116/81	BGHZ 87, 95 = NJW 1983, 1972 = IPRax 1984, 30 m. Anm. Hohloch 14–17 = IPRspr 1983 Nr. 31	**11**, 21, 38
1.6.1983	IV b ZR 386/81	NJW 1983, 1976 = IPRax 1984, 320 m. Anm. Spellenberg 304–308 = IPRspr 1983 Nr. 95	**8**, 94 a
8.6.1983	IV b ZB 637/80	NJW 1984, 562 = IPRax 1984, 271 m. Anm. Henrich 255–257 = IPRspr 1983 Nr. 11	**5**, 101

22.6.1983	VIII ZB 14/82	BGHZ 88, 17 = NJW 1984, 568 = IPRax 1984, 202 m. Anm. G. H. Roth 183–185 = IPRspr 1983 Nr. 176	**3**, 171
11.1.1984	IV b ZR 14/82	BGHZ 89, 325 = NJW 1984, 1302 = IPRspr 1984 Nr. 58	**1**, 78
15.2.1984	IV b ZB 701/81	BGHZ 90, 129 = NJW 1984, 1299 = IPRax 1986, 35 m. Anm. Klinkhardt 21–25 = IPRspr 1984 Nr. 96	**6**, 64, 66
12.3.1984	II ZR 10/83	NJW 1984, 2037 = IPRax 1985, 216 m. Anm. Roth 198–200 = IPRspr 1984 Nr. 135	**3**, 89
11.4.1984	IV b ZB 96/82	NJW 1984, 2761 = IPRax 1985, 40 m. Anm. Jayme 23 f. = IPRspr 1984 Nr. 81	**8**, 101
10.5.1984	III ZR 29/83	NJW 1984, 2039 = IPRspr 1984 Nr. 164	**3**, 118, 127 f.
27.6.1984	IV b ZR 2/83	NJW 1985, 552 = IPRax 1985, 224 m. Anm. Henrich 207 f. = IPRspr 1984 Nr. 168	**3**, 5
23.1.1985	IV a ZR 66/83	JZ 1985, 951 = EWiR 1985, 151 (LS) m. Anm. Köndgen = IPRspr 1985 Nr. 1	**3**, 146
18.4.1985	VII ZR 359/83	BGHZ 94, 151 = NJW 1985, 2090 = IPRax 1987, 305 m. Anm. Nicklisch 286–289 = IPRspr 1985 Nr. 137	**3**, 38
14.1.1986	X ZR 54/84	ZIP 1986, 653 = IPRspr 1986 Nr. 1	**3**, 146
15.1.1986	VIII ZR 6/85	NJW-RR 1986, 456 = IPRax 1986, 292 m. Anm. Schack 272–274 = IPRspr 1986 Nr. 29	**10**, 37
21.3.1986	V ZR 10/85	BGHZ 97, 269 = NJW 1986, 2194 = IPRspr 1986 Nr. 19	**7**, 25, 30
28.5.1986	IV b ZB 36/84	NJW-RR 1986, 1130 = IPRax 1987, 317 m. Anm. Mansel 298–302 = IPRspr 1986 Nr. 78	**3**, 298
9.7.1986	IV b ZB 82/84	NJW 1986, 3022 = IPRax 1987, 22 m. Anm. Sturm 1–4 = IPRspr 1986 Nr. 11	**6**, 66
10.7.1986	IX ZB 27/86	NJW-RR 1987, 377 = IPRax 1987, 236 m. Anm. Grunsky 219–221 = IPRspr 1986 Nr. 182	**3**, 265
17.9.1986	IV b ZR 52/85	NJW 1987, 583 m. Anm. Rauscher 531–536 = IPRax 1987, 114 m. Anm. Henrich 93–95 = IPRspr 1986 Nr. 58	**8**, 43

24.9.1986	VIII ZR 320/85	BGHZ 98, 263 = NJW 1987, 592 = IPRax 1988, 159 m. Anm. Hausmann 140–144 = IPRspr 1986 Nr. 144	**11**, 30
30.9.1986	VI ZR 274/85	NJW-RR 1987, 147 = IPRspr 1986 Nr. 90	**8**, 81
28.1.1987	IV b ZR 10/86	NJW 1987, 2161 = IPRax 1988, 109 m. Anm. Heßler 95–97 = IPRspr 1987 Nr. 48	**3**, 132; **6**, 9
18.3.1987	IV b ZR 24/86	NJW 1987, 3083 = IPRax 1989, 104 m. Anm. Siehr 93–96 = IPRspr 1987 Nr. 145	**3**, 150; **8**, 67 c
24.3.1987	VI ZR 112/86	NJW 1988, 648 = IPRax 1988, 277 m. Anm. Gottwald 210–212 = IPRspr 1987 Nr. 1	**3**, 135
8.4.1987	IV b ZR 37/86	NJW 1988, 638 = IPRax 1988, 100 m. Anm. Schurig 88–94 = IPRspr 1987 Nr. 47 b	**8**, 43
8.4.1987	IV b ZB 77/87	BGHZ 100, 321 = NJW 1987, 3077 = IPRax 1987, 374 m. Anm. Stoll 357–360 = IPRspr 1987 Nr. 141	**12**, 19 f., 22, 35
22.10.1987	I ZR 224/85	NJW 1988, 966 = IPRspr 1987 Nr. 121 b	**3**, 45
16.11.1987	II ZR 24/87	BGHZ 102, 204 = NJW 1988, 1083 = IPRspr 1987 Nr. 24	**10**, 94
11.2.1988	I ZR 201/86	NJW 1988, 1466 = IPRax 1989, 98 m. Anm. Mansel 84–87 = IPRspr 1988 Nr. 153	**10**, 46
24.11.1988	III ZR 150/87	NJW 1989, 1431 = IPRax 1990, 41 m. Anm. Schack 19 f. = IPRspr 1988 Nr. 165	**3**, 45
14.12.1988	IV a ZR 231/87	NJW 1989, 2197 = IPRspr 1988 Nr. 115	**8**, 145
12.10.1989	VII ZR 339/88	BGHZ 109, 29 = NJW 1990, 317 = IPRax 1990, 318 m. Anm. W. Lorenz 292–295 = IPRspr 1989 Nr. 195	**3**, 211
21.2.1990	XII ZB 203/87	BGHZ 110, 267 = FamRZ 1990, 607 = IPRspr 1990 Nr. 216	**8**, 70
21.3.1990	XII ZB 71/89	NJW 1990, 2201 = IPRax 1992, 33 m. Anm. Geimer 5–14 = IPRspr 1990 Nr. 207	**3**, 166
29.3.1990	III ZR 158/89	RIW 1990, 581 = IPRspr 1990 Nr. 1	**3**, 146
2.5.1990	XII ZB 63/89	BGHZ 111, 199 = IPRax 1991, 254 m. Anm. Sturm 231–235 = IPRspr 1990 Nr. 143	**8**, 108 d

4.10.1990	XII ZB 200/87	NJW 1991, 3088 = IPRspr 1991 Nr. 73	**8**, 11
11.3.1991	II ZR 88/90	NJW 1991, 1415 = IPRax 1993, 176 m. Anm. Kreuzer 157–162 = IPRspr 1991 Nr. 21	**12**, 7, 15, 23, 32, 42
27.3.1991	XII ZR 113/90	NJW 1991, 2212 = IPRspr 1991 Nr. 106	**8**, 93
2.7.1991	XI ZR 206/90	BGHZ 115, 90 = NJW 1991, 3092 m. Anm. Geimer 3072–3074, Mark, NJW 1992, 3062–3066 und Fricke 3066–3069 = IPRax 1992, 160 m. Anm. Schlosser 140–143 = IPRspr 1991 Nr. 166 b	**3**, 45 f., 48
27.11.1991	XII ZR 226/90	IPRax 1993, 97 m. Anm. Jayme 80 f. = IPRspr 1991 Nr. 77 b	**8**, 20
12.2.1992	XII ZR 25/91	NJW-RR 1992, 642 = IPRax 1994, 40 m. Anm. Linke 17–19 = IPRspr 1992 Nr. 211	**3**, 67
4.6.1992	IX ZR 149/91	BGHZ 118, 312 = NJW 1992, 3096 m. Anm. Koch 3073–3075 = IPRax 1993, 310 m. Anm. Koch 288–292 = IPRspr 1992 Nr. 218 b	**3**, 171
21.10.1992	XII ZR 182/90	BGHZ 119, 392 = FamRZ 1993, 289 = IPRspr 1992 Nr. 89	**8**, 33
2.12.1992	XII ZB 64/91	BGHZ 120, 305 = NJW 1993, 598 = IPRspr 1992 Nr. 239	**3**, 161
3.12.1992	IX ZR 229/91	BGHZ 120, 334 = IPRax 1994, 204 m. Anm. Basedow 183–186 und Geimer 187 = IPRspr 1992 Nr. 229	**3**, 160
3.2.1993	XII ZB 93/90	NJW 1993, 2047 = IPRax 1994, 131 m. Anm. von Bar 100–103 = IPRspr 1993 Nr. 65	**5**, 75; **8**, 59
17.2.1993	XII ZB 134/92	BGHZ 121, 305 = NJW 1993, 2241 = IPRspr 1993 Nr. 8 a	**5**, 110 a
12.5.1993	VIII ZR 110/92	NJW 1993, 2753 = IPRax 1994, 115 m. Anm. Geimer 82–85 = IPRspr 1993 Nr. 139	**3**, 190
21.4.1993	XII ZR 248/91	NJW 1993, 1920 = IPRax 1994, 375 m. Anm. Dörner 362–366 = IPRspr 1993 Nr. 115	**9**, 62 a
9.6.1993	XII ZB 3/93	NJW 1993, 2244 = IPRspr 1993 Nr. 10	**7**, 14
16.9.1993	IX ZB 82/90	NJW 1993, 3269 = IPRax 1994, 118 m. Anm. Basedow 85 f. = IPRspr 1993 Nr. 178	**3**, 265
26.10.1993	XI ZR 42/93	BGHZ 123, 380 = NJW 1994, 262 = IPRax 1994, 449 m. Anm. W. Lorenz 429–431 = IPRspr 1993 Nr. 37	**10**, 67, 96

2.2.1994	XII ZR 148/92	NJW-RR 1994, 642 = IPRax 1995, 111 m. Anm. Henrich 86–89 = IPRspr 1994 Nr. 77	**8**, 69
28.9.1994	IV ZR 95/93	NJW 1995, 58 = IPRax 1996, 39 m. Anm. Dörner 26–28 = IPRspr 1994 Nr. 125	**9**, 31, 35
17.11.1994	III ZR 70/93	BGHZ 128, 41 = IPRax 1996, 342 m. Anm. Fischer 332–335	**10**, 46
6.3.1995	II ZR 84/94	RIW 1995, 944 = JZ 1995, 784 m. Anm. Stoll = IPRspr 1995 Nr. 61	**12**, 41
21.9.1995	VII ZR 248/94	NJW 1996, 54 m. Anm. Mäsch 1453–1455 = IPRax 1996, 204 (LS) m. Anm. Kronke = IPRspr 1995 Nr. 1	**3**, 131
19.12.1995	VI ZR 15/95	BGHZ 131, 332 = NJW 1996, 1128 = IPRspr 1995 Nr. 39	**11**, 28, 57
23.1.1996	VI ZR 291/94	NJW-RR 1996, 732 = RIW 1996, 426 = IPRspr 1996 Nr. 39	**11**, 58
28.2.1996	XII ZR 181/93	BGHZ 132, 105 = NJW 1996, 1411 = IPRax 1997, 187 m. Anm. Mankowski 173–182 = IPRspr 1996 Nr. 142	**3**, 39, 51, 200; **11**, 40
24.4.1996	IV ZR 263/95	NJW 1996, 2096 = ZEV 1996, 225 m. Anm. Mankowski = IPRspr 1996 Nr. 115 b	**3**, 48, 70
25.4.1996	IX ZR 146/95	RIW 1996, 966 = IPRspr 1996 Nr. 177	**3**, 160
9.5.1996	IX ZR 244/95	ZIP 1996, 1181 = IPRspr 1996 Nr. 54	**12**, 22
10.5.1996	V ZR 154/95	NJW-RR 1996, 1034 = IPRspr 1996 Nr. 34	**10**, 53
25.9.1996	VIII ZR 76/95	NJW 1996, 461 = IPRax 1997, 422 m. Anm. Stoll 411–413 = IPRspr 1996 Nr. 56	**12**, 10
22.10.1996	XI ZR 261/95	NJW 1997, 324 = IPRax 1997, 257 m. Anm. Geimer 236 f. = IPRspr 1996 Nr. 158	**3**, 48
28.10.1996	X ARZ 1071/96	NJW 1997, 325 = IPRspr 1996 Nr. 159	**3**, 180
13.11.1996	IV ZR 62/96	BGHZ 134, 60 = FamRZ 1997, 173 = IPRspr 1996 Nr. 120	**9**, 49–50
22.1.1997	XII ZR 207/95	NJW 1997, 2051	**3**, 167
22.1.1997	VIII ZR 339/95	IPRax 1998, 479 m. Anm. Spickhoff 462–465	**7**, 45
18.3.1997	XI ZR 34/96	NJW 1997, 2885 = IPRax 1998, 470 m. Anm. Gottwald/Baumann 445–447 = IPRspr 1997 Nr. 142	**3**, 48, 73

19.3.1997	VIII ZR 316/96	BGHZ 135, 124 = NJW 1997, 1697 = IPRax 1998, 285 m. Anm. Ebke 263–270	10, 73, 96
16.6.1997	II ZR 37/94	IPRax 1999, 34 m. Anm. Kubis 10–14 = IPRspr 1997 Nr. 150	3, 246
18.6.1997	XII ZB 156/95	NJW 1997, 3024 = FamRZ 1997, 1070 = IPRspr 1997 Nr. 99	5, 22; 8, 109
25.9.1997	II ZR 113/96	NJW 1998, 1321 = IPRax 1999, 45 m. Anm. Stoll 29–31 = IPRspr 1997 Nr. 60	3, 58; 11, 14; 12, 20
2.10.1997	I ZR 88/95	BGHZ 136, 380 = NJW 1998, 1395 = JZ 1998, 1015 m. Anm. Schack = IPRspr 1997 Nr. 125	11, 44
4.12.1997	IX ZB 23/97	IPRax 1998, 205 m. Anm. Piekenbrock 177–179	3, 265
8.12.1998	XI ZR 302/97	NJW 1999, 940 = IPRax 2000, 128 m. Anm. Stadler 104–110 = IPRspr 1998 Nr. 39	11, 5
14.1.1999	VII ZR 19/98	NJW-RR 1999, 813 = IPRax 2001, 333 m. Anm. Pullkowski 306–310 = IPRspr 1999 Nr. 27	10, 34
24.2.1999	IX ZB 2/98	BGHZ 140, 395 = NJW 1999, 2372 = IPRax 1999, 371 m. Anm. G. Schulze 342–347 = IPRspr 1999 Nr. 154	3, 264
25.2.1999	VII ZR 408/97	RIW 1999, 456 = IPRax 2001, 331 m. Anm. Pullkowski 306–310 = IPRspr 1999 Nr. 110	10, 53
29.4.1999	IX ZR 263/97	IPRax 2001, 230 m. Anm. Haas 195–202 = IPRspr 1999 Nr. 160	3, 160
19.1.2000	VIII ZR 275/98	NJW-RR 2000, 1002 = IPRax 2002, 37 m. Anm. Hohloch/Kjelland 30–33 = IPRspr 2000 Nr. 20	10, 34
24.4.2000	XII ZB 72/97	NJWE-FER 2000, 278 = IPRspr 2000 Nr. 80	8, 108 b
10.5.2000	IV ZR 171/99	BGHZ 144, 251 = NJW 2000, 2421 = IPRax 2002, 40 m. Anm. Umbeck 33–35 = IPRspr 2000 Nr. 97	6, 17 a; 9, 58
29.5.2000	II ZR 334/98	NJW-RR 2000, 1583 = JuS 2001, 299 (LS) m. Anm. Hohloch = IPRspr 2000 Nr. 43	12, 29
29.6.2000	IX ZB 23/97	BGHZ 144, 390 = IPRax 2001, 50 (LS) m. Anm. Mansel = IPRspr 2000 Nr. 154	3, 265
10.1.2001	XII ZR 41/00	FamRZ 2001, 991 = IPRspr 2001 Nr. 53	8, 9

18.9.2001	IX ZB 51/00	NJW 2002, 960 = IPRax 2002, 525 m. Anm. Ehricke 505–508 = IPRspr 2001 Nr. 212	**6**, 127
6.2.2002	VIII ZR 106/01	RIW 2002, 393 = IPRspr 2002 Nr. 175b	**3**, 252
5.6.2002	XII ZR 194/00	BGHZ 151, 63 = NJW 2002, 2955 = IPRax 2003, 145 m. Anm. Bauer 135–140	**8**, 99
28.11.2002	III ZR 102/02	BGHZ 153, 82 = NJW 2003, 426 = IPRax 2003, 346 m. Anm. Piekenbrock/Schulze 328–332 = IPRspr 2002 Nr. 157	**3**, 93, 225b; **10**, 22b
29.1.2003	VIII ZR 155/02	BGHZ 153, 353 = NJW 2003, 1607 = IPRax 2003, 267 = RIW 2003, 473 m. Anm. Merkt 458–460 = IPRspr 2003 Nr. 10b	**7**, 22
27.2.2003	VII ZR 169/02	BGHZ 154, 110 = NJW 2003, 2020 = IPRax 2003, 449 m. Anm. Kilian/C. Müller 436–440 = IPRspr 2003 Nr. 27	**10**, 94
10.4.2003	VII ZR 314/01	NJW 2003, 2605 = IPRspr 2003 Nr. 30	**10**, 34
24.7.2003	IX ZR 131/00	NJW 2003, 3486 = IPRspr 2003 Nr. 200	**10**, 67
16.12.2003	XI ZR 474/02	BGHZ 157, 224 = WM 2004, 376 = IPRspr 2003 Nr. 149	**3**, 93, 221
3.2.2004	XI ZR 125/03	BGHZ 158, 1 = NJW 2004, 1315 = IPRspr 2004 Nr. 29	**11**, 6
25.2.2004	VIII ZR 119/03	EurLForum 2004, 129 = IPRax 2005, 338 m. Anm. Hau 301–305 = IPRspr 2004 Nr. 94b	**3**, 246
26.7.2004	VIII ZR 273/03	NJW 2005, 1041 = IPRax 2005, 342 m. Anm. Unberath 308–312 = IPRspr 2004 Nr. 27	**10**, 60
4.8.2004	XII ZR 28/01	RIW 2004, 783 = IPRspr 2004 Nr. 121	**3**, 239
13.10.2004	I ZR 245/01	IPRax 2005, 340 m. Anm. Stürner 305–308 = RIW 2005, 147 m. Anm. Paal 735–740 = IPRspr 2004 Nr. 16	**7**, 22
4.11.2004	III ZR 172/03	BGHZ 157, 168 = RIW 2005, 144 m. Anm. Dutta 98–104 = BB 2004, 2707 = WM 2004, 182 = NZG 2005, 41 = IPRspr 2004 Nr. 22	**11**, 8–9
7.12.2004	XI ZR 366/03	IPRax 2006, 40 m. Anm. Looschelders 14–16 = IPRspr 2004 Nr. 130	**3**, 39
14.3.2005	II ZR 5/03	NJW 2005, 1648	**7**, 32a

13.4.2005	XII ZR 296/00	NJW-RR 2005, 1089 = IPRax 2005, 545 m. Anm. Lorenz/Unberath 516–521	8, 17–18; 11, 6
1.6.2005	VIII ZR 256/04	RIW 2005, 465 = JZ 2005, 736 m. Anm. Ohly 738–740 = IPRax 2006, 594 m. Anm. Leible/Sommer 568–572	3, 227
22.6.2005	XII ZB 186/03	BGHZ 163, 248 = NJW 2005, 3424	8, 99 a
19.9.2005	II ZR 372/03	BGHZ 164, 148 = NJW 2005, 3351	7, 32 a
1.12.2005	III ZR 191/03	BGHZ 165, 172 = NJW 2006, 230 = IPRax 2006, 602 m. Anm. Jordans 582–584	3, 225 b; 10, 96
23.2.2006	III ZR 209/05	NJW-RR 2006, 656	11, 8–9
2.3.2006	IX ZR 15/05	NJW 2006, 1806	3, 223 b
30.3.2006	I ZR 24/03	BGHZ 167, 91 = NJW 2006, 2630	3, 228; 10, 73 a
12.10.2006	XII ZR 5/04	NJW 2007, 220 = FamRZ 2007, 113 m. Anm. Henrich 117	8, 51
14.2.2007	XII ZR 163/05	NJW-RR 2007, 722 = FamRZ 2007, 717	8, 94 a

4. Bayerisches Oberstes Landesgericht

2.12.1965	BReg 1 b Z 67/65	NJW 1967, 447 m. Anm. Heldrich 417–422	9, 66
16.6.1971	BReg 2 Z 34/68	BayObLGZ 1971, 204 = IPRspr 1971 Nr. 7	7, 14
22.6.1976	BReg 1 Z 96/74	BayObLGZ 1976, 151 = NJW 1976, 2076 = IPRspr 1976 Nr. 115	6, 89
2.6.1982	BReg 1 Z 45/81	IPRax 1983, 187 m. Anm. Firsching 166–169 = IPRspr 1982 Nr. 115	9, 62 a, 67
3.4.1990	BReg 1 a Z 70/89	NJW-RR 1990, 1033 = IPRspr 1990 Nr. 144	9, 62 a
27.3.1991	BReg 1 a Z 80/88	FamRZ 1991, 1237 = IPRspr 1991 Nr. 232	9, 70
22.10.1992	1 Z BR 47/92	BayObLGZ 1992, 301 = FamRZ 1993, 463 = IPRspr 1992 Nr. 138	8, 109 a
13.1.1994	3 Z BR 66/93	IPRax 1995, 324 m. Anm. Börner 309–314 = IPRspr 1994 Nr. 174	8, 48
2.2.1995	I Z BR 159/94	BayObLGZ 1995, 47 = FamRZ 1995, 1028 = IPRspr 1995 Nr. 118	9, 67
26.10.1995	1 Z BR 163/94	FamRZ 1996, 694 = IPRspr 1995 Nr. 120	9, 31
31.7.1996	1 Z BR 194/95	NJW-RR 1997, 201 = FamRZ 1997, 318 = IPRspr 1996 Nr. 117	9, 62 a

7.4.1998	1 Z BR 16/98	FamRZ 1998, 1594 = IPRspr 1998 Nr. 71	8, 29
26.8.1998	3 Z BR 78/98	NJW-RR 1999, 401 = IPRax 1999, 364 m. Anm. Behrens 323–331 und Thorn IPRax 2001, 102–110 = IPRspr 1998 Nr. 24	1, 111; 7, 32 a
26.5.1999	I Z BR 200/98	BayObLGZ 1999, 153 = IPRax 2000, 131 m. Anm. Gaaz 115 f. = IPRspr 1999 Nr. 7	7, 16
11.6.1999	1 Z BR 186/98	BayObLGZ 1999, 163 = FamRZ 1999, 1443 = IPRspr 1999 Nr. 74	6, 10
17.6.1999	1 Z BR 169/98	FamRZ 2000, 56 = IPRspr 1999 Nr. 3 b	7, 12–13
5.4.2000	1 Z BR 101/99	StAZ 2000, 235 = IPRspr 2000 Nr. 9	5, 103
21.6.2000	1 Z BR 186/99	BayObLGZ 2000, 180 = StAZ 2000, 300 m. Anm. Busch StAZ 2001, 12–13 = IPRspr 2000 Nr. 190	8, 147
28.11.2000	1 Z BR 59/00	BayObLGZ 2000, 335 = StAZ 2001, 66 = IPRspr 2000 Nr. 51	8, 8
11.1.2002	1 Z BR 51/01	BayObLGZ 2002, 4 = FamRZ 2002, 686 = IPRax 2002, 405 m. Anm. Hepting 388–391 = IPRspr 2002 Nr. 90	8, 132
27.3.2003	1 Z BR 7/03	FamRZ 2003, 1594	9, 66
11.2.2004	3 Z BR 175/03	ZIP 2004, 806	7, 31

5. Oberlandesgerichte

Berlin siehe Kammergericht

Brandenburg

25.5.2000	12 U 159/99	IPRspr 2000 Nr. 23 a	10, 53
31.5.2000	14 U 144/99	NJW-RR 2001, 29 = IPRspr 2000 Nr. 14	7, 32
12.12.2000	11 U 14/00	JuS 2001, 609 (LS) m. Anm. Hohloch = VersR 2001, 401 m. Anm. Looschelders/Bottek = IPRspr 2000 Nr. 44	12, 22
2.4.2001	8 WX 165/00	Rpfleger 2001, 495 = IPRspr 2001 Nr. 109	6, 121

Celle

12.2.1963	5 Wx 120/62	IPRspr 1962/63 Nr. 14	7, 14
21.12.1966	11 W 72/66	NJW 1967, 783 = FamRZ 1967, 156 = IPRspr 1966/67 Nr. 259	11, 12
30.11.1978	5 U 138/76	VersR 1980, 169 = IPRspr 1979 Nr. 20	6, 32
20.11.1991	20 U 26/91	NJW-RR 1992, 1126 = IPRspr 1991 Nr. 27	10, 36
20.10.1994	19 UF 134/94	FamRZ 1995, 955 = IPRspr 1994 Nr. 108	8, 118
9.7.1998	21 UF 88/98	DEuFamR 1999, 62 m. Anm. Hohloch = IPRspr 1998 Nr. 108 a	5, 76
26.7.2001	17 U 28/95	IPRspr 2001 Nr. 31	10, 41
27.2.2006	17 UF 130/05	OLG-Rep Celle, 2006, 275	8, 118

Dresden

| 15.12.2004 | 8 U 1855/04 | IPRax 2006, 44 m. Anm. von Hein 16–20 | 3, 236 b |

Düsseldorf

1.10.1982	22 U 122 und 154/82	RIW 1984, 481 = IPRspr 1982 Nr. 25	11, 15
10.11.1986	8 WF 233/86	FamRZ 1987, 195 m. Anm. Henrich und Bytomski 511–516 = IPRspr 1986 Nr. 70	8, 82
25.1.1989	3 WX 21/89	NJW 1989, 2200 = IPRspr 1989 Nr. 34	6, 40
27.1.1992	2 UF 80/92	IPRax 1993, 251 m. Anm. Henrich 236 f. = IPRspr 1992 Nr. 74 b	8, 48
8.5.1992	22 U 4/92	FamRZ 1992, 1295 = IPRspr 1992 Nr. 78	8, 17
12.8.1992	5 UF 3/89	IPRax 1993, 331 m. Anm. Kotzur 305–309 = IPRspr 1992 Nr. 80	8, 6
25.11.1992	5 UF 80/92	FamRZ 1993, 1083 = IPRspr 1992 Nr. 83	8, 6
10.2.1994	6 U 32/93	RIW 1995, 53 = IPRspr 1994 Nr. 26	10, 23 a
9.11.1994	5 UF 65/94	FamRZ 1995, 885 = IPRspr 1994 Nr. 97	8, 93
25.11.1994	22 U 23/94	IPRax 1996, 199 m. Anm. Baetge 185–188 = IPRspr 1994 Nr. 7	7, 8
8.12.1994	6 U 250/92	RIW 1996, 155 = IPRax 1996, 423 = IPRspr 1994 Nr. 17	10, 46
10.1.1996	3 VA 11/95	EuZW 1996, 351 m. Anm. Mansel 335–340 = IPRax 1997, 260 m. Anm. Hau 245–248 = IPRspr 1996 Nr. 167	3, 17

19.4.1996	22 U 259/95	VersR 1997, 193 = IPRspr 1996 Nr. 41	**11**, 58
16.8.1996	7 U 209/95	NJW-RR 1997, 109 = FamRZ 1997, 61 = IPRspr 1996 Nr. 118	**9**, 51
3.1.1997	1 UF 111/96	FamRZ 1998, 623 m. Anm. Öztan = IPRspr 1997 Nr. 80	**6**, 9
13.5.1998	11 U 24/97	IPRspr 1998 Nr. 54	**12**, 22
5.6.1998	7 U 149/97	FamRZ 1998, 1627 = IPRax 1999, 380 m. Anm. Klinkhardt 356 = IPRspr 1998 Nr. 118	**8**, 145
11.10.1999	3 W 258/99	NJW 2000, 3290 = IPRspr 1999 Nr. 162	**3**, 261
7.4.2000	7 U 273/98	FamRZ 2001, 1102 = IPRspr 2000 Nr. 94	**9**, 52
26.3.2001	3 Wx 88/01	IPRax 2001, 343 (LS) m. Anm. Mansel = IPRspr 2001 Nr. 14	**7**, 32
28.8.2002	3 Ya 3/02	FamRZ 2003, 381 (LS) = IPRspr 2002 Nr. 206	**8**, 70
11.7.2003	I-3 VA 6/03	WM 2003, 1587 = IPRspr 2003 Nr. 176	**3**, 124

Frankfurt a. M.

21.10.1980	5 W 24/80	IPRax 1982, 71 m. Anm. Hausmann 51–56 = IPRspr 1980, Nr. 160	3, 159
6.5.1981	1 UF 186/79	IPRax 1982, 22 m. Anm. Henrich 9–11 = IPRspr 1981, Nr. 74	3, 140
6.10.1983	20 W 675/83	OLGZ 1984, 45 = IPRax 1984, 330 (LS) m. Anm. Jayme = IPRspr 1983, Nr. 114	6, 86
17.5.1985	20 W 413/84	IPRax 1986, 111 m. Anm. Grundmann 94–97 = IPRspr 1985, Nr. 116	9, 38
23.3.1988	9 U 80/84	EWiR 1988, 587 m. Anm. Ebenroth = IPRspr 1988, Nr. 13	7, 36
24.4.1990	5 U 18/88	NJW 1990, 2204 = IPRax 1991, 403 m. Anm. Großfeld/König 380–382 = IPRspr 1990, Nr. 21	7, 27, 30
21. 3.1991	20 VA 2/91	IPRax 1992, 166 = IPRspr 1991 Nr. 199	3, 124
18.1.1994	5 U 15/93	NJW 1994, 1013 m. Anm. Kappus 984 f. = IPRspr 1994, Nr. 24	10, 24 b–25
10.7.1995	3 UF 159/95	IPRax 1997, 192 m. Anm. Pirrung 182–186 = IPRspr 1995, Nr. 97	8, 120
1.12.1995	3 UF 239/95	FamRZ 1996, 689 = IPRspr 1995, Nr. 99	8, 118

13.2.1997	16 U 99/96	IPRspr 1997, Nr. 47	**11**, 33
1.10.1998	1 U 163/96	IPRax 1999, 247 m. Anm. Hau 232–236 = IPRspr 1998, Nr. 156	**3**, 20, 25
25.2.2000	5 UF 11/99	IPRax 2001, 140 m. Anm. Henrich 113–114 = IPRspr 2000 Nr. 52	**6**, 119
31.8.2002	4 WF 57/01	FamRZ 2002, 688 = IPRspr 2001 Nr. 87	**8**, 132
28.5.2003	23 U 35/02	IPRax 2004, 56 m. Anm. Baudenbacher/Buschle 26–31 = IPRspr 2003 Nr. 16	**7**, 32 a
1.6.2004	20 VA 1/04	JMBl. HE 2004, 423 = IPRspr 2004 Nr. 154 a	**3**, 124
14.2.2006	20 W 269/05	StAZ 2006, 142	**5**, 110 a

Hamburg

14.11.1974	6 U 141/73	VersR 1975, 761 = IPRspr 1974 Nr. 40	**11**, 33
1.3.1979	6 U 89/78	VersR 1979, 812 = IPRspr 1979 Nr. 33 a	**10**, 26
21.1.1987	4 U 54/86	RIW 1988, 816 = IPRspr 1987 Nr. 10	**7**, 25
8.6.1989	6 U 135/88	RIW 1990, 225 = IPRax 1990, 404 m. Anm. Mankowski/Kerfack 372–378 = IPRspr 1989 Nr. 67	**12**, 41
8.12.1994	3 U 64/94	NJW-RR 1995, 790 = AfP 1996, 69 m. Anm. Ehmann/Thorn 20–25 = IPRspr 1994 Nr. 51	**11**, 28
16.1.1996	15 UF 201/ 95 S	FamRZ 1996, 685 m. Anm. Diedrich = IPRspr 1996 Nr. 88 a	**8**, 118
5.10.1998	12 U 62/97	IPRspr 1998, Nr. 34	**10**, 35
25.4.2000	2 UF 94/95	IPRax 2002, 304 m. Anm. Andrae/ Essebier 294–297 = IPRspr 2000 Nr. 58	**6**, 83
4.8.2000	6 U 184/98	TranspR 2001, 88 = IPRspr 2000 Nr. 30	**10**, 91
30.3.2007	11 U 231/04	ZIP 2007, 1108	**7**, 30, 32 a

Hamm

6.5.1985	1 UF 406/84	IPRax 1986, 45 m. Anm. Henrich = IPRspr 1985 Nr. 90	**8**, 98
14.8.1985	20 U 18/84	IPRspr 1985 Nr. 143	**12**, 29
30.1.1987	10 WF 541/86	IPRax 1987, 250 (LS) m. Anm. Jayme = IPRspr 1987 Nr. 133	**8**, 63

15.11.1988	4 UF 348/88	FamRZ 1989 Nr. 114 = IPRspr 1988 Nr. 90	**8**, 31 a
1.12.1988	4 U 120/88	NJW-RR 1989, 496 = IPRax 1990, 242 m. Anm. Jayme 220–222 = IPRspr 1988 Nr. 21 b	**1**, 121
17.1.1991	15 W 428/90	NJW-RR 1991, 387 = FamRZ 1992, 113 m. Anm. Reimann	**9**, 47
29.4.1992	15 W 114/91	FamRZ 1993, 111 = IPRspr 1992 Nr. 159	**8**, 43
24.1.1995	7 U 158/94	IPRspr 1995 Nr. 142	**3**, 239
8.2.1995	11 U 206/93	NJW-RR 1996, 1271 = IPRax 1996, 197 m. Anm. Schlechtriem 184 = IPRspr 1995 Nr. 40	**10**, 90
9.6.1995	11 U 191/94	NJW-RR 1996, 179 = IPRax 1996, 269 m. Anm. Schlechtriem 256 f. = IPRspr 1995 Nr. 29	**10**, 23 a
12.6.1995	15 W 120/95	FamRZ 1995, 1606 = IPRspr 1995 Nr. 119	**9**, 54–55
26.11.1996	9 U 174/95	IPRspr 1997 Nr. 46	**11**, 58
15.1.1997	8 U 194/94	IPRspr 1997 Nr. 18	**7**,
11.4.2000	19 U 146/99	IPRax 2001, 339 m. Anm. H. Roth 323 f. = IPRspr 2000 Nr. 121	**3**, 243
1.2.2001	15 W 390/00	IPRax 2001, 343 (LS) m. Anm. Mansel = IPRspr 2001 Nr. 13	**7**, 32
26.5.2006	30 U 166/05	ZIP 2006, 1822 (LS)	**7**, 32 a

Kammergericht

13.5.1968	1 AR 37/68	FamRZ 1968, 489	**5**, 84
7.10.1976	12 U 2349/75	OLGZ 1977, 457 = IPRspr 1976 Nr. 115 a	**9**, 31
19.11.1982	1 W 2604/79	OLGZ 1983, 129 = IPRax 1983, 246 (LS) m. Anm. Jayme = IPRspr 1982 Nr. 107	**6**, 86
1.7.1983	Kart 16/82	WM 1984, 1195 = IPRspr 1985 Nr. 124 b	**10**, 94
30.4.1985	1 W 5219/84	OLGZ 1985, 280 = IPRax 1986, 41 m. Anm. Firsching 25–27 = IPRspr 1985 Nr. 115	**6**, 6; **9**, 57
27.1.1986	16 WF 6393/85	IPRax 1987, 33 m. Anm. Siehr 19–21 = IPRspr 1986 Nr. 51	**8**, 12
23.9.1987	1 W 1962/87	FamRZ 1988, 434 = IPRspr 1987 Nr. 106	**8**, 145
29.9.1987	17 UF 492/87	NJW 1988, 341 = IPRax 1990, 393 m. Anm. Kreuzer 365–372 = IPRspr 1987 Nr. 41	**12**, 33

23.7.1988	16 UF 1597/87	IPRax 1988, 234 m. Anm. von Bar 220–222 = IPRspr 1987 Nr. 70	**8**, 91
11.8.1992	1 W 5611/91	NJW-RR 1993, 516 = IPRspr 1992 Nr. 21	**5**, 110a
5. 7.1994	1 VA 4/94	OLGZ 1994, 587 = IPRspr 1994 Nr. 159	**3**, 124
22.6.1994	Kart U 939/94	VuR 1995, 35 = IPRspr 1994 Nr. 21b	**10**, 36, 59
5.11.1997	3 UF 5133/97	IPRax 1998, 274 m. Anm. Henrich 247–249 = IPRspr 1997 Nr. 209	**5**, 77; **8**, 105, 109
13.1.2000	19 W 5398/99	IPRax 2001, 44 m. Anm. Mankowski 33–37 = IPRspr 2000 Nr. 114	**3**, 236e
11.4.2000	1 W 8565/98	FamRZ 2001, 794 = IPRspr 2000 Nr. 95	**9**, 38
7.11.2000	5 U 6923/99	RIW 2001, 611 = IPRspr 2000 Nr. 131	**11**, 25
7.12.2000	2 U 7788/99	IPRspr 2000 Nr. 98	**9**, 58
7.9.2001	3 UF 9399/00	FamRZ 2002 , 1057 = IPRspr. 2001 Nr. 78	**8**, 87
20.12.2001	2 W 211/01	GRUR Int 2002, 448 = IPRspr 2001 Nr. 121	**11**, 51
16.6.2004	1 W 392/03	KGR Berlin 2005, 668 = FamRBint 2005, 69 m. Anm. Streicher	**8**, 3

Karlsruhe

7.12.1978	4 U 84/77	IPRspr 1978 Nr. 29	**11**, 61
27.4.1983	2 WF 21/83	FamRZ 1983, 757 = IPRspr 1983 Nr. 93	**6**, 50
6.3.1984	16 UF 46/84	IPRax 1985, 106 m. Anm. Henrich 88–90 = IPRspr 1984 Nr. 156	**8**, 60
15.12.1987	18 U 8/87	IPRax 1991, 259 m. Anm. Winkler von Mohrenfels 237–241 = IPRspr 1987 Nr. 24a	**6**, 3
18.1.1989	2 WF 158/88	IPRax 1990, 406 m. Anm. Hausmann 382–389 = IPRspr 1989 Nr. 110	**8**, 81
29.6.1989	11 W 86/89	NJW 1990, 1420 = IPRax 1990, 407 m. Anm. Schurig 389–393 = IPRspr 1989 Nr. 164	**9**, 54–55
24.8.1989	2 UF 198/87	FamRZ 1990, 313 = IPRspr 1989 Nr. 117	**8**, 89
2.9.1992	16 WF 93/92	FamRZ 1993, 1464 = IPRspr 1992 Nr. 121	**8**, 31a

15.3.1994	11 Wx 79/93	IPRspr 1994 Nr. 69	**8**, 8
6.7.2000	9 U 159/99	WM 2003, 584 = IPRspr 2001 Nr. 52 a	**12**, 31
6.4.2001	14 U 202/00	VersR 2002, 1251 = IPRspr 2001 Nr. 44	**12**, 14

Koblenz

26.5.1983	5 U 1270/82	NJW 1984, 2037 = IPRax 1984, 267 m. Anm. Schütze 246–248 = IPRspr 1983 Nr. 136	**3**, 87
9.1.1987	2 U 470/85	NJW-RR 1988, 1334 = IPRax 1987, 308 m. Anm. Schwarz 291–293 = IPRspr 1987 Nr. 122	**3**, 245
26.11.1990	15 UF 351/90	NJW-RR 1991, 522 = IPRspr 1990 Nr. 115	**8**, 31 a
20.6.1991	5 U 75/91	NJW 1992, 3267 = IPRax 1992, 383 m. Anm. Brückner 266 = IPRspr 1991 Nr. 49	**7**, 14
21.9.1992	11 VA 1/92	FamRZ 1993, 563 = IPRspr 1992 Nr. 236	**8**, 72
18.11.1999	2 U 1556/98	IPRspr 1999 Nr. 36	**10**, 24 c-25
9.6.2000	11 UF 499/99	FamRZ 2002, 56 = IPRspr 2001 Nr. 75	**8**, 82
27.6.2005	12 VA 2/04	IPRax 2006, 25 m. Anm. Piekenbrock 4–10	**3**, 124

Köln

29.10.1981	14 UF 13/81	IPRax 1983, 73 m. Anm. Heldrich 64 f. = IPRspr 1981 Nr. 67	**6**, 9
12.5.1988	4 WF 104/88	IPRax 1989, 297 m. Anm. Coester-Waltjen 282 f. = IPRspr 1988 Nr. 74	**6**, 86
20.2.1989	10 UF 186/88	NJW-RR 1989, 646 = IPRspr 1989 Nr. 94	**8**, 47, 81
24.2.1992	2 WX 41/91	NJW-RR 1992, 1480 = IPRax 1994, 376 m. Anm. Dörner 362–366 = IPRspr 1992 Nr. 158	**9**, 59
17.9.1993	20 U 251/92	RIW 1993, 1023 = IPRspr 1993 Nr. 36	**10**, 37
8.3.1994	3 U 75/89	FamRZ 1995, 1200 = IPRspr 1994 Nr. 47	**6**, 32
25.5.1994	2 U 143/93	IPRax 1996, 270 m. Anm. Thorn 257–260 = IPRspr 1994 Nr. 35	**10**, 32
26.8.1994	19 U 282/93	NJW-RR 1995, 245 = IPRspr 1994 Nr. 37	**10**, 23 a, 35

15.5.1996	27 U 99/95	NJW-RR 1997, 182 = IPRspr 1996 Nr. 35	**10**, 86
21.3.1997	19 U 180/96	RIW 1998, 148 = IPRspr 1997 Nr. 36	**6**, 141
17.12.1997	27 UF 62/97	FamRZ 1999, 298 = IPRspr 1997 Nr. 70	**8**, 33
6.2.1998	25 WF 25/98	FamRZ 1998, 1590 = IPRspr 1998 Nr. 77	**8**, 33
3.12.1998	7 U 222/97	NJW 1999, 1555 = IPRax 1999, 251 m. Anm. Tomuschat 237–240 = IPRspr 1998 Nr. 44	**11**, 44
22.9.2000	6 U 19/96	IPRspr 2000 Nr. 17	**6**, 86; **7**, 8
22.9.2000	15 U 156/99	IPRspr 2000 Nr. 21	**10**, 35
18.10.2001	8 U 45/01	IPRspr 2001 Nr. 32	**10**, 35

München

4.11.1986	4 UF 283/86	IPRax 1988, 32 m. Anm. Mansel 22 f. = IPRspr 1986 Nr. 82	**8**, 108 b
7.10.1992	7 U 2583/92	IPRax 1993, 237 m. Anm. Geimer 216–219 = IPRspr 1992 Nr. 198	**3**, 45
19.11.1997	7 U 2511/97	RIW 1998, 147 = IPRspr 1997 Nr. 25	**7**, 43
28.1.1998	7 U 3771/97	IPRspr 1998 Nr. 37	**11**, 3
11.1.2002	23 U 4416/01	RIW 2002, 319 m. Anm. Eberl 305–307 = IPRspr 2002 Nr. 30	**10**, 99
14.10.2002	26 UF 1858/01	FamRZ 2003, 546 = IPRspr 2002 Nr. 163	**8**, 68 g

Naumburg

| 31.3.1998 | 9 U 1498/97 (259) | IPRspr 1998 Nr. 30 | **10**, 73 |
| 28.2.2001 | 7 Wx 05/00 | IPRspr 2001 Nr. 20 | **7**, 43 |

Nürnberg

28.11.1984	9 U 3061/84	NJW 1985, 1296 = IPRspr 1984 Nr. 150	**3**, 51, 88
25.1.2001	7 WF 3677/00	FamRZ 2001, 1613 = IPRspr 2001 Nr. 56	**6**, 9
5.3.2001	11 WF 320/01	FamRZ 2002, 324 = IPRspr 2001 Nr. 157	**5**, 83
25. 4.2005	7 WF 350/05	FamRZ 2005, 1697	**9**, 131

Oldenburg

14.11.1988	13 U 72/88	NJW 1989, 400 = IPRspr 1988 Nr. 43	**11**, 27
13.1.2000	14 UF 135/99	IPRax 2001, 143 m. Anm. Pie-kenbrock 119–122 = IPRspr 2000 Nr. 45	**8**, 11

Rostock

25.5.2000	10 UF 126/00	FamRZ 2001, 642 = IPRax 2001, 588 m. Anm. Baetge 573–577 = IPRspr 2000 Nr. 85	**5**, 77; **8**, 114
4.7.2001	10 UF 81/01	NJW-RR 2001, 1448 = IPRax 2002, 218 m. Anm. Siehr 199–200 = IPRspr 2001 Nr. 97	**8**, 116

Saarbrücken

22.10.1957	2 U 45/57	NJW 1958, 752 m. Anm. Boisserée 1240 f. = IPRspr 1956/57 Nr. 42	**11**, 24
5.3.1963	2 U 191/61	IPRspr 1962/63 Nr. 38	**11**, 55
3.8.1987	5 W 102/87	IPRax 1989, 37 m. Anm. H. Roth 14–18 = IPRspr 1987 Nr. 156	**3**, 166
21.4.1989	5 W 60/88	NJW 1990, 647 = IPRax 1990, 324 m. Anm. Großfeld/Strotmann 298–301 = IPRspr 1989 Nr. 27	**7**, 23

Schleswig

31.5.2001	2 W 69/01	NJW-RR 2001, 1372 = FamRZ 2002, 698 = IPRspr 2001 Nr. 105	**8**, 144

Stuttgart

8.4.1976	7 U 91/75	NJW 1976, 2079	**11**, 12
18.12.1981	8 W 215/81	OLGZ 1982, 257 = IPRspr 1981 Nr. 12	**3**, 148
24.5.1984	17 UF 82/84	IPRax 1987, 121 m. Anm. Adam 98–102 = IPRspr 1985 Nr. 68	**6**, 86; **8**, 55
18.8.1988	17 WF 205/88	IPRax 1990, 49 m. Anm. Baumann 28–32 = IPRspr 1988 Nr. 87	**3**, 158
18.5.1990	2 U 191/89	NJW-RR 1990, 1081 = IPRax 1991, 332 m. Anm. Mankowski 305–313 = IPRspr 1990 Nr. 34	**10**, 73
6.8.1990	5 U 77/89	IPRax 1991, 179 m. Anm. Fricke 159–162 = IPRspr 1991 Nr. 166 a	**3**, 46

26.2.1997	17 UF 26/97	FamRZ 1997, 882 = IPRspr 1997 Nr. 71	**8,** 61
7. 8.1998	5 W 26/98	IPRax 1999, 103 m. Anm. Wolf 82–87 = IPRspr 1998 Nr. 152	**10,** 46
3.12.1998	3 UF 74/98	IPRax 2000, 427 m. Anm. Rauscher, 391–394 = IPRspr 1998 Nr. 8	**8,** 72
3.8.2000	16 UF 180/00	FamRZ 2001, 246 = IPRax 2002, 128 m. Anm. Henrich 118 f. = IPRspr 2000 Nr. 78	**6,** 113; **8,** 137
22.10.2001	17 WF 385/01	FamRZ 2002, 1138 = IPRax 2003, 249 m. Anm. H. Roth 231–233 = IPRspr 2001 Nr. 101	**8,** 117

Zweibrücken

18.7.1985	6 W 18/85	FamRZ 1986, 354 = IPRspr 1985 Nr. 59	**8,** 17
27.6.1990	3 W 43/90	IPRax 1991, 406 m. Anm. Großfeld/König 380–382 = IPRspr 1990 Nr. 23	**7,** 30
5.7.1996	2 UF 132/95	FamRZ 1997, 93 = IPRspr 1996 Nr. 4	**8,** 93
25.7.1997	2 UF 15/97	NJW-RR 1997, 1227 = IPRspr 1997 Nr. 74	**8,** 47
10.3.1998	5 UF 36/97	FamRZ 1999, 33 = IPRspr 1989 Nr. 85	**8,** 82
15.11.2000	5 UF 112/00	FamRZ 2001, 643 = IPRspr 2000 Nr. 90	**8,** 116
16.11.2001	2 UF 80/00	NJW-RR 2002, 581 = IPRspr 2001 Nr. 72	**8,** 51
28.5.2002	3 W 218/01	FamRZ 2003, 1697 = ZEV 2003, 162 m. Anm. Süß = IPRspr 2002 Nr. 116	**9,** 23–24

6. Landgerichte

Aurich

| 11.7.1967 | Q 20/67 | IPRspr 1968/69 Nr. 14 | **7,** 26 |
| 23.2.1990 | 3 T 8/90 | IPRax 1991, 341 m. Anm. H. Roth 320–322 = IPRspr 1990 Nr. 75 | **7,** 10; **8,** 45 |

Berlin

| 8.4.2002 | 58 S 269/01 | NJW-RR 2002, 1107 = JuS 2002, 1126 m. Anm. Hohloch = IPRspr 2002 Nr. 44 | **11,** 43 |

Bochum

| 17.9.1985 | 11 S 64/85 | RIW 1986, 135 m. Anm. Geimer = IPRspr 1985 Nr. 144 | **3**, 239 |

Darmstadt

| 2.12.1993 | 13 O 438/92 | NJW-RR 1994, 684 = IPRax 1995, 318 m. Anm. Thorn 294–299 = IPRspr 1993 Nr. 149 | **3**, 223 |

Detmold

| 29.9.1994 | 9 O 57/94 | NJW 1994, 3301 = IPRax 1995, 249 m. Anm. Jayme 234–236 = IPRspr 1994 Nr. 39 | **10**, 73, 95 |

Dortmund

| 31.8.1989 | 17 S 99/89 | NJW-RR 1990, 12 = IPRspr 1989 Nr. 118 | **8**, 83–84 |

Düsseldorf

| 12.4.1994 | 10 O 513/93 | RIW 1995, 415 m. Anm. Mankowski 364–370 und Beise 632 f. = IPRspr 1994 Nr. 33 | **10**, 67 |

Essen

| 20.6.2001 | 44 O 144/00 | RIW 2001, 943 = IPRax 2002, 396 m. Anm. Krapfl 380–384 = IPRspr 2001 Nr. 29 | **10**, 40 |

Frankfurt a. M.

| 9.11.2000 | 2–03 O 366/00 | ZIP 2000, 2080 = EWiR 2001, 39 (LS) m. Anm. Hoeren/Just = IPRspr 2000 Nr. 101 | **3**, 228 |

Freiburg

| 19.7.2001 | 44 F 130/99 | FamRZ 2002, 888 = IPRax 2002, 223 m. Anm. Jayme 209 = IPRspr 2001 Nr. 69 | **8**, 23 |

Gießen

| 14.12.1994 | 5 O 528/93 | NJW 1995, 406 = IPRax 1995, 395 m. Anm. Mäsch 371–374 = IPRspr 1994 Nr. 28 | **10**, 73 |

Hamburg

31.5.1990	302 O 113/90	RIW 1990, 1020 = IPRspr 1990 Nr. 37	**10**, 30
20.6.1996	305 O 77/92	IPRspr 1996 Nr. 55	**12**, 29

Heilbronn

15.8.1994	1 b O 287/94	IPRax 1996, 123 m. Anm. Munz 89–91= IPRspr 1994 Nr. 166	**3**, 31

Karlsruhe

8.6.1999	O 12/98 KfH I	IPRspr 1999 Nr. 32 a	**10**, 27
14.12.2000	11 T 311/00	StAZ 2001, 111 = IPRspr 2000 Nr. 11	**5**, 22
6.4.2001	O 4/98 KfH IV	RIW 2002, 153 = IPRspr 2001 Nr. 19	**7**, 50–51

Mainz

14.12.1992	8 T 143/92	NJW-RR 1994, 73 = FamRZ 1994, 1457 m. Anm. Mankowski = IPRspr 1992 Nr. 90	**8**, 41

Mosbach

18.3.1997	2 T 177/96	ZEV 1998, 489 = IPRspr 1997 Nr. 119	**6**, 33; **9**, 54–55

München

20.3.1995	10 HKO 23750/94	RIW 1996, 688 = IPRax 1996, 31 m. Anm. Kindler 16–22	**10**, 87
28.9.1998	16 T 12262/98	IPRspr 1998 Nr. 119	**9**, 36
6.5.1999	6 HKO 10773/97	IPRax 2001, 459 m. Anm. Schurig 446–449 = IPRspr 999 Nr. 95	**9**, 47

Potsdam

30.9.1999	31 O 134/98	IPRax 2001, 134 m. Anm. Thorn 102–110 = IPRspr 1999 Nr. 21	**7**, 32

Saarbrücken

4.7.1961	4 O 143/60	IPRspr 1960/61 Nr. 38	**11**, 55
4.5.2000	5 T 303/00	IPRspr 2000 Nr. 96	**9**, 19

Stuttgart

28.4.1989	10 T 64/89	IPRax 1990, 335 m. Anm. Hohnerlein 312–314 = IPRspr 1989 Nr. 148	**8**, 147
23.5.1990	5 S 427/89	NJW-RR 1990, 1394 = IPRspr 1990 Nr. 36	**10**, 73
28.1.1992	2 T 175/91	StAZ 1992, 379 = IPRspr 1992 Nr. 76	**8**, 8
13.7.1995	19 O 21/95	RIW 1996, 424 m. Anm. Mankowski 382–387 = IPRspr 1995 Nr. 30	**10**, 73, 86
11.9.2002	19 T 313/02	MittBayNot 2003, 305 = IPRspr 2002 Nr. 119	**9**, 23–24

Traunstein

5.4.2000	3 O 4673/98	SpuRt 2002, 20 = IPRspr 2001 Nr. 36	**11**, 53

Tübingen

8.2.1995	7 O 219/94	NJW-RR 1995, 1142 = IPRspr 1995 Nr. 24	**10**, 95

Waldshut-Tiengen

27.1.1983	1 O 209/82	IPRax 1984, 100 = IPRspr 1983 Nr. 22	**10**, 34

7. Amtsgerichte

Besigheim

20.8.1991	3 F 430/91	IPRax 1992, 386 m. Anm. Hüßtege 369–372 = IPRspr 1991 Nr. 121	**8**, 117

Charlottenburg

13.1.1981	176 F 8469/80	IPRax 1983, 128 m. Anm. Rumpf 114–116 = IPRspr 1981 Nr. 1	**3**, 140

Detmold

13.9.1989	16 F 189/88	IPRax 1990, 415 (LS) m. Anm. Jayme = IPRspr 1989 Nr. 100	**8**, 54

Esslingen

19.3.1992	1 F 162/92	IPRax 1993, 250 m. Anm. Beitzke 231–236 = IPRspr 1992 Nr. 97	**8**, 48

Groß-Gerau

11.6.1980	7 F 468/79	FamRZ 1981, 51 = IPRspr 1980 Nr. 152	**3**, 61

Landstuhl

17.2.1994	1 F 259/93	NJW-RR 1995, 329 = IPRax 1995, 108 m. Anm. Hau 80–82 = IPRspr 1994 Nr. 147	**3**, 67

Leverkusen

10.1.2002	34 F 346/97	FamRZ 2002, 1636 = IPRspr 2002 Nr. 74	**8**, 105 a

Lichtenfels

24.5.1989	C 618/88	IPRax 1990, 235 m. Anm. Lüderitz 216–219 = IPRspr 1989 Nr. 40	**10**, 73

Mannheim

4.5.2000	30 C 6/99	IPRspr 2000 Nr. 123	**11**, 35

Münster

8.12.1992	50 C 628/92	NJW 1993, 1720 = FamRZ 1993, 707	**6**, 141

Schleswig

5.1.2001	90 F 239/00	FamRZ 2001, 933 = IPRax 2002, 220 m. Anm. A. Schulz 201–207 = IPRspr 2001 Nr. 93	**8**, 114

Siegen

22.1.1992	2 XVI 32–34/90	IPRax 1993, 184 m. Anm. Schnabel 169 f. = IPRspr 1992 Nr. 147	**8**, 144

Spandau

4.6.1997	8 C 688/96	FamRZ 1998, 1132 = IPRspr 1997 Nr. 91	**8**, 137

8. Bundesarbeitsgericht

30.10.1963	1 AZR 468/62	BAGE 15, 79 = NJW 1964, 990 = IPRspr 1962/63 Nr. 40	**11**, 24
10.4.1975	2 AZR 128/74	NJW 1975, 2160 = IPRspr 1975 Nr. 30 b	**3**, 148

12.10.1977	5 AZR 443/76	NJW 1978, 1766 = IPRspr 1977 Nr. 46	**10**, 26
29.10.1992	2 AZR 267/92	IPRax 1994, 123 m. Anm. Mankowski 88–98 und Wimmer, IPRax 1995, 207–214 = IPRspr 1992 Nr. 69 b	**10**, 81 a
3.5.1995	5 AZR 15/94	EWiR 1995, 1191 (LS) m. Anm. Mankowski = IPRspr 1995 Nr. 57	**10**, 83
17.7.1997	8 AZR 328/95	NZA 1997, 1182 = IPRspr 1997 Nr. 154	**3**, 48
24.10.2001	5 AZR 33/00	IPRspr 2001 Nr. 50	**10**, 81 a
12.12.2001	5 AZR 255/00	IPRax 2003, 258 m. Anm. Franzen 239–243 = SAE 2002, 253 m. Anm. Junker = IPRspr 2001 Nr. 52	**10**, 81 a
29.5.2002	5 AZR 141/01	RIW 2002, 879 = IPRspr 2002 Nr. 129 b	**3**, 236
25.6.2002	9 AZR 405/00	ArbuR 2002, 306 = IPRspr 2002 Nr. 58	**10**, 81 c
11.12.2003	2 AZR 627/02	IPRspr 2003 Nr. 46 b	**10**, 77
20. 4.2004	3 AZR 301/03	IPRax 2006, 254 m. Anm. Franzen 221–224 = IPRspr 2004 Nr. 110	**3**, 51

9. Landesarbeitsgerichte

Baden-Württemberg

15.10.2002	11 Sa 49/02	BB 2003, 900 m. Anm. Thüsing 898–900 = IPRspr 2003 Nr. 46 a	**10**, 77

Düsseldorf

7.12.1990	9 Sa 1397/90	RIW 1990, 402 m. Anm. Klima = IPRspr 1992 Nr. 261 a	**10**, 75

Frankfurt a. M.

16.11.1999	4 Sa 463/99	IPRax 2001, 461 m. Anm. Benecke 449–454 = IPRspr 1999 Nr. 47	**10**, 81
13.9.2000	8 Sa 854/96	IPRspr 2000 Nr. 42	**10**, 80

Hannover

20.11.1998	3 Sa 909/98	IPRspr 1999 Nr. 45	**10**, 81 a

Rheinland-Pfalz

16.6.1981	3 Sa 791/80	IPRspr 1981 Nr. 44	**10**, 76

10. Finanzgerichte

Düsseldorf

12.3.1997	14 K 2456/93	IPRspr 1997 Nr. 32	**10**, 27

11. Sozialgerichte

Hamburg

15.4.2005	S 19 RJ 367/03	IPRax 2007, 47 m. Anm. Siehr 30–34	**5**, 108

III. Ausländische Gerichte

1. Österreich

Oberster Gerichtshof

14.12.1983	3 Ob 126, 127/83	IPRax 1985, 165 m. Anm. Martiny 168–171	**12, 15, 31, 35**
15.11.1990	7 Ob 596/90	IPRax 1992, 106 m. Anm. Zemen 120–125	**8**, 109 a
19.2.1992	1 Ob 522/92	ZRvgl 1992, 382	**8**, 109 a
9.3.1993	4 Ob 512/93	ZRvgl 1993, 213	**10**, 49
15.7.1999	6 Ob 123/99 b	RIW 2000, 378 = IPRax 2000, 418 m. Anm. Behrens 384–390	**7**, 32
20.4.2004	9 Ob 151/03 a	IPRax 2006, 607 m. Anm. Heiderhoff 612–614	**3**, 210
19.10.2006	2 Ob 78/06v	ZfRV 2006, 236 = ÖJZ 2007, 244	**11**, 49

2. Schweiz

Bundesgericht

19.8.1980		IPRax 1982, 199 m. Anm. Siehr 207–210	**12, 15, 24, 31**
2.6.2005	5 C.200/2004	BGE 131 III 595	**12, 15, 24, 31**

3. Frankreich

Cour de Cassation

5.5.1875		DSJur 1875, 409	**6,** 81
18.3.1878		Clunet 1878, 50	**6,** 128
22.2.1882		DSJur 1882, 393 = Schack, Höchstrichterliche Rechtsprechung, Nr. 2	**6,** 81
20.10.1959		DSJur 1959, 537 m. Anm. Holleaux	**11,** 20
8.2.1983		Clunet 1984, 123	**11,** 61
4.2.1986		Clunet 1987, 86 m. Anm. Niboyet-Hoegy = Rev crit 1986, 685	**6,** 130

Cour d'Appel de Colmar

24.2.1999	RG No.1 B 9 804 470	IPRax 2001, 251 m. Anm. Neumann/Rosch 257–259 = ZIP 1999, 1209 m. Anm. Reich = EWiR 1999, 1171 (LS) m. Anm. Mankowski	**3,** 236 a

Cour d'Appel de Paris

23.1.1990		Rev crit dr int priv 1991, 92 m. Anm. Lequette	**6,** 130

4. Vereinigte Staaten von Amerika

„Breslaw v. Breslaw"	548 N. Y. S. 2 d 815 (New York Supreme Court, Appelate Division 1989)	**8,** 91
„In re Union Carbide Corporation Gas Plant Desaster at Bhopal"	809 FRep 2 d 195 (US Supreme Court 1987)	**3,** 68
„Piper Aircraft Co v. Reyno"	630 FRep 2 d 149 (US Supreme Court 1981)	**3,** 68
„Société Nationale Industrielle Aerospatiale v. US District Court for the Southern District of Iowa"	107 S CtRep 2542 (1987) = JZ 1987, 984 m. Anm. Stürner	**3,** 129

5. Vereinigtes Königreich

„In re Harrods (Buenos Aires), Ltd. I"	[1991] 4 AllER 334 = [1991] 3 WLR 397 (Court of Appeal)	**3,** 211

"Regina v. Bow Street Metro. Stipendiary Mag., *ex parte* Pinochet Ugarte"	[1999] 2 WLR 827 (H. L.)	3, 19
„Sayers v. International Drilling Co. N. V."	[1971] 1 WLR 1176 (Court of Appeal)	10, 81 a

IV. Internationaler Gerichtshof

6.4.1955	ICJRep 1955, 4	„Liechtenstein/Guatemala"	5, 37

Stichwortverzeichnis

Die fettgedruckten Zahlen bezeichnen das Kapitel, gefolgt von der Randnummer.